金融学译丛

International Finance Management

国际财务管理

吉尔特·贝克特（Geert Bekaert）
罗伯特·J·霍德里克（Robert J. Hodrick） 著

苗润生　武　羿　主译

中国人民大学出版社
·北京·

序 言

在我们还是本科生的时候，学习国际财务是为了了解这样一些问题，如汇率是如何决定的，以及如何管理汇率波动产生的风险。我们认识到全球化的经济力量将越来越重要。毫无疑问，商业全球化已经成为事实，因此我们愿意相信我们为职业生涯做了很好的准备。本书的目标是为未来的商业领袖们提供做出适当国际融资决策，在国际竞争环境下管理公司面临的混合风险所必需的知识。

近年来，商品和服务以及资本与劳动力市场对于国际竞争势力越来越开放，因此所有院校都将它们的课程国际化了。然而，47年的教学经验告诉我们，考虑到真实世界的全球化复杂性，如果学生们没有弄懂本书中的内容，他们就无法为真实世界做好充分的准备。他们就不会真正明白对于跨国公司和投资银行而言，汇率波动是如何产生风险的；也不会知道如何管理这些风险。他们就不会真正了解如何确定海外项目的价值和国家风险的本质。本书的目的正是帮助学生处理这些问题及其他一些真实世界的难题。

本书的方法：通过结合理论与实务（真实世界的数据分析）做出更好的决策

国际财务管理结合了理论、数据分析和实务案例，不仅使学生们懂得了如何做出国际财务决策，更让他们懂得了这样决策的缘由。在考虑风险管理的情况下，在国际金融市场上经营就应该做出这种决策，因此，我们加入了实务方面的内容。这些内容通常被其他教科书作为背景资料或制度因素详细介绍。例如，我们在介绍远期市场的时候，展示了远期合约是如何被用来规避外汇风险的；在讨论真实汇率波动时，我们首先量化了真实汇率的变异，然后说明在真实世界中如何评价一个外国子公司的表现。

跨国公司面临许多可怕的风险，但同时它们也拥有许多可利用的金融工具来管理风险。本书详细阐述了国际金融市场产生风险的源头及管理风险的方法。例如，国际贸易的基本风险是商品被运出国门后，出口商如何确保款项的收回。我们不仅讨论如何辨别风险和管理风险，而且指明为什么公司应该管理风险以及这种管理如何影响公司的价值。因为我们有很好的估值方法，我们通过建立估值方法来确定外国项目（涉及从外国子公司的设立到外国公司的收购等广大领域）的价值。我们用一个现代的理论上正确的方法展现国际财务管理。这一方法建立在对国际公司方面最新的观察结果之上。在我们的框架结构中很自然就得出了国际风险管理是如何影响公司价值的结论。我们还提供了大量国际债务和权益金融市场机构方面的详细信息。例如，我们展示了公司如何进行国际权益融资，但是我们也讨论有关决策的成本—收益的理论和经验工作。

教学方法

本书结合了必要的理论与实务，提供了大量现实例子和案例。同时，本书强调基础概念、原则和分析理论，这些方法一定对公司在全球竞争市场中遇到的不断变化的经营挑战更具适应性。

为了帮助同学们形成深入长久的国际财务管理知识，国际财务管理包含了以下特征：

- 真实的数据分析：在每个相关章节内我们都加入了数据分析，让学生知道这些数据对现存理论的支持程度。
- 拓展案例：我们引进并解答了复杂的案例，并展示了理论的应用。这些案例解答可以作为今后分析的模板。
- “针锋相对”专栏：我们通过每一章的“针锋相对”专栏强化了许多国际财务管理问题的微妙之处。许多教科书对有难度的问题都只给出简短的回答。这种答案对于普遍得到认同的问题是合适的，但许多问题都比教科书引导学生思考的问题更加微妙且复杂。“针锋相对”专栏对在学术和实务中有争议和没有完全解决或很好地理解的问题给出了最新的思考。
- 附录：在附录中我们加入了一些章节的数学和统计资料以使本书更加完善，从而使缺少金融背景的学生也能够使用本书来学习。
- 章末问题：在每章末我们都提供一系列有趣的问题以帮助学生掌握本章的内容。
- 参考文献：每一章都罗列有深入阅读文献目录，包含本书中引用和提到的文献以及一些有兴趣的同学可以阅读的附加读物。

您的回馈

我们很愿意收到您的来信。请致信 college _ marketing @ prenhall. com 告诉我们您对本书的想法。请在主题栏中标明“Feedback about Bekaert and Hodrick”。

如果您对本书的质量有任何疑问，请联系我们的网上服务部门，http://247. prenhall. com。

吉尔特·贝克特

罗伯特·J·霍德里克

目　录

第1部分

外汇市场与风险介绍

第 1 章

全球化和跨国公司

1.1 导　言

世界经济正变得越来越全球化。环顾四周，你能看到学生们来自不同的国家。你用来记笔记的铅笔可能产自中国，你的笔记本电脑中的芯片可能来自韩国，而所使用的软件可能是由印度的工程师所开发。我们希望你在学习的间歇，品尝一些意大利浓咖啡，虽然用来制作意大利咖啡的咖啡豆是在意大利烘焙的，但其却可能产自印度尼西亚或巴西。**全球化**（globalization）的要领是指各个国家及各国的公司、个人的经济、政治和社会活动的联系和融合日益增加。

由于全球化，跨国公司正在主宰全球的公司。**跨国公司**（multinational corporation）是指在一个以上的国家生产和销售商品或提供劳务的公司。一个典型的跨国公司的例子是可口可乐公司，其在超过 200 个国家开展业务。

你喜欢喝的酒也很可能是由一家跨国公司酿造的。英博集团（InBev）是一家总部设在比利时的上市公司，它是一个起源于 1366 年、由家族控制的企业。随着时间的流逝，这家比利时当地的企业发展成为一家大型的名为英特布鲁（Interbrew）的跨国公司，其旗下的著名品牌有 Stella Artois 和 Leffe。2004 年，英特布鲁与来自巴西的安贝夫公司（Companhia de Bebidas das Americas，AmBev）合并成立英博公司，新公司是当今产量最大的酿酒企业。2004 年，英博公司销售了 202 亿升啤酒和 31.5 亿升软饮料。

一家大型欧洲企业与一家来自新兴经济体国家的大型企业产生联系并不是偶然的。近年来一个重要的趋势是巴西、俄罗斯、印度和中国［被称为“金砖四国”（BRIC）］的迅猛发展。今天，BRIC 的国内生产总值（GDP）占到全部新兴经济体国家国内生产总值的五分之二。2006 年世界最大的钢铁企业的成立是对这些新兴经济体国家融入全球经济的有力证明。印度的米塔尔（Mittal）钢铁公司兼并了欧洲的钢铁制造企业阿塞洛（Arcelor），而阿塞洛公司是由法国、比利时、卢森堡和西班牙的钢铁公司合并而成。阿塞洛公司的管理层在一开始对被收购的抵制说明了全球化并不总是能顺利地推进。

国际化商业视野为企业创造了许多新的机会，但也带来了大量挑战。本书对如何在日益全球化的世界中进行财务管理提供指导，特别是为跨国公司面临的财务管理问题提供指导。在本章中，我们将首先对全球化的现象做一总体介绍。然后，我们将对跨国公司做进一步的讨论，包括它们对经济和社会的总体影响。我们还将对全球化世界中不同的重要参与者进行考察，包括国际性银行和国际性机构及机构投资者。最后，本章对全书进行总体概览。

1.2 全球化与国际贸易和国际资本流动的增长

全球化影响到社会的所有方面，但从经济学的角度来看，有两个主要趋势可以用来定义全球化：一个趋势发生在商品和劳务市场，另一个趋势发生在金融市场。首先，国家之间的贸易持续扩大。其次，各个国家持续地减少对资本流动的壁垒。这导致了金融市场的全球化和跨境资本流动的惊人增长。我们按顺序逐一进行讨论。

国际贸易的增长

贸易自由化

正如任何一本国际经济学教科书将告诉你的，大卫·李嘉图在19世纪的著作告诉我们，如果一个国家专业化生产其具有**比较优势**（comparative advantage）的产品，其就能通过对该商品的贸易而获利。即便一国比其他国家在生产既定产品方面更有效率，其仍应专注于生产其相对来说最具效率的商品，这样做会改善所有贸易伙伴的处境。[①] 贸易与增长之间也似乎存在数据上的联系：更加开放的国家往往增长得更快。[②]

不幸的是，贸易保护主义倾向长期使世界相对封闭，许多国家通过对进口实行关税和非关税壁垒来限制贸易。非关税壁垒包括对本地生产者的补贴、对进口产品的配额、对进口商品的繁杂的管制措施等等。在近来的一项研究中，经济学家 Romain Wacziarg 和 Karen Horn Welch（2003）精确指出了多个国家在什么时间对其贸易体制实施了自由化，换句话说，就是相关国家何时开放了贸易。他们考虑了多个标准，包括相关国家的关税及非关税壁垒的程度，以及对主要出口部门的政府控制。图表1.1显示了1970年以来开放贸易的国家的比例。1970年前后，大约60%的国家开放了贸易，但从1985年起，贸易开放程度开始向1上升。这主要是由于1990年“铁幕”的崩溃和许多发展中国家的贸易自由化。

---

① 比较优势定律将在第21章我们讨论外币互换市场时出现。第21章给出了一个经济例子，如果你想复习这一问题，你可以独立地阅读。

② 有关这一问题将被频繁引用的文章包括 Jeffery Frankel 和 David Romer（1999），Jeffrey Sachs and Andrew Warner（1995）。虽然存在一些争论［见 Dani Rodrik 和 Francisco Rodriguez（1999）的不同意见］，一些近期的著作（见 Francisco Alcala 和 Antonio Ciccone，2004）仍然确信贸易对于增长有积极作用。还有许多文章也直接说明了贸易自由化，即一国开放贸易的政策决策带来了更高的增长率和生产率（Geert Bekaert，Campbell Harvey，and Christian Lundblad，2007；David Greenway，Wyn Morgan，and Peter Wright，2002；and Romain Wacziarg，2001）。

图表 1.1 贸易和金融开放程度

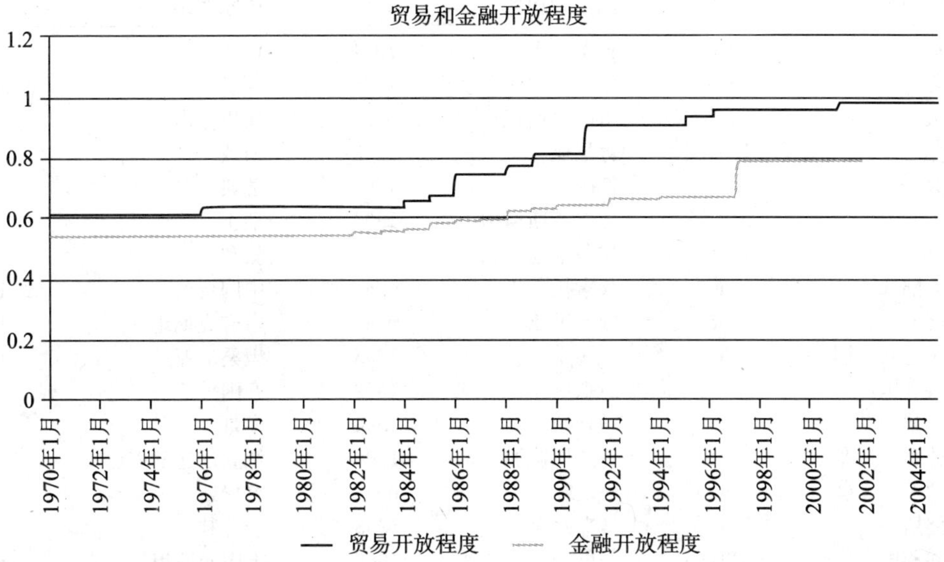

注：贸易开放曲线代表了根据 Wacziarg 和 Welch（2003）所下的定义，已开放贸易的国家所占的比例。金融开放曲线代表了 Quinn 和 Toyoda（2004）汇总的大量发展中国家和发达国家资本市场的平均开放程度。

图表 1.2 显示了 Wacziarg 和 Welch（2003）考察过的所有国家和地区实行贸易自由化的实际日期。如你在图表 1.2 中所见，只有少数国家，如英国和美国，具有自由贸易的传统。贸易自由化的日期并不必然是由各国和地区的具体政策所推动的。许多欧洲国家和地区在 1959 年或 1960 年实行了贸易自由化，这一时间晚于**欧洲经济共同体**（European Economic Community，EEC）的建立时间。欧共体着力于在一些欧洲国家和地区（在本章后面将提到）内部建立自由贸易。这契合了第二次世界大战后开始的鼓励多边自由贸易的广泛努力。

图表 1.2 各国（地区）贸易自由化的时间

国家和地区	日期	国家和地区	日期	国家和地区	日期
阿尔巴尼亚	1992	希腊	1959	挪威	一直
阿尔及利亚	n/a	危地马拉	1988	巴基斯坦	2001
安哥拉	n/a	几内亚共和国	1986	巴拿马	1996
阿根廷	1991	几内亚比绍共和国	1987	巴布亚新几内亚	n/a
亚美尼亚	1995	圭亚那	1988	巴拉圭	1989
澳大利亚	1964	海地	n/a	秘鲁	1991
奥地利	1960	洪都拉斯	1991	菲律宾	1988
阿塞拜疆	1995	中国香港	一直	波兰	1990
孟加拉国	1996	匈牙利	1990	葡萄牙	一直
巴巴多斯	1966	冰岛	n/a	罗马尼亚	1992
白俄罗斯	n/a	印度	n/a	俄罗斯	n/a
比利时	1959	印度尼西亚	1970	卢旺达	n/a
贝宁	1990	伊朗	n/a	塞内加尔	n/a
玻利维亚	1985	伊拉克	n/a	塞拉利昂	2001
博茨瓦纳	1979	爱尔兰	1966	新加坡	1965
巴西	1991	以色列	1985	斯洛伐克	1991
保加利亚	1991	意大利	1959	斯洛文尼亚	1991
布基纳法索	1998	牙买加	1989	索马里	n/a

续前表

国家和地区	日期	国家和地区	日期	国家和地区	日期
布鲁迪	1999	日本	1964	南非	1991
喀麦隆	1993	约旦	1965	西班牙	1959
加拿大	1952	哈萨克斯坦	n/a	斯里兰卡	1991
佛得角	1991	肯尼亚	1993	斯威士兰	n/a
中非共和国	n/a	韩国	1968	瑞典	1960
乍得	n/a	吉尔吉斯斯坦	1994	瑞士	一直
智利	1976	拉脱维亚	1993	叙利亚	n/a
中国大陆	n/a	莱索托	n/a	中国台湾	1963
哥伦比亚	1986	利比里亚	n/a	塔吉克斯坦	1996
刚果民主共和国	n/a	立陶宛	1993	坦桑尼亚	1995
刚果共和国	n/a	卢森堡	1959	泰国	一直
哥斯达黎加	1986	马其顿	1994	多哥	n/a
科特迪瓦	1994	马达加斯加	1996	特立尼达和多巴哥	1992
克罗地亚	n/a	马拉维	n/a	突尼斯	1989
塞浦路斯	1960	马来西亚	1963	土耳其	1989
捷克共和国	1991	马里	1988	土库曼斯坦	n/a
丹麦	1959	马耳他	n/a	乌干达	1988
多米尼加共和国	1992	毛里塔尼亚	1995	乌克兰	n/a
厄瓜多尔	1991	毛里求斯	1968	英国	一直
埃及	1995	墨西哥	1986	美国	一直
萨尔瓦多	1989	摩尔多瓦	1994	乌拉圭	1990
爱沙尼亚	n/a	摩洛哥	1984	乌兹别克斯坦	n/a
埃塞俄比亚	1996	莫桑比克	1995	委内瑞拉	1996
芬兰	1960	缅甸	n/a	也门	一直
法国	1959	尼泊尔	1991	南斯拉夫	2001
加蓬	n/a	荷兰	1959	塞尔维亚和黑山	
冈比亚	1985	新西兰	1986	赞比亚	1993
格鲁吉亚	1996	尼加拉瓜	1991	津巴布韦	n/a
德国	1959	尼日尔	1994		
加纳	1985	尼日利亚	n/a		

注：数据取自 Wacziarg 和 Welch（2003）。数据使用得到了作者的许可。

促进自由贸易的国际努力

第二次世界大战后，为鼓励成员国之间自由贸易而设计的**关税与贸易总协定**（General Agreement on Tariffs and Trade，GATT）于 1947 年签署。关税与贸易总协定通过提供一个解决贸易纠纷的共同机制以及规范和减少商品贸易关税来实现促进自由贸易的目的。GATT 签约国经常就新的贸易协定进行谈判，称为所有成员国都必须参加的"回合"。总的来说，每个协议约束各国以降低特定的关税。

1979 年的东京回合谈判也降低了贸易的非关税壁垒，1986 年开始的乌拉圭回合谈判于 1995 年建立了**世界贸易组织**（World Trade Organization，WTO），以取代 GATT 协定（在本章后面部分将予以介绍）。GATT 成功地在世界范围内以多边的形式降低了贸易壁垒，但一些重要的地区性贸易协定在特定领域减少关税壁垒的力度更大。最著名的区域性协定是欧洲的**欧洲联盟**（European Union），加拿大、美国和墨西哥之间签订的**《北美自由贸易协定》**（North America Free Trade Agreement，NAFTA），以及签约国包括文莱、柬埔寨、印度尼西亚、老挝、马来西亚、缅甸、菲律宾、新加坡、泰国和越南的**东南亚国家联盟**（Association of Southeast Asian Nations，ASEAN）。

近来的发展

经济体应该开放贸易的观点在1980年得到了进一步的倡导，当时西方国家开始解除对经济的管制及对政府所有的企业进行私有化。1990年“铁幕”崩溃后，东欧国家最终可以与世界其他地区更多地开展贸易；同时，新兴经济体对贸易政策进行了自由化。信息和电脑技术的发展使得世界看起来变得更小了，其也增加了经济产出中服务的相对份额，并使得增长的服务的国际可贸易性成为国际贸易政策的新焦点。

这些发展也使得外包成为一个日益重要的现象。**外包**（outsourcing）是指将非战略性的功能，如工薪支付、信息技术、维护、设备管理和物流，转移给专业化企业以减少成本。今天，将信息技术外包给低成本国家，如印度，已成为日益常见的事情。

在2001年11月开始的GATT最后一轮多哈回合谈判中，服务贸易被提上了日程。另外，多哈回合谈判着重于农业、工业产品和更新的海关编码。然而，贸易商谈非常不顺利，目前还未达成实际的结果。各国间自由贸易的进程因而仍不完全。

贸易的增长

向着开放贸易的演进极大地增加了国家之间的贸易流动。一个衡量贸易部门规模的方法是用进出口之和除以产出，比如**国内生产总值**（gross domestic product，GDP）。图表1.3展示了多年来一些国家贸易部门的相对规模。在B图中，数据显示了1970—1985年间大型发达国家贸易与GDP之比的显著增长。如果我们将1985年与2005年进行比较，除英国外，各国贸易部门的规模在持续增长，虽然日本的增长是非常小的。在所列的国家中，德国是最为开放的，其贸易部门在2005年占到GDP的61%，而美国的贸易部门现在超过了其GDP的20%。

在A图中，如巴西和印度等大型发展中国家展示了它们贸易部门的增长，它们的贸易占GDP的比例在2005年大约在25%。中国的贸易部门规模在1985—2000年间几乎翻了一番，在2000—2005年间又增长了50%。这一增长反映出20世纪80年代和90年代中国发生的重要贸易改革，包括中国在2001年加入世贸组织。加入世贸组织使得中国的进口关税稳步下降。由于其巨大的规模和开放程度的提高，中国已成为世界经济的一个重要参与者。

如你从图表1.3中所看到的，虽然全球的趋势是朝向更自由的贸易发展，但有些国家比其他国家开放程度更高。许多因素影响到各个国家为何、在多大程度上以及与哪些国家进行贸易。比如，沿海国家比内陆国家进行更多的贸易。当你听说非常大的国家的贸易规模往往比小国要相对小一些时，可能会感到奇怪。而这一点对于美国来说是非常显而易见的；而中国是相对外向的。小的开放国家，如比利时和新加坡（见图表1.3的C图）具有分别超过150%和250%的贸易与GDP之比。

跨国公司如何影响自由贸易

第二次世界大战后跨国公司的增长也促进了国际贸易的发展。在2003年，世界上有64 000家国际性公司，它们拥有870 000家子公司；而在20世纪90年代早期，却只剩下37 000家国际性公司和它们的175 000家子公司。根据**联合国贸易和发展会议**（United Nations Conference on Trade and Development，UNCTAD）的统计，2003年有60%的国际贸易是在跨国公司之间发生的（即公司间的内部交易）。

图表 1.3　　国际贸易的增长

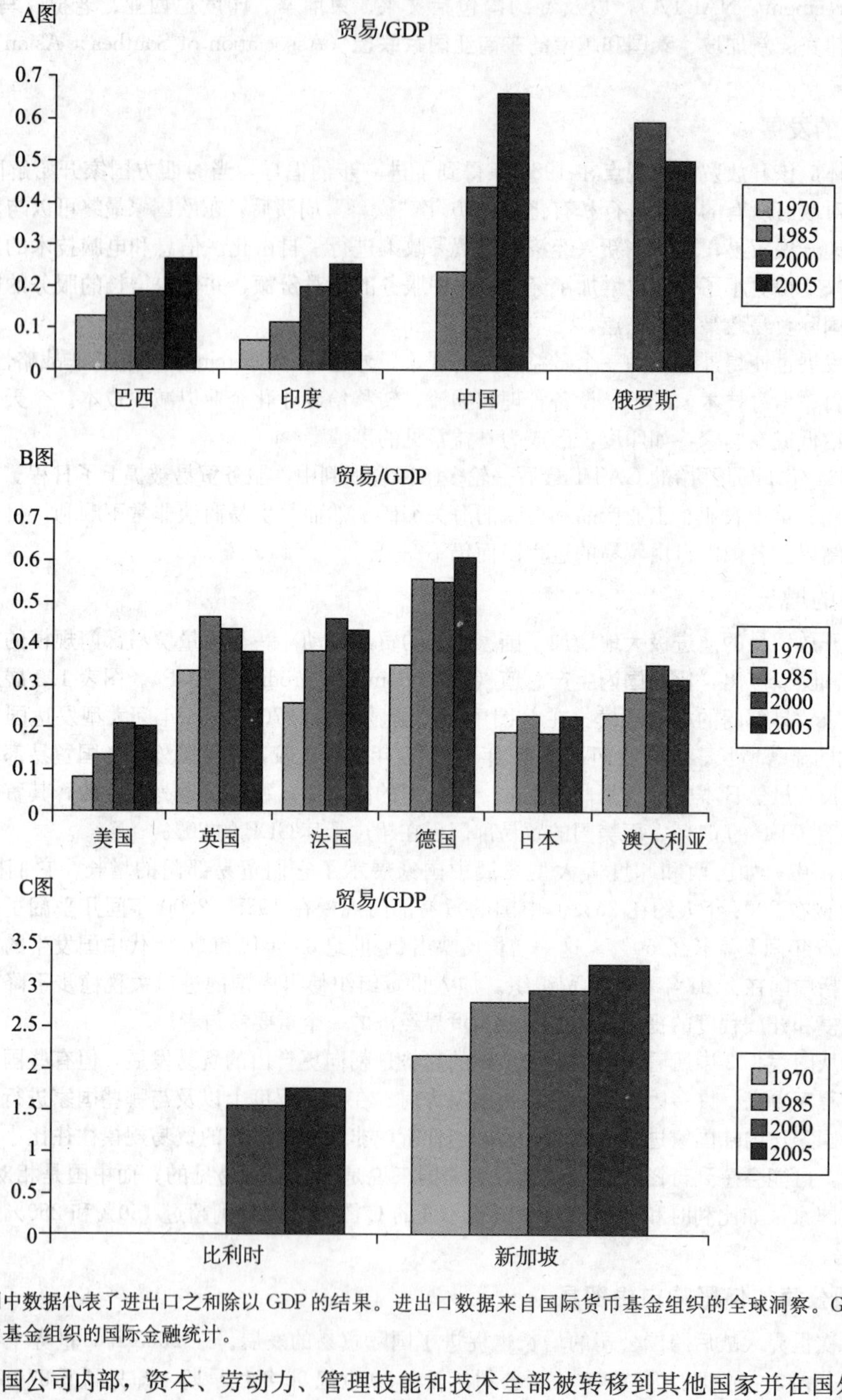

注：图中数据代表了进出口之和除以 GDP 的结果。进出口数据来自国际货币基金组织的全球洞察。GDP 数据来自国际货币基金组织的国际金融统计。

在跨国公司内部，资本、劳动力、管理技能和技术全部被转移到其他国家并在国外进行生产，而不是从国内工厂出口。虽然某些产品是定向于国内市场的，但某些产品也被出口到其他市场。有些时候，不同商品的部件是在不同的国家生产的，这取决于其在成本和技术能力方面的比较优势。一个经典的例子就是芭比娃娃。芭比娃娃的原料产自中国台湾或日本，而它们的组装却是在菲律宾、印度尼西亚和中国大陆进行的（这是由于低劳动力成本的原因），而芭比娃娃的设计和最终的油漆涂层来自美国；美国在设计和市场营销方面至今仍具有优势。

金融市场的全球化

自1980年以来金融市场的全球化和金融市场所经历的深刻变化也极大地改变了跨国公司管理其诸多商业风险的方式，改善了其获得外国资本的途径，加强了其降低融资成本的能力。我们将对上述主要发展做一简短概述。

金融开放的趋势

第二次世界大战后，多数国家对跨境资本流动进行了管制或施加了限制。然而，在20世纪80年代，一些发达国家开始对其资本市场进行自由化。例如，日本在1984年开始实行资本市场自由化；在欧洲，朝向单一市场的发展逼迫许多国家取消了其对资本的管制，如法国在1986年取消了资本管制，意大利在1988年取消了资本管制，比利时在1990年取消了资本管制。

在20世纪80年代末期以及20世纪90年代的大部分时间，许多发展中国家开始了金融自由化的进程，放松了对外国投资者拥有本国资产的限制，并采取了其他措施以发展其资本市场。这些改革往往伴随着宏观经济和贸易改革一起进行。这些发展产生了新的市场和新市场中的新投资对象：新兴市场。我们将在第12章详细讨论这些市场。

图表1.1展示了金融开放是如何自1970年开始演进的。当一国允许外国投资者投资于其资本市场，并允许其公民到国外进行投资时，该国被认为是金融开放的。为了衡量资本的跨境自由流动，我们使用Dennis Quinn和Maria Toyoda（2004）所建立的估计资本市场开放度的方法。一个全面开放的市场被评分为1；与之相反，一个完全封闭的市场被评分为0。我们对大量的发展中国家和发达国家的分值在图表1.1中进行了平均。如你所见，到1982年，平均分为0.55。该分值此后缓慢地上升并在2000年达到0.80分。显然，金融开放还没有发展到贸易的开放程度。

请注意，并不是对外国投资者开放资本市场的国家都能享受到大量的外国资本流入。外国投资者可能会被一国不佳的金融市场监管、本地企业不良的公司治理（将在本章的后面详细讨论）或无效的股票市场排斥出去。相反，希望保持其外国资本市场封闭的国家必须意识到它们试图达到上述目的的管制措施往往会失效。例如，1986年的伦敦金融大爆炸使得伦敦证券交易所实现了自动化，大大降低了交易成本，并允许外国投资者参与交易。结果是英国和外国股票的交易量都直线上升。与此对应的是，发展中国家的有效金融开放与发达国家相比则不那么显著。

衡量一个国家对资本流入和资本流出的开放程度的一个方法是研究其外国资产和外国负债。[1] Philip Lane和Gian Maria Milesi-Ferretti（2006）考察了许多工业化国家、新兴国家和发展中国家的外国资产加外国负债与其GDP的比率。1970年，工业化国家的这一财务比率略低于50%。到1985年，这一比率是100%，而到2004年，这一比率超过了300%。在发展中国家，2004年这一比率仅略高于150%。

AMB：对全球贸易的赌博

拥有并开发工业不动产的AMB公司是一家**不动产投资信托公司**（real estate investment trust，REIT），其股票在纽约证券交易所交易。你可能会认为不动产不是一项容易交易的资产。同时，你也可能认为AMB可能与国际贸易没有关系。但实际上，AMB的财富全部依赖于持续的

① 见第4章关于一国外汇收支平衡表中资本流动与该国外国资产和外国负债资产负债表状况的关系的讨论。

全球化。

你看，AMB 开发、收购并经营着与全球贸易有关的地区的配送设施，比如国际机场、海港和主要的高速公路系统。AMB 在 11 个国家投资，涵盖了从西班牙到巴西到中国的世界范围。随着国际贸易和最小化库存需求的增长，企业认识到配送效率已成为其成功的关键。AMB 因此瞄准了为提高货物运输效率而建造的房地产，并战略性地定位于世界的全球配送市场。虽然上述房地产的价值像所有的房地产一样在某种程度上依赖于当地因素，AMB 的业务主要是对全球化进程的赌博。在短期中，投资者对于上述战略性定位的配送设施的需求增长进行赌博。通过投资于 AMB，投资者在对国际贸易的持续增长进行赌博，同时也买进了一项全球房地产的分散化投资组合。

新的金融环境

各国政府解除金融市场管制的热情在 20 世纪 80 年代迥异的金融环境中被点燃，这也许是对这种金融环境的反应。重要的是，由于得到金融和电脑技术发展的支持，衍生金融工具的市场爆发了。**衍生证券**（derivative security）是一种收益衍生于基础资产（比如商品、权益或债券）、利率、汇率或指数（如股票市场指数、消费者价格指数或气象条件指数）的表现的投资。衍生工具的主要种类有期货、远期、期权和互换。这些衍生工具通过柜台交易（即通过金融机构之间的双边交易或金融机构与其客户之间的双边交易）及交易所进行买卖。第 20 章和第 21 章将详细讨论一些衍生工具。

20 世纪 80 年代，以美国为基础的脆弱的衍生工具交易所遭遇到一系列迅速增长的新竞争对手的竞争，如伦敦的 LIFFE（1981）、法国的 Matif（1986）和 DTB（1989）。柜台交易的金融合约的交易量也以指数速度增长。

衍生工具的发展和诸如**证券化**（securization）（即把贷款或其他应收款项等资产组合重新打包形成新的可出售给投资者的金融工具）等发展增加了金融媒介业务的复杂程度。很快，传统的 3—5—3 天（以 3%的利率融入资金，以 5%的利率借出，并在下午 3 点回家）的模式永远地消失了。然而，上述发展也大大改善了银行和企业管理风险的能力。比如，有外币收入的企业现在可以很容易地通过复杂的衍生合约进行外币风险套期。同样，企业可以通过发行不同币种的债券来应对外国投资者，并通过运用衍生市场把贷款转换为它们需要的货币。

新的金融环境也使得政府能够更加容易地监管其国内资本市场，而不让精明的融资者找到漏洞。比如，互换市场增长的一个主要动力就是监管套利，即金融机构寻找各国监管规定或税收规定的差异以降低跨国公司的融资成本。在第 11 章我们将给出一些监管套利的具体例子。

20 世纪 70 年代和 80 年代的衍生工具革命在 90 年代经历了一些倒退，这是因为一些公司遭受了衍生工具投资的重大损失。这些公司包括日本的绍和壳牌公司（Showa Shell）、德国的金属公司（Metallgesellschaft）和美国的宝洁公司等等，但最著名的损失事件则是巴林银行的倒闭。巴林银行是英国历史最悠久的银行，曾为拿破仑的战争提供过融资，其也是英国王后的私人银行。巴林银行的倒闭是因为一位名叫尼克·里森的流氓交易员 1995 年在新加坡和日本大阪的衍生工具交易所损失了 14 亿美元。尼森的行为涉及欺诈，其本人也被判入狱并在新加坡服刑。上述事件震惊了金融界，要求监管金融衍生工具市场的呼声也开始高涨。

1.3 跨国公司

跨国公司（multinational corporation，MNC）是指在两个或两个以上国家开展经营的企业。

跨国公司通常是由一个位于公司发源地的母公司和由母公司所控制的、位于境内和境外的经营性子公司、分支机构和联营企业构成的。联合国将这类公司称为“跨国家的公司”，以强调这类公司的经营和所有权遍布世界。

图表 1.4 列示了 2004 年在 19 个国家中按各公司外国资产美元金额排名的最大的跨国公司。按照该方法衡量，通用电气（GE）拥有 4 490 亿美元的外国资产，是当时最大的跨国公司。图表 1.4 还显示通用电气公司有 787 个海外机构，雇员人数为 142 000 人。石油开采、提炼和配送行业以及电信行业在这些企业中有 5 个代表性企业。

图表 1.4　　世界上按外国资产衡量的最大的非金融类跨国公司

外国资产排名	公司	母公司所在经济体	行业	资产		销售		员工		附属公司数量	
				外国	合计	外国	合计	外国	合计	外国	合计
1	通用电气	美国	电气和电子机械	449	751	57	153	142	307	787	1 157
2	沃达丰	英国	电信	248	259	53	62	46	57	70	198
7	荷兰皇家壳牌	荷兰/英国	石油开采/提炼/配送	130	193	170	265	96	114	328	814
8	丰田汽车	日本	汽车	123	234	103	171	95	266	129	341
9	道达尔	法国	石油开采/提炼/配送	99	114	123	152	62	111	410	576
11	大众	德国	汽车	84	173	80	110	165	343	147	228
17	和记黄埔	中国香港	多样化	68	84	17	23	151	180	94	103
19	雀巢	瑞士	食品和饮料	65	77	69	70	240	247	460	487
27	埃尼集团	意大利	石油开采/提炼/配送	50	99	48	90	30	71	162	222
33	西班牙电话公司	西班牙	电信	43	86	15	38	78	174	62	279
59	马来西亚石油公司	马来西亚	石油开采/提炼/配送	23	63	11	36	4	34	167	234
61	沃尔沃	瑞典	汽车	22	34	27	29	53	81	244	307
72	诺基亚	芬兰	电信	19	31	36	36	31	54	125	131
73	Singtel	新加坡	电信	19	21	5	7	9	19	99	104
86	三星	韩国	电气和电子机械	15	67	56	72	21	62	75	87
88	CRH Plc	爱尔兰	木材及建筑产品	15	16	15	16	58	60	484	573
90	挪威国家石油公司	挪威	石油开采/提炼/配送	15	41	9	45	11	24	60	135
94	中信集团	中国内地	多样化	14	85	2	6	16	93	14	59
99	北电网络	加拿大	电信	14	17	9	10	25	34	58	64

注：数据来源于 *The World Investment Report 2005*，Annex Table A. 1. 9，p. 299。Copyright © 2006。数据的引用得到了联合国贸易和发展会议的许可。资产和销售额以十亿美元为单位。雇员数以千人为单位。

瑞士的雀巢公司是这些公司中最国际化的公司，其外国资产占总资产的比率最高，为84.4%；其外国销售占总销售的比率也最高，为98.6%。最大的中国公司为国有的中国国际信托投资集团（简称中信集团，原中国国际信托投资公司），其掌控着中国政府的对外投资和一些国内投资。中信集团的资产包括金融机构（超过其总资产的80%）、工业康采恩（卫星通信、能源和制造业），以及服务性企业（建筑业和广告业）。

衡量大型跨国公司规模的一个方法是比较跨国公司的增加值与各个国家的国内生产总值。增加值是指最终销售价值与原材料投入价值的差额。2002年联合国贸易和发展会议进行了一项研究，该研究按增加值对各个国家和跨国公司进行了排名。世界最大的100家经济实体中有29家是跨国公司或跨国家的公司。埃克森石油公司在与美孚合并之前是按该衡量方法排列出的最大跨国公司，拥有630亿美元的增加值，名列第45名，与智利和巴基斯坦的国内生产总值规模相当。名列第57名的尼日利亚，其国内生产总值介于戴姆勒-克莱斯勒和通用电气之间。

跨国公司是如何进入外国市场的

许多跨国公司最初是以单纯的进口或出口业务起家的。然而，后来这些跨国公司开始授权外国的本地企业制造自己的产品或提供服务以换取**特许权费**（royalties）。跨国公司不需要大量投资以进行国际性扩张，而是将自己的产品**授权**（licensing）外国企业进行生产，即以收取费用的方式给予其他企业制造自己产品的权利。然而，授权其他企业进行生产时很难控制质量标准。而**特许权经营**（franchising）则加大了跨国公司在海外的参与程度。在这一模式下，跨国公司提供一套专门的销售或服务战略，提供各个层面的支持，甚至开始投资于特许权经营企业以换取定期的收费。麦当劳可以说是最著名的特许权经营企业。**合营企业**（joint venture）是由两个或多个企业共同所有并经营的企业。合营模式是另外一种渗入外国市场的方式。合营企业通常运用于汽车制造行业。1999年，由日本日产汽车公司和法国雷诺汽车公司组建的合营企业是合营企业中非常成功的例子。

同时，跨国公司也通过在海外设立生产和配送设施来进入外国市场。跨国公司通常通过收购或合并外国的企业或直接在外国建立新的企业（也称为绿地投资）来达到上述目的。而后一类投资构成了大规模的**外国直接投资**（foreign direct investment，FDI），对此我们将在本章的后面部分进行详细的讨论。

今天，关于进行全球性整合的企业有很多讨论。正如IBM公司的CEO萨缪尔·帕米沙诺（Samuel Palmisano）在2006年的演讲中所指出的，进行全球性整合的企业将自己作为一个单一的全球性实体来确定其战略、管理和经营。正如其所说的，帕米沙诺先生的这一演讲并不是在IBM公司位于纽约阿蒙克的总部里做出的，而是在IBM公司拥有超过50 000名员工的印度班加罗尔发布的。

跨国公司的目标

本书的前提是任何公司管理层的目标都是最大化股东利益。因此，跨国公司也将最大化股东的利益。这是所谓的“盎格鲁—美利坚”国家的一项传统。“盎格鲁—美利坚”国家包括澳大利亚、加拿大、英国，特别是美国。公司的管理层是通过投资于回报足以补偿股东所承担风险的投资项目，以红利和资本利得的方式来最大化股东利益的。

第13章专门介绍股东是如何通过权益来获得具有合理回报率的投资回报的，而这也是我们所讨论的企业在评价资本成本时所应接受的事实。当企业投资于回报高于资本成本的项目时，企业的价值得到了提高。反之，则企业的价值将下降。

投资的期限

企业管理层应考虑的合适投资期限是长期投资。在决策今天的一项投资是否能最大化股东价值时，应当将投资项目的所有未来收益的现值与投资成本进行比较。有时候，有人认为股东利益最大化的目标导致管理层在决策时太过短视，过分关注股票分析师的季度预期；正如美国的会计丑闻所展示的，管理层在短期内误导市场的情况也确实是可能的。然而，我们相信市场在寻找和汇总信息方面是非常有效的。因此，好的管理层是不会为了今天的股票价格而导致未来股价的大幅下跌的。向市场报告企业投资的成本和未来的盈利能力才是管理层的工作。

利益相关者的选择

股东财富的最大化不是欧洲或亚洲大型企业所采用的传统。这些地区的企业习惯于将股东的利益与包括管理层、劳工、政府（本地政府和中央政府）、银行和其他债权人和供应商在内的其他利益相关者的利益捆绑在一起。由于管理层必须应对这些不同的利益，其目标不如股东利益最大化那么清晰。

代理理论和公司治理

在一家现代公司中，股东雇用经理们，经理们做出生产和营销的决策。资产的最终所有者如何驱动经理们为了所有者的利益行事呢？经济领域的**代理理论**（agency theory）（Jensen and Meckling，1976）探讨了这些由于所有权和控制权相分离而引发的问题，以及解决这些问题的途径。企业的经理，特别是首席执行官，被称做与各种委托人签订了合约的代理人。各种委托人主要是股东，同时也包括企业的债权人、供应商、客户及雇员。委托人必须设计合约以驱动代理人按照委托人利益最大化的原则采取行动并做出决策。

不幸的是，这个世界是如此地复杂，以至投资者无法制定一份能明确列明经理们在未来所应采取的全部行动的合约。然而，经理们必然能获得股东们无法获得的重要信息，从而拥有大量的针对如此“私密”信息应采取何种行动的相机决策权。

控制公司股东和管理层关系的法律和财务架构被称为**公司治理**（corporate governance）。公司治理的作用是减少委托—代理问题并建立一个框架，以使经理们能在这一框架中经营。近期的一系列公司丑闻有力地说明了公司治理的重要性。

公司丑闻

一个最著名的公司舞弊案例是位于得克萨斯州休斯敦市的安然公司。该公司成立于 1985 年，到 2001 年末，该公司已从一家地区性的天然气管道经营商成长为美国最大的天然气和电力的交易商，以及多种其他商品的主要交易商。安然公司的破产对该公司 21 000 名员工中的许多人来说是场灾难，这不仅是因为他们丢掉了工作，还因为他们将大部分退休金投资于安然公司的股票。由于最终债权人清算了安然公司，安然公司股票的市价从 2000 年 8 月最高时的每股 90 美元跌至 2006 年的零。

从 2001 年开始的一项刑事调查很快揭示了安然公司昙花一现的发展主要是依靠结构化、系统化和创造性的会计舞弊。另外，调查显示安然的高层管理人员，比如其创始人肯尼斯·雷（Kenneth Lay）、首席执行官杰弗里·斯基林（Jeffrey Skilling）和首席财务官安德鲁·法斯托（Andrew Fastow），一边向投资者报告公司一切正常，一边忙于出售自己持有的安然公司股票。这三个人都被判犯有舞弊和阴谋罪。肯尼斯·雷在被宣判有罪之前去世，斯基林和法斯托被判入狱。电话通信行业的世通公司和多元化企业集团泰科公司（Tyco）的首席执行官们也在相同时间因公司的不良行为而受到入狱的判决。

另外，安然公司丑闻还导致安达信会计公司（当时为世界五大会计公司之一）的倒闭。安达信公司作为安然公司的审计师，因销毁安然公司的审计证据而被判犯有妨碍司法罪。2002 年，安达信公司主动放弃了其注册会计师的执照。

不要认为只有美国大型公司的经理们才会舞弊，回想一下意大利的帕玛拉特（Parmalat）这家由卡利斯托·坦齐（Calisto Tanzi）于 1961 年创立的乳品及食品制造企业的案例。帕玛拉特是世界超高温牛奶生产的领先者。超高温牛奶生产过程在 1～2 秒内通过将食品暴露于 135 度以上的高温来对食品进行消毒。经过这样处理的牛奶可以不用冷藏而置于货架上 6～9 个月。

2003 年，帕玛拉特会计账簿中的异常情况被揭露了，帕玛拉特一家位于开曼群岛的子公司 Bonlat 账上的 39.5 亿欧元的资产不见了。该发现导致帕玛拉特破产，并且坦齐被捕。经意大利官方讯问，坦齐最终承认其非法将资金从帕玛拉特转移至他控制的其他实体。坦齐现在在意大利米兰监狱服刑。

世界各地的公司治理

从上述案例来看，公司的管理层并不总是为股东的利益服务的。然而大多数公司运转良好，没有舞弊和腐败。本节将研究股东如何处理与管理层的关系，以防止直接的违法行为并使管理层的利益与股东的利益结合起来。

跨国公司焦虑的不仅仅是公司内部的公司治理。无论它们是要并购一个已存续的外国公司，还是要设立一个合资公司，或是要取得一个经营执照，都取决于所在国的公司治理实践。各国和各公司之间的公司治理差异影响到公司的价值，并引领公司在一个铸造良好公司治理的法律环境中跨境上市，或者跨国公司将改善自身的公司治理标准以吸引国际投资者。

经济学家 Marco Becht，Patrick Bolton 和 Ailsa Roell（2005）在研究公司治理和控制时，考察了 5 种克服代理问题的途径。各种方法的优缺点将在以后的各节中进行讨论并在图表 1.5 中列示。

图表 1.5　　克服由于所有权与控制权相分离而产生的代理问题的方法

方法	优点	缺点
1. 独立董事会	对少数股东利益的保护加强了风险分担。	通常未与管理层充分独立，因而不够有效。
2. 所有权和控制权部分集中于某一大股东的手中	大股东会出于自身利益考虑去监督管理层的活动，以防止其滥用权力。	管理层与大股东之间可能产生针对小股东的合谋。 降低了股票的流动性。
3. 与业绩挂钩的期权和奖金方式的高管薪酬	提供了对股价最大化的直接刺激。	因为管理层的好运气而奖励管理层。 受制于操纵和可能的短期目标而让管理层获利。
4. 通过法律诉讼严格界定首席执行官的受托责任	提供了一项补充性的约束机制。	增加的法律成本让股东去承担而让律师获利。
5. 敌意收购和代理人竞争	直接约束不好的管理层。	为并购者攫取债权人和雇员的财富提供了刺激。

独立的董事会

在盎格鲁—美利坚模式中，董事会被认为是公司治理中最重要的角色。董事会的责任是帮助管理层形成战略并批准主要的投资决策。董事会通过任命管理层并决定管理层的薪酬来控制管理层的活动，以达到使企业向所有者和当局尽责的目标。

董事会工作的好坏依赖于董事们是否真正独立于管理层。如果董事会由 CEO 的朋友和高尔夫球友把持，这个董事会可能就无法适当地代表股东的利益。如果董事会不是独立的，则该公司的国际扩张活动可能就是企业帝国扩张的体现，那么为何还需要一个公司的急速扩张呢?

盎格鲁—美利坚的公司治理模式要求独立的董事会，而在欧洲情况就不一样了。例如，在德国大型公司的监督委员会（Aufsichtsrat）有 20 名成员。股东选举 10 名，其他 10 名是雇员代表。监督委员会监督并指定管理委员会（Vorstand）的成员。由管理委员会来批准大的商业决策。

集中的所有权

在英国和美国以外的发达国家，克服代理问题的最通常的方法是通过集中所有权，即由一个富有的投资者或一个金融中介来持有大量股票；这种金融中介可以是一个银行、控股公司或养老金基金。该方法的一个积极方面是大股东明显有监控管理层的潜在利益，并有能力去实施管理层的变动。这种方法有两个缺陷。第一，管理层与大股东之间可能产生针对小股东的合谋。第二，如果大部分股票从市场上抽出，但在大股东愿意出售时仍可售出的情况下，其股票可能难以在股票市场上交易。

高管薪酬

统一代理人与委托人利益的一个重要方面就是代理人是如何得到补偿的。董事会的薪酬委员会有责任去设计适当的高管薪酬以克服股东与管理层之间的冲突。管理层持股和股票期权的授予应该能激励管理层去为股东着想。

该方法的积极方面包括人们对激励的明显反应，而该问题的经济意义是对业绩给予报酬的必要性。不幸的是，通常很难确定管理层的行为确实增加了股票的价格还是管理层只是运气很好。石油价格的上升增加了拥有大量储备的大型公司的财富，因而也导致经理人报酬的增加，虽然其决策与石油价格的上升毫无关系。

股东运动和法律诉讼

糟糕的公司业绩最终会使股东不满意。如果业绩不是太糟糕，股东可能会给管理层时间去改善业绩。另外，不满的股东可能会将股份卖给对公司前景更乐观的人。不满的股东还可能运用法律体系去起诉董事会未能尽到受托责任。明确地定义 CEO 的受托责任增加了法律诉讼的威胁并阻止管理层剥削股东的价值，从而提供了统一管理层行为与股东利益的补充性方法。

如果股东不同意管理层战略或其实施，他们可能积极地试图更换管理层或投票选举新的董事。例如，2004 年亿万富翁柯克·克科里安（Kirk Kerkorian）购买了通用汽车 9.9%的股份，他的一名员工被授予通用汽车董事会的一个席位。克科里安希望他能说服通用汽车与雷诺和日产合并。谈判于 2006 年 11 月破裂，克科里安出售了他所持有的大部分股份，导致通用汽车的股价下跌了 4.1%。

敌意收购

根本上，敌意收购市场对管理层具有约束。在敌意收购中，取得目标公司的蓄意收购者竞价购买的是目标公司的多数投票权，如果成功，将运用所获取的投票权来更换 CEO，并且重新定位目标公司的战略。

这类兼并收购在美国、英国和法国都很普遍，但却很少发生在德国。尽管这样，在 2000 年，英国的沃达丰却以 1 990 亿美元实现了对德国 Mannesmann 公司的跨境收购，成为欧洲历来最大的一次兼并收购。这类兼并收购行为现在甚至扩展到了意大利的银行业，如同下文专栏“袭击意大利”所示。在日本，通常是一系列企业通过一家主导性银行相互交叉持股，由于这种交叉持股集团的出现，敌意收购也非常罕见。

《萨班斯-奥克斯利法案》

为了应对这里所描述的公司丑闻，美国国会通过立法，以期改善美国公司治理的实践。2002 年的《萨班斯-奥克斯利法案》，通称为 SOX，是一部联邦法，该法包含了审计独立性、公司治理以及增强财务信息披露等条目，下面是一些反映该法案最重要特质的内容：

1. 成立公众公司会计监督委员会，负责对承担公众公司审计工作的会计公司进行监督、规范、检查和约束。

2. 如果内部控制与财务报告有联系，要求公众公司及其内审机构评价和披露其内部控制的有效性。

3. 要求上市公司的首席执行官和首席财务官对其财务报告做出保证。

4. 要求负责监督公司及其审计机构关系的董事会审计委员会必须由独立董事构成。

5. 禁止公司向公司董事贷款。

不一致性是《萨班斯-奥克斯利法案》存在的一个问题，它仅允许独立董事服务于审计委员会，这一点与欧洲和亚洲的做法有冲突。如前所述，德国的监事会构成中有雇员代表，很显然，他们不是独立的。

法案的颁布确实是使公司治理变得正确的一种方式，《萨班斯-奥克斯利法案》进一步改善了美国的公司治理，虽然美国已经被认为是公司治理最好的国家。再者，履行新的规定成本很高，这很可能是许多国际公司选择不在美国上市的因素之一，而是选择在那些没有烦琐的外部监管的欧洲国家上市（参见第 13 章）。

袭击意大利

2005 年 9 月 14 日，意大利大众银行（Banca Popolare Italiana，BPL）董事会接受了荷兰银行的一项要约收购，获得了意大利大众银行在安东维内达银行（Antonveneta ）的 29.5%的股权，安东维内达银行是意大利的第九大银行，价值大约 25 亿欧元（31 亿美元）。也许你会认为，这并没有什么特别的。再想想，这项收购耗时 7 个月才得以完成，而且它代表了发生在意大利的第一个跨境收购。事实上，在 2005 年初，西班牙毕尔巴鄂比斯开（BBVA）收购意大利劳动银行（Banca Nazionale del Lavoro ）失败。更糟糕的是，意大利中央银行（Banca d'Italia）行长 Antonio Fazio 据称试图帮助 BPI 进行明显的法律操纵以保持对安东维内达银行的控制，但他与 BPI 银行行长 Giampiero Fiorani 的电话对话被金融警察在 7 月份截听了。该事件损害了 Fazio 和意大利中央银行的声誉，并损害了意大利作为安全商业之地的形象。Fazio 先生顽固地认为他未做什么不适当的事情，这使得要一位新的财政部长 Tremonti 来强迫 Fazio 辞职。政治和经济总是像一对奇怪伙伴。

数据说明了什么

经济学家 Rafael La Porta，Florencio Lopez-de-Silanes，Andrei Shleifer 和 Rob Vishny（LLSV；1997，1998，2000a，2000b）的一系列有影响性和争议性的文章考察了各国公司治理的差异情况。LLSV 的文章显示各国对投资者的保护的度量与基于“法律来源”的法律体系强烈相关——其主要的划分是包括加拿大、英国和美国的英国普通法法系国家；包括比利时、法国和意大利的法国民法法系国家；包括奥地利、德国和瑞士的德国民法法系国家；以及包括丹麦、芬兰和瑞典的斯堪的纳维亚民法法系国家。英国普通法法系国家对投资者的保护要高于民法法系国家。

LLSV 的研究显示法律来源与所有权的集中度、股票市场的规模和红利支付的水平高度相关。例如，在所有者保护较低的民法法系国家，公司所有权集中度高于英国普通法法系国家。LLSV 的研究还显示了在投资者保护较高的国家的公开股票市场上市公司数量更多、公司价值更大、经济增长程度也更高。

中国对关于保护金融体系和整体经济增长的法律体系的研究发现提供了一个重要的反例。经济学家 Franklin Allen，Jun Qian 和 Meijun Qian（2005）注意到中国的法律体系和金融体系都不健全，然而中国却经历了非凡的实际增长。虽然中国保留了很大的国家控制的部门，但私人部门才是经济增长的引擎。这意味着其他融资渠道和公司治理机制，可能是基于声誉因素的，促进了私人部门的增长。

跨国公司和外国直接投资

外国直接投资（foreign direct investment，FDI）自从公元前 2500 年苏美尔商人在外国安排人员收取、储存和销售其商品时就存在了，但公平地说外国直接投资的主要增长始自第二次世界大战后。外国直接投资发生于某个国家的公司在另一国家投资了一家新公司或拥有现有公司至少 10%的份额时。

外国直接投资的数据

图表 1.6 显示了在 1980—2000 年间，外国直接投资增长超过 20 倍。在 2000 年，外国直接投资超过 1 万亿美元，然后有一些小幅回落。现存的外国直接投资预计价值约 9 万亿美元。

虽然发展中国家的外国直接投资增长快于发达国家，外国直接投资仍然主要发生在发达国家之间。这尤其可以从图表 1.6 的 B 图看出来，其通过除以 GDP 来显示相对于经济规模的外国直接投资规模。我们不仅显示了发达国家的数额，也显示了非洲、亚洲和拉美发展中国家的数额。在整个期间，外国直接投资占发展中国家 GDP 的比例不到 2.5%，而占发达国家 GDP 的约 6%。

在 21 世纪早期，外国直接投资的规模相对于 GDP 来说翻倍了，在拉美的相对增长快于在亚洲。流行媒体已报道了中国通过外国直接投资吸收大量外国资本的能力，数据显示中国的总体外国直接投资仍是中等的，平均来说与亚洲其他发展中国家处于相同水平。

国际兼并与收购

外国直接投资可以被视为国际收购，因而是国际并购（M&A）的重要组成部分。在一项国际并购中，某国的一个公司合并或收购其他国家的公司。要理解这种跨境活动的规模，图表 1.7 提供了跨境并购的数据，其取自 UNCTAD 的数据库，在左边按收购者所在国（地区）列示，在右边按出售者所在国（地区）列示。

图表 1.7 显示 2004 年发生了 3 810 亿美元的跨境并购。这显著高于 1990 年的 1 510 亿美元，但显著低于 2000 年的 11 440 亿美元。图表 1.7 明显地指出大多数并购仍主要是发达国家的现象。在 2004 年的 3 810 亿美元中，发达国家的收购者占到 3 400 亿美元，而发达国家的出售者占到 3 160亿美元。美国、英国和加拿大是最大的收购者，但美国和英国也是最大的出售者。

图表 1.6　　外国直接投资

A 图：流量和存量（百万美元）

		1980 年	1990 年	2000 年	2004 年
世界	FDI 流入量	55 108	207 878	1 396 539	648 146
	FDI 流入存量	530 244	1 768 589	5 786 029	8 902 153
	FDI 流出量	53 743	238 681	1 239 149	730 257
	FDI 流出存量	570 125	1 785 264	6 148 284	9 732 233
发达国家	FDI 流入量	46 629	172 067	1 134 293	380 022
	FDI 流入存量	398 200	1 404 411	3 976 356	6 469 832
	FDI 流出量	50 407	225 965	1 092 747	637 360
	FDI 流出存量	496 197	1 637 760	5 257 261	8 610 146
发展中国家	FDI 流入量	8 455	35 736	253 179	233 227
	FDI 流入存量	132 044	364 057	1 739 726	2 232 868
	FDI 流出量	3 336	12 701	143 226	83 190
	FDI 流出存量	73 927	147 313	868 920	1 035 676

B 图：外国直接投资占产出的比例（%）

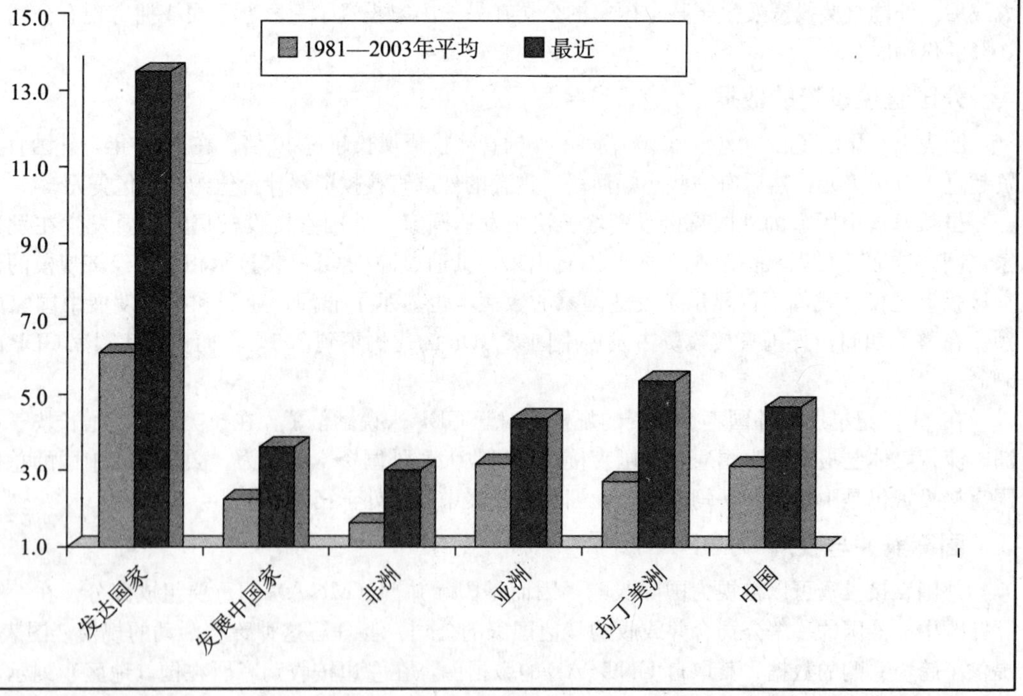

注：A 图的 FDI 数据来自 *UNCTAD Handbook of Statistics 2005*（www.unctad.org/en/docs/tdstat30p6_enfr.pdf<http://www.unctad.org/en/docs/tdstat30p6_enfr.pdf>）。也见 Table 6.2，pp. 33－34，and *The World Investment Report 2005*，Annex Table B.1，p. 303，and Annex Table B.2，p. 308。B 图中的数据为国际收支平衡表金融账户中的 FDI 流入和流出的总和。该图基于 Bekaert，Harvey，and Lundblad（2006b）。Copyright © 2006。重印经联合国贸易和发展会议允许。"最近"指的是 2000—2003 年的平均数据。

确定一家企业为跨境收购应支付的金额明显是财务经理在未来更重要的技能。在第 15 章，我们将详细讨论财务经理如何为跨境收购确定应支付的金额。

图表 1.7　　1990—2004 年收购者和出售者进行的跨境并购（百万美元）

	1990 年		2000 年		2004 年	
世界	150 576		1 143 816		380 598	
	收购者	出售者	收购者	出售者	收购者	出售者
发达国家和地区	143 070	134 465	1 088 961	1 070 911	339 799	315 851
欧洲	92 567	67 596	854 058	625 499	176 095	185 809
丹麦	767	496	4 590	9 122	4 703	5 893
法国	21 828	8 183	168 710	35 018	14 994	20 132
德国	6 795	6 220	58 671	246 990	18 613	35 868
爱尔兰	730	595	5 675	5 246	3 554	2 878
意大利	5 314	2 165	16 932	18 877	5 167	10 953
荷兰	5 619	1 484	52 430	33 656	9 130	13 321
西班牙	4 087	3 832	39 443	22 248	32 492	7 143
瑞典	12 572	4 489	21 559	13 112	5 906	10 916
英国	25 873	29 102	382 422	180 029	47 307	58 107
挪威	1 380	668	7 376	10 613	3 080	1 603
瑞士	4 503	4 569	43 228	13 334	4 564	4 776
北美洲	30 766	60 427	198 915	401 429	144 068	101 574
加拿大	3 139	5 731	39 646	77 079	34 047	19 635
美国	27 627	54 697	159 269	324 350	110 022	81 939
其他	19 736	6 442	35 988	43 983	19 636	28 467
澳大利亚	3 806	2 545	10 856	21 699	10 492	15 128
日本	14 048	148	20 858	15 541	3 787	8 875
新西兰	1 854	3 704	1 913	4 397	1 354	4 292
发展中国家和地区	7 181	16 052	48 475	70 503	39 809	54 700
阿根廷	10	6 274	675	5 273	103	285
百慕大	483	1 296	11 492	3 596	1 883	1 580
巴西	0	217	429	23 013	9 124	6 639
智利	0	434	507	2 929	95	1 720
中国大陆	60	8	470	2 247	1 125	6 768
中国香港	1 198	2 620	5 768	4 793	2 963	3 936
印度	0	5	910	1 219	863	1 760
印度尼西亚	49	0	1 445	819	491	1 269
韩国	33	0	1 712	6 448	409	5 638
马来西亚	144	86	761	441	816	638
墨西哥	680	2 326	4 231	3 965	1 973	6 403
俄罗斯	0	59	225	758	949	4 062
沙特阿拉伯	0	0	1 550	2	78	0
新加坡	438	1 143	8 847	1 532	11 638	1 190
南非	146	0	6 393	1 171	2 320	1 935
中国台湾	1 385	11	1 138	644	710	398
泰国	18	70	5	2 569	185	1 236
土耳其	0	113	48	182	108	132

注：数据包括涉及 10%以上股权的收购交易。

资料来源：数据来自 UNCTAD 跨境并购数据库（http://stats.unctad.org/FDI/Table Viewer/table View.aspx?ReportId=901）。Copyright © 2004。重印经联合国贸易和发展会议许可。

1.4 其他重要的国际参与者

在国际业务活动中，一个跨国公司可能需要从一家活跃的国际银行取得融资，使用一家国际组织提供的信息，在当地政府或国际组织设定的监管框架中经营，并需要在多个国家中处理投资者关系。下面提供了这些重要的国际金融参与者的简介。

国际银行

跨国公司开到哪里，它们的银行就会跟到哪里并提供服务。世界经济的全球化是与银行部门的国际化携手共进的。例如，花旗银行，作为花旗金融服务公司的一部分，现在实际上已经遍布各个国家，其具有非常悠久的国际经营传统，于1902年在欧洲和亚洲建立了分支机构。跨境兼并也创造了一些顶级的全球资产管理公司。例如，巴克莱国际投资管理公司（BGI），总部在旧金山，是世界最大的资产管理公司之一，管理着1.5万亿美元，有着特别的国际背景。在20世纪80年代，加州的富国银行是指数基金发展中的重要领导者之一，指数基金是跟踪现有股票指数而不试图超越市场的一种投资工具。在1989年，富国银行和日兴（Nikko）证券公司，一家领先的日本经纪商，合并了其资产管理业务并形成了一家重要的全球投资管理公司，名为富国—日兴咨询公司。在1995年，巴克莱，一家主要的英国银行，购买了该公司并创建了BGI。

在全球层面更加整合的金融机构的出现则是最近的现象。由于银行被认为是经济中重要和战略性的部分，因而银行通常在面对国外收购者时会受到监管部门明确的保护或是政治操纵的保护。ABN-AMRO试图收购安东维内达银行就是第二种情况的很好的例子。关贸总协定的乌拉圭回合为金融服务部门的解除管制铺平了道路。第11章对该问题有全面的阐述。

国际机构

国际货币基金组织

国际货币基金组织（International Monetary Fund，IMF）是拥有184个成员国的国际组织，总部位于华盛顿哥伦比亚特区，其是由1944年7月在新罕布什尔的布雷顿森林召开的联合国大会建立的。参与会议的45国政府试图建立一个经济合作的框架以免重蹈20世纪30年代大萧条的灾难性经济政策的覆辙。IMF的主要目标是确保国际货币和金融体系的稳定性，即能使国家间进行国际贸易、有助于解决危机，并促进增长和减少穷困的国际支付与汇率体系。为达到上述目标，IMF为成员国提供监管与技术帮助。监管是IMF提供给其成员国的常规对话与政策建议。常规上，通常每年IMF要对其成员国进行深入的经济形势评估，并提供良好的经济政策建议。

技术帮助与培训通常是免费提供的，以帮助成员国加强其设计与执行有效政策的能力，包括财政、货币和汇率政策，银行与金融体系监督与管制，以及数据统计。

当一国借入大量外债且随后缺乏足够的国际收支来偿还时通常会发生经济危机。我们将在第4章详细讨论国际收支平衡表。IMF设立的目的之一是向这类国家提供暂时的帮助以改善其国际收支。在与IMF的紧密合作下，国家政府设计的政策项目将得到IMF的支持，并且后续的金融支持将根据该项目的执行效果而定。这就是 IMF 的"视条件而定"。IMF 将对这些贷款按市场利率收费。另外，IMF 还积极地在全球单独或与世界银行等国际组织一起致力于减少贫困。在这方面，贷款是按低于市场的水平收取利息的。

IMF 的主要资源是由其成员国提供的，主要是通过支付配额，其大致反映了每个国家的经济规模。

世界银行

世界银行（World Bank）是与 IMF 一起于 1944 年创立的，全称是**国际复兴开发银行**（International Bank for Reconstruction and Development，IBRD），以支持战后的重建与发展。自那以后，IBRD 的重点转为减少穷困。在 1960 年，国际发展协会（International Development Association，IDA），作为世界银行的一个不可分割的部分被创建。世界银行关注中等收入国家，而国际发展协会则关注最穷困的国家。它们一起向发展中国家提供低息贷款、无息信贷和捐赠用于教育、健康、基础设施、通信和其他活动的投资。

世界银行还向发展中国家提供咨询服务，并活跃地参与减少和消除最穷困国家外债的工作。哈佛大学经济学家及 IMF 前首席经济学家肯尼斯・罗格夫将世界银行描述为一家长期发展银行、援助机构和技术帮助外包中心的复杂混合体。

由于来自 184 个成员国的资金有限，世界银行也是国际资本市场上的重要借款人。然后其再将这些资金以很小的利率加成贷给发展中国家。

世界银行有一些世界银行集团下的密切关联的发展组织。最著名的是**国际金融公司**（International Finance Corporation，IFC）。IFC 是一个全球性投资与咨询公司，致力于推动发展中国家私营部门的发展。其优先目标是通过机构建设和创新性金融产品的运用来发展国内金融市场。

多边开发银行

多边开发银行（Multilateral Development Banks，MDB）是向发展中国家的经济与社会发展活动提供金融支持与专业建议的一般机构。该称谓特指世界银行集团和四家地区性开发银行：亚洲开发银行、非洲开发银行、欧洲复兴开发银行和美洲开发银行。这些银行有着广泛的成员国，包括借款发展中国家和发达的捐助国，其成员资格不限于这些区域性开发银行的所在区域。虽然每个银行都有着各自独立的法律与经营状态，但类似的要求和相当数量的联合所有者导致多边开发银行之间的高度合作。

多边开发银行以三种方式提供融资。首先，按市场利率提供长期贷款。多边开发银行在国际资本市场上借款以获得融资，并向发展中国家政府再贷出这些资金。其次，多边开发银行提供利率远低于市场水平的非常长期的贷款（通常称为信用）。这些信用来源于捐助国政府的直接捐助。最后，有时提供赠与，主要用于技术援助、咨询服务或项目准备。

世界贸易组织

1995 年，关税与贸易总协定的成员创建了世界贸易组织，总部位于瑞士日内瓦，2007 年时有 150 个成员国。关税与贸易总协定是一套由成员同意的规则，而世界贸易组织则是一个机构化的组织。世界贸易组织由商品贸易扩展到服务领域及知识产权领域。多项世界贸易协议设立了国际商务的法律基础规则，以确保多边贸易体系能顺利运转。其由世界贸易的多数成员谈判并签订，这些协议由成员的立法机构所支持。

如果成员之间发生了贸易纠纷，世界贸易组织的纠纷解决程序将帮助解释协议与承诺，这将保证成员的贸易政策与其保持一致。在过去的数十年中，例如美国与欧洲就钢铁和香蕉的国际贸易规则产生冲突，并需要世界贸易组织的规则来平息冲突。

经济合作与发展组织

1961 年，**经济合作与发展组织**（Organization for Economic Cooperation and Development，OECD）取代了 1948 年在美国与加拿大的支持下为协作执行旨在分配由美国向欧洲提供用于战后重建的资金的马歇尔计划而设立的欧洲经济合作组织（OEEC）。经济合作与发展组织的总部位于巴黎，由 30 个相对富裕的国家组成，提供了检查、设计和协调政策的机制，以促进成员国和非成员国可持续的经济增长和就业、提高生活标准和金融稳定性。经济合作与发展组织的职员和成员国代表所做的分析可能形成成员国之间的正式协议和条约。例如，经济合作与发展组织的税收和转移定价的谈判促成了世界范围的双边税收协定。

经济合作与发展组织以其高质量的经济和社会数据库而著称，其有关各国浏览与调查的出版物是政策制定者的必读物，为政策制定者提供了有用的商业信息。经济合作与发展组织的资金由其 30 个成员国提供。

国际清算银行

国际清算银行（Bank for International Settlements）创立于 1930 年，是一家致力于国际货币和金融合作并服务于各国中央银行的银行。其总部位于瑞士巴塞尔。国际清算银行的关键目标之一是促进货币和金融的稳定。追求这一目标的机制之一是每两个月的国际清算银行成员行的各国中央银行行长和高官会议，以讨论货币和金融问题。国际清算银行在巴塞尔有常设委员会，通过提供背景分析及政策推荐以支持各国中央银行，及负责金融稳定的更广泛的机构。最著名的可能是巴塞尔银行监管委员会。该委员会已经发展为银行监管的准则制定机构，包括《巴塞尔协议Ⅱ》监管资本框架，该框架监管国际银行必须持有的资本金金额。我们将在第 11 章详细讨论该问题。

欧洲联盟

欧盟成员国创立了一个商品、服务、人员和资本能够自由流动的共同市场，以达到某种程度的经济与政治整合。欧盟成员国已经达成了广泛领域的共同政策，从农业到文化，从消费者事务到竞争，从环境和能源到交通与贸易。从第二次世界大战后避免重蹈战争的杀戮和毁灭覆辙开始，欧盟已经发展到拥有 27 个成员国的组织。在初期，合作产生于 6 个成员国（比利时、联邦德国、卢森堡、法国、意大利和荷兰）之间并主要致力于贸易与经济。欧洲委员会最终因 1992 年的《马斯特里赫特条约》而发展为欧盟。该条约引入了成员国政府之间合作的新形式，如在防务和司法及内部事务方面。

欧盟由于新成员国的不断加入而规模不断扩大。1973 年，丹麦、爱尔兰和英国加入欧洲委员会；1981 年，希腊加入；1986 年，西班牙和葡萄牙加入。1995 年，奥地利、芬兰和瑞典加入了欧盟。2004 年，欧盟迎接了 10 个新成员国的加入：塞浦路斯、捷克、爱沙尼亚、匈牙利、拉脱维亚、立陶宛、马耳他、波兰、斯洛伐克和斯洛文尼亚。

虽然欧盟所有的初始目标并没有完全实现，但其在欧洲日常生活中的重要性是不可否认的。单一市场是在 1992 年底正式形成的，虽然在一些领域还需要做进一步的工作（如在金融服务领域建立真正的单一市场）。

20 世纪 90 年代，人们在欧洲的流动变得更加容易，因为欧洲内部边界上的大多数护照和海关检查站被撤销了。后果之一就是欧盟公民和商务人士更大的流动性。

1992 年，欧盟决定建立**经济货币联盟**（economic and monetary union，EMU），包括引入由欧洲中央银行管理的单一欧洲货币。该单一货币欧元于 2002 年 1 月 1 日成为现实，其纸币和硬币取代了欧盟 15 个成员国中 12 国各自的货币（比利时、德国、希腊、西班牙、法国、爱尔兰、卢森堡、意大利、奥地利、荷兰、芬兰和葡萄牙）。我们在第 5 章将详细讨论欧盟内部的汇率政策是如何形成的。

欧盟也与其他国家谈判主要的贸易和援助协议，并形成了共同的外交和安全政策。欧盟的决策权属于欧洲委员会、一系列的官方机构、部长委员会（如财政决策方面的成员国财政部长），以及欧洲议会（由直接选举产生）。

政　府

政府是国际金融管理中的重要角色，因为其负责制定跨国经营的监管环境。在第 14 章我们将讨论合作为何应该考虑政治风险因素，即政府决策可能对国际公司现金流量产生负面影响的风险。政府（特别是中央银行）也影响到重要的资产定价，如利率，其是公司债务成本的主要构成部分。在第 5 章，我们将讨论中央银行如何影响汇率的价值，而这正是国际财务管理者的最重要的资产价格之一。

机构和个人投资者

个人投资者

你可能对一本关于国际财务管理的书中个人投资者的角色产生好奇。一方面，个人投资者作为公司的股东，代表了公司的最终所有者，而我们在之前讨论过管理层应按最终投资者的利益行事。

更为重要的是，当某个公司的权益是在股票市场上公开交易时，个人和机构投资者决定了该股票的价格并内在地决定了其预期回报率。如我们将在第 13 章所解释的，这样做时他们也决定了公司的权益资本成本。公司必须理解该资本成本也将影响公司如何对项目进行评价和公司将进行多大的投资。第 15 章和第 16 章将运用现代公司财务工具探讨国际项目估价。

机构投资者

机构投资者（institutional investor）是代表个人投资者或其他组织进行大量资金投资的组织。机构投资者的例子包括银行、保险公司、退休基金、共同基金和大学捐款人。机构投资者和个人投资者一起帮助决定股票和公司债券的价格并因而决定了其所投资的公司的权益和债务的成本。

如前所述，机构投资者通常拥有相对大额的某个公司的股票份额，并相应地对管理层能施加外部控制。20 世纪 80 年代和 90 年代出现了缓慢的机构化趋势，更多的储蓄通过机构投资者进行投资，其更加精密且更关注其投资组合的国际分散化。

套期基金和私人权益公司

近年，大量的投资者资金流向**套期基金**（hedge funds）。与共同基金类似，套期基金汇集投资者的资金并将其投向金融工具以获取正的回报。许多套期基金通过追求杠杆效应和其他可能加大投资损失风险的投机性投资操作来在各种市场上追求利润。这类基金的数量呈指数增长，特别是在美国和欧洲。共同基金受到严格监管——在美国市场上共同基金受 1940 年《投资法案》监管，套期基金却在法律的例外下运作。理论上，套期基金的投资者限于有经验和富有的人士。例如，套期基金的投资者必须有最低金额的可用于市场交易的财富。由于监管的宽松，套期基金可以投资任何东西并大量运用衍生工具。它们也根据业绩收费，而共同基金是按所管理资产的百分比收费的。由于套期基金行业持续增长，套期基金可能成为越来越重要的资产价格决定因素。

与套期基金运作结构类似的是**私人权益公司**（private equity firms）。这些公司从富有的个人投资者和机构投资者那里融资，并投资于许多个人公司。这些公司可能是私人的（即不是在股票市场上交易的），但大型私人权益公司，如 Kohlberg Kravis Roberts 公司和黑石集团也投资于公开交易所上市的公司并将它们私营化（即从交易所退市）。私人权益公司通常控制被投资企业的管理层，并引入关注提升企业整体价值的新管理团队。私人权益公司正更加深入地参与国际并购并可能拥有真正的跨国公司。套期基金和私人权益公司通常积极地寻找公司治理薄弱的公司，以作为价值提升活动的潜在目标。

1.5 全球化与跨国公司：有益还是有害?

在过去数十年里，世界经济经历了贸易与资本自由化、解除管制与国有企业的私营化。商业的多国化以很快的速度发展。然而，20 世纪 90 年代末和 21 世纪初，一些事件和发展威胁到进一步全球化的趋势。这些事件包括跨国贸易自由化所经历的当前问题、许多国家在 20 世纪 90 年代末所经历的货币和银行危机、导致资本主义总体上负面影响的衍生工具和公司丑闻，以及所谓的反全球化运动的上升。

在本节，我们分析这些事件可能导致全球化进程减缓或停止的可能性。这是每个国际财务经理应经常考虑的关键问题。在一个整合的世界经济中管理财务风险与在一个政府充分行使主权、阻止国际贸易和限制国际资本流动的环境中管理风险是非常不同的。虽然没有人能够预测未来，我们的意见是，如果社会潮流总体上有利于增加福利，则它们将可能继续。关于这个问题已经有很多论述，贸易自由化（经济一体化）和资本市场自由化（金融一体化）对经济福利的影响是矛盾的。我们求助于快速增加的关于全球化和外国直接投资的学术文献，以从中寻找出近来的事件是否会潜在地损害全球化的客观线索。

通向自由贸易的艰难之路

几项最新的发展已经减缓了进一步开放贸易的潮流。第一，发展中国家的单边贸易自由化已经明显减慢。看起来在某些地区优先贸易协议被给予了更多的重视，但这可能会挑战跨国贸易规则的有效性。第二，对于最近为增加竞争而开放欧洲服务市场的努力，欧盟已经缺乏初始的雄心了。第三，多哈回合的多国贸易谈判经历了非常艰难的过程后还是崩溃了。自由贸易的反对者激烈的示威打断了数个会议，许多国家甚至无法设定会议日程。当多个国家无法达成减少农业补贴和降低进口关税的协议，以及 2006 年多哈回合贸易谈判被暂停后，世界贸易组织明显面临着共识上的危机。

我们已经讨论过贸易开放看起来毫无疑问地创造着经济增长，因而突然兴起的经济保护主义看起来是危险的。这里，我们回顾一下看起来有些道理的对贸易自由进程的批评。它们并不要求降低贸易开放程度，而是要求以不同的重点和进程进行贸易开放。

贸易开放与经济风险

各国不应只关注长期的经济增长水平，也要关注增长的多样性。如果全球经济使一国面临比在封闭环境下更多的风险和更深的衰退，则政策制定者和他们的公民将更倾向于一个稳定增长的封闭经济。哈佛经济学家丹尼·罗德里克（Dani Rodrik）与其他人一样持这样的观点，即开放经济增加了外部风险，因为其更容易受到国际冲击（商品价格、汇率、外国商业周期等的变化）的打击。这些冲击可能给国际导向的企业带来剧烈的波动，并带来对其所雇用员工工作安全的负面影响（Rodrik，1998）。

这些现实波动的增加要求政府通过转移支付如社会保障、失业救济、工作培训等来减轻外部风险。实际上，欧洲小国，如斯堪的纳维亚国家，在开放经济的同时成为了深度的福利国家，以保护公民不受全球化带来的经济不安全的影响。然而，大多数发展中国家的社会保障体系是不健全的。上面的论述说明在不存在政府福利项目时，无约束的贸易开放可能是错误的建议。

公平的贸易开放

在欧盟内部，共同农业政策通过补贴和其他手段保护着农民。在20世纪80年代，大量的奶制品补贴导致奶油和牛奶的过量生产，以至要采取激烈的措施来消除“奶油山”和“牛奶湖”。这也不幸地导致在国际市场上低价处理大量的奶油。虽然产品配额的引入减少了该问题，但该问题并未完全解决。在美国，谷物、小麦、棉花、大豆和水稻的种植者获得了全部农业补贴的90%；日本因对其水稻种植者的保护而臭名昭著。

显然，发达国家在农业部门实施了保护主义措施和手段。然而，农业领域是发展中国家具有比较优势的领域。哥伦比亚大学诺贝尔奖得主、经济学家约瑟夫·斯蒂格利茨（Joseph Stiglitz）在其2002年著作《全球化及其不满》中反对贸易开放运动中的这种不平等。其他例子包括乌拉圭回合开放金融领域市场服务（有利于有大型国际银行的发达国家），但没有开放海运和建筑服务（有利于发展中国家）。正如经常发生的，在某一经济水平所需要的往往无法在政治上获得。例如，农业部门在大多数发达国家规模收缩得非常剧烈，而其政治影响却不成比例地庞大。

国际资本流动是否带来混乱

在20世纪90年代，许多先前开放了资本市场的新兴市场国家经历了严重的货币和银行危机。首先，墨西哥于1994年受到打击；接着是1997年东南亚危机和1998年的俄罗斯危机。这些危机带来了真实的经济创伤，产出严重下降，失业大量增加。危机也引起了资本的回流，许多发展中国家现在向发达国家输出资本而不是引进资本。我们将在第4章讨论这一问题。许多人将责任推给外国人，要么是外国投资者，要么是IMF这样的国际组织。这些危机也强化了关于金融全球化的收益与成本的政治和经济讨论。这些批评有根据吗？让我们研究金融全球化的理论收益与成本和至今的记录所显示的情况。

金融开放的收益

理论上，金融全球化的收益是不容置疑的。在自由的资本市场上，国际资本市场将储蓄引向最有生产力的用途，而不论其在哪里。国际金融市场允许不同国家的居民来分散各种风险，达到比单纯国内市场更有效的保险。一个遭受暂时衰退、自然灾害或仅仅是缺乏资本的国家可以向外国借款。因为风险被分担，资金成本可能降低，导致企业投资更多和投向具有更高收益和风险的项目。这也将随之提高增长。

金融全球化的成本

当然，外国资本不一定被有效地投资。危机之后的一种观点认为，外国资本导致了消费过度、不切实际的资产高价和低利率，而这些又导致了建设和房地产的膨胀。这些现象得到了资本接受国虚弱的银行体系的大力帮助，其银行体系未能阻止利用资产泡沫为抵押而进行的过度借贷。最终，泡沫破灭了。易变的外国资本在问题刚显露时就逃走了，而当企业破产、银行倒闭时，金融的波动很容易导致实体经济的波动。这种观点认为自由化显著增加了金融部门的脆弱性和实体经济的波动性。

金融全球化也可能意味着财政自主权的损失，因为与流动性弱的生产和劳动相比，对流动性高的国际资本较难征税。类似地，跨国公司也可以在国家间转移“利润”，从而使得税务机关难以征税。

然而，在跨国公司的经济活动较多的全球经济中，资本管制的有效性也降低了。Desai，Foley 和 Hines（2004）显示了跨国公司运用“内部资本市场”（在跨国公司联属企业之间）来规避资本管制。他们还表明，在资本管制国家的跨国公司将利润转移到其他国家并且比其他类似国家投资更少。因此，实施资本管制可能具有潜在的巨大经济成本并导致税收收入的减少。

数据显示了什么

由于许多新兴市场国家在不同的时间实现了自由化，我们可以通过考察数据来看一看自由化的国家与未自由化的国家相比发生了什么。虽然结果是不确定的，但以下参考文献至少比几个案例研究能向我们提供更全面的了解。Bekaert，Harvey 和 Lundblad（2005）最近的研究显示了权益市场开放的国家比封闭市场国家每年多增长 1%，资本账户开放的国家比严格资本管制的国家增长得要快。虽然不是每个人都同意这些结果，但其看起来还是有说服力的。通常大家承认，在开放资本市场之后，金融发展更好（例如银行体系健康）和制度更好（高质量的政府）的国家比这两方面弱的国家增长得更快。

实体波动性方面的证据则更加混杂（Bekaert，Harvey，and Lundblad，2006a；Kose，Prasad，and Terrones，2003）。自由化国家一般来说经历了实体波动性较小的下降，但各国的制度背景是非常重要的。具有高度（较弱）发达银行部门或高度（较低）质量政府制度的国家经历了下降的（上升的）实体波动性。认为对新兴经济体来说全球化已经走得太远了的说法是缺乏实证分析支持的。然而，已发生的危机说明金融整合最好是伴随国内金融部门和当地制度的活跃改革。

有意思的是，跨国公司在经济危机时可以充当缓冲器。当新兴市场遭遇货币危机时，其通常还伴随着严重的经济紊乱和衰退。虽然货币贬值应改进当地企业的国际竞争力，而不完善的金融市场常常使得当地企业难以获得这些机会。Desai，Foley 和 Forbes（2004）显示跨国公司的联属企业更有可能获得这种竞争优势并规避当地企业所面临的金融困难。这样做，跨国公司联属企业在当地企业遭遇困难时仍能扩展经营。它们之所以能这样做是因为其能够在跨国公司体系内销售产品（如向美国母公司销售产品），并获得公司之间的借款或权益融资。简而言之，对全球产品和资本市场更便利的接触使得跨国公司能够有效地缓冲经济危机带来的严重经济冲击。

反全球化运动与跨国公司

最近的贸易回合不仅要处理国家间的政治争议，还要对付强有力的反全球化运动，反全球化人士在贸易谈判中心周围组织示威并常常变得很暴力。反全球化运动是非常重要的，因为其认为跨国公司是带来全球化现象的主要“坏人”。

什么是反全球化运动

反全球化是一个涵盖了多个独立的社会运动的名词，这些运动反对公司经济活动的全球化及这些经济活动所导致的与发展中国家的自由贸易。反全球化运动的成员通常相信全球范围的自由资本主义对贫穷国家是有害的，并且对富裕国家的人民也是不利的。[①]

① *No Logo*，由加拿大新闻工作者 Naomi Klein 所著，批评了在流行文化中跨国公司的生产实践和无处不在的品牌驱动市场营销。该书已经成为这场运动的宣言。

除对跨国公司外，很多批评针对全球金融机构，如世界银行、IMF和世界贸易组织。受到特别批评的是所谓发展模型的华盛顿共识，其由国际金融机构（特别是IMF）所推动，被解释为要求宏观经济紧缩、私有化和经济管理的相对自由化。而这些政策被认为加重了失业和贫困。当对IMF所支持的政策存在严厉批评时，反对的观点是找离病人近的医生看病并不意味着这个医生使病人生病。医生被找来是因为病人生病了。通常发展中国家不可持续的政策才是问题的根源。

许多反全球化者是所谓非政府组织的一部分，其鼓吹全球人权、环境保护、减少贫困、公平贸易等。该运动最大和最常见的形式是组织大规模的示威来反对国际会议。反对1999年世界贸易组织西雅图、华盛顿会议的反全球化示威变得暴力，有超过600名示威者被捕，数十人受伤。反全球化者还毁坏了其目标公司的橱窗，如耐克和星巴克。在2001年G8意大利热那亚峰会上，一名年轻的热那亚市民丧生，几名示威者被送入医院。

为何反全球化者如此不喜欢跨国公司

其担忧之一是跨国经营会损害环境。这是因为热衷于外国直接投资的政府降低了环境标准（恶化效应）或是由于高污染而将产业重新配置到低标准的国家，特别是发展中国家（污染天堂效应）。至今的证据是不确定的。第二个批评是“劳工工厂”的争论：发展中国家的工人像奴隶一样以低工资并在恶劣条件下长时间为跨国公司工作。

此外，全球化也被视为对反全球化者所在国就业市场的威胁。金融和经济全球化所带来的劳动力市场的国际化是关于全球化效果的社会争论话题中最受关注的。

有观点认为国际贸易将蓝领制造业工作转移到低收入国家。例如，当罗斯·佩罗（Ross Perot）竞选美国1992年总统时，他反对《北美自由贸易协定》，声称选民们应当知道如果《北美自由贸易协定》获得通过，美国的就业机会将会被墨西哥抢走。

最近，外包现象被视为对白领工作的威胁。由于全球电信收费大幅下降，遥远地区的员工可以很容易且很便宜地与发达国家的客户沟通。另外，不仅是基本数据处理和电话中心被外包给低工资国家，软件开发、医疗诊断、工程设计、法律、会计、金融、其他商业咨询也被外包出去。这些服务现在可以从世界任何角落通过电子化外包出去，从而使得熟练的白领工人也面临加剧的竞争。

外国直接投资和跨国活动的经济效应

除了国家自豪感和反全球化的口号，学者们已经相当全面地研究了外国直接投资的经济效应，可以得出一些扎实的结论。①

认为外国直接投资只会导致跨国公司总部所在国的失业和被压低的工资，以及东道国被剥削的工人的悲观观点是经不起推敲的。

我们从对母国的影响入手。不可否认，当生产设施被转移或某些工作被外包到国外时会损失工作机会。然而，外国直接投资是一条双向道。外国公司在母国的投资也创造了工作机会。例如，研究显示，在过去30多年里，外国所有的联属公司创造的就业和产出抵消了美国制造业遭受的损失。

另外，Mihir Desai，Fritz Foley和James Hines，Jr.（2005a）显示在外国投资的美国公司也增加了其在母国的投资和就业。因此，一国在外国的投资可能通过壮大母公司而最终保护了母国的就业，例如通过保护母公司免受货币波动及抵制贸易的税收政策的负面影响。近来的研究

---

① 这里所写的大部分内容是建立在Robert Lipsey（2002）的评论文章的基础上。其他文章包括Linda Goldberg（2004）聚焦金融服务部门的文章，以及Brian Aitken和Ann Harrison（1999）的文章，该文章是用一个国家（委内瑞拉）的详细数据进行细致的经验主义研究的案例典范。

(Amiti and Wei，2005）也认为外包至今还未导致工作的净减少，因为全球化企业也在创造一些工作机会。

让我们转向外国直接投资对东道国的影响。尽管一些工作条件可能不尽如人意（特别是与发达国家工人所习惯的水平相比），但大量证据表明跨国公司支付的工资高于当地企业。不幸的是，只有零星的证据表明这些高工资对当地企业的工资水平有溢出效应。

外国直接投资的支持者声称其主要优点在于改进了资源的配置效率（在最有生产率的地方配置资本），以及技术转移和生产力的溢出。外国直接投资比当地生产者有着更有生产力的知识：技术知识，营销与管理技巧，出口合约，与供应商和客户的协同关系，以及声誉。外国直接投资因而可能消除发展中国家与发达国家之间的“思想差距”。① 然而，外国直接投资所引致的生产率改进的实证证据至今还是非结论性的。然而，在外国直接投资刺激了东道国经济增长方面已形成了共识，一项权威性研究认为只有当东道国拥有充足的受教育人口时才会有显著的增长效应(Borenzstein，De Gregorio，and Lee，1998)。

考虑外国直接投资对东道国的经济效应是重要的，因为许多国家为吸引外国直接投资而提供刺激（直接的补贴或税收优惠），而东道国必须确保外国直接投资带来的收益超过成本。

对全球化的一些最终思考

全球化能经得起前面讨论的挑战吗？这些问题在21世纪的开端变得更加糟糕。2001年9月11日恐怖分子对纽约世贸中心和华盛顿五角大楼的袭击揭开了地缘紧张政治的新时期，这可能会增加政府提高监督和回归管制的压力。

全球化进程可能停止的风险现在是真实的。Jeffrey Garten（2003）认为跨国公司的领导人才是逐渐开放的世界经济的唯一自然的冠军。他们的日程需要包括积极地施压于政府以推动贸易谈判并朝着确保全球金融稳定的机制前进。

我们相信全球化是唯一的前进道路，然而批评的争论也不应被忽视。有些证据表明平均来看，发达国家的工人还未从全球化中获益，而发展中国家的全球化收益还未带来广泛的福利增进。② 这可能是由于进程的不完全性；同样可能的是政府必须介入以帮助分配新增加的财富。例如，通常认为IT革命增加了技术工人相对于非技术工人的价值，而现在很明显的是全球化也推动了这一潮流。随着印度和中国的大量劳动力逐渐融入全球劳动力，这种相对于资本来说大量增加的劳动力可能会影响到他们的相对回报。资本的高额回报通常意味着富人变得更富。而同时，新兴市场的技术水平在提高，因而即便是西方国家的技术工人也将感受到冲击。由于全球化摧毁了一些工作并创造了另外一些工作，其自然带来了一些不确定性，并且被替代行业的工人未能感受到全球化的利益。这将对政府产生压力来帮助这些被全球化所取代的工人，例如通过有效的再培训和雇用政策。如果普通工人不能感受到全球化的利益，敌意将会增加。类似地，发展中国家必须确保开放的利益被广泛地分享。而发展中国家与发达国家的对话应该改变。公平的全球化可能应该是发达国家在发展中国家具有竞争力的领域更加开放（比如农业产品）。1987年诺贝尔和平奖得主、哥斯达黎加前总统奥斯卡·阿里亚斯·桑切斯（Oscar Arias Sanchez）对此有过极佳

---

① Lee Branstetter（2005）引用专利来证实在美国、日本的外国直接投资增加了从美国公司到日本投资公司知识溢出的流动，反之亦然。然而，Bruce Aitken 和 Ann Harrison（1999）发现，当外国投资者增加了外资工厂的生产力却消极地影响了国内工厂的生产力时，来自外国投资的净收益很小。

② Mittali Das 和 Sanket Mohapatra（2003）中的证据指出，最低收入阶层从自由化中获益，但是在研究未包括的国家中，这个结果不适用于自由化的其他形式是可能的。

的论述："我们（发展中国家）不需要你们（发达国家）的施舍；我们需要的是在世界市场上出售我们的产品的权利。"

1.6 本书概览

国际财务管理领域涉及公司管理者所面临的跨境贸易和投资方面的财务决策。虽然实务例子和案例研究是有用的学习指导，我们仍强调更能适应不断变化的竞争性全球市场操作的基础概念、原则和分析理论。

本书的基础思想是以一个现代的和理论上正确的方法来呈现国际财务管理，该方法包含了数据分析，并因而使得学生能够学习当今的理论是如何得到数据较好或较差的支持的。在全书中，我们强调了国际金融市场产生风险的源泉及这些风险的管理方式。本书在对国际市场和工具以及国际公司理财的处理方面是独特的。

本书分为 6 个部分：

- 第 1 部分：外汇市场与风险介绍。
- 第 2 部分：国际平价条件与汇率的决定。
- 第 3 部分：国际资本市场。
- 第 4 部分：国际公司理财。
- 第 5 部分：管理持续的经营。
- 第 6 部分：外币衍生工具。

第 1 部分：外汇市场与风险介绍

第 1 部分在第 2 章研究了即期外汇市场，在第 3 章研究了远期外汇市场，在第 4 章研究了国际收支平衡表，在第 5 章研究了备选的汇率体系。等你完成了这些部分后，你将理解外汇交易风险的性质及其管理方式，你也将对国际收支和外汇市场上货币供求的联系有所了解。不同国家选择不同的汇率决定体系说明各国由于汇率波动的损失风险和管理该风险的能力是不同的。

第 2 部分：国际平价条件与汇率的决定

第 2 部分研究了利率与汇率，以及价格与汇率的关系。第 6 章解释了国际金融最重要的基础构成：利率平价理论。这一关键概念解释了为什么各国间利率的差异既不是投资者获利的机会，也不是公司降低借款成本的机会。第 7 章讨论了外汇市场上的投机和风险。我们考察了是否未来汇率的不确定性影响到对外投资的预期盈利能力。第 8 章考察了购买力平价概念，该概念描述了不同国家间商品的价格与汇率的关系，同时讨论了通货膨胀率与外汇汇率变动之间的联系。我们将展示与利率平价理论相比，购买力平价理论的有效性较差。第 9 章讨论了在这一环境中所产生的管理问题。同时第 9 章深入讨论了不同国家产品的竞争性价格及对外国子公司的评价。在前面论述的基础上，第 10 章解释了经济学家是如何看待汇率决定的，并探索了用于预测未来汇率的可选方法。

第 3 部分：国际资本市场

第 3 部分调查了国际资本市场。国际债券市场在第 11 章得到研究。希望发行债务的跨国公司有许多要考虑的问题。最重要的问题是债务的币种，其他问题包括债务的期限、所承诺的利率支付类型和本金偿还时间，以及选谁作为发债的市场代理人。第 12 章研究 了国际权益市场。公司要考虑的关键问题是资本成本。只有回报率超过公司资本成本的项目才是可行的，而第 13 章解释了国际投资者如何决定权益的预期回报并设定公司的资本成本。第 14 章探讨了政治风险和国家风险的问题。跨国公司外国直接投资的历史中有大量事例表明跨国公司会因为东道国的政治风险而损失部分或全部投资的价值。评估和管理这些风险是特别重要的技能，因为全球化的力量带来了更多的海外投资。

第 4 部分：国际公司理财

第 4 部分包含了如何评估国际项目可行性的蓝图。第 15 章通过运用调整净现值（ANPV）框架为进行深入的国际资本预算分析打下了评估的基础。项目的价值被分解为以下部分，即归属于如果全部以权益融资所产生现金流的部分、归属于如果以利息税盾方式融资而产生的部分和归属于增长选择权的部分。第 16 章在国际资本预算方面继续讨论一些深入的问题。如第 15 章所述，外国项目可以通过贴现预期外国货币现金流方式进行评价。它们也可以通过贴现预期本币现金流方式进行评价。第 16 章解释了这两种方法是如何关联的，还更深入地探讨了外币借款的利息税盾。虽然风险管理问题在本书中无处不在，第 17 章运用 ANPV 框架展示了风险管理如何能增加一个跨国公司的价值。

第 5 部分：管理持续的经营

第 5 部分讨论了作为国际财务经理工具箱一部分的两个基本问题。第 18 章考察了企业是如何对国际贸易进行融资的。由于在国家间运输货物涉及较长时间和司法管辖区的变化，跨国公司和为其提供服务的国际银行已形成了一系列方法以确保出口商得到进口商的付款并且进口商确实能收到货物。第 19 章的主题是管理营运资本。由于在多个国家开展经营，跨国公司的短期资产和负债的管理是件复杂的工作。作为刺激全球化发展的因素之一，通信成本的降低增强了跨国公司更有效管理其资产和负债的能力。当跨国公司的某个子公司向另外的子公司出售商品时，便产生了转移价格的问题。第 19 章在承认在某个特定法律环境中经营会限制其避税能力的同时，还探讨了转移价格如何被用于在全球转移收入。

第 6 部分：外币衍生工具

第 6 部分在第 20 章介绍了外币期权，在第 21 章介绍了利率和外币互换。这些衍生工具在管理外汇风险时是非常有用的。期权策略可以被描述为购买保险以保护你免受坏事件的影响，但当坏事件未发生时会影响你的利润率。利率互换能够让财务经理通过将固定利率付款转为浮动利率付款而改变公司的债务，而货币互换可以改变债务的名义货币。

最后的引言

我们还有一段引言。在整本书中，Ante 和 Freedy 两兄弟将在“针锋相对”专栏讨论各种国际财务管理问题和国际财务中重要而有争议的问题。这两兄弟参加了一门国际财务课程并具有不同的观点。Ante 特别反对自由贸易和自由市场，因为他认为金融市场并不有效。因而他相信价格并不必然正确地反映某个企业的前景信息。Freedy 更加相信资本主义体系有效分配资源的能力，因而他认为金融市场在总体上能让事情变得更好。

“针锋相对”专栏是为了探讨有争议的问题而设计的并与本书的思想一致。许多教材常常为复杂的问题提供简短而容易的答案。在对某个问题存在一致观点时这种方法是可行的，但通常情况比标准教材的描述更加复杂而精致。“针锋相对”专栏讨论的是学术界和实务界未解决或未被充分理解的有争议的问题。幸运的是，这两兄弟有一个思想非常清醒的表兄弟，Suttle Trooth，他引导着两兄弟的讨论并反映了所讨论问题的最新发展。在这里，我们让兄弟俩先讨论近来一家中国公司对一家美国石油企业的收购企图。

针锋相对

中国走向全球并碰壁

现在是 8 月初，Ante 和 Freedy Handel 正在家休息享受他们的假期。Ante 正舒适地躺在一张意大利米兰设计和制造的漂亮沙发中看报纸并冲 Freedy 嚷嚷：“嗨，那家中国公司撤回了对优尼科（Unocal）的要约。我们的议员们终于做了点正确的事情，因为我们不想让中国政府拥有我们的战略资产。”Freedy 正品尝着一杯咖啡，看起来有点困惑。“我从没听说过这件事，让我看下报纸好吗？我认为外国直接投资对世界经济是好的，因为其将资产的控制权交到最重视它们的人手中。”

Ante 将报纸递给 Freedy，而 Freedy 越看越生气。下面是这个案例的情况。2005 年 4 月 4 日，美国第十二大石油公司优尼科的董事收到了美国第二大石油公司雪佛龙（Chevron）的 165 亿美元的收购要约。然而，2005 年 6 月 22 日比优尼科小的中国第三大石油公司——中国海洋石油总公司（简称“中海油”，CNOOC）做出了 185 亿美元的反收购要约，试图收购优尼科。在 2005 年 7 月中旬，雪佛龙将价格提高到 173 亿美元，但仍低于中海油的报价。然而，中国公司的要约在华盛顿遭遇了前所未有的政治反对。比如，41 位政治家，既有民主党的也有共和党的，在一封致财政部的信中提出了对于中国收购优尼科可能损害国家安全的关注。许多其他的美国政府高级官员也表达了对中海油收购优尼科必要性的怀疑。这件事于 2005 年 8 月 2 日了结了，中海油撤回了其要约，从而让雪佛龙完成了收购。

“看！”Ante 冲口而出，“很明显，中国人想攫取美国的战略石油资产，并且这显然是对美国国家安全的威胁。”Freedy 叹了口气，“重商主义已经过时了，Ante。你是在开玩笑吧。优尼科只是个小角色。它只占美国原油产量的 0.8%。你所购买的产品大部分来自国际市场。你的沙发是从哪来的？”

“等等，聪明的家伙，”Ante 反驳道。“读读那篇文章。优尼科是东南亚（菲律宾、孟加拉国、泰国）重要的天然气供应商，其 70%的石油和天然气位于该地区。它还是巴库—第比利斯—杰伊汉（Baku-Tbilisi-Ceyhan，BTC）管道的主要投资者，该管道将石油从卡斯皮安运到地中海。如果中国通过中海油获得股份，它将在对于美国最重要的战略要地中获得立足点。”

这时，Suttle Trooth 走了进来，玩着一个很酷的 iPod。“嗨，伙计们，你们在 Radiohead 上听到过新的上榜CD了吗?”注意到Ante和Freedy生气的面孔后，Suttle立即明白了。“哎哟，你们又在争吵。”

Ante和Freedy将文章给Suttle看，并自信地陈述自己的观点且认为Suttle会支持自己。“啊。”Suttle感叹道，“这有什么新鲜的? 20世纪70年代当沙特把石油美元用来购买美国的产业，以及20世纪80年代日本购买美国资产，包括房地产标志性建筑纽约洛克菲勒中心时，美国公众和政治家们也联手反对。美国人只是不喜欢外国人染指重要的‘象征性’的美国资产。然而，美国经济状况不好。外国直接投资对东道国经济影响的结果并不总是积极的。Freedy认为大多数经济保护主义之所以持续只不过是不良政治为了迎合无处不在的潜在恐外心理的观点是正确的。我也不相信优尼科的战略重要性很大或中国对一家相对较小的美国石油和天然气公司的收购对美国是有风险的，然而，关于这项收购有点不公平的观点是有道理的。看看这篇文章对该项交易的融资的介绍。”

Suttle继续道，“中海油计划通过向其母公司(也叫中海油)大量借款(70亿美元)，从一家主要的国有银行(中国工商银行)借款60亿美元，并向其财务顾问(JP摩根和高盛)借款(仅30亿美元)来获得融资。问题是从中国国有母公司获得的70亿美元借款的利率是3.6%(低于美国政府国债收益率)，而从国有银行获得的借款是无息的。由于这些借款利率是非市场的，事实是政府常规地在全世界补贴这些企业，而这些补贴对于企业来说是非常宝贵的。总体而言，我认为这件事是无事生非。中国巨大的经济增长需要大量的能源，这个国家一定对在中东、中亚、南美和非洲获得石油和天然气非常自信，而这些地区也是美国进口能源很大份额的来源地。石油和天然气是世界市场上的交易商品。我只希望中国不要因这次碰壁而找机会报复美国。毕竟，中海油的要约本来是应该能赢的。”当Ante在他的意大利沙发中往后靠时，Freedy笑了。

小　结

本章介绍了全球化现象和其所导致的跨国公司所主导的公司景象。本章的主要观点和概念如下：

1. 全球化是指就经济、政治和社会活动而言的各国、公司和人们之间增长的联系和整合。跨国公司是在多个国家制造和销售产品或服务的公司。

2. 全球化是通过贸易和金融自由化的过程而发展的。贸易自由化是通过各国在如欧盟等地区性安排或在关税与贸易总协定的多边行动中共同减少贸易壁垒而实现的。资本管制的消除，于20世纪80年代在发达国家最先发生，然后于90年代在新兴市场国家发生，导致了不断增长的全球金融市场。

3. 金融市场变得更加复杂，特别是自20世纪70年代和80年代的衍生工具革命之后。一项衍生证券是收益来自基础资产的表现或资产价格(如汇率)的一项投资。衍生工具使得对各种商业风险进行套期变得容易，包括汇率变动的风险。

4. 跨国公司通过进出口、许可协议(当它们从制造和销售其产品的公司收取许可费时)、特许权(当跨国公司更多地参与但仍收取定期费用时)、合营企业或当地生产和销售设施来进入外国市场。将战略、管理和经营方面全部整合进一个全球实体的跨国公司也存在。

5. 在如美国这样的盎格鲁—美利坚国家中，跨国公司的目标是股东财富最大化，而在许多其他国家，其他利益相关者(如劳工、政府、债权人和供应商)的利益也得到考虑。现代公司财务认为股东财富最大化是每个公司的目标。

6. 代理理论探讨了由于公司所有者通常不管理企业而产生的问题，并设计了解决这些问题的方法。

7. 公司治理是控制公司所有者和管理层之间关系的法律与财务框架。近来安然、泰科、世通、帕玛拉特等公司丑闻证明了公司治理可能非常糟糕，即便是在发达国家。

8. 公司治理可以在公司层面通过独立的董事会、集中股份所有权（虽然这一点已经倒退了）、能激励管理层按股东利益行事的高管薪酬、股东活动和法律诉讼，以及最终的敌意收购（威胁）来得到改善。

9. 2002 年《萨班斯-奥克斯利法案》试图改善美国的公司治理，但许多本国和国际公司认为其实施成本过高。

10. 外国直接投资发生于某个国家的公司在另一国家投资于一家新公司或现有公司至少 10%的份额时。过去数十年中各国间的外国直接投资增长了许多倍。

11. 向各国提供融资的重要国际组织包括 IMF、世界银行和各种多边开发银行。

12. 世界贸易组织设立了国际贸易的基础法律规则，国际清算银行是各国中央银行的中央银行，其促进了货币和金融的稳定。

13. 欧盟将 27 个欧洲国家统一于一个共同市场，有着广泛领域的共同政策——特别是资本和人员的自由流动，以及对部分国家的共同货币和财政政策。

14. 贸易自由化和金融全球化看起来具有有利的经济结果；然而，通向全球化的过程并不顺利且受到诟病。一种批评是全球化增加了“实际风险”，即其增加了经济遭受衰退和暂时失业增加的风险。

15. 反全球化运动包括一系列反对全球化的社会运动，因为其被认为对穷国有害且损害了富国的人民。然而，学术证据强烈认为外国直接投资对目标国和来源国尤其具有真正的积极效果。但全球化可能会减少就业并使一些人的境况变得更糟；然而全球化的宏观收益如何在全社会进行分配还不是很清楚。

16. 国际财务管理领域涉及公司经理所面临的跨境贸易和投资方面的财务决策。

参考文献

Aitken, Brian J., and Ann E. Harrison, 1999, “Do domestic firms benefit from direct foreign investment? Evidence from Venezuela,” *American Economic Review* 89. pp. 605 - 618.

Alcalá, Francisco, and Antonio Ciccone, May 2004, “Trade and Productivity,” *Quarterly Journal of Economics* 119, pp. 613 - 646.

Allen, Frankin, Jun Qian, and Meijun Qian, 2005, “Law, Finance, and Economic Growth in China,” *Journal of Financial Economics* 77, pp. 57 - 116.

Amiti, Mary, and Shang-Jin Wei, 2005, “Fear of Service Outsourcing: Is It Justified?” “*Economic Policy* 42, p. 307.

Auer, Peter, 2006, *Offshoring and the Internationalization of Employment: A Challenge for a Fair Globalization*? Geneva: International Institute for Labor Studies.

Baxter, Marianne, and Michael A. Kouparitsas, 2006, “What Determines Bilateral Trade Flows?” National Bureau of Economic Research working paper.

Becht, Marco, Patrick Bolton, and Ailsa Röell, 2005, “Corporate Governance and Control,” European Corporate Governance Institute working paper.

Bekaert, Geert, and Campbell R. Harvey, 2003, “Emerging Markets Finance,” *Journal of Empirical Finance* 10, pp. 3 - 55.

Bekaert, Geert, Campbell R. Harvey, and Christian Lundblad, 2005, “Does financial liberalization spur growth?” *Journal of Financial Economics* 77, pp. 3 - 55.

________, 2006a, “Growth, Volatility and Financial Liberalization,” *Journal of International Money and Finance* 25, pp. 370 - 403.

________, 2006b, "Financial Openness and the Chinese Growth Experience," working paper.

________, 2007, "International Risk Sharing, Openness and Growth?" working paper.

Borenzstein, Eduardo, José De Gregorio, and Jong-Wha Lee, 1998, "How Does Foreign Direct Investment Affect Economic Growth?" *Journal of International Economics* 45, pp. 115 - 135.

Branstetter, Lee, 2005, "Is Foreign Direct Investment a Channel of Knowledge Spillovers? Evidence from Japan's FDI in the United States," Columbia University working paper.

Claessens, Stijn, Simeon Djankov, and Larry H. P. Lang, 2000, "The Separation of Ownership and Control in East Asian Corporations," *Journal of Financial Economics* 58, pp. 81 - 112.

Das, Mittali, and Sanket Mohapatra, 2003, "Income Inequality: The Aftermath of Stock Market Liberalization in Emerging Markets," *Journal of Empirical Finance* 10, pp. 217 - 248.

Desai, Mihir, C. Fritz Foley, and Kristin Forbes, 2004, "Shelters from the Storm: Multinational Linkages During Currency Crisis," working paper.

Desai, Mihir, C. Fritz Foley, and James Hines, Jr., 2004, "Chains of Ownership, Regional Tax Competition, and Foreign Direct Investment," NBER working paper no. 9224.

________, 2005a, "Capital Controls, Liberalizations and Foreign Direct Investment," Harvard Business School working paper.

________, 2005b, "Foreign Direct Investment and Domestic Economic Activity," working paper.

Frankel, Jeffrey A., and David Romer, 1999, "Does Trade Cause Growth?" *American Economic Review* 89, pp. 379 - 399.

Garten, Jeffrey, January 2003, "A New Year; A New Agenda," *The Economist*, pp. 54 - 56.

Goldberg, Linda, 2004, "Financial-Sector Foreign Direct Investment and Host Countries: New and Old Lessons," Federal Reserve Bank of New York staff report.

Greenaway, David Wyn Morgan, and Peter Wright, 2002, "Trade Liberalization and Growth in Developing Countries," *Journal of Development Economics* 67, pp. 229 - 244.

"IBM and Globalization," *The Economist*, April 7, 2007, pp. 67 - 69.

Jensen, Michael, and William Meckling, 1976, "The Theory of Firm-Managerial Behavior, Agency Costs and Ownership Structure," *Journal of Financial Economics* 3, pp. 305 - 360.

Klein, Naomi, 2000, *No Logo: Taking Aim at the Brand Bullies*, Canada: Knopf.

Kogut, Bruce, and Gordon Walker, 2001, "The Small World of Germany and the Durability of National Networks," *American Sociological Review*, pp. 317 - 335.

Kose, M. Ayhan, Eswar S. Prasad, and Marco E. Terrones, 2003, International Monetary Fund staff paper.

La Porta, Rafael, Florencio Lopez-de-Silanes, and Andrei Shleifer, 1999, "Corporate Ownership Around the World," *Journal of Finance* 54, pp. 471 - 517.

________, 2002, "Investor Protection and Corporate Valuation," *Journal of Finance* 57, pp. 1147 - 1170.

La Pobert, Rafael, Florencio Lopez-de-Silanes, Andrei Shleifer, and Robert W. Vishny, 1997, "Legal Determinants of External Finance," *Journal of Finance* 52, pp. 1131 - 1150.

________, 1998, "Law and Finance," *Journal of Political Economy* 106, pp. 1113 - 1155.

________, 2000a, "Agency Problems and Dividend Problems Around the World," *Journal of Finance* 55, pp. 1 - 33.

________, 2000b, "Investor Protection and Corporate Governance," *Journal of Financial Economics* 53, pp. 3 - 27.

Lane, Philip R., and Gian Maria Milesi-Ferretti, 2006, "The External Wealth of Nations Mark Ⅱ: Revised and Extended Estimates of Foreign Assets and Liabilities, 1970—2004," IIIS Discussion Paper No. 126, International Monetary Fund.

Leeson, Nicholas, with Edward Whitley, 1996, *Rogue Trader: How I Brought Down Barings Bank and Shook the Financial World*. London: Little, Brown & Co.

Lipsey, Robert E., 2001, "Foreign Direct Investment and the Operations of Multinational Firms: Concepts, History, and Data," National Bureau of Economic Research working paper no. 8665.

________, 2002, "Home and Host Country Effects of FDI," National Bureau of Economic Research working paper no. 9293.

Obstfeld, Maurice, 1998, "The Global Capital Market: Benefactor or Menace?" *The Journal of Economic Perspectives*, pp. 9 - 30.

Quinn, Dennis, and Maria Toyoda, 2004, "Does Capital Account Liberalization Lead to Growth?" working paper.

Rodrik, Dani, 1998, "Why Do More Open Economies Have Bigger Governments?" *Journal of Political Economy* p. 106.

Rodrik, Dani, and Francisco Rodriguez, 1999, "Trade Policy and Economic Growth: A Sceptic's Guide to the Cross-National Evidence," CEPR Discussion Paper 2143.

Rogoff, Kenneth, July 24, 2004, "The Sisters at 60," *The Economist*, pp. 63 - 65.

Sachs, Jeffrey D. and Andrew M. Warner, 1995, "Economic Convergence and Economic Policies," National Bureau of Economic Research Working Paper W5039.

Stiglitz, Joseph E., 2002, *Globalization and Its Discontents*. New York: W. W. Norton and Company.

Wacziarg, Romain, 2001, "Measuring the Dynamic Gains from Trade," *World Bank Economic Review* 15, pp. 393 - 429.

Wacziarg, Romain, and Karen Horn Welsh, 2003, "Trade Liberalization and Growth: New Evidence" National Bureau of Economic Research working paper no. 10152.

第 2 章

外汇市场

第 1 章介绍了在过去 30 年间，国际贸易的增长和资本市场全球化的发展情况。由于不同的国家使用不同的货币，于是在国际采购和销售货物或资产时需要先将其中一种货币转换为另一种货币。所以，不管你是将荷兰干酪出口销售到美国超市换取美元的出口商还是要投资于墨西哥股票的美国信托基金，你都需要找到一种将外币兑换成本币的方式。这种货币之间的交易就发生于**外汇市场**（foreign exchange market）。

这一章讲的是允许企业、银行、国外投资者、游客进行货币兑换的公共机构。我们探讨外汇市场的规模，包括它的选址以及重要的市场参与者。然后，我们就外汇市场如何报价进行仔细研究，这样我们就得到了**套利**（arbitrage）这一重要概念。某人在低买高卖而不承担任何风险时，套利利润就产生了。

在外汇市场，大多数交易发生于大型金融机构的交易者之间。在这一章，我们要学习为什么人们之间要相互交易，还要考虑国家间资金交易和风险承担的明确机制，我们还需研究外汇交易者是如何通过低买高卖外汇赚取收益的。

最后，这一章还要介绍以往常用来描述汇率波动的术语。遗憾的是，国际财务有时看起来像是一门语言的学习过程，而精通这门语言是很重要的，因为它可以让你明白许多国家现在和历史上的许多事情。当然，不断提高正确运用这门语言的能力会使得应对涉及国际市场的风险问题变得相对容易。

2.1 外汇市场组织

外汇交易市场通常使人们想起有很多电脑、信息网络以及交易者兴奋地讲着电话的繁忙的交易大厅的场景。这一形象是对世界各大银行及用于弥补**银行同业市场**（interbank market）的其他金融机构的交易大厅的真实描述。把银行同业市场理解为外汇市场的批发部分也许很有帮助。在这一部分，银行管理着通货清单。当然也有少数繁忙的外汇零售市场，在那里外汇交易者们买卖外汇。这些交易者往往是在全球范围内销售商品和提供服务的跨国公司或者是在世界范围内进行资本投资的国际投资者和货币管理者。

图表 2.1 展示了外汇市场的各种参与者。在图表中间的是同业拆借市场，它占了整个外汇业务的 80%。同业拆借市场是很大的、多样的场外交易市场，而非仅仅提供买卖双方商量价格、交易货币的场所。受雇于世界主要金融都市的金融部门的交易人员，相互之间主要通过电话和网络进行议价，稍后书写交易确认书。

图表 2.1　　外汇市场结构

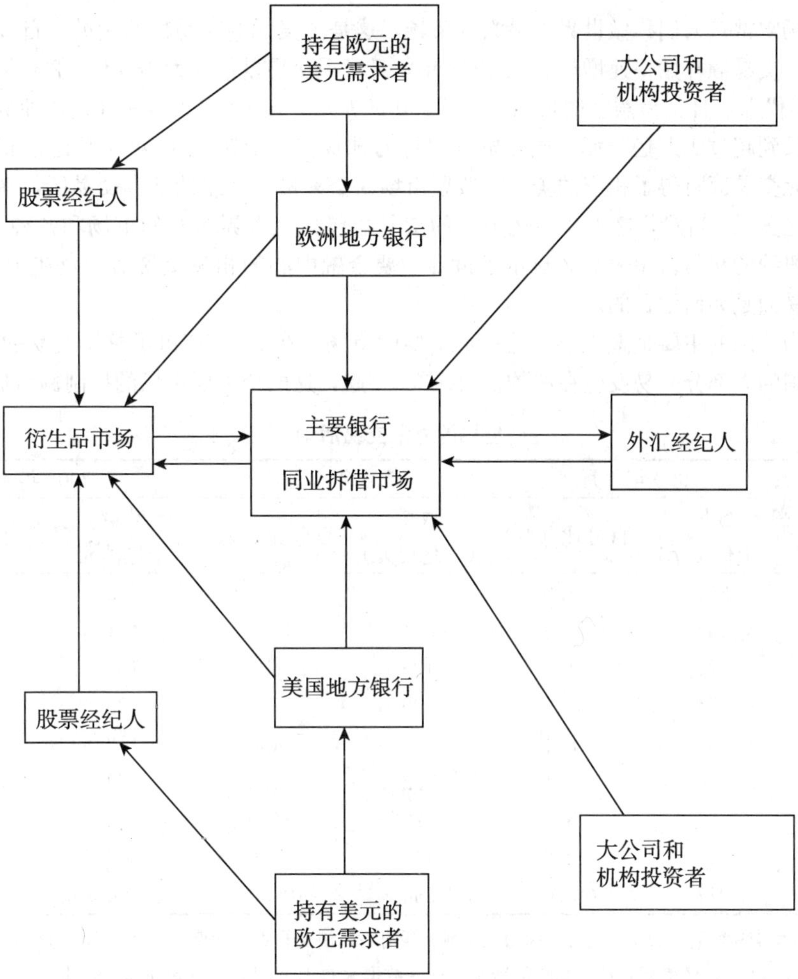

注：改编自 Federal Reserve Bank of St. Louis，March 1984，*Review* p. 9。

进行货币交易的主要金融中心包括美国的纽约、芝加哥、洛杉矶，新西兰的惠灵顿，澳大利亚的悉尼，日本的东京以及大阪，中国的香港，新加坡，德国的法兰克福，瑞士的苏黎世，丹麦的哥本哈根，法国巴黎，以及英国伦敦等。当然，伦敦、纽约以及东京是最重要的。由于“金融中心”的地理分布，外汇市场是 24 小时营业的，感觉好像随时有人买进和卖出货币一样。

由于银行同业市场的大多数业务是大宗交易，交易额为 100 万美元或更多，所以大多数小额的投资者和小型业务往往不能直接进行交易。因此，许多需要外汇的人会和开价利率略低的小型区域银行或者货币中心银行的分支银行交易，而非占优势的银行同业市场。一些企业提供将一些小额订单捆绑成大额订单再去外汇市场交易的服务，以获得有竞争力的银行同业报价。小额的投资者也可以通过股票经纪人参与到外汇市场中来，这些股票经纪人可以在期货和期权交易所衍生产品市场上下交易订单。正如图表 2.1 所展示的那样，诸如 IBM 这样的跨国公司以及富达信托基金这样的大型货币管理公司能够直接进入外汇银行同业市场交易，甚至一些跨国公司在外汇市场还有自己的交易席位。在本章稍后我们会探讨外汇经纪人（见图表 2.1 右侧）的作用。

市场规模

外汇市场常常被人们称做世界上最大的市场，这是由美元的交易额衡量的。自 20 世纪 70 年代开始，这一交易额开始快速增长。在 1973 年，日货币交易量估计为 100 亿～200 亿美元。到了 20 世纪 80 年代末，日交易额已增长到大约 5 000 亿美元。到了 1993 年 9 月，各种货币的日交易额估计已增长到超过 1 万亿美元。国际资本银行的日常交易量在 2004 年 4 月已达到 1.9 万亿美元。这一美元交易额阻碍了相应的美元在股票市场的交易量，在纽约证券交易所，平均每天的交易额达 750 亿美元。当然，这 1.9 万亿美元的交易额包括全世界所有的市场和各种货币的交易，而不仅仅是纽约的交易。图表 2.2 显示了世界主要金融中心的相关交易活动及在 1992—2004 年期间这一交易额是如何增长的。

伦敦作为英国的主要金融中心，是一个主要的市场，在 2004 年占了整个交易的 31%，仅次于美国，美国的大部分交易发生在纽约。自 1992 年起，这两个主要市场的控制额增加了。

图表 2.2　　世界的外汇交易活动

国家和地区	1992 年 4 月		1998 年 4 月		2004 年 4 月	
	数量（十亿美元）	百分比（%）	数量（十亿美元）	百分比（%）	数量（十亿美元）	百分比（%）
英国	291	27.0	637	32.5	753	31.3
美国	167	15.5	351	17.9	461	19.2
日本	120	11.1	136	6.9	199	8.3
新加坡	74	6.9	139	7.1	125	5.2
德国	55	5.1	94	4.8	118	4.9
瑞士	66	6.1	82	4.2	79	3.3
中国香港	60	5.6	79	4.0	102	4.2
其他	244	22.7	440	22.6	569	23.6
合计	1 077	100.0	1 958	100.0	2 406	100.0

注：美国日均交易额高达数十亿美元。每日成交额都没有对跨境交易重复计算，这就解释了为什么 2004 年的总营业额高出 1998 年（1.9 万亿美元）约 5 000 亿美元。这些数据来自 Bank for International Settlements，March 2005，“Central Bank Survey of Foreign Exchange and Derivatives Market Activity，2004，” Table B－6。

交易合约类型

许多不同类型的交易合约都可以在外汇市场制定。在这一章，我们会研究**即期市场**（spot

market)，这里的“即期市场”指能即时交易货币的市场。银行间外汇市场的另一部分涉及远期交易，即在未来交易货币。我们将在第 3 章讲述这一交易类型。市场的第三部分涉及衍生证券，如外汇期货和期权。这些合约将在第 20 章予以讨论。

在银行间即期市场交易货币时，需遵循某些重要的商业惯例。举例来说，当交易涉及美元时，商业惯例表明即期合约需在两个交易日完成，也就是，两种货币的交付要在两个交易日完成。第一个交易日是至关重要的，这是因为后台文件涉及各种金融交易。第二个交易日也是必需的，这是由于各地的时区不同。

对两个交易日规则的一些例外也是值得注意的。首先，对美元与加拿大元及墨西哥比索的交易规定是一个交易日。其次，假设交易涉及美元，而且第一个交易日正好是美国假日而其他地方不是，那么这第一个交易日算作一个交易日。再次，在大部分中东地区，尽管周六、周日属于交易日，但是周五却不属于交易日。因此，非中东国家的货币在周五交易，而中东国家的货币却在周六交易。

外汇交易商

外汇市场的主要参与者为商业银行、投资银行及世界主要金融都市的经纪公司。交易者在这些银行和公司的作用就如同**外汇交易商**（foreign exchange dealers），用几种货币同时在“营造的市场”中交易。这些**做市商**（market makers）对它们中意的货币已做好买卖的准备。通过与零售商和其他商人的交易，它们保障了市场**流动性**（liquidity），也就是说，它们使买者和卖者的匹配操作容易且更便宜。如果有大量买者和卖者，市场的流动性是很强的，而且交易成本很少。如美元、欧元、日元、英镑等世界主要货币的外汇交易市场，是世界上流动性最大的市场。

外汇交易者尽量低买高卖赚取差价以此获利。因此，他们提供流动性并不否认追求利润。我们将在第 2.3 节研究这一获利规模。

外汇经纪人

外汇经纪人（foreign exchange brokers）并不参与低买高卖活动。相反，经纪人扮演着金融中间人的角色。他们对买者和卖者进行匹配而不是拿自己的钱来冒险，然后获取交易的中介费用。

外汇经纪人通常有公开的同各种外汇交易商交流的多种途径，而且能把最佳的价格信息提供给经销商。外汇交易商通常通过经纪人在特殊货币上拥有很大的位置以维护它们的匿名权。例如，假设花旗发现自己到最后交易日有数量巨大的澳元。花旗银行就会想在最后交易日前卖出澳元换取美元。在非匿名交易的情况下，竞争性的交易者试图从花旗银行短期澳元过剩这一信息中获利。例如，假如花旗银行把消息告诉摩根大通，那么花旗银行对于自己的交易价格就不一定会满意。相比之下，经纪人可以同几个外汇交易商谈判，因此能够通过分成小部分来实现澳元的大部分平仓，同时保留花旗银行的匿名权。

计算机交易系统

在外汇交易市场，最重要的先进技术之一就是计算机交易系统。1992 年，路透社这一大型的金融信息提供者为外汇交易创建了第一个匿名的电子交易系统。现在，这一系统被称为 Dealing

3000，它可以在计算机窗口上显示 30 多种货币的实时汇率。为了完成一笔交易，用户必须按两个键。

Dealing 3000 系统对交易发起者和交易对手进行检查，如果双方都有信用，那么这笔交易就立即执行。目前，在一些主要国家的重要交易站点，数以千计的 Dealing 3000 系统被用来进行交易。

路透社最大的竞争者就是电子经纪服务系统，它是自 1993 年开始交易的。电子交易系统是主要货币中央银行和日本矿产品出口公司的合作伙伴。交易是用专有的计算机网络把世界各地数以百计的银行联系起来进行的。货币的价格都显示在计算机屏幕上，交易完全通过击键或者系统的自动匹配完成。只有当交易完成后才会披露交易当事人，因此每个竞争者必须显示其信誉。

互联网革命也同样发生在外汇市场。少量公司现在提供网上外汇交易业务，往往提供直接接触零售投资者、对冲基金经理和公司的机会。主要外汇交易商已经制定或正在制定它们自己的网络系统。这一发展是否将从根本上改变旧有的以电话为主的交易环境尚有待观察。

外汇市场的其他参与者

世界上不同国家的中央银行定期参与外汇市场，因为它们试图影响本国货币的交换价值。(我们将在第 5 章讨论这一过程是如何起作用的。）其他参与者包括需要进行货币交换以完成国际贸易的跨国公司，买卖外国证券的机构投资者，对货币流动进行投机的对冲基金，以及为需要兑换货币的个人或公司提供服务的规模较小的国内银行。如果交易量足够大，高流动性的银行同业市场可以挖掘。剔除的银行间市场参与者越多（见图表 2.1），参与者兑换货币需采取的步骤就越多，交易者承担的交易成本也越高。

竞争激烈的市场

如果外汇市场是充满竞争的，零售用户就只需支付比银行同业市场参与者多一点的交易成本。在经济学家所称的完全竞争市场，许多企业相互竞争而且进入市场的成本低。当出售的产品在整个行业中是无差异的时竞争是最激烈的。我们已经知道，外汇市场满足这个条件：1 美元就是 1 美元，1 欧元就是 1 欧元，不论由何人购买或出售。在这样的市场上，价格走低，而企业无法获得异常的高额利润。另一方面，当在市场上企业数量很少、进入市场的成本较高时，企业拥有市场控制力，从而导致缺乏竞争力的价格。图表 2.3 列出了外汇市场的主要参与者及其所占的市场份额。

图表 2.3　　外汇市场的前 20 位交易者

2005 年排名	公司	市场份额（%）	2004 年排名
1	德意志银行	16.72	2
2	瑞银	12.47	1
3	花旗	7.50	3
4	汇丰银行	6.37	5
5	巴克莱资本	5.85	7
6	美林	5.69	10

续前表

2005年排名	公司	市场份额（%）	2004年排名
7	摩根大通	5.29	4
8	高盛	4.39	6
9	荷兰银行	4.19	11
10	摩根士丹利	3.92	13
11	苏格兰皇家银行	3.62	9
12	雷曼兄弟	2.46	14
13	德银佳华	2.37	12
14	瑞士信贷第一波士顿	2.36	8
15	加拿大皇家银行	1.77	17
16	美国银行	1.60	15
17	州街	1.35	16
18	东方汇理银行	1.15	—
19	法国巴黎银行	1.09	18
20	法国兴业银行	0.80	20

注：基于2005年对欧洲货币的外汇调查。

外汇市场曾经是竞争激烈的市场，每年都有新的企业进入外汇交易的前20名。前4名交易商所占交易额比例不到30%，而前20名交易商所占交易额比例不到75%。不过，花旗集团得益于其全球业务的优势，在外汇交易中始终位列首位。近年来，情况已经发生了巨大变化。图表2.3显示，外汇交易已经进行了巨大的整合，前4名交易者现在所占份额超过40%且前20名交易商的交易量超过90%。此外，两个欧洲银行，德意志银行和瑞士银行，已在外汇交易方面进行了重大投资，它们的排名超过了主要外汇交易商花旗集团。它们几乎占了交易量的30%。

图表2.3也表明，现在不少投资银行跻身前20名外汇交易商，如美林和高盛。这一变化可能反映了外汇交易商的主要服务对象的变化。20世纪80年代以前，国际贸易是非银行的需求和供应的主要来源。自那时以来，国际资本流动的爆发使得专业投资经理在外汇市场中担当起越来越重要的角色。这些客户需求不同类型的服务，包括咨询和交易管理风险，而且投资银行通常比商业银行要专业些。

尽管大型交易商的市场份额有所增加，但是却没有一个单一的交易商能够主导市场，外汇市场仍然非常有竞争性。我们在本章后面讨论价差时会研究竞争是如何影响价格的。

2.2 货币报价和价格

现在你已了解了外汇市场的参与者及其组织方式，但尚未了解货币是如何进行交易的及其报价。由于有超过150个国家在世界上拥有自己的货币，所以制定一套错综复杂的规则和惯例来对货币交易进行管辖是很有必要的。

汇 率

汇率是两种货币的相对价格，如美元对日元，欧元对美元，或墨西哥比索对欧元的价格。不是写出这些货币的全名，合约当事人往往使用这些货币的缩写。在银行业和商业交易中，重要的是各方需了解哪些是正在使用的货币。因此，需要有一个标准化的缩写。由国际标准化组织（ISO，在希腊语中为"平等"之意）来设置这些标准。图表 2.4 提供了不同货币的 ISO 代码列表。在大多数情况下，缩写是 ISO 代码两位数字的国家代码，再加上货币的名称字母。

图表 2.4　　货币及其符号

国家和地区	货币	ISO 货币代码
阿根廷	新比索	ARS
澳大利亚	澳元	AUD
奥地利	欧元（€）	EUR
巴林	第纳尔	BHD
比利时	欧元（€）	EUR
巴西	雷亚尔	BRL
加拿大	加元	CAD
智利	比索	CLP
中国大陆	人民币	CNY
哥伦比亚	比索	COP
捷克共和国	克朗	CZK
丹麦	丹麦克朗	DKK
厄瓜多尔	美元	USD
欧盟	欧元（€）	EUR
芬兰	欧元（€）	EUR
法国	欧元（€）	EUR
德国	欧元（€）	EUR
希腊	欧元（€）	EUR
中国香港	港元	HKD
匈牙利	福林	HUF
印度	卢比	INR
印度尼西亚	盾	IDR
爱尔兰	欧元（€）	EUR
以色列	谢克尔	ILS
意大利	欧元（€）	EUR
日本	日元（¥）	JPY
约旦	第纳尔	JOD
韩国	韩元	KRW
科威特	第纳尔	KWD
黎巴嫩	黎巴嫩镑	LBP

续前表

国家和地区	货币	ISO 货币代码
马来西亚	林吉特	MYR
马耳他	欧元（€）	EUR
墨西哥	比索	MXN
荷兰	欧元（€）	EUR
新西兰	新西兰元	NZD
挪威	挪威克朗	NOK
巴基斯坦	卢比	PKR
秘鲁	新索尔	PEN
菲律宾	比索	PHP
波兰	新兹罗提	PLN
葡萄牙	欧元（€）	EUR
俄罗斯	卢布	RUB
沙特阿拉伯	里亚尔	SAR
新加坡	新加坡元	SGD
斯洛伐克共和国	克朗	SKK
南非	兰特	ZAR
西班牙	欧元（€）	EUR
瑞典	克朗	SEK
瑞士	法郎	CHF
中国台湾	台币	TWD
泰国	铢	THB
土耳其	里拉	TRL
阿拉伯联合酋长国	迪拉姆	AED
英国	英镑（£）	GBP
美国	美元（$）	USD
乌拉圭	新比索	UYU
委内瑞拉	玻利瓦	VEB

例如，美元的符号是 USD，英镑是 GBP，日元是 JPY，欧元是 EUR。在本书的例子中，我们使用这些代码来说明在不同的交易中所涉及的交易单位，但是在其他时候，对主要的货币使用通用符号。例如，美元的符号是$，英镑的符号是£，欧元的符号是€，日元的符号是¥。

如果需要花 100 日元兑换 1 美元，我们可以写做：

JPY100＝USD1

汇率可以写成¥100/$1，或简单地表示为¥100/$，其中在分母中这 1 美元是隐含的。同样，如果需要 1.75 美元兑换 1 英镑，可记为：

USD1.75＝GBP1

用汇率表示为$1.75/£。

汇率报价

由于汇率是相对价格，因而可以通过两种方式表达。汇率可以直接表示为外国货币的本币价格或间接表示为本国货币的外币价格。

也许直接的价格表示是讨论汇率最自然的表达方式，那么让我们首先考虑**直接报价**（direct quotes）。例如，在德国，人们讨论各种商品和资产的欧元价格。如果你在德国，你可能会问："买这辆车多少欧元?"或"那辆车怎么卖?"在每种情况下，你想知道必须放弃多少欧元来购买一辆特定的汽车。经济学家会说，这些问题的答案正是用欧元来衡量一辆车的价值。

现在，假设你在德国，而你想前往英国。如果你认为你在旅途中可能需要1 000英镑，当然询价也是自然的，"多少欧元可以换1 000英镑?"或"1 000英镑的价格是多少?"在每种情况下，你想知道购买某一数量英镑必须放弃的欧元数量。再次，经济学家们会讲，答案是用欧元衡量的1 000英镑的价值。

如果英镑对欧元的价格是€1.40/£，那么1 000英镑的欧元价格为：

£1 000×(€1.40/£)=€1 400

请注意，通过直接汇率，可以把外币数额（在这个例子中指的是英镑）转换成为本币的币值（在这个例子中指的是欧元），就是要用外币数额乘以汇率，即每单位外币可以兑换多少单位本币。

对于美元，很多汇率通常采用**间接报价**（indirect quotes）方法，如对日元的¥100/$或是瑞士法郎的CHF1.8/$。这些汇率代表1美元相当于多少外币，也就是多少外币能兑换1美元。大多数人通常使用间接报价法来表示亚洲和拉丁美洲货币与美元的汇率。采用常见的汇率报价方式显然有利于美国商人和其他国家商人之间的沟通。

因为汇率是货币的相对价格，直接的汇率表示可以与间接的汇率表示相互转化。例如，假设需要100日元来兑换1美元，也就是说，从美国的角度间接计算的汇率是¥100/$。然后，从美国的角度来看的直接汇率是间接汇率的倒数，也即日元的美元价格：

1/(¥100/$)=$1/¥100=$0.01/¥

直接汇率和间接汇率的转换常常令学生困惑。在本章的前面，在讨论德国和英国之间的旅行时，我们进行了欧元与英镑之间的转换。现在，假设你在美国，并且想要前往日本。如果你被告知你的旅行需要花费50万日元，很自然你会问："需要多少美元来兑换50万日元?"然而现在，因为汇率报价是¥100/$，那么¥500 000的美元价格为：

¥500 000/(¥100/$)=$5 000

请注意，通过间接汇率，可以把外币数额（在这个例子中指的是日元）转换成为本币的币值（在这个例子中指的是美元），即用外币数额（日元）除以间接汇率，即每单位本币可以兑换的外币数量（¥/$）。由于这种货币转换是所有国际金融交易的核心工作，因而在进行货币转换前必须注意汇率的报价方式。

间接汇率报价方法也通常被称为**欧式报价**（European quote）（兑换美元所需的外币），因为大多数前欧洲货币如德国马克和法国法郎，都是用这种方法与美元兑换的。而**美式报价**（American quote）是指一单位外币的美元价格，也就是兑换一单位外币所需的美元数额。英镑对美元的汇率和欧元对美元的汇率通常直接表示为每英镑多少美元（例如，$1.65/£）和每欧元多少美元（例如，$1.15/€）。

下表汇总了不同汇率的报价方法。

直接报价及间接报价，欧式报价及美式报价		
	在美国	在英国
$/£	直接报价	间接报价
$/£	美式报价	美式报价
£/$	间接报价	直接报价
£/$	欧式报价	欧式报价
	在泰国	在欧盟
Thai baht/€	直接报价	间接报价

当你在美国，英镑对美元的汇率报价 $/£意味着每单位外币能兑换多少本币，它是直接报价。同样，当你身在泰国，欧元对泰铢的汇率报价 Thai baht/€就是一个直接报价的例子。当你在欧洲，泰铢对欧元的汇率报价 Thai baht/€是一个间接报价的例子，因为它是指每单位本币兑换多少外币。美式报价和欧式报价的术语只是指相对于美元的汇率。

像《华尔街日报》和《金融时报》等主要财经报纸都提供每日外汇汇率清单，图表 2.5 显示了典型的《华尔街日报》汇率清单，这些数据来源于银行同业市场，是《华尔街日报》从路透社和其他消息来源搜集来的。

图表 2.5　　《华尔街日报》的汇率报价

2006 年 2 月 16 日

汇率

截至东部下午时间 4 时，由路透社及其他消息来源提供，汇率中间价适用于银行之间交易数额在 100 万美元以上的交易，零售商给出的美元的外币价格更低。

	相应的美元数额		每美元的数额	
国家和地区	星期四	星期三	星期四	星期三
阿根廷（比索）—y	0.326 1	0.325 6	3.066 5	3.071 3
澳大利亚（澳元）	0.738 9	0.738 3	1.353 4	1.354 5
巴林（第纳尔）	2.653 7	2.652 8	0.376 8	0.377 0
巴西（雷亚尔）	0.472 6	0.468 1	2.116 0	2.136 3
加拿大（加元）	0.863 8	0.863 3	1.157 7	1.158 3
1 个月远期	0.864 4	0.864 0	1.156 9	1.157 4
3 个月远期	0.865 9	0.865 4	1.154 9	1.155 5
6 个月远期	0.868 0	0.867 4	1.152 1	1.152 9
智利（比索）	0.001 908	0.001 884	524.11	530.79
中国大陆（人民币）	0.124 2	0.124 1	8.048 7	8.055 7
哥伦比亚（比索）	0.000 443 7	0.000 443 7	2 253.78	2 253.78
捷克共和国（克朗）	0.041 94	0.041 87	23.844	23.883
商业利率				
丹麦（丹麦克朗）	0.159 3	0.159 2	6.277 5	6.281 4
厄瓜多尔（美元）	1.000 0	1.000 0	1.000 0	1.000 0
埃及（埃及镑）—y	0.174 2	0.174 5	5.741 2	5.730 0
中国香港（港元）	0.128 9	0.128 8	7.760 8	7.761 4
匈牙利（福林）	0.004 730	0.004 735	211.42	211.19
印度（卢比）	0.022 60	0.022 64	44.246	44.170
印度尼西亚（盾）	0.000 108 5	0.000 108 4	9 217	9 225
以色列（谢克尔）	0.213 3	0.211 9	4.688 7	4.719 2

续前表

国家和地区	相应的美元数额		每美元的数额	
	星期四	星期三	星期四	星期三
日本（日元）	0.008 498	0.008 485	117.67	117.86
1个月远期	0.008 529	0.008 514	117.25	117.45
3个月远期	0.008 598	0.008 583	116.33	116.51
6个月远期	0.008 704	0.008 690	114.89	115.07
约旦（第纳尔）	1.411 4	1.411 5	0.708 5	0.360 9
科威特（第纳尔）	3.424 0	3.423 1	0.292 1	0.708 5
黎巴嫩（黎巴嫩镑）	0.000 664 9	0.000 664 9	0.292 1	1 503.99
马来西亚（林吉特）—b	0.268 8	0.268 7	1 503.99	3.721 6
马耳他（里拉）	2.770 6	2.768 8	3.720 2	0.361 2
墨西哥（比索）				
浮动汇率	0.095 4	0.094 9	10.484 4	10.538 5
新西兰（新西兰元）	0.669 5	0.673 8	1.493 7	1.484 1
挪威（挪威克朗）	0.147 3	0.146 3	6.788 9	6.835 3
巴基斯坦（卢比）	0.016 70	0.016 69	59.880	59.916
秘鲁（新索尔）	0.304 6	0.304 2	3.283 0	3.287 3
菲律宾（比索）	0.019 35	0.019 41	51.680	51.520
波兰（兹罗提）	0.315 9	0.315 3	3.165 6	3.171 6
俄罗斯（卢布）—a	0.035 43	0.035 42	28.225	28.233
沙特阿拉伯（里亚尔）	0.266 7	0.266 6	3.749 5	3.750 9
新加坡（新加坡元）	0.611 5	0.613 9	1.635 3	1.628 9
斯洛伐克共和国（克朗）	0.031 82	0.031 75	31.427	31.496
南非（兰特）	0.165 1	0.164 8	6.056 9	6.068 0
韩国（韩元）	0.001 026 1	0.001 027 6	974.56	972.95
瑞典（克朗）	0.126 8	0.127 4	7.886 4	972.95
瑞士（法郎）	0.762 9	0.762 9	1.310 8	1.310 8
1个月远期	0.765 1	0.765 0	1.307 0	1.307 2
3个月远期	0.769 9	0.769 8	1.298 9	1.299 0
6个月远期	0.777 1	0.777 1	1.286 8	1.286 8
中国台湾（台币）	0.030 86	0.030 91	32.404	32.352
泰国（铢）	0.025 40	0.025 42	39.370	39.339
土耳其（新里拉）—d	0.752 7	0.749 3	1.328 5	1.334 5
英国（英镑）	1.739 5	1.740 6	0.574 9	0.574 5
1个月远期	1.739 6	1.740 7	0.574 8	0.574 5
3个月远期	1.740 7	1.741 7	0.574 5	0.574 2
6个月远期	1.743 4	1.744 3	0.573 6	0.573 3
阿拉伯联合酋长国（迪拉姆）	0.272 2	0.272 3	3.673 8	3.672 4
乌拉圭（比索）				
金融	0.041 40	0.041 40	24.155	24.155
委内瑞拉（玻利瓦）	0.000 466	0.000 466	2 145.92	2 145.92
特别提款权	1.431 1	1.433 7	0.698 8	0.697 5
欧元区	1.189 3	1.188 7	0.840 8	0.841 3

特别提款权是基于美元、英镑及日元的汇率。资料来源：国际货币基金组织。

a——俄罗斯中央银行利率，b——政府利率，d——2005年1月1日重新制定，y——浮动汇率。

资料来源：Copyright © 2006 Reuters. com。

请注意，图表 2.5 中四列汇率是有关 2006 年 2 月 15 日（周三）和 16 日（周四）这两个不同日期的。第一组的报价是从美国角度来看的直接报价（美式报价），标记为“相应的美元数额”，这些列显示一单位其他货币所对应的美元数量，也就是一单位其他货币的美元价格。第二组是从美国的角度来看的间接报价（欧式报价），这些列被标记为“每美元的数额”，这是 1 美元的外币价格。

注意，在“每美元的数额”项下各列所列出的汇率数字大多数比另一组大得多（虽然有一些例外情况，包括英镑和特别提款权①）。大多数人更倾向于讨论数值较大的这种汇率。将日元汇率标示为“117.67 日元对 1 美元”（￥117.67/＄）比标示为“0.008 498美元对 1 日元”（0.008 498 美元/￥）要容易得多。毫无疑问，这就是为什么间接报价已成为讨论美元汇率的常用方法的原因。

图表 2.5 中的大多数报价代表现时汇率。还要注意的是，英国、加拿大、日本和瑞士的货币报价还有 1 个月、3 个月和 6 个月远期合约。这些金融工具将在第 3 章讨论。

硬通货和货币交叉汇率

为什么我们这么关注世界上其他货币的美元汇率呢？难道仅仅是因为美国经济的突出地位，还是有什么其他的经济原因？答案涉及硬通货的概念。**硬通货**（vehicle currency）是在世界各地许多国际金融交易中频繁使用的货币。由于市场上许多货币交易出现的交易成本问题，导致国际交易中仅有几种主要货币作为通用交易工具。

举例来说，假如世界各国有 N 种不同的货币，就会有 $N(N-1)/2$ 种可能的汇率。有超过 150 种不同的货币，就会有超过 11 175 种汇率。由于很多人往往对这些不同的货币对之间的贸易需求很低或根本不存在，所以不存在直接的交易市场。相反，交易商只使用一种或两种重要的货币交易，就能产生直接的市场，这一种或两种重要货币被称为硬通货。目前，美元是世界货币的硬通货，但在 19 世纪，世界的硬通货却是英镑。

美元以外的两种货币之间的汇率通常被称为交叉汇率。图表 2.6 提供了 2006 年 2 月 16 日《华尔街日报》给出的交叉汇率的例子。

图表 2.6　　《华尔街日报》的交叉汇率

关键货币交叉汇率				周四纽约尾盘，2006 年 2 月 16 日			
	美元	欧元	英镑	瑞士法郎	比索	日元	加拿大元
加拿大	1.157 7	1.376 8	2.013 8	0.883 2	0.110 42	0.009 84	…
日本	117.67	139.95	204.70	89.774	11.224	…	101.647
墨西哥	10.484 4	12.469 1	18.238	7.998 5	…	0.089 10	9.056 4
瑞士	1.310 8	1.558 9	2.280 1	…	0.125 02	0.011 14	1.132 3
英国	0.574 90	0.683 7	…	0.438 6	0.054 83	0.004 89	0.496 58
欧元区	0.840 80	…	1.462 6	0.641 47	0.080 20	0.007 15	0.726 31
美国	…	1.189 3	1.739 5	0.762 90	0.095 38	0.008 50	0.863 80

资料来源：Copyright © 2006 Reuters. com.

---

① 特别提款权（SDR）是由国际货币基金组织创立的记账单位。特别提款权是几个主要货币的一揽子组合。特别提款权的美元价值是组成特别提款权的不同货币的具体数量乘以各自的美元汇率的美元价值的加总额。在第 5 章会讨论国际货币基金组织及其特别提款权。

代表“直接报价”的行都是从本国的角度出发的。例如，117.67 是 1 美元对日元的价格。因此，列代表的是每个国家货币的间接报价。例如，瑞士法郎这一列告诉你购买 1 瑞士法郎需要多少外币。

虽然有更多的交叉汇率交易出现的趋势，但以美元作为一方的交易预计占所有交易的 89%。一些分析人士认为，欧元已经在 1999 年取代欧洲 11 种不同的货币，在未来某天有可能取代传统的硬通货——美元。事实上，国际清算银行 2005 年的调查显示，在 2004 年约 37%的行业发生的外汇活动涉及欧元。

三角套利

三角套利（triangular arbitrage）是保持交叉汇率（如 1 英镑兑换多少欧元）与相对于美元的汇率报价相一致的过程。交易商可以有许多处理三角套利的方式。例如，交易商可以直接用一种货币如英镑兑换欧元，也可以卖出英镑换回美元，然后卖出美元换回欧元。也就是说，交易商不仅仅交换两种货币，而是交换三种货币（因此得到术语“三角”套利）。如果交易商的欧元总数在这三次交易结束时比开始时大，就有利润。另一种做法是间接购买英镑与欧元，先买进美元，用美元买进英镑，然后用英镑兑换欧元。在每一种做法下，交易商均希望最终能获得比开始阶段更多的欧元。

如果这几组交易中的任一交易都可以盈利，交易商可产生纯套利利润，即赚取长期的无风险利润。显然，在完全竞争的金融市场，就不可能赚取长期的套利利润。如果英镑的欧元价格并不等于美元的欧元价格乘以英镑的美元价格，套利活动将立即恢复交叉汇率与两种美元报价所隐含的交叉汇率之间的等式：

$$(\text{欧元/英镑})=(\text{欧元/美元})\times(\text{美元/英镑})$$

换句话说，直接的交叉汇率报价应该等于隐含的交叉汇率（以美元作为中间货币）。

为了展示一个三角套利是如何产生的，我们假设在市场上，欧元对英镑的报价为 1.438 1 欧元/英镑。此外，假设这一交叉利率的报价比间接汇率低（以美元作为中间货币）。也就是说，

$$(\text{欧元/英镑})<(\text{欧元/美元})\times(\text{美元/英镑})$$

这意味着有一些获利空间。在这种情况下，先用欧元购买英镑（或卖出欧元兑换英镑），然后再卖出英镑兑换美元，最后卖出此数量的美元换回欧元就会获利，因为我们会在欧元价较低的时候买入英镑并在欧元价较高的时候卖出英镑。

为了检查这个逻辑的合理性，让我们完成三角套利的步骤。

例 2.1　三角套利

假设戴维·西尔文是一个高盛在伦敦的外汇交易商，按照以下相对于英镑和美元的欧元汇率及相对于英镑的美元汇率进行交易：

1.438 1 欧元/英镑或 0.695 4 英镑/欧元；

0.840 8 欧元/美元或 1.189 3 美元/欧元；

1.739 5 美元/英镑或 0.574 9 英镑/美元。

假设一个交易者以 10 000 000 欧元为起始金额来购买英镑，确定套利利润。图表 2.7 展示了一个三角套利的情况。

图表 2.7 箭头下方的汇率表明相关价格，以下一个节点（买方的节点）计价，也就是在起始

节点（卖方的节点）出售一单位货币的价格。鉴于在某些情况下我们可能会考虑买进或卖出某种货币，因而你可以利用这些价格跟进交易。

第一步：在直接交叉汇率下，卖出 10 000 000 欧元所得到的英镑收入为：

10 000 000 欧元×(0.695 4 英镑/欧元)＝6 954 000 英镑

第二步：因为美元对英镑的汇率是 1.739 5 美元/英镑，我们将能够卖出 6 954 000 英镑来换得美元：

6 954 000 英镑×(1.739 5 美元/英镑)＝12 096 483 美元

图表 2.7　　三角套利图

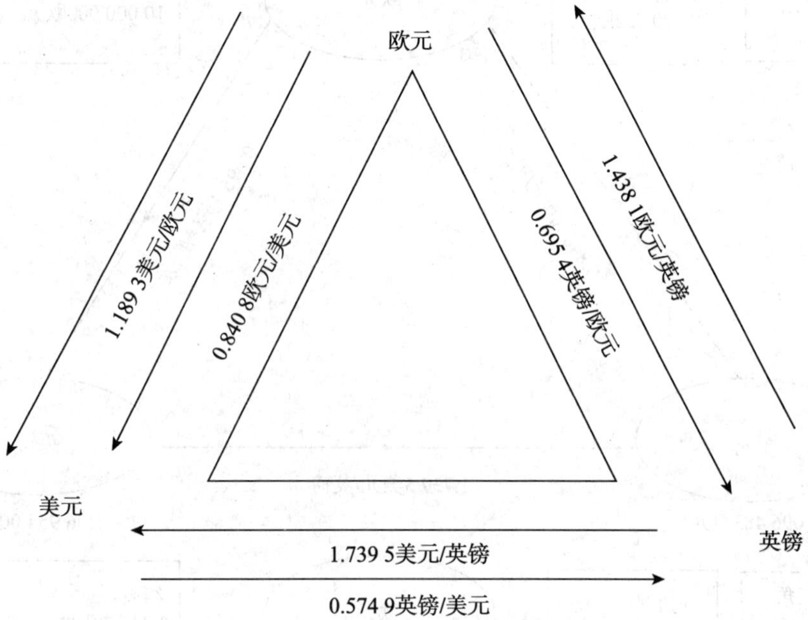

注：箭头下方的汇率表明卖方在一个节点上卖出货币来购买其他节点的货币所得的收入。例如，在欧元节点上，顺时针方向抛售欧元的收益为 0.695 4 英镑，逆时针方向抛售欧元的收益为 1.189 3 美元。

第三步：然后，因为欧元对美元的汇率为 0.840 8 欧元/美元，我们将出售12 096 483美元来换取欧元：

12 096 483 美元×(0.840 8 欧元/美元)＝10 170 722 欧元

如果我们真的能同时做出这些交易，我们会得到：

10 170 722 欧元－10 000 000 欧元＝170 722 欧元

即时的回报率为：

1.71%＝(170 722 欧元/10 000 000 欧元)×100%

如果这些是市场的实际报价，那么例 2.1 就演示了三角套利是如何获得即时利润的。事实上，我们使用的图表 2.5 的这些美元汇率数据正是《华尔街日报》2006 年 2 月 16 日的报价。用美元作为媒介货币，我们可以用它们来计算欧元对英镑的交叉汇率：

(0.840 8 欧元/美元)×(1.739 5 美元/英镑)＝1.462 6 欧元/英镑

这样就比例 2.1 的汇率报价（1.438 1 欧元/英镑）高了 1.70%。在外汇市场交易商将迅速利用这种情况，盘算朝什么方向进行三角套利，以便获取利润。戴维·西尔文是以卖欧元换取英镑而不是从反方向上赚取利润的，他第一次卖出欧元换取美元，然后卖出美元换取英镑。他知道这是一种可行的方式，因为他比较了英镑（0.695 4 英镑/欧元）的直接收入与我们计算出的收入：

1/(1.462 6 欧元/英镑)＝0.683 7 英镑/欧元

图表 2.8 总结了戴维的套利活动，也表明如果他选择了错误的方向就会有所损失。

图表 2.8　　好的和差的三角套利

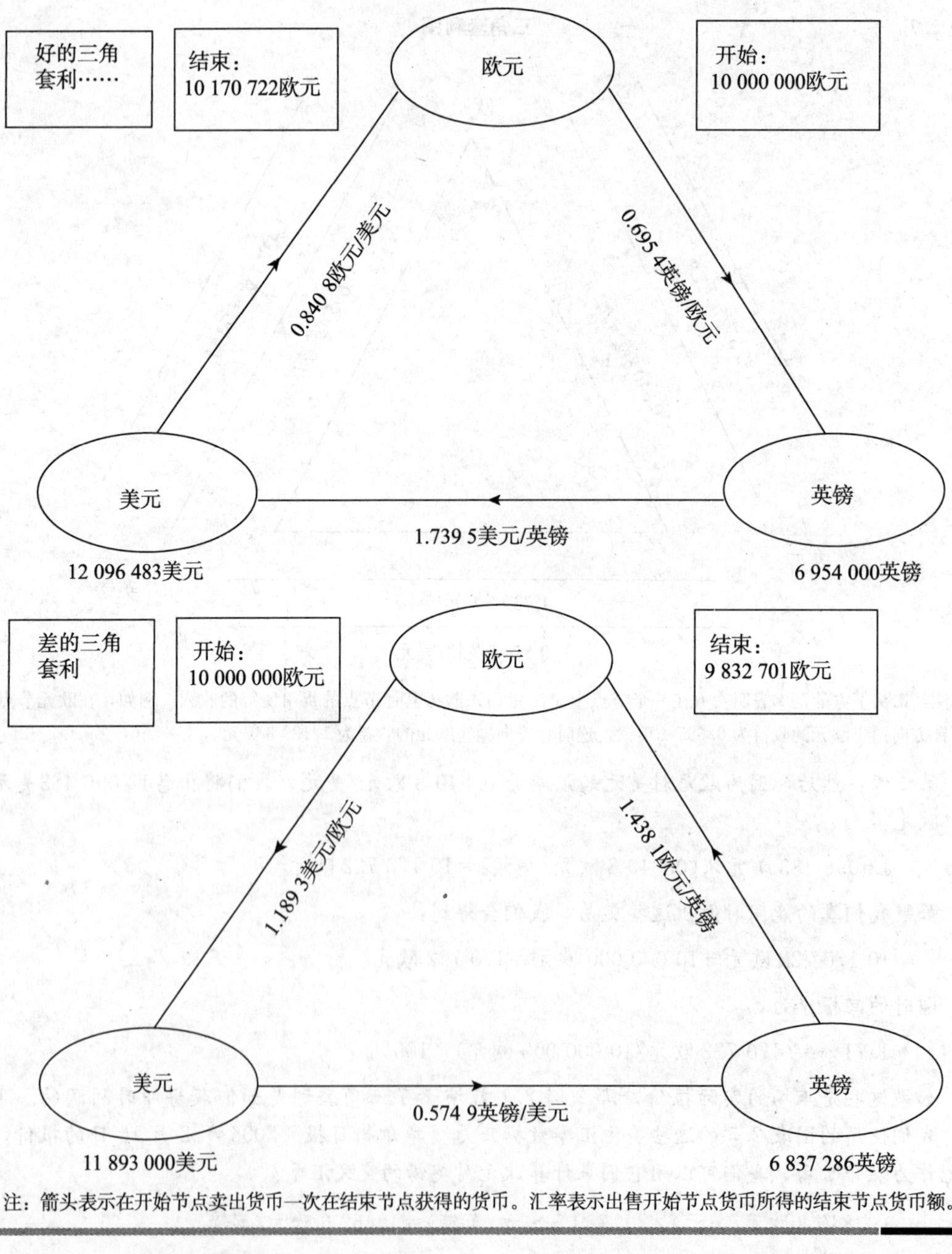

注：箭头表示在开始节点卖出货币一次在结束节点获得的货币。汇率表示出售开始节点货币所得的结束节点货币额。

三角套利必须注意三点。首先，交易必须同时进行才可获得一个有效的套利。因为实际上不能同时做三个交易，因而每次交易的价格都可能会变化，任何对三角套利的尝试都涉及一些风险。其次，随着交易商下订单进行套利（见图表 2.8 上方），市场力量使交叉汇率的报价调整到与我们估计的间接交叉汇率一致。在我们的例子中，有：

0.695 4 英镑/欧元>0.574 9 英镑/美元×1.189 3 美元/欧元

随着交易员用欧元买入英镑进行套利，市场中欧元的供给（也就是说，对英镑的需求）加大，这倾向于压低英镑/欧元汇率。卖出英镑兑换美元往往会推升英镑/美元汇率，因为它增加了市场上英镑的供给（即对美元的需求），卖掉美元兑换欧元往往会推升美元/欧元汇率，因为它增加了市场上的美元供给（即对欧元的需求）。最终，方程两边将再次达到一致。在这一点上，将不再可能有套利利润。

第三点是，套利不必首先使用欧元购买英镑。只要我们在同一方向进行贸易并且完全遵循三角进行，从任何货币开始三角套利都将有利可图。

让我们说明这最后一点，并重新回顾一下三角套利。

例 2.2　另一个三角套利

假设戴维·西尔文有初始资本 10 000 000 英镑。他该如何赚钱？

步骤一：戴维已经知道他要按顺时针方向移动来赚取利润，因此，他用他的英镑购买美元将获得：

10 000 000 英镑 ×(1.739 5 美元/英镑)=17 395 000 美元

步骤二：他现在可以按照 0.840 8 欧元/美元的汇率卖出 17 395 000 美元，收益为：

17 395 000 美元 ×(0.840 8 欧元/美元)=14 625 716 欧元

步骤三：戴维最终按照 0.695 4 英镑/欧元的汇率卖出 14 625 716 欧元来兑换英镑，收益为：

14 625 716 欧元 ×(0.695 4 英镑/欧元)=10 170 722 英镑

请注意，戴维最终获得 1.71%的即时利润。

因为我们实际使用美元报价，我们可以检查直接交叉汇率是否满足三角套利条件。让我们再回到图表 2.6，它反映了实际直接交叉汇率，我们可以看到交叉汇率为 1.462 6 欧元/英镑。所以，基于这个实际例子，直接交叉汇率的报价和用美元作为中间货币算出的交叉汇率是一样的。我们看到三角套利确实起作用了。

例 2.3　林吉特和泰铢

假设你想知道泰铢（THB）对马来西亚林吉特（MYR）的价格。对于这些新兴市场货币是不存在交叉汇率报价的，除非在泰国或马来西亚银行。然而，相对于美元的报价却很容易找到。例如，2006 年 2 月 16 日，路透社的报价如下：

MYR 3.720 2/ $

THB 39.370/ $

通过使用三角套利，我们可以得到泰铢/林吉特汇率为：

(39.370 泰铢/美元)/(3.720 2 林吉特/美元)=10.582 8 泰铢/林吉特

当然，在我们的例子中，我们忽略了交易成本。在外汇市场上，交易成本的主要来源是买卖价差，我们将在下一节详细讨论。不过，你会看到，买卖价差在即期外汇市场很小，在这本书的讨论中我们也往往忽略它。我们还假设三角套利非常易于操作。

2.3 银行同业拆借市场Ⅰ：买卖价差与银行利润

一般而言，外汇交易商主要负责买入和卖出某种特定的货币或某几种货币的组合，并相应持有一定的货币储备。银行同业拆借市场的各种交易之所以存在，其中的原因之一便是一个银行的外汇交易商利用其他银行的外汇交易商来调整它们在各种货币组合上的头寸，以应对它们的客户在公司市场上所进行的交易。此外，外汇交易商还希望通过与其他银行的交易来获取利润，它们所希望持有的各种货币的组合也经常随着每天新的事件而相应发生变化。

例如，假设公司客户希望从德意志银行某个交易商处买入日元。在完成与公司的交易之后，该交易商可能会进入银行同业拆借市场从瑞穗银行处买入日元来补充它的日元储备。相反，如果公司客户向交易商出售日元，交易商可能会选择将多余的日元卖给其他银行。如果有一笔大宗订单出现，将使得交易商的货币储备失去平衡，这时，交易商有可能会选择利用银行同业拆借市场来传递这一订单。交易商之间储备不平衡的不断传递被授予“烫手的马铃薯交易”的名号，并有可能成为我们在同业拆借市场上看到的大宗交易出现的原因之一（Lyons，1997）。

最终，银行同业拆借市场上的所有交易商以逐利为动机同时买卖各种外币。为了达成这一目标，它们一般会同时提供两种报价。**买价汇率**（bid rate），是指交易商愿意以一种货币买入另一种货币所支付的价格。**卖价汇率**（ask rate），是指交易商愿意卖出一种货币的汇率。**买卖价差**（bid-ask spread），是指买价与卖价之间的差额。买卖价差是做市商利润的来源。

买卖价差

让我们用一个数字例子来说明买卖价差这一概念。一个日元—美元交易商会提供一个以单位美元所能交换的日元数量来标价的它乐于用日元买入美元的买价汇率，比如说，￥104.30/＄。然后，交易商会提供一个更高的它乐于卖出美元、买入日元的卖价汇率［也称为**询价**（offer price）］，比如说，￥104.40/＄。在后一个交易中，我们可以说，交易商在向市场提供美元，也就是分母上的货币，并乐于接受日元形式的回报。我们可以用一个线性图表来总结买卖价差的这一倒数特点，如图表 2.9 所示。

图中的每一个节点代表某一时点的一种货币。在图表 2.9 中，我们只有现在时刻的美元和日元。箭头代表卖出路线。箭头下的汇率代表卖出者从卖出一单位起始节点货币获得的直接收益（以下一个节点的货币表示）。我们将卖出者视为一个公司或一个客户（持有外币），将买入者视为一个银行交易商。在卖出美元、买入美元时，卖出者将收到买价 $(\$/¥)^{bid}$，也就是银行以单位美元所表示的卖价的倒数。也就是说，

$$(\$/¥)^{bid}=1/(¥/\$)^{ask}$$

向银行卖出日元、买入美元的人将获得最低的买价，因为买入日元的银行交易商希望通过重新出售它所获得的日元来获取利润。同样地，在将美元换成日元的过程中，将美元卖给银行的出售者将收到银行提供的卖价 $(¥/\$)^{bid}$，在图表 2.9 中，将其表示为银行提供的卖价的倒数。也就是说，

$$(¥/\$)^{bid}=1/(\$/¥)^{ask}$$

如果你对在一笔具体交易中应该使用买价汇率还是卖价汇率感到困惑，那么你只需记住，在与银行的交易中，你将总是处于不利地位。如果你在用日元买入美元，你将不得不支付最高的¥/$，也就是银行提供的美元的卖价。同样，如果你向银行出售美元换取日元，你将得到最低价格的¥/$，也就是银行提供的美元的买价。

图表 2.9　　买价汇率与卖价汇率的倒数性质

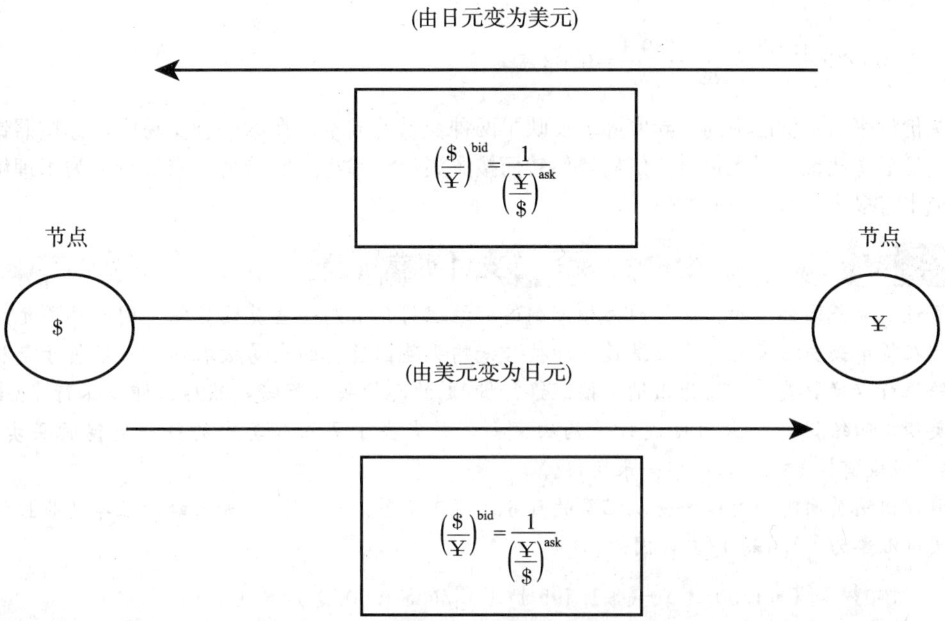

例 2.4　日元/美元与美元/日元买价汇率与卖价汇率

假如一个交易商提供的日元—美元汇率为¥110.25－110.33/$。这意味着买价汇率为¥110.25/$，因为交易商愿意用 110.25 日元买入 1 美元。因为卖价汇率为¥110.33/$，它也愿意以 110.33 日元的价格卖出 1 美元。那么，卖价汇率与买价汇率分别是多少呢？卖价汇率是交易商原意卖出日元、买入美元的汇率，我们知道，这一汇率必须高于交易商乐于接受的买入日元、卖出美元的汇率。结果，如果我们取日元/美元买价汇率的倒数，那么，我们将获得美元/日元卖价汇率。于是，美元/日元卖价汇率为 1/（¥110.25/$）＝$0.009 070/¥。同理，美元/日元买价汇率为（1/¥110.33/$）＝$0.009 064/¥。

买卖价差的量级

假设外汇市场是竞争性市场，毫不奇怪，在通常情况下，买卖价差将会非常小。结果，想要通过设置较大买卖价差迅速获利的交易商将很快发现没有人愿意在这些价格进行交易。那么实际的买卖价差是多大呢？

对于主要货币和大宗交易来说，买卖价差现在位于 5 个“基点”以内。**“基点”**（pip）是交易者对货币报价小数点后第四位的行话称谓。例如，图表 2.5 表明，2006 年 2 月 16 日报出的美元/欧元汇率为 $1.189 3/€。假定买卖价差为四个基点，取 $1.189 3/€为中间值，买价汇率为

$1.189 5/€，卖价汇率为$1.189 1/€。于是，在这种情况下，一个基点为一美分的1/100。但是，考虑到在交易货币时交易成本的存在，我们最好将买卖价差表述为百分比的形式。百分比形式的买卖价差计算如下：

百分比买卖价差＝100%×(卖价汇率－买价汇率)/卖价汇率

20世纪80年代和90年代的历史数据揭示出主要货币的买卖价差在0.05%～0.07%之间，但在今天大宗交易的市场环境下，非常低的买卖价差变得可能。对于前面提到的美元/欧元报价而言，价差为：

$$100\%\times\frac{1.189\ 5-1.189\ 1}{1.189\ 5}=0.03\%$$

买价汇率与卖价汇率的差异实际上反映了两种交易的成本。在第一种交易中，你按照银行提供的卖价汇率从银行买入货币；然后，你转而按照买价汇率将之卖给另一家银行。为了理解这些交易成本有多小，考虑下面的例子。

例2.5　支付买卖价差

假设一家美国公司的出纳员因为预期制造部经理将会采购一些英国货物，因而用美元兑换英镑，但在货币交易结束之后，出纳员立即被告知购买英国货物的交易被取消。出纳员于是将英镑又卖给银行以换取美元。因为出纳员按照银行$/£的卖价买入英镑，然后立即以银行$/£的买价将英镑卖回给银行，出纳员进行了两次交易，并失去了买入和卖出的每一英镑的买卖价差。(当然，假设前提是报出的汇率并未变化。)

假设出纳员面对的英镑—美元汇率的百分比买卖价差为0.06%。如果卖价汇率为$1.50/£，那么买价汇率为$1.499 1/£，因为：

100%×[($1.50/£)－($1.499 1/£)]/($1.50/£)＝0.06%

于是，如果出纳员以$1.500 0/£的价格买入£1 000 000，那么成本将是：

£1 000 000×($1.500 0/£)＝$1 500 000

以银行提供的英镑的买价汇率将£1 000 000卖回给银行，将获得：

£1 000 000×($1.499 1/£)＝$1 499 100

尽管银行同业拆借市场上的利差非常之小，游客市场中交易实体货币的价差却常常高达3%甚至更高。银行和外汇交易者在这一市场上报出非常大的买卖价差，因为他们必须保持各种货币的实体储备，而这些实体储备是不产生利息的。他们还需要同经纪人进行交易，经纪人为应对超额供给和需求，经常在不同国家间大量转移实体货币。有意思的是，在旅途中使用信用卡实际上可以节省交易成本，因为信用卡公司向客户提供的汇率非常接近客户交易当天的银行同业拆借利率。不幸的是，一些信用卡公司现在已开始对国际交易收取费用。

世界范围内全天的买卖价差

买卖价差在一天内会发生波动。于是，在有些时候，外汇市场的竞争更加激烈，而在某些时候进行交易则优势较小。一些研究已经确认，一般而言，额外经销商的出现和交易活动的增加将会降低买卖价差（Hartmann，1998；Huang and Masulis，1999）。这一行为在 Goodhart 和 Demos（1990）以及 Bollerslev 和 Domowitz（1993）更详细的研究中表现得非常明显。他们的研究是基于从路透社的网络屏幕上获得的 1989 年 4 月 9 日到 1989 年 6 月 30 日间连续记录的汇率的买卖价差数据库。在这一时间段内，共有来自 125 个银行的 305 604 个报价出现在路透社的交易屏幕上。考虑德国从前货币的汇率——德国马克（DEM）对美元的汇率买卖价差的时间类型，它开始于午夜格林威治时间。当英格兰格林威治处于午夜时，太平洋和亚洲市场已是清晨。全球第一个市场交易发生于悉尼和惠灵顿，继而发生于东京、香港和新加坡。交易的一次明显下降和买卖价差的增宽发生于 4 点钟，而在那些市场，正是午饭时间。市场的强度在下午的远东交易区再次出现，并随着香港和新加坡休市以及法兰克福和伦敦开市而继续。当纽约开市并与欧洲市场的交易相互重叠时，交易强度得以增加。而交易将随着纽约的休市而下降，直到远东市场再次开市为止。

除了周五较晚的时间之外（那时在东京和悉尼市场已是周六），交易日中的交易类型并无显著区别。整个周末，交易活动都非常少，直到周日很晚的时候，正常的交易类型又再次出现。

交易在地理位置上非常分散，没有一个交易中心的报价数超过总数的 13.5%。前五个最大的市场（括号中为报价所占百分数）分别是香港（13.5%）、伦敦（12.7%）、法兰克福（11.8%）、新加坡（11.0%）和纽约（9.1%）。①

典型买卖价差的类型在欧洲市场中有些类似 U 形，尤其是在那些小型交易中心中。买卖价差一般在欧洲交易日的早期和末期略高于中间时间。在纽约，价差在每个交易日的最初是最高的，它在一天中不断下降，并在收盘前略有提高。在东京和新加坡，买卖价差则非常平缓，只有在午饭时间市场实际关闭前会有一个尖峰。也就是说，交易商会提高买卖价差使得在去吃午饭之前，没有人再想交易。而在纽约的交易午饭时间也在继续，没有出现可以辨别的尖峰，这证实了美国交易商不健康的午餐习惯，他们总是在桌前吃午饭的同时，继续进行着交易。

针锋相对

外汇市场上的投机交易利润是超额的吗？

据报道，像瑞银集团、德意志银行或是花旗集团这样的顶级外汇经销商，每年能够从外汇交易中获利超过 10 亿美元。我们的两个好伙伴对这一事实展开了一场激烈的争论。Ante Handel 将这些利润视为是投机超额收益的典型例子。“比较银行间外汇交易的美元交易量与国际贸易流的美元交易量，”他生气地说，“两者的差距是巨大的。所有那些交易只使得银行越来越富裕，并使得汇率比应有的水平波动更剧烈，这损害了我们出口商的利益。政府应该对投机交易征收税收，并明确我们的银行完全支持我们需要这些外汇的出口商。”他总结说。

而另一方面，Freedy Handel 声称，外汇经销商主要是做市商，它们通过相互之间的交易来调整它们的组合，来应对在公司世界中基础性的买卖交易。“这些银行的利润完全是向一个市场提供流动性的正常回报，而流动性对于我们整个经济体的福利水平来说至关重要。”他有礼貌地辩驳说。

正如经常发生的那样，他们的表兄弟 Suttle Trooth 走了进来，并通过分析可得的事实来调和他们的观点。“第一，”Suttle Trooth 说道，“Freedy，你错在假定银行并不进行投机。有足够的证

① 注意到，交易活动的这一分布也许具有误导性，因为市场对于 DEM/$ 的报价并没有完全得到披露；只有路透社的股票价格被披露。然而这里描述的很多模式都在 Takatoshi Ito 和 Yuko Hashimoto（2006）使用从 EBS 而不是路透社获得的日元—美元数据进行的研究中得到了证实。

据表明它们这样做。”(在本书中，我们将会遇到几个投机交易策略的例子，主要银行有序地从外汇交易中获利。正如第2.1节所示，大型银行也许会努力探究从它们的交易指令中所获得的信息来预测汇率的走势并在它们的竞争对手之前建立头寸。很多银行很明显在努力通过短期、日间的交易策略获得利润。)

“第二，”Suttle继续说道，“Ante，你错误地总结出由于超额利润的存在，利润是必然存在的。如果外汇市场上的大多数大宗交易是发生在银行之间，你应该意识到，作为整体，银行同业拆借市场不能从银行同业交易商处获利。银行间交易是一项‘零和博弈’：一个银行要赚取的每一美元都必须由其他银行输掉。如果Ante的观点对于花旗银行来说是正确的，那么，某些其他银行在外汇交易中必须总共失去接近10亿美元。如果这是可能的，那么像花旗一样的其他银行，也会发现存在可获利的外汇交易空间。”

“第三，”Suttle继续说道，“Freedy认为，对于外汇经销商来说，由于大宗交易的存在，仅仅通过做市就能够获得巨额利润，这也许是正确的。让我们赶紧找张纸来算算。”Suttle提出了如下数字。假定20%的交易发生于银行和它们的客户之间。在2004年，花旗银行的股票占整个市场总市值的7.5%。于是，如果外汇市场上的总交易量是1.9万亿美元，每一天，由花旗银行处理的交易量为：

0.075×1.9万亿美元=1 425亿美元

但是，这些交易的80%包括了其他外汇经销商，我们假定，总的来说，花旗银行并没有在这些交易中获利。然而，它的确从与公司客户和其他客户的交易中赚得买卖价差，这一价差占市场交易量的20%，即0.20×1 425亿美元=285亿美元。

如果典型的买卖价差是0.03%，来自纯市场的潜在利润为：

285亿美元/天×1/2×0.03/100×250天=10.69亿美元/年

式中出现1/2是因为这种交易量适用于买和卖两种交易，花旗银行需要进行往返交易来赚取所有差价。

因为一系列的原因，这一估计也许低估了花旗集团在外汇市场提供流动性服务的收益。首先，我们对主要货币使用了现货市场上的银行间利差，我们知道，零售客户的买卖利差要高于银行同业拆借利率。其次，流动性较差的次要货币市场的买卖价差要高得多，例如新兴货币，花旗银行倾向于在这样的市场持有更大的份额。最后，就包括远期合约和其他衍生品合约的外汇交易量而言，买卖价差较大。根据我们的计算，很有可能的情形是花旗集团利润的大部分是来自做市商功能，而不是通过建立投机头寸。

美联储经济学家John Ammer和国际货币基金组织经济学家Allan Brunner (1997) 证实了Suttle的粗略计算。在这篇论文中，Ammer和Brunner检验了1984—1993年间美国商业银行间几个最大的经销商的外汇利润的主要来源。他们发现，对样本中的银行而言，平均来说，建立投机头寸并不是它们外汇交易中利润的主要来源。相反，银行的交易利润来自一般的做市。一如既往，他们的研究受到了一些指责。例如，有可能样本中的银行正是通过Ammer和Brunner观察不到的日间头寸系统地获得利润。然而，之后的一项关于外汇交易经销商的研究证明，绝大多数利润来自做市交易，而不是投机（Lyons，1998)。

尽管Suttle的论点已经调和了我们两兄弟的主要观点之间的矛盾，Suttle不得不承认他并不确定是否正如Ante所声明的那样，银行建立投机头寸会使得汇率波动性上升。他许诺会在接下来的章节中重温这一问题。

2.4 银行同业拆借市场Ⅱ：通信与资金转移

外汇市场上的巨大交易量需要交易者与复杂的结算系统间存在广阔的网络通信，以在不同国家的不同买家和卖家之间实现不同货币的转移支付。

通信体系

在 20 世纪 70 年代计算机被引进之前，外汇市场的参与者通过电话与传真来实现与顾客和相互之间的通信。今天，交易者们则盯着电脑屏幕显示的信息，这些信息由诸如路透社和彭博社这些主要商业信息发布者提供。发布金融信息的公司已长期提供了并非绑定的关于不同货币市场价格的信息。交易者可以互相联系以获取真实的价格并进行议价。例如，假设花旗银行想要获取一笔大额的欧元。它有三种途径来实现这笔交易。首先，它可以与诸如荷兰银行等其他主要银行的交易商进行联系。其次，它可以与外汇经纪人取得联系，获得报价，完成交易。再次，花旗银行也许是电子经纪人系统的一部分（见本章前面有关“电脑化交易系统”的讨论）。

当交易商在电话中达成协议时，银行通过电脑网络实现电子化的通信和资金转移。最重要的银行间通信网络是**全球银行间金融电信协会**（Society of Worldwide Interbank Financial Telecommunications，SWIFT），它于 1973 年在欧洲开始运作，为 2 000 多家会员银行共同拥有。全球银行间金融电信协会的网络将 200 多个国家的超过 7 500 家金融机构联系起来。银行通过全球银行间金融电信协会来发送和收取有关外汇交易、支付确认、国际贸易文件、证券交易和其他金融事项的信息。特别是，全球银行间金融电信协会被用来确认在电话中达成的外汇交易。在 2005 年，全球银行间金融电信协会的全球网络处理了 2 万亿条以上的信息。

在口头交易通过全球银行间金融电信协会得以电子化确认之后，这些交易还需要最终得以结算。花旗银行将在美国国内向荷兰银行转移美元，而花旗银行将从欧洲的荷兰银行获得欧元。美元的转移将由**银行间支付体系清算所**（Clearing House Interbank Payments System，CHIPS）完成，而欧元的转移将通过**泛欧自动实时总量快速转移结算体系**（Trans-European Automated Real-time Gross Settlement Express Transfer，TARGET）完成。

银行间支付体系清算所是一个私人部门系统，由银行间支付体系清算所公司拥有和运作。银行间支付体系清算所公司的会员包括许多世界上的大型商业银行。银行间支付体系清算所是支付资金和清算美元交易的电子支付体系。它是美国国际交易清算体系的中心，处理世界各国间大额的美元支付。在纽约有代表性的一天中，有超过 1.3 万亿美元的商业支付资金通过银行间支付体系清算所的电脑进行处理。这一数量对应于超过 285 000 笔诸如外贸交易、外汇转移、证券结算和货币市场交易等国际交易，还有快速成长的国内支付。银行间支付体系清算所的参与者能够通过纽约美联储银行特殊的实时结算体系账户收到当天结算的资金。

美国联邦储备通信体系（Fedwire）是由美联储运营的资金转账系统，采用实时总量结算体系。它将超过 7 000 家在美联储系统存有存款的金融机构的电脑连在一起。其可以在金融机构之间即时地调动美元资金。当初始的发起机构向美联储银行发出信息，指定支付行和收款行之后，资金转移就会进行。美联储银行于是借记支付行账户，贷记收款行账户。

银行间支付体系清算所因为通用标志符的存在而变得方便了很多，通用标志符指的是一组银行或公司特别的身份鉴别数字，用来告知银行间支付体系清算所发送和接收支付时使用哪些私人账户和银行信息。

因为花旗银行欠荷兰银行美元，它就会使用荷兰银行的通用标志符来明确它向正确的账户进行了支付。

用欧元进行的跨境交易因泛欧自动实时总量快速转移结算体系的存在而方便了很多，它是美国联邦储备通信体系的欧元对应物。使用欧元的每一个欧洲国家都有自己的中央银行和国内的实时结算体系。泛欧自动实时总量快速转移结算体系将这些体系相互连接起来，并连向处于国际实时结算体系中的欧洲中央银行。于是，荷兰银行将会向泛欧自动实时总量快速转移结算体系指明它要向一家特定的欧洲花旗银行支付欧元。于是，泛欧自动实时总量快速转移结算体系将借记荷兰银行账户，贷记花旗银行账户。

图表 2.10 以荷兰银行和花旗银行为例，总结了外汇市场中所使用的通信体系。

图表 2.10　　外汇市场通信体系

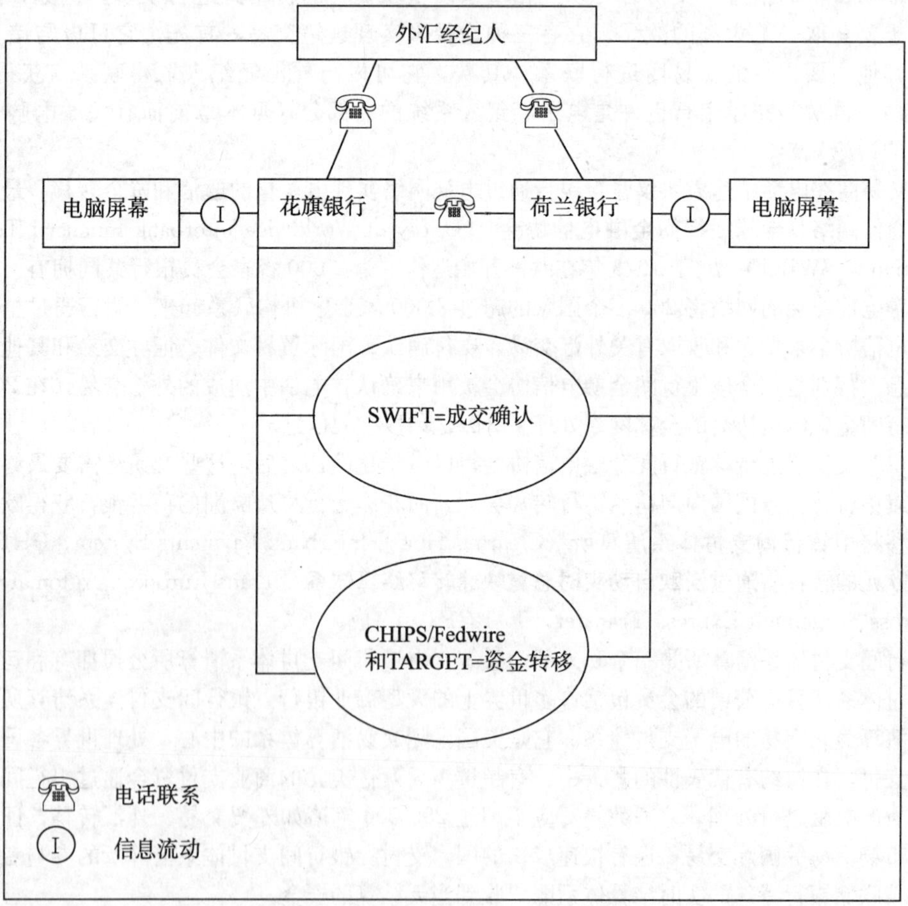

跨货币结算（或赫尔斯塔特）风险

当然，外汇交易的结算需要一种货币的支付和另一种货币的接收。但是，前面描述的结算流程并不能保证当且仅当另一种货币的最终转移发生时一种货币的最终转移必定会发生。因为外汇交易经常涉及不同时区的两个国家的支付体系，同步的货币交易很难做到。交易只是单向进行的风险发生的可能性则非常真实。这就是众所周知的**跨货币结算风险**（cross-currency settlement risk），也称为**赫尔斯塔特风险**（Herstatt risk）。

术语赫尔斯塔特风险来自结算风险在现代的第一次发生。在 1974 年 6 月 26 日，德国科隆的一家小银行，赫尔斯塔特银行，在一个对于它的一些外汇交易参与者而言非常不合适的时间倒闭了。赫尔斯塔特已经用美元买入了德国马克，并打算在那一天拍电报用美元向美国的交易伙伴交换德国马克。但就在那一天，就在它的几个美国外汇交易对手向它不可撤销地支付了德国马克后，德国的管理机构吊销了赫尔斯塔特银行的营业执照，并命令它进行清算。然而，赫尔斯塔特还没有将它欠交易伙伴的美元汇出，因为美国的交易日才刚刚开始。在赫尔斯塔特事件被披露后，它位于纽约的通知行延缓了从赫尔斯塔特账户的美元支出。

赫尔斯塔特风险是指在一家银行的交易对手方已经进行了许诺的支付之后不能完成另一半交易的风险。随着外汇交易量的不断增加，主要中央银行开始担心会再一次发生赫尔斯塔特危机。特别是，当局担心一次重大的结算失败将导致国际流动性危机，危及世界范围内金融体系的健康。当金融市场的参与者担心它们的交易对手方有可能破产——也就是不能归还其债务时，流动性危机就会出现。当这些交易对手方的债务大于它们的资产时，这一现象就会出现。结果，它们无法偿付自己的债务。

的确，在 1974 年赫尔斯塔特事件之后，几家美国银行突然面临短期流动性危机，因为它们预期即将收到的几百万美元并没能得以实现。每日的资金转移总量在美国减少了二分之一。幸运的是，这一危机是短期的。银行渐渐恢复了对彼此的信心，正常的运作重新开始，说明尽管银行在赫尔斯塔特银行交易失败中承受了损失，但从根本上来说，银行还是有支付能力的。

随着今天交易量的迅速扩张，系统性风险变得越来越大。中央银行担心外汇交易量是如此之大，以致即使是高资产化比率的主要银行也会因为一些赫尔斯塔特式事件而倒闭。尽管存在这些忧虑，尽管国际清算银行（BIS）已经就这一问题撰写了几份报告并形成了一系列旨在最小化赫尔斯塔特风险的提议（Committee on Payment and Settlement Systems，1996），政府并没有采取任何管制措施来处理这一问题。

最近，外汇交易商在国际清算银行的鼓动下，发展出了很多限制结算风险的惯例。第一，银行现在对它们在同一天内与单个对手交易商进行结算的意愿交易数额进行了严格限制。这通常有助于减轻赫尔斯塔特风险。

第二，银行已开始参与各种各样的净额安排，同意只在每天的最后进行净量交易。也就是说，一系列双向流动的总量货币支付被转化为单向的净额支付。在一笔外汇交易中，花旗银行欠摩根大通 5 000 万美元，而摩根大通在另一笔交易中欠花旗银行 3 000 万美元。非常合理的是，只有一笔从花旗银行到摩根大通的 2 000 万美元的支付，而不是摩根大通给花旗银行 3 000 万美元，再由花旗银行给摩根大通 5 000 万美元。双向的净额支付通过减少双向贸易中潜在交易的支付次数和支付额度从而减少了结算风险。全球银行间金融电信协会最近开始向其使用者提供净额支付服务。

在 20 世纪 90 年代，几个金融机构设立了提供多边（也就是说，包括多方交易者）净额服务的组织。这一多边体系将给定银行的所有外汇支付与该体系内其他成员汇总，然后将它们转化为净额支付。这导致了在每天结束时所需要的支付次数进一步减少。

为了说明多种多样的净额安排，假定除了花旗银行和摩根大通之外，美国银行也参与了多边净额支付体系。假定美国银行欠花旗银行 3 000 万美元，而摩根大通欠美国银行 2 000 万美元。

图表 2.11 图解了这个数字化的例子，说明了每笔支付都单独进行的总量支付与双边和多边净额支付的不同。

图表 2.11　　　　　　　　　净额安排

现状：
- 在一笔外汇交易中花旗银行欠摩根大通 5 000 万美元；
- 在另一笔外汇交易中摩根大通欠花旗银行 3 000 万美元；
- 在一笔外汇交易中美国银行欠花旗银行 3 000 万美元；
- 在另一笔外汇交易中摩根大通欠美国银行 2 000 万美元。

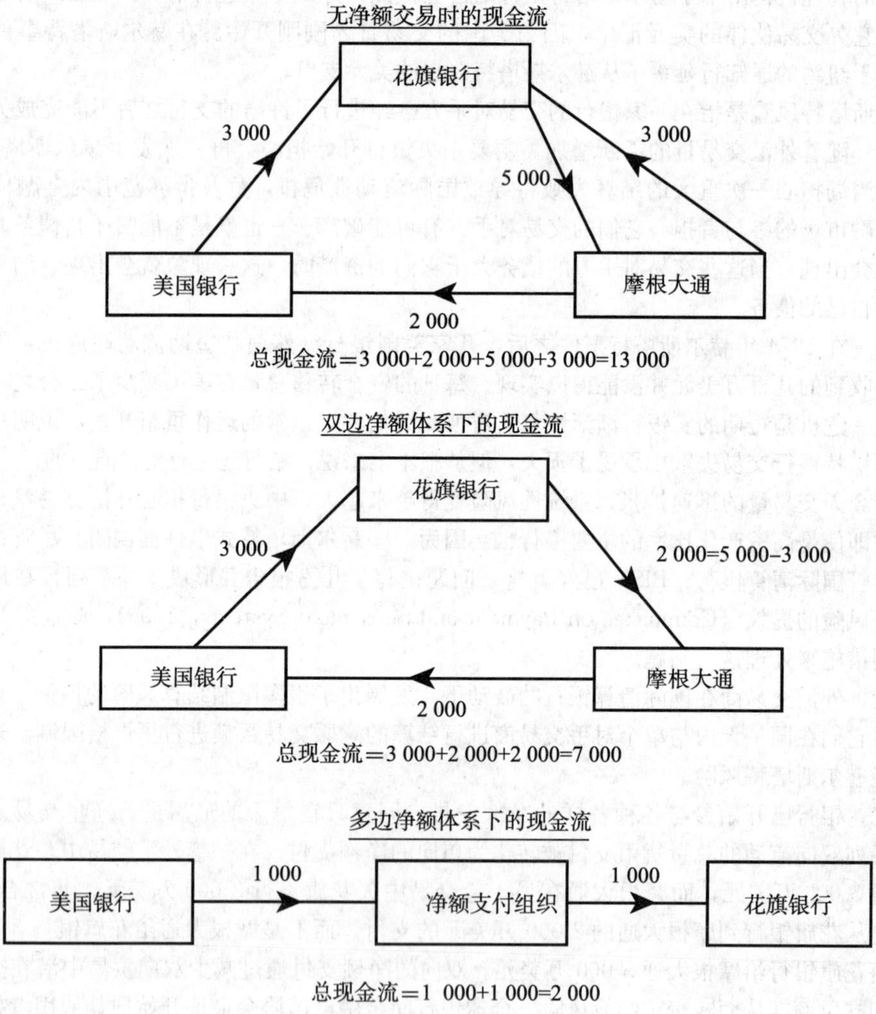

注：图中数字皆以万美元为单位。

当不存在净额支付时，总支付流量等于所有交易的和（3 000 万＋2 000 万＋5 000 万＋3 000 万＝13 000 万美元）。在双边净额支付体系下，花旗银行和摩根大通意识到一笔交易（花旗银行给摩根大通 2 000 万美元）就能够结算它们之间的净头寸，减少了 7 000 万美元的总流动量。当三个银行同时处于净额结算体系中时，摩根大通不需要进行任何支付，因为它欠美国银行 2 000

万美元，而花旗银行欠它 2 000 万美元。净额支付组织完全结算完毕所有净借方与贷方头寸，显著减少了银行间的支付。①

第三，如果两种货币的变化同时发生，那么结算风险也将显著减少。能够确保体系内所有成员间所有货币交易同时结算的全球清算银行的梦想在 2002 年随着持续联系结算体系（CLS）的成立成为了现实。该体系由 71 家世界最大的金融集团所拥有。持续联系结算体系收集其会员银行间的所有货币交易明细，用多边净额方式计算出每家银行的净支付额，在五小时的时间窗口内完成体系的支付流入与流出。这一窗口代表了所有参与交易体系相互重叠的时间。尽管持续联系结算体系是一家私人机构，它的形成和运作需要中央银行设立的空前合作，因为金融机构在中央银行设立的账户将被用于所有交易。

2.5　汇率变化的描述

第 2.3 节揭示了在某个时点汇率的报价方式。现在，我们转向如何描述汇率随时间变动这一主题。描述汇率变化必须牢记的第一点是汇率是一种相对价格，因此，总会有两种方式来描绘同一种情形。在汇率发生变化之后，我们将能够使用相对较少的第一种货币来换取一定数量的第二种货币，或者说，需要用相对较多的第二种货币来购买一定数量的第一种货币。

考虑下面这个例子。假定美元和日元之间的汇率从￥120/＄变为￥100/＄。因为现在需要较少的日元来购买美元，我们说，相对于美元来说日元被加强，或者说日元升值了。因此，相对于日元来说，美元被弱化，或者说美元贬值了。在美元贬值之后，将需要更多的美元来购买一定数量的日元。以前，当汇率为￥120/＄时，我们需要＄8 333.33 来购买￥1 000 000。现在，汇率变为￥100/＄，需要＄10 000.00 来购买￥1 000 000。术语**升值**（appreciation）和**贬值**（depreciation）通常用来描述当汇率被允许自由浮动时——也就是说，汇率能够根据供求的变化而发生波动时汇率的变化。

有时一国政府当局会“固定”或者“钉住”本国货币相对于某种外币的汇率。（我们将在第 5 章探讨它们如何做到这一点。）在这种固定汇率体系下，汇率值的离散变化被称为固定汇率制下货币的**贬值**（devaluation）和**升值**（revaluation）。如果货币当局提高外汇的本币价格，它们就是在使本币贬值。这种行动提高了外币的本币价格，通常是政府政策失败的结果。历史上一次著名的货币贬值发生于 1967 年 11 月，英国政府通过将汇率从＄2.8/£变为＄2.40/£，也就是贬值超过 14%［（2.40－2.80）/2.80＝－14.29%］，使英镑相对于美元贬值。

如果在这次贬值之后，外国向英国进口商品的美元价格保持不变，进口商品的英镑价格将会随着这次贬值而上升。这是因为，在这次贬值之后，人们需要更多的英镑去购买一定的美元。同样，在这次贬值之后，如果英国出口商品的英镑价格保持不变，那么商品的美元价格将随着这次贬值而下降。

简单的逻辑是，本币贬值提高了进口商品相对于本国商品对本国居民而言的价格，减少了国内商品对于外国购买者而言的外币价格，使得贬值成为一种有吸引力的一国政府当局以他国消费者利益为代价解决本国失业难题的方法。通过对本国货币的贬值，从而改变商品的相对价格，政府引致了更多的在国内生产的本国商品的国外需求。非常不幸的是，这种政策并不总是有效的，

① 这些主题也将在第 20 章讨论。

因为商品的价格并不是固定的。它们可以根据贬值情况迅速进行调整。此外，如果贬值的确能发挥作用，有可能导致世界范围内各国为在国际贸易中处于竞争优势而竞相贬值的循环。

如果一国当局降低了外汇的本币价格，我们就说它在使本币升值。例如，在 1969 年 10 月，德国把美元的德国马克价格从 4 德国马克/美元降低为 3.66 德国马克/美元，变化率达 8.5% [=100%×(4−3.66)/4.0]。这一行动减少了德国以马克表示的进口成本，提高了出口到德国的商品以美元表示的成本。如果本币升值改变了国与国之间的相对价格，它将使国内消费者受益，但会伤害国内工人和生产商的利益。这是因为国内生产的商品和服务必须和本币升值后变得相对便宜的进口品竞争。

例 2.6 土耳其的棒球帽

假定一个土耳其进口商以每顶 10 美元的价格买入美国棒球帽。现在的汇率是每美元兑换 685 000土耳其里拉。这些棒球帽以出口价格加 50%的加价在安卡拉进行销售，于是，对于土耳其的消费者而言，棒球帽的价格为：

$$10\text{美元}\times 685\ 000\text{里拉/美元}\times 1.50=10\ 275\ 000\text{里拉}$$

在 2001 年 2 月 23 日之前，土耳其里拉钉住的是美元和欧元篮子（组合）。那个星期早期的一场政治危机导致了一场金融危机：利率飙升，土耳其股市应声下跌。2 月 23 日，土耳其政府令里拉开始浮动，不再令它钉住美元—欧元篮子。在一天之内，美元的价值增长为 962 499 里拉/美元，这意味着相对于里拉，美元增值了 40.51%。如果棒球帽的出口价格和加价不变，那么以土耳其里拉表示的价格为：

$$10\text{美元}\times 962\ 499\text{里拉/美元}\times 1.50=14\ 437\ 402\text{里拉}$$

这一价格上升无疑将减少土耳其对棒球帽的需求。

升值率和贬值率

既然你知道了怎样描述汇率的变动，你就能够量化这些变化。一种货币相对于另一种货币的升值或贬值能够表示为汇率的百分比变化：

$$100\%\times\frac{(\text{新汇率}-\text{旧汇率})}{\text{旧汇率}}$$

从技术上说，需要注意的很重要的一点是，对升值或贬值的描述指的是位于汇率分母上的货币。比如说，对于美元—英镑汇率，汇率的百分比变化描述了英镑的升值或贬值：

$$\text{英镑的升值或贬值百分比}=100\%\times\frac{(\text{新的美元/英镑})-(\text{旧的美元/英镑})}{\text{旧的美元/英镑}}$$

例如，如果利率从 2.00 美元/英镑变为 2.50 美元/英镑，我们说英镑相对于美元升值 25%：

$$25\%=100\%\times\frac{2.50\text{美元/英镑}-2.00\text{美元/英镑}}{2.00\text{美元/英镑}}$$

现在，让我们来检验美元相对于英镑在相同情况下的贬值率。不幸的是，它的百分率变化与上面的略有不同。因为以单位美元表示的英镑的旧汇率为 1 英镑/2.00 美元=0.5 英镑/美元，新汇率为 1 英镑/2.50 美元=0.4 英镑/美元。我们说美元相对于英镑升值 20%，因为：

$$100\% \times \frac{(0.4\text{ 英镑/美元})-(0.5\text{ 英镑/美元})}{0.5\text{ 英镑/美元}}=-20\%$$

这些升值率与贬值率不同的现实导致了很多误解。对这一不同的解释开始于以美元报价的汇率是以英镑报价汇率的倒数这一现象。以 $S(t, \$/£)$ 代表时刻 t 的美元—英镑汇率，于是，英镑相对于美元的升值率为：

$$\frac{S(t+1, \$/£)-S(t, \$/£)}{S(t, \$/£)}$$

如果我们想要找出美元相对于英镑的升值率，我们必须考虑欧式报价方式。让我们用一个不同的符号 $E(t, £/\$)$ 来表示这些汇率。那么，美元相对于英镑的升值率为$\frac{E(t+1, £/\$)-E(t, £/\$)}{E(t, £/\$)}$。但是，根据定义，欧式和美式报价互为倒数：

$$S(t, \$/£)=1/E(t, £/\$)$$

于是，美元相对于英镑的升值率能够重写为$\frac{[1/S(t+1, \$/£)-1/S(t, \$/£)]}{1/S(t, \$/£)}$。如果我们将美元的升值率的分子和分母分别乘以 $S(t, \$/£)$，我们发现：

$$\frac{S(t, \$/£)}{S(t+1, \$/£)}-1=\frac{S(t, \$/£)-S(t+1, \$/£)}{S(t+1, \$/£)}$$

于是，美元升值率的分子是英镑升值率分子的相反数，但分母有所不同，一个使用时刻 t 的汇率，而另一个使用时刻 $t+1$ 的汇率。

尽管术语的不同（升值和贬值指的是汇率中分母上的货币）也许看起来让人略感烦恼和迷惑，但不同的描述方式有时会被人们出于政治目的加以利用，这使得理解这种不同变得重要。① 例如，在希腊，在欧元出现之前，不同的报纸倾向于使用最有利于自己所支持的党派的方法来描述汇率的变化。比如，当美元以希腊德拉克马（银币名）表示的价值从 GRD200/$ 升至 GRD220/$ 时，想要提高对这一事件的关注度的报纸会报道说“美元相对于德拉克马增强了 10%”，而那些希望减少关注度的报纸则会报道说“德拉克马相对于美元变弱了 9%”。你应该能够解释清楚这其实说的是一回事。

连续复利的升值率（高级）

使用连续复利的结果是，它调和了同一事件的两种不同表述，使得它们绝对值相等但符号相反。让我们来看一下当我们改变事件发生的时间间隔时对不同描述方法的影响。例如，在一年的时间间隔中，英镑相对于美元从 \$2.00/£ 升至 \$2.50/£。我们说，英镑的年化升值率为 25%。也就是说，从上一年年末的旧汇率到今年年末的新汇率需要乘以 1.25：

$$(\$2.00/£)\times 1.25=\$2.50/£$$

如果投资组合的决策以月度为单位，那么，我们也许有兴趣在复利的基础上描述月度升值率，并仍然将它表述为年度升值率变化百分比。在这种情况下，我们希望知道当$[1+(a/12)]$ 的 12 阶指数满足以下方程时，α 的值是多少。

---

① 感谢 Ekaterini Kryiazidou 提供的这一例子。

$$(\$2.00/£)\times[1+(a/12)]^{12}=(\$2.50/£)$$

为了求出 a 的值，我们首先将方程两边同除以 \$2.00/£，然后去方程两边的（1/12）次方。

$$1+(a/12)=[(\$2.50/£)/(\$2.00/£)]^{1/12}$$

试着用你的计算器解出此题，然后减 1，再乘以 12。答案是 $a=0.225\,6$，或者说英镑的年化复合月度升值率为 22.56%。年化的美元贬值率 d 能够以同样的方法算得；

$$(£0.50/\$)\times[1-(d/12)]^{12}=(£0.40/\$)$$

通过同样的步骤，我们算得 $d=0.220\,8$，或者 22.08%。注意到现在用不同描述方法对同一事件进行描述的差距已经很小了。

如果我们使得复合的间隔越来越小，我们最终将询问当英镑从 \$2.00/£的价格增强为 \$2.50/£时一年时间间隔的英镑相对于美元连续的升值率是多少。连续复利使用符号 e，它代表自然对数的底，e 的值四舍五入取三位小数为 2.718。①

现在，英镑年化的连续复合升值率为符合下式的 a：

$$(\$2.00/£)e^{a}=(\$2.50/£)$$

为解出 a 的值，我们将等式两边分别取自然对数：

$$a=\ln(\$2.50/£)-\ln(\$2.00/£)=0.223\,1$$

即 22.31%。同样，年化的美元连续复合贬值率 d 满足：

$$(£0.50/\$)e^{-d}=(£0.40/\$)$$

为了解出 d，方程两边同时取自然对数，

$$d=-[\ln(£0.40/\$)-\ln(£0.50/\$)]=0.223\,1$$

即 22.31%。使用连续复利，英镑升值率和美元贬值率相同。

小　结

本章介绍了形成基本的全球国际金融体系的机构和契约。本章的要点有：

1. 外汇市场是一个由银行、经纪公司和它们在各国金融中心的客户组成的大型场外交易市场。在市场活跃的时候其贸易额估计已超过 1.5 万亿美元。

2. 外汇市场是竞争性的市场，没有任何单个银行能主导全球范围的货币交易。

3. 汇率，即货币价格，是指相对价格。它可以用单位外国货币的本国货币价格来直接报价（有时在美国称为美式报价法），或者用单位本国货币的外国货币价格来间接表示（有时在美国称为欧式报价法）。

4. 两国货币不涉及美元的汇率被称为交叉汇率。三角套利使得交叉汇率和用美元计价的汇率基本保持一致。

5. 在买卖价差中交易者使用双向价格。他们试图用较低的价格购买一种货币，然后用较高的价格卖出。竞争使得市场上的买卖价差变得非常小。

① 本章附录将讨论对数和连续复利。

6. 在银行同业拆借市场，交易员认可通过电话或者电子交易系统进行的货币交易。此后，交易确认和清算通过全球银行间金融电信协会和银行间支付体系清算所进行。

7. 结算风险，即一边的货币交易也许不会发生的风险，也被称为赫尔斯塔特风险。

8. 浮动汇率的变化被描述为升值和贬值。如果能用更少的日元去购买美元，就可以说相对于美元的价值，日元走强或者升值。相对于日元的价值，美元走软或者贬值。你将不得不用更多的美元去购买给定数量的日元。固定汇率制度下汇率价值的离散变化被称为货币的贬值或升值。

简答题

1. 汇率是什么？

2. 外汇市场的结构是什么？它和纽约证券交易所一样吗？

3. 即期汇率合约是什么？在即期合约下交割什么时候发生？

4. 在 2006 年 2 月 16 日日元相对于美元的即期价格是什么？

5. 在 2006 年 2 月 16 日美元相对于瑞士法郎的即期价格是什么？

6. 在银行同业拆借即期市场的买卖价差有多大？它们的意图是什么？

7. 在 2006 年 2 月 16 日欧元相对于英镑的价格是多少？为什么？

8. 如果直接报价法下欧元相对于英镑的价格比间接报价法下用美元作为中间货币的欧元相对于英镑的价格高，你怎样通过买卖这些货币获得利润？

9. 美元相对于英镑升值是什么意思？在这种情况下英镑的美元价格会怎样变化？

10. 泰铢相对于马来西亚林吉特贬值是什么意思？在这种情况下林吉特的泰铢价格会怎样变化？

应用题

1. 密西西比软泥蛋糕公司需要购买1 000 000 瑞士法郎来支付它的瑞士巧克力供应商。它的银行报出的买卖汇率价差为 1.399 0～1.400 0 瑞士法郎/美元。1 000 000 瑞士法郎的美元价值是多少？

2. 如果日元兑美元的汇率是 104.30 日元/美元，而且需用 25.15 泰铢购买 1 美元，则泰铢的日元价格是多少？

3. 作为一个外汇交易者，你可以看到下面对加元、美元和墨西哥比索的报价：

1.419 加元/美元

6.439 0 墨西哥比索/加元

8.753 5 墨西哥比索/美元

是否存在套利机会？如果有，怎么实现？

4. 墨西哥比索被认为相对于美元走软，你正在考虑现在是不是投资墨西哥比索的好时机。假设现在墨西哥比索相对于美元的汇率是 9.5 墨西哥比索/美元。你的高盛的投资顾问认为墨西哥比索相对于美元的价格会在明年下降 15%。高盛在一年内的汇率预期是什么？

5. 德意志银行报出的买卖价差为 0.985 0～0.985 5 欧元/美元和 104.30～104.40 日元/美元。那么德意志银行对日元的直接卖价是多少呢？

6. 澳大利亚西部矿业公司向东京三菱金融集团咨询它关于日元对澳元的汇率问题。当前汇率是 67.72 日元/澳元，三菱公司认为澳元明年会下跌 5%。三菱公司对未来汇率的预期是什么？

参考文献

Ammer, John, and Allan D. Brunner, 1997, "Are Banks Market Timers or Market Markers? Explaining Foreign Exchange Trading Profits," *Journal f International Financial Markets, Institutions and Money*, 7, pp. 43 - 60.

Bank for International Settlements, May 2005, "Central Bank Survey of Foreign Exchange and Derivatives Market Activity, 2004," Bank for International Settlements.

Bollerslev, Tim, and Ian Domowitz, September 1993, "Trading Patterns and the Behavior of Prices in the Interbank Deutsche Mark/Dollar Foreign Exchange Market," *Journal of Finance*, pp. 1421 - 1443.

Braas, Alberic, and Charles N. Bralver, 1990, "An Analysis of Trading Profits: How Most Trading Rooms Really Make Money," *Journal of Applied Corporate Finance* 2, pp. 85 - 90.

Chakrabarti, Rajesh, 2000, " Just Another Day in the Interbank Foreign Exchange Market," *Journal of Financial Economics* 56, pp. 29 - 64.

Committee on Payment and Settlement Systems of the Central Banks of the Group of Ten Countries, March 1996, "Settlement Risk in Foreign Exchange Transactions," http://riskinstitute.ch/140530.htm.

Goodhart, Charles, and Antonis Demos, Winter 1990, "Reuters Screen Images of the Foreign Exchange Market: The Deutsche Mark/Dollar Spot Rate," *The Journal of International Securities Markets*, pp. 333 - 348.

Hartmann, Philip, 1998, "Do Reuters Spreads Reflect Currencies' Differences in Global Trading Activity?" *Journal of International Money and Finance* 17, pp. 757 - 784.

Huang, Roger D., and Ronald W. Masulis, 1999, "FX spreads and dealer competition across the 24-hour trading day," *Review of Financial Studies* 12, pp. 61 - 93.

Ito, Takatoshi, and Yuko Hashimoto, 2006, "Intra-Day Seasonality in Activities of the Foreign Exchange Markets: Evidence from the Electronic Brokering System," NBER Working Paper W12413.

Lyons, Richard K., 1998, "Profits and Position Control: A Week of FX Dealing," *Journal of International Money and Finance* 17, pp. 97 - 115.

Lyons, Richard K., May 1997, "A Simultaneous Trade Model of the Foreign Exchange Hot Potato," *Journal of International Economics*, pp. 275 - 298.

附录 对 数

对数是有用的，因为它们能简化对增长的计算。一个数字取对数是针对一个特殊的基数而言的，例如基于 10 或者基于 2。数 X 基于数 B 取得对数 Y，Y 就是基数 B 必须要增长的幂数，从而使得它等于 Y，因为 $B^Y=X$。

举例来说，如果底是 10，$X=1\,000$，则 $Y=3$，因为 $10^3=1\,000$。因此，在以 10 为基底的情况下，我们说 1 000 的对数是 3，我们可以把它写成 $\log_{10}(1\,000)=3$。相似地，如果底数是 2，$X=256$，则 $Y=8$，因为 $2^8=256$，因此在以 2 为底时，我们说 258 的对数是 8，我们也可以写成 $\log_2(256)=8$。

在财务学中，我们会遇到自然对数。自然对数的产生是因为连续复利和在连续利率下对增长的讨论。

银行经常将利率用年计算，如 10%，然后它们详细说明复利期，也许是年、半年、季度、月度、天甚至是连续的。我们知道银行计算账户利率的频率越高，我们在年末拥有的钱就越多，因为我们获得从前结算的利息的利息。例如，如果利率是 10%，在第一年末，依赖于复利间隔时间，我们将拥有以下数量：

复利间隔	一年的额度
每年	$(1+0.1)=1.1$
每半年	$(1+(0.1/2))^2=1.1025$
每季度	$(1+(0.1/4))^4=1.1038$
每月	$(1+(0.1/12))^{12}=1.1047$
每天	$(1+(0.1/365))^{365}=1.10516$

在利率 i 下通过求极限使复利间隔的数量趋于无穷可求得连续复利的回报：

$$\text{Lim}_{n\to\infty}(1+(i/n))^n=e^i$$

式中，e 为自然对数的底，它约等于 2.718 28。在我们年利率为 10%的例子中，按连续复利计算一年后的利息是 $e^{0.1}=1.1052$。

1.105 2 的自然对数是 0.1，因为使 2.718 28 变成 0.1 的幂是 1.105 2。有时人们用 exp(i) 而不是 e^i 来表示指数函数的计算。exp(i) 的意思是简单地对 e 求 i 次幂。

因为求 e 的幂指数告诉了我们在一定利率基础上计算连续复利的情况下你的本金的增长情况，指数函数也可以用来描述其他增长率，如货币的升值或贬值率以及通货膨胀率。例如，如果英镑的美元价格在 2006 年以连续利率 5%增长，则在年末的汇率是：

$$S(\$/£)_{2006}=S(\$/£)_{2005}e^{0.05}$$

这里有一些有用的自然对数的性质，这些性质用 ln 和底数 e 来描述，然后我们发现：

1. $\ln(e(A))=A$；
2. $e(\ln(A))=A$；
3. 如果 $A=BC$，则 $\ln(A)=\ln(B)+\ln(C)$；
4. 如果 $A=B/C$，则 $\ln(A)=\ln(B)-\ln(C)$；
5. 如果 $A=B^C$，则 $\ln(A)=C\ln(B)$。

我们可以联合这些性质去建立连续利率下增长率或百分比变化的自然对数。

例如，你可以用这种法则去说明：

$$\ln[S(\$/£)_{2006}]-\ln[S(\$/£)_{2005}]=0.05$$

第 3 章

远期市场和交易外汇风险

Kashima，一个日本石油精炼厂，进口原油经过精炼加工后在日本市场销售。Kashima 的收入以日元计价，但由于国际原油市场合约均为美元标价，故该公司成本以美元计价。因此如果日元对美元的汇率发生反向变动，本例中即日元贬值，会使得 Kashima 的原油成本换算成日元后显著增加。未来交割石油的合约以美元标价使 Kashima 暴露在汇率变动造成损失的风险中。通常，当货物交割和清偿发生在一段时间之后时，汇率未来的波动会放大交易各方的潜在损失或可得收益。这类交易产生损失的可能性被称为**交易外汇风险**（transaction exchange risk）。

在第 2 章中，我们研究了即期外汇市场的架构，该市场中货币的交割通常在两个交易日内完成。本章将研究**远期外汇市场**（forward foreign exchange market）（简称远期市场），即提供未来货币交换的市场。远期市场存在的主要原因之一是用于管理外汇风险和交易外汇风险。①

远期外汇市场使得像 Kashima 这样的公司可以通过**套期保值**（hedging）来消除交易汇率风险。② 公司签订附加的协议，该协议在基础交易产生损失时提供收益补偿。为了准确估算未来外币交易的成本和收益，避险方必须通过一定途径对其所面临的未来即期汇率的不确定程度进行量化。这通过计算出那些可以观察到的未来各种汇率的变动范围的可能性来完成。

本章我们从定义交易外汇风险入手，继而规范对导致该类风险的未来汇率走势的不确定性的思考。然后我们引入远期合约的概念，讨论如何通过这些合约来规避交易汇率风险。接下来会讨论远期外汇市场的贸易惯例等更多细节。最后引入远期升水的概念，它描述了远期汇率和即期汇率的关系。这一概念在本书中将会被多次提到。

3.1 交易外汇风险

如果发生一笔涉及在未来某特定日期收支特定数量外币的交易，公司、机构投资者和个人都

① 本章研究的是银行间远期市场。另一类远期外币交易市场是场内远期外汇市场，将在第 20 章中讨论。

② 第 17 章将进一步探讨为何公司想要对冲货币风险。

可能会承受交易外汇风险，因为未来即期汇率不能准确预知，汇率可能会朝着不利的方向变动，使交易产生损失。我们下一步的任务就是确定这些交易所附带的风险的精确本质。

假设美国公司摩托罗拉计划从日本的日立公司进口一些电子设备。摩托罗拉订购设备后承诺在 90 天后以日元支付货款。若摩托罗拉公司从订购到付款期间没有采取其他措施，摩托罗拉公司将需要在未来即期市场上购入一定数量的日元用于支付。如果美元发生意外贬值，摩托罗拉将不得不花费比预期更多的美元。

类似地，如果美国太阳微系统公司向欧洲输出工作站，同意在将来交割时对方用欧元偿付。假定太阳微系统公司从合约签订日到交割清偿日期间没有采取其他措施，太阳微系统公司将需要在未来的即期市场上将收到的欧元兑换成美元。如果在此期间欧元发生意外贬值，太阳微系统公司所收到的美元货款将少于其所预期的。

无论何时，只要是涉及未来会发生货币兑换的国际金融交易，通常就面临着未来即期外汇市场不确定的问题。在固定汇率制度下也面临同样的问题，因为政治和经济事件常常会导致本币对外币的贬值或升值。各主要货币的外汇市场 30 多年来使用的是浮动汇率体制，在该体制下汇率每日都有较大的波动。作为财务经理，你必须对远期汇率及其波动有较准确的判断和估量。知道汇率值未来可能的波动区间及发生的概率，有助于了解公司面临的汇率风险以及是否需要进行对冲。

通常，人们用当前的即期汇率来衡量需要支付或收到的外币价值，并以此为根据来讨论发生外汇损失的可能性及损失大小。但是，这一方法不适用于交易外汇风险，除非预期汇率不会发生变化。未来汇率的不确定造成的潜在损失或可能收益更适于用预期的未来即期汇率来衡量。

我们以一个虚构的公司 Fancy Foods 为例来说明。下一章我们在讨论如何正式地描述未来即期汇率的不确定性时还会再回到这个例子上来。

例 3.1 Fancy Foods 公司的交易外汇风险

美国 Fancy Foods 公司需要从英国 Porky Pies 公司进口一批肉馅饼。假定该交易中 Fancy Foods 在 90 天后支付 100 万英镑，同时收到 Porky Pies 公司的肉馅饼。Fancy Foods 当前没有英镑资产，打算在 90 天后再购入英镑，预期需要支付多少美元？它必须按照 90 天后交易发生时的即期汇率购入英镑，所花费的美元成本为：

$$90\text{ 天后的实际美元成本}=S(t+90,\$/£)\times £1\,000\,000$$

如果当前汇率是 \$1.50/£，Fancy Foods 预期英镑在未来 90 天会相对美元升值 2%，预期的 90 天后的即期汇率为 \$1.53/£ = \$1.5/£×(1+0.02)。因此，Fancy Foods 公司预期将支付：

$$(\$1.53/£)\times(£1\,000\,000)=\$1\,530\,000$$

这是 Fancy Foods 所设想的 2%升值预期实现时所需的费用，但是大多数金融市场并不会按照人们的预期精确运行。如果英镑升值超过 2%，远期汇率高于 \$1.53/£，Fancy Foods 将不得不用更多的美元来清偿这笔英镑债务。反之，若美元升值或者贬值小于预期，Fancy Foods 公司将从中获益，因为兑换 100 万英镑所需的美元成本会少于预期。

如果另一家美国公司 Nancy Foods 同意 90 天后英国 Quirky Pies 公司用英镑向其购买冷冻猪油火腿蛋糕，反向计算收益和损失即可：英镑相对美元贬值会使 Nancy Foods 收到的美元少于预期；若英镑升值超过预期，Nancy Foods 将从所收到的英镑资产中获益。

3.2 对未来汇率不确定性的描述

为了对交易外汇风险所导致的损益进行定量分析，我们需要考虑如何描述未来汇率的不确定性。尽管我们无法准确预见将来的汇率值，但是可以对汇率变动的可能性进行量化，从而对我们在跨国交易中所承受的风险进行量化。为了完成这一步骤，需要使用一些你可能不太熟悉的统计学概念。本章末附录“统计知识回顾”有助于加速你的学习进程。

使用历史数据评估汇率不确定性

我们可以使用历史数据来了解过去发生以及未来可能发生的情况。图表 3.1 是美元对英镑汇率月度百分比变动的柱状图，汇率按美国的惯例表示为 \$/£。该图叠加了一条**均值**（mean）和**标准差**（standard deviation）与历史数据相同的正态分布曲线。我们接下来会对此进一步加以分析。

图表 3.1　　1975—2005 年美元对英镑的月度汇率

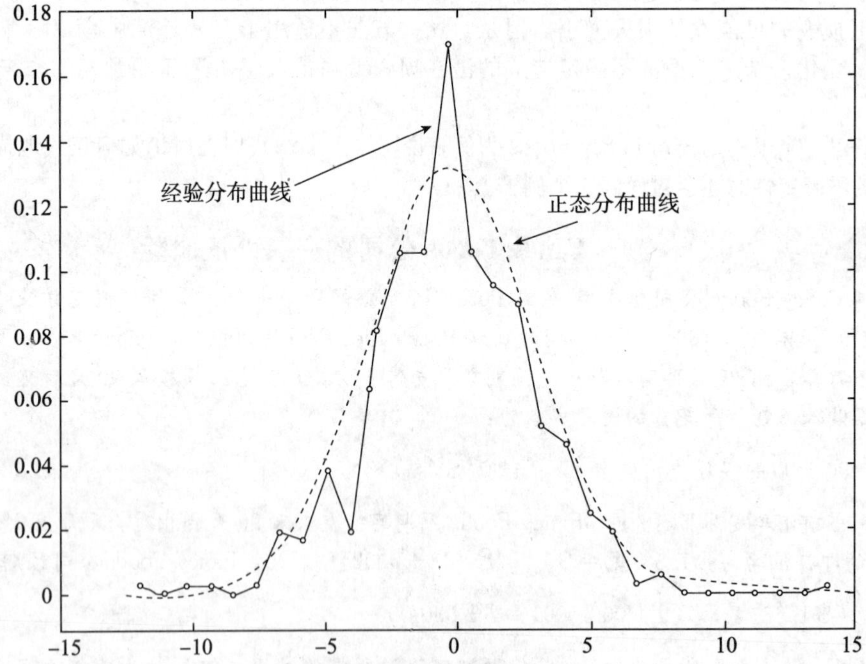

1975—2005年美元对英镑汇率百分比变动
对正态分布曲线的密度估测

注：美元对英镑的百分比变动按如下公式计算：$s(t)=[S(t)-S(t-1)]/S(t-1)$，其中，$S(t)$是 t 时刻的汇率（月末）。该图表使用 $s(t)$ 数据作图。将百分比变动的可能范围划分成小区域（例如在 −0.167%～0.167%之间），计算落在该区域内的观测值个数，图中的点表示区域的中间值以及频率（落入该区域的观测值个数除以总的观测值个数）。联结各点的曲线即为柱状图。虚线所示的平滑曲线即与样本数据有相同均值和标准差的正态分布曲线，该曲线的公式为$\frac{1}{\sqrt{2\pi\sigma^2}}e^{-\frac{1}{2}(\frac{s-\mu}{\sigma})^2}$，其中 μ 是均值，σ 是标准差，e 是常数 2.718 28（参见第 2 章附录）；π 是圆周率 3.141 59。

图表 3.1 所示时间从 1975 年 1 月到 2005 年 12 月，共计 372 个观测值。t 时刻的即期汇率表示为 $S(t)$，汇率从 $t-1$ 时刻到 t 时刻的变动为：

$$s(t)=[S(t)-S(t-1)]/S(t-1) \tag{3.1}$$

我们用 $100\times s(t)$ 来表示。记住第 2 章中说过这些百分比变动意味着英镑升值（值为正）或贬值（值为负）。

图表 3.1 的横轴代表 \$/£ 比率历史观测值的百分比变动，值域为－12%～14.5%。为了构建柱状图，我们设定数个等距离的小区间，用沿曲线的点间距表示。图上的点都标在区间的中点上。纵轴表示观测值出现在每一区间的可能性或频率。美元对英镑月度百分比变动的平均值（均值）为－0.04%。由于均值意味着分布的中心，且分布是钟形的，因此均值附近的观测值出现的可能性大。标准差衡量的是观测值围绕均值的离散程度。汇率百分比变动的标准差是 3.04%。汇率在均值的左右一个标准差之内变动的可能性（即在－0.04%－3.04%＝－3.08%和－0.04%＋3.04%＝3.00%之间）远大于远离均值变动的可能性。从图表 3.1 中的曲线可以看出，汇率在均值附近两个标准差范围之外［即小于－0.04%－(2×3.04%)＝－6.12%或大于 6.04%］变动的可能性较小，因为纵轴所表示出来的概率非常小。

我们使用概率分布来更正式地描述未来汇率的不确定性。毫无疑问，在其他一些金融应用中也会使用概率分布来描述不确定性，比如描述股权投资或是长期债券投资的短期回报率。类似地，可以用概率分布来概述我们对于将来汇率会如何发展的无知。

图表 3.1 的第二条曲线表示的是正态分布。图表 3.1 揭示了以钟形曲线为特征的正态分布假说，能很好地吻合英镑对各主要货币的汇率的月度百分比变动。但是，我们也会遇到一些这一假说不适用的情况。例如，一些新兴市场的货币的概率分布就清楚地呈现出非正态分布的特点。图表 3.2 是墨西哥比索对美元汇率的月度百分比变动分布情况，以及与该分布有相同均值和标准差的正态分布。

图表 3.2　　1994—2005 年比索对美元的月度汇率

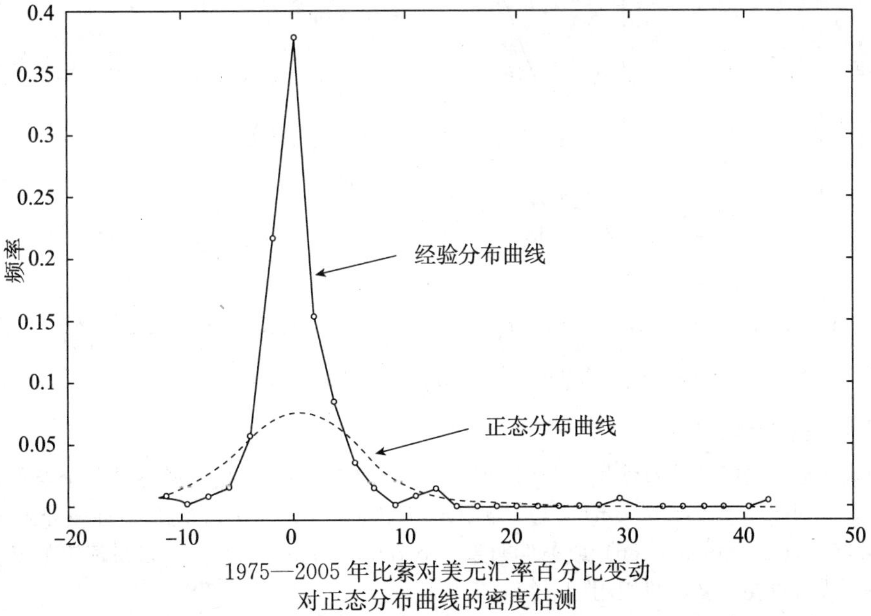

注：这一练习与图表 3.1 相同，但考察的是比索对美元的汇率。

从图表 3.2 中可以看出，该历史分布是不对称的。我们用历史数据计算得到的均值是 0.98%，标准差为 5.24%，但是这一历史分布最显著的特征是右侧长尾。统计学家称这样的分布为偏。这意味着比索对美元更可能出现大的贬值，左侧长尾的缺失则意味着没有对等的比索大幅升值的出现。同时，更多的观测值位于均值附近（相对于正态分布），因为墨西哥比索在各时间区间是爬行钉住某一特定值的。我们在第 5 章讨论各种汇率制度安排时还会回到这个问题上来。现在需要掌握的是，正态分布适用于描述多数浮动汇率货币的月度变动，但不适用于新兴市场货币。

未来汇率的概率分布

图表 3.1 和图表 3.2 都是基于历史数据的。财务经理对未来即期汇率的概率分布同样感兴趣。给定当前的观测汇率值 $S(t)$，我们可以从中找出未来 90 天汇率变动的概率分布。从等式 (3.1) 我们可以得出未来可能的即期汇率为：

$$S(t+90)=S(t)\times[1+s(t+90)] \tag{3.2}$$

其中，$s(t+90)$ 表示随后 90 天内汇率的百分比变动，$s(t+90)=[S(t+90)-S(t)]/S(t)$。

图表 3.3 是 $t+90$ 时刻美元对英镑的即期汇率的概率分布示例。由图表 3.3 可知，该曲线表示的是具有典型钟形特征的正态分布。

图表 3.3　$S(t+90)$ 的概率分布

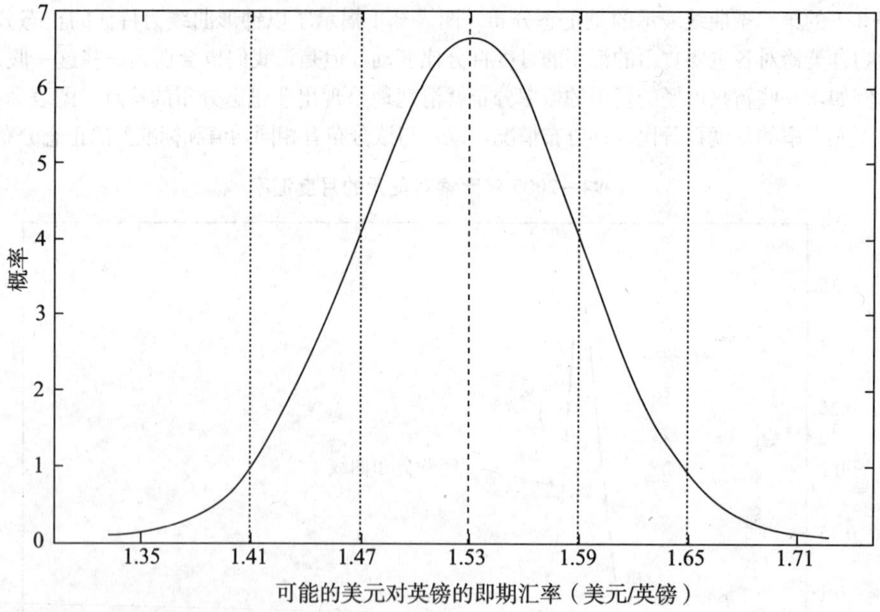

条件均值和波动性

由于未来汇率的概率分布依赖于期初 t 时刻的所有有效信息，我们说它是一个**条件概率分布** (conditional probability distribution)（见本章附录）。因此，未来汇率的均值，即该分布的期望值，称做**条件均值**（conditional mean）或**条件期望**（conditional expectation）。未来汇率的条件期望值对于汇率走势有重要意义，我们用以下符号来表示：

$$\text{未来 } t+90 \text{ 时刻的即期汇率在 } t \text{ 时刻的条件期望值}=E_t[S(t+90)]$$

正态分布的一个良好特征就是其均值和标准差完全概括了未来可能汇率的概率范围，这常被称为**波动性**（volatility）。条件均值确定了概率分布的位置，条件标准差描述了分布的扩展情况。注意，如果 $s(t+90)$ 的均值和标准差表示为 μ 和 σ，那么据公式（3.2）可知，$S(t+90)$ 的条件均值和条件标准差分别为 $[S(t)(1+\mu)]$ 和 $[S(t)\sigma]$。

我们来看图表 3.3 是如何构造的。假设如同例 3.1，当前汇率为＄1.50/￡，人们预期英镑相对美元会在未来 90 天升值 2%，则 90 天后即期汇率的条件期望值为＄1.53/￡＝(＄1.50/￡)×(1＋0.02)。假定未来 90 天汇率升值的标准差为 4%，＄1.50/￡×4%＝＄0.06/￡，即预期未来即期汇率的条件分布的标准差为＄0.06/￡。总结如下：

	公式	示例
未来即期汇率的条件期望值（均值）	$S(t)(1+\mu)$	(＄1.50/￡)×(1＋0.02)＝＄1.53/￡
未来预期汇率的条件波动（标准差）	$S(t)\sigma$	＄1.50/￡×4%＝＄0.06/￡

通过未来汇率的条件均值和条件标准差，我们可以确定未来汇率值落入任一给定区间的概率。例如，在正态分布中，略多于三分之二即 68.26% 的概率分布位于均值附近正负一个标准差的区间内。在上例中，该区间为：

＄1.47/￡＝＄1.53/￡－＄0.06/￡

至　＄1.59/￡＝＄1.53/￡＋＄0.06/￡

由此可知，图中曲线、X 轴以及过 X 轴上＄1.47/￡、＄1.59/￡两点的垂线围出的区域面积占曲线和 X 轴之间总面积的 68.26%。对于正态分布我们还有，95.45% 的概率分布位于均值正负两个标准差的区域内。因此美元对英镑的未来汇率范围有 95.45% 的可能位于＄1.41/￡～＄1.65/￡之间。

评估特定未来汇率范围的可能性

给定对未来汇率的概率分布评估，我们可以得到将来汇率值超过或低于某一值的可能性。例如，如果想知道英镑在未来 90 天升值到＄1.60/￡以上的可能性，由于＄1.60/￡比条件均值＄1.53/￡多＄0.07/￡，且标准差为＄0.06/￡，我们想要知道的即为超出均值 0.07/0.06＝1.167 个标准差的概率。对于正态分布，这一概率为 12.16%，即汇率从＄1.50/￡上升到＄1.60/￡及以上的概率为 12.16%。

现在我们能够描述可能遇到的汇率变动了，可以据此来定义和理解交易外汇风险的概念。我们回到 Fancy Foods 的案例来看看。

例 3.2　再论 Fancy Foods 公司的交易外汇风险

Fancy Foods 必须在 90 天后支付给 Porky Pies 100 万英镑，当前汇率为＄1.50/￡。未来＄/￡比率的条件分布基于公司的有效决策信息。假定公司的决策基于图表 3.3 的条件分布。先前计算得到的未来汇率的可能范围告诉我们，汇率有 95.45% 的可能落入＄1.41/￡～＄1.65/￡之间，即 Fancy Foods 有 95.45% 的可能需要＄1 410 000(＝＄1.41/￡×￡1 000 000)～＄1 650 000(＝＄1.65/￡×￡1 000 000）来清偿其英镑负债。回忆之前 Fancy Foods 预期需支付＄1 530 000。如果美元贬值到＄1.65/￡，相较预期，Fancy Foods 将损失：

＄1 650 000－＄1 530 000＝＄120 000

反之，若美元升值到＄1.41/￡，Fancy Foods 将获利：

＄1 530 000－＄1 410 000＝＄120 000

当然，Fancy Foods 也暴露在更大的潜在损益风险中，因为汇率变动可能发生超出这一范围的极端情况。但如果我们所使用的概率分布准确地反映了对未来的理性信心，则这种极端情况发生的概率应小于4.55%。

3.3 对冲交易外汇风险

Fancy Foods 完全可以通过使用**远期合约**（forward contract）来消除汇率变动导致损失的风险。下面我们来看看如何实施。

远期合约与套期保值

银行和客户之间的远期合约要求在未来某约定日期，以特定汇率完成一定数量的货币互换。这一特定汇率被称为**远期汇率**（forward rate），由各方在签订合约时约定。如果预计未来某天会产生一笔外币债务，可以买入外币远期合约，约定银行在你需要的那天卖给你一定数额的外币，与此同时你支付给银行的本币数额相当于远期汇率（本币/外币）乘以所购买的外币数额。这样，欠银行的本币债务在合约签订时就得以确定，无须再担心未来汇率的实际变化。因此，使用远期合约可以消除交易外汇风险。

类似地，如果预计在未来某一天会收到一笔外币资产，可以卖出远期来消除汇率风险。此时远期合约规定在将来某日（你预计会收到外币资产的日期）银行以约定汇率购入你所收到的外币。通过远期合约，今天就能确定未来能够收到的本币数量，即远期汇率（本币/外币）乘以出售的外币数额，而不再依赖于未来的即期汇率。

在上述任一情况下，交易外汇风险都得到了完全对冲。基本上，风险的消除是通过购买一笔外币资产或负债，精确地抵消你即将获得的外币负债或资产。

对冲 Fancy Foods 公司的货币风险

考虑例 3.1，Fancy Foods 公司 90 天后将对 Porky Pies 公司产生 100 万英镑的负债。假设 Fancy Foods 可购买或出售英镑的远期汇率为＄1.53/￡。Fancy Foods 可以等到 90 天后完成交易时购汇，但是将面临英镑可能升值而产生的损失。如果在远期市场中以＄1.53/￡的价格和银行签订远期合约购入 100 万英镑，使得 Fancy Foods 的外币资产同外币负债相等，Fancy Foods 在商业交易活动中产生的 100 万英镑负债可由银行根据远期合约所支付的 100 万英镑的资产来抵消。而 Fancy Foods 公司自身所承担的是一笔数量为＄1 530 000［＝(＄1.53/￡)×￡1 000 000］的美元负债。我们通过 Fancy Foods 公司资产负债表的资产和负债数额来概述这一头寸。

Fancy Foods 资产负债表（局部）

资产	负债
90 天后应收银行款￡1 000 000	90 天后应付 Porky Pies 货款￡1 000 000 90 天后应付银行款＄1 530 000

Nancy Foods 公司的套期保值策略

现在我们来看 Nancy Foods 公司，它将在 90 天后从 Quirky Pies 公司收到 100 万英镑。馅饼的出售给 Nancy Foods 带来一笔外币资产。通过签订远期合约将未来收到的 100 万英镑出售给银行，Nancy Foods 产生了一笔等值的外币负债和本币资产。这使其汇率风险得到对冲。在此例中，Nancy Foods 的资产负债表头寸如下：

Nancy Foods 资产负债表（局部）	
资产	负债
90 天后应收 Quirky Pies 货款£1 000 000	90 天后应付银行款£1 000 000
90 天后应收银行款$1 530 000	

以上案例示范了美国公司如何通过远期合约，在不承担汇率风险的同时，使其在正常经营活动中获得的英镑资产或负债转化为美元资产或负债。

套期保值策略和无套期保值策略的敞口比较

图表 3.4 概括了不同购汇或售汇策略产生的交易外汇风险敞口。其中，图 A 的横轴以每单位

图表 3.4　　套期保值合约及无套期保值合约的损益图

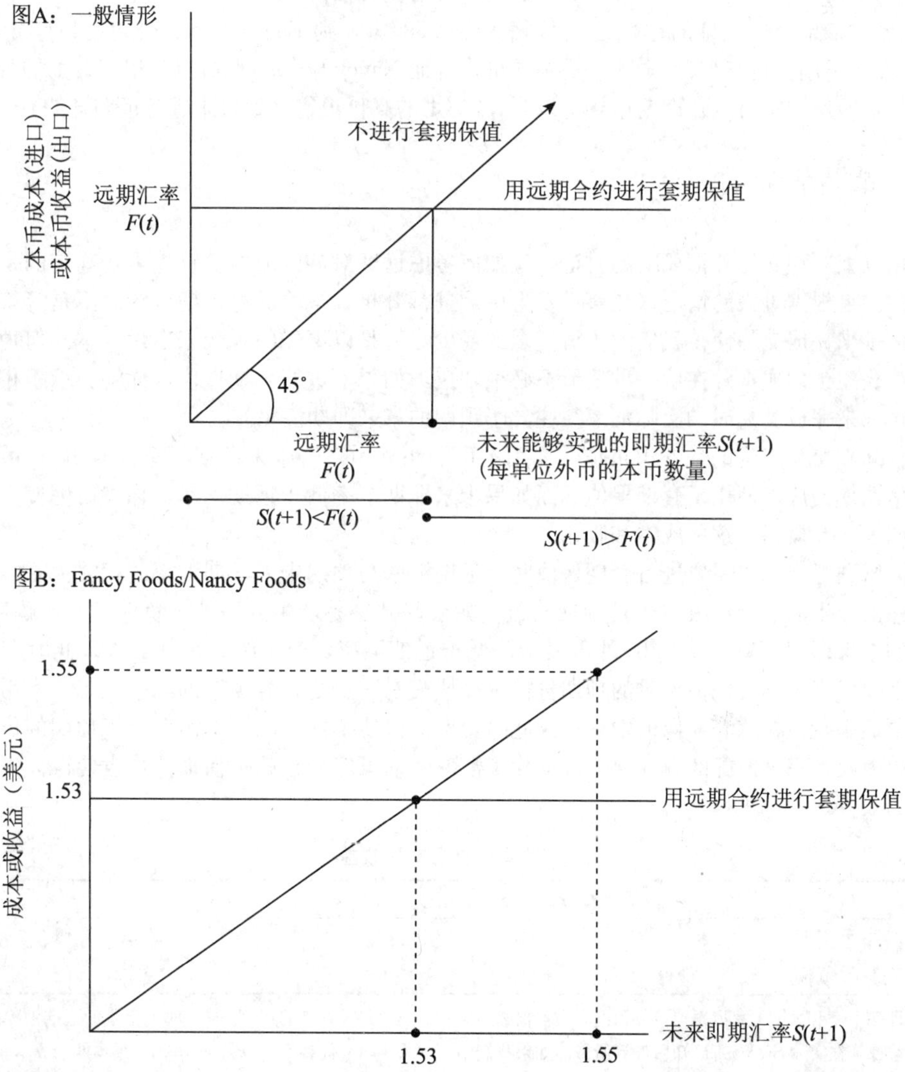

外币（以英镑为例）对本币（以美元为例）的形式表示未来能够实现的即期汇率。沿横轴向右移动，以本币（美元）表示的外币（英镑）的价格上升，换言之，英镑升值。纵轴表示的是每单位外币的本币成本（如果你在未来必须购买外币），或者说每单位外币的本币收益（如果你在未来必须出售外币）。据此，我们可以将进行套期保值或者不进行套期保值两种不同情况下的本币收益或成本作为未来即期汇率真实值的函数用一条简单的直线表示出来。

45°直线表示的是无套期保值策略。如果在未来必须购入外币，同时不采取套期保值措施，则购汇成本相应地跟随未来外币的本币价格而波动。本币走弱，则成本上升；本币走强，则成本下降。由于成本会不断随汇率的上升而上升，所以风险是无限大的。反之，成本随本币相对外币走强而下降。从理论上来说，成本可以降至零，但通常本币不太可能走强到如此地步。

图表 3.4 中的水平线表示使用远期合约实现套期保值。如果一笔国际交易需要在未来购入外币，你可以在当前通过远期合约进行完全对冲，从而无论未来即期汇率如何变动都能锁定成本（即远期汇率）。因为价格是确定的，哪怕本币相对外币走弱亦不受影响，所以完全不承担任何风险。与此同时，即使本币走强，价格也不能下降。

B 图所示的是 Fancy Foods 和 Nancy Foods 的案例。假定 90 天后合约执行时的即期汇率为 \$1.55/£，如果公司签订的远期合约价格为 \$1.53/£，则 Fancy Foods 公司可以锁定成本为 \$1.53/£而不用支付 \$1.55/£这一更高的价格，而 Nancy Foods 则只能以 \$1.53/£的价格出售所得外币，即使它本可以在即期市场上以 \$1.55/£的高价出售（如果未签订远期合约）。

远期对冲的成本和收益

根据以上对冲交易外汇风险的讨论，应如何考虑远期对冲的成本？首先需要确定的是成本的计算时间。是根据过去的情形（在事实发生后）进行分析，检验通过远期合约而不是等待按未来的即期汇率来完成交易使得我们的支付变多或变少，还是以事先的观念来考虑成本？何种情况下我们应该检验预期成本？在后一种情形下必须知道，如果不进行套期保值，你将会承担相应的汇率风险，未来完成交易时的实际汇率往往异于预期的未来即期汇率。

假定基础交易产生的是外币负债，需用本币购买外币。若未来即期汇率（本币/外币）高于远期汇率，你会庆幸使用了套期保值，而如果未来即期汇率低于远期汇率，你将后悔使用了套期保值。图表 3.5 概括了这些成本和收益。

当你试图考虑是否需要进行套期保值时，远期汇率与预期未来即期汇率的相关关系能显示出该套期保值产生的是预期成本还是预期收益。如果基础交易产生的是外币负债，需要购买外币，若预期的未来即期汇率（以本币/外币表示）低于远期汇率，产生的是预期成本。此时套期保值使得你必须以高于不套期保值时的预期价格来完成交易。反之，若预期的未来汇率（本币/外币）高于远期汇率，你将从套期保值中获益。此时套期保值使得你可以用本币以低于预期的价格来购买外币。因此，完全匹配的套期保值既消除了汇率变动可能导致的任何损失，也使得你失去了所有可能的收益。

图表 3.5　　套期保值的成本和收益

	$F(t, k) < S(t+k)$	$F(t, k) > S(t+k)$
外币资产	成本	收益
外币负债	收益	成本

注：即期汇率和远期汇率以每单位外币的本币价格表示。$F(t, k)$ 是 t 时刻的在 $(t+k)$ 时刻交割的远期汇率。此处的成本或收益都是在实际 $S(t+k)$ 已知后计算所得。如果我们用 $E_t[S(t+k)]$ 代替 $S(t+k)$，则得出的是预期的成本和收益。

注意，在比较远期汇率和预期的未来即期汇率时，套期保值的预期成本或收益并不在当前产生现金流。那么我们如何确定当前实行套期保值与否的成本呢？正确的做法是将未来的付款进行贴现，即必须找出其适当的现值。我们知道，远期合约的付款是发生在未来某时刻的，本书第 6 章将讨论一些现值的技术，使得我们可以确定未来付款在当前的价值。判定从某个不确定的分布产生的未来现金流的现值是另一回事，我们需要选择一个适当的贴现率，用于贴现不确定现金流的预期值，这些将在第 13 章中讨论。你将看到，确定套期保值的事前成本是一个复杂的问题，因为我们需要将某种情形下一笔不确定的支付与另一情形下的一笔确定支付进行比较。

使用远期合约对冲交易外汇风险的案例

我们来看一些例子，以便进一步了解不同敞口的实质、可能损失的程度以及如何通过远期合约完全覆盖风险敞口。

例 3.3　进口付款的套期保值

假定你是纽约州斯卡斯代尔的葡萄酒坊 Zachy 的财务经理，商店需要从法国进口葡萄酒。合约约定进口玛歌酒庄红葡萄酒，发票金额为 400 万欧元。你同意在收到货物时用欧元支付货款。预计货物的交割和货款的支付在 90 天后进行，当前的有效信息有：

当前的即期汇率＝＄1.10/€
当前的 90 天远期汇率＝＄1.08/€

交易外汇风险的来源是什么？可能产生的损失是多少？首先，作为美国进口商，同意用欧元支付货款意味着产生一笔欧元负债。若欧元出乎意料地相对美元走强，如汇率上升到＄1.12/€，你将面临意外的损失，因为此时欧元的美元成本高于预期。如果不采取套期保值措施对冲风险，理论上可能由于欧元的美元成本［即购买欧元所需的美元数量$S(t+90,\$/€)\times$€ 4 000 000］不断上升而造成无限大的损失。尽管这样极端的情况不大可能发生，但总存在美元相对欧元走弱或贬值带来的下行风险。

通过从远期市场上买入 400 万欧元可以完全消除交易外汇风险。此时，90 天后需支付的美元为：

(€ 4 000 000)×(＄1.08/€)＝＄4 320 000

注意，远期合约（€ 4 000 000）产生的欧元现金流入恰好完全与基础交易的欧元现金流出匹配。换言之，通过从银行购买一笔等值欧元资产中和了基础交易产生的欧元负债，因此，如果作为交易对手的银行是可信的，你将无须承担任何汇率波动产生损失的风险。

当然，如果你签订了欧元远期合约，而 90 天后美元走强（如汇率变为＄1.05/€），你将不得不按合约规定，以＄1.08/€的远期价格从银行购入欧元。从这个意义来说，远期合约消除了产生损失的风险，同时也使你失去了未来通过市场行为获得收益的可能。

例 3.4　出口收单的套期保值

现在，一家英国制造商设德兰毛衣公司（Shetland Sweaters）需要运送一批毛衣到日本，同意日本毛衣进口商 Nobu 公司以日元偿付货款共计￥500 000 000，考虑这一交易中的交易外汇风险。货物交割和货款支付预计在 30 天后发生，当前的有效信息如下：

当前的即期汇率＝￥176/￡

当前的 30 天远期汇率 = ¥180/£

那么你所面临的交易汇率风险的实质和程度分别是什么？由于同意接受日元付款，你将产生一笔日元资产。在等待在未来即期市场上出售所收日元的过程中，若日元相对英镑走弱或贬值，你将遭受损失，因为所收到的日元货款能够兑换的英镑少于预期。如果在签订合约到收到日元货款之间不采取任何措施，你将承担因理论上日元货款的英镑价值可能降至零而产生的所有风险。尽管发生这种情况的可能性很小，但总归存在日元相对英镑走弱或贬值带来的一定程度的下行风险。当然与此同时也存在因为日元走强而获益的可能性。

那么，如何完全对冲或者消除交易外汇风险？你可以在远期市场上用¥500 000 000购入英镑来达成这一目的。30 天后收到的英镑为：

¥500 000 000/(¥180/£) = £2 777 778

同样要注意，合约规定的用于购买英镑的远期现金流出（¥500 000 000）恰好与基础交易的日元现金收入匹配。通过生成一笔与外币资产等值的外币负债，中和了交易产生的外汇敞口，你承诺支付给银行的日元即你的日元负债。因此，如果确信在未来能如约从银行购入英镑同时收到 Nobu 公司的日元货款，则你无须承担汇率意外变动产生损失的风险。

当然，如果在未来 30 天内日元相对英镑走强，因为远期合约不依赖于未来汇率，你仍需将日元按合约约定价格出售给对手银行。你与银行约定汇率是铁板上钉钉的事。从这个意义来说，远期合约消除了产生损失的风险，同时也使你失去了未来参与市场获得收益的可能。

针锋相对

石油精炼厂的套期保值策略

Ante Handel 手持一份《金融时报》冲进其兄弟的房间，大嚷："我跟你说过的，非财务公司就应该远离外汇市场！又一家日本公司在远期市场上受到了重创。Kashima 石油公司刚发布公告说损失了 619 亿日元，而这只不过是另一家石油精炼厂 Showa Shell 去年所受损失的一半。我倒想知道股票市场对这事会有什么反应。当时 Showa 遭受外汇损失的消息一出来，公司的权益价值可是跌了一半！"

Ante 的兄弟 Freedy 出其意料飞快地回答："冷静！Kashima 只是一家石油精炼厂，它只不过想通过套期保值来对冲货币风险。石油是以美元标价的，它在远期市场上买入了美元，但是外汇走势与它的预期相反。这只不过是运气不好。本来汇率也有可能朝它的预期走的。"

碰巧他们的表兄弟 Suttle Trooth 在隔壁房间听到了这一段对话，激起了他的好奇心。"不止这么简单吧，"他想，"石油公司应该在外汇市场上进行套期保值吗？事实的真相是什么？只是一次简单的坏运气事件吗？"顾不上理会在一边争得脸红脖子粗的兄弟俩，Suttle 戴上耳机，启动 iPod，开始在互联网上搜索。很快真相水落石出。

Suttle 得知日本石油精炼厂 Showa Shell 和 Kashima 都暴露在汇率风险中。所有石油交易合约都以美元计价，这意味着公司进口原油产生的是美元成本，同时在日本市场上出售精炼油得到日元收入。这两家公司都面临美元意外升值导致成本上升的风险。为了对冲风险，两家公司都例行在远期市场上购买未来数月的美元，有时候甚至数年。通常在合约执行时日元的远期美元价格低于当时的即期汇率，因此远期合约降低了美元成本，保护公司免受美元升值之害。然而，用于计算套期保值事后收益的相关可比汇率是精炼厂不进行套期保值情况下未来购入原油的汇率。通常美元不会相对日元升值，相反，日元的升值程度常常高于远期汇率所含的预期，即未来美元的实际日元价格低于公司所签合约的远期汇率。基于这一事实，公司更适宜于不采取套期保值措施。

它们完全可以在需要时从日元更强势的即期市场上以便宜的日元成本来购买美元。

不幸的是，Suttle通过查阅资料了解到，这些公司并不仅仅是进行套期保值。公司财务部门的负责人通过签订远期合约，下注美元升值。他们自认为可以从中获益，所以购买的远期合约数量远远超过其基础石油交易产生的实际货币敞口。换言之，两个公司都在试图通过**投机**（speculating）获利！当日元持续升值给投机者造成越来越多的损失时，他们不仅不向上级披露这些损失，反而在公司的财务报表中将损失瞒报，并继续同银行签订远期合约，寄希望于日元最终会贬值。Showa和Kashima的最终损失分别高达1 250亿日元和1 525亿日元。

套期和投机

Suttle Trooth决定一步一步进行案例分析。首先要做的是区分套期保值部分和投机部分。任何公司的财务部门往往都不会在货币市场进行单纯的投机行为。并且，向股东瞒报损失在多数国家都是违法的。因此在这一部分上，Ante是对的，Suttle陷入了沉思。Kashima不应该以那样的方式涉足外汇市场。毫不奇怪的是，日本的监管当局对瞒报行为进行了打击，并从这些石油公司的坍塌中受到警示，制定了关于外汇市场远期合约所隐含的未实现损益的新的披露规则。

套期还是不套期?

现在，Suttle开始考虑在这一案例中套期是否有其存在的意义。为什么Freedy会如此肯定地认为套期保值是一种常规行为?确实，如果Kashima有一定数量的需在未来以美元购入石油的合约，会因此形成交易敞口，那么进行套期保值是有意义的，对吧?不管怎样，Kashima有美元负债，通过购入美元远期合约以日元负债交换获得美元资产，这使得其锁定了日元的未来交易价格，从而避免受到远期汇率不确定性的影响。当然，事后来看可能会存在套期保值的成本，因为日元可能会一直保持升值。无论如何，至少套期保值使得Kashima无须为汇率变动而失眠，并且可以更好地对未来的经营进行预算决策。

但是，Suttle Trooth有种感觉，这并不是故事的全部。我们看到，Kashima和Showa Shell的整体生意是用美元购入石油、加工精炼然后在日本本土市场上卖出。不仅现在，在可预见的将来也会是做同样的事情。换言之，它们的外汇敞口并不仅仅源于单一交易。汇率变动确实能影响到公司的底线。因此，如果进行套期保值，至少需要一个适当的长期套期保值计划。同时，远期合约可能并不是正确的套期保值工具。Suttle听说过这类合约仅当其期限小于一年时才具有较好的流动性，长期合约的交易成本则较高。那么除了远期合约，有其他的合约可用于长期套期保值吗?

从长期来看，难道公司不考虑通货膨胀和石油价格的变动吗?也许，油价上涨或者日元贬值对于石油精炼厂来说并不是坏事，因为如果日本的价格水平上升，公司可以通过提高精炼油的日元售价来将成本的增加部分转嫁给消费者。

Suttle Trooth开始对套期保值的好处产生怀疑，甚至认为对于Kashima和Showa Shell这样的公司，套期保值不一定有益。他决定继续阅读刚从书架上取出的国际财务管理课本。

我们将在第17章中讨论判断一家公司是否应当进行套期保值的基本原则，到那时，我们将能够掌握能回答Suttle所有疑问的必要工具。

3.4 远期外汇市场

现在我们已经了解到如何使用远期合约来管理外汇风险，接下来我们将更详细地考察远期市场的构成。

市场组织

在远期外汇市场上进行未来外汇购买和交割交易的组织构架类似于第 2 章中介绍的银行间即期市场。在一些交易者关注即期合约的同时，另一些交易者则聚焦于远期合约。正如前面提到的，远期合约大大便利了公司风险管理，与此同时银行愉快地向公司和机构客户提供远期外汇报价。在银行间市场上，这类被称为**直接远期合约**（outright forward contract）的简单远期合约，只是外汇市场中相对并不重要的组成部分。实际上，国际清算银行 2005 年的一次调查发现，外汇市场中只有略多于 11%的交易是使用直接远期合约。调查还发现，远期合约通常以一揽子交易的组成部分出现，称之为**互换**（swap）。事实上，外汇市场上的交易有 50%以上是互换，交易双方除了进行互换外没有其他任何交易行为。典型的互换交易包括同时在未来不同的日期分别购入和售出特定数量的外币。鉴于互换的重要性，在我们描述远期合约的交易细节后将继续讨论互换市场。

远期合约的期限和价值日

如前所述，远期汇率是在当前确定的未来用以完成交易的合约价格。合约各方在今天一致同意该价格，但是在合约到期日即**远期价值日**（forward value date）［或称之为**远期清算日**（forward settlement date)］前，没有任何货币的交易。

远期市场上主要合约期限多为 30 天、60 天、90 天和 180 天。由于远期外汇市场是场外市场，因此，银行的公司和机构客户可以和其交易对手达成非标准交易日远期合约，例如期限为 46 天或者 67 天。

远期合约的货币交换发生在远期价值日。远期合约价值日的决定始于先找出今天的即期价值日。回忆我们在第 2 章中所看到的，即在未来美元和欧元或日元进行交易之前的两个营业日。对应于今天的即期价值日，30 天远期合约的货币交换发生在下个月的日历日。假定该日是合法交易日。因此，如果今天是 7 月 28 日，即期价值日是 7 月 30 日，30 天合约的远期价值日是 8 月 30 日。如远期价值日为任一国家的周末或者银行假期等非交易日，远期合约的清算顺延到下一交易日。如果顺延一天会使得合约拖入新的月份，远期价值日即调整为日历日之前的最后一个合法交易日。在前述案例中，可能 8 月 30 日、31 日均为周末，此时，价值日定为 8 月 29 日。该法则在即期价值日不是本月的最后一个交易日的前提下生效。如果即期价值日是本月的最后一个交易日，则远期价值日是下一个月的最后一个交易日（这被称为 end-end 法则）。

图表 3.6 总结了远期价值日的确定法则，现在我们来看一个例子。

图表 3.6　决定远期价值日的法则

A. 即期价值日不是该月的最后一天。我们来看教材中的例子，假定今天是 7 月 30 日，考虑一个 30 天的远期合约。
1. 找出今天的即期价值日。例：7 月 30 日。 2. 对于 X 月的远期合约，找出相对于当前即期价值日的 X 月后的日历日。例：8 月 30 日。 3. 检查这一天是否为两个国家的合法交易日。如果是，则其为远期价值日，如果不是，进行第 4 步。 4. 如果第 3 步得到的是任一国家的周末或者银行假期等非交易日，远期合约的清算顺延到下一交易日，除非这一天使得合约拖入了第 X+1 个月，则需进行第 5 步。例：8 月 31 日，若 8 月 30 日是周末。
5. 为了避免使合约清算发生在第 X+1 个月，远期价值日即为 X 月的日历日之前的最后一个合法交易日。例：8 月 29 日，如果 8 月 30、31 日均为周末。
B. 即期价值日是本月的最后一天。如果即期价值日是本月的最后一个交易日，远期价值日则为 X 月后该月的最后一个合法交易日。这被称为 end-end 法则。例：假定今天是 7 月 29 日，即期价值日是 7 月 31 日。30 天合约的价值日为 8 月的最后一个交易日。

例 3.5　找出远期价值日

假定我们在 2007 年 11 月 9 日星期五的即期市场上用美元购入欧元。美元来自纽约的花期银行的账户，购得的欧元汇入我们在德国的德意志银行账户。这一交易的即期价值日是 2007 年 11 月 13 日，是两国的合法交易日。如果同时在 2007 年 11 月 9 日星期五发起一个以美元购入欧元的 30 天远期合约，货币的交换应该发生在哪一天呢？我们可以按照前述逻辑来确定远期价值日。因为即期价值日是 2007 年 11 月 13 日，远期价值日为 2007 年 12 月 13 日，周四，两国的合法交易日。注意本例中 30 天远期合约的货币交换实际发生在未来的第 34 天。

当然，在签订一个远期合约时无须实际拥有按合约同意交付的货币。可能是未来的常规生意使你可以获得这笔货款，或者你计划在合约签订到远期价值日完成货币交换之间的某个时刻的即期市场上购入该货币。假设某远期合约的一部分需要交付欧元（如前述案例），而你手头没有欧元。哪一天是你可以在即期市场上购入欧元的最后时刻呢？我们知道你必须在 2007 年 12 月 13 日周四时持有欧元，因此，你可以在这一天的前两个交易日从即期市场上买入欧元，即 2007 年 12 月 11 日周二，远期合约开始后的第 32 天。

远期市场的买卖价差

在第 2 章我们提到过，买卖价差在即期市场上非常小。然而，在远期市场上，随着合约期限的增加，价差逐渐增大。以 90 天的远期合约为例，买卖价差大概比即期合约大 15%。但是远期买卖价差仍然是很小的，对主要货币来说通常小于 0.10%。对于期限非常长的合约，尤其是一年期以上的，买卖价差更大。①

远期市场的流动性

远期市场的买卖价差高于即期市场是因为远期市场的流动性低于即期市场。回忆市场的流动性指的是买方和卖方匹配的速度和成本。有流动性的市场是指交易者能够在无须较大的交易成本同时对市场价格不产生显著影响的情况下进行买卖的市场。市场的流动性取决于市场中活跃交易者的数量和交易的头寸规模。在高流动性市场中，卖家极易寻找到买家，反之亦然。完成大额交易也是一件无须向交易对手让步的容易的事情。缺乏流动性的市场有时候被称为交易清淡市场。

远期市场流动性低于即期市场的原因是很微妙的，这在下面的案例中得到了很好的体现。

例 3.6　远期市场低流动性的成因

一家加拿大公司 Canada Beer 向美国出口啤酒，定期收到美元货款。假定该公司与美国银行签订了一份 30 天的远期合约，同意购入 100 万美元的加元。也即 Canada Beer 将其远期美元收入出售，获得加元。假设远期利率是 \$0.90/CAD。我们感兴趣的是美国银行在这一交易中承担了什么样的风险。考虑图表 3.7 中的 A 部分。

这一远期合约意味着美国银行将在远期市场上卖出加元，即它在未来进行加元交割。合约的另一方 Canada Beer 持有的是加元多头和美元空头，但是 Canada Beer 预期从它的啤酒销售中获得美元货款，来对冲美元空头头寸。

美国银行承担的风险是什么呢？最明显的是货币风险。30 天后，美国银行必须向 Canada Beer

① 长期远期市场的高交易成本可归因于一个全新的市场的发展，即长期货币互换市场，这将在第 21 章讨论。

支付 1 111 111 加元［=＄1 000 000/(＄0.90/CAD)］，购入＄1 000 000。在此过程中，加元可能会相对美元升值，但美国银行按照合约只能获得＄1 000 000。例如，假设 30 天后的即期汇率上升到＄1.00/CAD，CAD1 111 111 的成本变为＄1 111 111，而不是美国银行收到的＄1 000 000。

这使我们想到，这样的远期头寸所导致的交易外汇风险应大于在 2 天后就进行交割的即期头寸，因为在较长的时间范围内，汇率风险发生与预期相反的变动的可能性更大。实际上，尽管在较长时间跨度内汇率反向变动的可能性增大，但是远期头寸的货币风险并不比即期头寸大多少，只要远期市场存在足够的流动性使得该远期头寸可以得到快速对冲。也就是说，如果美国银行认为加元汇率的反向变动会给自己持有的远期合约造成损失，那么它可以购入相应剩余期限的加元远期合约来关闭头寸。我们来看图表 3.7 的情形 1（B 部分），美国银行一天后发现即期汇率有所上升，意识到所持有的加元空头头寸所带来的风险，因此计划在银行间市场中买入 29 天期的加元多头合约。假设这一合约的远期汇率是＄0.92/CAD，使得与 CAD1 111 111 等值的美元为＄1 022 222(=CAD1 111 111×＄0.92/CAD)。29 天后，对手银行向美国银行交割 CAD1 111 111，美国银行转而将其支付给 Canada Beer。美国银行与对手银行远期价格的确定发生在与 Canada Beer 合约的仅仅一天之后，此时汇率的反向变动仅持续了一天。不过，在这一天中加元的走强已经给美国银行造成了＄22 222（=＄1 022 222－＄1 000 000）的损失。事实上，银行常常会立即对冲它们和公司客户的交易头寸，如图表 3.7 中的 C 部分所示。交易者在与 Canada Beer 进行交易的同时，在银行间市场上寻找交易对手购入 30 天的远期加元。

图表 3.7　　远期合约的风险

A 部分：初始头寸

美国银行	
资产	负债
30 天后来自 Canada Beer 的应收款＄1 000 000	30 天后对 Canada Beer 的应付款 CAD1 111 111

Canada Beer	
资产	负债
30 天后的出口收入＄1 000 000	对美国银行的应付款＄1 000 000
30 天后来自美国银行的应收款 CAD1 111 111	

B 部分：美国银行的风险管理——情形 1

美国银行	
资产	负债
29 天后来自 Canada Beer 的应收款＄1 000 000	29 天后对 Canada Beer 的应付款 CAD1 111 111
29 天后来自银行间交易对手的应收款 CAD1 111 111	29 天后对银行间交易对手的应付款＄1 022 222

C 部分：美国银行的风险管理——情形 2

美国银行	
资产	负债
30 天后来自 Canada Beer 的应收款＄1 000 000	30 天后对 Canada Beer 的应付款 CAD1 111 111
30 天后来自银行间交易对手的应收款 CAD1 111 111	30 天后对银行间交易对手的应付款＄1 000 000

注：因为远期汇率是＄0.90/CAD，远期合约涉及的加元数量为$\frac{\$1\,000\,000}{\$0.90/CAD}$=CAD1 111 111。我们假定下一天的 29 天远期汇率为＄0.92/CAD。

只要远期合约交易足够活跃，使得这一交易能够以公允价格成交，则银行无须顾忌远期合约的货币风险。但是美国银行还面临着另一风险：美国银行预期 Canada Beer 用美元来购买加元，但是Canada Beer可能在未来30天内由于破产或其他原因而无法履约。这是违约风险的例子。回忆第2章我们说过，违约风险来源于合约的一方没有按照承诺进行交割。如果Canada Beer不支付美元，美国银行也不需要向其交割加元。但是美国银行的资产是以美元记账的，没有额外的加元。事实上，如果美国银行按图表3.7所示对初始交易进行对冲，则它将从交易对手银行收到加元并为此支付美元。因此，如果美国银行不想产生加元存货，在Canada Beer违约时它将不得不在即期市场上出售加元。这一现货交易发生在第28天，以便在两个交易日后与交易对手银行的远期合约同时进行清算。换言之，这里再次出现了货币风险，因为远期的加元对美元汇率可能会不利于美国银行。

远期市场流动性低于即期市场的主要原因有二。首先，相对于即期合约，远期合约中银行暴露在对手违约风险中的时间更长。实际上银行对远期合约对手违约风险的顾虑很大，使得它们对和银行间市场内交易对手的合约总数（头寸）进行了限制，限制的程度依对手银行的信用等级和声誉而定。在零售交易中，经销银行通常要求非银行类交易对手在本行维持最低存款账户余额并削减其普通信用额度，或是提供其他形式的担保。其次，对手违约风险的增加会降低市场的流动性，使得银行更加难以管理其头寸敞口。因为需要更长的时间来寻找愿意以合理价格进行交易的配对者，远期市场的外汇风险更大。这进一步降低了市场的流动性。

综上所述，银行间远期市场的流动性不足和买卖价差的增大也是理所当然的了。进一步地，有些合约相对于另一些交易更不频繁，这类合约的买卖价差更大。非标准期限远期合约——合约的远期价值日不是标准的30天、60天或90天——就是这样一个例子。

净值结算

大多数直接远期合约是按合约所示数额进行支付转移完成结算的。然而，我们也可以通过仅仅收取或支付合约价值所确定的净值来完成结算。比如，假设在30天后你欠一家墨西哥公司MXN20 000 000，想要以美元支付。你可以通过远期合约以例如MXN10/USD的远期汇率购入MXN20 000 000。在远期合约的结算日，你可以从银行收到MXN 20 000 000，同时向其支付＄2 000 000：

$$\text{MXN}20\,000\,000/(\text{MXN}10/\text{USD})=\text{USD}2\,000\,000$$

假设远期价值日之前一个交易日的即期汇率是MXN12/USD。假设你此时得知自己不需要购入MXN20 000 000，因为基础交易被取消了，那么是否仍必须完成这一远期合约，用200万美元来购买自己已经不再需要的2 000万墨西哥比索呢？当然不是，银行将会要求你进行净值偿付。注意到MXN20 000 000如今仅值：

$$\frac{\text{MXN}20\,000\,000}{\text{MXN}12/\text{USD}}=\text{USD}1\,666\,667$$

因此，你支付给银行：

$$\text{USD}2\,000\,000-\text{USD}1\,666\,667=\text{USD}333\,333$$

这等价于执行了初始交易，并完成了一笔即期现货交易，向比索的原出售者以即期价格售出MXN20 000 000。净值结算在外汇期货市场上经常出现，我们将在第20章继续讨论。

外汇互换市场

大部分远期合约交易发生在互换市场上。现在我们来详细讨论什么是互换合约，互换汇率是如何确定的，以及互换行为为何如此普遍。

互换有四种基本形式：

1. 购入外币现货，同时售出远期外币。
2. 出售外币现货，同时购入远期外币。
3. 购入较短期限的远期外币，同时出售较长期限的远期外币。
4. 出售较短期限的远期外币，同时购入较长期限的远期外币。

最普遍的互换是一份即期合约和一份远期合约的组合（第 1、2 两种形式）。

互换行为普遍的主要原因在于，同时发生相反方向的即期交易和远期交易是非常自然的事。在第 6 章我们将讨论利率套利，并说明货币市场的跨国套利行为涉及反向的即期和远期交易。类似地，在本书第 4 部分中我们讨论了在国际债券和权益市场的投资。许多资产组合经理想要在外国的债券和权益市场上进行投资的同时避免该国货币价值变动的风险。在购买外国权益之前，必须首先在即期市场上买入该国货币。为了对冲货币风险，他们卖出该种货币的远期合约。因此再次在同一交易中将即期交易和远期交易行为天然地合二为一。

银行也经常使用互换来管理货币头寸的期限结构。如果认为某一特定期限头寸敞口过大，它们可以在不改变该种货币总体敞口的情况下，使用单一的互换交易将该头寸转换为另一期限。例如，如果一家银行持有期限为 180 天的CHF1 000 000的瑞士法郎空头（即出售远期CHF1 000 000，购入美元），想要将这些合约的期限缩短至 90 天，它可以简单通过一笔互换，购入价值日为 180 天的远期 CHF1 000 000，同时卖出价值日为 90 天的 CHF1 000 000。互换市场的存在使得这类交易只需给互换交易者打个电话就可以完成。

如何给互换报价

在了解与互换有关的现金流的细节之前，我们来看看它是如何报价的。我们以一笔即期交易和一笔远期交易相结合的互换为研究对象。下面是互换报价的范例：

	即期	30 天
￥/＄	104.30～104.40	80/85

上述报价提到了即期汇率（第一列）和互换基点（第二列）。在这个范例中，银行对即期汇率的买价是 104.30 日元/美元，对即期汇率的卖价是 104.40 日元/美元。请记住，这家银行的买价是指这家银行用日元从某人手中买入美元的报价。**互换基点**（swap points）是指需要在当前即期买卖价上增加或减去，以获得 30 天后实际的买卖远期价格的一组基点。

互换基点的使用规则

从互换报价到计算出直接远期报价，容易让人迷惑的是，应当在即期买入卖出报价上加上还是减去基点。规则如下：如果互换报价的前一个数小于第二个数，应给即期报价加上基点来获得直接远期报价；如果互换基点的第一个数大于第二个数，则在即期报价的基础上减去基点。

我们使用示例价格来考察一下这一规则背后的逻辑。互换基点是 80/85，因此应该在即期报价上减去基点，所得的 30 天直接远期报价为：

￥104.30/＄即期买价＋￥0.80/＄＝￥105.10/＄美元远期买价

并且有：

¥104.40/$即期卖价＋¥0.85/$＝¥105.25/$美元远期卖价

注意，在本例中，加上互换基点使得远期市场的买卖价差大于即期市场的买卖价差，恰好与理论相符。

如果互换基点的第一个值大于第二个值，应当使用减法。交易者本可以使用负号来表示减法，但是按惯例大家通常不这样表示。当需要表示出远期汇率小于即期汇率时，交易者假定所有人都理解 70/65 的互换报价意味着基点必须从即期报价上减去，而不标注负号。以该报价为例，30 天的直接远期报价为：

¥104.30/$即期买价 －¥0.70/$＝¥103.60/$美元远期买价

并且有：

¥104.40/$即期卖价－¥0.65/$＝¥103.75/$美元远期卖价

注意在上面两个例子中，远期市场的买卖价差都是 15 个基点，大于即期市场 10 个基点的价差。如果在第二个例子中我们错误地使用了加法，得到的远期买卖价差将减至 5 个基点，小于即期价差 10 个基点。这就使得我们意识到犯了错误，因为我们知道远期市场的流动性小于即期市场。因此，如果你无法准确记住这些规则，可以通过远期市场买卖价差恒大于即期市场价差这一标准来检查自己的加减决策是否正确。

货币互换中的现金流

我们来看一个货币互换的例子，并从中了解现金流情况。

例 3.7 美元与日元互换

假设日本一家投资银行——野村想要在持有一个价值$10 000 000、还有 30 天到期的美元资产多头的同时持有同等价值的日元资产空头。那么，野村可以在即期市场上用日元换成美元，并签订远期合约，从现在起 30 天后将美元卖出，这两个交易合起来就构成了一个互换合约。野村用同等价值的日元资产互换为$10 000 000 的美元资产，持续期为 30 天。假设交易对手为高盛公司。下面来看现金流，假设价格与我们之前讨论的相同，即即期买/卖汇率分别为：¥104.3/$、¥104.4/$，互换基点是 80/85。图表 3.8 中的互换图简要列出了现金流。

图表 3.8 即期—远期互换现金流

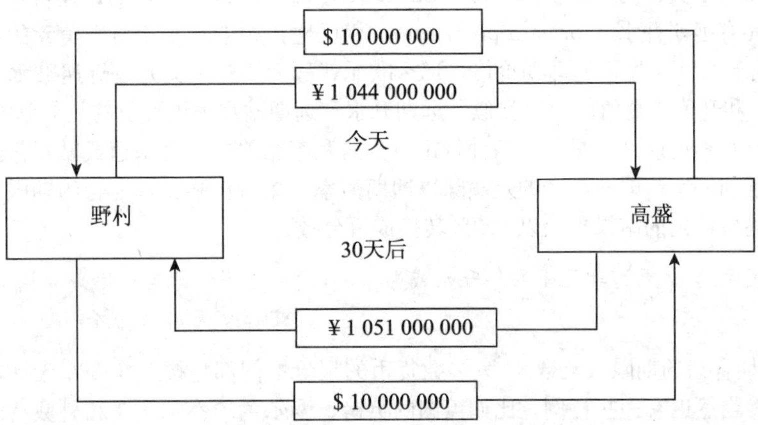

因为野村正在即期市场向高盛购买\$10 000 000，野村的成本将是高盛的即期卖出汇率¥104.4/\$。所以，野村必须向高盛支付¥1 044 000 000以获得\$10 000 000。因为：

\$10 000 000×(¥104.4/\$)=¥1 044 000 000

当野村将\$10 000 000在30天后偿还给高盛时，高盛将要偿还给野村多少日元呢？注意在30天后，高盛将从野村那里购买美元，并且远期买价是¥105.10/\$(=¥104.3/\$+¥0.8/\$)。所以，野村将收到：

\$10 000 000×(¥105.10/\$)=¥1 051 000 000

在本例中，野村获得了30天的持有\$10 000 000的便利，但是放弃了30天的持有¥1 044 000 000的便利。然而，高盛放弃了30天的持有\$10 000 000的便利，但获得了30天的使用¥1 044 000 000的便利。当野村将\$10 000 000偿还给高盛时，高盛偿还给野村相对于初始本金更多的日元。差额为：

¥1 051 000 000－¥1 044 000 000=¥7 000 000

为什么高盛愿意比野村在即期市场上为获得\$10 000 000的支付多支出¥7 000 000呢？答案与美元、日元这两种货币的利率有关。

基本上，在货币互换中，放弃一种货币使用权的一方将会在货币互换的期间内获得另一种货币的使用权。货币互换双方向另一方支付获得使用其货币的浮动市场利率。然而，为了避免重复支付，货币互换的定价规定只由借入较高利率币种的一方向借入较低利率币种的另一方支付基点差额即可。我们将在第6章详细讲述货币互换价格与两种互换货币的利差的联系。在本例中我们仅知道相对于美元日元是高利率货币，因为高盛使用（借入）日元，而野村使用（借入）美元，最后高盛在远期市场上向野村支付了更多数量的日元。

3.5 远期升水和远期贴水

现在我们理解了远期合约是如何交易的，接下来我们将介绍一些有关远期汇率和即期汇率之间关系的术语。

如果欧元相对于美元的远期价格（即USD/EUR）高于USD/EUR的即期价格，那么欧元就称为相对于美元有**远期升水**（forward premium）。相反地，如果欧元相对于美元的远期价格（即USD/EUR）低于USD/EUR的即期价格，那么欧元就称为相对于美元有**远期贴水**（forward discount）。记住，和升值与贬值的术语类似，远期升水和远期贴水术语涉及的是汇率中的分母货币。

因为远期升水和远期贴水是与这两种货币自身的利率相关的，升水值或贴水值经常表示为年度百分比。即远期汇率与即期汇率的差额除以即期汇率，然后再乘以远期合约期限占年度大小比例的倒数，最终所得到的结果再乘以100%转换成百分数：

$$\text{以\%表示的}N\text{天远期汇率的年升水或贴水}=(\text{远期汇率}-\text{即期汇率})/\text{即期汇率}\times(360/N\text{天})\times100\% \quad (3.3)$$

这里N表示远期合约的期限（天数）。大多数货币的报价惯例都是按一年360天计，与利率报价的惯例相对应。当然也有一些特例，比如英国的英镑、爱尔兰的爱尔兰镑和科威特的第纳尔的报价惯例是一年 365 天。乘以 100%以后转换成年百分比的形式，使远期升贴水与利率的以年为基础的报价惯例相对应。

我们将在本书第 6 章研究远期升水（或贴水）与两种货币的利差之间的联系。然而，从直观上来说，可以发现即期汇率（两种货币立即交易的相对价格）、远期汇率（两种货币在远期交易的相对价格）与两种货币的利率（两种货币在今天与远期交割日之间的时间价值）一定有非常强的联系。

远期升水或贴水幅度

图表 3.9 提供了几种主要货币对美元的远期升水和贴水的一些历史信息。我们用德国马克的相应汇率来填充 1999 年以前欧元的数据。

30 天和 90 天日元—美元合约的平均远期升水值都是负的。换句话说，在远期市场上美元对日元基本上都是贬值的。以日元标价的美元远期价格比即期价格低 3.8%左右。对于欧元和英镑来说，汇率分别表示为 $/€、$/£。对于美元—欧元汇率，0.713%的 30 天远期汇率表示欧元比美元小幅升水，而负值的美元—英镑汇率表示远期交易的英镑相对于美元贬值。30 天的远期合约和 90 天的远期合约的贴水幅度分别为 1.432%和 1.385%。这些数值仅象征了平均值（均值），因为远期贴水幅度会随着时间的推移而不断变化。例如，从图表 3.9 可以看出，2005 年美元对英镑的远期贴水幅度与日元对美元的远期贴水都与各自的历史均值（1975—2005 年）非常接近，然而美元对欧元在 2005 年的远期升水幅度要比其历史均值高出 0.6%之多。

图表 3.9　　远期升水（或贴水）的历史均值

	$/£	$/€	¥/$
30 天远期（均值）	−1.432%	0.713%	−3.782%
30 天远期（2005 年均值）	−1.302%	1.260%	−3.478%
90 天远期（均值）	−1.385%	0.728%	−3.750%
90 天远期（2005 年均值）	−1.110%	1.375%	−3.562%

注：图表中所列的是 1975—2005 年期间和 2005 年两个时间段内三种货币远期升水的时间序列样本均值。在这里我们用的是日数据。负号代表分母货币贬值。远期升水和贴水值是按年计算的。

远期升水和互换基点

因为远期合约通常作为货币互换合约的一部分来交易，我们从互换基点往往可以断定分母货币远期将升值还是贬值。举一个给定 JPY/USD 汇率的例子，如果美元远期升值，将来购买美元就会更昂贵，所以美元对日元的远期汇率应该比即期汇率要高。如果将基点值加到即期汇率上并以此来得到远期汇率就能达到这一效果。所以，如果在基点的表示中前一个数值小于后一个数值（比如我们之前举的一个例子中的基点：80/85），那么即期汇率就应该加上基点汇率，远期汇率就会升值。如果美元在远期发生贬值，那么互换价格（基点）表示中的第一个数就会大于后一个数（比如我们之前举的一个例子中的基点：70/65），那么要想得到远期汇率，就要从即期汇率中减去基点值。

在例 3.7 的货币互换中，美元相对于日元升值，因为远期汇率大于即期汇率（即期汇率加上基点值）。在这个例子中，野村按照即期买价购买 $10 000 000 并按照远期卖价卖出

$10 000 000。因为美元远期升值，又由于野村在即期市场上购买美元而美元是低利率货币，所以本例中该公司在合约到期日获得了一个额外的正的日元现金流。也就是说，野村在远期将收回比初始时支付给银行更多的日元。因此，野村获得了基点收益，或者说在交易中获益。相反，如果美元贬值，按照即期买价购买美元并按照远期卖价卖出美元的第一种货币互换将会在到期日要求日元本金的收益加上一个负的日元现金流。在这种情况下，野村就要向对方支付基点，或者说在交易中遭受损失。我们来看一下这种货币互换的现金流。

例 3.8　卖出美元、买进日元的货币互换

例 3.7 中当美元在远期升值时通过买入美元而卖出日元的货币互换产生了一个正的日元现金流。如果美元在远期贬值，而货币互换卖出的是美元、买入的是日元，那么互换后仍然会产生正的日元现金流。一个比较易记的原则就是：互换中买入的远期升水的货币产生正的现金流。假设IBM公司通过货币互换想要卖出$10 000 000、买入日元，期限 30 天。野村报出的即期买价是¥104.30/$，卖价是¥104.40/$，互换基点是 70/65。在本例中，在即期市场上 IBM 公司将$10 000 000 卖给野村，所以IBM公司即期获得的日元数量将由野村报出的即期买价¥104.30/$决定。在货币互换的第一步，IBM 公司将获得：

$10 000 000×(¥104.30/$)=¥1 043 000 000

当 IBM 公司在 30 天后购回$10 000 000 时，它将需要向野村银行支付多少日元呢？因为在远期野村银行将向 IBM 公司卖出美元来获得日元，野村银行给出的远期卖价将是¥103.75/$(=¥104.40/$－¥0.65/$)。所以 IBM 公司将向野村银行支付：

$10 000 000×(¥103.75/$)=¥1 037 500 000

在本例中，IBM 公司放弃了 30 天的$10 000 000 的使用便利，获得了 30 天的¥1 043 000 000的使用便利。野村银行获得了 30 天的$10 000 000 的使用便利，却失去了¥1 043 000 000 的使用便利。在货币互换合约的到期日，IBM 公司仅需支付野村银行¥1 037 500 000，而不是期初时自己收到的¥1 043 000 000，这意味着 IBM 公司得以保留：

¥1 043 000 000－¥1 037 500 000=¥5 500 000

再一次地，我们想知道为什么野村银行在 30 天后从 IBM 公司购回$10 000 000时愿意接受比原来自己支出的日元数量少了¥5 500 000 的偿付。就像之前提到过的，答案一定与进行互换的两种货币的利率有关。在本例中，美元利率一定比日元利率高。

3.6　汇率波动率的变动（高级）

现在你理解了远期汇率的条件分布，我们将继续讨论经济学家们所知道的这些分布将如何随着时间的推移而发生改变。图表 3.1 使用汇率月度百分比变动数值来描述$/£汇率的概率分布。分布的标准差可以用条件分布的波动率来刻画。理解汇率的波动率对于判断外汇交易风险非常关键。因为总体上来说在资产市场上，特别是在外汇市场上，静止的时期和剧烈波动的时期总是交错出现的，波动率的单一历史计算值很有可能是个很不好的预期波动率的估计值（任一时点上的期望值）。图表 3.1 利用了几个不同时期的信息。可能一些货币目前的汇率波动率比 20 世纪 90 年代的要高很多，或者，可能今年的汇率波动率比前一年的更大。在这一情形下，使用历史标准差的概率分布将会低估远期汇率真正的波动率。

波动率集聚

许多金融研究者花费大量时间利用计算机来考察汇率的数据，并且得出了结论：汇率波动率随着时间的变化不是常数。事实上，和许多资产收益率一样，汇率的百分比变动显示出一个被称为**波动率集聚**（volatility clustering）的模式。当汇率波动率很高时，这种高的波动率将会持续一段时间。同样，当汇率波动率很低时，这种低的汇率波动率也会持续很长时间。为了阐明这种模式，我们使用了美元/英镑汇率的日数据来计算汇率变动的月标准差。也就是说，对于我们样本中的每个月，我们使用可得的日观测值来计算相应月份的样本标准差。图表 3.10 绘出了这些月标准差。

图表 3.10　　　　每日汇率的月标准差

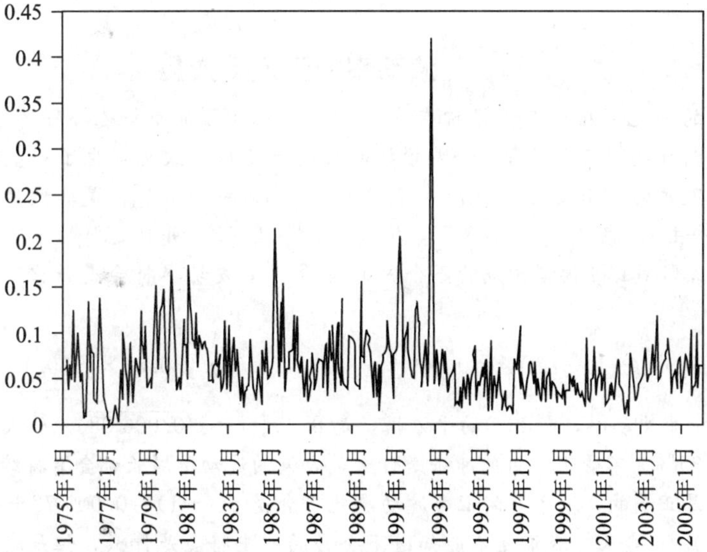

注：我们用 \$ /£汇率的日百分比变动来计算每个月的标准差或者波动率。图中绘出的这些波动率是按年计算的，与金融市场上讨论波动率所用的方式一致。图中所用数据的时间段是从 1975 年 1 月 1 日到 2005 年末。

图中清晰地展现了平静时期（例如，1977—1979 年或者 1999 年）和波动率有时超过 20%的剧烈波动时期（例如 1985 年和 1991—1993 年）。

经济学家们开发出了大量模型来模拟可从这些数据中观察到的波动率集聚模式。目前最成功的模型是 Tim Bollerslev（1986）[①] 提出的 GARCH 模型。记住波动率的平方值是方差，符号为 v。用来估计未来汇率波动的不确定性的相关方差指标是条件方差：$v(t)=\mathrm{var}_t[s(t+1)]$（详见本章附录）。我们用 $e(t)=s(t)-E_{t-1}[s(t)]$ 来表示汇率的实际百分比变动对条件期望的偏离。我们可

① GARCH 是一个首字母缩写词，代表广义自回归条件异方差。一个条件异方差的时间序列没有相同的或者说不变的方差。自回归过程的将来值依赖于其自身的前期值。尽管其他条件异方差模型，比如 SPARCH、QGARCH、FIGARCH 模型，越来越流行，但是我们在这里并不讨论它们。GARCH 模型的先驱是罗伯特·恩格尔（Robert Engle）先生的 ARCH 模型，也正是因为 ARCH 模型，罗伯特·恩格尔先生获得了 2003 年的诺贝尔经济学奖。

以把 $e(t)$ 理解为新信息的一个经济冲击，因为那部分汇率变动并不是预期发生的。例如，假设你期望汇率在上个月变动 5%，但是实际上它变动了 7%。额外的 2%变动对于你来说就是新信息，它是汇率的非预期变动。条件方差的 GARCH 模型是：

$$v(t)=a+bv(t-1)+ce(t)^2$$

这里，常数 a，b，c 是可以从已有汇率数据中估计出来的参数，b 反映了目前的条件方差对过去条件方差的敏感度，c 反映了对现在新信息的敏感度，a 是即使过去的汇率波动率及新信息项都为零而依然可以估计出来的最小方差。依赖于数据的频率，b 的大小在 0.85～0.95 之间取值 (Baillie and Bollerslev，1989)，而 c 就小得多了（例如，可能只在 0.05～0.15 之间）。

模型要适应波动率的持续性。如果今天的条件方差很高，那么明天很有可能也会很高。这个 $v(t)$ 的持续性产生于我们从数据中观察到的波动率集聚的模式。如果我们今天面临的是一个很平静的时期，但是汇率突然非预期地向另一方向变动，波动率会立即通过 e^2 项变到一个相当大的水平，并且会持续一段时间。波动率的这个变动会因为模型产生的反馈效应而通过 $bv(t-1)$ 项趋向持续。也就是说，因为 $v(t)$ 现在很大，又因为 b 是正值，$v(t+1)$ 也会很大。我们来看一个正反馈效应的例子。

例 3.9　波动率的正反馈效应

假定上个月的美元—欧元汇率保持在 \$1.00/€，并且预期市场在下一个月也不会发生改变。然而，在欧洲政策制定者发表了一些模棱两可的言论后，欧元发生了一些贬值，汇率降为 \$0.90/€。注意欧元的这个贬值，[$s(t)=(0.9-1.0)/1.0=-0.1$]，是非预期的，所以它构成了新信息 [$e(t)$ 冲击]。假定 $a=0.000\,72$，$b=0.9$，$c=0.05$，并且之前的 \$/€汇率贬值的波动率为 8.0%，那么 GARCH 模型预期的下个月的货币汇率波动率将会是什么？GARCH 模型预期 $v(t)$，根据：

$$v(t)=a+bv(t-1)+ce(t)^2=0.000\,72+0.9\times(0.08)^2+0.05\times(-0.1)^2=0.006\,98$$

所以今天的汇率波动率，即 $v(t)$ 的平方根，是 8.35%($=\sqrt{0.006\,98}$)。较大的非预期贬值将波动率推高了 0.35%。不管下个月的冲击是什么，今天的波动率增长都会有持续下去的趋势。如果 GARCH 模型是正确的，下个月的汇率波动率就将会是 $v(t+1)=0.000\,72+0.9\times(0.083\,5)^2+0.05\times[e(t+1)^2]$。今天，我们还不能知道下个月的冲击将会是什么，但是我们在计算下一期波动率时可以为本期较高的波动率分配一个很大的权重（比如说 $b=0.9$）。这就是我们为什么说系数 b 隐含了波动过程的正反馈效应或是持续性。

其他波动率模型

并不是每个人都相信 GARCH 模型是正确的波动率模型（Andersen and Bollerslev，1998a)，但是其他波动率模型都没有获得太多的关注。其中有一个模型使用“隐含波动率”，认为未来的条件方差可以根据期权价格和被称为布莱克-斯科尔斯模型的期权定价模型（我们在第 20 章讨论期权时会再讨论这个模型）来反推出波动率。其他模型根据波动率的具体变动来做研究，即市场参与者试着使用跳跃模型（Jorion，1988）或者体制—转换模型（Bekaert and Hodrick，1993；Engel and Hamilton，1993）来研究波动率。

尽管一些统计模型也抓住了波动率模式，但是它们却没有告诉我们为什么波动率会沿着这一路径变动。这是一个非常活跃的研究领域。这些可能性包括宏观经济的新闻事件集（Andersen and Bollerslev，1998b）、风险厌恶者对有关宏观经济基本原理不确定性的小变化的反应（Bekaert，1996；Hodrick，1989）和自身交易过程（Laux and Ng，1993）。

小　结

本章的目的是引入远期外汇市场并检验它们在对冲交易外汇风险中的作用。下面是本章的要点。

1. 交易外汇风险产生于个人或者某一企业进行这样一笔交易，交易中要求在将来的某个特定时间收到或支出一笔确定金额的外国货币。如果企业对于这笔交易什么也不做，即不对风险进行对冲，如果汇率朝着不利的方向变动，企业就有可能要遭受损失。

2. 我们可以通过购买或者出售外汇来充分对冲交易外汇风险。如果你将要进口（或出口）商品，并且按照合约将支付（或收到）外汇，你就拥有了一个外币债务（或资产）并且必须要求一个同等价值的外币资产（或债务）来进行对冲。在远期外汇市场上从银行购买（或者卖出）外汇可以提供这个对冲。

3. 直接远期汇率是将来完成的交易的合约价格。交易双方在今天同意以此价格交易，但是直到到期日或者未来价值日才会有货币交割。

4. 远期外汇市场上的买卖价差要大于即期市场，因为远期市场的流动性更弱。

5. 货币互换指在两个不同的约定时间同时购买和售出一定数量的外汇的交易。交易者报出互换率作为互换基点大小，用于加到即期买入或者卖出汇率上或者从即期汇率中减去，以得到远期汇率。当即期汇率必须加上基点值时，基点的报价中较小的数在前面；当基点必须从即期汇率中减去时，基点的报价中较小的数在后面。这就保证了远期市场上的买卖价差永远大于即期市场上的价差。

6. 如果某种货币的远期价格高于即期价格，那么这种货币就可以说有远期升水。如果某种货币的远期价格低于即期价格，那么这种货币就可以说有远期贴水。

简答题

1. 什么是远期汇率？90 天远期合约的交割日发生在什么时候？

2. 用第 2 章的数据，2006 年 2 月 16 日星期四购买欧元的 90 天远期合约的美元价格是多少？

3. 如果日元在远期市场上以相对于欧元有升水的价格出售，那么 EUR/JPY 的远期汇率将会大于还是小于 EUR/JPY 的即期汇率？

4. 预期的未来即期汇率是什么意思？

5. 未来即期汇率位于正负 2 个标准差之间的概率分布是多大？

6. 如果你是一家美国公司并且欠了某人¥10 000 000，期限为 180 天，你的交易外汇风险有多大？

7. 什么是即期—远期货币互换？

8. 什么是远期—远期货币互换？

应用题

1. 如果日元相对于美元的即期汇率是¥105.75，并且 90 天的远期汇率是¥103.25/＄，那么美元是远期升值还是远期贬值？求出按 360 天/年计算的年百分比升（贴）水率。

2. 假设今天是 2009 年 1 月 13 日星期二。如果你进入 30 天远期外汇市场购买欧元，你将在什么时候支付美元并且收到欧元？（提示：2009 年 2 月 13 日是星期五，并且下一个星期一是一个休息日。）

3. 作为摩根大通的外汇交易员，你已经联系 UBS 的外汇交易员并得到了英镑的即期汇率以及 30 天、60 天和 90 天的远期汇率的报价。你的

UBS交易对手称："我们的英镑交易价格为：＄1.774 5～1.775 0，47/44，88/81，125/115。"你的现金流将是多少？如果你进行远期外汇互换，按照30天远期汇率买入￡5 000 000并按照90天远期汇率卖出￡5 000 000，你将收到多少现金流？美元利率和英镑利率之间一定存在着什么样的关系？

4. 考虑下面的日元—欧元即期及远期汇率：

即期	30天	60天	90天	180天	360天
146.30	145.75	145.15	144.75	143.37	137.85

欧元在远期升值还是贬值？当报价是按360天/年计的年百分比时，欧元的远期升水或贴水幅度是多大？

5. 作为一名外汇交易员，你看到计算机屏幕上的以下报价：

汇率	即期	1个月	2个月	3个月	6个月
美元/欧元	1.043 5/45	20/25	52/62	75/90	97/115
日元/美元	98.75/85	12/10	20/16	25/19	45/35
美元/英镑	1.662 3/33	30/35	62/75	95/110	120/230

a. 3个月到期的美元/欧元远期直接买入和卖出报价是多少？

b. 假定你想通过货币互换卖出＄10 000 000并买入日元，期限为2个月，那么对于这个货币互换你的现金流是什么？

c. 如果你们公司的一个客户给你打电话想要在6个月后用美元买入英镑，那么你的报价应该是多少？

6. 英特尔公司拟于90天后从索尼公司收到￥10 000 000，这是索尼公司从英特尔公司购买一批计算机芯片的费用，假定目前的汇率是￥103/＄，分析员预测90天后美元将会贬值1%，并且预期美元对日元贬值的90天标准差是4%。

a. 对英特尔公司的交易外汇风险做一个定性描述。

b. 如果英特尔公司选择不对其外汇风险进行对冲，英特尔公司的期望美元收入为多少？

c. 如果英特尔公司选择不对其外汇风险进行对冲，英特尔公司在95.45%概率内的美元收入的范围是多少？

参考文献

Andersen, Torben G., and Tim Bollerslev, 1998a, "Answering the Skeptics: Yes, Standard Volatility Models Do Provide Accurate Forecasts," *International Economic Review* 39, pp. 885-905.

Andersen, Torben G., and Tim Bollerslev, 1998b, "Deutsche Mark-Dollar Volatility: Intraday Activity Patterns, Macroeconomic Announcements, and Longer Run Dependencies," *Journal of Finance* 53, pp. 219-265.

Baillie, Richard, and Tim Bollerslev, 1989, "The Message in Daily Exchange Rates: A Conditional Variance Tale," *Journal of Business and Economic Statistics* 7, pp. 297-305.

Bank for International Settlements, May 2005, "Central Bank Survey of Foreign Exchange and Derivatives Market Activity, 2004," Bank for International Settlements.

Bekaert, Geert, 1995, "The Time-Variation of Expected Returns and Volatility in Foreign Exchange Markets," *Journal of Business and Economic Statistics*, pp. 397-408.

Bekaert, Geert, 1996, "The Time-Variation of Risk and Return in Foreign Exchange Markets: A General Equilibrium Perspective," *Review of Financial Studies* 9, pp. 427-470.

Bekaert, Geert, and Robert J. Hodrick, 1993, "On Biases in the Measurement of Foreign Exchange Premiums," *Journal of International Finance and Money* 12, pp. 115-138.

Bollerslev, Tim, 1986, "Generalized Autoregressive Conditional Heteroskedasticity," *Journal of Econometrics* 31, pp. 307-327.

Cornell, Bradford, and Marc R. Reinganum, 1981, "Forward and Futures Prices," *Journal of Finance* 36, pp. 1035-1045.

Cox, John C., Jonathan E. Ingersoll, and Stephen A. Ross, 1981, "The Relation Between Forward Prices and Futures Prices," *Journal of Financial Economics* 9, pp. 321-346.

Dawkins, William, October 5, 1994, "Tokyo to Lift Veil on Currency Risks: Unrealized Losses Will Have to be Revealed," *Financial Times*, p. 32.

Engel, Charles, and James Hamilton, 1993, "Long Swings in the Dollar: Are They in the Data and Do Markets Know It?" *American Economic Review* 80, pp. 689-713.

Hodrick, Robert J., 1989, "Risk, Uncertainty, and Exchange Rates," *Journal of Monetary Economics* 23, pp. 433-459.

Hardy, Quentin, April 11, 1994, "Foreign Exchange Trading Pounds Japan's Kashima," *Wall Street Journal*, p. A7.

Jorion, Philippe, 1988, "On Jump Processes in the Foreign Exchange and Stock Markets," *Review of Financial Studies* 1, pp. 427-445.

Laux, Paul A., and Lilian K. Ng, 1993, "The Sources of GARCH: Empirical Evidence from an Intraday Returns Model Incorporating Systematic and Unique Risks," *Journal of International Money and Finance* 12, pp. 543-560.

Poon, Ser-Huang, and Clive W. J. Granger, 2003, "Forecasting Volatility in Financial Markets: A Review," *Journal of Economics Literature* 41, pp. 478-539.

附录　统计知识回顾

统计是商业交易中非常有价值的工具，这里讨论的统计概念本书中将多次出现。我们以汇率为例来进行说明。图表 3A.1 给出了欧元—美元汇率从 2004 年 1 月到 2005 年 12 月的历史数据。记录中的数据为月底汇率，所以总共有 24 个观测样本。表中最后一栏记录的是汇率从一个月到下一个月的百分比变动。我们将 $S(t)$ 记为汇率符号，这里 t 代表日期，则汇率的百分比变动率可以表示为：

$$s(t)=100[S(t)-S(t-1)]/S(t-1)$$

统计的目标之一就是要用历史数据来描述或预测将来可能发生的事情。最后我们将会为将来汇率可能出现的每一种情况估计一个可能发生的概率。我们先来看一下历史数据的几个简单属性。在统计中，我们可以说时间序列 $\{s(t), t=1, \cdots, T\}$ 或者 $\{S(t), t=1, \cdots, T\}$ 有 T 个样本观测值。一个时间序列的平均值或者说**样本均值**（sample mean）等于所有样本值之和除以样本个数 T。对于时间序列 $s(t)$，我们记均值为 $\hat{\mu}$，以字母表示的公式为：$\hat{\mu}=(1/T)\sum_{t=1}^{T}s(t)$。在本例中，样本均值为 0.3%。假定将来值与历史值有相同的变化规律，样本均值可以向我们提供有关汇率将来贬值的一些信息。但是我们也清楚样本均值并不能提供足够的信息，因为我们可以在样本中看到美元升值 4.5%的月份和美元贬值超过 4%的月份，很明显这些观测值与 0.3%的均值相差很远。总结历史数据的分散状态以及将来数据的分散状态的一个方法是计算时间序列 $s(t)$的标准差。标准差是关于样本围绕均值分散状态的一个测度。样本标准差是**样本方差**（sample variance）的平方根。以字母表示的样本方差的计算公式为：

$$\hat{\sigma}^2=\frac{1}{T-1}\sum_{t=1}^{T}[s(t)-\hat{\mu}]^2$$

相对于样本均值的任一方向的极端值（如本例中的4.5%）都会使样本方差变得很大。因为样本方差是样本值与均值之间偏差的平方，所以正偏差的极端值，如本例中的4.5%，不会和负偏差的极端值，如本例中的−5%，相互抵消。

图表 3A.1　欧元/美元汇率数据

日期	大小	百分比变动
1/30/2004	0.805	1.543
2/27/2004	0.805	−0.016
3/31/2004	0.814	1.107
4/30/2004	0.834	2.514
5/31/2004	0.819	−1.834
6/30/2004	0.822	0.370
7/30/2004	0.831	1.055
8/31/2004	0.823	−0.934
9/30/2004	0.805	−2.150
10/29/2004	0.786	−2.362
11/30/2004	0.752	−4.288
12/31/2004	0.736	−2.222
1/31/2005	0.767	4.273
2/28/2005	0.753	−1.794
3/31/2005	0.769	2.132
4/29/2005	0.775	0.673
5/31/2005	0.810	4.552
6/30/2005	0.826	1.990
7/29/2005	0.823	−0.329
8/31/2005	0.813	−1.235
9/30/2005	0.829	2.007
10/31/2005	0.835	0.659
11/30/2005	0.848	1.594
12/30/2005	0.848	−0.051
均值：	0.805	0.302
标准差：	0.031	2.152

注：数据来源于Datastream。

凭直觉我们认为这些极端值发生的概率小于均值附近样本值发生的概率，而统计分析也证实了这一点。为了找出这些极端值发生的概率到底有多小，我们可以建造一个数据的**柱状图**（histogram）。一个柱状图将样本分为变化幅度相同的几个区间，并记录每个区间样本观测值的个数。我们在图表3A.2中按照这种方法做了一个柱状图。

图表 3A.2 　　欧元—美元汇率的月度百分比变动

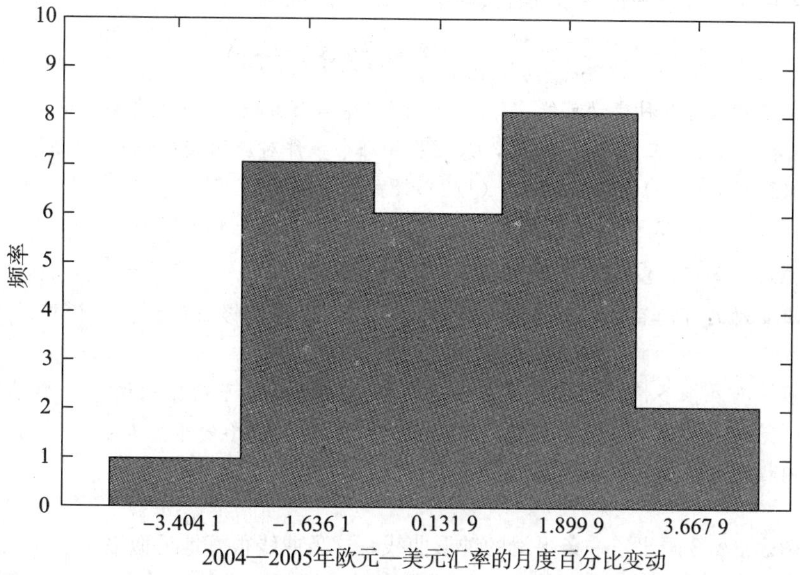

图中横轴表示划分的各个区间——我们给出的是每个区间的中点值，纵轴表示每个区间中样本观测值的个数。在本例中，每个区间的变化幅度是 1.768 0%。通常我们将样本观测值的个数作为总体观测值的一部分，并称之为发生频率。例如，给定有限样本，存在一个大小为 4.17%的发生频率对应于欧元—美元汇率变化中的最低值，即汇率低于－1.636 1%－1.768 0%/2＝－2.520 1%。以发生频率表示的柱状图也称为**频率分布**（frequency distribution）。

结果是许多自然和经济数据都可以描述频率分布，它可以由平滑曲线和简单的数学公式来近似计算出来。这一平滑曲线就被称为**概率分布**（probability distribution），而描述它的数学公式则被称为**密度函数**（density function）。概率分布概括了不同事件（例如远期汇率）发生可能性的信息。如果可能事件的个数有限且明确，则概率分布最容易理解。在本例中，概率分布描述了可能事件以及它们发生的相关概率，此时的概率分布是离散的。

关于概率有几个重要的事项需要记住。第一，如果将来可能发生的事件不止一种，那么每一个将来事件对应的概率必须在 0～1 之间。第二，如果能事先知道将来发生的所有可能事件，那么这些所有可能事件发生的概率之和必须等于 1，因为这些事件的其中之一必然会实际发生。

现在我们理解了概率分布的概念，我们还可以更正式地定义一个概率分布的均值或**期望值**（expected value）和**方差**（variance）。在离散概率分布的情况下，期望值很容易计算。将来事件的期望值等于域中所有状态的值，记状态 k 的值为 x_k，乘以该特定状态的概率（或称权重，记为 p_k）的乘积之和。即事件 x 的期望值为：

$$E(x)=(p_1x_1+p_2x_2+\cdots+p_Nx_N)$$

注意，如果有 N 个概率相等的可能事件，每一个事件发生的概率都等于 $1/N$。这时，期望值等于各种可能事件的平均值。样本均值无疑为每一观测值分配了相同的权重。当各种可能事件的发生概率不同时，事件的期望值则是各可能事件的概率加权平均值。

方差 $V(x)$是样本对均值偏差平方的期望值：

$$V(x)=E[(x-E[x])^2]=p_1(x_1-E[x])^2+p_2(x_2-E[x])^2+\cdots+p_N(x_N-E[x])^2$$

假定汇率变动的每个观测值具有相同的发生概率，则我们定义的样本方差是总体方差的一个估计值。方差的平方根称为标准差或者波动率（在考虑金融数据时）。

例 3A.1　用离散分布计算

假定将来汇率只有三种变动可能：−5、0 和 8（皆为百分数），并且每种可能的发生概率相等，均为 1/3。概率分布涉及三个事件［−5，0，8］和每个事件对应的相应概率［1/3，1/3，1/3］。

均值是 $(1/3)\times(-5)+(1/3)\times0+(1/3)\times8=1$。

方差是 $(1/3)\times(-5-1)^2+(1/3)\times(0-1)^2+(1/3)\times(8-1)^2=86/3$。

所以，标准差等于 $\sqrt{86/3}=5.35\%$。

如果汇率变动的可能百分比变化为［−3，0，3］，你将能够自己计算出均值是 0，标准差将更小（2.45%）。

尽管离散分布在很多情况下很有用，但是在描述浮动汇率下贬值的远期汇率的不确定性时，应该在更广的范围内考虑所有的可能值。这时最好使用连续概率分布，并在 $-\infty$ 到 $+\infty$ 之间的任一贬值范围内描述事件概率的概率密度函数。

例如，图表 3A.3 画出了一条平滑的钟形曲线，这条曲线很好地近似描述了柱状图。事实上，如果我们有更多的汇率变动的样本点并且测度频率时使用的区间越来越小，那么这种近似描述会更精确。图表 3A.3 中曲线描述的概率分布被称为**正态分布**（normal distribution），这个分布很好地描述了很多现象。（例如，人的身高就服从正态分布。）

正态分布有大量重要的特征。第一，它关于均值对称，即低于均值和高于均值的事件具有相同的概率分布。如果均值是 0.3，统计学家就会说大于 0.3 的观测值 $s(t)$ 是 50%。因为正态分布是对称的，所以均值和远期汇率分布的中位数重合。**中位数**（median）是汇率高于它的可能性为 50%并且汇率低于它的可能性也为 50%的这样一个汇率值。并不是所有的概率分布都是对称的。例如，考虑例 3A.1 中只有三种汇率变动可能（−5.00%，0%，8.00%），并且每种汇率变动的概率相等。汇率变动的均值是 1%，但是汇率变动的中位数是 0%，低于均值。在这个例子中分布就具有正的偏度。①。

第二，正态概率分布完全由均值和标准差来描述。当给定正态分布的均值和方差以后，统计学家就拥有了估计汇率在任一范围内的变动概率的所有必要信息。这些概率可以通过计算机或者在任一本教材中列示的正态分布概率表来估计或计算。例如，假定欧元—美元的汇率变动可以由均值为 0.3%、标准差为 2.15%的正态分布来很好地描述，那么我们将会观察到的汇率变动大于 8%或者小于 −5%的可能性是多大呢？我们可以在任何一本统计教材中查找到答案。大多数教材都描述了标准正态分布的概率，即均值为 0、标准差为 1 的正态分布。为了使用统计学教材中给出的标准正态分布概率表，我们必须对统计变量进行标准化，并指出样本对我们感兴趣的均值有多大的偏离。例如，汇率的变动值为 8%，那么它对均值的偏离就是 $(8\%-0.3\%)/2.15\%=3.58$。根据正态分布概率表，汇率变动超过 8%的可能性只有 0.02%。类似地，汇率变动小于 −5%，即对均值的偏离为 2.46，发生的概率将是 0.69%。

在本书中，我们侧重于描述远期汇率变动的不确定性。为了了解这一不确定性，我们需要在

① 均值是概率分布的一阶矩或中心矩，方差是概率分布围绕均值的二阶矩，它测量概率分布的离散情况。偏度是围绕均值的三阶矩，它测度分布的非对称性。对于正态分布，偏度为 0。金融数据中利率的其他阶矩是围绕均值的四阶矩，称为峰度。峰度测量分布的尾部有多厚，即它测度的是极值发生的可能性。

今天已获得的信息（包括即期汇率）基础上关注汇率变动的分布。因为远期汇率的概率分布依赖于 t 时所有可得信息，我们称之为条件概率分布。所以这一分布的期望值也是远期汇率的条件期望值（条件均值）。同样地，我们可以定义**条件标准差**（conditional standard deviation），或者**条件波动率**（conditional volatility），也就是条件方差的平方根。用 $E_t[S(t+1)]$ 表示汇率变动的条件均值，那么条件方差可以表示为：

$$v(t)=E_t\{s(t+1)-E_t[s(t+1)]\}^2$$

远期汇率变动的条件均值和波动率以及它的分布有助于推导出远期汇率。因为 $s(t+1)=[S(t+1)-S(t)]/S(t)$，我们可以用一个包含远期汇率变动和即期汇率的函数来计算远期汇率（我们的信息集的一部分）。即：

$$S(t+1)=S(t)[1+s(t+1)]$$

因此，远期汇率的条件均值将通过 $E_t[S(t+1)]=S(t)[1+E_t[s(t+1)]]$ 来简单计算。

注意我们不能得到即期汇率的期望值，因为这些即期汇率只是我们今天的信息集中的一部分。

同样地，远期汇率的条件波动率将是 $S(t)\sqrt{v(t)}$。[①]

如果汇率变动的概率分布不随时间的推移而发生变化，那么就没有必要区分我们之前讨论的条件分布和非条件分布了。但是本书中将要讨论汇率变动的均值和波动率如何随着时间的推移而变化。本章的第 3.6 节对汇率变动的波动率在平常时期和剧烈波动时期的可能走向的当前学术研究做了概述。

你可能会疑惑为什么我们不关注实际汇率的分布状况，而是关注汇率百分比变动的分布状况。这是因为假定从一些得到很好定义的概率分布，比如正态分布，计算得到的汇率百分比变动会比假定从普通分布计算得到的汇率水平更合理一些。引导我们使用汇率百分比变动来描述远期汇率分布的这一逻辑与我们用股票收益率而不是股票价格水平来描述股价的未来分布情况的逻辑是相同的。股价和汇率都是资产价格，股价和汇率的百分比变动提供了持有资产的部分收益率。对于大部分应用，我们更关注汇率相对于目前水平将会有多大的偏离。

---

① 如果具有特定分布的随机变量 x 乘以一个常数，设为 b，那么随机变量 bx 的方差将是 $V(bx)=b^2V(x)$。从今天获得的信息集角度来看，$S(t)$ 是一个常数，因为它是已知的，那么条件方差就是 $S(t)^2v(t)$。

第 4 章

国 际 收 支

本书的前三章介绍了外汇市场和外汇风险的性质。为了更深入地理解这些概念，你必须了解促进汇率波动的经济因素。汇率反映了交易货币的供求。这些供求产生于国际贸易流动和国际资本流动的过程。

国际收支提供了许多有关国际流动的有用信息，国际收支记录了某一时期内一国居民与其他地区的居民进行的支付活动。因此，它有助于阐明各种货币的供求、外汇汇率的变化和国际金融市场的大体情况。

政治家、新闻媒体和公司、商业银行、投资银行、共同基金的货币分析师们经常讨论国际收支的统计。外汇交易商热切地等待最新国际收支统计数字的公布，因为外汇汇率会随着新信息的公布而变动。我们将会知道各子账户的平衡是如何与国内外的投资和储蓄决策相联系以及最后它们是如何保持一国的金融和经济健康的。例如，跨国公司应当意识到发展中国家持久性的经常账户赤字意味着那里会发生货币贬值。在发达国家，持久性的经常账户赤字会导致立法者采取保护措施，例如关税和进口商品及服务的禁运。世界上每个与中国进行贸易的公司都密切关注美国对中国的贸易赤字对美中两国贸易政策的影响。

4.1　国际收支：概念和术语

一个国家的**国际收支**（balance of payments，BOP）记录了在某一特定时期（如一个月、一个季度或者一年）本国居民、企业和政府同其他国家和地区进行的交易。因此，国际收支包含了商品和服务的国际流动与资产所有权在不同国家之间的变化。

国际收支的主要账户

有两个主要的国际收支账户：经常账户和资本账户。近年来，大多数国家为了符合国际货币基金组织的要求把资本账户重命名为金融账户。因为资本账户这一术语有长期传统并且仍然在金融出版物中应用，因此，我们在此也用资本账户这一术语。

经常账户（current account）记录如下内容：

（1）商品和服务交易［**进口**（import），从国外购买商品和服务；**出口**（export），向外国居民出售商品和服务］。

（2）与从外国资产中获得的收入相关的交易（支付给拥有外国资产的本国居民的股息和红利以及支付给外国居民的本国资产的股息和利润）。

（3）国家之间的单方**转移支付**（transfers）（一国居民和政府给予另一国的援助、礼品和赠款）。

资本账户（capital account）记录本国居民进行的外国资产的买卖和外国居民进行的本国资产的买卖。资产的定义包括：以任何形式持有的资产。它包括金融资产（银行存款和贷款、公司和政府债券、股票）和真实资产（工厂、房地产和古董等）。因此，资本账户记录了持有的其他国家资产的变化和持有的本国资产的变化。

有一种资本账户交易特别值得注意：涉及中央银行持有的官方国际储备买卖的交易。官方储备是中央银行持有的不以本国货币计价的资产。黄金和以外币计价的资产是典型的国际储备。图表 4.1 显示了各种类型的交易和国际收支账户并把资本账户分成两部分：经常账户和**官方结算账户**（official settlements account）或者**官方储备账户**（official reserves account）。经常资本账户包含除国际储备外的所有交易。我们将在第 4.2 节详细讲述官方储备账户。图表 4.1 为本章内容提供了一个有用的指南。

图表 4.1　　国际收支账户简报

借方（记为一）	贷方（记为十）
Ⅰ. 经常账户	
(A) 贸易余额	
(商品交易、服务和转移支付)	
进口到美国	从美国出口
(B) 投资收益账户	
美国支付给外国人的股息和利息	美国从外国获得的股息和利息
Ⅱ. 资本账户	
资本流出	资本流入
美国持有外国资产的增加	外国人持有美国资产的增加
外国人持有美国资产的减少	美国持有外国资产的减少
Ⅲ. 官方储备账户	
美国中央银行官方储备的增加	美国中央银行官方储备的减少
外国中央银行美元储备的减少	外国中央银行美元储备的增加

注：这个图表总结了所有国际收支账户并描述了各种交易。我们使用美国观点，但这个结构适用于任何国家。

复式记账制度

国际收支使用复式记账制度。每个交易都产生两个条目：一个是借方，另一个是等价的贷方。国际收支中借贷方的确定规则和会计账户中的规则相似。支付给外国人的任何交易计入国际收支的贷方。任何从国外获得资金的交易计入国际收支的借方。在列出所有条目价值的国际收支简报中，惯例上贷方记为＋，借方记为－。

决定借贷方的一个直观规则

当你假设本国居民与其他地区的所有交易都用在外汇市场上流通的外币进行，决定哪个条目计入借方、哪个计入贷方就非常直观了。因此，一国的国际收支借方交易与外币的流入相对应，一国的国际收支贷方交易包含外币的使用和流出。

总结：

(1) **贷方交易**（credit transactions）产生概念上的流入或者外汇的来源。外国居民购买本国商品和资产的交易是贷方，因为这些交易是外汇的来源。也就是在外汇市场上增加了外币的供给。

(2) **借方交易**（debit transactions）产生概念上的流出或外汇的使用。本国居民购买外国商品和资产的交易是借方，因为这些交易引起外汇的流出。借方交易增加了在外汇市场上对外币需求的增加。

让我们在一些例子中使用这些规则来确定你理解了复式记账制度。

经常账户交易

每一个经常账户交易都可以被认为有一个对应的外币流动与它相联系，并且外币的流动记为资本账户交易。为了阐述复式记账制度，我们以两个国际收支进出口交易的简单例子开始。

例 4.1 商品的商业出口

假设美国的电脑制造商戴尔卖给日本的小型设备生产商小松 2 000 万美元计算机。小松通过它在纽约花旗银行中以美元计价的账户来把钱支付给戴尔。那么美国的国际收支中借方和贷方项目如何？

第一，美国公司出售商品给外国公司。这个交易是美国出口商品并且在国际收支中计入贷方，因为这个交易产生了概念上的外币流入——在这个例子中是日元。第二，在这个例子中，小松拥有美元，因此不需要进入外汇市场，但是小松以美元支付减少了它对美国资产的持有。这项活动是借方交易，因为如果作为一个独立的交易进行，小松会把它持有的美元转换为日元，而这会增加外汇市场上对日元的需求。综上所述，这个交易在美国的国际收支中表示如下：

美国的国际收支	贷方	借方
小松从戴尔购买计算机 （经常账户，美国商品出口）	2 000 万美元	
花旗银行外国存款的减少 （资本账户，资金流出美国）		2 000 万美元

如果这些交易没有用借贷方表示出来，商品的出口就会记为＋，而资金的流出项目记为－。例 4.2 分析了外国服务的进口对法国国际收支的影响。

例 4.2 商业进口服务

假设法国的奢侈品公司——路易威登——在波士顿咨询公司的英国子公司中购买了 150 万欧元咨询服务。路易威登从法国兴业银行的巴黎分行以欧元计价的银行账户中用支票支付，波士顿咨询公司的存款账户设立在法国巴黎银行的另一家不同的巴黎分行中。那么法国的国际收支中的借方和贷方是什么？

第一，路易威登这个法国公司从波士顿咨询公司这个外国公司处购买服务。这是属于法国进口的服务。这引起资金从法国流出，所以应计入法国国际收支中经常账户的借方。波士顿咨询公司需要英镑，这就使路易威登进入外汇交易市场购买英镑，从而引起英镑需求的增加。

第二，英国公司收到的欧元资金增加了外国（英国）持有的法国资产的所有权。这在法国的国际收支的资本账户中是贷方交易，因为如果作为一个单独的交易，英国公司就需要直接用英镑购买欧元，而这正好给法国外汇交易市场提供了外国货币。波士顿咨询公司把以欧元计价的支票存入巴黎分行的基本交易为法国提供了外币，因此在法国的国际收支上计入贷方。

综上所述，这个交易在法国的国际收支中表示如下：

法国的国际收支	贷方	借方
路易威登从波士顿咨询公司购买服务		150 万欧元
（经常账户，法国进口服务）		
巴黎银行外国存款的增加	150 万欧元	
（资本账户，资金流入法国）		

如果这些交易没有用借贷方表示出来，服务的进口就会记为—，而资金的流入项目记为＋。

利息和股息收入及支出

经常账户也记录国家间利息和股息的收入与支出。从外国股票获得的股息和从外国债券获得的利息引起了外币的流入，因此计入国际收支的贷方。因为这些生产资本的使用所带来的投资收益分给了资金所有者，所以这些投资收益也要计入国际收支的经常账户中。从资本资产中获得的服务流入就好比从劳动中获得的服务流入一样，比如例 4.2 中路易威登公司从波士顿咨询公司购买咨询服务。①

区分这些先前对优良资产投资的回报的收入流是重要的，优良资产或股票头寸类似于一个公司的资产负债表中的一个项目。资产所有权的改变登记在资本账户上。例 4.3 是关于比利时国际收支中投资收益的记录方法的一个具体例子。

例 4.3 从国外资产中获得的收益

假设比利时的一个居民前些年对美国政府证券进行了大量的投资。每年，比利时人从英国国债投资中收到 500 000 英镑的利息。假设这些钱打入他在伦敦银行的以英镑计价的账户中。比利时国际收支中的借方和贷方是什么？

当比利时居民从英国政府那里收到债券利息时，这些收益计入比利时国际收支经常账户中投资收益账户的贷方（见图表 4.1）。它们增加了比利时的外币供给。事实上比利时居民收到英镑并把它们存入伦敦银行说明比利时持有的外国资产增加。如果比利时居民没有在伦敦把钱直接存入

① 事实上，案例 4.2 中的交易的经济实质可以把对咨询服务的支付描述成为对独立个人资本使用的支付。个人资本是能够使人提供有价值的建议的教育和知识的储存。

他的英镑账户，那他必须在外汇市场上用欧元来购买英镑，所以在比利时国际收支中这一交易计入资本账户的借方。于是，比利时持有外国资产的增加增加了对外汇的需求，这在比利时国际收支中表现为借方。总之，如果欧元—英镑的汇率为€ 1.5/£，那么 500 000 英镑代表 750 000 欧元，这一交易在比利时国际收支中表现如下：

比利时的国际收支	贷方	借方
从英国国债得到的收益 （经常账户，利息收益）	750 000 欧元	
伦敦银行外国存款的增加 （资本账户，资本流出比利时）		750 000 欧元

国家之间的转移支付

国际收支经常账户的最后一项记录的是国家之间的转移支付。在美国国际收支中转移支付被认为是单方面的转移支付，在国际货币基金组织的国际收支手册中转移支付被认为是无偿转移。这两个条款表示转移支付是单方面转移，没有等价的回报。典型的例子是一个美国居民送礼物给他原先国家的亲戚或者国家之间的对外援助。显然，送给外国或者外国家庭的礼物导致了外汇需求的增加，按照我们的规则，都必须计入美国的国际收支中。

你或许会认为因为礼物是一个借方，就像进入美国国际收支借方的商品或服务的进口一样，一定也会有描述这一交易的方法。这里有一方法，但你需要知道这一交易的动机。假设这个美国居民希望这个礼物能够改善他和外国亲戚的关系，也就是他需要为美国进口商誉。因此，这一礼物是商誉的进口，应当计入借方（在经常账户上）。

为了弄清转移支付如何被记录在国际收支中，我们来看一个关于日本国际收支的例子。

例 4.4 对外国居民的赠与

一个日本公司赠送给美国一所大学 200 万美元来创建一个教席。假如这个日本公司通过出售先前持有的美国国债来赠与。那么我们应如何记录日本的国际收支中的借贷项目？

从日本政府的角度来说，这个日本公司使用了 200 万美元的外汇。因为这个行动引起了外汇的流出，所以按照我们的规则，赠与应当计入日本国际收支的借方。我们可以注意到日本公司的赠与改善了它同美国大学的关系，这是日本从美国进口商誉。

现在，考虑一下日本国际收支中与借方相抵消的贷方交易。日本公司出售美国债券，这减少了日本所持有的外国资产。因为这个交易为日本外汇市场提供了美元，所以这个交易在日本国际收支的资本账户中计入贷方。

总之，假设日元—美元汇率为 100 日元/美元，则 200 万美元等价于 2 亿日元。这一交易的表示方式如下：

日本的国际收支	贷方	借方
日本公司对美国大学的赠与 （经常账户，日本进口商誉）		2 亿日元
出售美国国债 （资本账户，资本流入日本）	2 亿日元	

现在我们开始学习资本账户中记录的资产交易。

资本账户交易

一些资本账户交易的发生是理所当然的，就像经常账户中描述的支付流动一样。但是，某些条件下的一些交易仅仅计入资本账户中。例如，假设一个墨西哥居民购买美国国债。你可以认为这是墨西哥进口外国资产（一种债券）。于是，这一交易应有与进口一般商品一样的记录。因为这代表着外汇的流出或使用，所以这一交易应计入墨西哥资本账户的借方。也就是说，因为墨西哥居民需要美元购买债券，所以这一交易增加了对外汇的需求——在这个例子中是美元。尽管墨西哥居民持有的外国资产增加，但在国际收支中贷方用＋表示，借方用－表示，因而墨西哥居民对外国资产的需求计入借方，用－表示。

资本流出

这里有另一种描述收购外国资产的方法。当墨西哥居民购买外国资产而不是投资国内资产时，也就是说墨西哥有**资本流出**（capital outflow）。在这个例子中，资本指的是投资于墨西哥的资金。因为这些钱不能再用于本地金融投资，当地政府一般不鼓励这种资本的流出。当国内投资环境迅速恶化，资本的流出通常会发生，这通常称为**资本外逃**（capital flight）。

资本流入

如果美国居民购买墨西哥 Cetes（国库券），墨西哥有资本流入。因为交易为墨西哥外汇市场提供了外币，因此这一交易应计入贷方。通常来说，当外国人购买墨西哥资产或者墨西哥人减少对外国资产的持有时，就会引起资本流入墨西哥（例如，某墨西哥人出售美国股票）。

资本账户交易小结

从墨西哥的角度看，到目前为止讨论的所有交易都可以很简单地与图表 4.1 中提到的资本账户类别相匹配。美国购买 Cetes 国库券对应着其持有外国资产的增加，墨西哥人出售美国股票对应着其持有外国资产的减少。这两个交易都是资本流入墨西哥。同样，当墨西哥人增加他们持有的外国资产，如他们购买美国债券，或者外国人减少他们对墨西哥资产的持有，这引起资本流出墨西哥（在墨西哥国际收支中计入借方）。

我们已讨论过资产买卖如何记录在墨西哥国际收支中，但是与这些交易相关的支付流是什么？当墨西哥居民购买美国国库券时，他必须用美元支付。减少美元的持有是墨西哥资本的流入（墨西哥人持有外国资产的减少）并提供了贷方交易，这正好平衡了计入借方的购买外国债券的交易。同样，当一个美国投资者购买 Cetes（资本流入墨西哥）时，他必须用墨西哥比索支付。如果我们仅从概念上假设他在墨西哥银行有一个用比索计价的账户，他的银行账户中比索的减少是资本的流出，这是墨西哥国际收支中的借方，而这平衡了美国人购买 Cetes 所产生的贷方。

官方储备账户交易

一个国家中央银行的**官方国际储备**（official international reserves）的变化也计入一国的国际收支中，在这种情况下，计入这个国家的官方储备账户中。决定借贷的规则与私人部门资本账户的记录原则完全一样。如果中央银行买进国际储备，这在官方结算账户中记为借方，就像个人购买外国资产计入个人资本账户一样。又一次，尽管中央银行的储备增加，这个借方账户在国际收支中记为－。另一方面，中央银行减少国际储备，这在国际结算账户中记为贷方，就像居民个人出售国外资产需计入个人资本账户中一样。在这种情况下，尽管中央银行的储备下降，这个交易也必须记为＋。

固定汇率的影响

例如，在一些发展中国家，中央银行将汇率固定为相对于美元的一个特定值，这些国家的居民需要直接支付给中央银行来进行国际交易。如果某个国家的居民想购买美国的股票，那么这个居民必须首先按照中央银行公布的固定汇率用本国货币从中央银行到买美元。官方结算账户将其记录为贷方来抵消与使用美元相对应的借方（购买股票代表着外国资产的增加）。反过来，当这个国家的居民在国际交易中收到美元，他们也必须按照固定汇率把美元换成本国货币。这样中央银行的美元增加，这个交易在官方结算账户中被记为借方，这正好抵消了私人部门的贷方交易。

4.2 国际收支中的盈余和赤字

因为国际收支系统使用的是复式记账的原则，国际收支中的借贷双方必须相等，因此国际收支的总和应当为零。然而，某个特别的经济交易产生的贷方价值总额，像商品和服务出售给外国人（出口），不一定与从外国人那里购买商品和服务（进口）所产生的借方价值总额相等。如果特定账户中的贷方交易总额比这个账户中的借方交易总额多，这个账户就有**盈余**（surplus）。如果某个特定账户中的借方总额高于这个账户中的贷方总额，则称这个账户有**赤字**（deficit）。

一个重要的国际收支恒等式

因为国际收支的两个主要账户是经常账户和资本账户，我们可以很快就知道一个经常账户的赤字必须有一个资本账户的盈余。也就是说，如果我们用＋表示贷方，用－表示借方，这些账户相加的和为零：

$$经常账户+资本账户=0$$

如果我们强调把中央银行国际储备的变动作为国际收支的特殊部分，如图表 4.1 所示，我们有：

$$经常账户+正常资本账户+官方结算账户=0 \tag{4.1}$$

为了更好地理解各种赤字和盈余的经济意义，接下来我们更详细地学习美国的国际收支统计。我们可以看看官方结算账户所承担的特殊角色。最后我们来调查世界上最近的国际收支统计。图表 4.2 和图表 4.3 提供了美国国际收支的详细统计数据。图表 4.4 介绍了以图表 4.1 的格式显示的 2005 年数据。接下来我们逐个分析各种子账户。

美国的经常账户

让我们来看看美国的经常账户和各种子账户，如图表 4.2 所示。

图表 4.2　　美国经常账户，1970—2005 年（百万美元：贷方＋；借方－）

年份	商品			服务	商品和服务余额	收入和支出			经常账户净单方转移支付	经常账户余额
	出口	进口	商品余额	服务余额		收入	支出	收益余额		
1970	42 469	－39 866	2 603	－349	2 254	11 748	－5 515	6 233	－6 156	2 331
1975	107 088	－98 185	8 903	3 503	12 404	25 351	－12 564	12 787	－7 075	18 116
1980	224 250	－249 750	－25 500	6 093	－19 407	72 606	－42 532	30 073	－8 349	2 317
1985	215 915	－338 088	－122 173	295	－121 880	98 542	－72 819	25 723	－21 998	－118 155
1990	389 307	－498 337	－109 030	30 172	－78 857	171 742	－143 192	28 550	－26 654	－76 961
1995	575 845	－749 574	－173 729	77 782	－95 947	211 502	－190 955	20 547	－34 057	－109 457
2000	771 994	－1 224 417	－452 423	73 742	－378 681	352 997	－331 215	21 782	－53 442	－410 341
2005	894 631	－1 677 371	－782 740	66 011	－716 729	474 647	－463 353	11 293	－86 072	－791 508

注：这些数据来自 Department of Commerce，Bureau of Economic Analysis，Survey of Current Business，April 2006。

商　品

图表 4.2 中的第一类是商品的出口和进口。这个账户包含了像石油或小麦这样的大宗商品交易和像汽车、飞机、DVD 唱片和计算机这样的实物商品。这些商品可以是原材料、半成品或成品。2005 年美国商品出口总额约为 8 950 亿美元，进口总额约为 16 770 亿美元。因为借方（进口）超过贷方（出口）7 830 亿美元，我们说在 2005 年美国的商品**贸易收支逆差**（merchandise trade balance deficit）为 7 830 亿美元。

服　务

我们仅在服务账户中显示净额或者差额，如 2005 年有 660 亿美元的盈余。通常经济学家把服务归类为经济交易，这个交易必须同时生产和使用。服务包括教育、金融服务、保险、咨询、通信、医疗服务、电影的特许权使用费、美国公司的遣返费和特许权使用费。当公司的技术许可给它的国外子公司或者外国公司时，美国公司的遣返费和特许权使用费就增加。

在美国的经常账户中，服务既包括商品的买卖，也包括军方交易。因为在国外的美国军方基地的人员也是美国居民，他们购买当地的商品和服务包括基地的供给都是进口商品。美国军方的出口主要是飞机的销售。

服务的另一个重要的子项目是旅游和交通。当外国居民在美国旅游时，在食物、住宿、康乐活动和购买礼物方面的花费比美国居民在国外旅游花费的多，那么这个账户就有盈余。因为了解每个游客的花费是不可能的，美国商业部门通过乘以从调查中得到的每个游客的平均花费来估计这个账户的费用。

商品和服务余额

商品账户和服务账户的总净额即为商品和服务账户余额，2005 年为－7 170 亿美元。我们注意到这个账户早就是负值，因此我们知道这个赤字一直在增长。

投资收益

图表 4.2 中的下一列是收入和支出，这是美国居民持有外国资产获得的股息和利息（贷方）和支付给持有美国资产的外国居民的股息和利息（借方）。2005 年，美国从外国人那里获得 4 750 亿美元的投资收益，支付给外国人 4 630 亿美元，净值是 113 亿美元，表示这个账户有盈余。

净单方转移支付

图表 4.2 中倒数第二列是净单方转移支付。2005 年的数据是－860 亿美元。这表示美国政府或居民作为礼物或赠与送给外国人的要比从外国接受的多。这个账户中的赤字代表美国进口商誉。

经常账户余额

当投资收益账户和单方转移支付账户被增加到商品和服务余额中时，结果是经常账户盈余和赤字，这在图表 4.2 中记为经常账户余额。图表 4.2 显示 2005 年的美国经常账户余额是－7 915 亿美元。因此经常账户赤字是 7 915 亿美元。

美国的资本和金融账户

图表 4.3 显示了美国资本和金融账户的详细内容。就像前面提到的，经常账户和资本账户的总额为零。因此，如果经常账户赤字，在资本账户中必须记为盈余。

资本账户盈余可以以很多方式产生。第一种方式是美国私人和政府持有外国资产的减少。一个国家或许出售持有的外国资产来平衡经常账户赤字，就像个人出售他的资产来支付超过正常收入的部分。这种外国资产的出售在资本账户中记为贷方。

图表 4.3　　美国资本和金融账户，1970—2005 年（百万美元，贷方＋；借方－）

	美国持有的海外净资产［增加/资本的流出（－）］				外国人持有的美国资产［增加/资本的流入（＋）］				统计误差
年份	总额	美国官方储备资产	美国政府其他资产	美国个人资产	总额	外国官方资产	其他外国资产	资本账户转移支付	总额（所有符号相反项目之和）
1970	－8 470	3 348	－1 589	－10 229	6 359	6 908	－550	—	－219
1975	－39 703	－849	－3 474	－35 380	17 170	7 027	10 143	—	4 417
1980	－85 815	－7 003	－5 162	－73 651	62 612	15 497	47 115	—	20 886
1985	－44 752	－3 858	－2 821	－38 074	146 115	－1 119	147 233	315	16 478
1990	－81 234	－2 158	2 317	－81 393	141 571	33 910	107 661	－6 579	23 204
1995	－352 376	－9 742	－941	－341 650	465 684	109 880	355 804	372	－4 223
2000	－606 489	－290	－341	－605 258	1 015 986	37 640	978 346	837	7
2005	－426 801	14 096	5 539	－446 436	1 212 250	－199 495	1 012 755	－4 351	10 410

注：这些数据来自 U.S. Department of Commerce，Bureau of Economic Analysis，Survey of Current Business，April 2006。

第二种方式是经常账户赤字可以用外国的私人和官方持有的美国资产的净增加来平衡。就像个人通过举债或出售个人资产来支付超过收入的消费一样，一个国家可以向国外借款或者出售资产给外国人。资本账户交易的任何合并所产生的资本账户盈余也可以用经常账户赤字来平衡。从图表 4.4 中我们知道，2005 年平衡经常账户赤字的资本账户交易的特定合并是外国人持有美国资产的增加大于美国持有的外国资产。

美国持有的海外净资产

2005 年美国持有的海外净资产的变化记录为借贷方的总额，是－4 270 亿美元。这表明在 2005 年，虽然美国居民出售外国资产而其他人购买外国资产，在净值上，美国居民流通股的要求权为 4 270 亿美元。这代表资本从美国流出。

图表 4.4　　2005 年美国国际收支账户（十亿美元）

	贷方	借方
经常账户		
[A] 贸易账户		
商品的出口/进口	894.5	−1 677.5
服务的出口/进口	66	
净单方转移支付		−86
贸易余额		**−803**
[B] 投资收益账户		
海外美国资产收入	475	
美国外国资产支出		−463.5
投资账户余额		**11.5**
经常账户余额 [A] + [B]		**−791.5**
经常资本账户		
美国海外资产：		−441
美国政府持有的其他资产	+5.5	
美国个人资产		−446.5
在美国的外国个人资产	+1 013	
资本账户净转移支付		−4
经常资本账户余额	**+568**	
官方结算账户		
美国官方储备资产	+14	
外国官方资产	+199.5	
官方结算账户余额	**+213.5**	
资本账户余额	**+781.5**	
统计误差	**+10**	

注：这些数据来自 U. S. Department of Commerce，Bureau of Economic Analysis，Survey of Current Business，April 2006。

在美国的外国资产净值

在美国的外国资产净值这一类别显示了 2005 年外国居民对美国的要求权增加了 12 120 亿美元，这构成了美国资本的流入。

资本账户转移支付

1997 年美国商务部开始区分资本转移支付（主要涉及移民的债务减免以及商品和资产的价值的交易）和其他单方转移支付（涉及经常收入）。后者的交易继续记录在经常账户中。涉及移民的债务减免和资产价值现在计入资本账户。2005 年，总额为−40亿美元。这一术语在此有些混淆。美国国际收支统计使用资本账户来狭义地描述资本账户转移支付，而属于我们所谓的资本账户的所有交易都记录在金融账户中。因此我们将记录在美国资本账户中的交易称为资本账户转移支付。

资本账户余额

把美国持有外国资产（−4 270 亿美元）增加产生的借方、外国持有美国资产增加产生的贷方（12 120 亿美元）和外国资本账户转移支付产生的借方（−40 亿美元）相加，那么 2005 年资本账户余额为 7 810 亿美元（=12 120 亿美元−4 270 亿美元−40 亿美元）。记住，为了国际收支的目的，资本的概念意指具有流动性的购买力。如果一个国家的经常账户赤字，必须有资本流入，相反，如果一个国家的经常账户盈余，必须有资本从这个国家流出。

统计误差

图表 4.2 和图表 4.3 显示，在 2005 年美国经常账户价值为－7 915 亿美元，资本账户的价值为 7 810 亿美元。因此，这两个账户的总和为－105 亿美元。但是，按照复式记账体系，经常账户和资本账户的总和应为零。那么为什么 2005 年的总和为－105 亿美元呢？原因是政府遗漏了一些交易，并估计成了其他交易。

为了使国际收支为零，政府统计人员必须添加一个误差项目（或者是软糖因子）来平衡所有测量项目的总和。美国账户中平衡项目的技术术语为**统计误差**（statistical discrepancy）。以前平衡项目称为错误和遗漏，在国际收支简报上我们经常碰到这一术语。在图表 4.3 上统计误差项位于第十列，值为 104 亿美元。

因为具有相反符号的所有统计项目之和是统计误差项，2005 年美国的贷方遗漏了 100 亿美元。这些贷方可能是资本账户交易，如没有经过衡量的美国出售的外国资产和没有经过衡量的外国居民购买的美国资产的交易。

世界上有经常账户赤字吗？

因为一个国家的借就要求有另外一个国家的贷，从理论上讲，世界上所有国家的经常账户的总和应该为零。但遗憾的是，如图表 4.5 所揭示的数据一样，这个逻辑存在问题。

图表 4.5　　世界经常账户余额（十亿美元）

1980	－38.5
1981 年	－68.3
1982 年	－100.2
1983 年	－62.1
1984 年	－73.4
1985 年	－80.8
1986 年	－76.7
1987 年	－62.3
1988 年	－78.9
1989 年	－96.2
1990 年	－126.0
1991 年	－118.2
1992 年	－104.2
1993 年	－57.4
1994 年	－50.6
1995 年	－39.4
1996 年	－49.8
1997 年	－4.6
1998 年	－81.3
1999 年	－126.8
2000 年	－163.8
2001 年	－163.4
2002 年	－132.2
2003 年	－97.7
2004 年	－64.8
2005 年	－87.1*

注：1980—1994 年的数据来自 Madura，p. 319；1993—2002 年的数据来自国际货币基金组织 2004 年 9 月的《世界经济展望》。带＊号的项目为估计值。

20世纪80年代早期，经济学家注意到世界作为一个总体经常碰到经常账户赤字，而我们同火星交易是不可能的事。全球余额的巨大的、一贯的负值表明这种差异不仅仅是因为衡量误差引起的，如果是的话，这个余额也应有一半可能是正的。那么为什么世界经常账户总额几乎都是负值呢?

国际货币基金组织的John Motala (1997) 的一份研究指出了一些原因。许多个人的投资收入都试图逃避所得税。于是，他们就没有报告从外国证券的收益所得与获得的利息收入，而这一收入本应记为本国经常账户余额中的贷方。国际航运业中未计入的收益占遗漏盈余的一大部分。事实上，世界上的大部分商业船队登记在海运运费收入无须向国际货币基金组织报告的国家。再次，这应记为国际收支服务账户中的贷方。最后，收到国际援助的国家可能没有将其计入官方援助支出。

最近，《经济学家》提供了另外一些原因。第一，自由贸易使政府精确衡量销售更加困难。第二，网上销售逃避了检测。

官方结算或储备账户

到目前为止我们在讨论美国资本账户时对私人交易和政府交易并没有做任何区分。美国商务部把美国的海外资产总额净变动分为三类：美国官方储备资产的交易（图表4.3第三列）、美国政府其他资产交易（图表4.3第四列）和美国个人资产交易（图表4.3第五列）。

美国官方储备账户衡量国际储备资产的官方存量、黄金存量、外汇、特别提款权、美国在IMF中的储备头寸的变化。在2005年，这个账户的盈余为140亿美元。这个盈余表明官方储备减少了这一数额。美国政府其他资产交易的主要变化是外国人官方贷款的未决数量和在国际金融机构的资金认购。2005年这个账户的盈余是55亿美元。这里的盈余表明美国给外国人的官方贷款减少了这一数额，这相当于资金的流入。图表4.3第五列显示美国个人资产交易有4 460亿美元的赤字。这一赤字显示美国居民私人持有外国资产净额的增加。这相当于资本的流出。

类似地，美国商务部把外国人持有的美国资产的总额净变化分解为“外国官方资产”和“其他外国资产”。2005年，外国官方持有的美国资产增加了1 995亿美元，而外国个人持有的美国资产增加了10 130亿美元。因为其他国家将美元计价资产作为国际储备，所以前一类对美国来说很重要。于是，外国官方资产的增加表明外国中央银行美元储备的大量增加。

尽管商务部在资本账户中把美国国际储备和外国官方储备分开来记录，但它并不像我们在图表4.1中所做的那样把这个账户从官方结算账户中分离出来。所以，我们在图表4.4中单独设立了官方结算账户。图表4.4显示，在2005年，官方结算账户有2 135亿美元的盈余：美国中央银行减少了140亿美元的官方储备（贷方），世界其他国家的中央银行增加了1 995亿美元的美元资产（贷方）。世界其他国家的中央银行的美元储备积累已经持续了一段时间，并且集中在东南亚，特别是中国。

国际收支赤字及盈余和官方结算账户

我们经常听到，因为国际收支盈余，中央银行获得国际储备。这句话是指如果其他账户（经常账户和经常资本账户）的私人和政府交易之和是正的，中央银行必定增加了所持有的外币。于是，当其他账户盈余时，官方结算账户为赤字。

相反，如果除了中央银行外私人居民和政府部门在他们的账户中有更多的借方大于贷方，中央银行必定有剩余。它必须利用其国际储备存量来供应外国资产。因为中央银行失去了国际储备(也就是减少外国资产的持有)，官方结算账户记为贷方，但是在国际收支中显示为赤字。这表明这个国家的私人居民和其他政府部门购买了比外国居民购买的本国商品、服务和资产更多的海外商品、服务和资产。

如果中央银行想保持固定汇率，那么官方结算账户起关键作用。这个情况将在第5章中详细介绍。为了固定汇率，中央银行必须为购买和出售本国货币来调整国际储备存量做好准备。但是，如果中央银行用完了它的国际储备，就像墨西哥在1994年发生的那样，中央银行就不能保持固定汇率，这个国家的货币就必须贬值。因此，仔细考察一个国家的国际收支和随着时间的推移一个国家的国际储备存量的变化可以帮助出口者、进口者和投资者了解本币在将来贬值的可能性。我们将在第5章讨论这些问题。

世界各地的国际收支统计

尽管到目前为止这一章一直集中讨论美国的国际收支，但是这些原则也适用于所有国家的国际收支统计。图表4.6描述了七国集团的经常账户余额的数据，七国集团是美国、英国、德国、意大利、日本、法国和加拿大。

图表4.6 **七国集团的经常账户余额占GDP的百分比（%）**

年份	美国	英国	日本	意大利	德国	法国	加拿大
1960	0.6	−1.0	0.5	0.6	1.6	2.2	−3.2
1961	0.8	0.0	−1.7	0.8	1.0	1.6	−2.3
1962	0.7	0.4	0.1	0.4	−0.1	1.6	−2.0
1963	0.8	0.3	−1.0	−0.9	0.2	0.8	−1.2
1964	1.2	−1.3	−0.5	0.8	0.2	0.4	−0.6
1965	0.9	−0.4	1.1	2.5	−1.3	1.5	−1.9
1966	0.5	0.1	1.3	2.2	0.3	0.8	−1.9
1967	0.4	−0.9	0.0	1.5	2.2	0.7	−0.9
1968	0.2	−0.8	0.8	2.3	2.3	0.1	−0.4
1969	0.2	0.6	1.3	1.8	1.4	−0.3	−1.4
1970	0.4	1.3	1.0	0.8	0.6	0.8	0.9
1971	0.1	1.8	2.5	1.4	0.4	0.9	0.1
1972	−0.3	0.1	2.3	1.5	0.6	1.0	−0.6
1973	0.7	−2.0	0.0	−1.7	1.5	0.6	−0.1
1974	0.5	−4.5	−1.0	−4.4	2.7	−1.3	−1.4
1975	1.4	−2.0	−0.1	−0.3	1.2	0.9	−3.5
1976	0.5	−1.6	0.7	−1.3	0.8	−0.9	−2.6
1977	−0.5	0.0	1.5	1.0	0.8	−0.1	−2.4
1978	−0.5	0.5	1.7	2.1	1.4	1.4	−2.3
1979	0.1	0.2	−0.9	1.6	−0.5	0.9	−2.3
1980	0.4	1.5	−1.0	−2.4	−1.7	−0.6	−0.9
1981	0.2	2.5	0.5	−2.4	−0.6	−0.8	−2.7
1982	−0.2	1.5	0.7	−1.8	0.8	−2.1	0.4
1983	−1.1	0.8	1.8	0.2	0.9	−0.8	0.2
1984	−2.4	−0.3	2.8	−0.8	1.4	0.0	0.2

续前表

年份	美国	英国	日本	意大利	德国	法国	加拿大
1985	－2.9	0.3	3.6	－1.0	2.4	0.1	－1.0
1986	－3.4	－1.1	4.3	0.4	4.3	0.5	－2.6
1987	－3.5	－2.2	3.6	－0.3	4.1	－0.2	－2.2
1988	－2.4	－4.9	2.8	－0.8	4.3	－0.3	－2.7
1989	－1.8	－5.6	2.0	－1.5	4.8	－0.5	－3.6
1990	－1.3	－3.4	1.5	－1.5	3.5	－0.8	－3.5
1991	0.1	－1.5	2.0	－2.1	－1.0	－0.5	－3.8
1992	－0.8	－1.7	3.0	－2.4	－0.9	0.3	－3.7
1993	－1.3	－1.7	3.1	0.8	－0.7	0.7	－3.9
1994	－1.7	－0.2	2.8	1.3	－1.0	0.5	－2.4
1995	－1.5	－0.5	2.2	2.3	－0.8	0.7	－0.7
1996	－1.6	－0.1	1.4	3.2	－0.3	1.3	0.6
1997	－1.7	－0.2	2.3	2.9	－0.4	2.6	－1.3
1998	－2.5	－0.5	3.0	1.9	－0.7	2.6	－1.3
1999	－3.3	－2.7	2.6	0.7	－1.2	2.9	0.3
2000	－4.3	－2.6	2.5	－0.5	－1.6	1.4	2.8
2001	－3.9	－2.2	2.1	－0.1	0.2	1.6	2.3
2002	－4.6	－1.6	2.8	－0.8	2.2	1.0	1.9
2003	－4.8	－1.5	3.2	－1.3	2.1	0.4	1.5
2004	－5.7	－2.0	3.7	－0.9	3.8	－0.4	2.3

注：数据来源于经济合作与发展组织，2006。

每一个余额表示为一个国家**国内生产总值**（gross domestic product，GDP）的一个百分比，GDP 指一个国家国内生产的所有最终商品和服务的价值（本章附录复习了 GDP 以及国民收入和产出账户）。我们注意到在任何一年，七国集团的部分国家有经常账户赤字，而其他国家有经常账户盈余。因为一个有经常账户赤字的国家必须向其他国家借债或者把资产卖给其他国家，因此这种情况是可以预料到的。

这些数据的许多特征是值得注意的。第一，图表 4.6 所记录的 45 年间的数据，最大的经常账户赤字占美国 2004 年 GDP 的 5.7%，最大的盈余占日本 1989 年 GDP 的 4.8%。第二，赤字和盈余非常稳定。第三，日本有持续的、大的经常账户盈余而美国有大量的赤字。日本和美国是重要的贸易伙伴，确实如此，这两个国家经常账户平衡的大部分与它们的双边**贸易余额**（trade balance）相联系。这种情况在 20 世纪 80 年代初第一次发生。这种情况的持久性一直令许多经济学家费解。

国际收支也是发展中国家统计数据中的一个关键部分。在图表 4.7 中我们显示了一些东南亚国家和地区在 1990—2004 年的经常账户余额的情况。

1997 年，这些国家和地区中的几个面临严重的货币和银行危机。你或许会想知道这些国家和地区大量的经常账户赤字是否引发了这次危机。我们注意到新加坡、中国香港和中国内地仅有很少的经常账户赤字甚至在发生经济危机前有盈余，并且这些国家和地区没有经历货币的大量贬值。在这次危机后，危机国家和地区的经常账户发生逆转，开始从经常账户赤字转向盈余。新兴的亚洲、日本和盛产石油的国家（主要从石油价格的增长中获益）的盈余正好与美国相当规模的经常账户赤字相对应。同样，这些国家的盈余和美国的赤字如此庞大导致经济学家和报道者称之为全球经济失衡。为了评价这种称号是否准确，你必须知道经常账户和国际收支随着时间是怎样演变的。

图表 4.7　　发展中的亚洲经济体的经常账户余额占 GDP 的百分比（%）

年份	韩国	印度尼西亚	马来西亚	菲律宾	新加坡	泰国	中国
1990	−0.8	−2.6	−2.0	−6.1	8.5	−8.5	3.1
1991	−2.7	−3.3	−8.5	−2.3	11.4	−7.7	3.3
1992	−1.2	−2.0	−3.7	−1.9	12.1	−5.7	1.3
1993	0.2	−1.3	−4.5	−5.5	7.3	−5.1	−2.0
1994	−1.0	−1.6	−6.1	−4.6	16.3	−5.6	1.4
1995	−1.7	−3.2	−9.7	−2.7	17.3	−8.1	0.2
1996	−4.1	−3.4	−4.4	−4.8	15.2	−8.1	0.9
1997	−1.6	−1.6	−5.9	−5.2	17.9	−2.1	3.8
1998	11.7	3.8	13.2	2.3	25.4	12.8	3.3
1999	5.5	3.7	15.9	9.5	25.0	10.2	1.6
2000	2.4	4.8	9.4	8.4	11.6	7.6	1.9
2001	1.7	4.2	8.3	1.9	13.8	5.4	1.5
2002	1.0	3.9	8.4	5.8	13.4	5.5	2.8
2003	2.0	3.4	12.9	1.8	24.1	5.6	3.2
2004	4.1	1.2	12.6	2.7	30.5	4.5	4.2

注：韩国的数据来自 2006 年的经济合作与发展组织。其他国家的数据来自国际货币基金组织 2004 年 9 月的《世界经济展望》。中国 1996 年前的数据来自经济合作与发展组织，剩下的数据来自《世界经济展望》。新加坡的数据来自新加坡的官方统计。

4.3 国际收支动态

现在你了解了一个国家的国际收支中各个子账户的赤字和盈余的含义，是时候来思考这些盈余和赤字的重要经济意义了。例如，20 世纪 90 年代末东南亚国家的经历显示巨大的经常账户赤字如何导致了外国债务的积累，而这些债务最终变成了不可持续的并导致泰国、马来西亚、印度尼西亚、韩国的货币危机。我们将在第 10 章讨论这次经济危机，在这里我们讨论今天的经常账户赤字如何影响未来的国际收支并最终影响该国相对于世界其他地区的债务状况。

贸易账户和投资收益账户

在图表 4.1 和图表 4.4 中，除了与投资收益流动有关的项目外经常账户中的所有项目被称为国际收支中的**贸易账户**（trade account）。服务资产和负债的支付流动被归入**国际投资收益账户**

(international investment income account) 中。经常账户是贸易账户和投资收益账户的总和：

$$经常账户=贸易账户+国际投资收益账户 \tag{4.2}$$

我们注意到在这种情况下，贸易账户并不等同于商品贸易余额，而这是商务部计算的结果。贸易账户包括像教育、银行、旅游、货运、保险和转移支付等经济服务中的交易，而商品贸易余额中并不包含这些项目。国际收支的这个缺点是可取的，因为它将帮助我们讨论国际收支的动态及国际资产和负债的积累。

投资收益流动来自先前的国外直接投资和投资组合投资。回忆第1章国外直接投资显示投资者在外国商业企业中拥有长期的收益并且有影响的公司如何管理的能力。而组合投资通常被认为是短期的并且不能控制外国公司。先前的国外直接投资收益是母公司从它的国外子公司获得的回报，包括从这些子公司的红利返回加上子公司支付给母公司的贷款利息。股本及债务证券的红利和利息是组合投资的典型收益。

可用于决定组合投资的收益流的估计方法有很多。在美国，商务部使用美国财政部国际资本报告系统的月度和季度信息来估计各资产类别的流通股，接着利用市场利率和债券收益率来估计这些资产类别的收益流动。

净债权国和净债务国

一国的国际收支记录了一个国家一段时期内商品和资产的流动，这就像一个公司的损益表。和世界其他地区一样，一个国家的**国际投资净头寸**（net international investment position）或**国外净资产**（net foreign assets）和一个企业的资产负债表一样。在一个给定时点，这就是一国拥有国外资产的价值与外国人拥有本国资产的价值之差。如果国际投资净头寸为正，那么这个国家通常被称为净债权国，同样，一个国家的国际净头寸为负，那么即使有关的投资并不局限于债券，这个国家也通常被称为净债务国。像巴西这样的一个净债务国表明巴西居民拥有的国外资产比外国人持有的巴西资产少。这通常表明这个国家的投资收益账户为赤字，在这种情况下这一账户也被称为债务服务账户。

假设一个国家是净债务国，并且这个国家不能再获得额外的国外贷款，因为国外贷款人不想再在这个国家增加贷款。结果，这个国家的资本账户就不会为正了。从式（4.1）中我们知道，一个国家的经常账户不会为负，因为它与资本账户的价值相等但符号相反。从式（4.2）中我们知道，如果一个国家的投资收益账户为赤字，那么它的贸易账户必须有盈余。因为这个国家支付给外国人的股息和利息要比从国外得到的收益多，这个国家出售的商品和服务要比从国外购买的多。我们会立即知道这个国家的消费比收入要少。

现在，考虑像日本这样的国家，相对于世界其他地区，它是一个净债权国。它的国际投资收益账户为正。从式（4.2）中我们知道，日本有贸易收支赤字，同时仍有经常账户的平衡。因为它的投资收益账户有盈余，即使日本进口的商品和服务比出口的要多，也不会导致外债或者向外国人出售资产。

国际投资头寸数据

图表4.8显示了美国、其他工业化国家和发展中国家的国际投资头寸。它们表示为国内生产总值的百分比。

图表 4.8 国际投资头寸

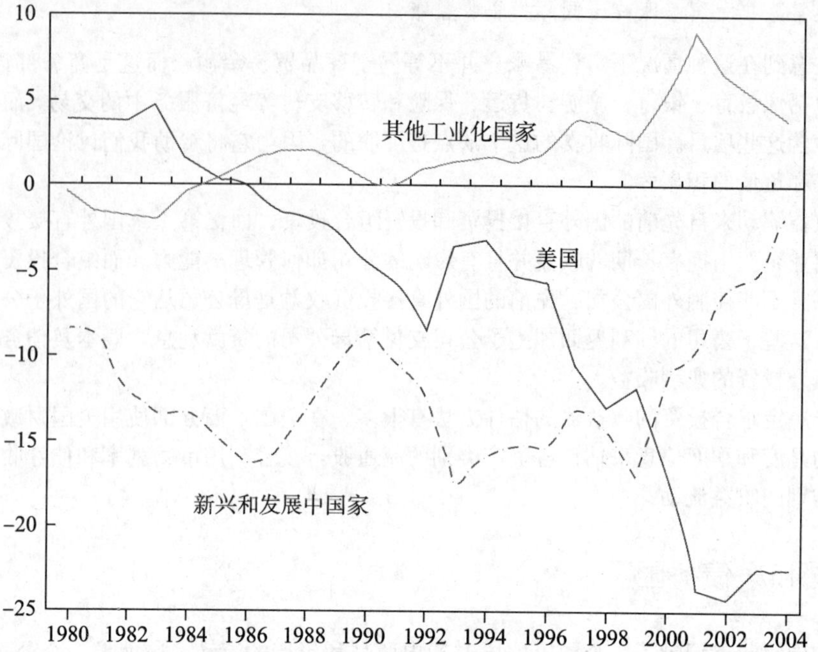

注：图表汇集了两个国家集团及美国的除以每个集团或国家的国内生产总值的资产净头寸。“其他工业化国家”集团包括除美国以外的所有工业国。图表来自 Philip Lane 和 Gian Maria Milesi-Ferretti（2005）。

包括美国在内的工业化国家有正的国际投资头寸。这种状况的最大贡献者是日本，日本由于持续的经常账户盈余而拥有一个大的国际投资头寸的正值。发展中国家通常拥有经常账户赤字，这导致了国际投资头寸为负，但是 1998 年以来，这种状况开始逆转，持续的经常账户盈余增加了投资头寸的平均值，并且开始接近于零。中国在这些国家中尤为突出，因为它的经常账户一直有盈余并且拥有一个相当大的正的国际投资头寸。中国的投资净头寸在 2005 年末达到 3 800 亿美元。

2006 年末，美国商务部经济分析局显示美国的国际投资净头寸为−25 390 亿美元。因为外国人持有的美国资产（162 940 亿美元）比美国持有的外国资产（137 550 亿美元）多，所以这个数字为负。事实上，就像图表 4.8 所显示的，在 20 世纪 80 年代中期，美国的国际净投资头寸开始变为负值。

当然，因为经常账户赤字必须用资本账户的盈余来平衡，美国国际投资头寸的恶化与前面讲过的经常账户的恶化比翼而行。但是，国际投资头寸的变化并不仅仅是由国际贸易（跨越边界的资产买卖）引起的，也由于估值调整引起的资产市场价格的变化和外汇市场的变化而引起。例如，在 2005 年，尽管美国的经常账户赤字几乎达到 8 000 亿美元，但是美国商务部的报道称美国的国际投资头寸仅仅恶化了 3 300 亿美元。2005 年期间美元的坚挺也降低了美国拥有的外国资产的价值，这导致了美国国际投资净头寸的进一步恶化。然而，美国从它投资的国外股票和债券得到的当地货币资本利得超过了外国从美国资产中获得的资本利得，这正好弱化了美国国际报资净头寸的恶化，这种情况在美国的经常账户赤字中已经显示出来。世界经济全球化的继续使得外国资产和负债的流通股比以前多，这导致汇价变动的影响比以前更重要了。Pierre-Olivier Gourinchas 和 Hélenè Rey（2005）以及 Philip Lane 和 Gian Maria Milesi-Ferretti（2005）最近的分析强调了这些价值影响的重要性。

许多经济学家担心美国巨大的负国际投资头寸，因为他们担心负头寸对美国经常账户的影响。理论上，一个国家国际投资头寸的规模决定了投资收益账户的平衡。例如，假设所有资产的利率为5%。国际投资净头寸为－25 390 亿美元表明国际投资收益赤字为1 269.5亿美元（=0.05×25 390 亿美元）。

从图表 4.4 我们知道在 2005 年美国的投资账户有盈余。实际上，直到最近，美国试图将负的国际投资头寸与投资账户盈余合并起来。一些经济学家称这是最好的国际金融交易：美国人从国外借入数万亿美元购买大型越野车和建造舒适的房子，但是当他们的贷款总额堆积如山时，这个国家对外国借款的支付几乎没有做任何准备。

一些经济学家认为美国实际上没有持有负的国际投资头寸。美国可能拥有一些能够产生收益的外国资产，例如向国外子公司转移的管理和技术知识，而这些在官方统计中被遗漏了。在 2005 年的一篇文章中，经济学家里卡多·豪斯曼（Ricardo Hausmann）和弗雷德里科-施图尔辛格（Frederico Sturzenegger）称这些无形财富为“暗物质”，就像宇宙中的质量那样仅由地球引力来确定。

真相更为世俗。由于组合效应和回报效应，美国的净收益余额一直是正的。组合效应的出现是因为美国在国外的资产投资组合大部分为高风险和高收益的 FDI，而大部分外国负债由低风险、低收益的组合负债组成。回报效应的出现是因为在美国对外直接投资和对美国的外国直接投资之间有一个大的持久性的收益差别。对于美国的对外直接投资回报为什么这么高的一个常规解释是，相对于美国的对外直接投资来说，对美国的外国直接投资是相当不成熟的，并且新的投资产生的收益是随着时间增加的。国际清算银行 2006 年的一项研究也表明，在美国的国外跨国公司为了税收目的故意少报了收益，这降低了测得的投资收益。

很明显，随着美国国际投资净头寸的不断恶化，净收益余额不能一直保持为盈余。事实上，在 2006 年，美国的投资收益账户变为负值。人们就这种情况能否持续进行了激烈的争论。

首先，国际投资净头寸已经在国际总财富中占有相当的比例。美国经济分析局预计美国的有形财富（不包括像人力资本这样的无形财富）在 2006 年底为 444 320 亿美元。因此，国外负债，25 390 亿美元，相对于美国有形财富的比例为 5.7%。在 1998 年，这个数字为 5.9%。因此，尽管美国的国际投资净头寸在持续恶化，但美国的财富仍然是增长的。从占 GDP 的比例来看，在 1998 年经常账户赤字占 GDP 总额不到 3%，但在 2006 年末，占 GDP 的 6.1%。

其次，观察者们担心外国人对美国的要求权结构的变化。从 2000 年开始，外国人主要购买美国的债券，尤其是国债，这是亚洲的中央银行热衷于积聚以美元衡量的官方储备的方式。因此，美国借钱相对便宜，接着投资于高风险的资产。如果外国中央银行持有的美国债券出现多样化，将发生什么？为了更好地理解这些数字的宏观经济背景，理解收入、储蓄和投资的关系是必要的，接下来我们就学习这些内容。

4.4 储蓄、投资、收入和国际收支

在这一部分我们探讨经常账户盈余和赤字是如何与一个国家及其政府的储蓄和消费结构联系起来的。理解了这些联系，我们就能知道世界上不同政府采取的政策是如何影响国际经济环境和外汇汇率的确定的，汇率确定问题是第 10 章我们讨论的话题。在接下来的讨论中我们使用国家的**国民收入和产出账户**（national income and product accounts，NIPA）中的信息。在本章附录中我们将会回顾这一章的重要概念。

经常账户与国民收入的关系

从国民收入和产出账户中，我们知道国民总收入等于国内生产总值加净国外收益：

国民总收入＝国内生产总值＋净国外收益

$$\text{GNI}=\text{GDP}+\text{NFI} \tag{4.3}$$

如果我们从等式（4.3）的两边减去国家总支出——消费支出（C）、投资支出（I）和政府支出（G），并且我们使用国内生产总值是消费支出（C）、投资支出（I）、政府支出（G）和净出口（NX）的总和这一定义，那么我们得到：

国民总收入－国民支出＝净出口＋净国外收益

$$\text{GNI}-(C+I+G)=\text{GDP}+\text{NFI}-(C+I+G)=NX+\text{NFI} \tag{4.4}$$

等式（4.4）的右边是经常账户的支出余额（CA），因为净出口对应于整体贸易余额，净国外收益代表着投资账户。①

因而，现在我们有了一个重要的国民收入恒等式：

国民总收入－国民支出＝经常账户

$$\text{GNI}-(C+I+G)=CA \tag{4.5}$$

从等式（4.5）我们知道，如果一个国家的经常账户盈余，那么国民收入就超过国民支出。如果一个国家的经常账户赤字，那么国民支出就超过国民收入。

因为国民收支必须一直保持平衡，如果一个国家的经常账户盈余，那么资本账户必须是赤字。记住资本账户记录那些国外净资产所有权产生变化的交易。我们把外国净资产存量记为NFA，它的变化记为ΔNFA。符号Δ表示从上一时期末到当前时期末之间存量的变化。资本账户赤字意味着资本账户贷方（国内拥有国外资产的增加）大于资本账户借方（国外拥有国内资产的增加）。因此，经常账户盈余与净国外资产的增加相联系。因此，我们可以写出：

经常账户＝净国外资产的变化

$$CA=\Delta\text{NFA} \tag{4.6}$$

如果经常账户盈余，经济增加净国外资产。把等式（4.5）代入等式（4.6），有：

国民收入－国民支出＝净国外资产的变化

$$\text{GNI}-(C+I+G)=\Delta\text{NFA} \tag{4.7}$$

这个恒等式非常直观。当个人的收入比支出多时，他会买进资产，就像个人一样，如果一个国家的总收入大于总支出，这个国家也将会买进资产。当然，这个国家能够购买的资产仅仅是外国的资产。因此，当一个国家的支出小于收入时，这个国家的净国外资产增加。这样看，净国外资产的概念就仅仅是国家的净债权人或净债务人的地位。

国民储蓄、投资和经常账户

另一个理解经常账户的方法是了解国民储蓄和投资的不同。如果个人的消费大于（小于）他

① 事实上，只有在忽略转移支付的情况下这一说法才是正确的。在我们对贸易余额的定义中，包括了转移支付。转移支付不是净出口的一部分但是是净国外收益的一部分。

的收入，那么他的储蓄为负（正）。在国家的情形中，包括个人和政府部门的消费。因此，我们定义国民储蓄等于国民收入减去个人和政府部门的消费：

国民储蓄＝国民总收入－个人和政府部门的消费

用符号表示，变为：

$$S=\mathrm{GNI}-C-G \tag{4.8}$$

代入等式（4.3）中的 GNI 定义，有：

$$S=\mathrm{GDP}+\mathrm{NFI}-C-G$$

再代入 GDP 的组成部分得到：

$$S=C+I+G+NX+\mathrm{NFI}-C-G$$

消掉重复项移项得到：

$$S-I=NX+\mathrm{NFI}=CA \tag{4.9}$$

国民储蓄－国民投资＝经常账户

如果一个国家对投资品的购买大于它的储蓄，这个国家就有经常账户赤字，这个国家的投资支出费用来自海外资本账户盈余。

经常账户赤字和政府赤字

人们经常认为经常账户赤字是由政府预算赤字引起的。我们现在说明的确存在联系经常账户赤字和政府预算赤字的等式，尽管这个等式并不代表政府预算赤字和经常账户赤字之间的因果关系。

考虑国民总储蓄，它包含个人储蓄和政府储蓄。个人储蓄是可支配收入中扣除家庭支出后剩余的部分。这个国家居民的总可支配收入是国民收入加上政府的各种转移支付（TR），再加上政府债务利息（iD），但是减去政府税收（T）。因此，我们有：

国民收入＋转移支付＋政府债务利息－税收＝消费＋个人储蓄

用符号表示为：

$$\mathrm{GNI}+TR+iD-T=C+S^P \tag{4.10}$$

这里 S^P 是私人储蓄。我们知道国民收入与经常账户相联系：

$$\mathrm{GNI}=C+I+G+NX+\mathrm{NFI}=C+I+G+CA \tag{4.11}$$

重新排列各项，消掉消费项，我们发现：

（个人储蓄－投资）＋（税收－转移支付－政府债务利息－政府购买）＝经常账户

或者表示为：

$$(S^P-I)+(T-TR-iD-G)=CA \tag{4.12}$$

等式（4.12）左边括号中的第一项是**净个人储蓄**（net private saving），这不同于**个人储蓄**（private saving）和私人部门在投资商品上的支出。第二项是**国民政府储蓄**（national government saving），这是**政府预算盈余**（surplus on the government budget）。如果因为政府总支出（包括商品和服务支出、转移支付、政府债务利息）超过税收，政府预算为赤字，那么政府储蓄为负。这里有很多方法来解释等式（4.12）。

如果经常账户为负，个人储蓄不够支付个人投资交易和政府预算赤字。因此，这就需要国外资金（以国外负债的形式从其他国家借入资金）。等式（4.12）也表明政府和个人在资本市场上成为对个人储蓄的竞争对手：政府借的资金越多，私人投资可以利用的资金就越少。

因为等式（4.12）是一个恒等式，政府预算赤字必须与高个人储蓄、低投资或者经常账户赤字的组合相匹配。因此，我们很容易想象大的政府赤字将与大的经常账户赤字相联系。例如，美国在1980—1985年期间就处于这样的情形，那时联邦预算赤字与经常账户赤字相吻合。但是一定会如此吗？

引起经常账户赤字和盈余的原因

为什么法国在20世纪80年代的大部分时间有经常账户赤字，而在20世纪90年代有经常账户盈余，而德国的情况正好相反呢？本部分的讨论揭示了这种情况的出现与这些国家的个人和政府的储蓄和投资决策有关。

我们从讨论政府开始。如果政府选择不从税收中支付商品和货物的经常交易、转移支付和流通中的政府债券的利息，那么政府必须发行更多的公众持有的债券或者增印纸币。另一方面，如果当前的税收超过了政府当前的消费，政府债务就能够减少或者经济中的货币就能够减少。

为了促使投资者持有债务，政府必须为已发行的政府债券的流通股提供一个有竞争性的利率。在未来，这些利息必须以某种税收的方式来支付，当然包括货币创造。对于在这期间没有征税的每一美元，政府在未来必须征收这一美元的税收并加上利息。这种长期预算约束被称为**跨期预算约束**（intertemporal budget constraint）。

于是，我们还有一个谜题：为什么一个国家的政府不能平衡当前的总支出与当前的税收收入呢？答案是如果政府仅在长期而不是每一期设定永久性的税率来平衡政府预算，由于税收而引起的经济成本将被最小化。大致上，这似乎是政府努力想要做到的。

例如，假设存在经济衰退。在经济衰退期间，人们的收入减少，政府的税收也减少。因此，如果政府想平衡经济衰退期间的预算，它必须减少支出并提高税率。但是，政府通常更倾向于减少支出，这是因为支出能刺激经济。在经济衰退期间增加税收就好像给经济增加一个阻力器并且这样做在政治上也不讨好。因此，政府不是调整它们的支出和税收，而是倾向于在经济衰退期间持有赤字和在经济繁荣时期持有盈余。

李嘉图等价

在理解政府预算赤字如何影响整体经济的经济行为方面的另一个重要问题是关于政府负债和税收方面的**李嘉图等价**（Ricardian equivalence）的重要思想。[①] 该问题在于当政府持有赤字（也就是政府是负储蓄）时，纳税人在何种程度上面向未来并看到他们未来税收负担的增加。如果没有任何政府预算赤字，个人储蓄一对一地增加，那么预算赤字就没有实际的效果。特别是，从等式（4.12）中我们知道，如果纳税人是李嘉图主义者，国际收支中的经常账户不受政府储蓄和负

---

① 这种效应以经济学家大卫·李嘉图（David Ricardo，1772—1823）的名字命名，大卫·李嘉图在他的文章《政治经济和税收准则》（1817）中第一个分析了政府债务和税收等值的论证。虽然这个效应以大卫·李嘉图的名字命名，但是大卫·李嘉图认为在实际经济中并不存在这种效应。他认为尤其是高公共债务能刺激劳动和资本输出来避免未来偿还公共债务时所必要的税负。

储蓄的影响。或者，因为下辈人将会支付增加的税收，所以当政府持有预算赤字时纳税人觉得他们变得富有了。在这种情况下，政府预算赤字减少了国民储蓄并引起经常账户赤字。

个人的跨期预算约束

当涉及个人消费和储蓄决策时，个人也受跨期预算约束的限制。如何工作、如何消费和如何投资积累的财富的决定深受个人在当前市场上获得的价格和机会以及对价格和机会的未来预期的影响。例如，高利率导致人们储蓄更多而不是消费。在其他国家好的投资机会导致资本的流出。

投资支出

决定经常账户的最后组成部分是个人对商业和住房的投资。企业不断地评估投资项目。它们考虑增加新的生产线和改变经营范围以创造额外的未来收益。当公司考虑投资项目时，它们同样也受跨期预算约束的限制。只要是具有正的净现值的项目，那么这个投资项目就值得去做。我们将在第 15 章更详细地解释这个概念。现在假设投资项目意味着项目在未来的预期收益向那些为公司提供资金的人给予适当的补偿。换言之，当经理认为项目的回报相对于资本成本所需要的费用要高得多时，企业通过购买工厂和设备进行新的投资。类似地，只有当未来的预期租金超过工程的成本时，新的居民住宅才被建造。建造项目的成本随着利率的提高而提高，因此高利率通常会减少投资。

投资支出也具有高连动性，因为在经济周期的扩张过程中，相对于资本成本来说，企业的投资回报更高。当一个国家增长迅速时，许多当前的投资需要为人们在未来提供更多的商品和服务。如果一个国家的增长前景减慢，或者如果人们担心资本收入的税率增加，投资将会下降。当某个国家的企业的理想投资超过居民和政府的理想储蓄时，这个国家必须从国外借款并持有经常账户赤字。

正如你所看到的，因为经常账户依赖于诸多的个体因素，所以分清经常账户的决定因素的确很难。税收、利率、不同国家的相对预期投资收益和经济周期都起重要作用。

针锋相对

美国经常账户赤字过度吗?

这是纽约的一个晴朗的周日下午，Ante 和 Freedy 正在船屋咖啡屋享受中央公园绿地，同时消化清爽的啤酒。Ante 正在为他的国际金融课程细读一些统计美日和美中经常账户赤字的双边数据，正读着时他突然脱口而出："这很疯狂，站不住脚的条件。如果我们不为经常账户赤字采取一些措施，美元将会被击溃。你知道相对于世界上其他国家来说，赤字的巨大积累已导致美国变成了巨大的债务人吗?"

Freedy 正在享受阳光浴而懒于引起争执。Ante 继续说："日本人保护他们的企业并以低价倾销商品以保证他们的工人被雇用。中国人则剥削工人，让他们工作很长时间。所有这一切的主要原因是：不正当竞争。我告诉你我们应该怎么做。我们应当对日本和中国商品征收关税。我们应该迫使它们对美国商品进一步开放它们的市场或者付出代价。只要中国不为工人制定适当的法律，我们就拒绝与中国进行贸易往来。"

现在 Freedy 终于受够了，他回应道："Ante，你太认真了。在过去的几十年里，自由贸易是世界经济增长的基石，难道你希望时光倒流吗? 美国的经常账户赤字一点也不要紧。记住，仅仅是国民储蓄减去国民投资。美国人并没有储蓄太多，他们热衷于消费外国商品。他们喜欢巨大的经常账户赤字。看看你喝的啤酒。我的朋友，这并不是百威而是口味更好的比利时斯特拉。另外，经常账户赤字的另一面是资本账户盈余；这表示外国人购买的美国的股票和债券多于美国人在海外的投资。你知道为什么吗？外国人购买美国资产是因为他们认为这些投资的预期收益很高。”

“我从来没有听到你说这么多话，”Ante 说。“肯定是外国啤酒的作用！我坚持我的观点。如果我们不把这些杂乱的东西清理干净，有一天我们会后悔的，因为我们消费的斯特拉啤酒的价格已达 5 美元，很快将达到 10 美元。”

正当 Freedy 打算回答时，一个熟悉的声音说道：“伙计们，你们正在谈论什么？”就在 Suttle Trooth 朝他们的桌子走来时，Freedy 说：“你看，Ante，虽然只是喜力但他也正在喝外国啤酒。我认为赤字将会更大!”

听到这个讨论话题后，Suttle 说：“伙计们，这次你们讨论了一个重要而复杂的问题，让我告诉你们我是怎么想的。Ante 认为美国巨大的贸易赤字是由外国市场的开放度小引起的。这个观点忽略了一点：中国的储蓄率比美国的储蓄率高得多，日本的储蓄率常常更高。我们不清楚中国和日本要有多大的开放度才能在这些国家或者在美国改变储蓄总值超过投资总值的情况。”

Freedy 绝对是正确的，经常账户赤字反映了储蓄和投资的不平衡。例如，中国政府的政策对居民的储蓄率有相当深远的影响，现在中国的储蓄率接近50%。例如，一个好的社会安全网会降低经济不景气时对储蓄的需要。

考察一个经常账户赤字是好或坏的一个良好的角度是考察赤字的来源。是否有过多的投资或过少的储蓄？在后一种情况中，或许最好将个人储蓄从政府储蓄或预算赤字中区分出来。底线是如果我们要了解经常账户，我们必须了解个人储蓄、个人投资及政府预算盈余和赤字的决定因素。

或许美国的消费者通常发现利率与资产的预期收益太低以至无法引诱他们减少消费而增加储蓄。也可能是因为对于外国和美国投资者来说美国代表一个具有吸引力的投资机会。因此，当给定美国公民的消费倾向时，可以想象美国经常账户反映了投资组合机会的一个大池，而这个投资组合的机会绝不能仅仅通过国内储蓄来融资。

总之，当一个国家持有经常账户赤字时，它需要从外国人那里借钱。如果外国资金是有利可图的投资，就没有任何值得担心的理由。这些投资将增加国内经济的增长并产生能够支付外国负债的收益。

但是，事实并非总是如此。许多经济学家认为 20 世纪 90 年代中期东南亚的巨大经常账户赤字是不可持续的，因为它们代表着提供低或负收益的投资项目。同样，许多项目属于房地产部门，这一部门不能创造支付外国负债的外国货币。在 20 世纪 90 年代早期的墨西哥，巨大的政府赤字与个人消费繁荣相结合，导致了经常账户赤字的不可持续性。

当然，美国人的储蓄不多，这是事实，而中国人的储蓄却很多。在过去的 20 多年，日本的储蓄率减半，并且日本政府现在持有大量的政府赤字。然而日本一直持有大量的经常账户盈余。或许只要日本的投资需求增加，这种情况就会自动逆转。试想想，这个例子显示政府的赤字与盈余并不会自动创造经常账户赤字和盈余。而且，美国现在持有大量政府赤字的事实并不能刚好弥补美国的经常账户赤字。

适用于发展中国家的许多忧虑并不适用于美国。这些国家有以外币计价的负债。这就意味着它们需要赚取外币来偿付负债，它们如果不这样做，真正的危机就出现了。对美国来说，外国人可以用美元来支付，也可以持有以美元计价的资产，所以美国就可以以自己的货币来偿还。当然，Ante 是对的，赤字的积累如此巨大，以至外国人突然意识到负债的不可持续性，并且拒绝进一步为美国经常账户赤字提供资金支持。如果这种情况发生，Ante 可能是对的，美元可能贬值，这会导致美国资产的预期收益更高并且使得美国商品对外国人来说更具有吸引力，因此经常账户赤字就能逆转。担忧的原因之一是最近的赤字很大一部分是由日本和中国的中央银行通过购买国库券来提供资金支持。它们或许不再愿意持有如此大数额的美元债券。

Suttle 说："经常账户赤字在本质上并没有好与坏之分，我认为新兴市场应该持有经常账户赤字，因为它们比发达地区有更好的发展机遇。引进外国资本来帮助它们增长是有意义的。很明显，虽然许多最近发生的危机已充分说明了这一点，但这个发展战略并不就是没有问题的。"

"谢谢，Suttle，" Ante 说。"现在，我喝起外国啤酒来感觉更舒畅了。让我们再喝一杯。"

评估国际资本市场的开放性

在封闭经济中，国民储蓄和投资是相互促进的。当两个变量完全同步变动时，统计学家说它们的相关系数为 1。但是，国际资本市场的开放使国民储蓄和投资的相关系数小于 1。储蓄的增加可以资助国外工程而不是国内工程，其他国家的储蓄而不是国内储蓄可能为国内投资筹措资金。

在 1980 年一篇重要但有争议的文章中，马丁·费尔德斯坦和查尔斯·堀冈证明了 16 个国家的国内平均储蓄率和国内平均投资率具有很强的相关性。这表明拥有相对较高的平均储蓄率的国家同时拥有相对较高的投资率。费尔德斯坦和堀冈认为国际资本市场的开放度并不是很高，并且在他们的样本期国际资本的流动性很低。更多最近的研究主要是确认国内平均储蓄率和国内平均投资率之间的正相关性。费尔德斯坦和堀冈关于国际资本市场的开放度并不是很高的发现是不是精确的？或者是否可对数据作其他解释？这里有几个关于费尔德斯坦和堀冈在文献中的解释的重要限制性条件。一个论点断言，尽管国际资本市场是开放并具有高度竞争性的，但是使得储蓄和投资同步变动的力量将使得投资和储蓄具有高相关性。例如，Maurice Obstfeld（1986）认为，高人口增长率倾向于导致高投资，因为装备年轻工人需要资金。但是年轻工人必须为他们的退休进行储蓄。然而，如果人口增加，人口结构将使得青年人的储蓄超过退休的老一代的"储蓄花费"或者支出。因此，在快速发展的国家储蓄和投资的增加要比发展缓慢的国家快得多。

其他作者认为在一个商业周期中影响生产率的经济冲击能够增加储蓄和投资。这种观点认为，生产率的提高引起了产出和收入的增加。收入的增加一部分被消费，但是其中一些被储蓄起来，因为冲击预期不会是永久的。但是因为生产率暂时很高，是投资的好时机，因此投资和储蓄都增加。

最后，Jeffrey Frankel（1991）认为，国内储蓄率和国内投资率之间的高相关性并不让人吃惊，因为在 20 世纪 60 年代和 70 年代，甚至是 80 年代和 90 年代的大部分时间，世界经济的特点是资本流动并不完全。资本市场对世界并不是完全开放的。例如，在欧洲的许多国家和日本，国际投资都有相当多的经济壁垒并且这种情况一直持续到 20 世纪 80 年代。因此，在储蓄率很高的国家里投资率也很高。弗兰克尔认为，为了评估世界资本市场的整合程度，我们必须考察世界的各种收益率，而不是仅仅考察费尔德斯坦和堀冈所强调的收益和投资流。我们将在第 13 章学习国际资本市场的平衡。

小　结

这一章介绍了与一个国家的国际收支和国际投资净头寸相关的概念并研究这些概念如何与国

民收入和产出账户相联系。这些信息知识在讨论外汇决定中很有用。这一章的要点如下：

1. 一个国家的国际收支记录着一国的居民及政府和其他国家之间的经济交易。

2. 国际收支有两个主要的账户：经常账户和资本账户。

3. 经常账户记录商品和服务的交易，这些交易与资产的收益和单方转移支付有关。

4. 资本账户，在一些国际收支的简报中也称金融账户，记录着资产的买卖，也就是其他国家国内资产所有权的变化和持有的国外资产的变化。

5. 国际收支使用复式记账制度。每项交易都产生两个条目——贷方和等价的借方。

6. 外国居民从国内居民那里购买商品和资产的交易记为贷方。贷方交易导致资源或外币的流入。

7. 本国居民从国外居民那里购买商品和资产的交易记为借方。借方交易导致资源或外币的流出。

8. 向外国居民销售商品和服务导致本国出口，向外国居民出售本国资产导致资本流入本国。这两个交易在国际收支中计入贷方。

9. 国内居民购买外国商品和服务是进口。国内居民购买外国资产导致资本流出本国。这两个交易在国际收支中计入借方。

10. 如果某个账户中贷方总额大于借方总额，这个账户就有盈余。如果某个账户中借方总额大于贷方总额，这个账户就有赤字。

11. 经常账户有时被分解为贸易账户和国际投资收益账户。贸易账户比商品贸易账户具有更广的概念外延，因为前者包含着像教育、银行、旅游、货运、保险和转移支付这样的经济服务交易，而后者却不包含。

12. 国际储备是不以本国货币衡量的中央银行的资产。黄金和以外币计价的资产通常是国际储备。

13. 资本账户中的官方结算账户衡量一个国家的中央银行持有的国际储备的变化。如果中央银行想保持固定汇率，它必须使用国际储备以外币来固定本币的价格。国际储备会随着经常账户和私人资本账户的盈余和赤字而升降。

14. 因为要估计国际收支中的许多项目，经常账户和资本账户总额并不经常为零。如果经常账户和资本账户总额不为零，统计学家添加了一个具有相反符号的平衡项目。这一项称为统计误差或误差和遗漏。

15. 国际收支记录一段时期内商品和资产的流动，就像一个公司的损益表一样。通过类比，就像公司的资产负债表一样，在一个时点上一个国家拥有某些外国资产的存量，外国人拥有国内资产存量。这两个存量价值之差称为净外国资产。结果，在任何给定的时点上，一个国家拥有国际投资头寸，其对于其他国家来说是净债权国或者是净债务国。

16. 一个国家生产的最终商品和服务的价值称为国内生产总值。

17. 一个国家生产的价值必须同本国居民或者外国居民进行交易。一个国家的总消费（C）加政府总购买（G），加总投资（I），再加上净出口（NX），就与国内生产总值相等：$\mathrm{GDP}=C+I+G+NX$。

18. 最终商品和服务的价值必须支付生产要素。在一个开放的经济中，国外净要素收入加国内生产总值为国民总收入：$\mathrm{GNI}=\mathrm{GDP}+\mathrm{NFI}$。

19. 从国民总收入中减去一个国家的消费、投资和政府购买的总支出，我们得到的是净出口和国外净要素收入，它与国际收支中的经常账户等价：$\mathrm{GNI}-(C+I+G)=CA$。

20. 如果一个国家有经常账户盈余，那么它的国民收入超过国民支出。如果一个国家有经常账户赤字，那么国家的支出大于收入。

21. 一个国家生产要素的所有者收到国民收入加上政府的转移支付和政府债务利息，但是必须支付税收。税后可支配收入必须花费在消费或储蓄上：$\mathrm{GNI}+TR+iD-T=C+S$。

22. 净个人储蓄（个人储蓄减去对投资品的支出）加上政府储蓄（税收减去政府总支出或者政府预算盈余）等于国际收支中的经常账户。

23. 因为国民储蓄和投资的决定影响一国的经常账户，利率和其他投资收益也影响经常账户，反过来它们也受经常账户影响。

24. 马丁·费尔德斯坦和查尔斯·堀冈证明了国民储蓄率和国民投资率具有很强的相关性。他们认为这是国际资本市场不完美之处的有力证据，但是这种解释引起了很大的争论。

简答题

1. 国际收支的主要账户有哪些？每个账户都记录了哪些交易？

2. 为什么对一个国际经理人来说弄懂国际收支是重要的？

3. 国际收支中决定居住要求的规则有哪些？

4. 国际收支中哪些项目计入借方，哪些计入贷方？为什么？

5. 礼品和赠款在国际收支中怎么处理？

6. 经历资本的流入对一个国家来说意味着什么？这与一个国家的资本账户中的盈余和赤字有联系吗？

7. 如果把所有国家的经常账户加总，总和应为零，但事实上并不是这样，为什么？

8. 国际收支中的投资收益账户是什么？

9. 国际收支中的官方结算账户是什么？官方结算赤字和盈余与国际收支中的国际储备有什么联系？

10. “统计误差”或“误差和遗漏”这个账户的意义是什么？如果这个账户是贷方，那么在国际收支中这对其他项目的衡量有什么意义？

11. 在一个封闭的经济中为什么国民收入与国民支出等价？在开放经济条件下这两个概念是如何区分的？

12. 解释一下为什么个人储蓄加上政府储蓄等于国际收支中的经常账户。

13. 有人认为，1980 年，费尔德斯坦和堀冈证明的国内储蓄率和国内投资率具有很强的相关性的结论不是资本流动性不完全的有力证据。你能提供他们误解了数据的论断吗？最近关于这一议题的调查对世界资本流动性水平有什么样的结论？

应用题

1. 假定下面的交易是某一年美国国际收支中发生的交易。分析一下商品贸易余额、国际投资收益账户、经常账户、资本账户和官方结算账户的影响。

a. 波音，美国的飞机制造公司，销售 30 亿美元的 747 飞机给中国，中国通过国际银团的贷款来支付。

b. 日光，日本的投资银行，为它的一个客户购买了 7 000 万美元的美国 30 年期国库券，日光动用它的芝加哥第一国民银行账户来支付。

c. 通用汽车，美国的汽车公司，付给加拿大多伦多的投资者一张 25 255 美元的带息支票，这个投资者将这张支票存入以美元计价的蒙特利尔银行账户中。

d. 美国财政部授权纽约联邦储备银行去干预外汇交易市场，纽约美联储使用日元和欧元购买了 50 亿美元国际储备。

e. 美国总统向拉丁美洲国家派遣部队来建立一个民主政府，所有的操作花了纳税人 85 亿美元。为了显示它们的诚意，墨西哥和巴西各捐献 10 亿美元给美国，而它们是通过出售作为国际储备的美国国库券来筹资的。

f. 美国本田，日本汽车公司的美国子公司，以借款的方式从日本的母公司获得 2.75 亿美元，以用来在俄亥俄建立最先进的制造厂。

2. 考虑 La Nacion 的情况，在 2006 年 La Nacion 是净债务国，假设 La Nacion 的所有外债都是以美元计价的。在 2006 年末，它的净个人负债为 750 亿美元，官方债券负债为 550 亿美元。假定这些负债利息每年高于伦敦同业拆借利率 2.5%，在 2007 年没有到期本金需偿还。La Nacion 的中央银行的国际储备在 2006 年末为 180 亿美元并且以伦敦银行同业拆借利率获得利息。这个国家没有其他的外国资产。因为 La Nacion 发展迅速并且需要大量的投资品，假设 La Nacion 的居民在 2007 年进口了 370 亿美元商品。经济学家预计 2007 年 La Nacion 的出口为 290 亿美元。假设中央银行预期 2007 年的国际储备将下降到 50 亿美元。2007 年伦敦银行同业拆借年利率为 4%。

a. 如果 La Nacion 希望看到期望的进口和出口发生并且避免国际储备低于预期水平，那么 2007 年它的最小资本流入是多少？

b. 如果这些资本流入发生了，2007 年末 La Nacion 的净负债是多少？

3. 判断对错并解释：在浮动汇率下，贸易赤字不会与资本账户赤字相对应。

4. 判断对错并解释：如果一个国家是净债务国，那么它的国际投资服务账户为赤字。

5. 选择一个国家并分析它在过去十年的国际收支。良好的数据包括官方当局或中央银行的统计数据。

a. 研究一下在这段时间内商品和服务贸易是怎么发生的，在世界市场中这个国家的竞争力是增强还是减弱了？

b. 思考一下这个国家的国外资产净头寸与国际投资收益账户之间的联系。

c. 如果这个国家经常账户赤字，那么资本流入是怎么影响赤字的？如果这个国家经常账户盈余，那么资本流出是怎么影响盈余的？

6. 选择一个国家并搜集与这个国家的国际收支和外汇交易相关的报纸或杂志上的文章。一个没有预料到的巨大的经常账户赤字导致这个国家的货币在外汇交易市场上变强还是变弱？

7. 下面的交易对英国国际收支的影响有哪些？U. K. Videos 从美国 TFCW 公司进口了 2 400 万英镑的电影。货款是以英镑计价的，取自英国的银行，并且存入了美国银行在伦敦的分行，因为 TFCW 公司预期将在不久的将来从英国收购一家电影制作室。

8. 下面的交易对法国国际收支的影响有哪些？英国公司 The Flowers of Britain 的法国子公司 Les Fleurs de France 收到英国母公司的额外 440 万欧元的投资。其中一部分投资是 90 万欧元从英国直接运进的计算机系统。剩下的 350 万欧元由母公司向法国之外的投资者发行以欧元计价的欧元债券来筹措。Les Fleurs de France 在巴黎银行中持有这些资金。

9. 1994 年 12 月，日本神户的大地震破坏了 30 多万人的住房并损坏了桥梁、公路和铁路。你认为这对日本的经常账户赤字有影响吗？为什么？

10. 在 20 世纪 80 年代下半期持有大量的经常账户盈余后，90 年代初德国持有巨额赤字。经常账户赤字产生的最主要原因是德国统一后原民主德国的建设，这引起了进口的急剧上升。同时，德国从一个净债权国变为净债务国。解释一下为什么经常账户赤字是合理的？在这段时间内德国的利率相当高。为什么会出现这种情况？如果没有经常账户赤字，原民主德国能发展吗？如何发展？

参考文献

Abel, Andrew B., and Ben S. Bernanke, 2004, *Macroeconomics*, 5th ed., Reading, MA: Addison-Wesley.

Barro, Robert J., 1993, *Macroeconomics*, 4th ed., New York: Wiley.

Baxter, Marianne, and Mario J. Crucini, 1993, "Explaining Saving-Investment Correlations," *American Economic Review* 83, pp. 416-436.

Bank for International Settlements (BIS), 2006, *76th Annual Report*, Basle, Switzerland: BIS.

Coakley, Jerry, Farida Hasan, and Ron Smith, 1999, "Saving, Investment, and Capital Mobility in LDCs," *Review of International Economics* 7, pp. 632-640.

Eisner, Robert, and Paul Pieper, 1984, "A New View of the Federal Debt and Budget Deficits," *American Economic Review* 74, pp. 11-29.

Feldstein, Martin, and Philippe Bacchetta, 1991, "National Savings and International Investment," in B. Douglas Bernheim and John B. Shoven, eds., *National Saving and Economic Performance*, Chicago: University of Chicago Press, pp. 201-220.

Feldstein, Martin, and Charles Horioka, 1980, "Domestic Savings and International Capital Flows," *Economic Journal* 90, pp. 314-329.

Frankel, Jeffrey A., 1991, "Quantifying International Capital Mobility in the 1980's," in B. Douglas Bernheim and John B. Shoven, eds., *National Saving and Economic Performance*, Chicago: University of Chicago Press, pp. 227-260.

Froot, Kenneth A., ed., 1993, *Foreign Direct Investment*, Chicago: The University of Chicago Press for the National Bureau of Economic Research.

Gourinchas, Pierre-Olivier, and Hélène Rey, 2005, "International Financial Adjustment," National Bureau of Economic Research working paper 11155.

Hausmann, Ricardo, and Frederico Sturzenegger, 2005, "U. S. and Global Imbalances: Can Dark Matter Prevent a Big Bang?" Harvard University working paper.

International Monetary Fund (IMF), 1993, *Balance of Payments Manual*, Washington, DC: IMF.

International Monetary Fund, 1989-2004, *World Economic Outlook*, Washington, DC: IMF.

Lane, Philip R., and Gian Maria Milesi-Ferretti, August 2005, "A Global Perspective on External Positions," IMF working paper.

Mendoza, Enrique G., 1991, "Real Business Cycles in a Small Open Economy," *American Economic Review* 81, pp. 797-818.

Motala, John, 1997, "Statistical Discrepancies in the World Current Account," *Finance and Development*, pp. 24 - 25.

Nguyen, Elena L., 2006, "The International Investment Position of the United States at Yearend 2005," *Survey of Current Business*, pp. 9 - 19.

Obstfeld, Maurice, 1986, "Capital Mobility in the World Economy: Theory and Measurement," *Carnegie-Rochester Conference Series on Public Policy* 24, pp. 55 - 104.

Obstfeld, Maurice, and Kenneth Rogoff, 1994, "The Intertemporal Approach to the Current Account," National Bureau of Economic Research working paper no. 4893.

Obstfeld, Maurice, and Alan M. Taylor, 2004, *Global Capital Markets: Integration, Crisis, and Growth*, Japanese-U. S. Center Sanwa Monographs on International Financial Markets. Cambridge, UK: Cambridge University Press. Organization for Economic Cooperation and Development, *2006*, *OECD Factbook 2006*, Brussels, Belgium: OECD.

Organization for Economic Cooperation and Development, National Accounts, Brussels, Belgium: OECD.

Ott, Mack, 1989, "Is America Being Sold Out?" *Review*, Federal Reserve Bank of St. Louis, pp. 47-64.

Ricardo, David, 1817, *On the Principles of Political Economy and Taxation*, London: John Murray.

Ricardo, David, 1951, *On the Principles of Political Economy and Taxation*, Piero Sraffa, ed., Cambridge, UK: Cambridge University Press.

Taylor, Alan M., 1994, "Domestic Saving and International Capital Flows Reconsidered," National Bureau of Economic Research working paper no. 4892.

United Nations (UN), National Accounts Statistics, New York: The UN.

U. S. Department of Commerce, *Survey of Current Business*, various issues dealing with direct foreign investment and the international investment position of the United States, which is typically reported in the August issue.

U. S. Department of Commerce, 1990, *The U. S. Balance of Payments: Concepts, Data Sources, and Estimating Procedures*. Washington, DC: U. S. Government Printing Office.

附录　国民收入和产出账户入门

一个国家的**国民收入**（national income）是一段时期内资源的流动，允许本国居民在这段时期内进行消费和通过储蓄与积累财富进行未来消费。所有国家都试图衡量它们的国民收入和产出。在美国，国民收入通过商务部计入**国民收入和产出账户**（national income and product accounts，NIPA）。其他国家的国民收入账户可参见经济合作与发展组织中的《国民账户》以及联合国的《国民账户统计》。

在某段间隔期内，如一年或者一季度，有三种方法记录国民收入和产出。第一种记录来自国家生产要素——劳动和资本的收入。第二种记录本国居民对不同商品和服务的支出。第三种记录新生产的最终产品和服务的价值。在某段时期内这个国家生产的所有最终商品和服务称为这个国家的国内生产总值。由于运用在生产过程中的固定资产会在使用过程中折旧或者消耗，一个国家产出的一部分就会被用来替代在特定时期中已耗尽的机器设备和设施。从国家 GDP 中减去这部分折旧的估值得到一个国家的净国内生产总值。然而，在接下来我们将会忽视折旧而关注 GDP。

国内生产和支出总值

对商品和服务的购买可列为四类支出：个人消费支出、个人国内总投资、政府支出以及商品和服务的净出口。

消费支出（C）

国内居民的个人消费支出是最终商品（如汽车和衣服）和服务（如教育和自有房屋的租金价值估算）的支出。在许多发达国家，大约 GDP 的三分之二是由本国消费者交易的。

个人国内总投资（I）

个人国内总投资包括公司的投资（新机器和建筑物的购买）、居民的投资（包括独户住宅和多户住宅的建造）和商业库存的变化。商业库存包括制成品、在产品和原材料的库存。商业库存的变化的评估能够提高公司在未来的盈利能力。例如，如果公司在库存中增加制成品，这就是正的投资；如果公司在库存中减少制成品，这就是负的投资。在发达国家中，个人国内总投资占 GDP 的 15%～30%。

政府购买（G）

一个国家的不同层级——联邦、州或省和地方——购买本国生产的最终产品和服务。在美国，政府购买的商品和服务总值大约占 GDP 的 25%。但在一些小的国家，如瑞典，政府购买大约占 25%。

联邦政府的总支出，即政府预算中的总支出，比政府购买商品和服务的支出要大得多。这是因为联邦预算支出包括转移支付和联邦债务利息的支付。美国的转移支付包括社会保障、医疗和社会福利。尽管这些计划转移收入，但这些计划不为经济提供额外的收入。政府向经济体中的一些人征税并把这些税收转嫁给其他人。

净出口（NX）

如果经济对于国际贸易是完全封闭的，那么一国生产的最终产品和服务的价值与用于投资、消费和政府购买的产品和服务的价值等价。最终产品不是卖给个人就是被公司储存。但是在开放经济中，外国部门也购买一些最终产品和服务。在美国，出口占 GDP 的比率要低于其他国家，但是增长非常迅速，现在已超过了 GDP 的 10%。在更小的、更开放的经济中，比如瑞典，出口几乎占到了 GDP 的 40%。

因为本国的消费者、企业和各种政府部门购买本国商品和服务的支出没有限制，这个国家的消费、投资和政府支出的一部分是进口外国商品和服务。净出口是出口减去进口，与第 4.1 节介绍的贸易余额概念基本对应。

国内生产总值和支出总额

我们讨论的本国产出与个人对各种商品和服务的购买之间的关系可以描述为：

国内生产总值＝消费＋投资＋政府支出＋净出口

用符号表示为：

$$GDP = C + I + G + NX \tag{4A.1}$$

基本上，这个等式表明了国家的产出价值，GDP 等于个人、公司和政府购买的最终产品和服务加上出口减去进口，因为进口并非在该国生产的产品和服务。

当然，在确定 GDP 数量上存在严重争论。

2006 年希腊统计部宣布的 GDP 突然增加 25%提醒我们注意这个事实。这一变化是用来更好地考虑一个快速增长的服务部门，包括部分非法的经济活动，例如卖淫和洗黑钱。虽然这导致《金融时报》报道："最老的行业帮助希腊的国民产出激增 25%"，但潜在后果是相当重要的：更高的 GDP 意味着希腊的预算赤字占 GDP 的比率也会更低，因此希腊不会受到欧盟对该比率大小的明确限制。然而，更高的 GDP 意味着希腊可能会丧失欧盟的一些金融援助。

从国内生产总值到国民总收入

在封闭经济中，国内生产总值与经济体中生产要素的收入相等。因此，国内生产总值与国民总收入相等。在开放经济条件下，一国与其他国家进行贸易和投资，此时国民总收入与国内生产总值就不相等了。

在开放经济条件下国内生产总值与国民总收入不相等有三个原因。第一，本国居民不必拥有在本国生产商品的资本和劳动力。因此，由在本国生产商品的生产要素积累的收入支付给外国人而不是本国居民。

例如，德国在历史上就从东欧引进临时工人。这些外国工人带着工资收入回到他们的国家。同样，在大多数国家，用来生产产品的一部分资金是由外国人持有的。在美国，日本汽车制造商对生产设施进行大量投资。结果，在美国销售的大多数丰田和本田汽车是在美国由美国工人制造的，但是由此产生的收入主要由这些公司的股权所有者即日本人获得。

第二个相关的原因是由一国所拥有的资本和劳动力可以在不同的国家生产商品，因此，相较于国内生产的产品价值而言，来自国外生产要素的收入使得该国居民收入有所增长。例如，日本在国外进行的大量资本投资增加了它的收入，巴基斯坦也通过工人对其他国家提供劳动来产生大量收入。最近几年，爱尔兰的 GDP 远远大于 GNI 是因为这个国家通过低的公司所得税吸引了大量外国投资，因此，爱尔兰的国内生产总值是由非爱尔兰的生产要素生产的。

第三个原因是本国接受国外单方转移支付或者向其他国家进行单方转移支付。接受国外的赠与增加了本国的收入。

总之，在经济开放条件下，来自国外的净要素收入加单方转移支付（我们将其合称为国外净收入），将资源的流动从本国生产的最终产品和服务的价值中分离出来。因此，我们得到第二个开放经济条件下的国民收入恒等式：

$$\text{国民总收入} = \text{国内生产总值} + \text{国外净收入} \tag{A.2}$$

即：

$$GNI = GDP + NFI$$

我们注意到，要素净收入和国外的单方转移支付可以为正值也可以为负值，因此，国外净收入也可为正或负。

对于大多数国家来说，比如美国和日本，国外净要素收入的主要来源是一国的国际投资净头寸产生的资产收入。

第5章

汇率制度

以欧元、日元和美元为代表的货币可以在国际外汇市场自由交易，其价值也处在时刻变动中。而中国香港金融管理局却从1983年开始就一直维持着7.8港元对1美元的汇率。这两种现象分别是较为极端的自由浮动汇率制和固定汇率制的代表，除此之外，还存在众多中间汇率制度。不同汇率制度的差异对国际贸易中的货币风险存在影响，因此，准确把握这些差异具有至关重要的意义。

本章将逐一审视全球现行的各种汇率安排，并全面分析其优缺点。本章还将重点讨论各国中央银行和国际储备在汇率制度中所起的重要作用。

同时，本章还会回顾欧洲国家建立欧洲货币联盟、推动欧元发挥共同货币作用的历史进程。讨论这个话题存在三方面原因。第一，不断有新国家加入欧元区；第二，世界其他地区的国家集团将来可能会效仿欧元区的体制安排；第三，某些欧盟国家存在放弃欧元、回归本币的可能性。欧元的使用对欧盟国家产生了不同程度的约束，准确把握这些约束将有助于思考当前制度的可取之处。

5.1 汇率安排与货币风险

本节将首先回顾现行的各项汇率安排，并总结各项汇率安排对国际贸易中货币风险的影响，最后将回顾汇率安排的历史进程，并展望未来发展趋势。

全球汇率制度安排

图表5.1根据国际货币基金组织（IMF）公布的信息，整理列示了世界范围的汇率安排状况。

尽管 IMF 对汇率安排的分类更为详尽，但我们认为当前汇率制度大致可以划分成三类：浮动汇率制、固定或钉住汇率制以及目标区汇率制，即爬行汇率制。

图表 5.1　　　　世界上的汇率制度

固定汇率制度			
没有单独的法定货币	货币局	传统钉住单一货币	
美元化	波斯尼亚	阿鲁巴岛	马尔代夫
厄瓜多尔	文莱达鲁萨兰国	阿塞拜疆	毛里塔尼亚
厄尔萨尔瓦多	保加利亚	巴哈马	纳米比亚
基里巴斯	吉布提	巴林	尼泊尔
马绍尔群岛	爱沙尼亚	巴巴多斯岛	荷兰，安的列斯群岛
密克罗尼西亚	香港特区	白俄罗斯	阿曼
帕劳	立陶宛	伯利兹	巴基斯坦
巴拿马		不丹	卡塔尔
圣马力诺		佛得角	沙特阿拉伯
东帝汶		科摩罗	塞舌尔
ECCU		埃及	所罗门群岛
安提瓜和巴布达		厄立特里亚	苏里南
多米尼加		圭亚那	斯威士兰
格林纳达		洪都拉斯	阿拉伯叙利亚共和国
圣基茨和尼维斯		伊拉克	特立尼达和多巴哥
圣露西亚		约旦	土库曼斯坦
圣文森特及格林纳丁斯		科威特	乌克兰
法郎区		拉脱维亚	阿拉伯联合酋长国
贝宁		黎巴嫩	委内瑞拉
布基纳法索		莱索托	越南
科特迪瓦		前马其顿	津巴布韦
几内亚比绍共和国		**钉住混合货币**	斐济
马里		阿拉伯利比亚民众国	
尼日尔		摩洛哥	
塞内加尔		萨摩亚	
多哥		瓦努阿图	
喀麦隆		中国	
中非共和国			
乍得			
刚果共和国			
赤道几内亚			
加蓬			
欧洲区			
奥地利			
比利时			
塞浦路斯			
芬兰			

续前表

固定汇率制度				
没有单独的法定货币		货币局	传统钉住单一货币	
法国				
德国				
希腊				
爱尔兰				
意大利				
卢森堡				
马耳他				
荷兰				
葡萄牙				
西班牙				
斯洛文尼亚				
目标区			**有管理的浮动汇率**	**独立浮动汇率**
传统	**爬行钉住汇率制度**			
丹麦	玻利维亚	阿富汗	马达加斯加	阿尔巴尼亚
匈牙利	博茨瓦纳	阿尔及利亚	马拉维	亚美尼亚
斯洛伐克共和国	哥斯达黎加	安哥拉	马来西亚	澳大利亚
汤加	伊朗	阿根廷	毛里求斯	巴西
塞浦路斯	尼加拉瓜	孟加拉国	摩尔多瓦	加拿大
		布隆迪	蒙古	智利
		柬埔寨	莫桑比克	刚果共和国
		哥伦比亚	缅甸	冰岛
		克罗地亚	尼日利亚	以色列
		捷克	巴布亚新几内亚	日本
		多米尼加共和国	巴拉圭	韩国
		埃塞俄比亚	秘鲁	墨西哥
		冈比亚	罗马尼亚	新西兰
		格鲁吉亚	俄罗斯	挪威
		加纳	卢旺达	菲律宾
		危地马拉	圣多美和普林西比	波兰
		几内亚	塞尔维亚和黑山	塞拉利昂
		海地	新加坡	索马里
		印度	斯里兰卡	南非
		印度尼西亚	苏丹	瑞典
		牙买加	塔吉克斯坦	瑞士
		哈萨克斯坦	泰国	坦桑尼亚
		肯尼亚	突尼斯	土耳其
		吉尔吉斯共和国	乌拉圭	乌干达
		老挝	乌兹别克斯坦	英国
		利比亚	也门共和国	美国

浮动货币

汇率安排中一种极端的做法是货币当局听任汇率随外汇市场供求变化自由波动，不采取任何干预措施。此类货币被称为**浮动货币**（floating currencies）。美元、日元、欧元和英镑等世界主要货币和其他发达国家的货币，如澳元和瑞典克朗都归属此类范畴。此外，一些发展中国家的货币，如南非兰特和土耳其里拉，也是浮动货币的代表。

固定货币或钉住货币

另外一种极端的汇率安排就是将本国货币设定为**固定货币**（fixed currencies）**或钉住货币**（pegged currencies）。在此制度下，政府致力于确保在外汇市场上，本国货币与另一种货币或"篮子"货币以"钉住"价格进行交易。**篮子货币**（basket of currencies）是由不同货币设定权重后组成的。最著名的两个篮子货币分别是由 IMF 创造的记账单位——**特别提款权**（special drawing right，SDR）和欧洲货币体系（参见第 5.6 节）的历史记账单位——**欧洲货币单位**（European currency unit，ECU）。SDR 有时被用作合约结算单位，如例 5.1 所示。

例 5.1　SDR 的泰铢价值

泰国大米公司是泰国的一家大米出口商，其根据所签订的合约，将于 2007 年 4 月 24 日获得出口大米的货款，即 100 万 SDR 的泰铢（THB）价格。泰国大米将获得多少泰铢呢？

如果合约以篮子货币（如 SDR）作为标价单位，那么 SDR 的特定货币（如泰铢）价值，只需将泰铢同 SDR 各组成货币的汇率与各货币在篮子中的组成单位数相乘即可。SDR 主要由以下四种货币构成：€0.351 9、¥27.2、£0.105 0 和 $0.582 1。2007 年 4 月 24 日，泰铢与这些货币的汇率分别是 THB43.667 9/EUR、THB0.271 0/JPY、THB64.374 1/GBP 和 THB 32.160 0/USD。

因此，2007 年 4 月 24 日，SDR 的泰铢价值为：

(THB43.667 9/EUR×0.351 9)+(THB0.271 0/JPY×¥27.2)
+(THB64.374 1/GBP×£0.105 0)+(THB32.160 0/USD×USD0.582 1)
=THB48.217 6/SDR

由于泰国大米可获 100 万 SDR，因此其最终得到：

THB48.217 6/SDR×SDR100 万=THB482 176 亿

2005 年 7 月 22 日，中国废除钉住美元的汇率制度，改为钉住一篮子货币的制度。篮子货币中不仅包括世界主要币种（美元、欧元和日元），还包括一些亚洲货币。效仿新加坡的先例，中国至今也没有公布篮子货币中各币种的组成状况。其他一些实行钉住汇率制的货币还包括纳米比亚元和拉脱维亚拉特，分别钉住南非兰特和欧元。

特殊钉住安排

除了传统钉住制度，IMF 还特地区分出一些特殊的钉住货币。图表 5.1 中列示的第一类是没有独立法定货币的汇率安排，包括非洲法郎区和欧元区，由统一的地区中央银行控制几个国家的汇率体系。例如，非洲法郎区由 14 个非洲国家组成，区域内流通两种货币，一为西非法郎（货币符号是 XOF），一为中非法郎（货币符号是 XAF），西非法郎在区域内的 8 个国家流通，而中非法郎则流通于剩余的 6 个国家。非洲法郎兑欧元的钉住汇率为 1 欧元对 655.957 非洲法郎。这个区域之所以命名为法郎区，是因为在 1999 年钉住欧元之前，成员国的货币都钉住法国法郎。

CFA 原本是“法国在非洲殖民地”的缩写，现在在西非和中非则分别代表着“中非金融合作”和“非洲金融共同体”。

固定汇率制和钉住汇率制都需要中央银行就维持本国货币的价值做出承诺。有些国家还特地设置了**货币局**（currency boards）。货币局限制了中央银行发行货币的能力（参见第 5.4 节），香港货币局是最著名的代表。阿根廷在经历了 20 世纪 80 年代严重的**通货膨胀**（inflation）之后，于 1991 年也开始实行货币局制度，当时比索以 1∶1 的比例钉住美元。但 2002 年全国经济陷入危机之后，阿根廷又不得不放弃这一制度，短短几个月，比索的贬值幅度就高达 75%。

汇率目标区制度与爬行钉住制度

除了上述汇率制度，IMF 还划分出其他一些种类，其中包括汇率目标区制度和爬行钉住汇率制。在这些制度下，货币具有有限的灵活性。当局或者将汇率维持在一定的波动区间内（汇率目标区制度），或者将汇率变动幅度维持在事先设定的界限里，并定期对波动幅度进行调整，通常以通货膨胀率作为基准（爬行钉住汇率制）。例如，2007 年，塞浦路斯的货币塞浦路斯镑开始在围绕欧元上下 15%的区间内浮动。塞浦路斯能否维持这一波动区间决定了其最终是否有资格加入欧元区。2008 年 1 月，塞浦路斯镑终为欧元所取代。

不同汇率制下的货币风险

相比汇率目标区制度或更为固定的钉住汇率制，在弹性汇率制下，出口商和进口商似乎会面临更高的不确定性。然而，结果往往并非想象的那么简单。

量化货币风险

通过第 2 章和第 3 章的分析，可知进口商和出口商面临的交易货币风险取决于未来汇率的条件分布情况。汇率变动的条件分布囊括了各种汇率变动的相对可能性。某些国家汇率变动的条件分布比其他国家更容易分析。

条件分布的一个重要特征就是离散性，通常用标准差（亦称波动程度）进行衡量。进口商和出口商可以借波动程度来量化未来汇率的区间，进而量化自身的货币风险。图表 5.2 总结了不同汇率体制下的货币风险。

条件分布的第二个特征是偏度。偏度承载的信息是某一变动方向下出现较大波动的可能性是否会高于另一方向。

图表 5.2　　不同汇率制下的货币风险

		汇率波动性			
	央行目标	历史	隐性	通胀波动性	国家对制度的坚持度
纯浮动	本币	—	—	—	0
肮脏浮动	本币和汇率	大	无	大	79
目标区或爬行钉住	本币和汇率	小	大	小	10
钉住汇率	汇率	无	大	小	48
货币局	汇率	无	小	小	7
美元化	本币	无	小	小	9
货币联盟	本币	无	非常小	?	15

浮动汇率制下的货币风险

现实社会并不存在完全的浮动汇率制。实际上，所有中央银行都会对外汇市场进行不同程度的干预，即在外汇市场上买卖本币，影响本币的价值。相比完全浮动汇率制，**肮脏浮动汇率制**

(dirty float currency system) 是否一定程度上降低了汇率的波动性，取决于民众对中央银行干预有效性的信任程度。无论如何，浮动汇率制的一大优点就在于有利于我们收集历史数据，分析浮动货币的历史波动情况，为研究未来的波动性提供依据。

第 2 章曾利用历史数据分析世界主要货币的波动性，结果大约为 11%。尽管不同时点波动性各有差异，但由于自 1973 年以来，主要货币大多实现了自由浮动，因此历史数据在确定实际波动率方面依旧发挥了重要作用。但若随机挑选两个相互之间贸易量较大的国家，很可能会发现两国的货币几乎不存在浮动。

在浮动汇率制下，除非像 20 世纪 80 年代的美元一样连续几年系统性地升值或贬值，否则汇率向两个方向大规模变动的风险会呈现合理的对称特征。通常在货币持续对抗市场预测时，大幅逆转的风险才开始得以显现。

汇率目标区制度下的货币风险

汇率目标区制度意在限制汇率的波动性，同时实现成员国间通货膨胀率的趋同。只要汇率波动维持在预设的区间内，货币的逐日波动肯定会比浮动汇率制的小。然而，一旦货币当局（通过重设区间的方式）实现货币贬值或升值，瞬时会出现大额资本流动的现象。下文的案例较好地阐述了此类货币风险。

以 1979—1999 年期间法国法郎和德国马克之间的汇率（FRF/DEM）为研究对象。其他主要货币之间的汇率，如 \$/£和 \$/¥，观察到其波动性高达 11%，而 FRF/DEM 的历史年均波动率仅为 3.01%。看起来似乎当时法国法郎和德国马克所属的欧洲货币体系实行汇率目标区制度，相比浮动汇率制，的确降低了两国汇率的波动程度，但上述解释其实较为牵强。

美国和英国、美国和日本在地理上并不毗邻，相互之间的贸易关系也不如法国和德国密切。更为恰当的类比国家实际上是美国和加拿大，尽管两国尚未确定正式的货币体系。CAD/USD 的同期波动性也只有 4.53%，较为接近 FRF/DEM 的水平。

将 CAD/USD 和 FRF/DEM 绘在同一坐标图中，可以发现 FRF/DEM 的波动经常会出现迸发点（见图表 5.3）。

出现投机危机或走弱货币贬值时，汇率波动性就会突然加大。① 例如，汇率可能会移动到波动区域边界。的确，FRF 在此期间就曾出现 5.75%的贬值。浮动汇率制下极少会在一天内出现如此大的贬值幅度，在多数情形下，走弱货币还是会逐步实现贬值。不难看出，相比 CAD/USD，FRF/DEM 出现极端波动的频率更高。若相较正态分布，此分布存在更多的极端变量，就表明其存在“肥尾”现象，即为尖峰态分布（参见第 3 章）。图表 5.3 中的柱状图 B 清楚地展示了肥尾或尖峰的特征。站在跨国公司的角度，相比浮动汇率制下较为平缓的汇率波动，应对这种波动更加困难。如果货币贬值和升值的概率不对称，条件分布还会偏斜。正如下文所述，钉住汇率制下将会出现此类风险。

钉住汇率制下的货币风险

在钉住汇率制下，衡量货币风险的难度被进一步放大。如果钉住汇率能在长时间内维持不变，历史波动性即为零，但这并不能准确反映潜在的紧张态势，而后者最终往往会导致货币贬值。因此，逐日的汇率波动并不能反映真正的货币风险。这种状况被称为“隐性波动”。

之所以观察到 FRF/DEM 的波动状况与 CAD/USD 较为相似，是因为参照的历史时期足够长，很多涉及 FRF 贬值的样本也被包括其中。在钉住汇率制下，有时根本不存在如此长的历史

---

① 有关 FRF/DEM 市场上投机危机引发货币波动的详细研究，参见 Geert Bekaert 和 Stephen Gray (1998)。

期间。例如，泰铢在 1997 年屈服于投机危机之前，30 年中仅贬值过两次，甚至在危机爆发的前 10 年里根本就没有出现过贬值现象。样本如此之少，想要确定 1997 年泰铢的隐性波动率根本不可能。所能做的只是观察具有类似汇率制度和实行类似政策的国家。经济学家已经建立了非常复杂的模型用于预测贬值和量化货币风险。第 10 章将对此作详细阐述。这些模型面临的最大挑战就是要在缺乏大量历史数据支撑的情况下，对未来做前瞻性预测。

图表 5.3　　FRF/DEM 和 CAD/USD 汇率的对比

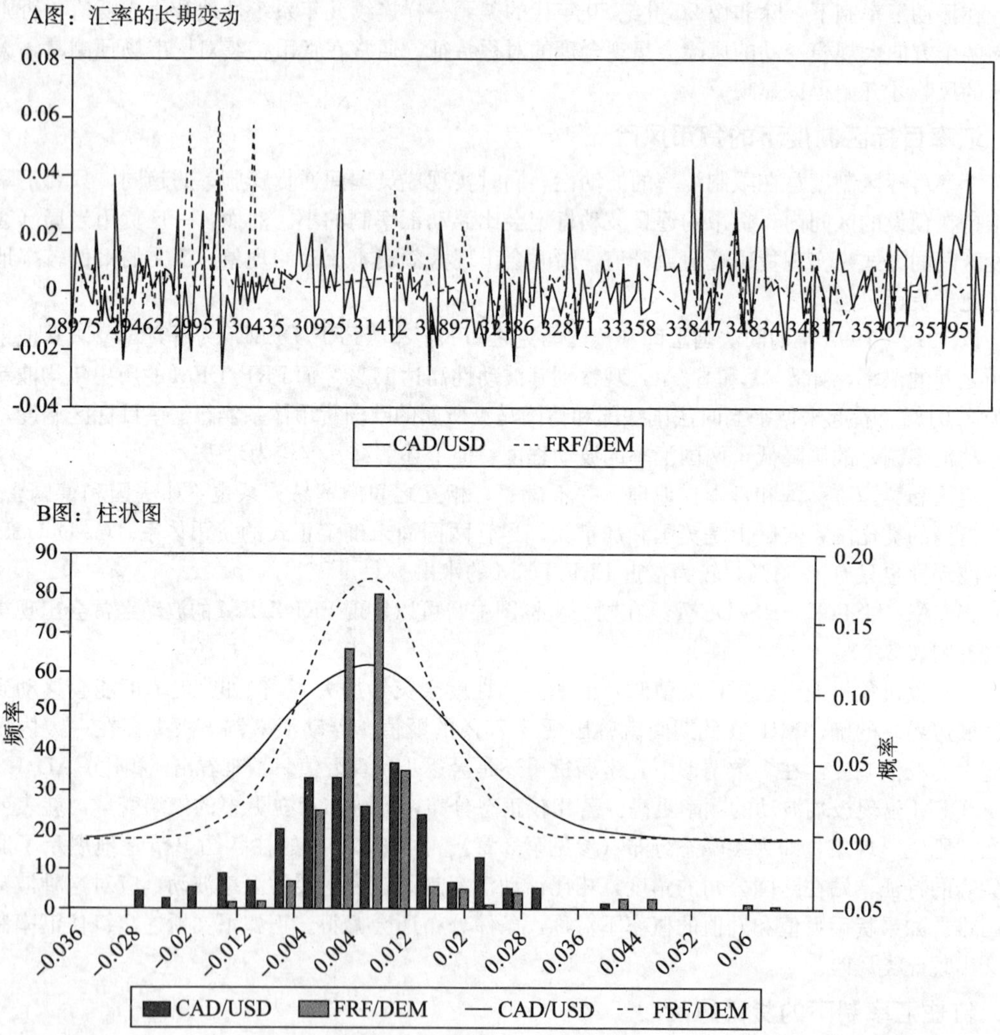

幸运的是，在钉住汇率制下，某种货币是否会贬值或升值，通常一目了然。这种单方向的视角有助于进口商和出口商判断哪一方面临着最大的风险。但是，贬值和升值的概率以及变动的程度依然很难得知。

货币局制度和货币联盟体系下的货币风险

货币局制度的设立意在通过大幅缩小一国货币政策的影响范围，进一步降低货币贬值的风险，但问题是货币局制度经常无果而终。比如，英国前殖民地国家在实现独立后，纷纷终结了货币局制度，尽管这些制度的终结并没有都伴随着货币危机。正如前文所指出的，1991 年建立的阿根廷货币局制度，终究抵不住持续的危机压力于 2002 年被政府废弃。与此同时，该国也陷入了深重的危机。

唯一真正可信的固定汇率制度也许只有在货币联盟体系下实行的单一货币制度，如欧元制度。(本章最后一节将详细介绍欧洲安排的经验，在此仅简单引出货币联盟的概念。）然而，即便是货币联盟也有解体的可能，因此，虽然这种货币制度下货币贬值的概率很低，但绝对不为零。

上文分析的结论非常明显：对非自由浮动的货币而言，汇率的历史波动性也许并不能准确反映其货币风险。尽管实行的汇率制度能提供短期的汇率稳定性，但依旧无法规避货币风险。钉住汇率制下的货币仍存在贬值的可能性，而货币局制度本身就存在被废弃的可能。

货币制度的发展趋势

图表 5.4 将全球货币划分为上文讨论过的三大类别，并将当前的分布情况（图 A）与 1990 年（图 B）进行对比。无须赘言，最近几年肯定发生了很多变化。

图表 5.4　　　　汇率安排

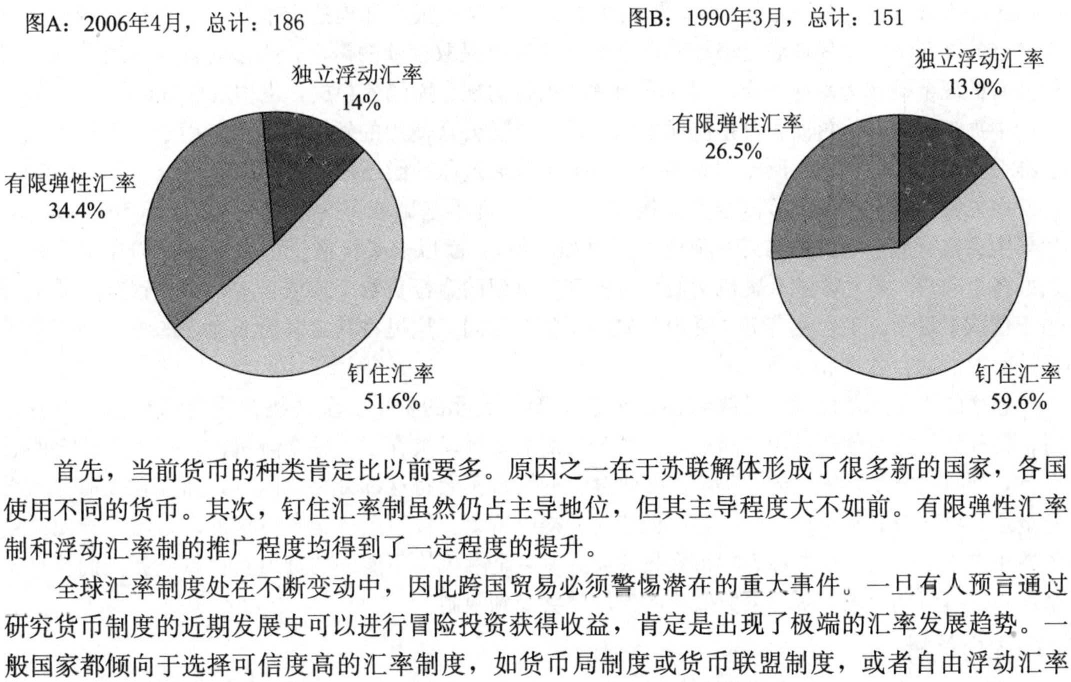

首先，当前货币的种类肯定比以前要多。原因之一在于苏联解体形成了很多新的国家，各国使用不同的货币。其次，钉住汇率制虽然仍占主导地位，但其主导程度大不如前。有限弹性汇率制和浮动汇率制的推广程度均得到了一定程度的提升。

全球汇率制度处在不断变动中，因此跨国贸易必须警惕潜在的重大事件。一旦有人预言通过研究货币制度的近期发展史可以进行冒险投资获得收益，肯定是出现了极端的汇率发展趋势。一般国家都倾向于选择可信度高的汇率制度，如货币局制度或货币联盟制度，或者自由浮动汇率制。钉住汇率制和汇率目标区的受欢迎程度持续下降。与实行这些制度的国家进行贸易，潜在的制度变迁风险较大。

5.2　中央银行

要想准确把握主要汇率制度的运作模式，必须首先大致了解中央银行在其中发挥的作用。

中央银行的资产负债表[①]

图表 5.5 列示了一份简化的中央银行资产负债表。

图表 5.5　　中央银行资产负债表

资产	负债
官方国际储备	私人金融机构的存款（银行准备金）
国内信贷	流通中货币
• 政府债券	其他
• 对国内金融机构的贷款	
其他	

银行储备金与流通中的货币

图表 5.5 中负债的第一项包括金融机构在中央银行存放的准备金。很多国家都要求银行在吸收公众存款之后将一定比例存在中央银行作为准备金。这部分准备金被称为**法定准备金**（required reserves），通常是无息存款。即使中央银行不要求银行计提法定准备金，银行自身也会计提一定的准备金，以保证满足银行间资金清算及客户提取存款的需求，很多时候为即时需求。银行持有的现金被称为库存现金，因为其通常在银行的现金库隔夜存放，也构成准备金的一部分。

中央银行的其他负债主要是流通中的货币，包括公众使用的硬币和纸币。由于中央银行控制了唯一授权的印钞机构，所以中央银行实质上可以通过印钞偿还债务或购买资产。

中央银行将上述两项负债合并，构成了一国的货币基础或称为**基础货币**（monetary base）。如果中央银行从金融机构购买一项资产（例如国债），就以购买价格贷记该金融机构在中央银行的准备金账户。自此，该金融机构便可将这部分贷记的金额贷给个人或企业，中央银行实质上相当于创造了货币。现代经济对“货币”的定义各不相同，这里将其定义为流通中的纸币与商业银行持有的活期存款之和（即 M1）。

新增的 1 美元基础货币最终将创造出远多于 1 美元的货币。金融机构贷出部分额外准备金时，便开始了货币创造过程。随后，这部分贷出的货币又被存于一些金融机构，扩大了社会的总存款，同时增加了该银行的准备金。接收存款的银行不会将这部分存款闲置，而会在提取存款准备金之后再次将其贷出。如此，货币创造过程得以持续。货币经济学家称这种每新增 1 美元最终创造出多于 1 美元的现象称为货币乘数效应。一旦金融机构不能成功贷出新存款或者人们持有现金而不进行活期存款，货币乘数效应的作用将会受到限制。

国内信贷

图表 5.5 所示中央银行资产负债表中资产栏记录了其投资组合。其中最重要的一项是本国的国债。无论在美国还是许多其他国家，中央银行通过**公开市场操作**（open market operations）或出售国债的方式，调控货币供给。联邦储备委员会（简称美联储）是美国的中央银行，如果其购买美国国库券，将通过贷记出售方银行的账户进行支付。如此，美联储向金融系统注入了美元。反之亦然，中央银行可以通过出售国债的方式减少对市场的货币供给。公开市场操作是美联储调控市场货币供给的主要渠道。

---

① 有关中央银行和货币政策的详细介绍，参见 Frederic Mishkin（1992）。

美联储提供的储备金与金融机构的需求相匹配时的利率水平被称为美国联邦基金利率，同时也是美国同业拆借市场的隔夜拆借利率。通过公开市场操作，美联储可以控制联邦基金利率，进而影响银行向个人和企业贷款的利率。

中央银行资产栏中通常对发展中国家具有至关重要意义的科目是“对国内金融部门的信用”，这与图表 5.5 中“对国内金融机构的贷款”相对应。大部分国家的中央银行都扮演着最后借款人的角色，也就是说，在市场恐慌或遭遇金融危机时，中央银行可以也应该扩大为银行提供的信用额度，以防止银行陷入困境。然而，一旦金融机构依赖中央银行为其提供资金，通货膨胀问题通常悄然滋生。

官方储备

图表 5.5 中的“官方国际储备”科目是中央银行在外汇市场发挥作用的核心筹码。**官方储备**（official reserves）主要由三部分组成：外汇储备、黄金储备及与 IMF 有关的储备资产（第 5.4 节将对后两部分进行探讨）。纵观全球，**外汇储备**（foreign exchange reserves）是构成官方储备最重要的组成部分。截至 2006 年 3 月，外汇储备在全部官方储备中所占比重高达 88.42%，相形之下，黄金的比重为 10.42%，而与 IMF 有关的储备资产仅占到 1.16%。随着时间的推移，黄金储备的重要性正在逐步减弱。

世界范围内国际储备的构成究竟如何？回顾第 4 章所提及的内容，国际储备是中央银行持有的外币资产（外币债券、外币存款和外币信用额度）。提到外汇主导货币，美元毋庸置疑充当全球大多数中央银行的外汇储备资产的主导货币。图表 5.6 通过对 IMF 多份年度报告中信息的整理，表明美元的主导地位已经在逐步弱化，在全球外汇储备中的比重由 1975 年的 80%下降到目前的 65%。

图表 5.6 **外汇储备**

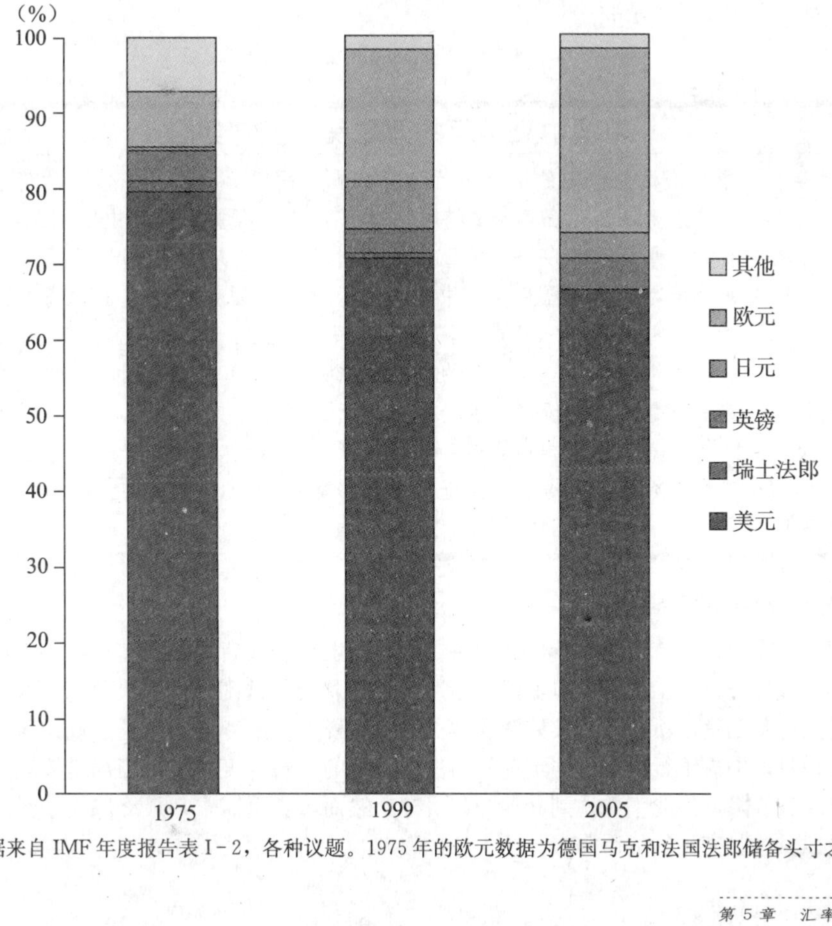

注：数据来自 IMF 年度报告表 I-2，各种议题。1975 年的欧元数据为德国马克和法国法郎储备头寸之和。

另外几种重要的外汇储备资产分别是欧元、英镑和日元。业内反复讨论的一个话题就是欧元的诞生是否会削弱美元的主导地位（Gabriele Galati and Philip Wooldridge，2006；Elias Papaioannou，Richard Portes and Gregorios Siourounis，2006）。将 1999 年和 2005 年的数据进行对比，确实可以发现欧元的比重相对美元有所提升，但在 20 世纪 80 年代和 90 年代期间，国际储备货币中被欧元（德国马克、法国法郎以及欧洲货币单位）取代的总比重高于当前被欧元取代的比重。

当一国中央银行对外汇市场进行干预时，外币资产持有量将会随之增减。若一国在外汇市场购入本国货币，其国际储备则会随之减少，反之，若其在外汇市场出售本国货币，其国际储备则会随之增加。

在资产混合策略方面，中央银行通常会控制资产组合的风险，并且一般不会进行股权投资。尽管近年来一些中央银行在资产配置时变得更加冒险，但绝大部分官方储备还是以外国国库券和国债的形式存在，只是持有期限存在差异。

10 年前，官方储备股权投资比重最高的是发达国家，而到 2006 年 3 月，发展中国家则持有了全球 60%以上以股权形式存在的储备资产。墨西哥、亚洲和俄罗斯分别于 1994 年、1997 年和 1998 年爆发了不同程度的货币危机，此后，发展中国家纷纷积累了巨额的外汇储备，部分动因就是预防未来可能出现的危机。通常，人们将外汇储备的水平与进口贸易结算额相提并论。但是在眼下这个金融全球化程度不断加深的环境下，外汇储备同样可以预防外币短期快速撤离（Olivier Jeanne and Romain Ranciere，2006）。尤其是中国，已经建立起规模巨大的外汇储备库，截至 2006 年 3 月，其外汇储备额就高达 8 750 亿美元，而据下文有关中国央行的报道，不久之后其外汇储备余额就超过了 1 万亿美元。

中国中央银行的万亿美元资产组合

2007 年年初，中华人民共和国的中央银行——中国人民银行，持有了惊人的价值高于 1 万亿美元的外汇储备，且主要以美元资产形式存在。本书第 4 章曾提到担忧中国（以及其他国家）可能会利用其他货币实现外汇储备多元化配置，进而对美元价值造成不利影响的经济学家的人数。当然，一旦人民币相对美元大幅升值，中国人民银行将会因持有过多美元资产而遭受巨额损失。但中国人民银行事实上通过外汇储备获取了巨额的收益，对此，人们可能并不熟知。据相关估计（参见《中国的外汇储备——赚钱的机器》，2007），2006 年中国人民银行的收益达到了 290 亿美元，主要原因是其为负债（主要是国内银行的准备金）支付的利息远低于在外汇市场上的投资（主要投资于美国国库券和债券）收益。新发行或为冲销新增外币储备而出售的人民币债券的利率也低于国际储备投资于美国资产的收益率。因此截至目前，中国持有巨额美元资产非常有利可图。

货币发行与通货膨胀

中央银行发行货币的特权极具价值。中央银行通过发行名义货币获得铸币收益，以此提供实体运作所需资金并支付员工工资。以上两项用途之外的剩余收益则划作中央政府的收入来源。中央银行通过发行基础货币所获得的实体资源被称为**铸币税**（seigniorage）。通过确定每个时点流通中的名义货币量，中央银行决定了一定期间内货币供给的增长速度。货币当局希望利用相应的政策推动经济增长、降低失业率并达到其他一些目标。然而，货币需求却最终取决于经济中的实体交易成交量以及这些交易的货币需求。

例如，如果货币当局希望通过加倍货币供给来刺激经济，可能最终的结果只能使整体物价水平翻番。这种类型的货币供给增加不太可能刺激人们加速消费或者更加努力工作。但是更多的货币支撑着相同数量的实体交易，价格将会不可避免地上升。然而，经济学家们认为短期内货币供给的变动的确会对实体经济产生影响，但通常认为额外的货币增长对实体经济的长期影响可以忽略不计。货币供给增长的长期特征被称为货币中性。

中央银行经常忘记发行货币无法解决实际问题的事实。例如，政府很少利用公开市场操作来货币化财政赤字。假设一国政府的支出远高于收入，背负了巨额的财政赤字。这部分赤字必须通过向公众出售国债的方式进行弥补。一旦中央银行购买了这些国债，其国债的持有比重加大，进而增加了货币供给。如此，财政赤字便得以货币化。那些通过“发行货币”为财政赤字融资的政府削弱了中央银行调控货币供给的能力，进而滋生了通货膨胀。

20 世纪 70—80 年代期间，此类问题在拉丁美洲的很多国家表现得极为严重。包括阿根廷和玻利维亚在内的一些国家由于印发了过多货币，甚至陷入了恶性通货膨胀的困境（年通货膨胀率达到三位数甚至更高水平）。类似地，一旦中央银行轻率扩张对银行的信用额度，货币供给也很可能超出个人和企业实体交易的需求，最终不可避免地导致通货膨胀。

不可能三角

开放经济的宏观经济标准理论认为资本的自由流动（即无资本控制）、汇率稳定、货币完全独立（即通过实施货币政策达到诸如低通胀、低失业率的国内政策目标）三项目标之间存在内在的不可调和性。政府最多只能同时实现两项目标。一旦政府追求汇率稳定和资本自由流动，资本流动将决定该国的货币供应量，不可能实现货币政策的独立性。

一些经济学家则辩称资本控制可以成为不可能三角的解决途径，但事实上这些政策通常无法发挥作用。即使一国货币可以自由流动，还是会产生问题。例如，2006 年 12 月，泰国在泰铢大幅升值对出口商造成巨大影响之后，对外币流动进行管制（本质上是对外资投资开征税收）。泰国政府并不希望通过降低本国利率的方式来降低本国对外资的吸引力。原因何在？因为一旦如此，则会加速刺激本国需求，进一步恶化经济过热现象。正如下节即将指出的，中央银行采取任何意在降低泰铢价值的干预措施都会产生类似的影响。在实施资本管制之后的一天时间里，股市就大跌了 15%，此后对股权投资的管制不得不仓促撤销，同时对债券市场的投资管制也不得不放松。

干预外汇交易

中央银行有时对外汇市场进行干预以对其汇率产生影响。通过向市场供应更多本币，降低本币价值；通过加大对本币的需求，提升本币价值。图表 5.7 列示了两种不同的干预措施对中央银行的资产负债表产生的影响。

无论是采取何种干预措施，中央银行最终都会购入外币。（实际上，中央银行不止购入外币，还会购入生息的外汇资产，例如外币债券。）目前主要存在两种类型的干预，区别在于干预是否具有“冲销性”。本章将首先探讨非冲销干预，再解释冲销干预。

非冲销干预

在图表 5.7 中，假设美联储希望美元对日元贬值，以增加美国产品对日本的潜在购买者的吸引力。

假设当前汇率为 1 美元对 100 日元。美联储在外汇市场购入 50 亿日元，以一家大型美国商业银行作为交易服务商。美联储如何进行交易支付？其只需在该商业银行在美联储的储备账户上贷记5 000万美元，即（50亿日元）/（¥100/$）。随后，该商业银行向美联储电汇50亿日元。这笔交易使商业银行的资产减少了50亿日元，同时使中央银行的资产增加了5 000万美元。[①] 此类**非冲销干预**（non-sterilized interventions）最终将增加中央银行资产负债表左栏的资产科目，从而增加美元的市场供给。实质上，美联储通过创造额外5 000万美元基础货币的方式实现了对金融中介的支付。美联储的活动加大了市场对日元的需求，同时增加了美元的市场供给，进而实现了美元对日元汇率的下降。

图表5.7　　冲销和非冲销外汇干预（百万美元）

A部分：非冲销干预						
中央银行资产负债表				金融中介资产负债表		
资产		负债		资产		负债
国际储备	+50	金融机构存款	+50	联邦储备银行的储备	+50	
国内信贷	0			外币银行间存款	−50	
				政府债券	0	
B部分：冲销干预						
中央银行资产负债表				金融中介资产负债表		
资产		负债		资产		负债
国际储备	+50	金融机构存款	+50	联邦储备银行的储备	+50	
国内信贷	−50		−50		−50	
	0		0			
				外币银行间存款	−50	
				政府债券	+50	
					0	

注：在A部分中，美联储在国外交易市场购买了价值5 000万美元的日元。在B部分中，债券交易说明了美联储是如何通过向金融中介销售政府债券来冲销最初的交易的。

冲销干预

非冲销干预对货币供应量会造成不良的影响。货币供应量的增加将会滋生通货膨胀，不仅如此，中央银行的外汇干预目标可能会与国内的价格稳定目标相冲突。一种潜在的解决措施就是对外汇干预进行"冲销"，也就是使新增的货币供给退出市场流通，进而消除通货膨胀的威胁。**冲销干预**（sterilized interventions）包括在外汇市场进行反向操作，使基础货币回归到原有规模。

图表5.7中B部分列示了一种冲销干预的运作模式。政府进行公开市场操作，抵消了外汇市场干预对市场本币供给量的影响。也就是说，在中央银行以5 000万美元购入50亿日元的同时，在二级市场上出售了价值5 000万美元的本国国债。由于金融机构会使用其在中央银行的准备金账户余额支付所购入的国债，因此，外汇干预向流通中注入基础货币的同时，基础货币又从流通中退出。正如图表5.7所示，上述两笔交易相互抵消。最终的净结果就是中央银行以外币资产取代了本国债券，同时不对市场本币供应量产生影响。私人部门所持的本国债券数量增加，外国债券数量随之减少。

---

① 商业银行会使用在一些主要日本金融机构中的日元账户来实现对美联储的支付。

中央银行如何实现钉住汇率制

大多数中央银行，甚至包括一些实行浮动汇率制的中央银行，都会对外汇市场进行干预，有些还会进行深入操作，试图固定本国货币与某种基准货币之间的汇率。中央银行如何实现钉住汇率制？在资本自由流动的市场上，为维持本国货币的汇率稳定，中央银行不得不对本国货币逐日“盯市”。在市场对本国货币需求过多时，中央银行必须愿意并能够（通过购买外汇的方式）向市场增加货币供给；反之，在私人部门向市场提供了过多的本国货币时，中央银行则必须愿意并能够（通过出售外汇储备的方式）吸纳多出的货币供给。中央银行收购或出售外汇的同时，本国国际储备随之增减。

钉住汇率

英格兰银行是英国的中央银行，假设其希望将英镑与美元的汇率稳定在 1 英镑对 1.25 美元的水平上。图表 5.8 列示了市场对英镑的总需求和总供给。

图中横轴表示不同时间段，如一季度或一年，外汇市场对英镑的需求量与供给量。而纵轴则表示英镑相对美元的价值，也即英镑对美元的汇率——S。

为何需求（供给）曲线向右下方（右上方）倾斜？现在假设世界上只存在英国和美国两个国家，同时为简化分析，还假设外汇交易只源于进出口的需求。一旦英镑对美元价值（汇率）上升，美国进口商对英镑的需求就会下降。如果英国商品价格保持不变，英镑的汇率上升，使对美国进口商而言，英国商品的美元价格随之上升。因此，英镑的需求曲线（$D_{£}$）向右下方倾斜。类似地，英国进口商在进口美国商品和服务时，对美元产生需求，英镑汇率的上升（英镑能购入更多美元）则会导致市场英镑供给量的增加，因为对于英国消费者而言，美国商品的价格下降了。也就是说，英镑的供给曲线（$S_{£}$）向右上方倾斜。私人部门英镑需求与市场英镑供给相等的汇率水平被称为均衡汇率，在图中以 S 点表示，为＄1.5/£。如果政府不对汇率水平进行干预，那么 S 点代表的汇率即为市场汇率。

图表 5.8 **固定＄/£的汇率**

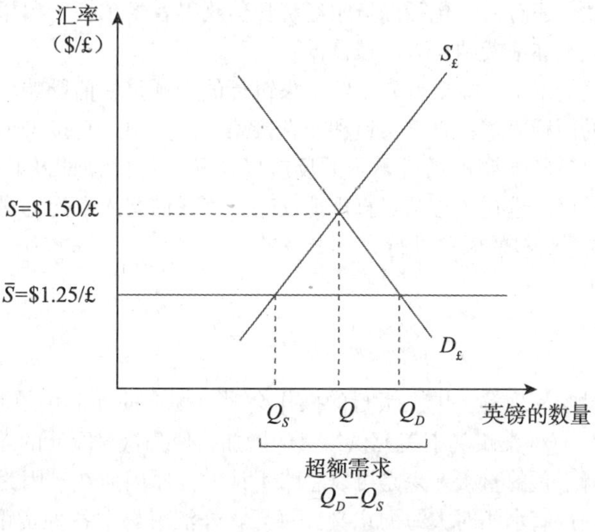

英国政府期望的汇率水平$\bar{S}$在图中以一条水平线表示。本例中，该汇率低于均衡汇率。在$\bar{S}$汇

率水平下，市场对英镑有超额需求，英镑的价值相对于均衡水平被低估。因此，如果英格兰银行希望维持该汇率水平不变，就需要向外汇市场提供英镑以满足超额需求（图表 5.8 中以 $Q_D - Q_S$ 表示），同时获得外币资产（即美元）。换句话说，即英国银行吸纳了更多的外汇储备。

图表 5.8 还总结出第 4 章探讨的国际收支统计的经济实质。一定期间内，市场对英镑的需求成为国际收支账户贷方余额增加的动因，进而成为外汇资产的来源。而相同期间内市场对英镑的供给则成为收支账户借方余额增加的动因，进而成为外汇资产流出的途径。在完全浮动汇率制度下，汇率始终维持在 S 点代表的均衡水平上，私人部门的收支也通常维持平衡，因此，中央银行没有干预外汇市场的理由。然而，一旦英格兰银行希望将英镑汇率维持在$\bar{S}$代表的水平上，由于私人部门会对英镑产生额外需求，英国政府的外汇储备会被迫增加，同时其外币资产的增加还会导致官方结算赤字。

5.3 弹性汇率制

尽管主要发达国家的中央银行大多通过市场的竞争力量确定本国货币的汇率，但它们对汇率变动途径产生影响的工具却多种多样。例如，它们可以使用本国的货币政策（如变动货币供给量和市场利率）；它们可以对资本流动进行限制；它们还可以对国际贸易征税或者补贴进而影响市场对外汇的需求。本章随后还将对这些措施逐一进行探讨。本节将重点分析政府对外汇市场的直接干预，也就是中央银行在本币资产和外汇资产之间进行买卖交易。

中央银行直接干预的效果

尽管中央银行对外汇市场进行干预的做法非常盛行，但这也是极具争议的政策选择。一种观点认为干预措施不仅在影响汇率水平上没有效果，而且会加大汇率的波动性，这种后果非常危险。但另外也有人认为此类干预不但可以影响汇率水平，而且可以使“混乱的市场变得有序”，进而降低市场的波动性。还有人，包括诺贝尔经济学奖获得者米尔顿·弗里德曼，认为中央银行的干预不仅无效，而且是在浪费纳税人的钱。

为了更好地理解这场辩论，需要首先了解中央银行的干预是如何影响汇率的。首先要区分外汇干预措施影响汇率的两种渠道：直接渠道和非直接渠道。其中，直接渠道强调干预力度和强度的重要性，而非直接渠道则强调市场对干预的反应以及私人部门预期及其投资组合变动的重要性。图表 5.9 对这两种渠道进行了总结，直观地反映了美联储购入欧元的潜在影响。下文对图表 5.9 的分析，将按照从左到右的顺序进行。

直接干预的效果

直接干预的渠道最容易理解。中央银行的操作会对市场上的外汇供给和需求产生直接影响。本例中（参见图表 5.9），外汇市场上美元供给量的增加，使公众对欧元的需求随之增加。大多数经济学家坚信中央银行干预的直接效果是可以忽略不计的。原因何在？因为这样的干预相对整个外汇市场的交易就如同一滴水相对大海的意义。每天，外汇市场中各种货币的成交价值超过了 2 万亿美元，而中央银行每次干预的价值量几乎无法超越 10 亿美元。当然，在非冲销干预下，购买欧元与扩大市场美元供给的效果相当（参见第 5.2 节）。然而，美元市场供给量的增加却使中央政府的干预效果大打折扣，进而也使货币供给变动的效果有限。此外，美联储和欧洲中央银行惯常进行冲销干预，意味着中央银行的干预不会对货币供给产生影响。

尽管冲销干预对本国货币供给不产生影响，但还是会对私人投资者所持有的资产组合产生影响。例如，以美元购入外币（在本例中为欧元）会增加美元的市场供给，如果想达到冲销干预的效果，就必须以出售国债的方式进行抵消，因为出售国债能降低市场的美元供给量。最终，净结果就是美国国债取代了私人投资组合中的外币债券，这被定义为“债券组合效应”。在图表 5.9 中，德国长期政府债券（Bund）在私人投资者的投资组合中被美国国库券取代。私人投资者在购入某项资产之前，会充分考虑其价格和收益，所以中央银行的操作要想对他们的投资组合产生强制影响，就必须使资产价格和收益产生变动。考虑到政府干预能力相对全球范围债券组合的总价值，私人投资者的债券组合的变动是否会对汇率产生直接影响还很难说。单以美国债券市场为代表，其市场价值总规模就几乎达到了 8 万亿美元。

图表 5.9　　外汇干预的效果

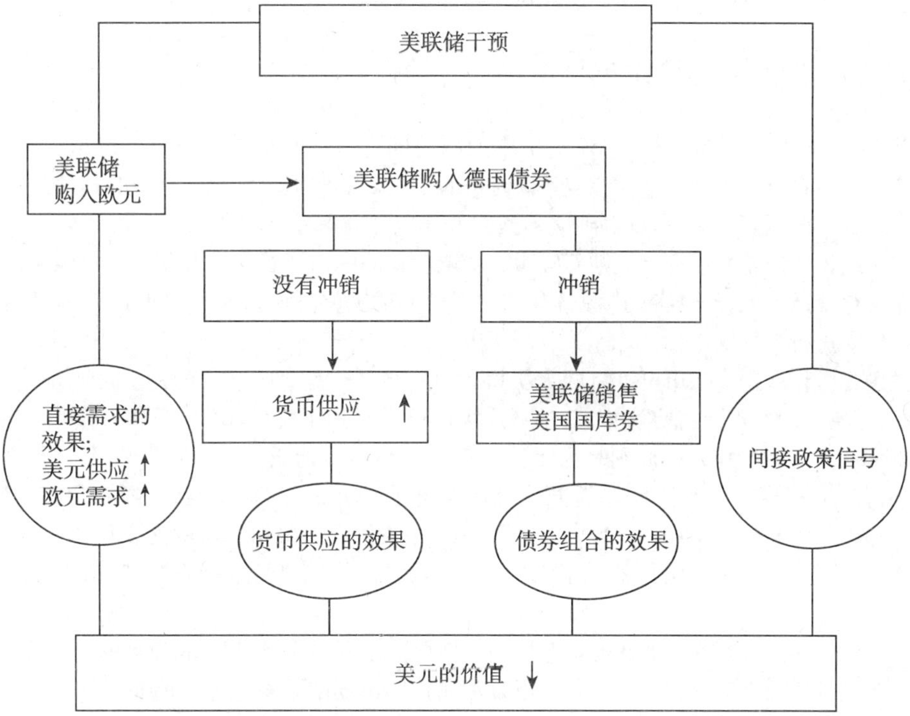

注：美联储试图通过购买欧元来减少美元对欧元的价值。因为它想持有生息工具，所以它使用欧元来购买 5 年期的 Bund，Bund 是一种 5 年期的德国政府债券。

近期的一项研究表明政府的干预还是可能会产生影响短期汇率的效果，因为外汇市场上的大多数大额交易都是“热土豆交易”。这个术语是指在接收客户订单后，交易商之间库存失衡现象的持续传导。例如，银行从一家大型跨国公司处购入欧元，银行的货币储备便会失衡。因此，为使其外汇资产组合恢复均衡，该行向另一家交易行出售手中的欧元。如此，该交易行的货币储备也变得失衡，其也会尝试向其他交易行出售欧元，依次传递。如果中央银行通过向几家交易行出售欧元的方式实现欧元的贬值，那么商业银行可能无法在不降低欧元价值的前提下实现货币储备的均衡。在这种意义下，“小规模”的干预压缩了交易商市场的外汇储备，还是会对汇率造成一定的影响。

间接干预的效果

即使政府的干预无法达到直接影响汇率的效果，但还是会影响公众的预期，改变投资组合，进而最终使汇率朝着政府期望的方向变动。例如，干预可能是在向公众传递中央银行货币政策意图的信号，也可能反映了中央银行关于未来市场基础变量（如 GDP 增长率）的内部信息。

或者，中央银行会通过干预向投资者表示当前的汇率已经远远偏离了长期均衡水平。但是，市场也许不会再对单纯的政策变动公告有任何反应，因为正如俗语所说：“言语太廉价”。相形之下，实际干预能使此类信号的可信度提高，因为中央银行在干预时确实投入了很多资源。一旦中央银行错误判断了均衡汇率，干预操作不仅无益，还会造成财富的损失。例如，当中央银行认为外币被低估并且将会升值时，其便会购入外汇，但结果随后该外币并没有如预期升值，那么中央银行便不能从此次购买活动中获益。在认识到中央银行存在的此类成本后，如果政府的政策公告能得到中央银行干预操作的配合，市场就会更为严肃地对待这些公告。以上的分析逻辑使得原本具有定期性、秘而不宣的央行干预操作变得相当神秘。

关于干预有效性的经验论据

自从 1973 年浮动汇率制（关于浮动汇率的相关问题，将在第 5.4 节重点讨论）诞生以来，很多国家就试图在全国范围内采取稳定本国货币的政策，期望汇率的稳定会成为这些政策的有利“副产品”。到 1985 年秋，人们意识到这种预期的稳定性并非唾手可得，而且汇率的变动程度也远远超出了政策制定者的预见。规则不鲜明、协调性差的国内政策实施几年之后，经常账户严重失衡、美元存量严重失调，导致了 1979 年末之后美元的大幅升值。因此，从 1985 年开始，中央银行开始定期进行干预操作。

有关国际协作干预，在历史上有两大协议久负盛名，一是 1985 年 9 月签订的《广场协议》，一是 1987 年签订的《卢浮宫协议》。其中《广场协议》是为了降低 1980—1985 年期间持续攀升的美元汇率，而《卢浮宫协议》则是为了稳定 1987 年的美元汇率。1994—1995 年，德、日、美又联手进行了大规模的协作干预，提升了外汇市场上美元的汇率。确实，经济学家［Kathryn dominguez and Jeffrey Frankel（1993）］也坚信多国中央银行的协作干预相较单个中央银行的干预更加有效。以上案例中中央银行的举动表明它们也认为汇率本身存在问题，愿意为此采取相应措施。

尽管如此，中央银行这种意图使汇率回归长期均衡水平的干预的实际效果并不理想。在判断干预是否起到预期效果时存在一个问题，就是难以控制市场的基本变量。例如，从常理看来，与功能强大的经济基础变量公然相悖的干预完全不起作用。但《广场协议》的确取得了成功，因为协议启动后实现了美元汇率的下降，《广场协议》或许证实了市场的运作已经起航。

Dominguez 和 Frankel（1993）得出了引人注目的外汇市场和赶牛之间的类比关系。在这个类比关系中，市场被比作一群公牛，而中央银行则扮演牧牛犬的角色。无论哪次赶牛，公牛无论在体积还是在数量上都远远超过了牧牛犬，但是牧牛犬还是可以通过吠叫和啃咬公牛足的方式，影响公牛前进的方向。那些处在牛群边缘的公牛又可以影响其余公牛，使它们在正确的道路上行进。类似地，中央银行虽然在数量上远少于市场交易参与者，在操作量上远低于市场交易成交额，但还是可能会对汇率产生大于其规模和数量应有的影响，因为其可以改变市场的预期。

在某种程度上，检验中央银行的干预是否起到了稳定汇率的效果比检验其改变汇率的力度要容易很多。然而截至目前的实证经验表明，中央银行的干预只是提高或维持了汇率的波动率，并没有起到降低波动率的作用［Michel Beine，Jerome Lahaye，Sebastien Laurent，Christopher Neely，and Franz Palm（2006）；Catherine Bonser-Neal and Glenn Tanner（1996）；Kathryn Dominguez（1998）］。[①] 在评估干预在降低汇率波动性方面的效能时遇到的一个问题就是，在汇率相对稳定的期间，中央银行进行干预的概率。

最后一个视角就是要通过衡量收益的方式，直接考察中央银行的干预是否真的是在浪费纳税人的钱财。在蒙古，答案就非常明显。1990—1991 年间，蒙古中央银行一些经验不足的交易员使国家损失了约 9 000 万美元，几乎相当于这个贫苦国家全部的外汇储备量。相反，Michael Leahy（1995）对美国进行研究后发现，美联储在 1973—1992 年期间对市场的干预是有利可图的！鉴于该领域的很多研究无法得出确切结论，有关对自由浮动货币进行的干预是否有效的争论，在未来一段较长的时间里还将继续下去。

5.4 固定汇率制

基于金本位的固定汇率制在全球范围的主导地位一直维持到 1971 年。从那以后，固定汇率主要盛行于发展中国家。

1971 年之前的国际货币体系：简要回顾

金本位制度

18 世纪初，英国建立了其纸币符号与黄金的可兑换关系，进而建立了最初的官方**金本位**（gold standard）制度。到 19 世纪末，几乎所有发达工业国都确立了金本位。由于硬币和纸币可以在中央银行实现与黄金按固定比例兑换，实质上，金本位确立了主要发达国家之间的固定汇率制度。同时，中央银行也使用黄金弥补国际收支赤字。也就是说，黄金由赤字国家（即对外币有额外需求的国家）流向了盈余国家。黄金的这种转移有助于重建国际收支的平衡，因为赤字国家在国际储备上的损失同时意味着其货币供给量的降低，进而对价格造成下行的压力。降低的价格增加了外国市场对本国商品的需求，从而自动改善了国际收支。

恶性通货膨胀与两次世界大战之间的时期

在第一次世界大战期间，各国政府为资助战争大量印刷纸币，因而金本位制被暂时搁浅。结果通货膨胀肆虐，德国是其中最夸张的代表。1919—1923 年期间，德国遭遇了恶性通货膨胀，短短四年间，价格增长指数高达 4 815 亿！事实上，人们当时都需要推着装满钱的独轮车去商店购物。

1929 年开始的经济大萧条将两次世界大战之间时期的经济发展状况划分为两个截然不同的阶段。一些国家允许其本国货币在外汇市场自由浮动，而一些国家还保持一定程度的金本位制，例如，美国和英国战后又恢复了战前的金兑换制度。也就是说，用美元和英镑兑换一盎司黄金所需

---

① 尽管中央银行的银行家们不愿相信，但他们的干预事实上加大了货币波动性。参见 Christopher Neely（2006）。

的数额与战前基本保持一致。然而，实行金本位制的国家通常会使本国货币相对黄金从而相对他国货币贬值。这种贬值措施的目的在于增加本国产品在全球范围的竞争力，也就是降低外国消费者的购买价格。与此同时，各国还实施保护主义措施来抵制国外的产品。国际社会在经济政策方面合作与协调的程度大幅下滑，国际紧张关系加剧。

布雷顿森林体系

1944 年，一项国际协议在新罕布什尔州的布雷顿森林签订，因此被命名为**《布雷顿森林协议》**(Bretton Woods agreement)，在该协议框架下成立了国际国币基金组织（IMF)。成员国在汇率体制方面达成一致，成员国的货币和美元挂钩，美元则与黄金挂钩（35 美元每盎司）。

布雷顿森林体系的形成，初衷在于结束战前货币金融领域里的混乱局面。固定汇率制本意是要为金融体系提供稳定性和约束性，但大萧条的爆发却向 IMF 证明了固定汇率制不应以本国长期的失业率为代价。因此，IMF 向固定汇率制注入了一定的灵活性。一旦有国家陷入暂时的国际收支困境（即出现暂时性国际收支赤字）从而影响到货币钉住制度，那么该国便可以依靠 IMF 的借贷机制来维持汇率水平。

每个 IMF 会员国都向货币基金组织认缴黄金和本国的货币。会员国都有权利使用本国的货币从货币基金组织暂时购入黄金或者外汇，可购入的价值与其所缴黄金量相当。会员国还可以向货币基金组织借入更多的（存在上限）黄金或外汇，当然，此时 IMF 会对其宏观经济政策进行愈加严苛的监管。上述 IMF 的贷款条件（也可参见第 1 章）同样适用于会员国直接向 IMF 借款的情形。此外，在《布雷顿森林协议》下，世界各国货币虽然都钉住美元，但还是可以在法定汇率上下各 1%的幅度内波动。（下一节将讨论近期实行目标区汇率制度的代表国家和地区。）在一国国际收支“根本性失衡”时，也可以变更贸易伙伴。但是，如何有效衡量“根本性失衡”却存在较大困难，不同国家的政策制定者都在激烈争论应该由谁承担调整工作，谁又应该承担长期国际收支赤字的过错。

个体激励与累积激励

美国必须用黄金与他国中央银行交易美元，因此其保有大量的黄金储备。20 世纪 50 年代期间，世界对国际储备需求的增长速度超出了黄金供给的增加速度，而美国以外的国家还在满怀欣喜地累积着生息的美元国际储备，未向美联储兑换黄金。但随着世界对美元要求权的增加速度超过美国黄金储备的增加速度，公众对美元—黄金的平价关系逐步丧失信心，这一点非常容易理解。市场由此开始预期美元相对黄金将会贬值，进而刺激了公众加速持有黄金而非美元。

如果某个国家向美联储行使将美元要求权兑换为黄金的权利，美国政府可能最终并不能完全满足兑换要求，进而可能被迫废弃 35 美元一盎司的兑换关系。然而，如果所有国家都不将持有的美元资产兑换为黄金，那么这种体系将得以无限期维持，美元资产将会成为国际储备的基础。但是，包括法国在内的一些国家认为这种做法在政治上无法接受。

特别提款权

1968 年，IMF 创设了与美元具有同等黄金价值的储备资产——特别提款权（SDR)，以期提供一种美元之外的国际公认资产。然而，美国依旧维持经常账户赤字的状态，其黄金储备量的压力不断攀升，这些使时任总统尼克松不得不于 1971 年 8 月被迫放弃美元对黄金的金本位制。

1971 年 12 月，华盛顿的史密森纳研究院见证了一项国际协议的诞生，该协议规定美元相对世界其他主要货币贬值 8%，即便如此，公众对于美元的揣测并未就此结束。1973 年 3 月 19 日，布雷顿森林体系正式宣告瓦解，日元和欧洲主要货币都开始对美元自由浮动。

创立初期，SDR 的价值由含金量决定。一直到 1976 年，国际货币基金组织才宣布改用“一篮子”货币作为价值标准，其中组成货币为五种主要货币：美元、联邦德国马克、日元、法国法郎和英镑，且各种货币所占的比重固定。（随着欧元的诞生，目前 SDR 的价值标准由四种货币组成。）自此，虽然多数中央银行依然将黄金作为官方储备的一部分，但黄金已经丧失了在国际货币体系中的官方地位。

1980 年，黄金的价值高达每盎司 700 美元，但 1998—2002 年年初期间，其价值却跌到了每盎司 300 美元以下。各家中央银行出售黄金的行为被指责是造成黄金价值下降的原因之一。但这个阶段过后，黄金的价值又开始大幅上涨，到 2007 年 4 月，每盎司黄金的价格超过了 691 美元。若以每盎司 35 美元的价格购入黄金并持有 39 年，每年的收益率可达 7.95%，虽说在这期间明显存在很大的波动性。

发展中国家的钉住汇率制

如图表 5.1 所示，很多发展中国家实行钉住汇率制。根本而言，这些国家是在试图固定本国货币的汇率，并不希望为汇率波动留有空间。通常这些货币当局会将汇率水平设定在高于自由市场应有的水平，也就是说它们高估了本币的价值。但图表 5.8 却反映了一种相反的状况，市场均衡汇率低于钉住汇率水平。图表 5.10 以图表 5.8 的逻辑分析了马来西亚林吉特的汇率，其中 S 点的汇率为每林吉特 0.10 美元（即每美元 10 林吉特），$\bar{S}$点的汇率为每林吉特 0.2 美元（即每美元 5 林吉特）。

汇率为每林吉特 0.2 美元时，市场存在超额的马来西亚林吉特供给（Q_S-Q_D）：所有人都希望向中央政府出售林吉特，获得美元，以进行境外投资。在该汇率水平下，外币被低估，本币则被高估，因此相当于为外汇购买者（如进口商和进行境外投资的投资商）提供了补贴，同时向外汇出售者（如出口商和本国资产的境外购买者）征收税费。（本章将进一步分析这种汇率高估的后果。）

图表 5.10　　发展中国家的钉住汇率制

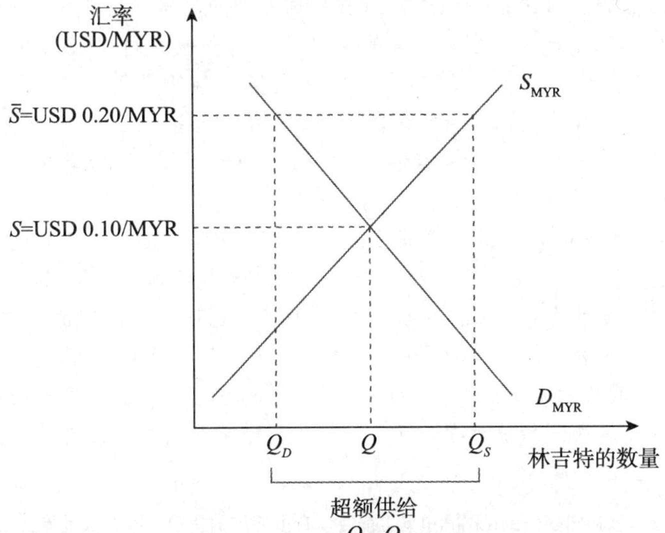

毋庸置疑，上述状况不可能无限维持下去，因为对外汇出售者征收的隐性税收将使得出口商无法向国内输回外汇收益，同时对外汇购买者的补贴将使得本国居民投资于境外资产（这种现象

被称为资本外逃，参见第4章)。在政府期望维持的汇率水平上（每林吉特0.2美元），市场对林吉特的供给量高于需求量，或者说，市场对外币的需求量高于供给量。该国出现经常账户赤字，政府必须动用国际储备弥补市场供给缺口，进而人为恢复市场均衡。一旦这种现象持续下去，该国中央银行的外汇储备量将会快速减少。

维持这种制度的唯一途径就是进行外汇管制。发展中国家的中央银行必须限制外汇交易，对外汇交易的对象进行管理，同时限制资本流动，简而言之，就是必须严格管制涉及外汇的金融交易。通常，发展中国家的货币是不可兑换的，这使得外汇管制更加便利。[①] 发展中国家的可兑换货币一般是由该国的中央银行或金融机构进行交易，其中金融机构的外汇使用会受到严格管制。

非法货币市场

汇率一旦偏离正常水平，就有可能为非法外汇市场的发展提供温床。在非法外汇市场上，外汇的本币价格往往高于中央银行提供的价格。两者之间的差异甚至经常大到令人难以置信的地步。2008年1月的津巴布韦就是最为突出的代表。当时，官方汇率为1美元对30 000津巴布韦元，而在非法市场上，1美元甚至可以兑换到250万津巴布韦元。游客往往钻非法外汇市场的空子，他们只需要向蹲守在旅馆前的交易商出售美元就可以了，但是这有时会导致较为严重的处罚。

尽管外汇管制对不可兑换货币具有可行性，但对自由兑换货币却有相当难度，因为其政府对货币的使用很少能进行直接干预。虽然如此，20世纪70—80年代期间，外汇管制仍然是很多欧洲国家采取的正常措施（参见第5.6节）。

针锋相对

法棍的重负

Freedy，Ante和Suttle都去法国探望他们的表兄弟Jean Patie。Jean在法国长大，1993年获得哥伦比亚大学的MBA学位，之后又决定回法国工作。Jean建议他们在一家名叫“Chez Jerry”的酒吧见面。这家酒吧坐落于铁特广场，并且可以品尝到桑塞尔白葡萄酒，环境非常惬意。Ante向Jean询问找到第一份工作之后的生活状况。

“嗯，”Jean开始说道，“Painargent是一家专门向非洲国家出口法棍的公司，我进入这家公司之后的一半时间是在非洲度过的。公司主要的客户是非洲金融共同体（CFA）14个讲法语的国家。”[②] Freedy这时打断了他：“嘿，我们不久前刚在国际金融的课程上了解到这些国家。所有这些国家都实行非洲法郎钉住欧元的货币制度，是吗？”Jean回答道：“非常正确，Freedy。既然你们非常热衷于国际金融，那么你们打算接受小考验吗？”Ante和Freedy非常兴奋，大叫“来吧”，Suttle只微微笑了笑。

Jean开始描述：“我毕业后，CFA国家已经将其货币与非洲法郎之间的汇率关系维持了惊人的45年之久，期间从未出现贬值现象。我的新雇主非常重视汇率固定对贸易的重要作用。Painargent甚至接受进口商支付的非洲法郎，因为非洲法郎完全可以以固定的汇率兑换成法国法郎。正是由于非洲法郎价值的稳定性，Painargent当时从来不曾为汇率问题所困扰。”

Jean继续说道，“我进入Painargent之后，CFA地区的经济增长速度开始落后于世界其他地区。很多人为此抱怨非洲法郎估值过高，还有一些政客呼吁非洲法郎相对法国法郎贬值。因为这

---

① 可兑换货币是一种任何国家公民在国际市场上都可以自由使用的货币。第二次世界大战后，欧洲大陆在1958年才恢复了货币的可兑换性（而且多数情况是为了便利经常账户交易）。

② 这14个国家分别是贝宁、布基纳法索、喀麦隆、中非、科摩罗、刚果、科特迪瓦、赤道几内亚、加蓬、马里、尼日尔、塞内加尔、乍得以及多哥。

些政客注意到一些非CFA的周边国家，如尼日利亚和加纳的货币于近期贬值，其出口商品的竞争力似乎因此得以提升，同时也为出口行业提供了更多的职位。但Painargent的一些老总们却对这些CFA国家政客的言论表示了强烈的不满，认为非洲法郎的贬值将会对公司的收益造成巨大冲击。”Ante和Freedy一边回忆在国际金融课上所学的知识，一边对Jean点头报以肯定。Jean问Ante：“对Painargent而言，非洲法郎的贬值意味着什么？”

Ante不假思索便回答：“CFA国家货币的贬值意味着Painargent挣得的每一单位非洲法郎只能兑换更少的法国法郎，从而降低了Painargent的法国法郎收入。”Freedy为了表明他在课程上很用心，补充道：“CFA国家货币的贬值肯定会对Painargent的利润造成影响，因为Painargent的成本主要是支付给法国面包师的工资，而这部分成本不会因为CFA国家货币的贬值而同时降低，因此公司的利润将会减少。”

Jean接着问道：“那么，CFA国家最后贬值了吗？”Ante非常激动地表示：“当然没有贬值！原有汇率体制有效运作了逾45年，为整个地区注入了稳定性，此外，贬值对太多的人来说都是一场灾难。设想一下像Painargent一样的所有在CFA地区保有不动产和金融资产的法国公司。当地货币贬值对它们而言将会是难以承受的负担。”Freedy并不十分肯定：“如果当地货币真的被高估了，那么境外商品将比本土商品价格便宜，进而会对其外汇储备造成压力。当地居民如果认为本币将会贬值，他们也会出售本币、购入外币。而中央银行将会不得不为维持汇率稳定而向市场增加外汇供给，但是外汇储备的数量是有限的。因此，贬值将是不可避免的。”他最后得出了这样的结论。

正当Ante和Freedy就是否贬值争论得不可开交时，Jean注意到他的另一个表兄弟Suttle正做好准备要加入他们的讨论。“快，Suttle，让这些家伙停止争论，我可不想整个下午的时间都花在讨论经济问题上！”

在短暂停顿后，Suttle打断了他们的争论：“让我来提个简单的建议吧。我们先将贬值后的受益方和损失方列示出来。这个问题搞清楚以后，就会很容易分析出货币是否会贬值了。”Ante又开始滔滔不绝起来：“好主意！这样分析也可以看出它们的货币不会贬值：以Painargent为代表的法国企业绝对无法容忍稳定性和非洲法郎货币秩序的丧失。此外，这些公司还愿意使用政治资本来阻止非洲法郎的贬值，因为一旦如此，这些公司将会立即损失大笔财富。”Suttle点头表示赞同：“堂兄，你分析得对，但我认为货币最终是否贬值并不完全取决于法国企业。那些富有的非洲人的立场也非常重要，这些人当中包括那些能支配政治权力的人和机关公职人员。非洲法郎一旦贬值，可兑换的法国法郎将会减少，进而会降低他们在境外的购买力，购买的法国香槟王数量少了，去圣特罗佩度假的次数也少了。甚至他们的孩子去法国读书的费用也更高了。”Ante很兴奋，大声说道：“还有进口商品的价格会上涨，进一步加剧通货膨胀。而且对政府而言，偿还外币债务的负担也会变得更重，因为贬值意味着它们要花费更多的本币。”

“打住！”Freedy突然间变得很激动。“当前汇率一旦明显偏离市场均衡汇率，政府如果不对汇率进行大幅管制，将无法维持该汇率水平，但过度的管制最终将严重损害国家的利益。若CFA国家相对贸易国家丧失了竞争力，货币的贬值将会使进口商品变得更加昂贵，但对其他国家出口商品的价格将会降低，从而为本国出口企业创造了竞争优势。”Suttle表示赞同：“对，这倒也是真的。”Jean继续补充：“曾经一段时间有很多传闻称，很多富有的非洲人提着装满非洲法郎的箱子来到马赛，一旦汇率行情不错，就立即兑换成法国法郎。”Freedy接着说：“是啊，这样的资本外逃使一些本可以用于发展的重要资本都流失了。不仅如此，IMF和世界银行在向这些国家借钱之前，可能都会坚持要求其货币进行贬值。”

“嗯，这确实是个棘手的问题，”Suttle承认道。“我并不认为长期而言货币贬值能发挥有益的作用。无论如何，进口商品的价格会上涨，随之可能会对其他商品的价格和工资造成上涨压力。一旦成为事实，本土公司的竞争优势也会很快被挥霍殆尽。然而短期来看，政府适当采取干预措施可以确保高涨的进口商品价格不会即刻传递，致使工资上涨。但是我并不确定这个过程如何起作用，”他自语道。

最后，Jean 觉得是时候解释来龙去脉了。“事实上，我进入公司不久，非洲法郎就开始贬值了。1994 年 1 月，汇率由每法国法郎 50 非洲法郎变为每法国法郎 100 非洲法郎，法国法郎相对非洲法郎的价值上涨了整整一倍。货币贬值的后果毫无疑问非常复杂。例如，象牙海岸在几年经济惨淡发展之后又开始加速发展，而在喀麦隆，问题一直没有得到解决，通货膨胀始终存在。[①] 毋庸置疑，在开始几年里，Painargent 肯定会受到影响，但是我们尽自己最大的努力坚持了下来。我们一方面尽可能提高法棍的价格，另一方面又不得不解雇一些面包师，与此同时，还开始将尼日利亚纳入市场范围。”

为何不简单实行浮动汇率制

为什么有些政府要费力将汇率固定在某一水平上，而不简单让市场供求决定货币的真实价值？正如上文“争锋相对”专栏中所述，一些政治精英也许会为了私人利益而倾向于维持固定的汇率水平，这就可能会对该国民众的利益造成损害。但现在经济界的专家们显然也没有就究竟何种汇率制度更加优越达成一致意见。关于固定汇率制度，经常被引用的优点可以归纳为两方面：一是制度性，二是稳定性。

制度性是指固定汇率制度为财政政策和货币政策套上的“紧身衣”。假设一国实行固定汇率制度，一旦其通货膨胀率高于贸易国家，便会丧失国际市场的竞争力（分析参见第 8 章和第 9 章）。由于担心上述情况发生，该国将会限制财政政策和货币政策的扩张程度，以期将通货膨胀率维持在低位。固定汇率制度的拥护者认为，作为浮动汇率制的显著特征之一，货币的不稳定性几乎不可能对国际贸易做出贡献。处在不断变动中的货币将会加剧进口商对未来支付的商品价格的不确定性，加剧出口商对未来收益的不确定性。当然，这种论据很容易被推翻，因为上述风险可以被低成本地对冲掉（例如利用远期合约），还因为钉住汇率制度能提供的稳定性太过虚幻。事实上，20 世纪 90 年代，投机者成功冲击了一些实行钉住汇率制的货币，最终导致了一些较为重大的货币危机。

这些货币危机并非孤立的现象。Michael Klein 和 Nancy Marion（1997）对 17 个位于美洲中部和南部的国家 1957—1995 年所实行的钉住汇率制度进行了调研，结果发现其平均存续期间为 32.2 个月，而中位数仅为 10 个月。有超过半数的钉住汇率制在实行的第一年年底就寿终正寝了！大多数实行固定汇率制的国家的货币在原制度结束时都被贬值，而且之后都会以钉住汇率制实现过渡，但随后通常会建立新的汇率制度。其实，任何一种不允许货币以市场价值进行交易的汇率制度都存在货币贬值的风险。

既然钉住汇率制的存续期如此之短而且货币贬值时有发生，那么这样的制度还能产生当局期盼的稳定通货膨胀率和汇率水平的效果吗？很多学者都认为这样的汇率制度注定会以失败告终。近来，许多政府开始转而实行另外一种货币机制——货币局制度，以增强钉住汇率的可信性。为

① See “After a Devaluation, Two African Countries Fare Very Differently” (1995), and Loffi Amegbeto and Alex Winter-Nelson (1996).

了追求汇率水平的稳定性，欧盟国家先行一步创立了货币联盟，由一家中央银行为所有联盟国家发行单一货币。其他一些国家采用大国货币替代本国货币，这种现象被称为“美元化”。下文将先对货币局制度和美元化进行探讨，货币联盟延至第5.6节讨论，在那里将全面评述欧盟的不同货币安排。

货币局制度

货币局制度是固定汇率制度的一种。在此制度下，货币当局发行的基础货币（纸币、硬币及金融机构的法定准备金）完全以外汇储备作为后盾，并且能以某一固定的汇率完全兑换成被钉住的货币。因此，本国货币的基础货币100%以储备货币中的应付资产作为后盾。从现实来看，上述要求使得货币局制度无法向政府或银行系统进行信贷扩张。图表5.11展示了实行货币局制度的国家的资产负债表。

图表5.11　　实行货币局制度的国家的资产负债表

资产	负债
国际储备	流通中货币 金融机构的法定准备金

过去，曾有70多个国家实行过货币局制度。1848年，英国在印度洋的殖民地毛里求斯最先建立了货币局制度，此后，很多英国的殖民地及其他一些国家相继推行这一制度。但是，第二次世界大战后，上述国家实现独立后，大多数国家决定以中央银行制度取代原先的货币局制度。新近实行这一制度的代表国家和地区包括中国香港（1983）、阿根廷（1991—2001）、爱沙尼亚（1992）、立陶宛（1994）、保加利亚（1997）和波斯尼亚（1997）。

最近关于货币制度的争辩中，往往认为货币局制度是降低通货膨胀率同时不会给经济造成高额成本压力的神奇“药方”。较为成功的代表就是中国香港（Yum Kwan and Francis Liu，1996）。香港货币局从1983年开始就一直维持着1美元对7.8港元的汇率水平，并且成功经受住了1997年东南亚金融危机的冲击。但阿根廷的经历却从反面给世人以警示。1991年4月，阿根廷出台《自由兑换法》，标志着货币局制度的诞生。20世纪80年代期间，阿根廷的年均通货膨胀率甚至高达750.4%，而在货币局制度诞生后的20世纪90年代，年均通货膨胀率只有2.4%。有人坚信货币局制度之所以比汇率钉住制度能传递更高的货币政策可信度，原因在于在货币局制度下政府没有相机抉择的权利。货币局制度的运作是完全被动和机械化的。货币局无法向政府提供信贷，进而无法为政府财政赤字融资。同时，也意味着在银行陷入困境时，货币局无法向其伸出援助之手。总而言之，货币局无法如中央银行一样履行最后贷款人的职责。

需要指出的是，货币局制度的实际运作并非始终如此严格。例如，阿根廷银行的法定准备金要求非常高，因此，中央银行可以通过降低法定准备金的方式为银行体系注入流动性。事实上，1994年墨西哥金融危机爆发后，阿根廷中央银行确实采取了这样的措施。

从有限的历史经验里很难断言是否货币局制度真的比标准钉住汇率制度可信度更高。阿根廷比索和港币分别在墨西哥金融危机和东南亚金融危机之后遭到投机者的冲击，但是两地的货币局制度均得以维系。但在这些期间里，还是无法避免投机危机的一系列后果：利率攀升、国民经济遭到重创。很难估计如果当时实行其他汇率制度能否降低经济成本。

阿根廷的好运并没有得以维持。尽管表面上阿根廷享受着货币局良好运作的成果，但是其政府却可以以非常优惠的利率获得信贷，从而引发了国家公共债务的显著增加。此外，1999年巴西爆发的危机使巴西雷亚尔大幅贬值，阿根廷的出口商品瞬间丧失了竞争力。再者，美元相对欧元的走强，也损害了阿根廷出口商品在欧洲市场的竞争力。阿根廷的经济一落千丈，出现了负增长，使得公共债务的负担突然间变得难以为继。到2001年中期，阿根廷政府开始胡乱对货币局制度进行改良（例如，实行对外贸易特殊汇率制度），期望能提高国际竞争力。然而，阿根廷政府无谓的动作却使投资者进一步丧失了对货币局稳定性的信心。

阿根廷政府陷入了偿还其国际债券的困境，2001年11月，其事实上已经构成了债务违约。这使得市场普遍预期比索将相对美元贬值，人们排起长队挤兑银行存款，而政府唯一的应对措施却只是限制取款。不久，整个国家就被经济危机所吞噬，全国冲突和暴乱不断，失业率高达20%。

2002年1月，新任临时总统杜阿尔德宣布放弃货币局制度，并对大部分国际贸易实现比索的贬值，由原先1美元对1比索变为1美元对1.4比索，同时剩余国际贸易以市场利率进行交易。另外一些为应对危机而采取的暂时性、轻率性的措施（例如，将原先以美元标价的债务转化为以比索标价的债务）最终进一步恶化了危机。2002年对阿根廷而言是充满灾难的一年：制造业面临崩溃，通货膨胀率达到了两位数。认为货币局制度下不存在货币风险的观点自此被完全推翻。比索最终被迫实行浮动汇率制，贬值幅度超过100%。①

美元化

非常有趣的是，阿根廷的财政部长多明戈·卡瓦洛虽然开启了阿根廷的货币局制度，但他并不认为阿根廷起初在控制通货膨胀和稳定汇率方面取得成绩主要应归功于货币局制度本身，而应该主要归功于体制的双重货币特征。20世纪70年代恶性通货膨胀期间，阿根廷的货币被美元替代。外币（多为美元）取代本币作为支付手段（至少服务于大宗贸易）和储蓄工具的现象被称为**美元化**（dollarization）。②"非官方"美元化是指一国居民广泛使用外币，使外币与本币履行同等职能或者完全替代本币。尽管很多拉丁美洲国家已经部分实行美元化，但履职的外币并不必然为美元，比如，位于欧洲东南部的巴尔干半岛国家通常选择欧元作为实行美元化的货币。

的确，非官方美元化是全球普遍现象，这一点可以通过估计非美国本土居民仅使用美元的状况进行衡量。美联储的研究员预计境外居民持有的美元比率为55%～70%。

"官方"美元化是指外币完全取代本币作为合法货币或者外币在流通体系中占主导地位。安道尔位于比利牛斯山脉，与法国和西班牙毗邻。1999年之前，法国法郎和西班牙比塔均是其合法货币。如今，安道尔的合法货币为欧元。类似地，阿根廷1991年颁布的《自由兑换法》官方认可了对美元的使用，允许阿根廷民众选择所开活期账户和储蓄账户的币种，还允许其选择交易币种。

然而，大多实行官方美元化的国家很少使用殖民时期的"母币"或较大邻国的货币。例如，基里巴斯是位于波利尼西亚的一个小岛国，其使用澳元，同时也发行自己的硬币。目前巴拿马是最大、最著名的美元化国家，其美元化进程可以追溯到1904年。在过去几年里，厄瓜多尔（2000）

① 有关货币局制度利弊的详细分析，参见 Rudiger Dornbusch（2001）。有关阿根廷货币危机及 IMF 角色的深入分析，参见 www.imf.org/external/np/pdr/lessons/100803.htm。

② 有关美元化现象的详细研究，参见 Kurt Schuler（2000）。Sebastian Edwards（2001）对美元化的经济效益持怀疑态度。

和萨尔瓦多（2001）也纷纷实行了美元化。与货币局制度不同的是，美元化制度完全丧失了铸币税收益。这可能会成为包括墨西哥和阿根廷在内的较大国家实行美元化制度的阻碍之一。

5.5 有限浮动汇率制：汇率目标区和爬行钉住汇率制

汇率制度中两个极端的种类分别是固定汇率制和浮动汇率制，而位于这两者之间的汇率制度的特征是可以将汇率波动维持在一定范围之内。

汇率目标区

1944—1971 年期间的布雷顿森林体系（参见第 5.4 节）本质上是汇率**目标区制度**（target zone system）的典型代表。在该体系下，美元与黄金的兑价完全固定（每盎司 35 美元），所有其他货币的价值都与美元挂钩（也就是与美元存在相应汇率），但允许实际汇率与名义汇率之间存在 1%的上下浮动。近期，实行汇率目标区制度最著名的代表是欧洲货币体系（EMS），考虑到其历史重要性，随后将进行详细分析。最近，包括克罗地亚、匈牙利和越南在内的许多国家也已经开始推行汇率目标区制度。

本节将以图表 5.12 分析汇率目标区如何运作，该图表依然采用 1987 年年初到 1993 年 8 月法国法郎与德国马克之间的汇率作为数据基础。

尽管汇率显示出极大的波动性，但除了上述阶段的最后时期，汇率的波动幅度始终维持在一定范围内。EMS 规定一个中心汇率，即图表中所示的中心汇率 FRF3.353 9/DEM，但允许汇率在距离中心汇率 2.25%的幅度内波动。

图表 5.12 **目标区示例**

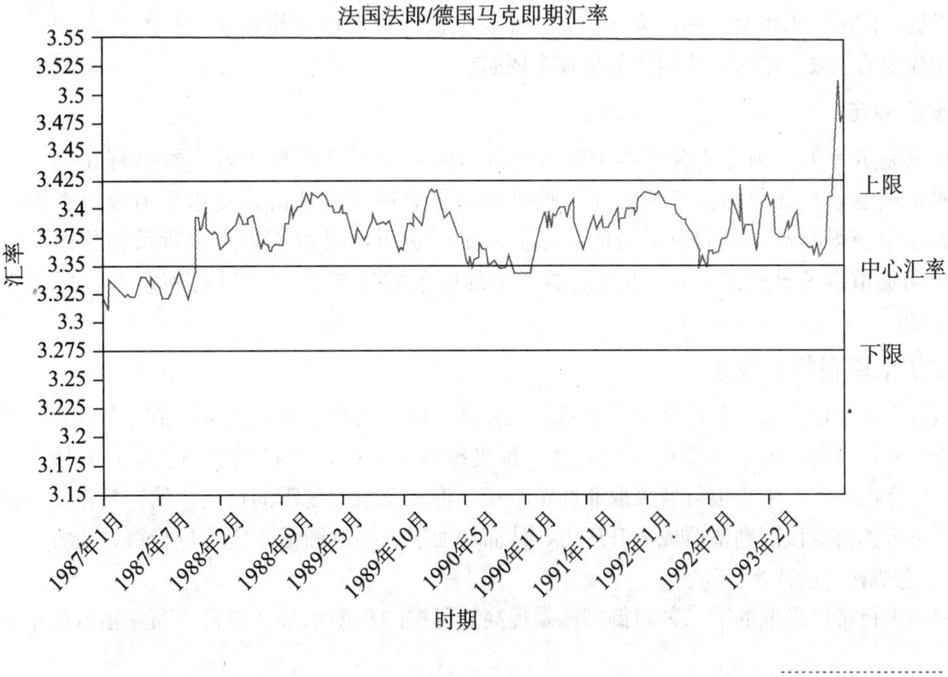

例 5.2　确定汇率干预点

继续使用上述 FRF/DEM 的例子分析如何确定汇率干预点。此时中心汇率为 FRF3.353 9/DEM，货币当局需要确定进行干预的汇率上限和下限，以确保汇率波动幅度维持在中心汇率上下 2.25%的范围内。而且计算过程还要保证不论是以直接汇率（FRF/DEM）还是间接汇率（DEM/FRF）表示，汇率波动幅度均保持不变。

用 S 代表以 FRF/DEM 表示的中心汇率，则汇率干预上限为 $(1+y)S$，干预下限为 $S/(1+y)$。很明显，若以 DEM/FRF 表示中心汇率，得出的汇率干预点完全一致。由于总汇率波动幅度占中心汇率的 4.5%，因此可以通过以下等式计算出 y：

$$(1+y)S-S/(1+y)=0.045S$$

解得 $y=0.022\ 753$。因此，汇率干预上限为 1.022 753×(FRF3.353 9/DEM)＝FRF3.430 2/DEM，干预下限为(FRF3.353 9/DEM) /1.022 753＝FRF3.279 3/DEM。

上述期间，法国法郎与德国马克在外汇市场实行自由兑换。究竟什么因素将汇率维持在货币当局事先设定好的中心汇率波动范围之内？只要私人市场参与者认定中心汇率合理，同时认可当局为维持汇率所做出的承诺，市场参与者就认为汇率不会存在超出预定幅度的波动，从而不会爆发货币危机。如果一项货币政策随着时间的推移依旧是中央银行的最佳选择，这项政策便是可信的。而如果对政策制定者而言，放弃此前的政策承诺比继续遵守花费的成本更高，则这项政策依旧是最佳选择。除非政策具备可信性，否则私人投资部门的预期及随后的举动都不会支持该政策的目标，更谈不上实现相关目标。

因此，汇率目标区制度的一个关键因素就是投资者和投机者对当局维持汇率承诺的认知。这一点对钉住汇率制更加适用，因为钉住汇率制事实上可以被看做汇率目标区的特殊情形，只是汇率波动幅度非常窄。根据对中央银行的分析可知，目标汇率意味着当局无法使用货币政策达成其他目标，包括推动经济实现充分就业。一旦包括本国经济的不利状况在内的因素使当局承诺的可信度降低，该国货币将会面临巨大压力，汇率将向波动幅度的边缘运动。在图表 5.12 中，汇率向波动幅度的上限运动时，法国法郎呈现走弱态势。

投机冲击

政策制定者无一例外地会将本币贬值的压力归罪于恶意的投机者。本书将在第 7 章详细讨论投机问题，在此仅给出字面描述。投机者希望通过投机冲击从货币贬值或重新设定汇率波动幅度中获得收益，他们所需做的只是借入走弱货币，投资于以走强货币标价的资产（通常为短期货币市场投资工具）。如果走弱货币的贬值幅度超过所支付的利息差，那么投机者投机成功。

维护汇率目标区制度

假设一国货币走弱，货币当局可以采取三种基本措施来维持本国货币价值。首先，当局可以直接干预外汇市场。若中央银行希望通过干预支撑本国货币，其将在市场上以官方储备购入本币。走弱货币国家的中央银行若采取非冲销干预，将降低该国货币的市场供给。货币市场流动性的降低很可能会对该国利率造成上升压力，从而增加了那些意图借入资本进行海外投资的投机者(包括金融机构）的成本。

中央银行可以采取的第二种防御措施是提高其可控的利率水平（通常为商业银行向中央银行

的贴现利率），不仅可以提高投机者的成本，还可以向公众传递坚持中心汇率的承诺。[①] 中央银行及私人市场参与者的举动将提高短期利率，从而加大了投机的成本。究竟利率需要提高多大幅度才能免受投机的冲击，还需取决于本币的贬值概率，进而取决于货币当局的可信度。第 7 章将对此进行更为详细的分析。

尽管高利率可以起到抵御投机的作用，但短期利率的提升同样增加了商业借款的成本，会成为经济发展的累赘。因此，很多国家倾向于采取第三种措施便不足为奇：通过资本管制限制外汇交易。**资本管制**（capital control）是指一系列旨在限制资本输出和输入的法规。当局最简单的做法就是对本国居民购买境外有价证券的交易征税或者干脆禁止从事此类交易。曾经一度，加入 EMS 的意大利和西班牙要求进行外币或境外资产交易的机构和个人向中央银行存入相当于境外投资价值 50%的无息存款。上述规定极大限度地加大了投机的成本，但同时也牺牲了民众的交易自由。

提前支付与延迟支付

大多数实行资本管制的国家也会对贸易融资进行限制。虽然一谈到货币投机人们就会联想到不怀好意的资本家在电脑屏幕前密谋使货币贬值，但进口商和出口商的融资行为往往会对本国货币造成更严重的困扰。国际贸易中出口商的惯例是允许客户在商品发出甚至抵达之后一段时间内支付货款。一旦预期本币将贬值，出口商便倾向于延长“贸易信贷”的期限（因为它们期望相同金额的外币在本币贬值后可以兑换更多本币）。上述做法被称为**延迟支付**（lag operation），因为其延迟了外币的流入。相反，本土进口商为避免本币贬值带来的成本上升，会提前向境外交易商支付计划进口商品的货款。这实质上相当于给予境外出口商信贷，因此被称为**提前支付**（lead operation）。无论提前支付还是延迟支付都会对中央银行的外汇储备造成压力，因为对小型开放经济而言，对外贸易额占外汇储备的比重较大。

图表 5.12 表明，不论当局采取何种措施；1987 年 1 月到 1993 年 7 月底的这段期间，当局成功维持了 FRF/DEM 的汇率水平。但是，EMS 还是见证了偶有的投机危机，汇率波动区间时常被调整。在样本区间的期末，就出现了一次投机危机，而且此次汇率的波动超出了设定的区间。第 5.6 节将详细回顾 EMS 的发展历程。

爬行钉住汇率制

在很多发展中国家，通货膨胀是一个长久问题，因此当局允许随着时间的推移对汇率波动区进行（“爬行”）调整。这种货币的小幅贬值或重设汇率波动区间可以频繁进行，有时甚至达到每日一次的频率，而且大多都事先宣告。

为了解该汇率制度包含的逻辑，首先必须掌握通货膨胀对准固定汇率制度的影响。（第 8 章和第 9 章将对上述问题进行更详尽的剖析。）以墨西哥和美国为例，假设墨西哥中央银行希望固定比索与美元的汇率，正如墨西哥政府过去一直努力达成的目标一样。若汇率维持不变，而墨西哥的通货膨胀率高于美国，那么墨西哥将会丧失竞争力，因为高通货膨胀率会使墨西哥商品的价格高于美国的商品。由于美国是墨西哥最大的贸易伙伴，因此对美国出口的下降将会对其经济发展造成巨大冲击。

知悉了高通货膨胀率导致竞争力丧失会对一国经济造成不利影响后，政府和私人机构（包括

---

① 此前文章曾指出货币当局可以设定货币供给增长的速度，除非当局期望达成其他政策目标而使货币供给的增长速度具有内生性（参见第 5.2 节）。

公司和雇用劳动者）都应该齐心协力，共同遵循抑制通货膨胀的政策。因此，固定汇率制度有助于潜在“购入”低通货膨胀率的公信力，如墨西哥便可通过比索钉住美元，“进口”美国的低通货膨胀率。公信力再一次成为关键因素，但是必须意识到让发展中国家保持与发达国家相同的通货膨胀率根本就是苛求。除此之外，贸易竞争力丧失的后果更是不可估量。因此，一旦预期到一国竞争力将逐步降低，便可采取**爬行钉住汇率制**（crawling peg system）逐步调整汇率波动区间，其中调整幅度通常是发展中国家与钉住的发达国家通货膨胀率差值的函数。

图表 5.13 是对实际汇率变动的图解。从 1991 年 11 月 1 日到 1994 年 12 月 21 日，墨西哥比索对美元的交易汇率始终维持在墨西哥银行设定的官方干预区间之内。干预下限始终维持在 MXP3.052/USD，而干预上限却以事先设定的速度提高（即允许比索贬值）：1991 年 11 月 11 日—1992 年 10 月 20 日期间和 1992 年 10 月 21 日—1994 年 12 月 21 日期间，提高速度分别为每天 MXP0.000 2/USD 和 MXP0.000 4/USD。历史上，墨西哥的爬行钉住汇率制最终以 1994 年 12 月—1995 年年初爆发的著名的货币危机告终。

图表 5.13　　爬行钉住汇率示例

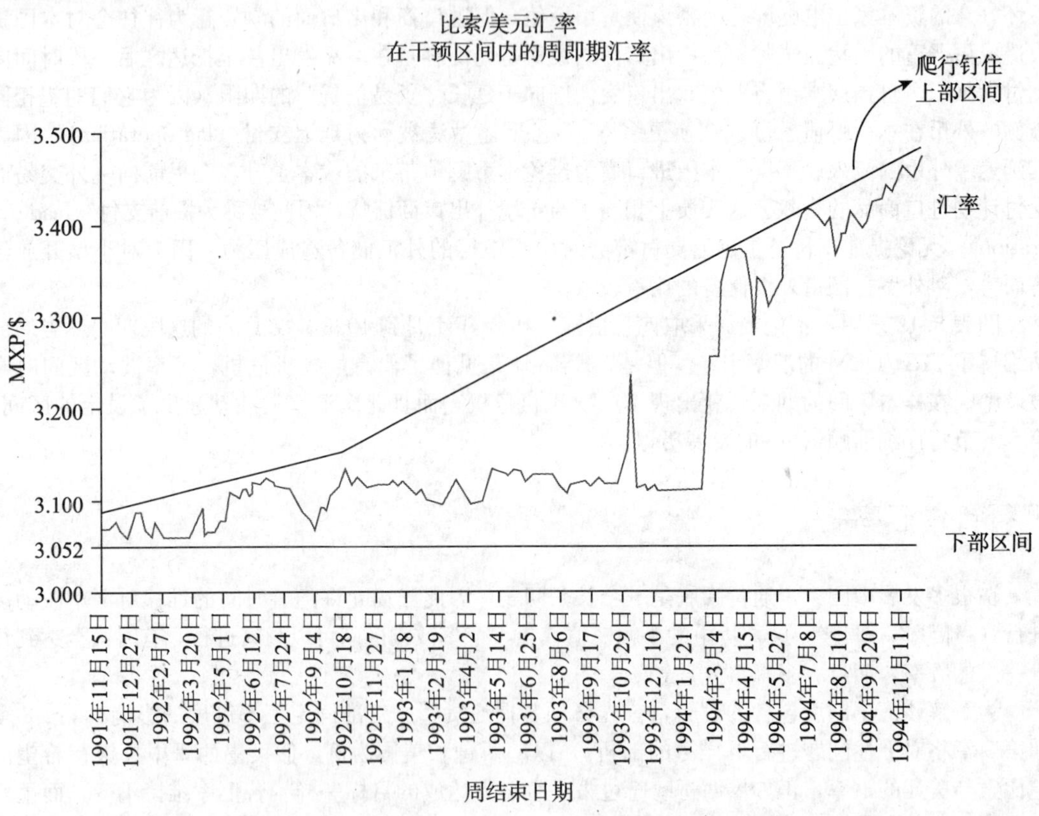

分析历史数据可以发现，汇率变动区间的调整并没有完全正确反映美国和墨西哥通货膨胀率的差异，因而墨西哥公司逐步丧失了对美国的贸易竞争力。高额的经常账户赤字和资本输入的不足使墨西哥银行在外汇市场的干预成为必要。截至 1994 年 12 月，墨西哥的国际储备已经损失大半，最后几乎完全耗尽。政府在 12 月意图将比索贬值 15%的举动只导致大量资本外逃，最终墨西哥不得不实行浮动汇率制。目前，比索依旧是可以自由浮动的币种。

推行爬行钉住汇率制较为成功的代表包括智利（1984—1999）、哥伦比亚（1994—1999）和波兰（1991—2001）。

很多经济学家，包括 John Williamson（1987）和 Ronald McKinnon（1988）都建议世界主要货币（日元、美元和欧元）设立汇率爬行变动的目标区，因为一旦放任市场决定汇率水平，导致的货币偏差将产生高额成本。历史上也曾出现过类似的政策建议。1987 年签订的《卢浮宫协议》里有一项未曾公开的条款，是由 G5（美国、英国、德国、日本和法国）和加拿大的财长及中央银行行长协议达成的，意在为主要货币设定汇率目标区并通过干预外汇市场的方式进行维持。然而，1987 年 10 月纽约股市严重的股价暴跌事实上宣告了《卢浮宫协议》的失败，之后美国利率大幅下挫，美元急速贬值。

5.6 如何看待鸸鹋不会飞的现象？欧洲货币一体化进程

欧洲货币联盟（EMU）的诞生是近期全球最为重要的金融发展事件，欧元随之诞生成为其统一货币，最初仅在 11 个国家使用，现在已经发展到 15 个国家。欧盟（EU）的 27 个成员国如果遵循相应的货币政策要求都可以申请加入 EMU。尽管英国和德国都参与了《马斯特里赫特条约》（参见下文）和欧洲货币体系（EMS），但它们并不需要按规定以欧元替代本国货币。其他于 1993 年《马斯特里赫特条约》推行之后加入 EU 的国家都必须在适当时候推广使用欧元。

上述发展具有很高的历史重要性，而且目前世界其他地区也在意图建立类似的货币体系，因此详细描述欧盟货币一体化进程极为必要。尤其是一些区域国家协会正在积极推广实行自由贸易区及其他形式的政治经济合作，其中拉丁美洲（南方共同市场）、亚洲（东南亚国家联盟）和非洲（东非共同体）最有可能在可预见的未来成为类似货币制度安排的候选地区。[①] 由于欧元并非诞生于一夜之间，因此本节将顺序呈现欧洲货币体系的发展历程，从介绍 EMS 开始，最终延伸到欧元的正式登场。

欧洲货币体系

欧洲大陆对货币稳定性的追求可以追溯到几十年以前，早在欧共体（EC）时期就已经开始积极探求解决之道。这些国家追求货币稳定性，一个很明显的原因在于它们不仅大力开放对外贸易，而且其主要贸易伙伴多为毗邻国家，因而汇率波动带来的成本在欧洲大陆尤为凸显。欧共体希望限制汇率波动的另一个原因在于为农产品的共同市场提供结算便利。除此之外，欧洲汇率安排还可以被看做欧共体成员国为实现经济、货币和政治联盟所作努力的一部分。

1944—1973 年期间，布雷顿森林体系下的固定汇率制为欧洲大陆提供了货币的稳定性。之后，该体系的崩溃使原本建立货币联盟的计划无法继续执行，于是欧共体国家将其汇率维持在一个目标区之内，最终在 1979 年建立了**欧洲货币体系**（European Monetary System，EMS）。除了英国一直到 1990 年才完全加入外，原欧共体所有国家都加入其中。EMS 由三部分构成：汇率机制（ERM）、一系列干预条款和干预融资机制以及一系列重新设定平价的规定。下文将一一论述。

---

① 南方共同市场国家包括巴西、玻利维亚、智利、阿根廷、巴拉圭及乌拉圭。东盟国家包括文莱、柬埔寨、印度尼西亚、老挝、马来西亚、缅甸、菲律宾、新加坡、泰国和越南。东非共同体国家则包括肯尼亚、乌干达、坦桑尼亚、布隆迪和卢旺达。

汇率机制

汇率机制（ERM）是一个被称为“中心平价”的双边汇率水平，允许汇率在其上下 2.25%的幅度内波动，但意大利里拉较为特殊，其上下波动幅度高达 6%。之后，越来越多的国家逐步加入到欧洲汇率机制中。

干预条款

一旦成员国货币的汇率波动超出规定的范围，这两国的中央银行都有义务进行干预。走强货币的中央银行必须为走弱货币的中央银行提供无限制信贷，以帮助其维持币值稳定。当然，一国中央银行也可以在汇率接近上下界限之前进行干预，预防出现过大波动。Francesco Giavazzi 和 Alberto Giovannini（1989）指出此类界限内干预发生的频率甚至高于义务的边际干预。

重新设定中心汇率的规定

一旦维持双边中心汇率的成本不再合理，EMS 国家的财长们便会重新聚首设定新的中心平价，允许走弱货币贬值、走强货币升值。

埃居（ECU）、欧元与弗兰肯

大多数非欧洲公民都会误认为 ECU 是 EMS 的基石。事实上，ECU 只是一种货币组合，由所有成员国的货币按设定好的比重组成。1989 年，该货币篮子中的货币种类进行了最后一次变动，此后签订的《马斯特里赫特条约》禁止了任何形式的变动。因此，后来加入欧共体的奥地利和芬兰的货币，就没有成为 ECU 货币篮子的组成成分。

图表 5.14 列示了 ECU 的构成情况。例如，1 单位的 ECU 中包含 1.332 单位的法国法郎和 0.624 2 单位的德国马克。这些组成情况每五年进行一次调整，以反映各国经济地位。根据一国货币与所有其他国家货币的中心汇率，可以确定该国货币在篮子中所占的比重。

例 5.3　计算 ECU 中 DEM 的比重

为确定 DEM 在 ECU 货币篮子中的比重，首先要利用图表 5.14 中 ERM 设定的各国货币与 DEM 的中心汇率，将篮子中所有货币的 DEM 价值计算出来并进行加总：

DEM0.624 2＋[FRF1.332×(DEM0.298 2/FRF)]＋[GBP0.087 84×DEM3.025 2/GBP]
＋ … ＋[GRD1.44×(DEM0.005 5/GRD)]
＝DEM1.977 38/ECU

由于 ECU 中直接包含 0.624 2 单位的 DEM，因此 ECU 中 DEM 的比重为（0.624 2/1.977 38)＝31.57%。

图表 5.14 同时给出了 ECU 的中心汇率，即各国货币以 ECU 表示的价值。这也从侧面反映出 ECU 在 ERM 中主要发挥着货币单位和货币汇率本位的作用。将所有中心汇率以 ECU 的形式表示，就无须再研究原先复杂的双边中心汇率关系。例如，若已知 FRF/ECU 和 DEM/ECU 的汇率，就可以非常容易地得出 FRF/DEM 的汇率：

(FRF6.631 86/ECU)/(DEM1.977 38/ECU)＝FRF3.353 86/DEM

但是，市场的实际汇率通常会偏离中心汇率，因为实际汇率只需维持在中心汇率上下 2.25%的波动幅度内即可。这也就意味着 ECU 中货币的市场权重与官方权重可能会存在差异。事实上，只要篮子货币总价值固定，走强货币的权重最终会逐渐加大。

ECU除了发挥货币汇率本位的作用外，也是重要的储备资产，同时也是欧共体国家中央银行之间的交易清算工具。同时，它还是所有干预机制的记账单位。

除此之外，公司也开始在商品计价和财务报表中使用ECU，在金融市场以ECU标价签订合约变得非常重要。市场上曾经出现过ECU存款、ECU短期贷款、以ECU标价的债券，还曾出现过以ECU汇率为标的的衍生品，允许交易商在ECU利率变动方向上押上筹码。结果，银行开始对ECU汇率进行不完全参照合成价值的报价，也就是说，银行的报价未与ECU合成货币的市场价值保持一致。不久，这种"私用"的ECU与篮子货币的市场价值并不必然维持1∶1的关系。

1991年签订的《马斯特里赫特条约》初步勾勒出货币一体化的蓝图，该协议将ECU设定为单一的欧洲货币，并且当1999年1月1日单一货币正式诞生时，其外在价值与1单位ECU的理论价值对等。但新货币的名字并不是ECU，而是欧元。这一点有些出乎人们的意料，因为"欧元"这个名字会使其与一些既存但完全不同类的"欧洲金融资产"相混淆，其中包括欧洲债券和欧洲货币（参见第11章）。

图表 5.14　　埃居篮子的构成

货币	埃居篮子包括的货币量[a]	埃居中心汇率[b]	埃居篮子中每种货币的相对权重（%）	
			1989年9月21日	1998年10月22日
德国马克	0.624 2	1.977 38	30.09	31.57
法国法郎	1.332	6.631 86	19	20.08
英镑	0.087 84	0.653 644	13	13.44
意大利里拉	151.8	1 957.61	10.16	7.75
荷兰盾	0.219 8	2.227 99	9.4	9.87
比利时和卢森堡法郎	3.431	40.784 4	7.89	8.41
西班牙比塞塔	6.885	168.22	5.31	4.09
丹麦克朗	0.197 6	7.542 57	2.45	2.62
爱尔兰镑	0.008 552	0.796 244	1.1	1.07
葡萄牙埃斯库多	1.393	202.692	0.8	0.69
希腊德拉克马	1.44	357	0.8	0.41

a. 1989年9月21日。

b. 1998年10月23日。

注：数据来自国际清算银行。

命名欧元的政治学问

为货币命名看似无关紧要，却真切地反映出欧洲在货币安排下融合迥异文化方面所取得的进步。尽管欧洲各国对ECU不再陌生，并且已经用于多项金融协议，但原本热衷于德国马克的欧洲居民还是认为"ECU"听起来法国味太浓，因为法国曾有一种古币的名字也叫"écu"。正当传言"欧元"将替代"ECU"成为新的货币名称时，德国人又开始积极建议使用另外一个名字——"弗兰肯"。法国由于担心德国的建议得到认可，决定妥协采用"欧元"作为货币名称。

EMS是否取得了成功?

EMS建立的主要目标就是降低汇率的波动性，从而缩小成员国之间通货膨胀率和利率的差异。现在看来，它成功了吗?

汇率逐日波动性降低

总体来看，EMS取得的成果喜忧参半。首先，尽管从1979年开始，欧洲汇率的逐日波动性实现了下降，但由于中心汇率的重设及1992—1993年爆发的货币危机，大宗货币流动还是时有发生。起初，中心汇率的重设较为频繁，随着时间的推移，次数得以减少，频率得以降低。有趣的是，在整个EMS存续期间，德国马克从未贬值。20世纪80年代，中心汇率曾进行过七次重设，在此过程中除了荷兰盾，EMS其他成员国的货币相对德国马克的贬值幅度均达到了20%以上。

通货膨胀率及利率差异缩小

尽管在EMS存续期间，成员国的通货膨胀率及利率差异实现了缩小的目标，但EMS本身可能并没有成为促成缩小的重要因素。例如，20世纪80年代，全球大多数国家的通货膨胀现象都得到了缓解。在上述中心汇率重设事件之后，比利时法郎和丹麦克朗一改传统走弱货币的形象，摇身变成了“硬”通货。

一国货币和财政当局为防止本国货币贬值，往往会通过持续坚定地实施反通货膨胀的财政政策和货币政策推行硬通货政策。在EMS体制下，这种政策的优点在于降低利率，也就意味着以比利时为代表的高负债国家可以节约利息开支。不幸的是，《马斯特里赫特条约》的诞生却开启了一个货币混乱的时代，1992年当英镑和里拉被迫脱离体系时，混乱达到了顶峰。此次货币混乱最终导致1993年8月汇率波动区间达到中心汇率上下15%的宽幅。

非对称调整

EMS原本计划将ECU作为体系中心，围绕其进行对称调整，并且危机时期的调整成本由各成员国分摊。但是一次次中心汇率重设和20世纪90年代的骚乱事件，无不深深表明该体系是以德国马克作为轴心的非对称体系。也就是说，德国中央银行德意志联邦银行维持德国马克的购买力，而其他成员国则推行相应的货币和金融市场政策，维持本国货币与德国马克之间的汇率。在局势紧张的投机时期，货币走弱的国家往往会对货币市场进行干预，提高本国利率。

一些学者认为EMS通过提升政府推行反通货膨胀政策的公信力，对包括意大利和法国在内的有通货膨胀倾向的国家还是有利的。两次中心汇率重设期间，货币竞争力遭到逐步侵蚀，因此，EMS相当于大大提高了成员国通货膨胀的成本。而且一旦中心汇率的重设幅度未能完全反映通货膨胀水平，则将会对相关国家的货币造成永久创伤，不幸的是，这样的案例时有发生。另外一些学者虽然认可德意志联邦银行在EMS中扮演的核心角色，但还是认为在危机时刻，德意志联邦银行会过分固执于自身政策，即便这样会将所有调整成本转嫁给其他成员国。例如，德意志联邦银行只有在需要履行EMS义务时才会对市场进行干预。

《马斯特里赫特条约》与欧元

1991年，欧洲首脑在荷兰的马斯特里赫特商讨建立政治联盟和经济与货币联盟的相关事宜，其中包括确立1999年推出欧共体单一货币的问题。货币联盟建立后，成员国就可能通过引进单一货币的方式实现两两之间汇率的固定，同时还设立了唯一的中央银行以在整个区域内实行单一的货币政策和汇率政策。历史上也曾出现过货币联盟的先例，如1865—1873年期间的拉丁货币同盟（法国、比利时、保加利亚、希腊和瑞士）、1921—1999年期间由比利时和卢森堡结成的货币联盟以及1979年爱尔兰在加入EMS前期与英国结成的短期货币联盟。1991年《马斯特里赫特条约》的签订标志着史上最重要的货币联盟正式成立。

《马斯特里赫特条约》规定了加入货币联盟的国家必须遵守的一系列规定。联盟当时决定在

ECU启动之前一年对该“收敛性标准”进行考量。具体规定如下：

(1) 以三个通货膨胀率最低的国家为基准，其他成员国的通货膨胀率不得高于其平均水平1.5%。

(2) 以三个通货膨胀率最低的国家为基准，其他成员国的长期政府债券利率不得偏离其平均水平超过2%。

(3) 成员国的预算赤字不得超过GDP的3%。

(4) 成员国的政府负债不得超过GDP的60%。

(5) 成员国过去两年不曾出现货币贬值现象。

上述收敛性标准引发了很多争议，其中的财政标准甚至成为EMU开展活动的绊脚石。一度，只有幅员狭小的卢森堡能符合全部标准，甚至连德国也几乎不能达标。

EMU的发展历程可以被划分为三个阶段。第一阶段，限制成员国之间、成员国与其他国家之间资本流动和货款支付的条款被完全废除。这一阶段一直持续到1994年1月1日。

第二阶段，新的欧洲货币机构（EMI）成立，总部设于德国的法兰克福，职责主要是治理EMS，同时通过加强对成员国货币政策的协调，为第三阶段欧洲中央银行的建立奠定基础。

第二阶段还开始对成员国的财政政策进行监管，同时禁止各国为预算赤字融资。除此之外，成员国的中央银行还实现了政治独立。

第三阶段，欧洲中央银行（ECB）取代了EMI。欧洲中央银行体系（ESCB）包含了欧洲中央银行及欧盟成员国各自的中央银行，为整个单一货币区域制定统一的货币政策和汇率政策。正如《马斯特里赫特条约》中规定的，ESCB的主要目标是维持价格的稳定性。这一阶段开始于1999年1月1日，也就在这一天，各种货币的兑换率得以确定，英镑和德国马克却在此时宣布退出。希腊在达到收敛性标准后，于2001年1月加入该体系。随后，斯洛文尼亚、塞浦路斯和马耳他也纷纷加入。

鉴于各国货币不可能立即退出流通领域，在2002年初之前，其纸币和硬币仍以法定货币形态存在。此后，新诞生的欧元完全替代了区内的各国货币。

ERM Ⅱ

一国加入EU后，便会商议加入ERM Ⅱ的时间。因为只有加入之后，才能以欧元为一方、以申请加入国货币为另一方制定出中心汇率，将波动维持在中心汇率上下15%的范围内。虽然丹麦克朗的允许波动幅度为15%，但丹麦中央银行近期却在推行更为严格的货币政策，将波动幅度缩小到仅有2.25%。

若一国能连续两年使本国货币符合ERM Ⅱ标准，同时满足《马斯特里赫特条约》规定的其他标准，该国便有资格使用欧元并加入欧元区。最终，欧洲大多数国家可能都会被纳入EMU，而且其他地区也会开始积极效仿，但这的确是好的体制吗？

货币联盟的利与弊（高级）

自从《马斯特里赫特条约》签署以来，经济学家就一直在激烈争论欧洲建立货币联盟是否合理。他们的争论通常都围绕一个问题——欧洲是否符合最优货币区的条件。

最优货币区

诺贝尔经济学奖获得者罗伯特·蒙代尔于1961年提出了**最优货币区**（optimum currency areas）的理论。蒙代尔认为最优货币区能实现汇率完全固定的微观收益与宏观调控成本二者的均衡。

跨境通用货币可以为投资者和企业增加价格的透明度（也就是说，民众更容易理解和跨境比较价格）、降低交易成本、消除汇率的不确定性，同时还能加大市场竞争力度。这些收益已经在欧洲得以实现，例如整个欧洲的汽车价格已经开始下降并趋于一致。欧盟委员会曾对上述微观收益进行估计，大约能占到整个欧盟 GDP 的 0.5%，这是相当大的数额。

实行单一货币的潜在成本就是成员国会丧失货币政策的独立性。在区域遭受不对称经济冲击时，这种独立性丧失的后果将会比较严重。不对称经济冲击包括某国主要出口商品的需求突然下降或者某国生产部门主要进口原料的价格突然上涨等等，概括来讲，就是单一货币区内的某些国家遭受冲击的程度较其他国家严重。在货币联盟体制下，遭受冲击的国家即使放松货币政策，也不具备应对经济冲击的能力。不仅如此，该国还不能对货币贬值。因此，货币政策独立性的丧失往往被认为会加剧经济衰退、恶化失业形势。

最优货币区理论认为货币区要想最大限度地取得成功，就应当很少出现非对称冲击。这相当于要求区域内的经济体具有相似的经济周期、相似的工业结构。如果不符合以上特征，就必须有相应的机制来消除非对称冲击，这就对人员和资金的流动性提出了要求。

为了有助于理解，以美国进行类比。假设亚洲国家对加利福尼亚的进口需求降低，引发加州失业率的上升，而油价的上涨却使田纳西经济繁荣发展。若加州劳动者向田纳西流动，则可使加州的失业率恢复到正常水平。若工资的灵活性很高，那么人员的流动性将会大幅提高。田纳西的工资水平很可能会上涨而加州的则可能会下降。不仅如此，联邦政府还可以通过财政拨备的方式帮助加州走出经济阴影。

欧洲是最优货币区吗

很多著名的美国经济学家都得出结论，认为欧洲并不特别适合建立货币联盟，原因如下：欧洲国家遭受的冲击往往非常不对称；文化、语言及法律的差异限制了人员的流动性；欧共体的预算规模太小，往往不能为陷入衰退的地区提供足够的资源。相对价格的变动可以解决不对称冲击的问题，而汇率制度的变迁则可以快速实现上述变动。

EMU 的拥护者认为那些持怀疑态度的学者对货币政策和汇率政策的实际效果信心过高。他们辩称一国货币的贬值可能只会导致本国的通货膨胀，而所获的竞争优势往往转瞬即逝。不仅如此，拥护者们还质疑人员流动性化解冲击的能力，即便在美国也是如此。理论认为暂时性的经济周期冲击要求暂时向职位充裕、生产力高的地区输入人力和资金，反之亦然。但即便在美国，如此短暂的大规模人员流动也不大可能发生，因为搬迁的成本太高。

甚至有一些学者提出这样的观点，如果美国的各地区或各州流通不同货币，其经济将会更加繁荣。还有些人将这种观点套用到欧洲，认为意大利更适宜采用两种货币："北里拉"适用于富裕的北部地区，"南里拉"则适用于贫穷的南部地区。持怀疑论的欧洲经济学家对新汇率制度解决意大利南部地区面临的结构性经济问题的可能性提出了质疑（Martin Feldstein，1992；Paul Krugman，1992；Hugh Rockoff，2000）。

最后需要指出，一旦建立货币同盟，经济冲击的性质就会开始改变，并且非对称性还会降低（Jeffrey Frankel and Andrew Rose，1998），出现这种现象的可能性极高。尽管欧元的全部作用还需要相当长的时间才能完全发挥出来，但 Francisco Paolo Mongelli 和 Juan Luis Vega（2006）近期进行的一项调查显示，起初关于 EMU 对成员国的疑虑已经消除。例如，区内贸易和金融一体化得到强化，经济周期的同步性依旧很高。[①] 单一货币的缔造者当初并没有为成员国的退出或被

① Gikas Hardouvelis，Dimitrios Malliaropoulos 和 Richard Priestley（2007）认为欧元的使用及经济、货币一体化降低了股权交易的成本。

驱逐设置任何条款，这一点非常方便。

小　　结

本章对全球范围内主要的货币制度安排进行了分析。要点概括如下：

1. 汇率制度主要可以分为三类：浮动汇率制度、汇率目标区制度以及钉住和固定汇率制度。不同的汇率制度承载着不同的货币风险。

2. 货币风险可以被概括为汇率变动的前瞻性条件分布和分布的波动性（分散）及偏斜度。这一分布可由汇率制度的方程来表示，而且一旦货币非自由浮动，不确定性将会增大。

3. 在多数社会中，政府主要通过中央银行控制货币供给。一旦货币发行量相对市场需求过大，通货膨胀便会滋生。

4. 中央银行的资产负债表包含着流通中的货币和金融机构持有的储备，这两项构成了中央银行的主要负债。同时，这两项还被称为基础货币。而中央银行的资产则包括外币有价证券（官方储备）、本币国债和对本国金融机构发放的贷款。

5. 若一国货币自由浮动，该国官方储备便失去了存在的价值，但现实中真正的浮动汇率制度根本不存在。取而代之的是，政府或者通过干预影响本国货币价值（肮脏浮动），或者官方宣布实行钉住汇率（或固定汇率）制度，再或者将汇率波动区间限定在一定范围内（汇率目标区制度或爬行钉住汇率制，后者的目标区随时间推移自动重新设定）。

6. 在肮脏汇率制度下，政府对货币价值通常实行冲销式干预，也就是说，中央银行通过公开市场操作冲销了干预本身对货币供给的影响。关于中央银行是否真能通过干预影响汇率水平和汇率的波动性，目前尚无定论。

7. 为实现钉住汇率制度，政府必须充当外币市场的做市商，在市场上外币私人供给量过大时购入外币，反之，在外币需求量过大时则出售外币。

8. 第二次世界大战后，世界各国主要实行固定汇率制度——布雷顿森林体系。该体系以黄金和美元为基础。1971 年该体系宣告瓦解。

9. 当前，很多发展中国家实行钉住汇率制，但钉住的汇率往往高得不切实际，货币贬值和货币危机导致的汇率制度变迁因此时有发生。为提高民众的信心，许多政府引进了货币局制度。在这种制度安排下，实现了以外币资产 100%保障本币。

10. 近来，汇率目标区制度受到追捧。最重要的一个代表就是 1979—1999 年期间的欧洲货币体系。在该体系下，汇率在设定的中心汇率 2.25%的范围内波动。

11. 欧盟曾经施行过多种汇率制度，希望能降低汇率的波动性。自 1999 年始，欧洲 15 国加入了使用单一货币——欧元、奉行单一货币政策的货币联盟。

简答题

1. 在浮动汇率条件下，应该如何量化外汇风险？

2. 为什么在固定汇率区间和钉住汇率制度下比较难以量化外汇风险？

3. 什么样的汇率制度是最可信的？

4. 中央银行是如何制造货币的？

6. 如果中央银行突然印制大量新货币将会有什么后果？

7. 外币汇率对货币供给的影响有哪些？中央银行如何抵消这种影响并对汇率有影响力？

8. 中央银行如何使本国货币价值钉住另一国货币的价值？

9. 描述两种外币汇率影响本国汇率的途径。

10. 布雷顿森林体系是什么？

11. 发展中国家如何以过高的价值保持货币钉住制度？谁将因货币的价值高估受益？谁又将受损？

12. 钉住汇率制度的潜在益处是什么？

13. 为了增加钉住汇率制度的可信度，描述在诸如中国香港和厄瓜多尔等地采用的两种不同的汇率制度。

14. 目标汇率区间与爬行钉住的区别是什么？

15. 中央银行是如何保护它们本国的货币的，例如，如果汇率在目标汇率区间或钉住某一值？

16. EMS是什么？

17. 一篮子货币指的是什么？

18.《马斯特里赫特条约》想要实现的目标是什么？

19. 最优货币区是什么？

20. 你认为货币联盟会对欧洲有益吗？

应用题

1. 快到1999年底的时候，津巴布韦央行为了将汇率稳定在38津巴布韦元/美元，私自要求各银行保持这一汇率。结果，在年底，以44津巴布韦元/美元交易的黑市发展了起来。对于津巴布韦的公司贮藏了2亿美元这样的消息，你会感到惊讶吗？请解释原因。

2. 在第3章，我们描述了如何使用远期合约来规避汇率风险。在钉住或有限浮动汇率制度下，进行资本管制的国家有时强迫进出口商进行风险规避。假设它们使用远期合约来规避风险，一个在未来收到外国货币支付的出口者应如何规避风险？这对于政府保持汇率钉住有何帮助？

3. 过去几年，前EMS成员之一比利时与南非之间实行双重汇率制度。这一制度在1990年3月和1995年3月分别被比利时和南非废除了。进出口交易在官方市场进行，资本交易在金融市场进行，在金融市场上汇率是自由浮动的。讨论：为什么这种制度将使投机者对贬值进行投机无法获利？

参考文献

"After a Devaluation, Two African Countries Fare Very Differently," May 10, 1995, *Wall Street Journal*.

Amegbeto, Koffi, and Alex Winter-Nelson, 1996, "Currency Devaluation and Resource Mobilization. A Computable General Equilibrium Analysis of Adjustment in Cameroon," University of Illinois working paper.

Beine, Michel, Jerome Lahaye, Sebastien Laurent, Christopher J. Neely, and Franz C. Palm, August 2006, "Central Bank Intervention and Exchange Rate Volatility, Its Continuous and Jump Components," working paper.

Bekaert, G., and S. Gray, 1998, "Target Zones and Exchange Rates: An Empirical Investigation," *Journal of International Economics* 45, pp. 1 - 45.

Bonser-Neal, Catherine, and Glenn Tanner, 1996, "Central Bank Intervention and the Volatility of Foreign Exchange Rates: Evidence from the Options Markets," *Journal of International Money and Finance* 15, pp. 853 - 878.

Canto, Victor, and Arthur Laffer, November-December 1991, "Everything You Always Wanted to Know About the European Monetary System, the ECU and ERM, but Didn't Know Who to Ask," *Financial Analysts Journal*, pp. 22 - 24.

"China's Reserves: A Money Machine," January 27, 2007, *The Economist*, p. 76.

De Grauwe, Paul, 1988, "Is the European Monetary System a DM Zone?" unpublished working paper.

De Grauwe, Paul, 1992, "The Economics of Monetary Integration," Oxford: Oxford University Press.

Dominguez, Kathryn M., 1998, "Central Bank Intervention and Exchange Rate Volatility," *Journal of International Money and Finance* 17, pp. 161 - 190.

Dominguez, Kathryn, and Jeffrey Frankel, 1993, "Does Foreign Exchange Intervention Matter? The Portfolio Effect," *American Economic Review* 83, pp. 1356 - 1369.

Dornbusch, Rudiger, June 2001, "Fewer Monies, Better Monies," National Bureau of Economic Research working paper.

Edwards, Sebastian, May 2001, "Dollarization and Economic Performance: An Empirical Investigation," National Bureau of Economic Research working paper.

Eichengreen, Barry, 1992, *Golden Fetters*, Oxford: Oxford University Press.

Feldstein, Martin, 1992, "The Case Against EMU," *The Economist*, pp. 23 - 26.

Folkerts-Landau, David, and Donald J. Mathieson, 1989, "The European System in the Context of the Integration of European Financial Markets," International Monetary Fund occasional paper no. 66.

Frankel, Jeffrey A., and Andrew K. Rose, 1998, "The Endogeneity of the Optimum Currency Area Criteria," *Economic Journal* 108, pp. 1009 - 1025.

Fratianni, Michele, Jürgen Von Hagen, and Christopher Waller, 1992, "The Maastricht Way to EMU," *Essays in International Finance* 187.

Friedman, Milton, 1953, "The Case for Flexible Exchange Rates," *Essays in Positive Economics*, Chicago: University of Chicago Press, pp. 157 - 203.

Galati, Gabriele, and Philip Wooldridge, 2006, "The Euro as a Reserve Currency: A Challenge to the Pre-eminence of the Dollar," Bank of International Settlements working paper no. 218.

Giavazzi, Francesco, and Alberto Giovannini, 1989, *Limiting Exchange Rate Flexibility: The European Monetary System*, Cambridge, MA: MIT Press.

Giavazzi, Francesco, and Marco Pagano, 1988, "The Advantage of Tying One's Hand: EMS Discipline and Central Bank Credibility," *European Economic Review* 32, pp. 1055 - 1075.

Gros, Daniel, and Niels Thygesen, 1988, "The EMS: Achievements, Current Issues and Directions for the Future," CEPS Papers, No. 35, Brussels: Centre for European Policy Studies.

Hardouvelis, Gikas A., Dimitrios Malliaropulos, and Richard Priestley, 2007, "The Impact of EMU on the Equity Cost of Capital," forthcoming, *Journal of International Money and Finance*.

Jeanne, Olivier, and Romain Ranciere, 2006, "The Optimal Level of International Reserves for Emerging Market Countries: Formulas and Applications," International Monetary Fund working paper.

Klein, Michael W., and Nancy P. Marion, 1997, "Explaining the Duration of Exchange Rate Pegs," *Journal of Development Economics* 54, p. 387.

Krugman, Paul, 1992, "Second Thoughts on EMU," *Japan and the World Economy* 4, pp. 187 -200.

Kwan, Yum K., and Francis T. Liu, 1996, "Hong Kong's Currency Board and Changing Monetary Regimes," National Bureau of Economic Research working paper no. 5723.

Leahy, Michael P., 1995, "The Profitability of U. S. Intervention in the Foreign Exchange Markets," *Journal of International Money and Finance* 14, pp. 823 - 844.

Lyons, Richard K., May 1997, "A Simultaneous Trade Model of the Foreign Exchange Hot Potato," *Journal of International Economics* 42, pp. 275 - 298.

"Maastricht at a Glance," October 17, 1992, *The Economist*, pp. 60 - 61.

McKinnon, Ronald, Winter 1988, "Monetary and Exchange Rate Policies for International Financial Stability: A Proposal," *Journal of Economic Perspectives* 2, p. N. 1.

Mishkin, Frederic S., 1992, *The Economics of Money, Banking, and Financial Markets*, 3rd ed., New York: HarperCollins Publishers.

Mongelli, Francesco Paolo, and Juan Luis Vega, March 2006, "What Effects Is EMU Having on the Euro Area and Its Member Countries? An Overview," European Central Bank working paper 599.

Mundell, Robert, 1961, "A Theory of Optimum Currency Areas," *The American Economic Review*, LI, No. 4, pp. 509 - 517.

Neely, Christopher J., 2006, "Authorities' Beliefs About Foreign Exchange Intervention: Getting Back Under the Hood," working paper.

Papaioannou, Elias, Richard Portes, and Gregorios Siourounis, 2006, "Optimal Currency Shares in International Reserves: The Impact of the Euro and the Prospects for the Dollar," European Central Bank working paper.

Prasad, Eswar, Thomas Rumbaugh, and Qing Wang, 2005, "Putting the Cart Before the Horse? Capital Account Liberalization and Exchange Rate Flexibility in China." International Monetary Fund policy discussion paper.

Rockoff, Hugh, 2000, "How Long Did It Take the United States to Become an Optimal Currency Area," working paper.

Rosenberg, Michael, 1992, "Central Bank Intervention and the Determination of Exchange Rates," Merrill Lynch.

Roubini, Nouriel, "The Case Against Currency Boards," http://www.geocities.com/Eureka/Concourse/8751/jurus/vs-cbs.htm.

Sargent, Thomas, 1999, "A Primer on Monetary and Fiscal Policy," *Journal of Banking and Finance* 23, pp. 1463 - 1482.

Sargent, Thomas, and Neil Wallace, 1981, "Some Unpleasant Monetarist Arithmetic," *Federal Reserve Bank of Minneapolis Economic Review*.

Schuler, Kurt, 2000, "Basics of Dollarization," Joint Economic Committee Staff Report, U.S. Congress, www.globalpolicy.org/nations/sovereign/dollar/2000/01basics.htm.

Svensson, Lars E. O., 1992, "The Foreign Exchange Risk Premium in a Target Zone with Devaluation Risk," *Journal of International Economics* 33, pp. 21 - 40.

Von Hagen, Jurgen, and Manfred J. M. Neumann, 1994, "Real Exchange Rates within and between Currency Areas: How Far Away is EMU?" *Review of Economics and Statistics*, pp. 236 - 244.

Williamson, John, May 1987, "Exchange Rate Management: The Role of Target Zones," *American Economic Review* 77, p. N. 2.

第2部分

国际平价条件与汇率的决定

第 6 章

利率平价

金·迪尔是一家欧洲银行瑞士联合银行的投资组合管理经理，她正考虑在两个 1 000 万欧元的投资项目之间做出选择：或者投资于 1 年期的欧元存款，或者投资于 1 年期的日元存款。若投资于后者，她必然对外汇兑换风险存有顾虑，于是她决定对其投资进行全面的套期保值。这两种投资的相对报酬受到四个变量的驱动：欧元利率，即期日元对欧元汇率，远期日元对欧元汇率以及日元利率。

利率平价描述了在即期汇率和远期汇率之间以及与这两种货币相关的名义利率之间的非套利关系，这种关系被称为**抛补利率平价**（covered interest rate parity）。本章表明，利率平价意味着外汇市场上的远期升水和贴水抵消了利率差异，从而消除了通过借入低利率货币、贷出高利率货币，以及通过规避外汇兑换风险进行套利的可能性。利率平价是国际金融中的一种重要的平衡关系。

由于存在着以不同货币借入和贷出的机会，企业可以通过资金市场套期保值规避交易的外汇兑换风险。我们还将强调，当满足利率平价时，资金市场套期保值等同于本书第 3 章所讲的针对交易外汇兑换风险所做的远期市场套期保值。此外，我们还可以运用利率平价得到长期外汇期货汇率。认识长期外汇期货汇率有助于对未来多年的兑换率进行预测，这是评估海外项目的一项重要工具。

6.1 抛补利率平价理论

在国际资金市场上，两种货币间的利率之差约等于这两种货币的远期利率与即期利率间相差的百分比。若非如此，交易者就有了赚取套利利润的机会。本节我们首先用几个例子说明这种利率平价关系的基本常识，然后再对其进行正式的探讨。本节的结束部分将举例说明当对价关系受到干扰时，套利的结果将会怎样。如果有些学生对利率的有关概念不够明了，本章的“资金的时间价值”专栏将提供一个简要的回顾。

例 6.1 金·迪尔的投资机会

现在我们来考虑本章开头时提到的基于欧洲市场的投资组合经理金·迪尔的情况。金试图确定如何投资 1 000 万欧元，她必须在 1 年期的欧元存款或 1 年期的日元存款两个投资之间做出选择。若选择后者，她势必担心外汇风险的发生，但她也清楚，她可以运用适当的远期合约消除这一风险。

假设金拥有下列数据：

欧元（€）利率：年利率 3.520 0%

日元（¥）利率：年利率 0.593 8%

即期汇率：¥146.030 0/€

1 年期远期汇率：¥141.902 1/€

金该如何选择银行存款的投资，才能收回最多的欧元？

分析时，我们首先计算投资于欧元资产收回的欧元金额。如果金按 3.520 0%的年利率投资 1 000万欧元，一年后，她将得到：

$$€10\,000\,000 \times 1.035\,2 = €10\,352\,000$$

其次，我们计算她将 1 000 万欧元投资于日元资产后收回的欧元金额。这个分析需要三个步骤：

步骤 1 将欧元本金在即期外汇市场兑换成日元。按当前的即期汇率，1 000 万欧元可购买：

$$€10\,000\,000 \times (¥146.03/€) = ¥1\,460\,300\,000$$

这就是金的日元本金。

步骤 2 计算以日元标价的利息加本金。金可按 0.593 8%的利率投资她的日元本金。于是，金在一年以后将得到日元本金和利息共计：

$$¥1\,460\,300\,000 \times 1.005\,938 = ¥1\,468\,971\,261$$

步骤 3 以 1 年期的远期合约对交易进行套期保值。

金知道，如果她现在不对交易面临的外汇风险采取规避举措，她就要在一年后按将来的即期汇率出售¥1 468 971 261 以获得欧元，她可能要承担日元相对于欧元将会贬值的外汇风险。金也意识到这一未做套期保值的投资不具备与欧元银行投资相同的风险特征。未做套期保值的投资面临外汇风险；而欧元投资能获得确定金额的欧元收入。如我们在第 3 章所述，交易的外汇风险可通过出售日元远期合约换取欧元得以消除。在本案例中，金应做一个合约，约定按 1 年期远期汇率¥141.902 1/€出售¥1 468 971 261 以换取欧元。一年后她将得到：

$$¥1\,468\,971\,261/(¥141.902\,1/€) = €10\,352\,005$$

这样，尽管她有机会按 3.52%投资于欧元或按 0.593 8%投资于日元，金还是通过投资于日元并规避外汇风险的方式得到了略好一点的回报。但是，由于两种投资的报酬之差仅为1 000万欧元以日元投资 1 年后多出的 5 欧元利息，且这仅仅是一个基点（0.01%）的千分之五，我们的结论是两种投资的回收金额基本相同。

利率平价的基本原理

购买远期货币的两个途径

假定BMW打算90天以后以欧元购买美元，用以偿付商务欠款。这项业务可以采取两种方式完成。第一种方法是BMW签署一项远期外汇合约，按90天的远期汇率以欧元购买美元。第二种方法，由于BMW不愿在当前付出欧元，BMW在90天后以欧元购买美元就需完成三笔交易：(1) BMW可先借入欧元，期限90天；(2) 用借入的欧元按即期汇率从外汇市场买入美元；(3) 将这些美元进行投资，期限90天。90天结束时，BMW需要归还所借欧元的本金和利息，同时收到其美元投资的本金和利息。注意，BMW要在90天以后购买美元，需要公司付出欧元的唯一现金流出也发生在90天以后。90天以后以欧元购买美元存在两种方法，这意味着两种方法之下付出欧元的成本必然相同，否则就存在套利的机会。

为什么会有利率平价

远期汇率使得投资者可以通过合约在将来购进或售出货币。由于单位货币的未来价值取决于该货币的利率，远期汇率必然与该货币的即期汇率以及两种货币的名义利率相关联。利率平价将即期汇率和远期汇率以及两种货币的名义利率联系起来。无须记住即期汇率和远期汇率如何标价的公式，当利用远期外汇市场消除外汇风险时，你只需要将利率平价视为在可比资金市场上不同资产获得的等值回收金额。例6.1说明满足利率平价时，两种以欧元计价的投资的回收金额相同。

如果有效市场能够维持利率平价，政府就不再需要控制套利交易。当有效市场的条件欠缺时，交易者则可通过**抛补利率套利**（covered interest rate arbitrage）套取超额利润。抛补意味着投资不会蒙受外汇风险。金·迪尔通过投资于日元并“抛补”日元汇率风险所得到的报酬通常被称为抛补收益。下一个例子将说明当利率平价无法满足时，如何赚取抛补收益。

例6.2　凯文·安东尼的套利交易机会

假设凯文·安东尼有\$10 000 000可用于投资，有关数据如下。

美元年利率：8.0%

英镑年利率：12.0%

即期汇率：\$1.60/£

1年期远期汇率：\$1.53/£

按例6.1的方法进行计算的结果表明，如果凯文按8%的利率将\$10 000 000投资于美元资产，他将得到：

$$\$10\ 000\ 000\times1.08\%=\$10\ 800\ 000$$

若凯文将\$10 000 000兑换为英镑，他将得到：

$$\$10\ 000\ 000/(\$1.60/£)=£6\ 250\ 000$$

以当前的即期汇率获得的英镑资产，按12%的利率计算，他将连本带利得到：

$$£6\ 250\ 000\times1.12=£7\ 000\ 000$$

出售这些远期英镑，收回的美元金额为：

£7 000 000×($1.53/£)=$10 710 000

所以，尽管凯文有按12%利率投资于英镑和按8%利率投资于美元这两种选择，但他投资于美元的收益更多。但凯文会就此罢手吗？

如果我们允许凯文按美元8%利率、英镑12%利率借款或贷款，现在，凯文不再简单地选择投资于美元还是英镑，他要借入英镑投资于美元。这样做对他来讲有意义吗？

每借入£1 000 000，1年后他需要偿还：

£1 000 000×1.12=£1 120 000

让我们看看，如果他将英镑本金在即期市场兑换成美元，再按8%利率投资于美元，并通过在远期市场出售美元本金和利息的方式抛补外汇风险，1年后他将得到多少。这次我们还是需要三个步骤。

步骤1 按即期汇率$1.60/£将英镑兑换成美元：

£1 000 000×($1.60/£)=$1 600 000

步骤2 按8%计算美元利息和本金：

$1 600 000×1.08=$1 728 000

步骤3 通过签订远期合约，按$1.53/£出售美元本金和利息：

$1 728 000/($1.53/£)=£1 129 411.76

抛补套利的交易使借入的£1 000 000产生了无风险利润：

£1 129 411.76－£1 120 000=£9 411.76

如果利率和即期汇率、远期汇率的实际情况与例6.2相同，银行和投资者会纷纷借入英镑，兑换为美元，投资于美元然后在远期市场将美元本金和利息出售，换取英镑。这种套利交易会迅速消除获利的机会。过多的英镑借款需求会促使英镑利率上升；出售英镑换取美元会降低美元对英镑的即期汇率；贷出美元会降低美元的利率，而用美元购买远期英镑会使美元对英镑的远期汇率上升。各项变动都会削减按当前价格计算出的套利利润。

资金的时间价值

利率在不同时点为买入和卖出特定货币提供了不同的市场价格。如果你将1美元按1年的期限出售（即你贷给他们1美元），他们1年以后需偿还给你1美元加1年的美元利率。同样，如果你今天从某人那里借入1英镑，并承诺1年以后归还（即你借入英镑），1年之后为今天1英镑所支付的价格为1英镑加1年的英镑利率。于是，利率为不同时期的货币运动提供了价格，因此利率也被称为资金的时间价值。

与资金时间价值相关的两个基本概念是**现值**（present value）和**终值**（future value）。以下是有关现值和终值的案例。

例6.3 莉萨·道林的彩金选择

假设莉萨·道林刚刚赢得伦敦每日抽彩的大奖，博彩公司还允许她选择不同的获奖方式。博彩公司可以现在付给她£100 000，或者1年以后付给她£110 000。假设伦敦银行明年的存款利率为11%，她应接受哪种获奖方式呢？

首先，我们知道如果莉萨今天存入银行£100 000，她1年后能得到一笔英镑，按终值（*FA*）表示，应等于：

$$FV=£100\,000+0.11\times £100\,000=£100\,000\times 1.11=£111\,000$$

$$FV=\text{偿还的本金}+\text{本金的利息}$$

我们说，£111 000是今天£100 000在1年以后年利率为11%时的终值。由于这比博彩公司1年以后承诺给她的金额还要高，所以她应选择现在就得到这笔彩金。

终值（*FV*）有时也被称为复利终值。在我们的案例中，莉萨只收到一次利息，因为只有1年的计息期，且利息是按年标定的单利。如果利率按多于一年一次的频度标定，或计息期多于1年，莉萨就会多次收到利息，还会得到先期利息所滋生的利息。由利息滋生的利息被称为复利。

分析莉萨彩金选择的另一种方法是，如果莉萨想在1年以后得到£110 000，试问她现在必须投入多少资金。这种方法计算了博彩公司承诺的未来现金流量的现值（*PV*）。我们想知道的是按现值表示的、等于莉萨在1年以后按£110 000的现值金额及11%利率赚取利息后的英镑金额到底是多少。通过代数式，我们得出：

$$PV\times 1.11=£110\,000$$

求解*PV*，得到未来英镑的现值：

$$PV=£110\,000/1.11=£99\,099.10$$

$$PV=\frac{\text{终值}}{1+\text{利率}}$$

莉萨的决策还是一样的。她应该现在就拿到£100 000。如果她想在1年以后得到£110 000，她可以存入银行£99 099.10，并在现在消费掉剩下的£900.90。当利率出现在现值计算公式的分母中时，如上列公式所示，利率常被称为**贴现率**（discount rates）。对现值和终值的分析都能使莉萨得出相同的结论。在解决涉及现金流时间价值方面的问题上都是如此，不论按英镑、美元还是日元标价。由于利率因标定货币不同而异，我们必须使用某种特定货币标定的利率来理解货币的时间价值。

计算利率平价

利率平价的一般表达式

现在，让我们考虑以代数式表达的利率平价推导过程。我们的目标是推导出在资金市场上没有套利机会时，能够归纳两种不同货币的利率以及这些货币的即期汇率和远期汇率之间关系的表达式。各符号所代表的内容如下：

i=某一期间本国货币利率

i^*=某一期间外国货币利率

S=即期汇率（本国货币/外国货币）

F=某一期间的远期汇率（本国货币/外国货币）

假设某投资者拥有一单位本国货币，正考虑在 t 时刻从两种方案中做出投资选择。选择 1 是投资一单位的本国货币以赚取本金带来的本国货币利息。选择 2 是将一单位的本国货币兑换成外国货币，将外国货币进行投资，赚取外币利息，并通过合约约定在远期市场出售外币本息，以将来换取本币的方式消除外汇风险。每种投资均在同一期间获得本币收回额。

选择 1 投资一单位本币，投资期结束后获得 $[1+i]$ 单位本币（收回本息）。

选择 2 将一单位本币兑换成外币，在当前的即期外汇市场得到 $[1/S]$ 单位外币。此金额亦为外币本金，投资这 $[1/S]$ 单位的外币，投资期结束后获得 $[1/S]\times[1+i^*]$ 单位外币（收回本息）。

由于未来将要收到的外币还本付息金额现在即可得知，所以通过合约约定在远期市场出售外币换取本币，在投资期结束后就能得到 $[1/S]\times[1+i]\times F$ 单位本币。

由于选择 1 和选择 2 均以一单位本币为基础，又由于投资期结束后二者均能收回特定金额的本币，而收回的本币必须相等，所以两个收回金额相等的公式为：

$$[1+i]=[1/S]\times[1+i^*]\times F \tag{6.1}$$

这就是利率平价的表达方式之一。

利率平价与远期升水和贴水

尽管等式（6.1）提供了满足利率平价的两种利率和即期汇率、远期汇率之间的关系，人们却常以另一种等式来描述利率平价。通过利用代数式，我们可以推导出两种货币的利差以及远期升水或贴水。首先，等式两边都除以 $[1+i^*]$：

$$\frac{1+i}{1+i^*}=\frac{F}{S} \tag{6.2}$$

然后，等式（6.2）两边各减去 1，两边各用不同的公分母，得到：

$$\frac{1+i}{1+i^*}-\frac{1+i^*}{1+i^*}=\frac{F}{S}-\frac{S}{S}$$

经过简化，得出的结果是当汇率按单位外币兑换多少本币的直接标价法表达时的利率平价计算公式：

$$\frac{i-i^*}{1+i^*}=\frac{F-S}{S} \tag{6.3}$$

注意，等式（6.3）右边是外币的远期升水，等式左边的分子是本币与外币之间的利率差。通常，较随意的说法认为，利率平价要求利率差与远期外汇市场上的远期贴水或升水相等。对于单利利率，等式（6.3）的利率平价算式强调了这一表达方式为近似计算，因为它忽略了等式左边的分母 $[1+i^*]$ 项。这一忽略也是合理的，因为该项接近于 1，特别是在距到期日较近时。

通过利率平价的计算公式（6.3），我们了解到如果本币利率大于外币利率，外币在远期市场上必须有一个升水，即远期汇率（本币/外币）必须高于即期汇率。同样地，若本币利率低于外币利率，则外币在远期市场必须折价出售。让我们来探讨这些结论背后的原理。

注意，公式（6.1）是我们为两个投资机会所做的结果相等的初始表达式，当时外币处于升水状态（即远期汇率高于即期汇率），某投资者在即期市场购买外币并约定在远期市场出售，从而锁定了一个本币的资本利得。这一资本利得提供了外币投资的额外报酬。但是，当本币利率高于外币利率时，需要有一个外币资本利得去平衡这两个报酬。反过来，当外币利率高于本币利率时，本国投资者在即期市场购买外币并在远期出售，就会蒙受资本损失。若非如此，外汇投资就会特别吸引人。资本损失的产生源于远期汇率（本币/外币）低于即期汇率。在此情况下，本国投资者在购买即期外汇并出售远期外汇时，则锁定了一项资本损失。

让我们回顾金·迪尔的情况并计算日元的远期升水。这需要我们计算每欧元反过来可兑换多少相应的日元金额。于是，日元的远期升水等于：

$$\frac{F-S}{S}=\frac{\frac{1}{¥141.902\,1/€}-\frac{1}{¥146.03/€}}{\frac{1}{¥146.03/€}}=2.91\%$$

投资于日元并将日元的投资收回额在一年以后按远期售出，金能够赚到这笔升水。当然，这个升水补偿了日元投资的较低利率。注意利率差（欧元－日元）为 3.52% － 0.593 8%＝2.93%，约等于远期升水。

利率平价与连续复利利率（高级）

在第 2 章，我们介绍了连续复利利率和自然对数。当利率为连续复利时，利率平价具有极佳的代表性。现在，令 i 和 i^* 分别代表基于连续复利的本币和外币利率。投资一单位本币，一个期间后得到 exp［i］单位的本币。如果我们将一单位本币兑换成外币，投资该外币，并抛补利率风险，我们将得到［1/S］exp［i^*］F 的本币收回金额。现在，令这两个本币收回金额相等，我们得到：

$$\exp[i]=[1/S]\times\exp[i^*]\times F \tag{6.4}$$

对等式（6.4）两边各取自然对数并重新整理各项目，我们得到：

$$i-i^*=\ln[F]-\ln[S] \tag{6.5}$$

等式（6.5）左边是两种货币连续复利率之间的利率差，等式右边是按连续复利条件表示的远期升水或贴水。由此可见，利率平价被准确地描述为连续复利利率差与连续复利下的远期升水或贴水恰好相等。

抛补利率平价

在例 6.2 中，有关指标破坏了利率平价条件，凯文·安东尼更乐于直接用美元投资，因为比起抛补英镑投资，美元投资能获得更多的报酬。用符号表示，我们得到：

$$[1+i(\$)]>[1/S]\times[1+i(£)]\times F \tag{6.6}$$

式中，美元利率为 $i(\$)$，英镑利率为 $i(£)$，汇率单位为每英镑换取多少美元。以数字表示，我们得到：

$$1+0.08>\frac{1}{\$1.60/£}\times[1+0.12]\times\$1.53/£=1.071$$

例 6.2 延伸了式（6.6）的暗示。投资者在面临这样的利率和汇率时能够通过借入英镑，在即期市场将英镑换成美元，投资于美元，约定在远期市场出售美元本金和利息以抛补外汇风险的方式获利。为了说明这一点，我们在式（6.6）两边同时乘以 S 和［1/F］，得到：

$$S\times[1+i(\$)\times[1/F]>[1+i(£)] \tag{6.7}$$

不等式（6.7）的右边是投资者借入每一英镑的成本。对于凯文来讲，是£1.12。不等式左边是通过将借入的英镑兑换成美元，将美元投资，再按合约出售远期美元本息换取英镑后，每一英镑投资收回的金额。对于凯文来讲，该交易将获得收益£1.129 4。该不等式表明，在这种利率和汇率状况下，确有套利的可能性，凯文每借入£100 将获得£0.94 的收益。

由于贷出报酬大于借入成本，造就了抛补利率套利的机会，每个人都试图借入无限多的英镑，将其兑换为美元，投资于美元，再出售远期美元换取英镑。很明显，这样的利率和汇率不会维持太久。

方形图表

抛补利率套利的思路可以用方形图表来展示，类似于我们用图表 2.7 展示的三角套利图示法。图表 6.1 以一个方形图表展示了抛补利率套利的过程。

图表 6.1　　　　抛补利率套利图

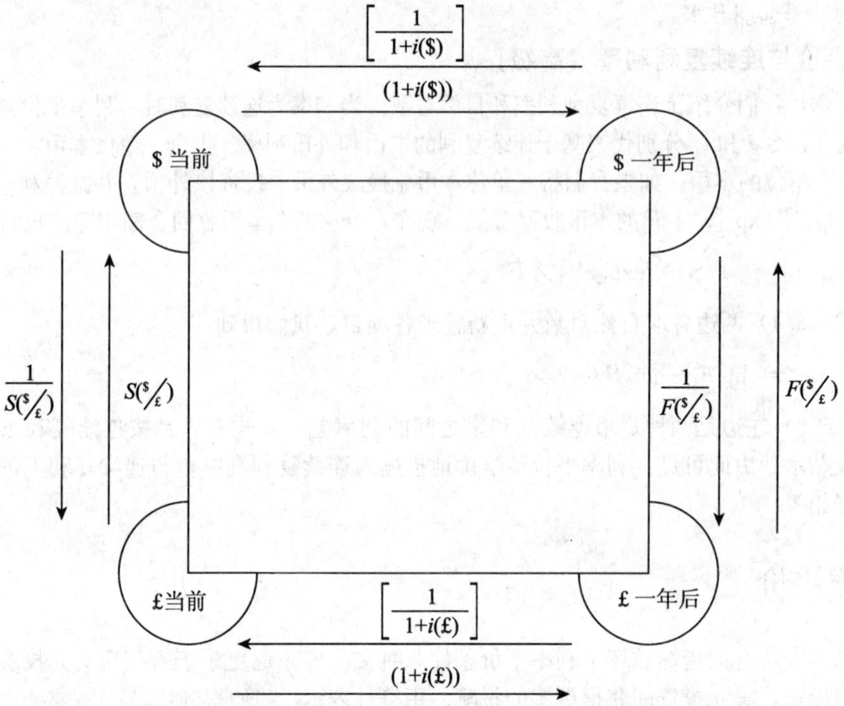

注：各箭头线所用汇率和利率，表示从箭头线起点出售一单位的该种货币，得到箭头线的终点所表示的该货币资金量。例如，“$当前”节点代表 1 年后出售 1 美元，换得 [1+i($)] 美元。

在图表 6.1 中，每个节点各代表当前的美元或英镑，或未来某时点的美元或英镑。与图表 2.7 一样，箭头线表示了从一个节点到另一个节点的运动方向，每条线都标明了按不同货币表示的相应收入或价格，箭头线终点的收入是从箭头线起点交易每一单位该货币的结果。利率提供了资金从当前移动到未来某日的价格。汇率提供了以即期汇率在当前或以远期汇率在未来某日从一种货币转化为另一种货币的收入。

例如，如果你处于代表当前英镑的节点，你打算在未来时期投资 1 英镑，英镑在未来的收入是 $[1+i(£)]$。同样地，如果你将自己置于未来某日的美元节点，要付出 1 美元，你当前就必须得到$\frac{1}{1+i(\$)}$美元。当前获得美元、将来付出美元相当于当前借入美元，在到期日你需要还本付息。因此，为得到 1 美元的还本付息金额，你当前只需要借入$\frac{1}{1+i(\$)}$美元。如果你处于代表当前美元的节点，美元获得的英镑收入为$\frac{1}{S(\$/£)}$。如果你处于未来英镑的节点，则 1 英镑可得到

美元 $F(\$/£)$。

在例 6.2 描述的凯文·安东尼所做的抛补利率套利交易中，我们按顺时针方向在方形图表中运动，起始于未来英镑节点。首先我们购买当前的英镑（即我们借入一定金额的英镑，承诺在未来偿还 1 英镑），并用借入的英镑购买当前的美元，获得美元本金 $\frac{S(\$/£)}{1+i(£)}$。然后我们出售当前的美元，换取未来的美元（通过投资当前的美元），我们再通过利用远期合约，出售未来的美元以换取未来的英镑。这一系列交易赚到了利润。

如果我们从未来英镑节点出发，按顺时针方向围绕方形图表运动一周，在每个节点都出售一单位货币，我们最后将售出未来的 1 英镑。售出这未来 1 英镑的总收入可以通过将出售 1 单位货币所用的四个价格相乘得到：

$$(\text{当前}£/\text{未来}£)\times(\text{当前}\$/\text{当前}£)\times(\text{未来}\$/\text{当前}\$)\times(\text{未来}£/\text{未来}\$)$$
$$=\frac{1}{1+i(£)}\times[S(\$/£)]\times[1+i(\$)]\times\frac{1}{F(\$/£)} \tag{6.8}$$

等式（6.8）右边的式子得到的结果会大于 1。[这个结论可通过将不等式（6.7）的左右两边各除以其右边的值得出。] 在我们进行套利时得到了利润，因为我们未来出售 1 英镑能够得到多于 1 英镑的收入。必须确信，按这样的价格，你从任何节点出发，按顺时针方向运动一周，都能赚到利润，因为在这种违背利率平价的个案下，从任何节点开始的 1 单位价格会永远高于 1。

让我们再次回顾凯文·安东尼的例题（例 6.2）。图表 6.2 显示，凯文·安东尼的交易始于当前的 \$10 000 000。他通过按 8%投资这笔美元，在一年之后能够得到 \$10 800 000。远期出售这笔美元换取英镑，在未来将得到£7 058 823.5。由于凯文确知将要得到的英镑金额，他可以现在就购进£7 058 823.5 的现值，即£6 302 521。但这些金额的英镑现在价值 \$10 084 034，比凯文的投资多出 \$84 034，因而他锁定了一笔可观的利润。注意，想要这笔套利交易生效，凯文必须在价格发生变动之前同时介入这些交易。处于境外货币市场的交易者对这类交易已驾轻就熟，我们下一节将探讨这种交易。

图表 6.2　　凯文·安东尼的套利交易

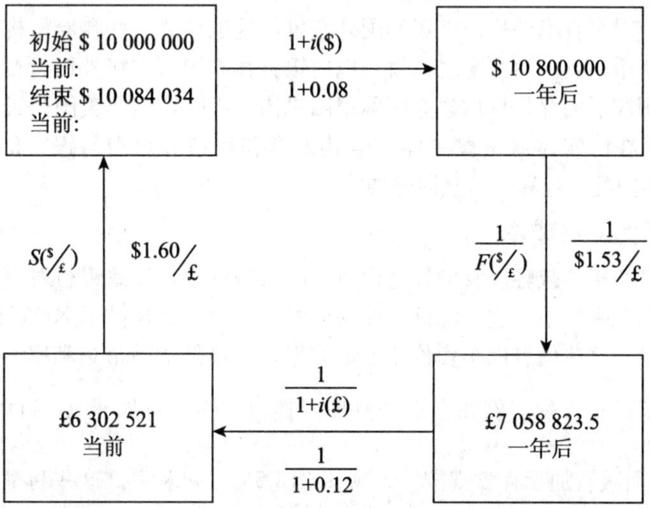

注：凯文的交易起始于左上角栏的当前 \$10 000 000，按顺时针方向运行，按合约围绕方框移动，结果得到当前 \$10 084 034。

6.2 抛补利率平价实务

如第 2 章所述，外汇市场存在交易成本。显然，在我们评估套利机会的可能性时，必须考虑这些因素。对个体投资者来讲，不可能按同一利率借入和贷出，这就造成了一个类型的交易成本。银行向客户收取的贷款利率会高于银行向客户支付的存款利率。为量化这些交易成本及其对抛补利率套利交易利润的负面影响，我们首先探讨境外货币市场。境外货币市场是与外汇市场密切相关的银行间同业市场。

境外货币市场

境外货币市场（external currency market）是针对以不在该银行经营所在国的货币计价的存款和贷款的银行市场。其清算程序与外汇市场的清算程序相同，其利率也在相同的电脑显示屏上滚动。

第一种这类存款和贷款被称为欧洲美元，因为它们是按美元标价的、存放在欧洲银行的存款。尽管境外货币市场曾经被限制在欧洲美元上，但这个思路迅速得到推广。现在，在全世界的金融中心，都有许多币种的境外货币市场。例如，法兰克福的银行按英镑计价的存款和贷款，香港和东京的银行拥有的欧元存款和贷款，巴黎或纽约的银行拥有的日元存款和贷款等。许多市场参与者仍使用“欧洲货币”一词形容这个市场，但赋予了它国际化的内涵，特别是当欧元在欧洲大陆流通之后，“境外货币市场”一词显得更为恰当。

境外货币市场持续繁荣发展的原因之一是，接受存款和发放贷款的银行只需遵循该银行经营所在国政府的法律法规，并不需要遵循存款与贷款计价货币的发行国政府的有关法律法规。这些法律规范包括各银行需要在本国中央银行存有的存款准备金限额（见第 5 章）。由于存款准备金限额对外币存款的要求往往低于对本币存款的要求，银行可将这部分存款的很大一部分贷出。因此，外币存款具有更强的潜在获利能力。

境内银行需要应对来自境外货币市场的国外竞争，这也导致一些政府机构将本国发行的国内货币存款视同境外货币存款。简而言之，就是境内银行在本国可按境外银行行事。例如，美国的金融法规允许在美国注册的存款机构建立国际银团机构（IBF），向非美国公民吸收存款和发放贷款。IBF 并非独立存在的实体或法律主体，但其资产和负债账户需与银行的其他账户区分开。IBF 的账户可遵循不同的法规和准备金限额要求。

境外货币市场的交易成本

在实务中，法规负担的减轻以及境外货币市场的激烈竞争，导致银行对存款付出的利率和对贷款收取的利率之间差别很小。这就降低了交易成本。图表 6.3 提供了 2006 年 6 月 27 日《金融时报》上的相关信息，这些信息以买卖价差的形式报告了境外货币市场利率。这个标价说明，在正常时期，买卖价差是很小的。例如在 3 个月期限档次，银行对加元（CAD）贷款将按 $4\frac{3}{8}$ 或 4.375%计收利息，而吸收加元存款则按 $4\frac{5}{16}$ 或 4.312 5%计付利息。这些利率都是按照每年多少百分点报价的。为确定 3 个月期的适用利率，我们需要将报价利率除以 100（将百分比标价转换为十进位的指标），然后再乘以投资的实际期限占一年的份额。

多数按年标价的境外货币利率均按一年 360 天计算，只有英镑例外，它是按 1 年 365 天计算的。实际收到的利息是年利率乘以存款的实际天数与一年的假定天数之比。这样，若 3 月期的加元存款实际存期为 90 天，分解年利率，得到 3 个月期利率为：

4.312 5×(1/100)×(90/360)=0.010 781

图表 6.3　　境外货币市场利率表

6 月 26 日	短期	7 天通知存款	1 个月	3 个月	6 个月	1 年
欧元	$2\frac{27}{32}$～$2\frac{13}{16}$	$2\frac{7}{8}$～$2\frac{27}{32}$	$2\frac{15}{16}$～$2\frac{27}{32}$	$3\frac{1}{32}$～$2\frac{31}{32}$	$3\frac{7}{32}$～$2\frac{1}{8}$	$3\frac{15}{32}$～$2\frac{7}{16}$
丹麦克朗	$2\frac{7}{8}$～$2\frac{11}{16}$	$3\frac{1}{16}$～$2\frac{7}{8}$	$3\frac{1}{32}$～$2\frac{15}{16}$	$3\frac{3}{32}$～2	$3\frac{9}{32}$～$3\frac{3}{16}$	$3\frac{9}{32}$～$3\frac{15}{32}$
英镑	$4\frac{9}{16}$～$4\frac{17}{32}$	$4\frac{5}{8}$～$4\frac{17}{32}$	$4\frac{21}{32}$～$4\frac{19}{32}$	$4\frac{11}{16}$～$4\frac{21}{32}$	$4\frac{13}{16}$～$4\frac{3}{4}$	$5\frac{3}{32}$～$4\frac{31}{32}$
瑞士法郎	$1\frac{1}{4}$～$1\frac{3}{32}$	$1\frac{7}{16}$～$1\frac{3}{8}$	$1\frac{7}{16}$～$1\frac{3}{8}$	$1\frac{1}{2}$～$1\frac{7}{16}$	$1\frac{21}{32}$～$1\frac{19}{32}$	$1\frac{15}{16}$～$1\frac{7}{8}$
加元	$4\frac{1}{4}$～$4\frac{3}{16}$	$4\frac{9}{32}$～$4\frac{3}{16}$	$4\frac{11}{32}$～$4\frac{1}{4}$	$4\frac{3}{8}$～$4\frac{5}{16}$	$4\frac{1}{2}$～$4\frac{13}{32}$	$4\frac{11}{16}$～$4\frac{5}{8}$
美元	$5\frac{3}{32}$～$4\frac{31}{16}$	$5\frac{5}{16}$～$5\frac{9}{32}$	$5\frac{11}{32}$～$5\frac{9}{32}$	$5\frac{11}{32}$～$5\frac{9}{32}$	$5\frac{5}{8}$～$5\frac{9}{16}$	$5\frac{25}{32}$～$5\frac{11}{16}$
日元	$\frac{1}{16}$～$\frac{1}{32}$	$\frac{1}{8}$～$\frac{1}{16}$	$\frac{3}{16}$～$\frac{1}{8}$	$\frac{3}{8}$～$\frac{5}{16}$	$\frac{7}{16}$～$\frac{11}{32}$	$\frac{5}{8}$～$\frac{9}{16}$
新加坡元	$3\frac{3}{8}$～$3\frac{1}{8}$	$3\frac{7}{16}$～$3\frac{3}{16}$	$3\frac{1}{2}$～$3\frac{1}{4}$	$3\frac{1}{2}$～$3\frac{1}{4}$	$3\frac{25}{32}$～$3\frac{11}{16}$	$3\frac{25}{32}$～$3\frac{11}{16}$

资料来源：路透社。短期利率要求美元和日元，其他为 2 天通知存款。

资料来源：From the June 27，2006，*Financial Times*. Copyright © 2006 Financial Times.

对于期限为 3 个月的借款利率，分解年利率，得到 3 个月期利率为：

4.375×(1/100)×(90/360)=0.010 938

因此，每存入 CAD1 000 000，90 天以后能得到本息合计：

CAD1 000 000×1.010 781=CAD1 010 781

每借入 CAD1 000 000，90 天后将偿还：

CAD1 000 000×1.010 938=CAD1 010 938

通过这两笔交易，你将损失 CAD157 的本金，或 0.015 7%，这正是买卖价差，可以与外汇市场的那些报价相比较。注意买卖价差就是外汇市场报价中年度买卖价差 0.062 5%的四分之一。

存贷款利率报价可从银行间同业市场的电子通信网络系统获得，正如第 2、3 章所讨论的即期汇率、远期汇率报价系统一样。境外货币市场的最低交易量一般为 100 万美元。最高交易量并不统一，因为贷款银行需按借款银行的违约风险确定贷给借款银行的金额上限。

境外货币市场对资本市场的影响

银行间同业市场的境外货币报价实际上奠定了投资者和公司借款与贷款的利率基础。想要参与这一市场的投资者或公司一般需要对其存款交一笔小额的手续费。例如，根据图表 6.3，若一家银行报价将按 4.312 5%从银行间同业市场接受期限 3 个月的加元存款，则对一家公司客户来讲，存款利率可能会低于 0.062 5%，即为 4.25%。

银行和其他金融媒介对投资者和公司的贷款利率的一般报价方式是在境外货币市场银行间同业利率之上增加一个固定的差数或利差。政府或公司借款时的利差大小取决于它们的信用水平。例如，如果利差是银行间同业卖价利率（银行的贷款利率）的 1%，图表 6.3 中加元的 3 个月期借款利率为 4.375%，则借款公司应按 5.375%（=4.375%+1%）借入款项。

全球不同城市的银行间同业利率通常是确定契约化贷款合约利率的基础。这些利率中最重要的是**伦敦银行同业拆借利率**（London Interbank Offer Rate，LIBOR）。[①] 利差的确定取决于借款人对贷款违约的可能性大小。我们将在本书的第 14 章研究这个问题。LIBOR 在互换市场也起到很大的作用，这一点我们将在本书的第 21 章加以探讨。

存在交易成本的抛补利率套利（高级）

在具有交易成本的外汇市场和境外货币市场，以抛补利率套利交易获利的机会并不存在，这可以通过两个不等式加以概括。通过在境内货币市场借款、在境外货币市场贷款，以及在外汇市场借款并在国内市场贷款是不可能达到平价的。在上述两种情况下，交易外汇风险必须通过适当的远期市场交易加以消除。

现在考虑一项由本币换成外币的套利交易。这笔交易应包括：按卖价利率借入本币，在即期外汇市场上将本国货币按每一外币兑换多少本币的卖价汇率将本币兑换为外币，按买价利率贷出外币，再在远期外汇市场以每一外币兑换多少本币的买价汇率出售外币本息。因为不存在套利交易，这一系列交易一定会出现亏损，或至少没有收益。同样地，我们还可以做另一种套利交易：按卖价利率借入外币资金，按每一外币兑换多少本币的即期买价汇率将外币兑换为本币，按买价利率贷出本币，再按每一外币兑换多少本币的远期卖价汇率出售本币本息。如果市场上没有获利机会，这一套利交易也一定会出现亏损，或至少没有收益。

我们将美元的买价、卖价利率分别以$i(\$)^{bid}$和$i(\$)^{ask}$表示；英镑的买价、卖价利率分别以$i(£)^{bid}$和$i(£)^{ask}$表示；美元和英镑的即期、远期买价、卖价分别用$S^{bid}$、$S^{ask}$、$F^{bid}$和$F^{ask}$表示。对图表 6.1 进行适当的修改，得到图表 6.4。

我们按顺时针方向在方形图表 6.4 中运动，起始于一年后的英镑节点，借入英镑，在即期市场将英镑兑换成美元，贷出美元，再售出远期美元换得英镑。用英镑换成美元而无法达到抛补利率套利的原因可以归纳为未来出售 1 英镑的收入将小于 1。

$$\frac{1}{[1+i(£)^{ask}]}\times[S^{bid}]\times[1+i(\$)^{bid}]\times\frac{1}{F^{ask}}<1 \tag{6.9}$$

或者我们将不等式（6.9）进行移项，我们会看到英镑的借款成本高于将英镑兑换成美元、贷出美元、再出售远期美元换取英镑所得到的收益：

$$[1+i(£)^{ask}]>S^{bid}\times[1+i(\$)^{bid}]/F^{ask} \tag{6.10}$$

试图用美元换取英镑进行利率套利失败的交易可通过按逆时针方向在图表 6.4 的方形图表移动的方式得以归纳。我们从将来美元的节点出发，发现出售将来 1 美元换取的收入小于 1：

$$\frac{1}{[1+i(\$)^{ask}]}\times\frac{1}{S^{ask}}\times[1+i(£)^{bid}]\times F^{bid}<1 \tag{6.11}$$

或者我们将不等式（6.11）进行移项，我们会看到美元的借款成本高于将美元兑换成英镑、

---

① 不列颠银行家协会（BBA）官方将美元的 LIBOR 定义为 16 家跨国银行同业拆借利率的算术平均值。这些利率由 BBA 在伦敦时间约上午 11 点给出。同样，还有一个欧元 LIBOR，也是由 16 家银行的欧元利率的平均值得出。另外还有日元 LIBOR，它是 8 家银行日元利率的平均值。由于伦敦作为金融中心的突出地位，伦敦利率常被用作贷款合约的参考利率，但也还有其他可供参考的利率。这些其他银行同业拆借利率包括 CIBOR（哥本哈根）、FIBOR（法兰克福）、HELIBOR（赫尔辛基）、HIBOR（香港）、MIBOR（马德里）、PIBOR（巴黎）和 SIBOR（新加坡）等等。随着欧元作为一种新货币于 1999 年出现，EURIBOR（欧洲银行间欧元同业拆借利率）成为新的欧元资金市场参考利率。该利率是欧元区资金市场上业务量最大的几家银行欧元利率的平均值。

贷出英镑、再出售远期英镑换取美元所得到的收益：

$$[1+i(\$)^{ask}]>[1/S^{ask}]\times[1+i(£)^{bid}]\times F^{bid} \tag{6.12}$$

图表 6.4　　附有买价、卖价利率的抛补利率平价交易

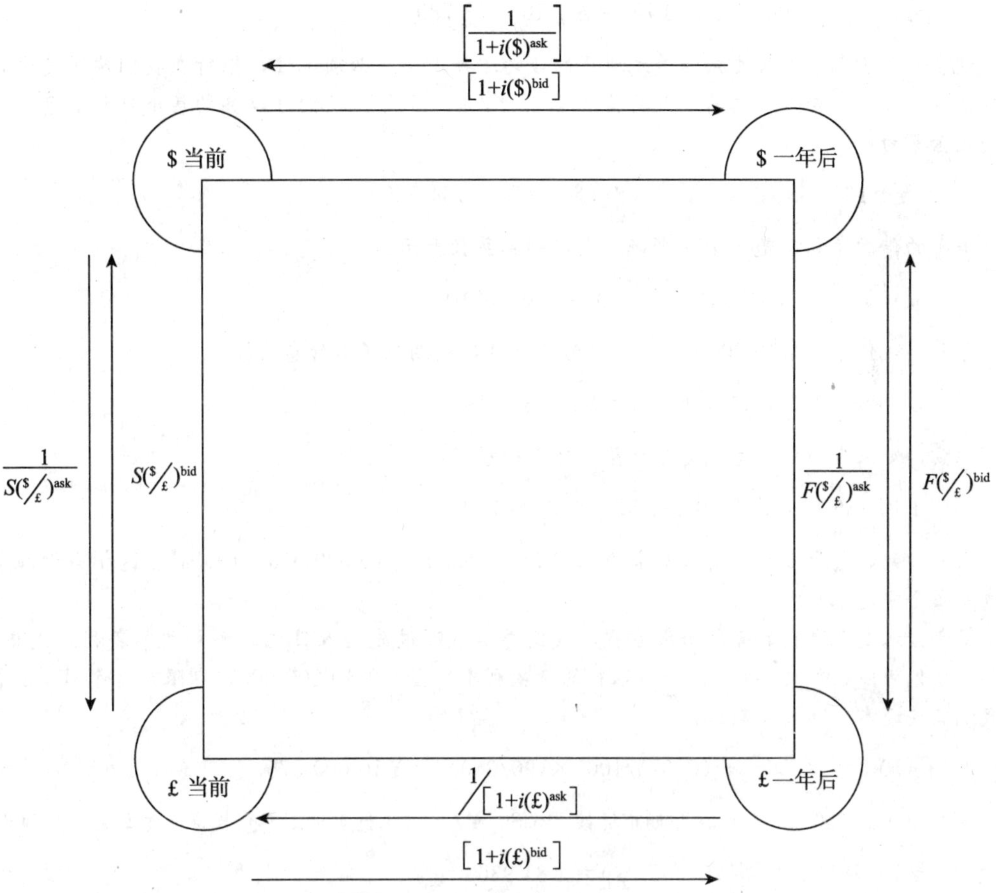

注：各箭头线所用汇率和利率，表示从箭头线起点出售一单位的该种货币，得到箭头线的终点所表示的该货币资金量。例如，“$当前”节点代表1年后出售1美元换得 $[1+i(\$)^{bid}]$ 美元。

例 6.4　用美元和日元套利

利用图表 6.3 以及《金融时报》中的即期汇率和远期汇率的有关数据，我们通过一项美元和日元的套利交易，对将要发生的损失进行检测。设日元的期限为 3 个月，其他有关数据如下表所示：

	买价	卖价
即期汇率（¥/$）	116.325	116.365
远期汇率（¥/$）	114.800	114.870
美元利率	5.437 5	5.468 75
日元利率	0.312 5	0.375 0

为使数据好看，我们首先借入$10 000 000。如果将其兑换成日元，我们按银行的美元买价：

$$\$10\ 000\ 000\times ¥116.325/\$=\$1\ 163\ 250\ 000$$

这是我们获得的日元本金。我们将其按年利率 0.312 5%投资 3 个月。日元适用的利率为：

0.312 5×(1/100)×(90/360)=0.000 781

于是，90 天后我们将得到：

¥1 163 250 000×1.000 781=¥1 164 158 789

现在，我们确定用日元换取美元所用的合约远期汇率。必须记住，银行在我们购买美元时开价很高。因此，汇率是日元的远期卖价 114.87¥/$。于是，我们可以签约售出日元本息，得到的美元金额为：

(¥1 164 158 789)/(¥114.87/$)=$10 134 576

美元的借款年利率是 5.468 75%，或以利息系数表示为：

5.468 75×(1/100)×(90/360)=0.013 671 9

于是，我们借入$10 000 000，期限为 3 个月，到期应还本付息共计：

$10 000 000×1.013 671 9=$10 136 719

注意，如果我们打算完成这些交易，我们将亏损：

$10 136 719 − $10 134 576=$2 143.00

我们看到，亏损是我们借入本金的 0.021%（=2 143/10 000 000×100%）。这相当于四个交易成本每个平均 0.005 4%。

鉴于借入美元进行的套利出现亏损，我们再尝试通过先借入日元的抛补利率套利方式赚钱。例如，我们可以按年利率 0.375%（银行的贷款利率）借入¥10 000 000，期限为 3 个月。3 个月后我们需要还本付息的金额为：

¥10 000 000×[1+(0.375/100)×(90/360)]=¥10 009 375

我们可将 10 000 000 日元在即期市场按 116.365¥/$（银行卖价汇率）换得美元本金，金额为：

¥10 000 000/(¥116.365/$)=$85 936

如果将其按年利率 5.437 5%（银行存款利率）投资，期限为 3 个月，3 个月后我们将得到：

¥85 936×[1+(5.437 5/100)×(90/360)]=$87 104

我们通过合约按 114.80¥/$（银行远期买价汇率）在远期市场出售美元换得日元，锁定日元收回金额：

$87 104×(¥114.80/$)=¥9 999 539

注意，该金额（¥9 999 539）比起我们将要支付的金额（¥10 009 375）小¥9 836。因此，在这个案例中，不存在盈利的套利机会。

实证检验

在上一节中，我们得到了在不同的买入、卖出利率及远期、即期利率下，避免套利交易发生所必须满足的两个不等式。现在，让我们将不等式（6.9）和（6.11）按照公式（6.3）中利率差和远期升水的表达方式进行移项。不等式（6.9）按照美元相对于一般外汇的表达方式列出，则为：

$$\frac{i(\$)^{\text{bid}}-i(FC)^{\text{ask}}}{1+i(FC)^{\text{ask}}}<\frac{F^{\text{ask}}-S^{\text{bid}}}{S^{\text{bid}}} \tag{6.13}$$

该不等式表明，可以用借入外汇的方式进行抛补利率套利换取美元。将不等式（6.11）移项，可得：

$$\frac{i(\$)^{\text{ask}}-i(FC)^{\text{bid}}}{1+i(FC)^{\text{bid}}}>\frac{F^{\text{bid}}-S^{\text{ask}}}{S^{\text{ask}}} \tag{6.14}$$

该不等式表明，用借入美元进行抛补利率套利换取外汇，是不可能盈利的。

图表 6.5 描述了在存在交易成本的情况下，用＄/￡指标表示的抛补利率平价不等式，即公式（6.13）和公式（6.14）。

图表 6.5 的横轴代表外汇市场按美元表示的远期升水（若为负值，则为贴水），由适用的买价和卖价汇率构成。纵轴代表相应美元利率的调整后利差减去外币利率，由适用的买价和卖价利率构成。针对远期升水和调整后利差的每组观测值在坐标系中以散点标出。在既无交易成本又无抛补利率套利机会存在的情况下，利率差和远期升水在 45°线上相等，如公式（6.3）所示。让我们考虑一个具体的例子。图表 6.5 中的每一坐标系中的数据点均代表 2006 年 7 月 6 日，根据以下汇率和利率指标计算结果：

$S^{\text{bid}}=\$1.8378/£$　　$S^{\text{ask}}=\$1.8380/£$

$F^{\text{bid}}=\$1.841863/£$　　$F^{\text{ask}}=\$1.842113/£$

$i(\$)^{\text{bid}}=5.45\%$　　$i(\$)^{\text{ask}}=5.53\%$

$i(£)^{\text{bid}}=4.64\%$　　$i(£)^{\text{ask}}=4.69\%$

公式（6.13）中的不等关系表明，如果可以用外汇进行抛补利率套利换得美元，则按适用买卖价标出的利差和远期升水的观测值会在 45°线以下标出。这是我们从 A 图中看到的。按 2006 年 7 月 6 日的有关数据，计算公式（6.13）的左边部分，得到：

$$\frac{[5.45\%-4.69\%]}{1+\frac{4.69\%}{4}}=0.7512\%$$

注意，分母上的利率按年计算（因此我们将 4.69％除以 4），但对于利率差，我们仍按年表示。计算公式的右边部分，我们得到（按年表示）：

$$400\times\frac{1.842113-1.8378}{1.8378}=0.9387\%$$

于是，这一观测值在 A 图中确实低于 45°线。现在，考虑另一方向上的套利交易，即将美元兑换成外币。公式（6.14）中的不等关系表明，如果可以用美元进行抛补利率套利换得外汇，则按适用买卖价标出的利率差和远期升水的观测值会在 45°线以上标出。这是我们从 B 图中看到的。我们再次计算例题的有关数据。计算公式（6.14）的左边部分，得到：

$$\frac{5.53\%-4.64\%}{\left[1+\frac{4.64\%}{4}\right]}=0.8798\%$$

计算公式（6.14）的右边部分，得到：

$$400\times\frac{1.841863-1.8380}{1.8380}=0.8407\%$$

由此可见，这一利率差确实高于远期升水。

图表 6.5　　　　　　　　　　$/£ 抛补利率套利换取英镑

A图：$/£ 抛补利率套利换取 $

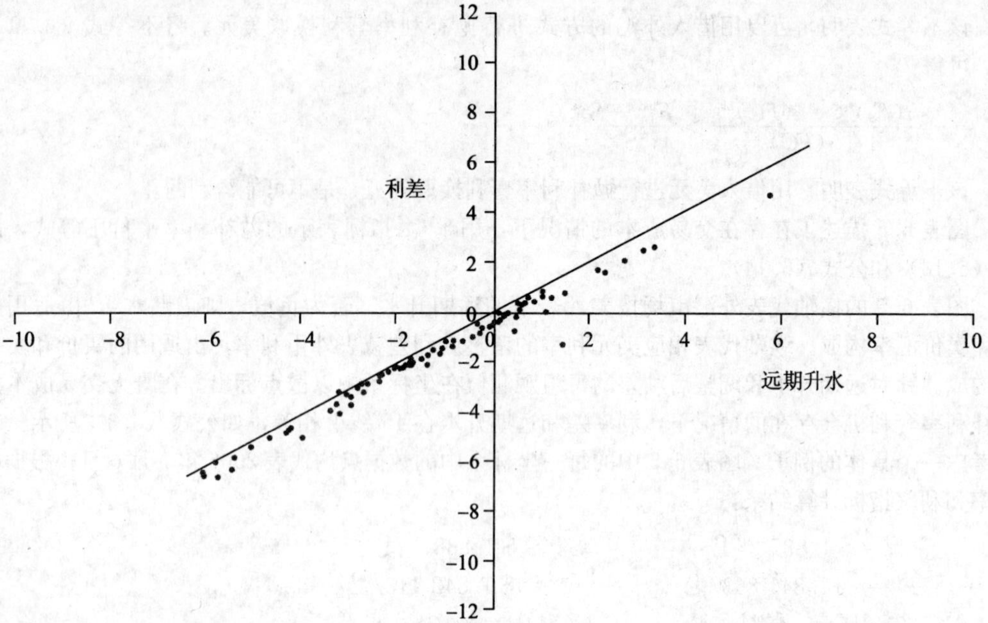

B图：$/£ 抛补利率套利换取 $

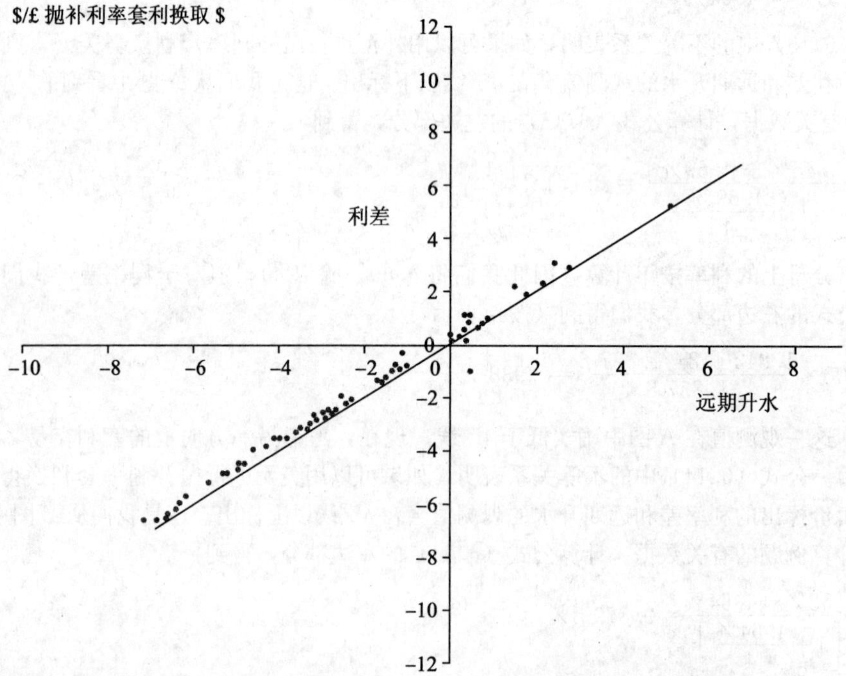

注：数据为 1981 年到 2006 年 10 月的即期汇率和 3 个月期境外货币市场利率，以及取自 Global Insight 的远期汇率。纵轴显示了利率差异，A 图的计算为 $\frac{i(\$)^{bid}-i(£)^{ask}}{1+i(£)^{ask}}$，B 图的计算为 $\frac{i(\$)^{ask}-i(£)^{bid}}{1+i(£)^{bid}}$。横轴显示了远期升水，A 图的计算为 $\frac{F^{ask}-S^{bid}}{S^{bid}}$，B 图的计算为 $\frac{F^{bid}-S^{ask}}{S^{ask}}$。所有汇率都按 $/£表示。

其他实证结果

我们在前面的内容中注意到，抛补利率套利中的交易成本在主要货币的外汇市场和资金市场上普遍较低。这就意味着观测值均接近于45°线。尽管我们的数据揭示了一些违背利率平价的情况，但在现实世界中，你观测到违背利率平价的可能性有多大？又是什么造成了这种违背呢？

由于境外货币市场的清算程序与远期市场的清算程序相同，又由于交易成本较小，在此市场经营的银行应将抛补利率平价的违背情况通过套利交易全部消除。事实上，在完全的远期交易中，银行往往用利率平价对远期利率进行标价。

仔细收集精确数据的实证研究证明，境外货币市场满足利率平价。也就是说，一种货币的较高利率会被远期贴水抵消，较低利率会被远期升水抵消。获利的套利机会仅在市场十分紊乱的时期存在，即便如此，获利能力还是较低；当合约的到期日临近时，获利能力趋于更低（Mark Taylor，1987，1989）。

6.3 测试利率平价的有关问题

假定你在一家大型国际银行工作，并看到外汇兑换价格和利率呈现出能够进行套利交易的机会。在轻率地投入一项大型的套利交易之前，是否存在一些因素，能够让你停下来并稍加思考呢？对于套利交易来讲，有三个显而易见的因素会影响无风险获利的机会，它们分别是：违约风险、外汇管制和政治风险。下面我们就具体探讨每个因素。

违约风险

到目前为止，我们所有的推导过程都忽略了某一交易对手不遵守合约的可能性。当这一可能性反映到利率中时，我们就能看到利率平价遭到违背，这就破坏了无风险套利的机会。违约风险或信用风险是指借款人无法偿还其在贷款合约中承诺的全部金额给贷款人的可能性。现在，让我们更进一步探讨违约风险带来的有关问题。

由于在一定程度上存在银行倒闭的风险，存款人必须估计存款不能取回的可能性。为进行理性投资，存款人需要确定未来哪些因素可能导致违约，并确认这些事件发生的概率。投资者或贷款人的预期报酬是通过将全球每个国家的报酬相加，并分别乘以或称“加权”在该国获得报酬的概率。

例如，令p代表借款银行违约的概率。于是，借款银行不会违约的概率就是$(1-p)$。为简单起见，再假设一旦借款银行违约，存款银行将一无所获。当借款银行未违约时，存款银行将收到$(1+i)$，其中i代表存入单位货币的约定利率。这样，存款银行的预期报酬为：

$$[(1-p)\times(1+i)]+(p\times 0)=(1-p)\times(1+i)$$

如果存款人存款时要求有一个特定的预期报酬，风险较大的银行（p值较大的银行）必须提供较高的存款利率，以增加存款预期报酬的方式有效地竞争资金使用权。因此，在银行间同业市场看到同种货币有不同的存款利率，不足以证明市场不是有效市场。如果我们发现利率平价被破坏的情况，在不了解有关银行报价的原因之前，我们并不能确定我们真正看到了获利机会。

远期合约也存在一些违约风险（还是由于某些银行存在风险），这也可能导致利率平价遭到破坏但仍没有套利的机会。银行在不断评价其交易对手的风险。银行的风险经理要对每个特定的交易对手设定交易量的限额。①

外汇管制

对利率平价进行实证分析的另一问题是**外汇管制**（exchange controls）造成的。各国政府对外汇的买卖定期实施干预。如英国在 20 世纪 70 年代中期就曾禁止国内居民购买一定金额以上的外汇进行海外投资。其他国家如瑞士，在不同时间对进入本国的外国投资流入征收税款。在 20 世纪 70 年代，瑞士对在瑞士投资的本金计收 10%的税金。不论何时，在对利率和汇率的历史数据进行研究时，你必须意识到，若不考虑外汇管制或不同的税率，就会显现出并不真正存在的抛补利率套利机会。

理解针对国内外投资者的外汇管制和不同税收所造成的影响的方式之一，是考察一国范围内的境内利率和该国以外的境外利率。近年来，这个利率差异已经缩小了很多。图表 6.6 显示了法国法郎（FRF）境内利率和境外利率的历史数据。

图表 6.6　　　　法国法郎境内和境外利率及利差

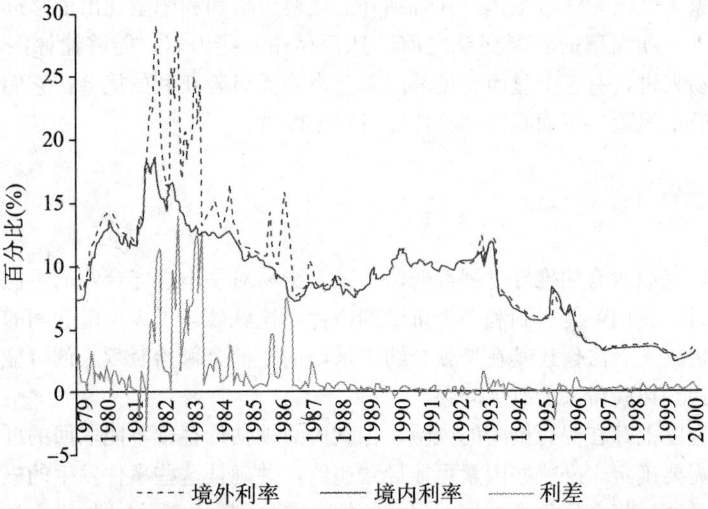

注：数据来自 Datastream 对 3 个月期利率的观测值。

该图表展示了境内 3 个月期的银行存款和短期国债②的利率。尽管在正常时期差异并不算大，但在 20 世纪 80 年代初期，FRF 的较大差异预示着按境内法郎利率借入资金并按境外法郎利率贷出资金能够赚取巨额利润。由于利率平价的保持只针对境外利率、不针对境内利率，外国人试图通过在法国国内市场借入法郎、用法郎兑换其他货币、利用远期合约规避汇率风险的方式将外汇收入进行投资以赚取利润。但是，当时在法国实施的外汇管制消除了套利的可能性。如我们在第

① 银行依赖于对金融机构和公司进行信用评级的机构发布的信息。见第 14 章对这些问题进行的深入讨论。

② 在美国，3 个月短期国债利率与相应的 LIBOR 之差被称为 TED 差。该词最先出现在交易短期国债和欧洲美元期货的芝加哥商品交易所。短期国债的价格一般会高于欧洲美元存款的价格，这反映了政府债券由于违约风险较低导致的较低利率。TED 差在 2007 年的次级抵押贷款危机中变得特别大。

5 章所讨论的，资本控制自 1985 年以后逐步被西欧国家摒弃，境内利率和境外利率之差缩小了。尽管人们通常认为境外货币市场不受发行货币机构的日常监控，但是境外账户之间的清算转账却往往要通过国家的中央银行。这样，外汇管制就可以用来关闭境外货币市场上的货币交易。1998 年马来西亚就发生了这样的事情。由于预先得知针对林吉特的投机交易即将发生，马来西亚政府发布了外汇管制的新办法，以严格控制的方法替代了原本自由松散的境外货币市场监管结构，凡境外马来西亚林吉特的付款清算均需内加拉银行行长，即马来西亚中央银行行长的事先确认。在没有得到确认的情况下，林吉特的境外货币市场和与其有关的其他交易均被关闭。交易就这样停止了，已签署的合约要么清算交割，要么取消。

政治风险

即便没有外汇管制，外国投资者仍理性地认为政府在将来有可能对外商投资实施某种形式的外汇管制或课税方式。或许，政府可能宣布"银行假期"，将该国的银行关闭一段时间。[①] 这些事件都会影响投资者的报酬。这类事件发生的可能性被称为**政治风险**（political risk），我们将在第 14 章对其进行深入探讨。

政治风险的一个现实案例于 1982 年发生在墨西哥。当时墨西哥政府面临外债的定期付息和到期还本的困难，于是就冻结了墨西哥银行 120 亿美元的存款账户。然后政府将这些美元存款按不利的比索/美元汇率兑换成比索存款。其结果是这些投资的美元本金立即损失了 50%。将这一事件与先前比索对美元贬值联系在一起，存款的美元价值仅相当于原美元本金的 20%（Darrell Delamaide，1985）。

由于市场知道这类事件是可能发生的，墨西哥银行必须对其美元存款账户提供高于有联邦政府担保的美国银行存款利率。在该事件发生以前很多年，墨西哥的美元存款利率就高于美国银行存款利率 200～300 个基点。一些投资者认为这些墨西哥银行存款是一项很好的投资，在政策变化之前也的确如此。

马尼拉之变

影响国内对国外利率的另一著名案例是"马尼拉之变"。[②] 1983 年 6 月，美国富国银行的子公司富国亚洲有限公司，将 200 万美元存入了在菲律宾的花旗银行马尼拉分行，存期 6 个月。当时，6 个月的存款利率高于花旗银行在美国本土提供的利率。在 1983 年 10 月 15 日，菲律宾政府对于事先未经核准的对外国银行支付行为实施了外汇管制。当富国银行的存款于 1983 年 12 月到期时，根据外汇管制的有关规定，花旗银行未能将存款转回给富国银行。后来，经菲律宾政府核准，花旗银行马尼拉分行用花旗银行的世界资产归还了部分存款。但是，富国银行认为纽约花旗应归还其全部资金的价值，并起诉了花旗银行。经过一个旷日持久的法律诉讼，法庭最终站到了富国银行一边。

从纯粹的财务角度出发，法庭的决定是令人吃惊的，因为马尼拉的较高存款利率反映了菲律宾政府可能实施某种形式的外汇管制所带来的政治风险。如果富国银行想要将政治风险最小化，

---

① 银行假期是政府通过关闭银行一段时间，以获得各银行偿债能力的有关信息，即这些银行资产的价值是否超过了负债。

② "马尼拉之变"一词最初源于 1977 年 9 月 30 日穆罕默德·阿里击败乔·弗拉泽尔的一场惨烈的重量级拳击比赛。

它应当将资金存在纽约，或者签订一份保险合约，要求在马尼拉发生政治风险时银行偿付资金。但是，无论用上述哪个方法，富国银行赚取的收益率都会低于马尼拉花旗银行所提供的利率。

但从法律角度出发，该案例就复杂得多，需要考虑诸如债权人可从国际金融机构的分支机构或子公司收回债务之类的问题。这些问题似乎对该案例令人吃惊的结果起到了推波助澜的作用。

针锋相对

墨西哥短期国债还是美国短期国债？

Ante和Freedy正在做国际金融课程的案例分析。教授要求他们研究1995年6月20日的一些数据，寻找墨西哥和美国之间的套利交易机会。Ante手拿《华尔街日报》的报价表冲进了Freedy的房间，并喊道："这就是一个绝对的证明。市场完全是无效的。看看这些价格。人们肯定尽全力投资于Cetes。这些墨西哥短期国债对3个月期的存款提供44.85%的年利率。再看看，墨西哥比索对美元的远期汇率实在太诱人了，所以他们可以轻而易举地规避货币风险，并为每一美元的投资锁定1.20%的直接利润。"Freedy仔细阅读了数据，并劝Ante安静下来，听他解释这一明显的套利机会可能并不可靠的原因。

Ante说道："你看，美国的短期国债年利率为5.60%，所以你可以按1.4%的利率借入1美元，期限为3个月。由于即期汇率是MXP6.25/USD，每一美元借款能得到6.25墨西哥比索。将这些比索投资于利率为44.85%的Cetes，它们将增长为：

MXP6.25×(1+44.85/400)=MXP6.950 78

远期汇率为MXP6.775/\$，投资者可以将其出售换取美元以锁定利润。[①] 换句话说，投资者借入的每一美元能够得到：

MXP6.950 78/(MXP6.775/USD)=USD1.025 9

而投资者只需要对1美元的贷款归还\$1.014。这样，投资者每一美元投资的利润就是\$1.025 9－\$1.014=\$0.011 9。伙计，这不就是印钞机吗！"

Freedy完全困惑了。"但这是不可能的。金融市场容不下印钞机的存在。交易者会迅速进行投机，并通过套利交易消除获利的机会。或许墨西哥比索投资比其他合约的流动性差很多，或许只是报纸印错了。我敢打赌，这个机会第二天就会消失。"

这时候Suttle信步走进房间，叹道："你们又在讨论这个？现在争论什么呢？"听完Ante和Freedy对墨西哥巨大投资机会的分析，Suttle微笑着说这些利率并没有什么神秘之处："这不是什么印钞机，也不能用交易成本来解释。Cetes的较高收益率仅仅反映了墨西哥政府方面的国家风险或违约风险。人们预期美国政府会归还其美元债务，但对于发展中国家政府来讲，就不能这样预期。"他又说："你们大概还记得，墨西哥在1994年底，几乎耗尽了全部官方国际储备，只是在1995年初，通过接受一揽子国际援助才刚刚解除了困境，并在1995年间逐步建立其国际储备。在这一背景下，利率差可以拆分为两部分。一部分是如果墨西哥政府与美国政府具有相同的信用风险情况下的利率。这一利率可通过即期汇率和远期汇率（若与信用较好的国家行为一致）以及美国国库券利率推导出来。另一部分是墨西哥政府为补偿投资者可能面临的政治风险而提供

① 这里使用的远期汇率实际上是通过在芝加哥商品交易所交易的比索期货合约价格计算出来的。（见第20章期货合约和交易所的完整目录。）出于讲解的目的，我们必须认为，远期汇率和期货汇率在到期日相同的情况下实际上是相同的，且期货合约的对方（即芝加哥商品交易所）极有可能对你履行合约。

的额外收益。”

看到 Ante 和 Freedy 困惑不解的表情，Suttle 决定用实际数据说明。“所以，如果我们看一看数据，对外汇风险做了套期保值的 Cetes 投资，呈现 10.37%（=2.594 5%×4）的年度收益率，比美国短期国债收益率高出 4.77%。由于对该投资的外汇风险已经做了全面的套期保值，这多出的报酬一定缘于违约风险，一般我们称之为**国家风险溢价**（country risk premium）。我记得在 1993 年和 1994 年，3 个月期墨西哥 Cetes 的国家风险溢价平均为 2.25%。”他最后说道（Ian Domowitz，Jack Glen，and Ananth Madhavan，1998）。Suttle 给 Ante 和 Freedy 上了很有价值的一课！

结束语

在以上讨论的案例中，墨西哥政府对于 Cetes 的投资事实上并没有违约。于是，Ante 说对了，现在看来，相对于美国国库券来讲，这会是一个很好的投资。然而，政府违约的情况确有发生。例如，俄罗斯和厄瓜多尔在 20 世纪 90 年代末期，对外国投资均发生了违约，其风险属性与 1995 年墨西哥 Cetes 相同；阿根廷也于 2002 年对其国际债务违约。因此，事先很难准确判断 Ante 和 Freedy 孰是孰非。

6.4 在资金市场对交易风险进行套期保值

如果你拥有以外国货币计价的开放头寸（应收账款或应付账款），你就被暴露于交易外汇风险之中。当利率平价存在时，有两种对等的方式可用来对交易外汇风险进行套期保值：

(1) 持有一份购买或出售外币的远期合约。

(2) 借入或贷出外币，同时在即期市场进行交易。

我们在第 3 章探讨了第一种方法。现在我们来看第二种方法，也称为**合成远期**（synthetic forward）。使用这种套期保值方法有以下几个原因。首先，在某些货币市场（例如，某些发展中国家的市场），可能没有远期合约。然而，利用**资金市场套期保值**（money market hedge）可以制造远期合约。其次，个别公司无法按银行同业市场利率借款或贷款，这意味着两种战略或许并非等同，取决于该公司得到的远期报价。最后，当时间范围较长时，由于买卖价差很大，远期合约会很昂贵。于是，考虑借入和贷出以规避货币风险就更具优越性。我们将在第 6.5 节进一步讨论这些长期问题。现在，我们将重点置于短期货币市场套期保值，以得到正确的逻辑。

总体的规则是，如果基础交易令你获得一项以外币计价的负债（应付账款），你就需要在资金市场上拥有一笔等额的资产来提供套期保值。另一方面，如果基础交易令你获得一项以外币计价的资产（应收账款），你就需要在资金市场上持有一笔等额的负债来提供套期保值。

外币负债的套期保值

例 6.5　Zachy 的资金市场套期保值

如第 3 章所述，你现经营 Zachy 葡萄酒和白酒坊，你刚刚签订了从法国玛歌酒庄进口葡萄酒的合约。如前所述，该酒标价 400 万欧元，你同意在收到葡萄酒并验收合格后支付款项。付款和葡萄酒交货时间安排在未来 90 天以后。现在提供给你以下数据：

即期汇率：	\$1.10/€
90天远期汇率：	\$1.08/€
90天美元年利率：	6.00%
90天欧元年利率：	13.519%

由于基础交易给你带来一项以欧元计价的应付账款，若未进行套期保值且欧元相对于美元升值或转强，你就会蒙受损失。在此情况下，欧元的美元成本在未来将会升高，从而增加了葡萄酒的成本。

在第3章，我们通过购买远期欧元消除了这一风险。90天以后要支付的美元成本计算结果如下：

€4 000 000×(\$1.08/€)=\$4 320 000

我们再考虑资金市场套期保值的战略选择。由于你拥有欧元负债，你必须购买等值的欧元资产。通过按即期汇率购买欧元负债的现值，将这些欧元投资于一项资金市场资产；然后，利用这项欧元资产的本金和利息抵消到期的欧元基础负债，即可完成套期保值。于是，你现在应购买的是你将来所欠欧元的现值。

按13.519%的年利率，€4 000 000的现值为：

€4 000 000/[1+(13.519/100)(90/360)]=€3 869 229.71

这笔欧元需在即期外汇市场购买。因此，按照即期汇率\$1.10/€，美元当前的成本为：

€3 869 229.71×\$1.10/€=\$4 256 152.68

注意，在使用资金市场套期保值时，除非你借入美元，否则当前就要付款。将资金市场套期保值与远期市场套期保值相比较，我们必须按年利率6%计算\$4 320 000的现值：

\$4 320 000/[1+(6/100)(90/360)]=\$4 256 157.64

按上列利率和汇率，两种套期保值战略的结果基本相同。远期合约成本的美元现值只多出\$4.96(=\$4 256 157.64-\$4 256 152.68)。

外币应收款的套期保值

例6.6 设德兰毛衣出口商的资金市场套期保值

在例6.5中，你拥有一项外币负债，产生于进口葡萄酒的交易。现在，考虑第3章中英国制造商设德兰毛衣公司。如例中所述，你已同意将毛衣装船运往日本，并将收取¥500 000 000的货款。装船出口并收到货款的时间为30天以后，现在你获得了以下数据：

即期汇率：	¥179.5/£
30天远期汇率：	¥180/£
30天英镑年利率：	2.70%
30天日元年利率：	6.01%

作为英国的毛衣出口商，你拥有一项以日元计价的应收账款，属于你的日元资产。若未对交易外汇风险进行套期保值且日元相对于英镑贬值或转弱，你就会蒙受损失。在此情况下，当你收到日元货款时，应收的日元能换取的英镑会比原来少一些。

在第 3 章，我们通过出售远期日元换取英镑的方法消除了交易外汇风险。出售远期合约在 30 天之后收到的英镑金额为：

$$(¥500\ 000\ 000)/(¥180/£)=£2\ 777\ 778$$

我们再考虑资金市场套期保值的方法。你必须购买与你拥有的日元资产等值的日元负债。这通过借入日元资产的现值，利用出售毛衣收到的日元偿还日元借款的本金及利息，即可完成。要想达到套期保值的目的，你必须将借入的日元本金按即期汇率兑换成英镑。

按 6.01％的年利率，¥500 000 000 的现值是：

$$¥500\ 000\ 000/[1+(6.01/100)(30/360)]=¥497\ 508\ 313$$

通过按 6.01％的年利率借入¥497 508 313，期限为 1 个月，30 天后你所欠金额为¥500 000 000，这正是你出售毛衣将要收到的货款金额。英镑收入通过将¥497 508 313 按¥179.5/£的汇率在即期市场出售得到，金额为：

$$¥497\ 508\ 313/(¥179.5/£)=£2\ 771\ 634$$

通过计算£2 771 634 的终值的方式，我们将此收入与从 30 天远期套期保值获得的收入相比较。我们将英镑按 2.70％的年利率投资，当前收到的英镑的终值为：

$$£2\ 771\ 634\times[1+(2.7/100)(30/365)]=£2\ 777\ 785$$

由此可见，按上述利率和汇率，资金市场套期保值战略与远期套期保值战略获得的结果基本相同。

6.5 远期升水和贴水的期限结构

利率平价能够长期存在吗？由于许多国际投资项目涉及的外汇风险会持续多年，这个问题就显得尤为重要。如果风险是长期的，我们原来所讨论的短期资金市场合约或许还不够充分。然而，在研究较长时间框架下的利率平价问题之前，我们需要解释利率的期限结构。鉴于短期利率在市场上是随时可知的，我们将会看到长期利率需要从带息债券的价格中计算得出。在计算长期项目现金流量的现值时，长期利率必不可少。

在探讨了两种货币利率的期限结构后，我们可将其与利率平价相结合，研究两种货币之间远期升水或贴水的期限结构。也就是说，我们考察在不同存期下国际利率差是如何变化的。这些计算有助于跨国公司在国际债券市场寻求融资机会。近期的实证研究表明，在较长的时间范围内，抛补利率平价是难以维系的。在第 12 章，我们将探讨跨国公司如何利用利率平价的背离现象降低其筹资成本。

利率的期限结构

即期利率

在一定存期内，不同货币的时间价值并不相同，这是普遍存在的现象。美元的 1 年期利率或许为5%，而日元的1年期利率则可能是1.5%。同样地，同种货币的时间价值，例如美元，在不同存期下的时间价值也不相同。美元1年期的利率或许为5%，而美元30年期的利率则可能为7.5%。

在存款的存入日和到期日之间，若没有其他现金流发生，该存款利率称为**即期利率**（spot interest rates）。利率平价只适用于即期利率。某种货币的**利率期限结构**（term structure of interest rates）是对未来不同存期下的不同即期利率所做的描述。对于较短的存期，这些即期利率可以直接查到，因为银行的报价俯拾皆是。然而，对于较长的存期，我们通常需要利用付息债券的市场价格计算得出即期利率。一般来讲，利率均按年度基础标示，也就是说，它们反映了每年赚取的收益率。

图表6.7展示了2006年7月6日公布的美元（USD）、欧元（EUR）、英镑（GBP）和日元（JPY）利率的期限结构。注意，日元利率在所有存期下都是最低的，且日元的短期利率又低于其长期利率。因此，我们可以说日元利率的期限结构是上升的，或呈上升趋势。注意英镑的利率在较短存期下偏高，而在很长的存期下则偏低，因此我们可以说英镑的期限结构呈下降趋势。这种类型的期限结构被称为反向结构，因为通常货币的期限结构均呈上升趋势。美元的期限结构看起来是平稳的，长期利率只略高于短期利率。

图表6.7 **四种货币的期限结构**

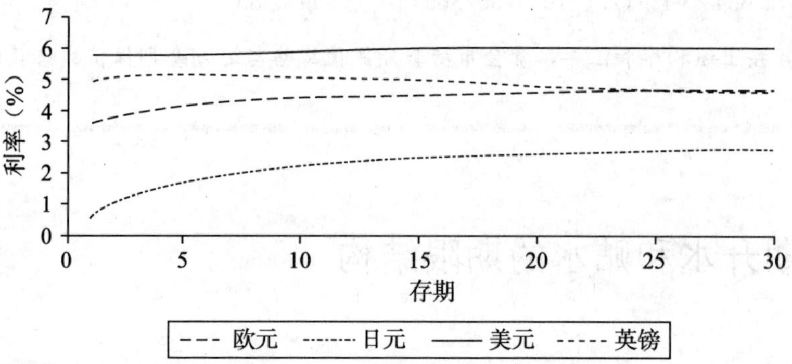

注：期限结构指标取自《金融时报》2006年7月6日报道的不同货币的互换利率（见第12章）。这些利率用来与国内债券的到期收益率相比较。纵轴的收益率按年收益率表示，横轴按年表示了不同存期。

为便于理解如何通过债券价格确定即期利率，我们需要复习一些与债券定价相关的专业词汇。

债券定价复习

债券是债券发行人有义务向债券持有者支付一系列固定的合约金额直至债券到期的金融合约。这些支出代表本金的归还和按本金计算的利息支出。多数期限超过1年的债券，在债券的购买日至到期日之间，都会提供给债券持有者分期支付的利息。例如，美国政府债券和美国公司债券均按半年一次支付利息。利率为7%的债券，还本金额为＄1 000，每6个月应支付利息＄35，因为

$$(0.07/2)\times \$1\,000=\$35$$

最简单的债券是**纯贴现债券**（pure discount bonds）。这种债券承诺在到期日一次性支付固定金额，例如，＄1 000或€1 000。到期支付的金额被称为债券的面值。债券按面值的一定贴价出售，使得债券面值与债券购买时的市场价格之差为购买者提供了利息报酬。长期纯贴现债券

通常被称为深度贴现债券、零利息债券或零债券，用以强调债券持有者得到的唯一现金流将是债券的最终面值。因此，我们现在可以将即期利率定义为等于纯贴现债券价格比债券面值现值的市场利率。

例 6.7　纯贴现债券与即期利率

假设面值＄1 000、期限 10 年的纯贴现债券的市场价格为＄463.19。按年度百分比表示的 10 年期即期利率是多少？

我们要计算即期利率，设为 $i(10)$，这样，当前投资＄463.19，按复利 $i(10)$ 增值，10 年后将得到＄1 000：

$$\$463.19\times[1+i(10)]^{10}=\$1\,000$$

结果是：

$$i(10)=(\$1\,000/\$463.19)^{1/10}-1=0.08$$

10 年期的即期利率是每年 8%，按此利率，＄463.19 在 10 年以后的终值为＄1 000，10 年后将收到的＄1 000 的现值在当前为＄463.19。

我们可以将例 6.7 的结果以更普通的形式表示。令 $B(n)$ 等于 n 期到期的纯贴现债券的市场价格，令 M 为到期时将要支付的债券面值。令 n 期到期的当前即期利率为 $i(n)$。则债券的市场价格是债券面值按特定即期利率计算的当前贴现额：

$$B(n)=\frac{M}{[1+i(n)]^n}$$

在某些条件下，利率 $i(n)$ 被称为贴现率。通常，债券的面值和价格作为市场信息都是可获得的。于是，我们可以通过解下列公式计算即期利率 $i(n)$：

$$[1+i(n)]^n=\frac{M}{B(n)}$$

解这个等式，必须将等式两边同时乘以 $1/n$ 次方，再在等式两边同时减去 1：

$$i(n)=[\frac{M}{B(n)}]^{1/n}-1$$

到期收益率

债券的另一个随时可获得的信息是**到期收益率**（yield to maturity）。这是一个通用的贴现率，它等于一系列利息支出和最终面值的现值比债券的当前价格。

令 $B(n, C)$代表面值为 M、定期利息支出为 C 的 n 年期债券的市场价格。该债券的到期收益率以 $y(n)$表示，是等于 n 期利息收入加上本金以及市场价格的现值的单一贴现率。

$$B(n,C)=\frac{C}{[1+y(n)]}+\frac{C}{[1+y(n)]^2}+\ldots+\frac{C}{[1+y(n)]^n}+\frac{M}{[1+y(n)]^n} \qquad (6.15)$$

注意，对每笔利息支出和最后的本金来讲，贴现率都是相同的，但 1 加上贴现率的乘方并不相同，这代表了从今天往后不同期间的利息支出（Frank Fabozzi，1996）。

对不同期限的到期收益率计算来讲，这个公式很直观，市场的参与者经常讨论**收益率曲线**

(yield curve)。正如利率的期限结构代表不同存期下到期利率与即期利率之间的关系一样，收益率曲线代表债券期限与不同期限下收益率之间的关系。当利率的期限结构呈上升趋势时，收益率曲线一般也会呈上升趋势。

计算长期即期利率

对于纯贴现债券，到期收益率是该存续期的即期利率，因为从当前至到期日之间没有现金流发生。当存在定期支付的利息且不同存续期的即期利率均不相同时，债券的到期收益率和债券存续期的即期利率之间必然存在差异。

例 6.8　即期利率与到期收益率

设想一个 2 年期的债券，面值等于＄1 000，年息为＄60，市场价格为＄980。假设 1 年期即期利率 $i(1)$为 5.5%。按下列公式计算 2 年期的即期利率，计算过程如下：

$$\$980=\frac{\$60}{1.055}+\frac{\$1\,060}{1+i(2)^2}$$

求解等式，得到 $i(2)=7.157\,4\%$。

到期收益率是不同存期的即期利率和最后归还的本金的复杂平均值。若按贴现率来计算①，则推导过程如下：

$$\$980=\frac{\$60}{[1+y(2)]}+\frac{\$1\,060}{[1+y(2)]^2}$$

$y(2)$ 的价值是 7.11%，它是两个即期利率的中间值，但更接近于 $i(2)$，因为大多数现金流发生于第二年。

以上计算过程表明，即期利率是某一特定存续期发生的现金流量的适用贴现率。如果你将一项分期付息、到期还本的长期债券视为几个纯贴现债券的总和，这一结论的逻辑更为清晰。将每个产生现金流的存续期均视为一个单独的债券，每个纯贴现债券的价值通过按适用存续期的即期利率计算每笔付款额的现值得到。债券的市场价格就是不同承诺付款额现值的合计数。

一般来说，我们用 $i(t,j)$ 代表在未来 t 时点 j 期间的即期利率。考虑在时点 t，用 $C(t+j)$ 代表一系列已知的现金流的现值 $PV(t)$，计算未来 1 至 n 期之间存期 j 的价值。通过将每一现金流按适用的纯贴现率贴现，我们得到时点 t 的现值如下：

$$PV(t)=\frac{C(t+1)}{[1+i(t,1)]}+\frac{C(t+2)}{[1+i(t,2)]^2}+\cdots+\frac{C(t+n)}{[1+i(t,n)]^n}$$

由于计算不同货币的现值是国际金融的一个基础环节，理解不同货币即期利率的不同期限结构是非常重要的。

长期的远期利率和溢价

现在，让我们在长期的远期汇率和即期汇率之间用一个例题建立联系。令 $i(2,¥)$ 和 $i(2,$

① 在这个简单的例子中，我们可以分析性地计算出 $y(2)$，但如果涉及多个期间，到期收益率需要使用计算机的计量方法。一个比较简单的方法是使用微软的 Excel 程序。在购买债券时，到期收益率是负现金流量的内部收益率，以后就是持有债券直至到期的正现金流量。

\$)分别代表 2 年期日元和美元投资的当前即期利率。令 S 代表当前每一美元对日元的即期汇率，令 $F(2)$ 代表 2 年后交割的直接远期的当前汇率。如果没有套利机会，2 年期美元对日元的直接远期汇率必然是：

$$F(2) = S \times \frac{[1+i(2,¥)]^2}{[1+i(2,\$)]^2} \tag{6.16}$$

想要证明这个公式的正确性，考虑一个日本投资者在做如下交易时是没有区别的：投资于日元 2 年，每一日元得到 $[1+i(2,¥)]^2$，或者将日元兑换成美元，每一日元获得 $1/S$ 美元；投资这些美元 2 年，2 年后得到 $(1/S)[1+i(2,\$)]^2$ 金额的美元，再约定按 $F(2)$ 出售远期美元，赚取日元收入 $F(2)(1/S)[1+i(2,\$)]^2$。将这些结果用等式表示，推导 $F(2)$，得到公式（6.16）。例 6.9 将以数字形式的例题说明这些问题。

例 6.9　2 年期的远期汇率

令即期汇率为 $S=¥110/\$$，令 2 年期即期年利率为 $i(2,\$)=5\%$ 和 $i(2,¥)=4\%$。假设你投资¥10 000 000 于 2 年期的纯贴现债券。2 年期结束时，你的投资将增长为：

$$¥10\,000\,000 \times (1.04)^2 = ¥10\,816\,000$$

按当前即期汇率，¥10 000 000 的美元成本为：

$$¥10\,000\,000/(¥110/\$) = \$90\,909.09$$

若你投资 \$90 909.09 于 2 年期纯贴现债券，2 年期结束时你将得到：

$$\$90\,909.09 \times (1.05)^2 = \$100\,227.27$$

这一分析表明，你既可以当前投资 \$90 909.09 购买¥10 000 000 日元，并将其投资2 年以得到¥10 816 000；也可以将 \$90 909.09 投资于美元债券 2 年，以得到 \$100 227.27。如果你能够现在在远期市场订立合约，按 $F(2)$ 将日元兑换回美元，获得多于 \$100 227.27 的美元收入，你会更愿意进行日元投资。如果远期出售¥10 816 000兑换美元与直接投资于美元将获得相同的美元收入，你会不介意选择哪种投资。也就是说，只有当远期汇率满足：

$$¥10\,816\,000/F(2) = \$100\,227.27$$

时，你在两个投资之间才会没有差别。若我们用此等式推导远期汇率，能够得到：

$$F(2) = ¥10\,816\,000/\$100\,227.27 = ¥107.914\,7/\$$$

或进位为最接近的百分之一日元金额，$F(2)=¥107.91/\$$。若当前交易的远期汇率报价高于¥107.91/\$，美元投资者投资于美元债券能够得到比投资于日元债券更多的美元收入。日元投资者投资于美元债券也将得到比投资于日元债券更多的日元收入。当然，他们会出售远期美元换取日元。当短期利率平价成立时，这是早期使用的相同类型的套利观点。类似地，如果当前远期汇率对 2 年后交易的报价低于¥107.91/\$，则美元投资者通过投资于日元债券并约定出售远期日元换取美元，得到的收入将多于直接投资于美元债券的收入。日元的投资者通过投资于日元债券得到的收入，也会比投资于美元债券并约定出售远期美元得到的收入多。

当远期汇率不能满足等式（6.16），暗示着在市场上可获得的收入存在差异时，又将如何呢？例如，假设美元和日元的利率及即期汇率和远期汇率更有利于美元投资而非日元投资。投资者会将资金从日元债券转移到美元债券上来。以不同货币标价的债券需求量的变化将伴随对该货币需求量的变化，因为投资者售出一种货币并购进另一种货币。这种活动将导致债券价格、利率和即期汇率、远期汇率的一系列变动，这又会将市场带回到均衡状态。

若投资者出售日元债券，日元债券的价格将会下降，它们的收益率将会上升。随着资金从日本流出，美元相对于日元变得坚挺，导致美元对日元的即期汇率上升，因为需要用日元换取更多的美元进行美元债券投资。随着过多的美元流入美元债券市场，美元债券的价格会升高，导致收益率降低。最后，日元对美元的远期汇率将会下降，因为投资者在将来会出售远期美元购买日元。所有的四种影响都使得投资于日元资产更具吸引力，而投资于美元资产则乏善可陈。

注意，我们强调了对长期投资加以考虑的结果是，将当前报价的、将于 n 期后交割的直接远期汇率，与按纯贴现债券的相对报酬调整后的、在当前和以后的 n 期之间两种货币的当前即期汇率（按每一美元兑换日元表示）向相等的目标推进：

$$F(n)=S\times\frac{[1+i(n,¥)]^{n}}{[1+i(n,\$)]^{n}}$$

理论上，这就是长期的远期合约定价的方式。

当然，在讨论的全过程中，我们忽略了投资者买入、卖出债券的债券市场交易以及即期、远期外汇市场交易的买卖价差。当存续期较长时，交易成本也变得较大。这也是开发货币互换的根源，我们将在第 21 章对此进行深入的讨论。

小　结

本章研究了两种货币的名义利率之间以及相应的即期和远期汇率之间的关系。当资金市场没有套利机会时，这四个变量之间的关系被称为利率平价。本章要点如下：

1. 名义利率是资金的时间价值。一定数额资金的终值（FV）可通过将其乘以 1 加上利率之和得到：[$FV=$现金流$\times(1+i)$]。一定数额资金当前的现值可以通过将其除以 1 加上利率之和得到：$PV=\frac{\text{现金流终值}}{1+i}$。

2. 抛补利率平价可通过四个步骤完成：借入一种货币，将其兑换成另一种货币，投资第二种货币，在远期市场出售第二种货币的本息并换取第一种货币。

3. 当国内、国外利率和即期、远期汇率平衡，致使抛补利率套利不能进行时，则称该汇率和利率满足利率平价。

4. 当汇率表达为单位外币兑换本币的金额时，外币的远期升水或贴水等于国内、国外利率之差除以 1 加上国外利率，此时则称满足利率平价条件。

5. 境外货币市场是以非银行经营所在国货币计价的存款和贷款的银行间同业市场。

6. 境外货币市场的买卖价差（银行对存款使用买价利率，对贷款提供卖价利率）在正常时期很小。

7. 在存在交易成本的情况下，利率平价可用两个不等式表示，反映了抛补利率套利会导致两个方向上的损失。也就是说，在套利交易的起点贷出或借入某种货币都不会产生利润。

8. 实证研究表明，利率平价为一标准状态，特别是在平常时期和较短的存续期内。在动荡时期，就会出现偶然的、持续几天时间的套利机会，能带来潜在的利润。

9. 这些盈利机会或许仅仅反映了机构在市场报价时不同的信用风险。信用风险或违约风险是协议的对方对其承诺违约的可能性。

10. 外汇管制包括一国政府对国外投资所征税费或对外汇使用方面的限制规定。这些控制和限制能导致预想当中的利率平价偏离现象不能得到实际利用。

11. 当投资者理性地认为政府将在投资期内

实施某种形式的外汇管制或税制甚至没收投资者的资产时，政治风险产生了。政治风险会导致对利率平价的偏离，但这种偏离并不代表获利机会存在。

12. 交易外汇风险可通过资金市场套期保值得以规避。资金市场套期保值形成了一项以外币计价的资产或负债，它抵消了原基础交易的风险。若满足利率平价，资金市场套期保值与远期市场套期保值效果相同。

13. 纯贴现债券持有者的唯一现金流是债券最终的面值。即期利率等于纯贴现债券价格对债券面值现值的贴现率。即期利率是对某特定到期日必然发生的现金流适用的贴现率。

14. 特定货币利率的期限结构代表各种不同的未来存续期所适用的不同即期利率。

15. 债券的到期收益率是一个通用的贴现率，它等于一系列利息和本金的偿付金额相对于债券价格的贴现率。

16. 通过使用某特定存续期的即期汇率和国内、国外即期利率，我们可以得到该存续期的远期利率。

简答题

1. 解释现值和终值的概念。

2. 若美元利率为正，解释为什么 10 年中每年收到的 \$1 000 000 的价值并不等于当前的 \$10 000 000。

3. 在已知当前即期汇率和按日元及美元标价的 5 年期纯贴现债券价格的情况下，简述如何计算 5 年期按单位美元兑换日元表示的远期汇率。解释为什么必须是市场价格。

4. 若满足利率平价，则不存在抛补利率套利机会。当外币资金市场投资报酬高于本币资金市场投资报酬时，这对即期汇率和远期汇率的关系来讲意味着什么？

5. 人们常说，当按两种货币标价的利率差等于两种货币间的远期升水或贴水时，利率平价条件得到满足。解释当利率为非连续复利时，这个表述为何不够准确。

6. 经济学家所说的境外货币市场意味着什么？

7. 境外货币市场的买卖价差由什么决定？为什么通常这个价差很小？

8. 在外汇和国内货币市场存在买卖价差的情况下，抛补利率套利机会的缺失可用两个不等式概括，试解释其原因。

9. 若外汇市场的波动性增加，你认为买卖价差会如何变化？为什么？

10. 按次序描述用日元换取美元的抛补利率套利所需的各项交易。

11. 假定你看到了一家美国银行和一家法国银行的一系列报价，你可以借入美元，在即期外汇市场出售美元换取欧元，将欧元作为存款存储 90 天，并做一远期合约出售欧元换取美元，以获得确定的利润。这会是一个套利机会吗？为什么？

12. 在墨西哥银行以美元计价的银行账户，其年利率往往比在美国的银行账户高几个百分点。你能解释这一现象吗？

13. 什么是资金市场套期保值？它是如何构造的？

14. 假定你是在加拿大销售肥皂的一家公司的法国代表。简述你的外汇风险以及如何利用资金市场套期保值规避该风险。

15. 什么是纯贴现债券？

16. 什么是利率的期限结构？如何通过带息债券价格确定即期利率？

17. 带息债券的到期收益率与债券到期发生的现金流所用贴现率有何区别？它们两个何时相等？

应用题

1. 在 Publisher's Clearing House 的参赛者报名表上写着：“你可能已经赢得了 \$10 000 000。”如果 Prize Patrol 登门拜访，告知你已获奖，并能在 30 年内每年收到 \$333 333.33。若年利率为 8%，\$10 000 000 的实际现值是多少美元？

2. 假定一以美元标价的 5 年期纯贴现债券年利率为 4.5%，而在法国，一以欧元标价的同种纯贴现债券的欧元年利率为 7.5%。若当前即期汇率为 \$1.08/€，计算抛补利率套利无效时所需的远期汇率。

3. Carla Heinz 是荷兰银行的投资组合经理。她正在考虑从两个 EUR10 000 000 的投资项目中做出选择。她或者投资于欧元存款，或者投资于瑞士法郎（CHF），期限为 180 天。在投资瑞士法郎的情况下，她知道她需要顾及交易外汇风险，于是她决定对其投资进行全面的套期保值。假定她获得了以下数据：

180 天瑞士法郎年利率：8.0%

180 天欧元存款年利率：10.0%

即期汇率：EUR1.196 0/CHF

180 天远期汇率：EUR1.202 4/CHF

180 天以后，哪种存款能获得较高的欧元收回额？若其即为实际市场价格，预期将发生什么情况？

4. 若 30 天日元的年利率为 3%，30 天欧元的年利率为 5%，就日元而言，欧元是否存在远期升水或贴水？这一升水或贴水金额有多大？

5. 假设即期市场上瑞士法郎对美元汇率为 CHF1.470 6/$，180 天的远期汇率为CHF1.429 5/$。若 180 天美元年利率为 7%，则令套利无效的 180 天瑞士法郎年利率应为多少？

6. 作为贝尔斯登的交易者，你从两家不同的银行获得了以下价格：

1 年期欧元存款/贷款年利率：6.0%～6.125%

1 年期马来西亚林吉特存款/贷款年利率：10.5%～10.625%

即期汇率：MYR4.660 2/EUR～MYR4.662 2/EUR

1 年期远期汇率：MYR4.950 0/EUR～MYR4.965 0/EUR

利率按一年 360 天计算。有没有机会进行抛补利率套利？

7. 假定你是从美国向日本进口谷物的进口商。你已同意支付美元，并计划 90 天后收到谷物并支付货款$377 287。现在你面对以下汇率和利率指标：

即期汇率：¥106.35/$

90 天远期汇率：¥106.02/$

90 天美元年利率：3.25%

90 天日元年利率：1.937 5%

a. 简述你面临的交易外汇风险的性质和程度。

b. 解释规避风险的两种方法。

c. 问题 b 中的哪个方法更好？

8. 你是摩托罗拉的销售经理，从美国向其他国家出口手机。你刚刚签了一单交易，向英国分销商海运一批手机。该交易按英镑计价，当 180 天以后手机抵达伦敦时，你将收到£700 000。假定你可以按 7%的年利率借入美元，按 10%的年利率借入英镑。两种年利率均按 360 天计算。即期汇率是$1.494 5/£，180 天远期汇率是$1.480 2/£。

a. 简述你面临的交易外汇风险的性质和程度。

b. 简述消除交易外汇风险的两种方法。

c. 问题 b 中的哪个方法更好？

d. 假定美元利率和即期汇率、远期汇率不变。确定令两种套期保值方法结果相同的英镑利率。

9. 假设明年阿根廷政府对银行实行国有化并不定期冻结全部外汇存款的概率为 0.5%。若美元在美国的存款利率为 5%，计算阿根廷银行为吸引外国投资者的存款所需提供的美元存款利率。

10. 假设 20 年期、面值$1 000 的纯贴现债券的市场价格为$214.55。计算按百分比表示的 20 年期的即期利率。

11. 考虑一只 2 年期欧元计价债券，当前市场价格为€970，面值为€1 000，年利率为 5%。假设 1 年期欧元计价债券的即期利率为 5.5%。计算 2 年期欧元计价债券的即期利率。

参考文献

Aliber. Robert, 1973, "The Interest-Rate Parity Theorem: A Reinterpretation," *Journal of Political Economy* 81, pp. 1451-1459.

Clinton, Kevin, 1988, "Transaction Costs and Covered Interest Arbitrage: Theory and Evidence," *Journal of Political Economy*, pp. 358-370.

Delamaide, Darrell, 1985, *Debt Shock: The Full Story of the World Credit Crisis*, New York: Anchor Books.

Domowitz, Ian, Jack Glen, and Ananth Madhavan, 1998, "Country and Currency Risk Premia in an Emerging Market," *Journal of Financial and Quantitative Analysis* 33, pp. 189 – 216.

Fabozzi, Frank J., 1996, *Bond Markets, Analysis and Strategies*, 3rd ed., Upper Saddle River, NJ: Prentice Hall, Inc.

Levich, Richard M., 1998, *International Financial Markets*, Boston: Irwin McGraw-Hill.

McBrady, Matthew R., 2005, "How Integrated are Global Bond Markets? Estimating the Limits of Covered Interest Arbitrage," working paper.

Sarver, Eugene, 1990, *The Eurocurrency Handbook*, 2nd ed., New York: New York Institute of Finance.

Stigum, Marcia, 1981, *Money Market Calculations: Yields, Breakevens and Arbitrage*, Homewood IL: Dow-Jones Irwin Publishing.

Solnik, Bruno, 2000, *International Investments*, 4th ed., Reading, MA: Addison-Wesley.

Taylor, Mark P., 1987, "Covered Interest Arbitrage: A High-Frequency, High-Quality Data Study," *Economica* 54, pp. 429 – 438.

Taylor, Mark P., 1989, "Covered Interest Arbitrage and Market Turbulence," *The Economic Journal* 99, pp. 376 – 391.

第 7 章

外汇市场的投机与风险

本章研究当投资者选择投机，即当投资者对外币市场投资的外汇风险不选择套期保值（或抛补）的方式时，将会如何。投资者的报酬是不确定的，若外币升值，报酬会很高；若外币贬值，报酬则会很低。本章我们将讨论有助于投资者将与投机性外汇投资相关的报酬和风险进行量化的理论和方法。我们将探讨**非抛补外币市场投资**（uncovered investments in the foreign money market）的风险溢价是否能促使人们接受这些风险。全面理解有关内容需要对本书所使用的统计方法进行评估。复习第 3 章附录和本章附录 7.2 的有关内容，将有助于我们理解。这些方法也可以用来理解所有资产市场上关于投资报酬的实证分析。

7.1 外汇市场投机

非抛补外币市场投资

在第 6 章，我们研究了外汇市场上的抛补投资，并发现如果满足了利率平价，本国货币投资于外币市场的收益率就是本国货币的利率。但如果投资者不对其外汇风险进行抛补，将会如何呢？让我们看看以下例题。

例 7.1　凯文·安东尼的非抛补英镑投资

回顾例 6.2 的情况，投资组合经理凯文·安东尼正考虑从 1 年期投资＄10 000 000 的几个方案中做出选择。有关数据如下：

美元年利率：8.0％

英镑年利率：12.0%

即期汇率：\$1.60/£

若凯文按8.0%投资于美元计价的资产，1年之后他将得到：

$$\$10\ 000\ 000\times1.08=\$10\ 800\ 000$$

假设凯文将\$10 000 000投资于英镑资金市场，但他决定不对外汇风险进行套期保值。按惯用的程序，我们用三个步骤计算他的美元收回额。

步骤1 在即期市场将美元兑换成英镑，\$10 000 000按当前的即期汇率能够购买：

$$\frac{\$10\ 000\ 000}{\$1.60/£}=£6\ 250\ 000$$

这是凯文的英镑本金。

步骤2 计算以英镑计价的利息和本金。凯文可将其英镑本金按12%的利率投资1年。于是，凯文得知1年以后他将得到的英镑本金和利息的收回额等于：

$$£6\ 250\ 000\times1.12=£7\ 000\ 000$$

步骤3 1年后按即期汇率出售英镑本息：

$$\text{一年后的美元收入}=£7\ 000\ 000\times S(t+1,\$/£)$$

如果凯文选择不对其外汇风险进行套期保值，他从英镑资金市场投资收回的美元金额将取决于未来汇率的价值。

习惯上，投资报酬按每一美元投资的报酬表达。我们用$S(t)$代表当前即期汇率，用$S(t+1)$代表未来即期汇率，货币的价值以\$/£表示。根据例7.1的三个步骤，英镑资金市场投资的美元报酬$r(t+1)$等于：

$$r(t+1)=\frac{1}{S(t)}\times[1+i(£)]\times S(t+1) \tag{7.1}$$

式中，$i(£)$代表英镑利率。

在例7.1中，我们得到：

$$r(t+1)=\frac{1}{\$1.60/£}\times1.12\times S(t+1)=0.7\times S(t+1)$$

注意，0.7=£7 000 000/\$10 000 000是凯文未来将要拥有的英镑对其当前美元投资的比率。凯文的投资具有风险，因为未来汇率在当期是未知的。凯文可能对投资的额外报酬感兴趣，以$exr(t+1)$表示，即比他在国内赚到的无风险报酬高出的部分。多出的报酬(exr)是：

$$exr(t+1)=\frac{S(t+1)}{S(t)}\times[1+i(£)]-[1+i(\$)]=S(t+1)\times0.7-1.08 \tag{7.2}$$

式中，$i(\$)$为美元利率。

远期合约的投机

保本即期汇率

我们再考虑等式（7.2）。若凯文未做套期保值，他会希望英镑升值越高越好，即未来的

$\$/£$汇率 $S(t+1)$越高越好，这样才能带给他超额回报。在英镑与本币资金市场投资之间，能令凯文保本的未来汇率是当等式（7.1）等于零时的汇率。我们将此汇率称为 S^{BE}：

$$S^{BE}=\frac{1.08}{0.7}=\$1.5429/£=S(t)\times\frac{[1+i(\$)]}{[1+i(£)]} \quad (7.3)$$

从第 6 章的内容可知，公式（7.3）就是远期汇率的计算公式！因此，如果未来汇率的上升高于远期汇率所预期的水平，凯文就会获得正的额外报酬，但如果未来汇率低于远期汇率，凯文就会得到负的额外报酬。因此，凯文可利用远期合约而非资金市场投资进行英镑汇率投机，就不足为怪了。

远期市场和外币市场投资的比较

远期合约是纯粹的买空卖空——也就是说，当签订远期合约时，并没有资金转手。为具体描述远期合约的订立过程，令 Buy 先生代表签约从远期外币市场向 Sell 女士以美元购买英镑的一方；令 Sell 女士代表签约从远期市场出售英镑换取美元的一方。1 年以后，Buy 先生需要为购买的远期英镑支付 $F(t)$美元，他在未来的即期市场可按 $S(t+1)$美元的价格出售每一英镑。另一方面，Sell 女士将按 $S(t+1)$美元的价格在未来的即期市场购进每一英镑，同时她将按$F(t)$美元的价格向 Buy 先生出售每一英镑。这样，以每一英镑为基础，美元的利润和亏损计算如下：

Buy 先生的美元利润或亏损$=S(t+1)-F(t)$

Sell 女士的美元利润或亏损$=F(t)-S(t+1)$

这些美元利润和亏损在图表 7.1 中以 $S(t+1)$价值的函数形式表示。注意，购买远期外汇一方的美元利润就是出售远期外汇一方的美元亏损，反之亦然。

图表 7.1 **远期市场投机利润和亏损**

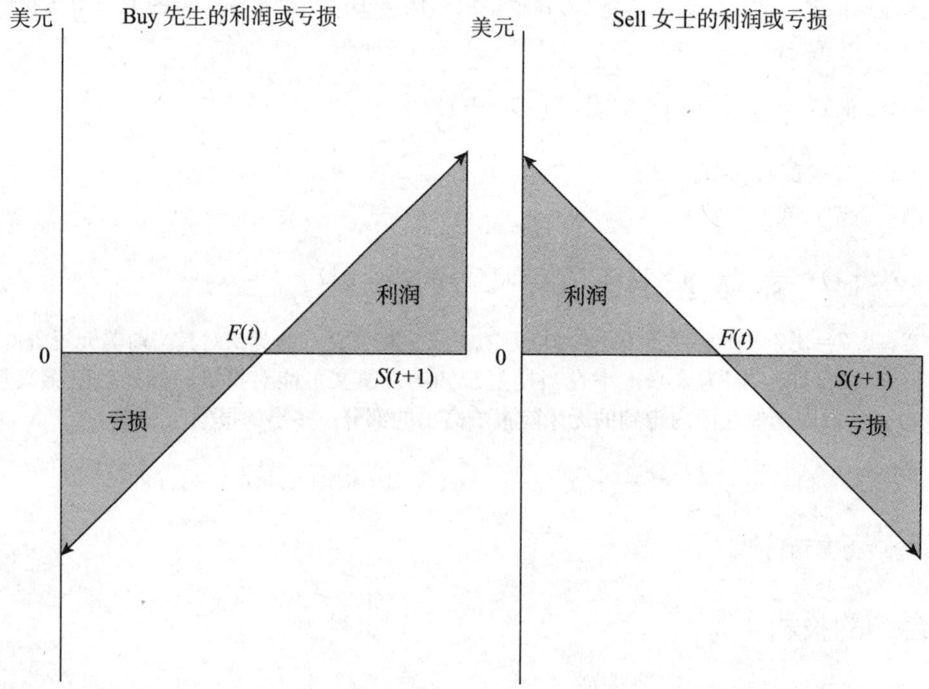

这一**远期市场投资**（forward market investment）如何与凯文·安东尼的英镑外币市场投资相比较呢？首先，由于期货合约在当前没有资金的转手，将**远期市场报酬**（forward market return）

与等式（7.2）所表示的外币市场投资额外报酬相比较是有意义的。额外报酬可以被视为一项策略的报酬，即凯文在本币资金市场借入美元并将其投资于英镑资金市场。其次，虽然远期市场报酬是按单位外币（英镑）所获报酬表示的，而资金市场报酬是按单位本币（美元）所获报酬表示的，但是，通过除以即期汇率的方法可以直接将单位英镑报酬转换为单位美元报酬。最后，由于远期合约将在未来出售 1 英镑，但凯文的策略是在当前就进行资金的投资，这样我们就必须进行终值的调整。我们必须按 $[1+i(£)]$ 的比例增加远期市场报酬后，再与资金市场投资报酬相比较，因为当期 1 英镑在未来的价值为 $[1+i(£)]$。

由于凯文投资于英镑资金市场投资，相关的比较应在其与 Buy 先生在远期市场购买英镑的合约之间进行。我们首先将 Buy 先生在美元基础上的利润除以 $S(t)$：

$$\text{远期市场报酬(每美元)} = \mathrm{fmr}(t+1) = \frac{S(t+1)-F(t)}{S(t)} \tag{7.4}$$

我们在等式（7.4）中将远期市场报酬（每美元）定义为 $\mathrm{fmr}(t+1)$。根据抛补利率平价，我们得知：

$$F(t) = S(t) \times \frac{[1+i(\$)]}{[1+i(£)]} \tag{7.5}$$

于是，用等式（7.5）解（F/S）并将其代入等式（7.4），远期市场报酬（每美元投资）等于：

$$\mathrm{fmr}(t+1) = \frac{S(t+1)}{S(t)} - \frac{[1+i(\$)]}{[1+i(£)]}$$

最后，等式两边同时乘以 $[1+i(£)]$，使得投资单位的数量相同，得到：

$$\mathrm{fmr}(t+1) \times [1+i(£)] = \frac{S(t+1)}{S(t)}[1+i(£)] - [1+i(\$)]$$

这一表达式恰好等于等式（7.2）表示的、通过在本币市场借入 1 美元、将这 1 美元投资于英镑外币市场所得的额外报酬 $\mathrm{exr}(t+1)$。在远期市场报酬与外币市场额外报酬之间存在一个关系，表示为：

$$\mathrm{fmr}(t+1) \times [1+i(£)] = \mathrm{exr}(t+1)$$

例 7.2 远期市场报酬与外币市场报酬

我们继续关注凯文·安东尼的投资案例（见例 7.1）并考虑外币市场投机的实际报酬如何取决于汇率的未来价值。这里，我们设定远期汇率等于例 7.1 所计算的保本汇率 \$1.542 9/£：

汇率的未来价值	远期市场报酬（按未来美元计算）	外币市场额外报酬（按%表示）
$S(t+1)$	$S(t+1)-F(t)$ $=[S(t+1)-1.542\,9]$	$\frac{S(t+1)}{S(t)}[1+i(£)]-[1+i(\$)]$ $=[0.7S(t+1)-1.08]$
1.65	0.107 1	7.5
1.542 9	0.0	0.0
1.50	−0.042 9	−3.0

注意，决定亏损和利润分界点的未来汇率水平是远期汇率。另外，两栏之间的报酬是成比例的（$\frac{0.075}{0.107\,1}=\frac{-0.03}{-0.042\,9}=0.70$），因为它们面临的风险是同源的（美元/英镑汇率变动），只是

它们表示的单位不同。在考虑风险投资时，我们应积极了解预期报酬和投资风险。下面我们将从预期报酬入手。

货币投机及利润和亏损

货币投机的预期报酬明显取决于对未来汇率价值的预期。大体上，市场参与者的预期未来即期汇率是无法观测的，但我们偶尔能找到一些指标。

一些可观测的预期

考虑图表 7.2 的情形。1995 年 5 月，《华尔街日报》公布了在外币市场交易活跃的 7 家主要商业银行和投资银行的汇率预测。这些数据在图表 7.2 的 A 部分列出。由于这些银行在外币市场交易方面有着广泛的经验，且它们在不同货币上系统地持有多头或空头以牟取利润，若有人能预测汇率，它们也能够预测。

图表 7.2　　1995 年 5 月 23 日汇率预测分析

当前即期汇率	DEM 1.440/＄		¥87.18/＄	
A 部分：	DEM/＄ 预测		Yen/＄预测	
	3 个月	6 个月	3 个月	6 个月
远期汇率	1.437 7	1.432 1	86.11	85.08
沃伯格	1.40	1.53	88	103
瑞士联合银行	1.52	1.55	92	96
高盛	1.39	1.47	85	95
花旗	1.40	1.25	82	75
潘韦伯	1.45	1.40	92	90
美林	1.45	1.50	88	92
瑞士银行	1.46	1.40	93	90
B 部分：	美元升值百分比预测			
	3 个月	6 个月	3 个月	6 个月
远期汇率	−0.44	−0.82	−1.23	−2.41
沃伯格	−3.05	5.96	0.94	18.15
瑞士联合银行	5.26	7.34	5.53	10.12
高盛	−3.74	1.80	−2.50	8.97
花旗	−3.05	−13.43	−5.94	−13.97
潘韦伯	0.42	−3.05	5.53	3.23
美林	0.42	3.88	0.94	5.53
瑞士银行	1.11	−3.05	6.68	3.23
事后即期汇率	1.481 7	1.413 1	96.52	100.65
美元实际升值	2.61	−2.14	10.71	15.45
C 部分：	百分比预测误差			
	3 个月	6 个月	3 个月	6 个月
远期汇率	3.05	−1.32	11.94	17.86
沃伯格	5.66	−8.10	9.77	−2.70
瑞士联合银行	−2.65	−9.48	5.18	5.33
高盛	6.35	−3.94	13.21	6.48
花旗	5.66	11.30	16.66	29.42
潘韦伯	2.20	0.91	5.18	12.22
美林	2.20	−6.02	9.77	9.92
瑞士银行	1.50	0.91	4.04	12.22

注：资料来自 1995 年 5 月 24 日的《华尔街日报》C1 页，以及作者的计算。B 部分的百分比利用了 A 部分的预测值以及图表顶部报告的当前即期汇率（即远期汇率$-0.44=\frac{1.4377-1.444}{1.444}\times100\%$）。C 部分的预测误差通过将 B 部分的美元升值预测值从 C 部分上一栏报告的美元实际升值中减去即可得到。

为将预测值置入图表 7.2 中，你还需知道，在 1995 年 5 月，即期汇率为 DEM1.444 0/＄和￥87.18/＄，3 个月远期汇率为 DEM1.437 7/＄和￥86.11/＄，6 个月远期汇率为 DEM1.432 1/＄和￥85.08/＄。注意美元在德国马克和日元的外币市场均出现了远期贴水，因为远期汇率均低于即期汇率。图表 7.2 的 B 部分报告了美元的预期升值或贬值，这在 A 部分的各预测值中已有暗示。

很明显，预测者不仅对他们从市场上观察到的远期汇率不能达成一致，而且他们之间的结论也不一致。例如，在 3 个月期一栏，高盛银行预测美元将对德国马克贬值 3.74%，而瑞士联合银行预测美元的升值将超过 5%。在 6 个月期一栏，针对日元对美元汇率预测的差异就更加显著。花旗银行预测美元将贬值近 14%（从￥87.18/＄到￥75/＄），而 S. G. 沃伯格预测美元的升值将超过 18%（从￥87.18/＄到￥103/＄）。

为避免市场上的套利机会，这些银行对远期汇率的报价必须基本一致。否则，某些人就会从报价较低的银行购买一种远期货币，并在另一家报价较高的银行出售该远期货币，从而锁定套利利润。因此，我们在图表 7.2 中看到的对未来即期汇率差异较大的现象，说明这些银行一直试图在远期市场进行交易，交易的各方都预期将要盈利。

假定上述交易可能在 6 个月期日元对美元的市场发生，考虑以下例题。

例 7.3 汇率预测和远期市场投机

在图表 7.2 的 A 部分中，花旗银行预测在 6 个月后能够以￥75/＄的汇率用日元购买美元，于是花旗银行可约定在远期市场按￥85.08/＄出售美元换取日元。若花旗银行的交易者出售＄10 000 000远期，预期的日元利润是交易者出售远期美元的价格与交易者预期在未来即期市场购买美元的价格之差，乘以美元的交易量：

$$\begin{aligned}\text{预期利润(日元)}&=(¥85.08/\$-¥75/\$)\times\$10\,000\,000\\&=¥100\,800\,000\end{aligned}$$

以百分比表示投资每一日元的报酬，我们需要除以远期出售的美元和即期汇率：

$$\frac{¥100\,800\,000}{\$10\,000\,000}\times\frac{1}{¥87.18/\$}=11.56\%$$

反过来，S. G. 沃伯格预测美元将坚挺至￥103/＄，这是它预期售出美元换取日元的价格。于是，S. G. 沃伯格的交易者愿意作为花旗银行＄10 000 000 交易的另一方，约定按￥85.08/＄的远期汇率购买美元。这个交易者的预期日元利润是交易者预期在未来出售美元的价格减去交易者约定当前在远期市场购买美元的远期价格，乘以美元的交易量：

$$(¥103/\$-¥85.08/\$)\times\$10\,000\,000-¥179\,200\,000$$

将其除以＄10 000 000 和即期汇率，这个利润代表 20.56%的预期收益率。

当然，这些预测都不是正确的。6 个月后，一个交易者会盈利，另一个则会蒙受损失。我们现在知道，在 1995 年 11 月，即 6 个月以后，实际汇率为￥100.65/＄，因为在 6 个月的时间里，美元升值了 15.45%。若花旗银行和 S. G. 沃伯格进行了远期交易，花旗银行的损失为：

$$(¥100.65/\$-¥85.08/\$)\times\$10\,000\,000=¥155\,700\,000$$

原因在于，花旗银行在本例中按¥85.08/$出售了$10 000 000远期，却不得不以¥100.65/$的汇率在即期市场购买美元。花旗银行的损失将会是S. G. 沃伯格的收益。S. G. 沃伯格约定按远期价格购买$10 000 000，而后就能够按较高的即期汇率出售这些美元。

图表7.2的C部分提供了**预测误差**（forecast errors）的实际百分比，计算方法是将未来即期汇率与预测值之差除以预测时的即期汇率。例如，在6月期一栏，花旗银行的预测误差为 $\frac{¥100.65/\$-¥75/\$}{¥87.18/\$}=29.42\%$。预测误差显然很大，特别是对日元的预测。很明显，如果按花旗银行自己的预期收益率11.56%以¥85.08/$的预测价格进行交易，将要实现的收益率为 $\frac{¥85.08/\$-¥100.65/\$}{¥87.18/\$}=-17.86\%$。

量化预期损失和利润

从前面的内容得知，未来汇率的不确定性造成了货币投机的风险。为将我们对未来收益的不确定性量化，我们使用第3章中的条件概率分布概念。我们当时将当前作为时间 t，在图表3.1中，未来某时间即期汇率的概率分布描述了与该时间所有可能出现的汇率相关联的概率。由于未来汇率的概率分布取决于当前可获得的全部信息，因此说它是一个条件概率分布。[①] 所有用来预测经济变量的终值的信息的集合，通常被称为**信息集**（information set）。如前所述，若我们观察一年期的时段，我们将未来时间 t 美元对英镑在时间 $t+1$ 的即期汇率的条件概率表示为 $E_t[S(t+1, \$/£)]$。

在第3章，我们认为汇率变动的分布可用正态分布（即钟形曲线）加以描述，至少发达国家之间的汇率符合这一规律。因此，除未来即期汇率条件概率分布的均值外，我们还必须找出其标准差。这样就可以将损失和收益进行量化。我们仍以凯文·安东尼的例子加以说明。

例7.4　凯文·安东尼的亏损概率

假定凯文预期下一年度英镑对美元将增值3.57%。于是，1年后未来即期汇率的条件期望值为：

$$\$1.60/£\times(1-0.0357)=\$1.5429/£$$

其美元不确定报酬的条件期望值等于：

$$£7\,000\,000\times\$1.5429/£=\$10\,800\,300$$

这一报酬与其美元投资报酬相同，因为$1.542 9/£是令美元投资与英镑投资报酬相等的保本未来汇率（S^{BE}）。

假定凯文认为英镑相对于美元汇率的增值呈正态分布。根据正态分布的对称性，他知道英镑投资优于美元投资的概率为50%，英镑投资不如美元投资的概率亦为50%。

凯文也可能有兴趣知道他损失部分美元本金的概率。在即期汇率价值 $S(t+1, \$/£)$ 为多少时，凯文仅能收回本金$10 000 000？这一价值，我们称其为 $\hat{S}$，满足

$$(£7\,000\,000)\times\hat{S}=\$10\,000\,000$$

① 在这一点上，我们可以认为条件概率分布反映了个别投资者——进口方或出口方——对于不确定的未来汇率的主观臆断。本章我们主要讨论概率分布的条件均值，第20章将介绍价格取决于整个概率分布状况的外币期权。因此，外币期权价格可用于理解市场对未来不同汇率出现的概率的看法。

从而得到

$$\bar{S}=\$10\ 000\ 000\div £7\ 000\ 000=\$1.428\ 6/£$$

凯文可以计算出未来汇率低于$1.428 6/£的概率。要进行这一计算，他需要确定投资收回额的标准差。假设他认为下一年度英镑相对于美元增值率的标准差为10%。由于$1.60/£的10%是$0.16/£，未来即期汇率条件分布的标准差为$0.16/£(见第3章)。通过生成一个**标准正态随机变量**（standard normal random variable)，他可以计算损失资金的概率。标准正态随机变量的均值为0，标准差为1，我们以$N(0, 1)$表示，我们可以通过减去未来即期汇率的均值并除以标准差的方法进行计算。于是，

$$[S(t+1, \$/£)-\$1.542\ 9/£]\div\$0.16/£$$

具有均值0和标准差1。我们将这一标准正态分布在图表7.3中画出。于是，与零收益率相关联的标准正态变量为：

$$(\$1.428\ 6/£-\$1.542\ 9/£)\div\$0.16/£=-0.714\ 4$$

图表 7.3 **标准正态分布**

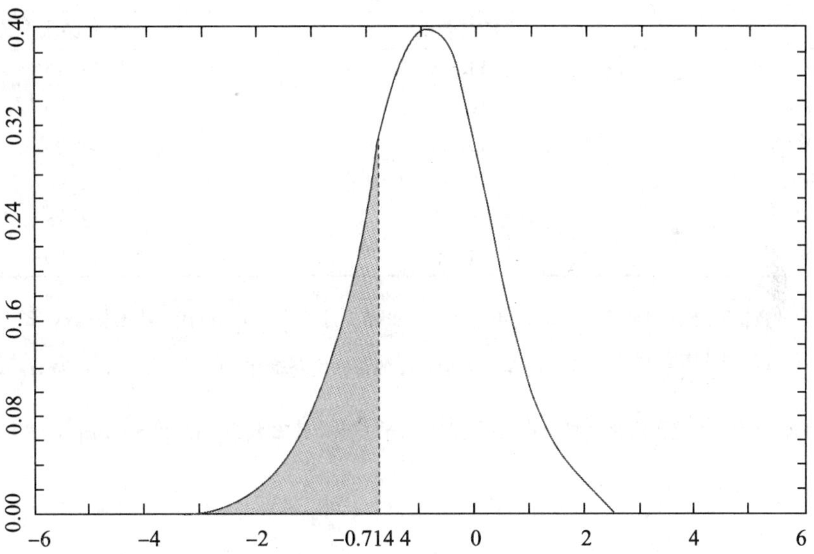

注：横轴代表标准正态分布变量的可能价值（如x）。纵轴代表对于每一x值正态分布函数的价值（如y）。事实上，$y=\frac{1}{\sqrt{2\pi}}e^{\frac{1}{2}x^2}$，e为2.718 28。-0.714 4以下的区域占全部区域的23.75%，全部区域合计为1。

从标准正态的概率分布来看，我们发现，$N(0, 1)$变量小于-0.714 4，或者说$S(t+1, \$/£)$小于$1.428 6/£的可能性为23.75%（全部区域合计为1）。因此，23.75%是凯文在下一年度实际损失部分本金的概率。

历史教训：货币汇率变动和远期市场报酬的变动率

若美元/英镑汇率变化的变动率超过凯文最初预计的10%，未来汇率的条件概论分布就会更加分散，他损失部分本金的概率就会大于23.75%。对于汇率的变动率来讲，10%的指标是否符合实际情况呢？

图表 7.4 反映了用 30 年的数据计算的三种货币兑美元的汇率和远期市场收益率变动百分比的标准差。该图表也反映了三种货币相应的非美元交叉汇率的同类信息。三种货币分别为德国马克（在样本期内大部分时期欧元尚未出现）、英镑和日元。

注意，汇率变动的年度百分比变动率确实在 10%左右（处于 8.69%～11.73%之间）。换句话说，凯文·安东尼的估计基本正确，例 7.4 的计算是符合实际的。

图表 7.4 的第二栏给出了远期市场收益率的变动情况。该栏中的收益率是以单位本币（可以是美元、日元或英镑）表示的。对以美元表示的货币组合，远期市场收益率为：

$$\frac{S(t+1)-S(t)}{S(t)}-\frac{F(t)-S(t)}{F(t)}=s(t+1)-fp(t)=\frac{S(t+1)-F(t)}{S(t)}$$

汇率均按单位外币兑换的美元数表示［见等式（7.4）］。这里，$F(t)$代表 1 个月的远期汇率，$s(t+1)$是汇率的百分比变动，$fp(t)$是远期升水。远期市场收益率的变动率与汇率变化的变动率的大小排序相同，这反映在第一栏中。很显然，外汇市场投机并非没有损失的风险。

图表 7.4　　汇率和远期市场收益率月度百分比变动的标准差

汇率	标准差	
	汇率变动	远期市场收益率
DEM/$	11.06	11.16
£/$	10.61	10.73
¥/$	11.73	11.90
DEM/¥	10.98	11.06
DEM/£	8.69	8.78
¥/£	11.69	11.80

注：本图表的数据取自 1976 年 2 月—2006 年 9 月。1999 年 1 月以后，欧元取代了德国马克（DEM）。汇率的百分比变动为 $s(t+1)=\frac{S(t+1)-S(t)}{S(t)}\times100\%$，远期市场收益率的百分比变动为 $100\%\times[s(t+1)-fp(t)]$，其中 $fp(t)=\frac{F(t)-S(t)}{S(t)}$。为将月度标准差年度化，我们将其乘以 12 的平方根，使之成为金融市场常用的表达方式。数据源于 Reuters 和 Global Insight。

7.2　非抛补利率平价和无偏差假设

抛补利率平价确保了本币资金市场投资与外币资金市场投资具有相同的本币报酬，因为外币资金市场投资的外汇风险被远期合约所“抛补”。另一方面，有两种相关的理论可用来预测当汇率风险未被套期保值时将要发生什么。**非抛补利率平价**（uncovered interest rate parity）保证“非抛补的”外币资金市场投资与本币资金市场投资具有相同的预期报酬，尽管未来汇率价值的不确定性使该报酬也具有不确定性。**无偏差假设**（unbiasedness hypothesis）认为在远期汇率与预期未来即期汇率之间没有系统性差异，因而远期市场预期报酬为零。

本节我们将建立更为详细的假设。我们将以讨论外汇市场的市场效率为起点，因为偏离非抛补利率平价或无偏差假设的情况通常都发生在效率不高的外汇市场。

汇率预测与市场效率

预测误差

在前一节，我们看到汇率和远期市场收益率的百分比变动（汇率和远期升水百分比变动之差）是多变的。这一多变性证明在利用当期汇率或远期汇率进行汇率预测时，预测误差是多变的。

预测误差是实际未来即期汇率与其预测值之差。衡量预测误差值的方法之一是检测其标准差。我们不能仅仅计量平均预测误差，因为相反方向上的巨大误差会相互抵消，使得平均误差变小。由于标准差将是误差的平方，较大的误差会形成较大的标准差。换句话说，图表 7.4 说明，在用当前即期汇率或远期汇率进行预测时，预测误差很大。专门出售汇率预测的公司，它们的预测也有较大的标准差。一直以来，没有哪家预测公司看起来是很成功的。①

认为汇率预测具有上述特征合理吗？我们认为答案是肯定的，因为汇率是货币的相对价格，货币也是资产，因此，汇率是资产的价格，我们理应认为汇率与其他资产的价格具有相同的习性，如股票价格一样，也很难预测。若汇率能够轻易预测，则通过在一种相对坚挺的货币上押宝就可以轻而易举地赚大钱。

市场效率与预测

没有人能够长期准确地预测未来汇率，这并不能作为外汇市场不是有效市场的充分必要理由。直观地说，当执行贸易策略后的预期利润恰能弥补投资者实施该策略所承担的风险时，市场就是有效的。在非有效市场交易的利润与承担的风险无关，因而该利润被视为非正常利润。

当然，我们确实听到关于投机者在外汇市场不时赚到大钱的故事。例如，据报道，乔治·索罗斯经营的套期保值基金在 1992 年赚到了 20 亿美元，当时索罗斯正确地断定英镑相对于德国马克将要疲软。(索罗斯因此作为“打败英格兰银行的人”而闻名于世。）不太广为人知的是，几年以后，索罗斯因为错误地断定欧元相对于美元将要坚挺而损失了 10 多亿美元。后来陆续出现的困难使得索罗斯改变了策略，转而进行更为保守和安全的投资。

然而，非抛补利率平价和无偏差假设还是管窥到了市场效率问题。毕竟，由于货币投机涉及风险的承担，不论非抛补利率平价和无偏差假设说了些什么，是否有可能通过在外汇市场投机赚取正的预期报酬呢？鉴于预期报酬与承担的风险是对称的，那么赚取报酬就与广义的市场效率并不一致。我们将在以后的章节探讨这一问题。现在，让我们进一步深入探讨非抛补利率平价和无偏差假设。

非抛补利率平价

回忆等式(7.1)，在英镑市场投资 1 美元的非抛补美元的报酬为：

$$r(t+1)=\frac{1}{S(t)}\times[1+i(\pounds)]\times S(t+1)$$

① 预测汇率的咨询服务很难获得，这一观点首先由 Richard Levich（1980）提出。在第 10 章，我们将再次讨论预测服务的优劣。

由于当前即期汇率 $S(t)$ 和利率 $i(t,£)$ 处于时间 t 的信息集合，非抛补投资的预期报酬为：

$$E_t[r(t+1)]=\frac{1}{S(t)}\times[1+i(£)]\times E_t[S(t+1)] \tag{7.6}$$

非抛补利率平价是假设非抛补外汇投资的预期报酬等于 $[1+i(t,\$)]$，它是投资 1 美元于美元资金市场的已知报酬。若非抛补利率平价存在，则对于非抛补的投资者与未来即期汇率相关联的不确定性是没有补偿的，且投资于不同资金市场的预期报酬被同化了。同样地，根据当前的信息，借入 1 美元投资于英镑资金市场的投机收入 $exr(t+1)$［见等式（7.2）］预期为零。

让我们回到投资组合经理凯文·安东尼的案例。英镑的利率为 12%，但美元的利率仅为 8%。按非抛补利率平价的观点，若据此认为投资于英镑是凯文的最佳选择，就显得很天真了。英镑的高收益意味着市场预期英镑将会贬值，这一贬值致使在英镑市场进行货币投机的预期美元报酬也会是 8%。特别是，

$$1\div \$1.60/£\times[1+0.12]\times E_t[S(t+1)]=1+0.08$$

或者

$$E_t[S(t+1)]=\frac{1.08}{1.12}\times 1.60=\$1.542\,9/£$$

即英镑预期将要贬值 3.57%：

$$(\$1.542\,9/£-\$1.60/£)\div\$1.60/£=-0.035\,7$$

无偏差假设

当远期汇率等于预期未来即期汇率时，该远期汇率即未来即期汇率的无偏差预测值。这一等式是以无偏差假设归纳的：

$$F(t,\$/£)=E_t[S(t+1,\$/£)] \tag{7.7}$$

抛补利率平价和非抛补利率平价意味着无偏差假设可以用下式表示（S 和 F 一直代表 $\$/£$ 汇率）：

$$\underbrace{E_t\left[\frac{S(t+1)}{S(t)}\right][1+i(£)]=[1+i(\$)]}_{\text{非抛补利率平价}}\quad \underbrace{[1+i(\$)]=\frac{F(t)}{S(t)}[1+i(£)]}_{\text{抛补利率平价}} \tag{7.8}$$

通过在外等式两边同时消掉 $S(t)$ 和 $[1+i(£)]$，我们又恢复了无偏差假设。

无偏差预测值

在必须预测不确定事项时，例如未来即期汇率，不可避免地会出现预测误差。由于无法知晓发生在预测期内（如本例中的 1 年）的最新信息，预测时会出现错误。无偏差预测值是指预期的预测误差为零。在我们讲述的内容中，我们用远期汇率预测未来即期汇率，使得预测误差为 $S(t+1)-F(t)$ 之差。

无偏差假设并未指出预测误差值的计算问题。该误差值可大可小，且随着时间的推移会发生变化。无偏差假设有两个重要的内涵。第一，根据当前的信息，你应预计预测误差为零。第二，

平均来说，无偏差预测值的预测误差有时为正，有时为负，但它们并非系统性的正值或负值，这些误差平均应为零。[①] 然而，如果预测是有偏差的，且你知道偏差是多少，你就可以通过调整该偏差来提高预测水平。货币投机就试图破解该偏差。

无偏差假设和远期市场报酬

等式（7.7）中的无偏差假设通常被确认为市场效率。在有效的资本市场，投资者预期不能赚取到高于市场提供的、用来补偿所承担的风险的报酬。将无偏差假设与市场效率更明确地联系在一起，我们重温 Buy 先生和 Sell 女士的案例。Buy 先生在 30 天的远期市场购买英镑，Sell 女士出售远期英镑。30 天之后，他们买入和卖出每一英镑的利润或亏损计算如下：

$$
\begin{aligned}
\text{Buy 先生的利润或亏损} &= S(t+30,\ \$/\pounds) - F(t,\ \$/\pounds) \\
&= -[F(t,\ \$/\pounds) - S(t+30,\ \$/\pounds)] \\
&= -[\text{Sell 女士的利润或亏损}]
\end{aligned}
$$

在关于市场效率与无偏差假设问题上，争论的下一个步骤是将已实现利润和亏损与预期利润和亏损结合起来。

市场效率的定义包含这样的假设，即人们理性地处理信息，并拥有相关变量的共同信息，这些信息可能有助于预测汇率；也就是说，他们拥有共同的信息集合。总的来看，这些假设能确保人们对于将来有共同的预期。如果远期汇率是对未来即期汇率的有偏差预测值，且人们对未来即期汇率有相同的预期，那么远期合约的某一方，或者是 Buy 先生，或者是 Sell 女士，会预期合约将产生利润，而远期合约的另一方会预期亏损的发生。于是，争议就由此产生了，因为没有人愿意涉入一项赔钱的合约，如果市场是有效的，远期汇率必须是对未来即期汇率的无偏差预测值。也就是说，他们双方都应预期利润为零：

$$E_t[S(t+30,\ \$/\pounds)] - F(t,\ \$/\pounds) = 0 = E_t[F(t,\ \$/\pounds) - S(t+30,\ \$/\pounds)] \tag{7.9}$$

西格尔悖论（高级）

假定我们现在考虑布莱克·贝文斯（Blake Bevins），他是凯文·安东尼的交易对手，将要投资于美元资金市场。令 $\overline{S}(\pounds/\$)$ 和 $\overline{F}(\pounds/\$)$ 分别代表英镑/美元的即期和远期市场汇率，这样，在每个时点，$\overline{S}(\pounds/\$) = 1 \div S(\$/\pounds)$。现在从英镑角度应用等式（7.7）：

$$\overline{F}(t) = E_t[\overline{S}(t+1)]$$

但是，$\overline{F}(\pounds/\$) = \dfrac{1}{F(\$/\pounds)}$，这样，

$$E_t[\overline{S}(t+1,\ \pounds/\$)] = \frac{1}{F(t,\ \$/\pounds)} = \frac{1}{E_t[S(t+1,\ \$/\pounds)]}$$

于是，为达到英镑和美元两个角度上的无偏差假设，必须令

$$E_t[\overline{S}(t+1,\ \pounds/\$)] = E_t\left[\frac{1}{S(t+1,\ \$/\pounds)}\right] = \frac{1}{E_t[S(t+1,\ \$/\pounds)]}$$

然而，我们知道这个等式是错误的，因为有一个统计特性，称为詹森不等式。[②]

---

① 第二个内涵从属于第一个，因为有一个著名的统计定理，称为迭代预期值法则。

② 事实上，由于 $f(x)=\frac{1}{x}$ 是一个凸函数，詹森不等式意味着 $E_t\left[\frac{1}{S(t+1)}\right] > \frac{1}{E_t[S(t+1)]}$。

不必被困在统计学的术语之中，我们现在通过简单的数字举例说明。假设凯文·安东尼和布莱克·贝文斯对以下未来的汇率状况达成了共识：

	$S(t+1, \$/£)$	$\overline{S}(t+1, £/\$)=\frac{1}{S(t+1, \$/£)}$	概率
情景 1	1.50	0.666 7	0.714
情景 2	1.65	0.606 1	0.286

从凯文的角度看，预期的\$/£汇率为：

$$E_t[S(t+1, \$/£)]=0.714\times\$1.50/£+0.286\times\$1.65/£=\$1.542\ 9/£$$

这是事先计算出的远期汇率。对于布莱克，£/\$的预期汇率为：

$$E_t[S(t+1, £/\$)]=0.714\times£0.666\ 7/\$+0.286\times£0.606\ 1/\$=£0.649\ 3/\$$$

这与\$1.542 9/£的汇率一致吗？回答是否定的，因为

$$0.649\ 3\neq\frac{1}{1.542\ 9}=0.648\ 1$$

我们看到，当无偏差假设从两种不同货币的角度考虑时，它会造成不一致的现象。在市场上不可能有两个不同的远期汇率！这一难题被称为西格尔悖论，因为是杰里米·西格尔（Jeremy Siegel）首先指出了这一不一致现象。

尽管有些人认为西格尔悖论否认了无偏差假设理论的合理性，但我们注意到0.648 1和0.649 3之间的差异是很小的：用百分比表示，它仅代表不到0.2%的差异。因此，我们在本书后面的内容中将忽略西格尔悖论。另外，通过利用对数汇率或实际汇率将无偏差假设用公式表示，是有可能解决西格尔悖论的（Charles Engel，1996）。

7.3 外汇市场的风险溢价

远期汇率能否作为未来即期汇率的有偏差预测值？或者换句话说，是否存在我们在前面章节所讨论的预期远期市场报酬？如果有，外汇市场还是不是一个有效市场？

你可能会很吃惊，因为事实上有很多人愿意充当Buy先生和Sell女士，他们非常乐于加入合约，预期损失的发生。假定你想为你价值\$250 000的房子购买1年期的火灾保险。保险公司现在就向你收费，并承诺将来在你蒙受特定种类的损失——火灾造成的损失时予以赔偿。假定大家都认可火灾损毁你房子的概率为0.01%。你愿意支付多少保费呢？如果你对风险的偏好属于中性，你可能只愿意支付预期损失的金额，即：

$$\$250\ 000\times\frac{1}{10}\times0.01=\$250$$

然而，当你面对许多有同样问题的人们时，他们可能愿意支付多于\$250的保费，因为他们属于风险厌恶型的人。为避免火灾造成的损失，他们乐于支付比\$250多的保费。这样，他们愿意签署一个具有预期损失的合约，因为该项保险的预期价值（根据火灾发生的概率）仅为\$250。

同样地，回到我们的例子，Buy 先生和 Sell 女士可能都要支付给对方一笔**风险溢价**（risk premium），以避免汇率大幅度变动造成进一步的损害。例如，Sell 女士可能要出售远期英镑，因为她作为财务主管的那家大型跨国公司需要在 30 天以后获得英镑收入。远期汇率是＄1.542 9/£。即便 Sell 女士预期将来的即期汇率高于＄1.542 9/£，她仍可能选择进行套期保值，因为英镑的未来价值具有太多的不确定性。

很容易得出这样的结论，即货币投机的潜在风险溢价必然与汇率的可变性相关。然而，毕竟未来汇率的条件概率分布会比汇率变动幅度宽泛得多。无论如何，这个直觉是错误的，我们现在就讨论这个问题。

风险溢价的决定因素

资产的风险溢价是指资产的预期报酬高于无风险资产报酬的部分。不同的资产具有不同的风险，风险较高的资产必须提供更高的报酬，以吸引投资者持有它们。你可能会认为投资于一项资产的风险是由与该资产报酬相关联的不确定性的标准差或方差决定的，然而，情况并非如此。原因在于，投资者关心的是他们整个投资组合的预期报酬和风险，并非独立在外的个别资产风险。

现在投资组合理论假定风险厌恶型投资者乐于接受投资组合带来的较高报酬，但不愿意接受投资组合收益的多变性。（也就是说，他们不喜欢看到其投资组合的价值上下波动过于剧烈。[①]）现在，问题在于个别资产的回报如何影响投资者乐于持有的多种投资组合的方差。事实证明，某资产报酬的方差并不影响投资组合的方差。这就导致需要针对全部资产报酬的不确定性进行一次重要的再分解。

系统和非系统风险

报酬的不确定性一般可以再分解为系统性部分和非系统性部分两部分，后者也被称为特定部分。即，

个别资产报酬的不确定性＝系统性风险＋特定不确定性

与资产报酬相关联的**系统性风险**（systematic risk）来自该报酬与大型的、分布良好的投资组合报酬之间的协方差。两个随机变量之间的**协方差**（covariance）描述了两个变量如何运动到一起，或称相互共变。通常，我们根据局限在＋1 和－1 之间的相关系数描述两个变量之间是如何共变的。若两项资产的报酬高度相关（即它们运动的方向一致），则其相关系数为 1。相反，若两项资产完全不相关（各自的运动互不相干），则其相关系数为 0。若两项资产的相关系数为－1，则说明两项资产的报酬永远朝着相反的方向运动。相关系数是两个变量的协方差除以其标准差的计算结果。

根据金融理论，投资者应持有的大型的、分布良好的投资组合被称为**市场投资组合**（market portfolio）。[②] 市场投资组合是“代表性”的投资组合，反映了总体市场的金融资产。它是全部可用资产价值的加权总和。

---

① 我们先前讨论了随机变量的方差，并指出它是反映概率分布的离差的指标。这个概念易于以图形来归纳，因为它与钟形曲线的宽度相关联。

② 附录 7.1 提供了投资组合理论的概要以及相关的统计学概念，如协方差、相关系数和贝塔系数，旨在供读者研究报酬之间的协方差是投资组合方差的主要来源这一观点。

这种对风险的再分解与风险溢价有何关联？若资产的报酬仅包含特定不确定性，资产的预期报酬不会因报酬的不确定性而增加，这样，就不需要风险溢价了！该资产可以按赚取与无风险资产相同的报酬来定价。若一项资产的报酬不与其他资产的报酬共变，则该资产只具有特定不确定性。

这些观点来自投资组合理论的基本原理：特定不确定性可以被分散化解。尽管投资者不喜欢其总体投资组合的不确定性，并对构成投资组合方差的资产要求风险溢价，但那些仅仅具有特定不确定性报酬的资产不构成投资组合的方差，因此就不需要风险溢价。由于特定不确定性在大型投资组合中是可以分散化解的，故它也被称为可分散不确定性，或可分散风险。由于系统性风险衡量的是资产的报酬如何与市场共同运动，故它无法被分散化解，且该风险要求风险溢价。例如，个别股票报酬的方差部分受到宏观经济事件的影响，这些宏观事项如经济总体循环和利率变动将会影响到所有股票。这些风险是系统性风险。股票报酬的方差也部分地受到**特定风险**（idiosyncratic risks）的影响，该风险只影响到个别股票的报酬，如企业管理的质量等。

资本资产定价模型

我们所讨论的理论是**资本资产定价模型**（capital asset pricing model，CAPM）的基础。威廉·F·夏普（William F. Sharpe）因提出该理论而获得1990年诺贝尔经济学奖。CAPM认为一项资产的报酬与市场投资组合的报酬的协方差决定了该资产的系统性风险以及风险溢价。该模型还提供了一个易于应用的程序，以计算溢价的实际指标，我们将在第13章对此进行深入的探讨。

根据CAPM，个别资产的系统性风险可用其相对于市场投资组合的**贝塔系数**（beta）进行充分的描述。贝塔系数的计算公式为：

$$\text{资产 } i \text{ 的贝塔系数}=\frac{\text{协方差（资产报酬 } i\text{，市场投资组合报酬）}}{\text{方差（市场投资组合报酬）}}$$

贝塔系数越大，系统性风险越高，CAPM还假设

$$\text{资产 } i \text{ 的风险溢价}=(\text{资产 } i \text{ 的贝塔系数})\times(\text{市场投资组合的风险溢价})$$

CAPM对预期报酬预测具有怎样的认识呢？考虑无风险资产的报酬，这一报酬是提供给投资者的补偿，它是投资者所要得到的资金时间价值，因为投资者放弃了一段时间资金的使用权。若资产的贝塔系数为正，投资者要求得到超过无风险利率的补偿（即风险溢价），其实多数权益性投资的贝塔系数均为正值。贝塔系数为正的资产构成市场投资组合的方差，贝塔系数越大，资产的风险越大，预期的报酬也就越高。注意，如果一项资产因其报酬与市场投资组合报酬呈现负相关，因而具有负的贝塔系数，则该资产的报酬会小于无风险利率。投资于一项与市场投资组合报酬呈反向共变的资产能为投资者提供一些投资组合保险。当投资者投资组合的其他部分绩效很差时，具有负协方差的资产一般会得到较高报酬；而当投资组合的其他部分报酬较高时，具有负协方差的资产一般会得到较低的报酬。于是，投资于该资产降低了投资组合总体收益的波动性。风险厌恶型投资者愿意接受低于无风险利率的预期报酬来降低其总体投资组合报酬的波动性。

将CAPM应用于远期市场报酬

由于远期合约是一项资产，它存在潜在的风险溢价。它会如何令远期汇率作为未来即期汇率的预测值出现偏差呢？考虑一项远期合约，在合约订立的当时并没有资金的投资，故没有必要补偿投资者资金的时间价值。但远期合约的利润和亏损仍会系统性地跟随市场投资组合报酬发生共变。因此，若Buy先生按远期汇率购买外汇的获利能力与市场投资组合报酬呈正向共变，Buy先

生会认为远期合约具有风险，并要求得到预期利润。如前所述，Sell 女士远期合约的利润和亏损恰与 Buy 先生的利润和亏损相反。所以，若 Buy 先生的美元利润与市场投资组合的美元报酬正相关，则远期合约中 Sell 女士一方美元利润的协方差就会与市场投资组合的美元报酬负相关。在此情况下，当 Sell 女士进入合约时，她就获得了一项减少其总体投资组合收益变动性的资产。于是，她希望持有该合约，并预期会发生亏损。同样，这如同投资组合保险。从 Sell 女士的角度出发，她通过签署预期将要赔钱的合约而预先付出了代价，但当她投资组合的其他部分收益较差时，她以该远期合约的利润得到了补偿。这样看来，确实存在一个风险溢价，它使得远期汇率作为未来即期汇率的预测值出现偏差。根据 CAPM，该风险溢价应取决于货币投机（超额）报酬的贝塔系数。

CAPM 风险溢价的正式推导（高级）

CAPM 的代数符号

令持有期为 1 年的一项任意资产 j 的美元报酬为 $R_j(t+1)$，令无风险报酬为 $[1+i(t,\$)]$。CAPM 对一项资产预测的风险溢价等于资产的贝塔系数乘以市场投资组合的预期报酬 $R_M(t+1)$，减去无风险资产的报酬。

$$E_t\{R_j(t+1)-[1+i(t,\$)]\}=\beta_j E_t\{R_M(t+1)-[1+i(t,\$)]\} \tag{7.10}$$

资产 j 的贝塔系数为资产 j 的报酬与市场投资组合报酬的协方差 σ_{jM}，除以市场投资组合的报酬 σ_{MM}：

$$\beta_j=\frac{\sigma_{jM}}{\sigma_{MM}}$$

在这里，方差（协方差）为一条件方差（协方差），因为它的基础是时间 t 的信息。

CAPM 与远期市场报酬

现在，我们利用 CAPM 原理，推导一项将美元投资于英镑资金市场的未套期保值投资的风险溢价。该投资的额外报酬在等式（7.2）中已经定义过，现在我们对其进行回顾：

$$\begin{aligned}\mathrm{exr}(t+1)&=\frac{S(t+1,\$/£)[1+i(t,£)]}{S(t,\$/£)}-[1+i(t,\$)]\\&=R_£(t+1)-[1+i(t,\$)]\end{aligned}$$

通过等式（7.9），CAPM 给出了该不确定美元投资的预期额外报酬：

$$E_t[\mathrm{exr}(t+1)]=\beta_u E_t\{R_M(t+1)-[1+i(t,\$)]\} \tag{7.11}$$

非抛补英镑投资的贝塔系数为：

$$\beta_u=\frac{\mathrm{COV}_t[R_£(t+1),R_M(t+1)]}{\mathrm{VAR}_t[R_M(t+1)]} \tag{7.12}$$

COV_t 和 VAR_t 分别是协方差和方差的缩写，利率没有列入算式，因为它们处在时间 t 的信息集当中。

在第 7.1 节，我们推导了资金市场的额外报酬［$\mathrm{exr}(t+1)$］与远期市场报酬[$\mathrm{fmr}(t+1)$]之间的关系。特别是，

$$\text{fmr}(t+1)=\frac{\text{exr}(t+1)}{1+i(t,\ \pounds)} \tag{7.13}$$

可见，远期市场报酬同样满足 CAPM 关系：

$$E_t[\text{fmr}(t+1)]=\beta_F E_t\{R_M(t+1)-[1+i(t,\$)]\} \tag{7.14}$$

其中，β_F 是在远期市场购买外币并在未来即期市场将其出售的远期合约的贝塔系数。现在我们可以利用远期市场报酬与投资于英镑资金市场的额外报酬之间的关系，用等式（7.13）和（7.11）推导出

$$E_t[\text{fmr}(t+1)]=\beta_u\frac{E_t\{R_M(t+1)-[1+i(t,\$)]\}}{1+i(t,\pounds)} \tag{7.15}$$

于是，$\beta_F=\frac{\beta_u}{1+i(t,\pounds)}$。换句话说，远期市场合约和资金市场投资的报酬是成比例的，因为它们暴露在相同的基础风险之下，只是投资单位的数量不同。

等式（7.14）和（7.15）表明，在远期合约的利润存在系统性风险的情况下，远期汇率将称为未来即期汇率的有偏差预测值。在美元/英镑的案例中，当市场投资组合的美元收入较高时，若美元相对于英镑变得疲软，则风险溢价为正，远期汇率将低于预期的未来即期汇率。你会预期通过购买英镑盈利，并会预期通过出售远期英镑而亏损。另一方面，如果市场投资组合的美元收入较高，美元相对于英镑变得坚挺，则远期合约的贝塔系数为负值。于是，远期汇率将高于预期的未来即期汇率，通过购买远期英镑预期将会亏损，而出售远期英镑则预期将会盈利。

7.4 非抛补利率平价和无偏差假设的实际应用

我们在构建非抛补利率平价和无偏差假设方面已经合理地使用了大量的篇幅。在国际财务经理人进行决策时，考察理论是否成立是很重要的。本节将研究产生这一问题的具体情况。

国际投资组合管理

当美国的投资组合经理购买日元权益时，他希望日元权益市场运行良好，但他也会暴露于日元—美元市场的外汇风险当中。外币债券投资和/或权益投资的报酬可进一步划分为两个部分：外币资产的（本地）报酬和货币报酬，对此我们将在第 13 章进行深入的讨论。国际资金经理人可能会决定进行货币投机，或决定对汇率风险进行套期保值。这项决策很大程度上取决于他们是否相信非抛补利率平价和无偏差假设的有效性。

汇率预测

预测汇率具有一定的难度，但这项活动一直吸引了现实世界中大量的资源和脑力投入。若无偏差假设成立，对将来汇率的预测就能在每天的《金融时报》或《华尔街日报》的数据表中找到，因为答案就在远期汇率当中。本书第 10 章将研究与远期汇率相关的预测模型的准确度。

汇率的确定

第 10 章将讨论一些常用的汇率确定理论。研究表明，很多著名的理论都是在假设非抛补利率平价成立的前提下，将汇率价值与一些诸如贸易差额、货币供给等基础联系起来。但当此前提不成立时，这些理论的有效性立刻会受到置疑。另一方面，我们在本章第 7.5 节中所做的实证分析也激发了一些宏观经济学家用随时间变化的汇率风险溢价来充实宏观模型。

套期保值成本

跨国公司经常使用远期合约来对交易的外汇风险进行套期保值。很明显，它们或许愿意为抵御这一风险而支付一定的溢价。以下“针锋相对”专栏将无偏差假设与一项实际套期保值业务联系了起来。简而言之，当无偏差假设成立时，跨国公司实际上无须对交易外汇风险的套期保值支付溢价。当然，如我们在第 7.3 节所述，溢价的存在不一定与市场有效性不一致，它可能是对风险防范的合理补偿。还应注意，跨国公司或许会从溢价中得到好处。例如，某种货币的多头会带来溢价，对空头进行套期保值的跨国公司将赚取该溢价。

针锋相对

套期保值成本①

不足为怪，在纽约查帕阔（Chappaqua）的大宅举行的 Handel 家族年度聚会的晚宴上，Ante 和 Freedy 的叔叔 Fred 又在滔滔不绝。Fred 叔叔从事进出口行业，频繁来往于世界各地，并热衷于讲述他的旅途见闻。在激动地讲完一家荷兰公司的同事如何推荐他参观作为荷兰建筑最佳代表的阿姆斯特丹 Walletjes（红灯区）之后，他突然转向 Ante 和 Freedy：“嗨，你们的国际金融课上得怎么样了？但愿不错，因为我有一个生意上的问题要问你们。假设我欠了 1 000 万瑞典克朗，1 个月后付款。公司现在有购买克朗的现金，或者可以等到以后再买。我觉得我们应该将资金放在能赚取最高利息的地方，但是我那个热门 MBA 出身的财务主管告诉我，高利率并不重要，因为如果克朗利率高于美元利率，预期克朗相对于美元将要贬值。我问她该怎么办，她说无所谓。‘抛硬币决定吧。’她说。难道这就是我付高薪聘用她的理由吗？不管怎样，年轻人，你们怎么看？”

跟平常一样，Ante 回答得最快：“你绝对没错，Fred 叔叔，你该辞退那个 MBA。我认为如果你把现金余额存为利率最高的货币，买卖会做得更好。这样你就能赚到较高的报酬，从而降低你的外币应付款的实际美元成本。”

Freedy 摇了摇头。“Ante，你上课睡着了吗？还记不记得非抛补利率平价理论？那个 MBA 是对的。平均来讲，美元的报酬会在各国之间达到平衡。如果 Fred 叔叔在利息高时把资金存为克朗，克朗很可能会贬值，把利率收益抹平。也许他自己可以做得简单点，在远期市场购买克朗就行了。”

“嗯，这倒是个有用的争论。我们到客厅喝点安摩拉多利口酒（Amaretto）。也许它能让你们达成一致。”Fred 叔叔叹气道。当他们走向舒适的意大利沙发时，Suttle Trooth 从厨房走出来，加入了他们的谈话。

---

① 本“针锋相对”专栏受到 Kenneth Froot 和 Richard Thaler（1990）的讨论的启发。

"嗨，大家好，我听到了你们的谈话，还有你们不明白的地方，"Suttle 说道。"让我跟 Fred 叔叔解释一下来龙去脉。我拿来了纸和笔，因为我想把一些东西写下来。"

"想想 Fred 叔叔是怎么说的，"Suttle 继续说。"假设他继续持有美元，那么 Fred 叔叔面临汇率风险，因为他在 1 个月以后需要按 $S(t+1,\$/SEK)$ 的汇率将美元兑换成克朗。1 个月后克朗应付款的美元成本为：

$$\text{SEK1 000 万} \times S(t+1,\$/\text{SEK})$$

如果他现在就把美元换成克朗，他不会有汇率风险，因为他确切地知道要换多少克朗才能在 1 个月以后变成 1 000 万克朗。该金额即为 SEK1 000 万的现值，或

$$\text{SEK1 000 万} = \frac{1}{1+i(\text{SEK})}$$

该克朗金额当前的美元成本是：

$$\text{SEK1 000 万} \times \frac{1}{1+i(\text{SEK})} \times S(t,\$/\text{SEK})$$

由于第一个成本是美元 1 个月以后的成本，第二个成本是美元当前的成本，比较两个策略，我们需要将两个成本置于同一个时点。让我们计算第二个策略的美元未来价值：

$$\text{SEK1 000 万} \times \frac{1}{1+i(\text{SEK})} \times S(t,\$/\text{SEK}) \times [1+i(\$)]$$

这就是我们所得到的。"

这时，Freedy 插话说："嗨，那些涉及利率和即期汇率的条件等于远期汇率，对吗?"

"很好，Freedy，你听懂了，"Suttle 回答道。"现在兑换克朗的策略与在远期市场购买克朗的策略是对等的。因此，我们可以通过将未来汇率与远期汇率相比较的方式对比 Fred 叔叔两个策略的成效。假使美元利率高于克朗利率，克朗就会按溢价交易。这样，Fred 叔叔的计划会使他不做套期保值，他会继续持有美元。如果未来 USD/SEK 汇率确实低于远期汇率，这个策略就会很不错。果真如此，Fred 叔叔的事后成本会相对较低。"

"非常有趣，但这些等式似乎不能回答我的问题，不是吗?"Fred 叔叔抱怨道。

"别急，我还没说完，"Suttle 说道。"让我们考虑进行套期保值时你的损失。如果你愿意，我们管它叫做套期保值成本。从事后分析来看，做套期保值的成本可能为正，也可能为负，因为它等于

$$F(t,\$/\text{SEK}) - S(t+1,\$/\text{SEK})$$

若远期汇率高于未来即期汇率，不做套期保值确实合算，仅仅承担了汇率风险而已。当然，你无法知道这将何时发生，而未来即期汇率高于远期汇率的情况又确实存在（当 SEK 的升值高于远期汇率指标时），这时你进行套期保值的事后成本就会为负，因为没有套期保值而使成本变高。现在，MBA 想要告诉你的是，在没有风险溢价的有效市场，套期保值成本的预期价值为零：

$$E[F(t,\$/\text{SEK}) - S(t+1,\$/\text{SEK})] = 0$$

这个关系被称为无偏差假设。同样地，不论国外利率较高还是较低，都没有关系，因为平均来讲，货币按正确的方向变动。如果无偏差假设是正确的，你是否对风险进行套期保值就不重要了。还有，Fred 叔叔，你的策略平均来讲并不赚钱，因为套期保值你有时做、有时不做，但两者之间的预期差异为零。所以两种策略成本的预期差异可以看做是套期保值的成本，且当无偏差假

设成立时，该差异为零。”

Ante 激动地插话道：“但谁说市场是有效的？这些等式都来自学者们的象牙塔。我们为什么要用它们来给人们真正进行交易的市场定性？”

“好，我必须承认，这话有些道理，” Suttle 回答道。“有些经济学的检验否定了无偏差假设，估计表明 Fred 叔叔的高收益策略实际有可能奏效，但这并不意味着市场不是有效市场。若 Fred 叔叔不做套期保值，他会面临汇率风险。在其他资产市场，如权益投资市场，投资者通过接受比无风险利率高一些的预期报酬补偿其承担的风险。我们将此较高的预期报酬称为风险溢价。货币市场可能也存在风险溢价。如果风险溢价确实存在，套期保值就存在预期成本或预期报酬。假定相对较高的利率是为了补偿预期货币贬值和风险两项内容，Fred 叔叔的不套期保值策略在汇率风险很大时就与该风险联系起来了。具体来说，假定美元利率高于克朗利率。Fred 叔叔不会进行套期保值，因为他认为 $E[F(t)-S(t+1)]>0$。套期保值的成本为正。但这是否明智呢？Fred 叔叔不在外汇投资行业，汇率的波动性是相当大的，如果汇率变动对他不利，不做套期保值可能会伤及底线。套期保值是花钱买平安！你同意吗，Fred 叔叔？” Suttle 问道，这时回头看到 Fred 叔叔正在意大利沙发里舒服地打着鼾。

7.5 无偏差假设的实证分析

由于拥有汇率和远期汇率的数据，我们有可能确定远期汇率是否一直可以充当未来即期汇率的无偏差预测值。本节我们将进行无偏差假设的统计检验并将其应用于实际汇率指标。本节使用的是第 3 章回顾过的简单统计方法及**回归分析**（regression analysis）方法。（附录 7.2 为我们提供了回归检验的入门知识。）

对检验的要求

尽管对无偏差假设的早期研究直接使用了等式（7.7）中的变量，计量经济学家指出这些检验在统计学意义上是不恰当的。[①] 正确的检验是将等式（7.7）进行转化，在等式两边同时除以 $S(t,\ \$/£)$，并在等式两边同时减 1，1 的表达方法为 $S(t,\ \$/£)/S(t,\ \$/£)$。这是可以做到的，因为时间 t 的即期汇率 $[S(t,\ \$/£)]$ 属于投资者的信息集。于是我们得到了一个新的假设——远期升水等于预期升值率：

$$\frac{F(t,\$/£)-S(t,\$/£)}{S(t,\$/£)}=\frac{E_t[S(t+30,\$/£)-S(t,\$/£)]}{S(t,\$/£)} \tag{7.16}$$

在等式（7.16）中，我们使用 30 天的远期合约，令其与下一节中的实证检验报告一致。

利用远期升水和等式（7.16）中的升值率符号，我们得到：

$$fp(t,\$/£)=E_t[s(t+30,\$/£)] \tag{7.17}$$

① 由于即期汇率和远期汇率随时间的推移以非常稳定的模式共同运动，计量经济学家指出对变量水平的检验永远不可能否定无偏差假设，即便假设是错误的。见 Charles Engel (1996)。

等式（7.17）的左边是30天英镑的远期升水或贴水。等式（7.17）的右边是英镑相对于美元的预期升值率或贬值率。它描述了投资者认为在以后的30天期间内即期汇率将要变化的百分比。等式（7.17）表明，无偏差假设要求英镑的远期升水或贴水等于市场参与者对英镑相对于美元在以后的30天内升值或贬值的预期。如果无偏差假设成立，货币投机的预期报酬刚好为零。

在检验中加入理性预期

无偏差假设检验不易进行的原因有很多（Geert Bekaert，Mian Wei，and Yuhang Xing，2007；Menzie Chinn，2006；Charles Engel，1996；Robert Hodrick，1987）。最困难的问题是该检验涉及一个统计师无法观测的变量：英镑相对于美元增值率的条件预期。该条件预期是由市场参与者基于他们的信息集所形成的。因此，为检验无偏差假设，统计师必须识别投资者和投机者的预期是如何形成的。一般来讲，当统计师面对无法观测的变量时，他们会建立一个辅助假设，以便对相关假设进行检验。

在金融经济学的大多数其他领域，最普遍的辅助假设是投资者具有理性预期。如果投资者具有**理性预期**（rational expectations），他们不会犯系统性错误，且他们的预测不会出现系统性偏差。当投资者具有理性预期时，我们可将实际（观测到的）升值率分解为条件预期加一个不以时间 t 的信息为基础的误差项：

$$s(t+30,\$/£) = E_t[s(t+30,\$/£)] + \epsilon(t+30) \tag{7.18}$$

实际升值＝预期升值＋预测误差

误差项可理解为造成汇率改变的各种消息，但从定义来看，消息是理性市场参与者在时间 t 无法预期的。

理性预期意味着，等式（7.18）中误差项 $\epsilon(t+30)$ 的条件均值 $E_t[\epsilon(t+30)]$ 和无条件均值 $E[\epsilon(t+30)]$ 均为零。由于它反映了无法预期的消息，$\epsilon(t+30)$ 与信息集的内容毫无相关性。将等式（7.17）中的无偏差假设替换到等式（7.18）中，我们得到：

$$s(t+30,\$/£) = fp(t,\$/£) + \epsilon(t+30) \tag{7.19}$$

在等式（7.19）中，一个可观测变量——实际升值率等于另一个可观测变量——远期升水加上不可观测的误差项，该误差项的无条件均值为零。事实表明，这个等式可以用来对无偏差假设进行两个检验，下面我们将对此进行讨论。

利用样本均值的检验

升值率和远期升水的数据

由于等式（7.19）中预测误差的平均数或均值为零，我们可以检验到无偏差假设最微弱的暗示：实际升值率的条件均值应等于远期升水的条件均值。[①] 这些均值或平均数的相等关系构成了**无效假设**（null hypothesis）（假定该假设正确并利用数据和检验统计量加以检验）。直观地看，为了对假设进行检验，我们将两个均值进行比较，并查看二者之间的差异在统计意义上是较大还是较小。升值率的均值和远期升水的均值相等的检验体现在图表7.5中，如同图表7.4一样，该图

① 时间序列 $\{x_t\}$ 利用 T 观测值的样本均值为 $\frac{1}{T}\sum_{t=1}^{T}x_t$。

表报告了三种货币相对于美元的变化结果，以及三种货币之间的交叉汇率。

我们使用的货币仍为德国马克、英镑和日元，各指标均以年度百分比表示。这样，日元对美元变动率的均值－2.39 代表在样本期内日元相对于美元平均每年的升值率为 2.39％。

实际升值率的样本均值跨度为从日元对英镑价值的－2.65％到德国马克对日元价值的 1.98％。我们可以认为，如果样本均值的标准误差与零相比高出 1.96，则时间序列的均值在 95％的置信度水平上显著不等于零。换一个说法，我们 95％地确信均值不等于零。样本均值的标准误差取决于时间序列的易变性和观测值的数量。① 在各种情况下升值率的易变性都很大。实际升值率的较大易变性增大了升值率均值的标准误差，使得准确估计均值变得很困难。因此，没有一个贬值率的均值相对于其标准误差来讲大到足以令我们 90％地确信其显著不等于零。

远期升水的样本均值跨度为从日元对英镑价值的－5.60％到英镑对美元价值的 2.24％。由于远期升水的易变性远远小于升值率的易变性，远期升水的样本均值相对于其预期标准误差来讲要大一些。因此，我们有理由相信远期升水的全部条件均值都不等于零。例如，英镑相对于所有其他货币来讲呈现明显的远期贴水现象。

检　验

图表 7.5 的第三栏按货币逐个检验了 1 个月远期升水的均值等于 1 个月升值率的均值这一假设。第三栏的标题为"差异"，表示该栏列示了升值率（根据之后指标）减去远期升水（根据之前指标）之差。如果无效假设存在，差异的均值应为零。不存在足够的证据按 90％的可信度排除无效假设。最大的可信度水平是德国马克和日元对英镑价值的 0.81。当然，我们还要说，升值率的易变性使得均值的差异难以精确估计。

图表 7.5　　月度升值率、远期升水的均值及二者之差

汇率	均值		
	升值率 (S. E.) Conf.	远期升水 (S. E.) Conf.	差异 (S. E.) Conf.
DEM/$	－1.09	－1.57	0.48
	(2.07)	(0.27)	(2.12)
	0.40	1.00	0.18
£/$	0.82	2.24	－1.42
	(1.99)	(0.24)	(2.05)
	0.32	1.00	0.51
¥/$	－2.39	－3.37	0.98
	(2.20)	(0.25)	(2.29)
	0.72	1.00	0.33
DEM/¥	1.98	1.81	0.17
	(2.07)	(0.20)	(2.11)

① 时间序列样本均值的标准误差通常为 $\sigma/\sqrt{T}$，$\sigma^2=\sum_{T=1}^{T}(x_T-\hat{\mu})^2/T$ 代表时间序列的样本方差，$\hat{\mu}$ 代表时间序列的样本均值。由于这将是正确的标准误差，时间序列必须连续不相关，也就是说，时间 t 的观测值一定不能与时间 $t+1$ 的观测值相关。这里报告的标准误差略有不同，因为它们是用拉斯·汉森（Lars Hansen，1982）的方法计算的，并结合了连续相关和条件异方差性（见第 3 章）。

续前表

汇率	均值 升值率 (S. E.) Conf.	远期升水 (S. E.) Conf.	差异 (S. E.) Conf.
	0.66	1.00	0.06
DEM/£	−1.58	−3.80	2.22
	(1.67)	(0.26)	(1.70)
	0.66	1.00	0.81
¥/£	−2.65	−5.60	2.95
	(2.22)	(0.17)	(2.27)
	0.77	1.00	0.81

注：该表数字取自1976年2月—2006年9月。自1999年以后欧元取代了德国马克。月度指标按年度百分比表示。S.E.代表标准误差，Conf.代表置信度水平。标准误差（在括号中列示）测量了我们对样本均值估计精确度的不确定性。如果我们有无穷多的数据，标准误差将会是零。作为一个技术性的注释，标准误差允许误差存在条件异方差性和两个滞后的自相关。均值为零的检验置信度水平低于标准误差。0.9的置信度水平表明，我们可以90%地相信零均值的无效假设不存在。

由于三角套利，我们所做的六个统计检验中只有三个能提供独立的信息。如果我们检验美元相对于日元和美元相对于德国马克升值率均值的差异，我们事实上也获得了日元相对于德国马克的检验统计量。我们可以完成一个合并的检验，三种外币相对于美元的远期升水均值分别等于美元对它们的升值率均值。这一合并检验属于卡方统计，具有三个等级的自由度（见附录7.2），其值为1.28，且具有0.27的置信度水平。我们均有27%的信心认为无效假设被数据所排除。因此，基本上没有证据表明远期升水的无条件均值与升值率的无条件均值不相等。由于$s(t+1)$与$fp(t)$之差是远期市场报酬，这也意味着远期市场报酬平均为零。

暗示：高利率货币贬值

货币升值率和远期升水差异的无条件均值为零也与国际金融的一个重要事实相一致：随着时间的推移，相对于名义利率较低国家的货币，名义利率较高国家的货币将会贬值。通过我们在第6章对利率平价的讨论，我们已经得知，外币的远期升水等于本币和外币的利率之差。因此，用无条件均值检验不能否认无偏差假设强烈支持了上述事实。例如，德国马克对日元的平均远期贴水接近2%，这意味着德国马克（现为欧元）的利率平均高于日元利率2%。图表7.5表明，较高的德国马克利率对德国马克相对于日元的平均贬值起着补偿作用，这一贬值率也接近2%。换句话说，

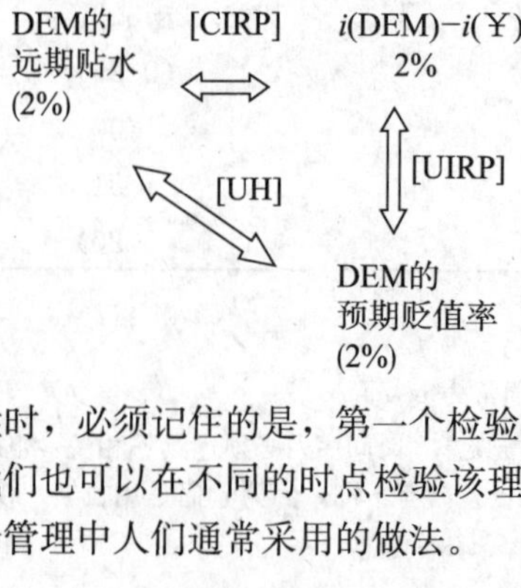

在评价无偏差假设的有效性时，必须记住的是，第一个检验的指示作用很弱，因为它仅仅考虑了该理论的总体平均表现。我们也可以在不同的时点检验该理论的内涵。这种方法很重要，因为它符合在现实的国际投资组合管理中人们通常采用的做法。

对远期汇率无偏差假设的回归检验

检　验

利用其他信息检验无偏差假设的一个直接的方法是运用回归分析。假设我们将等式（7.19）用回归的形式写出，形成以下等式：

$$s(t+30)=a+bfp(t)+\epsilon(t+30) \tag{7.20}$$

其中，a 是截距，b 是回归系数的斜率。无偏差假设认为，$a=0$ 且 $b=1$，因为有了这些替代，等式（7.20）将简化为等式（7.19）。

检验结果

对无偏差假设所做的回归检验在图表 7.6 中列示，该图表列出了估计参数及其回归的标准误差，我们仍使用图表 7.5 所用的六种汇率，即美元相对于德国马克、英镑和日元的价值，以及相应的三种交叉汇率。

标准误差在估计系数下面的括号中列示。$a=0$，$b=1$ 的检验置信度水平在标准误差的下面列示。置信度水平值为 0.90，表明我们可以在 90%的置信度水平上否定无效假设。

注意，所有对 b 的六个估计值都显著不一致。或许我们能更加意外地看到，所有的估计斜率均为负值。b 估计值的跨度从 −3.17 的日元对英镑价值到 −0.55 的德国马克对英镑价值。这样，回归证明了**远期汇率偏差**（forward rate bias）的存在；远期汇率不等于预期未来即期汇率。

在交叉汇率回归中 b 值为负数，充分证明了对美元汇率这一现象的解释不能来自美元相对于其他货币的一般变动规律，也不能仅仅归咎于美国的政策。很显然，有关解释必须涉及所有主要外汇市场的习性。[①]

图表 7.6　　无偏差假设的回归检验 $s(t+30)=a+bfp(t)+\epsilon(t+30)$

货币	回归系数 常数 (S. E.) Conf. (a=0)	回归系数 远期升水 (S. E.) Conf. (b=1)	R^2
DEM/ $	−2.59	−0.96	0.006
	(2.48)	(0.83)	
	0.70	0.98	
£/ $	4.17	−1.50	0.013
	(2.20)	(0.84)	
	0.94	1.00	
¥/ $	−10.99	−2.55	0.033
	(2.79)	(0.67)	
	1.00	1.00	

① 这些交叉汇率回归的结果证实了 Geert Bekaerts（1995）的结论，但与 Peter Bossaerts 和 Pierre Hillion（1991）的结论相反，后者检验了在 1973 年 6 月 1 日—1988 年 6 月 13 日之间基于法郎的汇率。新兴市场的检验结果对无效假设提供了更多的支持（Ravi Bansal and Magnus Dahlquist，2000）。

续前表

货币	回归系数 常数 (S. E.) Conf. (a=0)	 远期升水 (S. E.) Conf. (b=1)	R^2
DEM/¥	4.60	−1.45	0.007
	(2.30)	(0.89)	
	0.95	0.99	
DEM/£	−3.69	−0.55	0.003
	(2.56)	(0.64)	
	0.85	0.98	
¥/£	−20.40	−3.17	0.026
	(5.18)	(0.88)	
	1.00	1.00	

注：图表数字取自 1976 年 2 月—2006 年 9 月。自 1999 年以后欧元取代了德国马克。升值率和远期汇率指标按年度表示。参数估计是通过对等式采用简单最小二乘法回归得到的。标准误差（S. E.）在估计值下面的括号中列示。检验的置信度水平置于标准误差之下。检验使用的常数为零，斜率为 1。最后一栏报告了 R^2：$s(t+30)$ 的偏差有多少被 $fp(t)$ 的偏差所解释。标准误差作了异方差性校正，并允许误差项连续相关（2 次滞后）。

还要注意回归的解释能力，它是用 R^2 值测量的，该值很低。最大的 R^2 为 3.3%。解释这一结果的恰当方式是有一定能力用远期升水预测升值率，但在升值率中不可预期的成分相对来讲大于其可预测的成分。

流行的解释

人们对上述回归的结果很熟悉，这经常令人们认为，斜率为负值暗示着美元对外币的远期贴水是外币相对于美元将要疲软的信号，这与无偏差假设的预测结果相反，后者认为外汇相对于美元将变得坚挺。由于美元的远期贴水意味着国外利率低于美国利率，这些人认为投资者应从事**“利差交易”**（carry trade），即借入外币，既赚取高收益，又赚取回归中暗示的美元资本增值。不幸的是，对回归的这个解释是错误的，因为它忽略了常数项的价值。

图表 7.7 以日元/美元等式表明了回归中常数项的重要性。我们考虑美元的远期贴水为 3.37%，这是样本的平均值（见图表 7.5），它表明日元利率平均低于美元利率 3.37%。我们用估计系数的回归确定估计美元的预期贬值率或升值率：

$$E_t[s(t+1)] = \hat{a} + \hat{b}fp(t)$$

在图表 7.7 的第一行，我们重复了理论的预测：若美元按 3.37% 折价，它预期将要贬值 3.37%。如果我们打算使用回归方法并在第二行的计算中忽略常数项，预测值是美元 8.59% 的升值率，这样美元的收益率确实很高，且预期将大幅度升值。但是，正确的解释在图表 7.7 的第三行：美元预计仍将疲软，但贬值率仅为 2.4%。这是美元的平均贬值率（39%；见图表 7.5），更为重要的是，它低于远期贴水提示的贬值率。然而，回归还暗示，如果投机者确信回归的结果将得到证实，他应购买远期美元，即，

$$E_t[\text{fmr}(t+1)] = E_t[s(t+1) - fp(t)]$$

（预期远期市场报酬）＝−2.39%−（−3.37%）＝0.98%

购买远期美元的预期远期市场报酬为正！

注意，回归的证据认可了无偏差假设使用的合理性。跨国公司的财务主管和国际投资组合经理必须意识到，对外汇风险进行套期保值具有潜在的成本，因为远期汇率不一定是未来汇率的最佳预测值。

图表 7.7　　解释无偏差假设回归

	$fp(t)$	a	b	$E_t[s(t+1)]$
非抛补利率平价/无偏差假设	−3.37%	0	1	−3.37%
天真的解释	−3.37%	0	−2.55	8.60%
实际解释	−3.37%	−10.99	−2.55	−2.39%

注：不同的三行分别利用远期升水信息和三个不同假设比较了预期汇率升值。第一行假设抛补利率平价成立。第二行使用图表 7.6 报告的¥/$回归结果，但将常数设为 0。第三行使用了实际回归结果。

7.6　对检测结果的其他解释

本节将讨论对上一节结果的其他三种解释：第 7.3 节讨论的外汇风险溢价的存在、非理性投资者的存在以及比索问题。

风险溢价

在本章前面对风险溢价的讨论中，我们注意到，无偏差假设不成立有着充分的理论原因。然而，估计斜率与无偏差假设成立时应有的数值相去甚远。我们是否能够从对潜在风险溢价性质和数量回归的证据中学到些什么？事实表明，如果我们保持理性预期假设，以使回归残值与信息集中的信息完全不相关，我们就可对风险溢价、预期升值率和远期升水的相对变动率有更多的了解。

风险溢价的分解

让我们考虑无偏差假设不成立的其他假设。我们现在可以将某种外汇的远期升水拆分为该货币的预期升值率加风险溢价：

$$fp(t) = E_t[s(t+1)] + rp(t) \tag{7.21}$$

远期升水＝预期升值率＋风险溢价

在等式（7.21）中，风险溢价是 $E_t[F(t) - S(t+1)]/S(t)$，它是在远期市场出售 $[1/S(t)]$ 单位的外币获得的分子货币预期利润。按此理解，风险溢价就是以分子货币为单位的报酬。

为理解这一点，考虑在第 7.1 节所举的数字例题。假定日元投资者出售远期美元。当时 6 个月的远期汇率是¥85.08/$，花旗银行的预计即期汇率为¥75/$。这样，花旗银行出售每一远期美元的预期日元利润应为：

¥10.08/$＝(¥85.08/$－¥75/$)

然而，日元投资者对计算其单位日元的投资收益率感兴趣。由于当前即期汇率为￥87.18/$，投资单位日元的预期收益率为：

11.56%=(￥10.08/$)/(￥87.18/$)

现在，如果我们相信远期升水只能反映预期货币贬值或风险溢价，让我们利用这些数据来理解拆分远期升水所说明的问题。美元的远期贴水为2.41%，花旗银行预期美元将贬值13.97%。这样，根据花旗银行的预测，美元2.41%的远期贴水反映了美元13.97%的预期贬值，以及在远期市场出售美元的11.56%的风险溢价。注意

−2.41%=−13.97% + 11.56%

根据这个观点，若出售远期美元不要求如此之大的风险溢价，利差 i(￥)−i($)会是很大的负值，以反映美元相对于日元的贬值。注意，预期贬值率（13.97%）和风险溢价（11.56%）在数量上都远远大于远期贴水（−2.41%）。这看起来与许多经济学家的观点都不一致，他们认为大多数远期升水的变化都是预期货币贬值的反映。我们现在想要做的是归纳对远期升水、风险溢价和预期货币贬值率的相对指标所做的回归证据中所呈现的信息。

远期升水及其成分的变动率①

主要货币远期升水的变动率为3%左右（以年度为基础）。事实表明，图表7.6中列出的回归证据暗示着预期汇率变化和风险溢价的变动率通常都（大大）高于远期升水的变动率。让我们看看其中的原因。

如果我们认为回归成立，则预期汇率变动的方差是多少？让我们按步骤进行计算：

$$\mathrm{VAR}[E_t[s(t+1)]]=\mathrm{VAR}[a+bfp(t)]=b^2\mathrm{VAR}[fp(t)]$$

因此，如果 $b^2>1$，也就是在£/$、￥/$、DEM/￥和￥/£汇率的情况下，预期汇率的变化比远期升水呈现更大的易变性。为得到风险溢价的方差，注意风险溢价恰好为预期远期市场报酬的负数：$rp(t)=-E_t[\mathrm{fmr}(t)]$，我们在前文中已经对此做了定义。

所以，如果我们计算预期远期市场报酬的变动率，我们也就计算出了风险溢价的变动率，因为 $\mathrm{VAR}(z_t)=\mathrm{VAR}(-z_t)$。

现在，我们得知：

$$E_t[\mathrm{fmr}(t+1)]=E_t[s(t+1)]-fp(t)=a+(b-1)fp(t)$$

于是，

$$\mathrm{VAR}(E_t[\mathrm{fmr}(t+1)])=(b-1)^2\mathrm{VAR}[fp(t)]$$

因此，由于 b 为负值，而且所有货币都是如此，风险溢价的变动率不仅大于远期升水的变动率，而且大于隐含的预期汇率变化的变动率。

如果风险溢价比预期货币升值更具易变性，则利率的特定变化更可能是由风险溢价的变化引起的，而不是由货币预期升值率的变化造成的。由于回归证据看起来与我们对花旗银行的预测数据分析的结论相一致，这就与大多数经济学家的认识不一致。正规的风险模型，如CAPM，在从事这类行为时出现了困难（例如，Geert Bekaert，1996；Giorgi De Santis and Bruno Gerard，

① Eugene Fama在1984年的研究第一个发现按照无偏差假设估计的斜率系数能够被解释为提供了关于风险溢价的多样化和增值的预期汇率多样性的信息。

1999；Alberto Giovannini and Philippe Jorion，1989）。这样，一些经济学家认为回归得到的证据应有不同的解释就不足为奇了。现在，我们就来讨论两种其他的解释。

调查数据是否揭示了非理性预期?

Jeffrey Frankel 和 Kenneth Froot（1990）代表了首先提出理性预期假设可能被过分强调的观点。根据直接向人们询问对升值率的预期值所获得的调查数据，Frankel 和 Froot（1990）试图直接测量升值率和风险溢价。Menzie Chinn 和 Jeffrey Frankel（2002）所做的研究在很大程度上证实了他们的发现。

Frankel 和 Froot（1990）分析的是《经济学家》所做的一个调查所获得的数据，其样本期间是 1981 年 6 月—1988 年 8 月，观测值包括 3 个月、6 个月和 12 个月的预测值。他们考虑由几种货币合并的回归方程如下：

$$s(t+k)^e = a + bfp(t,k) + \varepsilon(t) \tag{7.22}$$

式中，$s(t+k)^e$ 是在时间 t 对以后 k 个月内预期升值率的调查指标，$fp(t, k)$ 是在时间 t 对 k 个月时间段相应的远期升水。b 的估计值，按括号中的不同标准误差，分别为 3 个月预测期 1.123（0.143）、6 个月预测期 1.113(0，096）和 12 个月预测期 1.005(0.099)。很明显，估计的 b 值显著区别于 1。Frankel 和 Froot（1990）对这一发现的解释是，它意味着远期升水的所有变化均源于预期升值率的变化。这一结论与无偏差假设回归的结果形成强烈的对比。这些结果说明，调查的数据使未来升值率的预测值出现了偏差。

注意，如果远期升水不包含风险溢价而可以作为市场预期升值率，且调查数据准确测量了市场预期升值率，则不仅等式（7.22）的斜率将为 1，且回归的 R^2 也会是 1，但这不符合实际情况。R^2 的预测值分别为 3 个月期 0.36、6 个月期 0.58 和 12 个月期 0.53。Frankel 和 Froot（1990）将 R^2 不等于 1 的原因归咎于调查数据中的测量误差。

解释调查数据存在的问题

向单个人询问预期值所存在的潜在问题之一是，经济学家想要了解人们的行动综合起来将如何影响整体市场。理解对直接问题的答案本身可能是有趣的，没有人会指望一个篮球巨星如史蒂夫·纳什（Steve Nash）能够解释他自己为什么能打得那么好。该问题在生理学和物理学方面是极为复杂的，而史蒂夫的回答不会具有多少科学内涵。同样地，如果人们的投资行为与调查的答案并不一致，则通过询问人们对升值率的预期不会使我们获得太多有价值的东西。

第二个问题是调查的参与者可能没有说真话的适当动因。例如，如果你认为你对调查的回答将暴露一些别人可以用来获利的信息，你可能就不太情愿做出诚实的回答。

第三个问题是，调查数据可能差异很大。针对预测值的不一致，统计者必须选择能代表“市场预测”的数值。一般地会选择预测的中间值。然而，理想的结果是，我们对投资者预期的边际更感兴趣。为什么要用调查答案的中间值来代表边际投资者的观点呢？事实上，一些研究者，包括 Graham Elliott 和 Takatoshi Ito（1999）以及 Ronald MacDonald 和 Ian Marsh（1996）等，利用不同货币和不同样本期的数据，证明预测值是相当多元化的。

这些相差很大的预测值也造成了预测业绩的差异。有些预测者的预测会引发获利的交易，但另外一些人的预测则完全没有经济价值。我们将在第 10 章深入讨论交易策略的获利能力。

比索问题

无偏差假设回归的统计问题

图表 7.8 列示了等式（7.20）中斜率随时间的推移而变动的有关信息。图表中的第一次估计使用了 5 年的月度指标。第二次估计来自将数据向前滚动 1 个月，并仍使用 5 年的数据再次估计回归。

在对无偏差假设的回归分析中，斜率 b 的估计值远远偏离 1，但图表 7.8 表明，在 5 年间的系数上存在显著的不稳定性。在 20 世纪 80 年代早期美元对其他主要货币的大幅升值过程中，估计斜率系数从 −5 减至 −10。很明显，这可能是由于美元的意外大幅升值造成的，而并不是对风险溢价可变性增加的回应。对这一证据的潜在解释是，对数据所做统计分析的基础假设存在一定问题。现在我们考虑这种解释。

图表 7.8　滚动的 5 年月度回归：月度即期利率百分比变动与月度远期升水，1976 年 2 月—2000 年 9 月

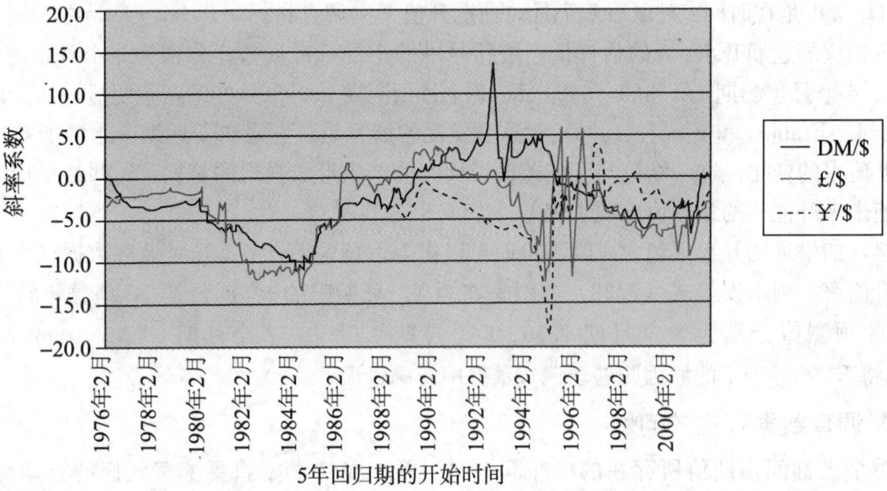

比索问题

当理性投资者预期在样本期间并不发生，或至少不按投资者预计的频度发生时，就出现了被称为**比索问题**（peso problem）的现象。这一现象使得在理想预期假设下基于样本期间数据所做的统计推论无效。比索问题的得名源于 1955—1976 年间墨西哥的经历。在那个时期，墨西哥官方试图将比索对美元的汇率固定在 MXP12/USD 上，且这一举措在 1955—1975 年之间获得了成功。我们假设市场将远期汇率设定为未来即期汇率的无偏差预测值，也就是说，我们假定无偏差假设成立。现在，我们看看，利用墨西哥的数据，统计师能否证明远期汇率是未来即期汇率的无偏差或有偏差预测值。

令 S_{peg} 代表墨西哥官方设定的比索对美元的汇率。令 S_{dev} 代表墨西哥官方在低估比索时选择的汇率，于是 $S_{dev} > S_{peg}$。假设墨西哥官方在 $T_0 \sim T_2$ 期间成功固定了比索对美元的汇率，直至比索最终贬值。再假设市场知道墨西哥官方可以在 $T_0 \sim T_2$ 期间的任何时点令比索贬值。假定每个人都知道 S_{dev} 的值。令 $prob_t$ 为市场对下个月比索将要贬值事件的估计概率。这样，当 1 个月的远期汇率是两个可能事件的概率加权平均值时，该汇率就是未来即期汇率的无偏差估计值：

$$F(t)=E_t[S(t+1)]=(1-\text{prob}_t)S_{\text{peg}}+\text{prob}_t S_{\text{dev}} \tag{7.23}$$

远期汇率等于无贬值概率乘以当前汇率加上贬值概率乘以新的汇率。具体来讲，我们假定 $S_{\text{dev}}=\text{MXP}18/\$$；它代表美元相对于比索50%的升值。等式（7.23）已经明示，当市场对政府维持汇率承诺可信性的估计随时间的推移而变化时，prob_t 也将发生变化，远期汇率也会变化。由于贬值没有实现，美元相对于比索将按远期升水交易（按单位美元的比索金额，$F>S_{\text{peg}}$），且比索资金市场的投资利率将高于美元投资。

倘若统计师在未发生贬值的期间采集数据，如在 T_0 和 T_1 之间，其间 $T_1<T_2$，并将远期汇率与实际未来即期汇率相比较，则结论将会是远期汇率恰为未来即期汇率的无偏差预测值。在统计师的样本中，实际未来即期汇率永远低于远期汇率。因此，统计师可以否决远期汇率是未来即期汇率的有偏差预测值这一无效假设。尽管统计师否决了无效假设，但无效假设却是真实的。

为什么统计师会出现错误？换句话说，在此情况下是什么导致了比索问题？当我们利用理性预期假设对财务的时间序列进行统计分析时，我们假定一个适当长时期内报酬的样本代表了投资者在进行投资决策时认为将要面临的真实的报酬分配情况。对于远期市场的例子，我们会假设事后的即期汇率反映了投资者在签署合约时考虑到的全部可能发生事项。若存在投资者认为将要发生但实际并未发生的重大事项，或相对罕见的事项发生得过于频繁，数据中的历史样本均值、方差和相关系数可能不能够反映投资者原来认为将要面临的报酬的均值、方差和相关系数。或许，该历史均值、方差和相关系数对于投资者在未来将要面临的变化也不能提供相对充足的信息。这样，外汇投资以前的绩效，不论其是否被套期保值，都不会是投资者预期未来报酬的良好参照指标。

在墨西哥比索的案例中，尽管远期汇率看似是20年未来即期汇率的无偏差预测值，但其后的1976年，贬值发生了，因而使得远期汇率中包含的预测失去效力。

2000年的阿根廷

投资者对贬值或制度变动的任何预期都会引发潜在的比索问题。更近时期的例子发生在21世纪初期的阿根廷。如我们在第5章所讨论的，阿根廷在20世纪90年代早期的稳定货币计划包含推出一个货币局，将阿根廷比索（ARS）与美国美元按ARS1/USD1的汇率对接起来。若该货币局完全可信且无贬值机会，则阿根廷比索的利率将等于美元利率，比索也不会有远期贴水［见等式（7.23）］。现在我们再看看2000年的数据。

2000年6月21日，阿根廷对3个月美元利率的报价为6.71%，阿根廷银行对阿根廷比索的利率报价为7.33%。对此差异应作何解释呢？一定是阿根廷资金市场的投资者认为弃用货币局以及比索将对美元贬值二者之间存在一定的联系。

假设投资者认为阿根廷比索对美元可能发生5%的贬值，即ARS1.05/USD。若非抛补利率平价成立，则该事件发生的概率是多少？首先，我们需要计算预期未来汇率，这是当前汇率和未来可能汇率之间的概率加权平均值，prob是贬值的概率：

$$\begin{aligned}E_t[S(t+1,\text{ARS/USD})]=&[(1-\text{prob})\times\text{ARS}1.0/\text{USD}]\\&+(\text{prob}\times\text{ARS}1.05/\text{USD})\end{aligned} \tag{7.24}$$

非抛补利率平价意味着投资于阿根廷比索的报酬与投资于美元的预期报酬相等，其中潜在包含着预期的美元升值。也就是说，1加上比索利率 $i(\text{ARS})$ 等于将比索按 $S(t,\text{ARS/USD})$ 兑换成美元，再将美元按 $i(\text{USD})$ 进行投资，最后再按 $S(t+1,\text{ARS/USD})$ 将美元兑换成比索的预

期报酬：

$$[1+i(\mathrm{ARS})]=\frac{1}{S(t,\ \mathrm{ARS/USD})}\times[1+i(\mathrm{USD})\times E_t[S(t+1,\ \mathrm{ARS/USD})]$$

题解预期未来汇率，得到：

$$E_t[S(t+1,\ \mathrm{ARS/USD})]=S(t,\ \mathrm{ARS/USD})\times\frac{1+i(\mathrm{ARS})}{1+i(\mathrm{USD})}$$

由于本例中 $S(t,\ \mathrm{ARS/USD})$ 为 1，由利率（加 1）的比率可直接得到预期汇率：

$$E_t[S(t+1,\ \mathrm{ARS/USD})]=\frac{1+\frac{0.073\,3}{4}}{1+\frac{0.067\,1}{4}}=1.001\,524 \tag{7.25}$$

注意，我们按境外货币市场惯例（见第 6 章）将年利率按 3 个月基础表示。将估计的预期汇率代入等式（7.24），题解贬值概率 *prob*，得到：

$$prob=\frac{1.001\,524-1}{1.05-1}=0.030\,5=3.05\%$$

我们也可以对贬值 10% 进行类似的计算，得到的概率更小，为 1.52%。

因此，若非抛补利率平价和无偏差假设恰当描述了现实情况，3 个月利率的微小正差异说明，在 2000 年 6 月，比索贬值 5% 或 10% 的可能性很小。

然而，贬值的小概率没能维持下去。一系列宏观经济发展和股市的不利变动在 2000 年末摧垮了人们对阿根廷货币局的信心。比索与美元利率之差不断上扬，在 2001 年期间达到 20%。大幅度的利差反映出人们认为货币局将不复存在，而结果确实不出人们的意料。在 2001 年 4 月，货币局被取缔，代之以对美元和欧元货币篮的固定制度，并推出出口与进口的不同汇率。到 2001 年 12 月，金融危机爆发，迫使政府冻结银行存款。在 2002 年 1 月，比索成为浮动货币。到 2002 年底，比索对美元的汇率为 3.3*ARS/USD*。

500%的瑞典利率

在货币危机期间，短期利率往往变得出奇地高，而长期利率的增幅则较小，这意味着利率的期限结构被大幅度倒置。这一特殊现象发生于 1992 年欧洲货币危机高峰期的瑞典。瑞典中央银行将其日拆性贷款的边际贷款年利率提高到耸人听闻的 500%，这是有史以来的最高纪录。边际贷款利率是瑞典中央银行在其他日拆资源的流动性枯竭时向瑞典金融机构提供的“最后援助”的适用利率。边际贷款利率一般是日拆市场利率的封顶利率。尽管仅有很少一部分借款人需向瑞典中央银行支付这一高利率，它还是导致了银行借款的平均利率飙升至 38%。3 个月期国债的收益率从上一日的 25%升至 35%，6 个月期国债的收益率从 22%升至 30%。而 5 年期政府债券的收益率实际上略有下降，从 12.58%降至 12.30%。

500%的年利率有意义吗？或许这仅仅是瑞典政府阻止克朗投机的一个企图？不管怎样，高借款利率会使投机行为昂贵得难以接受。事实上，实施高利率向来是中央银行成功运用的一个策略，它是由法国总理雷蒙德·庞加莱（Raymond Poincare）于 1924 为避免对法郎的投机而在法国最先采用的。（该事件后来被称为“庞加莱的大倾轧”。）事实证明，如果运用我们关于非抛补利率平价理论以及比索问题隐含的道理，我们完全能够理解这些利率升高的案例。

尽管瑞典克朗被钉牢在欧洲货币单位（ECU）上，为简便起见，我们假设克朗钉牢德国马克（DEM）（它是迄今在 ECU 篮子中权重最大的货币）。我们试图证明，克朗较高的短期和长期利率中的很大一部分可以归咎于**贬值溢价**（devaluation premium）——也就是说，反映某货币贬值的利率。另外，贬值溢价也可以解释颠倒的收益曲线。

让我们重温汇率预期值的简化模型。对于瑞典克朗，有两种可能的事件：

1. 贬值发生的概率等于 prob。

2. 不贬值发生的概率等于（1－prob）。

当瑞典中央银行成功地维持其钉牢策略时，汇率一直等于当前即期汇率。当钉牢汇率无法维持时，令 $Z\%$代表克朗对德国马克贬值的百分比。这样，利率差会向我们提供关于贬值概率 prob 和贬值百分比 $Z\%$的信息。考虑克朗在 n 天投资期进行两种投资的预期报酬，利率按年表示，汇率按单位德国马克换取的克朗数表示，预期报酬为：

$$\text{克朗投资}:1+i(\text{SKR})\frac{n}{360}$$

$$\text{德国马克投资}:\frac{\left[1+i(\text{DEM})\frac{n}{360}\right]\times E_t[S(t+n,\ \text{SEK/DEM})]}{S(t,\ \text{SEK/DEM})}$$

根据非抛补利率平价，这两种投资将获得相同的预期报酬。由于对克朗来讲有两种可能的事件——贬值或不贬值——预期即期汇率等于：

$$\begin{aligned}&E_t[S(t+n,\ \text{SKR/DEM})]\\&=(1-\text{prob})\times S(t,\ \text{SEK/DEM})+\text{prob}\times S(t,\ \text{SEK/DEM})\times(1+Z\%)\end{aligned}$$

于是，通过将两个收益率用等式表示，并减去预期即期汇率，解出贬值的强度（贬值的概率乘以贬值的比率），我们得到：

$$\text{prob}\times Z\%=\frac{1+i(\text{SEK})\dfrac{n}{360}}{1+i(\text{DEM})\dfrac{n}{360}}-1$$

或将等式右边置于一个公分母之上，得到：

$$\text{prob}\times Z\%=\frac{\left[i(\text{SEK})\dfrac{n}{360}\right]-\left[i(\text{DEM})\dfrac{n}{360}\right]}{1+i(\text{DEM})\dfrac{n}{360}}$$

于是，若克朗利率高于德国马克利率，就有可能发生一定数额的贬值。利率差越大，市场对贬值的可能性和/或金额的估值就越大。

现在，假设在货币危机的高峰期，prob(贬值的可能性）非常接近于1，为 0.8%。投机者对货币将要贬值很有信心，但还不能绝对确信贬值将要发生。因此，利率差可用于推测货币贬值的预期百分比：

	i(SEK)	i(DEM)	prob×$Z\%$	$Z\%$，若 prob=0.8
1个月	35%	4%	2.57%	3.22%
3个月	20%	4.5%	3.83%	4.79%

这些指标看起来很合理。

为什么几个百分点的预期贬值会带来如此高的利率，又为什么对短存续期的影响比对长存续期的影响大很多？倒挂的收益曲线和较高的短期利率仅仅是将利率年度化的结果。将其具体化，假定国际投机者预期一周内将有5%的贬值。不论他们持有何种瑞典资金市场投资，他们都将面临5%的迫在眉睫的资本损失。于是投机者会要求较高的利率，以应对这一可能性。若将利率用于1年的存续期，则利率的增长将接近5%。但是，当投资期限很短时（比如1周），5%的年增长率只意味着报酬的极小增长。这无法弥补投资者因贬值造成的资本损失。令贬值的概率为0.8，DEM的周利率为3%，年利率为5%。不管何种投资，$\text{prob}\times Z=0.8\times 5\%=4\%$。根据公式，我们得到：

贬值溢价=1周投资=1年投资

$$4\%=\frac{i(\text{SEK},1\text{周})\frac{7}{360}-3\%\times\frac{7}{360}}{1+3\%\times\frac{7}{360}}=\frac{i(\text{SEK},1\text{年})-5\%}{1+5\%}$$

很明显，i(SEK，1周）的增幅比i(SEK，1年）大得多，以弥补预期4%的贬值。特别是，我们可以计算出i(SEK，1周）=208.83%（每年），i(SEK，1年）=9.20%（每年）。这样，收益曲线将大幅度倒转。

小　结

本章分析了投机性货币投资。主要观点如下：

1. 在货币市场从事投机，既可以投资于你看涨的货币的资金市场（例如，用借入的本币筹集投资所用资金），又可以在远期市场购买该货币。只有在未来实际即期汇率确实高于远期汇率（单位外币兑换本币）时，投机性货币投资才能赚钱。

2. 汇率是资产的价格，它是两种货币的相对价格，因此很难预测。

3. 投机性货币投资的预期报酬和易变性分别取决于未来即期汇率条件概率分布的均值和标准差。

4. 非抛补利率平价指出，未进行套期保值的本币在外币资金市场投资的预期报酬等于国内利率。

5. 无偏差假设指出，远期汇率等于预期未来即期汇率，也就是说，市场预期即期汇率在远期合约到期日应为$F(t)=E_t[S(t+1)]$。无偏差预测值的平均预测误差为零，条件是该平均值的计算取自数量足够大的样本预测值。

6. 非抛补利率平价和无偏差假设均与市场效率的狭义观点相一致，即货币投机不存在预期报酬。市场效率的广义观点认为，交易策略的预期利润应仅够补偿投资者所承担的风险。

7. 资本资产定价模型（CAPM）为下列观点提供了理论依据：远期汇率是未来即期汇率的有偏差预测值，而市场仍然是有效的。该偏差可归咎于风险溢价，它产生于远期市场报酬和市场投资组合报酬之间的相关性。

8. 非抛补利率平价和无偏差假设是否成立，对投资组合管理、汇率预测和汇率确定理论均有重要的内在影响。

9. 若预期未来汇率与同期的远期汇率之间存在差异，套期交易外汇风险带来的收益或成本不同于未套期交易预期发生的收益或成本。

10. 若投资者具有理性预期，在预测汇率时就不会出现系统性错误。于是，实际的未来升值率等于条件预期加上条件均值为零的误差项；也就是说，只有消息能使未来汇率不同于其预期值。

11. 无偏差假设最微弱的暗示在于，远期升水的无条件均值应等于实际升值率的无条件均值。该指标看起来与高利率或远期贴水货币相对于低利率或远期升水货币来讲更趋向于贬值这一事实相一致。

12. 无偏差假设的回归检验表明它与指标非常不一致：远期升水的事后升值率回归的斜率为负值，而不是1。对此的解释是外汇风险溢价的方差大于预期升值率的方差。

13. 当理性投资者预期的事项未在样本期发生或至少未按其预期的频度发生时，就产生了叫做比索问题的现象。在此情况下，对报酬进行的统计分析会出现很大的偏差。

14. 在固定汇率政策下，利率差提供了关于贬值强度方面的信息，即贬值的概率乘以贬值率指标。

简答题

1. 事先不需要投入资金而在货币市场进行投机的两种方法是什么？

2. 金融经济学家讨论的未来即期汇率的条件预期意味着什么？

3. 远期市场报酬变动的决定因素是什么？

4. 描述投资1日元于瑞士法郎资金市场的不确定日元报酬的构成。

5. 何为套期外汇投资？若将第4题的报酬进行套期保值将会如何？

6. 如何解释对于特定时间段，如90天，其远期汇率是未来即期汇率的无偏差预测值？

7. 为什么说远期汇率是未来即期汇率的无偏差预测值这一假设与外汇的远期升水（或贴水）是该货币的升值率（或贬值率）的无偏差预测值的假设是等同的？

8. 人们常说远期汇率是为满足（抛补）利率平价而设定的。解释如何满足利率平价以及远期汇率是如何由投机者参照预期未来即期汇率设定的。

9. 有时人们会说，对外汇债券或股票的收益进行套期保值的投资者消除了投资具有的外汇风险，降低了本国货币货币的易变性，因而得到了“免费午餐”，因为国内货币的平均报酬与外汇的平均报酬是相同的。事实是这样的吗？为什么？

10. 经常有人认为，若外汇市场是有效市场，远期汇率应为未来即期汇率的无偏差预测值。事实是这样的吗？为什么？

11. CAPM对远期汇率和预期未来即期汇率之间的关系是如何预测的？

12. 若CAPM解释了远期汇率与预期未来即期汇率偏离的原因，解释为什么远期合约的一方愿意涉入具有预期损失的合约。

13. 为什么只有资产报酬与世界市场投资组合的协方差才是决定资产报酬是否存在风险溢价的因素？

14. 何为理性预期假设？如何将其应用于金融市场预期报酬的假设检验中？

15. 假定外币在每个时点上的远期升水等于该外币相对于本币未来升值率在该时点的条件预期。若我们从大样本的数据中得出实际平均升值率，并将其与平均远期升水相比较，结果将会如何？

16. 解释如何运用回归检验无偏差假设。

17. 假定你定期对某外币的实际升值率和该外币的远期升水进行回归。对于估计的斜率你将做何解释？若斜率为负值，是否说明远期升水为升值率的预测提供了错误的信号？

18. 令某外币的远期升水等于该外币相对于本币的升值率加上远期市场溢价。对于风险溢价的易变性相对于预期升值率的易变性来讲，斜率为负值意味着什么？

19. 为检验无偏差假设一类的问题，有些金融经济学家运用了调查的数据，即直接向人们询问他们对升值率的预期。该方法是否存在潜在的问题？

20. 何为比索问题？以其原始出处解释该词的内涵。然后解释比索问题如何在总体上干扰金融市场报酬的研究。

21. 你如何运用利率差来理解贬值的概率以及贬值的潜在大小？

应用题

1. 在未来的30天内，经济学家预测英镑相对于美元可能贬值7%，也可能升值6%。美元对英镑即期汇率可能的变动比率为－7%、－5%、－3%、－1%、0%、2%、4%和6%。假设每个指标出现的可能性相同。若即期汇率为＄1.584 5/£，计算未来即期汇率的均值和标准差。

2. 考虑下列关于墨西哥的假设：比索近期对美元的贬值超过了40%。在未来90天内，墨西哥政府可能会失去对经济的控制能力。这样，比索相对于美元将会再失去33%的价值，墨西哥股市将下跌39%。官方经济失控的可能性为35%。另一方面，美国国会可能投票，以向墨西哥政府提供抵押贷款的方式进行救援。这样，比索相对于美元将挽回27%的价值，墨西哥股市将上涨29%。作为在墨西哥没有流动资产或流动负债的美国投资者，你决定进行投机。计算你在未来90天将美元投资于墨西哥股市的预期美元报酬。

3. 假设你观测到90天的远期汇率为＄1.19/€。当前即期汇率为＄1.20/€，且你预期未来90天的实际即期汇率将为＄1.21/€。若你想要在远期市场通过购买或出售＄10 000 000进行投机，你需要签署哪种合约？你对该合约的预期利润为多少？若在该期间美元对欧元升值率的标准差为3%，计算占95%概率的利润和亏损的范围。

4. 考虑下列有关瑞士法郎的假设：当前即期汇率为CHF1.7/USD。在以后的90天，瑞士法郎相对于美元将要升值5%的概率为30%，瑞士法郎将要贬值3%的概率为70%。预期未来单位瑞士法郎兑换美元的即期汇率为多少？若当前远期汇率为CHF1.71/USD，计算通过合约在90天远期市场以美元购买或出售CHF10 000 000换取美元的预期美元利润。若此两种事项中只有一种发生，90天后你将实际盈利或亏损多少？

5. 假定90天美元相对于日元的持续复合增值率的方差为－1%，标准差为3%。使用电子数据表程序画出未来日元—美元汇率的分布图表。若即期汇率为￥99/＄，90天远期汇率为￥98.30/＄，则以远期合约出售＄5 000 000远期美元的预期日元利润或亏损为多少？

6. 假定即期汇率为＄1.55/£，以美元购买英镑远期合约的贝塔系数为－1.5，市场投资组合美元的预期收益率高于美元的无风险利率7%。计算远期购买£1 000 000的预期利润或亏损。解释这是如何达到平衡的。

7. 考虑对美元相对于日元的固定贬值率和美元远期贴水所做的回归分析。假定估计斜率为－2，远期贴水的标准差按年度表示为2.5%。计算日元—美元远期市场风险溢价可变性的最低限度。

8. 假定英镑（GBP）汇率被钉牢在欧元（EUR）上。你认为英镑在下个月内将要贬值10%的概率为5%。计算不能通过借入英镑、贷出欧元进行投机的利率差。

参考文献

Baillie, Richard, and Tim Bollerslev, 2000, "The Forward Premium Anomaly Is Not as Bad as You Think," *Journal of International Money and Finance* 19, pp. 471－488.

Bansal, Ravi, and Magnus Dahlquist, 2000, "The Forward Premium Puzzle: Different Tales from Developed and Emerging Economies," *Journal of International Economics* 51, pp. 115－144.

Bekaert, Geert, 1995, "The Time-Variation of Expected Returns and Volatility in Foreign－Exchange Markets," *Journal of Business and Economic Statistics* 13, pp. 397－408.

Bekaert, Geert, 1996, "The Time Variation of Risk and Return in Foreign Exchange Markets: A General Equilibrium," *Review of Financial Studies* 9, pp. 427－470.

Bekaert, Geert, and Robert J. Hodrick, 1993, "On Biases in the Measurement of Foreign Exchange Risk Premiums," *Journal of International Money and Finance* 12, pp. 115－138.

Bekaert, Geert, and Robert J. Hodrick, 2001, "Expectations Hypotheses Tests," *Journal of Finance* 56, pp. 1357－1394.

Bekaert, Geert, Min Wei, and Yuhang Xing, 2007, "Uncovered Interest Rate Parity and the Term Structure," *Journal of International Money and Finance*, 26 (6), 1038－1069.

Black, Fischer, 1989, "Universal Hedging: Optimizing Currency Risk and Reward in International

Equity Portfolios," *Financial Analysts Journal* 45, pp. 16 – 22.

Black, Fischer, 1990, "Equilibrium Exchange Rate Hedging," *Journal of Finance* 45, pp. 899 –907.

Bossaerts, Peter, and Pierre Hillion, 1991, "Market Microstructure Effects of Government Intervention in the Foreign Exchange Market," *Review of Financial Studies* 4, pp. 513 – 541.

Chinn, Menzie, 2006, "The (Partial) Rehabilitation of Interest Rate Parity in the Floating Rate Era: Longer Horizons, Alternative Expectations, and Emerging Markets," *Journal of International Money and Finance* 25, pp. 7 – 21.

Chinn, Menzie, and Jeffrey A. Frankel, 2002, "Survey Data on Exchange Rate Expectations: More Currencies, More Horizons, More Tests," in Bill Allen and David Dickinson, eds., *Monetary Policy, Capital Flows and Financial Market Developments in the Era of Financial Globalisation: Essays in Honour of Max Fry*. London: Routledge.

De Santis, Giorgio, and Bruno Gérard, 1998, "How Big Is the Premium for Currency Risk?" *Journal of Financial Economics* 49, pp. 375 – 412.

Elliott, Graham, and Takatoshi Ito, 1999, "Heterogeneous Expectations and Tests of Efficiency in the Yen/Dollar Forward Exchange Rate Market," *Journal of Monetary Economics* 43, pp. 435 – 456.

Engel, Charles, 1996, "The Forward Discount Anomaly and the Risk Premium: A Survey of Recent Evidence," *Journal of Empirical Finance* 3, pp. 123 – 191.

Fama, Eugene, 1984, "Forward and Spot Exchange Rates," *Journal of Monetary Economics*, pp. 319 – 338.

Frankel, Jeffrey, and Kenneth Froot, 1990, "Exchange Rate Forecasting Techniques, Survey Data, and Implications for the Foreign Exchange Market," in D. Das, ed., *Current Issues in International Trade and International Finance*. Oxford, UK: Oxford University Press.

Froot, Kenneth A., and Richard H. Thaler, 1990, "Foreign Exchange," *Journal of Economic Perspectives* 4, pp. 179 – 192.

Giovannini, Alberto, and Philippe Jorion, 1989, "The Time-Variation of Risk and Return in the Foreign-Exchange Stock Markets," *Journal of Finance* 44, pp. 307 – 325.

Green, Philip, 1992, "Is Currency Trading Profitable? Exploiting Deviations from Uncovered Interest Rate Parity," *Financial Analysts Journal*, pp. 82 – 86.

Hansen, Lars Peter, 1982, "Large Sample Properties of Generalized Method of Moments Estimators," *Econometrica* 50, pp. 1029 – 1054.

Hodrick, Robert J., 1987, *The Empirical Evidence on the Efficiency of Forward and Futures Foreign Exchange Markets*, in Jacques Lesourne and Hugo Sonnenschein, eds., *Fundamentals of Pure and Applied Economics*, Chur, Switzerland: Harwood Academic Publishers.

Keane, Michael P., and David E. Runkle, 1990, "Testing the Rationality of Price Forecasts: New Evidence from Panel Data," *American Economic Review* 80, pp. 714 – 735.

Levich, Richard M., 1980, "Analyzing the Accuracy of Foreign Exchange Advisory Services: Theory and Evidence," in Richard M. Levich and Clas Wihlborg, eds., *Exchange Risk and Exposure*, Lexington, MA: D. C. Heath.

MacDonald, Ronald, and Ian W. Marsh, 1996, "Currency Forecasters Are Heterogeneous: Confirmation and Consequences," *Journal of International Money and Finance* 15, pp. 665 – 685.

Sharpe, William F., 1964, "Capital Asset Prices: A Theory of Market Equilibrium Under Conditions of Risk," *Journal of Finance* 19, pp. 425 – 442.

Siegel, Jeremy J., 1972, "Risk, Information, and Forward Exchange," *Quarterly Journal of Economics* 86, pp. 303 – 309.

附录 7.1 投资组合分散风险观点和资本资产定价模型

若投资者将其全部财富投资于一种资产，该资产的预期报酬以及该资产报酬的方差决定了投资者投资组合的均值和方差。本附录的目的在于复习当投资组合中包含一种以上的资产时，投资组合的均值和方差是如何确定的。为简便起见，我们必须设定一些符号。令 R_i 代表资产 i 的报酬，资产 i 报酬的均值为 $E(R_i)$，我们确认报酬的均值为预期值。令 σ_{ij} 代表资产 i 和资产 j 之间的协方差。协方差用来测量两种报酬相向运动的程度，其计算是通过将报酬偏差乘积的预期值从其相应的均值中减去得到：

$$\sigma_{ij} = E\{[R_i - E(R_i)][R_j - E(R_j)]\}$$

由于方差涉及两个随机变量的乘积，相乘的顺序并不重要，$\sigma_{ij} = \sigma_{ji}$。而且，从方差的定义看，它是围绕均值的偏差平方的预期值，我们得到：

$$\sigma_{ij} = E\{[R_i - E(R_i)]^2\}$$

方差的平方根是标准差。通常，人们发现资产报酬间的相关系数比协方差更为直观和便捷，因为相关系数是-1和 1 之间的一个数值。相关系数 ρ_{ij} 被定义为协方差除以两个资产标准差的乘积：

$$\rho_{ij} = \frac{\sigma_{ij}}{\sqrt{\sigma_{ii}}\ \sqrt{\sigma_{jj}}} \tag{7A. 1}$$

有了这些符号，现在我们可以检测几个资产投资组合的均值和方差。令 w_i 代表投资者的财富投资于资产 i 的份额。我们先以投资组合中仅有两项资产开始分析。假定投资者将其财富中的 w_1 投资于资产 1，其余财富投资于资产 2，则 $w_2 = 1 - w_1$。

投资组合的实际报酬 R_p 是两个资产报酬的加权平均值，权数就是投入财富的份额：

$$R_p = w_1 R_1 + w_2 R_2 \tag{7A. 2}$$

于是，为计算投资组合报酬的均值，我们利用等式（7A. 2）中的实际报酬的预期值，得到：

$$E(R_P) = w_1 E(R_1) + w_2 E(R_2)$$

由于实际报酬是实际单个投资的加权平均值，投资组合的预期报酬也就是投资组合中各资产预期报酬的加权平均值。

投资组合报酬的方差 $V(R_p)$ 是报酬均值差异平方的预期值，如下式所列：

$$\begin{aligned} V(R_p) &= E\{[R_p - E(R_p)]^2\} \\ &= E\{[(w_1 R_1 + w_2 R_2) - (w_1 E(R_1) + w_2 E(R_2))]^2\} \end{aligned} \tag{7A. 3}$$

将等式（7A. 3）乘出并移项，我们得到：

$$\begin{aligned} V(R_p) = &\, w_1^2 E\{[R_1 - E(R_1)]^2\} + w_2^2 E\{[R_2 - E(R_2)]^2\} \\ &+ 2 w_1 w_2 E\{[R_1 - E(R_1)][R_2 - E(R_2)]\} \end{aligned}$$

$$= w_1^2\sigma_{11} + w_2^2\sigma_{22} + 2w_1w_2\sigma_{12}$$

让我们用一些真实的数据计算来说明投资组合的均值和方差与个别资产的均值和方差的关联关系。假设资产 1 的预期收益率为 15%，标准差为 22%，资产 2 的预期收益率为 16%，标准差为 24%。再假设两个资产报酬之间的相关系数为 0.4，根据等式（7A.1），协方差等于相关系数乘以两个标准差的乘积。于是资产 1 的报酬与资产 2 的报酬间的协方差等于：

$$\sigma_{12} = (0.4)(0.22)(0.24) = 0.021\,12$$

现在我们可以计算任何由资产 1 和资产 2 构成的投资组合的均值和方差。假定我们将 35%的财富投资于资产 1，将 65%的财富投资于资产 2，于是投资组合报酬的均值为：

$$E(R_p) = (0.35)(0.15) + (0.65)(0.16) = 0.156\,5$$

投资组合报酬的方差为：

$$V(R_p) = (0.35)^2(0.22)^2 + (0.65)^2(0.24)^2 + 2(0.35)(0.65)(0.021\,12)$$
$$= 0.039\,875$$

于是，投资组合的标准差为：

$$\sqrt{0.039\,875} = 0.199\,7$$

或 19.97%。

资产或投资组合的均值与标准差的比率是测评投资者对所面临的风险和报酬进行权衡的指标。资产 1 的均值与标准差之比为 0.68（=15%/22%），资产 2 的均值与标准差之比为 0.67（=16%/24%）。投资组合的均值与标准差之比为 0.78（=15.65%/19.97%）。通过在两种资产之间分散风险，我们提升了风险报酬权衡值。而且，应注意的是投资组合的标准差低于每种资产的标准差。分散风险令一些风险消失了。

由于世界上有远远不止两种资产，下面我们探讨在将每一小部分财富分别投资于 N 个资产时，将会如何。为进一步简化分析过程，我们令每一笔投资份额相等，即将 $w_i = (1/N)$ 投资于 N 种不同的资产。确定投资组合报酬的均值很容易，因为它就是 N 种资产预期报酬的加权线性合计数，按照等式（7A.2）：

$$E(R_p) = \sum_{i=1}^{N} w_i E(R_i) = \sum_{i=1}^{N} \frac{E(R_i)}{N}$$

于是，投资组合报酬的均值是 N 个资产报酬均值的平均数。

N 种资产投资组合报酬的方差计算如下：

$$V(R_p) = E[R_p - E(R_p)]^2$$
$$= E\{\sum_{i=1}^{N} w_i[R_i - E(R_i)] \sum_{i=1}^{N} w_i[R_i - E(R_i)]\} \qquad (7A.4)$$

若将等式（7A.4）右边的合计部分的各项乘出，你会发现必须得到 N^2 项预期值的总数。从某资产报酬自身的乘积中能得到 N 个方差，还有 $N(N-1)$ 个其他项目为协方差。所以，会有 $N(N-1)/2$个不同的协方差项目，因为 $\sigma_{ij} = \sigma_{ji}$。在等式（7A.4）中，权数之间相乘，但由于权数在等权投资组合中是相同的，等式（7A.4）中的每个 N^2 项都要乘以 $1/N^2$。因此，

$$V(R_p) = \frac{1}{N^2}\sum_{i=1}^{N}\sigma_{ij} + \frac{2}{N^2}\sum_{i=1}^{N-1}\sum_{j=i+1}^{N}\sigma_{ij} \qquad (7A.5)$$

两个合计项 $\sum_{i=1}^{N-1}\sum_{j=i+1}^{N}\sigma_{ij}$ 需乘以 2，因为合计仅涉及不同的 $N(N-1)/2$ 协方差。我们将平均方差定义为：

$$\Lambda_i=\frac{1}{N}\sum_{i=1}^{N}\sigma_{ii}$$

平均协方差为：

$$\Lambda_{ij}=\frac{1}{N(N-1)/2}\sum_{i=1}^{N-1}\sum_{j=i+1}^{N}\sigma_{ij}$$

等式（7A.5）表明，投资组合的方差可写做：

$$V(R_p)=\frac{1}{N}\Lambda_i+(1-\frac{1}{N})\Lambda_{ij} \tag{7A.6}$$

注意，当 N 在等式（7A.6）中变大时，N 项投资报酬的平均方差在确定投资组合报酬的方差时的重要性变为零。因此，当 N 变大时，高度分散的投资组合报酬的方差被动等于投资组合中资产的平均协方差。若资产的报酬之间并不相关，平均协方差将等于零，高度分散的投资组合将产生基本的无风险报酬，尽管单个资产的报酬均来自有限方差的随机分布。还要注意，具有负协方差的资产非常重要，因为它们减少了投资组合的平均协方差。

从等式（7A.6）我们可以清楚地看到，资产的个别方差不会影响投资组合的总体方差，因而个别方差不应影响风险厌恶型投资者持有某种资产所要求的预期报酬。这一观点直接导致了将 CAPM 作为描述预期报酬确定过程的一种关系。CAPM 的构建基于下述观点：投资者将在其投资组合中追加资产，直到该资产不能进一步提升投资组合的风险报酬权衡值为止。我们将在第 13 章深入探讨这一观点。

尽管我们分析的大投资组合是主观的，对于 CAPM 的基本理解是，在一些补充的假设条件下，将会是这样的情形：在静止状态下（即当全部投资者均愿意在市场上按当前价格持有现有资产，没有感到有进行交易的必要时），每个投资者想要持有的分散且良好的投资组合应为市场投资组合。全部投资者会在市场投资组合中持有部分财富，更风险厌恶型投资者持有较少部分，更风险偏好型投资者持有较多部分，并可能会借款投资于市场。

附录 7.2　回归复习

在第 7.5 节，我们用下列形式的模型检验了无偏差假设：

$$\frac{S(t+1)-S(t)}{S(t)}=a+b\frac{F(t)-S(t)}{S(t)}+\epsilon(t+1)$$

这是线性回归模型的例子，其因变量（或被解释变量）$y(t+1)=\frac{S(t+1)-S(t)}{S(t)}$ 按自变量或解释变量 $x(t)=\frac{F(t)-S(t)}{S(t)}$ 回归。因此，回归方程可以写为：

$$y(t+1)=a+bx(t)+\epsilon(t+1)$$

该回归描述 $y(t+1)$ 的运动或变动情况，在此它可以用 $x(t)$ 的运动或变动线性地加以解释。我们想要计算出参数 a 和 b 的值，使得 $a+bx(t)$[称为 $x(t)$ 的线性函数] 尽可能地接近 $y(t+1)$。其拟合度不一定完美，所以会存在一个误差（干扰）项，我们称之为 $\epsilon(t+1)=y(t+1)-a-bx(t)$。

在给定 $y(t+1)$ 和 $x(t)$ 数据的情况下，经济学家开发了多种方法来对参数 a 和 b 进行“估计”或赋值。对于任一给定的样本数据，这些估计只是一些数字，一般以∧符号置于参数符号之上；例如，用 $\hat{a}$ 和 $\hat{b}$ 代表 a 和 b 的估计值。通过这样的估计，我们可以计算出在预测 $y(t+1)$ 时模型的实际误差：

$$\hat{\epsilon}(t+1)=y(t+1)-\hat{a}-\hat{b}x(t)$$

这些实际误差被称为“残差”。

将数据转化为实际估计的公式被称为**估计式**（estimator），线性回归模型的最常用估计式为**最小二乘（OLS）估计式**（OLS estimator）。OLS 是最小二乘的缩写，因为估计式将残差的平方最小化了。也就是说，a 和 b 的估计值使得残差的平方 $\sum_{t=1}^{T}\hat{\epsilon}(t+1)^2$ 尽可能地小，并假设我们拥有 $T+1$ 个观测值，我们只使用其中 T 个进行回归。

为进行具体的说明，我们现在使用一些汇率和远期升水的实际数据进行一个回归。图表 7A.1 列出了 2001 年 3 月 31 日—2003 年 4 月 30 日之间美元/欧元汇率和远期升水，共有 26 个数据点（这里 $T+1=26$）。

图表 7A.1　　汇率（美元/欧元）和远期升水（美元/欧元）指标

日期	汇率	汇率的变动（%）	远期升水的变动（%）
3/31/2001	0.879 2	−5.08	0.023 2
4/30/2001	0.89	1.213 5	−0.002 4
5/31/2001	0.857 5	−3.790 0	−0.048 9
6/30/2001	0.849 5	−0.941 7	−0.058 1
7/31/2001	0.874 7	2.880 9	−0.064 7
8/31/2001	0.916 7	4.581 6	−0.075 5
9/30/2001	0.909 8	−0.758 4	−0.092 1
10/31/2001	0.904 9	−0.541 4	−0.108 8
11/30/2001	0.888 5	−1.845 8	−0.113 8
12/31/2001	0.886	−0.282 1	−0.127 9
1/31/2002	0.861 7	−2.820 0	−0.133 7
2/28/2002	0.865 9	0.485 0	−0.129 6
3/31/2002	0.870 2	0.494 1	−0.126 3
4/30/2002	0.904	3.738 9	−0.128 8
5/31/2002	0.937 6	3.583 6	−0.132 1
6/30/2002	0.992 1	5.493 3	−0.132 9
7/31/2002	0.983 5	−0.874 4	−0.132 1
8/31/2002	0.982 6	−0.091 5	−0.132 1
9/30/2002	0.981 2	−0.142 6	−0.128 8
10/31/2002	0.984 4	0.325 0	−0.129 6
11/30/2002	0.994 6	1.025 5	−0.154 5
12/31/2002	1.048 3	5.122 5	−0.135 4
1/31/2003	1.081 5	3.069 8	−0.131 3
2/28/2003	1.075 9	−0.520 4	−0.125 5
3/31/2003	1.08	0.379 6	−0.113 0
4/30/2003	1.108 6	2.579 8	

注：远期汇率通过美元和欧元一个月的利率计算得出。所有数据均来自欧洲中央银行的网站：http://www.ecb.int/stats/mb/eastats.html。

注意，汇率的月度变化通常较大，且在此样本期间多为正值。它们代表了 $y(t+1)$ 的观测值。远期升水代表 $x(t)$ 的观测值。我们要留意时间的配比，如 2001 年 4 月的汇率变动应与 2001 年 3 月底的远期升水配比。远期升水指标很小，因为它们是以月度百分比表示的。占主导地位的负值说明，对于大多数样本期来讲，欧元是按贴水交易的，这意味着欧元利率高于美元利率。

图表 7A.2 画出了数据的散点图，纵轴表示汇率变化，横轴表示远期升水。最小二乘估计式试图用一条线性的直线贯穿这些散点，使得实际数据与回归直线之间离差的平方和最小。回归直线相应的拟合指标也出现在该图表中。

图表 7A.2　　美元/欧元的汇率变动

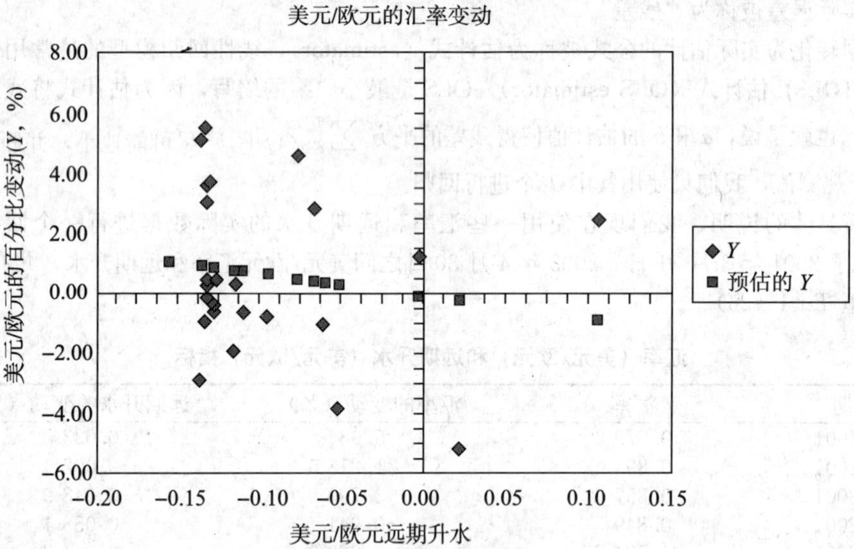

具体来讲，根据这一程序得出的最小二乘估计式，其直线的斜率计算如下：

$$\hat{b}=\frac{\frac{1}{T}\sum_{t=1}^{T}[y(t+1)-\bar{y}][x(t)-\bar{x}]}{\frac{1}{T}\sum_{t+1}^{T}[x(t)-\bar{x}]^2}$$

其中，

$$\bar{y}=(1/T)\sum_{t+1}^{T}y(t+1)$$

$\bar{x}=(1/T)\sum_{t+1}^{T}x(t)$ 是样本的均值，$\hat{a}=\bar{y}-\hat{b}\bar{x}$ 为常量。注意 $\hat{b}$ 的分子代表 $y(t+1)$ 和 $x(t)$ 之间的估计协方差，分母代表 $x(t)$ 的估计方差。因此，斜率系数 b 就等于因变量和自变量的协方差除以自变量的方差：

$$b=\frac{\mathrm{cov}[y(t+1),x(t)]}{\mathrm{var}[x(t)]}$$

当我们将图表 7A.2 中的数据代入，进行实际的回归时，我们得到：

$$\hat{a}=-0.042\quad \hat{b}=-7.26$$
$$(1.011)\quad (8.90)$$
$$[0.033]\quad [0.646]$$

$R^2 = 2.69\%$

最小二乘法回归还能得到估计的标准误差，它对我们估计的置信度提供了参考。我们将标准误差在上列等式的参数估计值下方用括号列示；也就是说，$\hat{a}$ 的标准误差为 1.011。

即使 $y(t+1)$ 和 $x(t)$ 完全相互独立，它们偶尔也会表现出一定的相关度。将标准误差与估计协方差结合起来使用，能够计算出不同于某个特定值的 b 的置信度水平。例如，回归模型下的无偏差假设代表统计无效假设 $\hat{b}=1$。我们会乐于了解 $\hat{b}$ 在统计学意义上是接近于 1 还是与 1 相差甚远。

如果我们想要检验 b 是否等于 1，我们计算 $\hat{b}-1$ 除以 $\hat{b}$ 的标准误差的平方。这里我们推出一个检验统计量 z：

$$z = [\frac{\hat{b}-1}{se(\hat{b})}]^2$$

若 $\hat{b}$ 确实接近于 1，则 z 值应该很小，若实际 b 值不等于 1，统计量 z 应该较大。然而，b 值很可能与 1 相差甚远，但估计过程也可能有很大的噪音，即标准误差可能会很大。这样，我们的检验统计量 z 就会较小。

在我们的样本回归中，$\hat{b}$ 的标准误差是 8.90；于是 $z=0.861$。标准误差与样本规模的大小成反比，而我们例子中的样本期是很短的。尽管 $\hat{b}$ 与 1 相差甚远，较大的标准误差使得 z 相对较低。但是，当 z 为何值时，我们才拒绝无效假设？

若样本较大，计量经济学家实际已经看出，在无效假设成立时，统计量 z 应遵循特定的统计分布。这种分布是 χ^2 分布，自由度等于被检验的限制项的数量。图表 7A.3 画出了 $\chi^2(1)$ 分布：自由度为 1 的 χ^2 分布。有时候，即便无效假设成立，有时也会偶然出现较大的 z 值，但可能性不是太大。Z 值较高不太可能因为 z 来源于 $\chi^2(1)$ 分布。事实上，自由度为 1 的 χ^2 统计量仅有 5% 的观测值高于 3.841。因此，如果我们的检验统计量获得超过 3.841 的数值，我们应在 95%的置信水平上确信无效假设不成立，因为 $\chi^2(1)$ 变量低于 z 统计量的几率在 95%以上。统计师通常关注“5%水平”的检验。在 5%检验中，3.841 被称为 $\chi^2(1)$ 分布的临界值，当 z 超过临界值时，我们说无效假设被拒绝的置信度为 5%。在本章，我们主要关注这些置信度。在上述例题中，置信度水平为 0.646。我们将这些置信度水平在方括号中列出。因此，根据我们有限的数据，我们对于假设不成立的结论完全没有足够的信心。

图表 7A.3

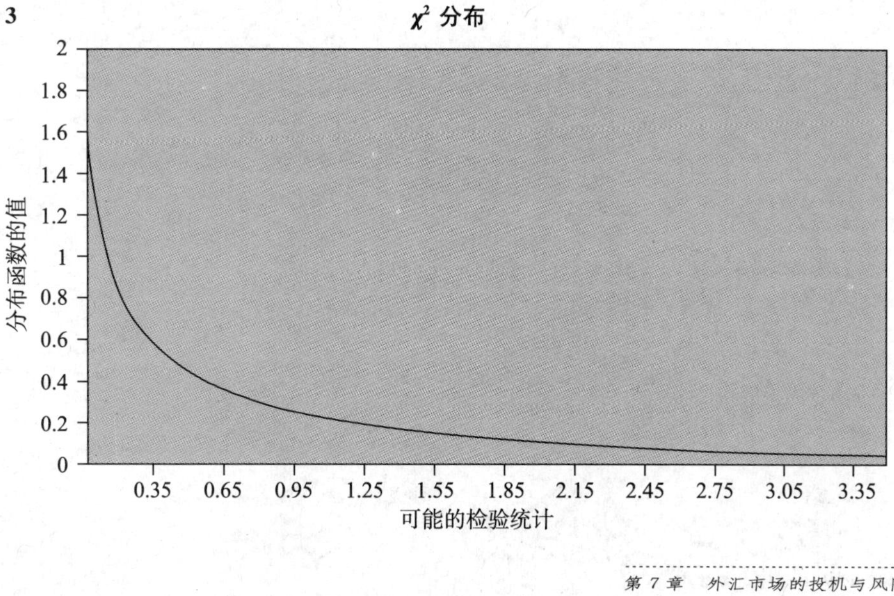

无效假设不一定只涉及一个协方差。我们也可以一并校验多重限制项（例如，$\hat{a}=0$ 和 $\hat{b}=1$），作为结果的统计量将服从 χ^2 分布，自由度等于被检验限制项的数量。

最后，回归的结果一般也会提供 R^2 统计量。这一统计量衡量了因变量被回归模型解释的偏离程度。具体来讲，其计算是用 $\hat{a}+\hat{b}x(t)$ 的方差除以 $y(t+1)$ 的方差。我们例题中的 R^2 很小，因为回归是预测型的：我们用时间 t 上的变量预测时间 $t+1$ 上资产价格的变化。汇率的变化大多受到不可准确预测的各种消息的驱动。在图表 7A.3 中，R^2 作为数据点显然会远离回归直线。

第 8 章

购买力平价和实际汇率

本章我们首先探讨不同国家汇率和商品价格之间的关系。对此问题讨论的出发点是称为**购买力平价**（purchasing power parity，PPP）的理论，它是确定汇率的简单模型。① 当人们描述他们认为应有的汇率水平或几年后或是长期汇率将要达到的水平时，PPP 常被用作一个基准模型。

为什么要学习购买力平价理论？第一，当需要预测不同货币的未来现金流量时，PPP 为未来汇率预测提供了一个基准线，特别是在不同国家通货膨胀率有所不同的情况下。因此，PPP 是公司决策的基础，这些决策包括制造厂在境外的选址问题以及其他国际资本预算问题。第二，由于偏离 PPP 会对企业的获利能力造成重大影响，因此理解购买力平价理论是很重要的。例如，在国际范围内进行产品定价，分析长期国际合约，对正在进行的国际业务的现金流进行套期保值，以及评估外国子公司绩效等，都需要对 PPP 的偏离情况进行分析。第三，PPP 在考评不同国家间的生活成本时显得特别有用。倘若你打算在其他国家工作，而你的工资是按外币计价的，你一定想知道你将面临怎样的生活水平。

当我们考察有关数据时，我们会看到 PPP 在较短时期并不能很好地保持。与理论之间的偏离有时很大，以至一些经济学家至少在确定汇率的问题上拒绝接受该理论。然而，我们将要看到，对于世界上的几种主要货币来讲，PPP 在较长时期还是具有一定有效性的。甚至当通货膨胀支配了经济环境时，它也能很好地发挥作用。

由于购买力平价关系到一国境内的货币**购买力**（purchasing power）与该货币在其他国家使用时购买力的比较，我们需要考察如何衡量这些购买力。当经济学家将货币金额转换为购买力单位时，他们说这是在将名义单位转化为实际单位。本章我们也要介绍实际汇率。你会看到 PPP 的偏离也可以描述为实际汇率的波动。

---

① Rudiger Dornbusch（1988）提供了购买力平价有关观点的经济学思想史。他指出对此问题的最早参考来源于 16 世纪的西班牙和 17 世纪的英格兰。Gustav Cassel（1916）一般被认为是该理论的冠名者。Kenneth Rogoff（1996）则对此问题的经济文献的数量进行了调查。

为理解这些观点，我们首先需要讨论价格水平和价格指数。

8.1 价格水平和价格指数

购买力的一般含义

经济学家在衡量一国货币的购买力时通常采用两个步骤：

第一，经济学家计算某一国家典型消费品束的货币价值，或称**名义价格**（nominal price）。我们将此称为该国的消费品价格，用它代表该国的**价格水平**（price level）。特别是，该价格水平是在经济中消费的商品和劳务的名义价格的加权平均数。商品和劳务的权数通常代表该商品和劳务在消费品中所占的百分比。也就是说，如果鞋子在一个典型消费者的预算中占1%，则鞋的价格在全部加权平均价格中的权数为0.01。当经济中的价格水平上升时，就发生了**通货膨胀**（inflation）。反过来，当价格水平下降时，就发生了**通货紧缩**（deflation）。

第二，经济学家揭示了一国货币的购买力究竟是什么，即在该国的价格水平下，一单位货币实际能买到些什么。为此，他们将价格水平颠倒过来。价格水平的倒数提供了货币的购买力。购买力衡量了单位货币能够购买的商品数量。

计算价格水平

出于理论目的，我们并不将价格水平与国家联系起来，而是将其与一国的货币联系起来。于是，对于美国而言，我们可将价格水平表示为：

$$P(t,\ \$)=\sum_{i=1}^{N} w_i P(t,\ i,\ \$)$$

式中，$P(t,\ i,\ \$)$ 代表 t 时间商品 i 的美元价格，w_i 代表商品 i 的权重或消费份额，$P(t,\ \$)$ 则是价格水平，即 N 种不同商品和劳务的加权平均美元价格。

例如，美国或日本的价格水平表示在该国购买一束消费用商品和劳务所花费的美元或日元金额。在美国，可能要用＄15 000购买该消费束，而同样的消费束在日本购买则需￥1 600 000。这是价格水平也被称为生活成本的原因。

计算价格指数

遗憾的是，各国政府通常并不提供消费品价格水平的信息。政府通常提供价格指数的信息，而不报告价格水平的有关指标。**价格指数**（price index）是某一时点的价格水平与设定的基期价格水平之间的比率。通常，两个价格水平之比要乘以100。也就是说，以 t 年为基期，则 $t+k$ 年的美元价格指数为：

$$PI(t+k,\ \$)=\left(\frac{P(t+k,\ \$)}{P(t,\ \$)}\right)\times 100=\left[\frac{\sum_{i=1}^{N} w_i P(t+k,\ i,\ \$)}{\sum_{i=1}^{N} w_i P(t,\ i,\ \$)}\right]\times 100$$

由于价格指数是不同时点价格水平的比率，它们直接反映了在基期（比率的分母）和当年（比率的分子）之间通货膨胀的金额（即所有名义价格的平均变动百分比）。若当前价格指数为115，我们可知价格较基期高15%，经济学家会说生活成本增加了15%，因为购买一个消费束需要多花费15%。

图表8.1展示了G7国家1960—2005年间消费者价格指数的信息，这些国家包括美国、加拿大、法国、德国、意大利、日本和英国。我们可以利用这些指标来了解这些国家所经历的通货膨胀史。

图表8.1 **G7国家1960—2005年的价格指数**

年份	美国	加拿大	法国	德国	意大利	日本	英国
1960	27.6	24.6	17.2	39.4	9.8	21.2	13.2
1965	29.4	26.8	20.5	45.1	12.4	28.4	15.6
1970	36.1	32.3	25.2	50.9	14.0	36.9	19.6
1975	49.9	45.8	38.5	67.8	24.0	63.3	36.1
1980	76.5	69.7	63.3	82.6	51.0	87.2	70.7
1985	100.0	100.0	100.0	100.0	100.0	100.0	100.0
1990	121.4	124.1	116.3	107.7	131.2	107.0	133.4
1991	126.5	131.3	120.0	110.7	139.8	110.5	141.3
1992	130.3	133.4	122.9	115.1	147.3	112.4	146.5
1993	134.2	135.6	125.5	120.0	154.4	113.8	149.1
1994	137.5	135.6	127.8	123.8	159.7	113.3	153.0
1995	141.7	139.2	129.9	126.2	168.6	113.5	158.4
1996	145.5	141.2	132.9	127.9	175.5	113.5	161.8
1997	148.7	143.5	134.2	129.9	177.7	116.0	165.9
1998	151.2	145.3	135.4	131.6	181.7	116.6	172.9
1999	154.4	147.2	135.9	132.1	184.4	116.1	175.1
2000	159.0	150.0	138.0	133.9	188.3	115.2	179.9
2001	164.2	155.0	140.8	137.3	194.0	114.3	183.4
2002	165.9	157.0	142.9	138.6	198.1	113.5	185.3
2003	169.4	161.1	145.7	139.9	203.5	113.0	190.6
2004	175.0	165.0	149.2	142.3	208.3	113.0	196.4
2005	179.4	167.8	151.8	144.9	212.0	112.4	202.1

例8.1 计算年度通货膨胀率

注意，若t年的价格指数$PI(t)$的基期与下一年度价格指数$PI(t+1)$的基期相同，则两个价格指数之间的比率应等于1加上两个年度之间的通胀率，因为两个基期的价格水平会相互约分：

$$\frac{PI(t+1)}{PI(t)}=\frac{P(t+1)}{P(t)}=[1+\pi(t+1)]$$

式中，$\pi(t+1)=\dfrac{P(t+1)-P(t)}{P(t)}$。

现在，我们利用图表8.1中的指标确定意大利1990—1991年间的通胀率。意大利1990年和1991年的价格指数分别为131.1和139.8。我们通过用价格指数的比率减1再乘以100得到通胀率的百分比：

$$\left(\frac{139.8}{131.2}-1\right)\times 100\%=6.55\%$$

我们将在本章的后面部分看到，在20世纪70年代和80年代，意大利较高的年度通胀率是与意大利里拉相对于德国和美国等低通胀率国家的货币显著疲软相关联的。

例8.2　计算累计通胀率

我们如何计算1985—2005年美国通货膨胀的总指标，以及同一期间通胀率的年度平均值呢？首先，由于1985年是基期，我们得知1985＝100。由于2005年美国的价格指数为179.4，我们得知2005年美国商品和劳务的平均价格较1985年的价格高79.4%。在20年间，价格以略低于3%的年度复合增长率上涨，因为：

$$\left(\frac{179.4}{100}\right)^{\frac{1}{20}}=1.0297$$

8.2　货币的购买力

国内购买力

现在，我们已知道如何衡量一个国家的价格水平以及通货膨胀对它的影响，我们可以先后计量和讨论1美元在美国国内和美国以外的购买力。美元的**国内购买力**（internal purchasing power）是指在美国用1美元能够购买的商品和劳务的数量。也就是说，与1美元购买力相对应的商品的数量是通过美元价格水平的倒数来计量的。由于美元价格水平的单位是一个消费束的美元金额，购买力的单位（价格水平的倒数）就是每一美元购买的消费束数量。在时间t，美元的国内购买力为$1/P(t,\ \$)$。

例8.3　计算＄1 000 000的购买力

假定美国的价格水平是每消费束平均＄15 000。＄1 000 000的购买力是多少？

1美元的购买力为（1/＄15 000），所以＄1 000 000的购买力为：

$$\frac{1}{\$15\,000}\times \$1\,000\,000=66.67\text{ 消费束}$$

换句话说，＄1 000 000足以用来购买66.67个消费束。

国外购买力

美元的**国外购买力**（external purchasing power）是指用1美元在美国以外，例如英国，能够购买的商品和劳务的数量。于是，计算 1 美元在英国的国外购买力包含两个步骤。首先，需要用美元购买一定金额的英镑。其次，需要测算这些英镑在英国的购买力。

若美元对英镑的即期汇率为 $S(t, \$/£)$，则 1 美元可购买 $1/S(t, \$/£)$ 英镑。英镑的购买力可用英国价格水平的倒数来计量，即 $1/P(t, £)$ 代表 1 英镑在英国能够购买的消费束数量。这样，美元在英国的国外购买力为：

$$\frac{1}{S(t,\$/£)}\times\frac{1}{P(t,£)}$$

我们检验国外购买力计算的单位：

$$\frac{英镑}{美元}\times\frac{英国消费束}{英镑}=\frac{英国消费束}{美元}$$

这是美元在英国的国外购买力概念所需要的。

现在，我们可以计算美元在两个国家的购买力，我们可以据此考察将二者进行比较时的情况。

8.3 绝对购买力平价

绝对购买力平价理论

有一种形式的 PPP 被称为**绝对购买力平价**（absolute purchasing power parity），该理论认为汇率将自行调整，使得货币的国内购买力和国外购买力趋于相等。国内购买力是用价格水平的倒数计算的，国外购买力的计算首先是将本币在外汇市场换算为外币，然后计算该外币在国外的购买力。因此，美元对英镑汇率的绝对 PPP 预测值可以通过美元国内购买力与美元国外购买力相等的等式得出：

$$\frac{1}{P(t,\$)}=\frac{1}{S^{PPP}(t,\$/£)}\times\frac{1}{P(t,£)} \tag{8.1}$$

式中，$S^{PPP}(t,\$/£)$ 代表满足绝对 PPP 关系的美元对英镑汇率。通过解等式（8.1）中的 $S^{PPP}(t,\$/£)$，得到：

$$S^{PPP}(t,\$/£)=\frac{P(t,\$)}{P(t,£)} \tag{8.2}$$

应将绝对 PPP 视为这样一种理论，它根据两个国家的价格水平预测了汇率应具备的水平。等式（8.2）预测了美元对英镑的汇率应等于美国价格水平与英国价格水平的比率。这里的关键在于国家之间的价格差异应反映在货币的相对价格当中——也就是说，反映在汇率当中。稍后我们会看到通过将实际汇率与 PPP 预测汇率相比较，该理论作用的效果如何。首先，我们探讨绝对 PPP 的理论基础。

商品市场套利

假定美元的国内购买力低于其在外国的国外购买力，你如何从中获利呢？若美元能在国外购买更多的商品，则可以持有美元在国外购买商品，将其运回美国并出售该商品，换取高于原美元进货成本的美元收入。

为归纳这一套利行为，请考虑以下两个例题。

例 8.4　商品市场套利

假设美国的价格水平为＄15 000/消费束，英镑的价格水平为￡10 000/消费束。令汇率为＄1.4/￡。我们并不计算1美元的购买力，而是考虑100万美元的国内购买力。在美国，100万美元的国内购买力为：

$$\$1\ 000\ 000\times\frac{1}{\$15\ 000/\text{消费束}}=66.67\ \text{消费束}$$

100万美元在英国的国外购买力可通过两个步骤得到。首先，将100万美元转换为英镑，得到：

$$\$1\ 000\ 000\times\frac{1}{\$1.4/\pounds}=\pounds714\ 286$$

然后，计算￡714 286在英国的购买力：

$$\pounds714\ 286\times\frac{1}{\pounds10\ 000/\text{消费束}}=71.43\ \text{消费束}$$

由于在英国，美元的国外购买力大于美元在美国的国内购买力，我们可以通过在英国购买商品、运至美国再行出售而获利。如果我们在英国购买商品，我们用100万美元可以购买71.43个消费束。若将这71.43个消费束在美国按＄15 000/消费束的价格出售，我们能得到：

$$\$1\ 071\ 450=(71.43\ \text{消费束})\times(\$15\ 000/\text{消费束})$$

于是，通过低价购买、高价出售商品，我们的100万美元投资获得了7.145％的收益率。

例8.4强调了看待PPP的另一种方式。若绝对PPP成立，不同国家的消费束成本在以常用货币表示时是相同的。当绝对PPP不成立时，则存在商品市场套利的潜在机遇。

当然，这种商品市场套利承担的交易成本要高于我们在前面章节所讨论的金融套利的交易成本。例如，这里存在着与国家之间商品的运输成本相关联的交易成本。此外，若试图从事此类商品市场套利，很显然你需要购买某种特定的商品，而不是消费束。

8.4　一价定律

完备市场观点

若市场具有竞争性，我们不能够通过在国家之间购销商品获利。事实上，如果没有交易成本，套利行为将驱使按常用货币报价的任一商品价格在全球范围内趋于一致。**一价定律**（law of one price）指出，按特定货币标价的商品，当该商品出售时其价格在全世界是相等的。（PPP是一价定律的延伸。不同之处在于，一价定律针对的是一种商品及其在全球范围内的不同价格，而

PPP 针对的是一束商品的价格。)

例如，在缺乏套利可能性的情况下，一桶油的美元价格应等于英镑的美元价格乘以一桶油的英镑价格：

$$\frac{\$}{\text{一桶油}}=\frac{\$}{£}\times\frac{£}{\text{一桶油}}$$

如果一桶油在纽约的美元价格不等于用美元对英镑的汇率乘以一桶油在伦敦的英镑价格，就会有人如例 8.4 那样，用较低的美元价格购买石油，并按较高的美元价格出售该石油。但是，根据我们在第 3 章学到的内容，现实中的市场总是存在交易成本，即便是在高度竞争的外汇市场也是如此。

违背一价定律的原因

商品和劳务的价格并不总是满足一价定律。然而，一价定律的破坏并不一定代表未被利用的获利机会。为什么商品和劳务的价格会偏离一价定律呢?

关税和配额

背离一价定律的一个显著原因就是各国的对外贸易面临不同的进口税、出口税和/或补贴、进出口配额和其他非关税壁垒。政府通常对运入境内的外国商品课税以获得税收收入，并以此保护本国的民族工业。

例如，直到 2003 年，马来西亚进口汽车配件和整车的关税税率分布在 42%～300%之间。这些关税帮助马来西亚本国的汽车公司 Proton 和 Produa 抵御了来自国外的竞争，并使得这两家汽车制造商在本土市场占据了 80%的市场份额。

如果我们将这些税收计入以不同货币标价的商品价格，就会出现偏离一价定律的情况。例如，若对进口汽车课以 100%的关税，我们将看到进口汽车在国内的价格会两倍于该车在世界市场的价格，该车的世界市场价格应等于汇率乘以该车的外币价格。

违背一价定律的案例很多，但其中特别突出的案例涉及食品和对本国农业利益的保护。在日本，大米进口受到严格的限制。1999 年 4 月，日本政府将配额制度转换为关税制度。原配额制度限制了大米进入日本的数量，而关税使得进口大米每千克成本为￥351.17。关税依据大米在日本的平均批发价格确定，在配额制下按世界平均大米价格确定。世界大米的市场价格随供求波动，但通常每千克低于￥250。不足为奇，在进口的高关税压力下，日本国内大米消费中只有不到 8%靠进口满足。[①] 同样地，尽管在美国食糖并不昂贵，但美国食糖的美元价格实际远远高于世界价格。在 2007 年 1 月，未精炼的原料糖在世界市场的售价为每磅 0.12 美元。但是，由于美国农业部限制进口到美国的食糖数量，食糖在美国国内的价格仍高于每磅 0.20 美元。美国的消费者对食糖花费的开支比世界上的其他人多很多，其结果是，美国比在无进口配额的情况下生产出了更多的食糖。

妨碍贸易的交易成本

理论上，所有商品和劳务都可以在国家之间进行交易，但当国际市场的交易成本非常高时，商品就不能交易了。非交易性商品的经典例子是理发。如果欧元的美元价格乘以在意大利理发的欧元价格低于在美国理发的美元价格，你就会考虑找意大利理发师给你理发，但这样做的交易成

① 日本政府声称，本国食品必须自给自足。

本非常高。到意大利理发的经济成本必然包括到意大利的路费。由于这个成本很高，当你在家时，你就在本地理发，而当你在国外并需要理发时，你用外汇支付理发的价格。这一外汇价格乘以外汇的本币价格也许与你平时理发的本币价格大相径庭。

注意，理发是由个人完成的劳务；它并非可以从一处运往另一处的商品。当然，如果劳务的一价定律在同一方向出现大幅度的偏离，且持续时间足够长，这些劳务的提供者会从一个国家向另一个国家移民。例如，如果在美国从事理发职业比在意大利能赚到更多的实际收入，理发师会从意大利搬到美国来。但是，用移民的方式令国家之间工资均等速度较慢。

因此，如果国际贸易不能令工资均等，我们应预见到零售商品贸易存在对一价定律的偏离情况，因为特定国家零售商品的销售必然涉及一定数量的劳务。商品需要运往零售货场，零售商需雇人出售商品。由于这些劳务无法出口或进口，零售商品价格就会出现一些差异，该差异纯粹来自购买商品必然涉及购买一些非交易劳务。

投　机

商品市场偏离一价定律的另一个原因是，在某一特定时点想要为特定商品找到买主往往并不容易。另外，由于在国家之间运输商品需要时间，一个投机因素就被引入商品市场套利交易中。你可能想要或希望在一个国家购买商品后，再在另一个特定国家售出并取得利润，但只有在你购买商品时就能够跟买主按特定价格签约的情况下，你才能确定赚取到套利利润。如果不存在合约关系的可能性，就存在潜在的风险，即出售商品国家该商品的市场价格和两国之间的汇率都有可能发生变化。在此情况下，你在进行将要盈利的投机，而该交易具有风险。这就不再是套利了。

非竞争市场

当商品在非竞争市场出售时，也会发生一价定律的偏离情况。在完全竞争中，商品的个别买主和卖主并不影响商品的价格。而在非完全竞争的情况下，企业或许能够在不同国家有效地分割市场。这使得企业在不同国家采取不同的价格，此举被称为**按市场定价**（pricing to market)。(第9章探讨了一些按市场定价的正式模型。）若商品通过在国外建立的经销点进行营销，分割市场是轻而易举的。例如，当美元在20世纪80年代非常坚挺时，欧洲豪华车在美国的美元售价远远高于以外币乘以其生产国的外币价格得到的美元价值。换句话说，你可以去国外，将美元兑换为外币，以较美国便宜得多的价格买到相同的汽车。

在此情况下，为什么不能套利呢？问题在于外国的汽车制造商一般只向外国买主出售一辆车。买主必须在国外提车。许多人确实借此机会买到了便宜车，而后又在国外享受了一个假期。

但是，在这样一个套利机会明显存在的情况下，你会愿意购买一辆以上的车，以赚到真金白银：你会愿意给德国的宝马工厂打电话，购买足够多的汽车，并在美国建立一个经销点，然后将车运往美国，在经销点以低于当时美元价格的售价出售这些汽车。不幸的是，宝马公司的经理并不愿意卖给你一辆以上的车。这些经理们可能对目前的经销网点和出口的盈利状况很满意。如果他们想要出售更多的车给美国人，他们可以开设更多的经销点，或者将更多汽车运往美国现有的经销商，并收取较低的美元价格（而不是在德国将车卖给你，让你从价差中获利）。

黏性价格

一价定律发生偏离的最后一个原因是许多商品的名义或货币价格是由企业针对不同的时间长度制定的。不像股票和债券这些金融资产的价格那样处于不断的变化中，许多商品和劳务的名义价格并不经常变动。经济学家称这些商品和劳务的价格是“黏性的”。

黏性价格（sticky prices）产生的原因由 Arthur Okun（1981）指出，他将拍卖商品和客户商品进行了区分。拍卖商品在有组织的交易所进行交易，且为同质商品，如小麦、大豆、黄金和石油。客户商品是区别很大的异质产品，需通过已经建立的客户关系进行营销。客户商品的例子包括冰箱和汽车等等。

我们预期拍卖商品比客户商品更能持续地满足一价定律。原因之一是与客户商品相联系的调配成本。**菜单成本**（menu costs）是指企业更改价格的成本。经典的案例是，饭店的经理在需要改变价格时必须重新印制一份菜单。如果通货膨胀率低，饭店可能几个月甚至几年保持价格不变，只有在菜单太脏不好用了的时候才更换菜单。但如果通货膨胀率较高，饭店会发现最好每周甚至每天都印制新的菜单。如果通货膨胀率过高，饭店甚至会在黑板上每小时调整一次价格。通货膨胀造成的价格频繁调整对消费者来讲是昂贵的，他们无法知道从此时到彼时一个菜到底多少钱一份。

菜单成本是普遍存在的。当商品营销要求商品的生产者或零售商在商品销售之前就向潜在的客户提供价格信息时，该成本由此产生。当商品足够复杂，以至购买者希望能够货比三家时，零售商发现提前定好价格并维持价格在一定时期不变对它们来讲是有利的。因此，汇率的变化造成了客户商品价格偏离一价定律，因为企业不会不断调整其商品价格。

界限的宽度如何?

由于存在上述关税、非竞争市场、黏性价格和造成偏离的其他因素，可比商品的价格在同一国家的不同城市以及不同国家之间都是不同的。Charles Engel 和 John Rogers（1996）利用美国和加拿大的 23 个北美城市以及 14 种分散的商品，如男性和儿童服装、鞋类、医疗保健用品等商品的相关指标，对一价定律的偏离进行了检验。他们的统计分析显示，造成同种商品在不同城市间相对价格重大差异的原因是城市之间距离太远。但穿越两国国境所增加的相对价格变动率与在同一国家范围内两个城市之间增加 2 500 英里所增加的价格变动率是相同的。很明显，国家之间的边境，特别是过境之后货币的改变起到了巨大的作用。①

针锋相对

利用对一价定律的偏离赚钱

Ante，Freedy 和 Suttle 正在尽情享受他们在比利时旅游遇到的第一个晴天。令他们吃惊的是，他们经常发现比利时新潮的年轻人驾驶着福特护卫者敞篷车，而这款车对于这个多雨多雾的国家显然并不合适。这看起来像是个标新立异者们的新时尚。Ante 用胳膊肘碰了一下 Freedy 的肋骨，指着路上说道："看，又是一辆福特护卫者敞篷车。这真令人惊讶。嗨，我突然有了个生意计划。护卫者在美国很便宜。我们在那里买一些，改装成敞篷车，再把它们卖给这些赶时髦的比利时人。我想肯定能挣大钱。"

被 Ante 撞了一下的 Freedy 还在屏着呼吸，他虚弱地回答道："你在上课时注意听讲了吗？该记得 PPP。我们不会赚钱的。我敢肯定，如果我们把美元价格和改装成本用美元/欧元汇率换算

① 在一个相关的研究中，Engel 和 Rogers（2001）利用美国消费者价格指数来确定同种商品在美国不同城市之间价格不一的原因。他们发现，交易性商品价格的变动率实际上大于非交易性商品价格的变动率，并将此发现归咎于非交易性商品更大的价格黏性。城市之间的距离在两个城市的价格差异中起到了重大的作用，但名义价格的黏性更为重要。

成欧元价格，结果很可能就是比利时本地经销商卖车的价格。商品市场套利保证不会产生超额利润。”

Ante 反驳道：“PPP 是个无用的理论。商品市场一点不像资产市场。商品市场完全是无效率的，所以汇率与商品价格无关，因为你无法在商品市场套利。”

Freedy 回答道：“哦，是吗？可我认为 PPP 是个一流的经济理论，如果它不管用，人们不会在将近 100 年里一直谈论它。”

Ante 回答说：“一流的大话。学习毫无用处的东西有什么意义？”

一时被福特护卫者敞篷车中的两个年轻女孩吸引了目光的 Suttle，这时才对这场正在加剧的争论做出回应：“好了，伙计们，你们都对，也都不对。”Suttle 说。“Freedy，你是对的，PPP 是个很好的基础经济学理论，但这并不是全部。Ante 的观点也有合理的地方：商品市场套利比资产市场套利成本要高很多。对于福特护卫者敞篷车来讲，我不敢肯定 Ante 的计划就是好的，但它有可能奏效。福特护卫者敞篷车在欧洲没有在美国具有的那种‘廉价车’的形象，它们在这里被看做是新潮豪华车。昨天我核实了一下，福特对这些敞篷车收取的价款高于美元价格除以美元对欧元的汇率。很明显，福特在占国家之间品味不同的便宜，而这品味又是福特的广告效应造成的。但是，市场分割仅在某个时点有效。”

“Ante 所考虑的是套利如何使 PPP 长期有效，”Suttle 继续说：“如果福特在比利时的定价过高，就会有人成立公司专门赚取这个价差，这又使得我们更接近于一价定律，因为此人需要压低福特车的价格以吸引客户。当然，Ante 也承认，成立这么一个公司成本不低，而且福特会千方百计加以阻挠。如果利润太高，福特也会受到其他汽车制造商竞争性回应的限制，因为它们也会在市场上迅速推出敞篷车。”

Ante 笑了笑说：“看，也许我们应该试试！但我记住了国际金融课程中的一个内容，就是汇率的变动将导致国家间相对价格的重大变化。我设想在我们成立公司的阶段，汇率的较大变化会给我们带来严重的问题。我不敢肯定我是不是能接受汇率风险。”

Suttle 点了点头：“是啊，你是对的。汇率的变动会导致相对价格的较大变化，人们则通过转换其消费模式回应这一变化。经理人尝试寻找不同的供应商，还可能将生产设施转移到便宜一些的国家。所有这些都需要时间。如果我们观察有关数据，可能会发现 PPP 理论在短期和长期的有效程度。”

8.5 描述 PPP 的偏离情况

货币的高估和低估

在我们考察实际汇率和 PPP 预测值之前，我们首先需要讨论其他一些术语。若某一货币的国外购买力高于其国内购买力，则说该货币**被高估**（overvalued）。**被低估**（undervalued）货币的国外购买力低于其国内购买力。由于购买力平价对两种货币间的实际汇率进行了预测，若 A 货币相对于 B 货币被高估，则 B 货币相对于 A 货币来讲必然被低估。

记住哪种货币被高估、哪种货币被低估的一个简单方法是在其表述前加一个“在外汇市场”的短语。例如，如果美元的国外购买力高于其国内购买力，则说美元“在外汇市场被高估”①。

例 8.5　美元高估意味着英镑低估

在本例中，我们将通过核实美元相对于英镑是否被高估的方式，检验我们操纵国内和国外购买力的能力，按照例 8.4，英镑相对于美元必然被低估。

在该例中，美元的价格水平为＄15 000/消费束，英镑的价格水平为￡10 000/消费束，汇率为＄1.4/￡。美元相对于英镑被高估的说法意味着美元的国外购买力大于其国内购买力。如例 8.4，我们计算 100 万美元在英国的国外购买力如下：

$$\$1\ 000\ 000\times\frac{1}{\$1.4/\pounds}\times\frac{1}{\pounds 10\ 000/\text{消费束}}=71.43\ \text{消费束}$$

这个结果大于 100 万美元在美国的国内购买力，即

$$\$1\ 000\ 000\times\frac{1}{\$15\ 000/\text{消费束}}=66.67\ \text{消费束}$$

因此，美元在外汇市场被高估了。现在让我们看看英镑。英镑是否在外汇市场被低估了呢？100 万英镑的国内购买力为：

$$\pounds 1\ 000\ 000\times\frac{1}{\pounds 10\ 000/\text{消费束}}=100\ \text{消费束}$$

但英镑在美国的国外购买力为：

$$\pounds 1\ 000\ 000\times\frac{\$1.4}{\pounds}\times\frac{1}{\$15\ 000/\text{消费束}}=93.33\ \text{消费束}$$

由于英镑的国内购买力大于其国外购买力，英镑在外汇市场被低估了。因此，美元相对于英镑被高估的说法等同于英镑相对于美元被低估的说法。

基于高估和低估的预测

货币高估和低估的逻辑引发了对货币升值或贬值的预测。若某种货币在外汇市场被高估，如果汇率向 PPP 的预测值还原，该货币在外汇市场必然走弱或贬值。货币的这种走弱或贬值会降低其国外购买力，并使该货币的国外购买力还原到其国内购买力的水平。反之，在外汇市场被低估的货币，如果其国外购买力向等于其国内购买力的方向增长，则该货币必然在外汇市场走强或升值。当然，货币升值和贬值并非令汇率回归 PPP 关系的唯一途径。不同的通货膨胀率也会影响 PPP 的计算。

例 8.6　利用 PPP 的偏离预测货币升值

如果日元相对于欧元被低估，且你认为汇率（￥/€）很快就要回归 PPP，则你对汇率运动的预测如何？若日元（在外汇市场）相对于欧元被低估，日元在欧洲的国外购买力低于日元在日本

① “被高估”和“被低估”这两个词也用于讨论特定汇率与其他汇率确定理论之间的关系问题。被高估的货币在外汇市场必然走弱，以还原到其理论预测值，而被低估的货币必然走强。

的国内购买力。这一现象将被日元相对于欧元的升值或走强加以更正，从而导致按¥/€计量的汇率下降。

8.6 麦当劳购买力平价标准

将巨无霸汉堡作为价格指数

我们很快就要用传统消费者价格指数（CPI）考察绝对 PPP 指标。对使用 CPI 指标的批评认为不同国家的消费束是不同的。幸运的是，《经济学家》在为大量国家计算默认（预测）汇率时，使用了一个全球相同的商品束，即麦当劳的巨无霸汉堡。

利用巨无霸汉堡作为价格指数具有几个优点。第一，麦当劳尽可能在其所有店面制作相同的汉堡包。正如消费价格水平一样，麦当劳给每份巨无霸汉堡一个指定的重量，在不同国家，这个重量是相同的。特别是，该商品束的构成是“夹在芝麻面包中的两个全牛肉饼、专用的酱汁、生菜、奶酪、泡菜和洋葱”。第二，麦当劳使用当地供货商提供的商品，该商品计入价格指数，从而减少了国际运输成本的份额。

自 1986 年春季开始，《经济学家》的记者们在很多国家采集按当地货币计价的巨无霸汉堡的价格。不同货币相对于美元的默认（预测）汇率通过该国巨无霸汉堡的价格与美国四个城市巨无霸的平均价格之比计算得出。

尽管巨无霸 PPP 标准，或称**麦当劳 PPP**（MacPPP），基于新鲜汉堡包不能在国家之间转运的事实，看起来多少有些愚蠢，但实际汇率对默认（预测）PPP 值的偏离实际上几乎等于使用更传统的消费者价格指数计算时的偏离值。而且，我们会看到，特定货币高估或低估的程度已被《经济学家》用来做一些具有一定精确度的有趣预测。

国家之间价格的比较

图表 8.2 列出了《经济学家》中 2006 年的麦当劳 PPP 值。

图表 8.2　　2006 年麦当劳 PPP

		巨无霸价格		汇率		
		当地货币	美元	PPP	实际	相对于美元被低估或高估的比率（%）
美国*	美元	3.15	3.15	1.00	1.00	
阿根廷	比索	4.75	1.55	1.51	3.06	−51
澳大利亚	澳元	3.25	2.44	1.03	1.33	−22
巴西	雷亚尔	6.2	2.74	1.97	2.26	−13
英国**	英镑	1.88	3.32	1.68	1.76	5
加拿大	加元	3.52	3.01	1.12	1.17	−5

续前表

		巨无霸价格		汇率		
		当地货币	美元	PPP	实际	相对于美元被低估或高估的比率（%）
智利	比索	1 560	2.98	495.24	522.75	−5
中国	人民币	10.5	1.30	3.33	8.06	−59
捷克共和国	克朗	62	2.60	19.68	23.84	−17
丹麦	克朗	27.75	4.49	8.81	6.18	43
埃及	埃镑	9.25	1.61	2.94	5.74	−49
欧元区***	欧元	2.91	3.51	1.08	1.21	12
中国香港	港元	12	1.55	3.81	7.75	−51
匈牙利	福林	560	2.71	177.78	206.96	−14
印度尼西亚	卢比	14 600	1.54	4 634.92	9 460.00	−51
日本	日元	250	2.19	79.37	114.31	−31
马来西亚	林吉特	5.5	1.47	1.75	3.75	−53
墨西哥	比索	28	2.66	8.89	10.54	−16
新西兰	新西兰元	4.45	3.08	1.41	1.45	−2
秘鲁	索尔	9.5	2.76	3.02	3.45	−12
菲律宾	比索	82	1.56	26.03	52.58	−50
波兰	兹罗提	6.5	2.09	2.06	3.12	−34
俄罗斯	卢布	46	1.60	14.60	28.67	−49
新加坡	新加坡元	3.6	2.20	1.14	1.64	−30
南非	兰特	13.95	2.29	4.43	6.08	−27
韩国	韩元	2 500	2.56	793.65	977.45	−19
瑞典	克朗	33	4.28	10.48	7.71	36
瑞士	法郎	6.3	4.93	2.00	1.28	56
中国台湾	台币	75	2.35	23.81	31.95	−25
泰国	铢	60	1.51	19.05	39.76	−52
土耳其	里拉	4.1	3.07	1.30	1.34	−3
委内瑞拉	玻利瓦	5 900	2.26	1 873.02	2 615.92	−28

* 纽约、芝加哥、旧金山和亚特兰大的平均。

** 汇率：美元/英镑。

*** 成员国的平均权重。汇率：美元/欧元。

注：数据来自 *The Economist*，April 2006。

当地货币价格和美元价格

图表 8.2 中的第一栏列示了巨无霸汉堡在出售国的当地货币价格。例如，在美国，巨无霸的平均售价为＄3.15，而在日本的售价为￥250。第二栏列示了巨无霸在不同国家的美元价格，是

用当地货币价格除以该国货币对美元的汇率计算得出。这个算法是美国人在其他国家旅行时使用的算法，由于日元对美元的汇率为￥114.31/＄，巨无霸汉堡在日本的美元成本为：

$$\frac{¥250/\text{巨无霸}}{¥114.31/\$}=\$2.19/\text{巨无霸}$$

用美元购买巨无霸汉堡最贵的国家是瑞士，价格为＄4.93。巨无霸的美元价格最便宜的国家是中国，仅值＄1.30。

默认（预测）PPP 汇率

图表 8.2 的第三栏列出了各国货币对美元的默认（预测）PPP 汇率。这是巨无霸的当地货币价格与巨无霸的美元价格之间的比率，其中英国和欧洲地区例外，这两个地区的默认（预测）PPP 分别是按 1 英镑多少美元和 1 欧元多少美元表示的。第四栏列示的是当地货币对美元的实际汇率，其中英国和欧洲仍是按 1 英镑多少美元和 1 欧元多少美元表示的。如果麦当劳对巨无霸汉堡的定价总能满足一价定律，则第三栏中的默认（预测）PPP 汇率应等于第四栏中的实际汇率。而默认（预测）PPP 汇率与实际汇率的差异表明，当地货币相对于美元要么被高估，要么被低估，第五栏则列示了当地货币被高估或低估的百分点。

高估和低估

当地货币的高估或低估代表令美元的实际汇率返回到默认（预测）PPP 汇率值需要升值或贬值的百分比。例如，第五栏中日元被低估了 31%，因为实际汇率为￥114.31/＄，美元对日元需贬值 31%，以使汇率降低到默认（预测）PPP 值￥79.37/＄的水平。同样地，瑞士法郎的实际汇率为 CHF1.28/USD，被高估 56%，美元相对于瑞士法郎需升值 56%，以使汇率增加到默认（预测）的 PPP 汇率值 CHF2.00/USD 的水平。

对货币升值的预测

到此为止，如果你感觉 PPP 并不奏效，你是对的！实际汇率与理论确有相对较大的偏差。在你确定该理论完全是空谈之前，请考虑《经济学家》利用麦当劳 PPP 标准所做的一些预测。

预测英国的心痛时分

在 1991 年 4 月，《经济学家》注意到德国马克相对于英镑的默认（预测）PPP 为 DEM2.58/£。然而，两种货币在欧洲汇率机制（ERM）中的核心平价汇率，在 1990 年 10 月英国加入该机制时被政府机构设定为 DEM2.95/£。在默认（预测）汇率与核心平价汇率之间相差 14%以上的情况下，《经济学家》注意到英镑被高估，德国马克被低估了。《经济学家》还指出，英国财政部如果不在 ERM 中低估英镑，而是试图抗拒实际汇率，它最终会面临“痛心疾首”的局面。

这一观点的逻辑如下：如我们在第 5 章所讨论的，如果本国货币相对于核心平价疲软到一定程度，则 ERM 要求该国以外币购买本国货币。英镑相对于德国马克偏离其核心平价的最大值为 DEM2.78/£（低于核心平价 6%），这远远高于麦当劳 PPP 汇率值。因此，如果英镑在 ERM 中开始走弱以纠正其高估，英国财政部就会被迫以德国马克购买英镑。在英格兰银行的外汇储备中德国马克有限的情况下，市场会通过借入英镑、贷出德国马克的方式迫使英镑被低估。投资者预期会从英镑被低估中获利，因为他们用升值的德国马克归还借入的英镑是很容易的。阻止这种情况发生的唯一途径是英格兰银行将英镑利率提升到足够高的程度，使得投资者不愿借入英镑，而愿意持有以英镑标价的资产。

的确，在1992年9月，英国官方实际上被迫退出ERM。1992年9月15日，汇率为DEM2.791 2/£。9月16日，汇率降至DEM2.750 0/£，英国官方选择放弃ERM而不是提高英镑利率并出售更多的外汇储备。在放弃ERM并允许汇率浮动之后，9月17日英镑进一步走弱至DEM2.64/£，到9月28日，英镑汇率的下降停止在DEM2.51/£。在离开ERM之前，为维持英镑汇率，英格兰银行估计损失了120亿美元的外汇储备。由于这是可以用于英国的政府开支的资源，因此不仅英国财政部对此痛心疾首，英国的纳税人也感同身受。

预测欧元早期的疲软

《经济学家》还利用麦当劳PPP预测了欧元在1999年1月出台后的第一个交易年度相对于美元将会疲软的情况，这与许多经济学家的预测都是相反的，他们认为欧洲中央银行更希望看到欧元坚挺。《经济学家》的预测是正确的，在1999年，欧元贬值了13%，以至《经济学家》指出，“汉堡经济学远未达到完美，但我们敢打赌，我们所说的是事实”（*The Economist*，April 29，2000）。

计量经济学证据

经济学家的正规统计分析也证实了麦当劳PPP的有效性（Robert Cumby，1996；Lilian Ong，1997；Michael Pakko and Patricia Pollard，1996）。Cumby（1996）发现汇率对麦当劳PPP的偏离是暂时的。在充分考虑了持续的偏离之后，他估计对平价的偏离有一半会在一年以内消失。Cumby（1996）的证据还表明，汇率和汉堡的价格都在调整，以消除偏离。预测的结果是10%的被低估货币趋于在第二年升值3.5%。

8.7 利用CPI指标的汇率和绝对PPP

解释图表

麦当劳PPP分析的一个缺点是其使用的是相对较短的时间范围，因为《经济学家》仅从1986年才开始计算麦当劳PPP。图表8.3～图表8.9显示了世界几种主要货币的实际汇率和根据消费者价格指数计算的绝对PPP预测汇率指标，其中包括欧元出现前欧洲货币的一些历史信息。这些货币的指标在1999年以后还在用其欧元价值和$/€汇率继续计算。在图表8.3～图表8.9中，实线代表实际汇率，虚线代表预测PPP的默认汇率。

高估和低估

在考察图表8.3～图表8.9中实际汇率对PPP汇率偏离的过程中，重要的一点是要注意汇率的标价方式。例如，美元对英镑汇率是直接按购买1英镑需要支付的美元金额标价的，而其他货币相对于美元的汇率则是按购买1美元需要支付的该货币金额标价的。因此，美元对英镑的汇率的PPP预测值就表达为$P(t, \$)/P(t, £)$，而其他货币相对于美元的PPP预测值则是外币价格水平与美元价格水平之间的比率。这样，当实际汇率$S(t, \$/£)$高于PPP预测汇率$P(t, \$)/P(t, £)$时，美元就被低估了，因为若要使得（外汇市场）对美元低估的情况得以更正，美元相对于英镑需要走强。至于其他货币相对于美元——例如日元/美元汇率——当美元的实际汇率$S(t, ¥/\$)$高于PPP预测汇率$P(t, ¥)/P(t, \$)$时，则说美元被高估了，因为若要使得（外汇市场）对美元高估的情况通过汇率的变动予以更正，美元相对于日元需要走弱。

满足 PPP 时的固定汇率

图表 8.3～图表 8.9 中的数据始于 1973 年 1 月，这时距布雷顿森林固定汇率体系的瓦解还有 2 个月的时间；数据截止的时间是 2005 年 10 月。由于商品的价格是按消费者价格指数而不是按价格水平取得的，因而有必要掌握实际汇率满足 PPP 关系的时间，这是价格比率的单位与汇率的单位相等的时间。数据的散点图表明，在 1973 年 6 月份绝对 PPP 得以满足，这发生在布雷顿森林固定汇率体系瓦解后的 3 个月。选择这个数据受到以下观点的启发。

图表 8.3　　USD/GBP 实际汇率和 PPP 预测汇率

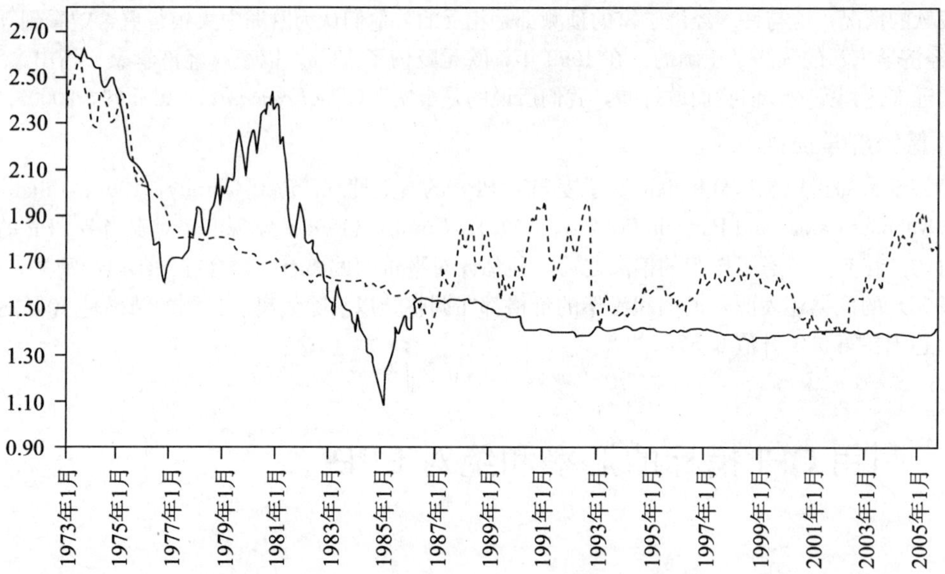

经济学家经常声称，布雷顿森林体系瓦解的原因之一是美元在外汇市场被高估。这一情况在布雷顿森林体系内的国家政府制止其美元汇率变动，而美国的通货膨胀率又高于其他国家时就会发生，特别是在德国。在汇率固定的情况下，美国的高通胀率侵蚀了美元的国内购买力，侵蚀的程度大于国外通胀率对美元国外购买力的侵蚀程度。经济学家认为当时美元被高估了将近 10%。事实证明这正接近于 1973 年 3 月统一浮动汇率开始到 1973 年 6 月绝对 PPP 在数值上得以满足的 3 个月内美元的贬值比率。

美元—英镑汇率指标

绝对 PPP 理论的运行状况到底是好是坏？很明显，实际汇率和 PPP 预测汇率之间存在较大、较持久的偏离情况。例如，图表 8.3 中 \$/£汇率表明，英镑在 1980 年 10 月份被高估了 29.9%，但到 1985 年 2 月，它又被低估了 45.3%。①

① 高估或低估的百分比是通过将实际汇率恢复到 PPP 预测值所需变动的百分比计算出来的。与第 2 章的讨论相一致，这些金额是汇率中分母货币被高估或低估的比率。例如，若实际汇率为 \$1.50/£，PPP 预测汇率为 \$1.80/£，则说英镑被低估了 20%，因为英镑要从实际汇率上升到 PPP 汇率所需要的升值率为 [(\$1.80/£)/(\$1.50/£)－1]×100%=20%。

由于在这一时期两个国家的价格水平比率仅有微小的变动，几乎所有的变动均缘于汇率从＄2.40/￡变为＄1.10/￡。于是，当美元在1985年达到坚挺的顶点时，它即开始贬值，到1990年8月，英镑相对于美元再次被高估25%以上。在样本期结束时的2005年10月，英镑仍被高估20%。

德国马克—美元汇率指标

1985年美元相对于PPP预测值的极端高估在其他欧洲货币相对于美元的汇率上又得以重演。对于DEM/＄汇率来讲，图表8.4中的数据1999年以后按欧元连续计算，我们看到，在1985年，美元被高估了45.8%，因为这是将美元实际汇率调整到PPP汇率时美元需要走弱的比率。而这正是其后两年内实际发生的情况。

图表8.4　　DEM/USD实际汇率和PPP预测汇率

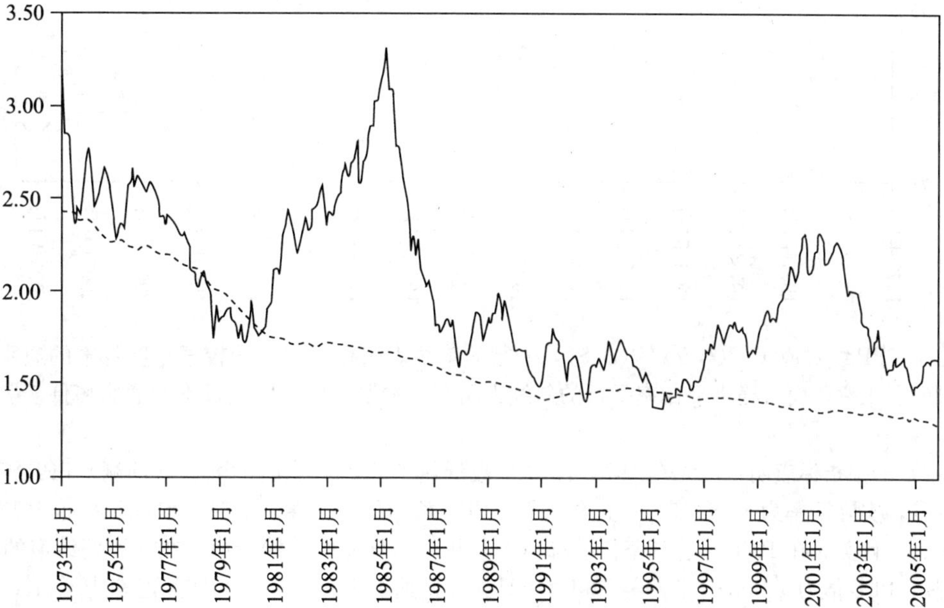

对于DEM/＄汇率，1973年1月的PPP默认（预测）值为DEM2.43/＄，2005年10月为DEM1.30/＄。这个结果是美元相对于德国马克46.5%的累计疲软，或每年走弱1.9%。① PPP汇率的降低表明，在这33年期间，美国的通胀率比德国的通胀率年均高出1.90%。尽管实际汇率在1996年下降到了PPP预测值，但是在1999年1月欧元出现后，美元相对于德国马克再次大幅度走强。在2000年10月，美元相对于PPP汇率预测值高估41.2%，然后就开始疲软。至2005年10月样本期结束时，美元仍被高估20.7%。

---

① 为计算美元的年度贬值率，我们题解下列等式中的 d：（DEM2.43/＄）$(1-d)^{33}$＝DEM1.30/＄，或 $d=\{[(\text{DEM}1.30/\$)/(\text{DEM}2.43/\$)]^{1/33}-1\}$。

日元—美元汇率指标

图表 8.5 中日元—美元的汇率指标与前两个图表有些区别。首先，注意 PPP 线从 1973 年至 1977 年呈上升走势，随后就一直呈下降走势。

图表 8.5 **JPY/USD 实际汇率和 PPP 预测汇率**

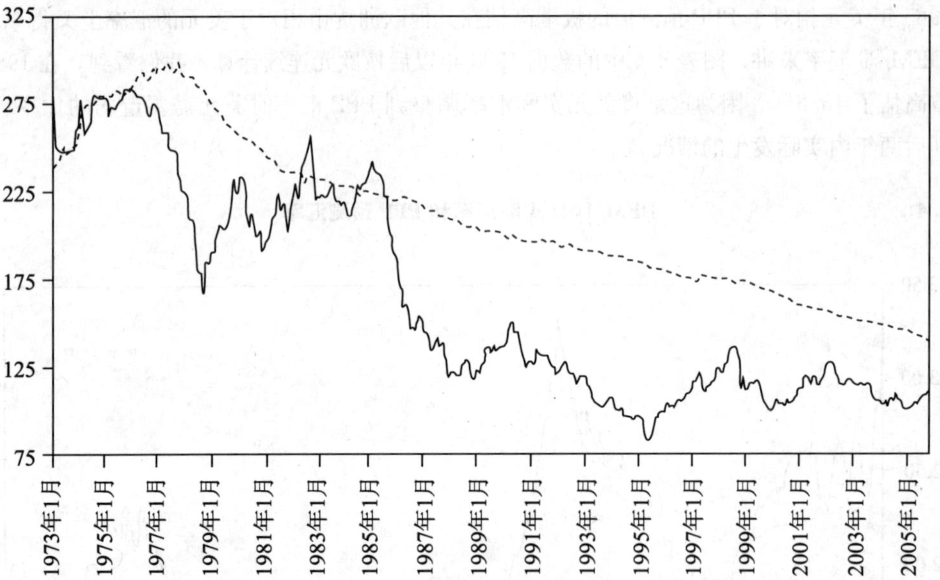

由于 PPP 线对应于 $P(t, ¥)/P(t, \$)$，上行的斜线表明在样本期的较早年度日本的通胀率高于美国的通胀率，而价格水平比率下行的斜线表明在样本期的后面阶段日本的通胀率低于美国的通胀率。

¥/$ 汇率指标表明，美元在 1978 年 10 月被低估了 65%，当时的默认（预测）PPP 汇率为 ¥300/$，实际汇率为 ¥182/$。到 1982 年，PPP 预测值降至 ¥250/$，实际汇率也升高到这个水平。一旦美元在 1985 年达到坚挺的峰值，其相对于日元便开始贬值。在样本期结束的 2005 年 10 月，PPP 值为 ¥146.6/$，美元相对于日元被低估了 26.7%，因为实际汇率为 ¥115.7/$。换句话说，那些将美元兑换成日元在日本消费的人发现，他们的购买力比在美国的购买力低了很多。

加元—美元汇率指标

图表 8.6 代表边境相邻的两个国家之间的汇率指标，这里 PPP 运行得稍好一些。加元对美元的汇率指标表明，偏离 PPP 的最大幅度出现在 2002 年 3 月份，美元相对于加元被高估 34.6%。

总体平坦的 PPP 线表明，尽管美国和加拿大各期的通胀率并不相同，但在样本期内二者基本相同。因此，20 世纪 90 年代加元的名义疲软直接导致了对 PPP 预测值的偏离，但到 2007 年 11 月，加元走强至 CAD 0.985 3/USD，使得两种货币达到平价。

图表 8.6 CAD/USD 实际汇率和 PPP 预测汇率

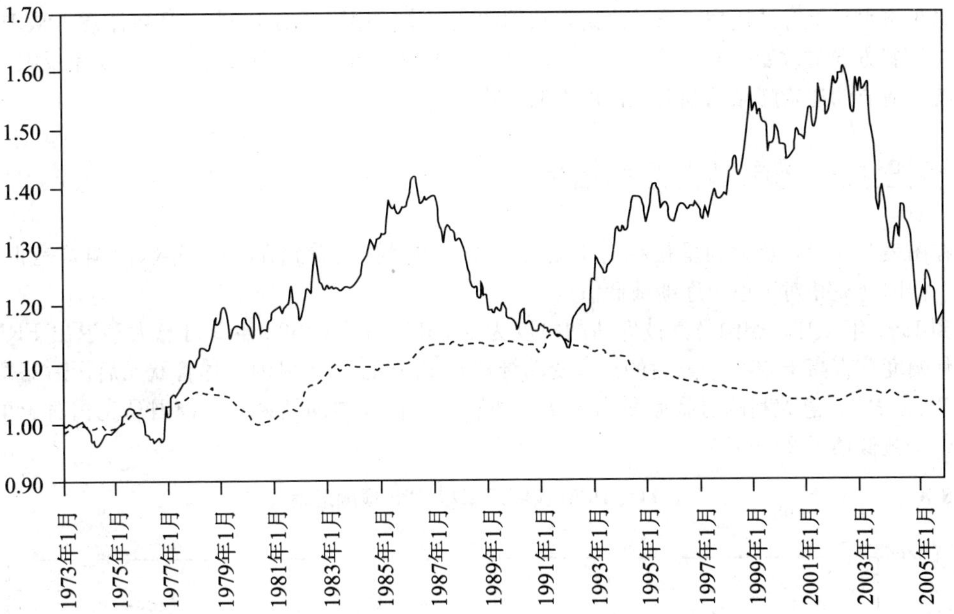

法国法郎—德国马克汇率指标

图表 8.7 中法国法郎对德国马克的汇率指标表明，最大幅度的偏离发生在 1976 年 2 月份，德国马克被低估 14.4%。

图表 8.7 FRF/DEM 实际汇率和 PPP 预测汇率

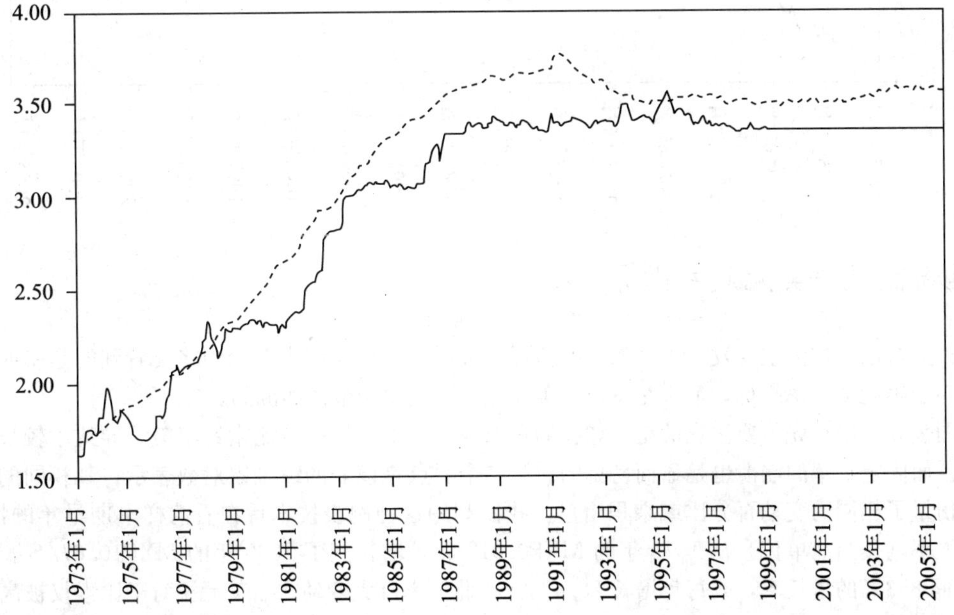

1982 年以后，偏离幅度再未超过 10%。在样本期的 33 年间，FRF/DEM 的实际汇率从 FRF1.6/DEM 上升到 FRF3.35/DEM。这等于德国马克相对于法郎走强了 109%。这个比率基本上也是价格水平上升的比率。累计来讲，法国的通胀率比德国高出 109%。还要注意，从 1990 年 PPP 线倾斜方向的改变来看，法国的通胀率开始低于同时期德国的通胀率。这一现象反映了由于两德统一造成的通货膨胀问题对经济产生的影响。

意大利里拉—德国马克汇率指标

在图表 8.8 中，意大利里拉相对于德国马克来讲，我们看到在 1980 年以前偏差是很小的。之后，德国马克相对于里拉逐渐被低估。

到 1991 年 4 月，德国马克被低估的幅度为 37.6%，直到 1992 年 9 月意大利退出 ERM 时，该低估幅度一直高于 36%。随后的汇率变动维持在 PPP 的 26%以内。尽管欧元启用后略微上扬的 PPP 线表明，意大利的通胀率稍高于德国通胀率，在样本期结束时，德国马克相对于里拉的 PPP 值仍被低估了 25.6%。

图表 8.8　　ITL/DEM 实际汇率和 PPP 预测汇率

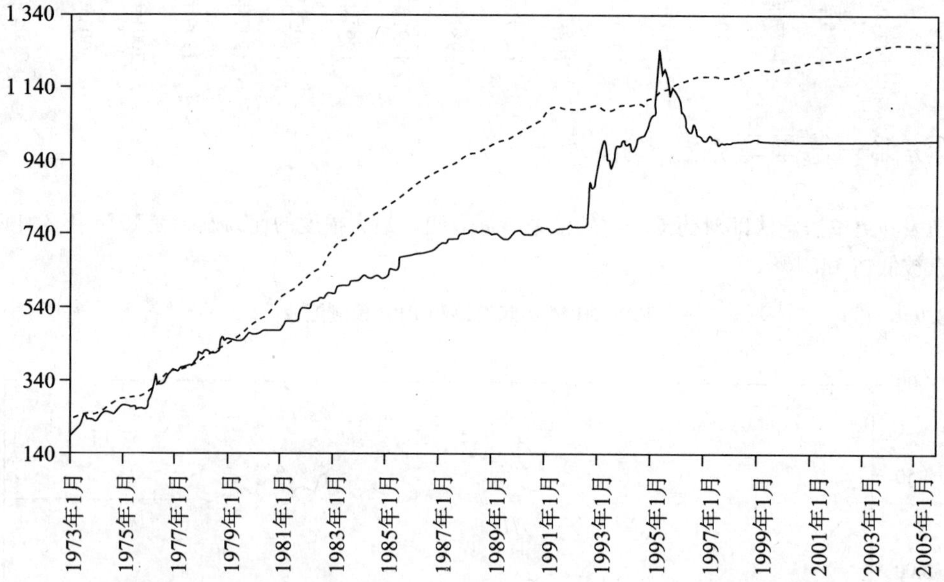

墨西哥比索—美元汇率指标

以上讨论的均为主要发达国家的汇率指标。最后，我们在图表 8.9 中将要看到的是墨西哥比索相对于美元的汇率指标，汇率是按每一美元兑换新比索的金额回溯的。

图表 8.9 中首先需要注意的是，如我们在第 5 章所说，墨西哥比索钉牢美元导致了较长的稳定期。而固定汇率的崩溃也是显而易见的。第二个要点是该表的纵轴以对数表示，其相同的纵向增量衡量了相同的变动百分比或乘积增量。我们利用这种制表技术旨在看清样本期早年的情况，因为汇率（按当前单位）从 1973 年的 MXP0.012 5/$ 增长到了 2000 年的 MXP10.67/$。这是 27 年间 853%的增长率，或每年增长 28.4%。在此汇率巨大变动之后美元相对于比索仅被高估了

8%，这一事实是对 PPP 长期有效性的一个证明。在 1976 年和 1982 年的贬值之前比索的高估在指标中亦清晰可见。指标表明，在 1976 年贬值之前比索高估 28%，到 1982 年贬值之前比索仍被高估 26%，因此它在 1976 年贬值之后被低估 17%，在 1982 年贬值之后被低估 22%。在 1994 年，指标显示比索在市场强迫其贬值的情况下仅被高估 5%。汇率与 PPP 预测值之间的最大偏差发生在 1986 年，当时美元相对于比索比 PPP 预测显示的汇率值走强 44%。

图表 8.9 **MXP/USD 实际汇率和 PPP 预测汇率**

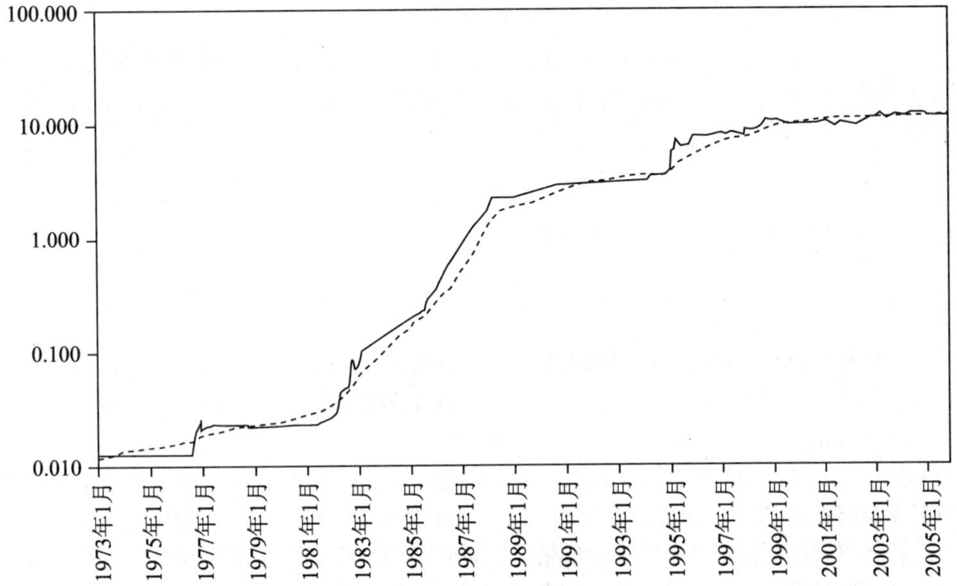

8.8 对绝对 PPP 失效的解释

图表 8.3 表明，在实际汇率和绝对 PPP 预测值之间存在较大的、长时间的偏差。由于 PPP 的最终基础是一价定律，我们得知任何导致一价定律偏离的因素也会造成 PPP 的偏离。我们已经看到，造成一价定律偏离的因素有很多。这些因素包括关税、配额、交易成本等等。但是，确实还存在一些导致偏离绝对 PPP 的其他因素。

相对价格的变化

如果价格指数在各国之间不具有相同的权重，商品相对价格的变化会导致对 PPP 的偏离。为说明这一点，假设所有商品均为交易性商品，并假定所有商品的价格均满足一价定律。但是，还要假设国家之间的品味不同，致使商品的消费份额不同，且令价格水平反映消费束中的差异。一般地，一个国家的居民消费本国生产的商品和劳务的份额会大于消费进口商品和劳务的份额。因此，每个国家的价格指数对本土生产的商品会赋予较大的权重，而对进口商品赋予较小的权重。于是，相对价格的变化就导致了对 PPP 的偏离。

汉堡包和寿司的世界

考虑相对价格变化的一个简单案例。假设仅有两个国家，美国和日本，为简化问题，假设人们只消费两种商品，汉堡包和寿司。令美国只生产汉堡包，其美元价格为＄10，令日本只生产寿司，其日元价格为￥5 000。假设汇率为￥100/＄。美元价格水平将对汉堡包的美元价格赋予60%的权重，因为美国消费者更喜欢汉堡包而不是寿司，对寿司的美元价格我们赋予40%的权重（寿司的日元价格除以日元—美元汇率）。于是，美元的价格水平为：

$$P(t,\ \$)=0.60\times\$10+0.40\times\frac{¥5\ 000}{¥100/\$}=\$26$$

现在，假定日本的价格水平对汉堡包的日元价格（汉堡包的美元价格乘以日元—美元汇率）赋予35%的权重，因为日本人更喜欢寿司，赋予寿司的日元价格65%的权重。于是，日本的价格水平为：

$$P(t,\ ¥)=0.35\times(¥100/\$)\times\$10+0.65\times¥5\ 000=¥3\ 600$$

日本价格水平与美国价格水平的比率为：

$$\frac{P(t,\ ¥)}{P(t,\ \$)}=\frac{¥3\ 600}{\$26}=¥138.5/\$$$

于是，尽管一价定律在两个国家都有效，美元在外汇市场却呈现被低估38.5%的情况。问题就出在消费份额的差异上。你应让自己相信，如果两个国家的消费份额相同且一价定律成立，则PPP一定能够满足。

即便是在所有商品均为交易性商品且价格均满足一价定律的情况下，对于相对价格的变动如何导致汇率与测量的PPP之间差异的变动，现在理解起来应该很直接了。假设对美国汉堡包的需求在向寿司转移。在两种商品供应不变的情况下，寿司的价格必然在美国和日本都会上涨。相对价格的上升可通过日元相对于美元的升值得以实现，这时汉堡包的美元价格和寿司的日元价格均无须变动。假定日元升值到￥90/＄。在汉堡包的美元价格和寿司的日元价格均未改变的情况下，日元的升值降低了日本汉堡包的日元价格并抬高了寿司的美元价格，因而使得寿司在日本和美国都相对较贵。现在，美国的价格水平为：

$$P(t,\ \$)=0.60\times\$10+0.40\times\frac{¥5\ 000}{¥90/\$}=\$28.22$$

日本的价格水平为：

$$P(t,\ ¥)=0.35\times(¥90/\$)\times\$10+0.65\times¥5\ 000=¥3\ 565$$

日本价格水平对美国价格水平的比率为：

$$\frac{P(t,\ ¥)}{P(t,\ \$)}=\frac{¥3\ 565}{\$28.22}=¥126.33/\$$$

因此，即使一价定律在两个国家都仍然成立，现在美元在外汇市场表现为被低估40.4%，因为（126.33－90)/90＝0.404。需求从美国商品转移到日本商品造成对美元低估的显著增加，但并不存在商品市场的套利机会。

非交易性商品

交易性商品和非交易性商品的相对价格发生变动时，绝对PPP也会出现同样的问题。在本章前面的内容中，我们注意到当商品的交易成本大到不能接受时，它即成为非交易商品。由于这些商品也被包括在不同国家人群的消费束当中，非交易性商品的价格也会影响各国的价格水平。两个国家交易性商品和非交易性商品相对价格的变化将导致对绝对 PPP 的偏离，且不具有套利机会。

住　房

住房和其他不动产是特别重要的非交易性商品。如果一个国家住房的价格上涨，而其他商品价格保持稳定，住房的相对价格升高，则该国货币的国内购买力降低。但是，这对汇率没有影响。因此，当一国的住房价格上涨时，该国的货币在外汇市场表现为较住房涨价之前高估（或低估）更多。

技术变革

非交易性商品的相对价格为什么较交易性商品价格上升了？技术变革或称生产力进步速度的不同给出了答案。个人计算机行业在过去的 25 年中起到了良好的示范作用，竞争市场上技术的进步迫使个人电脑的价格一降再降。其他市场的商品也是如此。如果交易性商品行业技术进步的速度比非交易性商品行业快，在我们合理地认为非交易性商品主要为劳务的情况下，我们会预期非交易性商品的相对价格将随时间的推移上涨。① 这一影响会在 PPP 的计算上造成系统性偏差。

对 PPP 的偏离和国际收支平衡

我们对绝对 PPP 偏离的最后一个解释是在国际收支平衡表的编制过程中，国家之间商品的相对价格是均衡变动的。一个国家的国际收支平衡表反映了在本国居民之间及与其他国家之间购买和销售的商品和劳务的总额。我们在第 4 章学习了国际收支平衡表的会计知识。在第 10 章，我们将正式讨论 PPP 的偏离与国际收支平衡表之间的关系。这里，我们仅仅指出，当某种货币相对于 PPP 的计算结果被高估时，该货币的国外购买力增加，这使得本国的支出从国内商品转向国外商品。这一结果削弱了本国企业相对于外国企业的竞争地位。

8.9　国家之间的收入比较

在我们结束绝对 PPP 这一话题之前，我们还要研究 PPP 指标的一个特别重要的用途：在国家之间比较名义收入。现在，为简化起见，我们考虑一个扩展的例子。

比较纽约和东京的收入

薪酬待遇

假定你正在纽约的花旗集团工作，待遇是年薪 100 000 美元。高盛公司向你提供了一个在日

① Bela Belassa（1964）和 Paul Samuelson（1964）最先指出技术变革速度的不同会造成对 PPP 的系统性偏离。David Hsieh（1982），Matthew Canzoneri，Robert Cumby 和 Behzad Diba（1999）均对此观点提供了一些实证支持。

本工作的机会，今后两年年薪为 15 000 000 日元。假设你并不介意生活在纽约还是东京，对你来讲两个地方都可以。现在的问题是，哪个工作在财务上使你更为富有——在纽约还是在东京的工作？

纯粹的计算

你或许想要通过按当前汇率将日元工资转换为美元的方法，将日元工资的美元价值与你当前的美元工资相比较，以做出恰当的决定。如果当前汇率为￥100/＄，￥15 000 000 价值＄150 000。若使用这种方法，你就会接受在日本工作的建议。

将购买力考虑在内

至此，你应意识到这只是一种纯粹的计算，因为如果你必须在日本生活和工作，你所消费的商品就不再用＄150 000 购买了。你需要用日元工资购买以日元标价的商品和劳务，正如你现在用美元工资购买以美元标价的商品和劳务一样。为进行恰当的比较，你必须确定在两个国家名义工资购买力的基础上，你对商品和劳务具有的控制力。如果你知道美国的价格水平 $P(t, \$)$，你可以将＄100 000 的工资收入除以价格水平，以确定其对商品和劳务的控制力。同样地，如果你知道日本的价格水平 $P(t, ¥)$，你可以将￥15 000 000除以日元的价格水平，以确定这些工资在日本对商品和劳务的控制力。从财务的观点出发，如果你在纽约和在日本工作所获得工资收入的购买力相同，你就不介意在哪里工作了。这一相等关系可表达为：

$$\frac{\$100\,000\ \text{工资}}{P(t,\ \$)}=\frac{¥15\,000\,000\ \text{工资}}{P(t, ¥)}$$

解出 PPP 比率

在价格水平未知但 PPP 汇率已知的情况下又将如何呢？在上述等式两边同时乘以日本的价格水平，得到：

$$(\$100\,000\ \text{工资})\times\frac{P(t,\ ¥)}{P(t,\ \$)}=¥15\,000\,000\ \text{工资}$$

这一等式表明，当你的美元工资乘以 PPP 汇率［$P(t, ¥)/P(t, \$)$］等于日元工资收入时，你就不会介意选择在哪里工作。假定 PPP 汇率为￥160/＄。为在日本获得与你当前在美国相同的购买力，你需要的工资为：

$$(¥160/\$)\times\$100\,000=¥16\,000\,000$$

但问题是，你现在只能得到￥15 000 000 的工资。

另一种计算方法是，将日元工资除以日元对美元的 PPP 汇率，得到相当于日元收入的美元金额。这样，在通过将等值的美元工资除以美元价格水平以确定对商品和劳务的控制力时，计算结果的单位即为日本消费束的数量。推导出的美元工资为：

$$\frac{¥15\,000\,000}{¥160/\$}=\$93\,750$$

这一计算说明，以￥15 000 000 的工资在日本获得的购买力相当于在美国赚取＄93 750工资的购买力。如你所看到的，如果 PPP 汇率为￥160/＄，你应当放弃到日本工作的机会，或要求更多的工资。

如我们在图表 8.3～图表 8.9 所看到的，实际汇率与默认（预测）汇率之间间或存在很大比例的差异，将以外币计价的工资收入按实际汇率换算为美元，与按 PPP 汇率换算为美元有时会出现迥异的结果。本节中的数字例题强调了如果美元相对于外币被低估，外币工资的等值美元金额在使用 PPP 汇率计算时会比用实际汇率计算的结果低一些。

反过来，当美元相对于外币被高估时，以实际汇率将外汇工资换算为美元，将比用 PPP 汇率换算的结果金额小一些。但是，尽管换算为美元的收入看起来较低，在该国购买的商品和劳务的价格相对于美国的可比项目价格来讲仍然很低。在这种情况下，若你准备在国外居住并以外币支付生活费，以默认（预测）汇率作为分母还是能够对在该国面临的生活水平做出更好的测算。当你考虑在新兴市场国家工作时，这一点特别重要，因为这些国家的货币相对于美元来讲一般都被低估了。

利用 PPP 汇率比较 GDP

图表 8.10 列出了 OECD 国家 2006 年按美元计价的人均国内生产总值（GDP），第一栏使用的是三年平均实际汇率，第二栏使用的是 PPP 汇率。最后一行表明，美国 2006 年生产的最终商品和劳务人均价值 44 970 美元。当一国货币在外汇市场上较其 PPP 汇率坚挺时，该国以实际汇率计算的人均 GDP 的美元价值大于以 PPP 汇率计算的美元价值，日元的情况即是如此。注意，日本 GDP 的美元价值从第一栏的 38 410 美元下降到第二栏的 33 150 美元。在 2004—2006 年之间，欧元相对于美元大幅度走强，且相对于 PPP 高估，这使得欧洲国家用美元计量的收入高于用 PPP 计量的收入。反过来，当一国货币在外汇市场上较其 PPP 汇率疲软时，该国按实际汇率计算的人均 GDP 美元价值小于按 PPP 计量的美元价值，墨西哥、韩国和土耳其就是这种情况。

本节关于国家间收入比较的讨论强烈建议，在国家之间比较生活水平时，使用 PPP 汇率是一个恰当的选择。

图表 8.10　　利用实际汇率和 PPP 汇率计算的 OECD 国家 2006 年人均 GDP

OECD 国家	美元（基于市场汇率）	美元（基于 PPP 汇率）
澳大利亚	35 990	34 060
奥地利	39 590	35 130
比利时	38 600	35 090
加拿大	36 170	34 610
捷克	12 680	21 470
丹麦	51 700	36 460
芬兰	40 650	35 150
法国	36 550	33 740
德国	36 620	31 830
希腊	21 690	24 560
匈牙利	10 950	18 290
冰岛	50 580	36 560
爱尔兰	45 580	35 900
意大利	32 020	30 550
日本	38 410	33 150
韩国	17 690	23 800
卢森堡	76 040	59 560
墨西哥	7 870	11 410

续前表

OECD 国家	美元（基于市场汇率）	美元（基于 PPP 汇率）
荷兰	42 670	37 580
新西兰	27 250	27 220
挪威	66 530	43 820
波兰	8 190	14 830
葡萄牙	18 100	21 580
西班牙	27 570	28 030
瑞典	43 580	35 070
瑞士	57 230	40 930
土耳其	5 400	9 060
英国	40 180	35 580
美国	44 970	44 970

资料来源：Organization for Economic Cooperation and Development.

8.10 相对购买力平价

第 8.8 节讨论了绝对 PPP 一般不能成立的原因。另外，图表 8.3～图表 8.9 强调了相对于绝对 PPP 的预测值，货币经常被大幅度高估或低估的情形。另一种形式的 PPP，称为**相对购买力平价**（relative purchasing power parity），将市场的不完备性考虑在内，且承认由于不完备性的存在，国家之间的消费束不一定具有相同的价值。然而，根据相对 PPP 理论，因国家间通胀率不同导致的汇率调整使得购买力之间的差异维持不变。如果汇率变动的百分比刚好抵消了通胀率的差异，经济学家就称其满足相对 PPP。为有助于大家更好地理解这些概念，我们用一个数字例题加以说明。

例 8.7 确定的汇率变化

假定在例 8.4 中，美国的价格水平最初为＄15 000/美国消费束，英国的价格水平最初为￡10 000/英国消费束，汇率为＄1.40/￡。我们确定绝对 PPP 受到了干扰。英镑在外汇市场被低估，因为默认（预测）汇率

$$\frac{\$15\ 000}{£10\ 000}=\$1.50/£$$

不等于实际汇率。为使低估得以更正，英镑相对于美元应走强 7.14%，因为

$$\frac{\$1.50/£}{\$1.40/£}=1.0714$$

现在，假设在下一年度，美国的通胀率为 3%，英国的通胀率为 10%。从通货膨胀的定义我们得知，美国新年度的价格水平升高了 3%：

$$\$15\ 000\times1.03=\$15\ 450$$

英国新年度的价格水平升高了 10%：

$$\pounds 10\,000 \times 1.10 = \pounds 11\,000$$

于是，默认汇率为：

$$\frac{\$15\,450}{\pounds 11\,000} = \$1.404\,5/\pounds$$

如果跟去年相同，英镑汇率在外汇市场仍被低估 7.14%，为满足相对 PPP，英镑相对于美元必须走弱。新汇率应等于：

$$\$(t+1, \$/\pounds) = \frac{\$1.404\,5/\pounds}{1.071\,4} = \$1.310\,9/\pounds$$

英镑相对于美元贬值 6.36%，因为实际汇率从 \$1.40/£变为 \$1.310 9/£，且

$$\frac{\$1.310\,9/\pounds}{\$1.40/\pounds} = 0.936\,4 = 1 - 0.063\,6$$

还应注意，0.936 4 是 1 加上英国的通胀率除以 1 加上美国的通胀率的比值，因为

$$\frac{1.03}{1.10} = 0.936\,4$$

直观上看，英镑因英国每年 10%的通胀率而损失了针对商品和劳务的购买力，美元因美国每年 3%的通胀率而损失了针对商品和劳务的购买力。因此，英镑相对于美元 6.36%的贬值需要使得美国国外购买力的损失与其国内购买力的损失相等。

相对 PPP 的一般表达式

上例强调了相对 PPP 要求 1 加上英镑相对于美元的升值率应等于 1 加上英国通胀率除以 1 加上美国通胀率。

相对 PPP 的逻辑

相对 PPP 产生于以下经济原因：通货膨胀降低了货币的购买力。如果外国通胀率与国内通胀率不同，名义汇率需要变动以补偿通胀率的差异，使得因国内通货膨胀造成的国内购买力损失等于因国外通货膨胀及汇率变动造成的国外购买力损失。若汇率满足这一确定的变动额，则说相对购买力平价得到满足。①

相对 PPP 的代数表达式

使用一般代数项，若 $s(t+1, DC/FC)$代表从时间 t 到 $t+1$ 之间单位外币（以 FC 表示）的本币（以 DC 表示）变动的百分比，$\pi(t+1, DC)$和 $\pi(t+1, FC)$代表相应的国内国外通胀率，则相对 PPP 要求

---

① 这一理论的表达式就是瑞典经济学家古斯塔夫·卡塞尔（Gustav Cassel，1918）所说的购买力平价理论。卡塞尔当时正在撰写关于第一次世界大战后汇率重建问题的著作，因为战争期间外汇市场关闭了。在战前，世界各国均执行金本位，其汇率是固定的。卡塞尔在第 413 页写道：

> 战争期间发生的总体通货膨胀降低了所有国家的购买力，尽管程度不同，但应预期汇率会按各国通货膨胀的比例偏离其原有的状况。在每一时点，真实的平价以一个国家与另一国家购买力之间的商数表示。我计划称此平价为“购买力平价”。

$$1+s(t+1,\ \frac{DC}{FC})=\frac{1+\pi(t+1,\ DC)}{1+\pi(t+1,\ FC)} \tag{8.3}$$

如果我们在等式两边分别减去 1 并使用一个公分母，我们得到：

$$s(t+1,\ \frac{DC}{FC})=\frac{\pi(t+1,\ DC)-\pi(t+1,\ FC)}{1+\pi(t+1,\ FC)} \tag{8.4}$$

等式（8.4）表明，外币相对于本币的升值率等于国内通胀率和国外通胀率之差减去 1 加国外通胀率。

由于在国外通胀率较低的情况下，$[1+\pi(t+1,\ FC)]$ 通常接近于 1，有些相对 PPP 的表达式在等式（8.4）中将此项忽略不计，因而将相对 PPP 表达为外币相对于本币的升值率与国内和国外通胀率之差的相等关系。等式（8.4）表明，这个表达方法得出的是一个近似值，在国外通胀率很低的情况下，不失为一个很好的算式。

当然，由于图表 8.3 指出，对绝对 PPP 的偏离是因时而异的，相对 PPP 在数值上也不能保持不变。汇率的变动率并不等于两种货币通货膨胀的差异率。

连续复合变动率下的相对 PPP（高级）

有关相对 PPP 的讨论指出，忽略等式（8.4）中的分母可以得出一个合理的近似值。我们在第 6 章讨论利率平价时接触过类似的近似值。当时，我们注意到，若要在连续复利条件下计量外汇的远期升水和本外币利率，则说利率平价要求外币的远期升水与本币和外币的利率之差相等是完全正确的。类似地，我们若要计量外币相对于本币的升值率和连续复合变动率条件下的国内外通胀率，相对 PPP 也要求外币升值率等于本国和外国通胀率之差。下面我们用美元—英镑汇率及相应的通胀率说明这种相等关系。

如果在国际贸易中存在妨碍绝对 PPP 成立的因素，我们可以引入一个因子 k，使得货币的国内购买力等于 k 乘以货币的国外购买力：

$$\frac{1}{P(t,\ \$)}=k\times\frac{1}{S(t,\ \$/£)}\times\frac{1}{P(t,\ £)} \tag{8.5}$$

式中，$S(t,\ \$/£)$ 代表实际汇率而不是 PPP 默认（预测）汇率值。将等式（8.5）移项，得到：

$$\frac{S(t,\ \$/£)\times P(t,\ £)}{P(t,\ \$)}=k \tag{8.6}$$

若美元相对于英镑的高估或低估在时间 $t+1$ 是相同的，我们得到：

$$\frac{S(t+1,\ \$/£)\times P(t+1,\ £)}{P(t+1,\ \$)}=k \tag{8.7}$$

于是，等式（8.6）与等式（8.7）的比率为：

$$\frac{S(t+1,\ \$/£)}{S(t,\ \$/£)}\times\frac{P(t+1,\ £)/P(t,\ £)}{P(t+1,\ \$)/P(t,\ \$)}=1 \tag{8.8}$$

现在，若 $s(t+1,\ \$/£)$ 代表在时间 t 到 $t+1$ 之间美元—英镑汇率的连续复合变动率，于是 $[S(t+1,\ \$/£)/S(t,\ \$/£)]=\exp[s(t+1,\ \$/£)]$，同样地，令 $\pi(t+1,\ £)$ 和 $\pi(t+1,\ \$)$ 分别代表时间 t 到 $t+1$ 之间英镑和美元商品价格的连续复合通胀率。于是 $P(t+1,\ £)/P(t,\ £)=\exp[\pi(t+1,\ £)]$，且 $P(t+1,\ \$)/P(t,\ \$)=\exp[\pi(t+1,\ \$)]$。将这些指数表达

式替换到等式（8.8）中，得到：

$$\frac{\exp[s(t+1,\ \$/\pounds)]\times\exp[\pi(t+1,\ \pounds)]}{\exp[\pi(t+1,\ \$)]}=1 \tag{8.9}$$

如果我们将第 2 章附录中取自然对数的规则应用到等式（8.9）中，我们得到：

$$s(t+1,\ \$/\pounds)+\pi(t+1,\ \pounds)-\pi(t+1,\ \$)=0$$

将等式移项，我们得到：

$$s(t+1,\$/\pounds)=\pi(t+1,\$)-\pi(t+1,\pounds) \tag{8.10}$$

等式（8.10）表示了在连续复合条件下的相对 PPP。当所有变动率均为连续复合的时，英镑对美元的升值率等于美元的通胀率减去英镑的通胀率。

8.11 实际汇率

自经济学家古斯塔夫·卡塞尔在 1918 年发明了“购买力平价”一词之后，对此的讨论一直不绝于耳，而**实际汇率**（real exchange rate）一词要新得多，因为它在 20 世纪 70 年代后期才成为国际金融术语。虽然如此，实际汇率还是很重要的，因为它影响到国内对国外的价格，从而影响了企业间的竞争性；这个内容将在第 9 章加以探讨。这里，我们只介绍实际汇率的概念。

实际汇率的概念

实际汇率，例如美元相对于欧元的实际汇率，可表示为 $RS(t,\ \$/€)$。实际汇率的概念是名义汇率乘以价格水平间的比率：

$$RS(t,\ \$/€)=\frac{S(t,\ \$/€)\times P(t,€)}{P(t,\ \$)} \tag{8.11}$$

注意，若绝对 PPP 成立，则实际汇率将等于 1，因为名义汇率 $S(t,\ \$/€)$将等于两个价格水平的比率 $P(t,\$)/P(t,€)$。同样地，若绝对 PPP 被破坏，则实际汇率不等于 1。另外，若相对 PPP 成立，则实际汇率是恒定的，我们在下一个例题中会看到这一点。

例 8.8　恒定的实际汇率

假定美国的价格水平原为＄15 000/美国消费束，欧洲的价格水平原为€ 12 000/欧洲消费束。当名义汇率为＄1.30/€时，实际汇率等于：

$$RS(t,\ \$/€)=\frac{\$1.30/€\times€12\,000}{\$15\,000}=1.04$$

假定下一年度美国通胀率为 4%，欧洲通胀率为 10%，名义利率为满足相对 PPP 而发生了变化。于是，如等式（8.3）所示，新的名义汇率为：

$$S(t,\ \$/€)=\frac{\$1.30/€\times1.04}{1.08}=\$1.251\,9/€$$

欧元走弱了 3.7%。在美国 4%的通胀率下，新的美国价格水平为$15 600＝$15 000×1.04；在欧洲 8%的通胀率下，新的欧洲价格水平为€12 960＝€12 000×1.08。新的实际汇率与原来相同，因为

$$RS(t+1, \$/€) = \frac{\$1.2519/€ \times €12\,960}{\$15\,600} = 1.04$$

由于实际汇率在例 8.8 中不等于 1，绝对 PPP 不成立。但由于相对 PPP 在例 8.8 中是成立的，所以汇率对绝对 PPP 的偏离百分比是固定的。这就使得实际汇率保持恒定。若对绝对 PPP 的偏离因时而异，则相对 PPP 不成立，实际汇率也会出现波动。基本上，实际汇率描述了汇率对 PPP 的偏离，实际汇率的变动代表了对相对 PPP 的偏离。

实际升值和实际贬值

当然，在实际汇率概念能够成立时，人们自然开始关注不同货币的**实际升值**（real appreciations）和**实际贬值**（real depreciations）。实际升值和实际贬值的概念很有用处，因为它们有助于我们解释实际汇率风险，我们将在第 9 章考察汇率风险问题。

在第 2 章，我们定义了美元相对于英镑名义汇率的变动百分比，即 $s(t+1,\$/£)=[S(t+1,\$/£)-S(t,\$/£)]/S(t,\$/£)$。若 $S(t,\$/£)$ 的变动百分比为正，我们称其为英镑的名义升值。当 $s(t+1,\$/£)>0$ 时，我们也将升值定义为 $a(t+1,\$/£)=s(t+1,\$/£)$。同样地，若 $s(t+1,\$/£)<0$，我们将贬值定义为 $d(t+1,\$/£)=-s(t+1,\$/£)$。例如，若美元—英镑汇率的变动百分比为−5%，我们则说英镑贬值了 5%。

实际汇率的变动百分比

我们可将实际汇率的变动百分比定义为：

$$rs(t+1,\$/£) = \frac{RS(t+1,\$/£) - RS(t,\$/£)}{RS(t,\$/£)} \tag{8.12}$$

若等式（8.12）右边为正值，我们得到英镑的实际升值：

$$ra(t+1,\$/£) = rs(t+1,\$/£), \text{若 } rs(t+1,\$/£) > 0$$

若实际汇率下降，我们得到英镑的实际贬值：

$$rd(t+1,\$/£) = -rs(t+1,\$/£), \text{若 } rs(t+1,\$/£) < 0$$

由于新实际汇率与旧实际汇率的比率等于 1 加上实际汇率的变动率，我们得到：

$$1 + rs(t+1,\$/£) = \frac{RS(t+1,\$/£)}{RS(t,\$/£)} \tag{8.13}$$

为理解导致实际升值和贬值的原因，我们需将等式（8.11）中定义的实际汇率替换到等式（8.13）中：

$$1 + rs(t+1,\$/£) = \frac{S(t+1,\$/£) \times P(t+1,£)/P(t+1,\$)}{S(t,\$/£) \times P(t,£)/P(t,\$)} \tag{8.14}$$

现在，我们将汇率项、英镑价格水平项和美元价格水平项组合到一起，得到下式：

$$1+rs(t+1,\$/\pounds)=\frac{[S(t+1,\$/\pounds)/S(t,\$/\pounds)]\times[P(t+1,\pounds)/P(t,\pounds)]}{P(t+1,\$)/P(t,\$)}$$

用时间 $t+1$ 的所有变动比率取代时间 t 的变量后，得到：

$$1+rs(t+1,\$/\pounds)=\frac{[1+s(t+1,\$/\pounds)]\times[1+\pi(t+1,\pounds)]}{1+\pi(t+1,\$)} \tag{8.15}$$

等式（8.15）左边是 1 加上美元—英镑实际汇率变动的百分比。等式右边等于 1 加上美元—英镑名义汇率变动的百分比乘以 1 加上英国通胀率 $\pi(t+1,\ \pounds)$，除以 1 加上美国通胀率 $\pi(t+1,\ \$)$。

导致实际升值或贬值的因素

由于实际汇率是由三个能够同时运动的变量组成，多种变化的组合造成了英镑的实际升值。三种基本的运动形式如下所列：

1. 名义汇率的上升（\$/£）使得商品的美元与英镑价格不变。
2. 商品的英镑价格上升使得汇率和商品的美元价格不变。
3. 美国商品的美元价格下降使得汇率和商品的英镑价格不变。

由于相对 PPP 暗示着存在一个固定的实际汇率，我们知道在此情况下 $rs(t+1,\$/\pounds)=0$。因此，我们可以利用这一信息解等式（8.15），得到维持实际汇率不变的名义汇率变动的必要百分比为：

$$1+s(t+1,\$/\pounds)=\frac{1+\pi(t+1,\$)}{1+\pi(t+1,\pounds)} \tag{8.16}$$

等式（8.16）提供了保证能使实际汇率不变的美元—英镑汇率变动百分比。如果名义升值率大于等式（8.16）右边的计算结果，英镑就发生了实际升值。反过来，如果英镑相对于美元的实际升值率小于等式（8.16）右边计算的结果，英镑就发生了实际贬值。

例 8.9 可变的实际汇率

当实际汇率在例 8.8 中固定不变时，美国的年通胀率为 4%，欧洲的年通胀率为 8%，且在欧元贬值 3.7%时，美元—欧元汇率抵消了通货膨胀的差异。假定在此通胀率下，欧元相对于美元在名义上实际贬值 2%。欧元的名义贬值是与欧元的实际贬值相关，还是与欧元的实际升值相关？

从等式（8.16）得知，欧元相对于美元的保证贬值率为 3.7%，因为：

$$\frac{1+\pi(t+1,\$)}{1+\pi(t+1,€)}=\frac{1.04}{1.08}=0.963=1-0.037$$

由于欧元相对于美元的名义贬值率仅为 2%，欧元发生了实际贬值。现在，新的实际汇率大于以前的实际汇率。新的名义汇率为：

$$(\$1.30/€)\times(1-0.02)=\$1.2740/€$$

新的实际汇率为：

$$RS(t+1,\$/€)=\frac{\$1.2740/€\times€12960}{\$15600}=1.0584$$

旧的实际汇率为 1.04。欧元发生了实际升值，美元发生了实际贬值，尽管美元相对于欧元在名义上升值了。在与两种货币相应的通胀率相比较时，欧元的美元名义价值下跌得还不够。由于欧元仅走弱了2%，而不是通胀率之差所确保的3.7%，因而欧元在实体层面实际上是走强的。

注意，从等式（8.15）可以看出，实际升值和实际贬值即使在名义汇率不变的情况下也会发生。如果两种货币间的汇率是固定的，但以这些货币计价的商品价格因通胀率的差异而按不同比率上升，通胀率较高国家的货币会出现实际升值，通胀率较低国家的货币会出现实际贬值。

贸易加权实际汇率

到此为止，我们仅考虑了双边的实际汇率。许多政府计算**贸易加权实际汇率**（trade-weighted real exchange rate）。贸易加权实际汇率的分母包含不同货币名义汇率的总数乘以按与不同国家贸易的份额加权的不同国家价格水平。贸易加权实际汇率具有良好的经济意义，因为特定的货币很难相对于全部外币以相同的比率走强或走弱，且实际汇率是国际贸易的关键决定因素。例如，如果我们有兴趣描述本国货币贬值对该国贸易余额的影响程度，我们必须了解该国与其他国家贸易的数量，以及贬值使得对方国家商品的相对价格增加了多少。

针锋相对

实际汇率如何影响钉住货币：阿根廷的案例

在第5章，我们提到当卡洛斯·梅内姆在1989年出任阿根廷总统时，月通胀率在200%左右。到1992年8月份，月通胀率为1.5%，1999年，年度通胀率为1.6%。实施货币局制度之后，实际汇率发生了怎样的变化？尽管在1992年1月1日比索开始钉牢美元，但在以后的三年间，阿根廷的通胀率一直高于美国通胀率。因此，比索在实际层面上升值了。

图表8.11列举了有关数据。

图表8.11　　ARS/USD实际汇率和PPP汇率

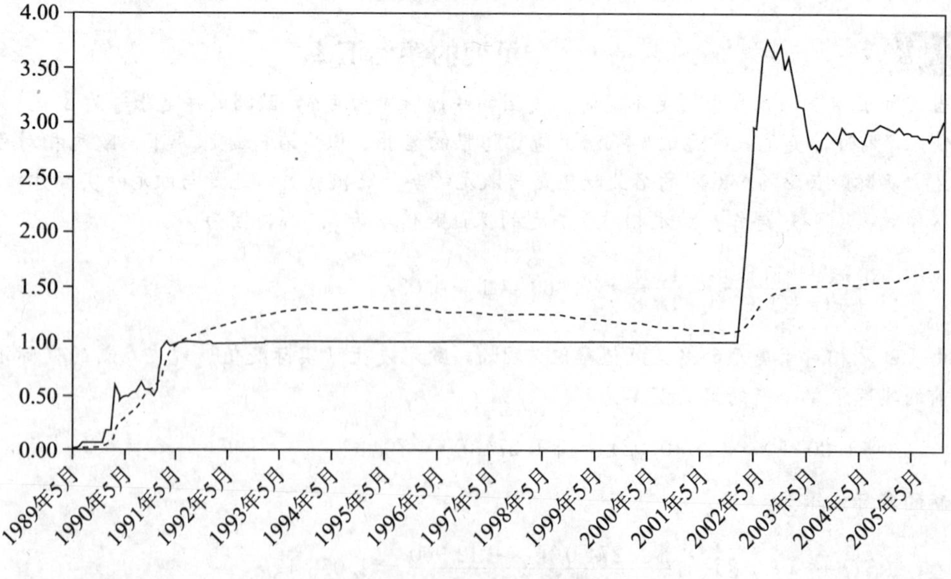

名义汇率钉牢在1上，但商品的阿根廷比索价格对商品的美元价格之比在1995年达到峰值。由于当时的价格水平比率为1.2，比索发生了20%的累计实际升值。但是，1995年以后，下降的价格比率说明阿根廷的通胀率实际低于美国的通胀率，这意味着阿根廷比索在实体层面上贬值了。货币局为经济提供了一个重要的名义支撑点，并成就了稳定。不幸的是，实际升值对一国的出口是不利的，我们将在第9章讨论这个问题。

小　结

本章探讨了购买力平价理论和一个相关概念：实际汇率。本章内容要点如下：

1. 绝对PPP指出，名义汇率的调整使得一个国家货币的国内购买力等于该货币的国外购买力。

2. 货币的国内购买力是单位货币在发行该货币的国家能够购买的商品和劳务的数量。一国的消费价格水平衡量了在该国购买一个典型的消费商品束所需的资金数额。因此，货币的国内购买力就是价格水平的倒数。

3. 货币的国外购买力是将本币兑换为外币后，单位货币在国外能够购买的商品和劳务的数量。

4. 通货膨胀（一国价格水平的升高）降低了一国货币的购买力。反过来，通货紧缩（一国价格水平的下降）增加了一国货币的购买力。

5. 一价定律意味着以特定货币标价的商品价格在世界上任何出售该商品的地方均相同。若市场为竞争市场且无交易成本或信息成本，商品市场套利驱使以常见货币报价的商品价格在全世界范围内相同。

6. 一价定律的违背是由以下因素造成的：交易成本；贸易壁垒如关税、配额和政府管制；以及非竞争市场。当国际市场的交易成本或贸易壁垒变得无法接受时，商品称为非交易性商品。对于这些商品，一价定律不能成立。

7. 若某种货币的国外购买力大于其国内购买力，则称该货币在外汇市场被高估。若某种货币的国外购买力小于其国内购买力，则该货币在外汇市场被低估。为恢复到PPP预测值，高估的货币必须走弱，而低估的货币为回复到PPP预测值则必须走强。

8. 对绝对PPP的偏离值大而持久。对于主要货币来讲，偏离PPP 35%或更多是普遍的，且这一市场汇率与PPP预测值之间的差异往往会持续5年以上。然而，长期来讲，偏离的情况会趋于缓解并反转。

9. 相对价格，特别是交易性和非交易性商品价格之间的均衡变化，解释了一些偏离绝对PPP的现象。

10. 相对购买力平价理论承认消费束在国家之间不一定完全相同。但是，当汇率因不同国家发生的不同通胀率而调整时，相对购买力平价成立。

11. 本国货币相对于外币的实际汇率被定义为名义汇率（单位外币折算的本币数）乘以两个国家价格水平的比率：

$$RS=\frac{S(DC/FC)\times P(FC)}{P(DC)}$$

12. 若名义汇率（单位外币折算的本币数）的变动百分比超过了两国通胀率之差（也就是说，满足相对PPP的不同通胀率）所保证的变动率，则存在外币的实际升值和本币的实际贬值。

简答题

1. 何为货币的购买力？如何对其进行计量？

2. 假设政府发布的信息导致人们预期货币在将来的购买力会低于他们原来的预期。当前的汇率将如何变化？为什么？

3. 价格水平和价格指数之间有什么区别？

4. 经济学家所说的一价定律是何含义？为什么会违背一价定律？

5. 满足绝对PPP的汇率值是什么？

6. 若英镑—欧元价值的实际汇率低于满足绝对PPP的汇率，哪种货币被高估，哪种被低估？为什么？

7. 在现实经济中，什么样的市场迫使绝对PPP不能成立？其中哪些代表未被利用的套利机会？

8. 为什么在比较国家之间的收入时，PPP汇率比实际汇率更好用？

9. 何为相对PPP？为什么它所代表的汇率和价格之间的关系较绝对PPP弱？

10. 何为实际汇率？实际汇率的波动与绝对PPP的偏离有何联系？

11. 若墨西哥比索与美元的名义汇率是固定的，且墨西哥的通胀率高于美国，则哪种货币发生实际升值，哪种货币发生实际贬值？为什么？这对两国之间的贸易余额有何可能的影响？

应用题

1. 若美国的消费者价格指数从年底的350上升到次年年底的365，则美国该年度的通胀率为多少？

2. 作为小麦期货的交易人，你观察到3个月后小麦购销的期货价格如下：芝加哥每蒲式耳\$3.00，东京每蒲式耳¥320。合约的交割分别在芝加哥和东京进行。若3个月的远期汇率为¥102/\$，当交易成本为多少时，才能使这一情况不代表一个未被利用的套利机会？

3. 假设加拿大的价格水平为CAD16 600，法国的价格水平为EUR 20 750，即期汇率为EUR1.57/CAD。

a. 计算加元的国内购买力。

b. 计算在法国欧元的国内购买力。

c. 计算满足绝对PPP的默认EUR/CAD汇率。

d. 加元相对于欧元被高估还是被低估了？

e. 计算令加元的实际汇率恢复到其PPP值所需要的加元升值或贬值率。

4. 假定2009年日本的通胀率为2%。若德国2009年的通胀率为5%，若要在2009年满足相对PPP，日元相对于欧元应走强多少？

5. 德意志银行的一个同事认为美元相对于日元被严重低估了。他计算的PPP汇率为¥140/\$，而当前汇率为¥105/\$。由于日本的年利率比美国低3%，他认为现在是通过借入日元、贷出美元进行投机的好时机。你认为如何？

6. 1992年8月，里拉—美元汇率为ITL 1 103/\$，比默认PPP汇率低ITL497。美元低估的百分比是多少？随后，美元相对于里拉走强，在1999年1月欧元创立时接近于其PPP汇率值。PPP汇率从1973年的ITL589/\$上升到1999年的ITL1 680/\$。在27年间，构成这一变化的意大利和美国之间通胀率之差按年计算为多少？

7. 假定你要在两个工作之间做出选择。一家咨询公司向你提供年薪\$150 000，要求你在它设立在纽约的办公室工作。另一家咨询公司要求你在伦敦的办公室工作，年薪为£100 000。当前汇率为\$1.65/£。你应接受哪个工作？为什么？假定PPP汇率为\$1.40/£，在工资的购买力相同的前提下，你并不介意在哪个城市工作。

8. 假设2008年，日本的通胀率为2%，德国的通胀率为5%。若2008年欧元相对于日元走弱10%，则欧元相对于日元的实际贬值为多少？

参考文献

Belassa, Bela, 1964, "The Purchasing Power Parity Doctrine: A Reappraisal," *Journal of Political Economy* 72, pp. 584 - 596.

Canzoneri, Matthew B., Robert E. Cumby, and Behzad Diba, 1999, "Relative Labor Productivity and the Real Exchange Rate in the Long Run: Evidence for a Panel of OECD Countries," *Journal of International Economics* 47, pp. 245 - 266.

Cassel, Gustav, 1916, "The Present Situation of the Foreign Exchanges," *Economic Journal* 26, pp. 319 - 323.

Cassel, Gustav, 1918, "Abnormal Deviations in International Exchanges," *Economic Journal* 28, pp. 413 - 415.

Cumby, Robert E., 1996, "Forecasting Exchange Rates and Relative Prices with the Hamburger Standard: Is What You Want What You Get with McParity?" National Bureau of Economic Research working paper no. 5675.

Dornbusch, Rudiger, 1988, "Purchasing Power Parity," in R. Dornbusch, ed., *Exchange Rates and Prices*, Cambridge, MA: The MIT Press.

Engel, Charles, and John Rogers, December 1996, "How Wide Is the Border?" *American Economic Review* 86, pp. 1112 - 1125.

Engel, Charles, and John Rogers, 2001, "Violating the Law of One Price: Should We Make a Federal Case Out of It?" *Journal of Money, Credit and Banking* 33, pp. 1 - 15.

Glen, Jack D., 1992, "Real Exchange Rates in the Short, Medium, and Long Run," *Journal of International Economics* 33, pp. 147 - 166.

Hsieh, David A., 1982, "The Determination of the Real Exchange Rate: The Productivity Approach," *Journal of International Economics* 12, pp. 355 - 362.

Lothian, James R., and Mark P. Taylor, 1996, "Real Exchange Rate Behavior: The Recent Float from the Perspective of the Past Two Centuries," *Journal of Political Economy* 104, pp. 488 - 509.

Okun, Arthur, 1981, *Prices and Quantities*, Washington, DC: Brooking Institution.

Ong, Li Lian, 1997, "Burgernomics: The Economics of the Big Mac Standard," *Journal of International Money and Finance* 16, pp. 865 - 878.

Pakko, Michael R., and Patricia S. Pollard, 1996, "For Here or to Go? Purchasing Power Parity and the Big Mac," *Federal Reserve Bank of St. Louis Review* 78, pp. 3 - 21.

Rogoff, Kenneth, 1996, "The Purchasing Power Parity Puzzle," *Journal of Economic Literature* 34, pp. 647 - 668.

Samuelson, Paul, 1964, "Theoretical Notes on Trade Problems," *Review of Economics and Statistics* 46, pp. 145 - 154.

The Economist, "Big MacCurrencies," April 1991, April 2000, April 2006.

第 9 章

计量和管理实际外汇风险

印度尼西亚揭路荼（Garuda Indonesia），一家印度尼西亚航空公司，在 1997 年受到了汇率的“闪电”式影响。席卷东南亚的货币危机引起了印度尼西亚卢比的严重贬值。由于揭路荼已经蒙受了以美元为基础的燃料成本，并已经借入美元来为它的飞机供给资金，贬值引起了严重的成本冲击。随着贬值的发生，公司通过航空业务所获得的卢比收入相对于它欠债权人的款项就显得微乎其微了，因为用卢比来计量时，稳定的美元成本激增了。但是坏消息并非仅限于此。因为萧条开始困扰印度尼西亚的经济，由于人们购买的机票更少，揭路荼看到它的收入急剧下降。印度尼西亚航空旅行需求的下降意味着揭路荼不可能通过提高它的机票价格来补偿它的利润。因为 1997 年印度尼西亚卢比的贬值并未立即伴随商品价格变动的抵消，所以贬值引起了与购买力平价的偏差并导致了卢比的实际贬值。

这一章研究了管理者如何应对实际汇率波动，并且进一步探讨了实际汇率风险的概念。我们首先说明在理解出口商和进口商盈利能力方面，实际汇率是如何自然出现的。然后我们考察怎样在一项长期合约中分担实际汇率风险。无论何时，采用不同货币的不同国家的公司要缔结一个长期合约，实际汇率风险都应该以某种方式得到分配。接下来的问题涉及按市场定价。我们研究了为什么公司在本国市场和外国市场上销售商品时会违背一价定律，我们也探究了公司价格如何对实际汇率波动做出最佳反应。你应该理解为什么进口货物的价格不如汇率波动得那么厉害。本章的另一个问题是评价境外子公司的业绩。实际汇率的波动使得境外子公司获得的利润更多或更少。你怎样为境外子公司设计一个奖励良好管理而不仅仅是因为有利的实际汇率变动而走运的报酬系统？本章以对管理者应当怎样应对实际利率变化的一般建议结尾。

9.1 实际汇率如何影响实际盈利能力

理解实际汇率变动如何影响公司盈利能力的最简便的方法就是考察公司的实际盈利能力。实

际盈利能力（real profitability）指公司名义利润的购买力，可以通过公司名义利润除以价格水平得到。公司的股东只关心公司的实际利润而不是名义利润，因为最终他们只关心他们可以消费多少钱——而不是他们有多少钱。

出口公司的实际盈利水平

让我们来考察 Apples Galore 公司的实际盈利能力，这是一个将苹果销售到美国和英国的美国出口商。假设 Apples Galore 公司在美国生产苹果并且仅承担美元成本。让我们从计算它的名义利润开始。

计算公司的名义利润

Apples Galore 公司获得的名义利润等于它的国内和国外销售总收入减去名义成本：

$$\text{公司名义利润} = \text{公司美国销售的美元收入} + \text{公司英国销售的美元收入} - \text{公司美元成本}$$

Apples Galore 公司美国销售的美元收入等于它的苹果的美元价格 $P(A,\$)$乘以公司销售的苹果数量 $Q(A,\text{U.S.})$，即：

$$\text{美国销售的美元收入} = P(A,\$) \times Q(A,\text{U.S.})$$

Apples Galore 公司英国销售的美元收入是"美元/英镑"的名义汇率乘以苹果销售的英镑价格 $P(A,£)$，乘以公司在英国销售的苹果数量 $Q(A,\text{UK})$，即：

$$\text{英国销售的美元收入} = S(\$/£) \times P(A,£) \times Q(A,\text{UK})$$

Apples Galore 公司产品的美元成本是每个苹果的平均美元成本 $C(A,\$)$，乘以在美国和英国市场上销售的苹果总量：

$$\text{产品的美元成本} = C(A,\$) \times [Q(A,\text{U.S.}) + Q(A,\text{UK})]$$

相对价格和实际利润的构成

现在通过将 Apples Galore 公司的名义利润除以美国的价格水平，我们可以得到它的实际利润 $P(\$)$。我们按顺序考察美国的收入、美国的成本和英国的收入。第一个项目是：

$$\text{美国销售的实际收入} = \frac{P(A,\$) \times Q(A,\text{U.S.})}{P(\$)} = \frac{P(A,\$)}{P(\$)} \times Q(A,\text{U.S.})$$

等式右边是苹果在美国的**相对价格**（relative price）乘以苹果的销售数量。相对价格影响苹果的**需求曲线**（demand curve），并和其他变量比如人们的收入一起决定销售的苹果数量。我们可以认为 Apples Galore 公司需要设定它的相对价格以决定它可能的销售数量。为了保证苹果相对价格的持续性，公司必须保证苹果的名义价格以相当于美国通货膨胀率的速度增长。

接下来，我们考虑 Apples Galore 公司的实际成本。通过将公司产品的美元成本除以美国的价格水平，我们得到名义成本的实际数值：

$$\text{实际成本} = \frac{C(A,\$)}{P(\$)} \times [Q(A,\text{U.S.}) + Q(A,\text{UK})]$$

公司的总实际成本等于每单位苹果的平均实际成本 $[C(A,\$)/P(\$)]$，乘以公司生产并在两个国家销售的苹果数量。如果公司每单位的名义平均成本以美国通货膨胀率水平增加，它的实际平均成本是连续的，当产量相同时，Apples Galore 公司的总实际成本是一样的。

公司的实际出口收入

现在考虑 Apples Galore 公司的实际出口收入。出口销售的实际数值通过它的名义出口收入除以美国的价格水平得到：

$$\text{英国实际销售收入} = \frac{S(\$/\pounds) \times P(A,\pounds) \times Q(A,\text{UK})}{P(\$)}$$

如果我们在公司英国实际销售收入的右边乘以和除以英国的价格水平 $P(\pounds)$，我们重新排列各项，得到：

$$\text{英国实际销售收入} = \frac{S(\$/\pounds) \times P(\pounds)}{P(\$)} \times \frac{P(A,\pounds)}{P(\pounds)} \times Q(A,\text{UK})$$

Apples Galore 公司来自英国的实际收入包括三个项目。第一个是实际汇率［$S(\$/\pounds) \times P(\pounds)/P(\$)$］；第二个是苹果在英国的相对价格［$P(A,\pounds)/P(\pounds)$］；第三个是公司在英国销售苹果的数量 $Q(A, \text{UK})$。每一个项目都是实际概念下的数值。

如果英国需求曲线的其他部分都和之前一样，为了在英国售出相同数量的苹果，Apples Galore 公司必须保持它的相对价格的连续性。这可能要求公司以英镑计量的苹果价格以与英国通货膨胀率相同的比率增加。如果公司的苹果价格以这样的比率增加并且销售数量相同，又如果实际汇率是持续的，便会产生同样的实际收入。明确地说，实际汇率的增加意味着英镑的实际升值，它可以增加公司从英国赚取的实际收入并使公司在英国更具竞争力，因为这可以降低它的苹果的相对价格。

公司管理者如何选择在他们的相对价格中对实际汇率的变化做出反应被称为**汇率传递**（exchange rate pass-through）。我们将在第 9.4 节研究更多面临实际汇率变化的定价。现在，让我们来考虑公司面临的来自实际汇率变化的风险的本质。

9.2 实际外汇风险和本国与外国企业的盈利水平

企业盈利能力能够因实际汇率的波动而变化的现象被称做**实际汇率风险**（real exchange risk）［也称为**经营敞口**（operating exposure）或**经济敞口**（economic exposure）］。尽管之前章节的范例集中于出口企业，那些在本国销售商品却承担进口成本的企业也会经历实际汇率风险。为什么会这样呢？

企业的价值以它预期未来收益的现值来表示。如果存在影响企业现金流的汇率变化，随着它的产品需求的变化或者它的投入成本的变化，企业会面临实际汇率风险。在我们考察贴现的收益之前，我们先考察实际汇率的变化如何引起企业收益的变化。

总的来说，国内货币的实际贬值对进口企业不利而对出口企业有利。即使一家企业没有对外币现金流的直接敞口，它仍然有可能存在对实际汇率的敞口。比如说，本国货币的实际升值将对国内的进口—竞争企业不利，这些企业于是必须和更为便宜的进口商品进行竞争。因为许多企业的重要零部件和原材料都是进口的，所以实际汇率的变化会影响企业的成本结构。实际汇率的变动对企业的具体影响取决于企业的业务类型，即取决于企业是商品净出口者、商品净进口者还是进口竞争者。同时也取决于企业的竞争地位，竞争地位是指企业对其产品所在市场的垄断程度。

净出口商的实际汇率风险

让我们来考虑商品**净出口商**（net exporter）。假设有一家商品出口企业，面临着外币的名义贬值。如果此时出口商不采取任何应对措施，那么外币的贬值将会导致其名义出口收入减少。出口商可以提高以外币计价的出口产品的价格以避免收益的下降，但是采取这种应对措施的能力受出口商在市场中的竞争地位的约束。因为产品的境外需求量取决于其在境外市场的相对价格，我们知道，如果产品在境外市场销售价格的增长率超过境外市场的通货膨胀率，那么出口商的产品出口量将下降。但是，如果外币的贬值程度等于境外市场的通货膨胀率减去境内市场的通货膨胀率［即相对购买力平价（PPP）保持不变］，在境外以外币标价的出口产品的名义价格增长率只要等于境外市场的通货膨胀率，那么其结果就是出口商境外收入的本国货币额将以境内通货膨胀率的幅度增长，从而出口商通过出口获得的实际收入将不会受到影响。

例 9.1　一家希腊手机出口商的例子

奥林匹亚通信出口公司（以下简称 OCE 公司）在希腊国内生产手机，在美国市场上进行销售。目前 OCE 公司的手机在美国的售价是 79 美元/部，它每年可在美国市场上销售 2 000 000 部手机。目前汇率为 1.25 美元/欧元。因此，OCE 公司今年以欧元计价的收入为：

$$\$79.00/\text{部}\times 2\ 000\ 000\ \text{部}\times\frac{1}{\$1.25/€}=€\ 126\ 400\ 000$$

经济学家预测美国今年的通货膨胀率为 5.5%，欧元区的通货膨胀率为 1%，所以预期美元将贬值到：

$$\frac{\$1.305\ 7}{€}=\frac{\$1.25}{€}\times\frac{1.055}{1.01}$$

这种变化正好调整两个地区通货膨胀率的差异，并保持实际汇率不变。假设美国手机市场的需求曲线保持不变，如果 OCE 公司在手机销售数量保持不变的情况下要获取和之前相同的实际收入，那么其手机销售价格应定为多少美元/部呢？

答案是手机的销售价格应该被提高 5.5%，即 83.35 美元/部。

其计算过程如下：

$$(\$83.35/\text{部})=(\$79.00/\text{部})\times(1.055)$$

在这种情况下，名义收入将会提高到：

$$\$83.35/\text{部}\times 2\ 000\ 000\ \text{部}\times\frac{1}{\$1.305\ 7/€}=€\ 127\ 670\ 981$$

请注意，€ 127 670 981 相比€ 126 400 000 增长了 1%。即在希腊国内通货膨胀率为 1%的情况下，为了保持 OCE 公司的实际收入不变，名义收入应当增长 1%。

一个两难的选择

只要出现任何将美元—欧元汇率提高到例 9.1 中保持实际汇率水平不变的 $1.305 7/€之上的情况，都将给 OCE 公司带来两难困境。如果 OCE 公司不将每部手机的售价提高到 83.35 美元之上，那么公司以欧元计价的收入将下降。然而，如果公司的手机销售价格增长率高于美国的通货膨胀率，那么手机的销售数量将会下降。所以无论在哪种方式下，美元的实际贬值都会导致 OCE 公司的实际盈利能力下降。

OCE 公司是否提高其手机相对价格取决于其市场竞争地位。众所周知，美元的实际贬值会导致盈利能力的下降，但我们不清楚的是将下降多少。决定这种影响的一个主要因素是产品需求曲线弹性。弹性是指在产品价格发生一定百分比变化的情况下，需求数量变化的百分比的绝对值。产品需求曲线弹性越低，意味着当产品的价格上升时，产品的销售数量下降百分比将相对需求曲线弹性高的产品下降得越少。相反地，产品需求曲线的弹性越高，意味着当产品的价格上升时，产品的销售数量下降百分比将相对需求曲线弹性低的产品下降得越多，更多的消费者将倾向于更换产品或者根本就不再购买这类产品。此外，某种产品的市场竞争越激烈，则其产品的需求曲线弹性越高。

因为世界上有很多不同的手机生产商，所以手机市场是一个竞争激烈的市场。因此，OCE 公司不可能有强大的市场控制力来提高其手机的相对价格而不会导致其销售数量大幅度下降。因此，OCE 公司不太可能在美国将其手机价格的增长幅度提高到美国的通货膨胀率之上。但是，如果 OCE 公司的手机因为其独有的某些特征而造成其需求弹性较小（即对价格变化的反应很小），那么 OCE 公司将不会损失太多的利润，因为公司可以将汇率变化的很大部分传递到产品的价格中。

净进口商面临的实际外汇风险

接下来的例子将阐述实际汇率的变化如何影响一家**净进口商**（net importer）（即进口商品超过出口商品的企业）的实际利润。

例 9.2　一家马来西亚航空公司的例子

Trans-Malaysian Airlines（以下简称 TMA）绝大部分的航班都分布在国内，它从新加坡的一家石油公司以每加仑 3.5 美元的价格进口燃油。上一年，TMA 进口了250 000 000加仑燃油。当时马来西亚林吉特对美元的汇率是 MYR4/USD，因此，TMA 进口燃油的名义成本为：

$$\$3.5/\text{加仑} \times 250\,000\,000\ \text{加仑} \times \text{MYR4/USD} = \text{MYR35 亿}$$

上一年，TMA 的名义收入减去其他以马来西亚林吉特计价的成本为 40 亿林吉特，其上一年的利润为：

$$\text{MYR40 亿} - \text{MYR35 亿} = \text{MYR5 亿}$$

假设 TMA 受政府监管，其机票销售价格的增长率不得超过相应时段马来西亚的通货膨胀率，而马来西亚今年的通货膨胀率为 15%。如果保持机票相对价格不变能导致航班需求也将保持不变，那么 TMA 今年的乘客数将保持不变，而其收入将会增长 15%。假设其他以马来西亚林吉特计价的成本也会增长 15%。另外，再假设以美元计价的燃油价格的增长率保持同美国的通货膨胀率一致，这一数据今年为 4%。如果美元对林吉特实际升值 10%，TMA 的实际利润将下降多少呢？

一种方法是在美元对林吉特实际升值 10%的情况下，重新计算马来西亚林吉特对美元的新名义汇率。因为马来西亚的通货膨胀率为 15%，比美国的通货膨胀率 4%要高，所以即使在美元没有实际升值的情况下，美元也应该有名义升值。1 加上由通货膨胀差异带来的名义美元升值是 (1.15/1.04)。在此新名义汇率的基础上，美元的名义汇率还必须升值 10%，以反映此前美元实际升值10%的假设。所以，新的林吉特对美元的汇率为：

$$\frac{\mathrm{MYR}4}{\mathrm{USD}}\times\frac{1.15}{1.04}\times 1.10=\frac{\mathrm{MYR}4.8654}{\mathrm{USD}}$$

燃油调整后的价格为＄3.50/加仑×1.04=＄3.64/加仑。因为假设在对航班需求不变的条件下，燃油的总需求量也将保持不变，所以燃油的总成本为：

$$\frac{\$3.64}{\text{加仑}}\times 250\,000\,000\text{ 加仑}\times\frac{\mathrm{MYR}4.8654}{\mathrm{USD}}=\mathrm{MYR}44.28\text{ 亿}$$

在马来西亚的通货膨胀率为15%的情况下，TMA公司以马来西亚林吉特计价的收入和其他成本也将上升15%。因为上一年收入减去其他成本后的净值为MYR40亿，所以今年这一数值将变为MYR40亿×1.15=MYR46亿。从而，名义利润将为：

MYR46亿－MYR44.28亿=MYR1.72亿

对比上一年TMA的名义利润MYR5亿，可以发现，在林吉特没有发生实际贬值的情况下，名义利润本可以增长15%。但现在名义利润实际下降了65.6%［=(5－1.72)/5］。同时也应注意到，实际利润下降了70.1%［(=5－1.72/1.15)/5］。

美元的实际升值显然对TMA的实际盈利能力有重大的影响，因为美元升值造成了TMA的成本增加，但市场监管的存在使得TMA不可能通过提高机票的销售价格来将因外汇汇率变动而增加的成本转嫁给消费者。

当然，提高机票的相对价格会导致航空旅行需求的减少。如果TMA可以自由提高机票的相对价格，那么它仍将存在一个艰难的选择，即将机票价格提高多少为宜，从而决定能在多大程度上将因外汇汇率变动而增加的成本转嫁给消费者。这个问题的答案取决于TMA公司需求曲线的弹性。市场竞争越小，则需求曲线的弹性也越小（即消费者对费用的增长反应越小），这也意味着，TMA可以通过提高机票价格将上升的成本更多地转嫁给消费者。

进口竞争者的实际外汇风险

我们之前描述的那些参与到国际经营活动中的公司都需要兑换外汇，因此每家公司的盈利能力都直接受实际汇率变化的影响。但可能令你吃惊的是，即使一家公司没有直接的外币现金流量（explicit cash flow），其仍然存在实际汇率风险敞口。让我们考虑下面例子中的**进口竞争者**（import competitor）。

例9.3　迈阿密海滩餐馆

一家位于佛罗里达迈阿密的海滩餐馆，从顾客处仅接收美元，其所有食品供应商也仅仅接收美元，餐馆付给员工的工资也是美元。因而这家餐馆没有直接的外币现金流量，也没有以外币计价的资产和负债。然而，现实中因为迈阿密海滩餐馆顾客的消费需求取决于外汇市场上美元的价值，所以餐馆的盈利能力也随美元价值的波动而波动。

例如，当美元疲软而欧元坚挺时，更多的欧洲游客将来到迈阿密海滩度假，因为从欧洲人的角度来看，在美国度假所花费的费用相对而言更少。同样地，当在外汇市场上美元疲软时，更多的美国人也将选择去迈阿密海滩度假，因为对他们而言，去欧洲度假所花费的费用相对而言将更昂贵，从而当美元疲软时，对迈阿密海滩餐馆的需求也高。相反地，当美元坚挺时，对美国人而言，到欧洲度假的花费相对而言更便宜。而对欧洲人而言，去美国度假的费用相对更昂贵。结果是，去迈阿密海滩度假的欧洲人相对而言少了许多，当然，在迈阿密海滩餐馆用餐的人也就少了。所以正如你所看到的，实际汇率的变动会对产品的需求产生影响，而这种产品有可能既不是用于出口的，也不是进口得来的。就如本例中的餐馆食品。

计量实际外汇风险敞口

多数名义汇率的变化都与国家之间价格水平的变化密切相关。因此，多数名义汇率的变化与实际汇率的变化高度相关，尤其是在短期内。多数名义汇率的巨额变化都会因此而与相对价格的变化相联系，并且多数名义汇率的变化将产生大量实际经营风险敞口。实际汇率风险是指企业经营现金流量受实际汇率变化的影响。这不仅直接影响企业当前的盈利能力，也影响企业未来的盈利能力。因此，我们对实际汇率风险敞口的定义必须包括当前期间和未来期间。

企业利润的现值

如果用 $CF(t+j)$ 表示在时间 t 预期的第 $t+j$ 期税后利润，用 r 表示适当的贴现率，那么，在 t 时刻该企业未来税后利润的现值为：

$$V(t)=\sum_{j=1}^{\infty}\frac{CF(t+j)}{(1+r)^{j}}$$

该企业的实际汇率风险是由非预期变化 $RS(t)$ 带来的 $V(t)$ 的变化。

我们关注实际汇率的非预期变化，因为任何非预期变化都将在企业市场价值中得到体现。通过考虑企业利润的现值，我们认识到汇率变化如果十分持久，汇率变化也将会对未来产生持久的影响。本国货币的实际坚挺将对当期的净出口企业产生不利影响。更严重的是，这种变化是如此持久，以致以后期间的利润也很可能因为本国货币预期继续坚挺而降低。在接下来的例子中我们讨论实际汇率变化预期无限持久的情况。

例 9.4 法国奶酪出口企业

Fromagerie du Provence（以下简称 FdP）是一家出口羊奶酪到美国的出口企业。去年 FdP 以每千克 10 美元的价格销售了 150 万千克的奶酪，总收入为 1 500 万美元。公司在美国分销网络的成本为 100 万美元。所以，FdP 出口奶酪所获得的净收入为 1 400 万美元。由于目前汇率为 0.85 美元/欧元，所以 FdP 的以欧元计价的出口净收入（即以欧元计价的美元收入减去以欧元计价的美元成本）为：

$14 000 000/($0.85/€)=€16 470 588

FdP 在法国以欧元计价的产品成本是 1 350 万欧元。其在除美国市场之外的地方无任何销售。因此，其以欧元计价的利润为：

€16 470 588−€13 500 000=€2 970 588

假设财务分析师们预测实际汇率保持不变，并且 FdP 将保持奶酪在美国市场销售的相对价格不变，那么 FdP 将在美国市场每年卖出同样数量的奶酪。假设美国和法国的名义成本预期都以各自的通货膨胀率上升，在这种情况下，实际成本将保持不变。

在这种情况下，目前以美元计价的实际净收入的购买力在以后的每年将为 1 400 万美元。当实际汇率保持不变时，实际的欧元收入也将维持为€2 970 588。如果实际贴现率为 8%，以未来利润表示的 FdP 企业的实际价值是下式无限求和的结果：

$$\frac{€\,2\,970\,588}{1.08}+\frac{€\,2\,970\,588}{(1.08)^2}+\cdots=\frac{€\,2\,970\,588}{0.08}=€\,37\,132\,350$$

假设分析师预测美元对欧元的实际汇率发生变动，并且该变动将是永久的，在这种情况下，我们可以分析当欧元升值 1%时，如何影响该公司的价值。首先，新的名义利率将会上升到（$0.85/€）×1.01＝$0.858 5/€。我们可以认为这也是欧元的实际升值，因为 FdP 公司并没有针对欧元的实际升值调整其产品价格，而是仍然保持价格不变。如果 FdP 不对其产品的价格做出调整，欧元的实际升值将会导致其净收入下降 1%，即：

$14 000 000/（$0.858 5/€）＝€ 16 307 513

其以欧元计价的利润将下降到：

€ 16 307 513－€ 13 500 000＝€ 2 807 513

也即利润下降了 5.5%。

非预期的欧元永久性实际升值 1%，将会导致将来所有年份企业的年净利润下降到€ 2 807 513，从而企业的价值也会下降到€ 35 093 913，也即下降 35.5%。

请注意，FdP 的实际敞口（real exposure）产生于它的大量美元净收入和所假设的汇率变化的永久性，其中汇率变化的永久性带来了巨额敞口。从 1%的变化来推断，我们发现并不非常严重的 10%的美元实际贬值将导致企业价值下降 55%。当然，在这个例子中我们假定实际汇率的变动是永久的，这种假设与第 8 章中所例示的经验证据（empirical evidence）不相符。第 8 章的经验证据说明，虽然实际汇率的变动具有持久性，但它们会随着时间的变化发生反方向的改变。因此，企业的实际敞口将比以上所计算的小。

谁没有实际汇率风险呢？

由于实际汇率风险定义的广泛性，企业没有任何实际经营敞口似乎是不太可能的。如果企业不受汇率变化的任何影响，也就意味着，其未来的收入和成本一定是与外汇市场的波动相隔离的，不受任何影响。那么出现这种情况需要什么条件呢？

概念上，在实际汇率波动的环境中，仅有一种可能会出现上述状况：企业必须完全本地化，正如街角理发店一样。但即使在这种情况下，汇率的巨幅波动也会对经济中的整个工资结构产生影响，从而对理发师的可支配工资收入产生影响。理发师们也会在国与国之间流动，他们最终通过在不同国家间迁移以对不同的生活条件做出反应。因此，虽然街角理发店可能没有太多对实际汇率风险的短期敞口，但若本国货币出现长期实际升值或者贬值，它可能会有相当大的敞口。

针锋相对

在美国生产宝马轿车

12 月，在 Ante，Freedy 和 Sutlle 开车穿越南卡罗来纳到佛罗里达短期度假的路上，Ante 发现在斯帕坦堡（Spartanburg）有一家宝马汽车公司的工厂。Ante 突然说道："究竟是什么原因让一家像宝马这样追求高品质的德国汽车制造商甘愿冒名誉受毁的风险来南卡罗来纳生产汽车呢？一定是当地极大的税收优惠吸引了他们来到这里建厂。"

Freedy 平稳地把握着方向盘，回应说："你这话是什么意思呢？美国工人同德国工人一样都非常优秀。在目前的汇率水平下，美国工人更便宜。从德国公司的角度来看，德国工人的成本是每小时 30 欧元，而美国工人的人工成本仅为每小时 24.5 欧元。显然，宝马公司发现美国更有成本优势。宝马当然也非常关心其产品的品质。如果他们不确定此地是否能够制造出高品质的汽车，他们也就不会在此地建造工厂了。”

Ante 几乎失控地大声争辩道：“如果美元对欧元变得坚挺，那种成本优势就瞬间蒸发掉了。”

刚刚还在后座睡觉的 Suttle 也加入争辩，说道：“伙计们，难道你们每次都要为国际金融的事争论吗？你们俩都说中了某些方面。在工厂选址时，人工成本当然会影响其决策，宝马当然也会尽可能地从当地政府争取更多税收优惠。毕竟，在过去 10 年中，宝马已经向南卡罗来纳州的工厂投资了超过 17 亿美元，直接为当地提供了成千上万的工作机会，这还不包括给零部件供应商提供的工作机会。但是 Ante 也确实是正确的，美元对欧元的升值将使在美国生产的以欧元计价的汽车制造成本上升，因为美国工人不可能因美元的坚挺而削减工资。然而，你们俩都遗漏了主要的一点。”

Suttle 继续说道：“宝马在斯帕坦堡建立工厂的一个主要原因是受外汇风险的影响。如果宝马在德国生产一辆轿车，然后出口销售到美国，那么宝马一辆车将分为欧元成本和美元收入两部分，在美元出现贬值的情况下，如果宝马不能通过提高其汽车的美元销售价格来弥补美元贬值的损失，那么宝马将会损失掉大额利润。这种潜在的损失是巨大的，因为其轿车的所有美元销售收入都暴露于汇率变动之下。另一方面，如果宝马在美国生产汽车，并在美国销售，那么其汽车的成本和收入都是以美元衡量。当宝马将其在美国获得的利润换算成欧元利润时，美元的贬值仍然会导致一些利润的损失，宝马仍然有提高其轿车的美元售价以弥补美元贬值造成损失的压力。但在这种情况下，实际汇率敞口仅仅是美元收入减去美元成本后的美元利润。”

Suttle 最后说道：“Ante，你说的也很正确，与在德国生产汽车相比，宝马将汽车生产放在美国，在产品质量方面的确是要冒些风险的。但是为了避免巨大的外汇风险，冒这点险是值得的。”

9.3 分担实际外汇风险：案例

我们在本节探讨一个扩展的案例，我们设计这个案例是为了帮助大家理解实际外汇风险是怎样在两个使用不同货币的公司间分担的。

Safe Air 的情况

Safe Air 是一个小规模的美国上市公司，它向消防队出售压缩氧气筒，54 岁的约翰·卡伦威尔（John Cromwell）是该公司 CEO。这个公司已经营运了 35 年，上市了 20 年。在这段时期，该公司成功地引进了超出 12 项新发明，挽救了很多生命。消防队员在灭火时需要维持呼吸的空气供应。他们的典型形象是，背着一种配有校准器（一种空气传递系统）和面罩等常规装备的氧气筒。

卡伦威尔对他的产品和公司的历史盈利能力引以为豪。最近，由于公司的收入下滑，尽管 Safe Air 的董事会开始质疑卡伦威尔的领导能力，但卡伦威尔认为他现在退休还为时过早，而且被董事会驱逐是很丢脸的事情。如果他能找到一种方法来降低现有的成本并且能够使成本控制在一定范围之内，他便能确信董事会将再保留他 6 年的聘任期。因此，他最近正在评估一些从潜在的供应商处得到的报价。

Metallwerke A. G. 的提议

一个生产氧气筒的德国公司——Metallwerke A. G. 已经向卡伦威尔递交了一份很有吸引力的合约要约（contractual offer）。卡伦威尔提出了许多 Safe Air 没有生产氧气筒专业技能的理由，因此公司总是从外部供应商处购买氧气筒。Safe Air 现有的供应商是一个美国公司，Safe Air 为基础氧气筒开具美元发票。

卡伦威尔对锁定固定美元价格的低成本境外供应商的可能性所吸引，比如 Metallwerke。他也评估 Metallwerke 的产品质量，并且认为如果德国公司的氧气筒质量不会比 Safe Air 现有的美国供应商的氧气筒质量好，那么它们至少是一样好。如果 Metallwerke 的氧气筒比他现有的氧气筒好用，他认为消防队可能愿意为这项先进的技术支付更多的钱。

卡伦威尔同样知道，如果 Metallwerke 的供应价格是恰当的，那么成本是可以降低的，Safe Air 的盈利水平也可以得到提高。不管供应商是谁，卡伦威尔明白 Safe Air 的资源要用于生产、做广告和配置改进的氧气筒，而且 Safe Air 所有的销售对象很可能都是美国的消防队，因此这项销售都会以一个零售的美元价格来完成。

指数公式

由于卡伦威尔以往从来没有做过国际交易，在与 Metallwerke 公司谈判的最初阶段，他要求 Metallwerke 公司开出一个以美元衡量的氧气筒价格。Metallwerke 公司的 CEO 格哈德・施皮格尔基本上同意了这一要求，并且表达了他接受以美元付款的总体意愿。但是施皮格尔渴望签订一个十年期的合约：确定氧气筒以美元为基础的价格并且提供一个**指数公式**（indexing formula），这个指数公式允许以美元为基础价格，在特定或有紧急事项发生时产生年变动。或有事项包括：（1）以美元为基础的价格以年通货膨胀率增长，通货膨胀率会由美元商品价格指数体现。（2）如果美元贬值与欧元有关，以美元为基础的价格的变动百分比等于美国的通货膨胀率减去一个增加的百分比，这一增加的百分比等于与欧元相关的美元贬值率的一半。

过去，Safe Air 的基础氧气筒成本大都是随着美国通货膨胀率而增加的，Safe Air 总是通过以通货膨胀率来增加它的零售价格将增加的成本转嫁给它的客户——消防队。但是 Safe Air 从供应商处增加的成本偶尔超过了美国的通货膨胀率，这样就导致了一些不盈利的时期，每段时期长达 3 个多月。

消防队对于氧气筒的需求不具有周期性，因为他们只在旧氧气筒用坏的情况下才需要新的氧气筒。然而，Safe Air 的管理人员一直很清楚：消防队的购买者对于价格很敏感。卡伦威尔知道这种现象限制了他们公司将成本的增长转嫁出去，同时他也认为 Safe Air 的董事不会容忍又一个不盈利的时期而不更换高管人员。

顾问的任务

假设你是一个顾问，尽量帮助卡伦威尔决定要做什么。正如他昨天晚上和你电话里谈论到 Metallwerke 公司的要约，你能从卡伦威尔说话的声调中感受到他的焦虑。他说施皮格尔最先开出的基础价格非常诱人。然而，他对于签订这样一个完全由他的德国对家所提议的合约非常谨慎。他认为一定有一种方式能够重新设计合约以使它对本公司有利，并且希望你能够找到这种方法。

当你准备和卡伦威尔见面的时候，你明白在任何一项长期合约中，双方的盈利水平都必须考虑到。你也了解总有人要承担美元相对于欧元疲软的风险，这也一定是施皮格尔所担心的。但现在的合约中有些款项不大可靠。如果疲软的美元对于 Metallwerke 公司不利的话，那么坚挺的美元不就应该是有利的吗？这为什么没有以任何方式提出呢？

作为 Safe Air 的顾问，你的任务是评价这项合约的合意性，将它重新设计成有利于 Safe Air 的合约，并且找到某种方式来向卡伦威尔甚至有可能向公司董事会解释这些结果。

基础数据和分析

以卡伦威尔的助理发送给你的数据为基础，你已经着手于一些 Metallwerke 公司提出的与交易相关的基础价格和符号（0 表明本期数值）：

Safe Air 契约的基础购买价格 $=B(0,\$)=\$400$/筒
Safe Air 其他可变生产成本 $=C(0,\$)=\$313$/筒
Safe Air 的零售价格 $=T(0,\$)=\$820$/筒
Safe Air 的边际利润率 $=M(0,\$)=15\%$
美国价格水平 $=P(0,\$)=\$50$/美国综合商品
汇率 $=S(0,€/\$)=€2/\$$
德国价格水平 $=P(0,€)=€100$/德国综合商品
Metallwerke 公司的边际利润率 $=M(0,€)=15\%$
Metallwerke 公司的生产成本 $=C(0,€)=€696$/筒

在不变价格的简单合约下的利润率

让我们首先来考虑不论汇率是多少，公司都将签订美元价格简单固定为＄400/筒的长期合约情况下公司的利润率。回想卡伦威尔想要锁定每筒的美元价格，这种合约是卡伦威尔理解并且喜欢的。

假设每筒的销售价格保持在 400 美元，图表 9.1 列示了两个公司在三种可选择的方案中会面临的风险，这三种可选择的方案分别对应三种汇率：€ 2/＄，€ 1.8/＄（这代表 10%的美元贬值）和€ 2.2/＄（这代表 10%的美元升值）。

因为图表 9.1 假设名义汇率随着固定的名义价格的改变而改变，实际汇率也变化 10%。图表 9.1 表明在这个案例中，当汇率为€ 2/＄时，每个公司将获得 15%的边际利润。在这个图表中，Safe Air 的零售价格与它的每筒生产总成本之比是：

$$\frac{\$820}{\$400+\$313}=1.15$$

Metallwerke 公司每筒的欧元售价与它的每筒生产成本之比是：

$$\frac{(€2/\$)\times\$400}{€696}=1.15$$

我们知道，如果每个公司的销售价格增长率和它的产品成本的增长率相同，它们的边际利润是不变的。但是由于 Metallwerke 公司向 Safe Air 要价＄400 在图表 9.1 中是不变的，当美元贬值 10%时，这个德国公司的边际利润率跌到了 3.4%。另一方面，当美元升值 10%时，Metallwerke 公司的边际利润率异常地上升到 26.4%。换句话说，在美元价格不变时，如果美元贬

值，Safe Air 不会受损，但是 Metallwerke 公司会发现它的利润严重下降。相比之下，如果美元升值，Safe Air 不会获得更多的利润，而 Metallwerke 公司会获利颇丰。这两个公司应该同意怎样做呢？

图表 9.1　　当每筒价格由合约固定时的盈利水平

	Safe Air（美元）			Metallwerke（欧元）		
	€1.8/$	€2.0/$	€2.2/$	€1.8/$	€2.0/$	€2.2/$
销售额						
出口		0	0	720	800	880
国内	820	820	820			
商品销售成本						
进口	(400)	(400)	(400)			
国内	(313)	(313)	(313)	(696)	(696)	(696)
经营利润	107	107	107	24	104	184
边际利润率	15%	15%	15%	3.4%	15%	26.4%

图表 9.2 提供了在 Metallwerke 公司提出的合约下对这两个公司利润率的分析。在图表 9.1 中，汇率是允许变动的，但是名义价格而不是每筒价格是保持不变的。如果你将图表 9.2 与图表 9.1 进行比较，你会发现 Safe Air 要支付的每筒价格上涨了 5%，达到了 $420，当美元贬值 10% 时，这使得 Safe Air 的边际利润率降到了 11.9%，但是导致了 Metallwerke 公司的边际利润率（从图表 9.1 中的 3.4%）增加到了 8.6%。然而，要注意到当美元升值时，Metallwerke 公司增长的利润率并没有与 Safe Air 共享。

图表 9.2　　在 Metallwerke 提议合约下的盈利水平

	Safe Air（美元）			Metallwerke（欧元）		
	€1.8/$	€2.0/$	€2.2/$	€1.8/$	€2.0/$	€2.2/$
销售额						
出口		0	0	756	800	880
国内	820	820	820			
商品销售成本						
进口	(420)	(400)	(400)			
国内	(313)	(313)	(313)	(696)	(696)	(696)
经营利润	87	107	107	60	104	184
边际利润率	11.9%	15%	15%	8.6%	15%	26.4%

以不变价格分摊汇率风险

让我们来研究分摊汇率风险的合约，图表 9.3 列示了如果两家公司同意平等分摊汇率风险将会出现何种情况。如前所述，如果美元贬值了，每筒的基础价格将会增加美元贬值率的一半。然而，如果美元升值了，每筒的基础价格将会减少美元升值率的一半。

在这个案例中，当美元升值 10%时 Safe Air 所支付的每筒价格是 $380，边际利润率增加到 18.3%。Metallwerke 公司仍然有一个利润率的增长，但是仅仅达到 20.1%的边际利润率。

图表 9.3　　分担实际汇率风险合约下的盈利水平

	Safe Air（美元）			Metallwerke（欧元）		
	€1.8/$	€2.0/$	€2.2/$	€1.8/$	€2.0/$	€2.2/$
销售额						
出口		0	0	756	800	836
国内	820	820	820			
货物销售成本						
进口	(420)	(400)	(380)			
国内	(313)	(313)	(313)	(696)	(696)	(696)
经营利润	87	107	127	60	104	140
边际利润率	11.9%	15%	18.3%	8.6%	15%	20.1%

当通货膨胀和实际汇率变动时的合约分析

我们注意到在从图表 9.1 到图表 9.3 中都保持劳动力的价格和每筒零售价不变。在这种情况下，名义汇率的变化就是实际汇率的变化。然而，当其他价格是变动的，从契约上区分名义和实际利率的变动就很重要了。结果将会是如果基础价格以美国通货膨胀率的幅度增长，便只有实际汇率的变化是一种风险。

不变的实际汇率下的利润

为了了解当所有的价格都允许变动时合约条款是怎样影响利润的，我们接下来研究这两个公司在若干未来情况下的实际成本、实际收入和实际利率。我们用一个不变的实际汇率为基准开始设计方案。以此为起点是合情合理的——不是因为实际汇率是不变的，而是因为如果这个合约不能很好地在这种简单的环境中执行，那么它就不能在现实中很好地执行，因为在实际环境中会发生较大的、未预期的、高度可持续的实际汇率波动。

在进行分析时，给出一些主要变量的变动百分比符号是很有用的。任何一个变量 Z 从第 0 期到第 1 期的变动百分比是 $\%Z=[Z(1)-Z(0)]/Z(0)$。让我们定义以下变量：

美国通货膨胀率 $=\pi(\$)=\%P(\$)$
德国通货膨胀率 $=\pi(€)=\%P(€)$
美元对欧元的升值率 $=a(€/\$)=\%S(€/\$)$，如果 $\%S(€/\$)>0$
美元对欧元的贬值率 $=d(€/\$)=-\%S(€/\$)$，如果 $\%S(€/\$)<0$
Safe Air 每筒合约基础价格的变动率 $=\%B(\$)$
Safe Air 每筒零售价格的变动率 $=\%T(\$)$
Safe Air 每筒生产成本的变动率 $=\%C(\$)$
Metallwerke 公司每筒产品成本的变动率 $=\%C(€)$

请注意：由于如果美元贬值了合约要求基础价格做出调整，所以我们定义美元的贬值率符号 d 为正数。

Safe Air 每筒实际成本

第 0 期 Safe Air 每筒实际进口成本等于每筒的基础美元价格除以美国价格水平。在符号前附加的 R 代表实际变量，这个变量可以通过名义变量除以适当的该货币的价格水平而获得。因此，Safe Air 的实际进口成本等于下述的每桶美国综合商品额：

$$RB(0,\$)=\frac{B(0,\$)}{P(0,\$)}=\frac{\$400/\text{筒}}{\$50/\text{美国综合商品}}=8\ \text{美国综合商品/筒}$$

在第 1 期，Safe Air 支付的每筒的基础美元价格将增加$\%B(\$)\%$，由于通货膨胀，美国的价格水平将增加$\pi(\$)\%$。因此，第 1 期 Safe Air 的进口成本是：

$$RB(1,\$)=\frac{B(1,\$)}{P(1,\$)}=\frac{B(0,\$)\times[1+\%B(\$)]}{P(0,\$)\times[1+\pi(\$)]}=RB(0,\$)\times\frac{1+\%B(\$)}{1+\pi(\$)}$$

仅当基础价格变动的百分比等于美国通货膨胀率时，Safe Air 的每单位实际进口成本才不会改变。基础价格的增加大于美国通货膨胀率的增加会导致实际进口部分成本的上升，反之实际进口部分成本则下降。

Safe Air 每单位其他可变生产成本在实际条件中的第 0 期的数值一定如下：

$$RC(0,\$)=\frac{C(0,\$)}{P(0,\$)}=\frac{\$413/\text{筒}}{\$50/\text{美国综合商品}}=8.26\ \text{美国综合商品/筒}$$

在下一期，实际生产成本为：

$$RC(1,\$)=\frac{C(1,\$)}{P(1,\$)}=\frac{C(0,\$)\times[1+\%C(\$)]}{P(0,\$)\times[1+\pi(\$)]}=RC(0,\$)\times\frac{1+\%C(\$)}{1+\pi(\$)}$$

如果 Safe Air 的名义生产成本以美国通货膨胀率的幅度增长，它的实际生产成本将保持不变。然而，如果 Safe Air 的名义生产成本增长率大于美国通货膨胀率，它的实际生产成本将会增加。

Safe Air 的每筒实际收入

Safe Air 销售产品的每筒实际收入由氧气筒的美元零售价格除以美国价格水平决定：

$$RT(0,\$)=\frac{T(0,\$)}{P(0,\$)}=\frac{\$820/\text{筒}}{\$50/\text{美国综合商品}}=16.4\ \text{美国综合商品/筒}$$

这是公司通过销售氧气筒可获得的实际资源。由于通货膨胀，在第 1 期，Safe Air 可以将它的零售价格调整$\%T(\$)$，美国价格水平将增加$\%\Pi(\$)$。因此，Safe Air 第一期的每单位实际收入为：

$$RT(1,\$)=\frac{T(1,\$)}{P(1,\$)}=\frac{T(0,\$)\times[1+\%T(\$)]}{P(0,\$)\times[1+\pi(\$)]}=RT(0,\$)\times\frac{1+\%T(\$)}{1+\pi(\$)}$$

仅当 Safe Air 能够以根据美国价格水平计量的通货膨胀率来提高其零售价格时，它的每单位实际收入才会保持不变，因为 RI 的分子和分母将以同样的比率增长。

Metallwerke 公司的每筒实际收入

Metallwerke 公司每筒实际收入是汇率€/$，乘以公司向 Safe Air 开出的每筒的美元价格，再除以德国的价格水平，即：

$$RR(0,€)=\frac{S(0,€/\$)\times B(0,\$)}{P(0,€)}=\frac{(€2/\$)\times(\$400/\text{筒})}{€100/\text{德国综合商品}}=8\ \text{德国综合商品/筒}$$

请注意每筒 8 个单位的德国综合商品和 Safe Air 在支付美元价格时所付出的商品和服务是相同的。的确如此，因为€ 2/$ 的货币汇率等于物价水平比率，(€ 100/德国综合商品)/($ 50/美国综合商品)。因此，绝对购买力平价 PPP 是满足要求的。

在第 1 期中，Metallwerke 公司新的实际收入为：

$$RR(1,€)=\frac{S(1,€/\$)\times B(1,\$)}{P(1,€)}$$
$$=\frac{S(0,€/\$)\times[1+\%S(€/\$)]\times B(0,\$)\times[1+\%B(\$)]}{P(0,€)\times[1+\pi(€)]}$$
$$=RR(0,€)\times\frac{[1+\%S(€/\$)]\times[1+\%B(\$)]}{1+\pi(€)}$$

为了保持 Metallwerke 公司实际收入不变，基础价格应当以多大的百分比变化？仅当基础价格的变动百分比满足：

$$1+\%B(\$)=\frac{1+\pi(€)}{1+\%S(€/\$)}$$

Metallwerke 公司的实际收入将保持不变。请注意：这项分析指出 Metallwerke 公司想要增加氧气筒的基础价格来补偿德国的通货膨胀率和美元相对欧元的任何形式的贬值，但是，提议的合约中并没有这样写。在研究了德国公司实际成本是怎样随着时间改变之后，我们将会回到这个问题。

Metallwerke 公司的每筒实际成本

Metallwerke 公司的每筒实际成本是欧元名义生产成本除以德国价格水平：

$$RC(0,€)=\frac{C(0,€)}{P(0,€)}=\frac{€\ 696/\text{筒}}{€\ 100/\text{德国综合商品}}$$
$$=6.96\ \text{德国综合商品/筒}$$

只要德国公司的欧元产品成本以德国通货膨胀率的幅度增长，每筒实际生产成本将保持不变：

$$RC(1,€)=\frac{C(1,€)}{P(1,€)}=\frac{C(0,€)\times[1+\%C(€)]}{P(0,€)\times[1+\pi(€)]}=RC(0,€)\times\frac{1+\%C(€)}{1+\pi(€)}$$

评价 Metallwerke 公司的提议

假设相对购买力平价保持不变，并且美国通货膨胀率比德国通货膨胀率高，比如，假定美国的通货膨胀率为 10%，德国的通货膨胀率为 5%，那么我们得知美元相对欧元是贬值的，而且汇率的变动百分比是：

$$1-d(€/\$)=\frac{1+\pi(€)}{1+\pi(\$)}=\frac{1+0.05}{1+0.1}$$

解出 d，得到：

$$d(€/\$)=0.045\,5$$

在 Metallwerke 公司提议的合约条款中，氧气筒基础价格变动的百分比等于美国的通货膨胀率 10%，加上一个额外的调整，即美元相对欧元的贬值率 4.55%的一半，即：

$$1+\%B(\$)=1+\pi(\$)+d(€/\$)/2=1+0.1+0.022\,8$$

解出$\%B$（$），得到：

$$\%B(\$)=0.122\,8$$

即每筒基础价格上升 12.28%。

从 Safe Air 的实际成本分析中我们发现，如果基础价格以这个比率增加，这个公司每单位的实际成本将会上升：

$$RB(1,\$)=RB(0,\$)\times\frac{1+\%B(\$)}{1+\pi(\$)}=RB(0,\$)\times\frac{1.1228}{1.10}=RB(0,\$)\times1.0207$$

由于这一美元基础价格的改变，Safe Air 从 Metallwerke 公司购买一个氧气筒的实际成本将要上升 2.07%。

让我们看看在 Metallwerke 公司提议的合约条款下，它每桶的实际收入是多少。从前面的分析中我们得知：

$$\begin{aligned}RR(1,€)&=RR(0,€)\times\frac{[1+\%S(€/\$)]\times[1+\%B(\$)]}{1+\pi(€)}\\&=RR(0,€)\times\frac{(1-0.0455)\times(1+0.1228)}{1+0.05}\\&=RR(1,€)=RR(0,€)\times1.0207\end{aligned}$$

因此，Metallwerke 公司的实际收入将会和 Safe Air 公司的实际成本一样上升 2.07%。

如果基础价格的增长率刚好等于美国通货膨胀率会怎样？在这个案例中，即 $\%B(\$)=\pi(\$)$，我们可以得到：

$$RR(1,€)=RR(0,€)\times\frac{[1+\%S(€/\$)]\times[1+\pi(\$)]}{1+\pi(€)}=RR(0,€)$$

因为在相对购买力平价（PPP）保持不变的假设下，汇率的变化要求正好抵消通货膨胀率差异。

在这个案例中，如果 Safe Air 的其他生产成本和每筒的零售价格都以美国通货膨胀率的幅度增长，Safe Air 将处于和以前同样的实际条件中。同样，如果 Metallwerke 公司的生产成本以德国通货膨胀率的幅度上升，可以直接得出 Metallwerke 公司也会处于和以往相同的实际条件中。因此，我们发现，如果实际汇率保持不变，基础氧气筒价格将以美国通货膨胀率的幅度增长，使得 Safe Air 每筒实际成本不变，并且名义汇率的变动会抵消美国与德国间的通货膨胀率差异，从而使得 Metallwerke 公司的实际收入保持不变。

总之，如果氧气筒的基础价格以美国通货膨胀率的幅度增长，仅当美元的名义贬值数值比美国和德国间的通货膨胀率差异大时，美元的名义贬值才会使 Metallwerke 的实际收入降低。当 Metallwerke 公司签订一项长期合约时，这种潜在的实际收入损失应该是该公司想要防范的风险。这就是实际外汇风险敞口。

设计一个分摊实际外汇风险的合约

如果实际汇率保持不变不会是事情的结局，必须确保 Metallwerke/Safe Air 的合约不存在偏袒。如果相对购买力平价是变动的并且实际汇率是波动的，两个公司都将暴露于实际外汇风险。就像在第 8 章所讨论的，对购买力平价（PPP）的违背不是例外而是一种规则，因此，存在与这个长期合约有关的实际外汇风险。两个公司大概都倾向于采取一些保护手段以防范实际汇率的较大波动。两个公司也同样更喜欢这样一种合约，它规定氧气筒价格在 10 年内保持不变，因而可以为 Safe Air 提供一个稳定的实际成本，从而为 Metallwerke 公司提供一个稳定的实际收入。

遗憾的是，如果没有合约约定将风险转移给第三家公司，这两家公司都不可能实现以上期望。如果 Safe Air 关心所支付美元的实际价值，而 Metallwerke 公司关心经过美元兑换后它收到的欧元的实际价值，但实际汇率有波动，那么总要有人承担实际汇率波动的风险。

分摊风险的合约

如本章之前所讨论的，在双方间近乎平均分摊实际外汇风险是有可能的。回顾一下实际汇率的变动百分比——美元相对欧元的实际升值率——可以用以下方式计量：

$$1+\%RS(€/\$)=\frac{[1+\%S(€/\$)]\times[1+\pi(\$)]}{1+\pi(€)}$$

这里的$\%\Delta RS$代表美元相对于欧元的实际升值率或贬值率，它可以是正数也可以是负数。然后，令产品的基础价格以美国通货膨胀率的幅度增长，并且做出因实际汇率的变化而对基础价格的额外调整。令基础价格上升任何美元对欧元实际贬值的50%，或令基础价格下降任何美元对欧元实际升值的50%：

$$1+\%B(\$)=[1+\pi(\$)]\times[1-(\%RS(€/\$)/2)]$$

此时，Safe Air的实际成本是：

$$RB(1,\$)=RB(0,\$)\times\frac{1+\%B(\$)}{1+\pi(\$)}=RB(0,\$)\times[1-(\%RS(€/\$)/2)]$$

如果实际汇率保持不变，那么实际成本也保持不变，即$\%RS(€/\$)=0$。当美元在实际条件中相对欧元贬值——也就是当$\%RS(€/\$)<0$时，成本将增加实际贬值率的50%。相反，当美元在实际条件中相对欧元升值——也就是当$\%RS(€/\$)>0$时，Safe Air的实际成本下降。

现在我们来考虑Metallwerke公司在修订的合约下的实际收入。我们知道：

$$RR(1,€)=RR(0,€)\times\frac{[1+\%S(€/\$)]\times[1+\%B(\$)]}{1+\pi(€)}$$

我们可以替换新的合约条款，写作：

$$RR(1,€)=RR(0,€)\times\frac{[1+\%S(€/\$)]\times[1+\pi(\$)]\times[1-\%RS(€/\$)/2]}{1+\pi(€)}$$

因为$1+\%RS(€/\$)=[1+\%S(€/\$)]\times[1+\pi(\$)]/[1+\pi(€)]$，我们有：

$$RR(1,€)=RR(0,€)\times[1+\%RS(€/\$)]\times[1-\%RS(€/\$)/2]$$

因为

$$\begin{aligned}&[1+\%RS(€/\$)]\times[1-\%RS(€/\$)/2]\\&=1+\%RS(€/\$)-\%RS(€/\$)/2-[\%RS(€/\$)]^2/2\\&=1+\%RS(€/\$)/2-[\%RS(€/\$)]^2/2\end{aligned}$$

如果忽略平方项，因为该平方项是比其他项要小的数值的平方，Metallwerke公司实际收入的变动百分比近似为$\%RS(€/\$)/2$。因此，当$\%RS(€/\$)>0$时，Metallwerke公司的实际收入增长了美元任何实际升值的50%；当$\%RS(€/\$)<0$时，Metallwerke公司的实际收入减少了美元任何实际贬值的50%。

理解合约

重新设计的合约分摊实际外汇风险的原因是，如果美元相对于欧元的贬值幅度高于通货膨胀率差异，Metallwerke公司的实际收入会下降。在这种情形下，重新设计的合约将迫使名义基础价格增加，这就导致了Safe Air需要承担部分损失。但是如果欧元相对于美元的贬值率高于通货膨胀率差异，Metallwerke公司的实际收入会增加。重新设计的合约将使Metallwerke公司通过降低美元基础价格的增长率来与 Safe Air 分享收益。

重新设计的合约会被采纳吗

重新设计的合约是否会实际上被公司作为一种分摊实际外汇风险的方法而采纳取决于几种因素。首先，随着实际汇率的改变，Safe Air 的其他生产成本和 Metallwerke 公司的成本是如何改变的?

影响成本的其他因素

假设当美元相对欧元在实际条件中疲软时，Safe Air 面对来自员工的额外成本压力，因为他们的名义工资能够购买的境外商品减少了。相比较而言，当欧元在实际条件中坚挺时，Metallwerke 公司的实际成本可能相对减少了。在既定名义欧元工资条件下，德国员工将有更高的购买力。而当美元相对于欧元坚挺时，将会出现相反的情形。在这个案例中，当美元疲软时，如果 Safe Air 同意每筒基础价格有小幅增长，两个公司的实际利润会比较平稳。然而作为交换，当美元贬值时，Safe Air 必须接受每筒基础价格小幅度下跌。当美元坚挺时，因为 Safe Air 国内成本的压力将更小（比如，Safe Air 的员工不会要求更高的工资），所以它可能会接受这样一个协议。当美元坚挺时，Metallwerke 公司获得的额外收入对于德国氧气筒制造商来说正是时候，因为由于欧元的贬值，它将面临额外的国内成本压力（比如，Metallwerke 公司的员工会要求更高的报酬）。

竞争与定价能力

Safe Air 是否有能力调整它的实际零售价格，使其与美国通货膨胀率变动不同? 氧气筒的零售需求是否完全独立于引起实际外汇变动的推动力? 如果 Safe Air 除了美国通货膨胀率调整幅度外确实不能调整它的零售价格，并且它的需求完全由新旧更替所驱动，那么这些因素都不重要。

如果 Safe Air 在美国有外国竞争者，当美元坚挺时外国竞争者的定价更具有侵略性，当美元疲软时他们就消失了，那么情况就不一样了。在这个案例中，当美元坚挺时，Safe Air 希望它的零售价格增长幅度低于美国通货膨胀率。这可以通过使 Safe Air 接受多于一半的美元升值带来的好处来实现。作为交换，当美元疲软时，Safe Air 能接受它所支付的每筒基础价格更多的增长。相比之下，如果强势美元以某种方式与 Safe Air 产品增长的需求相关，当美元坚挺时，公司就可能没有必要为它的氧气筒支付一个较低的价格，因为需求无论如何都很强。

相对议价实力

决定合约怎样书写的最后一个问题是两个公司的相对议价实力。正如最初书写的合约，Metallwerke 公司得到了强势美元的所有好处，并且当美元疲软时，Safe Air 仍然要分担部分成本。考虑到他在董事会的不稳定的职位，这可能是卡伦威尔能做的最好的事情。如果施皮格尔知道他最初的基础价格很有吸引力，他或许会迫使卡伦威尔接受外汇方面的现行好处，而可能在未来面临一些问题。相反，如果 Metallwerke 公司确实需要 Safe Air 的业务，施皮格尔可能会更希望接受一个固定价格的合约并且承担风险，同时希望美元会坚挺。

9.4 按市场定价策略

我们接着讨论的管理实际外汇风险的另一方面是**按市场定价**（pricing-to-market）。第 8 章在对某些产品偏离一价定律的根源的讨论中指出，无论在什么时候一种商品的市场都不是完全竞争的，商品生产者有动机在不同国家市场上制定不同的价格。

一些按市场定价策略的例子

20世纪80年代的豪华轿车

如前所述，在20世纪80年代中期，实际条件中相对于欧洲货币，美元更坚挺。结果是，美国的消费者纷纷前往欧洲，将他们手中的美元兑换成欧洲货币，以低于美国国内30%～40%的价格购买欧洲豪华轿车。显而易见，欧洲汽车制造商们发现扩大它们在美国销售汽车的利润边际比降低以美元标价的销售价格以获取更大的美国市场份额对它们更有利。

日本电子消费产品

在1987—1988年间，相对于日元美元变得疲软时，如同20世纪80年代豪华轿车在美国出现的情况一样，日本电子消费产品也经历了相同的情况。虽然美元贬值，但日本电子消费产品制造商并没有提高它们在美国市场以美元标价的产品的销售价格，因为它们认为这样做很可能让它们付出失去巨大市场份额的代价。相反地，在美国它们维持其电子消费产品低价格的策略，任其利润边际恶化。这样的结果就是，相同的产品，在美国销售的价格换算成日元的价格要比在日本国内以日元标价的价格低很多。那么市场的反应就是，精明的日本消费者们纷纷前往美国购买电子产品并运回日本。

法国手提包

另外一个关于按市场定价的例子来自2001年7月14日出版的《经济学家》。在那时候，法国奢侈品制造商路易威登（Louis Vuitton）制造的手提包在日本的售价比在欧洲要高出40%。精明的中国香港商人们通过派遣其职员到欧洲购买LV手提包然后将其带回到日本再次销售的方式来套利，这令法国手提包制造商很恼火。欧洲面临的问题是，如何将这些套利者与合法的游客相区分？能够以购买5个或10个手提包为界线吗？

按市场定价的概念

经济学家将上述例子中的现象称做按市场定价。按市场定价是指企业对同一种商品在不同的销售市场制定不同的价格。在上述每个例子中，企业在不同的国家制定不同的价格，而且仅仅在实际汇率发生变动时才允许对在国外销售的产品的销售价格进行调整。这一部分的目的是理解为什么会出现这种情况。我们通过检验一家垄断企业如何对实际汇率的波动做出反应来进行。①

垄断者按市场定价

一家垄断出口企业

让我们来考虑一家本国**垄断企业**（monopolist）的问题，该垄断企业是唯一向国内和国外市场销售不可储存商品（non-storable good）的制造商。该垄断企业在不同的市场面对不同的需求曲线，并且随着产品价格在不同市场的上升，它将销售更少的产品数量。我们可以认为垄断企业

① 本节的事项有更为正式的研究，Richard Marston（1990）提供了一个静态的、一个时期内的利润最大化，在Kenneth Kasa（1992）的研究中则提供了问题的动态公式。

选择产品在本国和国外市场的供应价格，并令它在每个市场上的销售量由不同的需求曲线决定，或者，我们可以认为垄断企业根据需求曲线选择对每个市场的供应量并确定价格。

例 9.5 在两个市场上销售的垄断企业

需求曲线

假设垄断企业在本国和国内市场上面临着同样的线性需求曲线。国内需求曲线为：

$$Q=1\,000-P$$

式中，Q 代表在本国市场上产品的销售数量，P 代表本国市场上的相对价格。当价格为 0 时，垄断企业将销售 1 000 单位。随着垄断企业销售价格的提高，产品销售数量将下降，直到销售价格为 1 000 时，产品销售数量将为 0。需求曲线在国外市场上也是一样的：

$$Q^{*}=1\,000-P^{*}$$

式中，Q^{*} 代表在国外市场上当产品的相对销售价格为 P^{*} 时的销售数量。

国内和国外的销售收入

根据国内的需求曲线：$P=1\,000-Q$，本国销售收入为：

$$P\times Q=(1\,000\times Q)-Q^{2}$$

根据以前的分析，我们知道当垄断企业在国外市场上销售产品时，其从国外市场上的销售换算为本国货币实际销售收入的数值为：实际汇率 RS，乘以国外相对价格 P^{*}，再乘以国外市场销售数量 Q^{*}，代入 $P^{*}=1\,000-Q^{*}$，即有：

$$RS\times P^{*}\times Q^{*}=(RS\times 1\,000\times Q^{*})-RS\times Q^{*2}$$

产品成本

假设产品**边际成本**（marginal cost）保持不变，并且每一单位产品成本为 500，那么产品总成本就是单位产品成本乘以产品在两个市场上的总销售数量，即：

$$500\times(Q+Q^{*})$$

利润最大化的销售数量

利润最大化垄断企业的生产量应当是在每个市场上产品的**边际收入**①（marginal revenue）等于边际成本的生产量。本国市场的边际收入为 $1\,000-2Q$，国外市场的边际收入为 $RS\times1\,000-RS\times2Q^{*}$。因此，垄断企业在本国市场的产品销售数量应当满足：

$$1\,000-2Q=500$$

解出 Q 为：

$$Q=(1\,000-500)/2=250$$

国外市场的最优销售数量应当满足：

$$RS\times1\,000-RS\times2Q^{*}=500$$

解出 Q^{*} 为：

---

① 边际收入是总收入对销售量的导数。

$$Q^* = [1\ 000 - (500/RS)]/2$$

实际汇率 RS=1 条件下的均衡

假设最初的实际汇率为 1，在这种情况下，垄断企业应该在每个市场上以 750 的相对价格销售 250 单位的产品，那么总的实际利润为：

$$(750 \times 250) + (750 \times 250) - [500 \times (250 + 250)] = 125\ 000$$

图表 9.4 总结了国内和国外市场的均衡。

图表 9.4　　一家垄断出口商

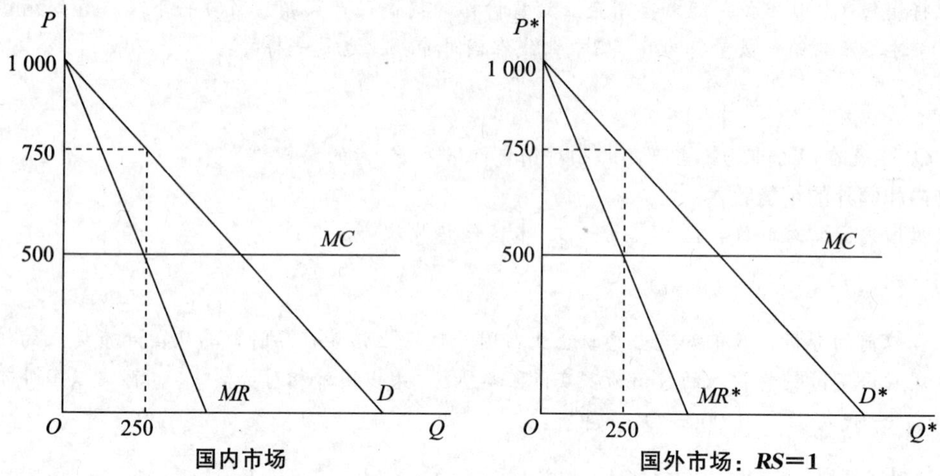

外币实际升值情况下的均衡

现在，假设外币实际升值 20%，那么新的实际汇率为 1.2，垄断出口商将从这种外币的实际升值中获利，因为在国外市场总的实际收入现在是：

$$1.2 \times (1\ 000 - Q^*) \times Q^*$$

那么垄断企业将如何对这种情况做出反应呢？通过使国外市场的边际收入等于国内未改变的边际成本 500，可以求解出 Q^*，即：

$$Q^* = [1\ 000 - (500/1.2)]/2 = 291.7$$

图表 9.5 总结了新的国外均衡。

为了能在国外市场上销售出 291.7 单位的产品，垄断企业必须降低其产品在国外市场的销售价格至每件：

$$P^* = 1\ 000 - 291.7 = 708.3$$

因为产品的边际成本保持不变，所以本国市场的每一单位产品的销售价格仍然为 750，本国销售量仍然为 250。

注意到虽然外币升值了 20%，但垄断企业的产品相对价格仅仅降低了 5.6%，因为新的国外市场的价格与原来国外市场的价格的比率为：

$$708.3/750 = 0.944$$

外币升值 20% 仅导致国外市场相对价格上升很小的 5.6%。但不同的是，其换算成本国货币的价格应等于外币价格乘以实际汇率，这一数值将从 750 剧烈上升至：

$$1.2\times 708.3=850$$

因为实际本国价格仍然保持在 750，所以一价定律被违背。

对一价定律的违背

图表 9.5 所列示的解释说明，无论什么时候，只要需求曲线在不同的国家之间有差异，那么垄断企业就会发现违背一价定律对其是有利的，因为产品需求曲线仅仅取决于消费者所在国的产品相对价格而不是其他国家的同一产品的相对价格。这些对一价定律的偏离并没有引起商品市场的套利行为。需求曲线公式中的隐含因素是阻止这种套利行为的某些成本。

图表 9.5　　当 *RS*＝1.2 时垄断出口商的情况

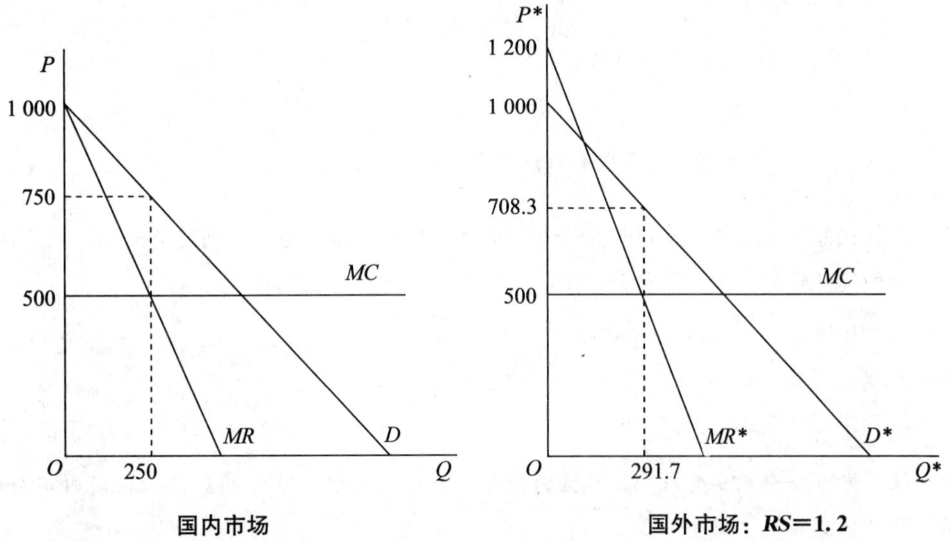

外币的实际升值将使得垄断企业赚取更多的利润。即使垄断企业将其在国外市场的相对价格下降到与外币升值幅度相同的金额，即下降到 625（＝750/1.2），在这种情况下将不会违背一价定律，但垄断企业的利润也将增长。因为国外市场的产品市场销售量将上升至 375（＝1 000－625）。在这一销售价格和销售量下，总的利润将会上升到：

$$(750\times 250)+(1.2\times 625\times 375)-[500\times(250+375)]=156\ 250$$

即增长 25%，因为新的利润与其原来的利润比为：156 250/125 000＝1.25。但垄断企业在违背一价定律情况下会做得更好。在新的最佳销售价格和销售数量下，总的利润上升至：

$$(750\times 250)+(1.2\times 708.3\times 291.7)-[500\times(250+291.7)]=164\ 583.3$$

即增长 31.7%，因为新的利润与原来的利润之比为：164 583.3/125 000＝1.317。

通过采取最佳行动，出口垄断企业利用外币的实际升值能够变得更具盈利性。

一家净进口垄断企业

现在，考虑一家净进口垄断企业是如何对实际汇率变动做出反应的。

例 9.6　一家有进口成本的垄断企业

需求曲线

一家垄断企业国内的需求曲线为：

$$Q=1\,000-P$$

式中，Q 代表在本国相对价格为 P 情况下的需求数量。

国内和国外的成本

产品的成本包括国内每单位成本 C 和国外每单位成本 C^*。产品总成本等于本国总成本 $C\times Q$ 与以本国货币计价的国外成本之和。而以本国货币计价的国外总成本等于以外币计价的总成本 $C^*\times Q^*$ 乘以实际汇率 RS。因此，以本国货币计价的实际总成本为：

$$(C\times Q)+(RS\times C^*\times Q)$$

因为 $P=1\,000-Q$，于是总收入为：

$$P\times Q=1\,000\times Q-Q^2$$

边际收入为：$1\,000-2Q$。边际成本为：$C+(RS\times C^*)$。

均　衡

假设最初的 $C=250$，$C^*=200$，$RS=1$，那么，要使得垄断企业的利润最大化，就要使得每一单位产品的边际收入等于边际成本，即：

$$1\,000-2Q=250+(1\times 200)=450$$

解出 Q 为：

$$Q=(1\,000-450)/2=275$$

这意味着，垄断企业要生产 275 单位的产品，并以每单位 725 的相对价格在国内市场销售。最初的均衡如图表 9.6 所示。

图表 9.6　　**一家有进口成本的垄断企业**

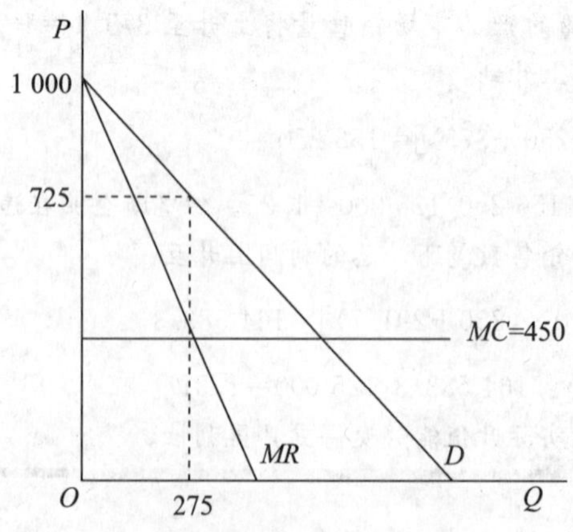

净进口垄断企业：RS=1

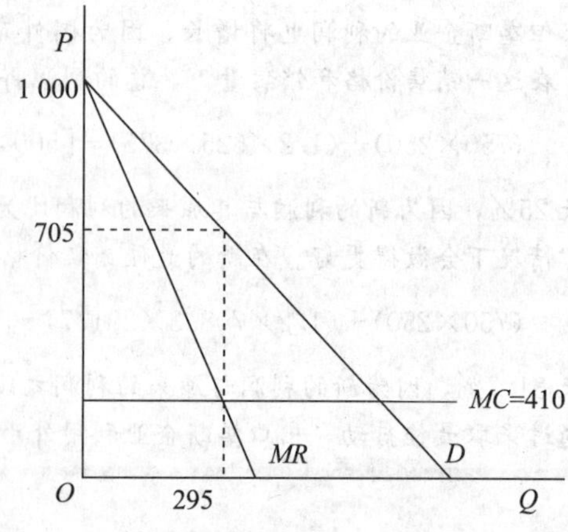

净进口垄断企业：RS=0.8

外币的实际贬值

现在，假设外币实际贬值 20%，那么新的实际汇率将为 0.8。这将导致垄断企业以本国货币计价的国外成本下降 20%，下降至 $0.8\times200=160$。边际成本下降至 $250+160=410$（与 450 相比较），这将提高垄断企业的产量。在最佳生产量下，不变的边际收入 $1\,000-2Q$ 应等于新的边际成本，即：

$$1\,000-2Q=250+(0.8\times200)=410$$

解出 Q 得：

$$Q=(1\,000-410)/2=295$$

为了将这 295 单位的产品销售出去，垄断企业需要使本国的相对价格下降至 705。

转移定价

在上一节的讨论中显示的节约成本中有多少转移给了消费者呢？垄断企业的边际成本下降了 8.9%，因为新的边际成本与原来的边际成本之比为 $410/450=0.911$。但是，本国市场价格仅仅下降了 2.8%，因为新的价格与原来的价格之比为 $705/725=0.972$。因此，再一次证实了传递是小于 1 对 1 的。在这种情况下，因为外币的实际贬值使得垄断企业进口成本降低，所以其利润上升。在汇率为 1 的情况下，利润为：

$$(725\times275)-[(250\times275)+(1\times200\times275)]=75\,625$$

在汇率为 0.8 的情况下，利润为：

$$(705\times295)-[(250\times295)+(0.8\times200\times295)]=87\,025$$

注意到利润增长了 15.1%，因为新的利润与原来的利润之比为 $87\,025/75\,625=1.151$。如果垄断企业将由于汇率变动而节约的 8.9%的进口成本通过降低本国销售价格全部转移给消费者，则新的价格应是 $0.911\times725=660.5$，新的销售数量应是 $1\,000-660.5=339.5$。因此利润应是：

$$(660.5\times339.5)-[(250\times339.5)+(0.8\times200\times339.5)]=85\,045$$

如你所看到的，若垄断企业将进口成本节约的部分全部通过降低本国销售价格的方式转移给消费者，其利润将仍然增长（从 75 262 增长到 85 045）。但是，如果垄断企业向消费者转移少于因进口而节约的成本部分，它能够获得更多的利润。如果垄断企业对国内消费者的单位产品相对价格高于完全转移成本节约下的相对价格，并生产较少数量的产品，那么它的利润将是 87 025，而不是只有 85 045。

按市场定价的经验证据

上述讨论的例子说明了在垄断环境下将会发生什么。虽然在现实市场中仅有很少的垄断企业，但是经济学家找到了广泛而强有力的证据证实许多国家的出口产品是按市场定价的，这显示企业的确是有些市场控制力的。

例如，理查德·马斯顿（Richard Marston，1990）较早的研究利用从日本银行获得的数据，检验了 1980—1987 年期间，一些商品相对于本国市场上本国货币价格在国外市场上本国货币价格的决定因素。按市场定价的弹性系数计量实际汇率变化对不同相对价格的影响，马斯顿所检验的所有商品种类，除相机和小型货车外，弹性系数普遍明显不等于 1。估计的小型客车、大卡车、农用拖拉机、摩托车、彩色电视机、复印机的按市场定价的弹性系数大约为 0.5。这意味着日元实际升值 10%将使得这些产品的出口价格相对于它们的国内价格低 5%。

迈克尔·科奈特（Michael Knetter，1993）发现了有力的证据表明，当以进口商货币表示时，德国、英国和美国的年度价格调整没有完全反映出口商货币和出口目的地市场货币间的汇率变化。科奈特发现不同的汇率变化量被允许转移到不同国家出口商的当地货币中去。在德国，估计值表明仅有11%的汇率变化转移给当地货币价格，在日本估计的转移值是21%，英国为33%，而美国为55%。科奈特研究的一个令人吃惊的发现是，按市场定价在德国的相对类似的化学产品种类的出口中是一个很重要的现象，这些化学产品包括铝二氧化物、合成染料、特殊染料、氧化钛颜料、氢氧化铝、维生素A和维生素C。另一个令人吃惊的发现是，大型德国汽车出口没有显示任何按市场定价的证据。另一方面，日本和英国的汽车出口则有按市场定价的强有力的证据。

更近期的联邦储备委员会（Board of Governors of the Federal Reserve）的研究发现，20世纪80年代转移到美国进口价格中的数值基本上大约为50%。20世纪90年代和21世纪该数字已经降到接近于20%。[①] 但是理解导致这一下降的原因却是个难题，经济学家将变化归结于减少的美国进口商品集中供应份额。因为在此期间，中国人民币对美元是固定汇率，任何美元对第三国货币的贬值都会潜在地导致对美国的第三国出口的美元价格的上升会被来自中国的竞争所阻止。

9.5 评价境外子公司的业绩

实际汇率的波动严重影响了国际业务的盈利水平，这一事件使得评价境外子公司经理人业绩的程序变得复杂。[②] 我们知道本国货币的实际贬值对净进口公司的业绩不利，因为这增加了公司的成本。相反，本国货币的实际贬值改善了净出口公司的经营业绩，因为这增加了公司的收入。

由于实际汇率的波动很大并且难以预测，境外子公司的经营业绩将具有很大的波动性。我们如何设计一个系统来在这样一种环境中区分优秀的管理和劣质的管理？

三类子公司

考虑三类在泰国运营的不同日本子公司最初的情况，本国货币是泰铢。这三个公司是净进口商ThaiComp、净出口商WeRToys和既不进口也不出口的RiceNoodle。

净进口商

ThaiComp进口个人电脑部件，在泰国进行个人电脑的装配，然后将大部分产品在泰国出售。ThaiComp将一部分电脑出口到马来西亚、印度尼西亚和中国。由于电脑制造商是一个净进口商，当泰铢出现实际贬值时，它的成本比它的收入增加得多。当泰铢利润被转换成日元时，ThaiComp的日本所有者将在实际条件中经受额外的损失。

净出口商

WeRToys是一个玩具制造和出口公司。虽然它也在泰国本地市场上出售一些玩具，而且还有一些进口的投入，但WeRToys的出口销售占据了它收入的大部分。因此，它的经营业绩随着

① 参见Mario Marazzi，Nathan Sheets，Robert Vigfusson，Jon Faust，Joseph Gagnon，Jaime Marquez，Robert Martin，Trevor Reeve和John Rogers（2005）。

② 本章的方法以Donald Lessard和David Sharp（1984）的分析为基础。

泰铢的实际贬值而上升，但是当日元坚挺时，它的日本所有者的实际盈利水平却没有增长那么多。

中性的公司

RiceNoodle 是一个服务于泰国市场的连锁饭店。它既没有出口收入和直接的境外成本，也没有国外竞争者。因此，RiceNoodle 的实际利润，即它的泰铢利润除以泰国价格水平，应该不会受实际汇率变动的影响。然而，泰铢相对于日元的实际贬值确实对 RiceNoodle 公司的日本所有者的实际利润金额有负面影响。

最初经营盈利水平

图表 9.7 显示了当实际汇率（泰铢/日元）等于 1 时，由三个公司赚取的经营利润。

对于每个子公司，实际收入、实际成本和实际经营利润以及每部分占总收入的百分比都列示出来了。实际金额通过以泰铢计量的名义变量除以泰国的价格水平得到。图表 9.7 显示每个公司的实际收入都为 2 303。请注意 RiceNoodle 的全部收入都来自泰国的销售业务。ThaiComp 70%的实际收入来自泰国国内市场业务，30%的收入来自出口业务。相反，WeRToys 30%的实际收入来自泰国市场业务，70%的收入来自出口业务。每个公司最初的销售商品的实际成本都为1 725。其中，ThaiComp 的国内成本仅为 825，而它的进口成本是 900。对于 WeRToys，这些数据正好相反，它的国内成本是 900 而进口成本是 825。这三个公司都有国内实际固定成本 350。通过从总收入中减去销售商品的成本和固定成本，我们得到每个公司的最初实际经营利润是 228，占实际收入的 10%。

图表 9.7　　泰铢与日元一比一实际汇率下的经营利润

	RiceNoodle		ThaiComp		WeRToys	
	实际泰铢	销售百分比(%)	实际泰铢	销售百分比(%)	实际泰铢	销售百分比(%)
销售额						
出口	0	0	696	30	1 607	70
国内	2 303	100	1 607	70	696	30
商品销售成本						
进口	0	0	(900)	(39)	(825)	(36)
国内	(1 725)	(75)	(825)	(36)	(900)	(39)
国内固定成本	(350)	(15)	(350)	(15)	(350)	(15)
实际泰铢经营利润	228	10	228	10	228	10
实际日元经营利润	228	10	228	10	228	10

图表 9.7 的最后一行通过经营利润除以实际汇率来评估三个子公司用实际日元计算的实际经营利润。尽管当实际汇率为 1 时，这一转换没有什么影响，但是泰铢的实际贬值将包括每日元泰铢的实际汇率的增加，以及当泰铢转换成日元时随之而来的实际盈利水平的下降。因此，尽管 RiceNoodle 并不直接暴露于外汇风险，但是当泰铢出现实际贬值时（正如我们在图表 9.8 中所看到的），RiceNoodle 的日本所有者仍然要遭受日元收入的下降。

实际经营成果与预测经营成果的对比

如果我们想要评价境外子公司管理人员的业绩，我们首先需要看子公司的预期经营成果。这代表了管理人员对于来年状况的最佳预期，以及子公司将对变化的经济环境做出怎样的反应。为简单起见，假设图表9.7也代表来年预期会发生什么——管理人员预期明年将有相同的实际收入，并且预期实际汇率不发生变化。(当然，实践中，管理人员通常预期这些变量会发生变化。)

图表9.8列示了三个公司在第二年的实际经营成果。假设在这一年，外国货币相对于泰铢有10%的实际升值，因此，现在的实际汇率为1.1。让我们来考察每个公司是怎样做的。

图表9.8　　日元实际升值10%后的实际经营利润

	RiceNoodle		ThaiComp		WeRToys	
	实际泰铢	销售百分比(%)	实际泰铢	销售百分比(%)	实际泰铢	销售百分比(%)
销售额						
出口	0	0	830	35	1 900	75
国内	2 188	100	1 526	65	648	25
商品销售成本						
进口	0	0	(980)	(42)	(945)	(37)
国内	(1 656)	(76)	(810)	(34)	(969)	(38)
国内固定成本	(333)	(15)	(349)	(15)	(355)	(14)
实际泰铢经营利润	199	9	217	9	279	11
实际泰铢利润变动百分比	(12.7)		(4.8)		22.4	
实际日元经营利润	181	9	197	9	254	11
实际日元利润变动百分比	(20.6)		(13.5)		11.4	

RiceNoodle的成果

RiceNoodle的实际销售收入较预期有一些下降，但同时它的成本也降低了。实际经营利润为199，比228降低了12.7%。因为我们认为实际汇率的变化不会影响RiceNoodle公司，所以泰国国内管理人员必须承担泰铢利润相对于预期下降的责任。据推测，这会影响管理人员获得的现有报酬，并且这种连续的不合格业绩可能会导致国内管理层的变动。也要注意到因为泰铢的实际贬值，以日元表示的实际经营利润会更低。用日元表示的实际经营利润现在是181，比228下降了20.6%。现在，让我们来分析其他两个公司。

ThaiComp和WeRToys的成果

图表9.8显示日元10%的实际贬值已经对ThaiComp的盈利水平产生了不良影响。实际泰铢经营利润降低了4.8%，从228下降到217。进口成本的上升导致经营利润从占销售收入的10%降低到占销售收入的9%。相反，WeRToys的实际泰铢经营利润增加了22.4%，从228上升到279，它的经营利润现在是总收入的11%。

图表9.8的最后两行显示了通过除以实际汇率将境外子公司的泰铢经营利润转换为实际日元利润如何降低了这些公司的盈利水平。ThaiComp的以日元表示的实际经营利润下降了13.5%，而用泰铢评估的WeRToys的良好业绩转换为日元后下降为增长11.4%。

对这些年度业绩(以实际泰铢或者实际日元表示的业绩)的简单解释会给WeRToys的管理人员授予可观的奖金，他们带来了远远超过预期的利润。当然，可以看出，由于未预期的10%的泰铢的实际贬值，经营环境对WeRToys是有利的。我们仍然可以认为一些经营业绩的增长源于优秀的管理。WeRToys的管理人员会努力为良好业绩争取尽可能多的褒奖，认为实际泰铢盈利水平 22.4%的增长不能仅仅归因于机会。

评价 ThaiComp 的业绩是一个难题。ThaiComp 的管理人员或许声称公司糟糕的业绩完全是由于泰铢的实际贬值。争论可能会围绕 4.8%的盈利水平下降是否应该被预期到而产生，因为这种类型的公司是在这样不利的环境下经营的。

比较管理人员的最佳反应和无反应

前面部分强调了仅仅依据事后信息评价境外子公司业绩的问题。因为我们知道当泰铢遭受实际贬值时，ThaiComp 的业绩相对差一些，而 WeRToys 的业绩相对好一些，仅仅观察经营利润变化的方向不能提供任何关于公司管理人员表现如何的信息。我们需要知道的是，在泰铢实际贬值 10%的条件下，ThaiComp 的预期业绩会有多糟糕，而 WeRToys 的预期业绩会有多好。

与无经营反应的比较

如果公司的管理人员没有做出经营反应，起始点应当是评价公司的经营业绩。这一观点列示在图表 9.9 中。

图表 9.9　　日元实际升值 10%后的经营利润：管理人员没有采取应对措施

	RiceNoodle		ThaiComp		WeRToys	
	实际泰铢	销售百分比(%)	实际泰铢	销售百分比(%)	实际泰铢	销售百分比(%)
销售额						
出口	0	0	766	32	1 768	70
国内	2 303	100	1 607	68	696	30
商品销售成本						
进口	0	0	(990)	(42)	(908)	(37)
国内	(1 725)	(75)	(825)	(35)	(900)	(37)
国内固定成本	(350)	(15)	(350)	(15)	(350)	(14)
实际泰铢经营利润	228	10	208	8	306	12
实际泰铢利润变动百分比	0		(8.8)		34.2	
实际日元经营利润	207	10	189	8	278	12
实际日元利润变动百分比	(9.2)		(17.1)		21.9	

由于没有做出经营反应，公司将在它们的国内和出口市场中制定相同的相对价格。它们可能会出售相同的数量，并且就像图表 9.7 中各自的预期预算，它们会有相同的生产成本。销售额、销售商品成本、盈利水平之间的差异会出现，仅仅因为与国际交易相关的每个数字——出口销售额和进口成本——都会通过乘以新的实际汇率 1.1 增加。

现在来看图表 9.7 和图表 9.9，比较这两个图表发现：如果管理人员没有做出经营反应，泰铢 10%的实际贬值将引起 ThaiComp 以实际泰铢计算的经营利润从 228 降低到 208。降低值 20 的出现是因为进口成本从 900 上升到 990，比出口额从 696 上升到 766 要多出 20。WeRToys 的实际泰铢经营利润从 228 上升到 306。增长值 78 的出现是因为在原来一比一的汇率下，出口收入 (1 607)比进口成本 (825) 多 782，而汇率上升了 10%。

三个公司的泰国管理人员都理解公司的进口和出口是如何受实际汇率变化影响的这一点至关

重要。换言之，他们需要考虑应该做出何种反应。通过对这些变化做出合理的反应，公司应该实现比图表 9.9 中显示的更高的利润。[①]

与最佳反应的比较

在本章前面我们指出，公司对泰铢实际贬值的反应包括恰当的按市场定价策略。那就是，在对泰铢实际贬值的反应中，公司应该努力将一些销售从泰国市场转移到出口市场上。这可以通过提高在泰国市场上的相对价格并降低出口市场上的相对价格来实现。产品进口成本的增加也要求减少 ThaiComp 产品的总体数量，因为它的成本已经上升到超出额外增加的国际收入。而另一方面，WeRToys 应该扩大生产。

图表 9.10 提供了这种可推测的预测信息，该预测信息与管理人员对泰铢实际贬值 10%的预期反应有关。

请注意图表 9.10 中 ThaiComp 和 WeRToys 的出口销售收入高于图表 9.9 中的出口销售收入，而它们的本国销售收入低于图表 9.9 中的本国销售收入。而且，ThaiComp 的产品本国成本和产品进口成本在图表 9.10 中比图表 9.9 中显示的低。这些较低的成本反映了公司产出的减少。总体上，由于 ThaiComp 对泰铢的实际贬值做出了最佳反应，以实际泰铢计量的经营利润是 211，比图表 9.9 中的相应数值高 1%。净出口商 WeRToys 同样可以做得更好。图表 9.10 显示 WeRToys 能获得以实际泰铢计量的经营利润 309，比图表 9.9 中的相应数值 306 稍微高一些。

图表 9.10　　日元升值 10%后的经营利润：管理人员做出了最佳反应

	RiceNoodle		ThaiComp		WeRToys	
	实际泰铢	销售百分比(%)	实际泰铢	销售百分比(%)	实际泰铢	销售百分比(%)
销售额						
出口	0	0	815	35	1 848	74
国内	2 303	100	1 522	65	644	26
商品销售成本						
进口	0	0	(969)	(41)	(920)	(37)
国内	(1 725)	(75)	(807)	(35)	(913)	(37)
国内固定成本	(350)	(15)	(350)	(15)	(350)	(14)
实际泰铢经营利润	228	10	211	9	309	12
实际泰铢利润变动百分比	0		(7.5)		35.5	
实际日元经营利润	207	10	192	9	281	12
实际日元利润变动百分比	(9.2)		(15.8)		23.2	

谁应该得到奖金?

三个泰国公司中哪个公司应该得到奖金这个问题现在就很容易评价了。图表 9.11 比较了在日元实际升值了 10%之后的实际经营结果（列示在图表 9.8 中）和同样建立在日元实际升值 10%

① Richard Marston (2001) 的研究表明有最佳经营反应的实际贬值的首要影响仍然由实际汇率对公司的净敞口的影响决定，因为公司已经将它在每个市场上的销量最优化了。因此，不同市场上的产量和销量不会对经营利润产生大的改进。

之上的预期的经营反应（列示在图表 9.10 中）。请注意只有 ThaiComp 的实际经营成果比最佳成果好。管理人员可以比他们预期的做得更好，因为他们有额外的信息并能够对这些信息做出反应。

图表 9.11　　日元升值 10%后的实际经营利润与最佳经营利润

	RiceNoodle		ThaiComp		WeRToys	
	实际泰铢		实际泰铢		实际泰铢	
	最佳	实际	最佳	实际	最佳	实际
销售额						
出口	0	0	815	830	1 848	1 900
国内	2 303	2 188	1 522	1 526	644	648
商品销售成本						
进口	0	0	(969)	(980)	(920)	(945)
国内	(1 725)	(1 656)	(807)	(810)	(913)	(969)
国内固定成本	(350)	(333)	(350)	(349)	(350)	(355)
实际泰铢经营利润	228	199	211	217	309	279
实际泰铢利润变动百分比	0	(12.7)	(7.5)	(4.8)	35.5	22.4
实际日元经营利润	207	181	192	197	281	254
实际日元利润变动百分比	(9.2)	(20.6)	(15.8)	13.5	23.2	11.4

RiceNoodle 的国内销售收入比预期低，但是它的成本也同样比预期低。遗憾的是，当在新环境中经营时，它的经营利润下降到比预期的低。

不论是在泰国市场上还是在国外市场，WeRToys 实际售出了比预期更多的产品。遗憾的是，它的所有成本——进口成本、本国成本以及固定成本都高于应有的金额。它的总利润 279 低于应该赚取的利润额 309。

另一方面，ThaiComp 是在一个相反的环境中经营。它实际的国内收入和出口收入都更高，它的进口成本和国内固定成本也比预期高。总体上，虽然 ThaiComp 的实际经营利润 217 超过了在这种情形下的预测利润 211，但是转换成实际日元后，它的经营利润 197 超过了可预测的价值 192。很明显，ThaiComp 的管理人员应该因为他们的良好业绩而得到奖金。

评估子公司的长期生存能力

我们可以使用预测的方法来评估子公司的长期生存能力，正如目前所使用的一样。假设在实际汇率为 1 的情况下，现时的泰铢相对于日元有 10%的低估。我们知道，在长期这样的低估很可能被修正。泰铢在实际条件下坚挺，将对净进口商 ThaiComp 的盈利水平产生有利的影响，但是对净出口商 WeRToys 的长期盈利水平则会产生不利影响。

图表 9.12 提供了三个公司的预期经营反应，假设日元有 10%的实际贬值，新的汇率是 0.9（泰铢/日元）。数字包含了每个公司的最佳经营反应。

RiceNoodle 没有实际汇率风险敞口，因此它在泰国的实际经营利润仍被预期为 228 泰铢。然而，当利润被转换成实际日元时，泰铢的升值使得金额达到了 253 日元。

与图表 9.7 中实际汇率为 1 的基础案例相比，泰铢的实际升值使 ThaiComp 在泰国的实际经营利润从 228 增加到 251。当转换成实际日元时，实际利润上升到了 279，这比基础案例中的利润高出 22.4%。

图表 9.12　　日元贬值 10%后的经营利润：管理人员做出了最佳反应

	RiceNoodle		ThaiComp		WeRToys	
	实际泰铢	销售百分比(%)	实际泰铢	销售百分比(%)	实际泰铢	销售百分比(%)
销售额						
出口	0	0	574	25	1 361	65
国内	2 303	100	1 687	75	745	35
商品销售成本						
进口	0	0	(822)	(36)	(725)	(34)
国内	(1 725)	(75)	(838)	(37)	(878)	(42)
国内固定成本	(350)	(15)	(350)	(15)	(350)	(17)
实际泰铢经营利润	228	10	251	11	153	7
实际泰铢利润变动百分比	0		10.1		(32.9)	
实际日元经营利润	253	10	279	11	170	7
实际日元利润变动百分比	11		22.4		(25.4)	

相反，泰铢的实际升值对 WeRToys 不利。尽管做出了最佳的经营反应，公司在泰国的实际经营利润将预期从基础案例中的 228 降低到 153。转换成日元后该利润增加到 170 日元，但是这仍然表现为实际经营利润下降 25.4%。由于 WeRToys 的经营边际现在仅为 7%，除非可以找到一个提高盈利水平的经营战略，否则它看起来就是一个处于边缘的企业。

9.6　实际外汇风险的管理策略

假设实际汇率波动，大型跨国企业的管理层将如何对各种实际外汇风险做出反应呢？最为重要的一点是，管理者必须认识到实际汇率的影响是无处不在的，不仅直接影响国外定价和国外进口的国内成本额，而且还影响不同国家之间企业竞争的性质。

显然，财务经理必须理解这些风险，但是进行实际外汇风险的套期保值是很复杂的。在随后的第 17 章，我们将更详细地讨论这一问题。这里我们仅仅需要知道在汇率变换可能致使企业亏损时，金融套期可以帮助企业保证其现金流量。

对市场营销管理人员和运营管理人员而言，理解企业面临的实际外汇风险的性质是非常重要的。企业的管理者必须意识到实际汇率的波动会带来问题，也会带来获利的机会，这需要恰当的管理反应。

实际汇率的暂时变化与永久变化

影响企业在实际汇率发生变化时选择最佳应对措施的一个关键因素是预期实际汇率变化持续时间的长度。预期实际贬值持续时间的长短会对敞口数量和管理层对敞口可能做出的反应都产生影响。汇率变化的时间范围影响企业的反应，因为改变企业的经营是需要付出成本的。接下来将讨论管理者如何以动态的方式对实际汇率做出反应。

生产管理

怎样设计企业的生产流程以反映实际外汇风险呢？当然，生产计划、资源投入甚至生产设施的地点都应当对实际汇率的预期波动保持敏感。

生产计划

生产计划必须对实际汇率保持敏感，因为实际汇率的波动会影响企业所生产产品的需求。许多企业设立库存以满足需求的临时波动，因为运营一条生产稳定的生产线比运营一条波动的生产线成本更低。当需求萧条时，存货库存量上升，当需求高涨时，存货库存量下降，但是生产量将保持平稳。在例 9.5 中，我们讨论了外币实际升值是如何刺激垄断企业大量向国外市场出口产品的。在例 9.5 中，产品单位成本是保持不变的。然而在生产量增加的情况下，由于加班工资和与机器消耗相关的维修、保养成本也将增加，产品的单位成本也将随着产量的增加而增加。垄断企业在国外市场上单纯通过销售更多的前期库存商品比提高当期产量去满足增长的销售需求所赚取的收入要更多。企业在决定是通过销售前期库存商品还是通过提高当期产品生产量去满足当期销售增长的需求时，一个主要决定因素是实际汇率变化的持久性。这种变化越持久，企业预期有高需求量的时间越长，企业将越倾向于提高其生产量，而不仅仅是将库存销售一空。如果汇率的这种变化被认为是永久的，那么企业也将会永久地调整其产品的价格和生产量。

投入采购

生产过程中所需要的原材料和零部件也需要对实际汇率保持敏感。当本国货币坚挺时，本国企业应当使用国外的物料投入，因为相对而言较为便宜。但是这些国外资源应该提前组织好以充分利用汇率波动的有利条件。

阻止制造商更换国内、国外供应商的影响因素是企业赋予其和供应商长期合作关系的价值。拥有稳定、可靠的部件和原材料来源是一项有价值的资产。如果企业目前将国内的供应商更换为国外供应商，那么没有什么可以保证该国内供应商在未来仍有兴趣服务于企业。因此，企业管理者必须估计本国货币预期能在多长时间内保持坚挺。如果企业很快地将国内供应商更换为国外供应商，而本国货币的实际升值只是短暂的，那么当本国货币贬值、国外供应商不再有价格竞争优势时，最终该企业可能没有国内供应商或者是没有可靠的供应商。

采用国外供应商既有可能减轻也有可能加剧企业的实际外汇风险敞口。例如，一家企业出口很多产品到某个国家，该企业有国外供应商，采用国外供应商可以减轻实际外汇风险。但是，如果采用国外供应商使得该企业面临一些新的外汇风险来源，国内企业的管理者必须在考虑国内和国外各自成本的同时考虑这方面的影响。

工厂选址决策

如果一家跨国企业在几个国家都进行生产经营，那么其管理者出于缩减成本的考虑而在不同国家的工厂间转换生产是很自然的事情。当实际汇率波动时，企业可以选择提高在货币出现实际贬值国家的产量，而减少在货币出现实际升值国家的产量。然而，因为在国外新建一家工厂是一项长期投资，所以管理者应该合理确定目前该国的成本优势不会被该外币的实际升值所破灭。或许该货币仅仅经历了一个暂时的实际贬值，而在几年后就很可能被逆转。

在 20 世纪 90 年代，像丰田、宝马这样的日本和欧洲的汽车制造商在美国投资建厂以避免美元实际贬值所带来的不利影响。因为它们的生产设施所在地也是其产品销售市场所在地，只有销售利润暴露于美元贬值的风险。相反地，如果这些汽车制造商仅仅是将产品出口到美国，它们的收入就完全暴露于美元贬值时可能招致的损失中。

企业在全球范围内转移生产的能力也受制于其工厂的成本结构。如果企业经营的工厂规模很小，企业将失去运转大规模工厂所能够获得的规模经济，这将增加其产品的单位成本。因此，企业可能会选择通过运营一个大规模工厂而获得规模经济，而不是在不同的国家运营许多小工厂来减少它的实际外汇风险。

这种情况的最好例子发生在 1984 年美洲豹公司（Jaguar）被私有化之后。那时，美洲豹公司仅仅在英国有一家工厂。因为美洲豹公司超过 50%的销售在美国，所以当 20 世纪 80 年代后期美元疲软时，美洲豹公司的收入骤然下降。控制美洲豹公司美元收入流量敞口的方法之一是在美国建造生产设施，但是美洲豹公司保持盈利所需要的规模经济不允许它这样做。

1989 年，美洲豹公司成为通用汽车和福特汽车的收购对象。这两家公司认识到，美洲豹公司成为某家大公司的一部分比作为一个独立实体要更有价值。后来，福特公司收购了美洲豹公司，并开始从美国采购更多零部件。不幸的是，即使在巨额投资后，美洲豹公司也从未达到过福特预测的盈利水平。

以上讨论都归纳总结于图表 9.13 中。

图表 9.13　　生产管理人员对实际汇率的反应

生产事项	对短暂汇率变动的反应	对持续汇率变动的反应
生产计划	让存货波动	改变产量
投入采购	采用国内供应商	转向境外供应商
工厂位置	采用国内工厂	设立境外工厂

市场营销管理

怎样制定市场策略和价格政策以抵消外汇风险呢？价格政策、促销策略、市场进入决策甚至产品开发政策等的制定都应当考虑汇率的变化。

价格政策

我们已经讨论过一些按市场定价的例子。一般来说，当一种货币贬值时，出口到该国的出口商面临以下权衡：它们可以保持它们的利润或者市场份额不变，但不可能两者同时得到保持。如果企业提高其外币价格以保持利润，它的销售会输给国外竞争者。如果企业维持既定的外币价格，它将保持住它的市场份额，但会失去利润。研究表明，企业可以做的最佳事情介于两个极端之间。当出口企业面临外币实际贬值时，可以典型地提高其在国外的相对价格，但是不是以贬值的全部百分比来提高相对价格。这样的话，企业将会损失一部分市场份额，同时又从提价中弥补一部分利润损失。

有两个因素影响价格制定策略。其中一个影响因素是出口产品的需求弹性。当企业提高出口产品的价格时，如果出口产品需求弹性高，则该企业损失的市场份额将很大。在这种情况下，出口企业将倾向于选择保持产品价格不变。相反，如果需求弹性低，出口企业则可以选择较大幅度地提高其产品价格。另一个影响因素与企业的成本结构性质有关。例如，如果产品生产存在重要的规模经济，企业若削减产量，则其成本将明显上升。因此，当外币出现贬值时，企业将会控制外币销售价格的增长，以保持对其产品的高需求。相反，如果在失去市场份额时企业成本受到的影响较小，企业可以减少产量并提高其价格。

价格调整的频率

一个值得关注的市场营销重点是价格调整的频率。产品的需求常常取决于其价格的稳定性。消费者希望能够比较不同商店里的商品，这需要时间。潜在的顾客想要提前知道商品的名义价格，这需要做广告。顾客讨厌价格的突然上涨。假设顾客喜欢价格保持稳定，出口企业面临当汇率变化时应当以多大频率调整价格的决策。企业因此研究不会触发企业外币价格变化的汇率波动的界限。于是，只有足够大的汇率变化才会导致企业改变其产品价格。

市场进入决策

当实际条件下外币坚挺时，企业常常会向国外市场输出新产品。这样做可以使企业为产品制定相对较低的外币价格，因此它就可以在该市场上更好地竞争并成为一个确定的玩家。例如，1980—1985年间，美元的大幅实际升值赋予了日本丰田和本田绝佳的机会以低美元售价进入美国市场，而较低的美元价格则可以转换成较高的日元收入。日本公司得以在美国市场建立提供“高质量、低价格”汽车的良好声誉。即使在日元大幅升值后，这种良好的声誉也一直在美国得以保持。

品牌忠诚度

品牌忠诚是指即使在品牌价格上涨后曾经购买过该品牌的消费者仍然继续购买这一品牌的情形。[①] 开发品牌忠诚度明显有利于企业降低实际汇率风险，因为消费者不会为了贪图来自汇率有利波动的一时价格便宜转而购买竞争对手的产品。因此，对一家本国企业而言，开发忠诚客户是非常重要的——尤其是在面临外国竞争时。但是企业也必须认识到，进入一个国外市场时，它必须把那些对本国产品忠诚的客户争取过来。也就是说，在实际条件下外币坚挺时进入一个国外市场是非常有意义的，因为企业可以利用广告宣传和低价格来吸引消费者试用其产品而不用牺牲太多的利润。在实际条件下外币坚挺时建立大的国外市场份额意味着大量的外国顾客会尝试企业的产品。当实际条件下外币贬值并且企业不得不提高其外币价格时，企业也不会全部失去这些外国顾客。

这部分的讨论我们总结归纳于图表9.14中。

图表9.14　管理者所面临的实际外汇风险清单

生产投入——资源投入来自处于遭遇货币实际贬值国家的供应商。

生产选址——将生产转移到遭受实际货币贬值或者低产品成本国家的工厂。

按市场定价——允许外币实际升值以提高境外销售的盈利水平，但是降低境外价格以扩大市场份额。

市场进入——在外币实际升值后，开始在该国市场销售商品。

品牌忠诚度——创造忠诚的客户，当实际条件下本国货币坚挺时，这些客户不会“购买境外商品”。

始终如一地定价——应该认识到汇率比商品价格更具有波动性。准备接受由于汇率变动而出现的盈利水平的短期波动。

套期——当汇率变化使公司无法盈利时，利用诸如远期合约或者期权等衍生证券来控制外汇风险，以保证现金流。

债务标价货币——以企业拥有实际资产或销售收入的外币来为长期债务标价，以减少对外汇风险的敞口。

---

① 品牌忠诚是理性现象吗？不体验新产品，无论何时消费者都不能容易地找出关于该新产品的表现的信息，对于消费者而言，转换品牌是需要付出成本的。在这种情况下，品牌忠诚是理性的经济现象。经济学家使用“经验商品”（experience goods）来描述这种情形，而在这种市场，未来的需求取决于当前的市场份额。［参见Kenneth Froot和Paul Klemperer（1989）对这些影响的正式分析。］

小　结

本章介绍了实际外汇风险的概念。本章的要点如下：

1. 实际外汇风险，也被称做实际经营敞口和实际经济敞口，是指实际汇率的不可预测波动引起的企业利润现值的变动性。

2. 本国货币的实际贬值使本国出口商和进口竞争者更具盈利性，因为它把需求转向了国内市场。

3. 如果商品市场不是完全竞争市场，实际汇率的变化向产品价格的传递不是一对一的，因为生产商会最优地调整它们的利润以适应实际汇率的波动。

4. 在来自使用不同货币国家的公司间签订的任何长期合约中都存在实际外汇风险。在合约中以实际汇率为基础定价有助于公司分摊实际经营风险。

5. 实际汇率的波动使评价境外子公司的业绩变得复杂。以管理人员的最佳反应为基础建立的预测有助于确定他们在一系列汇率情境下的表现。

6. 管理人员能够利用定价、促销和产品开发战略来帮助减少实际外汇风险。他们能在多大程度上使用这些战略取决于企业的规模经济和它的需求曲线的弹性。

7. 实际汇率的波动会影响在不同国家经营的成本。企业资源投入和工厂选址决策需要将这一因素考虑进去。

简答题

1. 作为一家美国公司的财务副董事长，你的生产经理向你报告："我们不应该让外汇风险妨碍我们的盈利水平，我们应该给所有的境外顾客开具美元发票并且收取美元。"你怎样向他做出解释？

2. Lands' End 是一个只出售目录上所列衣服的美国邮购公司。最开始，它所有的目录价格都以美元计价，但是最近，这个公司扩大了规模并且开始印制以英镑计价的目录。假设公司想要在几个月内维持它的价格，如果美元与英镑的汇率发生变化，公司应该怎样做？

3. 经济学家提出的按市场定价是什么意思？

4. 为什么垄断商在不同的国家对相同的商品制定不同的价格？

5. 什么决定外国生产者在多大程度上允许在美国销售的产品的美元价格受实际汇率变化的影响？

6. 为什么汇率变化向产品价格变化的转移不是一对一的？

7. 假设实际汇率波动，什么时候是出口商进入外国市场的最佳时间？

8. 你被要求评估亚洲产品生产设施的可能位置，这些生产设施将生产你公司的产品并把它们出售到亚洲市场。在你的评估中你应该考虑哪些实际汇率因素？

应用题

1. 假设你有国内生产实施，它同时供应国内和国外市场。假设国内市场的产品需求是 $Q=2\,000-3P$，在境外市场的需求是 $Q^*=2\,000-2P^*$。假设你的国内产品边际成本是 600。如果最初的实际汇率是 1，你在这两个市场上销售的最优价格和数量是多少？如果实际条件中外币升值了 10%，你会对你产品的相对价格做出多少改变？你会对生产做什么？

2. 如果产品的边际成本上升，你会对应用题 1 做出怎样的反应？为什么？

3. 假设你是一个垄断商，面临的国内需求曲线是 $Q=1\,000-2P$。你的产品的国内成本包括每单位 300 的国内成本和每单位 150 的境外成本。如果实际汇率是 1.1，你会开出怎样的价格？销售的数量是多少？当实际汇率上升 10%时，这些变量会如何改变？

参考文献

Bodnar, Gordon M., Bernard Dumas, and Richard C. Marston, 2002, "Pass-Through and Exposure," *Journal of Finance* 57, pp. 199-231.

Bodnar, Gordon M., and Richard C. Marston, 2001, "A Simple Model of Foreign Exchange Exposure," in Takashi Negishi, Rama Ramachandran, and Kazuo Mino, eds., *Economic Theory, Dynamics and Markets: Essays in Honor of Ryuzo Sato*, New York: Kluwer Academic Press.

Campa, José Manuel, and Linda S. Goldberg, 2005, "Exchange Rate Pass-Through into Import Prices," *Review of Economics and Statistics* 87, pp. 679-690.

Campa, José Manuel, and Linda S. Goldberg, 2006, "Distribution Margins, Imported Inputs, and the Sensitivity of the CPI to Exchange Rates," Federal Reserve Bank of New York staff report no. 247.

Dornbusch, Rudiger, 1987, "Exchange Rates and Prices," *American Economic Review* 77, pp. 93-106.

Feenstra, Robert C., 1989, "Symmetric Pass-Through of Tariffs and Exchange Rates Under Imperfect Competition: An Empirical Test," *Journal of International Economics* 27, pp. 25-45.

Fisher, Eric, 1989, "A Model of Exchange Rate Pass-Through," *Journal of International Economics* 26, pp. 119-137.

Froot, Kenneth A., and Paul D. Klemperer, 1989, "Exchange Rate Pass-Through When Market Share Matters," *American Economic Review* 79, pp. 637-653.

Kasa, Kenneth, 1992, "Adjustment Costs and Pricing-to-Market: Theory and Evidence," *Journal of International Economics* 32, pp. 1-30.

Knetter, Michael, 1989, "Price Discrimination by U.S. and German Exporters," *American Economic Review* 79, pp. 198-210.

Knetter, Michael, 1993, "International Comparisons in Pricing-to-Market," *American Economic Review* 83, pp. 473-486.

Krugman, Paul, 1987, "Pricing-to-Market When the Exchange Rate Changes," in Sven W. Arndt and J. David Richardson, eds., *Real-Financial Linkages Among Open Economies*, Cambridge, MA: MIT Press.

Lessard, Donald R., and David Sharp, 1984, "Measuring the Performance of Operations Subject to Fluctuating Exchange Rates," *Midland Corporate Finance Journal* 2, pp. 18-30.

Mann, Catherine, 1986, "Prices, Profit Margins, and Exchange Rates," *Federal Reserve Bulletin* 72, pp. 366-379.

Marazzi, Mario, Nathan Sheets, Robert Vigfusson, Jon Faust, Joseph Gagnon, Jaime Marquez, Robert Martin, Trevor Reeve, and John Rogers, 2005, "Exchange Rate Pass-Through to U.S. Import Prices: Some New Evidence," Board of Governors of the Federal Reserve System international finance discussion paper no. 833.

Marston, Richard C., 1990, "Pricing-to-Market in Japanese Manufacturing," *Journal of International Economics* 29, pp. 217-236.

Marston, Richard, 2001, "The Effects of Industry Structure on Economic Exposure," *Journal of In-*

ternational Money and Finance 20, pp. 149 - 164.

Shapiro, Alan C., 1984, "The Evaluation and Control of Foreign Affiliates," *Midland Corporate Finance Journal* 2, pp. 13 - 25.

Williamson, Rohan, 2001, "Exchange Rate Exposure and Competition: Evidence from the Automobile Industry," *Journal of Financial Economics* 59, 441 - 475.

The Economist, "A Different Kind of Package Holiday," July 14, 2001, U. S. edition.

Yang, Jiawen, 1997, "Exchange Rate Pass-Through in U. S. Manufacturing Industries," *Review of Economics and Statistics* 79, pp. 95 - 104.

第 10 章

汇率确定和预测

1995 年 4 月，以日元标价的美元价值维持在大约￥80/＄。2001 年 12 月 20 日则为￥128.55/＄。换言之，美元在 5 年半的时间中升值超过 60%。是什么驱动在现金价值方面的如此超常的变化？我们能否预测它们的方向和程度？经济学家已经开发出许多不同的模型以解释为何汇率会波动，但是尚未有人发现事实真相。事实上，即使在汇率变动的事实发生后解释汇率变动的能力也是十分有限的。无论如何，汇率是如此重要，以至金融机构付出可观的资源来为它们的客户进行预测，而且企业成功地销售出了它们的货币预测。

在第 3 章，我们弄清楚了货币预测是如何帮助企业量化交易敞口的。跨国企业也应用货币预测来确定它们正在进行的国外项目的价值，制定国际经营战略，确定它们的产品在国外市场的价格，管理它们的运转资本。国际性投资组合管理人员应用外汇汇率预测来估计在特定外国权益或债券市场投资的预期价值。这些管理人员也应用货币预测来协助决定是否对与他们管理的投资组合相关的货币风险进行套期保值。

管理人员应否购买复杂的货币预测？如果市场是相对有效的，得到比远期汇率预测更好的短期预测是困难的，或者得到比非抛补利率平价预测更好的长期预测是困难的。特别是，我们将发现，如果抛补或非抛补利率平价、无偏差假设以及购买力平价成立，管理人员将不会购买货币预测。然而，有相当多的证据表明这些平价条件不总是成立，尤其是在短期。因此，货币预测是有潜在价值的，我们会回顾用于汇率预测的技术。我们讨论两个范畴的问题：基础分析和技术分析，并检验它们的经验业绩表现情况。由于 20 世纪 90 年代发生在一些采用固定汇率系统的发展中国家的具有戏剧性的货币危机，在这些汇率系统中的预测是非常有兴趣的话题。

10.1 平价条件和汇率预测

抛补利率平价（CIRP）和远期汇率、即期汇率、利率差（interest rate differentials）之间的关系已经在第 6 章讨论过。在第 7 章已经讨论过非抛补利率平价（UIRP），有时候也指国际费雪关系（international Fisher relationship）（以经济学家欧文·费雪命名）。非抛补利率平价讨论预期的汇率变化和利率差之间的关系，而无偏差假设讨论远期汇率及预期未来汇率间的关系。购买力平价已经在第 8 章讨论过，它提供了通货膨胀率和汇率变化率之间的关系。为了闭合预期未来汇率变化、远期汇率、利率、通货膨胀率间的环形关系，我们需要另一个有名的关系：费雪假设。在讨论过费雪假设后，我们演示所有的平价条件是如何导致一个货币预测是不必要的世界的。这个假设的世界构成了一个令人感兴趣的判断货币预测潜在价值的标杆。

费雪假设

利率和通货膨胀

我们已经讨论过的利率是名义利率。名义利率承诺一个名义或货币回报率。例如，如果 1 年期的美元货币市场储蓄利率是 8%，你可以预期今天的每 1 美元存款在 1 年后将收到 1.08 美元。欧文·费雪（Irving Fisher，1930）——一个杰出的美国经济学家——指出名义利率应当反映通货膨胀率的预期水平。这很容易理解。

你对从货币市场储蓄中获得的 8%的回报的满意度取决于 1 年内经济中的价格是如何变化的。如果价格上升低于 8%，那时 1.08 美元的购买力比今天 1 美元的购买力强，你将获得正的实际回报。相反，如果价格上升超过 8%，购买力将会下降，你将会获得负的实际回报。因此，如果你预期价格在 1 年期间上升超过 8%，你将不情愿接受 8%的储蓄利率，因为 8%的回报不足以维持现在借出的货币的购买力。

无论何时，人们借钱出去并计划收到名义或货币利率作为未来的回报，债权人面临合约中的货币可能在贷款期间因为通货膨胀而失去购买力的风险。在第 8 章我们指出，如果$P(t)$是在时间 t 美国的价格水平，那么$\$1/P(t)$是 1 美元的购买力，也就是 1 美元可以购买的商品或劳务的数量。我们知道通货膨胀率是价格水平上升率，它将降低货币的购买力。

实际回报率

作为债权人，你关心实际投资的回报水平，实际回报水平衡量两个期间的购买力上升水平。如果你投资 1 美元，你现在付出$\$1/P(t)$ 商品。1 年后，你获得的实际商品为 $(1+i)/P(t+1)$，其中 i 是名义利率。我们通过用实际投资回报额除以实际投资额来计算实际回报。如果 r^{ep} 是事后（ex post）实际回报率，则：

$$1+r^{ep}=\frac{\frac{1+i}{p(t+1)}}{\frac{1}{p(t)}}=\frac{1+i}{\frac{p(t+1)}{p(t)}} \tag{10.1}$$

注意到实际回报率取决于通货膨胀率的实际水平，因为 $p(t+1)/p(t)=1+\pi(t+1)$，其中$\pi(t+1)$是时间 t 和 $t+1$ 间的通货膨胀率。为了简便起见，我们采用时间符号将公式（10.1）简化为：

$$1+r^{ep}=\frac{1+i}{1+\pi} \tag{10.2}$$

如果我们从公式（10.2）的两边同时减去 1，则：

$$r^{ep}=\frac{1+i}{1+\pi}-\frac{1+\pi}{1+\pi}=\frac{i-\pi}{1+\pi} \tag{10.3}$$

可以近似描述为：

$$r^{ep}=i-\pi \tag{10.4}$$

近似值忽略了公式（10.3）中的项（$1+\pi$），如果通货膨胀不是太高，则该项接近于1。公式（10.4）指出，事后实际利率等于名义利率减去实际通货膨胀率。[①] 换言之，如果名义利率为8%，实际通货膨胀率为3%，则事后实际利率为5%。

事先预期实际利率

由于投资时的通货膨胀率是不确定的，债权人无法确切知道贷款的实际回报率。通过取公式（10.4）两边的预期价值，以贷款当时的信息为条件，我们可以得到债权人预期的实际回报率，也被称为**预期实际利率**（expected real interest rate），或事先预期实际利率，我们用r^e表示：

$$r^e=E_t[r^{ep}]=i(t)-E_t[\pi(t+1)] \tag{10.5}$$

如果我们重新设置公式（10.5）中的条件，可以得到：

$$i(t)=r^e+E_t[\pi(t+1)]=r^e+\pi^e \tag{10.6}$$

式中，我们定义π^e为预期的通货膨胀$E_t[\pi(t+1)]$。

公式（10.6）表明名义利率是预期实际利率和**预期通货膨胀率**（expected rate of inflation）之和。对名义利率的这种分解经常称为**费雪假设**（Fisher hypothesis）或费雪公式。

如果预期实际利率在不同的国家相似，具有较高预期通货膨胀率的国家将有较高的名义利率，而具有较低预期通货膨胀率的国家将有较低的名义利率。实际利率很重要，因为它影响投资决策。企业只有在预期投资回报率高于实际利率的情况下，才希望借钱来投资。

例10.1 墨西哥的实际利率

假设墨西哥的名义利率为10%，预期的通货膨胀率是7%，墨西哥的预期实际回报率是多少？通过公式（10.5），可以得到：

$$r^e=10\%-7\%=3\%$$

通过投资于一项支付10%名义利率的资产，在预期通货膨胀率为7%时，投资者预期赚取3%的实际回报率。换言之，投资者预期在年底每1墨西哥比索相比现在持有的1比索有高出3%的商品或劳务购买力水平。

费雪假设是对通货膨胀率和利率间关系的合理的近似值，图表10.1的纵轴列示了20世纪90年代9个国家长期政府债券的平均收益，横轴则是在相同期间这些国家的平均通货膨胀率。

---

① 公式（10.4）也可以解释为没有包括连续复合名义利率和通货膨胀率的近似值。连续复合实际回报率r^{ep}为：

$$\exp(r^{ep})=\exp(i)\frac{p(t)}{p(t+1)}$$

因此，如果公式两边取自然对数并定义连续复合通货膨胀率$\pi=\ln[p(t+1)]-\ln[p(t)]$，则：

$$r^{ep}=i-\{\ln[p(t+1)]-\ln[p(t)]\}=i-\pi$$

参见第2章的附录复习连续复合利率。

图表 10.1　　长期政府债券收益率和通货膨胀率（9 个国家，1990—2000 年）

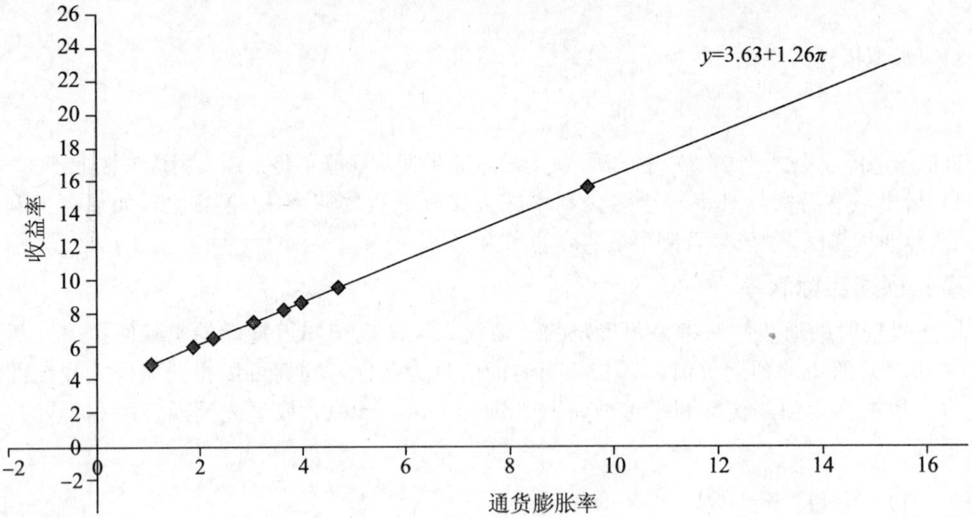

注：纵轴表示 1990—2000 年间平均政府债券收益率，横轴表示在相同期间的平均年通货膨胀率。直线代表通货膨胀率(π)上的收益(y)的回归值。菱形块代表 9 个国家的观测值：美国、加拿大、日本、法国、德国、意大利、英国、南非和泰国。图表中显示似乎只有 8 个国家列示于图表中，因为加拿大和德国的观测值实际上重叠了。数据来自 IMF 的《国际金融统计》。

如费雪假设所指出的，两者间的关系是明确的正相关关系，回归线的斜率与 1 间的差别不明显。即通货膨胀每增加 1%，名义政府债券收益大约会增加 1%。因此，从长期平均值来看，实际利率显示为各国相同。纵轴 3.63%的截距是对实际利率的合理估计。我们随后将讨论短期实际利率差异。

国际平价条件

抛补利率平价（CIRP）、非抛补利率平价（UIRP）、购买力平价（PPP）和费雪假设有时被称为**国际平价条件**（international parity conditions）。为了回顾这些条件，考虑图表 10.2 中的数字示例，该示例考察了英国和瑞士的汇率、利率和预期通货膨胀率。汇率表示为瑞士法郎/英镑，即 GHF/GBP。

CIRP

在图表 10.2 的底部，我们发现 2%的两个国家间的名义利率差异。通过抛补利率平价，我们可以将利率差异和远期升水间的关系表示为：

$$远期升水=年度因素系数\times\frac{远期利率-即期利率}{即期利率}$$

对于 1 年期合约，年度因素系数是 1，远期升水是－1.90%。由于英国有较高的利率，它的货币一定在远期市场有贴水；否则，就存在套利机会。

UIRP 或无偏差假设

如果远期利率是对未来即期利率的无偏差预测值，英镑的远期贴水意味着市场预期英镑以远期贴水的金额贬值，这将带来图表顶端的数字。我们也可以直接移动到顶部，通过观察可知，较高的英镑利率一定意味着投资于瑞士法郎的英国投资者预期获得持有瑞士法郎的资本利得，以将他们的预期收益水平提高到高于英镑的回报水平。

图表 10.2　　国际平价条件示例：英国和瑞士

名义利率

英国：$i^{GBP}=5.00\%$　　瑞士：$i^{CHF}=3.00\%$

汇率：

即期利率：$S=$ CHF2.50/GBP　　远期利率：$F=$ CHF2.452 4/GBP

远期升水：$\left[\frac{2.452\,4}{2.50}-1\right]=-1.90\%$

预期汇率变动：-1.90%

预期升水：

英国：2.94%　　瑞士：0.98%

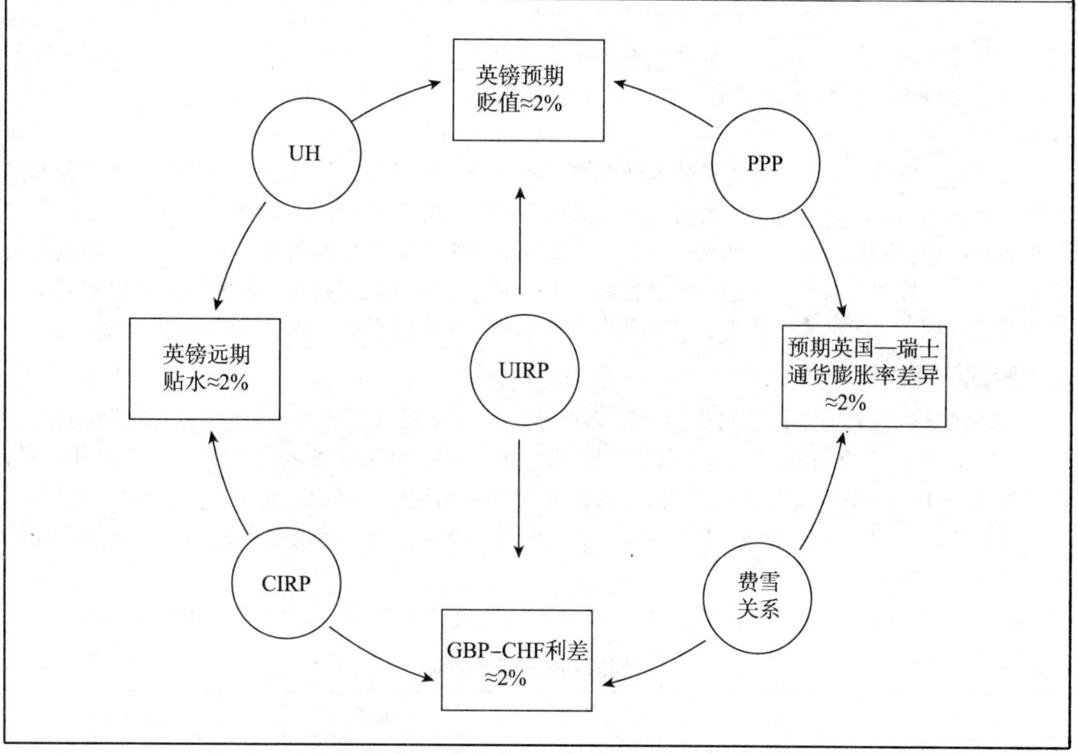

注：UH＝无偏差假设，PPP＝购买力平价，CIRP＝抛补利率平价，UIRP＝非抛补利率平价（国际费雪关系）。

资料来源：关于利率和汇率的数据来自 *The Financial Times*，May 8，2001。

PPP

相对 PPP 要求预期汇率变化反映通货膨胀率差异，因此，如果英镑对瑞士法郎预期变得疲软，英国的通货膨胀率预期比瑞士的通货膨胀率高出大约 2%。这带来了图表 10.2 右侧的通货膨胀率差异 1.96%（大约 2%）。（由于我们使用以简单百分比计算的通货膨胀率，因此导致较小的百分比计算差异。如果计算采用连续复合利率，百分比变化是一样的。）

为了看清这一点，在第 8 章相对 PPP 预测：

$$\frac{S(t+1)}{S(t)}-1=\frac{1+\pi(SW)}{1+\pi(UK)}-1=\frac{\pi(SW)-\pi(UK)}{1+\pi(UK)}$$

由于分母中出现英国的通货膨胀率，通货膨胀率差异较汇率变化百分比稍大。现在，我们知道通货膨胀率是观察到较高的英国名义利率的基本原因。英国有比瑞士高的预期通货膨胀率，这导致了通过费雪关系显示的图表 10.2 底部的数字。

实际利率和平价条件

实际利率平价

英国和瑞士的实际利率是多少？根据公式（10.5），实际利率是：

$$r^e=\frac{1+i}{1+\pi^e}-1$$

代入英国和瑞士的数字，给出两种情况的实际利率为 2%。这并非巧合。如果平价条件同时成立，实际利率在各国相同。如果非抛补利率平价和 PPP 成立，英国和瑞士间的名义利率差异反映的仅仅是预期通货膨胀率差异。那么，重新设置条件，我们发现在每个国家实际利率是一样的。

在所有平价条件成立的世界，跨国业务将容易开展。由于外国价格在货币转化后将随着国内价格直线移动，国际定价将会很容易。你不必担心债务的货币单位，因为实际取得资金的成本在世界各地都是相同的。最后，如果一家公司想要知道未来汇率将会如何变化，例如为协助量化交易敞口——最好的未来汇率预测值将是远期汇率，因为无偏差假设成立。国际投资者也不必担心货币价值预测。一个国家的较高的名义利率将简单地反映该国家货币被预期贬值的事实。

测试实际利率平价

不幸的是，世界不像我们所描述的那么简单。从前面几章的经验证据来看，我们知道除了 CIRP 外，国际平价条件很好地考察了长期关系。短期则有显著的这些条件的偏差。长期来看，我们知道 PPP 成立并且高利率货币相对于低利率货币有所贬值。因此，实际利率平价似乎更有可能在长期成立，就像图表 10.2 中显示的一样。然而，研究表明，无论是在长期还是短期，实际利率平价都不成立。

图表 10.3 显示了美国、英国和德国的具有不同投资成熟期的平均事后实际利率。

图表 10.3　　不同成熟期的实际利率

	3 个月	1 年	3 年	5 年
美国	1.67	2.33	3.28	4.08
英国	2.09	1.85	2.93	4.03
德国	3.20	3.09	4.09	4.83

注：图表中列示了平均事后实际利率，平均事后实际利率是特定期间（如 1 年）在时间 t 的利率减去时间 t 与时间 t 加上该期间之间出现的通货膨胀率计算得到的；参见公式（10.1）。数据是 1972—1996 年间每月零息利率（monthly zero coupon interest rates），来自 Geert Bekaert，Robert Hodrick 和 David Marshall（2001），通货膨胀率数字根据不同国家的消费价格指数计算得到。

实际利率倾向于随着时间的推移而上升，这反映了投资者对持有长期投资的额外投资回报要求。在 3 个月成熟期，实际利率在德国最高而在美国最低，并且英国的实际利率在所有其他成熟期水平上都最低。但是，任何情况下都没有出现实际利率和另一个实际利率完全相同的情形，即使在5年成熟期水平上也没有出现。这些差异可能是小样本数据的结果。或许，德国将最终经历高于美国的通货膨胀并且英国的通货膨胀率将非常低以消除实际利率间的差异。

评　价

考虑到所有的事项，不同国家的实际利率相同不太可能是实际情况的写照，尤其是在短期。有很好的理由来解释这种情况。第一，PPP偏差相当大且被延长。因此，相同的名义回报意味着投资者在不同国家的非常不同的实际投资回报。第二，如我们对远期市场风险溢价的讨论所显示的，不同货币的回报可以有不同的货币风险溢价。第三，不同国家的实际回报可以因政治风险或资本管制而有所不同，这些将阻碍投资者从其他国家获得较高回报。这一点在发展中国家更为明显。①

当然，不同国家的实际利率差异反映了不同的风险，但是，它们也同时为跨国企业提供了机会，如减少融资成本或将多余现金进行更具有获利能力的投资。对做出正确的决策而言，知道观察到的实际利率差异的产生原因很重要。当平价条件打破后，预测就变得重要了。下面将回顾管理者应用的预测技术类型。

10.2 货币预测技术

或许有多少汇率预测者，就有多少汇率预测技术。无论如何，图表10.4根据所使用的技术和数据进行了归类。

图表 10.4　　**汇率预测技术分类**

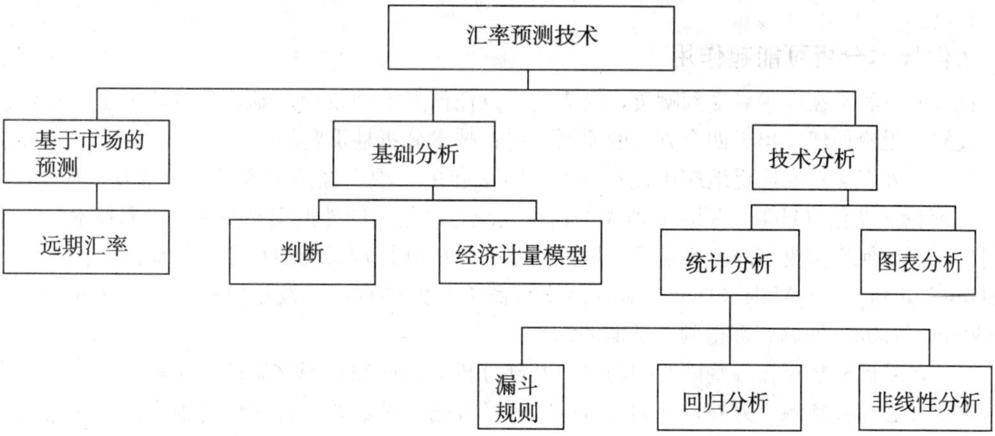

平价条件建议将远期汇率作为预测值。如果不存在特定货币的远期市场，名义利率和UIRP可以用于获取基于市场的预测。

① 事实上，Charles Himmelberg，Glenn Hubbard和Inessa Love（2002）的研究显示，一些国家对投资者权益保护的失败可以显著地增加资本成本。与此相一致，Charles Lee和David Ng（2006）发现，在对大量经济影响因素进行控制后有高水平腐败指数的国家，有显著较低的市盈率。

其他预测技术并不直接以具体的远期汇率和利率预测为基础，并且可以划分为主要的两类：基础分析和技术分析。我们简要地按序进行描述，本部分的最后将讨论我们应当如何评估预测的质量。第 10.3 节和第 10.4 节将提供关于这两种技术的更多细节。

基础外汇预测

一类预测技术使用基础因素来预测汇率。**基础分析技术**（fundamental analysis techniques）一般以正式的汇率确定经济模型为基础，即将汇率和宏观基础因素相联系，如货币供应、通货膨胀率、生产率增长率和经常账户。模型包括决定汇率和基础因素间关系的参数。例如，如果经常账户赤字为 GDP 增长的 $x\%$，模型预测国内货币将相对于外币贬值 b 乘以 $x\%$。因素 b 应当得以确定，而且这一般是通过使用经济技术估计数据间关系来完成，如回归分析。另外，一些预测者简单地检验经济信息并使用有根据的分析来得到以他们对未来宏观经济关系的判断为基础的汇率预测。基础分析一般关注多年的预测，因为基础经济力量在长期起作用。

利用技术分析法进行汇率预测

技术分析（technical analysis）不以正式的汇率确定模型为基础，并经常用于短期预测。技术分析人员仅仅使用过去的汇率数据，或许包括一些其他金融数据，如货币交易规模，来预测未来的汇率。因此，所有的过去交易行为中关于未来汇率的信息都被认为是当前的，并且过去的汇率趋势得到延续。

最初的技术分析人员被称为图表专家。图表专家将他们的行为限定为研究过去的汇率图。现在，技术分析指使用任何基础分析模型外的金融数据来预测未来汇率。一些技术分析人员采用相当复杂的经济技术来发现他们可预测的汇率模式。因此，我们将图表专家和统计技术分析人员予以区分。

为何技术分析可能起作用

技术分析经常在学术界受到嘲笑，因为它不以任何经济理论为基础，并被认为是与有效市场不一致的。无论如何，出于四个方面的原因，讨论技术分析是重要的。

第一，外汇交易商广泛地应用技术分析。1992 年的一项由经济学家马克·泰勒（Mark Taylor）和海伦·艾伦（Helen Allen）所做的研究发现，在伦敦的外汇交易商主要依据技术分析进行短期预测，而他们则更多地但不是唯一地依据基础分析进行较长期的预测。其他的一些调查，如 Yu-Hon Lui 和 David Mole（1998）对香港交易商进行的调查，以及德国外汇从业人员和 Lukas Menkhoff（1998）的调查都得到了类似的结果。

第二，基础分析存在一些固有的问题。基础分析人员必须选择正确的汇率模型。然后，模型的基础变量必须被预测。另外，基础分析的宏观经济输入参数并不是在任何频率的时间间隔都可以获得的。一些变量按周计量，一些按月计量，一些则按季计量甚至按年计量，计量结果经常不太好（参见第 4 章关于正在消失的经常账户顺差的讨论）并且经常要修正。技术分析人员应用的数据有更高的质量并可以更经常地获取，经常可以获取每日数据甚至日内数据。

技术分析在预测中有价值的第三个原因是，远期汇率或许不是无偏差的对未来即期汇率的预测值，即使是在有效市场。正如在第 7 章中所指出的，合理的风险溢价可以将远期汇率和预期未来即期汇率区分开来。另外，我们看到了对未来汇率变化方向的观点的差异，甚至是在相当专业的外汇专家观点间的差异。因此，技术分析或许能够发现远期利率中所没有的可预测的汇率变化因素。

技术分析有价值的第四个原因是，如果足够多的交易采用技术分析，交易货币的需求和供应量将被这些交易者推动，即使他们是非理性的。一个真正的理性交易者将因此需要技术分析以理解为什么非理性的交易者正在做他们所做的事情。

评价预测

是什么构成了好的预测？通常，它取决于预测将被如何使用。最终，当汇率预测带来好的决策时，汇率预测便是“好的”。接下来，我们从三个方面来辨别预测的质量。

精确度

预测质量的一个方面是预测的精确度。假设现在是时间 t，我们正在进行 k 期间范围（如 k 个月）的预测。令 $S(t+k)$ 是在 $t+k$ 时间的实际汇率，并令 $\hat{S}(t+k)$ 是时间 t 的预测值。$\hat{S}(t+k)$ 的值越接近 $S(t+k)$，预测越精确，预测的误差越小：

$$e(t+k)=S(t+k)-\hat{S}(t+k)$$

当然，我们不能仅仅依据一项预测来判断预测者，因为他或许是比较幸运的。我们需要有关预测值和实际值的大量数据：

$$\{\hat{S}(t+k),S(t+k)\}$$

其中，$t=1$，…，T 代表用于进行统计分析的 T 项观测值。预测记录的精确度不能简单依据预测值误差的平均值进行判断，因为对于产生大量相反方向误差的预测者可能会得到较小的平均误差。

两种计量精确度的方法

经常使用的两种计量精确度的方法是**平均绝对误差**（mean absolute error，*MAE*）和**均方根误差**（root mean squared error，*RMSE*）：

$$MAE=\frac{1}{T}\sum_{t=1}^{T}\mid e(t+k)\mid$$

$$RMSE=\sqrt{\frac{1}{T}\sum_{t=1}^{T}e(t+k)^2}$$

MAE 是预测误差的绝对值的平均值，*RMSE* 是预测误差平方值的根，和汇率差异的标准差有相同的计量单位。

与预测值相比较，存在一些明显的标杆。如我们可以简单地用现行汇率或现行到期日为 k 的远期汇率来替换预测值。我们希望预测者的 *MAE* 或 *RMSE* 比这些简单预测值小。如果不是，我们为什么要付钱购买呢？

预测精确度在一些情形下是具有经济意义的。例如，假设美国企业 Liberty Shipping 正在评价一个国外投资项目，该项目将产生外币利润。Liberty Shipping 必须预测由该项目产生的未来的美元现金流，即将未来外币利润转换为未来美元现金流，未来美元现金流将以恰当的贴现率进行贴现以确定投资项目是否能够获利。假设计算的结果是 Liberty Shipping 接受该项目并进行投资。然而，货币危机在 Liberty Shipping 投资的国家爆发，货币明显地贬值。当地的竞争阻碍 Liberty Shipping 以较高的当地价格来转嫁货币损失，货币危机将使公司的美元收益下降，投资决策将成为灾难。这里精确度关系重大。对未来更为精确的衡量将会让 Liberty Shipping 放弃投资。

即使在投资后外币升值，投资决策看起来是正确的，预测精确度仍然关系重大。一项更好的汇率预测或许会让公司在外国进行更多的投资。价格决策和长期战略计划是汇率预测至关重要的其他方面的范例。意识到许多这类事项，企业或许更为关注预测实际汇率而不是名义汇率。

处于正确的远期汇率一方

存在精确度不是最重要的相关质量计量标准的情况。只要处于正确的远期汇率一方就足够了。如果与远期汇率相关的预测表明远期市场处于多头状态，未来汇率的确是超出远期汇率的，预测值便是处于正确的远期汇率一方。相反，如果与远期汇率相关的预测表明远期市场处于空头状态，未来汇率低于远期汇率，预测便不是处于正确的远期汇率一方。我们将以例子说明这一点。

例 10.2　Fancy Foods 的货币预测

第 3 章介绍了 Fancy Foods 的情况，90 天后 Fancy Foods 需要支付 Porky Pies £1 000 000。现行汇率是＄1.5/£。为了确定是否对其货币敞口进行套期保值，假设 Fancy Foods 能够得到 Forexia 和 Trompe Le Monde 两家公司的支持。Forexia 预测汇率将是＄1.65/£，而 Trompe Le Monde 预测汇率将是＄1.51/£。90 天后，汇率实际为＄1.55/£。哪一个预测更精确？哪一个预测对 Fancy Foods 在经济上更有用？

为了找出答案，我们来检验 Fancy Foods 如何使用预测来进行套期保值决策。假设 Fancy Foods 在未来即期汇率预测值高于远期汇率时进行套期保值，而在预测值低于远期汇率时不进行套期保值，因为它认为英镑的美元成本将较它使用远期汇率时更低。下表总结了有关情况：

	Forexia	Trompe Le Monde
预测值	＄1.65/£	＄1.51/£
与远期汇率相比较 (远期汇率为＄1.53/£)	高	低
决策	套期保值	不套期保值
预测误差	－＄0.10/£	＄0.04/£
事后成本与远期汇率相比较	零	高

因此，虽然 Trompe Le Monde 的预测更为精确，但它导致 Fancy Foods 不进行套期保值，因为它预测汇率比远期汇率低。由于英镑实际升值到超过远期汇率的水平，不进行套期保值被证明是需要付出代价的。不进行套期保值将令 Fancy Foods 付出的成本为：£1 000 000×＄(1.55－1.53)/£＝＄20 000。Forexia 的十分不准确的预测将导致 Fancy Foods 进行套期保值，事后带来低于以未来即期汇率购买英镑的成本。

例 10.2 显示，在更多时候处于正确的远期汇率一方比精确度更为重要。意识到远期汇率而不是现行即期汇率是相关的标杆也很重要，因为远期汇率是未来交易的可用汇率。

百分比更正

为了评价预测记录，预测者处于正确的远期汇率一方的次数百分比似乎成为了一个自然的指标。因为仅仅抛硬币就能够带来 50%的正确记录，预测者服务的“正确百分比信号”统计应当绝对地高于50%，以便为你的决策制定程序增加价值。我们可以将这一点看做对市场择时能力的测试。①

获利能力

技术分析者声称正确百分比信号度量并没有精确计量他们的实际业绩表现。他们认为他们能够给出有价值的建议，而不是要求正确时间长度超过50%。这是正确的，因为作为建议结果的公司赚取的总利润和损失的规模也是关系重大的。技术分析者的业绩可以通过相对少的赚取大额利润的成功预测和相对多的造成小额损失的错误预测来体现。只要你在错误的时候没有损失太多的钱而在正确的时候赚取了大笔的钱，你错误的时间长度可以超过50%，而且还是有价值的。

为了以此为基础评价预测者，我们可以简单地计算以预测者的建议为基础赚取的利润或损失，并将这些回报和其他不要求预测的投资回报进行比较。另外，确定利润并不仅仅是由于好运气也很重要。我们将在本章后面的实际研究部分说明这一点。我们现在来更为详细地检验基本分析和技术预测。

10.3 基础汇率预测

本节检验以汇率确定模型和基本经济因素为基础的预测技术。通过平价条件，我们知道汇率很可能受利率差异、相对价格水平和通货膨胀率的影响。从数不胜数的金融杂志中的文章来看，利率和经常账户是被讨论最多的基础因素。

第一小节讨论汇率确定的资产市场方法，该方法主要依赖利率差异和预期汇率变化间的关系，就像非抛补利率平价所反映的。接着，我们讨论实际利率差异和实际汇率差异是如何相互联系的。这些模型完全没有涉及经常账户。我们会讨论经常账户、实际汇率和利率间的直观关系。这也会涉及影响汇率的其他基础因素。我们会在本节的结尾回顾正式的汇率基础分析模型如何有助于预测未来汇率。

汇率确定的资产市场方法

第9章指出企业的所有者权益价值是预期的属于企业股东的未来现金流量的贴现价值。模型预测企业所有者权益的市场价值随着人们对企业未来属于股东的现金流的预期的调整或用于这些现金流贴现的要求回报率的调整而每天波动。虽然预期资本利得提供了要求回报率的一部分，但是即使每年15%的预期资本利得转换为预期变化率也仅仅为每天15%/365=0.04%。因此，模型预测所有者权益价值的大部分变化源于新的信息。这是资产市场运行良好时我们所预期的。

---

① Roy Henrikkson和Robert Merton（1981）研究了关于股票市场回报的市场择时测试，其中预测者预测股票市场上涨或下跌。然而，股票回报预期是正的，所以总是预测市场上涨很可能导致优于50%的正确预测记录。简单地说，如果80%的天数会下雨，天气预报人员通过总是预报下雨就有80%的胜算率。类似地，如果在你记录预测情况的期间，远期汇率持续低于即期汇率，有100%的正确预测记录的预测者可能有超常的预测知识或者仅仅是没有调整他的预测，而这种惰性带来了完美的记录。因为市场方向没有改变，因此几乎没有关于该样本的及时的市场信息。Roy Henrikkson和Robert Merton（1981）说明了更正这种偏见的方法。基本地，你应当将以最终即期汇率高于远期汇率为条件的正确预测的比例增加到以最终即期汇率低于远期汇率为条件的正确预测的比例上。如果这些比例的和高于1，便有市场择时能力的证据。事实上，有运气的懒惰的预测者将获得1.0的得分，但并不会因这一测试而打击预测天才。

作为资产价格的汇率

汇率确定的资产市场方法认识到汇率是两种货币的相关价格，并且指出货币是资产，这使得汇率成为一项资产的价格。因此，汇率应当随机波动，一种汇率的价值，比如说每欧元的美元数，应当通过人们持有未偿付的以美元标价的资产供应和以欧元标价的资产供应的意愿来决定。这些需求视这些资产的未来价值预期而定。

我们可以以一个简单的公式来进行解释：

$$\ln[S(t)] = \text{fund}(t) + aE_t\{\ln[S(t+1)]\} \tag{10.7}$$

在公式（10.7）中，$\ln[S(t)]$ 是以每单位外币的本国货币数量表示的现行汇率的对数，$\text{fund}(t)$ 是在时间 t 的市场基础因素值的总称，系数 a 是小于 1 但有可能非常接近 1 的贴现因素。

公式（10.7）指出，汇率取决于现行基础因素和人们对下一个时期的汇率预期。在权益定价模型中，基础因素是股东获得的现金流量，与公式（10.7）相似的公式描述了权益定价。

如果我们向前迭代一步公式（10.7）以解出 $\ln[S(t+1)]$ 并将结果代入公式，我们得到：

$$\ln[S(t)] = \text{fund}(t) + aE_t\{\text{fund}(t+1) + aE_{t+1}[\ln[S(t+2)]]\} \tag{10.8}$$

因为在时间 t 的对未来时间期望值的期望值可以化简为在时间 t 的期望值，正如 $E_t\{E_{t+1}[\ln[S(t+2)]]\} = E_t\{\ln[S(t+2)]\}$，如果我们继续向前迭代公式（10.8），我们得到[①]：

$$\ln[S(t)] = \text{fund}(t) + \sum_{j=1}^{\infty} a^j E_t[\text{fund}(t+j)] \tag{10.9}$$

因此，现行汇率嵌入了所有的关于现行及预期未来基础因素的信息以及汇率变化，当基础因素变化或我们取得关于未来基础因素的消息时。注意到即使现行基础因素的一个小的变化也可能导致汇率的巨大变化，如果它也改变所有未来基础因素的预期值。因此，作为对看起来似乎很小的消息的反应，汇率值可能会变动很大。

许多汇率模型适合于这个框架。我们从讨论货币方法模型开始。

货币方法

最有名的资产市场模型之一是货币汇率模型。在这个模型中资产菜单是相当简单的。对无息本国货币和外国货币有明确的不同需求。对名义货币的需求因对**实际货币余额**（real money balances）的需求而上升，即人们只关注他们持有的名义货币的实际价值。

对实际货币余额（或简称实际余额）的需求假设与该国的总实际收入正相关、与名义利率负相关。实际收入对货币的需求有正影响，因为实际收入越高，用于支持该经济中实际交易的货币交易的需求量越大。较高的利率对货币的需求有负影响，因为有较高的持有实际货币余额的机会成本。人们将希望从他们的货币中赚取利息而不是持有它们，这就要求他们进行投资。如果 $\text{mon}(t)$ 是本国货币供应的对数，$\text{inc}(t)$ 是本国实际收入的对数，$p(t)$ 是本国价格水平的对数，$i(t)$ 是本国货币名义利率，那么，本国货币市场的均衡可以描述为实际货币供应的对数等于实际余额需求：

$$\text{mon}(t) - p(t) = b_0 + b_1\text{inc}(t) - b_2 i(t) \tag{10.10}$$

其中，b 系数是正数。外国货币市场的均衡可以通过使用星号（*）代表外币价值来类似定义：

---

① 这个期望值的特性是人们所熟知的重复期望值法则，它遵循我们现在（在时间 t）拥有的信息少于将来（在时间 $t+1$）拥有的信息的事实。

$$\text{mon}^*(t) - p^*(t) = b_0 + b_1 \text{inc}^*(t) - b_2 i^*(t) \tag{10.11}$$

如果我们假设参数 b 在两个国家相同，我们取公式（10.10）和公式（10.11）的差，并解出价格水平差，我们得到：

$$p(t) - p^*(t) = [\text{mon}(t) - \text{mon}^*(t)] - b_1[\text{inc}(t) - \text{inc}^*(t)] + b_2[i(t) - i^*(t)] \tag{10.12}$$

为了将公式（10.12）转化为汇率理论，我们代入购买力平价 $\ln[S(t)] = p(t) - p^*(t)$ 和非抛补利率平价 $i(t) - i^*(t) = E_t[\ln[S(t+1)] - \ln[S(t)]]$。在进行这些替换后，公式（10.12）变为：

$$\begin{aligned}\ln[S(t)] = &[\text{mon}(t) - \text{mon}^*(t)] - b_1[\text{inc}(t) - \text{inc}^*(t)] \\ &+ b_2[E_t(\ln[S(t+1)] - \ln[S(t)])]\end{aligned} \tag{10.13}$$

如果我们解出公式（10.13）中现行汇率的对数，我们得到一个和公式（10.7）完全一样的等式，其中基础因素给定为：

$$\text{fund}(t) = [\text{mon}(t) - \text{mon}^*(t)] - b_1[\text{inc}(t) - \text{inc}^*(t)] \tag{10.14}$$

贴现系数为 $a = b_2/(1+b_2)$。

公式（10.9）和公式（10.14）表明，如果今天本国货币供应上升或消息导致人们相信未来本国货币供应将会上升，本国货币将疲软。相反，如果今天外国货币供应上升或消息导致人们相信未来外国货币供应将会上升，本国货币将坚挺。这些结果直接来自当货币需求保持不变时货币对价格的影响。如果本国实际收入下降、外国实际收入上升或消息引起人们预期较慢的本国实际增长或较快的外国实际增长，本国货币也会疲软。

黏性价格和超调

在长期范围内货币模型预测是非常合理的，但是作为短期理论，货币模型依赖于 PPP 则是令人质疑的。人们已经从多方面对货币模型进行了研究。最重要的方面是放宽了对 PPP 的假设。如果名义商品价格不是在货币供应增长或其他冲击经济的事件（即信息事件）下立即调整，那么，经济学家认为价格是“黏性的”。一些著名的汇率确定模型，如 Rudiger Dornbusch（1976）的模型就与此特征相符。使用黏性价格的模型比货币模型预测的名义汇率和实际汇率具有更大的不稳定性，因为包括汇率在内的资产价格做出对冲击经济的所有事件的调整，而商品市场的名义价格仅仅随着时间缓慢地调整。

对货币供应增长的反应

下面我们来考虑经济如何对永久的货币供应增长做出反应。根据货币模型，在长期内，货币供应的增长会引起本国货币以与货币增长百分比相同的幅度贬值。在短时期内又将如何呢？货币供应的路径、价格水平、本国利率和汇率列示于图表 10.5 中，其中 t_0 是变化的时间。

因为资产价格是弹性的，资产市场将保持均衡。现在，我们从公式（10.10）中知道在固定的商品价格下，名义货币供应的增长将引起实际余额供应的增长。由于货币市场保持均衡，实际余额需求一定会上升，这要求实际收入上升或名义利率下降。如果实际收入在短期内也是外生的并且不能调整，名义利率一定会下降。因此，货币供应的增长会引起本国利率下降。图表 10.5 显示了这种下降以及随着经济调整到均衡状态而出现的后续上升。

与 UIRP 间的联系

现在，让我们来考虑汇率如何对货币供应增长做出反应。因为我们仅仅假设了国内利率低于外国利率，我们从非抛补利率平价知道本国货币一定会被预期升值。本国利率低于外国利率，因此人们一定认为本国货币会坚挺。但是如果人们是理性的，他们知道长期内本国货币会在货币供应增长前变弱。允许本国货币长期贬值和预期短期升值的汇率的唯一途径是对本国货币立即以超出长期贬值幅度的幅度进行贬值。因此，汇率超出了新的均衡点。注意到在图表 10.5 中，当货币供应增长时汇率大幅提高，而后随着时间的推移朝着它的新的较高或均衡值点下降。

图表 10.5　　　　变量对货币供应增长的反应

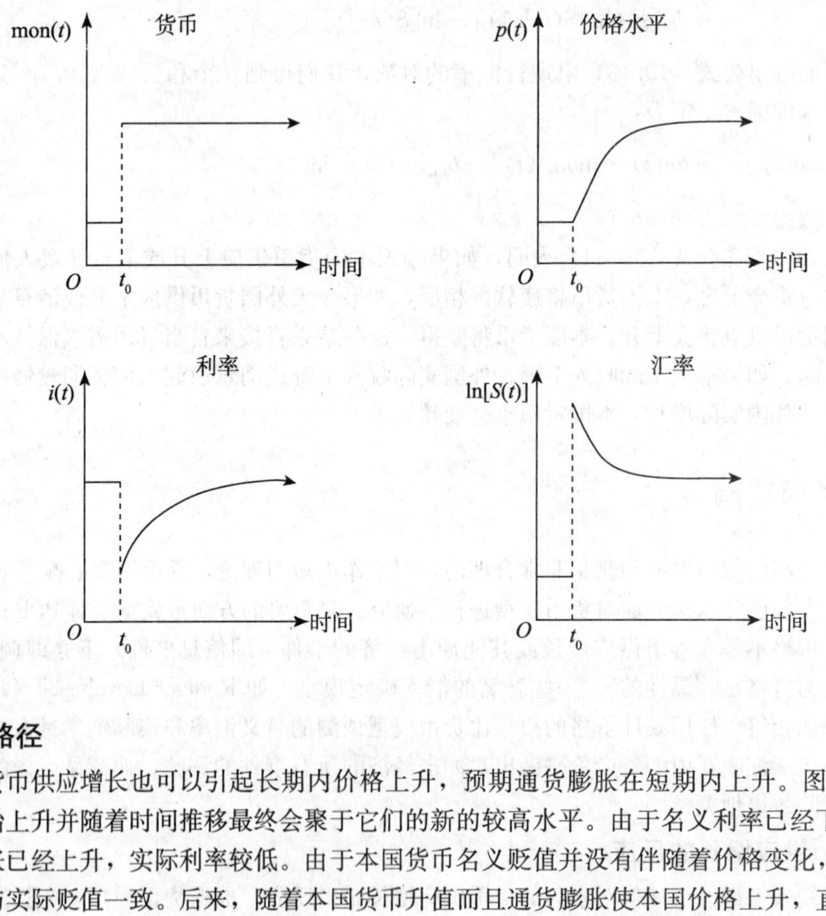

价格路径

因为货币供应增长也可以引起长期内价格上升，预期通货膨胀在短期内上升。图表 10.5 显示价格开始上升并随着时间推移最终会聚于它们的新的较高水平。由于名义利率已经下降而预期的通货膨胀已经上升，实际利率较低。由于本国货币名义贬值并没有伴随着价格变化，本国货币名义贬值与实际贬值一致。后来，随着本国货币升值而且通货膨胀使本国价格上升，直到经济恢复到均衡，一直存在本国货币的实际升值。因此，模型预测低实际利率与货币的预期实际升值有关。

实际汇率和实际利率的差异

由于汇率在 1973 年开始浮动，美元和其他主要货币间的实际汇率以及美国和其他国家间的实际利率差异趋于同时移动，如图表 10.6 所示（参见 Hali Edison 和 Dianne Pauls，1993）。

图表 10.6　　与实际利率差异相对应的实际美元汇率移动

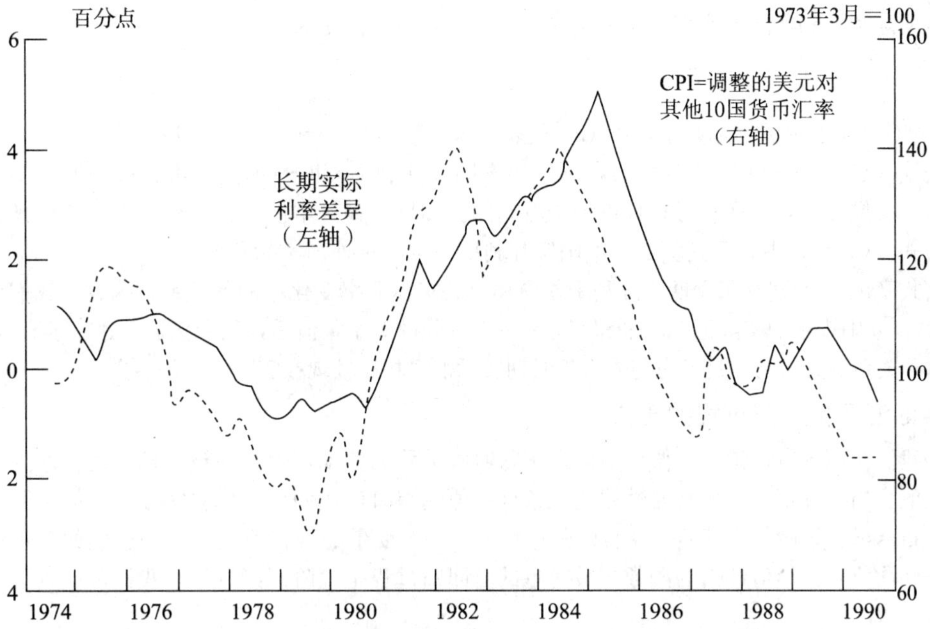

注：实线代表美元相对于其他 10 国货币的交易加权实际汇率，如美国联邦储备委员会所计算的。实际汇率的上升代表美元的实际升值。虚线代表美元长期债券实际利率和其他 10 国长期债券加权平均实际利率间的差。该图表来自 Edison 和 Pauls (1993)。

图表 10.6 中的实线代表美元相对于其他 10 国货币的交易加权实际汇率，如美国联邦储备委员会所计算的。实际汇率以用每美元外国货币数表示的名义汇率来定义。因此，图表 10.6 中实际汇率的上升代表美元相对于其他货币的实际升值，实际汇率的下降代表美元的实际贬值。图表 10.6 中的虚线代表以美国美元标价的长期债券实际利率和其他 10 国长期债券加权平均实际利率间的差异。虚线代表从外国角度来看的以美国美元标价的投资预期实际回报估计值减去以外国货币标价的投资预期实际回报率。[①]

从图表 10.6 中可明显看出，当美元在实际条件中坚挺时，美国实际利率与外国实际利率相比似乎相对较高。同时，相反，当美元在实际条件中疲软时，美国实际利率差异似乎相对较低。为什么实际汇率水平应当与不同货币间的实际利率差异相联系？

将 UIRP 转换为实际条件

为了了解为什么实际汇率水平应当和不同货币间的实际利率差异相联系，我们需要将非抛补利率平价从名义利率和名义贬值率间的关系转换为实际利率和预期实际贬值率间的关系。我们将本国和外国间的预期（对数）通货膨胀率差异 $E_t[\pi(t+1)-\pi^*(t+1)]$ 加到非抛补利率平价表达式 $i^*(t)-i(t)=E_t[s(t+1)]$ 两边，其中，$s(t+1)=\ln[S(t+1)]-\ln[S(t)]$，汇率以每单位本国货币的外币数计量：

---

① 因为实际利率取决于预期的通货膨胀率，而它是不可观察的，Edison 和 Pauls (1993) 通过取时间 t 两边的已实现的通货膨胀率平均数来估计在时间 t 的预期通货膨胀率。对预期通货膨胀率的计量随后被从观察到的长期债券的名义利率中减去，以计量预期的实际回报率。

$$i^*(t)-E_t[\pi^*(t+1)]-\{i(t)-E_t[\pi(t+1)]\}$$
$$=E_t[s(t+1)]+\pi(t+1)-\pi^*(t+1)]$$

从实际利率和实际汇率变化率的定义来看，等式可以简化为：

$$r^{e*}(t)-r^e(t)=E_t[rs(t+1)] \tag{10.15}$$

其中，$r^e(t)$ 代表本国实际利率，$r^{e*}(t)$ 代表外国实际利率，$rs(t)$ 代表实际汇率变化率。

公式（10.15）表明，当外国实际利率比本国实际利率高时，本国货币会被预期在实际条件中升值，就像我们已经在多恩布什模型中看到的。相反，如果本国货币会被预期在实际条件中疲软，公式（10.15）中右侧是负数，本国实际利率一定高于外国实际利率。

公式（10.15）建立了预期实际利率差异和预期实际汇率变化率间的联系。因此，我们尚未建立图表 10.6 中表示的实际汇率水平和实际利率差异间的关系，但是，我们接近于建立了直接关系。建立这种关系的方法之一是考虑与未来长时期实际汇率相比较现在实际汇率是多少。

实际汇率自回归过程的含义

如我们在第 8 章讨论的，假设实际汇率随时间推移而变动，但是它被预期最终会回到它的无条件均值。当实际汇率经历暂时性脱离无条件均值偏差时，我们可以建立实际汇率的**自回归过程**（autoregressive process）模型。在自回归过程中，一个变量的现行值是过去观察到的变量值、它的无条件均值和零均值冲击的函数。最简单的自回归过程是一阶回归过程，我们可以以下述公式表示：

$$\ln[RS(t+1)]=\overline{RS}+\rho\{\ln[RS(t)]-\overline{RS}\}+\epsilon(t+1) \tag{10.16}$$

在公式（10.16）中，$\overline{RS}$代表实际汇率对数的长期均衡值，它是无条件均值。实际汇率的修正值是 $\epsilon(t+1)$。这个修正值代表介于时间 t 和时间 $t+1$ 之间的信息所带来的实际汇率的变化，并且后来的均值为零。系数 ρ 介于 0 和 1 之间，告诉我们实际汇率趋于它的无条件均值的速度。如果 ρ 接近于 1，实际汇率与它的长期均衡值之间的偏差会十分持久。①

通过从公式（10.16）的两边减去 $\ln[RS(t)]$，我们得到：

$$\ln[RS(t+1)]-\ln[RS(t)]=(\rho-1)\{\ln[RS(t)]-\overline{RS}\}+\epsilon(t+1) \tag{10.17}$$

取公式（10.17）的期望值，将实际汇率变化率和现行实际汇率与它的长期均衡值间的偏差相联系，得到：

$$E_t\{\ln[RS(t+1)]-\ln[RS(t)]\}=(\rho-1)(\ln[RS(t)]-\overline{RS}) \tag{10.18}$$

将等式（10.18）代入等式（10.15）后，等式两边同时乘以−1，得到：

$$r^e(t)-r^{e*}(t)=(1-\rho)[\ln[RS(t)]-\overline{RS}] \tag{10.19}$$

---

① ρ的大小也取决于实际汇率变化被计量的时间间隔。为了理解原因，应认识到实际汇率和它的长期值间的预期偏差是 $E_t\{\ln[RS(t+1)]-\overline{RS}\}=\rho\{\ln[RS(t)]-\overline{RS}\}$，从中它遵循 k 期间到未来的预期偏差是 $E_t[\ln[RS(t+k)]-\overline{RS}]=\rho^k\{\ln[RS(t)]-\overline{RS}\}$。因此，如果它取实际日历时间中的特定量为预期的实际汇率偏差以调整回归均值的一半，ρ 的值一定取决于计量的时间间隔。例如，假设它取 6 年以消除实际汇率和它的长期值间偏差的一半。于是，如果我们有年度数据，ρ 的恰当值应当满足 $\rho^6=0.5$ 或 $\rho=(0.5)^{(1/6)}=0.891$。如果我们有季度数据，ρ 的恰当值应当满足 $\rho^{24}=0.5$ 或 $\rho=(0.5)^{(1/24)}=0.972$，因为在 6 年间有 24 个季度，而对于月度数据，ρ 的恰当值应当满足 $\rho^{72}=0.5$ 或 $\rho=(0.5)^{(1/72)}=0.990$。

公式（10.19）表明，当实际汇率高于它的长期均衡值，即当$[\ln[RS(t)]-\overline{RS}]>0$并且国内货币坚挺时，本国实际利率比外国实际利率高，因为ρ小于1。因此，我们已经演示了当美元在实际条件下相对于外国货币坚挺时，美元资产的实际利率应当比外国货币资产的实际利率高。相反，当美国的实际利率相对低时，美元在实际条件下会疲软并被预期会升值。

经验证据

尽管经济学家和其他人员在流行杂志中经常撰写关于实际利率和实际汇率水平间的较强联系的论文，已经检验过美元实际价值和实际利率差异间关系的学术研究人员已经发现它们之间的联系较弱。[①] 什么原因能够解释这种失败呢?

一个解释来自实际汇率非常持久的事实，这使得公式（10.19）中的系数ρ非常接近于1。如果ρ几乎等于1，$1-\rho$就非常接近于0。因此，即使实际汇率有可能远远脱离它的长期均衡值水平，短期实际利率差异也将不必反映这个偏差的较高数值，因为实际汇率回归它的长期价值将需要很长时间。或许源于我们计量预期通货膨胀率无力而产生的数据中的“噪音”很容易掩饰实际的联系。

人们对于实际利率差异和实际汇率间统计关系问题的第二种相关解释是，外汇市场中风险溢价的存在，我们在推导中忽略了这一点。风险溢价中的时间变化也可以掩饰预期实际利率差异和实际汇率水平的显著关系。

第三个解释是，在研究这种关系方面存在一些统计问题，如在第7章中讨论的比索问题。

实际汇率和经常账户

既然我们已经成功地将实际利率差异和实际汇率水平相联系，虽然与短期相比较更多的是针对长期，我们现在要讨论其他重要市场基础因素如何帮助确定实际汇率，并同时确定国际收支平衡表中的经常账户。回顾第4章中的内容，国际收支平衡表是一个恒等式，其中的经常账户和资本账户之和必须为零。因此，经常账户的盈余或赤字分别等于资本账户赤字或盈余。实际汇率和其他变量将进行调整以保证国际收支平衡表的平衡。因此，对国际收支平衡表账户的经济冲击影响实际汇率。

这些冲击可能来自国际收支平衡表的“实际”的一边——记录进出口的贸易账户，也可能来自国际收支平衡表的“金融”的一边——记录购入和销售资产的资本账户。实际汇率模型认为实际汇率分别影响国际收支平衡表的这两部分。[②] 我们下面讨论汇率如何影响国际收支平衡表的这两部分，随后检验将这两部分放在一起如何给出实际汇率和国际收支平衡表中经常账户的基本解决方法。

贸易余额和实际汇率

当实际条件中货币坚挺时，外国商品将变得比本国商品便宜。因此，实际的升值与贸易余额恶化紧密联系在一起，即相对于出口，进口上升。相反，一国货币的实际贬值会增强该国在世界市场中的竞争力并会改善贸易余额。在这种情况下，与进口相比，出口会明显上升。

记住国际收支平衡表的经常账户是贸易余额加上一个国家净国际投资头寸产生的收入流量，即它的净外国资产。在某一时点，本国经济拥有的净外国资产存量可能是正的，也可能是负的。

---

① 例如，John Campbell 和 Richard Clarida（1987），Richard Meese 和 Kenneth Rogoff（1988），以及 Hali Edison 和 Dianne Pauls（1993）进行了多种统计检验，这些统计检验的目的是找出实际汇率和实际利率差异间的关系。每一对作者得出的结论都是它们之间的关系很微弱。Marianne Baxter（1994）发现统计支持实际汇率和实际利率差异间的长期关系，而不是短期关系。更近期的证据则仍然是混合的，如 Avik Chakrabarti（2006）发现它们之间并不存在关系，而 Robert Sollis 和 Mark Wohan（2006）却的确发现它们之间存在关系。

② 一个有趣的同时确定实际汇率和经常账户的正式模型是 Michael Mussa（1984）的有巨大影响的分析。

如果净外国资产是正的，本国经济将收到利息收入；如果净外国资产是负的，本国经济必须支付利息。因为国际收支平衡表的经常账户是贸易余额加上净外国资产的利息收入或支出，通过它对贸易余额的影响，经常账户与该国实际汇率负相关。

资本账户和实际汇率

实际汇率也影响资本账户。根据第 4 章中的内容，资本账户记录一个国家净外国资产的变化。如果一个国家有资本账户赤字，它正在获取净外国资产；如果该国有资本账户盈余，它在失去净外国资产。第 4 章中也指出，一个国家的总的国家收入超过其总的国家支出的金额与净外国资产变化率水平相关。因此，决定一个国家所期望的收入超出支出金额的经济力量将决定该国的净外国资产的获得或失去。当一个国家的收入超过它的支出，或当储蓄超过投资时，该国将增加净外国资产。这就要求该国运行资本账户赤字和经常账户盈余。

影响一个国家总的储蓄和投资的最重要变量之一是实际利率。因为更高的实际利率将提高储蓄和投资，因此，更高的实际利率与资本账户赤字和经常账户盈余相联系。从前面部分的内容中我们知道，更高的实际利率也与暂时更高的汇率相联系，所以随着时间的推移实际条件中的货币被预期升值。这一点对于资产的需求也很重要，因为它保证所获得的以不同货币标价的资产回报率是相同的。因此，我们有实际汇率和国际收支平衡表的另外一种联系，即实际升值和经常账户盈余相联系。

均　衡

经常账户和汇率的均衡点确定列示于图表 10.7 中。横轴表示经常账户盈余值，纵轴表示实际汇率，其中实际汇率的计量单位是与本国货币的实际升值相应的实际汇率的上升。直线 *TT* 表明实际汇率通过贸易余额途径对经常账户的影响。该直线有负斜率，因为实际汇率的上升（即本国货币的升值）引起进口相对于出口的上升，这将降低经常账户的盈余。直线 *AA* 表明实际汇率通过储蓄和投资途径对经常账户的影响。该直线有正斜率，因为实际汇率的上升（即本国货币的升值）与预期实际贬值相联系，因此有比国外更高的本国实际利率。实际利率的上升将减少投资、增加储蓄，这造成了更大的经常账户盈余。

图表 10.7　　　　经常账户和汇率的均衡点确定

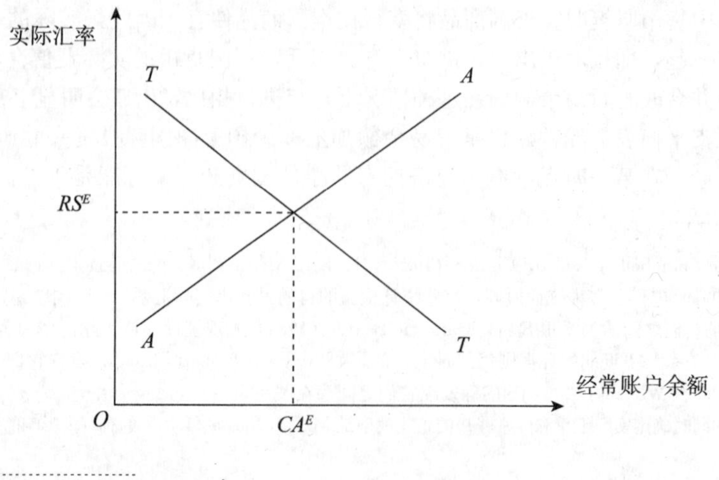

直线 TT 和直线 AA 的交点是均衡点的经常账户（CA^E）和实际汇率（RS^E）。记住经常账户和实际汇率是被共同确定的很重要。使本国商品和外国商品需求移动的变量将使直线 TT 移动，而影响储蓄和投资的变量将使直线 AA 移动。因此，特定的经常账户余额或许与不同的实际汇率水平相统一。我们下面考虑哪些变量将会使实际汇率和经常账户间的关系移动。

影响实际汇率和经常账户均衡点的变量

净外国资产

随着本国经济获取净外国资产，该国的居民感觉到相对富有并相对于他们的收入提高他们的支出。结果是，随着财富的积累，本国储蓄相对于投资下降。相反，随着一个国家净外国资产的下降，储蓄相对于投资趋于上升。人们变得没有那么富有并减少支出。因此，我们可以预期经常账户赤字的自然修正，因为它们代表给外国人带来的财富损失。这些观点指出净外国资产的上升将会使直线 AA 向上移动，净外国资产的下降将会使直线 AA 向下移动。在实际汇率和净外国资产累积间存在动态的交互作用。

政府开支和预算赤字

引起预算赤字的政府开支的增加或税收的下降会增加经济中的总体需求。这将引起实际利率上升，它将减少投资并鼓励个人储蓄。因此，直线 AA 向上移动，因为产生既定经常账户赤字的投资和储蓄的交互作用现在要求更坚挺的货币。直线 AA 的向上移动意味着在均衡点，随着实际利率上升，实际条件中的本国货币升值，经常账户赤字增加。

政府开支的这些影响与 20 世纪 80 年代美国所经历的相一致。在里根总统增加政府开支、减少税收时，实际利率上升，美元经历了巨大的实际升值，美国经常账户赤字也上升到空前的水平。

技术变革和生产率增长

交易者热切地等候信息公告报道增长数字或其他实际经济活动的指标，如住房数字、工业产值、失业率和零售额。这些信息信号如何进入模型呢?

预示着未来 GDP 增长的新的信息鼓励企业今天进行更多的投资。消费者也觉得更富有，所以他们想要消费更多。因此，直线 AA 一定又重新上升以配给投资和消费，直线 AA 的上升引起实际升值和经常账户赤字。与经常账户赤字相对应的是外国资本的流入，这将为一些投资筹集资金并允许消费高于它能够达到的金额。这种影响的一个例子就是 1995—2000 年间美元的持续坚挺和相应的巨大美国经常账户赤字。这些影响被认为是信息技术迅速发展时期美国经济诱人的增长潜力的结果。

投资组合转换

直线 AA 代表所有国家的资产市场均衡值。如果有事项使得国际投资者对资产的需求从外国资产转变为本国资产，汇率和经常账户会受到影响。假设有关于降低的国外盈利能力的消息，投资者将想要把外国资产转换为本国资产。直线 AA 一定向上移动，因为本国货币一定升值，本国一定经历经常账户赤字。投资者风险承受水平的变化将有类似的影响。当然，这里的关系是很复杂的，但是你可以认为这些影响力是使直线 AA 移动的事项。使本国资产需求上升的事项使直线 AA 向上移动，而使本国资产需求下降的事项将使直线 AA 向下移动。

显然，实际汇率的确定很复杂，因为它涉及现行市场的基础因素和刚刚讨论过的对未来基础因素的预期。我们现在分析基础模型是否能够改进我们的预测能力。

基础汇率模型的预测效果

预测模型和标杆

为了分析汇率确定的基础模型的预测能力，我们遵循经济学家理查德·米斯（Richard Meese，1990）的分析。米斯评价了将现行即期汇率和相关货币供应、利率差异、相关工业产值、通货膨胀差异和累积的贸易余额联系起来的模型，其中累积的贸易余额代表净外国资产的水平。他估计这些模型的参数并使用它们来预测未来汇率值。因为预测是“脱离样本”（out of sample）试验，他使用与参数一致的实际价值作为未来基础因素以得到汇率的预测值。这赋予了基础模型相对于其他被考虑模型一个优势：模型仅仅使用现行信息来预测未来汇率，因为基础信息在需要做出预测时是未知的。如果符号“∧”表示一项预测、k 是预测期间，其他被考虑的模型为：

随机游走：$\hat{S}(t+k)=S(t)$

无偏差假设：$\hat{S}(t+k)=F(t,k)$

单变量自回归：$\hat{S}(t+k)=\mu\cdot\dfrac{1-\rho^k}{1-\rho}+\rho^k\cdot S(t)$

向量自回归：包括其他滞后变量的自回归的概括。

这里 $F(t,\ k)$ 是期间为 $t+k$ 的在时间 t 的远期汇率，从单变量自回归得到的预测解出 $\hat{S}(t+k)=E_t[S(t+k)]$，其中自回归指定 $S(t+1)=\mu+\rho S(t)+\epsilon(t+1)$。因为 $E_t[\epsilon(t+j)]=0$，$j>0$，我们可以递归替换自回归并写作 $S(t+k)=\mu(1+\rho+\cdots+\rho^k)+\rho^k S(t)+\text{news}$，其中 news 依时间 t 的信息是不可预测的。

经验结果

米斯计算出平均方差的根（RMSE）以进行不同时期的预测。令人吃惊的是，他发现在所考虑的 12 个案例中有 10 个是随机游走模型打败了所有其他模型。尤其令人吃惊的是，基础模型即使在长期也不比其他模型表现更好。这一首先被米斯和肯尼斯·罗格夫（Kenneth Rogoff，1983）发现的结果长时间来令很多国际经济学家感到迷惑不解。无论如何，多年来它已经为很多研究人员所确认。

仅仅是近几年，一些研究开始发表关于可以预测的与基础因素相联系的汇率成分的发现。一项由 Nelson Mark（1995）所做的研究报告了有关证据，证据表明与汇率基础值间的偏差（正如与米斯所使用的模型相似的模型所计量的）具有预测汇率在未来 12～16 个季度移动情况的能力。在短时期内，击败随机游走模型仍然是很困难的。这些结果说明汇率缓慢地适应基础因素的变化，而有很多重要的基础因素需要建立模型。

10.4 技术分析

基础预测者使用宏观数据来预测未来汇率，而技术分析人员完全关注金融数据。下面我们以上升的复杂程度为序，检验不同的技术预测方法：图表分析、漏斗规则、回归分析和非线性分析。我们随后将考察技术交易规则成功的学术证据，在最后一节我们讨论使用技术分析的汇率预测服务的有效性。

“纯粹的”技术分析：图表分析

图表专家以绘图的形式记录某项汇率的实际交易历史，然后试图推断仅仅以信息为基础的可能的未来趋势。图表 10.8 绘制了每天的汇率序列，我们用它来介绍一些图表专家的术语。

图表 10.8　　图表专家描述的汇率模式

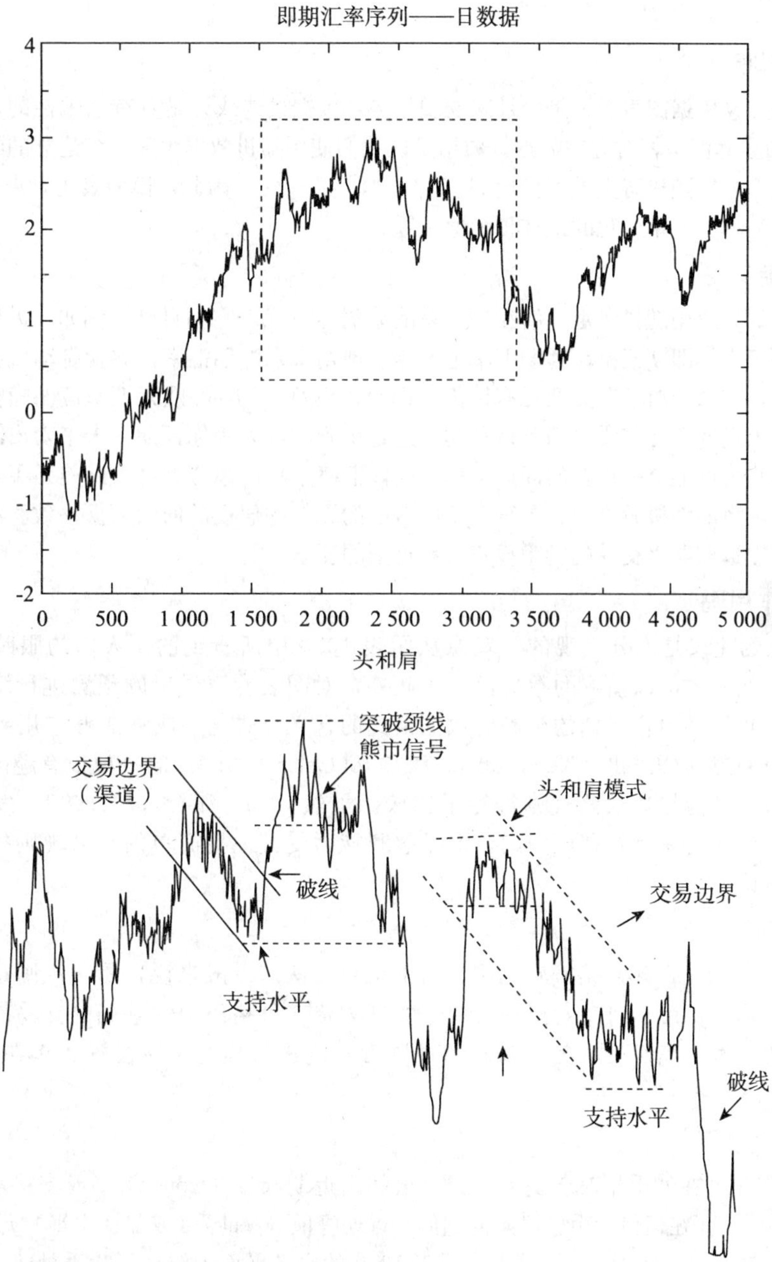

注：上面的图形显示的是 20 年间每天的汇率序列（每年大约 250 天）。

支持水平（support level）是价格有降低到低于特定水平麻烦的任何图表信息。一个**保持水平**（resistance level）是一项工具的价格有上升到高于特定水平麻烦的任何图表信息。支持水平和保持水平定义了一个交易边界，可以是短期、中期或长期。当交易边界被打破，突然的价格上升或下降被人们所预期，并被称做**破线**（breakout）。

图表专家认为不同模式的数据可以清楚地预示未来的趋势。一个很有名的模式是“头和肩”(head and shoulders)。该数据模式指出，一旦颈线被突破，汇率将很快下降。显然，图表专家不相信有效资本市场，而是相信被非理性想法驱动的市场，这将导致可预测价格上升或下降趋势的延长。

潜在乱真模式

因为图表专家依据图表而不是统计来发现趋势，数据模式或许是具有欺骗性的。例如，图表10.8不代表和实际汇率相对应的数据。数据是以我们使用随机数据生成系统建立的随机游走模型为基础的人为序列。随机游走模型指出 $E_t[S(t+1)]=S(t)$，因此，模型表明对未来汇率的最佳预测是今天的汇率，汇率变化的最佳预测值是零。

随机游走交易

如果汇率的确遵循随机游走，潜在的交易战略仍然只代表它们自己。例如，无论何时，只要远期汇率不等于现行即期汇率，远期汇率也不等于预期未来即期汇率，你就有动机在远期市场进行投机。例如，如果相对于美元欧元有折价 $[F(t)<S(t)]$，美元/欧元汇率遵循随机游走，那么就存在通过买入远期欧元来赚取的预期利润。这是正确的，因为你预期在未来卖出欧元、换取美元的未来汇率水平可能会是现在的即期汇率，而该汇率水平比你今天可以以美元买入未来欧元的远期汇率高。汇率的随机游走行为与第7章中考虑的无偏差假设的回归证据一致。在那一节，我们提供了表明以远期贴水交易的货币投资有利可图的证据。

绘图起作用吗

图表专家的建议是十分主观的。就像从图表10.8中所看到的，人们的眼睛很可能看到并不在那里的似乎是可以预测的数据模式。此外，对图表专家做出的预测进行统计分析是困难的。例如，我们必须将看到的头和肩数据模式的含义公式化，或将能够应用到那些数据中的其他公式中的规则公式化。Kevin Chang 和 Carol Osler（1999）的一项很有趣的研究将头和肩的获利能力与其他趋势预测规则进行了比较。虽然 Chang 和 Osler（1999）发现以头和肩模式为基础所做的交易是有利可图的，但是盈利能力受其他更简单的交易规则控制，我们将在下面进行讨论。

漏斗规则

漏斗规则（filter rules）是确定汇率趋势的流行方法。一般来说，漏斗规则是以提供给投资者诸如何时购入货币、何时卖出货币信号的过去资产价格历史为基础的交易战略。我们研究两种常用的技术，我们将从美元基础的投资者角度进行描述，该投资者正在检验美元/外币汇率。

x%规则

x%规则指出，在外币相对于美元已经升值超出近期低谷（trough）（或支持水平）x%后，你应当买入外币；而在任何货币已经降低到低于近期峰值（peak）（或保持水平）x%时，你应当卖出外币。通常的x%是1%、2%等等。图表10.9的底部平面图演示了货币处于上升趋势时的这一规则。

图表 10.9　　漏斗规则如何起作用

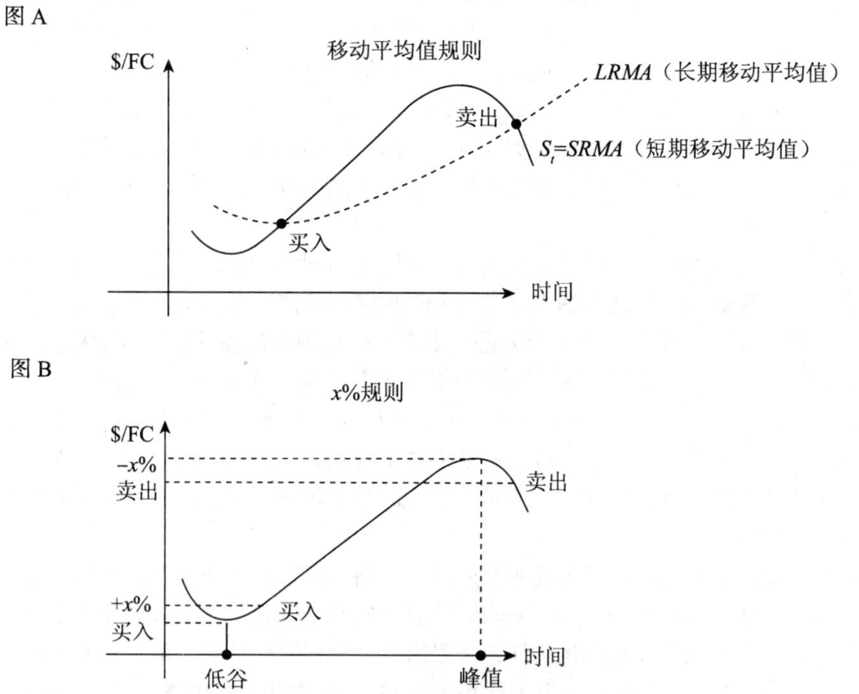

注：在图 A 中，实线代表实际汇率 $S(t)$，它作为短期移动平均值（*SRMA*）。虚线是长期移动平均值（*LRMA*），将当前和过去的汇率进行了平均。在图 B 中，我们仅仅绘出了汇率并说明了 $x\%$规则的应用。

移动平均值交叉规则

移动平均值交叉规则使用汇率的移动平均值。一个 n 天的移动平均值是最后 n 个交易日的样本的简单平均值。$A(y,\ z)$ 移动平均值交叉规则使用短期（y 天）的平均值和长期（z 天）的平均值。战略指出，当短期移动平均值从下方（上方）跨过长期移动平均值时，你应当买入（卖出）外国货币。通常的规则使用 1 天和 5 天（1，5）、1 天和 20 天（1，20）、5 天和 20 天（5，20）。图表 10.9 中的图 A 显示了短期移动平均值线如何快速地在图中的左边获得上升趋势并从下方跨过长期移动平均值线，发送了买入的信号。在本案例中，短期移动平均值线是汇率本身，因为我们使用了 1 天规则。

漏斗规则的获利能力

漏斗规则的效果如何？漏斗规则得到了广泛的研究。Richard Levich 和 Lee Thomas（1993）的研究、LeBaron（1999）的研究都报告了遵循漏斗规则赚取了投机利润，这在统计方面和经济方面都是很明显的。例如，Levich 和 Thomas（1993）研究了被考虑的 9 个不同的漏斗规则对与美元相对的 5 个国家货币的情况。最低年均利润为 0.7%，最高则为 11.1%。一般来说，年均利润超过 6%。作者是如何衡量这些回报的统计显著性的？我们知道重复地抛一枚硬币有时候会导致长期的正面序列，或比反面多很多次的正面。相似地，夸耀他们的预测带来了高回报的技术分析人员，或许仅仅是因为在将他们的规则应用到汇率移动的随机序列时运气比较好。因此，确定通过应用漏斗规则获取的利润不仅仅是因为纯粹的运气很重要。

确定利润的统计显著性水平的方法之一是生成使用人工数据的规则的盈利能力的分布，数据中规则是无利可图的。经常地，经济学家假设无偏差假设有效，他们生成人工的满足无偏差假设的即期汇率和远期汇率历史记录。这可以同时伴随使用称为“步步为营法”（bootstrapping）的技术。在“步步为营法”中，实际数据用于生成人工汇率序列，但数据是随机打乱的，以便破坏任何可能的可预测的数据模式。[①] 因此，人工数据中没有任何能够被一贯利用的趋势。

每一个新的人工汇率序列都应当提供一个汇率能够遵循的路径，如果它仅就远期汇率而言是真正随机的并且可预测。Levich 和 Thomas（1993）生成了 10 000 套不同的人工数据，将技术规则应用于人工数据并记录利润。这个过程为每一个漏斗规则和每一个汇率生成了一个试验式的利润分布。虽然分布以零为中心，但是无论如何，有的案例中规则产生的利润是十分高的，甚至高到 5%，这仅仅是偶然的。

原始数据序列的利润随后与随机生成数据序列形成的利润相比较。在没有漏斗规则盈利能力的无效假设下，实际数据序列的利润不应当与人工数据序列产生的利润有显著的差异。如果实际利润高于模拟利润 95%，那么，在原始数据中不存在可利用的交易信息在 5%的边际显著性水平下是被拒绝的，也可以说，我们有 95%的把握利润不是产生于偶然性。

Levich 和 Thomas（1993）发现了有力的证据来驳斥原始数据序列中不存在能够被开发用于使用漏斗规则赚取利润信息的假设。对于移动平均值规则，15 个案例中有 12 个实际数据序列的利润排列在所有模拟数据序列的前 1%。换言之，如果没有可利用的趋势，实际数据的盈利能力好于偶然获取的 99%的利润。

虽然在这里讨论的研究并未详细说明交易规则类别，但近期的研究已经使用了复杂的计算机技术，如遗传运算法则（genetic algorithms），以探寻理想的交易规则。如果不考虑细节，这些技术类似于将达尔文的自然选择程序运用到最终繁衍出“最佳”交易规则的过去数据中的漏斗规则中。（本章中的“针锋相对”部分将更为详细地讨论这些非线性预测技术。）Christopher Neely，Paul Weller 和 Rob Dittmar（1997）发现支持这些交易规则的实际上是盈利性。随后尼利和韦勒于 2001 年所做的研究发现，关于中央银行干预的额外信息进一步改善了盈利能力。

评　价

存在一些与我们刚刚讨论的交易规则相联系的重要缺陷。

首先，研究关注了相对短的时间范围，因为浮动汇率从 1973 年才开始实施。在该研究期间美元价值长期摆动：例如，美元是在 20 世纪 80 年代前半期大幅升值，随后在 80 年代后半期大幅贬值。[②] 在这一时期内，趋势追随系统或许有相当长的时间容易赚取利润。应当注意到 Levich 和 Thomas（1993）研究的样本时期结束于 1990 年，即长期摆动时期的末端。实际上，Kuntara Pukthuanthong-Le，Richard Levich 和 Lee Thomas（2006）的新的研究指出，通过简单的趋势追随战略很容易赚取利润的时期结束了，最起码对主要的货币而言是这样。

其次，大多数学术研究没有考虑现实的交易成本。

再次，即使特定的交易规则发现了明显的利润机会，这些利润或许是承担货币波动风险的正常补偿。许多更早提到的经验研究没有考虑风险，即使它们已经考虑了风险，如此多的修正也是非常不完善的。

最后，这类研究受困于“数据采集”难题。研究人员或许已经尝试过许多没有发现趋势的漏斗规则，但是他们并未进行报告。对数据规则的不成功的探寻应当在报告规则的统计显著性水平时就予以考虑。

---

① 许多作者使用对数价格而不是价格水平来进行他们的研究。参见第 2 章中的对数。Richard Levich 和 Lee Thomas（1993）将“步步为营法”应用于未来价格差异对数。

② Charles Engel 和 James Hamilton（1990）开发出了一个能清楚地识别这些长期摆动的统计模型。

回归分析

以回归分析为基础的交易

反对第 7 章中提出的无偏差假设的证据认为利率差异或许包含能被充分利用的未来汇率信息。利润也可能仅仅产生于承担了货币风险。学术分析者和外汇职业界都已经开发出将未来汇率变化与利率差异、其他容易获得的信息（如过去的汇率）相联系的模型以预测未来汇率（John Bilson，1989；Craig Burnside，Martin Eichenbaum，Isaac Kleschelski，and Sergio Rebelo，2006；Eichard Clarida and Mark Taylor，1997；Philip Green，1992；Miguel Villanueva，2007）。多数已经使用了回归模型。

本质上，一项回归可以用于将未来远期市场头寸回报 $\left[s(t+1)-f_p(t)=\frac{S(t+1)-F(t)}{S(t)}\right]$ 和现行信息如远期升水 $f_p(t)=\frac{F(t)-S(t)}{S(t)}$，相联系：

$$s(t+1)-f_p(t)=a+\gamma f_p(t)+e(t+1) \tag{10.20}$$

从第 7 章中我们知道，买入远期外币的每 1 美元的利润是 $\frac{S(t+1)-F(t)}{S(t)}$，因为分子是买入的每单位远期外币的美元利润，1 美元等于 $1/S(t)$ 单位外币，我们使用 $s(t+1)$ 来表示汇率的变化百分比。在一项交易战略中，回归框架用于发现远期头寸的预期回报价值。如果预期的回报是正的（负的），战略就是买入（卖出）该外币。

为了判断这一交易战略的有用性，我们计算它所产生回报的经济利润。因为不同的战略可能有不同的风险，惯例是比较不同投资战略的夏普比率（Sharpe ratio）。夏普比率实质上代表每单位波动的额外回报。对货币战略而言修正波动非常重要，因为它们经常使用“杠杆”。下面的分析回顾了杠杆和夏普比率的重要概念。

风险资本和杠杆的回报

我们每个月所记录的利润是每 1 美元的利润，经常称做风险资本回报。记住一项远期合约不是以提前付款为必要条件，因为它仅仅是和银行的一项双边合约，但是银行想要知道它们的对应方是否能够履行合约。因此，实际交易战略是投资于相对无风险的证券，如国库券，吸收潜在的损失并获得可能的投资利润。如果正好有投资于国库券的 1 美元来换取远期市场中押注的 1 美元，交易战略的额外回报，即超出国库券的回报，将等于风险资本的回报。

如果远期合约中的美元多于无风险账户中的美元，交易战略就利用了**杠杆**（leverage）。例如，如果对应于无风险账户中的 1 美元，2 美元被押注在远期市场，杠杆率就是 100%：

$$杠杆率=\frac{风险资本-拥有的资本}{拥有的资本}=\frac{\$2-\$1}{\$1}=100\%$$

在交易战略中利用杠杆扩大了它的收益和风险。

例 10.3　杠杆和回报

预测公司 Trompe Le Monde 的交易战略是，为置于货币市场中的每 1 美元储蓄，在瑞士法郎远期市场中缔结一个3美元的空头或多头合约。下表中所示为Trompe Le Monde的交易记录（汇率是USD/CHF）。

交易	现行即期汇率	远期汇率	决策	实现的未来即期汇率	风险资本回报率	实际回报率
1	1.50	1.53	卖空	1.52	0.67%	2.00%
2	1.52	1.55	卖空	1.60	−3.29%	−9.87%
3	1.60	1.62	卖空	1.54	5.00%	15.00%
4	1.54	1.53	买空	1.50	−1.95%	−5.84%
5	1.50	1.48	买空	1.48	0.00%	0.00%

远期市场中外币多头头寸的风险资本的回报率按$\frac{S(t+1)-F(t)}{S(t)}$计算，而外币空头头寸的风险资本的回报率按$\frac{F(t)-S(t+1)}{S(t)}$计算。这是通过买入或卖出远期而投资于远期市场的1美元的回报。然而，因为Trompe Le Monde将1美元放在货币市场储蓄中，将3美元放在远期市场头寸中，实际回报率是：

货币市场利率＋3×风险资本回报率

（为简单起见，我们假设货币市场的利率是零。）在本案例中，杠杆率是200%，所以杠杆回报率（1＋杠杆率）比风险资本回报率高。

杠杆说明，在研究基于回归的交易战略的盈利能力时，我们应当关注风险—收益的平衡。**夏普比率**（Sharpe ratio）是最常用的计量标准，它以获得诺贝尔奖的经济学家威廉·夏普（William F. Sharpe）的名字命名。

$$夏普比率=\frac{平均超额回报}{超额回报标准偏差}$$

例10.4 Trompe Le Monde交易记录的夏普比率

我们回到例10.3并计算Trompe Le Monde的5笔交易的夏普比率。注意通常更大的样本（如至少20个）应当用于计算统计数字如夏普比率。因为货币市场利率是零，超额回报等于实际回报。平均回报率是0.26%，标准偏差是8.49%，夏普比率便是0.03。这意味着，对它承担的每百分之一的波动风险，该战略赚取的回报高出无风险回报率3个基点。

基于回归的货币战略的应用

例10.4中的夏普比率十分低。换言之，与回报的波动性相比，平均回报是很小的。股票市场中的实际长期投资夏普比率约为例10.3中夏普比率的10倍，即股票市场中的夏普比率与这里的0.03相比大概为0.30。

研究发现，基于回归的外汇战略得到的夏普比率与实际股票市场投资的可获得的夏普比率相似。因此，一些套期基金（hedge funds）和投资银行（例如，德意志银行和巴克莱全球投资集团）已经从应用基于回归的战略中获得了好处。这些银行典型地应用多货币投资组合和最佳技术以确定最佳的头寸并控制风险（这些最佳技术将在第13章讨论）。然而，更为简单的方法也很常用。2006年9月，德意志银行推出一项货币基金，该基金试图开发远期偏差（forward bias）。

德意志银行的战略包括做出与美元相对的10种货币多头或空头头寸的同等权数的多样化投资。这10种货币包括欧元和澳大利亚、加拿大、丹麦、英国、日本、新西兰、挪威、瑞典、瑞士等国家的货币。战略包括对三个国家货币的买入，交易中三种货币与美元相比有相对过高的远期贴水（即交易货币所在国家的货币市场收益比在美国的收益高）；战略包括对三个国家货币的卖出，交易中三种货币与美元相比有最高的远期升水（即交易货币所在国家的货币市场收益比在美国的收益低）。多头或空头头寸在每个月初决定并在每个月末结束。显然，这个战略的夏普比率比S&L500投资组合中的投资的夏普比率有利一些。

虽然这些结果很有趣，但是意识到过去的业绩并不一定会重复很重要，货币投资是具有风险性的。特别地，在第3章，我们指出货币变化的分布呈现出“肥尾”特征，即极端的结果（积极或消极）更可能超出正常分布的预测。如果货币战略的回报呈现出“肥尾”，夏普比率或许不能充分反映风险—收益的平衡。

评价预测服务

使用技术分析确定是否在外汇市场中赚取利润的方法之一是着眼于实际预测服务的预测记录。外汇咨询服务是多种多样的。所有服务都生成汇率预测，但是它们的客户、技术和预测期间不同。一些服务已经扩展到提供关于更为复杂的套期保值战略方面的建议；一些服务为它们的客户管理敞口；一些服务则为它们自己的账户进行交易。然而，更多的服务使用某种形式的技术分析。很不幸，关于这些服务预测能力的经验证据是欠缺的。在20世纪70年代末期和80年代初期，《欧洲货币》（*Euromoney*）进行了关于这些咨询服务的年度调查，其中报告和分析了它们的业绩。但是，在20世纪80年代末期，由于缺少有用的回应，《欧洲货币》终止了外汇咨询调查。

Robert Cumby和David Modest（1987）通过进行以他们的建议为基础的假设性交易，检验了7个技术咨询服务的建议。两个主要的发现是：第一，咨询者在关于“正确百分比信号”计量方面表现较差，意味着他们的建议错误的时候比正确的时候多。第二，若遵循他们的建议，在所检验的39个案例中有34个应当会赚取利润，但是结果不如子样本好。

预测服务使用的技术中有一些是非常简单且容易执行的。作为咨询服务的潜在使用者，询问这些服务是否物有所值是很恰当的。作为总的原则，当过去的回报看起来过于好时应当持怀疑态度。记住“消息”是拉动汇率的主要因素，而消息是不可预测的。另外，具有较高预期回报的投资是典型的风险性投资。如果有免费的午餐，它们通常是很难被发现的。

针锋相对

混沌理论、基因工程和神经网络系统

“来吧，Ante，没有那么糟糕，”Freedy恳求道。Ante不能摆脱将在他们的高中联谊活动中看到Covis Estello的尴尬景象。虽然兄弟们知道Covis很聪明，但是他们在高中时经常取笑他，经常叫他“Super-Geek”先生。现在，Ante拿着一篇报纸上的文章，该报纸描述了Estello先生在开发货币交易系统方面的非凡才能。Estello的专长在混沌理论和神经网络系统方面最为显著，并且据说他设计出了采用“基因法则”的不同模型。

“我完全不知道他在做什么，但是他似乎能够预测货币的价值，他现在比我们将来任何时候都明显富有。”Ante抱怨道。

Freedy叹息并劝道，“你知道预测货币价值是非常困难的。我的确认为他是运气好。外汇市场是非常有效的。在这些市场中赚取超常的回报是十分困难的。我认为Covis使用数学花招来说

服投资者给他钱，拿其他人的钱冒风险并碰上了好运气。如果我是正确的，我们将很快看到一篇标题为《Estello 的沉浮》的文章。”

“但是那不会在我们班级聚会前发生，何况对我来讲他的利润是市场完全无效的最好证据。”Ante 反驳道。“显然，非常讨厌的 Covis 一定设计出了一些复杂的系统以发现汇率的趋势，现在在我们研究有效市场的时候他正在赚很多钱!”

这时，Suttle Trooth 兴奋地冲进房间，“嘿，伙伴们，你们读了那篇关于 Covis 的文章吗？一个多么成功的故事！Ante，你不为我们老朋友的成功而高兴吗?”看到 Ante 眉头紧皱的样子，Suttle“不怀好意”地笑道。

Freedy 马上问道，“请向我们解释这些数学垃圾是做什么的，我不理解如果市场是有效的，Covis 如何能够赚钱。”

Suttle 缓和了一下说道，“这些是非常复杂的事情。如果市场是有效的，那么你是对的，交易货币来赚取很多钱是非常困难的。将一定不会有任何可轻易利用的趋势。但是，即使我们相信有效市场，我们在学校学习的理论做了一些令人质疑的至少是大胆的假设。首先，在货币市场上投资会将你置于风险之下，任何利润或许仅仅是承担货币风险的补偿。风险溢价也能够围绕信号移动并改变信号。如果是那种情况，被 Estello 系统挑选出的汇率中的可预测模式或许仅仅反映了时间—变化风险溢价，即他买入风险非常高的货币。如果是这种情况，某一天他或许会遭受严重的损失，这一点也不令人吃惊。”

Suttle 继续说道，“其次，经济学家经常假设所有的交易者拥有同样的信息，为自我利益而行动，赞同形成汇率的模型和市场基础因素。我们都知道这不是完全正确的。例如，一些商业银行利用从它们的跨国客户处获得的关于交易指令的优势信息。这或许有助于它们了解短期模式。在美国权益市场，这种交易被称做‘front-running’，是非法的，但是在不规范的货币市场，一切皆有可能。只有在存在不以他们的私人信息进行交易的交易者的情况下，其他经济模型才是有意义的。另外，聪明的人们能够剥削‘噪音交易者’，噪音交易者系统性地损失钱。噪音交易者可能会非理性地行动；他们也可能是不寻求利润最大化的中央银行，因此可以被剥削。”

“现在心理学和经济学的工作显示，有可能导致非理性交易行为的各种行为偏见能够为更理性的交易者所利用。此外，我们知道汇率受货币政策的影响，而许多与政策制定相关的因素并不为公众了解。有可能一些专家更了解这些政策，或者他们比其他人员能够更好地预测政策的变化。最后，即使你在长期是正确的，市场或许在短期内变得与你的预期相反。交易者必须有足够的资本来安全渡过一系列损失，否则他会在利润开始涌来之前破产。”

“但是 Covis 到底是如何赚钱的呢?”Freedy 插嘴道。

Suttle 回答说：“我除了知道那些模型是固有的非线性模型这一事实外，我对他使用的数学模型知道得不多。即它们包括二次方程式、三次函数和类似的公式。一个混沌系统，那篇文章中提到的模型之一，实际上是一个确定性的系统，没有任何消息或冲击。未来被认为是确定性的、过去的非线性函数。如果你能够计算出其中的联系，你就可以很好地预测未来。虽然混沌理论看起来在生物学和物理学（在解释流体动力学方面非常有用）方面有一些有益的应用，我尚未见到任何真正有用的经济和金融方面的应用。”

“消息是资产价格的驱动因素！另外，混沌系统对原始条件非常敏感，很小的原始条件的变化，就会产生有巨大差别的预测。Covis 将如何知道他已经发现了正确的系统？一个很小的数据错误将导致他误入歧途。但是，我在这些神经网络系统中看到了更多的未来。”Suttle 继续说道。“神经网络系统是另外一种非线性模型，它以一些标准（比如高于或低于零）的结果为基础，一个特别的函数接通了。从我所能够辨别的来看，基因法则是帮助确定给定历史数据的最佳交易规则的工具。它们是使用达尔文原则的真正的计算机研究程序。实质上，计算机随机地生成一些潜在的交易规则。最好的交易规则（适者生存）有生存到下一轮（再生或繁殖）的最佳机会。这些规则由一些随机生成的新规则（突变）混合而成。最终，程序会识别出盈利能力强的交易规则。”

Suttle 说：“所有这些模型存在的问题是它们过于参数化。我的意思是数学模型要求对很多参数做出界定。对一个特定的数据样本，永远是一些非线性的函数能够很好地描述数据。关键的事项是在实际世界的实际交易和实际货币中它是否有用。即使在短时间它很有用，但它是真正的技巧还是仅仅是运气？那或许需要很多年来断定。因此，我不认为 Covis 有任何特殊的技巧。仍然没有任何评判标准。另外，如果他是成功的，并且在数据中存在一些市场参与者不知道的东西，他的交易将使市场更有效，这将终止盈利机会。被低估的货币将被购入而被高估的货币将被卖出。”

Freedy 大喊道：“看，我告诉你最终市场是有效的！不幸的是，Ante，Covis 仍将是学校联谊会中的人物。”Ante 听了只是叹息。

10.5 预测贬值

到目前为止，我们已经讨论了浮动汇率的货币预测。不幸的是，世界上将近 60%的货币制度不适合这类预测。我们现在主要讨论钉住汇率制度中的特殊预测问题，但是应当注意这些观点也适用于第 5 章中讨论的目标区和货币局。

在钉住汇率制度下，要预测的事项是，是否将会出现贬值，如果有的话，将会是多少。我们首先回顾有关钉住制度崩溃原因的主要理论。随后我们讨论各种预测技术，包括很好的金融数据可以获得和缺少金融数据两种情况。我们也叙述 1992 年发生在欧洲、1994—1995 年发生在墨西哥、1997 年发生在东南亚的货币贬值以及它们所带来的浩劫。

什么会带来货币危机

刚刚提到的引人注目的货币危机唤起了人们对通常伴随着钉住汇率制度失败的投机袭击的诱因的兴趣。当投机袭击成功时，货币不是经历大的贬值（这在欧洲货币制度中发生过很多次），就是汇率是浮动的（就像 1994 年墨西哥所发生的一样）。对于跨国经营企业，这样的事件很重要，不仅是因为公司在价值低估国家有直接的货币敞口，也因为货币危机经常伴随着经济剧变。这会降低公司拥有的当地资产的价值，影响它们的生产并对它们在当地和全球的销售产生负面影响。有两个主要原因使得钉住汇率货币屈服于投机的压力。

宏观经济条件

对为何钉住汇率货币屈服于投机压力的第一个解释认为，如果一个政府执行与它的货币钉住汇率不一致的政策，投机是不可避免的。该解释以 Paul Krugman（1979），Robert Flood 和 Peter Garber（1984）有重大影响的工作为基础。投机者将袭击系统并企图通过卖出当地货币、买入外国货币来获利。在这种情况下，该国的中央银行将失去外汇储备来防护钉住汇率，直到达到最低外汇储备的关键水平，在该点银行被迫放弃钉住汇率。然而，最初的模型集中于扩张性货币政策，扩张性财政政策也能导致投机侵袭。

这些模型认为贬值是可以预测的。增长的预算赤字、过快的货币增长、上涨的工资和价格会先于货币贬值发生。如果在当地经济中价格上涨快于外国价格上涨，而名义汇率保持不变，当地货币在实际条件下会贬值。因此，货币高估也会是危机即将来临的信号。政府预算赤字和实际汇率高估的结合经常会导致巨额经常账户赤字。因此，如果理论是正确的，投机压力应当是可以从经济数据中预测的。

自我实现预期

对为何钉住汇率货币屈服于投机压力的第二个解释认为，投机侵袭有时候似乎没有任何原因。危机或许仅仅是一个由投资者的“动物精神”（animal spirits）引起的自我实现的预言，就像著名经济学家约翰梅纳·德·凯恩斯曾经定义的。

虽然描述这些观点的正式模型过于抽象，在这里不作叙述，但是我们考虑下列争论：假设一个重要的投资团体开始对一种货币进行投机，这引起了遭受袭击国家的可观的资本流出。其他投资者看到资本流出，认为货币会崩溃，因此他们也会出售货币，从而导致更大的资本外流。如果中央银行变得无法抵抗，该国货币被低估，这证实了投资者的恐惧，即使没有任何基本的经济理由来降低钉住汇率。①

更近的关于该事项的研究认识到基础经济变量应当予以考虑。基本上，基础因素的恶化，如国家就业率的恶化，会使得防御国家的货币成本更高并最终导致危机。然而，危机的实际发生和危机的时间仍然由投机者的“动物精神”决定。

传　染

为大家所熟知的**传染**（contagion）现象是指投机者对一种货币的侵袭行为仅仅是其他货币危机的结果的可能性上升。例如，1992 年 9 月，英镑首次贬值并随后彻底脱离了 EMS。英镑遭受了相对于其他欧洲货币的巨额贬值。几个月后，投机者侵袭了爱尔兰镑，爱尔兰镑当时仍然在 EMS 中，爱尔兰当局也被迫贬值。因为爱尔兰并没有迹象表明正在经历任何经济问题，许多市场观察者将爱尔兰的贬值归因于来自英国的传染。

如果投机性侵袭仅仅是自我实现的预言，就像 Maurice Obstfeld（1986）及 Bernard Bensaid 和 Olivier Jeanne（2000）模型中的一样，传染是容易理解的。如果投机者成功地侵袭了一种货币，他们或许会尝试另一种货币。无论如何，传染或许是理性的反应，甚至对一系列原因来讲是可预测的。例如，当英镑贬值而爱尔兰镑没有贬值时，爱尔兰镑经历相对于英镑的实际升值。因为实际升值负面地影响爱尔兰出口者的竞争地位，这会导致贬值的经济和政治压力。

另外一种情形是传染是理性的，但是，在两种货币被相继侵袭时，第一个危机不是第二个危机的诱因，因为第二个国家正在经历类似的负面宏观经济条件，或遵循类似的非一致性政策。

货币危机可预测性的经验证据

关于货币危机的理论明确指出，特定的宏观经济信号预示着贬值或货币危机。哪些宏观经济变量已证明是有用的贬值预测指标？尽管许多经验研究没有一直承认，但是一些宏观经济变量始终显示为有用的预测指标。这些变量包括基于 PPP 的货币高估、经常账户余额和货币增长率（Barry Eichengreen，Andrew Rose，and Charles Wyplosz，1995；Gerardo Esquivel and Felipe Larrain，2000；Ilan Goldfajn and Rodrigo Valdes，1998；Michael Klein and Nancy Marion，1997）。

---

① 技术上，在具有综合平衡的模型中这种自我满足侵袭是有可能的。有一个稳定的平衡，其中政府遵循与钉住汇率相一致的正确政策；但是，也有另一种平衡，其中投机者侵袭货币，政府调整为更低的汇率。例如，参见 Maurice Obstfeld（1986），Bernard Bensaid 和 Olivier Jeanne（2000）。

一些经济学家和投资银行已经使用类似的经济变量建立了经济模型以预测货币崩溃。这些经济学家用不同国家的过去贬值数据来估计模型。与一个国家相关联的宏观经济变量现行值参数于是能够传递贬值发生的可能性。这一类模型［例如，Geert Bekaert and Stephen Gray（1998）］综合了诸如利率差异等金融数据和诸如累计通货膨胀差异等宏观经济信息。如果流动的金融市场存在，关于远期汇率或利率、货币期权价格等信息或许能够证实在预测贬值方面是有用的。最后，市场价格应当迅速反映所有的经济信息。

动荡的20世纪90年代：众多货币危机

1992年，投机者侵袭了欧洲的一些国家，严重地破坏了欧洲货币联盟进程并对其投下了怀疑的阴影。1992年9月24日的《纽约时报》引用了被激怒的法国财政部长米歇尔·萨潘（Michel Sapin）的话，“我将会还击，我们将会还击，法国和德国将会还击，这种投机是不以任何经济基本原则为基础的。在法国大革命时期这样的投机者被称为‘股票投机商’，他们都被斩首了。”

但是，这仅仅是非常动荡的年代的开始。在1994年年末，墨西哥比索崩溃了，随后其他新兴市场货币和股票市场开始震动。1997年，一些东南亚国家被迫放弃它们钉住美元的汇率。现在，我们将这些分水岭事件按时间顺序简介如下。

1991—1992年欧洲货币骚乱——《马斯特里赫特条约》和德国统一

1991年12月，来自欧盟国家的代表签署了《马斯特里赫特条约》，在一些国家该条约仍需要得到公民投票的支持。条约绘出了货币联盟的路线图。即使在这个历史事件以前，货币骚乱开始的第一个信号不是出现在EMS的部分国家而是在斯堪的纳维亚。芬兰、瑞典和挪威当时已采用钉住ECU的汇率，希望加速它们对EC成员资格的申请并表明它们降低通货膨胀的决心。1991年11月，苏联解体使芬兰的外贸下降了很大的份额，芬兰马克贬值了12.3%。这引起了EMS的重新改组，更脆弱的货币对德国马克的价值降低。1992年6月2日，丹麦的投票者几乎否决了《马斯特里赫特条约》，这扰乱了那些支持EMU的人员的信心。1992年6月18日，爱尔兰投票者在公民投票中接受了《马斯特里赫特条约》。

与这种背景相反，德国的发展开始对《马斯特里赫特条约》的可信性投下阴影。1990年，民主德国和联邦德国统一，德国努力将民主德国吸收进德国经济。在民主德国，由于超过生产增幅的增长需求和上涨的工资，通货膨胀急剧上升。另外，即使民主德国货币的购买力明显低于德国马克，民主德国货币向德国马克的1对1转换带来了德国货币供应戏剧性的增长。当政府选择不通过提高税收来负担转换成本时，相当大的预算赤字出现了。

民主德国货币的转换、宽松的财政政策和通货膨胀的突现令联邦德国中央银行（Bundesbank）很担心，该银行是德国在很大程度上独立的中央银行，该行自20世纪20年代的恶性通货膨胀以来为维持物价稳定所困扰。联邦德国中央银行紧踩刹车并执行低货币增长和高利率的从紧货币政策。德国的高利率导致了资本流入和马克价值的上升。

EMS中的其他国家面临进退两难的困境：提高利率以维持在EMS中，在看着它们的经济在短期内变糟的同时，和德国马克一起相对于美元和其他主要货币升值；或者保持低利率以刺激它们的经济并承担未来贬值及EMU可能失败的风险。随着英国经济的严重衰退和在这里提到的其他国家经济，金融市场的参与者开始认识到应当缩小对EMU承诺的信赖。

1992年9月的货币危机

1992年9月，随着投机者赢得了众多的胜利，对脆弱的货币的投机压力达到了沸点，脆弱的货币包括斯堪的纳维亚的货币、意大利里拉、英镑、西班牙比塞塔、葡萄牙埃斯库多等。1992 年 9 月 8 日，芬兰放弃它对 ECU 的钉住汇率，芬兰马克采用浮动汇率，与德国马克相比较迅速贬值 16%。1992 年 9 月 16 日，现在我们称其为“黑色星期三”，随着大量英镑在外汇市场上被卖出，英镑被迫脱离 ERM 并且价值大跌。一天后，已经贬值的意大利里拉也从 EMS 中被暂停，西班牙比塞塔和葡萄牙埃斯库多也被贬值。

1992 年 9 月 20 日，法国投票者以微弱优势投票赞同《马斯特里赫特条约》，但是对法国法郎、西班牙比塞塔、葡萄牙埃斯库多、瑞典克朗和爱尔兰镑的投机压力继续加大。葡萄牙和爱尔兰利用它们对资本市场的继续控制来帮助控制危机，西班牙重新启用在仅仅 8 个月前解除的资本控制。法国提高了短期利率，联邦德国中央银行和法国银行进行了重要干预。人们普遍认为法国法郎的防御比英镑更成功，因为联邦德国中央银行正式加入法郎的防御。

虽然在 1992 年年底除英国和丹麦外的所有国家都已经正式批准了《马斯特里赫特条约》，但是在当年的最后两个月货币投机造成了更多的牺牲。瑞典克朗和挪威克朗放弃了它们对 ECU 的钉住汇率，比塞塔和葡萄牙埃斯库多被贬值。同时，联邦德国中央银行宣布将保持官方利率不变。

1993 年事件

1993 年 1 月 1 日，爱尔兰解除了资本控制并开始依赖利率作为它抵御投机侵袭的主要机制。从那时起，爱尔兰镑面对几乎持续存在的压力，最后在 1 月 30 日与其他国家货币相比较贬值了 10%。爱尔兰镑的命运似乎是 1985 年 Padoa-Schioppa 报告的证明，该报告认为更高的资本灵活性将危及 EMS，换言之，在经济联盟和货币联盟间或许会存在协调。

虽然联邦德国中央银行在 1993 年开始放松利率，但是货币骚乱仍未结束，1993 年 5 月 13 日比塞塔和葡萄牙埃斯库多又一次贬值。1993 年 5 月 18 日，丹麦人第二次就《马斯特里赫特条约》进行公民投票（56.8%支持），但是，就取消投机的投票失败，向 EMU 的行动偏离了轨道。无论如何，法国的积极的经济数据导致了法国短期利率和长期利率与德国水平的实质上的趋同，促使法国记者建议将法国法郎作为 ERM 的新后盾。

但是事实并非如此。联邦德国中央银行削减利率过于渐进，在 6 月和 7 月初，一些欧洲国家（尤其是法国）关于宏观经济健康的令人不安的统计数据加大了投机的压力。1993 年 7 月 29 日，联邦德国中央银行斥责市场投机，说它将削减利率以拯救 ERM。脆弱的 ERM 货币，包括法国法郎承受着巨大的压力，7 月 30 日，法国法郎数次下跌到 ERM 的最低水平。ERM 国家的政府不再准备继续保护它们的货币，在 1993 年 8 月 2 日，欧洲领导者们决定扩大平价范围到中间汇率的 15%，荷兰盾除外，荷兰盾保持在德国马克 2.25%的范围。在最关键的时刻，1993 年 8 月 3 日，英国议会批准了《马斯特里赫特条约》。

虽然大多数货币在扩大平价范围后对德国马克最初都有贬值，但是在 1993 年底大多数货币的价值重新回到原有的平价范围。或许令人吃惊，从那以后，单一货币进程没有太大波折地继续推进。1995 年有一些再联盟，奥地利先令和芬兰马克加入 EMS，意大利里拉在没有引起任何问题的情况下重新加入。到 1999 年，虽然所有旧的货币继续流通，欧元的推出没有遇到任何问题，2002 年初实物欧元的投入使用也十分成功。

1994—1995 年墨西哥危机和龙舌兰效应（蝴蝶效应）

如我们在第 5 章讨论的，墨西哥执行爬行波幅汇率制度。然而，1994 年 12 月 20 日，爬行波幅的最高水平被提高到大约 13%，企图阻止自 11 月中旬维持的外汇储备的严重损失。但是，损失继续发生，12 月 22 日，政府实际上允许了比索浮动。

不幸的是，货币危机刚刚开始。全球的投资者和墨西哥居民抛售墨西哥债券和股票，给汇率造成巨大的压力。比索价值减半，股票市场价值也减半，利率高企。更糟糕的是，1994 年间，作为对汇率平价范围的承诺信号，墨西哥政府发行了称为“Tesobonos”的债券。Tesobonos是以美元标价但以比索偿付的墨西哥国债。事实上，Tesobonos保护投资者免受货币风险。1994年年底，Tesobonos的未清偿金额超出墨西哥银行持有的外汇储备价值的3倍。并且，尽管有很高的Tesobonos利率，但是没有新的外币准备在墨西哥投资。墨西哥面临非常剧烈的流动性危机，这也同样威胁到其他新兴市场。

由于私人机构不愿向墨西哥提供资金，有观点认为IMF和美国克林顿政府有必要通过一篮子短期紧急贷款支持以帮助墨西哥渡过金融难关。然而美国国会投票否决支持墨西哥，克林顿政府从美国财政部外汇稳定基金中提取了基金，和IMF一起提供了价值约为500亿美元的紧急财政援助，挽救了墨西哥。

墨西哥货币危机是新兴市场的分水岭事件。自20世纪90年代早期起，许多新兴市场已经见证了来自发达世界的巨额投资组合流入。墨西哥货币危机和它对股票市场的负面影响似乎导致了国外资本的枯竭，不仅针对墨西哥，也针对其他新兴市场，包括从拉丁美洲到亚洲和东欧。这一墨西哥危机到其他国家的溢出效应被称为“龙舌兰效应”（“蝴蝶效应”），引起了许多经济学家和政策制定者重新评价不受约束的资本流的好处。

无论如何，墨西哥努力使经济快速反弹，紧急财政援助提供的贷款被按时偿还。不幸的是，墨西哥危机仅仅是更为糟糕的危机到来的预警信号。

1997年东南亚危机

从1980年开始，被称做“亚洲虎”（Asian Tigers）的东南亚国家和地区创造了经济奇迹，年实际GDP增长率超过7%。但是，其宏观经济基础因素和危机前的墨西哥非常相似。墨西哥在货币危机前有巨额经常账户赤字。对一些“亚洲虎”，它们的高经济增长也同时伴随着不断增长的经常账户的不平衡。经常账户不平衡最为严重的是泰国，紧随其后的是马来西亚、菲律宾、韩国和印度尼西亚。另一方面，其他亚洲国家和地区，如中国台湾、新加坡、中国大陆和中国香港有经常账户盈余或非常小的赤字。这些国家和地区都有相对固定的汇率制度。中国香港是唯一和美元挂钩的地区，其他国家和地区则正式采用钉住一篮子货币的汇率制度。但是，美元在一篮子货币中的有效权数很高，以至这些国家和地区实质上是与美元挂钩的汇率。

我们在图表10.10中列示了与美元相比较的一些货币的历史进程，其中货币价值调整为1997年1月等于100。

在1995—1996年期间所有5种货币的调整幅度都在100的10%之内。事实上，在1990—1997年期间的大多数年份，马来西亚林吉特的变动在MYR(2.5～2.7)/USD的10%范围内。1990—1997年，泰铢则被有力地固定在一个较窄的范围：THB(25.2～25.6)/USD。在菲律宾，从1995年春到1997年初，比索实际上被固定为PHP26.2/USD。其他国家则遵循更有弹性的汇率制度。

图表10.10指出这些货币在1997年下半年经历了大幅贬值。泰国是受危机打击的第一个国家。在1997年上半年干预未能阻止资本流出，在7月初政府当局被迫让泰铢浮动（事实上是下降）。印度尼西亚被迅速卷入金融危机，它的政府当局允许卢比在1997年8月中旬自由浮动。大幅度的货币贬值也出现在马来西亚和菲律宾。韩国是最后受到危机袭击的国家。尽管有夏季和秋季不断的干预和稳定的利率，韩国货币的下滑也未能得到抑制。11月后期，该国似乎处于拖欠短期外债的边缘。

遭受货币危机的所有国家都严重地暴露于以短期外币标价的债务（最为典型的是美元）下，但是，韩国是暴露程度最严重的国家。1997年6月，未偿付的短期外币标价债务超出韩国官方储备的300%。在泰国和印度尼西亚，这个比率也超出100%。当然，一旦危机袭击且货币贬值，债务的价值对当地货币的重荷会爆发。

东南亚货币危机具有广泛的影响，这些影响导致了公司重组和破产。一夜之间，富裕的人们变得贫穷，促进了二手奢侈品市场的繁荣。更为重要的是，经济增长受到阻碍，特别是在泰国和韩国，失业率上升。亚洲货币危机演变成真正的经济危机，导致亚洲奇迹戛然而止。

图表 10.10 **亚洲汇率**

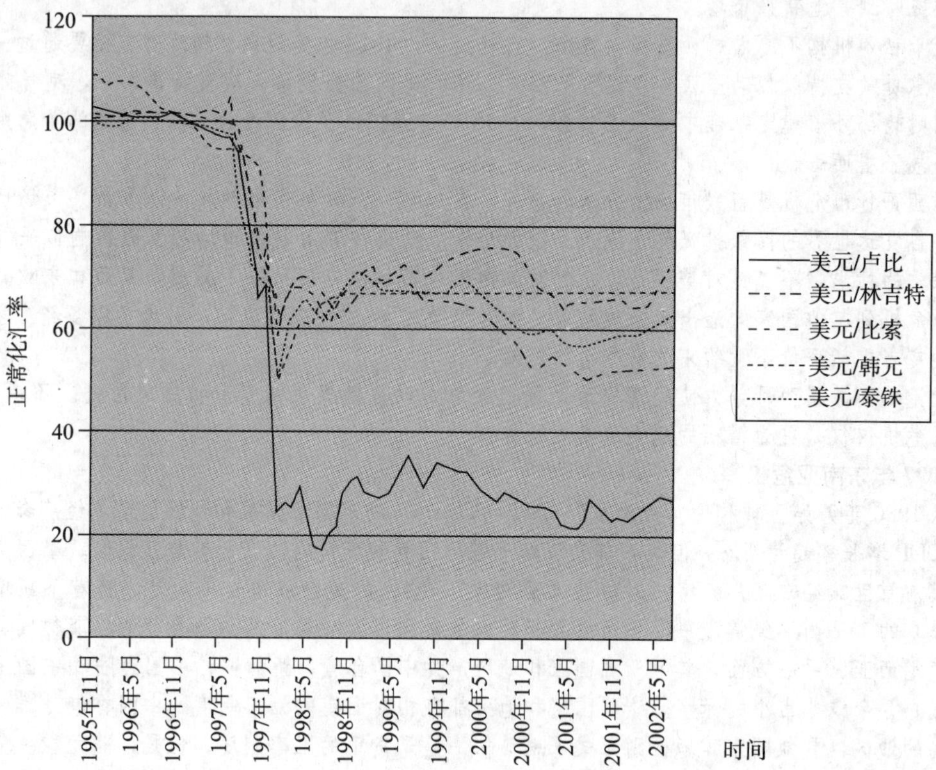

注：设 1997 年 1 月汇率＝100。货币是印度尼西亚卢比、马来西亚林吉特、菲律宾比索、韩元（KRW）和泰铢的美元值。

小　结

本章主要关注汇率确定和汇率预测。本章的主要观点如下：

1. 货币预测在项目估值、战略计划、定价、运营资本管理和投资组合分析的国际方面很有用。

2. 费雪假设指出名义利率等于实际利率加上预期通货膨胀率。

3. 当所有的国际平价条件成立时，货币预测模型几乎没有什么价值：远期汇率是对未来即期汇率的最佳预测值，现行实际汇率是未来实际汇率的最佳预测值，在实际条件中筹资的成本和投资回报在各个国家是相等的（即实际利率在各个国家是相等的）。

4. 经验证据压倒性地不支持各个国家实际利率相等的观点。

5. 两个主要的预测技术是基础因素分析和技术分析。

6. 基础因素分析通过正式模型或判断分析将汇率和基础宏观经济变量联系起来，如 GDP 增长和经常账户。

7. 技术分析使用金融数据，如过去的汇率数据，来预测未来汇率。

8. 均方根误差可以用于判断预测的准确性。与远期汇率相关的正确信号百分比能够用于判断套期保值的有用性。利用预测赚取的利润也可以用于判断它们的质量。

9. 汇率确定的资产市场方法认为汇率是资产价格。它的价值取决于现行基础因素（如相关货币供应和国家产出水平）和预期未来经济基础因素的价值。仅现行基础因素的变化或关于未来基础因素变化的消息就能改变汇率。

10. 两个经常提到的汇率决定因素是实际利率差异和经常账户余额。这些变量是被同时确定的。

11. 确定经常账户和汇率关系的复杂性或许可以解释为何基础汇率模型在预测未来汇率方面表现欠佳。

12. 图表专家记录某一汇率的实际交易历史，尝试推断出仅以信息为基础的可能趋势。肉眼似乎不太可能在随机波动的序列中发现趋势。

13. 漏斗规则，如 $x\%$和移动平均值规则，是设计用于发现汇率趋势行为的交易规则。虽然早期关注 20 世纪 80 年代数据的经验研究发现了很强的汇率趋势，但是近期的工作则更难以发现趋势行为。

14. 更为复杂的技术分析使用回归分析或其他计量经济学的技术将汇率和金融数据，如远期升水，联系起来。以这些分析为基础的交易战略是否带来了具有盈利性的交易战略并证明了市场的无效性并未得到解决。

15. 当汇率是钉住汇率时，跨国企业必须衡量盈利能力和可能的贬值幅度。糟糕的宏观经济基础因素，如高估的货币、高货币增长率、巨额经常账户赤字等，都是即将来临的贬值的预警信号。为了进行贬值预测，正式的模型使用宏观经济信息、金融信息（如利率差异），或者同时使用两者。

简答题

1. 事先和事后实际利率间的区别是什么？

2. 假设所有国际平价条件得以成立，一个国家有比美国高的名义利率。分析该国通货膨胀率与美国相比较的特征，该国与美元相比较的预期汇率变化特征，该国与美元相比较的货币远期升水（或贴水）特征及与美元实际利率相比较的该国实际利率特征。

3. 基础因素分析和技术分析间有何不同？

4. 如果国际平价条件存在，技术分析是否有用？为什么？

5. 描述为了判断货币预测服务机构的货币预测质量而应当获得的三项统计指标。

6. 本国货币供应的巨额增长是否总是导致该货币的贬值？

7. 经常账户赤字是否总是与坚挺的实际汇率相联系（即与 PPP 预测相比较，货币被高估）？

8. 描述三项宏观经济基础因素如何影响汇率。

9. 哪一个简单的统计模型产生了一些可获得的最佳汇率预测？这对跨国企业汇率确定模型的价值来讲意味着什么？

10. 什么是图表主义？

11. 什么是 $x\%$漏斗规则？

12. 什么是移动平均值交叉规则？

13. 在预测汇率方面预测服务是成功的吗？

14. 固定汇率贬值是完全不能预测的吗？

15. 构建你将收集的一个国家的经济统计数据清单以帮助确定该国下一年货币贬值的可能性。

应用题

1. 假设 Zooropa 的 1 年期名义利率为 9%，它的预期通货膨胀率是 4%，Zooropa 的实际利率是多少？

2. 你近期被 Doolittle 公司证券部聘用来帮助监督它进入欧洲的扩张。CFO 布莱克·法兰西斯想要聘用一家汇率预测公司。布莱克要求你去评价三家不同的公司，他已经获得了它们过去业绩表现的信息。在共计 50 项美元/英镑汇率（\$/€）预测中，公司报告的它们正确预测升值和贬值的次数如下表所示：

	正确的贬值预测	正确的升值预测
Morrissey Forex Advisors	20	5
Pixie Exchange Land	20	4
FOREX Cures	12	12

样本中总共有 35 项美元升值（下降期间）、15 项美元贬值（上升期间），布莱克想要知道以下两件事情：

a. 通过可以获得的数据能够说明公司的预测能力吗？

b. 为了得到更好的判断，布莱克需要获得哪些额外的信息？

3. 微型案例：Zooropa 货币动荡

费德·盖杰德在他一生中从未如此努力工作过。将近半夜，他仍在钻研统计数字和图表。费德最近加入了 Smashing Pumpkins，一家相对年轻但快速成长的英国公司。Smashing Pumpkins 生产并配送能够在 30 分钟内将新鲜南瓜制作成南瓜馅饼的先进设备。近期，该公司开始出口到 Zooropa。一些最大、最美味的南瓜生长于 Zooropa，Zooropa 的居民以全世界最高的人均南瓜消费量而自豪。近期一项关于 Zooropa 南瓜市场的分析令公司高级管理者对利润的潜力印象深刻。

虽然 Zooropa 由 10 个政治上独立的国家构成，它们的货币通过货币连接系统（CRLS）联系起来，该系统正如前文提到的 1992 年 9 月货币波动前 EMS 中的汇率系统（ERM）。支持货币是 Zooropa 的领导国家 Enigma 的货币 banshee。

Zooropa 国家的进口商最初合约指出它们坚持以它们自己的当地货币支付。大约一周前，Smashing Pumpkins 的 CEO 凯博·沃伦泰尔表示关注这一发展并要求费德带领一个研究小组进一步检验 Zooropa 货币系统的当前状态。凯博认为与英镑相比较 banshee 的前景十分有利并且没有预测到 banshee 与其他主要货币相比较的任何潜在贬值。然而，Zooropa 中一些国家的不稳定的经济形势和上周 Zooropa 货币市场投机压力不断增长的严重性突然令他怀疑系统中货币重组的可能性。他甚至怀疑系统的长期可行性。凯博指示费德验证以下事项：

- 系统中的哪一种货币显示有最高的重组风险？
- 如果一种货币重组并被贬值，该国对我们销售和利润边际的影响是什么？我们是否能够将重组的可能性考虑进我们的定价？
- 假设某一货币被迫脱离 CRLS，对汇率、利率和该国销售前景的影响是什么？

费德·盖杰德感到很紧张。计划在后天与凯博开会。他想要写一份全面的、有深刻见解的报告。在最后一次管理层会议上，他就有一种不安的感觉，感觉到一些高级管理人员怀疑他的能力。一些管理人员很自然地怀疑他这个新来的澳大利亚年轻 MBA 的工作能力。他的耳饰和朋克发型对他没有任何帮助。他的分析专家团队已经开会讨论了相关的宏观经济数据和金融数据（见图表 10.11）。“如果我能够应用数据来根据重组风险排列不同的国家就好了！”他想道。如果你是费德·盖杰德，你的排列顺序是怎样的？

图表 10.11　　Zooropa 的数字

国家	货币的 CRLS 头寸	货币高估/低估百分比（%）	储备，进口覆盖	预算赤字占 GDP 的百分比（%）	通货膨胀率（%）	GDP 增长率（%）
Sinead	−6	−10	9	−1.9	3.6	2.4
Carmen	−36	−12	3.1	−2.3	2.7	2.0
Marquee	16	11	8.2	−4.9	5.7	2.0
Fries	−3	11	11.7	−5.4	9.5	2.8
Ney	−22	−2	2.5	−2.1	2.2	2.1
Helpisink	31	−18	1.3	−5.5	2.1	1.6
Benfica	30	−16	1.5	−3.4	3.5	1.6
Che ora	−90	3	2.6	−4.6	3.6	−0.8
Vachement	27	2	0.5	−11.3	5.2	1.3

注：CRLS 头寸计量目标区域的货币坚挺和疲软程度。−100 意味着货币处于它的较低边缘范围，与该区域的其他货币相比较是疲软的。100 意味着货币处于它的较高边缘范围，与该区域的其他货币相比较是坚挺的。货币高估/低估是与购买力平价（PPP）预测的比较值，它的计算是通过取货币的 PPP 预测值和 banshee 相比较的偏差确定，是该系统的核心比率。正的数值意味着与 PPP 相比较货币是被高估的。进口覆盖计算中央银行外汇储备和平均月进口额的比率，它指出了中央银行的外汇储备能够支付进口额的月数。通货膨胀率和 GDP 增长率是年度百分比值。

参考文献

Baxter, Marianne, 1994, "Real Exchange Rates and Real Interest Differentials: Have We Missed the Business Cycle Relationship?" *Journal of Monetary Economics* 33, pp. 5-37.

Bekaert, Geert, and Stephen Gray, 1998, "Target Zones and Exchange Rates: An Empirical Investigation," *Journal of International Economics* 45, pp. 1-35.

Bekaret, Geert, Robert J. Hodrick, and David Marshall, 2001, "Peso Problem Explanations for Term Structure Anomalies," *Journal of Monetary Economics* 48, pp. 241-270.

Bensaid, Bernard, and Olivier Jeanne, 2000, "Self-fulfilling Currency Crises and Central Bank Independence," *Scandinavian Journal of Economics* 102, pp. 605-620.

Bilson, John F. O., 1989, "Technical Currency Trading," manuscript.

Bilson, John F. O., David A. Hsieh, 1987, "The Profitability of Currency Speculation," *International Journal of Forecasting* 3, pp. 115-130.

Barnside, Craig, Martin Eichenbaum, Isaac Kleschelski, and Sergio Rebelo, 2006, "The Returns to Currency Speculation," National Bureau of Economic Research working paper 12489.

Campa, Jose M., and P. H. Kevin Chang, 1996, "Arbitrage-Based Tests of Target-Zone Credibility: Evidence from ERM Cross-rate Options," *American Economic Review* 86, pp. 726-740.

Campbell, John Y., and Richard H. Clarida, 1987, "The Term Structure of Euromarket Interest Rates: An Empirical Investigation," *Journal of Monetary Economics* 19, pp. 25-44.

Chakrabarti, Avik, 2006, "Real Exchange Rates and Real Interest Rates Once Again: A Multivariate Panel Cointegration Analysis," *Applied Economica* 38, pp. 1217-1221.

Chang, P. H. Kevin, and Carol L. Osler, 1999, "Methodical Madness: Technical Analysis and the Irrationality of Exchange-Rate Forecasts," *Economic Journal* 109, pp. 636-661.

Clarida, Richard H., and Mark P. Taylor, 1997, "The Term Structure of Forward Premiums and the Forecastability of Spot Exchange Rates: Correcting the Errors," *Review of Economics and Statistics* 79, pp. 353-361.

Cumby, Robert E., and David M. Modest, 1987, "Testing for Market Timing Ability—A Framework for Forecast Evaluation," *Journal of Financial Economics* 19, pp. 169-189.

Diebold, Francis X., and James A. Nason, 1990, "Nonparametric Exchange-Rate Prediction," *Journal of International Economics* 28, pp. 315-332.

Dooley, Michael P., and Jeffrey R. Shafer, 1982, "Analysis of Short-Run Exchange Rate Behavior: March 1973 to November 1981," in D. Bigman and T. Taya eds., *Exchange Rate and Trade Instability: Causes and Consequences*, Cambridge, MA: Ballinger.

Dornbusch, Rudiger, 1976, "Expectations and Exchange-Rate Dynamics," *Journal of Political Economy* 84, pp. 1161-1176.

Edison, Hali J., and B. Dianne Pauls, 1993, "A Re-assessment of the Relationship Between Real Exchange Rates and Real Interest Rates: 1970—1990," *Journal of Monetary Economics* 31, pp. 165-187.

Eichengreen, Barry, Andrew K. Rose, and Charles Wyplosz, 1995, "Exchange Market Mayhem: The Antecedents and Aftermaths of Speculative Attacks," *Economic Policy* 21, pp. 251-312.

Eichengreen, Barry, Andrew K. Rose, and Charles Wyplosz, 1996, "Contagious Currency Crises," National Bureau of Economic Research working paper.

Engel, Charles M., and James Hamilton, 1990, "Long Swings in the Dollar—Are They in the Data and Do Markets Know It?" *American Economic Review* 80, pp. 689 - 713.

Esquivel, Gerardo, and Felipe Larrain, 2000, "Determinants of Currency Crises," *Trimestre Economico* 67, pp. 191 - 237.

Fisher, Irving, 1930, *The Theory of Interest as Determined by Impatience to Spend Income and Opportunity to Invest It*. New York: MacMillan.

Flood, Robert, and Peter Garber, 1984, "Collapsing Exchange Rate, Regimes, Some Linear Examples," *Journal of International Economics* 17, pp. 1 - 13.

Gencay, Ramazan, 1999, "Linear, Non-linear and Essential Foreign Exchange Rate Prediction with Simple Technical Trading Rules," *Journal of International Economics* 47, pp. 91 - 107.

Glick, Reuven, and Michael Hutchinson, 2005, "Capital Controls and Exchange Rate Instability in Developing Countries," *Journal of International Money and Finance* 24, pp. 387 - 412.

Goldfajn, Ilan, and Rodrigo O. Valdes, 1998, "Are Currency Crises Predictable?" *European Economic Review* 42, pp. 873 - 885.

Green, Philip, 1992, "Is Currency Trading Profitable? Exploiting Deviations from Uncovered Interest Parity," *Financial Analysts Journal* 48, pp. 82 - 86.

Henriksson, Roy D., and Robert Merton, 1981, "On Market Timing and Evaluation Performance, 2: Statistical Procedures for Evaluation Forecasting Skills," *Journal of Business* 54, pp. 513 - 533.

Himmelberg, Charles P., R. Glenn Hubbard, and Inessa Love, 2002, "Investor Protection, Ownership, and the Cost of Capital," Columbia Business School, unpublished manuscript.

Jorion, Philippe, 1996, "Does Real Interest Parity Hold at Longer Maturities?" *Journal of International Economics* 40, pp. 105 - 126.

Kaminsky, Graciela L., Saul Lizondo, and Carmen M. Reinhart, 1998, "Leading Indicators of Currency Crises," *IMF Staff Papers* 45, pp. 1 - 48.

Klein, Michael W., and Nancy P. Marion, 1997, "Explaining the Duration of Exchange-Rate Pegs," *Journal of Development Economics*, pp. 387 - 404.

Krugman, Paul, 1979, "A Model of Balance of Payments Crises," *Journal of Money and Credit and Banking* 11, pp. 311 - 325.

LeBaron, Blake, 1999, "Technical trading rule profitability and foreign exchange intervention," *Journal of International Economics* 49, pp. 125 - 143.

Lee, Charles, and David Ng, 2006, "Corruption and International Valuation: Does Virtue Pay?" working paper.

Levich, Richard, "How to Compare Chance with Forecasting Expertise," *Euromoney*, February 1981, 3.

Levich, Richard, and Lee Thomas, 1993, "The Significance of Technical Trading-Rule Profits in the Foreign-Exchange Market—A Bootstrap Approach," *Journal of International Money and Finance* 12, pp. 451 - 474.

Lui, Yu-Hon, and David Mole, 1998, "The Use of Fundamental and Technical Analyses by Foreign Exchange Dealers: Hong Kong Evidence," *Journal of International Money and Finance* 17, pp. 535-545.

Malkiel, Burton, 2000, *A Random Walk Down Wall Street*, 7th ed., New York: W. W. Norton.

Mark, Nelson, 1995, "Exchange Rates and Fundamentals: Evidence on Long-Horizon Predictability," *American Economic Review* 85, pp. 201－218.

Marston, Richard C., 1997, "Tests of Three Parity Conditions: Distinguishing Risk Premia Systematic Forecast Errors," *Journal of International Money and Finance* 16, pp. 285－303.

Meese, Richard, 1990, "Currency Fluctuations in the Post-Bretton Woods Era," *Journal of Economic Perspectives* 4, pp. 117－134.

Meese, Richard, and Kenneth Rogoff, 1983, "Empirical Exchange-Rate Models of the Seventies—Do They Fit Out of Sample?" *Journal of International Economics* 14, pp. 3－24.

Meese, Richard, and Kenneth Rogoff, 1988, "Was It Real? The Exchange Rate Interest Rate Differential Relation over the Modern Floating Rate Period," *Journal of Finance* 43, pp. 933－948.

Menkhoff, Lukas, 1998, "The Noise Trading Approach—Questionnaire Evidence from Foreign Exchange," *Journal of International Money and Finance* 17, pp. 547－564.

Mishkin, Frederic S., 1984, "Are Real Interest Rates Equal Across Countries—An Empirical Investigation of International Parity Conditions," *Journal of Finance* 39, pp. 1345－1357.

Mussa, Michael, 1984, "The Theory of Exchange Rate Determination," in J. F. O. Bilson and R. C. Marston, eds., *Exchange Rate Theory and Practice*, Chicago: University of Chicago Press.

Neely, Christopher, and Paul Weller, 2001, "Technical Analysis and Central Bank Intervention," *Journal of International Money and Finance* 20, pp. 949－970.

Neely, Christopher, Paul Weller, and Rob Dittmar, 1997, "Is technical analysis in the foreign exchange market profitable? A genetic programming approach," *Journal of Financial and Quantitative Analysis* 32, pp. 405－426.

Obstfeld, Maurice, 1986, "Rational and Self-fulfilling Balance of Payments Crises," *American Economic Review* 76, pp. 72－81.

Ozkan, F. Gulcin, and Alan Sutherland, 1998, "A Currency Crisis Model with an Optimizing Policymaker," *Journal of International Economics* 44, pp. 339－364.

The Economist, "The Perils of Prediction," August 1, 1988, pp. 61－62.

Pukthuanthong-Le, Kuntara, Richard M. Levich, and Lee R. Thomas Ⅲ, 2006, "Do Foreign Exchange Markets Still Trend?" working paper.

Rose, Andrew K., and Lars E. O. Svensson, 1994, "European Exchange Rate Credibility Before the Fall," *European Economic Review*, pp. 1185－1216.

Rosenberg, Michael, 1996, *Currency Forecasting*, Chicago, IL: Irwin.

Sapin, Michel, 1992, "Quote of the Day," *The New York Times*, September 24, p. A6.

Sollis, Robert, and Mark E. Wohar, 2006, "The Real Exchange Rate-Real Interest Rate Relation: Evidence from Tests for Symmetric and Asymmetric Threshold Cointegration," *International Journal of Finance and Economics* 2, pp. 139－153.

Stockman. Alan C., 1987, "The Equilibrium Approach to Exchange Rates," *Federal Reserve Bank of*

Richmond Economic Review, pp. 12–30.

Svensson, Lars E. O., 1993, "Assessing Target Zone Credibility: Mean Reversion and Devaluation Expectations in the ERM, 1979—1992," *European Economic Review* 37, pp. 763–802.

Taylor, Mark P., and Helen Allen, 1992, "The Use of Technical Analysis in the Foreign Exchange Market," *Journal of International Money and Finance* 11, pp. 304–314.

Villanueva, O. Miguel, 2007, "Forecasting Currency Excess Returns: Can the Forward Bias Be Exploited?" *Journal of Financial and Quantitative Analysis*, forthcoming.

第3部分

国际资本市场

第 11 章

国际债务融资

2000 年，法国电信通过四家金融机构，即美国投资银行摩根士丹利添惠（后于 2001 年更名为"摩根士丹利"）、德国国际银行德意志银行、大型法国银行法国巴黎银行以及英国银行巴克莱银行，在国际债券市场上筹得 54 亿欧元。其中大部分债券被发行到了欧洲债券市场。也就是说，这些债券并没有针对特定的国家发行。剩余部分的债券被发行到了英国国内的债券市场。这一**全球债券**（global bond）交易被《欧洲货币》杂志 2001 年 2 月号称赞为"年度公司债券交易之一"。《欧洲货币》杂志是一份专门关注国际金融的杂志。这一交易形象地展示了大公司利用国际债券市场吸引大量投资者以满足其自身融资需求的方式。如果法国电信仅局限在法国国内筹集同等金额的款项，那么其融资成本必将大幅上升，并且能否成功融资也会成为一个问题。本章的目的是解释在全球化愈发明显的背景下，跨国公司的各种债务融资渠道，同时讨论跨国公司选择不同融资渠道的原因。

11.1 跨国公司的全球资金来源

跨国公司（及其子公司）的资金来源可以分为两大类：跨国公司内部产生的现金以及来自债务市场或股票市场的外部现金。图表 11.1 显示了跨国公司的各种资金来源，其中开始部分为来自内部的重新投资的资金。

外部资本的可能来源非常广泛。公司可以通过发行债券及股票（债务融资与股权融资）并向投资者出售的方式进行融资。当然，负责销售的一般为提供金融中介服务的投资银行。同时，这些对外发行的证券也经常可以在二级市场进行交易。

与债券及股票不同的是，贷款需要经由专门的金融中介机构（一般为商业银行）获得；出借人还会对公司的金融行为进行监控，以保证其获得还款。跨国公司及其子公司既可选择国内市场，也可选择国际市场来获得上述三种外部资金（银行贷款、债券、股票）。在第 6 章首次提及的欧洲共同市场指的是借入及出借的外部或离岸市场。

跨国公司的国外附属公司可以从跨国公司内部获得资金，也可以通过图表 11.1 所述的同样的外部来源获得资金。如果总公司提供担保，那么附属公司的外部借款能力可能会得到加强。除了使用债务及股票，跨国公司还经常通过公司内部账户①的提前及延期支付功能，在附属公司间进行资金转移。

图表 11.1　　　　跨国公司的长期资本来源

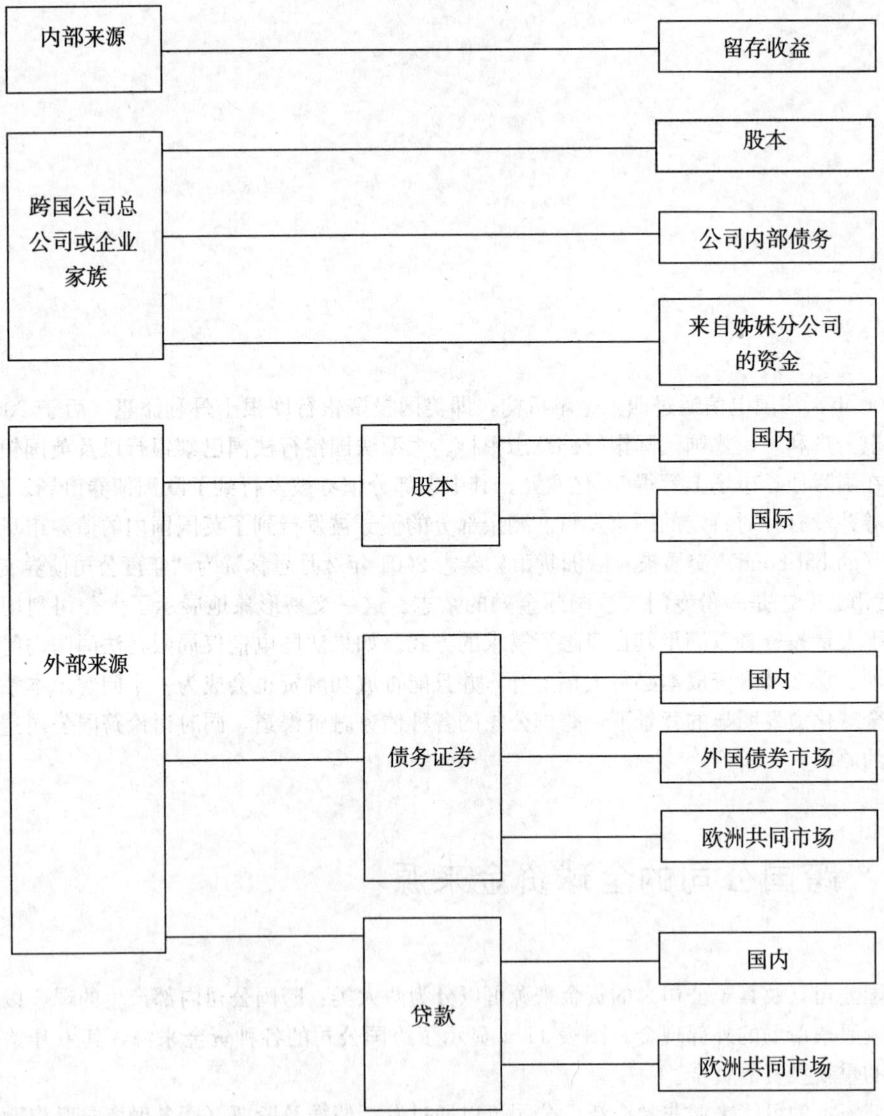

① 通过提前及延期支付，在跨国公司的关联公司间转移资金的方法将在第 19 章详细讨论。

全球各国的融资组合

各个国家的金融偏好不同，各国的公司也会利用不同的资金组合来为其经营活动提供资金。跨国公司的国内关联公司获取资金的方式反映了这一组合。一般而言，跨国公司资金的主要来源是内部产生的现金。图表 11.2 通过显示 20 世纪 90 年代间美国、欧元国以及日本的股票、债券以及贷款市场的相对规模变化，大致说明了各个国家金融偏好的总体差别。

从图表 11.2 中可以明显地看出，在美国，公共市场（股票与债券）是融资组合的主要部分。①实际上，自 1995 年以来，贷款在美国金融市场中便开始处于相对次要的地位。在日本，债券市场是最大的资金来源，但贷款所占的资产比例仍超过 30%。

图表 11.2　　世界各国的融资组合

	2000 年			1995 年			1990 年		
	股本	债券	贷款	股本	债券	贷款	股本	债券	贷款
美国	45.0	45.9	9.1	36.3	49.5	14.2	27.1	53.8	19.1
欧元区	23.4	26.8	49.8						
德国				2.1	11.0	86.9	1.8	10.0	88.2
法国				17.1	35.3	47.6	15.1	27.6	57.3
意大利				10.5	55.4	34.1	9.3	47.7	43.0
日本	24.8	43.6	31.6	27.6	37.3	35.2	33.4	29.8	36.8

注：数据来自国际清算银行（参见 http：///www. bis. org/statistics/secstats. htm），数据在全球范围内对比了 1990—2000 年间银行贷款规模与公共证券市场占总金融资产的百分比。

20 世纪 70 年代及 80 年代，日本的公司金融模型过分依赖银行资金，银行对于股票的投资比例过大，这一问题导致了发生于 20 世纪 90 年代并一直持续到 21 世纪的银行危机与经济危机。随着日本经济受到产品价格下降（通货紧缩）所带来的危害，日本的股票市场及不动产市场出现暴跌，很多银行的资本基础被动摇。与此同时，很多银行贷款出现坏账，进一步影响了银行体系的健康运作。

由于银行无力或不愿意提供新的贷款，日本的跨国公司只好进入国际市场。可以说，相比于完全的日本国内公司，危机并没有对质量优良的日本跨国公司，如索尼、丰田、佳能等等，产生太大的影响。同时，可以想象，当很多业绩优良的公司，如大量出口型公司，能够直接通过债务融资后，银行的财务报表便显得更加难看，因为这些银行不得不向偿还能力差的公司出借贷款。

在欧洲，贷款是主要的融资渠道。不过，在 20 世纪 90 年代早期，贷款市场的相对重要性在德国、法国以及意大利均出现了明显下降。不管在哪个国家，包括债券及银行贷款的债务融资均是公司外部融资的主要来源。我们将在下文详细讨论全球资本市场中各种不同类型的债务工具。

11.2　债务工具的特点

债务工具的主要差别性特点包括其计价币别、到期期限、利息支付方式、可交易性以及国际性。之所以有如此多的债务工具种类，主要是为了满足跨国公司努力通过多种方式降低债务成

---

① 由于债券数据包括政府债券部分，所以使用纯粹的公司金融数据可能更能说明这种支配地位，但无论如何，公司债券市场都是美国最大的市场。

本、避免财务困境的需要。所谓债务成本，就是为了完成债务的偿还，必须支付的税后利息与本金的和。

而所谓财务困境，则是指债务偿还停止或面临困难时的情形。虽然财务困境并不一定导致破产，但它会增加公司融资的困难，同时提高融资成本，对公司股价与产品需求产生不利影响。

计价货币

对于完全的国内公司而言，如发行以外币为计价货币的债务，则会使其面临外币相对于本国货币升值的风险，可能导致其债务偿还成本上升。不过，对于跨国公司而言，以不同的计价货币借款相当正常，因为其收入可能也是以不同的货币计价的。

集中与分散的债务计价货币

比如，某美国跨国公司可能偏好于以美元作为计价货币的债务，因此，采用集中的债务融资形式。图表 11.3 利用某拥有瑞士与澳大利亚子公司的美国跨国公司为例，说明了**集中债务计价货币**（centralized debt denomination）的模式。从图表中可以看出，母公司及其国外子公司均以美元为计价货币。

图表 11.3　　集中和分散的债务计价货币

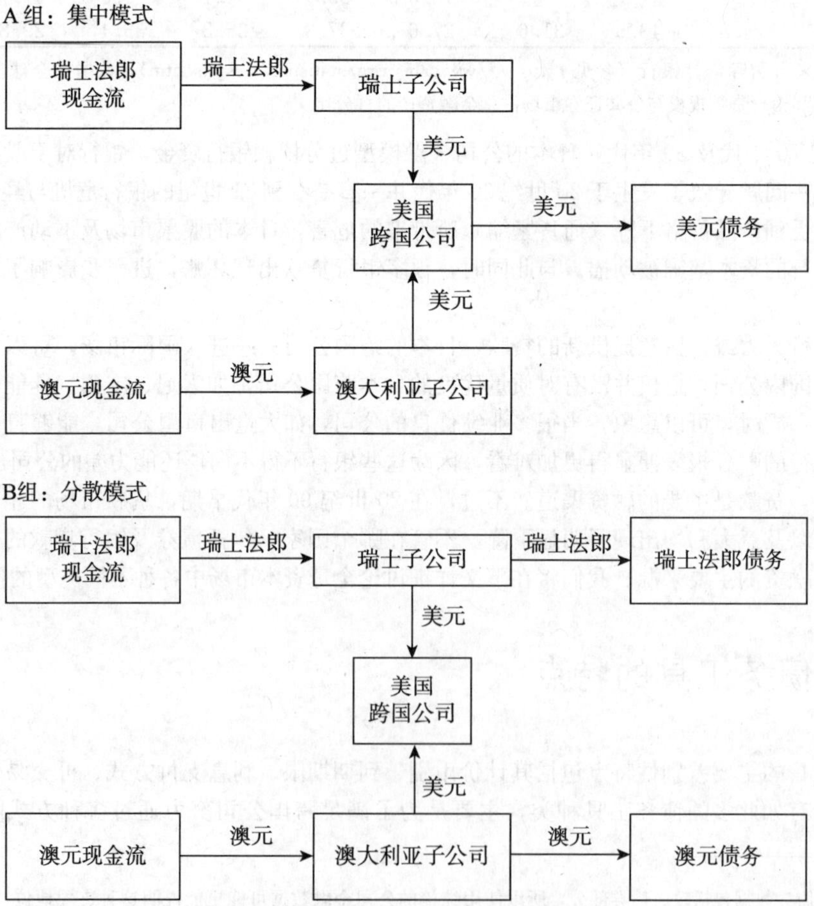

注：箭头表示支付流的方向，包括从一个实体到另一个实体的收入或利息支付。

当然，母公司也可采用**分散债务计价货币**（decentralized debt denomination）模式，向子公司运营所在国家或出口国借入以该国货币计价的债务。在分散模式中，如图表 11.3 所示，债务偿还付款（利息付款和本金偿还）以子公司所实现收入的计价货币为计价货币。通过这种方式，可以使用国外资产平衡国外债务。它常被称为**资产负债表保值法**（balance-sheet hedge）。

从跨国公司的角度来看，其国外子公司是一份产生外币收入的资产。为了对冲因外币贬值而导致的资产价值降低的风险，公司必须将外币债务保持在同等的水平上。这样，外币债务为子公司的经营现金流提供了一个自然的对冲。

让我们再看一下图表 11.3 中的实例。假如澳元对美元升值。在分散模式中，如以美元偿还澳元债务，则债务成本便会升高。不过，只要货币升值没有伴随大规模的经济衰退，并没有因此降低对澳大利亚产品的需求，那么以美元衡量的澳元收入也会同时上升。因为将使用澳元收入来支付澳元债务，所以澳元的升值并不会对公司造成不利的影响。现在，假设澳元贬值。虽然贬值会降低子公司以美元计价的利润，但同样地，贬值也不会加重母公司的澳元债务负担。因此，分散模式能够自然地对冲外汇风险。

与分散模式相反，在集中模式中，如果澳元贬值，子公司以美元计价的收入下降，进而降低母公司以美元计价的利润。因为美国的债务是以美元计价的，所以贬值会导致债务支付困难。当然，如前所述，跨国公司在采用集中模式时，可使用远期合约来对冲此等情形。

向低利率国家发行债务是否明智？

乍看之下，答案应该是肯定的。为了获得运营资金，图表 11.3 的跨国公司可能希望借入以日元计价的债务（相对于澳元或美元），因为日本的利率非常低。不过，世上并没有免费的午餐。贷款的最终成本不仅涉及利率，同时还涉及汇率的变化。如果非抛补利率平价（UIRP）成立，外币贷款的远期成本应等于国内货币贷款成本。当然，如果跨国公司并不产生某一外币现金流，那么以该外币计价的贷款还会使跨国公司承担汇率风险。尽管如此，跨国公司经常仍会因为以下一些原因，合理地借入一些以不常用的货币计价的债务：

- 我们之前讨论过，非抛补利率平价不一定成立，高利率货币也不一定出现与利率差相应的贬值。因此，借入低利率货币债务便可能是一个明智的战略。如果低利率货币并没有出现与利率差相应的升值，那么跨国公司便可以降低其债务成本。
- 离岸利率是我们关于平价条件的核心，但跨国公司并不一定需要应对这一利率。根据跨国公司偿还债务的能力，投资者所期望的利率常高于无风险利率。因为在不同的市场，这些债券息差并不相同，所以公司以其他货币发行债务可能会更加有利。
- 监管差别，包括税收差别，也可能使得以某一特定货币发行债务显得更加合算。

债务组合

如果你是某跨国公司的经理，你可能会决定以多种货币来发行债务，以多样化公司的货币敞口。不过，在一般情况下，跨国公司在发行外币债务时，都会对冲货币风险。对冲可通过远期合约或货币互换实现。

到期期限

公司一般都通过结构性安排，保证大额的本金支付日期不会集中在一起。这样做有助于避免再融资风险：它们不需要在现金流可能较低及市场条件不利于发行更多债务的情况下筹措巨额的现金。

因此，公司会将贷款及债务工具的到期日期分散开来。有些公司采用到期配对法。它们使用短期债务提供流动资产（如应收账款及存货）所需资金，而使用长期债务为固定资产（投资）提供资金。

公司发行长期债务时，到期期限一般由债务发行市场所在的特定债务市场标准或投资者的要求确定。例如，欧洲债券一般的到期期限均小于10年，常见的都是刚好5年的债券。不过，在2003年上半年，几家大型欧洲公司，其中包括奥利维提及法国电信，发行了30年期的债券。与此相对，美国公司债券的到期期限相当长，一般为20～30年。实际上，到期期限小于10年的债券被称为“票据”。1993年，迪士尼公司发行了3亿美元到期期限高达100年的债券。迪士尼的100年期债券很快便被人们称为“睡美人”，这一名称来自一部流行的迪士尼动画影片，片中的女主角公主便叫这个名字（因为一个魔咒让她沉睡了一百年）。就在当年的晚些时候，可口可乐与荷兰金融机构荷兰银行也发行了类似的债券。不过，这并不是到期时间最长的债券。到期时间最长的债券是永续债券，或称为统一公债，这种债券永远不需要还本。形形色色的公司发行过这样的债券，其中包括加拿大太平洋公司（一家加拿大铁路公司）以及荷兰埃贡保险公司。

利率支付特性：固定利率债务与浮动利率债务

借款人需定期（如每年一次或每半年一次）支付债务工具的利率，利率金额可以是固定的[**固定利率债务**（fixed-rate debt）]，也可根据现行参考利率随着时间变动或浮动［**浮动利率债务**（floating-rate debt）]。参考利率一般为银行同业市场的短期借款利率，如伦敦银行同业拆借利率（参见第6章）。

什么时候使用浮动利率？

固定利率及浮动利率债务的选择取决于多种因素。当短期利率低于长期利率时，可能更容易让人得出跨国公司应该选择浮动利率债务以减少短期资金成本的结论。不过，较高的长期利率可能反映了投资者看涨短期利率，所以最后公司是否能够节省融资成本并没有办法确定。我们用一个数字实例来说明这一点。

例11.1 不同到期期限的债务成本比较

Dig-It-Up是一个总部位于加拿大的跨国矿业公司，公司同时在澳大利亚从事开采活动。Dig-It-Up希望借入期限为2年的200万加元。Dig-It-Up的财务部宣布能够以下列年度利率借入款项：

	1年	2年
加元	3%	5%

该利率为无息债券利率，第6章对无息债券进行了讨论。借入人无须定期支付利息，但必须在到期时支付本金及所有复利。例如，如果Dig-It-Up借入200万加元，那么两年后需要支付的本利总额便是：

$$2\,000\,000\text{加元}\times(1+0.05)^2=2\,205\,000\text{加元} \qquad (11.1)$$

如果公司不想承担利率风险及货币风险，那么便应以5%的利率借入2年期的贷款。不过，3%的1年期利率初看起来似乎更有吸引力。为什么不能以1年期3%的利率借入款项，然后再续借1年，以降低Dig-It-Up的债务成本呢？当然问题是，我们并不知道1年后的利率会是多少。

如果Dig-It-Up采用短期债务的方法，那么1年后的债务成本是多少？1年后，Dig-It-Up必须偿还贷款另加上3%的利息。此时，它需要以当时的通行利率（不管是多少）借入所需款项。两年过后，Dig-It-Up需要偿还本金以及利息。由于未来的利率不可知，所以我们用 i_{fut} 来表示，这样需要偿还的总额便是：

$$2\,000\,000\text{ 加元}\times(1+0.03)\times(1+i_{fut}) \tag{11.2}$$

将公式（11.1）与公式（11.2）相比，我们可以看出公式（11.2）涉及利率风险。这种方式得出的结果可能更合算，也可能不合算。通过整理两个公式，我们能够求解出 i_{fut} 的持平利率，即两个贷款方式成本相同时的利率，如下式所示：

$$(1+0.03)\times(1+i_{fut})=(1.05)^2$$

求解 i_{fut}，得到：

$$i_{fut}=\frac{(1.05)^2}{1.03}-1=7.04\%$$

该结果的解释很简单。只要1年后的1年期利率低于7.04%，那么公司采用短期借贷的方式便是合算的。由于两个利率相差很大，看起来利率似乎不会上升到这么高，但实际上，这种可能确实存在。所以，如果公司采用短期借贷方式，那么其承担的风险便是1年后需要以高于7.04%的利率再融资。

预期假设

利率期限结构中的**预期假设**（expectations hypothesis）或预期理论是一个确定长期利率与未来短期利率预期的著名理论。实际上，预期理论认为，持平利率就是市场预期的未来短期借款利率。如果不是这样，很多公司便会采用短期借贷法，进而由于借贷需求的上升，会促使短期利率上升。

该理论还意味着，长期利率是当前短期利率与预期未来短期利率的加权平均数。在上例中，长期利率5%即是当前短期利率3%与较高的预期未来短期利率7.04%的平均数。如此看来，不管Dig-It-Up采用短期借贷法还是长期借贷法，结果都是一样的。原因是公司在首次借贷中节省的成本会被预期的短期利率上升所抵消。不过，预期理论的现实表现并不一致。在有些国家，如英国，理论与现实比较吻合；但在其他国家，如美国，有时候现实与理论并不相符。

也就是说，以浮动利率借入款项——实际上等同于Dig-It-Up的两次短期借贷行为——为公司提供了一个自然的对冲保护，前提是现金流与利率为正相关关系，也就是说，利率及现金流倾向于顺势循环。换言之，如果公司的收入上升，那么其需要支付的浮动债务利率费用也会上升；如果收入下降，利率费用也会下降。① 大公司及跨国公司可以利用互换市场，不断变化其债务中的固定利率及浮动利率成分。实际上，正如我们将在第21章讨论的那样，这是它们的常规手法。

中介债务与直销债务

对于中介债务，首先由金融机构，如商业银行或投资银行从投资者处吸收资金，然后再出借给借入人，如跨国公司。近年来，跨国公司直接向投资者发行债券的做法已成为一种主要趋势。在直销债务法中，公司通过向公共市场发行可交易证券的方式借入款项，无须再向金融中介机构借入不可交易的贷款，这种方法也称为**金融去中介化**（financial disintermediation）。不过，需要

① 实际上，美国的名义利率呈反经济循环周期性，但实际利率仍然具有顺势循环性（Andrew Ang, Geert Bekaert, and Min Wei, 2007）。

注意的是，尽管金融机构不能直接向发行债券的公司提供资金，但一般情况下，金融机构仍在将证券出售给投资大众的过程中扮演中介作用。

金融去中介化的原因很多。其中一个简单的原因就是很多国家出现的管制放松现象，如美国于 1981 年放松管制，日本于 1986 年放松管制。管制放松后，取消了只能由银行向存款人吸收低成本资金的限制。不仅如此，根据监管要求，银行还需要提供资本基础（例如，通过《巴塞尔协议》要求，该问题将在本章后面讨论），资金成本进一步上升。最后，信息革命的发展使得有关公司的信息更容易获得，这也是成功的债务直销市场的一个必备条件。

私　募

私募债券居于贷款与债券之间。**私募债券**（private placement bonds）并不向公众市场销售，其针对的是高端的拥有巨额资产的投资者，如养老基金、人寿保险公司或大学捐赠基金。因此，相比于标准债券，私募债券的可交易性较差。在美国，私募活动需遵守 1933 年的《证券法》，同时还必须满足以下一系列条件：

- 私募债券只能向有限数量的大型高端投资者销售；
- 投资者必须能够获得有关公司的大部分财务信息；
- 投资者只能将购得的证券用于自己的投资组合，不得再次销售，并且他们必须有能力承担投资损失。

规定这些条件的目的是确保投资者获得充分的信息，同时有能力对投资收益做出判断。

债务的国际特性

在第 6 章中，我们涉及了外部资本市场的概念。所谓外部债务市场，即债务向货币国边境之外的地方销售。与此相对，内部债务市场则是指债务以本国货币计价，同时在本国销售的市场。

在长期债务市场，常规的做法是对国内债券与国际债券予以区分。**国内债券**（domestic bonds）只在一个国家的国内市场发行与交易，并以该国的货币为计价货币。**国际债券**（international bonds）则在发行人所在国之外的地方进行交易。

国际债券又可分为两种。**外国债券**（foreign bonds）是由国外借入人在国内市场上发行的债券，该债券以本国货币为计价货币，向国内居民营销，并由国内的管理当局监管。例如，在 2003 年，美国电力公司田纳西河流域管理局便在英国的公司债券市场发行了外国债券（以英国英镑为计价货币）。多年来，很多国外债券都有了自己的别称。如美国的扬基债券、英国的猛犬债券、日本的武士债券、西班牙的斗牛士债券以及荷兰的伦勃朗债券。

另外一种国际债券为**欧洲债券**（Eurobond）。该债券以一种或多种货币为计价货币，但在货币发行国边境之外的其他外部市场进行交易。例如，在 2003 年，印度尼西亚的一家大型石油与天然气公司麦德克能源国际公司，便发行了以美元为计价货币的欧洲债券，该债券向位于美国、亚洲以及欧洲的投资者发售。

如下表所示，我们可以将在某一国家发行的债券分为以下几类：

	常驻公司发行	非常驻公司发行
本国货币	A. 国内债券	B. 外国债券
外币	C. 国际债券	D. 欧洲债券

B与D一般总称为外部或跨境债券市场。国际债券市场包括B、C以及D。下一节将对国际债券市场进行更加详细的说明。

11.3 世界债券市场综览

世界债券市场的规模与结构

图表11.4总结了2000年及2006年世界各债券市场的未偿还金额。在很多国家，政府债券都是债券市场最重要的组成部分。2000年，美国的政府债券市场规模最大，未偿还金额达到8万亿美元。2006年，欧元区与日本的政府债券市场规模与美国相当，但2006年的美国数据不包括代理债务，这一类政府债已被划分为公司债类别。这些国家的总额达到全部债券市场的85%。政府债券的定义很广泛，包括联邦、州以及地方政府发行的债券。在新兴市场，2000年，政府发行的债券占到当地货币债务的72%，到2006年，这一数字下降到56%。总体而言，国家的政府机构越庞大，其政府债券市场规模也越大。

公司也可以在国内或国际债券市场发行债券。不过，国内债券市场仍较大。美国的公司债券市场是全世界最大的债券市场，2000年未偿还债务达7.8万亿美元，2006年则超过了20万亿美元。同时，随着去中介化的进一步发展，其他市场在这方面的发展也很迅猛。国际债券市场占到全球债券市场的25%，但这一比例一直在快速提高，如图表11.5所示。

正是由于国际债券市场日趋重要，我们特意另起一小节对其加以说明。下面我们首先对国内债券市场的一些重要特征进行讨论，这些讨论对于国际债券市场的讨论也非常有帮助。

国内债券市场

国内债券受到发行所在国国家政府的监管。这些监管机构包括美国的证券交易委员会(SEC)、英国金融服务监管局（FSA）以及日本的财政部（MOF）和金融服务监管局（FSA）。

在美国，如某公司向公众发行的债务证券金额超过150万美元，则需要编制并在SEC处登记注册报告，该报告需说明公司的财务历史、现有业务状况、通过公共发行筹得的资金如何使用。在注册报告在SEC处登记后，还需经过20天的等待，以便SEC对注册报告的准确性与完整性进行审查。之后，债券便可进入定价及销售程序。该规则的例外是到期期限不足9个月的短期证券以及私募债券。

在日本新发行债券需得到财政部的批准。注册程序强制要求发行人必须保存公司及政府债券所有人的记录，以便计算及支付应计利息。注册还有助于对债券支付的半年度利息征收税收。

与美国及日本不同，大多数西欧国家的政府与公司均发行无记名债券。无记名债券不需要登记，债券上不会注明所有人的姓名与居住国。在接受利息时，持券人只需从债券上切下一个息票，即可在债券指定的银行兑换与息票等额的现金。无记名债券的主要优点是可以让债券持有人以匿名的方式持有债券，所以税收的规避非常方便。同时由于向银行出示息票获得利息支付的方式不太方便，所以无记名债券一般都是一年通过息票支付一次利息。

各国的国内债券市场价格、收益、报价惯例以及预提税收各不相同。在很多国家，公司债券一般是通过商业银行及投资银行以场外交易的方式进行交易，同时也有在当地股票交易所上市的公司债券。

图表 11.4　　世界债券市场规模与结构（十亿美元）

A 部分：2000 年年底

国家	总额	占世界债券市场的比例（%）	政府债券 十亿美元	政府债券 占政府债券的比例（%）	公司债券 十亿美元	公司债券 占公司债券的比例（%）	外国债券 十亿美元	外国债券 占外国债券的比例（%）	欧洲债券 十亿美元	欧洲债券 占总额的比例（%）
美国	15 417.5	49.1	8 025.9	46.0	4 515.9	57.4	495.4	60.8	2 380.3	45.3
欧元区	6 223.8	19.8	3 125.0	17.9	1 027.7	16.9	0.0	0.0	1 771.1	33.7
日本	5 549.3	17.7	3 995.6	22.9	973.0	12.4	72.6	8.9	508.1	9.7
英国	1 065.3	3.4	416.7	2.4	70.6	0.9	122.3	15.0	455.7	8.7
加拿大	540.6	1.7	385.0	2.2	103.4	1.3	0.4	0.0	51.8	1.0
瑞士	277.5	0.9	45.6	0.3	89.1	1.1	113.4	13.9	29.4	0.8
澳大利亚	182.1	0.6	69.7	0.4	80.5	1.0	6.6	0.8	30.3	0.6
发达市场	29 804.1	95.0	16 314.6	93.5	7 422.5	94.4	815.1	100.0	5 251.9	100.0
新兴市场	1 598.7	5.0	1 161.7	6.5	437.0*	5.6	NA	NA	NA	NA
总计	31 402.8	100.0	17 476.3	100.0	7 859.5	100.0	815.1	100.0	5 251.9	100.0

B 部分：2006 年年底

国家	总额	占世界债券市场的比例（%）	政府债券 十亿美元	政府债券 占政府债券的比例（%）	公司债券 十亿美元	公司债券 占公司债券的比例（%）	国际债券 十亿美元	国际债券 占外国债券的比例（%）
美国	26 735.8	38.9	6 230.3	26.0	16 085.2	61.2	4 420.3	24.0
欧元区	18 780.0	27.3	5 758.4	24.0	4 927.7	18.8	8 093.9	43.9
日本	8 676.0	12.6	6 747.8	28.1	1 653.4	6.3	274.8	1.5
英国	10 813.6	15.7	835.1	3.5	402.5	1.5	2 060.1	11.2
加拿大	1 335.9	1.9	613.8	25.5	370.2	1.4	351.9	1.9
瑞士	555.7	0.8	111.3	4.6	112.0	4.3	332.4	1.8
澳大利亚	847.6	1.2	95.9	0.0	362.9	1.4	398.8	2.2
发达市场	62 000.6	90.0	20 655.4	86.0	24 700.0	94.0	16 645.2	90.2
新兴市场	5 988.4	8.7	3 353.1	14.0	1 576.9	6.0	1 058.4	5.7
总计	68 734.3	100.0	24 008.5	100.0	26 276.9	100.0	184 448.9	100.0

*限亚洲。

注：A 组数据来自美林（2001）。在美国，代理债务被包括在政府债券类别中。B 组中的数据来自 2007 年 6 月《国际清算银行季度回顾》表 12—16。（版权所有，© 2007 Source Media，Inc.。）公司发行的债券包括由公司及金融机构发行的国内债券。发达市场或新兴市场类别总额中不包括国际机构及离岸国家发行的国际债券。国际清算银行对于外国债券与欧洲债券未作区分。代理债券不包括在美国政府债券中。

图表 11.5　　世界债券市场的国际化

国际债券占世界债券市场规模的比例（%）

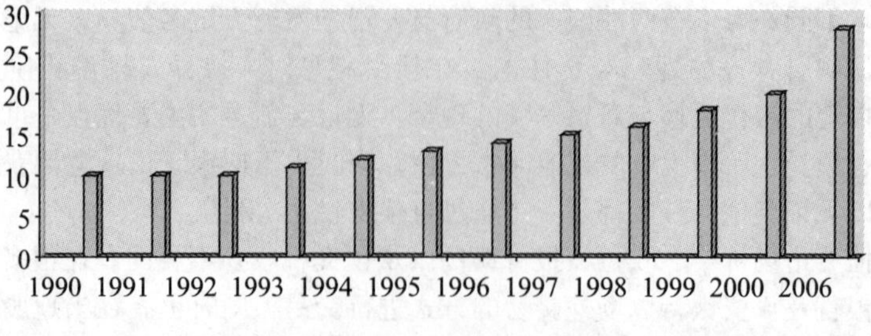

注：数据来自美林（2001）以及作者根据 2007 年 6 月《国际清算银行季度回顾》数据进行计算的结果。

国际债券市场

外国债券市场

外国债券（由非常驻公司在一个国家的国内资本市场发行的债券）由国内的法规管理，不受借入人所在国家的交易惯例的约束。例如，在美国，外国债券也必须与国内债券一样通过 SEC 的注册程序。这一程序的费用很高，并且需要披露财务信息。

为了提高美国债券市场相对于监管较松的欧洲债券市场的竞争力，SEC 制定了《144A 规则》，同时允许**缓行注册**（shelf registration）。SEC 于 1982 年开始准许缓行注册，通过这种方式，发行人可以提前注册证券发行，但可以暂缓销售证券，到有实际融资需求时，再行发售证券。这样，在国外公司有融资需要时，它们便可以迅速地在美国发行债券。不过，SEC 并没有免除信息披露要求。很多国外借入人认为信息披露要求会导致注册费用上升，并/或令人反感。因此，**《144A 规则》**（Rule 144A）于 1990 年开始实施。该规则允许美国境内合格机构投资者投资于私募债券发行，相比于公开交易的债券，私募债券无须遵守严格的信息披露要求。

欧洲债券市场①

欧洲债券（同时在多个国家的资本市场上发行）不需要遵守适用于国内发行的监管限制。例如，2002 年 6 月，通用电气金融服务公司（通用金融）发行了具有以下特点的欧洲债券：

金额：20 亿欧元

到期期限：5 年

价格：每 1 000 欧元面值的价格为 995.18 欧元

年利息：5.125%

由德累斯登与摩根士丹利领导的辛迪加

佣金：0.275%

固定转发价格

与典型的情况相同，这些债券为不记名债券，并由一个由德累斯登与摩根士丹利领导的国际银团（辛迪加；其概念在本章后面讨论）承销。大部分债券的购买者均居住在英国、德国以及荷兰。固定的转发价格即为向最终投资者发售债券之前，债券可以进行交易的价格。

欧洲债券的发行人包括主要的跨国公司；国家或地区政府以及政府机构，如美国联邦国民抵押协会（“房利美”）；以及超国家组织，如世界银行、亚洲开发银行、与欧盟相关的组织。实际上，国际债券市场（包括欧洲债券与外国债券）中最重要的借入人便是金融机构。如图表 11.6 所示，2007 年 3 月，未偿还债券总额为 19.5 万亿美元，而由金融机构发行的债券远超过其中的 50%，并且多年来一直呈现这种情形。

公司借款人借入约 2 万亿美元的欠款，政府的欠款约为 1.7 万亿美元，国际机构的欠款约为 0.6 万亿美元。公司借款金额呈现稳定上升的态势。

美国对国内及外国债券市场预提利息税的做法，加快了 20 世纪 60 年代欧洲债券市场的成长。由于购买无记名债券能够避税，所以即使在收益较低的情况下，投资者仍愿意接受无记名债券。很多美国公司也通过这一机会降低其融资成本。另外，伦敦的金融基础设施（大部分欧洲债

① 本节中的有些数据与事实来自 Anouk Claes，Mark DeCeuster 和 Ruud Polfliet (2002)，他们对 1980—2000 年间的欧洲债券市场进行了广泛的研究。

券在伦敦进行交易）以及伦敦市场的流动性，也对欧洲债券市场的繁荣发挥了一定的作用。

图表 11.6　　世界债券市场的借款人（欠款，2007 年 3 月，以十亿美元为单位）

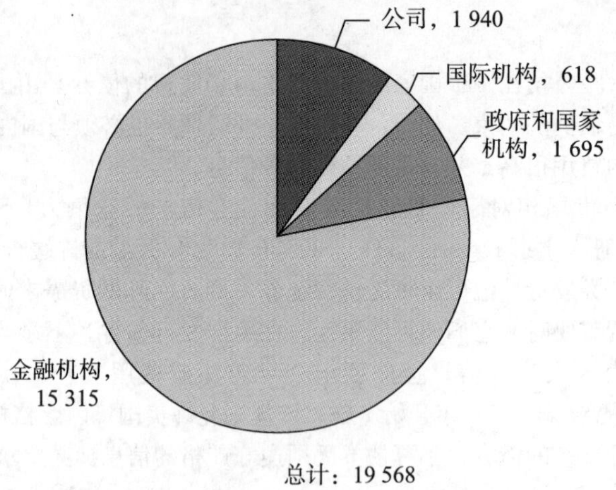

注：根据 2007 年 3 月的《国际清算银行季度回顾》的表 12A～表 12D 编制。

尽管在后来的美国市场，上述预提税以及其他负担沉重的法规相继被取消，但欧洲债券市场仍继续保持着兴旺发展的势头，原因在于和其他资本市场不同，欧洲债券市场基本处于无税收及无监管的状态，并且操作相当方便。尽管为了改善美国债券市场相对于欧洲债券市场的竞争力，美国出台了如缓行注册以及《144A 规则》等一系列政策措施，但对于一些美国以及非美国的发行人而言，SEC 的披露要求以及注册程序仍然耗时费力。

欧洲债券初级市场

如发行的债券数量较大，借款人一般能够通过多地发行的方式获益。借款人在需要发行欧洲债券时，需与某投资银行联系，该投资银行将作为愿意将债券推向市场的投资银行及商业银行集团的牵头银行（在英国称为“账簿管理人”）。该银行集团被称为**辛迪加**（syndicate）。从 1980 年到 2000 年，超过 90%的欧洲债券发行均是通过单个账簿管理人协调的。牵头银行一般会邀请多家经理银行来组成一个管理集团以协助进行与借款人的条款谈判，确定市场条件并对发行进行管理。

管理集团内的银行成员，与承销辛迪加内的其他银行一道，承担债券的承销责任。也就是说，这些银行投入资金，以一定的折扣购买借款人发行的债券，该折扣被称为承销价差。大部分承销银行，与其他银行一道，组成销售集团，以向投资大众发售债券。承销辛迪加内的各成员根据其成员资格以及发挥的职能，均会收到一部分价差收益。当然，牵头银行能够获得大部分价差收益，那些仅负责销售的银行则只能获得一小部分价差收益。

自 1989 年以来，大部分欧洲债券辛迪加均使用固定转发价格的方法发行债券。通过这种安排，辛迪加成员同意只以预定的价格出售债券，直到牵头银行认为交易已基本完成，或市场出现了重大变化。然后，“交易脱离辛迪加的约束”，债券能够以市场需求所确定的任何价格进行自由交易。不过，牵头银行一般仍会以转发价格购买债券。这种安排的一个问题是有些辛迪加成员并没有努力将债券分销给机构或零售投资者，而是以匿名的方式将其配额回卖给牵头银行，同时将承销费用收入囊中。从借款人决定发行欧洲债券到收到发行净得的时间约为 5～6 周。

欧洲债券二级市场

从销售集团成员处通过初级市场首次购得欧洲债券后，可在其到期日前通过二级市场进行转售。欧洲债券的二级市场为一个场外交易市场，由通过一系列通信设备连接在一起的做市商及经纪商组成，主要的交易在伦敦进行。不过，重要的交易同时也在其他主要的欧洲货币中心进行，如苏黎世、卢森堡、法兰克福以及阿姆斯特丹。很多商业银行、投资银行以及证券公司均持有巨额的欧洲债券。这些机构是欧洲债券市场的做市商：它们负责债券的双向报价（买价与卖价），同时随时准备以这些价格进行债券交易。

大部分二级市场的欧洲债券交易均通过欧洲结算系统进行结算。欧洲结算系统是一家位于布鲁塞尔的银行。该银行由多家使用其服务的金融机构所共有，银行专业提供多种跨境结算服务。

全球债券

1989 年，由世行发行的 10 年期 15 亿美元债券在国内市场及欧洲债券市场同时发行，成为第一只全球债券。对于美国而言，这是一个重要的事件，因为之前由于欧洲债券未在美国注册，所以美国投资者如需购买欧洲债券，必须经过一个 40 天的等待期。发行全球债券的借款人必须为资信可靠的大型机构，并且计价货币必须为积极交易的货币。Darius Miller 和 John Puthenpurackal（2005）通过对大量全球债券发行活动的分析发现，相对于非全球债券，这种债券可将借贷成本降低约 20 个基点。

龙债券

龙债券（dragon bond）是一种面向亚洲市场（不包括日本）的欧洲债券，由亚洲辛迪加负责。雷曼兄弟于 20 世纪 90 年代早期推出龙债券，第一只龙债券由亚洲开发银行于 1991 年 11 月发行。虽然龙债券在亚洲市场的营业市场发布，并在中国香港及新加坡上市，但它们仍需通过主要的结算组织，如欧洲结算系统以及明讯，在欧洲结算（参见“Where Be Dragons?”，1994）。另外，二级市场交易也主要集中于欧洲，主要是伦敦。

国际债券市场划分界限的模糊化

全球化进程的加速，包括税收协调、金融去监管化以及全面放松的资本管制，模糊了国内债券与国际债券，特别是欧洲债券之间的传统界限。图表 11.4 的 A 部分使用国际清算银行的正式定义。该银行长期以来一直是国际债务统计数据的主要来源。它将欧洲债券市场根据发行货币进行划分。不过，世界债券市场全球化进程的不断发展已使得原本各市场的鲜明特点变成各市场的共同特点。上述全球债券便是这一变化的重要实例。另外，金融服务行业的全球整合，以及外国中介机构能够完全参与国内发行，也使得一些国家特点变得模糊起来。最后，有些统计所并没有对外国债券以及传统的欧洲债券提供区分所需的充分信息。因此，B 部分中使用的最近的国际清算银行数据也不做出此等区分。

国际债券市场中债务工具的类型及其普及程度

国际债券市场发行三种主要类型的债券。我们按照它们的相对重要性顺序进行讨论，在本节结束时，我们还会涉及国际债券的计价货币。

纯粹定息债券

纯粹定息债券有一个确定的到期日期，发行人承诺在到期日偿还本金或债券的面值金额。在债券的有效期内，债券持有人还可收到作为利息支付的、占面值一定百分比的固定金额的息票支付。这些债券有时也被称为“子弹债券”。

无息债券是定息债券中的一个特例。无息债券以面值的一定折扣出售，在其有效期内，不支付任何利息（参见第 6 章）。该债券到期后，投资者可收到与面值等额的现金。无息债券主要以美元及瑞士法郎作为计价货币。

无息债券对于那些希望避免以低利率对利息收入进行再投资的风险的投资者很有吸引力。根据美国税法，尽管投资者没有收到实际的现金流，无息债券仍需按应计利息的方式缴纳利息税。

图表 11.7 显示，在 2000 年和 2007 年，大部分国际债券欠款均为定息债券，占比约为 70%。

图表 11.7　　　　市场发行的国际债券的种类（十亿美元）

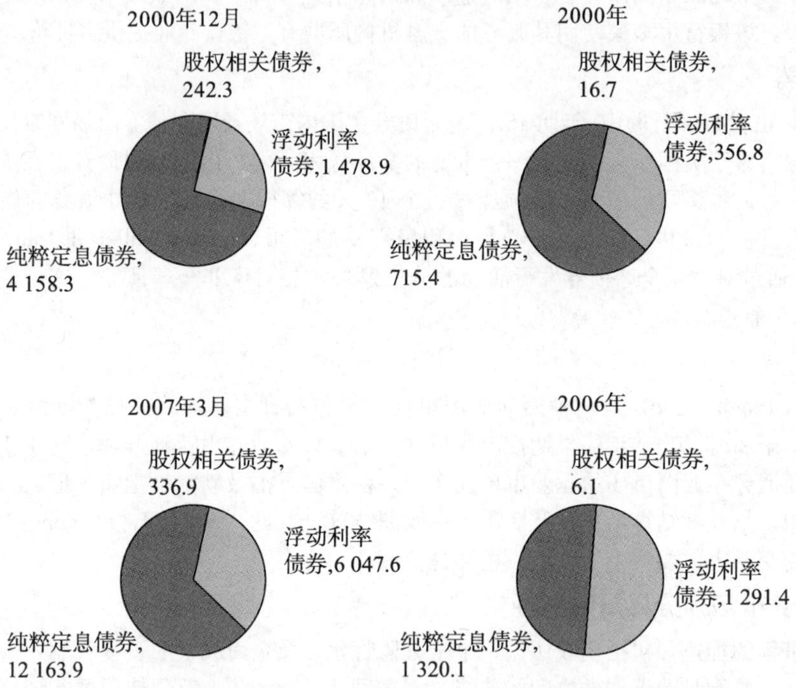

注：数据来自 2007 年 3 月的《国际清算银行季度回顾》表 13B。左边的饼图表示欠款金额，而右边的饼图则表示当年新发行的金额。由于与股权相关的债券所占份额几乎无法从图上显示出来，所以从饼图上似乎只能看到两个组成部分。

浮动利率票据

相比于纯粹定息债券，浮动利率票据（FRN）占国际债券市场欠款总额的约 25%。浮动利率票据一般为中期债券，在 1～10 年内到期，其息票支付与某一参考利率挂钩。正常的参考利率为 3 个月及 6 个月 LIBOR 利率，息票一般采用季度结付或半年结付的方式，支付时间与参考利率的到期日保持一致。请看下面的实例，假如通用金融于 2002 年 6 月发行了一只浮动利率票据，同时发行上述定息债券。债券的特点如下：

金额：10 亿欧元

到期期限：2 年

参考利率：3 个月欧元同业拆借利率①

点差：15 个基点，或 0.15%

价格：每 1 000 欧元面值价格为 999.42 欧元

佣金：0.125%

---

① 欧元同业拆借利率为欧元的基准欧洲货币利率。

固定转发价格

很多公司支付的利率均在相应的伦敦银行同业拆借利率的基础上加上一定的点差，以反映公司的信用风险（参见第 11.5 节）。在本案例中，点差首先设定为 15 个基点，但在实际发行日期之间，有效的点差约为 18 个基点，所以债券以 999.42 欧元而不是以 1 000 欧元的价格出售。也就是说，投资者享受的百分比折扣为$\frac{1\,000-999.42}{1\,000}=\frac{0.58}{1\,000}$，约等于 6 个基点（或每年 3 个基点），有效地增加了投资者的债券收益。

在每季度的开始，下一季度的息票支付被重新设定为面值的$\frac{1}{4}\times$（欧元同业拆借利率+0.15%），其中欧元同业拆借利率为年度百分比利率。例如，在 2002 年 6 月，3 个月的欧元同业拆借利率为 3.441%。因此，1 000 欧元面值的浮动利率票据的息票利率便为：

$$\frac{1}{4}\times(0.034\,41+0.001\,5)\times 1\,000\text{ 欧元}=8.98\text{ 欧元}$$

股权相关债券

如图表 11.7 所示，在国际债券市场中，虽然股权相关债券占比极小，但它也是该市场中的一个持续增长成分。这一类别的债券由两个紧密相关的证券组成：可转股债券以及附有认股权证的债券。**可转股债券**（convertible bond）是一种可在到期前转换为股权的纯粹债券。各份债券能够转换的股票数量在债券发行时便固定了下来。另外，债券还可附带**认股权证**（warrant）发行，该认股权证给予债券持有人以特定价格购买公司一定数量普通股的权利。由于转股所附加的期权价值，相比于传统的定息债券，投资者能够接受可转股债券较低的息票利率。附有认股权证的债券与可转股债券类似，因为两者都为投资者提供了一个股票期权，不同之处在于认股权证可与债券相分离，并单独进行交易。

可转股债券与纯粹债券之间的市场价格差值涉及股票期权的价值。只要是在债务风险评估困难的情况下，如公司参与现金流非常不确定的项目，以及只要是在投资者担心管理层的行为与其利益不符的情况下，可转股债券以及附权证债券均可显示出其具有的优势。在项目获得成功后，可转股债券给了投资者采取行动的机会。对于高速成长、需要巨额资本投入的公司而言，由于这些债券所需支付的利率较低，所以对它们而言特别有利，当然，低息票利率的代价是需要提供相当有价值的股票期权。

在国际市场上，这些债券在 20 世纪 80 年代受到很多日本公司的热烈欢迎。20 世纪 80 年代末期，当日本的牛市突然结束后，很多债券所附有的股票期权变得一文不值。2002 年，可转股债券重新来到欧洲日元债券市场，几家顶级的公司——包括日本最大的计算机制造商富士通、日本顶级贸易公司三菱、日本最大的租赁公司欧力士、相机与芯片设备制造商尼康——都在 5 月一个月内发行了股权相关债券。

计价货币

历史上，美元曾是国际债券市场上处于支配地位的发行货币。如图表 11.8 所示，欧元作为发行货币，其地位已超过美元。

在欧元之前，欧洲债券发行的最重要的货币为德国马克。另外，欧洲货币单位——也就是欧元的前身，也称为一篮子货币，也在欧洲债券市场普遍使用。另外，其他得到广泛使用的货币为英镑、日元以及瑞士法郎（根据顺序）。从 20 年的历史周期来看，以日元计价的债券仅次于以美元计价的债券，位于第二位，但 20 世纪 90 年代后期，以日元发行的债券数量出现了急剧下降。

一种非常特别的国际债券为**双币债券**（dual-currency bond）。这种债券在 20 世纪 80 年代中期开始流行。双币债券是一种以某一货币发行的纯粹定息债券，如日元，用于息票支付的也为同一种货币，但是承诺在到期时支付的本金却使用另一种货币为计价单位，如美元。这些债券的利率一般高于可比的纯粹定息债券。到期时需偿还的美元本金金额在债券发行时便被确定下来。不过，在很多情况下，该金额允许在较坚挺货币的汇率基础上进行一定的升值。

图表 11.8　　国际债券市场上发行的货币（2007 年 3 月，未付款项，以十亿美元为单位）

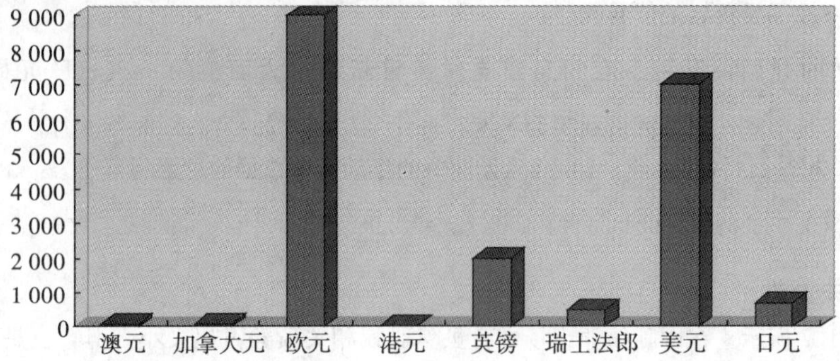

注：根据 2007 年 3 月《国际清算银行季度回顾》表 13B 编制。

双币债券可以被看成是纯粹日元债券与将美元本金售出获得日元的远期合约的综合。因此，双币日元债券的市场价值便应等于日元息票现金流以日元市场利率贴现后的现值总和，加上根据远期汇率兑换成日元并按日元市场利率进行贴现后的以美元偿还的本金金额。该债券投资最终是否合算，取决于债券到期后美元相对于日元的汇率变动。

历史上日本公司曾是发行双币债券的主要发行人，这种债券以日元支付息票，以美元偿还本金。使用日元/美元双币债券对于希望在美国建立或扩大子公司的日本跨国公司很有吸引力。这些公司通过发行债券得到的日元兑换成美元后，即可用来支付在美国的资本投资。在投资的前期，息票支付可由母公司用日元予以实现。到期后，则可将该子公司赢得的美元利润用于偿还美元本金。

例 11.2　反向双币债券

1997 年 3 月 16 日，一家专注于拉丁美洲与加勒比地区社会及经济开发的开发银行，泛美开发银行，发行了一只“反向”双币种日元/澳元债券。该债券的特点如下：

总面值：150 亿日元

每份债券面值：50 万日元

利率：3%（以澳元支付）

到期日：2007 年 3 月 17 日（10 年期债券）

利率支付汇率：94.15 日元/澳元

该债券没有注册，与典型的欧洲债券市场中的债券一样，为一只无记名债券。因为面值货币与利息支付货币不同，该债券明显为一只双币债券。不过，与典型的双币债券相比，该债券又存在两点不同：首先，初始金额与最终的偿还价值均以同一种货币计价。债券发行时的即期汇率为 94.15 日元/澳元，也就是相当的澳元总额为 1.593 2 亿澳元；其次，从历史上看，大部分双币债券均以“坚挺”货币（利率较低，以升水交易的货币）支付利息，而该债券却以较疲软的货币支付利息。

为了分析该债券并将其与一个完全以日元或澳元发行的债务工具相比较，就必须将现金流兑换为一种货币。在兑换时，正确的做法应该是使用远期汇率。例如，为了计算该债券实际的日元利率，五次澳元支付就必须兑换为日元，使用第 1、2、3、4、5 年的日元/澳元远期汇率。下面，我们通过计算 1998 年单份债券的利息支付来说明这个问题。在发行时，1 年期的日元/澳元远期汇率为 98 日元/澳元。因此，可以得到：

澳元利息＝0.03×(500 000 日元)/(94.15 日元/澳元)＝159.32 澳元

等价日元利息＝159.32 澳元×(98 日元/澳元)＝15 613 日元

在第 11.5 节，我们说明了当所有的现金流均以一种货币表示时，如何将债务成本以年度百分比的方式表示，进而将其与具有类似到期日并以同一货币发行的其他融资工具相比较。

11.4 国际银行业务活动

第二次世界大战结束后，世界经济的增长与日益整合，一直伴随着全球银行业务活动的扩张，商业银行跟随其客户的脚步，也来到了外国市场。我们使用两个标准来划分国际银行业务活动与国内银行业务活动：位置与交易对手。如果借款人或存款人中有一方为境外单位，那么交易便被认为具有国际性。不过，如果交易涉及非本国货币，那么一般也会被归类为国际交易。为了用数字来说明国际银行业务的重要性，图表 11.9 报告了全球各大银行按借款国划分的国际债权(贷款)。

图表 11.9　　截至 2006 年 12 月，报告银行的合并外国债权（按借款国划分）

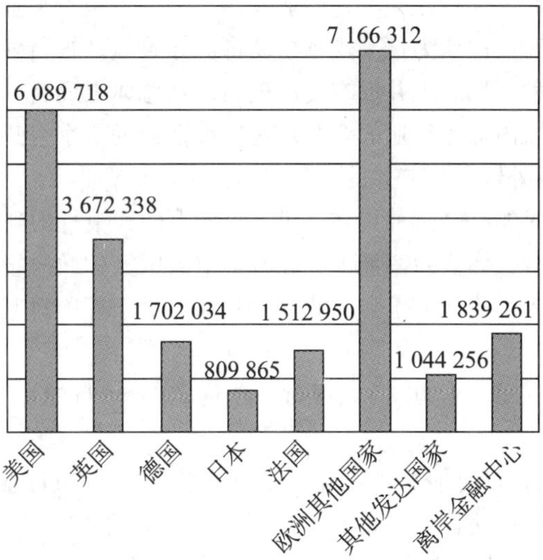

注：图表根据 Table 9A，"Consolidated Foreign Claims of Reporting Banks on Individual Countries，" *BIS Quarterly Review*，March 2007，pages A54－A61 中的数据构建。

这些债权为全球范围内的合并总额，包括总行、分行以及独立支行的所有"国际"合约贷款。具体而言，债权包括：

- 所有货币的跨境债权（也就是说，相对于银行所在国家，借款人为某外国实体）。

● 本国债权（本国借款人），以外币为计价货币。

● 报告银行的外国独立支行对本国居民的本国货币头寸。

涉及国际银行业务活动的五个主要国家是美国、英国、德国、日本以及法国。这也反映了纽约、伦敦、法兰克福、东京以及巴黎作为主要国际金融中心的地位。同时也与这些国家的经济规模相关。另外，很多银行业务活动也发生于离岸金融中心，其中开曼群岛占到了近30%。我们将在下文简述国际金融中心与离岸金融中心的区别。

在本节，我们首先对作为一类重要跨国公司的银行作简要考察。然后总结一些重要的国际银行业务法规，即国际清算银行标准。最后，我们考察国际银行为不同的国际客户提供协助的不同组织形式，明确它们之间的差异，例如分行、独立支行以及离岸金融中心之间的差异。

作为跨国公司的银行

商业银行一般会开发出一套完善的金融服务，以协助其客户从事海外贸易活动。除了提供商业信贷外，这些辅助金融服务还包括即期与远期货币做市与交易（参见第2章与第3章）、国际贸易融资（参见第18章）以及风险管理服务（参见第17章）。

与国内银行不同，国际银行会参与欧洲货币市场，同时也经常作为会员参与国际贷款辛迪加，将大额现金出借给跨国公司或政府。另外，一个国际银行也可能从事欧洲债券及外国债券的承销，也就是从事投资银行的业务。同时具有传统商业银行以及投资银行业务功能的银行也被称为**商人银行**（merchant banks）。而那些提供包括证券活动在内的广泛金融服务的银行则被称为**全能银行**（universal banks）或**全方位银行**（full-service banks）。

欧盟的成立以及全球竞争的加剧，带来了银行业的并购活动。并购活动在20世纪90年代特别频繁。例如自欧盟成立后，银行在欧洲开展业务，只需一份银行营业执照即可，无须再获得从事业务所在国的执照。当时人们认为这一规则松动将会导致欧洲银行业的合并浪潮，小银行将被大银行所吞并。不过，这种预期后来并没有变成现实。从总体上而言，国家间的银行合并没有发生，真正发生的是各个国家内部银行业的合并。对这种现象的一个合理解释是，国内合并是国内银行避免被“外来者”（国外银行）兼并的一种努力。

中欧是这次并购浪潮中的一个例外，在这里几乎所有的大银行均到了外国人的手中。1989年铁幕倒下后，中欧落后的金融体系效率低下。此时，中欧国家的政府很快意识到它们对于外国资本、银行业知识与技术流入的迫切需求。因此，这些政府对于外国对其国内银行的并购采取鼓励的态度。

图表11.10根据市值列出了全球25大银行。在这25大银行中，9家银行为盎格鲁-撒克逊银行。

另外，大部分25大银行都是兼并的结果。例如，排名第8的日本银行三菱日联金融集团，即是三菱东京金融集团与日联集团合并的结果。另外，排名第19的银行瑞穗金融集团，则是通过合并三井住友银行、第一劝业银行、富士银行、日本工业银行以及三菱信托银行组建的。另外，有些市场的集中程度已经非常高（如比利时、加拿大以及瑞典），而其他市场（如美国市场），其银行业市场则较松散。在这些松散市场中，有望发生更多的合并。同时，一个较新的现象是中国一些银行的排名上升，如中国工商银行排名第4，另有两家中国的银行也跻身前10强。出现这种现象的一个主要原因是自2006年以来中国股票市场的精彩表现。

图表 11.10　　最大的银行——根据市场资本总额排名

排名（2007年2月）	银行	国家	资产（十亿美元）	市场资本总额（十亿美元）
1	花旗银行	美国	1 884.32	247.42
2	美国银行	美国	1 459.74	226.61
3	汇丰集团	英国	1 860.76	202.29
4	中国工商银行	中国	800.04	176.03
5	摩根大通银行	美国	1 351.52	170.97
6	中国银行	中国	585.55	143.80
7	中国建设银行	中国	568.21	126.55
8	三菱日联金融集团	日本	1 585.77	124.55
9	苏格兰皇家银行	英国	1 705.35	124.13
10	富国银行	美国	482.00	117.19
11	瑞士联合银行	瑞士	1 776.89	116.84
12	桑坦德银行	西班牙	945.86	115.75
13	美联银行	美国	707.12	105.42
14	法国巴黎银行	法国	1 898.19	97.03
15	意大利联合信贷银行	意大利	922.79	96.24
16	巴克莱银行	英国	1 949.17	94.79
17	意大利联合圣保罗银行	意大利	321.64	92.74
18	毕尔巴鄂比斯开银行	西班牙	536.05	82.55
19	瑞穗银行	日本	1 269.60	81.31
20	苏格兰哈里法克斯银行	英国	1 156.61	79.83
21	兴业银行	法国	1 259.32	77.62
22	三井住友银行	日本	901.71	73.38
23	联邦储蓄银行	俄罗斯	87.43	67.92
24	德意志银行	德国	1 485.58	65.15
25	荷兰银行	荷兰	1 302.19	64.92

注：数据来自 Forbes. com，*The Global 2000*，http：//www. forbes. com/lists/2007/18/biz _ 07forbes2000 _ The-Global-2000-Rank. html。获《福布斯》杂志的重印许可。© 2007 Forbes LLC。

2007 年，国际银行业的合并活动出现了有趣的一幕，排名第 16 的巴克莱银行提出以 639 亿欧元收购排名第 25 的荷兰银行。接下来，以苏格兰皇家银行（排名第 9 的银行）为首的财团提出了高达 705 亿欧元的报价。根据苏格兰皇家银行的标书，比利时的富通银行将接管荷兰银行在荷兰的业务，西班牙国际银行桑坦德将接管荷兰银行在巴西及意大利的业务，而苏格兰皇家银行则得到剩余的业务，包括荷兰银行的投资银行部。不管达成哪项交易，这一收购都将是金融行业最大的一桩收购案。

国际银行业务办事机构类型

图表 11.11 概述了银行在从事国际业务活动时可能采取的组织形式。从图表 11.11 中可以看出，美国银行不得在美国本土从事国际业务。本节的以下部分将详细说明图表 11.11 中所列举的

各银行之间的差别。

代理银行

在第 2 章我们提到，对于商业银行，如其未在某主要金融中心开展银行业务，则这些银行便会与当地的银行建立代理关系，由这些本地银行代理其贸易融资、外汇服务以及其他活动。通过代理关系，银行无须在多个国家派驻银行业务人员，便可为其跨国公司客户提供服务。不过，**代理银行**（correspondent bank）提供的服务水平可能相对较低。

代表办事处

代表办事处是一个小型的服务机构，其员工来自总行，目的在于协助总行的客户与代理银行打交道，或提供有关跨国公司外国客户的当地业务实践以及信用评估的信息。虽然办事处不能向跨国公司提供直接的银行业务服务，但相比于单纯依靠代理银行，代表办事处能够实现更高的服务水平。

图表 11.11　　国际银行业务的组织结构

国际银行特性	国内银行	代理银行	代表办事处	国外分行	附属银行/联属银行	离岸银行	国际银行业务设施	《埃奇法》银行
位置	国内	国外	国外	国外	国外	国外	国内	国内
对外国人的贷款/存款	否	—	否	是	是	是	是	是
独立法人	否	—	否	否	是	否	否	是

注：该图表参考了 Cheol Eun 和 Bruce Resnick（1997）第 145 页的图表 6.2。

国外分行

在法律意义上，**国外分行**（foreign branch of a bank）是总行的一部分，但其运作方式类同于本地银行。总行通过国外分行，可在多个国家为其国内、国外以及国际客户提供直接连贯的服务。不过，设立国外分行的成本远远高于与代理银行建立伙伴关系的成本。同时，国外分行需同时受到总行所在国家与分行运营所在国家的银行法规的监管。例外的是，美国银行的国外分行无须符合美国的准备金要求，也无须参加联邦存款保险，该保险的作用是在银行破产时，最高向存款人支付 10 万美元的补偿。美国银行需按存款的百分比，向联邦存款保险公司支付保费。由于保证金要求与存款保险都会提高银行资金的成本，该例外规定可防止美国的国外分行在与地方银行竞争时处于不利地位。与此相反，如外国银行在美国设立分行，则该分行将被按本地银行对待，需遵守的美国法规与美国银行相同。

附属银行及联属银行

与分行一样，**附属银行**（subsidiary bank）为总行完全或部分拥有，但其在营业所在地的其他国家组建。**联属银行**（affiliate bank）仅为外国总行部分拥有，但不为该总行所控制。附属银行及联属银行需受到组建所在地国家的银行法律管辖。这意味着，在 1999 年《格拉斯-斯蒂格尔法案》废除前，对于美国总行被禁止从事的投资银行业务活动，其境外的附属银行可不受该法案的限制。尽管如此，美国总行一般更喜欢通过建立分行的方式来扩展其海外经营。

离岸银行中心①

离岸银行中心（offshore banking center）是一个满足以下大部分条件的金融中心。第一，银

① 此节内容主要参考了《离岸金融中心》，2000。

行资产负债表两边的大部分金融活动——也就是借入与借出活动——均具有离岸性质，对手方为境外单位。第二，交易一般均是在金融中心的其他地点发起的。第三，大部分相关金融机构均为境外单位控制，其业务也主要针对境外单位。第四，此类金融中心一般都税收极低甚至为零，采用中等或宽松的金融监管，银行业务保密性高，并且采用匿名交易方法。

离岸银行中心所在国家与地区包括阿鲁巴、巴哈马、巴林、巴巴多斯、百慕大、开曼群岛、中国香港、黎巴嫩、利比里亚、荷属安的列斯群岛、巴拿马、新加坡、瓦努阿图以及西印度群岛。离岸银行从事外汇贷款、浮动欧洲债券、场外衍生品交易以及个人客户为了降低税收责任而进行的存款。在有些国家和地区，国际银行还建立了一个“空壳分行”，其在这些国家的实体规模极小，有时甚至只有一个邮政信箱！

显而易见，金融监管的缺失极易导致税收规避以及金融犯罪。很多国际组织，如国际清算中心、经合组织以及欧盟已经着手通过共同行动，监管在这些金融中心发生的活动。1991年，国际商业信贷银行（BCCI）的倒闭是促使上述国际组织采取行动的主要动因。多年来，BCCI（被有些人称为“国际诈骗与犯罪银行”）一直从事毒品收入洗钱、虚假贷款以及隐瞒亏损的活动，却没有被监管单位发现。

2001年9月针对美国的恐怖主义袭击发生后不久，美国政府大幅增加了打击恐怖主义的立法，其中包括在不通知外国政府的情况下，没收在美国从事业务的外国银行资产。迄今，这一新立法主要被应用在欺诈及洗钱案件中（Eric Lichtblau，2003）。

《埃奇法》银行

《埃奇法》银行（Edge Act banks）为经联邦政府特许的美国银行的附属银行，这些附属银行虽然位于美国，但却获准从事全面的国际银行业务活动。其中包括接受外国客户的存款、贸易融资以及汇转国际资金。与美国国内的商业银行一样，《埃奇法》银行也被获准拥有美国公司的股权。因此，美国的总行可通过成立《埃奇法》银行，进而拥有国外的附属银行及联属银行。

国际银行业务设施

国际银行业务设施（international banking facility，IBF）就是一系列与总行账务分离的资产及债务的总和，其并不是一个特别的物理或法律实体。任何美国特许的存款机构（包括美国分行、外国银行的附属银行、《埃奇法》银行的美国办事机构）均可运作IBF。IBF作为美国境内的外国银行运作，因此不需要达到美国国内的准备金或联邦存款保险公司的保险法规要求。不过，IBF只能接受非美国公民的存款，并且只能向外国人发放贷款。大部分IBF的活动都与银行间的业务有关。

美国联邦储备局设立IBF的目的是便于美国银行重新恢复流失到离岸银行的业务。其他国家也设立了类似的机构。其中包括日本的离岸市场（JOM）以及位于泰国的曼谷国际银行业务设施。这些措施，加上全球范围内金融监管的放松，为本国银行提供了从事离岸银行业务活动的机会，减缓了真正离岸银行业务活动的增长速度。

比利时小银行的特别定位①

乍看之下，中欧对于国际银行而言非常有吸引力。首先因为中欧国家的发展非常迅速，其次是相对于西欧市场，这些中欧国家更有可能实现非常高的经济增长率。同时，其银行业的相对规

① 参见“Central Europe：Second Home Market for KBC”（2002）以及Ingo Walter和Roy Smith（2000）。

模也可能会出现大幅增长。最后，这些国家会与西欧国家建立了日益密切的贸易关系，并且在它们加入欧盟之后，这些关系还会进一步加强。总而言之，欧洲的跨国公司在中欧的业务量可能会与日俱增，进而要求本国银行将业务扩展到这些国家。

向东欧的扩展可采用上述任何一种形式，从代表办事处到附属银行或联属银行。不过，将业务扩展到中欧银行业的主要方法还是通过对当地银行的收购。有点让人意外的是，从图表 11.12 中可以看出，主要的收购方并不是那些国际大银行，而是一些中等规模、业务集中在某一区域的银行，在中欧的银行收购活动中扮演着积极的角色。

在中欧银行业中，无处不在的花旗银行是唯一的一家在中欧拥有大量业务的国际大银行。不过，中欧银行业的领导却是一家小型的比利时银行——比利时联合银行。该银行从根本上将中欧看成其第二故乡，并通过系统性的收购，努力提高市场份额。虽然相比于同等水平的西欧银行，收购这些银行所支付的价格相当低，但很多中欧银行都背负着巨额的坏账负担。在有些情况下，比利时联合银行收购的银行坏账由政府承担。到目前为止，比利时联合银行拥有的银行包括捷克共和国最大的银行 CSOB、波兰第五大银行 Kredytbank 等等，同时，比利时联合银行是斯洛文尼亚最大的银行 NLB 的大额少数参股股东（34%）。在所有这些市场，比利时联合银行均尽力推行其“银行保险”业务模式，通过银行与保险机构，对银行业务与保险产品进行捆绑与交叉销售。

图表 11.12　　2000 年中欧最大的银行

		中欧市场份额（%）	中欧总资产（百万欧元）	中欧市场占总资产的比例（%）
1	比利时联合银行（比利时）	11.7	20 448	11
2	德国联合抵押银行（德国）	9.9	17 360	2
3	意大利联合信贷银行（意大利）	7.7	13 526	7
4	兴业银行（法国）	7.7	13 526	3
5	花旗银行（美国）	7.6	13 313	1
6	奥地利第一储蓄银行（奥地利）	7.4	12 248	19
7	BCVIntesa（意大利）	5.4	9 479	3
8	荷兰商业银行（荷兰）	4.4	7 668	2
9	奥地利中央合作银行（奥地利）	4.0	6 923	19
10	德国商业银行（德国）	3.8	6 710	1

注：基于 *The Banker*（2001）以及作者根据 KBC Economic and Financial Bulletin（May 2002）数据的计算结果。Copyright © 2001 Financial Times。

越大越好是否正确还有待时间的证明。越大越好的条件是存在规模经济或范围经济。而规模经济出现的条件是与生产相关的固定成本大幅增加后，组织也会变得更加强大，能够获得更高的收入。而范围经济出现的条件是扩大销售产品的范围能够产生竞争优势。对于金融集团而言，最著名的例子是坚决选择为实现范围经济而奋斗的花旗集团。花旗的业务涉及正常的商业银行活动，同时还涉及投资银行业务、资产管理（服务对象为机构及零售投资者，包括共同基金）以及保险。

国际银行业务监管

世界金融市场全球化的日益发展，以及国际银行业务活动的增长，催生了建立一个国际监管框架的需要。该监管框架能够保证银行的自有资本（股权资本以及其他储备金），防止存款人遭受损失。前面讲过，银行的资产包括其购买的证券以及其提供的贷款。而银行的负债则包括客户存款、证券市场借款以及银行的股权资本。由于银行在很多国家的资本分配过程中均发挥着重要的作用，所以由于公司违约而导致的业务损失也一直是监管机构关注的问题；很多国家也因此要求银行保持其资本对资产比率高于一个最低的限值，以作为损失的安全缓冲。

如前所述，某银行的破产可能会导致一连串的银行挤兑——恐慌的存款人会从很多银行提取资金。即使是在美国这样高度发达的国家，仍不免遭遇 1991 年 1 月发生在罗得岛州的银行恐慌。同样，英国的北岩银行，一家专门从事抵押贷款的银行，也于 2007 年经历了一次银行挤兑。很多国家的中央银行均担心，如果没有国际监管来确保国际银行业务系统内保持足够的资本水平，那么银行的倒闭便有可能导致一场全球性的金融危机，或会殃及其他很多国家。

另一方面，由于各国的监管水平不一，在很大程度上，如果一个国家的监管标准宽松，其银行便可获得不公平的竞争优势，进而可能降低整个国际银行业务体系的健康与安全。而国际化监管则可以创建一个更加公平的竞争平台。20 世纪 80 年代，十国集团的中央银行担心，由于全球化以及去监管化，银行业的国际竞争加剧，很多国际银行的资本基础受到了影响。比如，当时很多日本银行通过发放低成本贷款，不计后果地增加国际贷款比例。

后来的事实证明，这些银行虽然通过这种方式增加了市场份额，但很多银行后来均陷入了破产的境地。1988 年的《巴塞尔协议》正是在这样的背景下达成的。

国际资本充足率：1988 年《巴塞尔协议》

1988 年的**《巴塞尔协议》**(Basel Accord) 要求十国集团内从事国际业务的银行，需根据其风险程度保持一定的资本充足率，资本最低不得低于以不同方式计算的一篮子资产的 8%。该协定由巴塞尔银行业务监管委员会提出。该委员会作为一个银行业务监管机构，由十国集团的中央银行于 1975 年成立。委员会由来自比利时、加拿大、法国、德国、意大利、日本、卢森堡、荷兰、瑞典、瑞士、英国以及美国的中央银行的资深银行业务监察人员与代表组成。委员会一般于瑞士巴塞尔国际清算银行所在地举行会议。

1988 年的《巴塞尔协议》重点关注的是违约或信贷风险。在衡量某银行资产组合的风险时，根据债务人的类别，这些资产被分为四大类。第一类资产没有任何资本要求，其中包括短期及长期国库券等，因为这些资产的信贷风险为零。对于其他银行的债券，其风险权重只有 20%，也就是说，只有 20%的此类债券会被反映到 8%的资本要求中。而有些债券的风险权重则为 50%，同时，几乎所有对于非银行的私营部门债权，均需计算 100%的风险权重，也就是需要被完全反映到 8%的资本要求中。

对银行活动进行风险评估所面临的一个困难是很多银行活动并没有被反映到资产负债表上。这些所谓的表外活动包括通过交易金融工具产生的佣金与贷款的销售收入。典型的例子包括外汇交易活动以及利率和货币互换。《巴塞尔协议》试图通过一些复杂的转换因子，来对这些活动的风险进行衡量。长期事实证明，监管体制不仅应针对信贷风险，同时也需针对市场风险。所谓市场风险，就是在价格出现不利变化时，损失交易头寸的风险。《巴塞尔协议》于 1996 年进行了修订，债券、股票、外汇以及商品的交易头寸被从信贷风险类别中分离了出来，并被设定了特定的资本要求。在 20 世纪 90 年代，100 多个国家采用了《巴塞尔协议》中规定的方法，使其成为一个有关银行业务监管的世界标准。

新的资本充足率框架

尽管《巴塞尔协议》取得了成功，但也有人对该协定持批评态度。首先，简单的分类方法以及对于私营部门贷款一概适用的 8%的资本要求，促使很多银行将高质量的资产与其资产负债表分离开来。迅猛发展的**资产证券化**（asset securitization）业务——将资产或债务（如房屋抵押贷款或汽车贷款）转化为证券并向第三方销售——在资产分离过程中发挥着重要作用。银行发现，通过出售较高质量的贷款组合，它们能够获得略高于原始贷款的价值，这样一方面可以增加银行利润，另一方面也可减少资本要求。当然，这种方法同时也降低了银行贷款的平均质量。其次，金融机构已逐步开发出了比《巴塞尔协议》所采取的简单方法更加成熟与现实的模型，以对风险进行衡量。最后，1988 年的协定并没有充分承认一些用于降低信贷风险的技术，如抵押、担保或对冲等。

为了应对这些批评，巴塞尔委员会于 1999 年开始着手制定新协定，也就是新版《巴塞尔协议》的制定工作，并希望于 2006 年年底前在所有国家实施该协议，但是直到 2007 年下半年，虽然该协议的编制工作早已完成，但仍没有付诸实施。新版协议包括三个关键部分。第一部分仍规定了 8%的银行资本率（银行资本对风险加权资产的比率）。不过，新协议对三类风险进行了明确的单独识别：信贷风险、市场风险以及经营风险。最后一类风险为新增的风险类别。所谓经营风险就是由于不充分或失效的内部流程、人员以及系统而产生的直接或间接损失的风险；或来自外部事件，如计算机故障、凭证问题或欺诈而导致的此等风险。委员会预计经营风险将涉及约 20%的资本总要求。

相对于过去的协议，新协议允许银行业务机构选择巴塞尔委员会的指南来衡量市场风险，同时也可选择银行内部开发的模型来衡量该风险。1994 年，JP 摩根公开了其内部开发的模型（风险标尺），同时提出了术语 VaR。VaR 意为**风险价值**（value at risk）。它衡量的是一个特定组合头寸在一定的时间内，在可能性为 5%的条件下会经历的美元损失。如周度的 VaR 为 100 000 美元，那么其意义便是头寸（或一组头寸）可能在 20 周的时间内，有一周出现 100 000 美元的损失。使用第 3 章开发的逻辑模型，VaR 随着相关资产回报的条件波动而变化。重要的是，内部风险模型考虑了通过持有一个多样化的不完全相关资产组合所允许减少的风险。

对于信贷风险的管理，新协议为银行提供了两种选择：它们可以使用标准的信贷风险管理方法，也可以使用一个“内部基于评级的方法”。标准方法仍保持了原有的框架体系，不同之处在于根据外部信用评估机构提供的评级，对风险权重进行了差别化处理。另外，这些权重还将抵押、担保以及对冲等技术的应用纳入其考虑范围。根据内部基于评级的方法，银行可使用其内部的信用可靠程度估计，对其组合的信贷风险进行评估，但这种方法的采用需受到严格的方法与信息披露限制。

新版协议的第二个重要部分涉及一个监管审查流程。也就是，银行监察人员必须确保每家银行均采用健全的内部流程，以确定与其风险相应的资本充足率。而最后一个重要部分则强调通过披露所实现的市场约束。新版协议认为信息披露要求与允许银行使用内部风险评估方法对其资本充足率进行计算有关。这些信息对于确保市场参与者（包括银行的跨国公司客户）更好地理解银行的风险状况及其偿付能力具有重要的作用。

新版协议的推出引发了广泛的辩论，其焦点是新版协定是增加还是减少银行业务系统的资本（可参见“Basel Accord”，2001；以及“Deep Impact”，2003）。有些观察人士认为，内部基于评级的方法将会降低银行的资本要求，原因是大部分定量模型都对资产多样化降低风险的能力作了过高的估计。经常出现的情形是，一旦发生危机或市场灾难，很多资产的价值都会同时降低，很多银行持有的头寸在面对这些危机或灾难时都具有类似的表现。这样，便会导致银行组合风险的增加。

另外，对于银行自己开发的复杂的内部风险评估模型，也有人怀疑各国的监管机构胜任监察工作的能力。最近的估计表明，最低的监管资本要求仍将保持在与之前同等的水平上，信贷风险方面减少的资本要求将由经营风险新增加的资本要求所抵消。尽管如此，美国的监管机构表态说，新版《巴塞尔协议》只对10家积极从事国际业务的美国银行强制适用，而欧盟则承诺要将新版《巴塞尔协议》写入欧盟法律。

11.5 国际银行贷款

除了选择债券市场之外，跨国公司也可从银行获得贷款。下面我们将对几种贷款选择进行讨论，最后还将讨论不同的融资选择之间界限日益模糊的问题。

欧洲信贷

在第6章，我们讨论了被称为欧洲货币市场的银行间市场——在该市场中，银行相互之间在其所在国家的司法管辖范围之外进行短期借贷活动。在欧洲货币市场从事经营活动的银行也被称为**欧洲银行**（Eurobanks）。除了短期贷款业务外，欧洲银行的业务还涉及为其他金融机构及公司、主权政府以及国际组织提供期限中等甚至更长的贷款。这些长期债务便被称为**欧洲信贷**（Eurocredits）。

例11.3　浮动利率债务的作用

假定一家荷兰国际银行——荷兰银行为6月期的欧洲美元存款支付1.85%的利息。如果荷兰银行的6月期美元贷款利率为1.95%，那么它便可以获得一定的息差（此例中为10个基点）。同样，假定荷兰银行向瑞典公司爱立信发放了一笔5年期的欧洲信贷，计价货币为美元。爱立信之所以要借贷5年，原因是该公司需要长期资金，同时该公司还担心，如果采用滚转短期债务的方式，可能会导致息差的上升，同时还可能被拒绝信贷要求。假定5年期的美国国库券收益率为5%。如果该贷款采用固定利率，那么荷兰银行收取的利率便是5%加上反映爱立信信贷风险的息差。如果采用浮动利率，那么荷兰银行收取的利率便是LIBOR（也就是1.95%）加上一个信贷息差，但该利息每6个月都会被重新设定一次。

假定对于爱立信的5年期浮动利率贷款以及固定利率贷款的信贷息差均为1%。乍看之下，似乎荷兰银行向爱立信提供固定利率贷款更加有利。因为这样该银行不仅可获得信贷息差，同时还可获得短期利率与长期利率之间的差值（5%相比于1.85%）。①

很多银行经常采用这种期限转换法，也就是吸收短期存款，同时提供长期贷款，这种方法有时也被称为“骑乘收益率曲线”。不过，这种战略也存在一定的风险。其成功的前提是平均长期利率高于短期利率。在很多国家确实存在这样的倾向，但平均而言，并不总是这样。实际上，正如我们已经讨论过的预期假设理论所阐述的那样，当短期利率低于长期利率时，市场便会预期短期利率会上涨。因此，在提供固定利率贷款的同时，荷兰银行需承担短期利率上涨的风险，导致在未来，银行向存款人支付的利率远高于当前的1.85%，甚至高于银行从爱立信处获得的5%+1%=6%的水平。

① 注：短期国库券利率低于1.85%，因为银行有信贷风险，而美国政府没有信贷风险。

而如果提供浮动利率贷款，那么只要爱立信保持支付贷款利息，荷兰银行便可简单地获得信贷息差收入。因此，浮动利率贷款可以使银行免于承担利率风险。

欧洲信贷的类型

欧洲信贷有两种主要类型：定期信贷与周转信贷。定期贷款的期限与金额均固定不变。与其相反，信用额度则允许借款人在一定的限额内随意提取任意金额的款项作为贷款。在定期贷款中，借款人有一个固定的支取期（简称“宽限期”），借款人可在该期限内接受贷款。定期信贷除了利息费用外，不涉及任何其他常规费用。对于周转信贷，借款人有权以当时通行的利率，加上预设的信贷息差，在贷款预定的期限内，借入最高不超出“承诺”金额的贷款。不过，对于未使用的承诺金额，银行需要收取承诺费。

例如，借款人有权签发 6 月期的期票（欠据），期票金额可高达 5 000 万瑞士法郎，年利率为 6 月期 LIBOR 加上 1.00%。这与标准的信贷额度相似，不同之处在于期票在贷款期限内无法撤销。在一个公司的信贷状况变差时，信贷额度的承诺显得更加有价值。同时对于某跨国公司而言，它总是能够在市场要求的息差下降时从其他地方获得借款，所以固定息差可被看成是一个期权合约。

银行辛迪加（银团）

银行辛迪加（又称银团）由一个银行集团组成，这些银行在债务安排流程中扮演不同的角色：

- 牵头银行负责与借款人谈判，达成临时性的条款与条件。在达成一个详细的初步协议后，牵头银行便着手编制一份配售备忘录。该备忘录提供借款人的信息，包括其财务状况，同时还对计划提供的贷款作详细说明。接下来，牵头银行会邀请其他银行参与贷款的提供。
- 因为在谈判时资金的来源还没有确定，所以牵头银行经常会和少数经理银行联系，以承销贷款——确保在出现资金短缺的情况下，能够获得补充缺口的资金。
- 实际提供资金的银行被称为参与银行。
- 代付银行接收借款人的还款，并将其分给参与银行。

任何一家特定银行均可同时担任多个角色。例如，牵头银行几乎总是不可避免地也是最大的承销银行（这也是其名称“牵头银行”的由来），同时也经常负责资金的提供。辛迪加的主要目的是分散违约风险。由于采用了代付银行机制，所以一旦借款人违约，其违约行为将被认为是针对辛迪加内所有银行的违约。这样的机制可以避免出现借款人偿还大银行的欠款，同时忽视对于较小的债权人的欠款。与国内银行业务一样，借款人一般需为每笔贷款签署本票。对于银行而言，接受本票的优点是期票可以议付。也就是说，如果贷款银行需要资金，它可以将本票转给其他金融机构，作为获得新贷款的担保，银行也可以售出本票。

如果还有其他银行希望加入贷款的发放，那么只要借款人愿意，贷款的金额还可以增加。另一方面，如果没有足够数量的银行愿意加入贷款的发放，那么经理银行（与牵头银行一起）可能需要补足差额。如果经理银行已向借款人做出提供全额计划贷款的承诺，那么该信贷便被称为“全额承销”。而如果信贷的基础是“尽力而为”，那么经理银行给出的承诺只是尽其最大努力。在后一种情况下，如果没有足够数量的银行愿意加入贷款的发放，那么贷款的规模便可能减少，或贷款的条款会被调整。

各项费用与借款成本

除了偿还贷款本金外，欧洲信贷的借款人还需承担其他多种成本。这些成本可被分为两类：前期成本与定期成本。

前期成本一般为一次性费用，为信贷总额的1%～2.5%，该费用需缴纳给牵头银行及经理银行，作为其组织与管理贷款的对价。这笔款项从本金中扣除；也就是说，1%的费用意味着借款人只能收到贷款面值99%的资金。在实际操作中，经理银行会将该费用的一部分转付给参与银行。

定期成本包括针对实际利用的信贷金额所支付的利息。如果利息协议要求的利率为6月期LIBOR加上1.5%的利差，那么借款人需针对提取的信贷金额（借款人实际收到的贷款金额）定期支付的利息等于当前6个月期开始时的新的LIBOR 6月期利率加上1.5%。另外，对于周转信贷，还需要定期针对未使用的信贷部分支付承诺费（一般为0.25% ～ 0.75%）。最后，一般还需向代付银行支付小额的费用，以补偿其管理支出。定期成本总额如下：

定期成本=(提取的信贷总额)×(参考利率+利差)
+(未提取信贷总额)×(承诺费)+代付费用

如为浮动利率贷款，参考利率一般为LIBOR；如为固定利率贷款，参考利率则为具有良好资信的政府所支付的长期利率。利差，或参考利率之上的息差，取决于借款人的资质、其所在国家的政治风险、期限以及前期成本。

近年来，很多大银行专注于提供贷款管理服务的经纪业务。也就是说，这些银行通过辛迪加贷款的牵头与管理获得前期费用；之后，它们将大部分贷款份额出售给其他较小的银行或储蓄机构。这些银行这样做的根本原因，一方面是它们在提供管理服务方面存在竞争优势，另一方面也与新的监管准则有关，特别是前述的巴塞尔委员会标准。

原则上讲，各项费用是对中介服务的补偿，而息差则是对违约风险的补偿。不过，借款人可通过支付较高的前期费用来获得较低的息差，反之亦然。例如，为了获得较低的息差，借款人一般都愿意支付较高的前期费用，因为息差有时被认为具有资质评级的意义。重要的是，在确定贷款的实际成本时，费用与信贷息差都需要考虑在内，如第11.6节所述。

欧洲信贷的历史与规模

图表11.13显示了自1980年开始，特定年份签署的国际辛迪加信贷融通协议金额。在20世纪80年代早期，国际辛迪加贷款市场的规模已相当可观。特别是相对于发达国家市场，来自发展中国家的借款人所扮演的重要角色。另外，还有一点值得注意的是，该市场在1985年几乎完全蒸发。我们将在第14章再次涉及这一问题，因为其与当时的债务危机存在密切的联系。20世纪80年代，很多发展中国家均发生了严重的债务危机。自20世纪90年代开始，市场开始快速恢复，并在过去10年中一直保持强势增长，来自发达市场的借款人数量不断增加，特别是来自公司部门的借款人。例如，在20世纪90年代中期，新贷款主要被用来支持未偿还的贷款或收购活动、基础设施项目或用于国家性行业如电信行业的重建改造。2000年，当时最大的一笔辛迪加贷款总额达300亿美元，为沃达丰恶意并购曼内斯曼提供支持。2006年，市场总规模超过2万亿美元。

图表11.13 国际辛迪加贷款（十亿美元）

	1980年	1985年	1995年	2000年	2006年
总计	82.8	19.0	370.2	1 464.9	2 121.2
发达国家	39.9	9.5	329.4	1 331.7	1 822.3
发展中国家	41.9	9.3	40.8	94.5	237.6

注：数据来自多期*BIS Quarterly Review*。由于省略了离岸中心以及其他国际机构这两个类别的数据，所以两个数据与总和不一定相等。

二级市场

20 世纪 80 年代早期，另一个主要的特点是越来越多的银行在二级市场中从事欧洲信贷交易。尽管对于二级市场的总规模没有什么统计数据，但出现该市场的主要动因还是源自 20 世纪 80 年代发展中国家的债务问题。另外，《巴塞尔协议》对于资本充足率的要求，也促使很多银行选择增加资本或以从资产负债表中移除资产的方式提高资本充足率。很多银行似乎在一定程度上选择了后者，利用欧洲信贷的二级市场减少其资产负债表中的部分贷款。

欧洲票据市场

欧洲票据市场是贷款与证券市场界限模糊化的一个明显实例。该市场主要划分为短期欧洲票据（欧洲商业票据及其他短期票据）以及中期票据。不过，由于可以在多种中期票据方案中发行短期票据，所以就实际提款情况而言，两个市场仍有一些重叠的部分。

欧洲票据

面对欧洲债券市场的竞争，很多国际银行都通过建立短期可议付期票［即**欧洲票据**（Euro-notes)］的销售融通机制来加以应对。根据基本的欧洲票据融通，银行辛迪加会承诺在特定期限内，一般为 5～7 年，对借款人的票据（"欧洲票据"）进行配售，这些票据的期限范围为 1 个月、3 个月、6 个月以及 12 个月。如果票据未能成功地向市场配售，很多欧洲票据的融通机制中的银行辛迪加会随时负责以预定的价格购买这些票据。这些融通机制的名称有票据发行融通（NIF)、备用票据发行融通（SNIF）以及周转承销融通（RUF）等等。通过这些融通机制，借款人可以长期地连续获得银行以固定息差对短期款项进行的承销。相比于浮动利率票据，欧洲票据的灵活性更高，同时它也比辛迪加贷款更加便宜。由于银行迫切希望在提高盈利的同时，将贷款组合保持在较低的水平上（防止增加昂贵股本的要求），所以便使得欧洲票据融通成为欧洲市场上的一个重要组成部分。最近，这些票据以非承销的方式出现，被称为欧洲商业票据（Euro-CP)。

欧洲中期票据

自 20 世纪 80 年代中期开始，越来越多的公司选择绕过金融中介，直接向市场发行**欧洲中期票据**（Euro-medium-term notes，Euro-MTN)。欧洲中期票据填补了欧洲商业票据与更长期的国际债券之间的期限空白，其期限短到 9 个月，最长则可达 10 年。让我们看一下欧洲中期票据的一些基本特点：

第一，与债券发行的一次性相比，欧洲中期票据是一个连续或定期发行票据的融通机制。这样，其发行人便可对收益曲线的形状与水平变化以及投资者的特定要求变化进行灵活运用，对金额、期限、货币以及利率形式（固定或浮动）进行调整。

第二，与传统的承销债务证券不同的是，中期票据可以以相对较小的面值发行，这样便增加了中期债务市场相对于欧洲债券与欧洲信贷市场的灵活度。

第三，尽管具有类似的基本特点（息票结构利率、期限），欧洲中期票据的组织成本远低于欧洲债券发行的总成本。

第四，中期票据无须承销，证券公司作为代理方配售票据。

第五，与公共债券发行不同，中期票据销售的金额与时间均无须披露。由于公开度低，所以公司能够快速低调地完成资金的筹集，无须承担复杂的公开发行所具有的风险。

从以下简例中可清楚地看出中期票据的优势：如某跨国公司在某一特定时刻，其最佳的资金需求是 6 月期的 1 000 万美元、16 月期的 2 100 万美元以及 24 月期的 1 550 万美元。如果利用债券市场——由于其发行成本高昂——则无法经济地提供此等小额或金额精准的债务，但欧洲中期票据计划却可以灵活精确地满足该融资需求。

主要的债务统筹机构

欧洲票据及欧洲中期票据的成功模糊了债券市场与贷款市场之间的界限。由此导致的一个现象是，今天，很多大型的金融机构已不再对其贷款及证券部门作单独区分。当某跨国公司需要筹款时，银行可提供贷款给跨国公司，也可由其负责发行欧洲债券或发起欧洲票据融通。通过统筹证券发行，银行可获得佣金收入。通过贷款，银行除了获得佣金收入外，还可获得存贷款利息之间的息差，同时根据国际清算银行的资本充足率框架体系，还会发生资本要求，这是银行希望避免的。实际上，有迹象显示，关系贷款的趋势正日益明显，即只有在借款人接受银行的证券或顾问业务服务的情况下，银行才会向其提供贷款。

图表 11.14 显示了最大的 15 家全球债务统筹机构。表中的“债务”包括欧洲信贷、国际债券以及中期票据。最大的 15 家银行占有 60%的全球债务统筹市场。当然，也有一些银行专注于某一地域。例如，对于欧洲借款人而言，德意志银行位居第一。尽管如此，摩根大通与花旗银行已在前五的位置保持了很长时间。

11.6　债务成本比较

在本节，我们首先考察各种工具债务成本的比较方法，然后说明债务成本的根据来源。债务成本的讨论还需要涉及公司的信贷风险以及银行衡量该风险的方法。最后，我们说明了公司在国际金融市场最小化其债务成本的方法，并使用几个实例对这些方法进行举例说明。

在对各种债务工具成本进行比较时，必须注意相比较的工具是否具有可比性。在第 6 章，我们考察了利率的期限结构。期限较短的利率可能会低于或高于长期的利率。同样，第 6 章也提到，不同国家间的利率水平差异非常大。根据利率及外汇预期理论，这些差异反映了预期的资产价格走向最终会使一个特定期限的债务成本趋于相等。我们已经通过举例说明，低利率货币债务并不一定意味着债务较便宜，同时通过数字实例，也说明了为什么不能对具有不同期限的债务成本进行比较（参见例 11.1）。

可以看出，在对债务工具进行比较时，其金额必须接近，同时期限、现金流模式、计价货币以及利率结构也必须相同。例如，在比较欧洲债券与美国债券时，因为固定利率的欧洲债券一般每年进行一次息票支付，而美国债券则每半年支付一次，要比较两者的债务成本，就必须以同样的标准表达利率。可以使用下式，将半年收益率转变为年度收益率：

$$年度收益率=(1+半年收益率)^2-1$$

在一般情况下，半年收益率会以年度收益率表示；也就是说，要得到半年收益率，需将年度收益率除以 2。例如，假定欧洲债券的年利率成本为 7.00%，美国公司债券的利率为 6.95%。两只债券的期限均为 5 年；但在美国公司债券市场，息票每半年支付一次，而在欧洲债券市场，息票每年支付一次。在对两只债券进行比较时，我们必须通过计算得出美国公司债券的年度收益率：

图表 11.14 国际债务的顶级统筹机构

债务统筹机构	2007 年 1 月 1 日—2007 年 6 月 30 日					2006 年 1 月 1 日—2006 年 6 月 30 日				
	收入(百万美元)	排名	市场份额(%)	发行次数	披露的费用(百万美元)	收入(百万美元)	排名	市场份额	发行次数	披露的费用(百万美元)
花旗银行	362 802.6	1	8.4	952	657.5	312 125.8	1	8.4	971	845.4
摩根大通银行	320 781.4	2	7.5	807	773.6	244 374.7	2	6.6	811	450.7
德意志银行	282 527.7	3	6.6	801	283	242 135.3	3	6.5	772	282.1
美林证券	261 535.8	4	6.1	653	874.3	203 753.9	7	5.5	580	516.1
摩根士丹利	246 475.0	5	5.7	691	615.3	228 670.7	4	6.1	680	684.8
巴克莱银行	228 812.5	6	5.3	551	66.7	159 811.1	10	4.3	553	80.6
雷曼兄弟银行	223 932.1	7	5.2	541	477.4	218 238.1	5	5.9	578	397.1
瑞士信贷	195 000.0	8	4.5	572	449.1	190 739.1	8	5.1	590	394.8
高盛	192 196.4	9	4.5	491	593.9	206 229.8	6	5.5	498	787
瑞士联合银行	177 306.2	10	4.1	646	554.5	157 342.8	11	4.2	628	435.1
美洲银行	175 534.0	11	4.1	453	259.7	145 478.6	12	3.9	478	225.9
苏格兰皇家银行	168 434.8	12	3.9	426	30.3	171 796.4	9	4.6	404	32
汇丰集团	115 384.4	13	2.7	386	70	113 752.3	13	3.1	424	139.4
美联银行	103 607.5	14	2.4	236	227.7	62 267.1	17	1.7	188	179.3
荷兰银行	102 257.8	15	2.4	294	43.4	86 885.9	15	2.3	290	70.7
行业总计	4 304 656.0		100.0	10 453.0	7 817.9	3 722 388.8		100.0	10 361.0	7 875.1

注：数据来自 *Investment Dealers' Digest*，Global Debt and Equity League Table Al，Second Quarter，July 2007。一次发行的全部收入均纳入债务统筹机构的数据中（如为联合管理，则由各行平分）。Copyright © 2007 Source Media，Inc.

半年收益率 $=\frac{6.95\%}{2}=3.457\%$

$$年度收益率=(1+0.034\ 75)^2-1=7.07\%$$

因此，实际的美国公司债券利率成本略高。

总括成本原则

在对不同的债务证券进行比较时，一般会使用**总括成本原则** [all-in-cost (AIC) principle]。总括成本表现为特定的贴现率或内部收益率。该比率等于发行者所得的净收益（面值减去费用）的未来本息的现值。

让我们重新利用第 11.3 节中的通用电气金融服务公司（下称“通用金融”）发行欧洲债券的案例来说明总括成本原则。该债券的面值为 20 亿欧元；期限为 5 年；价格为每 1 000 欧元面值 995.18 欧元；息票利率为 5.125%，费用为 0.275%。在计算总括成本时，我们必须对进出通用金融的实际现金流进行跟踪，具体如下表所示：

通用电气金融服务公司的现金流量（百万欧元）		
年	现金流量	现金流量现值
0	1 984.86	1 984.86
1	(102.50)	(97.34)
2	(102.50)	(82.44)
3	(102.50)	(87.79)
4	(102.50)	(83.37)
5	(2 102.50)	(1 624.03)
		0.00

贷款净收入低于 20 亿欧元，原因有两个：通用金融必须以 20 亿欧元为基础，向辛迪加支付 0.275%的佣金（550 万欧元）；同时债券的销售价格为面值的 99.518%。因此所得净额为：

$$20\ 亿欧元\times(0.995\ 18-0.002\ 75)=19.848\ 6\ 亿欧元$$

年度的息票支付为 20 亿欧元×0.051 25＝1.025 亿欧元；最后一年需支付的款项包括本金以及最后一年的息票支付。

总括成本为所有现金流的内部收益率；也就是说，该内部收益率使初期收入等于通用金融未来必须支付的所有款项的现值。如采用数学方法，内部收益率 y 可通过求解下式得到：

$$1\ 984.86=\frac{102.50}{1+y}+\frac{102.50}{(1+y)^2}+\frac{102.50}{(1+y)^3}+\frac{102.50}{(1+y)^4}+\frac{2\ 102.50}{(1+y)^5}$$

通过 Excel 一类软件内置的命令（IRR），能够根据一系列现金流对内部收益率进行计算。结果得出 $y-5.30\%$。在上表的右侧，我们填入了各现金流的现值。因为第 1 年到第 4 年的现金流（息票支付）的名义金额相等，所以它们的现值逐年下降。当我们加上所有以 5.30%的贴现率贴现的现金流现值后，我们得出的金额为 1 984.97。其与 1 984.86 之间出现差值的原因是由小数取整导致的。因为当 $y=5.30\%$时，现金流的现值与贷款净收入相等，所以通用金融的贷款总括成本便为 5.30%。如果通用金融希望以 5 年期固定利率借入美元贷款，那么它便尽量借入总括成本最低的贷款。

总括成本的组成

总括成本有三个部分："无违约"利率、信贷息差以及交易成本。无违约利率为同样期限的无风险政府债券利率。在通用金融的例子中，相关的政府利率应为一个欧元国政府发行的 5 年期政府债券。计价货币为欧元的基准债券，一般在欧洲债券市场指的是德国政府债券。通用金融发行债券时，德国政府债券 5 年期利率为 4.67%。因此，通用金融支付的利率高于政府债券利率 63 个基点，即 5.30%－4.67%＝0.63%。

出现这一差别的来源有两个。第一个是交易成本，即通用金融因接受债券的统筹服务而支付的费用，该费用减少了债券的净收入，同时增加了贷款应付的有效利率。要了解这些交易成本所占的份额，我们必须计算在假定费用为零的情况下，公司需要支付的利率。通过利用上表进行重新计算，但将初期收入变为 1 990.36＝2 000×0.995 18，得出的内部收益率为 5.24%。因此，交易成本仅占贷款总括成本的 6 个基点，即 5.30%－5.24%＝0.06%。

尽管如此，对于通用金融而言，交易费用仍是一笔巨额资金，因为其高达 550 万欧元。

成本的最后一个部分是信贷息差，即政府的借款成本与通用金融的借款成本之间的差别。在本案例中，息差为 5.24%－4.67%＝0.57%，即 57 个基点。信贷息差反映了市场对于公司债务偿还能力的评估，一般与公司的**信用评级**（credit rating）存在密切的关联。

总而言之，贷款成本可以分为以下三个部分：

总括成本＝无风险利率＋信贷息差＋交易成本

5.30%＝4.67%＋0.57%＋0.06%

信用评级

很多公司竞相提供有关公司及政府借款人信用可靠程度的信息。穆迪投资者服务公司以及标准普尔公司（S&P）是最著名的信用评级机构，它们不仅提供美国国内债券的信用评级，同时还为大部分国际债券提供评级。它们将债券发行根据借款人的信用可靠程度进行分类。评级的依据是有关违约可能性以及债务责任特点的当前信息分析。某公司的债务偿还能力取决于该公司的财务结构、盈利能力、现金流稳定性以及长期增长潜力。评级只反映信用可靠程度——不涉及汇率的不确定性。

除了穆迪以及标准普尔外，欧洲评级机构以及日本信用评级机构也是主要的评级机构。几年前，欧洲及日本的资本市场对于"信用风险"的敏感性低于美国的资本市场，有时可以在没有正式评级的情况下利用资本市场。但这几年，随着公司债券市场以及欧洲债券市场的逐步成熟，没有正式评级，已很难利用资本市场。

评级体系

图表 11.15 总结了穆迪及标准普尔所使用的评级体系。穆迪将债券分为九大类，从 Aaa、Aa、A、Baa 和 Ba 一直到 C；标准普尔使用 AAA、AA、A 以及 BBB 一直到 C。评级为穆迪的 Aaa 到 Baa 以及标准普尔的 AAA 到 BBB 被称为投资级别评级。对于这些债券，利息支付与本金在评级当时是基本安全的。很多重要的机构投资者，如养老基金等，只被允许购买投资等级的债券。因此，跨国公司拥有达到投资等级评级的巨大诱因。对于评级低于投资等级的债券，投资者应对未来的支付问题做一定的准备，因此这些债券也被称为"投机债券"。在九大类的每一大类中，穆迪使用三个数字修饰符，即 1、2、3，分别表示债券处于该大类中的上、中、下位置；而标准普尔则使用＋与－修饰符。

图表 11.15　　债券发行人的信用评级

信用质量	标准普尔	穆迪
投资级别		
	AAA	Aaa
最高等级	AA+	Aa1
	AA	Aa2
高等级	AA−	Aa3
	A+	A1
中高等级	A	A2
	A−	A3
	BBB+	Baa1
中等等级	BBB	Baa2
	BBB−	Baa3
投机级别		
	BB+	Ba1
明显的投机	BB	Ba2
	BB−	Ba3
	B+	B1
低等级	B	B2
	BB−	B3
相当低等级	CCC	Caa
高度投机	CC	Ca
最低等级	C	C
违约		
	D	

注：数据来自“Corporate Bonds on the Way to Maturity”（2002）。感谢 KBC 集团提供。

政府借款人被称为**主权借款人**（sovereign borrowers）。主权借款人占有国际债券市场的相当大的份额。在对主权借款人进行评级时，标准普尔会对其政治与经济风险程度进行分析。（第 14 章详细讨论了这些主题。）对于主权政府的评级具有特别重要的意义，因为它会影响一个国家内各家公司的评级。

债务国际化及其成本最小化

为什么要实行债务国际化？

本章阐述了高度多样化的国际债务市场。不过，我们也提出警告：虽然机会大量存在，但并不意味着跨国公司便一定能够通过债务国际化，轻松实现资本成本的降低。

如对于特定期限及计价货币的债务，某跨国公司希望最小化该债务的固定利率成本，那么以总部所在国货币衡量的总括成本便是需要最小化的正确数据。

我们已经讨论过，如果非抛补利率平价不成立，则存在在低利率国家发现低成本债务的机会，但这样做也包含一定的风险。实际上，如果货币的升值超出非抛补利率平价预期的升值幅度，那么跨国公司的国际化债务成本甚至会高于直接在国内发行债务的成本。

很多公司在发行外币债务时，会对货币风险进行对冲。实际上，Matthew McBrady 和 Michael Schill（2005）对国际债券的货币组成进行的详细研究表明，有确切的证据可以证明，公司尽量寻找的债务计价货币是那些能够在风险对冲后实现最低总括成本的货币。在上一节我们了解到，总括成本有三个部分。因此，通过国外借款，有三种渠道可以减少总括成本：

1. 交易成本较低；
2. 信贷息差较小；
3. “对冲”后的外币利率小于本地的无风险利率。

第一个渠道很容易理解，下面，我们将再次通过 Dig-It-Up 的实例，说明第二个与第三个渠道。

例 11.4 国际信贷息差及总括成本

对于 Dig-It-Up，在例 11.1 中提及的加拿大跨国公司，我们补充的一年期借款数据如下：

	LIBOR（r）	Dig-It-Up 的利率（i）
加元	2.50	3.00
澳元	4.75	5.00

“Dig-It-Up 的利率”一栏表示 Dig-It-Up 需要在两个市场承担的实际的一年期借款利率，而 LIBOR 利率则是拥有 AAA 资信的借款人承担的利率。因此，对于加元，Dig-It-Up 承担的信贷息差为 50 个基点，但澳元只有 25 个基点。如果交易成本类似，Dig-It-Up 应该借入哪种货币的贷款？因为 Dig-It-Up 的总部位于加拿大，所以如果借入澳元，它就必须通过买入远期澳元的方式对冲货币风险。假定即期汇率为 1.10 澳元/加元。如果抛补利率平价成立，远期汇率（参见第 6 章）便是：

$$F=S\times\frac{1+r(\text{澳元})}{1+r(\text{加元})}=\frac{1.10\text{ 澳元}}{\text{加元}}\times\frac{1.047\,5}{1.025}=\frac{1.124\,1\text{ 澳元}}{\text{加元}}$$

与抛补利率平价关系式相关的利率为 LIBOR 利率，即 r（澳元）与 r（加元）。

因为满足利率平价原则，所以我们知道某 AAA 评级的公司在以 4.75%借入澳元时，如其在期货市场上购入足额的澳元资金以偿还贷款，对冲澳元货币风险，其需要支付的有效加元利率便为 2.50%。当然，如果抛补利率平价不成立，则可以用其他方法来量化不同国家的借贷成本差异。对于发达国家，我们认为抛补利率平价基本成立，但对于很多新兴市场，则可能又是另外一种情况。

不过，由于 Dig-It-Up 并不具有 AAA 信贷等级，所以其借贷成本要高于上述成本。对于 Dig-It-Up，如借入澳元，“对冲后”的加元借贷成本可以通过考察债务偿还的对冲成本进行计算。Dig-It-Up 需要借入 1.10 澳元才能得到 1 加元。其借款利率为 5%，并可通过以远期汇率 1.124 1 澳元/加元买入澳元的方式对冲澳元的利息及本金支付。其对冲后的借款成本便为：

$$1.10\text{ 澳元}\times(1+0.05)\times\frac{1}{1.124\,1\text{ 澳元}/\text{加元}}-1=2.75\%$$

注意 2.75%比 3.00%，即直接借入加元款项的成本，低 25 个基点。原因就是 Dig-It-Up 通过澳元借款，其信贷息差比加元借款低了 25 个基点！

例 11.4 表明，对于有效整合的市场，各国的信贷息差应相等；否则，公司都会到信贷息差低的国家借款，然后只需对冲汇率风险即可。这一推理对于上述实例而言是正确的，但该说法一般仅对"倍增"信贷息差适用，并不适用于正常使用的"绝对"信贷息差。因为绝对信贷息差只是反映了公司的利率与无风险利率之间的差值，而倍增息差一般则较小，反映的是要获得公司利率，无风险利率必须乘以的（总）比率。我们实例中的绝对信贷息差（标为 acsp）为：

$$\text{acsp}(\text{加元}) = i(\text{加元}) - r(\text{加元}) = 0.50\%$$
$$\text{acsp}(\text{澳元}) = i(\text{澳元}) - r(\text{澳元}) = 0.25\%$$

不过，在比较货币间的信贷息差时，具有可比性的却是倍增息差。案例中的倍增信贷息差（mcsp）定义如下：

$$1 + i(\text{加元}) = [1 + \text{mcsp}(\text{加元})] \times [1 + r(\text{加元})]$$
$$1 + i(\text{澳元}) = [1 + \text{mcsp}(\text{澳元})] \times [1 + r(\text{澳元})]$$

只有在 mcsp（加元）=mcsp(澳元）的情况下，借入加元的成本与借入澳元、同时对冲货币风险的成本才相等。要达到相等，首先要得出在借入澳元、同时对冲货币风险时的成本，即

$$[1 + i(\text{澳元})] \times \frac{S(\text{澳元}/\text{加元})}{F(\text{澳元}/\text{加元})}$$

其中，S 与 F 分别表示即期汇率与远期汇率。利用抛补利率平价，我们得到：

$$1 + i(\text{澳元}) \times \frac{1 + r(\text{加元})}{1 + r(\text{澳元})} = [1 + \text{mcsp}(\text{澳元})] \times [1 + r(\text{加元})]$$

只有在 mcsp(澳元)=mcsp(加元）时，上式的值才会等于［$1+i$(加元)］。在我们的实例中，注意

$$\text{mcsp}(\text{加元}) = \frac{1.03}{1.025} - 1 = 0.49\%$$

$$\text{mcsp}(\text{澳元}) = \frac{1.05}{1.0475} - 1 = 0.24\%$$

也就是说，在利率较低时，绝对信贷息差与倍增信贷息差的差别极小。不过，当利率水平较高时，相对信贷息差与绝对信贷息差之间的差异便会上升。

例 11.5 利率水平高时的信贷息差

假定墨西哥比索的 1 年期利率（AAA 信用评级）为 50%，同时某跨国公司需要面对的 1 年期墨西哥比索借款成本为 60%。因此，绝对的信贷息差便是：

$$\text{acsp}(\text{墨西哥比索}) = 60\% - 50\% = 10\%$$

倍增信贷息差为：

$$\text{mcsp}(\text{墨西哥比索}) = 6.67\% = \left[\frac{1 + 0.60}{1 + 0.50} - 1\right] \times 100\%$$

如果某 AAA 信用等级的公司在美国的借款利率为 5%，而对于风险程度较高的公司，只要其在美国的倍增信贷息差也为 6.67%，其在美国的借贷成本便将等于其在墨西哥的借贷成本。

假定某 AAA 信用等级公司在美国的利率为 5%。这样，与墨西哥 60%的利率相等的美国利率便是 1.05×1.066 7=12%。因此，美元的绝对信贷息差相对于墨西哥比索 10%的绝对信贷息差便只有 12%−5%=7%!

各国的信贷息差

公司在不同市场面临不同的（倍增）信贷息差的原因有很多。其中一个原因是各个市场对于资信的认识并不一样。例如，在不久的过去，欧洲及日本的零售投资者对信贷风险并不是太关注，特别是跨国公司的品牌产品十分为市场所熟悉时。例如，2003 年，尽管有些美国信贷分析人士对福特日益下滑的信用可靠程度感到担心，但福特汽车信贷公司仍能够成功地从国际债券市场筹得 15 亿欧元。欧洲零售与机构投资者明显地对信贷风险漠不关心。因此，相比于美国公司债券市场，福特能够以较低的债券收益发行债券。

同样，很多总部位于欧洲及日本的公司在国际市场也享有比在其国内市场更低的信用风险等级。因此，对于这些公司而言，国际市场的借款成本也会有所不同。

与此相对，在 20 世纪 90 年代早期的日本，一些工业银行，如日本工业银行、日本信贷银行、东京银行等，在日本的金融体系中扮演着举足轻重的作用。这些银行的任务就是向工业型公司提供贷款，以帮助日本工业发展。而这些银行一般是通过发行 5 年期的债券来获得所需的资金，同时它们也在国际市场上寻找借债机会。有趣的是，日本投资者对于不同的银行一视同仁，相比于同样期限的日本政府债券，这些银行债券的交易息差相当低。

在进行国际借款时，很多工业银行的信用等级都来自穆迪及标准普尔，不同银行间的信用等级差异相当大。事实上，有些银行达到 AAA 级，而有些则只有 AA－级。因此，在国际市场，不同工业银行的借贷成本的差异也很大。

如果相比于其他国家，一个国家的信贷息差较大，那么投资者便会在低利率国家借款，然后投资（借出）到高利率国家，同时对冲货币风险。正是这种套利活动让抛补利率平价在高度发达的市场得以成立。不过，由于多种原因，套利并不总是这样简单。第一，如果证券在二级市场交易，那么交易成本会是一个非常重要的考虑因素。第二，由于相关的公司可能出现破产，所以套利存在很大的风险。当然，如果相关公司破产，套利者很有可能会取消与该公司的两方面交易(同等金额的借入与借出)。不过，尽管如此，套利者仍需承担敞口的远期合约所带来的风险。也就是套利者需承担货币风险。不管怎么说，套利活动仍在国际市场上存在，并且这些活动具有缩小本国与国际市场信贷利率差的作用。

在很多情况下，信贷息差的不同反映了监管套利或赋税漏洞。1984 年，埃克森便成功地利用了这一漏洞。公司可以在欧洲债券市场发行以美元为计价货币的无息债券，其利率低于美国的国库券利率。埃克森只是简单地从欧洲债券市场借款，然后投资于美国国库券，便轻松地获利1 900 万美元。之所以会出现这一特别的情形，其原因一是欧洲债券的投资者对埃克森品牌的认可，二是埃克森未偿还的欧洲债券数量较小（所以该债券相对稀有），三是日本的监管漏洞，导致日本投资者对债券的需求量上升。那么为什么日本的投资者对埃克森的无息债券如此热衷呢？因为该债券在到期时偿还，投资的资本收益在日本无须纳税。与此相对，息票债券定期的利息支付则需要缴纳税收。

另一个经典的实例是雷诺（RJR）于 1985 年对纳贝斯克的收购案。部分收购资金来源于雷诺以多种货币发行的欧洲债券，包括双币债券，并且所有的债券均与美元对冲。通过利用各个市场的监管差异，雷诺大幅降低了其借款成本。

最后，信贷息差的周期性变化与各个国家并不一定存在完美的相关关系。信贷息差呈现出反经济循环周期性的特点，在经济不景气时上升，在经济繁荣时下降。

跨国公司可针对这一周期性特点，尽力加以利用，但在有些情况下，公司还需要尽力避免较高的借款成本。例如，在 2000 年，利率水平普遍上升，信贷息差变大，利率较低的债券发行人很难从长期债券市场中借到资金。因此，很多公司不得不过度依赖银行提供的资金以及浮动利率债务。总而言之，由于全球化进程的不断发展，通过信贷息差套利的方法降低债务成本的机会也将会越来越少。

针锋相对

巧克力公司全球化融资

一个阳光明媚的午后，Suttle 冲进 Freedy 的房间，看到 Ante 与 Freedy 正一动不动地盯着电脑屏幕看，桌子上放着一大堆材料。“你们两个，想不想去喝下午茶?” Freedy 与 Ante 都叹了口气，Freedy 回答道：“我看不行了，还有一大堆事要做，为了明天的公司金融课，我们必须完成这个案例。很不幸，我们到现在还没什么进展。”

Suttle 问：“是什么方面的？说不定我可以帮你们。” Ante 给 Suttle 扔来一小叠材料：“呶，你自己看吧。真是见鬼了，金融这东西，学得越多越糊涂。” Suttle 马上便进入了状态，开始认真研究起案例来，Ante 与 Freedy 则又开始了与数据表的战斗。

这个案例是为瑞士的一家跨国食品公司银色海岸收购一家美国私人巧克力公司 Worsley 提供资金，此次收购的目的是丰富银色海岸的已有巧克力产品系列。银色海岸的财务部门正在考虑三种可能：纯粹的以欧元为计价货币的欧洲债券、纯粹的以日元为计价货币的欧洲债券以及日元/欧元双币债券。所有债券的期限均为 5 年，每年支付一次息票。案例的问题是：公司应选择哪种债券？为什么？同时，案例也提出这样的问题：三种债务工具为什么可能存在差异？Suttle 在看到这个案例的数据时，认为这是一个非常有趣的案例。三种债券的详细情况如下：

	欧元欧洲债券	日元欧洲债券	日元/欧元双币欧洲债券
面值	1 亿欧元	140 亿日元	140 亿日元
价格占票面价值的百分比	100%	101%	98%
费用	1.25%	0.90%	0.90%
年息	4.10%	1.00%	2.00%
最终兑现	面值	面值	1.049 0 亿欧元

两种与日元有关的债券将由日本投资银行 Kozuma 牵头的辛迪加负责统筹。Kozuma 积极建议银色海岸考虑日元欧洲债券。Kozuma 同时还建议银色海岸立即使用期权合约，对货币风险进行对冲，其提供的汇率如下（日元/欧元）：

即期汇率：140.00

1 年远期汇率：136.78

2 年远期汇率：133.03

3 年远期汇率：128.87

4 年远期汇率：124.50

5 年远期汇率：120.12

欧元欧洲债券将由一家德国综合银行 Kneutsche 银行牵头的辛迪加负责。

仔细阅读了一遍数据后，Suttle 问道：“你们现在有什么结论了吗?” Ante 兴奋地指着屏幕上的数据表说道：“要么这个案例不现实，要么就是我们犯了一个大错误：因为双币债券好得令人难以置信！我一开始认为应该借入日元债务：因为利率极低！不过，Freedy 让我相信银色海岸可能并不想承担货币风险，低利率只是反映了日元对欧元的汇率将出现巨大的远期升水的事实。从远期汇率表中也可以看出日元的升值趋势，从 140 日元/欧元升值到几乎 120 日元/欧元。因此，我们决定使用远期汇率，将日元兑换为欧元，来计算现金流对冲后的债务成本。”

“哇，说得很好。你们考虑到费用问题了吗?”Suttle说。

Freedy回答道：“是的！我们计算了应该计算的总括成本。这就是我们的数据表。”

Suttle看了一眼数据表，该表列出了银色海岸的现金流：

Ⅰ. 欧元欧洲债券

年	欧元现金流量
0	100－1.25＝98.75
1	(4.10)
2	(4.10)
3	(4.10)
4	(4.10)
5	(104.10)
总括成本	4.38%

Ⅱ. 日元欧洲债券

年	日元现金流量（百万日元）	汇率（日元/欧元）	欧元现金流量（百万欧元）
0	14 000×(1.01－0.009 0)＝14 014	140.00	100.10
1	(140)	136.78	(1.024)
2	(140)	133.03	(1.052)
3	(140)	128.87	(1.086)
4	(140)	124.50	(1.124)
5	(14 140)	120.12	(117.72)
总括成本			4.11%

日元利率为1%。最后一栏为第二栏除以第三栏的结果。

Ⅲ. 日元/欧元双币欧洲债券

年	日元现金流量（百万日元）	汇率（日元/欧元）	欧元现金流量（百万欧元）
0	14 000×(0.98－0.009 0)＝13 594	140.00	97.10
1	(280)	136.78	(2.048)
2	(280)	133.03	(2.104)
3	(280)	128.87	(2.172)
4	(280)	124.50	(2.248)
5	(280)	120.12	(2.331)＋(104.90)
总括成本			3.73%

日元利率为2%。最后一栏为第二栏除以第三栏的结果，最后一行的本金支付除外，该本金已经以欧元表示了。

Suttle问道：“总括成本为内部收益率，它使当前扣除费用后的欧元总收入等于未来现金支出的现值，是吗?”

Ante叫道：“当然是啦。你能不能告诉我为什么双币债券这么便宜？显而易见，要么是Kozuma犯了个错误，要么是它太愚蠢了，竟给了银色海岸这样一个交易。如果日本投资者真的投资于这个债券，他们也是太不够理性了。”

Freedy打断了他的话：“听我说，我认为这种观点不对。我想可能是日本投资者只愿意接受一定的欧元长期风险敞口，但他们得到的息票收入相当不错。他们的赌注是5年后得到的1.049亿欧元仍能值140亿日元，如果是那样的话，相对于利率为1%的债券，这个交易对于他们而言是非常划算的。但 1.049 亿欧元的远期价值只有 1.049 亿欧元×120.12 日元/欧元＝126.01 亿日元，因此他们绝对承担着一定的风险。”

Suttle 再次看了一下数据表，对当前的问题进行了总结：“我认为你们的计算没有问题，是这样的，两种与日元有关的债券都比欧元债券便宜，对于银色海岸而言，双币债券显而易见是债务成本最低的一种选择。公司应该使用这种债券来获得并购所需资金。”

Suttle 继续说道：“为什么会有这么大的差异？我想你们两个人说的都有一定的道理。作为双币债券可能的目标市场，日本的投资者确实有可能被较高的日元息票利率所迷惑，因为日本的利率已经非常接近零了。当然，他们可能也知道存在货币风险。如果使用 5 年期的远期汇率将债券面值兑换成欧元，为了保证日本投资者能够全额收回本金，最后需要支付的欧元应该是 140 亿日元/(120.12 日元/欧元)＝1.165 5 亿欧元，而不是 1.049 亿欧元。如此看来，日本投资者真是在打赌欧元会比远期汇率预期来得强劲。”

Suttle 说道：“我认为，确实存在一些实际的证据表明，高收益货币不一定会像远期汇率预期的那样出现贬值，但还不清楚投资者为什么会在债券上进行这样的投机。另外，聪明的投资者会尽量对双币债券采取一个套利安排。由于收益太低，所以你可以卖出债券，同时在国库券市场及外汇市场‘买入’相关现金流。不过，这种套利方法也不是完全没有风险，因为银色海岸还可能在债券上出现违约。并且，长期远期合约的交易成本也很昂贵。另外，这些债券可能也存在一个流动性非常好的二级市场。因此，我对于日元欧洲债券与欧元欧洲债券之间 27 个基点的差异并不感到担心。这可能是由于欧洲与日本对信贷观念的不同而导致的，这样的套利会很困难。银色海岸巧克力在日本非常受欢迎，因此有些投资者非常乐意购买该公司的债券。并且，值得注意的是，Kozuma 要求的费用也低于欧元欧洲债券的费用。其中部分原因很有可能是这是一种关系型银行业务手法。Kozuma 愿意与银色海岸在该交易上合作，可能是想在日后获得该公司更加有利可图的业务机会。不过，双币债券在此基础上又便宜了 40 个基点的事实确实很令人吃惊。可能的原因是对于某些日本投资者，双币债券的优势来自税收或竞争方面。例如，双币债券可被完全看成是国内的债券，尽管实际上它不是国内债券。”

“好啦，Suttle。我想我们的问题解决了。去喝下午茶吧。”Ante 说。

“还有美味的银色海岸巧克力。”Freedy 叫道，“我真正搞不懂的是，这么好的巧克力公司，为什么要收购那么垃圾的 Worshey 产品。”

Ante 喊道：“你这个欧洲势利鬼。我爱 Worshey!”

小　结

本章对全球性的债务融资进行了分析。本章的要点如下：

1. 债务只是跨国公司资金的来源之一。跨国公司还可以通过发行股票或内部产生的资金来获得项目所需资金。

2. 债务工具的不同之处表现在其计价货币、期限、利率支付性质、可交易性以及国际性。

3. 根据一个分散的债务计价货币模式，跨国公司以不同的货币发行债券，同时对冲其国外附属公司产生的以这些货币计价的收益。如果采用集中的模式——也就是以跨国公司总部所在国家的货币发行债券——其国外附属公司产生的利润将面临额外的货币风险。

4. 如果国际市场充分有效，那么以利率低的货币发行债券并不能降低一个公司的债务成本。

5. 跨国公司可以发行短期或浮动利率债务，

也可以发行长期固定利率债务。与计价货币的选择一样，世上并没有免费的午餐：如果短期利率低于长期利率，可能正是利率即将上升的迹象。

6. 跨国公司可向金融机构借款，这种债务被称为“中介债务”。另外，它们也可以在资本市场上直接向投资者发行证券。直接发行的趋势被称为“金融去中介化”。

7. 国际债券在发行人所在国家之外交易。如果它们在一个特定的国内债券市场发行，它们便被称为“外国债券”。如果它们同时在多个市场发行，超出了一个国家的特定管辖范围，它们便被称为“欧洲债券”。

8. 外国债券与欧洲债券占有全球债券市场25%的份额。

9. 因为外国债券需要符合当地的法规，在有些国家，如美国，它们需要经过一个相当漫长的注册流程。

10. 欧洲债券在金融机构辛迪加的协助下向投资者配售。一般情况下，这些债券为无记名债券（无须注册）。

11. 全球化进程的加速，包括税务协调、金融管制放宽以及资本控制的放松，模糊了国内债券与国际债券之间的差别。例如，全球债券可同时在国内市场以及欧洲债券市场发行。

12. 债券可以为固定利率债券（纯粹债券）、无利息债券（无息票债券）或利率与LIBOR利率一同浮动的浮动利率债券。可转股债券允许持有人将债券转换为股份或股票。双币债券以一种货币发行，并以该货币支付利息，但最终的本金偿还采用另外一种货币。

13. 作为跨国公司的银行需要遵守国际银行业务法规，即遵守巴塞尔委员会关于资本充足率的标准。

14. 在从事国际银行业务活动时，银行可通过代理银行、代表办事处、外国分行、联属银行以及附属银行的形式进行。这些不同的组织形式确定了服务水平以及总行的控制权。

15. 离岸银行中心在一个“轻度”管制的环境中从事国际银行业务活动。可通过《埃奇法》银行或国际银行业务设施，在美国组织国际银行业务活动。

16. 欧洲信贷是银行辛迪加提供的长期银行贷款，在贷款计价货币所属国家之外的国家提供。很多欧洲信贷都属于浮动利率的范畴，其利率保持在高于LIBOR的一定水平上。

17. 欧洲票据与欧洲中期票据通过金融机构的中介服务，为借款人提供短期或长期的贷款。这些证券模糊了债务与贷款市场的界限。

18. 在对不同市场的债务成本进行比较时，债务工具必须具有基本相同的期限、同样的计算货币、同样的利率结构（固定或浮动）并且利率也必须以同样的基准进行计算（也就是以适当的年度收益表示）。

19. 总括成本是一个贴现率或内部收益率，它使所有未来利率与本金支付的现值等于发行人收到的净发行所得。总括成本可以分为三个部分：无风险利率、信贷息差以及交易成本。

20. 标准普尔与穆迪根据借款人的信用可靠程度，对债务工具的信用风险进行评级。

21. 跨国公司应尽量减少其总部所在国家以本国货币表示的债务总括成本。减少这些成本的机会一般与各个国家的信贷息差有关。

22. 随着市场国际化整合的日益发展，在全球市场中降低资本成本的机会可能会消失。

简答题

1. 公司的三个主要资金来源是什么？

2. 对于跨国公司而言，债务计价货币集中化与分散化的区别是什么？

3. 跨国公司以低利率货币发行债务是不是一定能够降低资金成本？为什么？

4. 如果短期利率低于长期利率，那么跨国公司是否应主要依赖短期借款？或跨国公司是否应该保持期限不变，但采用浮动利率而不是固定利率？请加以解释。

5. 什么是金融去中介化？

6. 国际债券市场的两个主要部分是什么？对它们实行哪些类型的监管？

7. 外国债券与欧洲债券的区别是什么？

8. 尽管美国公司债券市场已经非常发达，美国的投资者为什么还要继续购买欧洲债券？

9. 什么是全球债券？国际债券市场界限的模糊与全球债券市场有什么关系？

10. 纯粹债券、浮动利率债券以及可转股债券的区别是什么?

11. 什么是双币债券?

12. 国际银行从事哪些类别的活动?

13. 为什么需要对国际银行业务加以监管?

14. 信贷风险、市场风险以及经营风险之间有何差异?

15. 根据1988年《巴塞尔协议》，以下哪种活动的资本要求最大：对另一家银行的贷款还是对一家大型跨国公司的贷款?如果根据《新巴塞尔协议》，情况是不是一定仍会这样?

16. 什么是VaR?

17. 外国分行与附属银行的区别是什么?

18. 什么是离岸中心?

19.《埃奇法》银行与国际银行业务设施的区别是什么?

20. 欧洲信贷、欧洲票据、欧洲中期票据之间的区别是什么?

21. 欧洲信贷为什么需由一个大型银行辛迪加提供，而不是由一家银行提供?

22. 一个5年期贷款的总括成本是什么?其主要成分有哪些?

23. 什么是信用评级?什么是信贷息差?

24. 公司是否应在信贷息差最低的国家发行债券?请具体说明你使用的信贷息差概念。

应用题

1. 1985年，雷诺(简称“RJR”)收购了纳贝斯克，一系列的金融工具被用来为此次收购提供资金，包括三只双币欧洲债券。第一只双币债券，牵头银行为Nikko，筹得250亿日元(发行时等于1.055亿美元)。息票以日元支付，但最后需要支付的本金不是250亿日元，而是1.159 56亿美元。息票利率为7.75%，尽管同期的可比固定利率欧洲日元债券只有6.375%的息票率。当时实际的5年期远期汇率约为200日元/美元。

a. 既然息票“丰厚”，该债券对于投资者而言是不是就一定很划算?

b. 到期后，即1990年8月，实际的汇率为144日元/美元。债券对于投资者而言还很划算吗?

2. GBA公司希望通过债务融资筹得500万美元。这笔款项将于1年后还本付息。GBA公司的总会计师正在考虑以下三种资金来源：

ⅰ. 从花旗银行借入美元，利率为1.50%。

ⅱ. 从德意志银行借入欧元，利率为3.00%。

ⅲ. 从巴克莱银行借入英镑，利率为4.00%。

如果公司借入欧元或英镑，它并不打算对外汇风险进行规避；也就是说，它会以当时的即期汇率将外汇兑换成美元，1年后，再以当时通行的即期汇率买入外汇。GBA公司在欧洲没有经营项目。

GBA的一名代表与当地的学术部门联系，获得了未来1年后即期汇率的预测。具体如下表所示：

货币	即期汇率	1年后的预测汇率
美元/英镑	1.50	1.55
美元/欧元	0.95	0.85

a. 欧元与英镑贷款的利率成本预计各为多少?

b. 如果三种贷款的预期利息成本相等，预期的美元/英镑以及美元/欧元汇率各为多少?

c. 公司是否应借入利率成本最低的货币?是或不是都请说明理由。如果GBA在英国及欧洲大陆产生现金流，那么你的答案是否会有变化?

3. FE公司希望通过债务融资筹得100万美元。FE公司的总会计师考虑采用以下两种可能的工具：

ⅰ. 2年期浮动利率票据，利率高于1年期美元LIBOR利率1%，利息每年支付一次。

ⅱ. 2年期债券，利率为5%。

当前，美元LIBOR利率为1.50%。

a. 总会计师应挑选哪种工具的理由是否充分?

b. 假定总会计师认为1年后的1年期LIBOR利率将上升到4.50%。如果两种工具的交易成本类似，那么哪种证券的预期总括成本最低?

4. K3公司希望借入5年期的1亿美元款项。投资银行建议可通过辛迪加欧洲信贷或发行欧洲债券筹得此笔款项。欧洲信贷的计价货币为美元，但欧洲债券将针对不同的市场以不同的货币发行(这些发行被称为份额)：

条款：辛迪加欧洲信贷

金额：1亿美元

前期费用：以美元计价，1.25%

利率：每6个月支付一次；LIBOR加上1.00%

条款：欧洲债券

份额1：5 000万美元，利率为3.50%

份额2：59.52亿日元（等于5 000万美元），利率为1.50%

a. K3通过欧洲信贷获得的净所得为多少？

b. 假定当前6个月期LIBOR美元利率为2.00%，那么在贷款的前6个月，K3的实际年度利率成本为多少？

c. 计算欧洲债券美元份额的实际年度利率成本（总括成本）。

d. 你需要哪些信息才能得到日元份额的美元总括成本？

e. 在选择两种可能方案时，你需要考虑哪些因素？

5. 假定英特尔希望筹集10亿美元，并已选定通过发行国内美元债券或发行欧洲债券的方法筹集资金。5年期的美元债券息票利率为4.50%，半年支付一次。承销、注册以及其他费用总计为总额的1.00%。欧洲债券的年度息票利率较低，为4.25%，但发行总括成本达到总额的1.25%。哪种贷款的总括成本最低？

参考文献

Ang, Andrew, Geert Bekaert. and Min Wei, 2008, "The Term Structure of Real Rates and Expected Inflation," *Journal of Finance*, forthcoming.

"Basel Accord," March 2001, *Euromoney*, pp. 49–53.

Bekaert, Geert, Robert Hodrick, and David Marshall, 2001, "Peso Problem Explanations for Term Structure Anomalies," *Journal of Monetary Economics* 48, pp. 241–270.

"Central Europe: Second Home Market for KBC," May 2002, *KBC Economic and Financial Bulletin*.

Claes, Anouk. Mark J. K. DeCeuster, and Ruud Polfliet, 2002, "Anatomy of the Eurobond Market, 1980–2000," *European Financial Management* 8, pp. 373–386.

"Corporate Bonds on the Way to Maturity," March 2002, *Kreditbank Economic Financial Bulletin*, p. 5.

"Deep Impact," May 10, 2003, *The Economist*, p. 78.

Eun, Cheol, and Bruce Resnick, 1997, *International Financial Management*, Boston: Irwin-McGraw-Hill.

Gadanecz, Blaise, 2004, "The Syndicated Loan Market: Structure, Development and Implications," *BIS Quarterly Review*, pp. 75–89.

"The Great League Table Debate," June 2001, *Euromoney*, pp. 116–130.

Jeanneau, Serge, 2002, "Recent Initiatives by Basel-Based Committees and the Financial Stability Forum," *BIS Quarterly Review*, pp. 57–100.

Lichtblau. Eric, 2003, "U. S. Cautiously Begins to Seize Millions in Foreign Banks," *New York Times*, May 30, p. A16.

McBrady, Matthew R., 2002, "How Integrated Are Global Bond Markets?" working paper.

McBrady, Matthew R., and Michael J. Schill, 2005, "The Currency Denomination Decision: Do Firms Seek Bargains in International Bond Markets?" working paper.

Merrill Lynch, April 2001, *Size and Structure of the World Bond Market: 2001.*

Miller, Darius P., and John J. Puthenpurackal, 2005, "Security Fungibility and the Cost of Capital: Evidence from Global Bonds," *Journal of Financial and Quantitative Analysis* 40, pp. 849–872.

Morris, Jennifer, 2001, "France Telecom Spreads Bets," *Euromoney*, February.

"The New Basel Accord: An Exploratory Note," January 2001, Bank for International Settlements discussion paper.

"Offshore Financial Centers," June 2002, International Monetary Fund background paper.

"Walt Disney Company's Sleeping Beauty Bonds—Duration Analysis," 1994, Harvard Business School case, 9-294-038.

Walter, Ingo, and Roy Smith, 2000, *High Finance in the Euro Zone*, London: Pearson Education, Ltd.

"Where Be Dragons?" August 1994, *Euromoney*, pp. 78-79.

"Who Needs Syndicates?" 1995, *Euromoney*, pp. 30-36.

第 12 章

国际股权融资

公司将股票在证券市场上市的目的是利用大量投资者的资本。除了首次公开发行的**初级市场**(primary market)外，公司股票在投资者间的每日交易［**二级市场**(secondary market)］为公司的活动提供了一个客观的远期评价。这种评价一方面决定了额外股本的成本：公司股票价格越高，公司在增发股票时的额外资本成本便越低。因此，任何能够影响证券市场价格的因素都对资本胃口极大的跨国公司具有重要的意义。(我们将在第 13 章对国际资本成本进行正式的讨论。)股票公开上市的另一个好处是，通过管理层薪酬方案，当前的股票价格可被用来保持管理层利益与股东利益的一致性。

本章考察了跨国公司股票在国际证券市场上市的方式及原因。大部分跨国公司的股票都在总部所在国的证券交易所上市。不过，很多跨国公司也将股票在其他国家的证券交易所上市。例如，2001 年，诺基亚在纽约证券交易所(NYSE)交易的股票总价值达到 300 亿美元。在纽约证券交易所，一个上市公司拥有巨额股票价值的现象并不少见。2001 年，IBM 在纽约证券交易所的总交易量更是远远超出了 1 000 亿美元。然而，与美国公司 IBM 不同，诺基亚，作为全球著名的移动电话公司，其总部位于芬兰。尽管美国的投资者能够在芬兰的证券市场直接购买诺基亚的股票，也就是进行所谓的跨境交易，但是诺基亚进行国际股票上市(“跨境上市”)肯定自有其道理。具体原因是什么？在概述了世界证券市场并说明其运作方式后，我们将对跨境上市的优点与缺点进行探讨。

12.1 国际证券市场概述

证券市场的规模

如图表 12.1 所示，2005 年年底，美国股票市值几乎占到世界股票市值的 40%。日本的证券市场为全球第二大市场，随后是英国、法国以及加拿大的市场。

图表 12.1　　　　各国（地区）证券交易所市值及换手率

	市值（百万美元）						换手率		
	1991 年（占世界总额的百分比，%）		2000 年（占世界总额的百分比，%）		2005 年（占世界总额的百分比，%）		1991 年	2000 年	2005 年
澳大利亚	148 511	1.31	372 794	1.16	804 015	1.81	0.32	0.61	0.84
奥地利	7 689	0.07	29 935	0.09	126 309	0.28	0.92	0.31	0.37
比利时	71 319	0.63	182 481	0.57	269 834	0.61	0.09	0.21	0.38
百慕大		0.00	2 146	0.01	2 125	0.00		0.06	0.03
加拿大	266 874	2.35	841 385	2.61	1 482 185	3.33	0.29	0.75	0.61
开曼群岛		0.00	250	0.00	2 217	0.00		0.00	
塞浦路斯	1 290	0.01	11 516	0.04	5 853	0.01	0.05	0.80	0.26
丹麦	44 841	0.40	107 666	0.33	162 732	0.37	0.21	0.85	0.65
芬兰	14 271	0.13	293 635	0.91	198 652	0.45	0.11	0.70	1.26
法国	348 083	3.07	1 446 634	4.48	1 667 652	3.75	0.33	0.75	0.76
德国	393 454	3.47	1 270 243	3.94	1 221 106	2.75	0.96	0.84	1.57
中国香港	121 986	1.08	623 398	1.93	1 054 999	2.37	0.32	0.61	0.44
冰岛		0.00	4 439	0.01	27 799	0.06		0.54	0.68
爱尔兰		0.00	81 882	0.25	114 086	0.26		0.18	0.59
意大利	158 865	1.40	768 364	2.38	798 073	1.80	0.16	1.01	1.62
日本	3 130 863	27.60	3 157 222	9.79	7 542 716	16.97	0.32	0.85	0.62
科威特		0.00	20 772	0.06	294 058	0.66		0.20	0.18
卢森堡	11 308	0.10	34 016	0.11	51 248	0.12	0.01	0.04	0.01
荷兰	136 158	1.20	640 456	1.99	542 679	1.22	0.29	1.06	1.06
新西兰	14 336	0.13	18 613	0.06	40 592	0.09	0.20	0.58	0.51
挪威	22 043	0.19	65 034	0.20	190 952	0.43	0.53	0.92	1.23
葡萄牙	9 613	0.08	60 681	0.19	70 743	0.16	0.29	0.90	0.50
新加坡	47 367	0.42	152 827	0.47	257 341	0.58	0.38	0.60	0.45
西班牙	147 928	1.30	504 219	1.56	959 910	2.16	0.27	1.96	1.63
瑞典	100 913	0.89	328 339	1.02	366 053	0.82	0.21	1.18	1.11
瑞士	173 881	1.53	792 316	2.46	935 448	2.10	0.40	0.77	1.04
阿联酋		0.00	23 262	0.07	132 413	0.30		0.01	0.22
英国	987 952	8.71	2 567 992	7.99	3 058 182	6.88	0.32	0.71	1.86
美国	4 087 660	36.03	15 104 037	46.82	17 000 864	38.24	0.53	2.11	1.46
世界总计	11 345 733		32 260 433		44 459 895				

注：数据来自 World Federation of Exchange，Datastream，S&P/IFC 数据库。换手率为当年的交易额除以总市值。

不过，全世界不同交易所间的相对市值规模也处于不断变化之中。例如，在 20 世纪 80 年代，日本证券市场曾一度是世界上最大的证券市场。当然，由于交叉持股等一些人为因素，日本证券市场的数据也有一些水分。

交叉持股（cross-holding）指的是一家公司持有另一家公司股票的做法。如果两家公司都在证券市场上市，同时由于市值的总计方法是用已发行股票总数乘以各只股票的市场价格，那么由于部分股票价值的双重计算，便会导致市值的高估。让我们用一个假想的例子来加以说明。

例 12.1 交叉持股

假定公司 A 与 B 的价值分别为 100 美元。因此两个公司的总市值便为 200 美元。同时假定两家公司的资本完全由股份组成，则两家公司的资产负债表如下：

公司 A		公司 B	
资产	负债	资产	负债
100 美元	100 美元	100 美元	100 美元

这里的负债表示所有者权益，资产表示工厂与设备。如果没有公司间的交叉持股，200 美元便表示了两家公司的真实资产价值，也是它们股票的真实价值。现在，假定公司 A 发行 50 美元的新股，并在二级市场购买了公司 B 50 美元的已发行股票。此时，公司 B 的资产负债表保持不变，公司 A 的资产负债表变为：

	公司 A	
	资产	负债
实物资产	100 美元	150 美元
对公司 B 的投资	50 美元	

这样，公司 A 的市值便增加了 50%，达到 150 美元，两家公司已发行股票的总市值增加了 25%，达到 250 美元。当然，资产的真正价值仍为 200 美元，因为该交易未出现任何新的价值。要得到正确的市值，必须只计算公众持有的股票价值，即公司 B 为 50 美元，公司 A 为 150 美元，总值为 200 美元。

交叉持股现象在日本以及很多欧洲国家特别常见。如在德国与比利时，银行被允许持有非银行公司的大量权益，有时甚至是控股权益。目前负责提供主要国际证券市场指数的机构，如摩根士丹利资本国际（MSCI），一般均会对此类交叉持股进行修正。

证券市场与经济

从图表 12.1 中可以看出，世界证券市场总市值在过去的 15 年中增加了近 3 倍。其原因一方面是期间的股票回报相对较高，另一方面则是与网络股暴涨有关的新股上市规模较大。

注意观察图表可以看出，大型自由市场经济体的证券市场规模较大。如以各国（地区）股票总市值除以其国内生产总值，得出的数据则为我们提供了观察市场规模的另一个视角。如图表 12.2 所示，美国的资本市场相比于美国的经济，其规模非常大。其中部分原因可能是按比例而言，更多的美国公司比欧洲公司更愿意公开上市，很多欧洲公司都为私人所有。同时相比于美国公司，欧洲公司对于银行融资的依赖程度更高。在欧洲，银行拥有其客户公司股票的现象屡见不鲜，而美国则不允许银行这样做。另外，在欧洲，很多企业仍为政府部分所有（如铁路），这也是这些企业没有在证券交易所上市的原因之一。不过，现在情况正在发生改变，欧洲与美国的两种模式正在趋于统一。

图表 12.2　　市值占 GDP 的百分比（%）

发达市场		新兴市场	
澳大利亚	113.59	阿根廷	62.71
奥地利	41.09	巴西	59.63
比利时	72.51	智利	118.43
加拿大	131.22	中国大陆	17.19
丹麦	63.60	哥伦比亚	34.75
芬兰	102.47	捷克共和国	28.51
法国	78.78	埃及	85.66
德国	43.59	匈牙利	29.84
希腊	64.25	印度	133.58
中国香港	593.62	印度尼西亚	28.95
爱尔兰	57.05	伊朗	22.30
意大利	46.17	以色列	99.30
日本	161.54	韩国	105.64
卢森堡	160.83	马来西亚	138.24
荷兰	86.96	马耳他	77.02
新西兰	37.41	墨西哥	31.12
挪威	64.54	摩洛哥	52.32
葡萄牙	38.52	巴基斯坦	41.19
新加坡	220.37	秘鲁	35.17
西班牙	85.25	菲律宾	40.77
瑞典	102.53	波兰	31.06
瑞士	254.92	俄罗斯	79.13
英国	138.96	斯洛文尼亚	24.54
美国	136.15	南非	229.33
		斯里兰卡	28.52
		中国台湾	130.21
		泰国	70.15
		土耳其	44.55
		委内瑞拉	5.02

注：数据截至 2005 年年底。证券市场总市值数据来自 World Federation of Exchanges。国内生产总值数据来自 International Financial Statistics。中国台湾除外，其 GDP 数据来自台湾统计局。

全欧洲的很多政府企业都完成了私有化改革。20 世纪 90 年代后期的互联网热潮也推动了欧洲股权文化的发展，很多年轻、快速成长的公司迫切地希望利用股权资本。同时，美国 1933 年《格拉斯-斯蒂格尔法案》废止后，商业银行与投资银行的区别已不再明显，这使得美国的金融机构更能像它们的欧洲同行那样，同时从事银行业务、保险以及投资银行活动。

尽管如此，欧洲有些证券交易所的市值甚至达到所在国家国内生产总值的 100%。如芬兰、卢森堡、瑞典、瑞士以及英国等。在亚洲，相比于其 GDP，证券市场规模最大的几个国家与地区是中国香港、新加坡以及日本。

证券市场的组织与运作

法律组织

在法律上，证券市场可采取公有或私有的组织形式，在欧洲大陆被称为交易所。**私有交易所**（private house）由以从事证券交易为宗旨的公司运作。在很多国家，有多个私有证券交易所相互竞争，如在美国、日本以及加拿大。在英国，出现了一家交易所独大的情形。澳大利亚及远东的证券交易所也具有类似的特点。在德国、奥地利、北欧地区以及荷兰，银行是主要的有时甚至是唯一的证券交易商。这些交易所因此也被称为**银行交易所**（banker's house）。

而对于**公有交易所**（public bourse）而言，经纪商由政府指定，这样做的一般目的是确保其在所有的证券市场交易中占据垄断地位。比利时、法国、西班牙、意大利、希腊以及一些拉丁美洲国家便采用公有交易所的形式。不过，20 世纪 80 年代与 90 年代的去管制浪潮导致很多国家废弃了这种交易所形式。今天的大部分交易所都为私有交易所或银行交易所。不过，无论在哪个国家，私有交易所及公有交易所都受到政府的严格监管。需要注意的是，私有交易所可以作为公司在证券市场公开上市，也可以不在证券市场公开上市。对于证券交易所上市的最近趋势将在本章稍后讨论。

交易操作方式

一个市场的交易操作方式比市场的组织形式更加重要，因为交易操作方式对于价格发现及流动性具有更直接的影响。价格发现是一个信息公开的过程。一个好的交易程序应有助于发现一个“公平”或“正确”的价格，同时能够防止交易者通过价格操纵获取个体利益。不过，通过本章中的事例可以看出，证券市场的价格操纵依然存在。在流动性好的市场，由于交易能够在瞬间完成，所以大宗证券交易不会对价格产生影响。同时，在这样的市场中，交易成本也很低。通过对国际证券市场的考察，我们能够了解利用交易规则来确保价格发现与流动性的重要性。国际证券市场主要采用的交易规则有两种：**价格驱动型交易系统**（price-driven trading systems）以及**指令驱动型交易系统**（order-driven trading systems）。

价格驱动型交易系统

外汇市场是场外价格驱动型系统的典型实例。在该市场中，做市商随时准备以买入价买入，同时以卖出价卖出。证券市场中也有类似的价格驱动型市场。如美国的纳斯达克（全美证券商协会自动报价系统）以及英国伦敦的 SEAQ（证券交易所自动报价系统）。

纳斯达克系统是一个复杂的通信网络。它将在地理位置上分散的各个市场集中在一起。超过 6 500 只交易活跃股票的买入价与卖出价由 500 多家相互竞争的纳斯达克做市商进行连续报价。这些做市商可任意选择自己交易的股票。从与纳斯达克大型计算机相连的电脑终端上，经纪商能够在屏幕上看到相互竞争的做市商（交易商）对所有纳斯达克股票买入价与卖出价的报价。一名投资者的经纪商可以通过纳斯达克的电脑进行在线交易，或打电话给纳斯达克交易商，说明自己希望交易的买入价或卖出价。在 SEAQ，交易所的任何会员均可自由地注册成为任何股票的做市商。在实际中，只有少数经纪商担任做市商的角色，并且很多做市商趋向于专门关注特定的股票群。做市商必须在 SEAQ 屏幕上显示最小交易规模（股票数量）的价格，交易所的所有成员均可看到该价格。屏幕上同时还显示做市商名称、报价以及这些报价的最大交易规模。当交易所会员通过电话与做市商联系进行交易时，交易价格只应比屏幕上显示的价格更高，但不会更低（在最大的交易规模范围内），因为做市商已对该价格做出了承诺。对于流动性差的股票，报价只有指示性意义，并不稳定。执行后的交易必须在几分钟内报告在SEAQ的屏幕上。伦敦是国际股票交易的一个主要市场，主要原因有两个：第一，其做市商具有相当高的专业水准，能够以较低的交易成本提供高水平的流动性。第二，根据英国法律，在SEAQ进行的交易无须纳税。难怪法国、德国、瑞士、荷兰以及意大利的大部分股票均在SEAQ进行买卖。

中国证券市场操纵问题[①]

2003年4月1日，经过漫长的等待，一家北京法庭终于对历史上最大的一桩股票操纵案进行了判决。法庭宣告多人参与了中科创业集团股票的操纵，他们均被判处了2～4年的有期徒刑，并处罚款高达50万元人民币。[②] 但案件的主谋——吕梁与朱焕良却仍然逍遥法外。

1998年年初，中科创业是一家在深圳证券交易所（中国三家证券交易所之一）上市的公司，股票价格在人民币10元左右。1998年年初，庄家朱焕良与资深商业新闻记者吕梁联系，请他帮助解套其对于中科创业严重亏损的投资。当时，朱焕良控制了中科创业流通股的约40%。

作为交易的一部分，从1998年12月到1999年5月，吕着手安排累积自己的股票数量。他首先从朱手中购得大部分股票，然后通过一系列手法，购得由政府拥有的34.61%的非流通股，实现了对董事会的完全控制。此时，吕做好了操纵中科创业股票的准备工作。接下来，吕通过各种公司新闻发布会，误导投资大众，大幅抬高股票价格。之后，吕积极利用大规模的“虚买虚卖”，进一步抬高股价，同时制造高交易量的假象。[③] 显而易见，吕给他的首席操盘手提出的特定指令是高姿态地买入，低调卖出。经过一系列操纵，股价最终超过了每股84元人民币。通过中科创业的股票，吕开始收购其他公司，并组建新的企业。

最后，操盘手与投资者开始了解到了事件的真相，骗局瓦解。有趣的是，吕还通过与一家著名财经杂志社的访谈，向世人揭示骗局的过程，加快其瓦解的速度。中科创业的股票很快跌回到10元人民币。吕被软禁期间，成功逃出，至今仍然下落不明。

尽管这是一个关于中国的事例，但同样需要注意的是，价格操纵也有可能发生在很多不发达的市场。例如，Asia Khwaja和Atif Mian（2003）证实，巴基斯坦的经纪商通过交易获得的盈利远远高于外国投资者交易的盈利。他们使用具体的交易来证明，这样的高收益来源于“拉高倒货”的价格操纵手法。

指令驱动型交易系统

在指令驱动型交易系统中，指令首先被集中在一起，然后以一个平衡的市场价格实施竞拍。这样的竞拍可能每天发生一次、每天发生几次，或更加频繁。东京证券交易所（TSE）是指令驱动型交易系统的典型，它也是日本最大的交易所。东京证券交易所内的做市商很少。实际上，交易是以电子的方式自动完成的，指令通过以下优先规则进行配对，这也是指令驱动型市场的标准操作方法：

- 价格优先：最高的买入价（买）以及最低的卖出价（卖）优先于所有其他指令。
- 时间优先：价格同等的指令，遵守先来后到的原则。
- 指令优先：市场指令（以市场价买卖的指令）优先于限价指令（以最高或最低价买卖的指令）。

---

① 本专栏基于Guojun Wu和J. He（2003）。

② 人民币的货币符号￥与日元符号相同。中国货币较正式的名称是人民币，其ISO货币代码为CNY。

③ 所谓虚买虚卖，就是同时买入并卖出同一种股票的战略。当然，在操纵者售出股票时，他希望股票价格下跌的幅度不会超出其购买股票时的上涨幅度。

纽约证券交易所比较特殊，它综合运用了价格驱动型系统与指令驱动型系统。每只股票都有一个相应的专家。专家的工作位置是交易所内的一个证券交易站。专家相当于一名拍卖师，由他根据竞拍情况确定开盘价。专家还保存着一本限价指令［称为**限价指令簿**（limit order book）］。该指令簿集中了来自场内经纪人以及所谓 Super Dot（超级指定订单传递系统）电子系统的指令。如果专家自己不参与市场交易，那么交易价格便由一个涉及限价指令簿以及交易团体（场内经纪商以及交易站的专家）的简单竞拍流程确定。不过，专家同时也是一名做市商，他自己也可以参与交易。

自动化及电子化交易

在过去的 20 年中，股票交易计算机化及自动化水平日益提高。在指令驱动型系统中，通过自动执行交易所采用的交易规则，系统便能够直接得到交易价格。通过记录所有指令并即时予以公示，自动化水平的提高似乎能够实现市场透明度的大幅提高。不过，由于两种交易者——流动交易者与知情交易者的存在，透明度的提高也有一定的代价。流动交易者因为外在原因进行交易，而不是因为拥有关于股票价值的保密信息。流动交易者包括：需要购房首付款的零售投资者，必须对参与者投入的资金进行投资或对收到的股息进行再投资的养老基金或共同基金，以及跟踪特定证券市场指数并且必须交易指数内整个股票组合的指数基金。而知情交易者则根据有关股票价值的保密信息进行交易。

带有开放买卖盘记录的自动系统能够让知情交易者守在屏幕前，通过观察来自未知情交易者的指令来获得更好的价格。知情交易者本身并不愿意公开他们拥有的信息，因而也不会向一个自动交易系统输入大额指令（一般称为“大宗股票”）。在很多国家，大宗股票都在“楼上”交易，也就是交易的位置不在交易所内，一般是通过电话谈判达成交易，而不是通过一个自动化系统。

第一个采用电子交易系统的欧洲证券交易所是巴黎交易所，当时使用的 CAC（协助和持续挂牌）系统后来为 NSC 系统（新挂牌系统）或 Super-Cac 系统所代替。该市场是一个完全自动化的市场，所以不再需要任何场内交易。巴黎交易所也允许大宗股票在 NSC 系统之外通过谈判达成交易。德国拥有多家交易所，但到目前为止，最大的一家还是法兰克福证券交易所。该交易所由德意志证券交易所运营。在该交易所内，场内交易（一般用于大宗股票交易以及流动性较差的股票交易）与电子自动交易系统（XETRA，即交易所电子交易）共存。在东京，之前讨论过的场内交易目前与一个新的自动化执行系统共存。1997 年，伦敦证券交易所也引进了一套指令驱动型电子交易系统，即 SETS（证券交易电子服务）。SETS 用于交易量较大的英国各大股票，而 SEAQ 则仍适合于所有的股票。

实际上，美国的自动化进程比较落后。专家系统的人为干预以及专家判断仍是纽约证券交易所交易的主体，但从 2007 年 1 月 24 日开始，所有纽约证券交易所股票也可通过其电子混合市场进行交易。通过电子系统，客户发出的指令能够立即得到执行。另外，美国证券交易委员会（SEC）还批准建立了一个系统，要求美国的证券交易所及纳斯达克在一笔交易执行后的 90 秒内，通过电子方式将交易数据传输到该系统中。最后，自 1993 年开始，所有的交易所会员均必须报告在营业时间之外或在外国市场进行的所有交易。

尽管纽约证券交易所没有完全实现自动化，但私有的电子通信网络（ECN）在美国迅速发展。电子通信网络不仅列出在其他交易所交易的证券价格，而且可以让其订阅人直接与其他订阅人进行交易，或在一定程度使用一个指令交叉网络。这样，投资者能够得到一个稍好一点的买入价格与卖出价格。路透社成员公司之一的 INSTINET 以及美国投资科技集团（ITG）的 POSIT 均属于这种电子通信网络。

交易所全球化

如本章开头所述，诺基亚及其他公司的股票在世界多个交易所上市。这种被称为**交叉上市**(cross-listing) 的现象是过去 20 年来，交易所全球化的重要原因。很多交易所延长交易时间，让位于其他时区的外国交易者更容易利用其交易市场。这其实是实现国际化的一种最简单的方式。另外，一些交易所通过与外国交易所合并或建立同盟关系的方式，自动地实现了其股票的交叉上市。例如，因为遍布欧洲的电子交易系统大幅降低了国家证券市场相对于 SEAQ 的交易成本，因此 SEAQ 便寻求与其他自动化水平更高的交易所建立同盟关系。

2000 年，阿姆斯特丹、布鲁塞尔以及巴黎的证券交易所合并，组建了欧洲证券市场（Euronext)。欧洲证券市场后来还吸收了里斯本交易所以及伦敦衍生品市场 LIFFE（伦敦国际金融期货交易所)。欧洲证券市场本身也在巴黎上市。其宗旨是通过统一指令簿、统一交易时间、统一结算程序以及统一电子系统，为所有在欧洲证券市场下属交易所内上市的公司提供一个流动资金池。欧洲期货交易所 Eurex 是欧洲证券市场在欧洲大陆的主要竞争对手。欧洲期货交易所由德国及瑞士的交易所合并而成。

2007 年 3 月，纽约证券交易所与欧洲证券市场合并，组成了一个新的公司——纽约证券交易所与欧洲证券市场公司，成为交易所之间合并进程的一次大飞跃。出现这种合并的主要原因是竞争环境的日益白热化，交易所不仅要面临其他交易所的竞争，同时还需要面临其他交易系统的竞争。这种竞争导致的另一个主要趋势是合并变得更加容易：**公司化**（demutualization)。所谓公司化就是将交易所从非营利性会员制组织转变为一个营利性的投资者所有制公司（一般为上市公司）的过程。公司化的实例包括澳大利亚证券交易所（1998 年)、多伦多证券交易所（2000 年)、欧洲证券交易所（2000 年)、纳斯达克（2000 年）以及纽约证券交易所（2005 年)。

换手率及交易成本

图表 12.1 的最后一栏列出了 1991 年、2000 年以及 2005 年的换手率。**换手率**（turnover）是一个交易所一年的交易量（以美元计算）除以该交易所在当年年底的总市值（也以美元计算)。例如，如果一年内，一个交易所的每只股票刚好交易一次，那么换手率便为 1，或 100%。换手率经常被认为是一个流动性指标，尽管在有些情况下，换手率出现上升只是因为某些消息的原因。在所有国家中，美国的换手率最高，之后为西班牙、意大利、德国以及英国，它们的换手率都大于 100%。与此相对，在一些规模较小的市场，如奥地利及比利时的市场，以及一些较年轻的市场，如百慕大及科威特，其换手率则要低得多。

换手率与股票交易成本成反比，因为高交易成本会导致投资者减少交易。**交易成本**（trading costs）可分为三个部分。第一部分为投资者进行交易时可能需要支付的经纪人佣金以及其他费用，但这些费用一般均较小，特别是对于大额指令而言。第二，证券有买入价与卖出价，投资者从交易商处买入股票的价格要大于同时将股票卖给交易商的价格。第三，市场流动性不佳，交易数额较大，均会对投资者可能得到的价格产生不利的影响（也就是买入价格偏高，卖出价格偏低)。最后这种影响被称为**市场影响**（market impact)。

市场影响的成本很难估算。图表 12.3 利用两种不同来源的数据，显示了发达市场的总交易成本估算值。第一种估算成本按市值细分，来源于 Salomon Smith Barney（2000）的数据。总成本包括买卖价差的一半加上估计的市场影响成本。交易成本最低的市场是美国、法国、荷兰、西班牙、芬兰以及瑞士的市场。在这些国家，大宗股票交易的交易成本均低于 20 个基点。因此，如果一笔股票交易的金额为 10 万美元，交易成本则低于 200 美元。在大部分国家，小市值股票的交易成本一般均很大，主要是因为它们的买卖价差较大。

图表 12.3 的最后一栏报告了在两年时间内的平均交易成本。估计的成本包括经纪佣金、买卖价差以及市场影响成本。其中七个国家的交易成本低于 40 个基点：比利时、法国、意大利、德国、美国、瑞典以及瑞士；其中只有一个国家（法国）的交易成本低于 30 个基点。尽管两次研究中得出的各国（地区）交易成本相对排位并不完全一致，但从定性意义上，它们具有相当的一致性。可能令你感到惊奇的是，美国并不是交易成本最低的国家（地区），这是因为总成本是所有市场的平均值，其既包括交易成本极低的纽约证券交易所，也包括成本较高的纳斯达克市场（参见 Hendrik Bessembinder, 1998）。

图表 12.3　　　　　　　　发达市场的交易成本

	大市值股			小市值股			其他整个市场估算
	买入/卖出	市场影响	总计	买入/卖出	市场影响	总计	
澳大利亚	19	18	37	52	12	64	54.7
奥地利	28	27	55	37	14	51	43.8
比利时	27	19	46	59	18	77	35.0
加拿大	23	21	44	63	17	80	52.4
丹麦	54	42	96	82	14	96	40.7
芬兰	9	10	19	68	17	85	43.4
法国	10	7	17	33	10	43	29.5
德国	35	8	43	43	33	76	37.7
希腊	25	58	83	56	39	95	65.5
中国香港	45	27	72	63	28	91	59.8
爱尔兰	48	139	187	120	48	168	130.7
意大利	15	11	26	26	11	37	34.8
日本	20	17	37	21	19	40	41.3
荷兰	9	5	14	20	6	26	42.2
新西兰	53	42	95	60	33	93	47.2
挪威	32	32	64	59	32	91	44.6
葡萄牙	12	20	32	26	7	33	62.7
新加坡	44	34	78	63	35	98	77.5
西班牙	8	7	15	21	9	30	41.9
瑞典	18	14	32	48	11	59	35.8
瑞士	7	5	12	27	7	34	38.5
英国	27	9	36	79	9	88	54.5
美国	11	8	19	27	10	37	38.1
平均	25	25	50	50	19	69	50.1

注：第 2 栏到第 7 栏来自 E. Sorensen 和 L. Price (2000)，其根据为 Salomon Smith Barney 于 2000 年进行的交易成本调查。最后一栏来自 Ian Domowitz, Jack Glen 和 Ananth Madhavan (2000) 的研究结果。报告的成本中包括交易成本的三个组成部分：直接费用、买卖价差以及估计的价格影响。数据基于 Elkins/McSherry（参见 Elkins/McSherry.com）通过整理 1996 年 9 月—1998 年 12 月的数据而得出的平均成本。

研究表明，交易成本也反映在股票价格中。交易成本及流动性不同，但其他方面特点及预期现金流类似的股票，其价格也会不一样。对于交易成本高、流动性差的股票，投资者要求的预期收益较高，因此这些股票的价格便会较低。因此，在各个国家间交易成本不同的情况下，跨国公司更愿意在交易成本较低的交易所上市。通过交叉上市，跨国公司可实现降低期望收益、提高股票价格，进而降低资本成本的目的。

新兴证券市场

20 世纪 90 年代早期，新兴国家开始了一场贸易与金融自由化进程。这些国家放松了外资的限制，改善了资本市场的监管。这一进程的结果比较有戏剧性。因为不仅流向新兴市场的资本流大幅增加了，而且其结构也出现了重大变化——股权及固定收益投资的比例逐步增加，商业银行的债务比例逐步减少。例如，1985 年，墨西哥股权市场市值为国内生产总值的 0.71%，外国投资者只能通过在纽约证券交易所交易的墨西哥基金对该市场进行投资。而在 2001 年，墨西哥股权市场市值上涨到国内生产总值的 20%以上，其中美国投资者的投资占到该市场的 25%。[参见 Geert Bekaert 和 Campbell Harvey（2003）了解有关新兴市场自由化进程的更多详情。]

证券市场规模

发展中国家的证券市场经常被称为**新兴市场**（emerging markets），而那些最不发达国家的年轻的证券市场则被称为**前驱市场**（frontier markets）。图表 12.4 显示了各新兴市场及前驱市场的规模。

图表 12.4 **新兴市场的市场特点**

市值（百万美元）	1991 年（占世界总值的百分比，%）		2000 年（占世界总值的百分比，%）		2005 年（占世界总值的百分比，%）	
阿根廷	18 509	0.16	166 068	0.51	95 960	0.22
巴林		0.00	6 624	0.02	17 365	0.04
孟加拉国	269	0.00	1 186	0.00	3 300	0.01
博茨瓦纳	261	0.00	978	0.00	2 257	0.01
巴西	42 759	0.38	226 152	0.70	474 647	1.07
保加利亚		0.00	617	0.00	5 086	0.01
智利	27 984	0.25	60 401	0.19	136 493	0.31
中国大陆（包括香港）	2 028	0.02	580 991	1.80	295 754	0.67
哥伦比亚	4 036	0.04	9 560	0.03	42 498	0.10
哥斯达黎加		0.00	2 029	0.01	1 511	0.00
科特迪瓦	541	0.00	1 185	0.00	1 854	0.00
克罗地亚		0.00	2 742	0.01	12 918	0.03
捷克共和国		0.00	11 002	0.03	34 886	0.08
埃及	2 651	0.02	28 741	0.09	79 509	0.18
爱沙尼亚		0.00	1 846	0.01	389	0.00
加纳	76	0.00	502	0.00	10 094	0.02
希腊	13 118	0.10	110 839	0.34	145 121	0.33
匈牙利	505	0.00	12 204	0.04	32 576	0.07
印度	47 730	0.42	148 064	0.46	1 069 046	2.40

续前表

市值（百万美元）						
	1991年（占世界总值的百分比,%）		2000年（占世界总值的百分比,%）		2005年（占世界总值的百分比,%）	
印度尼西亚	6 823	0.05	28 834	0.08	81 428	0.18
伊朗	34 282	0.30	34 041	0.11	36 440	0.08
以色列	6 176	0.05	64 081	0.20	122 578	0.28
牙买加	1 034	0.01	3 582	0.01	6 643	0.01
约旦	2 512	0.02	4 943	0.02	37 644	0.08
哈萨克斯坦		0.00	1 342	0.00	10 529	0.02
肯尼亚	453	0.00	1 283	0.00	6 384	0.01
韩国	96 373	0.85	171 587	0.53	718 011	1.61
拉脱维亚		0.00	563	0.00	775	0.00
黎巴嫩		0.00	1 583	0.00	4 810	0.01
立陶宛		0.00	1 588	0.00	5 099	0.01
马来西亚	58 627	0.52	116 935	0.36	180 518	0.41
马耳他		0.00	2 009	0.01	4 097	0.01
毛里求斯	312	0.00	1 331	0.00	2 330	0.01
墨西哥	98 178	0.87	125 204	0.39	239 128	0.05
摩洛哥	1 528	0.01	10 899	0.03	27 220	0.06
纳米比亚		0.00	311	0.00	121 338	0.27
尼日利亚	1 882	0.02	4 237	0.01	22 244	0.05
阿曼		0.00	3 463	0.01	15 269	0.03
巴基斯坦		0.00	6 581	0.02	45 317	0.10
巴拿马		0.00	2 794	0.01	5 963	0.01
巴布亚新几内亚		0.00		0.00	6 138	0.01
秘鲁	1 118	0.01	10 562	0.03	24 140	0.05
菲律宾	11 386	0.10	51 554	0.16	39 818	0.09
波兰	144	0.00	31 279	0.10	93 602	0.21
罗马尼亚		0.00	1 069	0.00	15 858	0.04
俄罗斯	244	0.00	38 922	0.12	604 210	1.36
沙特阿拉伯	48 213	0.42	67 171	0.21	650 107	1.46
塞尔维亚		0.00		0.00	5 365	0.01
斯洛伐克		0.00	742	0.00	2 458	0.01
斯洛文尼亚		0.00	2 547	0.01	7 899	0.02
南非	168 497	1.49	204 952	0.64	549 310	1.24
斯里兰卡	1 936	0.02	1 074	0.00	5 720	0.01
斯威士兰	27	0.00	73	0.00	196	0.00
中国台湾	124 864	1.10	247 602	0.77	476 018	1.07
泰国	35 815	0.32	29 489	0.09	123 885	0.28
特立尼达和多巴哥	671	0.01	4 330	0.01	9 982	0.02

续前表

市值（百万美元）						
	1991年（占世界总值的百分比，%）		2000年（占世界总值的百分比，%）		2005年（占世界总值的百分比，%）	
土耳其	15 703	0.14	69 659	0.22	161 538	0.36
乌克兰		0.00	1 881	0.01	6 820	0.02
委内瑞拉	11 214	0.10	8 128	0.03	5 475	0.01
赞比亚		0.00	236	0.00	2 517	0.01
津巴布韦	1 394	0.01	2 432	0.01	1 094	0.00
世界总计	11 345 733		32 260 433		44 459 895	

	换手率			市场集中度	
	1991年	2000年	2005年	2000年	2005年
阿根廷	0.26	0.04	0.08	67.6	80.6
巴林		0.04	0.04	82.4	
孟加拉国	0.01	0.65	0.06		
博茨瓦纳	0.03	0.05			
巴西	0.31	0.45	0.35	34.6	52.4
保加利亚		0.09	0.15		
智利	0.07	0.10	0.14	67.6	45.6
中国大陆（包括香港）	0.40	1.24	0.79	9.5	32.6
哥伦比亚	0.05	0.04	0.16	68.0	62.8
哥斯达黎加		0.00	0.13		
科特迪瓦	0.01	0.03			
克罗地亚		0.07	0.06		
捷克共和国		0.60	1.17	97.6	
埃及	0.05	0.39	0.33	48.0	47.3
爱沙尼亚		0.18			
加纳	0.00	0.02	0.01		
希腊	0.19	0.86	0.45	24.6	57.6
匈牙利	0.23	1.01	0.74	88.9	95.5
印度	0.48	3.44	0.44	48.9	36.5
印度尼西亚	0.43	0.53	0.51	44.3	53.2
伊朗	0.15	0.15	0.22		37.0
以色列	1.36	0.37	0.40	58.3	47.6
牙买加	0.09	0.02			
约旦	0.17	0.08	0.63	58.3	
哈萨克斯坦		0.07	0.10		
肯尼亚	0.02	0.04	0.08		
韩国	0.89	6.22	1.69	18.4	40.2
拉脱维亚		0.40			
黎巴嫩		0.07	0.19		
立陶宛		0.13			

续前表

	换手率			市场集中度	
	1991 年	2000 年	2005 年	2000 年	2005 年
马来西亚	0.18	0.50	0.29	19.9	36.8
马耳他		0.09	0.04		99.0
毛里求斯	0.02	0.06	0.07		86.3
墨西哥	0.32	0.36	0.24	66.5	63.5
摩洛哥	0.03	0.10	0.29	74.5	
纳米比亚		0.07	0.00		
尼日利亚	0.00	0.06	0.09	53.8	
阿曼		0.16	0.24	54.6	
巴基斯坦		5.01	3.10	91.9	
巴拿马		0.06	0.05		
巴布亚新几内亚			0.00		
秘鲁	0.12	0.14	0.11	67.9	62.2
菲律宾	0.13	0.16	0.18	42.7	60.8
波兰	0.19	0.47	0.33	25.1	65.1
罗马尼亚		0.22	0.16		
俄罗斯		0.52	0.24	93.9	
沙特阿拉伯	0.05	0.26	1.70	67.3	
塞尔维亚			0.10		
斯洛伐克		1.21	0.03	43.0	
斯洛文尼亚		0.18	0.17		63.8
南非	0.05	0.38	0.37	30.9	44.1
斯里兰卡	0.05	0.13	0.19	68.5	51.1
斯威士兰	0.00	0.00	0.00		
中国台湾	2.93	3.97	1.23	29.5	34.9
泰国	0.84	0.79	0.77	37.7	47.1
特立尼达和多巴哥	0.12	0.03			
土耳其	0.55	2.57	1.24	43.3	50.8
乌克兰		0.15			
委内瑞拉	0.29	0.08	0.05	67.0	
赞比亚		0.03	0.01		
津巴布韦	0.06	0.11		47.6	

注：计算结果基于世界交易所联合会、Datastream 以及 S&P/IFC 数据库的数据。

在 1991 年，分别占有世界市场市值 0.85%～1.50%的最大的新兴市场及前驱市场为墨西哥、韩国、南非以及中国台湾。当时，由于政治抵制，外国人不能在南非投资（使其股票无法“投资”），其股票也不属于任何已有指数的一部分。今天，南非是最大的新兴市场之一，2005 年占有世界市场市值的 1.24%。印度拥有 24 家交易所，上市的公司有几千家，但从市值上看，韩国及俄罗斯的规模较大。中国台湾仍是较大的新兴市场之一，占有世界市场市值的 1.07%。

总体而言，在 20 世纪 90 年代，新兴市场的表现逊色于美国的证券市场，具体反映为 2000 年前市值比例偏低的状况。中国是一个很大的例外，到目前为止中国有三家不同的证券交易所——分别位于上海、深圳以及香港。香港市场的历史很长，同时香港的收入极高，所以香港市场实际上被认为是一个发达市场。

新兴市场非常不稳定，因此，在这些交易所中获得的相对收益的波动性也很高。例如，20 世纪 90 年代的东南亚货币危机风暴扼制了当地市场的投机性增长。同样在 2002 年经济危机期间，阿根廷与巴西的证券市场分别下跌了 48.72%与 30.66%。[①] 但在危机前，两国交易所的规模增长非常迅猛。在 2003 年与 2005 年，很多新兴市场的市值出现大幅攀升，这种现象也解释了自 2000 年开始，很多新兴市场市值相对于世界市场市值百分比上升的原因。

如果回到图表 12.2，我们可以看到相对于经济规模的证券市场规模。一般而言，与发达市场相比，在新兴市场中，证券市场市值相对于 GDP 的比率较小。实际上，市场市值相对于 GDP 的比率经常被看成是证券市场发展的一个指标。从这个意义上说，发展最好的新兴市场与前驱市场是南非、马来西亚、印度、中国台湾、智利以及韩国，因为它们的市场市值占 GDP 的比率均超过 100%。其中智利是唯一的拉丁美洲国家。其证券市场发展的基础是社会保障体系，该体系通过多个投资基金，强制要求工人为退休进行储蓄。

新兴市场的交易成本与流动性

各个新兴市场之间的交易成本与流动性差别很大。例如，从图表 12.4 中可以看出，中国台湾及以色列的换手率一般较大。1991 年，只有四个市场的换手率大于 0.50，它们主要位于亚洲（以色列、韩国、中国台湾以及泰国）。如今，一些新的市场也表现出较大的换手率，特别是在东欧。已有 10 个国家的换手率大于 0.50。2005 年，五个换手率最大的国家和地区是巴基斯坦、沙特阿拉伯、韩国、土耳其以及中国台湾。

图表 12.4 同时也报告了 10 只交易最活跃股票所代表的市场市值。它代表了市场的集中程度。很多发达市场的市场集中度均较低。例如，在美国，10 只最活跃股票的市值小于市场总市值的 10%。图表 12.4 显示，在大部分新兴市场，10 只最活跃股票代表 50%左右的市场总值。在马耳他及匈牙利，这一数字竟超过 90%。一般而言，相比于东南亚市场，拉丁美洲市场表现出更高的集中度。

图表 12.5 显示了一系列新兴市场的总交易成本估算值。从中明显可以看出，新兴市场的交易成本远高于发达市场的成本。整个新兴市场的平均交易成本为 97 个基点，而发达国家市场的平均成本只有 50 个基点。即使在新兴市场，交易成本也与市场的规模及发展呈现出负相关关系。韩国是一个令人惊奇的例外，作为一个重要的新兴市场，其交易成本非常高，究其原因，主要是由于较高的市场影响成本。交易成本相对较低（低于 70 个基点）的新兴市场是巴西、希腊、墨西哥以及土耳其。

Geert Bekaert，Campbell Harvey 和 Christian Lundblad（2007）的研究表明，新兴市场的金融自由化已大幅降低了交易成本，而较高的交易成本则意味着资本成本较高。这也是为什么新兴市场的很多公司强烈希望在流动性更好、更加发达的市场进行交叉上市的原因。

---

① 这些数字通过 MSCI 指数的计算得出。

图表 12.5 新兴市场的交易成本

国家和地区	总交易成本，1996—1998 年
阿根廷	76.9
巴西	58.0
智利	84.3
哥伦比亚	97.5
捷克共和国	143.7
希腊	65.5
匈牙利	143.4
印度	71.6
印度尼西亚	100.9
韩国	197.5
马来西亚	88.7
墨西哥	61.7
秘鲁	95.8
菲律宾	112.7
南非	81.6
中国台湾	74.6
泰国	89.1
土耳其	64.6
委内瑞拉	134.1
平均	97.0

注：数据来自 Ian Domowitz，Jack Glen 和 Ananth Madhavan（2000），代表 1996 年 9 月—1998 年 12 月期间的平均单向股票交易成本。原始数据由 Elkins/McSherry Co. 提供。交易成本以基点表示。

卡萨布兰卡：从一个偏僻的小城到一个繁荣的现代市场？①

一提到卡萨布兰卡，人们总是不由得想起一部经典的同名影片，由亨佛莱·鲍嘉主演的里克是一位在摩洛哥卡萨布兰卡运营 Rick's Café Americain 的美国人。在第二次世界大战早期，摩洛哥是一个法国的受保护国，因此当时由德国人控制。当时所谓的“出境护照”很抢手，因为持有该护照的人可在由德国控制的欧洲通行，并经过中立国里斯本与匈牙利到达美国。在当地，虽然官方禁止赌博，但私下里的赌博活动仍得到默许；同时里克的朋友还可以享受到特别的优待。总而言之，Rick's Café American 就是新兴市场的一个很好的隐喻：正如里克可以通过在轮盘赌中做手脚帮助他的朋友一样，在新兴市场的交易实践可能也是同样的一幅情景，即这样的市场缺乏发达国家市场的公平性。

卡萨布兰卡证券交易所（CSE）是一个典型的新兴金融市场，在 1990—2000 年间，该市场经历了巨大的变化。在 20 世纪 80 年代，摩洛哥的证券交易所在很多方面都处于极度落后的状态。该交易所为国家机构，上市的股票只有极少数几家，几乎没有个人投资者参与证券市场。机构投资者经常在楼上市场交易大宗股票，但这样的楼上市场——交易都是基于双方的协议——既不透明，也不标准。交易所内的流动性极差，很多股票几周都不交易。虽然外国投资者被允许购买摩

① 本例中的分析主要基于 Eric Ghysels 和 Mouna Cherkaoui（2003）的文章。

洛哥股票，但他们还是对这样的投资敬而远之，原因是陈旧的结构、交易量低以及存在市场操纵的可能性。

1989 年，摩洛哥宣布了一项雄心勃勃的私有化与经济自由化计划，其中也包括对金融市场的改革。即从 1993 年开始，大范围变革证券交易所的运作方式。证券交易所经过私有化与改革，建立了一个交易商/做市商结构，对于上市公司及做市商均提出了更多的信息披露要求。

新的改革措施吸引了很多外国投资者。1996 年，卡萨布兰卡证券交易所进入国际金融公司 (IFC) 新兴市场数据库名录。个人投资者的数量大幅增加，于 1996 年达到 30 万人。图表 12.6 显示，这些改革措施对于证券市场产生了深远的影响。交易量与流动资金呈现爆炸增长态势。最后，1996 年 12 月 17 日，卡萨布兰卡证券交易所开始采用巴黎交易所的电子交易系统。一般认为，这样的结构变革应能够大幅提升市场质量，降低交易成本。毫无疑问，正如图表 12.6 充分说明的那样，这些改革措施对于增加换手率以及流动性起到了立竿见影的效果，但交易成本是否下降了？不幸的是，研究人员并没有得到有关买卖价差的数据，更无法对市场影响进行估计。不过，两名研究人员，Eric Ghysels 和 Mouna Cherkaoui (2003)，还是通过使用改革前后几只股票的交易数据，尽力推导出交易成本。令人惊奇的是，Ghysels 和 Cherkaoui (2003) 发现至少到 1996 年，卡萨布兰卡证券交易所的交易成本实际上在改革后出现了上升。

对于这一研究结果，有很多种解释。让我们总结一下常见的几种解释。第一，尽管流动性得到了提高，但直到 1996 年，卡萨布兰卡证券交易所相比于其他市场的相对流动性仍然较差，同时交易量较少。第二，外国投资者（特别是新的投资者）对于市场的了解相当有限。电影《卡萨布兰卡》就是一个例证：当警察局局长雷诺问里克，他为什么会到卡萨布兰卡来时，他的答案是他为了自己的健康而来："我到卡萨布兰卡是因为这里的水。"雷诺感到很惊讶："水？什么水？这里是沙漠！"里克的回答很简短："我被误导了。"同样地，相比于外国交易者，卡萨布兰卡证券交易所的交易商们可能拥有巨大的市场力量，能够将较高的成本转嫁给外国交易者。第三种可能是 Ghysels 和 Cherkaoui (2003) 的模型错误地估计了正确的交易成本。

图表 12.6　　卡萨布兰卡证券交易所：基本指标

年份	交易时段数量	平均每日交易量	市场总市值	市场市值占国内生产总值的比率（%）	市场指数
1989	248	123	5.0	2.6	122.65
1990	244	510	7.8	3.5	158.68
1991	243	428	12.4	5.0	187.55
1992	248	626	17.0	6.6	207.88
1993	248	4 611	25.7	10.0	259.78
1994	251	7 235	39.0	13.1	342.39
1995	251	20 730	50.4	17.5	342.39
1996	247	19 510	75.6	23.0	447.13

注：数据来源于 Ghysels 和 Gherkaoui (2003)。表中所列各项为基本指标的年度总结统计数据。平均每日交易量的单位为百万摩洛哥迪拉姆 (MAD)，当地的货币。总市值单位为十亿 MAD，市场指数的值为每年最后一天的指数。

不过，如果他们的结果是正确的，那么从上述这个详细的实例中我们能够得到一些重要的教训。第一，尽管在一般情况下，换手率与交易量的上升与低交易成本相关，但并不是绝对相关。第二，尽管改革可能有助于鼓励外国投资者参与市场，但改革本身并不能促使交易成本下降。对于交易成本，可能唯一有影响的便是自动化交易。只有在卡萨布兰卡证券交易所于 1996 年下半年引入电子交易系统后，交易成本才开始下降。Ian Domowitz，Jack Glen 和 Ananth Madhavan

(2000) 的研究表明，从更加一般的意义上而言，自动化系统意味着更低的交易成本。

12.2 国际交叉上市与存托凭证

现在，越来越多的跨国公司寻求扩大其投资者基础，通过在外国交易所交叉上市的方式筹集资本。例如，皇家荷兰壳牌的总部位于阿姆斯特丹，同时在阿姆斯特丹、伦敦以及纽约的交易所上市。总部位于瑞士巴塞尔的医药公司诺华，同时在瑞士苏黎世交易所以及美国纽约交易所上市。

20 世纪 90 年代，交叉上市的公司数量快速上升。图表 12.7 显示了在各个国家（地区），境外公司股票换手率占整个换手率的百分比。在伦敦，42%的交易与境外公司有关。境外公司交易量最大的其他几个市场包括瑞士交易所、南非约翰内斯堡证券交易所，以及阿根廷证券交易所。

20 世纪 90 年代，交叉上市增长最快的地方是美国，特别是纽约证券交易所。不过，2002 年旨在提高公司管理水平以及会计标准的《萨班斯-奥克斯利法案》（参见第 1 章），在实际实施中大幅提高了成本，导致在纽约证券交易所交叉上市的外国公司越来越少，现有的一些上市公司也出现了退市现象。例如，2007 年，一家德国石墨与碳纤维材料制造商 SGL，为了削减与遵守《萨班斯-奥克斯利法案》相关的成本，便从纽约证券交易所退市。

图表 12.7　　境外交叉上市公司的换手率百分比（%）

交易所	换手率百分比	交易所	换手率百分比
美洲		奥斯陆交易所	13.40
墨西哥交易所	16.33	西班牙交易所	0.83
纳斯达克	5.93	瑞士交易所[b]	93.11
纽约证券交易所	8.77	德黑兰证券交易所	0.00
多伦多证券交易所	0.37	特拉维夫证券交易所	0.00
布宜诺斯艾利斯证券交易所	37.65	维也纳证券交易所	2.42
哥伦比亚证券交易所	0.00	华沙证券交易所	1.20
利马证券交易所	11.25		
圣地亚哥证券交易所	0.10	**亚太**	
圣保罗证券交易所	0.07	澳大利亚证券交易所	4.13
		科伦坡证券交易所	0.00
欧洲—非洲—中东		香港交易所	0.14
雅典交易所	3.45	孟买证券交易所	0.00
布达佩斯证券交易所	0.00	印度国家证券交易所	0.00
德意志交易所	9.77	雅加达证券交易所	0.00
欧洲证券交易所	0.50	韩国交易所[c]	0.00
爱尔兰证券交易所	3.87	马来西亚交易所	1.43
伊斯坦布尔证券交易所	0.00	新西兰交易所	8.57
意大利交易所	5.07	大阪证券交易所	0.03
南非约翰内斯堡证券交易所	24.91	菲律宾证券交易所	0.16
卢布尔雅那证券交易所	0.00	上海证券交易所	0.00

续前表

交易所	换手率百分比	交易所	换手率百分比
伦敦证券交易所	41.95	深圳证券交易所	0.00
卢森堡证券交易所	1.26	台湾证券交易所	0.09
马耳他证券交易所	0.00	泰国证券交易所	0.00
毛里求斯证券交易所	15.03	东京证券交易所	0.03
OMX[a]	5.13		

a. OMX包括哥本哈根、赫尔辛基、斯德哥尔摩、塔林、里加、维尔纽斯证券交易所。

b. 瑞士交易所的换手率数据也包括在Virt-x交易的股票。

c. 韩国交易所包括科斯达克市场数据。

注：以上数据为2006年前7个月的数据，由世界交易所联合会（http：//www.world-exchanges.org）提供。由于报告规则及计算方法的不同，各个交易所的换手率数据并不完全具有可比性。

公司交叉上市的方式

寻求海外上市的公司必须满足两个要求。第一，它们必须遵守交易所为交叉上市设定的标准。例如，东京证券交易所对于非日本公司的上市标准与相关费用要求高于对日本国内公司的要求。第二，希望交叉上市的公司必须遵守上市所在国家的证券法规。其中可能包括在该国的证券委员会进行注册，同时根据该国的市场标准对公司的财务账目进行调节。

交叉上市的股票可在国家证券市场上直接交易，但在更多的情况下，它们是以存托凭证的方式交易。一份**存托凭证**（depositary receipt，DR）代表一定数量的真实股票，这些股票由交易所所在国家的金融机构托管。最著名的存托凭证是我们在下文中将讨论的美国存托凭证以及全球存托凭证。

美国存托凭证

美国存托凭证（American Depositary Receipts，ADR）代表一定数量的、由一家美国存托银行托管的其他国家的国内股票。存托银行将所有的股息以及其他支付款项转变为美元，同时收取小额的托管服务费用。纽约银行在美国存托凭证托管市场占有的份额远远超出50%，居于主导地位，同时摩根大通、花旗银行以及德意志银行也是重要的市场参与者。虽然大部分非美国公司使用美国存托凭证，但也有一小部分公司，其中大部分为加拿大公司，选择直接上市，即这些公司与美国公司一样进行交易，同时面对非常类似的美国证券交易委员会注册要求，并遵守美国公认会计原则（GAAP）的报告要求。

美国存托凭证的类型

在美国上市的外国股票需要遵守一系列规则。图表12.8简要列出了各种美国存托凭证及对其适用的规则。一般而言，要求涉及在美国证券交易委员会进行注册，同时根据美国公认会计原则进行财务账户调节并据此提交年度报告。

各种美国存托凭证的主要差别是这样的上市活动是否涉及在美国的资本筹集。公司以一、二级美国存托凭证上市的，不涉及任何新资本的筹集。也就是说，公司不发行任何新股票。交易的只有现有的股票。**一级美国存托凭证**（Level Ⅰ ADR）在纽约采用场外交易方式，也被称为**粉单交易**（pink sheet trading），该存托凭证不在美国主要的证券交易所上市。场外交易市场由一个经纪商/交易商网络组成，它们通过电话或电脑完成交易，而不是通过一个集中的市场完成交易。

（粉单是一份周度出版物，提供包括场外交易证券及其做市商的信息。）一级美国存托凭证需要满足的要求最少。它们必须在美国证券交易委员会注册，但不需要满足美国公认会计原则要求。一般情况下，公司需将其本国会计报表的参考英文翻译版本在美国证券交易委员会备案。**二级美国存托凭证**（Level Ⅱ ADR）在纽约证券交易所、纳斯达克或美国证券交易所交易，因此必须满足相关交易所的上市要求。发行二级美国存托凭证的公司必须在美国证券交易委员会注册，同时必须备案符合美国公认会计原则的年报（"Form 20-F"）。一般情况下，公司先使用一级美国存托凭证，然后再发行二级美国存托凭证。

图表 12.8　　美国存托凭证类型

	描述	交易位置	美国公认会计原则要求	占现有美国存托凭证的比例/总数
一级	非上市	场外粉单交易	无须美国公认会计原则调节	54%/1 084
二级	在美国主要交易所上市	纽约证券交易所、美国证券交易所或纳斯达克	只需对财务数据进行部分调节	
三级	在美国主要交易所发售并上市	纽约证券交易所、美国证券交易所或纳斯达克	完全遵守美国证券交易委员会的要求，包括根据美国公认会计原则对财务数据进行全面调节	28%/576
《144A规则》（RADR）	在美国向合格机构购买者（QIB）私募	使用 PORTAL 的美国私募市场	无须根据美国公认会计原则进行调节	18%/369

注：数据来自 Darius Miller（2000）。最后一栏的数据代表 20 世纪 90 年代末的数据。

三级美国存托凭证（Level Ⅲ ADR）在一家主要的交易所交易，它们通过发行在美国筹集资本。这意味着美国证券交易委员会的信息披露及美国公认会计原则要求更加严格。最后，**《144A规则》美国存托凭证**（Rule 144A ADR，RADR）为一种筹集资金的美国存托凭证，该证券向合格的机构投资者进行私募，如养老金基金以及保险公司。因此，这类证券只需要遵守最低限度的美国证券交易委员会与美国公认会计原则要求。《144A 规则》美国存托凭证的缺点是流动性极差，非常类似于在第 11 章讨论的债权私募。《144A 规则》美国存托凭证只能通过 PORTAL 系统交易，这是一套由美国证券交易商协会建立的电子自动化交易系统。

另一种重要的区别是保荐及无保荐美国存托凭证。保荐美国存托凭证由银行根据希望交叉上市的外国公司的要求建立。保荐银行经常向美国存托凭证持有人提供一整套服务，包括翻译成英语的投资信息以及部分年报。存托费用由外国公司支付。无保荐美国存托凭证由一家美国金融机构发起，无须外国公司直接参与。因此，外国公司可能不会定期或准时提供投资信息。对于无保荐美国存托凭证，由美国存托凭证投资者支付存托费用。今天，大部分存托凭证方案都采用保荐存托凭证。

美国存托凭证上市的成功之路

以下 19 个步骤可帮助外国公司成功地在美国进行美国存托凭证上市。它们摘录自《破解美国存托凭证难题》（Bank of New York et al.，2002）。

1. 任命一名具备国际发售及美国资本市场专业知识的独立会计师/审计师。

2. 外聘一名专注于美国证券法的法律顾问，以就美国证券交易委员会备案、招股说明书（如适用）以及其他相关事宜提供建议。

3. 如果上市涉及在美国的公开发售，委任一家具备适当经验和行业知识、能够在美国市场配售股票的承销商/投资银行。很多投资银行经常竞相担任承销商，这样的竞争也常被戏称为“选美比赛”。一个重要的考虑因素是获得良好的上市后支持的可能性。

4. 委任一家拥有丰富的美国存托凭证上市经验、适当的基础设施、知识丰富的员工以及技术能力的存托银行。

5. 选择一家财务文件印刷商，负责管理保密文件的创建、修改、美国证券交易委员会备案、印刷以及分发。在必要的情况下，也可由财务文件印刷商负责安排外文的翻译。

6. 委任一家专门从事非美国公司在美国上市的投资者关系公司。寻找一家在广告及协助非美国公司方面具有经验的国际沟通公司，并选择一家能够在美国及你所在国家随时联系到资深顾问人员的公司。

7. 向股票上市拟定的交易所提出申请。不同交易所的程序不同。例如，申请在纽约证券交易所上市还涉及对专家公司的选择。

8. 如果上市涉及美国公开发售，还需要准备 Form F-1，这是任何在美国首次发售证券的非美国公司都必须提供的美国证券交易委员会注册报告。该文件需对证券及准备进行的交易作详细说明。该文件需要几个月的准备时间，它还需要与可能需要提供的招股说明书一起提交到美国证券交易委员会的公司金融部门，供其审阅并提出意见。

9. 由存托银行提交托管协议以及 Form F-6 并发送给公司审阅。该文件详细描述存托银行作为公司代理所从事的所有活动。此份文件目前已成为一份标准文件。

10. 让投资者关系公司筹备上市当日的活动安排，其中包括详细的活动建议和宣传战略，并必须说明专案活动及媒体联谊的战术计划，活动的目标为美国及国内市场的关键受众。

11. 如果上市涉及在美国的公开发售，准备红鲱鱼（一份初步招股说明书）。公司及承销商印制招股书的初步版本，以向准投资者推介股票。在该文件中不包括最终的价格。

12. 备案 Form F-1（仅发售）。通过对美国证券交易委员会建议做出完全的、最终的回应，公司及顾问对注册报告作最后的修改，并由财务文件印刷商在美国证券交易委员会备案。

13. 向标准普尔提出获得 CUSIP（统一证券识别程序委员会）号码的请求。作为证券的识别码，CUSIP 为金融中介机构提供了一个在所有的证券处理与记录阶段识别该公司的统一编码。承销商从必要的主管部门为新的美国存托凭证请求获得一个独特的证券识别号码。

14. 最终敲定交易所上市协议。所有各方都需同意该协议，同时发行人承诺受选定证券交易所法规的约束。

15. 与存托银行就文件的最后细节达成一致意见，然后以 Form F-6 的形式在美国证券交易委员会备案，以供其审阅并提出意见。审阅过程一般需要 4 周时间。

16. 如果上市涉及在美国的公开发售，发行价格必须确定。承销商考虑市场条件及投资者要求后，最终确定发行价格。

17. 如果上市涉及在美国的公开发售，安排结算日期，其中涉及公司、承销商（如果适用）、存托银行以及各方的法律顾问。承销商将股票销售所得转移给公司（或其他销售方），公司将普通股转移到存托银行的次托管账户。

18. 组织上市当日的活动。这可能包括大量的推销活动以及媒体报道。

19. 美国存托凭证交易开始！

全球存托凭证

到目前为止，我们所讨论的很多美国存托凭证也是**全球存托凭证**（global depositary receipts，GDR）计划的一部分。全球存托凭证与美国存托凭证类似，但它们可在很多市场交易，并以交易所在的市场货币进行结算。一个重要的全球存托凭证计划涉及 Telmex，即墨西哥电话公司。该公司于 1991 年进行国际发售，是第一起发展中国家的公共设施股票进行国际发售的案例。最近的一个实例是德意志银行于 2002 年为俄罗斯第七大原油生产商 Bashneft 的股票发起的一个无保荐全球存托凭证计划。

全球存托凭证并不总是与现有公司寻求增加股东基础、筹集额外资本有关。它们还可以与希望第一次利用股权市场的公司有关。有些公司在国内发行股票，但同时也针对外国投资者，特别是外国机构投资者发行股票。当一家公司在多个外国市场发行股票时，有时也同时在国内市场发行，这种发行便成为**欧洲股权市场**（Euro-equity market）的一部分。与在第 11 章讨论的欧洲货币及欧洲债券市场一样，欧洲股权市场也涉及国际发行以及全球销售，尽管更确切的名称应该是**外部股权市场**（external equity market）（参见第 6 章）。

最近的研究表明，初级股权市场的国际化水平越来越高，在非美国公司首次公开发售中，有超过 15%的部分涉及美国上市。20 世纪 80 年代发生在欧洲以及 20 世纪 90 年代发生在新兴市场的政府企业的私有化浪潮，是这一国际化背后的一个重要因素。随之而来的股票发行——如 1984 年 12 月英国电信的股票发行；阿根廷国有石油公司 YPF 于 1993 年的股票发行；以及很多东欧公司的股票发行，如匈牙利的 OTP 银行于 1995 年进行的股票发行——由于涉及金额巨大，所以外国投资者的直接参与对这些发行非常有利。有趣的是，看起来在首发中以美国投资银行作为承销商能够为新股获得更好（也就是更高）的价格。

存托凭证市场的规模与增长[①]

在 20 世纪 90 年代，美国存托凭证占据着交叉上市市场的主导地位，但最近这一状态发生了变化。截至 2006 年年底，现有的总共 1 984 个保荐存托凭证中，34%为一级美国存托凭证，24%为在美国上市的美国存托凭证，但超过 42%已属于全球存托凭证计划的一部分。

存托凭证计划近来取得了惊人的增长。根据纽约银行的数据（《存托凭证，2006 年年底市场回顾》，2007），自 1992 年以来，每年均会新增 85～189 个存托凭证计划。其中部分增长来源于新兴国家在实行大规模的自由化计划后，来自新兴市场的很多公司希望在全球最大的资本市场筹集资金。截至 2006 年 6 月，纽约银行的数据表明，印度现有的存托凭证计划总数超出所有其他国家。在印度之后，英国及澳大利亚一起排在前三的位置。俄罗斯、中国台湾、中国香港、巴西分别占有存托凭证计划的 5%～6%。

俄罗斯公司主要在伦敦证券交易所（LSE）上市。实际上，非美国的证券交易所，特别是卢森堡与伦敦的证券交易所，已成为最重要的上市市场，并取代了美国的位置。不过，就交易活动而言，纽约证券交易所仍是最大的存托凭证交易市场，其交易量遥遥领先，2006 年的存托凭证交易值达到全球总量的近三分之二。

2006 年，在美国交易最活跃的存托凭证是芬兰移动电话公司诺基亚、英国石油公司 BP、以色列医药公司泰华制药、中国互联网公司 Baidu. com，以及巴西石油公司 Petrobras。

---

① 此处讨论的大部分数据均以纽约银行 2007 年的数据为基础。

针锋相对

荷兰皇家壳牌的定价

Ante 正在仔细阅读报纸的金融版，寻找荷兰皇家壳牌美国存托凭证的价格。Freedy 大喊道："你不是又在找套利机会吧？你难道不知道，国际金融市场是一个有效的市场？"

Ante 答道："你认为市场是有效的，但你还没有读过 Ken Froot 和 Emile Dabora（1999）发表在《金融经济学期刊》上的这篇文章。他们真的发现了一个弥天大谎。我会发财的！"

Ante 向 Freedy 列举了以下事实："一份公司章程将一家荷兰公司——荷兰皇家石油（RDP）和一家英国公司——1907 年成立的壳牌运输与贸易公司（STT）联系在一起。

两家公司的所有运营单位均使用同样的品牌名称，即壳牌，同时所决定的对股东的现金分配为：60%的现金分配给荷兰皇家石油的股东，40%分配给壳牌运输与贸易公司的股东。这种安排看起来好像是一家公司有两类股权。荷兰皇家石油在欧洲的九家交易所上市，其美国存托凭证在美国的纽约证券交易所交易。壳牌运输与贸易在伦敦上市，其美国存托凭证也在纽约证券交易所交易。"

听他讲得这么具体，Freedy 问道："这又怎么样？我估计你发现了在荷兰皇家石油的阿姆斯特丹价格与其美国存托凭证纽约价格之间存在差别，还是壳牌运输与贸易的伦敦价格与美国存托凭证的纽约价格不同？是哪种不同？当然，你必须将价格兑换为同一种货币，同时美国存托凭证代表的可能不止一股股票。"

Ante 答道："你说得没错。每股荷兰皇家石油在阿姆斯特丹的价格应等于每份美国存托凭证纽约价格乘以欧元/美元的汇率。另外，壳牌运输与贸易的美国存托凭证代表壳牌运输与贸易在伦敦的 6 股股票，因此美元/美国存托凭证应等于（美元/英镑）×（英镑/股）×6。Froot 和 Dabora（1999）的计算结果表明，价格相差的幅度一般都在 2%～3%之内。另外，很难在同一时间得到股票、美国存托凭证以及汇率的报价。因此，我知道自己没有办法从这些微小的价格差别中获利。真正的问题是壳牌的价格与荷兰皇家的价格差异。"

Freedy 来了兴趣："你指的是什么？如果荷兰皇家石油的流通股为 X 股，壳牌运输与贸易的为 Y 股，如果荷兰皇家石油的股东得到 60%的现金流，壳牌运输与贸易的股东得到 40%的现金流，荷兰皇家石油每股的价格应等于 $(Y/X)\times(60/40)\times$(每股 STT 价格)。这说明 Froot 和 Dabora（1999）通过这样的计算发现了一个大的价格差。"

Ante 咧嘴而笑："绝对正确。荷兰皇家石油的流通股为 536 074 088 股，壳牌运输与贸易的流通股为 3 314 503 242 股。因此，一股荷兰皇家石油的价值应等于(3 314 503 242/536 074 088)×(60/40)＝9.274 4 股壳牌运输与贸易股票。或因为 6 股壳牌运输与贸易股票＝1 股壳牌运输与贸易美国存托凭证，因此 1 股荷兰皇家石油美国存托凭证＝1.545 7 股壳牌运输与贸易美国存托凭证。在 Froot 和 Dabora（1999）观察这些价格时，价格差经常高达 15%。这可是能开卡车的差别！"

与以往一样，Suttle 听着他们的讨论，他感觉现在有必要插入到他们的对话中了。他问道："这么说，Ante，你的伟大计划是什么？"

Ante 答道："这样，如果壳牌运输与贸易的价格低于皇家荷兰石油的 15%，我就会买入壳牌运输与贸易，同时卖出荷兰皇家石油，以将价差收入囊中：这就是套利！"

Suttle 说："噢，听起来太简单了。但如果价格低得更多呢？"

"你什么意思？"Ante 问道，"我照样赚钱，不是吗？"

"实际上，Ante，如果价差变得更大，你便会亏本。"Suttle 说，"记住，到一定的点位上，你必须填补卖空仓位。如果荷兰皇家石油的价格上升幅度超过壳牌运输与贸易的价格上升幅度，虽然会进一步扩大两者的价差，但你会因此亏本。同时，如果荷兰皇家石油下降的价值低于壳牌运输与贸易下降的价值，你也会亏本。只要有价差，套利便存在风险。"

Ante 答道："这样啊，让我再想想。"

后记

2005年，荷兰皇家石油与壳牌合并为荷兰皇家壳牌股份公开有限公司，总部位于海牙。目前的新公司有两类股票，A股及B股。它们在伦敦证券交易所以及欧洲证券交易所阿姆斯特丹交易，同时以美国存托凭证的形式在纽约交易。两类股票的权利相似，只是股息收入的来源不同，在税务处理上，A股股息来自荷兰，B股的来自英国。

12.3 交叉上市的优点与缺点

存托凭证对于投资者而言非常方便，因为它们提供了一个以较低的成本实现国际多样化的机会。存托凭证克服了外国托管协议等方面的障碍，并方便地以本国货币计价并派发股息。从根本上说，存托凭证的交易、结算以及清算方式与本国证券相同，投资者购买与出售存托凭证的方式与任何其他本国股票完全一样。

那么公司可以从交叉上市中得到哪些好处呢？交叉上市主要通过降低资本成本（进而提高股票价格）来提升股东的价值。另外，通过利用额外的国外资本，跨国公司能够更加充分地利用增长机会。大部分实证研究都以在美国上市的外国公司为研究重点。尽管各项研究的估算结果存在一定差异，但一般而言，公司通过美国存托凭证计划的引入，能够降低1%～3%的资本成本（例如，可参见Stephen Foerster和Andrew Karolyi，1999，2000；以及Darius Miller，2000）。交叉上市降低资本成本的潜在原因很多，包括提高了流动性；增加了股东基础；因为交叉上市涉及具有全球资本市场性质的股票，所以形成了不同的定价机制；以及由于跨国公司交叉上市所在国家的法规要求，改进了公司的治理。

当然，交叉上市也不是免费的午餐。涉及的成本包括支付给交易所的费用以及路演成本，同时更重要的是，公司的管理层可能需要在不情愿的情况下，应对更高程度的监督。图表12.9从交叉上市公司的角度，概述了交叉上市的利弊。以下两节将更加详细地解释这些收益与成本，并试图总结很多有关交叉上市效果的文献资料。

交叉上市的收益可能并不仅仅限于交叉上市的公司。Michael Urias（1995）以及Nuno Fernandes（2005）的研究表明，那些虽然未交叉上市但与交叉上市公司股票相关（如处于同一行业）的本国公司也可能感受到积极的价格效果。这样，美国存托凭证发行所带来的收益便会“溢出”到本地市场。

公司选择交叉上市的原因

流动性

流动性影响股票价格是一个得到广泛认可的观点。股票的流动性越好，其预期回报便越低，因此其价格便高于流动性较差的股票（Yakov Amihud and Haim Mendelson，1986）。[①] 因此，在

① 这种效果并没有想象中的明显，特别是在市场中证券数量非常多的时候，如在美国市场。如果一只证券的流动性较差，但投资者仍愿意将其包括在投资组合中，那么如果投资者知道自己必须在相对较短的时间内出售证券，则在同样风险敞口的情况下，投资者便会选择紧密相关但流动性更佳的证券。如果投资者的投资时间较长，则应选择价格更低、流动性更差的资产。这些客户效应可能会使“流动性升水”小于应有的水平。

规模大、流动性好、能够降低投资者交易成本的市场上进行交叉上市，能够提高流动性，降低期望收益，进而提高股票价格。

虽然目前对于流动性效果的相对重要性还有一些争议，但研究表明，一般而言，经过境外上市后，股票的总交易量会出现上升，同时国内市场的买卖价差也会出现大幅下降，其中主要的原因是由于来自新市场的竞争。如果国外市场交易还能提高价格、改进效率并降低内幕交易机会，那么交叉上市便具有了一个额外的收益。间接而言，在多伦多、东京或欧洲交易所上市的美国公司价格影响较小的事实表明，流动性是交叉上市的一个重要收益。

图表 12.9　　交叉上市的成本与收益

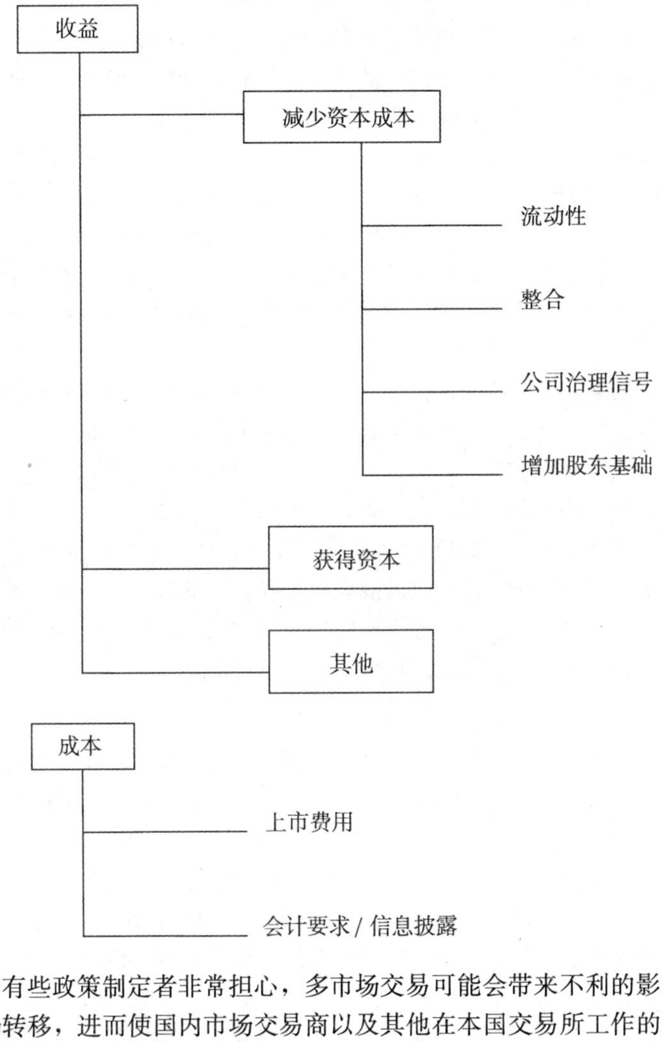

尽管如此，有些政策制定者非常担心，多市场交易可能会带来不利的影响。如果交叉上市导致交易向新市场转移，进而使国内市场交易商以及其他在本国交易所工作的人境况变得更差，未交叉上市公司的流动性会进一步恶化。

更广的股东基础

一般认为，美国存托凭证的上市能够扩大公司的股东基础，而股东基础扩大本身便可能产生价格影响。Robert Merton（1987）提出了一个理论，认为投资者在建立自己的投资组合时，只会考虑一部分可以购买的证券。其原因可能是由于信息问题，投资者对其他证券不了解；或由于交易成本过高，投资者对这些股票望而却步。在这些情况下，相比于股东基础较狭窄的股票，拥有广泛股东基础的证券风险较小，投资者对这些股票的期望收益较低，因而其价格也较高。

如果通过美国存托凭证的交叉上市从理论上能够扩大投资者基础，我们应该可以看到股票价格的上升以及远期期望收益的降低。这一论据的特别重要性在于，在很多国家，机构投资者由于法律或自身章程的原因，在进行外国投资时会受到一定的限制。不过，由于交叉上市的证券经常被看成是一种国内证券，所以，它便成了有些机构投资者进行国际多样化投资的唯一途径。

市场整合

在多家市场组成的整合体系中，具有类似风险的证券会具有同样的预期收益，与其交易所在哪个市场无关（详细阐述请参见第 13 章）。如果一家公司所在国家没有完全与世界资本市场整合，那么其资本成本一般较高，原因是该公司股票的大部分风险都必须由其国内投资者承担。如果该公司能够为外国投资者找到一种成本较低的方法来持有其股票，那么这些外国投资者便能够分担该公司的部分风险，并因此降低资本成本。

投资障碍将国内资本市场与全球资本市场区分开来。投资障碍一般分为直接障碍与间接障碍（Geert Bekaert，1995；George Nishiotis，2004）。直接障碍包括监管摩擦，如外汇管制、外资所有权限制、税收以及交易成本。例如，在 20 世纪 90 年代的大部分时间内，韩国政府限制外资在韩国公司内的所有权不得超出其总市值的 10%。间接障碍形成的原因是一个国家对其公司的信息披露要求不够严格以及对于投资者的保护不够到位。这些因素可能在国际投资者的投资决策中占据重要的位置。

通过在美国或其他国家上市，公司可以让投资者更容易地购买其股票，可以看做是一种投资自由化。在有些情况下，政府会在实质上放松对交叉上市股票的限制，以防止在本国股票价格与国外市场股票价格之间进行跨境套利。例如，尽管在 20 世纪 90 年代中期，智利对于外国投资者的资本流动以及股息汇回活动进行限制（也就是外国投资者在初始投资后的至少一年内，不得汇回资本或股息），而在同一时间，智利对很多在美国交叉上市的智利公司取消了这一限制。因此，交叉上市消息的宣布能够提高股价并降低之后的期望收益。与该假设一致的现象是，相比于来自发达市场的公司，来自新兴市场的公司一般会经历较大的交叉上市价格影响，原因在于新兴市场更有可能是一个与世界资本市场相分离的市场。

公司治理信号

公司治理的改进有助于降低间接障碍（参见第 1 章）。在公司金融理论中，现在有一个公认的观点是，很多公司都面临着严重的代理问题，即控股股东或管理层会谋求对于公司资金的挪用。公司控制方的私人利益会导致公司不能在投资、招聘等方面（为其股东）做出最佳的决策。在那些投资者保护措施不充分、会计标准落后的国家（不仅包括新兴市场，也包括很多欧洲国家），控制方的这些私人利益可能很严重，并对股票价格产生打压作用。

当公司在一个投资保护措施到位、会计标准水平高、信息披露要求严格的市场进行交叉上市时，公司需要做出承诺，加强对于管理层及控股股东的监督。如果它们在美国上市，则还需要面临喜好诉讼的美国法律体系的严格监管。减少了由于代理问题而导致的自身成本后，公司未来现金流的现值能够得到增加。上市作为一种管理质量提高的信号，降低了公司治理对价格的负面影响，有助于公司在未来实现更低的资本成本。

上述这种推理方式被称为“约束假设”，它在韩国最大的银行韩国国民银行 2001 年 11 月的纽约证券交易所上市中扮演着重要的角色。该行行长及首席执行官金正泰解释道：“1997 年韩国经历了金融危机后，很多外国投资者对于韩国银行的账簿感到怀疑，而我们在海外上市，特别是在纽约证券交易所上市，目的便是想要澄清事实。我想我们已全面接受了更加保守的美国公认会计原则在会计透明度以及资产质量方面对我们进行的大考。我们的主要目的就是要尽可能地开放化。”

Craig Doidge，Andrew Karolyi 和 René Stulz（2004）以及 William Reese 和 Michael Weisbach（2002）的研究表明，进行交叉上市的新兴市场公司，其之所以能够得到较高的估值，在很大程度上要归功于公司治理信号的作用。Mark Lang，Karl Lins 和 Darius Miller（2002）最近的研究也表明，更加严格的信息披露要求能够产生一个重要的附加收益：它们改进了分析人员对于盈利的预测，进而有助于发现更加准确的价格。

资本需求以及增长机会

在新兴市场以及一些小国家，常有一些公司能够从本国市场中脱颖而出，并通过交叉上市筹集继续增长所需的资本。另外，上述全球性的私有化浪潮在一些资本极度密集型行业，如电信、能源以及交通等，打造出很多超级大公司。与其国内市场相比，这些公司的规模必定要求这些公司将筹集资本的眼光放到本国之外的市场。例如，韩国电信于 1998 年通过国内首次公开发行开始私有化进程，并很快于 1999 年 5 月发行美国存托凭证。

如果公司在利用外部金融市场方面受到限制，那么便只有通过产生更多的内部现金流才能获得进一步投资所需的资金。因此，对于融资渠道受限的公司，其真正的投资将对现金流的增长非常敏感。融资渠道限制更有可能出现在金融业务不够发达的市场。Karl Lins，Deon Strickland 和 Marc Zenner（2005）的研究表明，外国公司在美国上市后，其融资渠道方面的限制会大幅减弱，增加了在债务及股权市场筹集资金的能力。利用证明交易质量的能力，获得外国投资银行的资金，以及承销服务提供商之间更加激烈的竞争，都有助于降低筹集外部资本的成本。

交叉上市的其他收益

一家总部位于德国的软件公司 SAP，1999 年在纽约证券交易所上市时，一方面希望提升股东价值，另一方面则希望改善其在美国的商业背景。拥有美国客户群的外国公司，考虑到必须进行的路演以及宣传活动，一个上市证券能够不断得到比以往更多的媒体报道，因此交叉上市有助于提高品牌知名度。

Marco Pagano，Ailsa Roell 和 Josef Zechner（2002）甚至宣称，通过交叉上市，公司能够将其国外销售占总销售的百分比提高 20%。当然，这种情况更有可能发生在那些旨在扩大国际市场活动，并通过利用国际资本市场为其运营扩展提供资金的交叉上市公司。

有趣的是，美国存托凭证也在跨境收购中扮演一定的角色。例如，2000 年 9 月，一家总部位于芬兰的纸业公司，斯道拉恩索公司，以 50 亿美元的价格收购了美国联合纸业公司。斯道拉恩索以美国存托凭证的形式，以公司自己的股票支付一半的收购款。另一个例子涉及 AngloGold，一家南非矿业公司。该公司于 1998 年 6 月以一级美国存托凭证开始，并很快在纽约证券交易所上市，为纽约证券交易所的钟台带来了一只真正的狮子。这种活动明显引来了很多媒体报道，但上市的真正目的，根据首席执行官博比·戈德塞尔（Bobby Godsell）的说法，并不在于媒体报道。他在访谈中表示，公司的美国存托凭证计划在公司的收购计划中扮演着重要的角色。2004 年，AngloGold 与加纳的 Ashanti Goldfields 公司合并。Ashanti 是世界上第二大黄金生产商。

最后，美国存托凭证也会对人力资源部门有所帮助，因为可以更方便地为在美国工作的高级人才设置一个股票或股票期权薪酬计划。

公司抵制交叉上市的原因

如前所述，公司需为在国外交易所的上市承担一定的成本。其中有直接的一次性成本，如注册及上市费用，也有定期的报告及信息披露费用。后者是很多公司不愿意在海外上市的主要限制因素。当戴姆勒—奔驰的股票在纽约证券交易所交叉上市时，它对于必须披露管理层薪酬方案的要求感到很不高兴。德国与瑞士的公司也经常通过隐藏会计公积金来“平衡”报告盈利；而根据美国公认会计原则，这样做并不合法。平衡盈利的好处之一是在税率水平较高时帮助减少税收，具体请参见第17章的阐述。

在他们2004年的研究中，Craig Doidge，Andrew Karolyi 和 René Stulz 认为，尽管交叉上市对于公司比较有利，但可能并不能为控股股东带来利益，因为根据美国公认会计原则，控股股东必须放弃一些私人对公司的控制利益。通过在美国上市，外国公司增加了其股东的权利，特别是少数股东的权利。同时上市也会限制控股股东通过对公司的控制谋求个人利益的能力。就这一点而言，不少大型公司并没有将股票在美国交叉上市的做法就不足为奇了。

哪些公司会选择交叉上市？看起来似乎是那些具备良好的增长机会、需要投资资金、同时很难从内部或通过债务获得增长所需资金的公司。对于这些公司而言，对公司进行控制的个人利益相对较小，同时控股股东能够从公司的增长中获益。因此，交叉上市公司的增长机会应被认为具有更高的价值，因为它们能够从这些机会中获得更大的利益，同时只有一小部分现金流能够被控股股东利用。

从最近美国经历的情况来看，成本问题比较突出。2006年，四分之三的新存托凭证在非美国的交易所完成。很多人认为这种转移可能反映了美国《萨班斯-奥克斯利法案》公布后，诉讼及公司治理法规的成本问题。

案例研究

世界首只真正意义上的全球股票

背 景

戴姆勒—奔驰有限公司，生产梅塞德斯—奔驰轿车的著名制造商，于1895年在德国斯图加特成立。到20世纪80年代，它已成为德国最大的工业公司之一。1997年，净销售额超过680亿美元。1997年12月31日，公司的市值为360亿美元。公司拥有55万多名股东，股票分布于全球14个证券交易所，其中包括纽约证券交易所，其美国存托凭证于1993年在纽约证券交易所上市。除了轿车之外，它还生产发动机部件、卡车以及动力系统；另外，公司还有一个金融服务以及咨询部门。

1997年，克莱斯勒公司为美国三大轿车制造商中最小但效率最高的一家公司。其总部位于密歇根州的奥本山。克莱斯勒的运营范围涉及两个主要行业：汽车运营部包括轿车及卡车以及相关配件，另外一个为金融服务。1997年，其净销售额为610亿美元，1997年12月31日的市值为230亿美元。持有其股票的股东人数达到13.5万，股票在全球交易，其中包括德国的法兰克福、柏林以及慕尼黑。

1998年5月，戴姆勒—奔驰决定与克莱斯勒公司合并。两家公司宣布，合并能够打造一个全球性多样化的汽车、柴油发动机、飞机、直升机、空间防御系统、其他产品及服务的制造商及提供商。1998年11月17日，全球各地的交易所开始交易戴姆勒—克莱斯勒公司的股票。股票的新代码为 DCX。戴姆勒—克莱斯勒发行的是一种新型的股票，即**全球注册股票**（global registered shares，GRS）。全球注册股票为一家公司的普通股，能够自由地进行跨境交易与转移。在美国交易所，全球注册股票以美元进行报价、交易以及结算。与美国存托凭证不同，全球注册股票是公司的真正股票，而不是一个代表由信托机构保管的普通股的凭证。戴姆勒—奔驰与克莱斯勒的管理层同意，合并交易完成后，将设计并实施一个全球股票，以作为发行的唯一股权载体。纽约证券交易所首席执行官理查德·格拉索（Richard Grasso）将这一事件称为证券市场全球化的一个标志。他说："证券在美国将以美元交易，在德意志交易所将以德国马克交易，在全球 16 家其他市场，则以该市场选择的任何货币进行交易。我们第一次构建出一个能够跟随着太阳进行交易的股票概念。"（Andrew Karolyi，2003）

图表 12.10 是全球注册股票融通的示意图。图的左侧列出了在北美实施全球注册股票计划的结构要求，右侧列出了欧洲及亚洲包括法兰克福交易所、七家德国地方交易所以及六家其他世界主要交易所的结构，所有股票的注册及转移均分别由位于美国及德国的代理机构/注册机构处理。欧洲/亚洲部分的建立要求引入注册股票机制，而不是在德国更加常见的无记名股票。美国的存管信托公司（DTC）以及德国的德意志交易所清算系统（DBC）负责处理股票的结算以及账面记录。为了便于建立全球注册股票，美国证券交易委员会批准在 DTC 与 DBC 之间进行电子连接，以便在美国或德国完成跨境交易的清算与结算，确保完全的透明性。

图表 12.10　　戴姆勒—克莱斯勒全球注册股票

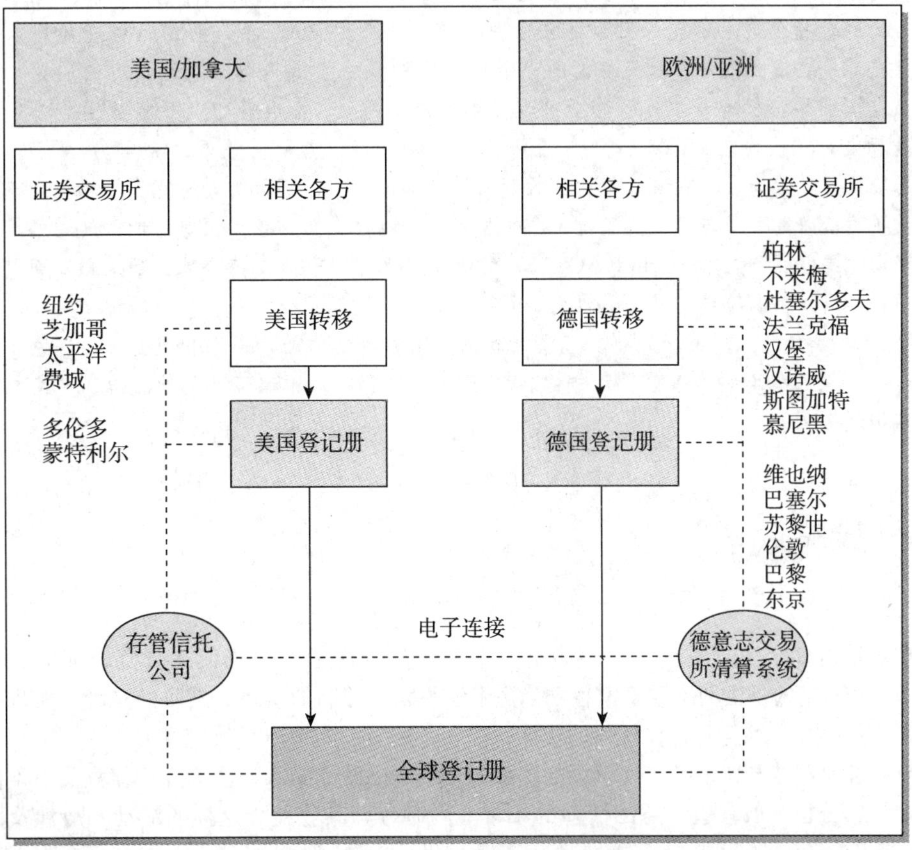

注：改编自 Karolyi（2003），p. 413。转载自 *Journal of Corporate Finance*，9(4)，G. Andrew Karolyi，"DaimlerChrysler AG, The First Truly Global Share," p. 413，Copyright © 2003，获 Elsevier 许可。

全球注册股票与美国存托凭证

要对全球注册股票融资及其收益进行描述，首先要认识美国存托凭证的局限性，反之亦然。美国存托凭证代表对外国市场普通股（以无记名或注册的形式）的可转让权利要求，该权利要求由美国存托银行发行，并通过外国负责保管的联属银行负责外国市场的协调。跨境交易的结算通过存托银行每天进行的美国存托凭证发行或取消（“转化”）来实现，这种交易的费用约为每股5美分。美国存托凭证以美元报价、交易以及结算，股息也由银行通过美元支付。最后，存托银行保管所有权记录，并处理公司的行为。

全球注册股票的“移动部件较少”，不需要存托银行的介入。每股的转化费用包括在单次5美元的存管信托公司结算成本内，而与股票的数量无关，因此，全球注册股票的交易成本可能更低。同时，无须存托银行监视全球注册股票转移、清算以及结算程序的协调，或处理公司行为。另外，美国存托凭证可以灵活地集中（或分散）一定数量的国内市场股票以形成一份凭证，以此确保股票的交易价格范围能够非常接近公司竞争者的价格范围，这样有助于产生额外的流动资金。最后，全球注册股票的股票所有权更加直接。持有全球注册股票的投资者能够享受同样的投票权、接受股息的权利等等，而存托中介可能对此施加一定的限制。

戴姆勒—克莱斯勒的GRS是否成功?

Karolyi（2003）揭开了与戴姆勒—克莱斯勒合并案有关的三个主要发现。第一，计划的实施增加了交易活动，加强了流动性。交易量得到了增加，日内的买卖价差下降。第二，在最初的6个月内，大部分指令最后都转移回到了法兰克福交易所。到2006年，纽约证券交易所只保持了该只股票全球交易量的5%。低交易量的一个可能解释是由于戴姆勒—克莱斯勒的股票不再被认为是一只美国股票，标准普尔500指数将其从组合中删除。（标准普尔500指数由500家公司组成，都是标准普尔认为在美国各行业交叉部门中规模最大、流动性最好的公司。）第三，发行了全球注册股票后，戴姆勒—克莱斯勒的回报变动性大幅增加。尽管戴姆勒—克莱斯勒股票交易量的上升以及买卖价差的下降与其他交叉上市公司相当，但指令流回法兰克福交易所的转移幅度以及回报变动增加的幅度并不正常。Karolyi（2003）的研究对于那些全力支持全球注册股票，将其鼓吹成一个更便宜、更简单的跨境交易融通机制的专家而言，无疑能够缓和一下他们的过度热情。

2007年，戴姆勒—克莱斯勒将其克莱斯勒部分出售给瑟伯勒斯资本管理公司，一家私人股权公司，这一特别的跨境联姻以分手而告终，戴姆勒只保留克莱斯勒19.9%的股份，并将自己的名称改为戴姆勒公司。

12.4 战略联盟[①]

有些项目由多个独立的公司提供资金。最常见的合作形式可能便是合资企业。**合资企业**(joint venture) 指的是由两家或多家独立公司组建并联合控制的实体，其目的是为了实现特定的目标。新实体会尽力综合各合作伙伴的优点。

合资企业是战略同盟的一个实例。**战略联盟**（strategic alliance）意为在法律意义上不同的实体通过协议，分担一项有望获益的活动的成本，同时分享其收益。这样的活动一般涉及巨额投

① 本节中的很多材料都以 David Robinson（2006）为基础。

资，但合作的范围一般较小，仅局限于特定的活动、服务或产品集。战略联盟非常适合于希望交流技术专长的几家公司，或因为法律、监管或文化的限制，无法由一家公司对其他公司采取收购等行为的情况。

瑞士制药公司诺华与美国生物技术研究公司 Vertex 建立的战略联盟可作为一个很好的实例。2001 年，诺华负责对 Vertex 的研究活动提供主要的资金支持，涉及在 6 年内提供总资金约 2.15 亿美元，并且之后的许可费用高达 6 亿美元。作为交换，诺华保留 8 种具有潜在适销性药物的全球分销、开发以及营销权利。该实例并不是一个独立的案例。公司间的合作协议是生物技术行业的标准操作方法，当然这些合作协议也被其他众多行业所采用。图表 12.11 显示了近年来合资企业与战略联盟的数量大幅增长的趋势。

一个有趣的问题是，为什么有些活动要通过战略联盟的形式进行组织，而不是直接在公司内部进行？为什么诺华选择通过与独立公司签订合约的形式进行研究活动，而不是在内部从事研究活动？David Robinson（2006）提出了一个有趣的可能性。他认为战略联盟经常被用来为“劣势项目”提供资金。劣势项目的潜在回报非常高，同时其成功的可能性却非常低；也就是说，它们是一个风险性极高的投资。尽管与其他项目相比，劣势项目与其他项目具有同等甚至更高的期望价值，但相关部门的负责人可能会不太愿意在这些项目中花费过大的精力，主要是害怕公司总部减少对于劣势项目的资源投入。通过与从事劣势项目的、规模较小的外部公司结成联盟，一个集中化程度高的大型公司（“母公司”）需要确保项目得到一些基本的资金支持，因为联盟关系是两个独立法律实体之间的一个可通过法律实施的合约关系。作为交换，母公司得到项目收益的一部分，同时允许从事劣势项目的独立公司在项目前景改善的情况下，选择获取更多资金。

图表 12.11　　战略联盟的增长

	国内交易				与美国公司的国外交易				总计	
			跨境				跨境			
年份	合资企业	战略联盟	交易	合作伙伴	合资企业	战略联盟	交易	合作伙伴	国内交易	＋与美国公司的交易
1985	50	152	25	177	48	314	1	343	202	564
1990	515	165	65	395	557	1 451	15	1 307	680	2 688
1995	917	2 426	478	1 165	1 328	510	118	1 688	3 343	5 181
1997	680	2 039	369	950	679	371	87	946	2 719	3 769
1999	454	2 577	299	848	565	984	49	1 428	3 031	4 580

注：本图表按年份汇总了战略联盟及合资企业活动的数据。其中包括在美国发生的联盟活动协议数量以及在国外发生但涉及美国公司的协议数量。合资企业是通过合作协议，由发起公司的成员组成一个第三方公司，以对协议活动进行监督。对于战略联盟而言，只涉及合约的签署，不涉及任何具有法律意义的控制组织的建立。“年份”指的是协议宣布的时间。“跨境”意为协议涉及不同的国家；跨境交易为在多个国家运作的交易，而跨境联盟关系则指的是来自不同国家的发起公司订立的协议，不管联盟本身是否跨境。“＋与美国公司的交易”一栏为国内交易总数（合资企业＋战略联盟）加上涉及美国公司的外国交易。该表摘录自 Robinson（2006）。

小　结

本章考察了全球市场的股权融资。其要点如下：

1. 跨国公司可通过向现有股东或新股东发行股票的方式获得额外的资金。大部分跨国公司都将股票在总部所在国家的证券市场上市，但也有很多公司将股票在全球的多个证券交易所上市，并且很多公司都喜欢选择美国的证券交易所作为国外上市的场所。

2. 最大的证券交易所位于美国、英国以及日本。与欧洲证券市场不同，相对于各自国家的国内生产总值，这些市场的相对规模也很大。在欧洲，银行融资相对而言，仍是公司所需资金的一个重要来源。

3. 大部分证券市场都为私有组织或由多个金融机构共有（银行交易所），但目前也有很多重要的市场是上市公司。

4. 交易系统分为指令驱动型或价格驱动型系统。在价格驱动型系统中，交易商作为特定股票的做市商，随时准备以买入价买入股票，或以卖出价卖出股票。美国的纳斯达克便是这样一种市场。在一个指令驱动型系统中，股票价格通过将股票供应方与需求方集中在一起的竞拍系统产生。东京证券交易所便采用了指令驱动型系统。而纽约证券交易所则对两个系统进行了综合。

5. 全球证券市场的自动化程度越来越高。

6. 为了应对竞争压力，证券市场通过相互整合，为国际投资者提供了更多的交易时间，并自动实现股票的交叉上市。

7. 换手率等于某交易所一年的总交易量除以该交易所的市值。换手率常被看成是一个流动性指标。在所有发达证券市场中，美国的换手率最高。

8. 换手率与交易成本成反比。交易成本包括经纪费用、买卖价差以及市场影响（即进行大宗交易时，可能会得到不利的价格）。

9. 新兴证券市场是发展中国家（地区）的证券市场，该市场在 20 世纪 90 年代的金融自由化进程中得到了迅猛的发展。今天，最大的新兴市场包括印度、南非、中国台湾、韩国、俄罗斯以及巴西。

10. 与发达市场相比，新兴市场的交易成本一般较高，并且换手率一般较低。

11. 当外国公司将其股票在美国上市时，它们一般会选择采用美国存托凭证的方式，这些凭证由存托银行托管，代表在本国证券市场发行的一定数量的实际股票。

12. 美国存托凭证计划有三个类型：一级凭证（不在交易所交易）、二级凭证（在交易所交易）以及三级凭证（在交易所交易并筹集资本）。另外，还可通过《144A 规则》进行私募。

13. 全球存托凭证与美国存托凭证类似。不过，除了在美国的交易所进行交易外，它们还可以在很多其他交易所进行交易。

14. 股票的交叉上市能够通过多种渠道降低公司的资本成本，包括提高流动性并改善公司治理。它还可以提升公司品牌的知名度，直接获得外国资本，并简化未来筹集资金的程序。

15. 全球注册股票以不同的货币在全球多个不同的市场同时交易，各个市场的股票具有完全的可互换性。

16. 战略联盟是具有独立法律地位的实体间订立的一份协议，以分担特定投资的成本，同时分享相关的收益。

简答题

1. 公有交易所、私有交易所以及银行交易所有什么不同？

2. 价格驱动型交易系统与指令驱动型交易系统有什么不同？哪种系统更容易实现自动化？

3. 是否存在一个与全球外汇市场类似的全球证券市场？

4. 什么是换手率？

5. 证券交易成本的三个主要成分是什么？

6. 换手率高是否一定意味着交易成本较低？

7. 美国存托凭证与全球存托凭证之间有何区别？

8. 公司进行股票交叉上市的动因是什么？

9. 交叉上市是否为大多数上市公司带来了收益？如果是的话，为什么还有很多公司没有交叉上市？

10. 全球存托凭证与全球注册股票之间的区别是什么？

11. 什么是战略联盟？

12. 什么是合资企业？

应用题

1. 下表显示了在宣布股票即将交叉上市后，平均股价上升（用百分比表示）的情况（Darius

Miller，2000）。这样的价格反应可解释为对于当日发生的风险与市场运动的修正：

	所有发行的美国存托凭证	筹资性	非筹资性
新兴市场	1.5	0.9	2.8
发达市场	0.9	0.7	0.9
总平均	1.2	0.8	1.4

尽管这些数字看起来较小，但重要的是要知道，在国内市场宣布股权发行时，作为一种筹资活动，可导致回报平均下降 2%～3%（Ronald Masulis and Ashok Korwar，1986）。主要的原因是筹资性的股权发行被管理层看成是公司可能会被证券市场过高估价的信号。

根据本章的学习内容，回答下列问题：

a. 公司股票交叉上市时，价格为什么会出现积极的反应？

b. 对于新兴市场公司的价格反应为什么会大于对于发达市场公司的价格反应？

c. 如果不知道国内市场的股票发行会产生负面的价格反应，那么对于筹资性及非筹资性美国存托凭证之间出现的差异是否会令人感到惊奇？请说明原因。

2. 假定你是一个在美国的投资者，并且你希望以国际化的股票实现所持有股票的多样化。通过美国存托凭证，你可获得哪些收益？将国际组合仅局限于美国存托凭证是否明智？

参考文献

Aggarwal，Reena，2002，"Demutualization and Corporate Governance of Stock Exchanges，" *Journal of Applied Corporate Finance* 15，pp. 105 - 113.

Alexander，Gordon，Cheol Eun，and Sundaram Janakiramanam，1998，"International Listings and Stock Returns：Some Empirical Evidence，" *Journal of Financial and Quantitative Analysis* 23，pp. 135 - 152.

Amihud，Yakov，and Haim Mendelson，1986，"Asset Pricing and the Bid-Ask Spread，" *Journal of Financial Economics* 17，pp. 223 - 249.

Baker，H. Kent，John R. Nofsinger，and Daniel G. Weaver，2002，"International Cross-listing and Visibility，" *Journal of Financial and Quantitative Analysis* 37，pp. 495 - 521.

Bank of New York，2007，"The Depositary Receipt Markets：The Year in Review—2006."

Bank of New York，Gavin Anderson & Company，Van der Molen Specialists，PricewaterhouseCoopers，and Bowne，2002，"Solving the ADR Puzzle：The Expert Guide to Building a Successful ADR Program，" www. adrbny. com/files/2002 _ VDM _ Guide _ . pdf.

Bekaert，Geert，1995，"Market Integration and Investment Barriers in Emerging Equity Markets，" *World Bank Economic Review* 9，pp. 75 - 107.

Bekaert，Geert，and Campbell R. Harvey，2003，"Emerging Markets Finance，" *Journal of Empirical Finance* 10，pp. 3 - 55.

Bekaert，Geert，Campbell R. Harvey，and Christian Lundblad，2007，"Liquidity and Expected Returns：Lessons from Emerging Markets，" *Review of Financial Studies* 20（6），pp. 1783 - 1831.

Bessembinder，Hendrik，1998，"Trade Execution Costs on NASDAQ and the NYSE：A Post-reform Comparison，" working paper.

Chowdhry，Bhagwhan，and Vikram Nanda，1991，"Multimarket Trading and Market Liquidity，" *Review of Financial Studies* 4，pp. 623 - 656.

Derrabi，Mohamed，Erik de Bodt，and Robert Cobbaut，1999，"*Periode de Transaction，Volatilite et Correlation Serielle des Rendements Intrajournaliers：Unce Analyse du Marche Continu de Casablance*，" discussion paper，Centre d'Economie et Gestion Financiere，Université Catholique de Louvain.

Doidge，Craig，Karolyi G. Andrew，and René M. Stulz，2004，"Why Are Foreign Firms Listed in the

U. S. Worth More?" *Journal of Financial Economics*, pp. 205 - 238.

Domowitz, Ian, Jack Glen, and Ananth Madhavan, 1998, "International Cross-listing, Ownership Rights and Order Flow Migration: Evidence from Mexico," *Journal of Finance* 53, pp. 2001 - 2028.

Domowitz, Ian, Jack Glen, and Ananth Madhavan, 2000, "Liquidity, Volatility and Equity Trading Costs Across Countries and Over Time," working paper.

Errunza, Vihang, and Darius Miller, 2000, "Market Segmentation and the Cost of Capital in International Equity Markets," *Journal of Financial and Quantitative Analysis* 35, pp. 577 - 600.

Fernandes, Nuno, 2005, "Market Liberalization: Spillovers from ADRs and Implications for Local Markets," working paper.

Foerster, Stephen, and G. Andrew Karolyi, 1993, "International Listings of Stocks: The Case of Canadian and the U. S. ," *Journal of International Business Studies* 24, 763 - 784.

Foerster, Stephen, and G. Andrew Karolyi, 1999, "The Effects of Market Segmentation and Investor Recognition on Asset Prices: Evidence from Foreign Stocks Listing in the U. S. ," *Journal of Finance* 54, 981 - 1013.

Foerster, Stephen, and G. Andrew Karolyi, 2000, "The Long Run Performance of Global Equity Offerings," *Journal of Financial and Quantitative Analysis* 35, pp. 499 - 528.

French, Kenneth and James Poterba, 1991, "Were Japanese Stock Prices Too High?" *Journal of Financial Economics* 29, pp. 337 - 363.

Froot, Kenneth, and Emile Dabora, 1999, "How Are Stock Prices Affected by the Location of Trade?" *Journal of Financial Economics* 53, pp. 189 - 216.

Ghysels, Eric, and Mouna Cherkaoui, 2003, "Emerging Market and Trading Costs: Lessons from Casablanca," *Journal of Empirical Finance* 10, pp. 169 - 198.

Howe, John S. , and Kathryn Kelm, 1987, "The Stock-Price Impacts of Overseas Listings," *Financial Management* 16, pp. 51 - 56.

Jones, Charles, 2002, "A Century of Stock Market Liquidity and Trading Costs," working paper.

Karolyi, G. Andrew, 1998, "Why Do Companies List Their Shares Abroad? A Survey of the Evidence and Its Managerial Implications," *Salomon Brothers Monograph Series* 7.

Karolyi, G. Andrew, 2003, "DaimlerChrysler AG, the First Truly Global Share," *Journal of Corporate Finance* 9, pp. 409 - 430.

Khwaja, Asia I. , and Atif Mian, 2003, "Trading in Phantom Markets: In-Depth Exploration of an Emerging Stock Market," working paper.

Lang, Mark H. , Karl V. Lins, and Darius Miller, 2002, "ADRs, Analysts, and Accuracy: Does Cross Listing in the U. S. Improve a Firm's Information Environment and Increase Market Value?" *Journal of Accounting Research*, pp. 317 - 346.

Lesmond, Desmond A. , 2005, "Liquidity of Emerging Markets," *Journal of Financial Economics* 77, pp. 411 - 452.

Leuz, Christian, 2003, "Discussion of ADRs, Analysts, and Accuracy: Does Cross Listing in the U. S. Improve a Firm's Information Environment and Increase Market Value?" *Journal of Accounting Research* 41, pp. 347 - 362.

Lins, Karl V. , Deon Strickland, and Marc Zenner. 2005, "Do Non-U. S. Firms Issue Equity on U. S. Stock Markets to Relax Capital Constraints?" *Journal of Financial and Quantitative Analysis* 40, pp. 109 - 133.

Ljungqvist, Alexander P. , Tim Jenkinson, and William J. Wilhelm, 2004, "Global Integration in Primary Equity Markets: The Role of U. S. Banks and U. S. Investors," *Review of Financial Studies* 39, pp. 613 - 630.

Lowengrub, Paul, and Michael Melvin, 2002, "Before and After International Cross-listing: An Intraday Examination of Volume and Volatility," *Journal of International Financial Markets, Institutions and Money* 12, pp. 139 - 156.

Lynch, Anthony, and Richard R. Mendenhall, 1997, "New Evidence on Stock Price Effects Associated with Changes in the S&P 500 Index," *Journal of Business* 70, pp. 351 - 384.

Masulis, Ronald W., and Ashok N. Korwar, 1986, "Seasoned Equity Issues: An Empirical Investigation," *Journal of Financial Economics* 15, pp. 91 - 118.

McDonald, Jack, 1989, "The Mochiai Effect—Japanese Corporate Cross-Holdings," *Journal of Portfolio Management* 16, pp. 90 - 94.

Megginson, William L., and Jeffry M. Netter, 2001, "From State to Market: A Survey of Empirical Studies on Privatization," *Journal of Economic Literature* 39, pp. 321 - 389.

Merton, Robert C., 1987, "A Simple Model of Capital-Market Equilibrium with Incomplete Information," *Journal of Finance* 42, pp. 483 - 510.

Miller, Darius, 2000, "Return Behavior and Pricing of American Depositary Receipts," *Journal of International Financial Markets, Institutions and Money* 9, pp. 43 - 67.

Nishiotis, George P., 2004, "Do Indirect Investment Barriers Contribute to Capital Market Segmentation?" *Journal of Financial and Quantitative Analysis* 39, pp. 613 - 630.

Pagano, Marco, Ailsa Roell, and Josef Zechner, 2002, "The Geography of Equity Listings: Why Do European Companies List Abroad?" *Journal of Finance*, pp. 2651 - 2684.

Reese, William A., and Michael S. Weisbach, 2002, "Protection of Minority Shareholder Interests, Cross-listings in the United States, and Subsequent Equity Offerings," *Journal of Financial Economics*, pp. 65 - 104.

Robinson, David T., 2006, "Strategic Alliances and the Boundaries of the Firm," working paper.

Shleifer, Andrei, 1986, "Do Demand Curves for Stocks Slope Down?" *Journal of Finance* 41, pp. 579 - 590.

Siegel, Jordan, 2005, "Can Foreign Firms Bond Themselves Effectively by Renting U. S. Securities Laws?" *Journal of Financial Economics* 75 (2), pp. 319 - 359.

Smith, Katherine, and George Sofianos, 1997, "The Impact of an NYSE Listing on Global Trading of Non-U. S. Stocks," New York Stock Exchange working paper.

Solnik, Bruno, 2000, *International Investments*, 4th ed., New York: Addison-Wesley.

Sorensen, E. H., and L. J. Price, March 13, 2000, *The Salomon Smith Barney Global Equity Impact Cost and Market Liquidity Monitor*, New York: Citigroup.

Urias, Michael, 1995, "Essays on the Effects of Cross-Border Investments in Emerging Markets," Ph. D. dissertation, Stanford University.

Werner, Ingrid, and Allan W. Kleidon, 1996, "UK and U. S. Trading of British Cross-listed Stocks: An Intraday Analysis of Market Integration," *Review of Financial Studies* 9, pp. 619 - 664.

Wu, Guojun, and J. He, 2003, "The Life of a Manipulated Stock," working paper.

Zenner, Marc and Todd Hazelkorn, 2001, "The Benefits of ADRs (and Other Cross-listings)," Salomon Smith Barney report.

第 13 章

国际资本市场均衡

对于一个投资项目，只有在其净现金流的现值超出当前投资支出的情况下，管理层才应该向该项目配置资本。在应用该净现值原则时，需要涉及贴现率的确定。该贴现率——股权资本成本——由资本市场中的投资者确定，这种资本成本的确定机制是现代金融的一个标志。投资者通过购买公司的股票，为公司提供资金时，他们放弃了对很多其他公司的股权进行投资的机会。因此，投资者便要求以一个适当的预期收益率，对其投资的机会成本进行补偿。正是因为如此，公司管理层在进行资本预算时，应根据公司投资者的收益预期，正如投资者对项目进行直接投资那样，确定项目的贴现率。

第 11 章提到，国际债券市场确定的公司债务成本等于无风险（政府）债券利率加上风险溢价，以补偿公司出现债务违约的可能性。类似地，对于任何项目，适当的股权现金流贴现率也取决于公司投资者对于特定项目现金流风险水平的认识。不过，在一个日益全球化的股权市场中，要对该风险进行衡量相当困难，因为其中涉及众多的因素。

如此说来，投资者究竟应如何确定投资的风险水平，同时公司的管理层又该如何了解风险投资所要求的收益率？很不幸的是，对于这些问题并没有一个简单的答案，各种理论众说纷纭。本章阐述了确定股权资本成本的一些必要理论，然后阐述这些理论在国际环境下的应用方式。因为股权资本的成本由投资者确定，所以我们首先从国际投资这个迷人的世界开始，了解最佳组合选择理论。

13.1 国际投资的风险与收益

俗话说："不要将所有鸡蛋放在一个篮子里"，相信这一说法的投资者免不了希望寻求对于外国股票甚至是哪些非常规市场的股票进行投资的机会。如第 12 章所述，全球证券市场为投资者提供了一个丰富的投资选择菜单，有望为他们实现更高的收益率，同时分散风险的类型。要理解国际投资的好处与缺点，我们必须全面理解国际市场内风险与收益的决定因素。而首先我们必须理解货币波动对于国际投资的影响。

境外投资的两个风险

当一名美国投资者看好英国的股票市场时，他必须了解的是，在对英国股权市场进行投资的同时，还涉及对于英镑的风险敞口。下面让我们通过分析方法推导出英国股权投资的美元收益率。首先，我们确定一个符号系统。令 $S(t)$ 表示美元/英镑的汇率，令 $s(t+1)=[S(t+1)-S(t)]/S(t)$ 表示相对于美元，英镑的升值百分比。我们希望得到的是英国股权的美元收益率，我们用 $r(t+1,\$)$ 表示。这一收益率中有两个组成部分，即英国股权的英镑收益率，以 $r(t+1,\pounds)$ 表示；以及英镑价值变化的百分比，即 $s(t+1)$。上述推理方式类似于第 6 章中推导外汇市场收益率的方式。不过，在股权投资收益率的推导中，我们需用外国股权收益率代替外币利率。我们首先将美元兑换成英镑，得到$1/S(t)$英镑，并以此进行投资。投入这些英镑之后，它们可以在股权市场上获得英镑收益率 $1+r(t+1,\pounds)$。之后，总的英镑收益率以 $S(t+1)$ 的汇率卖出，得到美元。因此，英国股权投资的美元收益率便为：

$$1+r(t+1,\$)=[1/S(t)]\times[1+r(t+1,\pounds)]\times S(t+1)$$

两边同时减去 1，并代入 $\frac{S(t+1)}{S(t)}=1+s(t+1)$，得出：

$$r(t+1,\$)=[1+r(t+1,\pounds)]\times[1+s(t+1)]-1$$

或者

$$r(t+1,\$)=r(t+1,\pounds)+s(t+1)+r(t+1,\pounds)\times s(t+1)$$

我们看到，外国投资的美元收益率等于当地的股权收益率，加上货币收益率，再加上一个叉积项（两个收益率的积）。因为叉积项是两个百分比的乘积，所以相对于其他两项，该项的数值较小，经常被忽略不计。

例 13.1　确定一项英国股权投资的美元收益率

Catherine Wheel 基金的罗布·迪金森看好英国的股权市场，希望在该市场投资1 000万美元。即期汇率为 1.6 美元/英镑。在这样的汇率下，罗布可将 1 000 万美元兑换成 1 000 万美元/(1.6 美元/英镑) =625 万英镑。然后他将 625 万英镑投入到英国的股权市场。假定他计划持有该投资一年。在这一年的时间内，他希望获得的收益率为股息加上资本增值——投资者出售股票的所得大于购买该股票时的支出。让我们考虑英国股权市场收益率的三种场景：股票市场价值上升10%、下降 10%以及保持不变。

在获得了英国股权收益率后，罗布可以卖出英镑收益率，即 (625 万英镑) $\times[1+r(\text{英镑})]$，得到美元。如英镑升值，其美元收益率便能得到提高；与此相反，如英镑贬值，则美元收益率便会降低。让我们也考虑英镑价值变化的三种场景：

升值 10%，达到 ($\$1.6/\pounds\times1.10=\$1.76/\pounds$)，或贬值 10%，为 ($\$1.6/\pounds\times0.9=\$1.44/\pounds$)，以及没有变化。这样，便有九种可能的结果：

		美元—英镑汇率		
		英镑贬值 10%，即$1.44/£	无变化，即$1.60/£	英镑升值 10%，即$1.76/£
	£562.5 万（−10%）	$810 万 −19%	$900 万 −10%	$990 万 −1%
英镑股票收益率	£625 万（0%）	$900 万 −10%	$1 000 万 0.0%	$1 100 万 10%
	£687.5 万（+10%）	$990 万 −1%	$110 万 10%	$1 210 万 21.0%

各单元格内的数据形象地说明了实际美元收益率的公式——也就是，实际的百分比改变，包括叉积项。如果都是好消息，英镑及英国股权市场均升值了 10%，那么大约的收益率便为 20%。实际的数据为 21%，因为这种情况下的叉积项为 $0.10\times0.10=0.01$。类似地，如果英国股权市场正如罗布希望的那样上涨了 10%，但同时英镑贬值了 10%，那么通过估计，你应该能够猜出，收益率应为零。实际的答案为−1%，因为此时的叉积项为−1%。对于收益期为 3 个月或以下的投资计划，叉积项一般均很小，我们经常在计算中对其作忽略不计处理。

国际投资的波动率

图表 13.1 列出了 G7 国家股权市场的几个特点。数据来自摩根士丹利资本国际，取样时间开始于 1980 年 1 月，结束于 2006 年 7 月。我们首先集中于三栏表示波动率的数据。请记住，所谓波动率，即为标准偏差 Vol［r］，同时也是方差 Var［r］的平方根，它表明收益率相对于平均值或平均数的变化幅度。

图表 13.1　　1980—2006 年外国股权收益率的特点

	平均值			波动率		
	外汇收益率	流通货币收益率	美元收益率	外汇收益率	流通货币收益率	美元收益率
美国	13.38	0.00	13.38	15.01	0.00	15.01
加拿大	11.51	0.32	12.18	16.86	5.31	19.34
日本	7.92	3.43	11.59	18.83	11.53	23.17
英国	14.54	−0.17	14.15	16.33	10.54	18.37
法国	14.79	−0.25	14.09	20.17	10.93	21.23
德国	12.28	1.15	13.09	21.04	11.04	22.22
意大利	17.62	−1.73	15.36	24.58	10.66	25.10

注：原始数据为月度的总股权收益率（包括资本增值以及股息），来自摩根士丹利资本国际（MSCI），期间为 1980 年 1 月—2006 年 7 月。平均值为年度百分比数据（月度平均值乘以 12）。通过以 $\sqrt{12}$ 乘以月度波动率，得到波动率的年度百分比。平均值及波动率各有三栏数据。第一栏与外汇收益率有关（例如，日本的日元），第二栏与货币有关（外币相对于美元的价值变化），第三栏包含美元收益率的特点。

货币与股权收益率的波动

对于一名美国投资者，如例 13.1 中的基金经理罗布·迪金森，国际投资似乎存在两个问题。第一个重要的问题是从以外币表示的波动率来看，以外币表示的股权收益波动率超出了美国的股权收益波动率。实际上，美国市场看起来是波动率最小的市场，只有 15.0%。英国是波动率第二小的市场，只有 16.3%。其他三个欧洲市场的波动率均超过 20%。

第二，货币本身的波动率较高，一般约为 11%。图表 13.1 第六栏的数据确认了这一点。唯一例外的是波动率相当低的加拿大元，主要原因是美国与加拿大之间密切的经济联系，以及在很长一段时间内，一直注重汇率稳定的加拿大货币政策。

波动率加总

我们知道，汇率的波动将影响外国股权美元收益率的波动。但在一般情况下，外国股权美元收益波动率要远小于汇率及外国股权收益波动率的总和。也就是，尽管外国投资收益约等于外国股权及货币部分收益的总和，即 $r(t+1,\$)=r(t+1,FC)+s(t+1)$，其中 FC 代表外币，波动率并没有加总性。特别是，波动率是方差的平方根，而两个变量总和的方差涉及它们的协方差。因此，

$$\begin{aligned}\mathrm{Var}[r(t+1,FC)+s(t+1)] &= \mathrm{Var}[r(t+1,FC)]+\mathrm{Var}[s(t+1)] \\ &\quad +2\mathrm{Cov}[r(t+1,FC),s(t+1)]\end{aligned}$$

前面讲过，两个变量的协方差等于两个变量间的**相关系数**（correlation）乘以两个波动率的积，而相关系数的数值介于−1～1之间，表示两个变量方差密切相关的程度。将方差整理为相关系数 ρ 的函数，上式能够为我们提供更多的信息：

$$\begin{aligned}\mathrm{Var}[r(t+1,FC)+s(t+1)] &= \mathrm{Var}[r(t+1,FC)]+\mathrm{Var}[s(t+1)] \\ &\quad +2\rho\mathrm{Vol}[r(t+1,FC)]\mathrm{Vol}[s(t+1)]\end{aligned}$$

假定相关系数为 1。然后，因方差为波动率的平方，根据公式 $(A+B)^2=A^2+B^2+2AB$，可以得到：

$$\mathrm{Var}[r(t+1,FC)+s(t+1)]=\mathrm{Vol}[r(t+1,\$)]^2=\mathrm{Vol}[r(t+1,FC)]+\mathrm{Vol}\,[s(t+1)]]^2$$

因此，在本案例中，外国股权投资的美元收益波动率实际上等于外国股权波动率加上货币收益波动率的和。因为具有完全相关性，所以两种不同来源的风险敞口并没有任何本质上的分散投资的好处。不过，只要 $\rho<1$，美元收益的总波动率便小于两个波动率的和。

图表 13.1 表明，以美元计价的股权收益波动率经常只是稍高于外币的原始波动率。这表明汇率变化及外国股权市场收益率之间的相关性较低。有时候，根据第 9 章的竞争观点，甚至有人认为其应为负值。当一些国家经历实质贬值时（一般是由于名义汇率贬值引起的），相关国家的公司可能会经历一次竞争力与盈利能力的提升，进而增加该国股票市场的价值。如果情况确实如此，那么汇率与股票市场将做相反方向的运动。在大多数国家，汇率变化与当地证券市场收益的相关系数确实为负数。请参见图表 13.2。

图表 13.2　外币股权收益率与美元外币兑换收益率的相关系数

国家	相关系数
加拿大	0.35
日本	0.08
英国	−0.13
法国	−0.16
德国	−0.17
意大利	−0.15

注：原始的月度数据来自摩根士丹利资本国际，期间为 1980 年 1 月—2006 年 7 月。

在日本与加拿大，相关系数为正值。对于这两个国家，出现正相关系数的主要原因可能是由于投资者进入资本市场而带来的外资流入，一方面提高了外币价值，另一方面也提升了证券市场的价值。类似地，当外国投资者离开资本市场时，股票价格回落，货币出现疲软。尽管如此，图表 13.2 的主要结论仍是：货币收益率及以外币为计价货币的股权收益率之间的相关性极小。

预期收益率

平均收益率

我们已经知道，在有效的市场上，风险证券的收益率应高于无风险资产的收益率。在图表 13.1 中，我们也报告了在 20 年的时间内，各个市场的平均收益率。我们将收益率平均数或平均值用符号 $E[r]$ 表示，它是衡量预期收益率的一个指标。如果该收益率代表真实的预期收益率，那么它们并不表示国际市场对于波动率会有所补偿。虽然波动率最高的市场（意大利），其以里拉（超过 17%）及以美元（超过 15%）表示的收益率平均数确实是最高的，但波动率低的两个市场（美国及英国），它们的收益率平均数也很高。并且，尽管日本的波动率相对较高，但其证券市场收益率却很低。驱动平均收益率的一定另有其他因素。我们将在本章稍后探讨这一问题。

收益率的货币部分

图表 13.1 将平均的美元收益率分为平均的以外币表示的股权收益率以及平均货币收益率。货币收益率的范围在－1.7%（意大利）～＋3.4%（日本）之间。像日本及德国这样的国家出现正的货币收益率，而像法国、意大利及英国这样的国家出现负的货币收益率应该不会让人感到奇怪。长期而言，货币的变化反映了名义利率的差异（参见在第 7 章讨论的非抛补利率平价），这些利率差异部分反映了通胀的差异。例如，日本与德国在历史上都是低通胀及低利率国家。与此相对，在采用欧元之前，法国、意大利以及英国在历史上都曾经历过相对较高的通胀及较高的名义利率。

夏普比率

投资者在本质上喜欢高收益，同时厌恶亏损。收益率的变动性越大，出现亏损的可能性也越大。在第 10 章讲过，夏普比率是对一个证券或证券组合内固有的风险收益率权衡的一个汇总性统计数据。夏普比率以平均超额收益率占收益波动率的比例来衡量：

$$\text{夏普比率} = \frac{E[r] - r_f}{\mathrm{Vol}[r]}$$

其中，r_f 表示无风险收益率。投资者很自然地会选择夏普比率高的投资组合，因为投资者在希望得到较高的超额收益率（以夏普比率的分子衡量）的同时，希望波动率不要太高（以夏普比率的分母衡量）。图表 13.3 列示了 G7 国家夏普比率的历史数值。

从图表 13.3 中可以看出，美国股权市场的夏普比率最高，与其比较接近的只有英国的夏普比率。由此似乎可以得出这样的结论：因为美国的股权市场可能实现的夏普比率最高，美国投资者不应该进行国际分散投资。同时似乎也可得出这样的结论：因为日本的夏普比率最低，所以它是最不应该投资的地方。下一节将要说明为什么上述结论是不成熟的和错误的。

图表 13.3 **G7 国家 1980—2006 年的夏普比率**

国家	夏普比率
美国	0.49
加拿大	0.32
日本	0.24
英国	0.44
法国	0.38
德国	0.32
意大利	0.37

注：比率的计算方法是：图表 13.1 中的平均收益率减去 6%（我们估计的无风险收益率）后，除以图表 13.1 中的波动率。

13.2 国际分散投资的好处

通过国际分散投资降低风险

图表 13.4 来自 Bruno Solnik（1974a）所进行的一个经典研究。Solnik（1974a）是第一个证明通过国际化分散投资组合，能够实现重大好处的研究人员。图表 13.4 中的横坐标表示特定组合内的股票数量，纵坐标表示与横坐标中股票数量相对应的组合一般方差值。在上面的一条曲线中，Solnik（1974a）只考虑美国股票。他计算一只典型的美国股票的平均方差，并将该值标准化为 100。然后他计算了同等权重的两只股票（每只股票占一半），得出这两只股票的典型方差，即为曲线上的第二个点，依此类推。

图表 13.4 **Solnik 关于国际分散投资的研究实例**

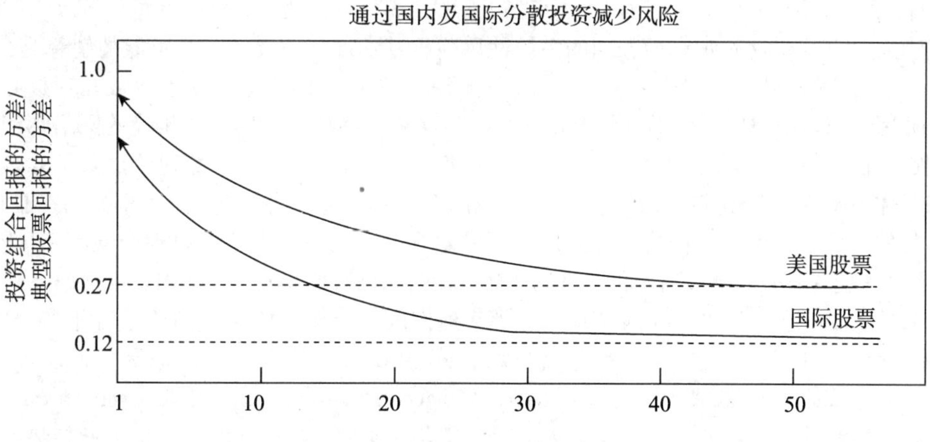

注：Copyright © 1974，CFA Institute. Reproduced and republished from B. Solnik（1974a），p. 17. Copyright © 1974 CFA Institute. 版权所有。

因为股票间为不完全相关关系，所以组合内股票数量的增加能够使方差下降。曲线显示，股票数量增加后，组合的方差快速下降，但当股票数量增加到 20～30 只后，便很难再使方差进一步下降。曲线最终保持在初始方差 27%的水平上。也就是说，通过分散投资，能够消除一只典型股票 70%的方差。能够通过分散投资去除的方差被称为**非系统性方差**（nonsystematic variance）。

图表 13.4 中下方的一条曲线重复上述方法，但其中的股票不仅包括美国的股票，而且也包括来自主要欧洲证券市场的股票。由于美国及欧洲股票的相关性更低，所以在增加了更多的股票后，同等权重组合的方差下降得更快。最后方差稳定的数值仅占典型国内股票方差的 10%。

第 7 章附录中的正式示例表明，对于一个大型的均等权重的组合，方差等于组合内各股票间的平均协方差。因此，美国组合的方差不可能得到进一步的减少，因此方差的系统性来源对于美国的所有股票的影响方式都相同。驱动股票收益率的宏观经济力量因素会影响公司现金流的预期以及投资者用来确定这些现金流价值的贴现率。我们知道，股票的收益率对于利率相当敏感，而利率又取决于货币政策及商业周期。当然，商业周期又会对现金流的预期产生影响，但它们还可能影响贴现率，因为投资者在衰退期会更加厌恶风险，而在繁荣期对风险的厌恶程度下降。而这些风险不可能通过单一的国内组合予以分散。

不过需要注意的是，在组合内增加外国股票时，这些风险可以在一定程度上得到分散，原因在于美国的货币政策及商业周期与世界其他国家或地区的并不具有完全的相关性。尽管如此，在大多数情况下，股票均为正相关关系，所以你不可能通过分散投资去除组合的所有方差，不管你向组合中加入多少国际股票。因为平均的协方差为正值，所以再大的国际股票组合也只能有一个正的方差。我们将这种无法通过分散投资去除的方差称为**系统性方差**（systematic variance）或**市场方差**（market variance）。这里面的一个重要认识是，当一名投资者持有一个分散的组合时，一只股票对于组合方差的影响取决于其相对于组合内其他股票的协方差。

特征性方差是否增加?

公司收益率方差可分为特征性方差部分及系统性方差部分，系统性方差部分是风险的来源。对于一个特定的公司，**特征性方差**（idiosyncratic variance）占公司收益率总方差的约 75%。这一方差看起来很大，但 Solnik（1974a）在图表 13.4 中显示，当在一个组合内加入非完全相关的证券后，这种特征性方差消失得相当迅速。研究人员 John Campbell，Martin Lettau，Burton Malkiel和 Yexiao Xu（2001）认为，美国市场上特征性风险的一般水平在 20 世纪 60 年代早期到 1997 年期间出现了大幅增加，而长期的系统性风险则基本维持不变。一个可能的解释是：20 世纪 60 年代，很多公司都同时从事多种业务，而近来，公司倾向于集中从事少数几项核心业务。另一个原因是很多公司成立后不久便上市交易——这种现象在 20 世纪 90 年代的网络热潮期间，首次引起人们的注意。不过，实际情况下，越是年轻、规模小的公司，相对于成熟的知名公司，其未来更加不确定，因此其特征性风险水平便越高。同时，高科技行业也是一个波动率非常大的行业。另外，可以想象，年轻公司的系统性风险水平较高，作者并不允许对**市场风险**（market risk）的暴露随着时间的推移而变化的可能性存在，因此也可能会使他们的结果出现偏差。

如果 Campbell 等人（2001）是正确的，那么他们的结果对于资产管理便具有相当重要的意义，因为这些结果意味着，要达到完全分散投资的效果，需要更多的股票，而不是 Solnik（1974a）所建议的 20～30 只股票。最近 Geert Bekaert，Robert Hodrick 和 Xiaoyan Zhang（2006）的研究对于这些结果的正确性提出了一些质疑，没有发现多少特征性波动率呈上升趋势的证据，不管是在美国还是在其他 G7 国家。

国际收益率的相关系数

图表 13.5 报告了 23 个发达国家（地区）证券市场收益率的全面的相关系数矩阵。对于大部

图表 13.5　　**发达国家和地区的相关系数矩阵**

	奥地利	比利时	加拿大	丹麦	芬兰	法国	德国	希腊	中国香港	爱尔兰	意大利	日本	荷兰	新西兰	挪威	葡萄牙	新加坡	西班牙	瑞典	瑞士	英国	美国
澳大利亚	0.23	0.34	0.62	0.32	0.43	0.40	0.37	0.23	0.46	0.46	0.28	0.34	0.46	0.68	0.52	0.30	0.51	0.43	0.46	0.41	0.55	0.48
奥地利		0.45	0.28	0.35	0.22	0.47	0.57	0.39	0.28	0.44	0.33	0.22	0.46	0.36	0.41	0.43	0.35	0.38	0.31	0.52	0.38	0.21
比利时			0.39	0.52	0.28	0.70	0.66	0.38	0.29	0.56	0.45	0.37	0.68	0.25	0.56	0.47	0.34	0.49	0.43	0.64	0.57	0.47
加拿大				0.44	0.50	0.49	0.45	0.22	0.47	0.42	0.39	0.35	0.59	0.46	0.55	0.36	0.53	0.43	0.51	0.48	0.58	0.73
丹麦					0.38	0.52	0.56	0.28	0.28	0.55	0.43	0.35	0.57	0.28	0.52	0.49	0.36	0.47	0.46	0.54	0.48	0.44
芬兰						0.45	0.49	0.21	0.35	0.40	0.44	0.32	0.48	0.35	0.47	0.35	0.33	0.47	0.63	0.33	0.47	0.51
法国							0.73	0.39	0.32	0.53	0.53	0.41	0.70	0.30	0.58	0.51	0.39	0.58	0.55	0.64	0.61	0.54
德国								0.39	0.36	0.58	0.48	0.32	0.75	0.32	0.54	0.50	0.43	0.56	0.61	0.68	0.55	0.52
希腊									0.18	0.35	0.36	0.14	0.35	0.23	0.31	0.49	0.16	0.42	0.33	0.31	0.27	0.22
中国香港										0.37	0.30	0.27	0.46	0.38	0.41	0.31	0.72	0.38	0.40	0.35	0.49	0.42
爱尔兰											0.41	0.45	0.65	0.38	0.54	0.50	0.43	0.61	0.55	0.52	0.69	0.55
意大利												0.37	0.48	0.30	0.36	0.48	0.34	0.52	0.48	0.39	0.42	0.33
日本													0.41	0.35	0.32	0.30	0.39	0.43	0.39	0.41	0.42	0.31
荷兰														0.43	0.64	0.57	0.49	0.55	0.59	0.71	0.71	0.65
新西兰															0.45	0.38	0.50	0.47	0.47	0.40	0.43	0.35
挪威																0.45	0.45	0.46	0.55	0.55	0.59	0.52
葡萄牙																	0.26	0.64	0.54	0.52	0.46	0.35
新加坡																		0.45	0.48	0.40	0.50	0.55
西班牙																			0.57	0.50	0.54	0.46
瑞典																				0.53	0.54	0.54
瑞士																					0.61	0.53
英国																						0.61

注：这些国家和地区是澳大利亚（AU）、奥地利（AT）、比利时（BE）、加拿大（CA）、丹麦（DK）、芬兰（FI）、法国（FR）、德国（DE）、希腊（GR）、中国香港（HK）、爱尔兰（IE）、意大利（IT）、日本（JP）、荷兰（NL）、新西兰（NZ）、挪威（NO）、葡萄牙（PT）、新加坡（SG）、西班牙（ES）、瑞典（SE）、瑞士（CH）、英国（UK）以及美国（US）。数据来自摩根士丹利资本国际的月度美元收益率数据，期限为 1980 年 1 月—2006 年 7 月，但有些国家或地区的数据的取样时间可能推后。

分国家和地区，取样时间开始于1980年。相关系数的范围从日本与希腊的0.14到德国与荷兰的0.75。从图表中明显可以看出，地理位置接近、进出口联系密切的国家和地区，其股票收益率的相关系数更高。如加拿大与美国、欧盟国家（特别是比利时、法国、德国以及荷兰）。中国香港与新加坡的相关系数也很高，为0.72。这一现象表明，贸易会提高相关系数，可能的原因是进出口公司受到了另一个国家或地区经济因素的影响。

最低的相关系数都与希腊有关。希腊与日本、中国香港以及新加坡的相关系数均小于0.20。即使对于欧洲国家而言，希腊与它们当中的大部分市场的相关系数都不高。有趣的是，与希腊相关程度最高的国家是葡萄牙，另一个前新兴市场。葡萄牙自然地与其邻国及贸易伙伴西班牙的相关系数最高。

收益率相关系数的驱动因素有哪些?

除了贸易模式外，对于我们在图表13.5中观察到的不同收益率协动性，还有哪些驱动因素?要对此进行分析，最好首先考虑一些纯粹基本的因素。将一个国家想象成由多个公司组成，然后假定每家公司都使用贴现率进行理性的定价。在这样一个世界中，贴现率的共同方差以及期望现金流增长率的共同方差将导致公司间的相关性增大。

驱动不同国家股票收益率差异的第一个可能的根本性因素是各个国家的工业结构。同一行业的公司可能会受到对现金流及盈利能力的同样打击。并且，它们的系统性风险也一起运动，这样，会导致其贴现率与期望现金流的变化密切相关。例如，加拿大与澳大利亚的很多公司都从事采矿业。这可能便解释了为什么澳大利亚与加拿大高度相关，而不是与德国高度相关。

随后引发了一个长期的争论，即对于不同国家的收益率相关系数，行业因素的重要性如何。有些研究人员已发现，行业因素的作用高于国家因素的作用（Robin Brooks and Marco Del Negro，2004）。而在过去，在市场整合度较低、各国间的贴现率相关性不高的情况下，国家因素明显地占据主导地位。并且，跨境贸易数量有限以及相对独立的货币政策意味着各国的商业周期的相关性也较低，导致了不同国家的现金流之间的低相关性。因此，影响整合度及商业周期独立性的政策似乎是跨国相关性中的一个重要的决定性因素。例如，共同货币的采用帮助同步了欧洲的商业周期。与此相对，新兴市场的行为一般独立于整合在一起的国家。这可能也解释了为什么历史上，希腊的证券市场收益率与其他国家的收益率相关性不同的原因，但随着希腊与欧盟整合进程的继续，这种情况可能会发生变化。

最后，不理性的投资者行为也可能导致各股权市场的过度相关，特别是在发生危机的情况下。我们在第5章已讨论过这一具有传染性的现象，这里只想重复的是，波动率的增加可能会暂时导致相关系数的增加。

不对称性相关系数?

因为总体相关系数非常不统一，所以投资者能够利用很多机会实现投资组合的分散化。有些投资者可能对此不以为然，他们认为，只有在国内市场下滑时，他们才需要关心投资分散问题。François Longin和Bruno Solnik（2001）的研究发现，投资者对于分散理论的怀疑可能缘于他们平常所观察到的现象：国际分散投资的好处会在你最需要它们的时候——也就是在熊市的时候消失。为了说明这一相当令人苦恼的事实，Longin和Solnik（2001）计算了各发达市场的“熊市相关系数”（两个证券市场的收益率均低于平均数时的相关系数）以及“牛市相关系数”（收益率高于平均数时的相关系数）。

结果相当引人注目：熊市的收益率相关系数远高于牛市的相关系数。不过，该发现并不支持将股权组合局限于国内的做法。Andrew Ang和Geert Bekaert（2002）的研究表明，这些不对称的相关系数并不能否定国际分散投资的好处。即使是在相关的熊市中，投资者仍能从国际分散投资中获得好处，因为完全相关的熊市从未真正出现过，同时熊市持续的时间也相对较短。

国际分散投资对于夏普比率的作用

组合风险与收益率

图表 13.3 显示，历史上的美国夏普比率高于其他 G7 国家的比率。尽管如此，美国投资者仍有充分的理由进行国际分散投资。这是因为，美国投资者需要关心的不是外国资产的夏普比率，而是国际分散投资后的组合夏普比率。在直觉意义上，因为其他国家的股权市场与美国的市场为非完全相关关系，所以通过组合分散投资，其波动率的一部分将会消失。

下面让我们对国际分散投资影响夏普比率的方式做正式的探讨。假设将全美资产组合中的一部分 w 改为国际股权。让我们以 r 表示美国的收益率，以 r^* 表示外国的收益率（以美元为单位）。这样，新组合的预期收益率便是 $(1-w)E[r]+wE[r^*]$。也就是说，资产组合的预期收益率为各资产预期收益率的加权平均数，而加权数等于对各资产所投财富的占比。预期收益率具有线性累积性。而我们已经知道，波动率的累积具有非线性。新组合的波动率等于：

$$\{(1-w)^2\mathrm{Var}[r]+w^2\mathrm{Var}[r^*]+2w(1-w)\mathrm{Cov}[r,r^*]\}^{1/2}$$

因为协方差为方差的相关系数，所以相关系数非常重要。

国际分散投资在什么情况下能够提高夏普比率？

假定以全美资产组合开始。之前讲过，美国夏普比率由公式 $E[r-r_f]/\mathrm{Vol}[r]$ 确定，同时外国股权的夏普比率为 $E[r^*-r_f]/\mathrm{Vol}[r^*]$。我们以 ρ 表示美国及外国收益之间的相关系数。从外国股权投资等于零开始，逐步增加外国股权的成分，夏普比率会随之上升，但前提是以下条件成立：

$$\frac{E[r^*]-r_f}{\mathrm{Vol}[r^*]}>\rho\frac{E[r]-r_f}{\mathrm{Vol}[r]} \tag{13.1}$$

本章的附录对该式进行了正式证明，但其结果相当直观：当你向组合内逐步增加外国资产时，夏普比率会在美国组合的基础上得到改善，直到新资产的夏普比率高于美国组合的夏普比率乘以美国收益率及国际收益率的相关系数。也就是说，与美国市场的相关系数越低，要达到增加夏普比率的效果，所需的外国市场夏普比率也越低。这是因为与美国市场相关度低的市场能够更好地分散美国组合的投资。我们也可从另外一个角度，将 ρ 放到另一边，可以看出，在计算收益与风险比率时，重要的并不是外国资产的波动率，而是相关系数与波动率的乘积（$\rho\mathrm{Vol}[r^*]$）。ρ 值越低，风险比率越低，超过美国的夏普比率便更加容易。

投资门槛收益率

得到上一节的相关系数后，我们便可以计算美国投资者国际投资的门槛收益率。门槛收益率是完全持有国内资产的投资者，为了改善其外国市场投资的夏普比率，必须获得的最低的预期收益率。下面让我们对其进行详细考察。

尽管我们拥有相当准确的相关系数及波动率数据，但我们已经说过，要对预期收益率进行准确的估计非常困难。我们在下面将涉及这一问题。尽管如此，我们暂时将这些问题放在一边，先进行以下计算。假定美国市场的预期收益率是确定的，那么国外市场的预期收益率至少要达到多少，才能获得改善夏普比率的效果（通过将一小部分财富投资于外国证券）？我们将这一最小的预期收益率称为门槛收益率。

具体而言，让我们看一下公式（13.1），我们用一个合理的数字代替 $E[r]$（例如10%），接下来我们使用相关的数据来估计相关系数及波动率，同时将 $E[r^*]$ 作为一个未知的变量处理。要使具有部分外国投资的夏普比率至少等于美国的夏普比率，我们需要的最低的 $E[r^*]$，应能够使公式的两边相等。即

$$门槛收益率 = \rho \frac{E[r]}{\mathrm{Vol}[r]} \mathrm{Vol}[r^*] + r_f$$

美国市场的夏普比率越高、外国市场的波动率越高或外国与美国股票收益率的相关系数越高，门槛收益率也越高。

图表 13.1 报告了各种国际股权市场收益率的美元波动数值，图表 13.3 报告了它们的夏普比率，图表 13.6 报告了其与美国市场的相关系数。加拿大及英国的市场收益率与美国收益率的相关系数最高，而日本及意大利市场收益率的相关系数只有 30%。对于法国与德国，相关系数在 50%～55%之间。对于相关系数低的国家，门槛收益率也较低。下面让我们演示日本门槛收益率的计算方法，美国的预期收益率确定为 10%（$E[r]=10\%$）。数值如下：

$$0.06 + 0.31 \times \frac{0.10 - 0.06}{0.150\,1} \times 0.231\,7 = 0.079\,1$$

即 7.91%。

图表 13.6　　1980—2006 年外国和美国股权市场收益率的相关系数

国家	相关系数
加拿大	0.73
日本	0.31
英国	0.61
法国	0.54
德国	0.52
意大利	0.33

注：所有的收益率均已转化为美元。原始的月度数据来自摩根士丹利资本国际。

第一个数据（0.06）为无风险收益率，第二个数据（0.31）为日本与美国股权收益率之间的相关系数，再乘以美国在 $E[r]=10\%$ 时的夏普比率，并乘以日本股权收益率的波动率数值（0.231 7）。因此，即使一位美国的投资者知道日本的股权预期收益率比美国的股权市场收益率低 2.19%（=10% − 7.91%），他仍应将部分资金投入到日本的股权市场。

图表 13.7 列示了这些国家的门槛收益率。从中可以得出的正确结论是，因为对于外国投资的期望美元收益率的门槛收益率较低，所以国际分散投资能够容易地提高美国投资者的投资表现。实际上，在所有情况下，门槛收益率均低于美国股权市场的预期收益率。很难想象对于美国市场，外国股权市场的预期收益率竟会如此之低。意大利与日本对于美国的相关系数最低，所以在这两个国家的投资能够最容易地实现投资表现的提升。

图表 13.7　　外国投资的门槛收益率

国家	预期收益率=10%	预期收益率=12%
加拿大	9.74%	11.62%
日本	7.91%	8.88%
英国	8.97%	10.45%

续前表

国家	预期收益率=10%	预期收益率=12%
法国	9.08%	10.62%
德国	9.08%	10.62%
意大利	8.22%	9.33%

注：门槛收益率等于 $r_f+\rho\frac{E[r]-r_f}{\mathrm{Vol}[r]}\mathrm{Vol}[r^*]$。相关系数取自图表 13.4；波动数据（以美元为单位）取自图表 13.1（包括美国及外国的数据）；r_f 设定为 6%；$E[r]$ 为美国预期收益率，在两栏的顶部规定。数据来自摩根士丹利资本国际，取样时期为 1980 年 1 月—2006 年 6 月。

如何在国内实现分散投资？

零售投资者并不一定需要与一个遥远的外国经纪商联系。有很多投资工具可用来实现国际分散投资。首先，可口可乐难道不是一个理想的国际投资机会吗？毕竟，可口可乐的旗舰产品在全球 200 多个国家与地区销售。因此，其现金流肯定会受到所有这些国家国内经济的影响。长期以来，人们一直认为，在组合内包括跨国公司能够获得国际分散投资的一些好处。虽然最近的文献资料表明跨国公司的股票收益率具有相当大的国际性（Jeff Diermeier and Bruno Solnik，2001），但仅将投资局限于在国内上市的跨国公司仍是一种不充分的分散投资战略（Patrick Rowland and Linda Tesar，2004）。最佳的分散投资机会可能只是那些其他国家的因素对其收益率具有重要影响的公司。

第 12 章提到，很多公司以美国存托凭证的方式在美国交叉上市。那么为什么不直接购买这些公司的存托凭证？这里的问题具有代表性：发行美国存托凭证的公司一般都是规模大、更加专注于国际业务的公司，所以它们可能并不能使你完全地接触外国的股票市场。

另一个可能是投资于**封闭式基金**（closed-end funds）或**投资信托基金**（investment trusts），它们在当地的股权市场交易。这些基金代表一个固定的组合，其中可能涉及全球市场的投资，有时其投资区域也可能限定在一定的范围内（如拉丁美洲）或一个特定的国家，称为**国家基金**（country funds），但投资者只能从出售该基金的其他投资者处购得该基金。因此，封闭式基金的交易价格可能与组合的基金价值不同，特别是那些投资于新兴市场的组合。因此，可以想象，封闭式基金的收益率并不能够提供与其组合同样的分散投资的好处（参见第 13.6 节）。**开放式基金**（open-end funds）没有封闭式基金的上述问题，组合随着新投资而增长，随着赎回而收缩，并且基金不在交易所进行交易。这意味着，开放式基金能够为零售投资者提供大量的国际基金。

最后，一种复合式投资方式，即**交易所买卖基金**（exchange-traded fund，ETF），最近正在变得越来越流行。这些基金在交易所交易，但通过几个机构投资者的套利活动，其交易价格非常接近组合的真正价值。随着这些投资工具的普及，美国投资者只需拨打一个电话，便能够获得国际分散投资组合的好处。

13.3 最优投资组合配置

通过上面的讨论，我们可得出结论：国际分散投资能够降低风险，改善夏普比率。现在的问题是国际投资的占比应为多少？这涉及组合的选择问题——这是一个最基本的金融问题，解决了这个问题后，我们便与股权资本的成本公式更加接近。

要解决**最优投资组合**（optimal portfolio）的问题，我们首先要确定可行的投资组合有哪些。可行性是一个容易理解的概念：所有用完所有资金的组合都是可行的。让我们考虑一下 G7 的实例。一名投资者可以投资于无风险的资产，或投资于七个不同的股权市场。这些不同的证券组成投资者的一系列投资对象。就像一盘菜可以使用多种原料一样，通过对各种证券的综合，便能够形成一个组合。我们可以用一系列资源占比来表示投资者的可行投资组合——投入各项资产中的资源比例——并且这些比例的总和必须为 1。例如，将 50%的组合投资于无风险资产、将 50%投资于美国的股权市场便是一个可行的投资组合。所有可行组合的汇总便构成了一个投资菜单。当然，由于可能的组合数量有无数个，所以为特定的投资者找到一个最优投资组合似乎是一项难以完成的任务。

幸运的是，金融理论为这一问题找到了一个非常简单的答案。下面我们首先定义投资者的风险与收益率偏好，然后再考虑一个简化的投资对象组合：一份有风险的资产以及一份无风险的证券。随后，我们增加投资对象，在投资组合内包括多份风险资产，便可以解决投资组合问题。例如，我们将会发现，没有一个聪明的投资者会选择上述的五五投资组合。

偏　好

在经济学中，偏好一般以**效用函数**（utility functions）表示。在典型情况下，效用函数通过数学方法，将对实际物品消费的单位数量与满意度联系在一起。这里，我们为各投资者规定一个效用函数，以考察投资者持有投资组合的统计特性——也就是说，预期收益率与组合方差。我们假定投资者希望在方差最小的情况下获得最高的预期收益率，但各投资者对于风险的耐受能力不一样。投资者面临的一个能够平衡两者关系的函数是：

$$U=E[r_p]-\frac{A}{2}\sigma_p^2$$

其中，下标 p 表示组合，$E[r_p]$ 为组合的预期收益率，σ_p 则表示组合的波动率。该**均值方差偏好**（mean-variance preference）函数内的参数 A 表示投资者因组合方差而指定的罚值。A 值越高，表示投资者对于方差或风险越厌恶；也就是说，A 表示投资者对于风险的厌恶程度。

例 13.2　计算投资者的效用

假定某一组合的预期收益率为 9.87%，其标准偏差为 7.835%。如某一投资者的 $A=4$，则效用等于：

$$9.87\%-\frac{1}{2}\times4\times(7.835\%)^2=9.87\%-1.23\%=8.64\%$$

该数据的一个解释是：本组合的投资者获得的效用等于其投资于完全无风险的、收益率为 8.64%的组合。

一项风险资产的情形

如果我们在开始时将投资对象限定在一项风险资产以及一项无风险资产，那么组合问题便能够得到大幅度简化，并能获得很多直觉上的认识。下面先介绍一些标志方法。无风险的收益率为 r_f，风险收益率为 r，风险资产的权重为 w。

假设组合的 w 部分投资于风险资产，组合的其余部分，即 $1-w$，投资于无风险资产。因此，组合的收益率便是：

$$r_p = w \times r + (1-w) \times r_f = r_f + w \times (r - r_f)$$

变量 $r - r_f$ 为超额收益率。因此，组合的预期收益率为 $E[r_p] = r_f + w \times E[(r - r_f)]$，只要预期超额收益率为正值，组合的预期收益率便随着风险资产权重的增加呈线性增加。对于组合收益率的方差，注意无风险收益率是确定已知的。因此，我们只需令 $\sigma_p^2 = w^2\sigma^2$，其中 σ^2 为风险收益率 r 的方差。因此，组合的波动率为 $\sigma_p = w\sigma$，这样，组合的风险也与 w 呈线性关系。现在，我们用波动率表达式来替代预期收益率表达式中的 w，得到：

$$E[r_p] = r_f + \frac{E[r] - r_f}{\sigma}\sigma_p \tag{13.2}$$

该表达式描述了组合预期收益率与其标准偏差的关系。因此，表达式（13.2）完全描述了这一简单案例的“投资菜单”，或可能的风险—收益率组合。另外，请注意关系式的形式为 $y = a + bx$，其中 $y = E[r_p]$，而 $x = \sigma_p$，即是一条直线的表达式。

我们将在单一风险资产情形中描述风险—收益率平衡的直线称为**资本配置线**（capital allocation line，CAL），因此该线描述了单一风险资产情形中的配置方法。CAL 的图形如图表 13.8 所示。

图表 13.8　资本配置线

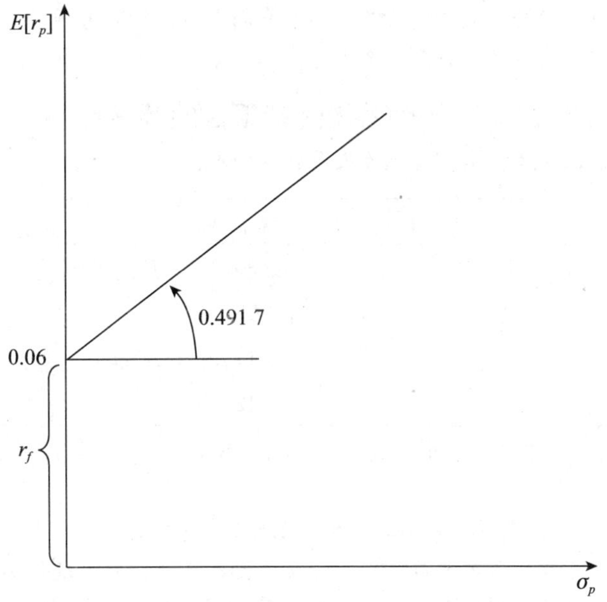

注：纵坐标表示预期收益率，横坐标表示组合的标准偏差。直线为可行的风险—预期收益率模式的资本配置线。该线从无风险收益率开始（本例中为 6%），并以风险资产夏普比率 $\frac{E[r] - r_f}{\sigma}$ 作为其斜率，该斜率向上倾斜。

例 13.3　资本配置线

让我们以美国股权市场作为风险资产，其预期收益率为 13.38%，$\sigma^2 = (15.01\%)^2$（参见图表 13.1），并令 $r_f = 6\%$。这样，资本配置线便为 $E[r_p] = 0.06 + SR \times \sigma_p$，其中 SR 为夏普比率，或每风险单位的收益率溢价，其数值 $SR = \frac{E[r] - r_f}{\sigma} = \frac{0.133\,8 - 0.06}{0.150\,1} = 0.491\,7$。

最佳资产组合

要发现最佳资产组合，我们必须将资本配置线菜单与投资者的偏好结合起来。这样，需要解决的数学问题便为：

$$\max_w U = \max_w \left[E[r_p] - \frac{1}{2} A\sigma_p^2 \right]$$

用字面表达，即我们需要尽力找到一个能够最大化效用函数的风险资产权重（w）。通过代入 $E[r_p]$ 及 σ_p^2 的表达式，得到下式：

$$\max_w \left[r_f + w[E[r] - r_f] - \frac{1}{2} A w^2 \sigma^2 \right]$$

要得到最佳 w 的解（以 w^* 表示），我们必须以 w 为变量对该函数进行求导，并令求导后的表达式的值为零，在本例中，我们得到：

$$E[r] - r_f - Aw^* \sigma^2 = 0$$

求解最佳资产组合，可得到一个非常直观的解：

$$w^* = \frac{E[r] - r_f}{A\sigma^2} \tag{13.3}$$

风险资产的配置随着该资产的预期收益率的上升而上升，随着方差的上升而下降，并随着经纪商所表现出的风险厌恶程度的上升而下降。

例 13.4 最佳资产组合的计算

让我们将上述公式应用于具有不同风险厌恶程度的人：

A	w^*	$E[r_p]$（%）	σ_p（%）
1.0	3.28	30.21	49.23
2.0	1.64	18.10	24.62
3.0	1.09	14.04	16.36
4.0	0.82	12.05	12.31

我们利用了 w^* 的公式来填写表中的数据，预期收益率为 $E[r_p] = r_f + w^* E[r - r_f]$，波动率为 $\sigma_p = |w^*| \sigma$。

注意，如果 w^* 等于 1，则意味着 100%的资源都将投资到风险资产中。随着风险厌恶程度的增加，风险资产的权重下降，预期收益率以及标准偏差也降低。因为我们仍在资本配置线上，所以风险—收益率平衡（夏普比率）保持不变，因为该值等于资本配置线的斜率。图表 13.9 用图形演示了这一点。

对于 A 值较低的情况，我们所处的点是像 L 这样的点。投资者对于风险资产的投资超过 100%（$w > 1$），投资者通过借入部分资金进行投资。例如，在 $A=1$ 时，投资者每投入 1 美元的自有财富，同时借入 2.28 美元进行投资，并且所有的 3.38 美元都投入到股票市场中。对于 A 较高的情况，投资者在对股票市场投资的同时，还购入短期国库券，也就是 $w < 1$。例如，如果 $A=4.0$，则投资者将 82%的财富投资于风险资产，18%投资于无风险资产。

图表 13.9 **最佳投资组合**

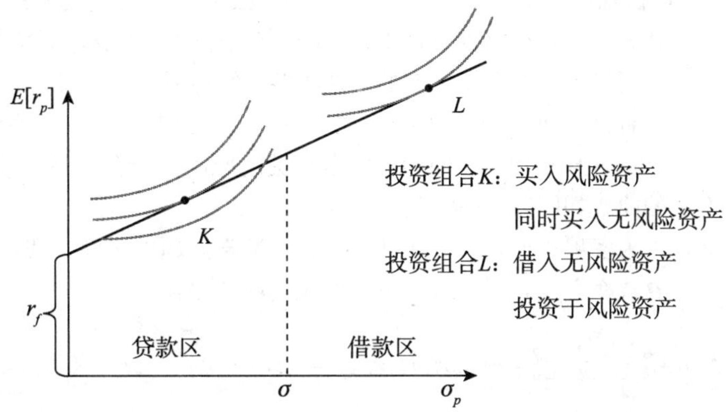

注：具有不同风险与收益偏好的投资者投资于不同的组合，以资本配置线上不同的点表示。

均值标准差界限

如果有多个风险资产怎么办？考虑一下图表 13.10。圆圈表示各可投资资产的预期收益率与标准偏差。现在，如何对这些数据作进一步处理并不明显。即使只有两类风险资产，也可能有很多不同的资本配置线。毕竟，我们可以将所有可行的风险投资组合看成是“风险资产”。最佳的风险投资组合应是多少？获得 1990 年诺贝尔奖的经济学家 Harry Markowitz（1952）为我们找到了进一步处理的方法。

图表 13.10 **均值标准差界限**

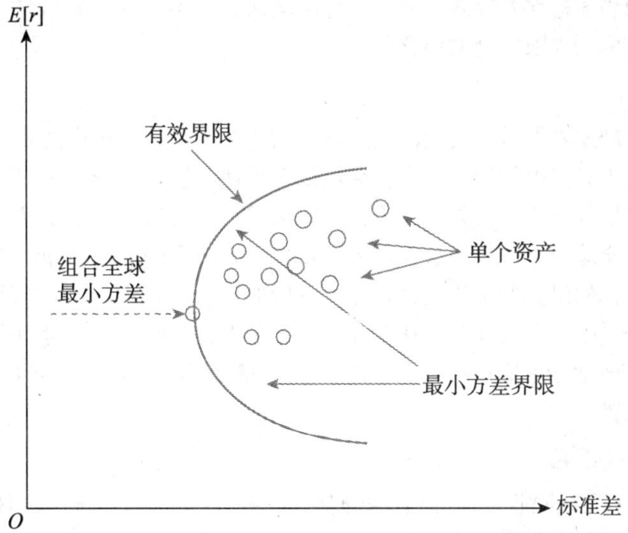

首先，我们必须通过建立一个均值标准差界限去除众多“无效”的组合。**均值标准差界限**（mean standard deviation frontier）是在预期收益率—标准差空间内的投资组合轨迹，该轨迹内的各点表示在各预期收益率条件下的最小方差。因此，该轨迹也常被称为**最小方差界限**（minimum-variance frontier)。对于两项资产，界限将代表所有可能的投资组合的集合，其形状类似于图表13.10中所示的图形。假设在两项资产中，一项为低预期收益率—低方差的资产（即资产X），另一项为高预期收益率—高方差的资产（即资产Y）。在投资组合中，开始时100%为低预期收益率资产，在组合中增加一些资产Y，将会使组合的预期收益率线性增加。不过，除非资产X与资产Y具有完全相关的收益，否则标准差不会以线性的方式变化。实际上，一开始它甚至会出现下降，但在任何情况下，一旦它开始增长，因为不完全相关的原因，组合的标准差都会以低于线性速度的速度增加，产生的曲线如图表13.10所示。

像图表13.10那样，为多项资产建立界限涉及对复杂数学问题的求解。我们希望对于包含N种证券的组合最小化其收益率方差，对于各种可能的预期收益率：

$$\min_{\{w_1,\cdots,w_N\}}\left[\sum_{i=1}^{N}w_i^2\sigma_i^2+\sum_{i=1}^{N}\sum_{j\neq i}^{N}w_iw_j\operatorname{cov}[r_i,r_j]\right]\Rightarrow \text{最小方差}$$

并满足以下条件：

$$\sum_{i=1}^{N}w_i=1\Rightarrow \text{可行性组合} \qquad \sum_{i=1}^{N}w_iE[r_i]=\bar{r}\Rightarrow \text{目标收益率}$$

通过变化$\bar{r}$，我们能够描绘出界限的轨迹。当然，也可以使用分析方法得出这一轨迹，人们常用Excel Solver来确定最小方差组合。

两基金分离法

有趣的是，当为两个目标收益率解决了这一问题后，我们便成功了。这种方法被称为**两基金分离法**（two-fund separation）：最小方差界限由任何两个最小方差界限组合相跨（或生成）。也就是说，如果我们发现两个组合——如组合X，其权重分别为$[w_1^X,w_2^X,\cdots,w_N^X]$，以及组合$Y$，其权重为$[w_1^Y,w_2^Y,\cdots,w_N^Y]$——它们都位于界限上，我们能够通过两种组合的集合得出整个界限。如果只有两项资产，那么均值标准差界限便可简单地通过混合两项资产的所有可能组合并使各权重的和等于1而找到均值标准差界限。两基金分离法认为在多项资产的情况下，界限上的所有组合都可以看成是任何两个界限组合的混合。

有效界限

在确定了均值标准差界限后，我们的重点便可以放在一个相当集中的投资组合集内。显而易见，没有人希望投资于界限内的投资组合：你可以在预期收益率不变的情况下降低风险，或在同等风险条件下增加预期收益率。另外，没有人希望投资于界限中低于全球最小方差组合的部分，如图表13.10所示。**全球最小方差组合**（global minimum-variance portfolio）是所有可能组合中方差最小的组合。如果你的组合低于该组合，你可以增加预期收益率，但不会增加波动率。

最后剩下的便是界限的上面部分，从全球最小方差组合开始。该风险组合集被称为**有效界限**（efficient frontier）。通过它可以得到大量的"有效"风险组合，这些组合可以与无风险资产组合，从而形成一条资本配置线。

均值—方差有效组合

从纵坐标上6%的无风险收益率开始，我们可以将均值标准差界限上的任何组合看成是一个潜在的风险资产，并可从无风险收益率开始，用一条线将其与图形上的风险组合点相连。该线构成一条潜在的资本配置线，一旦我们选定一条线后，根据之前的分析，我们便可知道如何通过最佳的方法，将风险组合与无风险资产结合。记住，资本配置线的斜率为夏普比率。因此，不同的风险组合意味着不同的资本配置线，即不同的夏普比率。效用函数偏好预期收益率，厌恶组合方差的投资者会自然地喜欢选择较高的夏普比率。

例如，考虑一下图表 13.11。它绘出了两项资产的均值标准差界限——美国及日本股权市场，使用图表 13.1 报告的预期收益率及波动率特点以及图表 13.6 报告的相关系数。

显而易见，有一条“最佳”的资本配置线，该线的斜率最大或夏普比率最高。该线从无风险收益率开始，并尽量向西北方向旋转——也就是，到达该线与均值标准差界限的切点。该组合被称为**均值—方差有效或 MVE 组合**（mean-variance efficient or MVE portfolio），它表示最大化夏普比率的风险组合。

该理论具有令人惊奇的力量。它表明存在一个所有投资者都喜欢的超级风险组合：当然，投资者的口味或偏好仍然存在差异，所以他们可以根据自身偏好，将均值—方差有效组合与无风险资产相结合。三角形左侧的代表均值—方差有效的组合适合风险厌恶感强烈的投资者；三角形右侧的组合供风险厌恶感不太强烈的投资者选择。注意风险有效界限如何完全位于通过 MVE 的资本配置线以下。通过以无风险利率借入资金并投资于 100%以下的 MVE 组合，投资者在同等风险条件下，相比于只考虑风险资产，能够获得非常高的预期收益率。实际的 MVE 组合权重及无风险资产权重可通过表达式（13.3）确定。

图表 13.11 **发掘均值—方差有效投资组合**

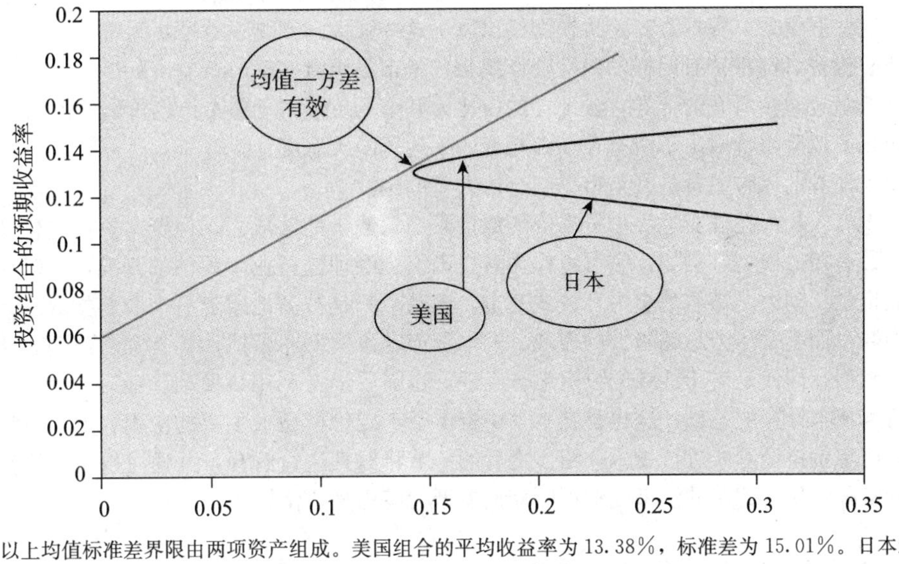

注：以上均值标准差界限由两项资产组成。美国组合的平均收益率为 13.38%，标准差为 15.01%。日本组合的平均收益率为 11.59%，标准差为 23.17%。两个收益率之间的相关系数为 0.31。均值—方差有效组合占据各组合的主要成分。

13.4 资本资产定价模型

本节讨论用于计算资本成本的一个最常用的模型：资本资产定价模型（CAPM）。我们将讨论其来源，提供一个正式推导与解释，同时讨论国内与国际资本资产定价模型。

假设与来源

资本资产定价模型（capital asset pricing model，CAPM）是所有现代金融理论的基础。它由 William E. Sharpe（1964），John Lintner（1965）以及 Jan Mossin（1966）使用分散投资原则推导而来，其简化假设以马柯维茨最初提出的均值—方差优化分析法为基础。因为他们的贡献，马柯维茨及夏普获得 1990 年的诺贝尔经济学奖。资本资产定价模型需要一系列相当严格的假设：

- 有一个单一期限的投资时期。
- 个人投资者是价格接受者。
- 投资仅限于交易的金融资产。
- 没有税务及交易成本。
- 信息成本为零，并且所有投资者均可获得信息。
- 投资者是理性的、追求均值方差最优化的人。
- 期望具有同质性，即所有投资者均同意预期收益率、标准差以及证券收益率的协方差。

资本资产定价模型接下来假定市场必须能够清算（即供需平衡）或所有资产都必须是自愿持有的，从而推导出所有投资者的最佳资产需求，并确定预期收益率的限制。

有了这些假设后，资本资产定价模型给出以下这些强大的预测也就不足为奇了：

- 所有投资者都将持有同样的风险资产组合——**市场组合**（market portfolio）。
- 市场组合包括所有的证券，各证券的占比为其市场价值对于整个市场价值的占比。
- 市场的风险溢价取决于所有市场参与者的平均风险厌恶度。
- 单个证券的风险溢价是其与市场组合协方差的函数。

虽然没有人相信在现实世界中资本资产定价模型的假设能够成立，但资本资产定价模型仍是金融学中最有用的模型。例如，它可以作为对投资组合经理进行业绩评估的基准，同时为指数基金的发展提供了动力。指数基金为开放式基金，该基金只是被动地跟随一个股票指数，如标准普尔 500 指数，而不是尽力超越指数的表现。资本资产定价模型还是估计各类资产预期收益率时首要采用的模型，即使是对于活跃的投资组合经理，也需要经常利用该模型。最后，资本资产定价模型是资本成本计算的基础；这也是在本书中资本资产定价模型最主要的应用。下一节将对主要的资本资产定价模型等式进行技术介绍。之后的一节将对其进行解释，并通过事例说明其在国际环境中的实际应用，此时的汇率变动可能会使模型的应用复杂化。

资本资产定价模型的推导（高级）

在推导资本资产定价模型之前，我们先回到本章开始部分涉及的分散投资问题。假定我们有一个组合 p，并假定我们考虑向其中增加一点新资产，占比为 w。也就是说，新组合中（$1-w$）为旧组合，w 为新资产。在我们向其中连续增加新资产的情况下，夏普比率什么时候会出现改善？答案是只要满足以下条件，夏普比率便会增加：

$$SR_{\text{NEW}} \geqslant \rho \times SR_p$$

其中，ρ 为组合 p 以及新资产之间的相关系数，SR_{NEW} 为新资产的夏普比率，SR_p 为当前组合的夏普比率。随着更多新资产的加入，组合（现在包括新资产）相关系数会随着新资产的增加而增加，上述条件变得越来越难以满足。我们应一直增加资产，直到：

$$SR_{\text{NEW}} = \rho \times SR_p \tag{13.4}$$

在该点上，继续增加资产不会再增加夏普比率；也就是说，我们此时得到的组合能够实现最大的夏普比率，即均值—方差有效组合。根据夏普比率的定义改写等式（13.4），我们可以得到更多的信息：

$$\frac{E(r_{\text{NEW}}) - r_f}{\sigma_{\text{NEW}}} = \rho \times \frac{E(r_p) - r_f}{\sigma_p}$$

或者

$$\frac{E(r_{\text{NEW}}) - r_f}{\rho \times \sigma_{\text{NEW}}} = \frac{E(r_p) - r_f}{\sigma_p}$$

由于不完全相关，所以特征性资产总风险的 $(1-\rho)\sigma_{\text{NEW}}$ 部分可以通过组合分散投资予以消除。

对于我们考虑向均值—方差有效组合内增加的任何证券 i，该关系式均成立。因为 $\rho = \frac{\text{Cov}(r_i, r_p)}{\sigma_{\text{NEW}}\sigma_p}$，我们得到：

$$\frac{E(r_i) - r_f}{\text{Cov}(r_i, r_p)} = \frac{E(r_p) - r_f}{\sigma_p^2} \tag{13.5}$$

该等式也意味着，每单位协方差风险的预期超额收益率对于所有资产均是相等的，即等于 $\frac{E(r_p) - r_f}{\sigma_p^2}$。一只证券的相关风险为其与均值—方差有效组合的协方差。改写等式（13.5），得到：

$$E(r_i) - r_f = \frac{\text{Cov}(r_i, r_p)}{\sigma_p^2} \times [E(r_p) - r_f] \tag{13.6}$$

等式（13.6）在个别资产的预期超额收益率与均值—方差有效组合的预期收益率之间建立了一个关系。

至此我们的推导已基本完成。让我们回顾一下之前几节有关最佳资产配置的几个主要发现：

1. 有效界限是一个在风险—收益率空间内，一系列“优势”组合的集合。任何均值—方差投资者都不会持有无效的组合。

2. 如果组合中包括无风险资产，那么一个风险证券组合能够提供最佳的风险—收益率平衡：均值—方差组合。

现在，如果每个人都是均值—方差型投资者，并且都面临相同的界限，什么样的均值—方差有效组合才能使任何证券需求或供应平衡？这一定是所谓的市场组合——也是资本资产定价模型所指的组合！其意义为：

$$E(r_i) - r_f = \frac{\text{Cov}(r_i, r_m)}{\sigma_m^2} \times [E(r_m) - r_f]$$

下标 m 表示市场组合。个人的证券预期超额收益率与市场组合预期收益率之间的关系取决于统计结构 $\frac{\text{Cov}(r_i, r_m)}{\sigma_m^2}$，也称为证券 i 的贝塔（β）系数。

资本资产定价模型的解释

资本资产定价模型常被用来作为确定风险股权资本要求收益率的基准。资本资产定价模型为一项股权投资的要求收益率［即预期收益率 $E(r_e)$］提供了一个公式。

资本资产定价模型均衡

股权投资者要求根据无风险利率，对其资金的时间价值进行补偿。另外，他们还要求对投资的系统性、不可分散的风险进行补偿。系统性风险等于股权的贝塔系数 β_e 乘以市场组合的风险溢价［$E[r_m]-r_f$］。股权的**贝塔系数**（beta）等于股权收益率与市场组合收益率的协方差除以市场组合收益率的方差：

$$\beta_e=\frac{\mathrm{Cov}(r_e,r_m)}{\mathrm{Var}(r_m)}$$

因此，资本资产定价模型可表示为：

$$E(r_e)=r_f+\beta_e[E(r_m)-r_f] \tag{13.7}$$

资本资产定价模型逻辑的前提假设是：投资者偏好更高的预期收益，同时厌恶风险。从投资者的角度来看，风险的衡量标准是整个组合收益的方差。在资产的预期未来现金流一定的情况下，市场价格的变化会改变资产的预期收益及其方差与协方差。在均衡状态下，资产的市场价格会做出调整，以使不同资产的预期收益及其方差与协方差能够让投资者自愿地持有市场组合。这种状态发生的条件是：每单位协方差风险的预期超额收益对于所有资产均是相等的，同时等于市场的预期超额收益除以其方差［参见本章前面“资本资产定价模型的推导（高级）”一节中的公式（13.5）］。在该均衡状态下，所有投资者均被认为会持有市场组合，因此它们被认为具有同样的预期以及同样的投资机会。

市场风险溢价

市场组合的风险溢价在数量上等于预期市场收益超出无风险利率的部分。资本资产定价模型实际上预测该风险溢价将取决于市场的平均风险厌恶程度以及市场组合收益的方差。要理解这一问题，考虑公式（13.3）并将其应用于市场组合。因为每个投资者都会根据自己的偏好选择将市场组合与无风险资产相结合，而对于那些具有平均风险厌恶程度（即 $\overline{A}$ ）的人，便会刚好持有市场组合。

因此，

$$w^*=1=\frac{1}{\overline{A}}\frac{E(r_m)-r_f}{\sigma_m^2}$$

或者

$$E(r_m)-r_f=\overline{A}\sigma_m^2 \tag{13.8}$$

因此，**市场风险溢价**（market risk premium）平衡市场组合方差，以反映市场投资者的平均风险厌恶程度。

个人预期收益及贝塔系数的作用

投资者可以通过将投资分散于一系列资产来减少特定证券的方差对于其组合总方差的影响。在资本资产定价模型均衡状态下，这样的分散导致了以下命题，即如果一项股权的收益与市场组合的收益不相关，那么该股权的预期收益便应等于无风险收益，原因在于投资者无须承担与该特定资产收益相关的不确定性，因而也无须得到相关的补偿。在等式（13.7）中，如果 $\beta_e = 0$，则 $E(r_e) = r_f$。上述分散论据表明，如果一项资产不与市场组合一起变化，那么对于一个反映市场组合的大型分散化组合，这样的资产实际上为无风险资产。

与市场组合收益正相关的股权收益会对市场组合收益的方差产生影响。因此，这些具有正值贝塔系数的资产要求有一个高于无风险收益率的预期收益率。另一方面，如一项资产的贝塔系数为负值，则其收益与市场组合的收益为负相关关系，所以实际上可以降低市场组合的整体方差。投资者因此愿意持有该项资产，即使其预期收益率低于相关均衡状态下的无风险利率。不过，很多股权均具有正贝塔系数，因为市场环境趋向于以同样的方式影响所有的股票。

需要注意的是，资产的贝塔系数衡量的是资产的相对风险，因为贝塔系数等于资产收益与市场组合收益的协方差除以市场组合收益的方差。如果贝塔系数为1，资产收益与市场组合收益的协方差等于市场组合收益的方差，资产的预期收益等于市场的预期收益。如果贝塔系数大于1，协方差大于方差，资产对于市场组合方差的影响具有非比例性。因此，其价格中反映的预期收益必须超出市场组合的预期收益。

国内与全球资本资产定价模型

在**国内资本资产定价模型**（domestic CAPM）中，市场组合的定义是一个特定国家所有投资者持有的总资产。资本资产定价模型的很多实际应用都以国内的资本资产定价模型为基础。例如，在伦敦证券交易所上市的一家英国公司的贝塔系数，其计算过程中需要参照的是伦敦证券交易所价值加权的市场收益；而对于在东京证券交易所上市的一家日本公司的贝塔系数，其计算过程中需要参照的是东京证券交易所价值加权的市场收益。

这一假设的意义是什么？国内资本资产定价模型假定一个国家的资产完全由该国的投资者持有。在这种情况下，便不存在风险的国际化分散，并且各国的资本市场完全与国际市场相分割。我们将在第13.6节详细讨论分割市场与统一市场的概念。当资本资产定价模型于20世纪60年代首次被提出时，国际分割看起来相当合理，因为当时国际化资本流及组合投资均受到很大的限制。今天，在一个日益全球化的世界中，更合理的应是使用证券的国际分散化组合来作为市场组合。这种资本资产定价模型被称为**全球资本资产定价模型**（world CAPM）。

汇率的影响

使用全球资本资产定价模型的一个主要理论问题是，该理论的前提是投资者对于不同资产的实际收益具有同样的预期。但是，考虑到第8章讨论的对购买力平价理论的背离以及实际汇率的波动，有大量的证据与该假设相矛盾。当实际汇率波动时，不同国家的投资者对于不同资产的实际收益也会具有不同的观点。下面让我们以实例说明上述问题。

以 r_e 表示美国投资者从一只美国证券获得的实际股权收益，以 r_f 表示在美国的无风险利率。全球资本资产定价模型可表示为：

$$E(r_e) - r_f = \beta_e[E(r_m) - r_f] \tag{13.9}$$

其中，r_m 为全球市场组合的实际收益。因为我们现在需要为美国投资者定义实际收益，所以在其计算过程中，需要参照的是美国的消费组合，并使用美国的价格水平。例如，要计算股权的实际收益率 r_e，可通过计算1加上名义收益率的和除以1加上美国通胀率的和，并将得出的商减去1：

$\frac{1+r_e(\$)}{1+\pi(\$)}-1$。同样地，从第 10 章中我们得知 r_f，即事前实际利率，为事后实际利率的预期价值：

$$r_f = r_f(\text{US}) = E\left[\frac{1+i(\$)}{1+\pi(\$)}-1\right]$$

其中，$i(\$)$ 为名义利率。

现在，对于一名德国投资者而言，同样的美国证券的预期实际收益为多少？因为德国投资者关心的是实际的德国收益，因此，

$$\frac{1+r_e(€)}{1+\pi(€)} = \frac{[1+r_e(\$)](1+s)}{1+\pi(€)}$$

其中，s 表示欧元—美元汇率的百分比变化。在以美元为基础的资本资产定价模型表达式中，包含对于美国投资者的真实收益，$\frac{1+r_e(\$)}{1+\pi(\$)}$。只有在 $\frac{1+s}{1+\pi(€)} = \frac{1}{1+\pi(\$)}$，或 $1+s=\frac{1+\pi(€)}{1+\pi(\$)}$ 时，美国投资者的实际收益才等于德国投资者的实际收益。换言之，只有在购买力平价（PPP）成立的情况下，美国投资者的实际收益才等于德国投资者的实际收益。

下面我们来考察无风险利率。对于德国投资者，应参照其消费组合来确定无风险利率。因此，事前的德国无风险利率为 $r_f(G) = E\left[\frac{1+i(€)}{1+\pi(€)}-1\right]$。如果我们假定购买力平价成立，我们可以发现 $r_f(G) = E\left[\frac{1+i(€)}{(1+s)(1+\pi(\$))}-1\right]$。当然，$E\left[\frac{1+i(€)}{1+s}\right]$ 为欧洲货币市场投资的美元收益。要实现各国实际利率水平的均等，除了购买力平价成立外，我们还需要其他条件。即需要各国货币市场投资的实际预期收益也相等——也就是说，我们需要实际的非抛补利率平价成立。[①] 我们的结论是：将全球资本资产定价模型变换国家角度时，必须使所有的国际平价条件均成立。

迄今为止，我们已根据理论要求，对实际收益进行了重点讨论。不过，在实际中，资本资产定价模型的大部分应用场合均使用名义收益。用 $r_e(\$)$ 表示名义股权收益，并以 $i(\$)$ 表示美国的货币市场利率。对于美国投资者的全球资本资产定价模型便可写成如下公式：

$$E[r_e(\$)-i(\$)] = \beta_e[E[r_m(\$)-i(\$)]] \tag{13.10}$$

其中，股权收益涉及的时间较短，如 1 个月，并且利率为当月开始时 1 月期短期国库券的利率。由于时间较短，等式（13.9）及（13.10）实际上接近相等。这是因为，根据定义，$r_e = \frac{1+r_e(\$)}{1+\pi(\$)}-1 \approx r_e(\$)-\pi(\$)$。并且，$r_f = E\left[\frac{1+i(\$)}{1+\pi(\$)}-1\right] \approx E[i(\$)-\pi(\$)]$。显而易见，通胀率并没有出现在等式中。

当然，两个等式中贝塔系数的计算方法并不一样，因为等式（13.9）涉及实际收益，而等式（13.10）涉及名义超额收益。因为相对于通胀及利率的变动，股权收益的变动性更高，但从实际应用的角度来看，这些差异并不具有实质性影响。

国际资本资产定价模型（高级）

全球资本资产定价模型在适用于所有国家时，其要求的条件相当严格。如果平价条件出现偏

① 在第 10 章，我们通过推导证明，在购买力平价、非抛补利率平价以及费雪假设均成立的情况下，各个国家的实际利率均相等。

离，根据理论，便需采用更加复杂的模型，以将通胀及汇率风险包括在预期收益的计算中。人们提出了很多国际资本市场均衡的模型，但迄今为止，还没有一个模型能够占据主导地位。[①] 很多模型以一种或多种形式，允许对货币风险溢价进行考虑。

在这一类模型中，根据 Bruno Solnik（1974b）以及 Piet Sercu（1980）的理论建立的模型是其中最流行的模型之一。该模型在形式上与等式（13.10）所表示的名义收益模型相对应：

$$E[r_j(\$)-i(\$)]=\beta_j E[r_w(\$)-i(\$)]+\sum_{k=1}^{K}\gamma_{i,k}E[s_k(t+1)-fp_k(t)] \qquad (13.11)$$

我们假定美元为计价货币，并需要为一名美国投资者衡量风险。[②] 第一项代表标准的全球市场风险，其他各项表示汇率风险，s_k 表示外币升值比率，fp_k 表示货币 k 的远期升水。汇率因此为美元与其他货币 k 的比率。投资于一种外币 k，可能得到的预期超额收益等于 $E[s_k(t+1)-fp_k(t)]=E\left[\dfrac{S_k(t+1)-F_k(t)}{S(t)}\right]$，汇率为 \$/k。

等式（13.11）中的 γ 表示公司收益对于汇率风险的敞口。例如，一个拥有很多未对冲外币应收账款的出口商可能会获得数值为正的 γ。也就是说，如果这些货币出现大幅升值，公司的收益也会增加。当然，如果非抛补利率平价成立，该模型便可以简化成全球资本资产定价模型。要计算在这种情况下的资本成本，我们必须以证券 j 的超额收益为因变量，以全球市场收益以及各种相关货币收益为自变量进行多元回归分析。在实际中，我们只使用几种主要的货币或一篮子货币。

现在还不清楚**国际资本资产定价模型**（international CAPM）是否优于全球资本资产定价模型。最近由 Bernard Dumas 和 Bruno Solnik（1995）以及 Xiaoyan Zhang（2006）发表的几篇论文表明，汇率风险包括在资产的价格中，并且在资本成本的计算中包括汇率因素也是非常重要的。其他一些研究，如 John Griffin 和 René Stulz（2001）所进行的研究，对上述结论提出了质疑。因为对于该模型还存在学术争议，并且其在实际资本预算中的应用非常有限，所以我们不会对这些模型做进一步讨论。

13.5 资本资产定价模型的实际应用

正如我们将在第 15 章详细说明的那样，当一个公司决定是否需要为一个项目分配资金时，它必须以等于投资者对项目进行直接投资时所要求的预期收益的贴现率，对项目的现金流进行贴现。资本资产定价模型能够发现这一贴现率。因此，在具体考虑如何计算股权资本成本时，我们提供了以下方法。

股权资本成本的确定方法

对于证券 j，前面的资本资产定价模型等式为：

---

① 参见 Michael Adler 和 Bernard Dumas（1983），了解模型的早期版本；参见 Andrew Karolyi 和 René Stulz（2002），了解最近的调查。

② 资本成本计算的实际结果可能依赖于计价货币的种类，这是涉及多变量的国际资本资产定价模型（包括这里提及的模型）的一个问题。

$$E(r_j)-r_f=\beta_j[E(r_m)-r_f]$$

其中，$\beta_j=\dfrac{\mathrm{Cov}(r_j,r_m)}{\mathrm{Var}(r_m)}$。发现证券 j 的预期名义收益的方法比较直接：

第一步：获取市场组合收益、证券 j 的股权收益以及短期国库券利率的数据。

第二步：确定市场风险溢价。市场风险溢价为一个接近于市场组合的组合（即市场组合代表）的预期超额收益。

第三步：获取 β_j 的估计值。

第四步：以公式 短期国库券利率(r_f)＋贝塔(β_j)×市场风险溢价$[E(r_m-r_f)]$ 计算证券 j 的预期收益。

这种方法显示了在实际资本预算情景下，有关资本资产定价模型应用的三个问题：基准的选择（如何衡量市场组合）、贝塔的估算以及市场组合风险溢价的确定。下面我们将依次讨论这几个问题。

基准的问题

市场组合

自资本资产定价模型开始被提出，便有一个问题一直困扰着它，即应以什么样的组合作为市场组合。① 理论上，市场组合收益的正确价值为投资者可以购买的所有资产的价值加权收益。如果市场组合的收益以美元衡量，那么这样的组合便应包括全世界不同国家所有公司股权以美元计价的收益、这些国家所有的政府与公司的债券以美元计价的收益，以及不动产、黄金及土地一类资产以美元计价的收益。

因为其数据要求太高，所以迄今为止还没有人尝试过以这样的方式使用该理论。我们根本不可能获得所有的数据。不过，更重要的是，金融市场还不够完善，那些流动性差的资产，如不动产等，并不能够像股票及债券那样进行买卖。并且因为在很多国家，很难获取有关公司及政府债券收益的数据，所以在实际应用中，人们在使用资本资产定价模型时，首先假定其只是一个将个别股权收益率与一个只包括股权的市场组合联系起来的理论。

全球市场替代

当在一个特定公司的项目中应用资本资产定价模型时，在理论上，替代市场组合的应该是一个充分进行分散投资的、由公司的投资者所持有的组合。在实际应用中，很多美国公司使用美国股票市场指数来作为市场组合。随着投资者组合的日益国际化（参见第 13.6 节），使用全球市场指数变得更加恰当。尽管全球市场指数方面的数据并不是太完美，但也有一些合理性的替代数据，如摩根士丹利资本国际（MSCI）指数以及金融时报统计（FTA）指数。

基准应用错误的后果

我们想要知道，当投资者实际采用全球资本资产定价模型为一个特定国家的资产进行定价时，如果我们使用该国特定的资本资产定价模型（国内资本资产定价模型），那么从数量上而言，我们的这个错误有多大？如果该国的资产实际上采用国际定价方式，资产 i 的预期收益 $E[r_i]$ 满

---

① 该问题经常被称为“罗尔批判”，因为理查德·罗尔（Richard Roll）是第一个在文章中指出资本资产定价模型测试中存在的问题的人。Roll（1977）指出，统计学家在没有对真正的市场组合进行考察的前提下，在统计方面对该理论提出的反对可能是站不住脚的。

足全球资本资产定价模型：

$$E(r_i)=r_f+\beta_{im}[E(r_m)-r_f] \tag{13.12}$$

其中，r_m 为全球市场组合的收益，β_{im} 为资产 i 的收益对于市场收益的贝塔系数。我们以 COE_i^{TR} 来表示该“真实”的预期收益或股权资本成本。现在，假定我们错误地认为，资产 i 的预期收益由资产 i 的收益与国内市场组合的收益 r_h 的协方差确定，如以下的国内资本资产定价模型所示：

$$E(r_i)=r_f+\beta_{ih}[E(r_h)-r_f] \tag{13.13}$$

我们以 COE_i^{FA} 来表示通过该式计算得到的股权资本成本。

由于我们没有使用等式（13.12），而是错误地使用了等式（13.13），所以在计算两者的差值前，我们首先需要计算对于国内市场组合正确的预期收益。国内市场组合收益为该国所有单个资产的价值加权收益，因此，它也同时满足全球资本资产定价模型，如等式（13.12）所示：

$$E(r_h)=r_f+\beta_{hm}[E(r_m)-r_f] \tag{13.14}$$

应用国内资本资产定价模型是否能够得到该国各股票的正确的预期收益？要想找到答案，让我们应用等式（13.13）与（13.14），看一下两种股权资本成本的差值：

$$COE_i^{FA}-COE_i^{TR}=\beta_{ih}[E(r_h)-r_f]-\beta_{im}[E(r_m)-r_f]=(\beta_{ih}\beta_{hm}-\beta_{im})[E(r_m)-r_f]$$

由此可见，资产 i 的预期收益在 $\beta_{im}=\beta_{ih}\beta_{hm}$ 时是正确的。例 13.5 能够让我们进一步了解该等式在什么情况下是正确的，以及如果等式出错，会导致什么样的后果。

例 13.5　雀巢的股权资本成本

René Stulz（1995）应用上文使用的分析方法，推导出瑞士雀巢公司的两个预期收益的估计值。他估计，相对于瑞士市场组合的瑞士法郎收益，雀巢的瑞士法郎收益的贝塔系数（β_{ih}）为 0.885。而根据来自《金融时报》的世界市场指数，相对于全球市场组合的瑞士法郎收益，雀巢的瑞士法郎收益的贝塔系数（β_{im}）为 0.585。相对于全球市场组合的瑞士法郎收益，瑞士市场组合的瑞士法郎收益的贝塔系数（β_{hm}）为 0.737。因此，由于使用了国内资本资产定价模型而没有使用全球资本资产定价模型而导致的以贝塔系数表示的定价误差为：

$$\beta_{ih}\beta_{hm}-\beta_{im}=(0.885\times 0.737)-0.585=0.067$$

Stulz（1995）使用的全球市场组合预期超额收益 $[E(r_m)-r_f]$ 为 6.22%，这样在雀巢的案例中，由于使用国内资本资产定价模型而没有使用全球资本资产定价模型而导致的误差便是 0.067×6.22%=0.42%。

因此，对于雀巢而言，因使用本国的定价模型而没有使用全球的定价模型而出现的预期收益高估值为 0.42%。如果雀巢根据全球市场定价而不是根据国内市场定价，则其需要的预期收益应为瑞士债券的无风险收益加上风险溢价，该风险溢价等于全球市场组合的贝塔系数乘以全球市场组合的超额收益，即 0.585×6.22%=3.64%。如果雀巢根据国内市场定价，其所需要的预期收益便应为瑞士债券的无风险收益加上风险溢价，该风险溢价等于 3.64%+0.42%=4.06%。

上述实例表明，至少对于雀巢而言，在应该使用全球资本资产定价模型时使用了国内资本资产定价模型并不会产生太大的误差。由于在估计贝塔系数及全球市场组合的平均收益过程中也存在误差，所以在进行敏感性分析时，分析人员能够容易地接受处于上述变化范围内的贴现率。利用同样的方法，Robert Harris 等人（2003）发现，对于标准普尔 500 公司而言，应用全球资本资产定价模型以及国内资本资产定价模型所得出的资本成本估计值类似。

贝塔系数的估计

前面讲过，对于证券 j 的贝塔系数表达式为 $\beta_j = \dfrac{\mathrm{Cov}(r_j, r_m)}{\mathrm{Var}(r_m)}$。精明的读者可能已发现，$\beta_j$ 可以看成是以 $r_j - r_f$ 为因变量、以 $r_m - r_f$ 为自变量进行回归分析的回归系数（参见第 7 章）。假定你已获得关于证券 j 超额收益的数据 $r_j^e(t) = r_j(t) - i(t-1)$，以及关于市场的超额收益的数据 $r_m^e(t) = r_m(t) - i(t-1)$，其中 $i(t-1)$ 为从时间 $(t-1)$ 到 t 的无风险利率，即短期国库券利率，其收益为名义收益。有了这些数据后，如何得到 β_j？你可以进行以下回归分析：

$$r_j^e(t) = \alpha_i + \beta_j r_m^e(t) + \varepsilon_j(t)$$

其中，$\varepsilon_j(t)$ 为回归方程中的残余项或误差项。图表 13.12 以图形的形式展示了回归分析的发现。

图表 13.12　　估计贝塔系数

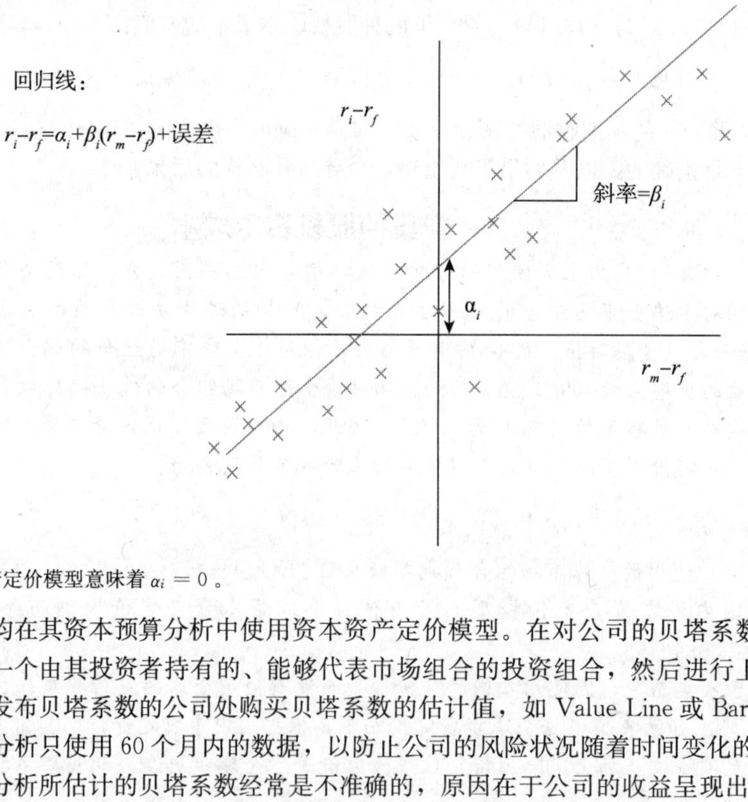

注：资本资产定价模型意味着 $\alpha_i = 0$。

很多公司均在其资本预算分析中使用资本资产定价模型。在对公司的贝塔系数进行估计时，它们直接选择一个由其投资者持有的、能够代表市场组合的投资组合，然后进行上述回归分析。它们也可以从发布贝塔系数的公司处购买贝塔系数的估计值，如 Value Line 或 Barra 公司。一般情况下，回归分析只使用 60 个月内的数据，以防止公司的风险状况随着时间变化的可能。

使用回归分析所估计的贝塔系数经常是不准确的，原因在于公司的收益呈现出相当大的特有波动率。也就是说，公司收益波动的很大一部分是由于公司特有的事件所引起的。这种特有的波动率降低了回归线的拟合水平，增加了估计值的标准误差。因此，有些贝塔系数提供商（如美林）提供的估计值趋向于 1，也就是在没有其他信息的情况下得出的贝塔值。其他一种方法是使用行业组合。如果在同一行业的公司具有类似的系统性风险，那么它们的贝塔系数也会因此相似。公司组合能够分散很多特质性风险，因此相比于个别公司的股票收益，其波动率会大幅降低。因此，行业组合的贝塔系数估计值更加准确。

例 13.6 公司与行业贝塔系数的比较

雅虎的财经网站（www.finance.yahoo.com）提供贝塔系数的估计值。现在让我们比较一下从该网站获得的2003年11月10日的贝塔系数估计值与我们通过计算得出的行业组合贝塔系数估计值。雅虎在估计过程中使用的是各只股票在5年时间内的月度收益数据，而行业的估计值涉及更长的样本数据（40年的数据）：

公司	雅虎贝塔系数	行业	行业贝塔系数
通用汽车	1.185	汽车与卡车	0.97
麦当劳	0.79	餐馆	1.22
富国银行	0.39	银行	1.07
微软	1.74	软件	1.07
默克	0.30	药品	0.88

各股票的贝塔系数在0.30（默克）～1.74（微软）之间，而行业的贝塔系数估计值非常接近于1.0。

有些公司使用与行业平均值（非常接近于1）相背离的贝塔系数自有其充分的理由。例如，它们的财务杠杆（债务价值与股权价值的比）可能较大或较小。如果股权持有者对于公司资产的索偿权必须在清偿了债券持有人的债务后才能行使，那么他们的索偿权便具有一定的风险性。尽管如此，对于默克的只有0.30以及富国银行只有0.39的贝塔系数而言，基本可以肯定其原因是由于公司股票价格在取样期间的不正常的个别变动，因此通过这样的贝塔系数，不太可能得出可靠的资本成本估计数值。

市场的风险溢价

历史估计

Eugene Fama 和 Kenneth French（1997）认为，对于行业而言的股权成本估计是不准确的。具体而言，误差主要来自对于市场组合风险溢价的估计数值。

各国的**股权风险溢价**（equity risk premium）幅度如此不同，着实令人有点意外。① 在对风险溢价进行估计时，第一个合理的步骤是回望历史。因为股票收益的波动率太大，所以必须采取一个长期的观点。

Elroy Dimson，Paul Marsh 和 Mike Staunton（2003）收集了16个国家在100年时间内的数据。图表13.13以他们的数据为基础，得出了表中所列的16个国家的历史风险溢价，其中最低的为丹麦的3.8%，最高的为意大利的10.3%。

美国的估计值为7.2%，低于以最近的数据得出的估计值。

图表 13.13　全球几个国家的股权风险溢价

国家	均值	标准差
澳大利亚	8.3	17.2
比利时	4.4	23.1

① 关于这个问题，Ivo Welch（2000）对于专业经济学家的意见调查能够为我们提供一个直接的视角。

续前表

国家	均值	标准差
加拿大	5.5	16.8
丹麦	3.8	19.6
法国	8.9	24.0
德国	9.4	35.5
爱尔兰	5.5	20.4
意大利	10.3	32.5
日本	9.3	28.0
荷兰	6.4	22.6
南非	7.9	22.2
西班牙	4.9	21.5
瑞典	7.5	22.2
瑞士	4.8	18.8
英国	5.9	20.1
美国	7.2	19.8
平均值	6.9	22.8
世界	5.7	16.5

注：数据来自 Dimson，Marsh 和 Staunton（2003）。"均值"一栏报告的是股权年收益百分比超出无风险收益部分的平均数。数据期间为 1900—2002 年。"标准差"一栏报告的是对这些超额收益的年标准差。

注意事项

对于上文的历史估计值，尽管其取样时间非常长，但仍可能由于取样的原因而出现大的误差，并且不同时段的数据也会得出不同的结果。例如，Jeremy Siegel（1992）考察了美国从 1800 年到 1990 年的数据后发现，从 1800 年到 1888 年，年股权溢价略低于 2%。① 从 1889 年到 1978 年，为 7.04%；从 1979 年到 1990 年，为 6.97%。

实际上，尽管对于风险溢价的历史估计值较大，但最近的研究已表明，未来的溢价水平会较低。例如，Fama 和 French（2002）认为，过去较高的股权收益将高于未来 50 年的预期收益，因为过去的收益中包括由于贴现率的下降而带来的"很大一部分预期外资本增益"。James Claus 和 Jacob Thomas（2001）使用分析人员的预测，得出股权溢价应为 3%的结论。该预测值还不到历史平均水平的一半。

风险溢价不断下降的可能性的确存在。过去，对股票市场进行投资比较困难，交易成本较高，并且数量有限，但现在，技术进步、通信能力提升、有效的共同基金行业以及美国的 401(k) 条款都增加了人们对于股票市场的参与，接近 50%的美国人口参与股票交易。股权持有者基础的

① Stephen Brown，William Goetzmann 和 Stephen Ross（1995）认为，各个国家的股权市场会不定期地出现完全关闭或失效的情况。因此，对于像西格尔那样的数据，他们对将一个较长时期内连续的平均收益作为预期事前收益估计值的解释方法提出了警告。如果投资者认为市场可能会下行，但实际上市场没有，那么便会导致平均收益异常升高的情况。

扩大分散了风险，应有助于风险溢价的降低。而风险溢价的降低又会使股票获得资本增益，但过去那些较高的收益预示未来较低的预期收益。尽管在2000—2002年期间，股票市场出现了一次强势的修正活动，但是，以市盈率等指标衡量的股票市场水平相比于历史基准，仍处于较高的位置。如果较高的股票市场水平长久地反映了较低的风险，那么我们可能会看到一个在市盈率方面长期的变化，以反映未来较低的股权溢价。考虑到以上问题，我们提议使用的股权溢价应在4%～8%之间。

敏感性分析的需要

显而易见，市场收益率高于无风险利率的估计值的变动性较大。同时，可通过计算得出的任何贝塔系数的估计值也存在很大的变动性。考虑到这些估计值的不准确性，在进行股本成本估计时进行敏感性分析是一个相当不错的措施。贝塔系数及风险溢价估计值的不准确性都必须考虑在内，所以很难为**敏感性分析**（sensitivity analysis）提供一个具有一般指导性的敏感范围。不过，风险溢价的误差可能占据主要地位，所以在进行资本成本估计时，需要使用较大的价值变动范围，一般高达±2%。

13.6 统一市场与分割市场

在本节，我们首先讨论对于新兴市场的投资以及投资障碍在其中扮演的重要作用。接下来，我们将讨论统一市场与分割市场对于公司资本成本的影响。在本节的最后，我们将讨论本土偏差的问题。

对于新兴市场的投资

图表13.14报告了从1988年到2006年期间，新兴市场股权收益的特点。其中平均年收益最低的为中国的1.51%，最高的为俄罗斯的41.92%。不过，新兴市场的收益变化幅度非常大，大部分年度变化幅度均超过30%。俄罗斯的变化幅度高达62.76%。尽管如此，一个以美元为计价货币的新兴市场指数收益波动率只有23%，与日本这样的发达国家所经历的变动幅度类似。

指数收益波动率的减少表明市场间的相关性较低，通过分散投资能够获得相当大的好处。最后四栏报告了新兴市场收益与美国、日本、英国以及德国的股票收益的相关系数。相关系数一般均较低，大部分相关系数低于25%。南非，作为新兴市场中最发达的市场之一，与所有四个发达国家市场的相关性较高（超过40%）。如此高的相关系数对于日本、英国以及德国而言相当少见，但对于美国而言，另外还有8个新兴市场与美国的相关系数超过40%。例如，对于日本而言，其近邻韩国是唯一的另外一个与其相关系数超过40%的市场。如此低的相关系数为构建低风险组合提供了可能。

因此，难怪早期的研究结果表明，对于新兴市场投资，分散投资能够得到重大的好处。不过，这些研究均使用了国际金融公司编制的市场指数，因此一般均忽略了与新兴市场投资相关的高交易成本、低流动性以及投资限制问题。

图表 13.14 新兴市场的平均收益及其波动率

	市场收益平均值	波动率	与美国收益的相关系数	与日本收益的相关系数	与英国收益的相关系数	与德国收益的相关系数
阿根廷	34.34	58.25	0.23	0.02	0.11	0.11
巴西	35.68	55.99	0.34	0.24	0.27	0.25
智利	20.85	24.82	0.41	0.15	0.26	0.29
中国大陆	1.51	38.24	0.42	0.15	0.33	0.29
哥伦比亚	19.65	33.31	0.17	0.10	0.21	0.22
捷克	20.62	28.74	0.20	0.17	0.28	0.33
埃及	25.18	33.02	0.20	0.17	0.17	0.18
匈牙利	25.47	36.10	0.46	0.19	0.42	0.46
印度	13.59	28.89	0.24	0.23	0.17	0.26
印度尼西亚	21.95	53.91	0.25	0.13	0.13	0.20
以色列	9.28	26.09	0.53	0.18	0.43	0.51
约旦	8.89	17.84	0.09	0.08	0.08	0.03
韩国	15.02	39.86	0.35	0.45	0.30	0.22
马来西亚	11.32	31.22	0.33	0.23	0.31	0.32
墨西哥	27.55	33.03	0.49	0.25	0.31	0.33
摩洛哥	14.59	18.80	0.05	0.10	0.19	0.18
巴基斯坦	16.22	39.32	0.10	0.04	0.12	0.12
秘鲁	20.01	31.09	0.23	0.31	0.23	0.25
菲律宾	9.75	33.15	0.36	0.22	0.24	0.28
波兰	30.25	53.12	0.32	0.28	0.32	0.31
俄罗斯	41.92	62.76	0.43	0.32	0.42	0.27
南非	16.53	27.28	0.43	0.45	0.45	0.44
中国台湾	13.61	39.16	0.28	0.21	0.16	0.29
泰国	13.97	40.53	0.43	0.31	0.30	0.33
土耳其	29.02	61.96	0.26	0.12	0.22	0.31
委内瑞拉	19.08	49.05	0.24	0.16	0.17	0.17
EMF	16.10	23.02	0.59	0.40	0.46	0.47

注：对于大部分新兴市场而言，月度数据从 1988 年 1 月开始，到 2006 年 7 月结束。所有的收益均以美元表示。最后一行给出了新兴市场指数收益的特点，是所有 26 个国家（地区）指数的价值加权平均值。

投资障碍与多样化

20 世纪 90 年代早期，很多新兴市场均对外国投资者施加严格的投资限制。在韩国，很多股票都需要遵守严格的外国所有权限制（对于大部分股票而言，外国所有权不得超过其市值的 10%）。像智利这样的国家则禁止外国投资者立即兑现其资本增益及股息。考虑到以上情形，对于早期分散投资研究中引用的收益数据，实际上不太可能由外国投资者获得。

Geert Bekaert 和 Michael Urias（1996，1999）的研究对于美国投资者通过利用针对新兴市场的各种不同的投资工具，如封闭式基金、美国存托托凭证以及开放式基金，能够获得的分散投资好处进行了考察。零售投资者能够容易地利用这些投资工具，其投资成本也与在美国交易的股票相当。在历史上，封闭国家基金是利用限制性市场的一个重要方式，在 1993 年之前，开放式基金与美国存托凭证的作用相对而言还不太重要。Bekaert 和 Urias（1996，1999）发现，投资者通过持有封闭式基金相关组合，放弃了很大一部分分散投资的好处，远远低于能够从国际分散组合中获得的基准好处。而另一方面，开放式基金则提供了重大的分散投资的好处。

上述这些结果表明，**投资障碍**（investment barriers）可能会防止新兴市场分散投资好处的全面实现。因此，新兴市场非常有可能无法满足资本资产定价模型所规定的严格的假设条件。特别值得一提的是，新兴市场与全球资本市场的整合并不完全，所以应用全球资本资产定价模型常会导致错误的结果。我们现在将明确统一市场与分割市场之间的根本区别。

统一市场与分割市场的资本成本

对于一个统一的市场，不管资产的本籍在何地，只要其风险类同，所要求的预期收益也应相同。在新兴市场中，政府通过对自由资本市场的干预，能够防止市场的整合，有效地将本国的资本市场与世界其他资本市场相分割。如果外国投资者在持有别国股权时受到税收或其他禁令的限制，则该国的资产便不是全球资本市场组合的一部分，该国便与国际资本市场相分离。

在确定资本成本时，分割的意义相当重要。假定我们希望确定哥伦比亚股票市场的预期收益。如果哥伦比亚股票市场与全球资本市场相整合，那么我们只需使用全球资本资产定价模型，并以全球市场收益作为基准组合即可。不过，由于哥伦比亚与世界市场的相关性较低，即贝塔系数较低，所以这种计算方法会只得到一个极低的哥伦比亚预期收益。在特定的资本预算情形下，这种计算方法对于外国人可能是正确的，但显而易见，对于当地的投资者，这种计算方法定会得到一个对于实际预期市场收益相当不准确的估计。

Campbell Harvey (1995) 的研究表明，一般而言，全球资本资产定价模型对于新兴市场收益的描述能力较差，国内资本资产定价模型则存在很大的优越性。因为哥伦比亚市场与国际市场相分割，所以所有的证券都根据其与哥伦比亚市场组合的相关性进行定价，但投资者无法对哥伦比亚市场的风险进行分散。因此，哥伦比亚市场的预期收益将是其自身波动率的函数。根据等式(13.7)，将资本资产定价模型累加到市场规模，便可得出上述结论：

$$E(r_j) = r_f + \beta_j E[(r_{col}) - r_f] \tag{13.15}$$

对于哥伦比亚的证券 j，其中 r_{col} 为哥伦比亚市场的收益。我们知道，β_j 为证券 j 与市场组合的协方差；因此，我们可以将等式 (13.15) 改写成：

$$E[r_j] = r_f + \mathrm{Cov}(r_j, r_{col}) \frac{E[r_{col} - r_f]}{\mathrm{Var}(r_{col})}$$

市场组合预期收益除以其方差一般被称为风险价格。如果投资者只持有股权，等式 (13.8) 表明，该风险价格等于哥伦比亚投资者平均的风险厌恶程度。我们这里以 A_{col} 表示。因此，上式可写成 $E[r_j] = r_f + A_{col}\mathrm{Cov}(r_j, r_{col})$，将哥伦比亚所有的证券相加，

$$E[r_{col}] = r_f + A_{col}\mathrm{Var}(r_{col})$$

因此，在**分割的市场** (segmented market)，预期以及平均收益应与收益的方差相关，而不是与全球市场收益的协方差相关。

例 13.7 哥伦比亚的预期收益

根据哥伦比亚股票收益数据，我们确定在过去的 5 年，其全球市场贝塔系数为0.443 1。假定无风险利率为 6%，并且全球市场溢价为 5%，对于完全整合的情形，哥伦比亚市场的预期收益则为：

$$6\% + 0.4431 \times 5\% = 8.22\%$$

但有些外国投资者可能会发现上述资本成本估计值过低，因为在哥伦比亚投资的大部分风险

实际上都具有政治性，属于哥伦比亚的特有风险。因此，它无法代表系统风险。

不过，如果哥伦比亚真是一个完全分割的市场，那么该国的预期收益将取决于该国的市场波动率，而以美元表示的波动率达到33.31%（参见图表13.14）。假定哥伦比亚的平均风险厌恶度为2.0。根据哥伦比亚的国内资本资产定价模型，哥伦比亚市场的预期收益为：

$$E[r_{col}]=6\%+2.0\times(0.333\ 1)^2=28.19\%$$

显而易见，根据国内资本资产定价模型以及全球资本资产定价模型得出的资本成本估算存在很大的差异。国内资本资产定价模型得出的预期收益高得如此不切实际的事实表明，哥伦比亚市场也不是一个完全分割的市场，其部分波动率仍是可以分散的。

股权市场自由化

股权市场自由化（equity market liberalization）允许外来以及对外的外国股权投资。很多新兴市场发生于20世纪80年代末期、90年代早期的股权市场自由化，使这些市场具备了与全球资本市场统一的潜力。这一变化为对于这些潜力影响的考察提供了一个良好的环境。

如果自由化带来了与全球资本市场的统一，并且如果全球资本资产定价模型成立，那么我们有望可以看到怎样的事情发生？假定该国市场在自由化之前，完全地与全球的资本市场相分割。在这种情况下，该国的实际利率可能会略高于全球的实际利率。同时，与该国股权相关的风险溢价也将由该国市场组合收益的方差控制。正如我们在实例13.7中看到的那样，这些风险溢价可能会非常高。

现在，假定该国出人意料地向全球经济开放其资本市场。将会发生的事情有两件：第一，该国的实际利率会出现大幅下降，原因在于该国的居民能够自由地进行国际贷款与借款以及额外的外国资本供应。[①] 第二，该国的股权现在将根据它们与全球市场组合收益的协方差进行定价，而该协方差可能远远地低于本国市场的方差。这两者的作用能够降低该国资产的贴现率。

贴现率的大幅下降，理所当然地要导致资产价格的大幅上升，持有这些资产的投资者能够获得巨大的收益。简而言之，外国投资者会哄抬当地股票的价格，以尽力分散其投资组合，同时所有的投资者都会规避效率低下的行业。[②] 因此，当一个市场从分割状态转变为统一状态时，股权价格应大幅上升（随着预期收益的下降）。

不过，当一个市场对于国际投资者开放之后，其资产对于国际事件便可能会更加敏感。换言之，它们与世界其他资产的协方差可能会上升。即使在这种效应的作用下，这些协方差也可能保持在远低于地方市场方差的水平上。相关的数据证实了上述理论。Han Kim和Vinjay Singal（2000），Peter Henry（2000），Geert Bekaert和Campbell Harvey（2000），以及其他人的研究表明，股权市场实行自由化时，随着外国投资者哄抬地方价格，市场的统一会带来积极的收益。但是，对于自由化后的收益，则正如理论所预测的那样，一般较低。虽然实际的估计值会有一定的不同，自由化一般能够导致资本成本下降1%。

在发行一只美国存托凭证后，公司股票的价格发生了有趣的类似变化。对于发行美国存托凭证的公司，如其总部所在国家实行投资限制，那么美国存托凭证便可被认为是投资自由化的一种形式。例如，在智利对资金的汇回实现限制的同时，它必须取消对于股票海外上市的公司的此等

---

① 可以想象，在自由化前，政府可能会人为地保持较低的利率，例如，通过规定利率上限的方式。在这种情况下，自由化能够导致利率的立即上升。

② 可参见Geert Bekaert和Campbell Harvey（2003）的更加正式的分析，该分析以Vihang Errunza和Etienne Losq（1985）的研究为基础。

限制，以便进行跨市套利。在宣布发行美国存托凭证时，我们因此预期会在实际自由化后，收益出现不正常的上升，同时预期收益降低。多项研究表明，这种效应的影响一般都大于1%，研究发现在发行美国存托凭证后，资本成本均会下降。当然，正如我们在第12章讨论的那样，其中除了自由化之外，还涉及其他多种原因，美国存托凭证的发行会对股票价格产生积极的影响。

很多研究，正如Bekaert和Harvey（2003）观察到的那样，均考察了自由化对于其他收益特征的作用。首先，自由化对于市场收益的波动率没有重大的影响。并且，从金融理论的角度而言，也无法肯定市场对外开放是增加波动率还是减少波动率。一方面，从信息的角度看，市场可能会更加有效，导致价格对于相关信息的反应更快，进而增加波动率，或过热的投机资本也可能导致过高的波动率。而另一方面，对于自由化之前的市场，围绕根本价值进行的市场上下运动可能很剧烈，导致较高的波动率。长期而言，市场的逐步发展以及分散化能够带来较低的波动率。其次，收益及其贝塔系数与世界市场的相关系数也会在股权市场自由化后上升，对于有些国家，上升的幅度还很大。这种上升也与这些自由化进程中的新兴市场与全球资本市场的日益统一相一致。

随着时间进行的分割与统一

尽管对于股权市场自由化的金融效应的实证研究证实了简单资本资产定价模型所预测的直觉结论，但这并不意味着我们现在生活在一个全球化统一的资本市场中，特别是对于新兴市场而言。实际上，使用官方的法规改革来衡量自由化，这种方法本身便存在着众多的困难，因为很难知道，哪些法规能够有效地将市场与全球资本市场相分割。存在三种不同类型的障碍。第一种障碍是法律障碍，如对于外资所有权的限制以及对外国投资的税收。第二种障碍为间接障碍，来自不同的信息披露标准、会计标准以及投资者保护。第三种障碍为影响外国投资的新兴市场特有风险（EMSR）。新兴市场特有风险包括流动性风险、政治风险、经济政策风险，并可能包括货币风险。

一般而言，间接障碍及新兴市场特有风险可能会使发达国家的机构投资者不愿意对新兴市场进行投资，并将它们与全球市场相分割。Geert Bekaert（1995）的证据表明，间接障碍，如缺乏高质量的监管及会计框架，具有特别的重要性。尽管如此，仅通过考察市场的监管框架对市场的统一程度进行衡量可能并不能够得到对于该统一程度的真实水平。例如，对于精明的投资者，自由化前的监管限制可能并不构成一个障碍，因为他们总是能够找到规避这些限制的方法。并且，也存在一些合法的间接方法来投资于这些国家的股权市场，如通过国家基金或美国存托凭证。在纽约证券交易所交易的韩国基金便是其中的一个典型；该基金于1986年发起，远远早于韩国股权市场的自由化。另外，还存在其他多种投资障碍，并且自由化一般也是一个复杂与渐进的过程。总而言之，确定一个市场是分割的市场、统一的市场还是介于两者之间的市场，并不是一件容易的工作。

随时间变化的市场统一模型

我们在上文中讨论过，如果一个国家的股票市场与世界股权市场相统一，使用国内资本资产定价模型会得出什么样的错误结果。在**统一的市场**（integrated markets）中，与全球市场的协方差应确定国内市场的预期收益。不过，如果市场为一个真正分割的市场，那么国内市场的收益方差应影响国内预期收益。Geert Bekaert和Campbell Harvey（1995）在一个计量经济学框架内，考察了多个国家的上述与分割及统一相关的问题。该计量经济学框架允许一个国家与全球市场的统一程度随着时间的变化而变化。他们的模型直接使用股权收益数据来确定市场统一的程度，因此，规避了法规改革数据的不确定性。他们最重要的发现是：对于选择作为样本的所有国家，股权市场的统一程度似乎都随着时间的变化而变化。

在很多国家，其中泰国是一个非常明显的例子，统一程度的变化与资本市场改革相一致。而在其他国家，监管框架与实际的统一程度并不一致。例如，考虑有些国家的市场收益率——如希腊——其市场完全向外国投资者开放。在有些时期，相对于希腊市场收益与全球市场组合收益的协方差，市场收益对于希腊市场收益的方差更加敏感。而有些股票市场，尽管其所在国家实行严格的法律限制，但其定价机制似乎更具有国际性。墨西哥便是其中一例，虽然它对于外国投资实行严格的限制，但与我们的想象不同的是，在确定预期收益时，墨西哥股票市场方差的重要性并不突出。分析结果表明，实际上，墨西哥市场与全球市场的统一程度非常高。图表 13.14 显示的数据也与该分析一致，从图表中可见，墨西哥股权收益与美国收益的相关系数高达 49%。

分割的实际意义以及随着时间变化的统一

从实际的角度看，当国际经理们为一个项目的全股权现金流选择贴现率时，他们必须依赖正确的经济学直觉以及对于历史统计数据意义的理解。下面让我们来讨论两个真实世界的例子。[①] 第一个例子涉及一家墨西哥公司以及一家瑞士公司，两家公司于 1998 年 7 月竞标收购印度尼西亚公司 PT Semen Gresik。

印度尼西亚于 1990 年 9 月实行自由化，而 PT Semen Gresik 在此之前，已经过一段时间的公开上市。作为估值的一部分，你必须确定一个适当的贴现率。是否有任何有用的历史收益数据？最直接的回答是"没有"。不幸的是，资产的历史平均收益率太高，不能反映在一个与国际市场相分割的国家内的证券的典型高风险溢价。并且，印度尼西亚资产的历史平均收益率还包括发生在该国向国际资本市场开放时的一次性资本增益。

我们应该怎么办？你首先应该问一下自己，如果股东对项目进行直接投资，他们要求的国内货币收益率为多少。如果一般的股东均有能力进行充分的国际分散投资，那么你便可以试图确定该国外资产的国内货币收益与全球市场组合国内货币收益之间的协动性如何。通过这种方法便可以得到一个国内货币的贴现率。因为 PT Semen Gresik 从事的是水泥业务，竞标人通过参考墨西哥或瑞士建筑公司组合，来计算适当的贴现率，以获得一个初步的指标。虽然这些公司可能会正确地反映全球统一的水泥公司的系统性风险，它们不太可能完全地代表印度尼西亚的水泥行业，即使是在印度尼西亚实行自由化之后。因此，PT Semen Gresik 的收益与全球市场的贝塔系数也应被包括在计算式中。

现在让我们来考虑 Westmore Coal Company，一家实际上位于美国的公司。1994 年，该公司打算向一个位于中国漳泽的电站项目投资 5.4 亿美元。当时不仅没有可比的上市项目以计算贝塔系数，而且中国是一个完全与国际市场分割的市场！如图表 13.14 所示，中国市场的波动率非常高，因此国内贴现率也应该非常高。不过，因为 Westmore Coal 的股东们可能已采用了国际分散投资的策略，所以在该案例中仍应使用全球资本资产定价模型。因为没有数据可以利用，必须加到无风险利率上面的风险溢价数额成了一个你应该能够为此辩护的商业判断。股权风险溢价应以该项目所代表的业务类型为基础。如果业务具有很强的周期性，并且其利率可能会与全球市场组合的收益一起变动，那么你所加入的风险溢价便应超出平均的水平。如果在另一方面，该业务具有非常强的个性特征，那么需要的风险溢价水平便较低。在这种情况下，电站在中国的现金流可能表现出与全球市场极低的相关性，因此其需要的风险溢价也较低。这一结论可能与直觉结论相反，因为从表面上看，在中国的项目似乎风险更大。不过，除了项目的系统性风险外，还可能存

① 两个实例都来自 Gordon Bodnar，Bernard Dumas 和 Richard Marston (2003)。

在需要进行独立评估的政治性风险。我们将在第 14 章讨论政治性风险。

本土偏差及其意义

与资本资产定价模型预测的不同，各国的投资者一般并不能够进行充分的国际分散投资。换言之，他们的大部分组合都有很强的本土偏差。本土偏差意为投资者（如英国的投资者）相比于全球市场组合，持有的英国资产比例偏高的情形。图表 13.15 使用两种不同来源的数据记录了本土偏差的问题。

图表 13.15　　美国及其他国家与地区的本土偏差

A 部分：美国的本土偏差（1997）年

	典型美国组合持有的股份百分比	偏差
美国	89.90	
英国	1.82	0.79
日本	1.14	0.88
法国	0.71	0.75
加拿大	0.59	0.75
德国	0.54	0.85
意大利	0.35	0.76
荷兰	0.89	0.55
瑞士	0.52	0.79
瑞典	0.32	0.72
西班牙	0.21	0.83
澳大利亚	0.26	0.79
中国香港	0.23	0.87
墨西哥	0.29	0.56
巴西	0.26	0.76
印度	0.05	0.91
中国大陆	0.02	0.98
中国台湾	0.04	0.97
俄罗斯	0.07	0.87
南非	0.08	0.92

B 部分：全球的本土偏差

	1991 年	2000 年
美国	4%	11%
日本	12%	27%
荷兰	12%	62%
英国	23%	26%
瑞士	11%	21%
澳大利亚	14%	19%
瑞典	4%	25%

注：A 部分以 Alan Ahearne，William Griever 和 Francis Warnock（2004）中的表 1 为基础。境外股权份额数据以 1997 年的一次大规模的美国居民持有境外证券的情况调查为基础。“偏差”一栏的计算方法是以 1 减去境外股权份额除以世界市场份额的商。如果美国投资者以等于世界股权市场基准的比例持有外国证券，偏差的值将等于 0。B 部分的数据来自 2002 年瑞士联合银行资产管理部门的一份研究。数据表示外国债券及股权占外国居民总股权及债券组合的百分比。

A部分的数据质量最高，因为它们的基础是1997年由美国财政部针对美国居民所持有的股权所进行的一次广泛的调查。B部分的数据来自私营部门，从中你可以大致了解其他国家本土偏差的程度以及随着时间的变化趋势。

第一，在全球各个国家，人们持有的外国证券都远远低于全球资本资产定价模型规定的数值。投资者似乎并没有充分利用国际分散投资的好处。

第二，偏差较大。图表13.15的A部分数据的第二栏以1减去境外市场在美国组合中的份额除以世界市场中境外市场的份额的商得出的差表示本土偏差。如果美国投资者持有世界市场组合，偏差的值将等于0。组合中各个国家（地区）的份额应等于各国（地区）在全球市场组合内的份额。偏差衡量的是境外持有的比例与其在全球市场中实际的市场市值份额的差值的百分比。美国组合对于新兴市场（如中国大陆、南非以及中国台湾）的偏差最大，对于荷兰以及墨西哥市场的偏差最小。

第三，从B部分数据中可以看出，国际分散程度最高的国家看起来似乎是荷兰，之后为日本。不过，因为荷兰只占有全球市场极小的一部分，所以其本土资产偏差仍较大。因为荷兰市场只占全球市场总市值的约2%，所以我们可以使用A部分数据来计算其本土偏差。对于荷兰投资者，外国资产代表全球市场组合的1－2%＝98%，不过，荷兰居民只为这些证券分配了62%的组合份额，因此，偏差为1－(62/98)＝36.7%。该偏差与英国及日本的70%的相应数字相比，确实要小很多。

最后，B部分的数据表明：在大部分国家的组合中，外国证券的占比已在过去的十年中得到了大幅度的提升，大部分国家均翻了一番多。不过，对于全球大部分国家，本土偏差仍是一个真实存在的现象，并且这也是一个被金融经济学家充分理解的现象。下面让我们看一下Ante与Freedy能否对这一问题做出一定的解释。

针锋相对

什么带来了外国投资？

“嗯，太好吃了。”Ante一边赞叹，一边大口吃下第四块比利时Leonidas巧克力。Ante与Freedy坐在客厅内，考虑着他们的父亲刚刚谈到的信托基金问题。父亲希望将信托基金对于外国股权投资的份额从目前的15%增加到30%，同时他也想知道为什么美国投资者经常不愿意对外国股权进行投资，尽管其分散投资的好处非常明显。Ante与Freedy已答应对这一问题进行研究，并且为了更好地思考问题，他们还使用父亲从国外购得的一台漂亮的意大利咖啡机，煮出了美味的泡沫卡布奇诺咖啡。

Freedy首先发言：“你知道，对于美国投资者本土偏差的问题，我能够想出很多合理的解释。外国股权涉及货币风险，所以相比于美国股权，其波动率更高。美国市场是全球最有效的市场，这里的交易成本低于其他地方的交易成本。并且，很难获得有关外国公司的可靠的会计信息。”

Ante一边吃着第五块Leonidas巧克力，一边咕哝说：“你彻底错了。这些外国股权只是表现比不上美国股权市场。另外，如果将钱投在不熟悉的公司，我会感到非常不自在。”

此时，被咖啡味道吸引过来、悄无声息走进房间的Suttle忍不住打断了他们的谈话。“嘿，你们好！我刚巧读过几篇关于本土偏差的文章。让我来和你们讨论一下这个问题。第一，货币风险并不是阻止美国投资者进行海外投资的原因，因为货币的变化与相关国家股权市场的相关系数很小，当美国投资者进行外国股权市场投资时，货币的变化对于美国投资者所面临的波动率的影响极小。而且，货币的波动也是可以对冲的。第二，长期而言，认为美国市场表现优于外国市场的观点是一个短期的、与历史事实不符的观点。第三，交易成本可能是一个原因，但为了得到美国投资者要求的组合占比，美国投资者必须考虑的事实是，外国股票的平均年收益要比外国资产实现的平均收益低2%～4%。这些数据可能表示美国投资者对于外国投资想象中的交易成本，但其实际存在的可能性不大。并且，国际资本流巨额的交易量也与交易成本的理由不符，正如外国也具有本土偏差的事实。第四，我也不认可信息方面的原因：很容易便能够获得有关外国公司的信息，或可以配备或使用当地投资经理。不过，信息的质量以及投资者保护及公司治理方面的监管体系不严格，则有可能是导致美国机构投资者裹足不前的原因。这也是为什么外国公司喜欢通过美国存托凭证上市，以便更容易地被机构投资者的组合所接纳。”

Suttle继续说道：“尽管这些间接的障碍具有明显的重要性，但它们并不能构成完整的原因，因为它们无法解释其他国家的跨境资本流以及本土偏差。显而易见，直接障碍发挥着非常大的作用，很多国家只是近来才解除了这些障碍。实际上，世界各地都有一个外资增加的趋势，所以投资者正在慢慢地向着理性的资本分配调整。”

Ante叫道：“啊哈！对于这种现象你也没有一个真正完整的解释，是不是，Suttle?”

Suttle答道：“不过，你们对于熟悉程度方面的观点还是有一定道理的。我刚读过的几篇文章认为：美国投资者甚至对于其国内投资也有偏差，他们偏好于自己熟悉的公司。一项研究表明，地方电话公司的股份所有人集中于接受这些电话公司服务的人。另一项研究表明，美国投资经理对于总部位于其办公室方圆500英里内的公司具有很强的偏好。”①

Freedy嬉皮笑脸地说：“嗯，好，可能有人就是不喜欢外国投资，但我还是想再来一杯意大利咖啡和比利时巧克力。”

对于定价的意义

如果投资者没有充分地利用国际分散投资，那么我们是否应该弃用作为基准模型的全球资本资产定价模型？这是一个困难的问题。不过，是否世界上的每个投资者都需充分进行国际分散投资，才能得到与全球资本资产定价模型的描述比较吻合的资产收益，似乎也不一定。实际上，虽然新兴市场收益看起来似乎与全球资本资产定价模型一点也不吻合，但也不存在对其他股票市场不利的强有力的证据。Campbell Harvey（1991）以及Robert Hodrick，David Ng和Paul Sengmueller（1999）的研究表明，有一个版本的资本资产定价模型实际上能够在大部分时间，适用于大多数发达股票市场。

随时间变化的相关系数

如果市场间并没有完全统一，图表13.15的B部分数据表明的本土偏差减弱的趋势表明市场的统一度正在随着时间的推移而增加，其原因在于直接与间接投资障碍的打破。François Longin和Bruno Solnik（1995）认为，统一程度的增加可能也加大了各国之间的相关系数，使得国际分散投资的好处减少。通过图表13.16，我们能够得到一些对于该问题的理解。该图表报告了日本、加拿大、英国、法国以及意大利与美国的相关系数，数据从1970年开始，每10年形成了一组数据，过去的7年也形成了一组数据。直到1999年前，除了日本之外，所有国家的相关系数均稳步增加。不过，对于所有国家，在过去的7年期间，相关系数均远远大于之前的数据。

市场统一程度的增加是否导致相关系数增加的问题是当前学术界争论的一个热点问题。欧盟各国在用欧元替代其本国货币时，这种争论显得更加突出，因为这种替代消除了跨境特有波动的潜在来源。

---

① 这些研究分别由Gur Huberman（2001）以及Joshua Coval和Tobias Moskowitz（1999）开展。

图表 13.16　　外国与美国股权市场收益的相关系数

	1970—1979 年	1980—1989 年	1990—1999 年	2000—2006 年	1970—2006 年
加拿大	0.71	0.72	0.73	0.77	0.72
日本	0.31	0.24	0.30	0.48	0.31
英国	0.45	0.56	0.58	0.80	0.53
法国	0.40	0.44	0.55	0.78	0.50
德国	0.29	0.36	0.51	0.78	0.46
意大利	0.17	0.24	0.32	0.60	0.29

注：数据来自摩根士丹利资本国际。

要判断这是一种长期效应还是短期效应，为什么如此困难？因为股权市场短期的较高波动率也倾向于增加市场间的短期相关系数，所以很难将短期的相关系数变化与长期的变化相区分。如果我们考虑满足全球资本资产定价模型的两个国家，便能够更好地理解对于这一事实的直觉概念。因此，两个国家的部分收益变化是由于全球市场收益引起的；两个国家受到的这种共同影响将会导致两个股票市场收益之间呈正相关性。从直观上看，如果全球市场的运动变得非常剧烈，那么它们将对两国股票收益变动具有控制作用，两国股票的相关系数也将趋向于 1。上述结论也与图表 13.16 中的数字有关，因为在 20 世纪 90 年末到 21 世纪初，全球市场的波动率确实较高。Geert Bekaert，Robert Hodrick 和 Xiaoyan Zhang（2006）进行的一项研究表明：欧洲内部的收益相关系数呈现永久性的增长，但他们的测试并没有排除在考虑波动率的暂时性变化时，其他地方的收益相关系数保持不变的假设。

13.7　资本成本的其他模型

资本资产定价模型的作用

尽管资本资产定价模型称不上完美无缺，但它仍是一个可用来对资本预算所需收益率进行估算的合理模型。有两个基本的观点支持这一战略。

首先，如前所述，股权投资平均收益率曾一度远远超过无风险投资的收益。如果我们认为历史能够预测未来，那么股权资本成本应包括一些处理该股权风险溢价的措施。

人们喜欢使用资本资产定价模型计算资本成本的第二个原因是，它涉及有关分散投资的重要教训：没有证据表明，曾有过较高历史标准偏差收益的公司会拥有较高的平均收益。实际上，最近由 Andrew Ang，Robert Hodrick，Yuhang Xing 和 Xiaoyan Zhang（2006）进行的研究刚好得出了相反的结论：具有较高的个性标准差的股票具有较低的平均收益。

当我们考虑整体的历史记录时，我们得出的结论是：股权资本的成本应反映出风险溢价，以对公司投资者所承担的投资中的系统性风险进行补偿。不过，如果假定资本资产定价模型是错误的，在这种情况下，它便会高估或低估市场所要求的收益率。

使用错误模型的后果

如果公司经理使用的资本资产定价模型高估了市场对于一个项目所要求的收益率，那么他们有时便可能会错过一些可以盈利的项目（也就是那些净现值为正值的项目）。最后，股票市场会对这些保守的经理们进行惩罚，将他们看成是业绩不佳的经理人。如果低估了又会有怎样的后果？在这种情况下，公司经理会参与一些净现值实际上为负值的项目，这样，他们便会损失股东的财富。同样地，最后，市场会因为他们未达到对于股东的承诺，而对这些过度激进的经理人进行惩罚。

考虑到资本资产定价模型出错的可能，以及最近对于资本资产定价模型不利的实证测试结果，是否还有其他计算资本成本的模型？我们下面讨论的两个模型是已经提出来的两个资本资产定价模型的替代模型。

套利定价理论

与资本资产定价模型相当的模型是**套利定价理论**（arbitrage pricing theory，APT），该理论首先由斯蒂芬·罗斯（Stephen Ross）提出。[①] 套利定价模型认为，市场组合收益可能并不是影响股权收益的系统性风险的唯一潜在来源。套利定价理论假定，还存在很多其他能够对大量证券的收益产生系统性影响的经济因素。这些因素可能包括有关通胀、利率、国内生产总值（GDP）或失业率的消息。这些因素的变化会影响公司未来的盈利能力，并且它们也可能会对投资者对于未来现金流风险性的观点产生影响，进而影响投资者对于未来不确定性现金流的贴现方式。

当影响大量公司收益的整个经济层面的因素存在时，对于一个分散化的优秀投资组合，这些因素的影响依然存在。这些因素的影响不能通过分散投资消除。因此，特定证券的风险溢价由这些证券的收益对于广泛经济层面因素的敏感程度以及由于这些不同的风险的存在投资者要求的补偿所决定。

理论（高级）

在常规的套利定价理论 k 因素模型中，股票收益可以用下式表示：

$$r(t)=E_{t-1}[r(t)]+\beta_1F_1(t)+\beta_2F_2(t)+\cdots+\beta_kF_k(t)+\varepsilon(t) \tag{13.16}$$

在等式（13.16）中，股票在 $t-1$ 以及 t 时间内实现的收益率为 $r(t)$，根据时间 $t-1$ 时的信息，预期的收益率为 $E_{t-1}[r(t)]$。收益中的新事物，即无法根据过去的信息预测的那部分，是由新的信息生成的，如下式所示：

$$\text{股票收益中新事物或新消息}=\beta_1F_1(t)+\beta_2F_2(t)+\cdots+\beta_kF_k(t)+\varepsilon(t)$$

对于该证券而言，新事物占比的大小取决于关于 k 不同因素的新消息，这些因素能够对所有的证券产生影响，对于 $i=1$，…，k，表示为 F_i（t）；同时它也取决于股权收益对于各个因素的敏感度，对于 $i=1$，…，k，表示为 β_i；并且它还取决于专属于该股票的新事物 ε（t）。在最常规的模型中，β 也可能会随着时间变化，因此可能取决于 $t-1$ 时的信息。

考虑一个周期性的技术股票，如微软。当经济出人意料地下滑时，其前景会受到影响。因此，如果第一个因素是国内生产总值消息，微软对于国内生产总值的 β 可能是正值，并且较大。这也意味着，微软的收益倾向于与其他同样与国内生产总值消息密切相关的股票相关。有关微软首席执行官健康的消息是一个特别的或“特征性的”微软消息，不会导致与其他股票收益的

① 有关套利定价理论的概述，可参见 Stephen Ross，Randolph Westerfield 和 Randolph Jaffee（2001）的第 11 章。初始的研究内容可参见 Stephen Ross (1976)。

相关。

因为一个证券的特征性不确定性可以按资本资产定价模型规定的方法通过分散投资去除，所以特征性不确定性不会对一个大型的、分散状况良好的组合的收益方差产生影响。因此，在均衡状态下，与特定证券相关的特征性不确定性不会反映到价格中。也就是说，等式（13.16）的 $\varepsilon(t)$ 项不会对股权的预期收益率产生影响。

不过，证券对于可能影响所有证券收益的因素的敏感程度会对股权预期收益率产生影响。在均衡状态下，所有的投资者均无法避免经济中的系统风险。因此，将存在与 k 项风险因素（分别以 $i=1,\cdots,k$ 编号）相关的 k 项不同的风险溢价，以反映投资者对于这些风险的厌恶程度。为了确定这些风险溢价，研究人员建立了一个因素模仿组合——组合与经济因素的相关度非常高（理想的为完全相关）。令 $rp_i(t-1)$ 表示因素 i 的风险溢价。则 $rp_i(t-1)$ 反映了 $t-1$ 时因素模仿组合对于风险因素 i 超出无风险利率部分的预期收益。

要对套利定价理论进行推导，必须要求预期股权收益的表达式写成以下形式：

$$E_{t-1}[r(t)]=r_{ft}+\beta_1[rp_1(t-1)]+\beta_2[rp_2(t-1)]+\cdots+\beta_k[rp_k(t-1)]$$

股票的预期收益率首先取决于对投资者因持有证券而失去的资金时间价值进行补偿的无风险利率，这一点与资本资产定价模型相同。因为 k 因素中的每个因素都代表一个来自广泛经济层面的、无法通过分散投资去除的风险，所以这些风险必须以风险溢价的形式得到补偿，对于 $i=1,\cdots,k$，各项的表达式为 $rp_i(t-1)$。考察等式（13.16）可以看出，证券收益中新事物对于某一系统性风险因素的敏感度越高，即 β_i 越高，该证券的风险也越大。因为理性的投资者认识到这些风险的存在，他们要求风险证券的预期收益必须能够对他们承担的风险进行补偿。

研究人员的典型发现是：数以千计的证券不同的预期收益均可由于五种因素的存在而得到非常合理的解释（Robert Korajczyk and Claude Viallet，1992；and Nai-Fu Chen，Richard Roll，and Stephen Ross，1986）。

法马-弗伦奇因素模型

价值与小公司效应

在 1992 年的一篇激动人心的论文中，尤金·法马（Eugene Fama）和肯尼斯·弗伦奇（Kenneth French）对传统资本资产定价模型解释美国数据中股票收益横截面数据的能力提出了质疑。他们发现，一个公司的市场股权（ME）的市场价值——等于其每股价格乘以流通股股数（或公司的市值）——以及公司账面价值与其市场价值的比率［账面股权与市场股权的比值（BE/ME)］，对于股票平均收益的解释具有极为重要的作用。①

在他们的取样数据中，低市值公司的平均收益高于它们与市场组合的贝塔系数所确定的收益。可能的原因是小公司非常缺乏管理层与其投资者的沟通。这种信息不对称会导致投资者对小公司提出更高的收益要求。对于股权账面价值与其市场价值比率高的公司（也就是所谓的价值公司）的平均收益也高于资本资产定价模型所能够解释的收益，并超过成长型股票（账面股权/市场股权比率低的股票）。有趣的是，这些公司经常会出现财务困境。当投资者对风险更加厌恶或

① 尽管贝塔系数高的公司倾向于具有较高的平均收益，尤金·法马和肯尼斯·弗伦奇认为，在公司市场股权的规模以及账面股权与市场股权比率被包括在内并用作解释变量时，贝塔系数对于平均股票收益横截面数据的解释是无效的。

面临困难时，如果财务困境倾向于系统性地发生，便可能导致投资者要求因承担这些风险而得到风险溢价。

法马和弗伦奇的发现仍在经济学界存在极大的争议，很多人并不认为他们的研究成果能够经受进一步的考验。首先，很多共同基金公司提供投资于账面价值与市场价值比率高的股票的价值基金以及投资于低市值公司的低市值基金。因此，个人投资者能够容易分散他们投资组合中的规模与价值特点。其次，Andrew Ang 和 Joseph Chen（2007）对于一个规模大于 Fama 和 French（1992）所使用样本的样本进行研究后，并没有发现价值效应的证据，并且其他多名研究人员也提出，规模效应在 20 世纪 80 年代便消失了。①

法马-弗伦奇三因素模型（高级）

他们的实证研究结果导致法马和弗伦奇提出了一个三因素模型，以对平均股权收益进行解释（Fama and French，1995）。第一个因素模仿组合为超出无风险收益的市场组合价值加权收益，与资本资产定价模型中的相同。第二个因素模仿组合为小公司组合收益与大公司组合收益的差值（小减大［SMB］），账面股权/市场股权比率在各组合中保持不变。第三个因素模仿组合为高账面股权/市场股权比率的公司组合收益与低账面股权/市场股权比率的公司组合收益的差值（高减低［HML］），同时公司的规模在各组合中保持不变。为了发现公司股权收益对于这三个因素的敏感程度，你只需像确定资本资产定价模型中贝塔系数的值一样进行回归分析即可。与单因素模型不同的是，该模型有三个解释变量，而不是一个解释变量。因素模仿组合的平均收益率接下来便可以与股权收益对于因素模仿组合收益的敏感程度估计值相结合，从而得到股权要求收益率的估计值。

在 Fama 和 French（1998）将他们的模型应用到国际数据中后②，他们发现两个因素——世界市场收益以及全球版本的高减低因素——能够对 13 个国家的预期收益的横截面数据进行充分的解释。

例 13.8 法马-弗伦奇模型中的股权资本成本

假定我们希望为一家位于澳大利亚的公司估计资本成本，公司的系统性风险与高账面市值水平的澳大利亚股票组合相同。在 Fama 和 French（1998）中，我们发现了以下估计值：

	资本资产定价模型	两因素模型	
	与全球市场的贝塔系数	与全球市场的贝塔系数	与高减低组合的贝塔系数
澳大利亚高账面市值水平公司	0.84	0.90	0.59

如果当前无风险利率为 6%，全球市场股权风险溢价为 5.7%（参见图表 13.13），则根据等式（13.10），资本资产定价模型所要求的澳大利亚公司的收益率为：

$$r^{AUS}=6\%+(0.84\times5.7\%)=10.79\%$$

① 即使是本书的作者也不能达成一致意见，一个人认为有一个需要解释的价值效应，另一个人认为这很有可能是一个统计方面的胡扯，业界对于这些问题的分歧情况由此可见一斑。我们已与萨特尔·图思（Suttle Trooth）约定会面时间，请他来帮助我们解决这一问题。我们将在下一版本中将结果告知读者。

② 必须指出，反对资本资产定价模型的实证证据对于大部分国家而言至多是一些不重要的证据，美国的除外。尽管如此，新提出的模型明显地改善了数据的拟合度。

我们估计因素模仿组合的价值溢价为3%。因此，根据**法马-弗伦奇两因素模型**（fama-French two-factor model）所确定的要求股权收益率为：

$$r^{AUS}=6\%+(0.9\times5.7\%)+(0.59\times3.0\%)=12.90\%$$

需要注意的是，对于股票要求收益率的两个估计值之间的差异很大。这是一个真实存在的现象，因为澳大利亚的价值型公司曾经提供的平均收益率的确高于资本资产定价模型所规定的收益率。尽管法马-弗伦奇模型比较常用，它仍是一个实证模型，并没有一个正式的理论支撑。由于对于该模型的有效性仍存在争议，同时该模型也不能对价值效应持续存在的原因做出合理的解释，所以法马-弗伦奇模型至今在实践中还没有得到广泛的应用。

小　结

本章说明了在全球金融市场中，确定股权资本成本的必要理论与背景知识。其要点如下：

1. 为了确定股权资本的国际成本，我们必须首先确定投资者对于全球投资环境下风险的态度。

2. 在进行海外投资时，投资者必须评估以其本国货币衡量的国际资产收益以及外币价值相对于投资者本国货币价值的变化。

3. 国际股权投资的波动率常用本国股权市场的波动率来确定。尽管汇率的变化较为频繁，但它们与本国股票的收益几乎没有关系。

4. 通过国际分散投资，能够降低组合的风险水平，使其远远低于仅通过国内分散投资所降低的风险水平。其中主要的原因是不同国家股票市场收益之间的相关性不太高，尽管在熊市时，这种相关关系会有增加的倾向。

5. 使用可以获得的有关不同市场波动率的数据以及它们之间的相关系数，投资者能够计算出国外投资收益的“门槛收益率”。对于一个完全的美国投资组合，增加一小部分的外国股权市场投资后，能够增加组合的夏普比率，该外国投资的预期收益率即为门槛收益率。

6. 在G7国家中，美国投资者通过在日本进行投资，能够最容易地改善其风险收益平衡（以夏普比率衡量）。虽然日本的历史收益记录非常差，但在G7国家中，日本与美国收益的相关系数最低。

7. 今天，参与国际投资已变得越来越容易，通过封闭式基金、开放式基金以及美国存托凭证等投资工具，投资者在家中便可进行投资操作。

8. 均值—方差型投资者喜欢较高的预期收益，同时承担较高的组合方差。如果只有一份无风险资产以及一份风险资产可以投资，投资者的风险厌恶程度越低，资产的预期超额收益越高，资产的方差越低，投资者投资于风险资产的占比便越高。

9. 均值标准差界限上的各投资组合对于各种可能的预期收益，能够实现最小的组合方差。均值—方差有效（MVE）组合为界限上的一个能够最大化夏普比率的组合，因此是一个最佳组合。该组合根据投资者的偏好，确定了投资者如何将无风险资产与风险资产进行最佳结合。

10. 资本资产定价模型（CAPM）规定，在一些简化的假设条件下，均值—方差有效组合应为市场组合。该组合包含了所有的证券，证券的占比与其市值相关。

11. 资本资产定价模型意味着任何证券的预期收益均等于无风险利率加上证券贝塔系数与其市场风险溢价的乘积。证券的贝塔系数为其收益与市场组合收益的协方差除以市场组合收益方差的商。

12. 在国际市场中，市场组合的相关基准应为全球市场组合，由此我们可以得到全球资本资产定价模型。全球资本资产定价模型忽略了汇率风险。

13. 在国际市场中，我们应该认识到，由于不同国家的投资者使用不同的消费组合来衡量真实收益，同时认为汇率风险会增加在其他国家的金融市场进行投资的风险，这些确实存在的因素会带来模型应用的复杂性。尽管可以通过资本资产定价模型的调整来考虑这些因素，但在实践中，很少使用由此得出的国际资本资产定价模型。

14. 为了使用资本资产定价模型求得资本成本，我们必须确定贝塔系数、市场风险溢价以及无风险利率。无风险利率常用短期国库券利率代替。贝塔系数通过以有关证券超额收益为因变量，以市场组合超额收益（例如，可以用全球市场组合收益代替）为自变量，进行回归分析得出其估计值。有时候，会使用行业组合，以减少在估计贝塔系数时的取样误差。市场组合的风险溢价是一个较有争议性的问题。一般合理的估计值在4%～8%之间。在任何情况下，在进行任何资本成本估计以及项目评估的同时，还需进行敏感性分析。

15. 相对于发达国家的股票市场，新兴股权市场表现出相对较低的相关系数。很多新兴市场于20世纪90年代经历了一次自由化进程，之后其股票市场便完全地或部分地对外国投资者开放。

16. 如果具有类似风险的资产，不管其本籍在何地，均要求同样的预期收益，这样的股权市场即为统一的市场。在新兴市场，众多投资障碍的存在，有效地将其与全球资本市场相分割。不过，自由化进程已带来了新兴市场资产价格的上升，增加了其与全球市场的相关系数，同时降低了预期收益。

17. 在计算资本成本过程中使用的基准应反映公司投资者的组合成分，即使项目的开展地点是一个相当分割的新兴市场。如果市场是一个真正分割的市场，或如果其所经历的自由化进程导致了收益数据的结构性断裂，那么这些新兴市场的历史数据便对资本成本的分析没有多少作用。

18. 即使在发达国家，投资者也没有充分地进行国际化分散。他们的组合严重地偏向于本国市场。这种现象被称为本土偏差。

19. G7国家间的相关系数逐步增加，主要反映了这些国家间日益加强的经济与金融整合。

20. 虽然资本资产定价模型是确定资本成本的主要模型，以Ross（1976）的套利定价理论为基础的多因素模型也常被用来确定资本的成本。在这种模型中，股票的预期收益取决于无风险利率、对于多个系统性因素（如国内生产总值消息）的敏感度以及与这些因素相关的风险溢价。

21. Fama和French（1992，1995，1998）提出了一个因素模型。在该模型中，各种因素对一只股票对于买入小公司股票、卖出大公司股票组合的暴露程度进行衡量；并对一只股票对于买入高账面市值股票（价值型股票）、卖出低账面市值股票（成长型股票）的组合的暴露程度进行衡量。但是，支持小公司股票及价值型股票的表现优于大公司及成长型股票的证据并不充分。

简答题

1. 对于一项在日本股权市场的投资，美元收益的波动率是否等于日本股权市场以日元表示的收益的波动率加上美元/日元汇率变化波动率的和？请说明理由。

2. 国际化分散股票组合的方差为什么可能会低于美国股票组合的方差？

3. 如何才能增加一个组合的夏普比率？为了达到这个目的，你需要向组合中增加哪种类型的股票？

4. 对于第13.2节中的门槛收益率，为什么日本的会低于加拿大的？美国投资者是否仍应在加拿大进行投资？

5. 什么是均值标准差界限？什么是均值—方差有效（MVE）组合？

6. 关于最佳组合选择，资本资产定价模型的预测是什么？

7. 对于任何证券的预期收益，资本资产定价模型的预测是什么？

8. 什么是一个证券的贝塔系数？

9. 在估计一个证券的贝塔系数时，为什么使用股票所在行业的收益比股票本身的收益可能更加有效？

10. 股权市场与全球资本市场相分割或与全球资本市场相统一意指什么？

11. 当一个分割的国家向外国投资开放其资本市场时，预计无风险利率及股权收益会发生什么样的变化？

12. 对于本土偏差的现象有哪些解释？

13. 说明套利定价理论的基本原理。

14. 假定AZT是一个小规模的价值型股票，

并且你同时使用资本资产定价模型和法马-弗伦奇模型来计算其资本成本。根据哪种模型计算得出的 AZT 资本成本会较高？

应用题

1. EAFE 为一个包括欧洲、澳大利亚以及远东市场的国际指数。请考虑以下年度化股票收益数据：

平均美国指数收益：　14%

平均 EAFE 指数收益：　13%

美国收益的波动率：　15.5%

EAFE 收益的波动率：　16.5%

美国收益与 EAFE 收益的相关系数：0.45

a. 如果一个投资组合，一半投资于 EAFE，一半投资于美国市场，其收益与风险各为多少？

b. 市场观察人士注意到，美国与 EAFE 指数的相关系数正在缓慢地增加，其中部分原因是市场统一程度的提高。假定波动率保持不变，对于两个市场具有同等权重的组合，其波动率是否有可能会超过美国市场的波动率？

2. 令英国股权的预期英镑收益为 15%，其波动率为 20%。美元—英镑汇率的波动率为 10%。

a. 以图形将英国股权的（大约）美元收益波动率表示成英国股权以英镑计价的收益与美元—英镑汇率变化之间相关系数的函数。

b. 假定英国股权以英镑计价的收益与汇率变化之间的相关系数为 0。如果要让英国股权投资达到 1.00 的夏普比率，预期的汇率变化应为多少？（假定对于美国投资者的无风险利率为 0。）看起来这是不是一个合理的预期？

3. 假定通用汽车的管理层希望投资于一条新的生产线，并必须确定投资的资本成本。通用汽车的贝塔系数为 1.185，汽车行业的贝塔系数为 0.97，全球市场股权溢价假定为 6%，并且无风险利率为 3%。提出一个在分析中考虑的资本成本估计值范围。

4. Thom Yorke 是一个典型的均值—方差型投资者。他喜欢高预期收益，同时讨厌组合收益的高波动。他目前 100%地投资于一个美国股权分散组合。组合的预期收益为 12.46%，组合的波动率（标准差）为 15.76%。Thom 正在考虑向自己的组合中增加一些其他投资内容。他正在考虑的一项投资是 STCMM 基金，该基金投资于美国的低市值、高科技公司。Thom 已确定，基金的预期收益为 14.69%，其波动率为 32.5%，其与当前组合的相关系数为 0.727 4。同时，他对于 LYMF 基金也很有兴趣，该基金投资于多个新兴市场。基金的预期收益只有 12%；其波动率为 35%；与现有组合的相关系数为 0.2。LYMF 基金与 STCMM 基金的相关系数为 0.15。假定无风险利率为 5%。

a. 如果 Thom 有意改善自己组合的夏普比率，他是否会选择其中一个基金进行正投资？选择哪一个基金？详细说明理由。

b. 假定 Thom 为中度风险厌恶型投资者（意为他比较厌恶波动），但他的朋友，Nick Cave，对于风险的容忍程度非常高，其主要目标是预期收益。两个人都不能卖空证券，并都考虑将整个组合在 Thom 当前持有的美国组合、STCMM 基金以及 LYMF 基金间进行分配。另外，他们也不考虑投资于无风险的资产，并且不考虑进行风险组合杠杆投资。比较两个投资者的最佳持有方案。谁会更多地投资于 LYMF 基金，谁又会更多地投资于 STCMM 基金？请说明原因。

5. 国际经济学家继续对全球投资者中普遍存在的本土资产偏差感到迷惑不解。有经济学家指出，具有**均值—方差偏好**（mean-variance preference）的投资者（也就是他们喜欢较高的预期收益，但不喜欢较高的波动率）应将他们更多的财富投资于外国股权及债券。对于该现象，下文提供了三个解释，所有的解释均基于经验性事实。分别讨论各个解释是否正确，并说明这些解释在哪些方面有助于本土偏差的合理化，又在哪些方面未能对其合理化。在回答问题时，假定投资者都为均值—方差型投资者。

a. 投资者不应持有外国股权，因为最近几年，相比于美国的股票，它们的波动率较高，并且收益较低。

b. 本土偏差出现的原因是因为投资者在进行国际投资时，需要面临额外的风险，即货币风险。因为货币风险会让收益的波动率更高但不能够提高收益率，所以投资于国内资产是理性的选择。

c. 本土偏差出现的原因是因为投资者有一个

他们注重的不可交易的国内资产，即人力资本。该资产的收益可以被看成是劳动力收入。经验表明，劳动力收入与美国股票的相关系数非常高。

考虑 Softmike，一家软件公司。Softmike 的全球市场贝塔系数为 1.75。在对 Softmike 的收益以全球市场收益及全球高价值因素进行回归分析时，贝塔系数分别为 1.50 及－1.2。假定全球股权溢价为 6%，高价值溢价为 3%，无风险利率为 5%。分别使用资本资产定价模型以及法马-弗伦奇模型计算股权资本成本。Softmike 是一个价值型公司还是一个成长型公司？

参考文献

Adler, Michael, and Bernard Dumas, 1983, "International Portfolio Choice and Corporation Finance—A Synthesis," *Journal of Finance* 38, pp. 925 - 984.

Ahearne, Alan G., William L. Griever, and Francis E. Warnock, 2004, "Information Costs and Home Bias: An Analysis of U.S. Holdings of Foreign Equities," *Journal of International Economics* 62, pp. 313 - 336.

Ang, Andrew, and Geert Bekaert, 2002, "International Asset Allocation with Regime Shifts," *Review of Financial Studies* 15, pp. 1137 - 1187.

Ang, Andrew, and Joseph Chen, 2007, "CAPM over the Long Run: 1926 - 2001," *Journal of Empirical Finance* 4, pp. 1 - 40.

Ang, Andrew, Robert Hodrick, Yuhang Xing, and Xiaoyan Zhang, 2006, "The Cross-Section of Volatility and Expected Returns," *Journal of Finance* 61, pp. 259 - 300.

Baele, Lieven, 2005, "Volatility Spillover Effects in European Equity Markets: Evidence from a Regime Switching Model," *Journal of Financial and Quantitative Analysis* 40, pp. 373 - 401.

Bekaert, Geert, 1995, "Market Integration and Investment Barriers in Emerging Equity Markets," *World Bank Economic Review* 9, pp. 75 - 107.

Bekaert, Geert, and Campbell R. Harvey, 1995, "Time-Varying World Market Integration," *Journal of Finance* 50, pp. 403 - 444.

Bekaert, Geert, and Campbell R. Harvey, 2000, "Foreign Speculators and Emerging Equity Markets," *Journal of Finance* 55, pp. 565 - 614.

Bekaert, Geert, and Campbell R. Harvey, 2003, " Emerging Markets Finance," *Journal of Empirical Finance* 10, pp. 3 - 55.

Bekaert, Geert, Campbell R. Harvey, and Angela Ng, 2005, "Market Integration and Contagion," *Journal of Business* 78, pp. 39 - 69.

Bekaert, Geert, Robert J. Hodrick, and Xiaoyan Zhang, 2006, "International Stock Return Comovements," Columbia Business School working paper.

Bekaert, Geert, and Michael Urias, 1996, "Diversification, Integration and Emerging Market Closed-End Funds," *Journal of Finance* 51, pp. 835 - 869.

Bekaert, Geert, and Michael Urias, 1999, "Is There a Free Lunch in Emerging Market Equities?" *Journal of Portfolio Management* 25, pp. 83 - 95.

Bodnar, Gordon M., Bernard Dumas, and Richard C. Marston, 2003, "Cross Border Valuation: The International Cost of Equity Capital," National Bureau of Economic Research working paper no. 6224.

Brealey, Richard A., and Stewart C. Meyers, 2003, *Principles of Corporate Finance*, 7th ed., Boston: McGraw-Hill/Irwin.

Brooks, Robin, and Marco Del Negro, 2004, "The Rise in Co-movement Across National Stock Markets: Market Integration or IT Bubble?" *Journal of Empirical Finance* 11, pp. 659 - 680.

Brown, Stephen J., William N. Goetzmann, and Stephen A. Ross, 1995, "Survival," *Journal of Finance* 50, pp. 853 - 873.

Campbell John Y., Martin Lettau, Burton G. Malkiel, and Yexiao Xu, 2001, "Have Individual Stocks Become More Volatile? An Empirical Exploration of Idiosyncratic Risk," *Journal of Finance* 56, pp. 1 - 43.

Carrieri, Francesca, Vihang Errunza, and Sergei Sarkissian, 2004, "Industry Risk and Market Integration," *Management Science* 50, pp. 207 - 221.

Chari, Anusha, and Peter B. Henry, 2004, "Risk Sharing and Asset Prices: Evidence from a Natural Experiment," *Journal of Finance* 59, pp. 1295 - 1324.

Chen, Nai-Fu., Richard Roll, and Stephen A. Ross, 1986, "Economic Forces and the Stock-Market," *Journal of Business* 59, pp. 383 - 403.

Claus, James, and Jacob Thomas, 2001, "Equity Premia as Low as Three Percent? Evidence from Analysts' Earnings Forecasts for Domestic and International Stock Markets," *Journal of Finance* 56, pp. 1629 - 1666.

Connor, Gregory, and Robert A. Korajczyk, 1986, "Performance Measurement with the Arbitrage Pricing Theory: A New Framework for Analysis," *Journal of Financial Economics* 15, pp. 373 - 394.

Cooper, Ian A., and Evi Kaplanis, 1994, "Home Bias in Equity Portfolios, Inflation Hedging, and International Capital Market Equilibrium," *Review of Financial Studies* 7, pp. 45 - 60.

Coval, Joshua D., and Tobias J. Moskowitz, 1999, "Home Bias at Home: Local Equity Preference in Domestic Portfolios," *Journal of Finance* 54, pp. 2045 - 2073.

De Santis, Giorgio, 1993, "Asset Pricing and Portfolio Diversification: Evidence from Emerging Financial Markets," World Bank Symposium on Portfolio Investment in Developing Countries, Washington, DC.

Diermeier, Jeff, and Bruno Solnik, 2001, "Global Pricing of Equity," *Financial Analysts Journal* 7, pp. 37 - 47.

Dimson, Elroy, Paul Marsh, and Mike Staunton, 2003, "Global Evidence on the Equity Risk Premium," *Journal of Applied Corporate Finance* 15.

Dumas Bernard, and Bruno Solnik, 1995, "The World Price of Foreign-Exchange Risk," *Journal of Finance* 50, pp. 445 - 479.

Errunza, Vihang, and Etienne Losq, 1985, "International Asset Pricing under Mild Segmentation: Theory and Test," *Journal of Finance* 40, pp. 105 - 124.

Errunza, Vihang, Kevin Hogan, and Mao-Wei Hung, 1999, "Can the Gains from International Diversification Be Achieved Without Trading Abroad?" *Journal of Finance* 6, pp. 2075 - 2107.

Fama, Eugene F., and Kenneth R. French, 1992, "The Cross-section of Stock Returns," *Journal of Finance* 47, pp. 427 - 465.

Fama, Eugene F., and Kenneth R. French, 1995, "Size and Book-to-Market Factors in Earnings and Returns," *Journal of Finance* 50, pp. 131 - 155.

Fama, Eugene F., and Kenneth R. French, 1997, "Industry Costs of Equity," *Journal of Financial Economics* 43, pp. 153 - 193.

Fama, Eugene F., and Kenneth R. French, 1998, "Value Versus Growth: The International Evidence," *Journal of Finance* 53, pp. 1975 - 1999.

Fama, Eugene F., and Kenneth R. French, 2001, "The Equity Premium," *Journal of Finance* 57 (2), pp. 637 - 659.

Ferreira, Miguel A., and Paulo M. Gama, 2005, "Have World, Country and Industry Risk Changed Our Time? An Investigation of the Volatility of Developed Stock Markets," *Journal of Financial Quantitative Analysis* 40, pp. 195 - 222.

Forbes, Kristin J., and Roberto Rigobon, 2002, "No Contagion, only Interdependence: Measuring Stock Market Co-movements," *Journal of Finance* 57, pp. 2223 - 2261.

Griffin, John M., and René M. Stulz, 2001, "International Competition and Exchange Rate Shocks: A Cross-Country Industry Analysis of Stock Returns," *Review of Financial Studies* 14, pp. 215 - 241.

Harris, Robert S., Felicia Marston, Dev R. Mishra, and Thomas J. O'Brien, 2003, "*Ex ante* Cost of Equity Estimates of S&P 500 Firms: The Choice Between Global and Domestic CAPM," *Financial Management* 32, pp. 51 - 66.

Harvey, Campbell R., 1991, "The World Price of Covariance Risk," *Journal of Finance* 46, pp. 111 -157.

Harvey, Campbell R., 1995, "Predictable Risk and Returns in Emerging Markets," *Review of Financial Studies* 8, pp. 773 - 816.

Henry, Peter B., 2000, "Stock Market Liberalization, Economic Reform, and Emerging Market Equity Prices," *Journal of Finance* 55, pp. 529 - 564.

Heston, Steve L., and K. Geert Rouwenhorst, 1994, "Does Industrial-Structure Explain the Benefits of International Diversification," *Journal of Financial Economics* 36, pp. 3 - 27.

Hodrick, Robert J., David Ng, and Paul Sengmueller, 1999, "An International Dynamic Asset Pricing Model," *International Taxation and Public Finance* 6, pp. 547 - 620.

Huberman, Gur, 2001, "Familiarity Breeds Investment," *Review of Financial Studies* 14, pp. 659 -680.

Jacquillat, Bertrand, and Bruno Solnik, 1978, "Multinationals Are Poor Tools for Diversification," *Journal of Portfolio Management* 4, pp. 8 - 12.

Karolyi, G. Andrew, and René M. Stulz, 2002, "Are Financial Assets Priced Locally or Globally?" National Bureau of Economic Research working paper no. 8994.

Kim, E. Han, and Vijay Singal, 2000, "Opening Up of Stock Markets: Lessons from Emerging Economies," *Journal of Business* 73, pp. 25 - 66.

Korajczyk, Robert A., and Claude J. Viallet, 1992, "Equity Risk Premia and the Pricing of Foreign Exchange Risk," *Journal of International Economics* 33, pp. 199 - 219.

Lewis, Karen K., 1994, "Puzzles in International Financial Markets," National Bureau of Economic Research working paper no. 4951.

Lewis, Karen K., 1999, "Trying to Explain Home Bias in Equities and Consumption," *Journal of Economic Literature* 37, pp. 571 - 608.

Lintner, John, 1965, "The Valuation of Risk Assets and the Selection of Risky Investments in Stock Portfolios and Capital Budgets," *Review of Economics and Statistics* 47, pp. 13 - 37.

Longin, Francois, and Bruno Solnik, 1995 "Is Correlation in International Equity Returns Constant? 1960 - 1990," *Journal of International Money and Finance* 14, pp. 3 - 26.

Longin, Francois, and Bruno Solnik, 2001, "Extreme Correlation of International Equity Markets," *Journal of Finance* 56, pp. 649 - 676.

Markowitz, Harry, 1952, "Portfolio Selection," *Journal of Finance* 7, pp. 77 - 91.

Merton, Robert C., 1973, "An Intertemporal Capital Asset Pricing Model," *Econometrica* 41, pp. 867 - 887.

Mossin, Jan, 1966, "Equilibrium in a Capital Asset Market," *Econometrica* 34, pp. 768 – 783.

Patro, Dilip K., and John K. Wald, 2005, "Firm Characteristics and the Impact of Emerging Market Liberalizations," *Journal of Banking and Finance* 29, pp. 1671 – 1695.

Roll, Richard, 1977, "A Critique of the Asset Pricing Theory's Tests," *Journal of Financial Economics* 4, pp. 129 – 176.

Ross, Stephen A., 1976, "The Arbitrage Theory of Capital Asset Pricing," *Journal of Economic Theory* 13, pp. 341 – 360.

Ross, Stephen A., and Michael M. Walsh, 1983, "A Simple Approach to Pricing Risky Assets with Uncertain Exchange Rates," *Research in International Business and Finance* 3, pp. 39 – 54.

Ross, Stephen A., Randolph W. Westerfield, and Jeffrey F. Jaffee, 2002, *Corporate Finance*, 6th ed., Boston: McGrawHill/Irwin.

Rowland, Patrick F., and Linda L. Tesar, 2004, "Multinationals and the Gains from International Diversification," *Review of Economic Dynamics* 7, pp. 789 – 826.

Sercu, Piet, 1980, "A Generalization of the International Asset Pricing Model," *Revue de l'Association Francoise de Finance* 1, pp. 91 – 135.

Sercu, Piet, and Raman Uppal, 1995, *International Financial Markets and the Firm*, Cincinnati: South-Western College Publishing.

Sharpe, William, 1964, "Capital Asset Prices: A Theory of Market Equilibrium Under Conditions of Risk," *Journal of Finance* 19, pp. 425 – 442.

Siegel, Jeremy J., 1992, "The Real Rate of Interest from 1800 – 1990: A Study of the U. S. and the U. K.," *Journal of Monetary Economics* 29, pp. 227 – 252.

Solnik, Bruno, 1974a, "Why Not Diversify Internationally Rather Than Domestically?" *Financial Analysts Journal*, pp. 48 – 53.

Solnik, Bruno, 1974b, "The International Pricing Risk: An Empirical Investigation of the World Capital Market Structure," *Journal of Finance* 29, pp. 365 – 378.

Solnik, Bruno, 1983, "International Arbitrage Pricing Theory," *Journal of Finance* 38, pp. 449 –457.

Stulz, René M., 1995, "The Cost of Capital in Internationally Integrated Markets: The Case of Nestlé," *European Financial Management* 1, pp. 11 – 22.

Tesar, Linda L., and Ingrid M. Werner, 1992, "Home Bias and the Globalization of Securities Markets," National Bureau of Economic Research working paper no. 4218.

Tesar, Linda L., and Ingrid M. Werner, 1995, "Home Bias and High Turnover," *Journal of International Money and Finance* 14, pp. 467 – 492.

Warnock, Francis E., 2001, "Home Bias and High Turnover Reconsidered," Board of Governors of the Federal Reserve System working paper no. 702.

Warnock, Francis E., and C. Cleaver, 2002, "Financial Centers and the Geography of Capital Flows," Board of Governors of the Federal Reserve System working paper.

Welch, Ivo, 2000, "Views of Financial Economists on the Equity Premium and Other Issues," *Journal of Business* 73 – 74, pp. 501 – 537.

Zhang, Xiaoyan, 2006, "Specification Tests of International Asset Pricing Models," *Journal of International Money and Finance* 25, pp. 275 – 307.

附录　国际分散投资中的数学问题

在本附录中，我们将正式证明我们在本章使用的两个结果。

风险减小

论述：

只要两份资产间的相关系数小于 1，组合的标准差便将小于两个标准差的加权平均。

证明：令 w 及 $1-w$ 表示两份资产的投资占比。令 σ_1 与 σ_2 表示两份资产的标准差。我们使用以下两个统计性质：

1. 两个随机变量和的方差等于方差的和加上变量间协方差乘以 2 的积。

2. 两个变量间的相关系数 ρ 等于其协方差除以其标准差的积。

因此，组合在权重为 $\{w,1-w\}$ 时的方差为：

$$w^2\sigma_1^2+(1-w)^2\sigma_2^2+2w(1-w)\rho\sigma_1\sigma_2$$

我们需要证明 $\{w^2\sigma_1^2+(1-w)^2\sigma_2^2+2w(1-w)\rho\sigma_1\sigma_2\}^{0.5}<w\sigma_1+(1-w)\sigma_2$ 。相当于

$$w^2\sigma_1^2+(1-w)^2\sigma_2^2+2w(1-w)\rho\sigma_1\sigma_2<w^2\sigma_1^2+(1-w)^2\sigma_2^2+2w(1-w)\sigma_1\sigma_2$$

后一个表达式是对前一个表达式两边平方的结果。

显而易见，当 $\rho<1$ 时，严格不等式均成立。实际上，假定 $\sigma_1=\sigma_2=\sigma$，我们可以证明在 $w=1/2$ 时，方差最小。最小方差组合的方差为 $1/2[1+\rho]\sigma^2$ 。当 ρ 小于 1 时，组合的方差总是小于任一资产的方差。

改善夏普比率

论述：

如果 $\dfrac{E[r^*]-r_f}{\mathrm{Vol}[r^*]}>\rho\dfrac{E[r]-r_f}{\mathrm{Vol}[r]}$，当收益为 r^* 的资产被（少量）添加到收益为 r 的组合中后，夏普比率会得到改善。在不失一般性的情况下，我们在证明过程中将无风险资产收益设定为 0。

证明：将 w 部分投资于外国资产的组合的夏普比率为：

$$SR=\frac{(1-w)E(r)+wE(r^*)}{\mathrm{Var}(P)}$$

$$\mathrm{Var}(P)=(1-w)^2\mathrm{Var}(r)+w^2\mathrm{Var}(r^*)+2w(1-w)\mathrm{Cov}(r,r^*)$$

我们希望证明，如果论述中的条件成立，则对于 w 的微小变化，$\dfrac{\partial SR}{\partial w}>0$（也就是，当我们设定 $w\equiv 0$ 时）。进行求导并去掉分母（正值），我们得到：

$$\frac{\partial SR}{\partial w} > 0 \Leftrightarrow (E[r^*] - E[r])\mathrm{Var}[P]^{\frac{1}{2}} - E[P] \times \frac{1}{2}\mathrm{Var}[P]^{-\frac{1}{2}}$$

$$\times [-2\mathrm{Var}[r] + 2\mathrm{Cov}[r, r^*]] > 0$$

当 $w=0$ 时，本式表示 P 等于美国组合。上式乘以 Var $[P]^{\frac{1}{2}}$ 并化简，我们得到：

$$E[r^*]\mathrm{Var}[r] - E[r]\mathrm{Cov}[r, r^*] > 0$$

或者

$$\frac{E[r^*]}{\mathrm{Var}[r^*]^{\frac{1}{2}}} > \frac{E[r]}{\mathrm{Var}[r]^{\frac{1}{2}}} \times \frac{\mathrm{Cov}[r, r^*]}{\mathrm{Var}[r]^{\frac{1}{2}}\mathrm{Var}[r^*]^{\frac{1}{2}}}$$

↑	↑	↑
外国夏普比率	本国夏普比率	相关系数 CORR(r, r^*)

第 14 章

政治风险与国家风险

2007 年 5 月 1 日，是委内瑞拉庆祝社会主义事业的传统节日。委内瑞拉总统乌戈·查韦斯在当日宣布，委内瑞拉油田的经营控制权将由国际石油公司，如美国的埃克森美孚和康菲石油、法国的道达尔、挪威的国家石油以及英国的英国石油公司，转移给委内瑞拉政府拥有的石油公司，委内瑞拉国家石油公司（PDVSA）。这一行动是**政治风险**（political risk）的一个体现。所谓政治风险，即政治行为会对公司现金流产生负面影响的风险。在最极端的情况下，政府通过完全**征用**（expropriation）（或**国有化**（nationalization））的方式没收资产，却不对资产所有人进行补偿。对于国际石油公司而言，因为有关获得多少补偿的谈判仍在进行中，所以征收的幅度目前还不确定。

国家风险（country risk）是一个宽泛的概念，既包括一个国家政治环境的潜在不利影响，也包括其经济及金融环境的不利影响。对于涉及其他国家，特别是发展中国家的国际资本预算及运营管理，认识国家风险以及政治风险是一项非常重要的工作。

本章对这些风险进行了讨论，并考察了对于它们的衡量方式。本章同时还解释了哪些风险是可以分散的，哪些是无法分散的。最后，本章探讨了跨国公司，如国际石油公司，最小化并管理这些风险的方式。

14.1 政治风险与国家风险概述

本节探讨了政治风险与国家风险的一般差别。我们首先讨论国家风险的广义概念。

国家风险

如上所述，我们使用术语政治风险来表示政府行为对公司现金流产生负面影响的风险。国家风险的概念则要宽泛一些，因为它包括在一个国家从事运营活动所面临的不利的政治及经济风险。例如，一国的经济衰退会降低其总需求，并减少对该国出口的出口商的收入，这便是国家风险的一种体现形式。一国码头工人、卡车司机、运输业工人的罢工会中断产品的生产与分销，进而会降低利率，这也是国家风险的一种。种族或宗教团体之间的冲突影响一国居民的购物，也被认为是一种国家风险。

除了影响公司盈利能力外，国家风险也会对购买新兴市场证券（特别是债券）的国际投资者以及为发展中国家提供贷款的银行产生影响。在国际债券市场中，国家风险指的是任何与一国相关的、会导致借款人出现贷款违约的因素。对于狭义的国家风险，即一国政府出现债券违约的风险，也被称为**主权风险**（sovereign risk）。一般而言，国家风险指的是这些国家的私营公司出现债务违约的风险。通常，私营公司及其政府偿还国际债务的能力高度相关。

金融及经济风险因素

经济学家在进行国家风险分析时，会考虑哪些因素？我们首先重点说明主权风险，并考虑国家通过国际债务违约所得到的好处以及需要付出的代价。政府通过对外国人的债务违约，能够得到的好处是国家在今天能够得到更多的财富，因为它不再需要向外国债权人支付利息与本金。该国需要付出的主要代价是名誉的丧失，影响其未来利用国际资本市场的能力。因为这种名誉丧失的代价巨大，一国在获得充足的现金流后，很有可能会偿还其债务。

当然，如果国际债务的计价货币为借款国的货币，那么它只需印制更多的钞票便能够偿还债务。但这种行为会使该国的货币贬值，从国际投资者的角度来看，这种行为实际上等同于部分违约。也正是因为如此，大部分发展中国家的债务均以发达国家的货币为计价货币，如美元。因此，偿还外债的能力以及违约的可能性最终取决于该国获得外汇收入的能力。尽管如此，也有一些国家，虽然有外汇，但仍拒绝偿还债务。这种不愿意偿还债务的行为我们称之为政治风险。

为了帮助投资者区分财务状况不良以及财务状况良好的国家，使用的经济变量有很多，其中包括以下一些变量：

- 一国外债与其国内生产总值的比率。
- 一国偿债事务开支与其出口额的比率。
- 一国进口额与其官方国际储备的比率。
- 一国的贸易价格比率（进口与出口价格比率）。
- 一国的经常账户赤字。

这些变量与一个国家产生外汇收入的能力直接相关。同时，通胀以及真实的经济增长率等也是相当有用的指标。一国的经济健康状况不仅对于跨国公司的现金流会有直接的影响，同时也对狭义的政治风险有一定的指示作用。一国的经济状况越好，出现政治及社会动乱的可能性也越小。而这些动乱会对国外（国内）公司带来不可避免的伤害。

行业因素与国家风险

跨国公司运营所在的行业也会影响其对于国家风险的敞口。在很多情况下，政策变化都明确地集中于特定的行业（如那些拥有高价值资产的行业，石油行业便是其中之一）。计算一个公司的行业特定风险不能像计算更一般的国家风险那样直截了当。

例如，如果跨国公司控制着某一行业，与当地竞争者存在竞争关系，那么相对于那些在以外国公司作为主要竞争者的行业中运营的跨国公司，其承受政治风险的可能性更高。再讲一个例子，如果一家公司是所在国家外汇收入的重要来源或是重要技术转移的工具，那么相对于没有这些优势的公司，它所受到的政府干预的可能性便较小。

根据公司在一个国家的位置，其所承受的风险也可能不同。相对于中央政府，地方政府拥有多大的权力？当地社区对于跨国公司拟建项目的态度如何？当地是否有任何武装冲突团体？他们对于外国公司的出现持何观点？这些问题都是管理层必须回答的问题。在本章的后面，我们提及了几家能够提供这类分析的专门组织。

政治风险因素

在本节，我们列出了部分最重要的因素，跨国公司在对政治风险进行评估时，应了解这些因素的作用。

征用或国有化

政治风险最极端的形式是，所在国家以提供补偿甚至不加补偿的方式接管跨国公司的附属公司的可能性。对于公司而言，这是最糟糕的场景。虽然完全征用在近年来非常少见，但在过去却并非如此：东欧国家政权（第二次世界大战后）以及古巴（1960 年）便征用了国内及外国的私营企业。1979 年，阿亚图拉·霍梅尼（Ayatollah Khomeini）将伊朗国王赶下台后，也导致了征用的发生。

拒绝履行合约

1996 年，墨西哥生态委员会（INE），一个联邦政府下属机构，向西班牙跨国公司 Tecmed 签发了一份可续签的执照，以运营在墨西哥的一处有害废物填埋场。不过，到 1998 年，墨西哥生态委员会突然拒绝续签执照，使 Tecmed 面临政治风险所带来的后果。政府有时候会撤销或拒绝履行合约，且不会对公司对于现有项目或服务的投资进行补偿。这种行为可包括政府在与合约有关的支付问题上出现违约、取消执照（如墨西哥对于 Tecmed 的行为）或通过其他方式制定法律法规，对政府及跨国公司约定的合约进行干预。有时候，这种行为也被称为“渐进”或“间接”征用，因为它们剥夺了公司从投资中获得预期收益的机会。

2006 年 5 月，玻利维亚新任总统埃沃·莫拉莱斯（Evo Morales）向油田派驻军队，并让国有公司 YPBF 负责接管油田，同时拒绝履行与一些跨国公司如巴西的巴西石油、西班牙的雷普索尔、英国石油的现有合约。莫拉莱斯并没有完全实行国有化，一小部分生产权仍由外国公司控制。

税收与法规

政府能够对跨国公司首次在所在国家进行投资时的“游戏规则”进行大幅变更。这种变更可明确地通过多种形式实现，如突然增加税收、限制对当地工人的雇佣及解雇、突然实行更加严格的环境标准等。另外，跨国公司有时也因为外资所有权限制，被政府强制要求出售在当地附属公司的股权。

令跨国公司感到最伤脑筋的法规是那些限制跨国公司将在国外获得的盈利转移回本国的法规。政府不仅有权改变对于这些盈利的税率，还可以完全阻止这些盈利的转移。这实质上是强迫跨国公司将其资金进行本地投资，尽管这样做的盈利能力不佳。最后，政府也常做出对于跨国公司现金流具有间接影响的决定。

秘鲁及智利的情形是这种类型政治风险的典型。2004 年之前，在秘鲁及智利从事经营活动的国际矿业公司，其精矿销售收入可享受优惠税率，但在 2004 年 6 月，秘鲁国会批准了一项立法，以对矿权使用费（这里主要是对根据采矿执照所开采的矿物征收的税收）征收高达 3%的税收。智利政府也实施了一个类似的法律。这些税收的增加对于矿业公司而言，是一个游戏规则的变化，且这种变化会降低其未来的盈利能力。

外汇管制

另一个政治风险因素与外汇管制有关。我们知道，有些政府会禁止将本国货币兑换成外币。一般而言，如果一个国家的货币禁止兑换，那么在该国开展业务将使跨国公司面临相当大的风险。

一个有趣的案例是 2002 年阿根廷货币局制度的崩溃，结束了比索与美元 1 对 1 的兑换关系。阿根廷政府同时还限制从银行提取存款，禁止在未经允许的情况下从该国汇出外汇。

腐败与法律不完善

由于政府效率低下，公司经常需要应对更多的烦琐手续，因此增加了业务成本。更有腐败的政府会索要贿赂。透明国际每年通过专家评估及意见调查，发布 150 多个国家与地区的年度“清廉指数”。2005 年，冰岛被认为是最清廉的国家；乍得与孟加拉国则被认为是最腐败的国家。

透明国际还汇总有关信息，以让人们了解哪些公司行贿的倾向最高。公司的行贿行为会影响政府改善治理的努力。2005 年，来自俄罗斯、中国以及印度的跨国公司位列行贿最严重的公司之首，而行贿倾向最低的则是瑞士与瑞典的公司。

一国的法律体系是确定其制度整体质量以及吸引投资能力的重要因素。Simeon Djankov，Rafael La Porta，Florencio Lopez-de-Silanes 和 Andrei Shleifer（2003）利用一个有趣的尺度来衡量 109 个国家的法律体系的质量与效率：他们测量了通过法律系统，驱逐一名房客或结算一张被退回的支票所需要的时间。图表 14.1 列出了 G5 国家以及分值最高以及最低的国家的这些测量值。

图表 14.1　　法律体系的质量

	驱逐一名房客（天数）	支票兑取（天数）
G5 国家		
美国	49	54
英国	115	101
德国	331	154
法国	226	181
日本	363	60
驱逐速度最慢的国家		
波兰	1 080	1 000
斯洛文尼亚	1 003	1 003
黎巴嫩	973	721
摩洛哥	745	192
马耳他	730	545
斯里兰卡	730	440
驱逐速度最快的国家		
乌干达	29	99
突尼斯	33	7
马拉维	35	108
斯威士兰	40	40
加拿大	43	421

注：数字代表通过法庭驱逐一名房客或兑现一份退回支票所需的天数。我们报告了 G5 国家、五个所需时间最长及最短的国家的数字。数据来源于 Djankov，La Porta，Lopez-de-Silanes 和 Shleifer（2003）的表 6。Copyright © 2003 by the President and Fellows of the Massachusetts Institute of Technology。重印得到了所有权人的许可。

在G5国家中，美国与英国的法律系统似乎是最快速的系统，但还有五个国家（乌干达、突尼斯、马拉维、斯威士兰以及加拿大），在这些国家驱逐一名房客所需的时间更短。与此相对，在波兰及斯洛文尼亚，需要近3年才能驱逐一名房客或收到一张被退回支票的款项。如此拖拉的法律系统对于跨国公司构成一个潜在风险因素。

种族暴力、政治动乱、恐怖主义

由于所在国家发生内乱或战争，跨国公司会蒙受重大损失。一个有趣的历史案例涉及联合食品公司。1976年，该公司在一个它认为是“快乐、沉睡中的国家”建造了一家制造工厂。而这个国家偏偏就是萨尔瓦多。就在公司做出工厂建造决定的2年内，萨尔瓦多卷入了政府与左翼反叛者的内战之中。后来，反叛者将公司的120名员工胁持作为人质。工厂于1979年关闭。最近，在被战争蹂躏的索马里及伊拉克地区，公司被迫雇用自己的私人军队才能勉强维持正常运营。这种情况当然相当昂贵。

本国限制

公司所在国家的政治也会对其国外经营现金流产生影响。例如，在1979年的伊朗革命之后，美国对伊朗实施禁运，导致可口可乐公司停止了在伊朗的运营。20世纪80年代后期，可口可乐恢复了在该国的经营，直到1995年美国总统克林顿再次对伊实施禁运。

债务危机

20世纪80年代的**债务危机**（debt crisis）是一个具有重要意义的历史事件，由此使得国家风险分析成为国际银行业务的一个重要组成部分，并使其成为国际资本预算的关键内容。

债务危机的起源

从1948年到20世纪60年代末，原油价格处于每桶2.50～3.00美元的价格区间内。1960年成立的石油输出国组织（欧佩克）的目标是稳定石油价格。1973年，欧佩克开始削减原油产量，到1974年年底，石油价格从每桶3.00美元上涨到每桶12.00美元以上。在过去几年中，伊朗及伊拉克所发生的事件带来了原油价格的新一轮上涨，并使价格最终于1981年达到每桶35美元。因为这些价格均为当年的名义价格，所以对其进行通胀调整有助于我们对其进行更直观的观察。如以2000年的美元衡量，1981年的石油价格已达到每桶60.00美元。

图表14.2总结了石油生产国获得的好处如何最终导致了发展中国家的债务危机。欧佩克国家经过1973—1974年石油价格上升所得到的收入增长并没有被用于增加消费及投资支出，而是将它们贷给了国际银行，当时常见的形式是浮动利率的欧洲货币市场美元存款。银行转手将这些当时被称为“石油美元”的款项贷给发展中国家，典型的形式为欧洲信贷贷款，利率为这些银行支付给欧佩克国家的浮动利率加上一定的息差。

银行因为三个原因将这种贷款看成是有利可图且相对无风险的行为。首先，因为贷款是在银行的借款成本上加上息差，因此，银行无须承担由于进行短期借款，同时发放长期固定利率贷款所需要承担的利率变化风险。其次，因为债务以美元计价（欧佩克国家存入的货币为美元），所以银行也消除了汇率敞口。最后，银行采用辛迪加的方式发放贷款，同时通过向多个国家发放贷款的方式，避免对于单一国家过大的风险敞口。结果，在20世纪70年代，非欧佩克发展中国家对于工业国家银行，特别是对于美国银行的欠款出现了大幅上升。

20世纪80年代，一系列外部冲击的综合作用对于工业国家及发展国家影响甚大。这种影响加上发展中国家宏观经济的管理不善，触发了实质性的债务危机。与应对第一次石油冲击时各国的反应相对，20 世纪 70 年代后期的石油冲击发生时，很多国家，特别是美联储主席保罗・沃尔克，坚定执行反通胀货币政策。发达世界的宏观经济状况当时与之前完全不同：实际利率高、全球经济处于衰退之中、强势的美元。这种状况导致全球市场上的商品价格低廉，同时使从发展中国家进口的需求低下。

美元的大幅升值以及美元的高利率，使得发展中国家不仅需要面对急剧上升的美元利息支付，同时还需应对出口收入下滑的困难。突然间，国际银行的贷款组合的违约风险大幅上升。发展中国家使用借款的效率不高、未能执行可持续的经济政策，更进一步加剧了问题的严重性。

不过，具有讽刺意味的是，债务危机实际上开始于墨西哥这个石油输出国。1982 年 8 月 12 日，墨西哥宣布无法继续按约定期限支付外债。墨西哥请求从外国政府以及国际货币基金组织获得贷款，并开始与商业银行债权人进行谈判。而这只是一场旷日持久的深度危机的开始。到当年年底，其他 24 个国家也要求对其商业银行债务进行重组。

图表 14.2　　债务危机的起源

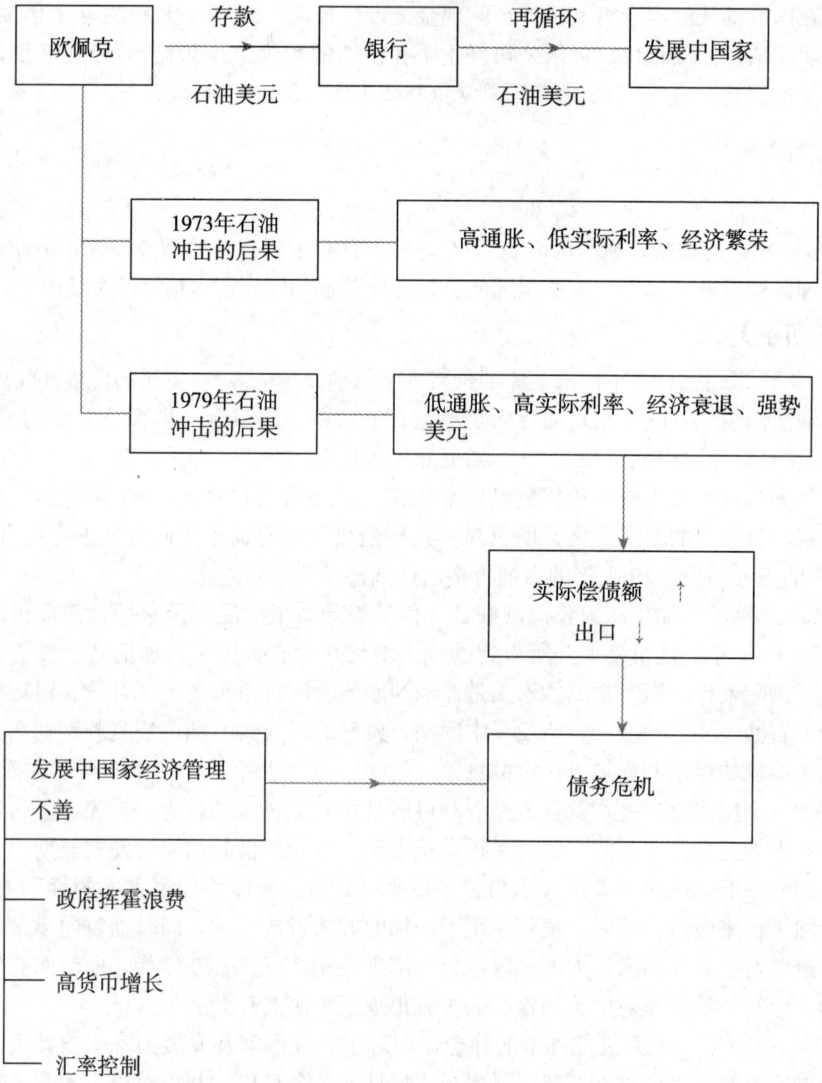

发展中国家的债务威胁到了全球金融系统的安全，很多大型银行，特别是美国的大银行，对于墨西哥及其他重债发展中国家的敞口非常大——这种敞口超出了它们的自有资本。并且，发展中国家也因此在十年的时间内，失去了利用急需的国际资本的机会。因为债务危机，这些发展中国家在 20 世纪 80 年代未能实现任何大幅度的经济增长。

债务危机的管理

在债务危机发生之初，由多家大银行、工业国家政府以及国际货币基金组织组成的顾问委员会负责安排重订还债期限以及新信用的授予。这样做的初衷是通过经济恢复以及在国际货币基金组织的指导下，在发展中国家推行合理的经济政策，让债务问题消失。但是，这些银行错误地将债务危机看成是一个“流动性问题”。它们的赌注是发展中国家只是暂时性地无力偿还债务。相对于真正的无偿债能力，流动性问题还不太令人担忧。到 1984 年，发展中国家的经常账户赤字出现下降，但其代价却是经济增长的急剧下滑。后来的事实证明了重订还债期限协议的失败，同时显而易见的是，商业银行希望降低对于高负债发展中国家的敞口。

于 1985 年开始的**贝克计划**（Baker Plan）以美国财政部长詹姆斯·贝克的名字命名，标志着处理债务危机的第二阶段工作开始。贝克计划重点依赖于那些同意按国际货币基金组织设定的指导方针改变其经济政策的国家。作为交换，由私营商业银行及世界银行向发展中国家发放新贷款，但这些贷款的规模不大。这一计划假定，只要经济政策正确，这些国家就能够通过自身的“成长”，脱离巨额债务的包袱。尽管达成了一些成功的融资方案，但贝克计划并不能阻止银行减少对于发展中国家敞口的努力。

根据多位学术界观察人士的研究，发展中国家之所以不愿意偿还债务，其原因是这些国家承受的“债务积压”问题，即一个背负沉重债务负担的国家，根本没有多少实施经济改革或刺激投资的动力，因为获得的收入增长被这些国家的债权人通过提高债务偿付额的方式完全占有。[①] 从这一点看，对于有些国家（如秘鲁及巴西）干脆停止或严格限制债务偿还的做法也就不足为奇了。并且，发展中国家看起来似乎也没有实施适当的经济政策。到 1987 年，这些银行无法获得债务的足额偿付的事实已经非常清楚。

债务以及债息减免行动

面对日益增加的债务，很多国家采取债务减免政策。受发展中国家债务二级市场活跃的刺激，债务回购以及债务股权互换变得非常流行。在**债务回购**（debt buyback）计划中，负债国以一定的折扣偿还贷款。

在**债务—股权互换**（debt-equity swap）中，愿意对某国进行直接投资的跨国公司，在面值的基础上以一定的折扣率，即市场价格从原始债权人处购得该国的债务。跨国公司接下来要求发展中国家的政府偿付该债务并获得当地货币（等于债务的面值或以一个低于市场折扣的折扣获得当地货币）。然后，跨国公司使用当地货币对该国进行股权投资。

很多跨国公司均使用债务—股权互换的方法来降低其投资成本（例如，在墨西哥、阿根廷、巴西以及其他国家）。债务—股权互换是秘鲁、智利以及阿根廷私有化其政府运营行业努力的核心内容。例如，在 1994 年，秘鲁通过债务—股权互换，为两家政府所有及运营的矿业公司，Tintaya 及 Cajamarquilla，筹集了部分资金。

有些债务危机的债务减免安排甚至涉及对于困难国家的发展援助。例如，一家国际组织在二级市场购得债务后，会到债务国的中央银行兑现当地的货币。兑现所得将被该组织用于环境、健

---

① 在第 16 章，在我们考虑陷入严重财务困境的私营公司的投资动机时，将再次涉及债务积压的问题。

康以及教育方面的发展项目。不过，除了这种“债务有益化”的互换外，也存在有趣的“债务危害化”的互换提议。如在20世纪80年代中期，哥伦比亚大毒枭提议买回哥伦比亚的债务，条件是对其免予起诉。这样的提议遭到了拒绝。

不少经济学家认为，当一个国家用其自有资源以一定折扣购回问题债务时，唯一的受益人便是该国的债权人。这里，我们使用一个简单的数字实例来说明其中的主要论据。

例 14.1 布莱扎尔的债务回购

假定有一个国家名叫布莱扎尔，其当前的负债为1 000亿美元。债权人均同意的债务偿还的概率为25%。他们还估计，如果该国违约，能够扣押价值200亿美元的布莱扎尔国际资产，以在债权人之间进行分配。假定该债务应在一年后支付，为了简化问题，令市场利率为0。该债务的市场价值为多少？我们知道，债务的价值必须为还款的预期价值：

$$V=0.25\times 1\,000\text{亿美元}+0.75\times 200\text{亿美元}=400\text{亿美元}$$

因此，1美元的债务在市场上以0.40美元的价格出售。

假定布莱扎尔政府有一些资源可用来回购债务。考虑到高达60%的折扣率，布莱扎尔可能认为回购是一项有利的投资，因为它能够以0.40美元的代价收回1美元的债务。假定布莱扎尔手中有80亿美元。它能否以0.40美元的单价购回200亿美元面值的债务？答案是否定的，因为对于债权人而言，以回购方式向布莱扎尔出售债务的所得必须等于将债务持有到下一年度的所得。他们会计算回购后的债务新价格。

为了确定政府必须支付多少钱才能购回200亿美元的债务，我们首先必须确定债务的新价格。我们首先仍假定该国违约时仍有200亿美元的金额可以收回。[①] 这样，债务的新价格便是：

$$V_{new}=0.25\times 800\text{亿美元}+0.75\times 200\text{亿美元}=350\text{亿美元}$$

因此，在有800亿美元的未偿付债务的情况下，债务的单价上升到35/80=0.437 5，即每美元债务的价格为0.437 5美元。债权人只会以该价格出售债务。谁会从该方案中受益？我们分别考虑各方：

- 政府需要支付0.437 5×200=87.5亿美元，而不是80亿美元，并将债务的市场价值从400亿美元减少到350亿美元，或减少了50亿美元。
- 向政府出售债务的债权人每美元实现的资本增益为3.75美分。总计实现的增益为0.037 5×200=7.5亿美元。
- 持有（未出售）债务的债权人每美元实现的资本增益为3.75美分。总计实现的增益为0.037 5×800=30亿美元。

结论相当明显：政府多支付了37.5亿美元（=87.5亿美元−50亿美元）。需要注意的是：增益在向政府出售债务以及持有债务的债权人之间进行了合理的分配。

支持这一理论的一个著名案例是1988年玻利维亚的债务回购。下文详细讨论了该案例。

玻利维亚的债务回购

1988年3月，玻利维亚从匿名的国家团体收到3 400万美元，以购回其部分商业银行债务。在回购前，债务的市场价值约为5 000万美元，但在花费了3 400万美元回购债务后，债务的市

① 实际上，该国一定会使用资源来偿还债务，可能会使该金额达不到200亿美元。Jeremy Bulow和Kenneth Rogoff（1988，1991）的研究表明，上述作用并不太可能改变本实例的主要结论。

场价值仍高达 4 340 万美元。出现上述情况的原因是，回购将二级市场的债务价格从 7 美分左右提高到了 11 美分以上。尽管债务价格每天都有波动，但我们可以确定一些价格，以对发生的情况有一个具体的了解。

假定回购前一刻的价格为 7.25 美分（最低的价格为 6 美分）。未偿还债务的总面值为 6.7 亿美元。因此，债务的市场总价值为 0.072 5×67 000=4 857.5 万美元。玻利维亚政府以 11 美分的单价购回面值为 3.08 亿美元的债务，因此其支付的价格为 0.11×30 800=3 388 万美元，约为 3 400万美元。不过，玻利维亚债务的二级市场在回购后仍保持在 11 美分或以上的价格水平上，因此剩余债务的价值为 0.11×（67 000－30 800）=3 982 万美元。实质上，玻利维亚支付了 3 400万美元，但债务的市场价值只减少了微不足道的 875.5 万美元。显而易见，商业银行债权人收获了大部分好处。

解决上述问题的方法是一次性回购债务，这样便不存在坚持不出售债务的债权人从债务回购方案中获利的情况。1993 年 3 月，玻利维亚消除了 1.7 亿美元的商业银行债务，未偿付债务不足 1 000 万美元。整个偿债操作（主要方式是以 16 美分的单价回购债务）由捐款予以实现。一些银行，如 JP 摩根，选择将收到的款项用于自然资源管理局以及世界野生动物基金会的保护与环境项目。尽管整个操作显得相当成功，玻利维亚最后对于各多边组织（其中包括世界银行）的债务仍不低于 35 亿美元。

布雷迪计划

经过多年对于债务危机的胡乱应付，真正的问题已变得非常明显，即对于发展中国家而言，问题不是流动性的缺乏，而是偿债能力不足。1989 年，以美国财长尼古拉斯·布雷迪的名字命名的**布雷迪计划**（Brady Plan）出炉，该计划给银行施加压力，要求它们向发展中国家提供一定形式的债务减免。布雷迪计划还号召扩大目标在于减债的二级市场。另外，该计划还敦促国际货币基金组织以及世界银行提供“用于减债或减少债息”的资金。1989 年，首个布雷迪方案在墨西哥实施。

由于涉及多家银行，同时由于“免费搭车者”问题的存在，债务减免协议的谈判相当复杂。例如，小银行可以拒绝投入新的资金，但它们仍可以因为新资金的投入，按比例分得利息付款。布雷迪计划的方法是向银行提供一个包括不同债务减免方法的菜单，其中包括新贷款的提供。在债务国政府及其债权人银行达成的债务减免协议中，规定了各种可能的菜单，各家银行可从该菜单中选择自己认为最合适的重组方案。因为涉及的银行数量极大，债权人银行由银行顾问委员会予以代表。为了减轻“免费搭车者”问题，任何银行均不允许选择退出。以下是银行可选择的一些方案：

- 回购：债务国可以以一个约定的折扣，回购部分债务（债务减免方案之一）。
- 折扣债券交换：可以以约定的折扣，将债务与债券交换，债券能够获得市场利率。
- 面值债券交换：债务可以以其面值交换债券，但债券的利率低于原始债务的利率。
- 兑换债券加上新资金：债务可以以面值交换债券，同时债券可获得市场利率，但银行需要以固定的比例，根据兑换的数额提供新的资金（供那些不能或不愿意参加减债或债息减免的银行选择的方式）。

美国及日本银行主要选择折扣债券交换或面值债券交换。

布雷迪计划最后的结果是导致债务的证券化，将这些债务变成便于交易的债券，也称为**布雷迪债券**（Brady bonds）。很多布雷迪债券均附有“官方支持”，如担保品规定。（担保品是因担保贷款偿还而抵押的资产。）因此，为了获得贷款，一个国家可以以美国零息国库券的形式抵押担保品。布雷迪计划协议同时还包括融资协议，以支付抵押品以及其他前期减债成本。资金的来源包括国际货币基金组织、世界银行、泛美开发银行、日本政府，但一般情况下，只有在债务国遵循国际货币基金组织支持的结构调整计划的前提下，才能获得资金支持。而这种计划一般均涉及经济政策建议，如货币贬值、取消进出口限制、平衡政府预算、取消价格控制以及国家补贴。

对于很多国家，布雷迪债券市场很快地替代了银行贷款二级市场，促成了新兴市场债券市场的建立。时至今日，该市场依然存在。现在，不仅主权借款人利用国际债券市场，工业国家的投资者也开始对很多之前的重债发展中国家的地方债券与货币市场进行投资。因此，主权信用等级也变得更加重要。我们将在第 14.3 节讨论这些债务市场。

14.2 资本预算对于政治风险的考虑

在跨国公司从事国际投资时，它们必须预测其未来现金流并以适当的经风险调整后的贴现率对其进行贴现。在这些计算中如何考虑政治风险是一个非常令人困惑且存在很大争议的问题。有些研究人员建议使用贴现率的调整来包括政治风险；其他学者则认为政治风险应只影响现金流的预测。

因政治风险调整预期现金流

考虑一家拥有全球分散投资型股东的跨国公司。在本案例中，贴现率只应反映国际性的系统风险。第 13 章提到，系统风险一般与特定国家跨国公司收益与全球市场收益的协动性相关。如果政治风险导致损失的风险与全球市场收益不相关，那么便无须对贴现率进行调整。如项目的现金流与全球市场收益为正相关关系，则所要求的全球贴现率便需要增加。因此，除非对跨国公司投资收益会造成不利影响的政治风险在全球市场收益较低时会因为系统性原因处于较高的水平，否则便不应在贴现率的计算中包括政治风险。在存在政治风险的情况下，需要调整的是公司的现金流。

要完全理解上述论点，请考虑一个简单的场景。假定一个公司投保了政治风险保险，保单包括所有意外事项且没有免赔额。在这种情况下，公司在计算其预期现金流时，只需从项目现金流中减去每年必须支付的保费，便可假定政治风险根本不存在。余下的现金流便可按正常的贴现率进行贴现。尽管可以购买**政治风险保险**（political risk insurance），并且在有些国家，政府还提供相应的补贴，但能够对一项投资进行完全投保的情形并不常见。我们将在第 14.4 节讨论公司通过保险及其他途径减少政治风险的方式。

如果一家公司选择不购买政治风险保险，那么在其对未来现金流进行预测时，必须在计算中考虑各种政治风险，如征用、意外税收等等，对于现金流可能的影响。在下例中，我们将对具体的方式进行说明。

例 14.2　　Oconoc 在 Zuenvela 的项目

假定一家美国石油公司 Oconoc 希望与产油国 Zuenvela 的一家石油公司 Atauz Petrol 建立一个合资项目。Oconoc 对项目的投资为 7 500 万美元，并且它预计项目能够在 2 年的时间内，每年为其带来 500 万美元的收益。不过，Zuenvela 的政治体系非常不稳定，过去曾发生过大规模的罢工事件。Zuenvela 的总统 Ugo Vezcha 已表达了自己对于 Atauz Petrol 管理的失望，并暗示他可能会将该公司重新国有化，而国有化会对 Oconoc 的现金流产生严重的后果。考虑到上述情况，Oconoc 的管理层认为，政府征收项目的可能性为每年 12%。并且，如果政府干预，那么现金流将自干预时始变为零。

图表 14.3 以一个简单的图表列出了上述分析。如果没有政治风险，项目价值将很容易计算。令 C 表示预期现金流，r 表示贴现率，V 为项目的现值。然后，我们知道：

$$V=\frac{C}{1+r}+\frac{C}{(1+r)^2}$$

如果贴现率为 10%，我们得到：

$$V=\frac{50}{1.1}+\frac{50}{(1.1)^2}=86.78$$

因为项目的现值为 8 678 万美元，大于项目的成本 7 500 万美元，所以净现值为 1 178 万美元；因此，公司应该从事该项目。

图表 14.3　　因政治风险调整跨国公司的现金流

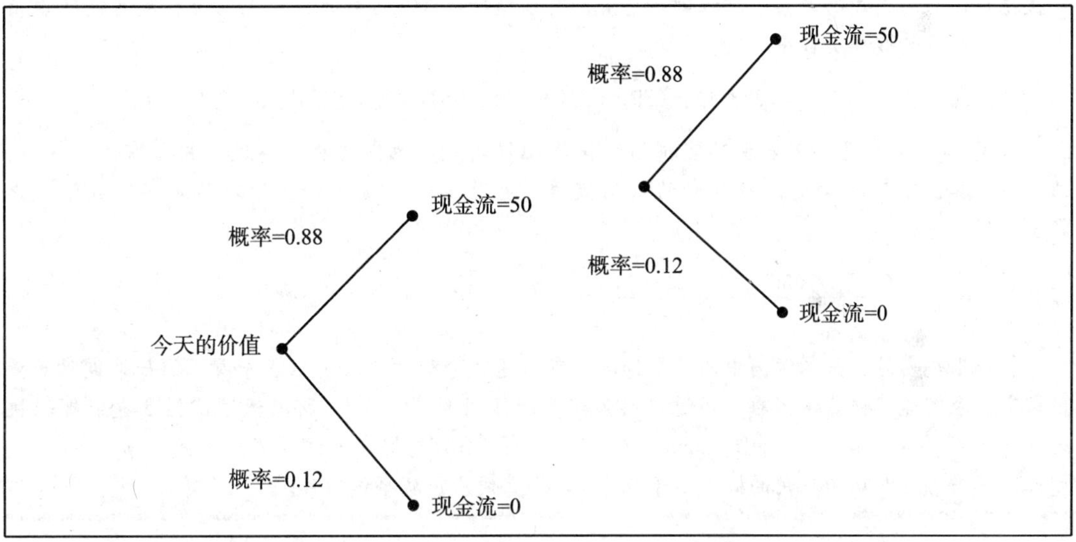

注：第 1 期与第 2 期的预期现金流均为 5 000 万美元。项目所在国政府征用项目的概率对于每期而言各为 12%。一旦项目被征用，跨国公司得到的现金流即为 0。

不过，对于政治风险的调整将在很大程度上改变上述计算结果。让我们根据图表 14.3 进行调整。在第一年，存在两种情形。跨国公司得到 5 000 万美元现金流的概率为 0.88，项目收益为 0 的概率为 0.12。在第二年，存在着三种情形：(1) 如果项目在第一年被征用，则意味着第二年也没有现金流；(2) 第一年没有被征用，但第二年被征用，因此也没有现金流；(3) 没有被征用。第一种情形发生的概率为 0.12，第二种情形发生的概率为 0.88×0.12=0.105 6，第三种情形发生的概率为 0.88×0.88=0.774 4。注意，在计算第二年的概率时，我们必须以第一年不被征用的概率乘以第二年各事件发生的概率。这三种情形包括了所有可能的结果，因此，三个概率的和为 1。

将以上结果汇总，我们得到：

$$V=\frac{(0.88\times 50)+(0.12\times 0)}{1.1}+\frac{[(0.88)^2\times 50]+(0.12\times 0.88)\times 0+(0.12\times 0)}{(1.1)^2}$$

$=40+32=72$

因此，通过上述计算得出的项目价值低于其成本，因为净现值（NPV）为－300 万美元，所以公司不应从事该项目。

计算项目净现值的另一个方法是计算各情形下净现值的概率加权平均数。我们首先列出各种情形：

情形	概率	价值	净现值
无征用	0.774 4	86.78	11.78
第一年征用	0.12	0	−75
第二年征用	0.105 6	45.45*	−29.55
	1.00		

* 即 $\frac{50}{1.1}$。

只有在无征用的情况下，项目才能产生之前计算的 1 178 万美元的净现值。如果项目在第二年被征用，公司仍能够在第一期收到现金流，其现值为 4 545 万美元。总而言之，项目的净现值等于三种结果的概率加权平均数：

$$NPV=(11.78\times 0.7744)-(75\times 0.12)-(29.55\times 0.1056)=-3.00$$

如果 Oconoc 的管理层发现确定征用的概率比较困难，他们仍然能够进行相当有用的分析：他们可以算出项目的净现值为 0 时的征用概率。也就是说，Oconoc 的管理层能够通过下式求解 p：

$$-75+\frac{(1-p)\times 50}{1.1}+\frac{(1-p)^2\times 50}{(1.1)^2}=0$$

在期限较少时，如本案例中的 2 个期限，可以通过分析方法求解上述等式，但如果期限的数量较大，求解概率便非常困难。不过，因为概率的区间为［0，1］，所以通过试错法也能够较快地得出等式的解；在 Microsoft Excel 中的 Goal Seek 函数能够求解该等式。上式的 $p=9.48\%$。因此，如果管理层认为征用的概率小于 9.5%，那么便应该从事该项目。

例 14.3 无限现金流的案例

对于石油行业的大部分投资，产生的现金流期限都远大于 2 年。让我们考察一个极端的案例，即一项石油投资能够每年产生 5 000 万美元的预期现金流，直到永远。则项目的价值在未考虑政治风险的情况下，便是

$$\frac{50}{1+r}+\frac{50}{(1+r)^2}+\frac{50}{(1+r)^3}+\cdots=\frac{50}{r}$$

如贴现率为 10%，则项目的价值为 5 亿美元。

项目的价值会因为政治风险降低多少？我们仍以 p 表示发生不利政治事件的概率，且该概率不随时间变化。注意在这种情况下，项目的预期价值会随着时间的推移而下降，因为政府是否会没收项目所得收入的确定性越来越小：

$$V=\frac{50\times(1-p)}{1+r}+\frac{50\times(1-p)^2}{(1+r)^2}+\frac{50\times(1-p)^3}{(1+r)^3}+\cdots$$

其中，p 为征用的概率（$p=0.12$），r 为贴现率（$r=10\%$）。在进行无限求和时，我们可以使用之前使用的技巧。如 $S=1+\lambda+\lambda^2+\lambda^3+\cdots$ 且 $\lambda<1$，则 $S=\frac{1}{1-\lambda}$ 成立。在我们的案例中，我们有：

$$V=\frac{50\times(1-p)}{1+r}[1+\lambda+\lambda^2+\cdots]$$

其中，$\lambda=\frac{1-p}{1+r}$。因此，我们得到：

$$V=\frac{50\times(1-p)}{1+r}\times\frac{1}{1-\frac{1-p}{1+r}}=\frac{50\times(1-p)}{r+p}=\frac{50\times(1-0.12)}{0.10+0.12}=200$$

即当每期的征用概率为 12%时，项目价值大幅降低到 2 亿美元。

通　式

一般而言，在进行资本预算分析时，必须按以下方法进行政治风险调整。

第一步：按常规方法计算无征用风险下的贴现率 r 以及期限 t 的未来预期现金流 $C(t)$。

第二步：为各未来时期计算一系列征用概率 $p(t)$。

第三步：令 $\prod_{n=0}^{t-1}[1-p(t-n)]$ 为 $[1-p(t)][1-p(t-1)]\cdots[1-p(1)]$ 的简略式，表示时间 t 时没有任何征用的概率。

对于一项投资 I，以下式计算其净现值：

$$NPV=-I+\sum_{t=1}^{T}\frac{C(t)\prod_{n=0}^{t-1}[1-p(t-n)]}{(1+r)^t}\tag{14.1}$$

上述假定的是完全征用的情况。不过，在很多情况下，跨国公司实际上可能至少得到部分补偿或只是现金流出现一定的减少。如果是这种情况，那么便需在上式中另加一项，以反映额外的现金流及其相应的概率。

在上一个实例中，我们的条件是：

- 无限现金流。
- 每期的现金流相同（C）。
- 每期的征用概率相同。

因此，以上公式便简化为：

$$V=C\times\frac{1-p}{r+p}$$

不过，上式代表的是一种相当极端的政治风险效应估计。它假定跨国公司不会得到任何补偿且政治风险会一直存在。不过，在即将发生危机的情况下，政治风险的前景可能会在几年后得到改善，所以如果危机得到妥善解决，p 则会随着时间的推移而降低。

以贴现率的调整替代现金流的调整

很多教科书提出首先忽略政治风险，然后在没有征用发生的乐观情形下估计跨国公司的现金流。这些教科书接着提出通过贴现率的增加来考虑政治风险。如下例及公式所示，只有当新的贴现率符合下式的规定时，这种方法才能得出与现金流调整法同样的结果：

$$r^*=\frac{r+p}{1-p} \tag{14.2}$$

需要注意的是，上式只有在我们所讨论的特定案例中才有效——也就是说，现金流能够一直持续且征用的概率恒定——必须使用的贴现率相当高。在我们的实例中，因政治风险而调整的贴现率高达25.0%，是原始10%贴现率的两倍多。不过，正如我们已解释过的那样，在很多情况下，一个国家的政治风险只会在短时间内保持在异常的高水平上，跨国公司的管理层预期，如果在危机中没有发生重大事件，那么风险便会在几年后降低到正常的水平上。以下实例将说明如何处理政治风险随时间降低的情况。

例14.4　　政治风险的降低

假定Oconoc判断一年后的政治风险可以忽略不计。除非公司在第一年内被征用，否则在一年后，Zuenvela的人民将选出一个更加支持企业发展的总统。在这种情况下，项目的价值便是：

$$V=\frac{50\times0.88}{1+r}+\frac{50\times0.88}{(1+r)^2}+\frac{50\times0.88}{(1+r)^3}+\cdots$$

第一期现金流计算考虑了发生不利政治事件的概率，但从第二期现金流开始，便假定不存在任何政治风险。不过，从第二期开始，出现任何正现金流的概率也只有0.88。因此，项目的价值便是：

$$V=\frac{44}{0.10}=440\text{ 百万美元}$$

在这种政治风险情形中，将贴现率从10%调整到11.36%便可以得到一个“正确”的贴现率。新的贴现率11.36%为$440=\frac{50}{r^*}$中r^*的解。

在更加现实的情况下，经过一年的骚乱后，征用的概率仍然存在。假定一年后，征用的概率从12%下降到1%。我们可以得到：

$$V=\frac{50\times0.88}{1.1}+\frac{0.88\times0.99\times50}{(1.1)^2}+\frac{0.88\times0.99^2\times50}{(1.1)^3}+\cdots$$
$$=\frac{44}{1.1}+\frac{43.56}{(1.1)^2}\times\left[1+\frac{0.99}{1.1}+\left(\frac{0.99}{1.1}\right)^2+\cdots\right]$$

利用无限求和公式，且$\lambda=\frac{0.99}{1.1}=0.9$，我们得到：

$$V=\frac{44}{0.11}+\frac{43.56}{(1.1)^2}\times\frac{1}{1-0.9}=400\text{ 百万美元}$$

余下的政治风险将项目价值从4.4亿美元进一步减少到4亿美元。因此，能够得到正确项目价值的贴现率必须满足$400=\frac{50}{r^*}$，即$r^*=12.50\%$。在这种情况下，人们不太可能通过估计得出正确的经政治风险调整后的贴现率。

新兴市场及政治风险的贴现率

在第13章中，我们论述过，如果投资公司的投资者进行全球分散投资，那么新兴市场投资的贴现率应使用全球资本资产定价模型进行计算。因为很多新兴市场与全球市场的相关度均较低，标准的程序得出的新兴市场投资贴现率可能会相对较低，与很多从业人士及经济学家的直觉观点相违背。实际上，已有人提出了用很多捏造的事实，对以标准资本资产定价模型为基础的贴现率进行调整，以使它们更加合乎想象（更加高）。我们将在本章“针锋相对”栏目中详细讨论这一问题。当然，很多认识到的新兴市场投资风险均具有政治风险的特点，我们的论点是，从全球投资者的角度来看，特征性的政治风险是完全可以分散的，因此，不应对贴现率产生影响。

不过，实际上，由于新兴市场并没有完全与全球资本市场相统一，因此资本资产定价模型可能并不能够考虑到所有的系统性风险因素。也许政治风险也是这些风险之一。尽管如此，如果从一个拥有全球分散投资型股东的跨国公司的角度计算资本成本，那么只有在政治风险对于全球贴现率有影响、代表全球系统性风险的情况下，政治风险才会对贴现率产生影响。虽然最近发生在新兴市场的危机，如 1998 年的俄罗斯危机，其影响可能会扩散到其他新兴市场，甚至对发达市场的股票市场表现产生不利影响，这种全球性扩散的确凿证据仍不太明确。因此，到目前为止，最好还是将政治风险看成是特定国家的风险，而这种风险能够被全球投资者予以分散。由于这一原因，我们建议无须因为纯粹的政治风险而对贴现率进行调整，并只使用业务风险来增加贴现率，使其高于无风险利率。这意味着新兴市场的投资可能要求相当低的赔现率。政治风险会减少项目的价值，因为它会减少跨国公司未来预期收到的现金流。

14.3 国家风险与政治风险分析

本节首先讨论如何获取有关导致不同**国家风险等级**（country risk ratings）的信息。然后，讨论一些提供政治风险分析的组织。最后，本节讨论了主权信用等级以及有关违约概率的信息，政府债券的市场价格会对这样的等级与信息有所反映。

国家风险等级

前面一节的资本预算分析要求有关政治风险概率以及其他征用情形的信息。很多不同的组织分析与在全球各个国家开展业务有关的风险因素，并得出大部分国家的风险等级。有些风险评级组织关注金融及经济风险，而其他组织则关注政治风险。如本章前面所述，对于政治风险，必须采用与应对经济与金融风险不同的应对与管理方式。

相对于经营风险，政治风险的重要性取决于跨国公司在一个国家所从事的特别活动。想象一个跨国公司在国外建立了一个制造工厂，以利用低廉的制造成本，并将货物出口到其他国家。这样，跨国公司便可以承受较少的地方经济风险，因为其大部分客户都位于工厂所在国家之外。也就是说，只有公司的成本——而不是收入，会受到经济风险的影响。如此看来，跨国公司更有可能受到的是政治风险。与此相对，一家在外国建立客户群的公司可能更多地需要关注经济风险，因为通过创造地方工作机会以及满足地方客户的要求，它所需要面临的政治风险便较小。可以看出，对于跨国公司而言，对于政治与经济危害不加区别的评级作用较小。

政治风险分析

政治与国家风险分析的主要目标是预测来自这些风险的损失。很多风险评级服务都是通过建立特定可衡量属性与未来政治风险事件的联系来进行预测。

图表 14.4 提供了两个实例。分析人士已注意到，一个国家的种族冲突很容易地便会对包括

跨国公司在内的外国投资者产生不利影响。他们同时还注意到，未来种族冲突的一个预测指标是种族分化的存在。例如，很难想象会在瑞典这样的同种族国家发生种族斗争，但尼日利亚则不同，因为它有 250 多个不同的民族、多个不同的宗教信仰以及至少五种不同的语言，所以更容易发生种族斗争。因此，种族分化被看做一个风险属性。类似地，左翼政府可能与危害外国投资者的行动相联系，如更严格的劳动法规或彻底的国有化。那些政府不稳定、经常发生被迫选举的国家，相对于政府稳定的国家，更有可能在特定的时间内选举出左翼的官员。即使当前是由右翼政府当权的情况下，上述说法依然存在。因此，政府变化也经常被用作一个风险属性。一般而言，政治风险服务机构考察的就是政治风险的指标，其中包括下列指标：

- 政治稳定性（例如，在一定时间内，不同当权政府的数量）。
- 种族与宗教；激进组织的力量与组织。
- 暴力与武装暴动的程度；示威游行的数量。
- 产权执法。
- 仇外（对外国人的恐惧）程度；极端民族主义的存在。

接下来，不同政治风险变量经加权并累计，以得到一个国家分值。当然，相关的权重应根据特定跨国公司的情形进行调整，但这种调整并不能够总是实现。另外，还可以明确的就是，特定风险事件的相对重要性会随着时间变化。例如，海外私人投资公司（OPIC），一家美国政府的政治风险保险公司，随着时间的变化，见证了其所支付索赔的明显变化。20 世纪 60 年代，大部分属于征用性质；20 世纪 70 年代及 80 年代，很多案例是关于货币的不可兑换性；而在 20 世纪 90 年代，大部分支付的索赔都是因为内乱而导致的破坏。

图表 14.4　　风险属性与政治风险分析

社会属性	种族分化	政府变化的频率
政治选择/行动	种族冲突	左翼政府
实际结果	内乱破坏	劳动法规与国有化
跨国公司的损失	设施的破坏	成本增加 总投资损失

注：政治风险分析使用可衡量的“风险属性”（上部）来预测跨国公司的风险事件（底部）。

不过，除了属性方法，还有风险量化方法。政治风险服务集团（PRS 集团），一家总部位于纽约的公司，预测了在未来 18 个月到 5 年的时间内，一个国家三种最容易掌权的政府（政权），并预测了这些政府将会采取的行动方式。与 PRS 集团专注于未来风险不同，有些评级服务公司仅关注当前的情形。当然，在通常情况下，如果一个国家当前的政治状况不稳定，那么其未来的政治风险也会较高。重要的是要了解，国家与政治风险分析最终得出的是可能性预测。高风险国家也不一定会出现政治风险事件。下面让我们详细考察几家实际的评级服务机构。

机构投资者

机构投资者根据国际大银行提供的信息，每半年发布一次国家信用评级。这些银行采用 0～100 分制，为各个国家（除了本国以外）打分，100 分表示违约可能最小的国家。各银行的评分使用一个公式进行加权，那些在全球范围内涉及的国家越多、国家分析系统越成熟的银行，其评分的权重越高。银行在进行国家评级时最关注的因素是：各国的债务偿还情况、政治经济前景、财政储备以及与其他国家的经常账户及贸易账户平衡。

经济学人情报组

经济学人情报组（EIU），作为《经济学人》杂志的姊妹公司，其综合风险指标包括四种风险类型：政治风险（占综合指标的22%）、经济政策风险（28%）、经济结构风险（27%）以及流动性风险（23%）。政治风险部分属于属性类型，包括两个子类：政治稳定性（战争、社会动乱、有序政权交接、政治暴力以及国际争端）；以及政治有效性（政府倾向的改变、政府机构效率、官僚主义、透明度/公平度、腐败以及犯罪）。其他三个类别涉及多个主观成分的综合，使用各国专家的意见以及客观的经济统计数据。

例如，经济学人情报组的经济政策类别重点关注一国的货币政策、财政政治、汇率政策以及贸易与监管政策。经济结构类别由一国的全球环境、债务增长、金融结构以及经常账户的平衡予以界定。最后，流动性风险类别使用各种经济统计数据，考虑一国资产及债务与全球其他国家或地区相比的不平衡（如该国的短期债务占其出口的百分比）。那些能够以低廉的价格稳定利用资本市场的国家会得到特别的加分。最后的分数在0（无风险）～100（风险最高）之间，涉及100个国家，每季度发布一次。经济学人情报组每季度还提供详细的国家报告。

其他评级系统

《欧洲货币》杂志根据九项具有不同权重的变量，提供一个各国总体风险分值。两个最重要的指标，分别具有25%的权重，为政治风险及经济表现。政治风险评估基于国别专家以及银行高管的打分，试图衡量一个国家拒付货物、服务、贷款、贸易相关资金及股息以及资本无法汇回的风险。经济表现变量同时基于当前的人均国内生产总值以及未来增长预期。其他指标包括国家债务及其获得的本国及国际金融的数额与状态的指标。

S. J. Rundt & Associates依赖于遍布全球的联系人提供总共达44个变量的分值。这44个变量被分成三大类别：社会政治风险、国内经济风险以及境外账户风险。三个分类分值的平均分作为整体国家风险分值。S. J. Rundt & Associates的国家报告中一个较好的特点是，它提供所有基础变量的分值，因此它们能够被用于对特定公司的分析。正如我们之前讨论的那样，一家在巴布亚新几内亚从事矿业开采的公司，其所面临的风险与一家位于阿根廷的分销商所面临的风险便存在很大的差异。

美国银行发布涉及80个国家的国家风险监视指标与评级，其中包括当年的数据以及未来5年的数据。该分析重点集中于金融与银行业。与其相似，IHS能源集团的政治风险评级重点关注石油行业所面临的风险。Control Risks Group（CRG）在三个主要方面提供18个国家的宏观风险评估：政治风险、安全风险（关注于恐怖主义、犯罪等等）以及旅行风险（与安全风险类似，但也包括罢工的可能性）。CRG还专注于提供专门的政治风险咨询，所以不可避免地需要涉及行业特定的风险。CRG依赖于一个分析师团队、编辑以及当地的兼职分析师提供服务。

Hague，Mathieson，Mark，Kumar和Hole（2004）使用机构投资者、《欧洲货币》以及经济学人情报组的评级，考察了哪些国内经济变量对于一国的信用评级的影响最大。他们的分析表明，一国的信用评级受以下几个因素的影响最大，即不包括黄金的外汇储备与进口的比率、经常账户占国内生产总值的比率、增长率及通胀率。在这些因素中，通胀率的影响最大。在对一个国家的信用进行评级时，相对于通胀水平低或中等的国家，高通胀国家看起来更有可能得到较低的评级。

PRS 集团的 ICRG 评级系统

除了《政治风险年鉴》提供的国家资料及数据集外，PRS 每月还发布《国际国别风险指南》(ICRG)。我们现在重点讨论 ICRG 评级，因为它们可以被分为经济、金融以及政治风险分量，并且各大分量还可分为多个子分量。ICRG 评级自 1980 年起提供，涉及 22 个基础变量。政治风险度量以 12 个不同的子分量为基础，而金融及经济风险度量则分别以 5 个子分量为基础。图表 14.5 列出了在 ICRG 系统中使用的不同分量及其分值。

金融与经济风险因素

金融与经济风险评估完全以客观的经济数据为基础。ICRG 收集列于图表 14.5 中的变量统计数据，然后使用固定的比例将特定的统计数据转化为风险值。例如，外债比率在国内生产总值中占比小于 5%的国家，该指标的分值便为满分 10 分，而债务比率超过 200%的国家，该分值便为 0。

图表 14.5　　ICRG 风险分量

政治风险分量	
分量	分值（最大）
政府稳定性	12
社会经济条件	12
投资状况	12
内部冲突	12
外部冲突	12
腐败	6
军人政治	6
宗教紧张	6
法律秩序	6
种族紧张	6
民主问责制	6
行政机构素质	4
最高总分	100
金融风险分量	
分量	分值（最大）
外债占国内生产总值的百分比	10
外债债息占 XGS* 的百分比	10
经常账户占 XGS* 的百分比	15
净流动资金能够用于进口支付的月数	5
汇率稳定性	10
最高总分	50
经济风险分量	
分量	分值（最大）
人均国内生产总值	5
实际的年国内生产总值增长	10
年通胀率	10
预算余额占国内生产总值的百分比	10
经常账户余额占国内生产总值的百分比	15
最高总分	50

* XGS=货物与服务出口额。

注：来自《国际国别风险指南》，由 PRS 集团有限公司发布。版权所有© 2007。PRS 集团有限公司。

金融风险度量明显的目标是评估一个国家偿还外债的能力。第一个指标度量一个国家未偿付外债的规模占其国内生产总值的百分比。第二个指标是一个国家的外债偿付占其出口的百分比。第四个指标为一国的官方储备除以其平均月度商品进口；该指标衡量的是一国的外汇流出与其外汇来源。最后一个部分衡量的是汇率波动率。ICGR 将货币的大幅贬值与升值均看成是具有“风险性”，但贬值的风险更大。经济风险评级将经济增长率高、通胀低、收支平衡水平良好以及经常项目差额为正的高度发达国家（人均国内生产总值水平高的国家），归类为具有较低的经济风险的国家。

政治风险分量

与金融及经济风险指标不同，政治风险的评级依赖于主观信息，由 ICRG 的编辑根据预先设置的问题确定各风险分量的分值。各子分量如图表 14.5 所示。Geert Bekaert，Cambell Harvey 和 Christian Lundblad（2005）将 12 个分量划分为 4 个类别，其依据的一方面是它们的内容，另一方面也是在不同国家及不同时期，不同分量的相关程度分析。Bekaert，Harvey 和 Lundblad（2005）将“法律秩序”、“行政机构素质”以及“腐败”变量归入“制度质量”度量。“法律秩序”变量分别度量法律体系质量（“法律”）以及对于法律的遵守（“秩序”）。“行政机构素质”衡量机构素质以及行政机构的权力，这些能够在发生政变时提供一个缓冲效应。“腐败”会直接导致在一个特定国家从事业务经营的成本，例如，因为必须支付的贿赂。不过，腐败变量还涉及实际或潜在的腐败形式，如过度庇护、任人唯亲、工作保留、权利交换、秘密的政府筹款、政企不分。ICRG 使用一个政府掌权所持续的时间作为潜在腐败的早期指标。

Bekaert，Harvey 和 Lundblad（2005）考虑的第二个组别是“冲突”或“政治动乱”。这一类别的变量包括“内部冲突”（对于一国内部政治暴力的评估）；“外部冲突”（对于外部争端的评估，从全面的战争到经济争端，如贸易禁运）；“宗教紧张”（宗教团体的活动评估及其激起内部异议或战争的可能）；以及“种族紧张”（对于各民族间能够导致政治动乱或内战的分歧及紧张关系的评估）。

“军人政治”以及“民主问责制”分量的总和很好地度量了一国与政治风险相关的民主倾向。军人接管政府或接管政府的威胁如果是一个政府无力发挥有效职能的迹象，则代表着很高的风险。对于外国企业而言，这也是环境不稳定的信号。

民主问责制类别衡量政府对于其公民承担责任的方式。“政府稳定性”取决于一国的治理类型、执政党（一个或多个）的凝聚力、离下次选举的时间、政府对于立法的控制以及公众对于政府政策的认可。最后，Bekaert，Harvey 和 Lundblad（2005）将 ICRG 的“政府稳定性”、“社会经济条件”以及“投资状况”子分量划分为一个类别。“社会经济条件”子分量度量的是大众对于政府经济政策的满意度或不满意度。社会经济条件涉及一系列广泛的因素，从婴儿死亡率、医疗的提供到住房以及利率。在这些因素中，不同的因素在不同的社会具有不同的权重。

对于跨国公司而言，具有特别意义的是“投资状况”类别。它有四个子分量，包括征用或合约可行性、税收、汇回款项以及劳动力成本的风险。对于特定项目，这些类别能够对跨国公司的纯粹政治风险进行充分的衡量。

整体评级

“政治风险”度量中 12 个类别的分值累计为 100 分，组成政治风险指数的分数。类似地，金融及经济风险指数各有 50 分。ICRG 将三个子指数累加在一起并除以 2，以得到 100 分的总分。在对所有子分量均进行了评分后，ICRG 为各总分指定了风险等级：

风险极高	00.00%～49.9%	风险高	50.00%～59.9%

风险中等　　60.00%～69.9%　　风险低　　70.00%～79.9%

风险极低　　80.00%～100%

复合分数只是对于一国当前国家风险状况的评估。另外，ICRG 还提供 1 年期及 5 年期的风险预测。这些预测包括一个最差预测、最有可能预测以及最佳预测。ICRG 将最差预测与最佳预测之间的差值称为"风险稳定性"，因为它是风险波动率的一个指标。

例 14.5　ICRG 政治风险评级的跨国实例

图表 14.6 列出了几个东南亚国家的政治风险评级以及它们的子分量。为了便于进行比较，我们还列出了 G5 国家、评级最高的国家（卢森堡）以及评级最低的国家（津巴布韦）的数据。在东南亚国家中，新加坡及文莱的整体国家风险较低；缅甸与印度尼西亚的整体国家风险较高。

假定一家大型美国跨国公司正在考虑在东南亚建立一家纺织品生产工厂，其选择对象包括印度尼西亚、马来西亚、缅甸以及越南。在这四个国家中，马来西亚的总体政治风险状况最好，但越南则要差很多。印度尼西亚与缅甸的总体风险最高。注意这些类似的总评级隐藏了上述各分组的非常不同的表现。如果民主倾向的重要性很高，那么缅甸及越南的分值相对于马来西亚而言均很低。不过，印度尼西亚的政治制度质量非常差，导致其总体分差较低。

假定首席执行官对未来能够汇回本国的利润特别关心，同时也对腐败降低利润的可能影响感到担心，那么我们便可针对该情形，对 ICRG 系统进行特别的定制，以增加"投资状况"与"腐败"类别的权重。

图表 14.6 的最后一栏使用分类别，另外建立了一个政治风险指数，该指数仅考虑投资状况及腐败类别。在最后一栏中，我们只是通过累加各国的投资状况与腐败的分数，并调节指数的权重，使其在 0～100 分之间。因为"投资状况"类别的分值为腐败分值的 2 倍，在新指数中，"投资状况"占三分之二，"腐败"占三分之一，同时所有其他类别的权重均为 0。使用该计分方法，马来西亚仍是投资风险最低的国家，但印度尼西亚的风险远远超过越南，反转了通过总体政治风险指数得出的排序。

图表 14.6　特定国家的国家与政治风险评级

国家	整体国家风险	政治风险	机构质量	冲突	民主倾向	社会经济状况	投资状况/腐败
美国	76.0	81.0	81.3	76.4	87.5	81.9	86.1
英国	83.8	86.0	90.6	79.2	100.0	86.1	91.7
法国	79.0	78.0	65.6	75.0	83.3	84.7	83.3
德国	81.8	83.0	84.4	84.7	91.7	77.8	91.7
日本	86.5	85.5	78.1	88.9	91.7	83.3	83.3
卢森堡	91.0	94.5	93.8	95.8	91.7	94.4	94.4
津巴布韦	34.3	38.0	15.6	58.3	33.3	29.2	8.3
文莱	88.3	82.0	71.9	88.9	41.7	93.1	77.8
印度尼西亚	61.3	51.5	31.3	59.7	54.2	51.4	38.9
马来西亚	75.8	71.5	53.1	81.9	58.3	73.6	61.1
新加坡	88.3	86.5	84.4	91.7	66.7	89.9	91.2
越南	69.8	65.5	46.9	89.9	25.0	63.9	47.2
缅甸	59.8	47.5	31.3	70.8	4.2	45.8	25.0
菲律宾	70.0	68.0	43.8	78.4	75.0	67.7	67.7
泰国	75.5	71.5	37.5	84.7	66.7	75.0	55.6

注：评级来自 ICRG 的网站（www.prsgroup.com/ICRG.apx）。整体风险及政治风险评级为 2003 年 9 月的数据，四个子类别的评级为 2003 年 8 月份的评级。在计算这些等级时，首先求出各分类别分值的和，然后再将结果转化成 100 分制，因此 100 意味着最高分（无风险）。最后一栏通过加总个体分量"投资状况"以及"腐败"的分值，并将结果转化为 100 分制而得出。

国家信贷息差

在第 11 章，我们将公司债券的信贷息差定义为债券收益（或总括成本）与无违约风险的可比国库券利率的差值。当某主权借款人以其本国货币发行债券时，通常情况下几乎没有任何违约风险，因为政府只需印制更多的钞票便可完成对债务持有人的偿债。不过，当主权借款人以其他货币发行债券时，便可能存在违约，因为必须通过外汇创收才能完成对债券持有人的支付。

在过去的 200 年中，国际债券市场上的政府违约情况时有发生。俄罗斯于 1998 年出现债务违约，阿根廷于 2001 年出现债务违约。由于违约可能性的存在，所以国际债券的收益要高于发行该货币的发达国家的政府债券。两者的差值称为**国家信贷息差**（country credit spread）。例如，如果 5 年期美国国库券的收益为 6%，巴西政府发行的 5 年期美元债券的收益为 11%，那么巴西的国家信贷息差便为 5%。这些信贷息差随着债券在二级市场的交易不断变化，当然也是国家风险的一个指标。

主权信贷评级

今天，主要的国际评级机构，如穆迪、标准普尔以及惠誉等，随着主权债券市场的不断增长，提供的主权债券评级也越来越多。图表 14.7 列出了惠誉提供的 2006 年 10 月对于长期境外货币债务的评级。惠誉所使用的系统与标准普尔的类似，AAA 表示最佳级别，D（违约）表示最差级别。“投资等级”的评级从 AAA 开始，到 BBB 结束。

注意所有的发达国家，如加拿大及法国，虽然其评级均达到投资等级，但并不是所有的发达国家均达到 AAA 级。例如，意大利的政治问题以及日本的经济问题导致这两个国家的评级稍低，为 AA 级。同时虽然很多发展中国家的债务均被评为“垃圾债务”——如巴西（BB）、秘鲁（BB+）、乌克兰（BB−）以及越南（BB−），但也有不少发展中国家，如智利、韩国、马来西亚以及墨西哥等，现在已达到投资等级的评级。

对于那些寻求分散资金来源、扩大投资者基础的发展中国家公司而言，越来越多的此类公司也得到了评级机构的评级。这些公司不仅利用欧洲债券市场，同时还利用其他国际债券市场，如武士债券市场以及扬基债券市场。在大部分情况下，私营公司的信用评级均低于其所在国家的政府信用评级。对于外汇债务而言，这种“主权天花板”存在的原因是：主权政府对于可使用的外汇具有优先权，并控制其居民获得外汇、偿还债权人的能力。①

主权信贷风险存在特殊性的原因

主权违约与一个公司出现破产的情形不同，因为很难让一个国家在法庭上列席，并且对于主权国家，也没有正式的破产程序。尽管如此，由于以下问题，主权国家仍对违约的后果有所顾忌：

- 该国位于债权人司法管辖范围内的资产可能会被没收。例如，1986 年上半年，秘鲁政府将在国外持有的、价值 7 亿美元的黄金与白银运回国内。之后，秘鲁便开始根据其出口收入的特定百分比，限制对其债务的偿还。
- 该国未来的借款将出现麻烦，导致严重的经济后果。
- 该国可能会发现自己参与国际贸易的能力受到严重限制。

---

① Erik Durbin 和 David Ng（2005）列举了多例超出主权天花板的近期案例。

图表 14.7　　惠誉的主权信贷评级

阿根廷	D	意大利	AA－
亚美尼亚	BB－	日本	AA
阿鲁巴岛	BBB	哈萨克斯坦	BBB
澳大利亚	AA＋	韩国	A
奥地利	AAA	科威特	AA－
阿塞拜疆	BB	拉脱维亚	A－
巴林	A－	黎巴嫩	B－
比利时	AA＋	莱索托	BB－
百慕大群岛	AA＋	立陶宛	A－
玻利维亚	B－	卢森堡	AAA
巴西	BB	马拉维	CCC
保加利亚	BBB－	马来西亚	A－
喀麦隆	B	马里	B－
加拿大	AAA	马耳他	A
佛得角	B＋	墨西哥	BBB
智利	A	摩尔多瓦	B－
中国大陆	A	莫桑比克	B
哥伦比亚	BB	荷兰	AAA
哥斯达黎加	BB	新西兰	AA＋
克罗地亚	BBB－	挪威	AAA
塞浦路斯	A＋	巴拿马	BB＋
捷克	A	巴布亚新几内亚	B
丹麦	AAA	秘鲁	BB＋
多米尼加共和国	B	菲律宾	BB
厄瓜多尔	B－	波兰	BBB＋
埃及	BB＋	葡萄牙	AA
萨尔瓦多	BB＋	罗马尼亚	BB
爱沙尼亚	A	俄罗斯	BBB＋
芬兰	AAA	圣马力诺	AA
法国	AAA	新加坡	AAA
冈比亚	CCC	斯洛伐克	A
德国	AAA	斯洛文尼亚	AA
加纳	B＋	南非	BBB＋
希腊	A	西班牙	AAA
中国香港	AA－	苏里南	B
匈牙利	BBB＋	瑞典	AAA
冰岛	AA－	瑞士	AAA
印度	BBB－	中国台湾	A＋
印度尼西亚	BB－	泰国	BBB＋
伊朗	B＋	突尼斯	BBB
爱尔兰	AAA	土耳其	BB－
以色列	A－	乌克兰	BB－
		英国	AAA
		美国	AAA
		乌拉圭	B＋
		委内瑞拉	BB－
		越南	BB－

注：本表摘录自惠誉的网站（www. fitchratings. com），为该机构对各主权借款国长期外汇债务于 2006 年 10 月的评级。最佳的评级为 AAA，最差的为 D，与标准普尔的评级系统类似。

我们已解释过，违约的好处在于无须偿还债务。如果一国的收入较低，债务的偿还相当痛苦。在多次拒付国外债务的国家中，阿根廷便是其中之一。1930 年，经济危机导致的军事政变结束了 70 年的议会政府，导致了一次强迫性的债务重组。继 1982 年墨西哥宣布债务延期后，阿根廷再次发生债务违约。最后，在 2001 年的圣诞前夜，阿根廷拒付1 500亿美元的外债。该国然后对其债务进行重组。阿根廷政府后来提出，76%的违约债券可以交换新债券，但面值只有原始面值的 25%～35%，且期限更长。有些债券的偿还与阿根廷未来经济的增长挂钩。

让政府列席法庭

双边投资协议（bilateral investment treaties，BIT）成功地帮助投资者避免了与主权债券有关的法律问题。二三十年前，当外国投资者及跨国公司受到外国政府行为的伤害时，它们不得不依赖于外国政府的法律，或敦促本国的政府作为其代表介入相关事宜。为了鼓励国际资本投资，各国最近开始相互签订协议，承诺相互尊重并保护在对方领土内的投资。通过双边投资协议，个人投资者能够在一个由三名独立仲裁员组成的私营国际仲裁庭上直接提起对一个国家的申诉。大部分此类争端均是由世界银行的分支机构——**解决投资争端国际中心**（International Center for the Settlement of Investment Disputes，ICSID）所受理的。

双边投资协议所提供的保护标准相当广泛。实际上，解决投资争端国际中心已确定了众多仲裁判决的先例。双边投资协议仲裁所涉及的领域也远远超过了征用或国有化的范围。它还包括剥夺投资者部分或全部投资经济价值的任何政府行为，并且其中包括合约权利这样的无形资产。

在本章开始时，我们提到了 INE 的例子。INE 是墨西哥联邦政府的一家机构，正是该机构拒约续签 Tecmed 的危险废物填埋场的运营执照。Tecmed 认为，这样的行动构成了对其投资的征用，违反了 1996 年西班牙与墨西哥签订的双边投资协议的规定。Tecmed 将该案提交给 ICSID 仲裁。仲裁庭同意 Tecmed 的观点，并要求墨西哥向 Tecmed 支付 500 多万美元的损害赔偿，复利另加。

尽管在很多案件中，像 Tecmed 这样的投资者获得了胜诉，但也有投资者败诉的案件。在有些情况下，有关的问题并不简单，需要涉及一系列社会与文化事宜。

例如，1997 年 1 月，一家总部位于美国的废物处置公司 Metalclad 公司向 ICSID 提起投诉，声称墨西哥的圣路易斯波托西州违反了多项《北美自由贸易协定》，阻止其开始运营其在瓜达尔卡萨尔附近花费几百万美元建造的一个有害废物处理及处置场。1990 年，一家墨西哥公司在离瓜达尔卡萨尔几公里的一处山谷内非法倾倒了 55 000 桶（约 2 万吨）有害废物。桶内装满了来自墨西哥城以及其他城市地区的工业废物，并且这些废物既没有掩埋，也没有被正确存放。

Metalclad 通过与墨西哥联邦政府的谈判，以清理现场为交换条件，获得使用其废物处理及处置场的权利。墨西哥联邦政府认为 Metalclad 是一家能够对可怕的糟糕场面进行清理的公司，但瓜达尔卡萨尔的地方政府及人民对此仍心存疑虑。① 圣路易斯波托西州的州长根据一项环境影响评估，将包括场地在内的一块土地重新划为生态区，并禁止 Metalclad 在该地从事经营活动，理由是环境影响评估认为工厂所在地位于一条具有生态敏感性的地下冲积河流的上游。

Metalclad 案件涉及复杂的社会、法律以及经济问题。或许对于在当地建立有毒废物处理设施的问题，有关方面应听取当地人的意见，但他们没有这样做。从法律角度而言，这是州政府对于墨西哥联邦政府命令的违抗，这也是一个令环境保护主义者们感到害怕的因素。“这一决定证明了《北美自由贸易协定》与环境的矛盾之处，同时在外国公司参与的情况下，市政当局在回避垃

① 参见 Heather Scoffield (1999)。

圾问题上将面临更大的困难。”加拿大环境法律协会的米歇尔·斯韦纳查克（Michelle Swenarchuk）说。① 尽管 Metalclad 寻求获得 9 000 万美元的损害赔偿，但公司最后只得到 1 670 万美元。Metalclad 的首席执行官格兰特·凯斯勒（Grant Kesler）说：“这只是一笔象征性的赔偿，并没有真正反映项目的价值。”公司估计它在规划、获得许可以及建设方面的花费便超过 2 000 万美元。凯斯勒补充说：“但最大的输家却是墨西哥人民，因为他们仍要生活在这个每年产生 1 000 万吨有害废物但全国只有一家废物处理厂的国家。”②

历史背景：布雷迪债券

布雷迪债券市场已成为新兴债券市场的一个最大、流动性最好的部分。1990 年 2 月，墨西哥成为第一个发行布雷迪债券的国家，这次发行将其 481 亿美元符合条件的、对于商业银行的外债转化为两种债券。两种债券的本金由存入纽约联邦储备银行的美国零息国库券予以足额担保。墨西哥方面也通过在纽约联邦储备银行存入等于 18 个月利息支付所需的款项作为担保，向投资者保证对债券的 18 个月价值的利息支付。大部分其他布雷迪交易均与墨西哥的版本存在很多类似之处。进行了布雷迪交易的国家还包括阿根廷、巴西、保加利亚、哥斯达黎加、多米尼加共和国、约旦、尼日利亚、菲律宾、波兰、乌拉圭以及委内瑞拉。

最初，投资银行与商业银行均以投资者的身份参与布雷迪债券市场，随着投资者基础的扩大，现在该市场的投资者已包括共同基金、资金经理、保险公司以及养老基金。现有的大部分布雷迪债券均以美元为计价货币，其期限一般均很长（20～30 年）。从利率看，固定利率与浮动利率的数量相当。

布雷迪债券采用的评价技巧与常规固定收益债券相同（参见第 6 章及第 11 章）。基本的概念是特定债券的价格代表未来支付流的现值。不过，正如我们在本章早些时候所暗示的那样，布雷迪债券也有一些独有特点：

- 本金担保：所有面值及折扣债券均由具有类似期限的美国零息国库券担保。
- 利息担保：对于有些债券，发行布雷迪债券的政府会以“滚动”利息为基础，在纽约联邦储备银行存入金额等于 12～18 个月的利息数额的款项。
- 主权部分：余下的现金流要承担主权风险。

通过担保提高了债券的质量后，布雷迪债券以及具有可比期限的美国国库券的到期收益率之间的差值（有时称为“混合”收益率）并不能真正被看成是国家息差。因此，债券交易者计算的是“剥离收益率”，即去除为本金提供担保的美国零息国库券的现值以及担保的利息流现值后，非强化的利息流的到期收益率。该剥离收益率真正以发行债券国家的信贷质量或主权风险为基础。

债券有时候还包括以一国经济表现为基础的可分拆权证或追偿权。例如，墨西哥的价值追偿权（VRR）则以一系列变量为基础，包括石油价格、国内生产总值以及石油产量水平。2003 年 6 月，墨西哥收回了最后一笔 350 亿美元的布雷迪债券，结束了该国自 20 世纪 80 年代早期开始的具有灾难性的债券违约问题。

布雷迪债券的分析

考虑一只由秘鲁发行的、离到期日还有 10 年的布雷迪债券。债券的年息为 7%。同时，假定债券的面值以及下一年的息票支付均以美国国库券担保。图表 14.8 包括了债券估值所需的所有

---

① 参见 Heather Scoffield（2000）。

② 参见 Anthony DePalma（2000）。

信息。如果秘鲁政府没有出现违约，那么该债券的投资者每年均收到 7 美元（每 100 美元面值），并在 10 年后的今天收到利息加上本金共计 107 美元。

如果这是一只由美国政府发行的债券，通过在第 6 章讨论的方法，我们能够对其进行估值。我们将使用美元在各年度的即期利率，然后计算预期现金流的现值。图表 14.8 也提供了美国的即期利率。注意期限越长，利率越高。该假想的美国国库券的价值是：

$$价值=\frac{7}{1+0.035}+\frac{7}{(1+0.0410)^2}+\cdots+\frac{107}{(1+0.065)^{10}}=105.3724$$

与之相对，秘鲁布雷迪债券的价格只有 92 美元。为了对该债券进行分析，让我们忽略担保，先计算到期收益率。回想一下，到期收益率（*ytm*）即为使现金流现值等于价格的收益率：

$$92=\frac{7}{1+ytm}+\frac{7}{(1+ytm)^2}+\cdots+\frac{107}{(1+ytm)^{10}}$$

求解后得到的到期收益率等于 8.20%。我们也可以计算可比的美国财政部发行的债券的到期收益率。由于该债券的成本为 105.372 4，因此，到期收益率可通过下式：

$$105.3724=\frac{7}{1+ytm}+\frac{7}{(1+ytm)^2}+\cdots+\frac{107}{(1+ytm)^{10}}$$

求解得到，到期收益率等于 6.26%。

通过上述计算，你可能会得到国家息差等于 8.20%−6.26%=1.94%的结论。但是，这并不是一个正确的答案，因为 8.20%是一个“混合的”而不是“剥离的”收益。收益率 8.20%没有考虑的事实是：债券的部分现金流得到担保，因此不存在风险。

让我们看一下担保的价值。担保包括第一次息票支付以及债券的面值。要发现其当前价值，我们只需使用美国的即期利率即可：

$$担保的价值=\frac{7}{1+0.035}+\frac{100}{(1.065)^{10}}=60.0359$$

债券的价值一定大于该价值。每 100 美元面值 92 美元的价格可以看成是包括60.035 9美元部分，即由美国国库券担保的现金流部分，以及 31.964 1 美元(＝92−60.035 9) 部分，即其他现金流部分。其他现金流部分包括 9 次息票支付，每次 7 美元，由秘鲁政府承诺支付。因此，剥离收益率可通过求解下式得到：

$$31.9641=\frac{7}{(1+ytm)^2}+\frac{7}{(1+ytm)^3}+\cdots+\frac{107}{(1+ytm)^{10}}$$

注意第一次未担保现金流发生于第二年。上式的解为 12.88%。因此，对于该国信贷息差更好的估计值应为 12.88%−6.26%=6.62%。[①]

① 该计算并不是完全正确的，因为 6.26%的收益率依据的现金流时间更加接近 10 年（因为到时有一个面值的支付），而秘鲁的非担保现金流的时间则较短。为了更正这一错误，我们必须计算与秘鲁债券非担保部分现金流模式类似的美国债券的到期收益率。要进行计算，我们必须首先使用美国的即期利率，确定从第 2 年到第 10 年每年 7 美元现金流的价格，然后我们再计算到期收益率。通过计算得出收益率只有 5.82%，因此国家息差要高于上文中通过剥离收益率得出的结果。

图表 14.8　　对一只布雷迪债券的分析

年	美元现金流	美元即期利率	现金流现值
1	7	3.50	6.76
2	7	4.10	6.46
3	7	4.65	6.11
4	7	5.05	5.75
5	7	5.55	5.34
6	7	5.85	4.97
7	7	6.05	4.64
8	7	6.25	4.31
9	7	6.35	4.02
10	107	6.50	57.00

注：债券的交易价格为 92 美元（每 100 美元面值），息票为 7%。第二栏列出了在秘鲁政府未违约的情况下，债券持有人应得的现金流。第三栏为美元的即期利率。第四栏使用上述即期利率，计算出了未来现金流的现值。

国家息差以及政治风险概率

在资本预算中，为了考虑政治风险，常涉及国家息差的使用。下文将对一些提议的国家息差使用方法进行总结，但首先让我们来分析一下国家息差能够适用的情形。

第一，回想一下，国家息差是债券违约风险的一个指标。不过，尽管某政府由于政治事件而出现对于债券的违约，但这不一定意味着该政府也会征用跨国公司位于其境内的资产。

第二，尽管政治风险与主权违约风险高度相关，但由于布雷迪债券的自身特点，其违约的概率并不能够容易地通过收益差的计算得到。我们最好用一个实例来说明这个论点。考虑我们之前讨论的秘鲁债券。秘鲁政府每年的违约概率各为多少？我们可以通过做一些额外的假设，来对该概率进行估计。我们首先假设，当秘鲁政府出现债券违约时，国外债券持有人将得不到任何支付。这种假设显然不实际。在主权违约的大部分案例中，发生了债务重组（布雷迪交易也是债务重组的实例之一）。在这种情况下，外债持有人仍能够收回一些投资，正如在 2005 年，阿根廷总统基什内尔（Kirchner）通过与外国投资者以及国际货币基金组织的深入谈判，确定了对于持有违约后的阿根廷债务的外国人的支付。不过在本例中，我们将收回价值确定为 0。（下面的小节将考虑收回价值不为 0 的情况。）为了简化，我们这里还假设违约概率不随时间变化。

对于秘鲁债券的现金流图表较简单。在第一个期间内，它肯定会支付 7 美元，因为该支付是经过担保的。因此，这笔款项不应该包括在我们的计算中。不过，秘鲁政府当年仍有出现违约的可能（例如在其他债券上）。我们用 p 表示该概率。第二年，债券不出现违约的概率为 $(1-p)^2$，违约的概率为 $(1-p)p$。这与图表 14.3 中使用的推理方法相同。第三年，不出现违约的概率为 $(1-p)^3$，违约的概率为 $(1-p)^2 p$。依此类推，直到第 10 年，即可得出下式：

$$31.964\,1=(1-p)^2\times\frac{7}{(1.041)^2}+(1-p)^3\times\frac{7}{(1.046\,5)^3}+\cdots+(1-p)^{10}\times\frac{7}{(1.065)^{10}}$$

这里，我们使投资者设定的债券价值等于预期现金流以美国无风险利率贴现后的现值。我们能够这样做，是因为式中的概率已经考虑了违约的可能性，同时我们假定违约是一个特征性风险。与前面一样，我们能够求出式中的 p，即违约概率。求解得出 $p=6.34\%$。如果我们相信该违约概率所反映的主权风险与资本预算现金流分析中涉及的政治风险完全相关，那么这就是我们应使用的概率。

具有正回收价值的违约概率

在上一节中，我们通过以下公式计算违约概率：

$$剥离价格 = \sum_{j=1}^{10} \frac{CF(j)(1-p)^i}{[1+i(j)]^j} \tag{14.3}$$

式中，

剥离价格＝减去担保价值后的债券美元价格。

$CF(j)$＝时期 j 时的预期美元现金流。

$i(j)$＝时期 j 时的美元即期或无息债券利率，条件是该时期出现违约。

p＝违约概率。

假设违约风险不随时间变化，违约后的收回价值为 0。在大部分主权违约的案例中，外国投资者经过政府与投资者以及世行与国际货币基金组织代表对债务条款的联合谈判后，能够收回部分资金。① 收回资金的多少取决于经济条件。因此，该收回价值会随着时间变化。当在违约时存在收回可能性时，等式（14.3）所表示的公式会变得更加复杂：

$$剥离价格 = \sum_{j=1}^{10} \frac{CF(j)(1-p)^j + R(j)p(1-p)^{j-1}}{[1+i(j)]^j} \tag{14.4}$$

式中，$R(j)$表示在期间 j 内，债券的预期收回价值，条件是该时间出现违约。

让我们将上式应用到秘鲁的债券实例中。剥离后的债券承诺在 9 年的时间内，每 100 美元面值支付 9 期 7 美元。我们通过计算得出剥离价格为 31.964 1。如果没有收回，违约概率为 6.34%。因为收回价值增加了预期现金流，所以这种情况下的违约概率会更高。也就是说，0 收回的假设低估了风险事件发生的概率。

让我们研究一个实例。我们假定秘鲁债券的预期收回价值如下：

第 1 期：8

第 2 期：8

第 3 期：4

第 4 期：4

第 5 期及以后：0

回想一下，第 1 期的息票支付已得到担保。不过，秘鲁政府仍可能在第 1 期宣布不再偿还债务并出现违约。我们必须发现一个满足下式的 p 值：

$$31.9641 = \frac{8\times p}{1+0.035} + \frac{7\times(1-p)^2+8\times p(1-p)}{(1.041)^2} + \frac{7\times(1-p)^3+4\times p(1-p)^2}{(1.0465)^3}$$
$$+\frac{7\times(1-p)^4+4\times p(1-p)^3}{(1.0505)^4} + \frac{7\times(1-p)^5+0\times p(1-p)^4}{(1.0555)^5} + \cdots + \frac{7\times(1-p)^{10}}{(1.065)^{10}}$$

求解上式得 $p-7.20\%$。与此相对，当收回价值假定为 0 时，估计的 p 值只有 6.34%。

案例研究

墨西哥比索危机与国家风险

确定与布雷迪债券相关的违约概率并不总是如此容易，因为其现金流的时间跨度非常大。让我们重新看一下与 Tesobonos 有关的国家风险，该债券是由墨西哥政府于 20 世纪 90 年代发行的。

① 曾一度出现的问题是，一小部分少数债权人经常阻止大部分多数债权人达成的重组交易。最近，一些主权发行国在债券中包括“集体行动条款”，以防止出现这种情况。

下面我们仍以1995年墨西哥比索危机为背景，讨论一下货币风险与国家风险的相关性。

20世纪90年代早期，墨西哥刚从债务危机中恢复过来，重新获得了利用国际资本流的机会，并在经常账户上出现赤字。国内存款开始下滑。这种情形与美国当时及今天的情形非常类似。实际上，有人开玩笑地指出，墨西哥不仅经济上与美国相整合，而且也养成了美国居民的不良消费习惯，墨西哥居民也负有很高的信用卡债务。墨西哥当前账户赤字逐渐恶化，于1994年达到墨西哥国内生产总值的8%。当时，墨西哥采用爬行钉住汇率系统（见第5章），但其名义汇率并没有随着墨西哥的通胀进行充分调整。因此，墨西哥的实际汇率上升，进一步弱化了墨西哥的贸易竞争力，鼓励墨西哥居民购买国际商品。

同时，墨西哥还出现了其他两个重要情况。第一，墨西哥的银行业务系统虚弱。墨西哥的银行于20世纪90年代经过私有化，并于之后经历了一次贷款高峰。1990年，不良贷款占总贷款的比例为5%，而1994年则达到10%。为了让其银行渡过难关，墨西哥的中央银行又不能让利率升得太高，因为这样做会威胁经济，导致更多不良贷款的产生。（尽管利率较高，但信用状况不佳的借款人仍有借款的意愿。）

考虑到墨西哥危险的经济状况，对于比索的需求较低。为了防止比索的价值下降，墨西哥的中央银行使用冲销性干预措施。也就是说，因为银行被迫使用其外汇储备购买比索，它同时购买国内债券，提高其价格，并保持较低的收益。可以理解，外国投资者对于墨西哥政府的以高风险、低收益的比索为计价货币的证券（称为“Cetes”）并不感到害怕。这样便导致了第二种情况的发生：从1993年开始，为了支撑其公共债务，墨西哥政府对最新发行的Tesobonos的依赖性变得越来越大。

Tesobonos为墨西哥政府发行的国库券与Cetes一样，但它们实际上以美元为计价货币。也就是说，尽管债券的购买以及本金支付以比索为计价货币，但本金支付完全与美元及比索的汇率变化挂钩。

我们考虑使用一个3月期的Tesobonos作为实例。假定Tesobonos的收益率为5%。如果墨西哥比索的汇率没有变化，投资者将在3个月后收到：

$$1+\frac{0.05}{4}=1.0125\text{ 墨西哥比索}$$

假定墨西哥比索在3个月的期间内贬值5%。这样，向投资者支付的金额便是：

$$\left(1+\frac{0.05}{4}\right)\times 1.05=1.063125\text{ 墨西哥比索}$$

注意这代表着25.25%的年收益。因为Tesobonos为投资者提供了对比索贬值的保护，它们还意味着，比索的贬值将使墨西哥承担极大的代价。从这个角度看，通过增加利用与美元挂钩的短期融资，墨西哥政府发出的信号是它不会让比索贬值。1994年12月30日，未偿还的Tesobonos达489亿美元，约三分之一由外国人持有。

1994年是墨西哥的大选年，而从经济及政治角度而言，这都是灾难性的一年。在经济上，经常账户出现恶化，中央银行的储备不断下滑，外国投资者只对Tesobonos进行投资。政治上，1994年也是动荡不安的一年。上半年，恰帕斯印第安人奋起反抗，最热门的总统候选人卡洛西欧（Luis Donaldo Colosio）被暗杀。动乱增加了墨西哥的政治风险，使墨西哥对于国际投资者的吸引力下降。

1994年12月20日，局势已变得不堪一击。由于国际储备的供应不足，墨西哥政府试图将比索贬值13.67%，从3.4662比索/美元贬值到3.94比索/美元。不过，这样的贬值被证明并不充分，墨西哥政府被迫对墨西哥比索实行浮动汇率。到1994年12月底，比索一路下滑到5.20比索/美元，到 1995 年 3 月，更是贬值到 6 比索/美元。Cetes 及 Tesobonos 的利率直线上升。中央银行的官方储备不足以偿还于后续月份到期的 Tesobonos 金额。显而易见，墨西哥面临一次急性的流动性危机。正如我们在第 10 章讨论的那样，美国财政部以及国际货币基金组织于 1995 年 1 月底提供的支持方案使墨西哥政府脱离了困境。最后一只 Tesobonos 于 1995 年 2 月 17 日发行。

Tesobonos 与 Cetes 证券提供了一个研究国家风险与货币风险相互作用的独特机会。标准墨西哥国库券（Cetes）必须针对货币风险与国家风险对投资者做出补偿；而 Tesobonos 只需针对国家风险进行补偿，因为它们已与美元挂钩。

为了用符号表示这些概念，我们以 i_{US} 表示美国利率，以 i_{CET} 表示 Cetes 利率，以 i_{TB} 表示 Tesobonos 利率。所有利率均为非年度化利率。并且，我们以 *copr* 表示国家溢价或国家息差，以 *cupr* 表示货币或贬值溢价。然后我们定义：

$$1+i_{CET}=(1+i_{US})\times(1+copr)\times(1+cupr) \tag{14.5}$$
$$1+i_{TB}=(1+i_{US})\times(1+copr)$$

注意我们对于国家及货币溢价以相乘的方式而不是相加的方式进行确定（参见第 11 章）。国家风险溢价理所当然地与违约概率直接相关。令 p 表示墨西哥政府不会向 Tesobonos 投资者偿还债务的概率，同时我们假定违约后的本金与利息收回为 0。那么，下式一定成立：

$$1+i_{US}=(1+i_{TB})\times(1-p)+0\times p \tag{14.6}$$

也就是说，在考虑违约的情况下，美国国库券投资或 Tesobonos 投资的预期收益相同。综合式（14.5）以及式（14.6），我们得到：

$$1+copr=\frac{1}{1-p}$$

或者

$$copr=\frac{p}{1-p}$$

同样地，$p=\dfrac{copr}{1+copr}$。在 Tesobonos 中的国家风险溢价提供了有关政治风险概率的直接信息。

Ian Domowitz，Jack Glen 和 Ananth Madhavan（1998）研究了 1993 年及 1994 年的墨西哥 3 个月期及 6 个月期货币溢价与国家溢价。他们发现货币溢价的平均水平为 7%～8%，远高于国家风险溢价 2.5%左右的平均水平。他们还发现，货币溢价及国家溢价之间只有较弱的正相关关系。尽管如此，在出现问题时——当一国即将发生货币及/或债务危机时，货币溢价以及国家风险溢价之间的相关性会增加到极限。图表 14.9 列出的在 1994—1995 年货币危机发生前以及发生期间的货币与国家息差形象地说明了这一点。[①]

---

① 注意图表中的国家溢价与货币溢价是年度化的数据。也就是说，因为使用的是 3 个月期的 Cetes 以及 Tesobonos，所以我们将它们乘以 4。在报告累加性的国家及货币溢价时，人们一般使用图表中报告的年度化利率数据，因此得出的国家风险息差已经是年度化的数据。这种年度化计算方法也有一定的不利影响。3 个月期证券包含的货币及国家风险的信息不会超过 3 个月。因此，最后一栏报告的违约概率使用实际的 3 个月期国家息差（也就是第 8 栏的数据除以 4）。如果我们需要使用年度化的概率，数值会较高。如果利率的期限结构较平坦，那么这些年度化的概率将对于 1 年期的违约风险有一个良好的指示作用。不过，在危机时刻，常见的为下滑的期限结构，使用短期利率可能会导致对年度违约概率的高估。

图表 14.9　墨西哥金融危机下的国家溢价与货币溢价

	汇率	3个月期利率			息差		
		美国	西哥				
月份	即期比索/美元汇率	国库券	Cetes	Tesobonos	国家风险溢价	货币风险溢价	违约概率
1993年12月	3.107 0	3.054	10.370	5.090	2.021	5.569	0.502 6
1994年1月	3.106 5	2.992	10.890	4.670	1.666	6.148	0.414 7
1994年2月	3.190 0	3.435	9.340	5.050	1.601	4.237	0.398 7
1994年3月	3.358 6	3.538	10.120	6.790	3.223	3.274	0.799 4
1994年4月	3.270 0	3.940	16.450	7.750	3.773	8.535	0.934 4
1994年5月	3.320 0	4.260	16.770	7.190	2.899	9.411	0.719 6
1994年6月	3.390 0	4.240	17.000	7.000	2.731	9.828	0.678 1
1994年7月	3.400 0	4.354	17.190	7.250	2.865	9.763	0.711 1
1994年8月	3.378 5	4.655	13.820	7.240	2.555	6.463	0.634 8
1994年9月	3.395 5	4.768	13.100	6.790	1.998	6.205	0.497 1
1994年10月	3.433 5	5.121	14.350	6.730	1.589	7.494	0.395 6
1994年11月	3.447 5	5.423	14.760	7.500	2.049	7.126	0.509 7
1994年12月	5.075 0	5.682	31.990	10.490	4.741	20.95	1.171
1995年1月	5.735 0	5.902	38.000	24.980	18.80	12.25	4.489
1995年2月	5.875 0	5.870	57.000	16.990	10.96	38.38	2.667

注：原始来源为 Bloomberg，但前五栏数据来自 Kenneth Froot (1995)。最后三栏数据为作者自己的计算结果。风险溢价为年度化的结果，但违约风险概率适用的是3个月的期限。

1995年初，墨西哥受到了极端国家风险与货币风险的危害，货币溢价超过35%，国家溢价超过10%。这意味着，对于政治风险的考虑也会影响外汇现金流对于美元现金流的转化。两种风险之间的相关性在大部分资本预算中均被忽略。不过，忽略这样的相关性经常会导致对预期现金流的保守估计。下面让我们用一个数字实例来说明这一问题。

例 14.6　Stars and Bars 出售附属公司的案例

假定现在为1999年年底，一家名为 Stars and Bars 的美国公司计划在两年内出售其位于阿根廷的附属公司。根据 Stars and Bars 对于阿根廷经济的预测以及附属公司的预期收入及成本，预期的出售价格为5 000万比索。由于阿根廷的货币局制度，Stars and Bars 确定货币局制度崩溃的可能性为20%，并将导致比索贬值25%。因此，预期的美元销售价格为：

$$(5\,000\text{万阿根廷比索}\times\frac{1.00\text{美元}}{\text{阿根廷比索}}\times 0.80)$$

$$+(5\,000\text{万阿根廷比索}\times\frac{0.75\text{美元}}{\text{阿根廷比索}}\times 0.20)=4\,750\text{万美元}$$

当然，也可以认为预期的美元—比索汇率为0.95美元/阿根廷比索[＝(1.00×0.80)＋(0.75×0.20)]。政治风险分析师同时还提出，还存在10%的完全征用概率，一旦发生完全征用，Stars and Bars 将失去其附属公司的所有价值。

根据本书中提供的方法，可对预期现金流进行调整，以反映征用的概率：

$$(4\,750\text{万美元}\times 0.90)+(0\times 0.10)=4\,275\text{万美元}$$

不过，在存在货币局的情况下，不太可能发生征用。更有可能发生的情况是阿根廷陷入经济困难，那么它便会首先取消货币局，让货币贬值。然后，如果事态进一步恶化，它便可能会征用外国投资。因此，下述情景分析显得更加实际：

	概率	美元出售价格
无贬值，无征用	80%	5 000 万美元
25%贬值，无征用	10%	3 750 万美元
25%贬值，征用	10%	0

包括贬值与征用的独立概率的预期出售价格为：

(5 000 万美元×0.80)+(3 750 万美元×0.10)+(0.0×0.10)=4 375 万美元

上述分析表明，忽略政治风险与货币风险之间的相关性导致预期现金流低估了 100 万美元。

后记

如果 Stars and Bars 在 2001 年年底之前出售附属公司，那么它便能够得到足额的 5 000 万美元。不过，到 2002 年 1 月底，货币局崩溃，比索的价值下跌到 0.714 3 美元/比索！

针锋相对

阿根廷的有线电视

“你的经验太不足了！”Ante 对 Freedy 喊道。“你刚算出的贴现率太低了。我的天啊，那是一个新兴市场，你的贴现率必须根据政治风险进行调整！”

对于被分到一组来解决他们的国际金融案例，Ante 及 Freedy 均已感到后悔。他们的案例涉及 Continental-Fintelco 的交易，尽管明天就要上交，但他们对于现金流分析中使用的贴现率还未能达成一致意见。

该案例涉及 Continental Cablevision，美国第三大有线运营商。它正在寻求收购 Fintelco 50%的股份。Fintelco 是 1994 年上半年时阿根廷的第三大有线公司。当时，阿根廷的总统为卡洛斯·梅内姆（Carlos Menem），在他的领导下，阿根廷经历了一场深刻的经济变革，从一个以国有企业为主体的、封闭的、高通胀的经济，转变为一个去监管的经济，当时的比索通过货币局与美元挂钩，很多国有公司均完成了私有化改革。但很多风险因素仍然存在。股票市场波动不定；阿根廷的通胀也高于美国，导致其竞争力下降，同时总统大选也将于 1995 年开始。作为去监管计划的一部分，当时的一项协议允许美国投资者拥有阿根廷有线系统 100%的股份，并拥有广播电视台 25%的股份。

Ante 与 Freedy 经过努力，已计算出了一系列美元现金流。唯一没有解决的问题是以一个适当的贴现率对其进行贴现。因为他们假定在全股权交易的情况下对 Fintelco 进行估值，Freedy 便建议只是简单地利用标准的资本资产定价模型公式（参见第 13 章）：

$$E[r_{\text{fin}}] = r_f + \beta_{\text{fin}} E[r_m - r_f]$$

式中，r_f 为无风险利率，$E[r_m - r_f]$ 为全球市场的风险溢价，β_{fin} 为 Fintelco 与全球市场的贝塔系数。

Freedy 也建议使用一个根据美国上市有线公司数据估计的贝塔系数，数值为 1.08。虽然 Ante同意使用全球市场风险溢价以及对于有线公司适用的一个贝塔系数，但他读过几篇有关新兴市场资本成本计算的文章，并认为必须对计算结果做两个调整。

首先，他认为应在无风险利率的基础上加上布雷迪债券的国家息差。他读过的文章认为，对于新兴市场，这是对其政治风险的一个适当调整。根据 1994 年的数据，这会将贴现率提高 3.5%。其次，他认为将美国公司的现金流风险与阿根廷公司的现金流风险相提并论也不恰当。不过，他无法找到阿根廷上市有线公司的数据。阿根廷市场的整体贝塔系数相当不稳定，从 20 世纪 80 年代的负值到过去 5 年的接近于 1。尽管如此，他认为他们必须对阿根廷市场的激烈波动进行一定的调整，因为在交易前一年，年度化的波动率超过 60%。他读过的一篇文章建议将当地公司的贝塔系数乘以当地市场的波动率与美国或全球市场的波动率的比率。①

Freedy 对 Ante 叫道："如果那样的话，我的贴现率便太高了！如果我们能够计算阿根廷当地有线公司的贝塔系数，它们一定会相当低。我认为对于 Continental 的美国投资者而言，这是一个分散其现金流风险的独特机会。"

当 Suttle Trooth 漫不经心地走进房间时，两兄弟正争论得不可开交。他得意地笑着，似乎有一种似曾相识的厌倦感。"我是不是听到有人提到政治风险调整的问题？问我啊！我都知道！我曾在 OPIC，一家美国政治风险保险商，进行过一次暑期实习。" Suttle 说。

Ante 与 Freedy 同时惊讶地说："投资的政治风险也能投保吗？"

"当然能，" Suttle 答道，"并且经常有人这样做。"

Freedy 脑筋一转，大声叫道："啊哈！这么说我是正确的。根本不需要对贴现率进行调整！"

"不要着急，Freedy，没那么简单！" Suttle 说。"首先，你们当然应当从预期现金流中减去所有的保险费用。如果你们的案例中说没有保险，那么你们仍需将政治风险考虑在内。实际上，不管在什么地方，完全保险并不容易实现。同时，政治风险事件吞没整个投资的案例也屡见不鲜。很多现金流预测都忘记将极端的负现金流情形考虑在内。因此，不做任何调整可能不如通过贴现率进行一定的调整。"

Ante 变得激动起来。"这么说，那些教授在谈论布雷迪债券息差及风险溢价调整时，根本不知道他们自己在说什么？得了吧！"他说。

Suttle 争辩道："我并没有那样说。只是很难确定什么时候会发生政治风险事件，其概率是多少，以及在发生风险事件时，是否能够得到一定的补偿。因此，有些相当博学的人已提出，更简单的做法是使用像国家息差这样的能够包括政治风险的数据，对贴现率进行一定的放大。不过，要做到非常准确很难。同时，关于阿根廷本地市场相对于全球市场的贝塔系数可能较低的说法，Freedy 绝对正确。如果美国公司的股东进行充分的分散投资，那么真正的贴现率应较低，因为对于他们而言，投资的系统性风险较低。"

"还有什么是你不知道的吗，表哥？" Ante 一边感叹一边打开电视——当然他看的是有线节目。

后记

Continental Cable 与 Fintelco 签署了一份于 1994 年 10 月生效的合资协议。不过，由于墨西哥比索危机，Continental 在交易融资方面出现了问题。最后，8 000 万美元的交易使用银行贷款进行融资，其中部分投保了 OPIC 的政治风险保险。

计算政治风险概率

在本书中，我们强烈建议通过改变现金流预期来反映政治风险的概率，从而对政治风险进行

① Stephen Godfrey 和 Ramon Espinosa（1996）以及 Aswath Damadaran（2003）的文章提出，在无风险利率的基础上加上国家息差的同时，还可通过波动率比率的函数增加风险溢价。

调整。这样，便要求计算政治风险的概率，但这样的计算并不如说起来那样简单。在很多情况下，在高政治风险的国家的投资现金流方案中，应包括由于政治风险事件造成部分或全部投资丧失的极端情形。在估算政治风险概率时，我们建议使用尽可能多的信息。能够使用的主要信息源有三种，其中两种我们已在上面进行了深入的讨论：

- 国家信贷息差。
- 政治风险分析与政治风险评级。
- 政治风险保险费。

尽管一家公司有时可能并不打算投保政治风险保险或无法获得项目的保险，但保险的保费费率却是一个非常有用的指标。它能够告诉一家公司的资本预算小组，为了考虑政治风险，应从预期现金流中扣除多少金额。同时，由政府部门提供的政治风险保险产品，其价格可能低于私营市场的费率，在这种情况下，只要可以投保，就应该投保。我们将在第 14.4 节讨论政治风险保险，现在我们首先讨论如何使用国家信贷息差以及政治风险评级。

使用国家息差计算政治风险概率

布雷迪债券以及其他以美元或主要货币计价的资产对于一国的违约风险提供了一个市场确定的评估，且这样的评估能够对新信息做出迅速的反应。尽管我们不建议使用国家息差来放大资本成本，但我们建议通过对这些证券的分析，正如我们在上文阐述的那样，发现违约概率。另外，使用剥离息差也很重要，因为担保现金流的存在，标准的国家息差会导致真正违约概率的低估。另外，在可能的情况下，应对具有不同期限的证券进行考察，以确定国家违约概率中的期限效应。

我们已经对国家息差的一些缺点进行了说明。特别是国家风险溢价能够反映一个国家的债务偿还能力与意愿，因此它能够同时反映政治风险与经济风险。并且，布雷迪债券的息差可能会受到国际投资者风险喜好的影响，而它与债券发行国发生政治风险事件的可能性无关。最后，政治风险不断增加的国家，如非洲国家，最不可能具有任何市场债务，因为它们从世界其他地方获得借款的能力非常有限。

使用政治风险评级

有些政治风险评级系统使用数字分值，以更精确地确定政治风险的子类别。所以相对于国家息差，它们能够提供更多的关于一家跨国公司所面临的确切政治风险的信息。

子类别风险评级有两个主要的缺点影响了它们的应用。第一，它们不是由市场力量确定的，并且也没有多少人知道评级预测政治风险事件的真正水平。另外，信贷评级公司常因不能对实际违约进行预测被批评为“事后诸葛亮”。第二，尽管为数字形式的评级，但它们并没有以一定的单位来表示（如占贴现率的百分比），所以在资本预算中的应用有限。必须通过一定的方法来将这些分值转化为一定的单位。不幸的是，如何进行转化，似乎没有一个公认的方法。

14.4 对政治风险的管理

对政治风险的管理涉及比计算政治风险事件发生概率更多的工作。即使是在项目已经被接受或实施的情况下，仍需保持对政治风险的监测。跨国公司应该提前计划，知道自己能够做什么，以最小化政治风险事件变成现实的机会。它们还应该提前计划，以确定在政治风险事件确实发生时应该采取怎样的行动。换言之，它们需要一个预先制定的退出战略。我们将在下面几节中讨论上述战略以及其他战略。

投资结构的设计

在涉及政治风险时，跨国公司应对投资结构进行设计，以最小化政治风险事件对其现金流产生不利影响的机会。下面列出了可以采取的简短的行动清单：

● 以短期为主：跨国公司应尽力尽快收回投资现金流，以防止损失。这可以通过在某一阶段汇回投资或将当地资产出售给当地投资者或政府来实现，而不是进行长期的资金再投资。

● 依赖于独特的原料或技术：跨国公司可以让政府在没有其配合的情况下难以完成接管。例如，通过依赖于独特的、来自总部的原料，或独特的、在没有跨国公司的配合下难以完成运作的技术。

● 使用当地的资源：当跨国公司雇用当地的劳动力或在当地进行借款时，能够降低政府关闭工厂的动机。

● 与政府进行谈判：在一个特定的国家进行一项重大投资前，跨国公司可就跨国公司赚取的资金的未来可兑换性、这些利润的征税方式、转移方式等等，与所在国家谈判并达成一项协议，以改善自己的地位。通过这种谈判，还能够让跨国公司发展与各级政府官员的关系，这样，一旦发生政治风险事件，并且必须通过谈判确定解决方法时，与政府官员的良好关系能够为跨国公司带来很大的利益。尽管如此，在发生政府变更时，与当前政府达成的协议反倒可能弄巧成拙。

● 雇用保护力量：在可能发生绑架或暴力的情况下，例如，由于局部的战争，跨国公司可以雇用保镖或在极端情况下雇用私人军事公司提供保护。由于全球各地的冲突事件时有发生，私人军事公司本身正成为一项重要的全球业务。很多私人军事公司已不再是由几个老兵建立的小公司，而是功能齐全的公司，能够提供一系列服务。行业内历史最长、最负盛名的私人军事公司MPRI，DynCorp以及Vinnell，均已被进入日益成长的私人军事公司市场的工业巨头所收购。MPRI被L3收购、DynCorp被CSC收购、Vinnell被诺斯罗普·格鲁曼公司（Northrop Grumman）收购。其他著名的集团包括黑水安全咨询公司（Blackwater Security Consulting）、CRG，以及Janusian安全顾问公司，其服务组合包括危机管理、绑架与勒索管理、欺诈与保险调查、反监视以及人员与资产保卫。

保　险

政治风险是一个现金流风险，其最明显的表现是它是一种可保风险。如果跨国公司能够全面投保所有可能的风险事件，并能够获得所有损失的足额赔偿，那么只需从预期现金流中减去保费，便可充分抵消政治风险。不过，实际情况与上述假设还存在很大的差异。不可能投保完全保险。因为现金流具有不确定性，所以一般的保险额度很难超出当前的投资额。尽管如此，能够获得政治风险保险的渠道却在不断扩大与丰富。

政治风险保险的潜在来源有三种：以推动在发展中国家进行外国直接投资为宗旨的国际组织、政府机构以及私营市场。在提供保险的国际组织中，世界银行的多边投资担保机构（MIGA）、泛美开发银行（IDB）以及亚洲开发银行（ADB）是最著名的几家。很多经合组织国家均拥有为国内公司提供政治风险保险的国家机构。其中包括海外私人投资公司（OPIC，美国）；日本出口与投资保险公司（前EID/MITI，日本）；出口开发公司（EDC，加拿大）；出口信用担保部（ECGD，英国）；COFACE（法国）以及出口金融与保险公司（EFIC，澳大利亚）。私人市场也得到了长足的发展，现在已包括像劳合社、美国国际集团（AIG）、主权风险保险有限公司以及苏黎世新市场解决方案这样的公司。

保险涉及的风险一般包括三种类型的政治风险事件：

● 货币的不可兑换及不可转移保险对公司由于不能将外国盈利兑换成本国货币或不能以一定的方式将盈利转移出投资所在国而出现的损失提供补偿。货币不可兑换及不可转移保险并不对因一国货币贬值而导致的投资者的损失进行补偿。

● 征用保险对跨国公司以及出借人因没收、征用、国有化以及所在国家政府对跨国公司现金流产生不利影响的其他行为而导致的损失进行补偿。除了完全的国有化及没收行为外，“逐步征用”（一系列行动所累积的效果等同于征用）、区别性的立法、资产或担保的剥夺、拒绝特许权以及主权实体未能履行对其不利的仲裁判决，均可被包括在征用保险中。

● 战争与政治暴力保险：当战争或国内动乱发生时，导致跨国公司资产的损坏或现金流受到影响，该保险能够对公司进行补偿。政治暴力保险并不包括由于没有政治目的的劳工冲突或学生闹事而导致的损失。自 2001 年 9 月 11 日针对美国的恐怖袭击发生后，政治暴力保险再次成为人们关注的焦点。

损失能够得到百分之百保险的案例非常罕见。私人保险公司经常会规定保额的上限。我们现在讨论两个向公众提供的最重要的政治保险计划，即美国的 OPIC 以及世界银行运作的 MIGA。

为美国公司提供的政治风险保险

如本章前面所述，美国政府通过**海外私人投资公司**（Overseas Private Investment Corporation，OPIC）提供政治风险保险。OPIC 于 1971 年成立，是一个自负盈亏的政府发展机构。其使命是调动美国的私人资本及科技知识，为欠发达国家的经济与社会发展提供帮助，重点关注那些从非市场经济向市场经济转变的国家。OPIC 通过直接贷款以及贷款担保提供资金、利用私人资本以及使用 OPIC 支持的基金，实践上述使命。不过，在本章中我们重点关注其第三项任务——提供政治风险保险。

其产品价格以市场费率为基础，OPIC 的运作无须纳税人支付任何净成本。虽然其签署的合约已达数千份，并且支付的索赔也已超过 10 亿美元，但它仍能够从每年的运作中获得一定的盈利。至今为止，OPIC 的资本储备已高达 40 亿美元。其自有储备以及美国政府的十足信用，为其担保及保险责任提供了有力的支持。OPIC 的保险包括不超过 2.5 亿美元的项目，期限高达 20 年，并对高达合格投资 90%的资金提供保险。对于外国直接投资，OPIC 一般签发的保险承诺为原始投资的 270%，其中 90%表示原始投资，180%保险未来盈利。

OPIC 提供三种类型的标准保险：针对征收风险、政治暴力以及货币不可兑换提供的保险。在其长期运作中，OPIC 已支付的索赔涉及所有三种保险。随着恐怖主义行动日益普遍，OPIC 也开始提供独立的恐怖主义保险。恐怖主义保险涉及的项目包括主要目的是为了实现特定政治目标的暴力行动，且这些暴力行动由国家或国际武装力量之外的个人或团队实施。OPIC 近年来也增强了对于数量日益增多的小企业的支持，有时候是通过向它提供优惠的费率。OPIC 的政治风险保险以及融资已帮助过各种规模的美国企业对全球 150 多个新兴市场以及发展中国家的投资。自成立至今，OPIC 支持的投资总额高达 1 640 亿美元，帮助发展中国家产生了 73.2 万个本国就业机会，为这些国家产生了 130 亿美元的政府收入。①

① 参见 United States Department of State（2006）。

新兴与过渡经济体的政治风险保险

多边投资担保机构（Multilateral Investment Guarantee Agency，MIGA）是世界银行的一部分，于1988年成立，其使命是通过协助对新兴经济体以及过渡经济体的投资，促进发展。MIGA能够为那些无法通过其他渠道容易得到保险的项目提供政治风险保险。除了大部分其他保险机构提供的三种政治风险保险（征用风险、政治暴力风险、货币无法兑换风险）外，MIGA还提供违约风险，这是一个相对较新的产品，可以在投资者由于所在国家对与投资者签订的合约出现违约或拒绝履行而导致损失时，对投资者提供保护。投资者必须能够发起一个争端解决机制（如通过国际仲裁）并得到获得赔偿金的判决。对于因为所在国家的行为导致争端解决机构无效的情况，MIGA也将提供补偿。

MIGA特别关注对于受到战争破坏的地区的投资。例如，在巴尔干发生塞族—克族冲突后，它为对波黑的众多投资提供保险。其中包括可口可乐2000年在萨拉热窝附近（哈吉契镇）投资建造的一个制瓶厂。MIGA还为一家荷兰公司国际透析中心提供保险，涉及其在2003年对于班加卢卡一家肾透析中心的股权投资。该项目是在整个巴尔干地区的医疗行业的首次私人投资，但投资能否实现仍有赖于地方政府的合作。

截至2006年，MIGA已签署了850份合约，总价值超过160亿美元。其最大的风险敞口是巴西（7.5%）、保加利亚（6.9%）以及塞尔维亚与蒙特内哥罗（6.9%）。MIGA于1998年为安然的一个位于印度尼西亚爪哇的电站项目提供征用风险保险。在印度尼西亚政府暂停了该项目后，MIGA向安然支付了1 500万美元，以补偿其受到的损失。印度尼西亚政府后来同意分三年向MIGA支付上述款项。

公共保险与私人保险

在政治风险保险市场中，私人保险商正在扮演着日益重要的作用。尽管如此，公共部门的保险机构看来仍占据着不可或缺的地位，特别是在高风险国家的长期投资保险。纳税人可能感到奇怪，为什么他们缴纳的税收要去支持一家提供服务的机构，并且这些服务能够容易地由私人金融服务公司提供？基本的想法是政治风险保险协助对欠发达国家的外国直接投资，这样的投资不仅有利于发展中国家，也有利于提供投资的国家，前提是在政府支持的范围内。① 假定情况确实如此，那么为什么OPIC具有超出AIG的优势？相关的原因有两个。

第一，政府支持的或国际机构支持的政治风险保险项目，对于无赖国家具有一定的威慑作用。在拥有OPIC或MIGA保单的情况下，所在国家政府由于害怕美国或世界银行的惩罚，所以不太可能对投资进行干预。换言之，OPIC以及其他公共保险机构提供了一把保护伞，有助于防止所在国家做出长期承诺以及履行合约的能力受到市场失效的影响。如果没有这样的保单，所在国家将会更难以承担国内没收境内巨额外国投资的压力。从这个角度看，公共PRI的存在为外国投资项目提供了更大的可能。

第二，在出现索赔时，大部分公共保险机构均会尽力从发生政治风险事件的国家政府处收回资金。这样的索赔接下来便会变成这些发展中国家对于美国政府或其他发达国家的公共债务（对于OPIC而言）。相对于私人保险商，这些政府具有追讨索赔的更大力量。例如，它们可以扣押所在国家在其境内的资产，在贸易问题上对该政府施压，不鼓励进一步的私人直接投资，等等。值得注意的是，OPIC已自负盈亏地经营了三十年，累积的储备已超过40亿美元。很难想象私人保

① 用经济学的行话来说，外国直接投资能够产生正面的外部效应，公众能够从这样的投资中受益。也即除了那些参与投资的个人得到好处之外，投资还能产生其他好处（参见Theodore Moran，2003）。

险商能够复制公共部门保险机构的这种威慑力量，或它们的损害赔偿追讨率能够达到同等的水平。

我们现在再回到 Oconoc 在政治不稳定国家 Zuenvela 的石油项目，以阐述政治风险保险对于资本预算的影响。

例 14.7 Oconoc 的政治风险保险

除了政治风险外，Oconoc 的项目是一个价值非常高的项目，要求的投资只有 7 500 万美元，但产生的现值却高达 8 678 万美元。不过，在考虑了政治风险后，项目的净现值即变为负值。Oconoc 现在考虑从 OPIC 处获得政治风险保险。对于石油与天然气行业的公司，OPIC 提供优惠的费率。2004 年 8 月 15 日，其网站（www.opic.gov）上对于石油天然气开发及勘探公司的费率如下：

保险	费率范围
不可兑换	0.20～0.40 美元
征用	1.35～1.60 美元
政治暴力	0.65～0.85 美元
运营干预	0.35～0.55 美元

上述费率均为 100 美元保额的年度费率。实际费率根据特定国家的特定情形决定。因为 Zuenvela 的情形比较危险，我们假定其费率均为最高值。因此，四种类型的完全保险需要的成本为每 100 美元 3.40 美元。尽管 Oconoc 对于征用感到特别担心，但它可能更愿意得到全面的保险，因为不稳定的政治局势也可能导致暴乱及内部冲突，进而影响业务的运作。

让我们假定 Oconoc 投保了完全的保险（也就是所有四种保险）并通过谈判让 OPIC 对 5 000 万美元进行保险。该数额只占投资额的三分之二，而不是一般情况下的 90%，但这样做可以减少保险成本。考虑到以下情形，年度保费便是 0.034×5 000 万美元＝170 万美元。

图表 14.10 描述了新的现金流模式，我们可将其与图表 14.3 中的模型进行对比。在第一期，如果出现征用，Oconoc 可从 OPIC 处获得 5 000 万美元，所以不管是否发生政治风险事件，其预期现金流均相同。当然，一旦发生征用，Oconoc 便不能从第二期的经营中获得另一个 5 000 万美元的现金流。并且，Oconoc 必须支付 170 万美元的保费，所以其现金流减少为 4 830 万美元。不管征用是否发生，上述说法均成立。同样地，获得第二期现金流的概率仍为 0.88。因此，使用 10%的贴现率，现值的计算便是：

$$V=\frac{48.30}{1.1}+0.88\times\frac{48.30}{(1.1)^2}=79.036$$

项目的现值现在变成了 7 903.6 万美元。因此，项目的净现值为 403.6 万美元，所以 Oconoc 应该继续从事该项目。

Oconoc 将一个净现值为负数的项目通过保险转变为一个净现值为正数的项目，是否意味着保险公司一定会亏损？也就是，对于保险公司而言，保险索赔的预期价值是否一定为负数？如果对于不同国家的所有公司保单，情况真的是这样，并且我们使用的概率准确地反映了风险事件的真实概率，那么看起来 OPIC 需要花费大量的税金。但我们前面已了解到，实际情况并非如此。OPIC 实际上获得的利润相当不菲。其中的原因是，OPIC 在出现征用时，能够将其支付给 Oconoc 的钱变为美国政府对于 Zuenvela 政府的债务，前者能够通过政治压力追讨这笔款项。历史证明，OPIC 从违约国家追讨赔偿的记录相当引人注目。

图表 14.10　　政治风险保险与资本预算

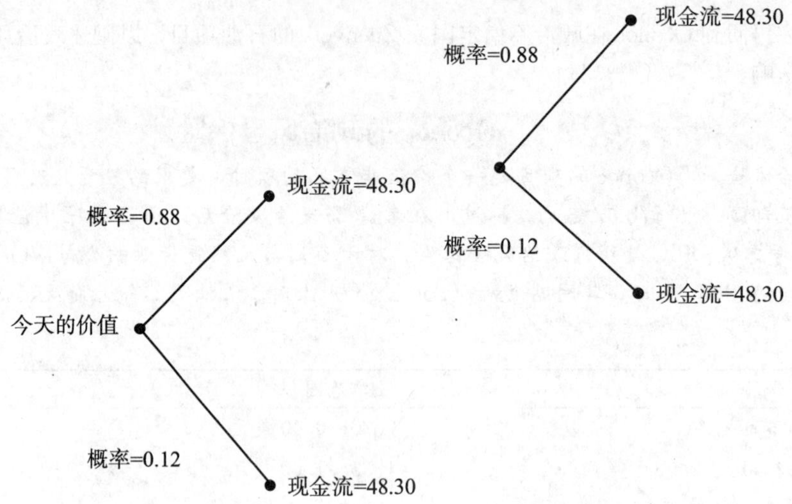

注：第 1 期与第 2 期的预期现金流均为 5 000 万美元。所在国家征用项目的可能性为 12%。不过，由于公司投保了政治风险保险，以每年 170 万美元的保费投保了 5 000 万美元，所以现金流为 50－1.70＝48.30。

项目融资

13 世纪末，一家位于意大利佛罗伦萨的主要商业银行，为英国王国所有位于英格兰德文的银矿开发提供资金。作为支付所有经营成本的交换，银行获得该矿所有产出的 1 年租借权。不过，如果开采出来的矿物不足以补偿银行支付的成本，银行也不能向王国提出追索。这便是**项目融资**（project finance）的一个早期实例。

项目融资有两个主要特点。第一，它针对的是特定的项目，特别是工业项目。第二，资金提供人收到的投资收益主要来自项目产生的现金流。也就是说，他们只对项目的现金流拥有追索权。

近年来，项目融资市场得到了长足的发展。特别是在电力、电信、基础设施以及石油与天然气项目中，项目融资非常流行。项目融资交易一般涉及的期限均较长，大部分都超过 10 年，超过 20 年的也有很多。

项目融资交易的著名案例包括 160 亿美元的英吉利海峡隧道（“海峡隧道”），该隧道连接了法国与英国以及花费了 44 亿美元的柏林勃兰登堡国际机场。尽管发达国家的交易仍占主导地位，但发展中国家的项目数量也在不断增加。不过，由于债券信用评级的“主权天花板”问题，在发展中国家通过发行债券进行项目融资有时仍存在一定的问题（参见第 14.3 节）。如果一个国家达不到投资等级，那么该国的项目融资债券也很难达到投资等级评级，而没有这样的评级，大部分机构投资者便不会对这些债券进行投资。

例 14.8　　Petrozuata

Petrozuata 是一个合资项目，合资方包括委内瑞拉政府拥有的石油公司的附属公司 Maraven、委内瑞拉石油公司（PDVSA）以及美国石油公司 Conoco。Petrozuata 于 1997 年成立，以对委内瑞拉中部的奥里诺科（Orinoco）石油带进行开发。这也是世界上已知的最大的重油及超重油聚集带。项目开始涉及24亿美元的投资。该项目是委内瑞拉石油公司增加委内瑞拉国内石油与天然气产量的长期计划的一部分，外国资金的参与是实现这一计划不可或缺的条件。

对于外国石油公司而言，对委内瑞拉进行投资的动机并不明显。1976年，委内瑞拉的石油公司是大量政治动乱的受害者。委内瑞拉政府对于国内的石油行业实行国有化，将很多跨国公司，如荷兰皇家壳牌、埃克森、美孚、Conoco以及海湾石油位于委内瑞拉的资产与委内瑞拉石油公司的资产相整合。根据有关估计，政府对外国石油公司的补偿仅占这些资产市场价值的约25%。在20世纪90年代早期，委内瑞拉的经济对其石油收入的依赖性继续增加，期间还出现了两次（失败的）军事政变。

因为项目规模巨大，对其融资进行规划是一项艰巨而持久的任务。最后，委内瑞拉石油公司项目的60%使用债务融资，40%使用股权融资。Petrozuata的规划团队还决定，项目融资应作为一个单独的、不可追索的项目。并且，交易还包括一个特别的被称为"现金瀑布"的特点。

现金瀑布的原理是：Petrozuata的客户在购买成品油及其副产品时，需将以美元计价的资金存入由总部位于美国的银行家信托公司开立的离岸账户。银行家信托公司然后根据支付等级分配现金，确保首先偿还项目债务，之后再将钱转移到委内瑞拉，用作对项目股权持有人的支付。这样的安排有望帮助降低政治风险，以获得较低的资金成本。通过在委内瑞拉境外保管美元现金流，委内瑞拉政府所实行的外汇管制便不能对债务的偿还产生影响。

团队考虑了银行贷款、公共债券以及《144A规则》债券（私募债券，我们已在第11章对其进行过讨论）作为可能的债务选择，以为交易提供资金。在三种方案中，《144A规则》债券能够以最快的速度筹得资金，因为它们能够在6个月内实现承销，并且不需要对美国证券交易委员会进行最初信息披露。不过，该方案存在的一个主要问题是，《144A规则》债券只能由机构投资者购买，而很多机构投资者只能购买投资等级的债务。

当时，委内瑞拉石油公司是一家经营状况良好的公司。不过，其信贷评级却与委内瑞拉相同，即标准普尔的B以及穆迪的Ba2。尽管项目的收入现金流得到了现金瀑布安排的保护，委内瑞拉政府仍能够征用Petrozuata的油田。因此，仍存在一些政治风险。最后，该交易于1997年6月达成。Petrozuata在《144A规则》市场中发行了具有三种期限的价值达10亿美元的债券。标准普尔对Petrozuata的评级是BBB—，穆迪的评级为Baa1，达夫与菲尔普斯的评级为BBB+（投资等级）。项目之所以能够超出所在国家的主权评级，主要归功于特殊的项目融资结构。

交易的融资被认为相当成功，项目本身的进展似乎也很顺利。不过，委内瑞拉的政治前途仍不平坦。前政变领导人乌戈·查韦斯现在是委内瑞拉的总统，他使得跨国公司很难对委内瑞拉进行投资。查韦斯首先干涉委内瑞拉石油公司的内部事务，于2003年开除了一半的工作人员，包括所有深受尊敬的高级管理人员。实际上，这样的动作将委内瑞拉石油公司置于总统的控制之下。

接着，2007年5月1日，总统查韦斯宣布委内瑞拉接管所有在奥里诺科石油带上从事石油生产的项目。他在一次讲话中宣布，"今天标志着一个时代的结束，我们国家的自然资源不会落在任何人的手里，委内瑞拉人民才是这些资源的主人。"① 国际石油公司仍被允许持有少数股份，但到2007年6月，有关补偿石油公司因为价值损失的谈判仍处于停滞不前的状态。查韦斯宣布："如果它们不想[接受条件]，我就告诉部长，它们想走就走，它们该走了，我们实际上并不需要它们。"② 这些行动对于持有Petrozuata债券的国际投资者的收益有什么影响，还有待进一步观察。

① "Chavez Takes Over Foreign-Controlled Oil Projects in Venezuela," Simon Romero, *New York Times* online edition, May 2, 2007.

② "U. S. Oil Giants' Exit Boosts Chavez Only Short-Term," Reuters News, June 28, 2007.

中美能源控股的案例

20世纪90年代中期，中美能源控股公司的两家印度尼西亚附属公司与印度尼西亚完全国有的电力公司PLN、完全国有的自然资源公司Pertamina以及印度尼西亚政府达成一项合约。根据合约条款，两家附属公司将在未来42年的时间内，开发并运营由Pertamina拥有的一处独立的地热田。合约中还包括一个能源销售合约，规定PLN将购买由地热田产生的电力，同时合约还规定在不购买任何电力的情况下，需要支付的“未使用容量”费用。开发按阶段进行。苏哈托将军已统治印度尼西亚达30年之久，因此印度尼西亚的政治风险评级并不高。中美能源控股公司同时在OPIC及劳合社投保了政治风险保险。

1997年9月，印度尼西亚政府发布了一项总统令，在实质上停止了电站项目的进一步开发，尽管其中一个项目已接近完工。1998年，PLN未能根据合约支付到期的第一笔款项，并且，印度尼西亚政府公开表示，它认为电站项目没有必要。由于与印度尼西亚政府的交涉未能达成任何结果，中美能源控股公司根据合约规定提起了仲裁程序。1999年10月，仲裁庭确定印度尼西亚政府违约，并违反了其签署的国际法律，应承担两家附属公司总额达5.77亿美元的损害赔偿金。政府在辩护中声称，合约的订立是腐败的结果。有趣的是，印度尼西亚政府指责所有涉及电站项目的国际公司的理由均是“KKN”（腐败、任人唯亲、裙带关系），并竭力取消该交易。

同时，中美能源控股公司提出了保险理赔，到1999年11月，OPIC及劳合社共支付了2.9亿美元，其中OPIC承担了其中的2.175亿美元。作为一项正常程序，支付OPIC赔偿成为所在国政府的责任，使对于中美能源控股公司的索赔支付成为印度尼西亚政府对于美国政府的债务。从那时开始，美国政府便对印度尼西亚政府施加压力，要求其支付该笔款项。苏哈托的继任者继续宣称中美能源控股公司达成的是一项腐败交易，其中涉及苏哈托的家族成员。但是，外国投资减少的前景以及与美国的紧张关系最终使印度尼西亚政府做出让步。到2001年中期，印度尼西亚政府同意向OPIC支付大部分甚至全部初始索赔金额。

小　结

本章讨论了跨国公司度量并管理政治风险与国家风险的方法。其要点如下：

1. 国家风险指的是一国经济与政治环境对于跨国公司现金流的潜在不利影响。政治风险是国家风险中的一个特例，表示对于公司现金流具有负面影响的政府或政治行为。国家风险与政治风险也与一国政府偿还外债的能力及意愿具有密切的联系。

2. 政治风险因素包括征用风险、合约违约风险、货币管制（阻止将当地货币兑换为外币）风险以及法律风险（阻止跨国公司将盈利转移出所在国家）。腐败、内乱以及战争也属于政治风险因素。

3. 1982年上半年的债务危机使得国家风险分析变得普遍起来。很多发展中国家均从发达国家的商业银行借入巨额债务。当美元利率及价值上升时，很多借债国便开始拒付债务。墨西哥是1982年第一个提出债务重组的国家，随后众多国家开始效仿墨西哥的做法。

4. 事态很快变得明朗起来，很多深受债务积压之害的国家浮出水面：它们不能吸引新的投资，因为投资者害怕大部分收益都将归债权人所有。

5. 很多国家通过使用债务—股权互换及债务回购等方法，尽力减轻自身的债务负担。但有些人担心，这样的方法只是为债权人提供了一个获得意外好处的机会。

6. 1989年的布雷迪计划通过提供一定形式的债务减免——以布雷迪债券的形式对债务进行证

券化，同时鼓励进行经济改革，最终解决了债务危机问题。

7. 为了在资本预算中考虑政治风险，我们必须预测这些风险对于预期现金流的作用。不过，我们不需要因为政治风险而对贴现率进行调整，因为大部分全球公司均在一个开放而整合的市场内运作。从这一点看，政治风险是可以分散的风险，不需要对贴现率进行调整——只需对现金流进行调整。

8. 通过调整一家公司的贴现率，而不是其现金流，很难得到与现金流分析同样的结果。

9. 像欧洲货币、机构投资者、经济学人情报组以及政治风险服务集团等组织可以提供世界大部分国家的国家风险评级。

10. 在对国家风险与政治风险进行评估时，需要同时使用来自专家的定量信息与定性信息。

11. ICRG 系统包括很多子分量，所以能够根据跨国公司面临的特定情形，定制风险度量的方法。

12. 虽然国家风险评级能够提供非常有用的信息，但很难将其转化为政治风险概率。国家风险息差能够更容易地转化为政治风险概率，但很多国家无法获得这样的数据。并且，还需要注意担保现金流及期限效应。

13. 很多政治风险分析中均忽略的事实是，货币危机及政治风险事件经常一起发生。

14. 在资本预算中，跨国公司不仅应考虑政治风险；它们还应该采取其他行动，以最小化受到政治风险事件影响的机会。这样的行动包括依赖于独特的原料或技术、业务经营中使用当地的贷款人及员工、与地方及国家政府保持良好的工作关系。

15. 跨国公司可从私人或公共保险机构获得政治风险保险。

16. 公共保险机构，如美国的 OPIC 以及世界银行的 MIGA，在政治保险市场中扮演着重要的作用。有些人相信，它们还具有特别的作用，因为它们的存在对于不负责任的政府行为是一种威慑。另外，发达大国的公共保险机构还可以通过施加政治压力，要求外国政府支付针对它们的索赔。

17. 保险一般涉及货币不可兑换、征用、战争以及政治暴力。一般情况下，不太可能获得一项投资所有预期现金流的保险。

18. 项目融资是融资方法的一种，其针对特定的项目，一般具有工业性质，对于资金提供者的偿还主要以项目产生的现金流实现。

简答题

1. 说明国家风险与政治风险的不同之处。什么是主权风险？

2. 对于特定国家的国家风险，哪些经济变量具有一定的指导意义？

3. 假定一家跨国公司正在考虑在玻利维亚进行投资。对于玻利维亚国家风险的整体评估是否能够为理解投资中的政治风险提供充分的信息？

4. 政治风险因素有哪三个？

5. 债务危机开始的时间、地点以及原因是什么？

6. 什么是债务积压？

7. 什么是债务回购？为什么债务回购计划不能从根本上解决债务危机？

8. 布雷迪计划的主要特点是什么？

9. 为什么不应针对政治风险对贴现率进行调整？

10. 哪些组织提供国家风险评级？请举一些例子。

11. 我们如何使用当前的定量信息预测未来的政治事件，如征用？

12. 假定一家跨国公司特别担心其考虑投资的几个国家的种族战争。国家风险评级能否提供有关这一特定风险的信息？

13. 巴西能否像美国政府那样，以同样的条件（即同样的收益）发行以美元计价的债券？请说明理由。

14. 对于外国人持有的贷款或债券，有哪些力量能够阻止政府的违约行为？

15. 什么是布雷迪债券？

16. 一般情况下，布雷迪债券的“剥离”收益率是高于还是低于常规的收益率？请解释。

17. 政治风险概率与国家息差有什么关系？

18. 什么是 Cetes？什么是 Tesobonos？

19. 政治风险保险涉及的三个主要的政治风

险是什么？

20. 提供政治风险保险的组织或公司有哪些？

21. 为什么能够在资本预算分析中包括政治风险保险？

22. 什么是项目融资？

应用题

1. 1994 年 2 月，阿根廷货币局制度仍在实行，1 比索兑换 1 美元。相关的利率数据如下：

美国 90 天伦敦银行同业拆借利率：3.25%

比索 90 天存款利率：8.99%

阿根廷的美元利率，90 天存款：7.10%

最后两个利率由阿根廷银行提供。7.10%的美元利率以及 3.25%的伦敦银行同业拆借利率之间的差值反映了什么风险？阿根廷银行的 90 天比索存款利率以及 90 天美元存款利率之间的差值又反映了什么风险？

2. 考虑上述问题中的数字。假定比索贬值，投资者确定其会贬值 25%。同样，假定阿根廷银行在美元债务上出现违约，投资者将什么也得不到。计算比索贬值的概率以及出现违约的概率。

3. 考虑由巴西发行的一只 10 年期布雷迪债券。息票支付率为 6.50%，面值由美国国库券担保。债券的当前价格为 98 美元（每 100 美元面值）。计算债券的（混合）到期收益率。剥离收益率为多少？假定美元的即期利率与图表 14.8 中报告的利率相同。

4. 1995 年 1 月，墨西哥的比索危机正处于高峰时期，以美元为计价货币的新兴市场债券的违约概率非常高。假定在出现违约时每美元债券能够获得 15 美分的支付，一家英国投资银行计算得出的委内瑞拉债券的违约概率为 61%。考虑一只离到期还有 5 年的债券，息票支付率为 12%。面值的 80%由美国国库券提供担保。假定所有期限的美国利率均为 5%。面值为 100 美元的债券价格为多少？

5. Badwella United Company（BUC）担心其位于萨尔瓦多的香蕉种植园会在未来 2 年被征用。不过，BUC 通过与萨尔瓦多中央银行达成的一项协议，确定在香蕉园被征用后，它能够得到 1 亿美元的补偿。如果未发生征用，2 年后种植园的价值为 4 亿美元。一位萨尔瓦多的富商提出以 1.6 亿美元的价格收购该种植园。如果没有征用的威胁，BUC 需使用 23%的贴现率来贴现其洪都拉斯项目产生的现金流。确定 BUC 现在是否应该以 1.6 亿美元的价格出售种植园。（提示：列出一个图表。）

6. 假设你是一家美国跨国公司 Clad Metal 的首席财务官。公司的运营项目遍布在全球各地。资本预算部已向你提交了一个在墨西哥进行为期 5 年的矿山开采项目的提议。预期的年末净美元现金流如下：

年份	净现金流（美元）
1	100 000
2	200 000
3	250 000
4	250 000
5	250 000

工厂及设备要求的初始投资为 50 万美元，资本成本为 16%。

a. 项目的现值为多少？是否应该开始该项目？

b. 你注意到，提议中没有涉及任何对于政治风险的分析，但你担心的是对于投资的征用可能。因此，你决定召开一次会议，对政治风险进行讨论。你将请哪些人出席会议？你需要哪些信息或数据？你如何才能得到一个政治风险概率的估计值？

c. 假定在召开会议后，你确定征用的概率为 5%～7%。同时假定被征用后公司得不到任何补偿。你是否会批准该项目？

d. 考虑到征用的可能性，你是否希望重新考虑以远期汇率转化墨西哥比索预期现金流的决定？

参考文献

Ahearne, Alan G., William L. Griever, and Francis E. Warnock, 2004, "Information Costs and Home Bias: An Analysis of US Holdings of Foreign Equities," *Journal of International Economics* 62, pp. 313-336.

Bekaert, Geert, Claude Erb, Campbell R. Harvey, and Tadas Viskanta, 1998, "What Matters for Emerging Equity Market Investments?" *Emerging Markets Quarterly*, pp. 17 - 46.

Bekaert, Geert, Campbell R. Harvey, and Christian Lundblad, 2005, "Does Financial Liberalization Spur Growth?" *Journal of Financial Economics* 77, pp. 3 - 55.

Bray, John, 2004, "MIGA's Experience in Conflict-Affected Countries. The Case of Bosnia and Herzegovina," *Social-Development Papers*, No. 13, Washington, DC: The World Bank.

Bulow, Jeremy, and Kenneth Rogoff, 1991, "Sovereign Debt Repurchases: No Cure for Overhang," *Quarterly Journal of Economics* 106, pp. 1219 - 1235.

Bulow, Jeremy, and Kenneth Rogoff, 1988, "The Buyback Boondoggle," *Brookings Papers on Economic Activity* 2, pp. 675 - 698.

Carrieri, Francesca, Vihang R. Errunza, and Sergei Sarkissian, 2004, "Industry Risk and Market Integration," *Management Science* 50, pp. 207 - 221.

Chari, Anusha, and Peter B. Henry, 2004, "Risk Sharing and Asset Prices: Evidence from a Natural Experiment," *Journal of Finance* 59, pp. 1295 - 1324.

Copeland, Tom, Tim Koller, and Jack Murrin, 2000, *Valuation*, New York: Wiley.

Damodaran, Aswath, 2003, "Country Risk and Company Exposure: Theory and Practice," *Journal of Applied Finance* 13, 63 - 76.

DePalma, Anthony, 2000, "Mexico Is Ordered to Pay a U. S. Company $16. 7 Million," *New York Times*, *August* 31, p. C4.

Djankov, Simeon, Rafael La Porta, Florencio Lopez-de-Silanes, and Andrei Shleifer, 2003, "Courts," *The Quarterly Journal of Economics* 118, 453 - 517.

Domowitz, Ian, Jack Glen, and Anath Madhavan, 1998, "Country and Currency Risk Premia in an Emerging Market," *The Journal of Financial and Quantitative Analysis* 33, 189 - 216.

Durbin, Erik, and David Ng, 2005, "The Sovereign Ceiling and Emerging Market Corporate Bond Spreads," *Journal of International Money and Finance* 24, pp. 631 - 649.

Erb, Claude, Campbell R. Harvey, and Tadas Viskanta, 1995, "Country Risk and Global Equity Selection," *Journal of Portfolio Management* 21, 74 - 83.

Erb, Claude, Campbell R. Harvey, and Tadas Viskanta, 1996, "Expected Returns and Volatility in 135 Countries," *Journal of Portfolio Management*, 46 - 58.

Esty, Ben C. , 1999, "Petrozuata: A Case Study on the Effectual Use of Project Finance," *Journal of Applied Corporate Finance* 12, 26 - 42.

Ferreira, Miguel A, and Paulo M. Gama, 2005, "Have World, Country, and Industry Risks Changed over Time? An Investigation of the Volatility of Developed Stock Markets," *Journal of Financial and Quantitative Analysis* 40, pp. 195 - 222.

Froot, Kenneth. 1995, "Futures on the Mexican Peso," Harvard Business School Case N9 -296 -004.

Godfrey, Stephen, and Ramon Espinosa, 1996, "A Practical Approach to Calculating Costs of Equity for Investments in Emerging Markets," *Journal of Applied Corporate Finance*, 9.

Howell, Llewellyn D. , ed. , 2001, *The Handbook of Country and Political Risk Analysis*, 3rd ed. , PRS Group.

Krugman, Paul, and Maurice Obstfeld, 2003, *International Economics*, 6th ed. , New York: Addison-Wesley.

Lapper, Richard, 1995, "Conversion Deals are Back in Fashion-Debt-Equity Programmes," *Financial Times*, February 6, p. 26.

Lessard, Donald R., 1996, "Incorporating Country Risk in the Valuation of Offshore Projects," *Journal of Applied Corporate Finance*, pp. 52 - 63.

Mariscal, Jorge O., and Rafaelina M. Lee, 1993, *The Valuation of Mexican Stocks: An Extension of the Capital Asset Pricing Model to Emerging Markets*, New York: Goldman Sachs Investment Research.

Mishkin, Frederic S., 1997, *Understanding Financial Crises; A Developing Country Perspective*, Washington, DC: The International Bank for Reconstruction and Development, The World Bank.

Moran, Theodore H., 1998, *Managing International Political Risk*. Malden, MA: Blackwell Publishers.

Moran, Theodore H., 2003, "On the Reauthorization of OPIC," Testimony to the Committee on International Relations. U. S. House of Representatives.

Patro, Dilip K., and John K. Wald, 2005, "Firm Characteristics and the Impact of Emerging Market Liberalizations," *Journal of Banking & Finance* 29, pp. 1671 - 1695.

PRS Group, *International Country Risk Guide*, East Syracuse, New York: The PRS Group, Inc.

Romero, Simon, "Chavez Takes Over Foreign-Controlled Oil Projects in Venezuela," Simon Romero, *New York Times* online edition, May 2, 2007.

Reuters News, "U. S. Oil Giants' Exit Boosts Chavez Only Short-Term," June 28, 2007.

Rowland, Patrick F., and Linda L. Tesar, 2004, "Multinationals and the Gains from International Diversification," *Review of Economic Dynamics* 7, pp. 789 - 826.

Schuman, Michael, 2001, "Indonesia to Pay Reduced Claim to U. S. in Long-Disputed Overseas Insurance Case," *Wall Street Journal*, May 11.

Scoffield, Heather, 1999, "Mexico Fights Metalclad in Cross-Border Conflict," *The Globe and Mail*, December 21, p. B15.

Scoffield, Heather, 2000, "NAFTA Ruling Raises Environmental Questions; Mexico Ordered to Pay California-based Metalclad $16.7-million After Municipality Blocks Plans for a Hazardous Waste Dump," *The Globe and Mail*, September 1, p. B5.

Shapiro, Alan C., 2002, *Multinational Financial Management*, 7th ed., Upper Saddle River, NJ: Prentice Hall.

Ul Hague, Nadeem, Donald J. Mathieson, Nelson C. Mark, Manmohan Kumar, and Peter Hole, 2002, "The Economic Content of Indicators of Developing Country Creditworthiness," International Monetary Fund working paper.

Unal, Haluk, Asli Demirgüc-Kunt, and Kwok-wai Leung, 1993, "The Brady Plan, 1989 Mexican Debt-Reduction Agreement and Bank Stock Returns in United States and Japan," *Journal of Money, Credit, and Banking* 25, pp. 410 - 429.

United States Department of State, 2006, "Nambia; OPIC Approves $25 Million to Finance Diamond Production," July 14, 2006, *Africa News*, p. 1.

West, Gerald T., and Keith Martin, 2001, "Political Risk Investment Insurance: The Renaissance Revisited," in Theodore H. Moran, ed. *International Political Risk Management: Exploring New Frontiers*, Washington, DC: The World Bank, pp. 207 - 230.

Zenner, Marc, 2002, "A Practical Approach to the International Valuation and Capital Allocation Puzzle," Salomon Smith Barney research report.

第4部分

国际公司理财

第 15 章

国际资本预算

资本预算是指企业决定如何对若干投资项目分配资金的过程。不论这些决策涉及卡特彼勒公司更新其平土机生产设备还是辉瑞制药有限公司购买外国制药设备，经理们都必须决定当前的资本支出是否能够使他们的企业在未来获得足够的利润以弥补当前的费用。

本章将要仔细研究一套使企业能够做出投资决策和对国际项目进行估价的方法。在考虑外国子公司所负责的项目价值的时候，我们按照以下步骤进行：首先，贴现子公司的现金流；其次，做出必要调整，以决定从母公司的角度来看，该项目是否合算。这个方法就叫做**调整净现值法**（adjusted net present value，ANPV）。本章的前半部分将介绍为何调整净现值法是对国际项目估价的正确方法。本章的后半部分将给出一个有关国际木制品公司（International Wood Products，Inc.）采用调整净现值法的案例。国际木制品公司对欧洲的出口显著增加，因此该公司正在考虑是否在西班牙设立子公司以直接向其欧洲客户提供产品。

15.1 调整净现值法概述

这一节将概述运用调整净现值法进行资本预算。这并不是进行资本预算的唯一方法。第 16 章将比较其他方法，如加权平均资本成本（weighted average cost of capital，WACC）法和现金流权益（flow-to-equity，FTE）法。虽然每种方法都可以对相同的资本预算问题做出正确回答，但是在不同的情况下一些方法运用起来比另一些方法更简单。我们的观点是，调整净现值法在国际项目的运用上最为适宜。

资本预算的基本原理是，所有调整净现值为正的项目都应被企业采纳。对于相互排斥的项目，应当接受调整净现值最高的项目。现代财务理论将项目调整净现值发展为以下三个步骤。

第一步：贴现全权益公司的现金流

推导项目调整净现值的第一步是在该项目全部由权益融资的假设下，计算项目现金流的净现值（net present value，NPV）。任何与项目融资有关的利得和损失将在以后估价。因此，在第一步，我们不考虑为项目融资发生的债务金额。项目建立并开展之后，对公司最终资本结构或债务对产权比率的影响也将在以后考虑。这时，我们站在公司股东的立场上，只关心流入公司的现金价值是否大于流出公司的现金价值。

项目的全权益净现值等于预期未来收入贴现总额减去当前成本与预期未来成本贴现的总额。收入和成本的计算都必须以增量、税后和现金流作为基础。显然，所有的现金流都应以相同的货币计量，并且应当选取对货币面额的现金流适宜的贴现率。[①]全权益项目的净现值贴现率应该反映预测所得的货币的时间价值和任何公司权益持有人要求的风险溢价。正如我们在第13章中讨论过的，当项目收益与一个多样化的国际投资组合的收益协同变动时，就会发生风险溢价，在这种情况下，项目现金流包含不可分散风险。

例 15.1 Vincenzo Uno 项目

假设一家意大利公司 Vincenzo Uno 的一个项目有如下现金流特征：

每年现金流入	€ 1 000 000
每年现金成本	—€ 600 000
税前利润	€ 400 000
企业所得税（税率 34%）	—€ 136 000
税后利润	€ 264 000

如果此项目的贴现率是 20%，那么这些永续预期利润的现值如下[②]：

$$\frac{264\ 000}{1.20}+\frac{264\ 000}{(1.20)^2}+\frac{264\ 000}{(1.20)^3}+\frac{264\ 000}{(1.20)^4}+\cdots=\frac{264\ 000}{0.20}=€\ 1\ 320\ 000$$

假设产生这一现金流所要求的初始投资为 1 350 000 欧元，那么 Vincenzo Uno 项目的净现值就是负的：

$$€\ 1\ 320\ 000-€\ 1\ 350\ 000=-€\ 30\ 000$$

因为此项目对该全权益公司的净现值是负的，所以此项目不会被接受，除非存在未被考虑在内的额外收益。本章后面的例子将研究这些额外收益的内容。

第二步：加上财务副作用的价值

调整净现值分析的第二步为加上由接受项目产生的**财务副作用的净现值**（net present value of financial side effects，NPVF）。总体看来，这些作用产生于下列情况：

- 发行债券的成本。
- 税款或者与所用融资工具种类相联系的税盾（包括债务利息的税盾）的价值。

---

① 第13章研究了项目贴现率的选择。在此我们使用给定的贴现率。第16章将研究与计价货币预测有关的问题。

② 永续年金公式将在本章附录中进行讨论。

- 财务危机的成本。
- 政府融资补助。

这些财务副作用将在本章后面的部分详细讨论。

第三步：加上成长期权的价值

调整净现值分析的第三步为加上由开展项目产生的任何**成长期权**（growth options，GO）的现值。成长期权的经典例子是制作电影续集的能力。在评估潜在系列电影首部的盈利能力之后，电影制片厂的经理决定是否值得拍续集。第一部电影的部分收益来自只有在首部成功的时候才拍摄续集的选择权。这样的投资期权很有价值并且应该在决定是否拍摄第一部电影时考虑进去。

虽然成长期权能够在调整净现值分析的第一步中被视作全权益现金流的一部分，我们基于以下两个原因将成长期权分离出来。第一，成长期权的价值通常很难量化；第二，成长期权总是正的，因此会增加项目价值。如果项目的调整净现值为正，加上与成长期权相关的价值与不加相比，会得到更大的调整净现值。

总之，一个项目的调整净现值（ANPV）等于全部权益假设下现金流的净现值（NPV），加上财务副作用的净现值（NPVF），再加上该项目提供的任何成长期权（GO）的现值：

$$\text{调整净现值}=\text{净现值}+\text{财务副作用的净现值}+\text{成长期权} \tag{15.1}$$

下面我们将更加详细地研究现金流。

15.2 推导自由现金流的净现值

调整净现值分析的第一步要求我们决定项目预期未来**自由现金流**（free cash flows，FCF）的贴现值。①时间 t 的自由现金流 $FCF(t)$，是可以分配给为公司提供了资本的人的利润。企业用自由现金流为本公司不同类别的投资者提供投资回报。

一个项目的自由现金流被定义为税后的来自项目的增量营业利润加上任何非现金会计费用，如**折旧**（depreciation），减去公司为开展此项目而做的投资。这些投资可以分为两种类型：公司资本性支出的增加和公司净营运资本的增加。**资本性支出**（capital expenditures）与公司的财产、厂房和设备有关。公司的**净营运资本**（net working capital）是公司手头必须拥有以开展经营的存货和现金的金额。我们马上就会更详细地讨论这两种投资。

公司经理负责决定怎样使用公司的自由现金流。如果公司是全权益融资型公司，那么自由现金流可用于以下三方面：支付股东红利、购回股票或留存在公司。如果经理选择把自由现金流留在公司，他们可能计划将当前自由现金流的未来价值作为**清算股利**（liquidating dividend）来支付。清算股利是在公司终止经营时公司的所有者收到的最终现金的价值。或者经理们可以用积累的自由现金流对未来项目提供资金。

只要公司留存的自由现金流赚取了适宜的回报率，公司就无须将自由现金流支付给股东。但

① 这部分只提供关于会计概念与自由现金流的决定之间关系的有限概述。有关企业财务报表的调整与企业自由现金流的决定因素，可参见 Tom Copeland，Tim Koller 和 Jack Murrin (2000)。

是如果公司的管理层选择不支付自由现金流，就会产生过量现金，这种情况被称为**财务松懈**（financial slack）。财务松懈的问题在于它会使得管理松懈或提高代理成本。经理与股东利益不一致时就会发生**代理成本**（agency costs）。财务松懈情况相当严重时，经理们可能试图花掉多余的钱以为自己谋取额外好处，如更大的办公室或公司专机。财务松懈还会使经理们不再致力于寻找使公司运营更加节约成本的方法。如果公司曾举债，那么自由现金流可以用来支付债务的利息和本金。①尽管如此，请记住：调整净现值分析的第一步不考虑债务及与之相关的利息支付。（正如我们曾讨论过的，债务融资的副作用将在本章后面进行介绍。）

增量利润

在我们详细讨论自由现金流的组成之前，提醒读者自由现金流代表的一定是项目的**增量利润**（incremental profits）。我们在进行投资时，关心的是有多少新的现金会流入企业。关注增量现金流非常重要，因为改变国际企业的经营模式会损害一些已经存在的业务。例如，德国汽车制造商宝马公司在决定是否在美国南卡罗来纳州的格林威尔斯波坦堡（Greenville-Spartanburg）地区兴建制造设施时所做的分析。这项投资只有在美国生产销售汽车的预期利润贴现值大于建厂成本以及可能损失的出口美国的销售利润之和的情况下才是值得的。如果宝马公司成功地将原来准备出口到美国的汽车卖给其他国家，那么美国新建制造厂的所有产量将被视为增量。在这种情况下，该美国制造厂的预期盈利能力的贴现值就是影响决策的唯一因素。

因为预测公司的自由现金流并将其贴现常常是困难的，所以我们将认真考虑每一个步骤。我们认为所有现金流都是公司最初成立所在国家的名义货币。因此，外币现金流必须转化为本币现金流。这样又牵扯到预测汇率。预测自由现金流的步骤总结于图表 15.1 中。

图表 15.1　　推导自由现金流

第一步	收入减成本
	收入－成本＝息税前利润
第二步	息税前利润减税费
	息税前利润－税费＝扣除调整后税费的净经营利润
第三步	加上非现金成本
	扣除调整后税费的净经营利润＋会计折旧＝总现金流
第四步	减去增加未来盈利能力的投资
	总现金流－净营运资本的变化量－资本性支出＝自由现金流

收　入

对未来收入的预测依赖于企业的经济环境。例如，一家公司的产品需求取决于其定价和广告策略、其行业竞争性质以及销往国家的宏观经济因素。未来汇率将影响公司未来收入的价值。本国货币贬值将有助于出口商。

① 有关运用债务进行合并与收购的讨论，请参见 Michael Jensen (1986)。詹森认为债务通过刺激管理层找到更有效的生成营业现金流的做法以偿还债务来约束管理层。

成　本

经营项目的成本包括原材料成本和人工成本。这些成本按照销货成本计量。管理费用、广告费和项目的其他固定成本也必须扣除。它们将在销售和管理费用中计量。最后必须扣除的是按折旧费计量的会计成本。所有这些成本都在计算利润时从收入中扣除。

如果一家公司进口原材料或半成品及部件，那么它的成本取决于汇率。本币贬值将提高进口成本。预测未来成本要求掌握工资和投入物资的价格将如何在公司制造生产的经济环境中演变，要求掌握在全球行销产品的成本，还要求掌握提高生产力的投资将如何影响未来成本。

息税前利润

如果一家公司没有债务，那么它的税前营业利润就是其**息税前利润**（earnings before interest and taxes，EBIT）：

息税前利润＝收入－销货成本－销售和管理费用－会计折旧

请记住重要的一点：利息费用并不从息税前利润中扣除，因为我们是按照公司资本结构中不含债务的假设来评估项目或者整个公司的价值。因为利息费用在大多数国家的会计制度中作为成本处理，因而我们必须谨慎地从公司财务报表中得出息税前利润。例如，在美国，利润表中的收益总额不含利息，所以需加上利息才能得出息税前利润。

扣除调整后税费的净经营利润

计算出息税前利润后，我们需减去息税前利润实际应纳税费，才可得出经营利润的税后价值。扣除调整后税费的净经营利润（net operating profit less adjusted taxes，NOPLAT）等于息税前利润减去其应纳税费：

扣除调整后税费的净经营利润＝息税前利润－息税前利润应纳税费

在实际操作中，根据利润表计算息税前利润应纳税费时需加上公司利息费用应纳税费，减去公司利息收入应纳税费，再减去营业外收益应纳税费。（债务利息税盾的价值将在第 15.3 节中讨论。）

总现金流

得出扣除调整后税费的净经营利润后，不需几步我们就能得出自由现金流了。接下来就要调整折旧。因为折旧是会计费用而非实际现金流，我们必须加上折旧以得到**总现金流**（gross cash flows）：

总现金流＝扣除调整后税费的净经营利润＋会计折旧

自由现金流

接下来要从总现金流中减去两种企业为获取未来利润而进行的投资。第一种是资本性支出。

资本性支出是公司出于项目需要而购买的额外财产、厂房或设备。

资本性支出在项目初始阶段一般都很多。最终，预计未来的资本性支出只是那些维护厂房和设备所必需的支出。我们把这种厂房和设备的损耗称为经济折旧。在许多估价演示中，资本性支出等于折旧。在这点上，大家要小心了，因为与公司账面价值有关的会计折旧和未来资本性支出所代表的实际经济折旧也许会有很大差别。例如，更换厂房与设备时，如果存在通货膨胀，则资本性支出的名义价值将超过公司折旧的账面价值，这是因为更换厂房与设备的未来成本大于初始成本。

要得到自由现金流，需从扣除调整后税费的净经营利润中减去的第二种投资是净营运资本的变化。[①]如果项目预期会增加净营运资本，则这些投资需从项目的预期净经营利润中扣除。

我们现在已经完成了由扣除调整后税费的净经营利润到自由现金流的所有必要调整：

自由现金流＝总现金流－资本性支出－净营运资本的变化

自由现金流的贴现

通常，一个项目的预期未来自由现金流贴现后的价值总额是该项目价值的主要来源。因此，在我们预测出充满不确定的未来自由现金流后，就要将其贴现，以得出项目的净现值。定义恰当反映了未来现金流的风险的贴现率 r。如果项目的初始资本性支出包括在开始年份的自由现金流中，净现值就是：

$$NPV(t)=\sum_{k=0}^{\infty}\frac{E_t[FCF(t+k)]}{(1+r)^k} \tag{15.2}$$

虽然式（15.2）中的贴现率被认为是不变的，但总体而言，未来每期的贴现率不一定相同。未来每期的贴现率都可以是不同的。这样，我们可以定义预期时点 $t+k$ 的现金流贴现到时点 t 的贴现率为 $r(t, k)$。不同的贴现率可以反映未来不同期间里货币时间价值的区别。对式（15.2）做出的这个调整的重要性将在第 16 章联合机械工具公司（Consolidated Machine Tool Company）资本运算的案例中展示给大家。

计算项目的未来价值

式（15.2）贴现的预期现金流总额被用于不确定的未来，这是因为我们认为企业产权会永存下去。因为我们不能将无限多的未来价值输入到空白表格中，在实践中处理永续总额有很多方法。一种简单的方法是预测足够远后，比如 75 年，将此后的预测舍去。那一时刻之后的未来现金流的重要性几乎为零。下面解释原因：例如，假设贴现率是 15%；75 年后价值 1 美元的现金流的现值为：

$$\frac{1}{(1+0.15)^{75}}=0.000\,028$$

75 年后得到 1 美元跟现在拥有一百万分之二十八美元一样。当然，明确预测 75 年后的情况需要很多条件。而且，通常我们预测未来的能力有限。在明确预测未来几年的情况后，我们不得不认为项目预期产生的现金流将稳定下来，要么稳定于一个恒定的值，要么以一个稳定的增长率

① 第 19 章将讨论净营运资本的管理，在那里我们将更正式地探讨增加净营运资本是公司为获取未来利润而进行的投资。

增长。增长率可能是预期通货膨胀率。这使得我们能够运用永续年金公式来预测未来价值。在可明确预测期限之后，我们可以计算代表超出可明确预测期限的预期未来自由现金流的贴现后的未来价值。

假设我们只清楚地预测未来 10 年。把 $t+10$ 时刻的自由现金流表示为 $E_t[FCF(t+10)]$。如果我们假设该公司的投资可以使其自由现金流在不确定的未来按照稳定的增长率增长，就可以用永续年金公式计算 10 年后的**终值**（terminal value）。假设未来现金流的增长率是 g，再令这一永续现金流的贴现率为 r。①第 11 年的初始值比第 10 年预期自由现金流大（$1+g$）倍。由增长现金流的永续年金公式可得：

$$10\text{ 年后的终值}=\frac{E_t[FCF(t+10)](1+g)}{r-g}$$

计算出第 10 年的终值后，可乘以相应的贴现因子 $\frac{1}{(1+r)^{10}}$，将此价值贴现到第 0 年：

$$\text{第 0 年的终值}=\frac{\text{第 10 年的终值}}{(1+r)^{10}}$$

增长率 g 主要反映货币的预期通货膨胀率，因为最终项目将达到实际生产能力，新的投资将会做出。如果预测实际增长，则一定是假设了公司随世界经济增长而保持其市场份额和盈利能力。那么，如果预测的实际增长率为 2%，预测的通货膨胀率为 4%，则自由现金流将以 6.08% 的速度增长，因为

$$(1+2\%)\times(1+4\%)=1+6.08\%$$

但是我们必须当心支持这一假设的资本性支出。如果没有计划增加新的资本性支出，而且资本性支出正好抵消折旧，则厂房与设备就不能无限增长下去。如果没有计划增加新的资本性支出，则限定假设增长率为通货膨胀率。

决定终值的另一种方法要求掌握公司的投资收益预期对竞争水平相对稳定的时间。这一方法将在第 16 章中讨论。

15.3 财务副作用

项目自由现金流的净现值通常不是项目价值的唯一来源。项目融资过程中常会发生增加或减少项目价值的显著副作用。这些财务副作用产生于发行证券的成本、税盾、财务危机成本以及政府为鼓励企业设在特定国家或地区而给予的补贴。接下来，我们分别对这些项目进行讨论。

发行证券的成本

当企业以前及现在产生的自由现金流不足以为一个新项目提供资金时，它将向外部投资者寻求额外的资源。由于多种原因，这一过程成本颇高。

向公众或个别投资者发行证券的投资银行是金融中介，它们必须就其使用的稀缺资源获得补

① 本章后的附录给出了永续年金公式的推导。

偿。这种补偿包括货币费用，通常还包括**承销折扣**（underwriting discount）（或承销差额）。投资者支付额与企业收取额相差的承销折扣在给承销证券的投资银行的补偿中占很大一部分。

Inmoo Lee，Scott Lockhead，Jay Ritter 和 Quanshui Zhao（1996）经过调查研究得出这些成本是首次公开招股金额的函数。他们发现成本百分比随着招股金额的增加而下降，意味着产生了规模经济。尽管如此，成本依然巨大。根据对 1 767 只首次公开招股的研究，支付给承销商的固定费用平均为招股金额的 3.69%，承销折扣总额平均为 7.31%。

某些证券的税盾

企业举债时，所付利息是可以抵税的，因为政府视其为经商的合法成本。利息抵税的价值通常叫做**利息税税盾**（interest tax shield）。因而，公司债务融资可减少企业所得税，举债增加企业价值。

通过考虑下面的情形，可得出利息税盾的价值。假设本金为 D 的一个期间的贷款所需收益率为 r_D，即此贷款的市场利率。企业所得税税率为 τ。那么假设企业第一期借入 D，第二期支付 $(1+r_D)D$。因为利息可抵税，企业第二期所得税减少 $\tau r_D D$。这些现金流以市场利率贴现的现值为：

$$D-\frac{(1+r_D)D}{1+r_D}+\frac{\tau r_D D}{1+r_D}=\frac{\tau r_D D}{1+r_D} \tag{15.3}$$

式（15.3）显示，不算抵税额或政府补贴，以市场利率贴现的贷款价值为零。当利息可抵税时，利息税税盾非常有价值。如果举债只有好处，那么企业将全部靠债务融资。也就是说，一定发生了其他事情。在本章稍后，我们将仔细研究债务成本，但我们先来看看 Vincenzo Uno 项目的资本结构中加入债务后是如何改变其可行性的。

例 15.2　Vincenzo Uno 的税盾

让我们回到例 15.1 看看如果 Vincenzo Uno 项目可以进行债务融资，情况会怎样。假设公司能够以 8%的年利率举债€ 500 000。又假设 Vincenzo Uno 在不确定的未来不予偿付这笔债务。式（15.3）得到的税盾 $\tau r_D D$ 每期都将发生，形成永续年金。这样，永续税盾年金的现值为：

$$\frac{\tau r_D D}{1+r_D}+\frac{\tau r_D D}{(1+r_D)^2}+\frac{\tau r_D D}{(1+r_D)^3}+\cdots=\tau D$$

若企业所得税税率为 34%，税盾的价值为：

$$0.34\times€\,500\,000=€\,170\,000$$

因为全权益融资假设下的净现值为－€ 30 000，现在项目的价值为正，Vincenzo Uno 应该通过同时举债和招股来接受此项目。

恰当的贴现率

调整净现值分析的基本原理是，未来现金流的预期价值应由恰当反映了现金流风险的贴现率贴现。在式（15.3）中，我们违背了这一程序，以实际市场利率贴现预期现金流。我们用下面的办法使这两种方法一致。假设 δ 为拖欠债务的概率，而且公司拖欠债务无须赔偿债权人，那么预期支付额为两项可能支付额的概率加权平均：

$$(1-\delta)\times(1+r_D)D+\delta\times 0=(1-\delta)(1+r_D)D$$

预期利息费用抵税额为：

$$(1-\delta)\times\tau r_D D+\delta\times 0=(1-\delta)\tau r_D D$$

假设造成公司拖欠的事项是公司特有的，则预期债务现金流的恰当贴现率就是无风险利率 r_F。这样，为了得到债务的价值，应该用无风险利率贴现预期未来价值。一期债务的价值就是：

$$D-\frac{(1-\delta)(1+r_D)D}{1+r_F}+\frac{(1-\delta)\tau r_D D}{1+r_F} \tag{15.4}$$

当我们认识到市场利率反映拖欠的可能性时，式（15.4）就可简化为式（15.3）：

$$(1-\delta)\times(1+r_D)+\delta\times 0=(1+r_F) \tag{15.5}$$

将式（15.5）代入式（15.4），就可得到式（15.3）。

财务困境成本

你也许认为利息税盾表明公司应该全部通过债务融资，因为债务越多，税盾越大。这是不对的，因为我们看到公司不会这样做。这部分研究公司为什么限制举债经营。那些抵消了利息税盾收益的成本，叫做**财务困境成本**（costs of financial distress）。

财务困境的直接成本

企业不能兑现对其债券持有者的承诺时即发生了财务困境。公司不能或不愿意支付债务要求的利息或本金，即为拖欠债务。结果也许是破产，公司资产正式由股东转给债券持有者。破产成本较高，因为与破产相关的法律、咨询和会计费用会蚕食公司价值。关于财务困境直接成本的学术研究发现它们大概占公司市场价值的 3%。①

财务困境的间接成本

财务困境的间接成本指的是由于人们认为公司将要破产而发生的公司价值损失。例如，公司潜在顾客担心售后服务的缺失而不愿与公司进行交易。供货商也不太愿意与公司交易，不愿给予信贷，而是要求公司付现。这对公司现金流的管理产生了负面影响，同时增加了公司对其净营运资本的投资。其他财务困境的间接成本表现在公司管理层面。公司无力给经理们具有竞争力的报酬，他们便不再卖力。或者他们有可能花大量时间寻找其他工作。公司还会在吸引与保留高素质、有技术的劳动力方面遭遇困难。这些财务困境的间接成本当然要比直接成本更加多元化，因此也更难以计量。

债务的均衡金额

一个公司的举债金额应使其由利息税税盾获得的边际收益等于由财务困境造成的边际成本，见图表 15.2。债务的边际收益是恒定不变的，由税盾决定。债务的边际成本是增加的。刚开始，

① 有关破产成本的经典文章包括 Michele White（1983）和 Edward Altman（1984）。最近关于此问题的讨论，见 Avner Kalay，Rajeev Singhal 和 Elizabeth Tashjian（2007）。

成本很低，但是最后迅猛上升。想要得到债务的总收益和总成本，就需要求出边际收益线和边际成本线以下的面积。

图表 15.2　　债务收益与债务成本

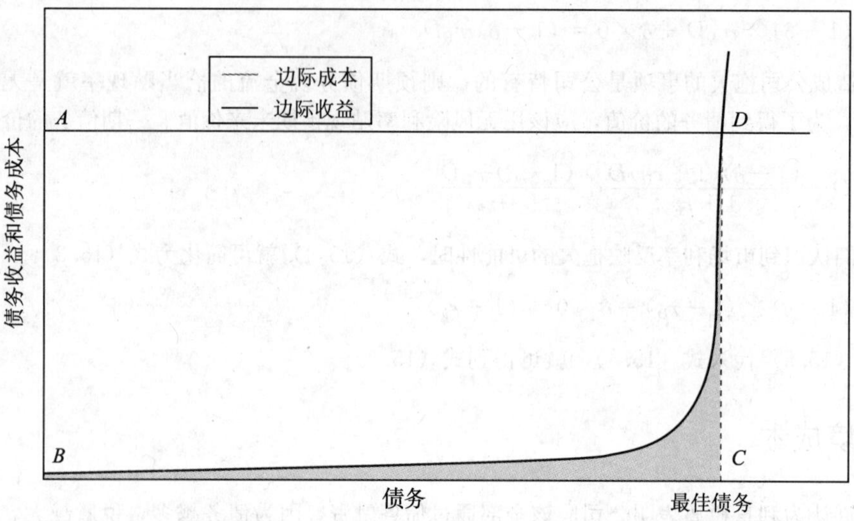

注：长方形 *ABCD* 的面积就是债务总收益。边际成本曲线下面的阴影部分面积就是债务总成本。

图表 15.2 表明公司最初举债时，财务危机的边际成本几乎为零。如果在公司向其最佳资本结构接近的过程中财务危机的边际成本随之迅速增加，则财务危机总成本即边际成本曲线以下的面积最小，而且可以在贴现现金流时忽略不计。这样，发行债务的价值就是利息税税盾。当然，最好能够试图估计出财务困境成本的价值，因其可使我们理解发行债务是怎样对公司在世界市场的运营能力产生负面影响的。

融资补助

当一家制造业公司决定在外国建厂时，其他地区甚至整个国家会因可能带来的就业机会而产生竞争。这些国家和地区的政府和市政当局通常会通过在几年内降低企业所得税或者提供低于市场利率的贷款等形式对企业提供补助。

利息补助（interest subsidies）会增加项目价值。为什么利息补助的恰当贴现率为市场对于企业债务所要求的回报率？因为企业拖欠政府补助贷款的几率与其拖欠实行市场利率的普通贷款的几率相同。让我们来分析一下补助贷款的价值。假设政府让企业以补助利率 r_S 借入本金 D 一期，企业债务的市场收益率同前面一样，为 r_D，且 $r_S < r_D$。企业第一期借入 D，第二期需偿还 $(1+r_S)D$。因为实际利息可抵税，企业第二期还可得税盾 $\tau r_S D$。补助债务现金流按市场收益率贴现的现值为：

$$D-\frac{(1+r_S)D}{1+r_D}+\frac{\tau r_S D}{1+r_D}=\frac{(r_D-r_S)D}{1+r_D}+\frac{\tau r_S D}{1+r_D} \qquad (15.6)$$

式（15.6）表明，按低于市场利率的补助利率计息的贷款的价值等于利息补助的现值加上实际利息税税盾的现值。其中，利息补助是市场贷款利息与补助贷款利息的差额。这两部分的现值均由市场对债务所要求的收益率进行贴现。

15.4 成长期权

一家公司接受一个项目并且得到未来另外项目的选择权时，就发生了**成长期权**（growth option）。对第二个项目的选择权增加了第一个项目的价值。成长期权可能包括公司能够选择在国际市场上销售本国产品的权利。成长期权是**实物期权**（real option）的一个具体方面。实物期权还包括公司能够在经营条件有所改善之前选择关闭一家工厂或一座矿井，或者在获取更多信息之前推迟重大经营决策的权利。实物期权非常有价值。

投资决策中实物期权增加价值的一个很好的例子就是1989年宝洁公司做出的购买巴西私营公司Phebo的决策。当时，Phebo是巴西的第十三大清洁与个人护理产品公司（参见P&G，1991）。在对Phebo估价的过程中，宝洁使用Phebo预计的Phebo产品在宝洁管理下的未来自由现金流。宝洁的贴现现金流分析显示Phebo价值9 100万美元。就是说，宝洁认识到控制和经营Phebo有重要的期权价值。也就是说，宝洁可以得到在巴西经营的经验，能够在收购Phebo进展良好并且巴西经济有所改善的时候选择扩张。①

例15.3 Vincenzo Uno的放弃期权

让我们回到之前在例15.1中讨论过的意大利公司Vincenzo Uno的例子。假设Vincenzo Uno预测其第一年的销售额为€ 1 250 000或€ 750 000，而且两者概率相同。在第一年年末，公司经理就能确定所能达到的销售水平，并在不确定的未来保持这一销售水平。另外假设如果第一年销售额仅为€ 750 000，经理有放弃项目的选择权。最后假设厂房设备的余值为€ 700 000。

在给定两种不同销售额的情境下，Vincenzo Uno应该怎么办？我们在下面的表格中给出了第一年和所有未来年份的现金流，其中如果项目情况较差会被放弃：

单位：欧元

	第1年		未来年份	
	较好	较差	较好	较差
年现金流入	1 250 000	750 000	1 250 000	0
年现金成本	−600 000	−600 000	−600 000	0
经营利润	650 000	150 000	650 000	0
企业所得税（税率34%）	−221 000	−51 000	−221 000	0
不计举债的自由现金流	429 000	99 000	429 000	0

这样，一年后，项目将有两个价值。当情况较好时，项目的价值等于第一年的自由现金流加上由于情况较好而继续产生的永续年金的价值：

€ 429 000＋€ 429 000/0.20＝€ 2 574 000

另一方面，当情况较差时，项目会被放弃，项目的价值等于第一年的自由现金流加上机械设

① 项目价值的额外来源源自部分投资可以通过债务权益互换获得。宝洁公司在二级市场以折扣价购买巴西政府的美元债务，然后按债务的面值向巴西政府换取克鲁扎多（巴西货币），由此得到比按市场汇率购买更大的价值。

备的余值：

€ 99 000＋€ 700 000＝€ 799 000

因为这两种估价发生的概率相同，项目贴现的预期价值为：

［0.5×(€ 2 574 000)＋0.5×(€ 799 000)］/ 1.20＝€ 1 405 417

因为即使不计负债，这已经比项目的成本大了，Vincenzo Uno 应该接受该项目。

注意到第一年，项目在情况较差时的价值的永续年金就是未来年份每年收到€ 99 000 的贴现价值，为

€ 99 000/0.2＝495 000

这样，第一年情况较差时，放弃期权增加的项目价值为€ 700 000－€ 495 000＝€ 205 000。因为情况较差的概率是 50%，则项目第一年的价值增加：

［0.5×(€ 205 000)］/1.20＝€ 85 417

这就是项目计入放弃期权的初始价值€ 1 405 417 与例 15.1 中项目不计放弃期权的初始价值€ 1 320 000的差额。

现金流贴现法存在的问题

前面的部分展示了实物期权在经理估计项目价值过程中的重要性。贴现现金流分析的问题在于它通常忽略这些期权，结果导致项目被低估。只要经理享有能够影响项目现金流的未来时刻的自由决定权，这一问题就总是存在。调整净现值法在估值时加上了实物期权价值这一项。

在国际背景下，也许最重要的期权就是关于进入外国市场的决策。许多因素均应考虑，如成本和价格的变化、实际汇率的变化，以及进入市场的时机。同样地，退出外国市场的决策涉及成本，取决于实际汇率。进入市场应考虑的一个重要方面就是竞争：竞争是否提供进入相同市场的期权？在新市场上发行新产品常常享有先发制人的优势。在这种情况下，公司择时期权的价值就不那么重要了（Steven Grenadier，2002）。期权定价有助于估计项目价值。

针锋相对

现金流贴现法与比率分析法的比较

Freedy 正在专心阅读德国拜耳公司（Bayer）的利润表，试图在空白表格上建立公司自由现金流贴现模型。他手指飞快舞动，键盘劈啪作响。几分钟后他要和 Ante 会面，证明韩德尔兄弟信托基金对在纽约证券交易所上市的拜耳公司的美国存托凭证的投资是合理的。Ante 让 Freedy 找到适宜投资的三四只低估的股票。对于 Freedy 来讲，低估的股票意味着股票价格低于公司自由现金流加上需要调整的债务和成长期权后的现值。他知道 Ante 不一定用此估价方法。

突然，Ante 冲进屋，看到 Freedy 的空白表格，喊道："你在干什么？我只是想做些明智的**比率分析**（ratio analysis）。自由现金流贴现分析总是行不通。估价总是建立在各种关于未来价值的假设之上。在华尔街，人们仅仅关注**市盈率**［price-earnings (P/E) ratio］，人们买入市盈率低的股票，卖掉市盈率高的股票。你要是纠缠于贴现现金流之类的东西，就别想做出正确投资！"

Freedy 听了 Ante 的指责，茫然不知所措："我是个价值投资者。我投资时，就想看到按照适宜的回报率贴现的未来利润，确定我没有对一只股票付出过多。想想那些 2000 年被投资网站欺

骗的人吧。那些公司的经理们向投资者解释他们的股票价格与未来收益有‘很好的比率’，但是他们根本连如何盈利的计划都没有。那只是泡沫。比率分析真是傻到家了。”

Ante 攥紧了拳头，这时 Suttle Trooth 走了进来。Suttle 很快发现屋里充满了火药味，便问：“到底怎么回事?”

两人马上将过程描述了一遍，Suttle 明白了事情的原委，说：“在很多情况下，我会做贴现现金流分析，还有很多情况会用比率分析。咱们想想这两种方法之间的关系吧。在理性世界中，股票价格反映了股东预期报酬的贴现值。实际上，我们知道市盈率高是成长较快或收益率较低造成的。”

“贴现现金流分析法是科学的工具，但是你必须正确预测现金流，否则，输入的是垃圾，输出的也必为垃圾。你必须真正理解公司盈利的来源。公司的生产过程会不会给其带来可持续的成本优势？有没有明显影响公司竞争力的市场准入壁垒？营销活动是否形成了忠实的客户群？会计是否真实、准确地反映了现实？公司管理团队的素质如何？这是一些决定现在和未来盈利能力的因素。”

“很多时候，分析师习惯于分析行业属性，认为同一行业中的公司都以当前或者项目未来的收益乘以某个系数所得的价格进行交易。那样，分析师就可以基于市盈率进行交易，而且他们可以相当确信在短期内他们是大致正确的。但比率分析只是快速、概括性的统计。要想认真估计公司价值，认真做自由现金流的分析还是必要的。”

Freedy 和 Ante 相视一笑。Suttle 再次做出了恰到好处的阐释。

15.5 母公司现金流与子公司现金流的对比

对于境外子公司，项目直接形成的现金流与最终支付给母公司的现金流之间常常存在巨大差异。因此，我们必须清楚我们运用调整净现值法估价是相对谁而言的。前面的自由现金流分析的基本观点是，我们决定的现金净现值是可以分配给企业股东的，因此，我们的分析是站在母公司的角度进行的。如果税管与外汇控制严重限制了从境外子公司向母公司转移的资金额，项目的价值就小于由国内独立的公司拥有此项目所得的价值。

当然，由于**特许权支出**（royalty payments）、**特许协议**（licensing agreements）和**日常管理费用**（overhead management fee），母公司由境外子公司所做项目获得的自由现金流也可能大大超过子公司的自由现金流。子公司必须向母公司支付这些成本。因此，子公司的利润因为这些成本而减少，而母公司的利润则相应增加。

如果母公司向子公司出售半成品，子公司销货成本的一部分就包含了半成品转移价格包含的利润。很明显，这一利润增加了从母公司股东的角度来看的项目价值。

虽然我们需要的是母公司角度的价值，国际资本投资最简单的方法是三步法。我们从子公司角度的自由现金流开始，然后考虑从母公司角度来看的现金流变化，最后，我们调整财务副作用和成长期权。现在我们来仔细说明这三个步骤。

决定境外子公司价值的三步法

得到相对母公司而言境外子公司价值的第一步就是把境外子公司作为一个独立的、全权益的公司，来对其现金流进行净现值分析。在分析过程中，我们认为从事此境外项目的独立公司被特许使用母公司的技术，把子公司必须支付母公司的特许权支出、特许费用和其他日常管理费用作为成本。

第二步，我们从母公司角度考虑对现金流的调整。这里有几个问题非常重要。首先是子公司将向母公司分配的股利，我们必须考虑代扣的股利税。外国政府通常对回国利润征税。这些税将显著减少由母公司来看子公司形成的自由现金流的价值。其次，子公司支付给母公司的特许权支出、特许费用以及日常管理费用的税后价值可以增加母公司对境外子公司的估价。再次，我们还必须加入母公司向境外子公司销售半成品的利润。最后，我们必须当心子公司市场发生的**出口的自相残杀**（cannibalization of exports）。这些出口损失可能来自母公司，也可能来自位于其他国家的其他子公司。如果以前对该市场的出口无法在其他市场上出售，出口利润的损失应记为接受项目的成本。

第三步，我们应通过财务副作用和可能的成长期权的净现值调整项目的价值。通常，会有需要估价的贷款和补助。未来的额外成长机会通常也会存在。这三个步骤将在下面详尽的案例分析中予以说明。

15.6 国际木制品公司的案例

国际木制品公司（International Wood Products，Inc.，IWPI）正在考虑是否在西班牙建立制造厂以供应其欧洲市场。IWPI 是总部在美国，主要用栎木、槭木和松木生产木制桌椅的企业。这些设计时尚、质地精良的家具受到欧洲富裕家庭的欢迎，公司预测欧洲市场对其家具的需求很有可能在未来十年显著增加。IWPI 目前通过其位于新罕布什尔州的制造厂向欧洲客户出口产品。因为在过去五年中，欧洲市场对公司产品的需求一直以 10%的增长率增长，现在新罕布什尔州的制造厂按其计划生产能力满负荷运营。因此，这正是 IWPI 考虑在欧洲建造新厂的绝佳时机。

虽然西班牙并不位于欧洲中心，但是西班牙技术娴熟、工资又相对低廉的工匠使其值得考虑。而且，西班牙政府提供年利率仅为 5%的 10 年期价值 400 万欧元的贷款。利息每年年末支付，本金在第 10 年年末归还。

IWPI 西班牙子公司的自由现金流

初始投资

IWPI 的经理们在西班牙马德里市外发现一家可用 2 720 万欧元收购的制造厂。他们估计为该厂配备机器设备的总成本为 4 800 万欧元。在现金和存货方面的初始投资还需要 320 万欧元。因此，该项目的初始总支出为：

(€ 27.2＋€ 48＋€ 3.2)百万＝€ 78.4 百万

当即期汇率为€ 1.04/＄，项目以美元计的初始总投资为：

€ 78.4 百万/（€ 1.04/＄）＝＄75.4 百万

收购以后，IWPI 的经理们估计制造厂在两个月内不能满负荷运转。雇用和培训西班牙劳动力并非难事，但是鉴于IWPI的高质量与设计标准，预计第一年达不到最大产量是合理的。因此，IWPI预测第一年西班牙制造厂仅能满足其欧洲市场需求的一半。

预测总收入

图表15.3给出了未来10年IWPI西班牙子公司的预期销售收入的预测值。第一行显示，欧洲需求的增长率第一年预期为10%；随着遍及欧洲的陈列室一个个开放，第三年的增长率为12%；随着市场逐渐饱和，第十年的增长率下降到1%。第二行将这些预测未来增长率转化为预测销售量。因为现在欧洲对IWPI家具的需求为40 000套，第一年10%的增长率意味着欧洲销量预期为44 000套。这之中的一半，即22 000套将由西班牙子公司生产。此后，IWPI计划令其西班牙制造厂满足其欧洲市场的全部需求。因此，第二年的预测为44 000×1.11=48 840。第十年西班牙制造厂的预测为7.6万多套。马德里制造厂足以在不扩建厂房设备的情况下达到预测产量。

图表15.3　IWPI西班牙子公司的收入预测

	未来年份									
	1	2	3	4	5	6	7	8	9	10
1. 销售量的实际增长率	10%	11%	12%	10%	8%	6%	4%	3%	2%	1%
2. 销售量	22 000	48 840	54 701	60 171	64 985	68 884	71 639	73 788	75 264	76 017
3. 欧元通货膨胀率	8%	7%	6%	6%	6%	6%	6%	6%	6%	6%
4. 单位欧元价格	2 592	2 773	2 940	3 116	3 303	3 501	3 711	3 934	4 170	4 420
5. 欧元总收入（单位：百万）（第二行×第四行）	57.02	135.45	160.81	187.51	214.66	241.19	265.89	290.30	313.87	336.03

一套典型的IWPI家具现价为2 307.69美元，按即期汇率折合为欧元：

(€1.04/\$)×\$2 307.69=€2 400

欧洲非欧元区的销售按当地货币定价，但其零售价格是根据欧元区的欧元定价计算的。这一零售价格预期按欧元的通胀率增长。图表15.3第三行的预测欧元通胀率显示，IWPI预期欧元通胀率在第一年为8%，第二年为7%，之后每年都是6%。以这样的通胀率，单位家具的零售价格预期从第一年的€2 592（=€2 400×1.08）增长到第十年的€4 420。

图表15.3第五行以第四行的预期单位欧元价格乘以第二行的预期销售数量得出预测欧元总收入。预测总收入从第一年的€57.02百万［=22 000套×（€2 592/套）］增长到第十年的€336.03百万。

预测净营运资本、资本性支出和折旧

图表15.4展示了西班牙子公司维持生产力所必需的投资预测。现在列出这些投资是因为其决定了会计折旧。会计折旧是经营的成本，但并不是现金流出。图表15.4得出了会计折旧。

由于净营运资本存量预期为总收入的8.5%，第一行列出了图表15.3中第五行预测的总收入。每年所需的净营运资本存量列在图表15.4的第二行。第0年的初始净营运资本存量为€3.20百万。这一支出代表的是公司经营必须持有在手的初始现金和存货。因为预测总收入是增长的，所以预测所需净营运资本的存量也相应增长。净营运资本增量在图表15.4中的第三行列示。例如，预测第一年总收入为€57.02百万，其8.5%为€4.85百万。由于净营运资本初始存量为

€3.20百万，第一年需投资：

€4.85 百万−€3.20 百万=€1.65 百万

图表 15.4　　预测 IWPI 西班牙子公司的净营运资本增量和资本性支出（百万欧元）

	未来年份										
	0	1	2	3	4	5	6	7	8	9	10
1. 总收入（图表 15.3 第五行）		57.02	135.45	160.81	187.51	214.66	241.19	265.89	290.30	313.87	336.03
2. 净营运资本存量（第 0 年给定，然后是第一行的 8.5%）	3.20	4.85	11.51	13.67	15.94	18.25	20.50	22.60	24.68	26.68	28.56
3. 净营运资本增量（第二行第 i 年−第二行第$i-1$年）		1.65	6.67	2.16	2.27	2.31	2.26	2.10	2.07	2.00	1.88
4. 资本性支出	75.20	4.06	4.35	4.61	4.88	5.18	5.49	5.81	6.16	6.53	6.93
5. 折旧（20 年直线法）		3.76	3.78	3.80	3.84	3.90	3.96	4.04	4.12	4.23	4.34

注：资本性支出是保持实际资本存量稳定不变的必要名义支出。

图表 15.4 第三行的其他数据都是以类似方法得到的。

图表 15.4 第四行预测了资本性支出。IWPI 的经理们假定任何年份的名义资本性支出都是保持实际厂房设备价值不变所必需的支出。这里我们假设经济折旧要求实物资本每年更新 5%。因此，保持实际资本存量不变的名义欧元支出每年都会因通货膨胀而增加。

西班牙税务当局要求会计折旧在 20 年中按直线法摊销。因此，资本价值的二十分之一每年可按会计折旧扣除，不必纳税。因此，即使在这个厂房设备的经济寿命与会计折旧期限相近的案例中，经济折旧和相应的资本性支出由于通货膨胀的存在也与会计折旧有所不同。

要理解这一点，回顾初始年份的 IWPI 投资在其境外子公司的实物资本存量：

€75.20 百万=€78.40 百万(总投资)−€3.20 百万(初始净营运资本)

因此，项目的初始账面价值为€75.2 百万，即厂房的初始成本€27.2 百万与设备€48 百万之和。第一年，实物资本存量的 5%需更新，且预测通胀率为 8%，因此第一年的资本性支出为：

€4.06 百万=0.05×1.08×€75.20 百万

以后的年份资本性支出随欧元通胀率 $\pi(t+k, €)$ 增长，购买相同的实物厂房设备的 5%的支出就越来越高昂：

资本性支出$(t+k)$=资本性支出$(t+k-1)\times[1+\pi(t+k,€)]$

图表 15.4 第五行列出了会计折旧，列于此处仅仅因为会计折旧与资本性支出的预测有关，而且我们需要这一数据作为经营成本。因为西班牙税务当局要求会计折旧按照直线法在投资有效期（本例为 20 年）内进行摊销，二十分之一（或 5%）的项目账面价值

€3.76 百万=0.05×€75.2 百万

在第 1 年可以作为费用扣除。这笔折旧费用在未来的 20 年中每年都从收入中扣除。记住，如果没有资本性支出，每年项目的账面价值会随之减少。但是，如果公司以资本性支出补偿厂房设备的经济折旧，资本性支出就增加了项目的账面价值。因为折旧是个会计概念，它并不与经济折旧

完全对应。第 $t+k$ 年会计折旧的价值等于前一年的会计折旧加上公司账面价值变化量的 5%，其中公司账面价值变化量等于资本性支出超过折旧的部分：

$$折旧(t+k)=折旧(t+k-1)+0.05\times[资本性支出(t+k-1)-折旧(t+k-1)]$$

预测总成本

图表 15.5 预测了 IWPI 西班牙子公司包括变动成本和固定成本的总成本。单位变动成本包括三个组成部分。第 1. a 行的人工成本估计从€ 779 每年按图表 15.3 第三行给出的欧元通胀率增长。来自欧洲的原材料成本列在第 1. b 行，第一年预测单位成本为€ 629。来自母公司的原材料成本列在第 1. c 行。这些半成品第一年的单位预测成本为€ 584。来自欧洲的原材料和来自美国的原材料的欧元价格都将每年按欧元通胀率增长。这与美元价格预期按美元通胀率增长是一致的，欧元兑美元的汇率满足购买力平价（我们在第 8 章中讨论过购买力平价）。

图表 15.5　　IWPI 西班牙子公司的成本预测（百万欧元）

	未来年份									
	1	2	3	4	5	6	7	8	9	10
1. 单位可变成本										
a. 劳动	779	834	884	937	993	1 053	1 116	1 183	1 254	1 329
b. 来自欧洲的原材料	629	673	713	756	801	849	900	954	1 012	1 072
c. 购自美国 IWPI 的零件	584	625	662	702	744	789	836	886	940	996
2. 总可变成本（第 1. a 行＋第 1. b 行＋第 1. c 行）×（图表 15.1 第二行）	43.82	104.10	123.59	144.10	164.97	185.36	204.34	223.10	241.21	258.24
3. 特许费用（费率为总收入的 5%）(0.05×图表 15.1 第五行)	2.85	6.77	8.04	9.38	10.73	12.06	13.29	14.51	15.69	16.80
4. 间接管理费用（费率为总收入的 2%）(0.02×图表 15.1 第五行)	1.14	2.71	3.22	3.75	4.29	4.82	5.32	5.81	6.28	6.72
5. 直接管理费用	1.59	1.70	1.81	1.91	2.03	2.15	2.28	2.42	2.56	2.72
6. 折旧（图表 15.1 第五行）	3.76	3.78	3.80	3.84	3.90	3.96	4.04	4.12	4.23	4.34
7. 总成本（第二行＋第三行＋第四行＋第五行 ＋第六行）	53.17	119.06	140.45	162.99	185.92	208.35	229.27	249.96	269.97	288.82

注：除第一行单位可变成本以欧元为单位外。

第二行列示的总变动成本是图表 15.3 第二行中的估计销售数量与单位可变人工成本及两类原材料成本之和的乘积。总可变成本预测从第一年的€ 43.82 百万增加至第十年的€ 258.24百万。

图表 15.5 的下一部分预测了 IWPI 美国总部和 IWPI 西班牙子公司之间与特许协议和间接费

用分配协议有关的成本。第三行计算了由西班牙子公司向母公司支付的特许费用，即图表 15.3 第五行列示的总收入的 5%。图表 15.5 第四行按照总收入的 2%计算了间接管理费用的分配。这一费用支付给母公司用于会计和其他管理活动。因为这些费用在总收入中占固定的百分比，所以会和总收入以相同速度增长，即两者皆因销售量的实际增长与欧元的通货膨胀而增长。

西班牙子公司的固定成本和直接间接费用列在图表 15.5 的第五行。这些费用开始为€ 1.59百万，之后每年以欧元通胀率增长。图表 15.4 中计算过的折旧是最后一项成本，为完整起见，被列于图表 15.5 第六行。

图表 15.5 第七行的总成本是第二行总可变成本、第三行特许费用、第四行间接管理费用、第五行直接管理费用和第六行折旧之和。总成本预测从第一年的€ 53.17 百万增长至第十年的€ 288.82百万。

预测扣除调整后税费的净经营利润

图表 15.6 预测了扣除调整后税费的净经营利润。第一行复制了图表 15.3 第五行中总收入的预测。第二行复制了图表 15.5 第七行中总成本的预测。这两行的差额即为息税前利润，列示在第三行。西班牙企业所得税税率为 35%。因此，企业所得税就是息税前利润的 35%，列在第四行中。第五行计算了税后利润，即扣除调整后税费的净经营利润的预测值。西班牙子公司的扣除调整后税费的净经营利润的预测值从第一年的€ 2.51 百万增长到第十年的€ 30.68 百万。

图表 15.6 **预测西班牙子公司的税后利润（百万欧元）**

	未来年份									
	1	2	3	4	5	6	7	8	9	10
1. 总收入（图表 15.3 第五行）	57 .02	135.45	160.81	187.51	214.66	241.19	265.89	290.30	313.87	336.03
2. 总成本（图表 15.5 第七行）	53.17	119.06	140.45	162.99	185.92	208.35	229.27	249.96	269.97	288.82
3. 息税前利润（第一行一第二行）	3.86	16.39	20.36	24.52	28.74	32.84	36.62	40.34	43.90	47.21
4. 企业所得税（税率为 35%）（0.35×第三行）	1.35	5.74	7.13	8.58	10.06	11.49	12.82	14.12	15.36	16.52
5. 税后利润（第三行一第四行）	2.51	10.66	13.23	15.94	18.68	21.34	23.80	26.22	28.53	30.68

预测 IWPI 西班牙子公司的自由现金流

图表 15.7 预测了西班牙子公司的自由现金流。第一行列出了图表 15.6 第五行得到的税后利润（即扣除调整后税费的净经营利润）。我们需对扣除调整后税费的净经营利润加上图表 15.5 第六行作为成本减去的会计折旧，因为会计折旧并不是现金流。公司的投资，即图表 15.4 第三、四行的净营运资本的变化和资本性支出需减掉。图表 15.7 第五行的结果即为公司预测的未来每年的自由现金流。初始自由现金流为负，代表项目初始成本。自由现金流的预测从第一年的€ 0.56百万增长至第十年的€ 26.22 百万。

IWPI 西班牙子公司的净现值

预测出自由现金流之后，必须将其贴现。该项目的年贴现率为 20%。贴现率反映了西班牙 10 年期政府债券的名义利率 10.65%（即无风险欧元利率），该项目的 β 值为 1.1，权益风险溢价为 8.5%：

$$20\% = 10.65\% + (1.1 \times 8.5\%)$$

因此，未来第 k 年的贴现因子为 $1/(1+0.20)^k$，这些贴现因子已在图表 15.7 第六行中给出。用第五行中预测的自由现金流乘以这些贴现因子就可得到第七行列出的自由现金流的现值。这些现值之和加上终值后就可得到该项目的净现值。

图表 15.7　　西班牙子公司项目自由现金流的净现值

	未来年份										
	0	1	2	3	4	5	6	7	8	9	10
1. 税后利润（图表 15.6 第五行）		2.51	10.66	13.23	15.94	18.68	21.34	23.80	26.22	28.53	30.68
2. 折旧（图表 15.4 第五行）		3.76	3.78	3.80	3.84	3.90	3.96	4.04	4.12	4.23	4.34
3. 净营运资本的变化（图表 15.4 第三行）	3.20	1.65	6.67	2.16	2.27	2.31	2.26	2.10	2.07	2.00	1.88
4. 资本性支出（图表 15.4 第四行）	75.20	4.06	4.35	4.61	4.88	5.18	5.49	5.81	6.16	6.53	6.93
5. 自由现金流（第一行＋第二行－第三行－第四行）	−78.40	0.56	3.42	10.28	12.63	15.09	17.56	19.93	22.11	24.22	26.22
6. 贴现因子（20%每年）	1.00	0.83	0.69	0.58	0.48	0.40	0.33	0.28	0.23	0.19	0.16
7. 自由现金流现值（第五行×第六行）	−78.40	0.47	2.38	5.95	6.09	6.07	5.88	5.56	5.14	4.69	4.23
8. 终值	32.06										
9. 项目净现值（第七行＋第八行）	0.11										

注：除贴现因子外所有数字的单位皆为百万欧元。未来价值是从第 11 年到无限远的自由现金流的贴现值，按照以通胀率 6%增长的永续年金计算。

终值的推导

图表 15.7 第八行的终值表示第 11 年之后超过可明确预测期限的所有预期未来自由现金流的贴现值。终值贴现到第 0 年的价值为€ 32.06 百万。终值计算分为两步。第一步，自由现金流在第 10 年的终值是以欧元长期通胀率 6 %增长的永续年金。这一永续年金需按 20%贴现，其第 11 年的初始价值将比第 10 年的预期自由现金流的价值高 6%。第 10 年的终值为：

$$€\,26.22\text{ 百万} \times \frac{1+0.06}{0.20-0.06} = €\,198.52\text{ 百万}$$

第二步，通过除以 $(1+0.20)^{10}$ 将第 10 年的终值贴现到第 0 年：

$$\text{第 0 年的终值} = €\,198.52\text{ 百万}/(1+0.20)^{10} = €\,32.06\text{ 百万}$$

注意到IWPI的经理们预测自由现金流在不确定的未来以6%的增长率即预期欧元通胀率增长。这反映出IWPI认为其产品实际需求将由现存的西班牙厂房设备满足。然而，该厂房设备最多可生产76 000套，因此，如不进行额外投资，自由现金流的增长不会超过6%。我们将在后面讨论其他投资可能，因为IWPI享有成长期权。

图表15.7的最后一行为第七行自由现金流现值之和加上第八行终值后得出的项目净现值。项目净现值为€ 0.11百万，勉强为正。这就是一家得到IWPI特许的独立的全权益西班牙公司对来自IWPI西班牙子公司的现金流估定的价值。

母公司的角度

这部分考虑当我们站在美国母公司的角度时，项目价值如何变化。我们首先需要调整税款的差异，因为美国母公司应向美国政府缴纳其所获股利的所得税，但母公司同时享有税收的抵免。更重要的是，许多子公司的成本项目正是母公司的利润。这一额外利润显著增加了项目价值。在这部分，虽然美国税款需以美元缴纳，我们仍将以欧元为单位进行分析。

预测IWPI美国母公司得到的股利

我们假定西班牙子公司将其全部自由现金流支付给母公司作为自由现金流产生年份的股利。美国母公司实际得到的金额取决于西班牙及美国两国的税法。图表15.8显示美国母公司最初只得到西班牙子公司支付的90%，因为西班牙政府对子公司向母公司支付的股利征收10%的代扣税款。

图表15.8　　美国母公司得到的股利（百万欧元）

	未来年份									
	1	2	3	4	5	6	7	8	9	10
1. 支付给IWPI的股利（图表15.7第五行）	0.56	3.42	10.28	12.63	15.09	17.56	19.93	22.11	24.22	26.22
2. 西班牙代扣税款（税率为10%，0.10×第一行）	0.06	0.34	1.03	1.26	1.51	1.76	1.99	2.21	2.42	2.62
3. 美国公司得到的税后股利（第一行－第二行）	0.50	3.08	9.25	11.37	13.58	15.81	17.93	19.89	21.80	23.59

计算美国母公司境外税收的抵免

在美国税法下，IWPI美国母公司能够享有其国际股利缴纳的代扣税款带来的境外税收的抵免。IWPI美国母公司还享有其西班牙子公司向西班牙政府缴纳的企业所得税中部分或全部的税收抵免。税收抵免的比例取决于马上将要讨论的认可抵免额。这些税收收入补偿了美国母公司应向美国税务当局缴纳的其收到的来自西班牙子公司的股利带来的应纳企业所得税。图表15.9列出了美国母公司境外税收的抵免的计算过程，图表15.10得出了美国母公司在美国的应纳税额。

图表15.9中最重要也最复杂的部分就是第四行认可抵免价值的计算。如果西班牙子公司支付的股利与其税后利润的比率小于1，只有一部分西班牙子公司的所得税可以抵免美国母公司的所得税。例如，图表15.9第一行预测西班牙子公司第1年的税后利润为€ 2.51百万。由于那一年子公司计划改变净营运资本和资本性支出的投资，西班牙子公司没有支付其全部税后利润作为股利。图表15.9第二行记录了西班牙子公司自由现金流的预测值仅为€ 0.56百万，这部分将作

为股利支付给母公司。所以，尽管西班牙子公司预计支付€ 1.35 百万的西班牙企业所得税，只有€ 0.30 百万作为美国境外税收的抵免，因为这在所得税中所占的比例与总公司所得股利在子公司税后利润中所占的比例相等：

€ 0.56 百万/€ 2.51 百万×€ 1.35 百万=€ 0.30 百万

图表 15.9　　美国母公司境外税收的抵免的计算（百万欧元）

	未来年份									
	1	2	3	4	5	6	7	8	9	10
1. 西班牙子公司净利润（图表 15.6 第五行）	2.51	10.66	13.23	15.94	18.68	21.34	23.80	26.22	28.53	30.68
2. 西班牙子公司支付的股利（图表 15.8 第一行）	0.56	3.42	10.28	12.63	15.09	17.56	19.93	22.11	24.22	26.22
3. 西班牙子公司支付的所得税（图表 15.6 第四行）	1.35	5.74	7.13	8.58	10.06	11.49	12.82	14.12	15.36	16.52
4. 所得税认可抵免价值[（第二行/第一行）×第三行]	0.30	1.84	5.53	6.80	8.13	9.46	10.73	11.90	13.04	14.12
5. 代扣税款（图表 15.8 第二行）	0.06	0.34	1.03	1.26	1.51	1.76	1.99	2.21	2.42	2.62
6. 境外税收的抵免（第四行×第五行）	0.36	2.18	6.56	8.06	9.64	11.21	12.72	14.11	15.46	16.74

西班牙所得税€ 1.35 百万中只有€ 0.30 百万可以作为境外税收抵免的原因是，美国政府认为境外子公司的利润只有相应比例支付给母公司。每年这些认可抵免价值的计算列在图表 15.9 第四行中。认可抵免价值（第四行）与代扣税款（第五行）之和即为图表 15.9 第六行的境外税收的抵免。

计算 IWPI 美国母公司的美国所得税应纳税额

图表 15.10 计算了 IWPI 美国母公司收到的西班牙子公司的股利是需要额外缴纳美国所得税还是其境外税收的抵免超过了可抵消的 IWPI 美国母公司应纳美国所得税税额。分析从第一行开始，我们计算出**全额股利**（grossed-up dividend），即（图表 15.8 第三行）实际收到的股利与（图表 15.9 第六行）境外税收的抵免之和。第一年，实际收到的股利为€ 0.50 百万，境外税收的抵免为€ 0.36百万，所以从美国税收角度来看的全额股利为（€ 0.50 百万+€ 0.36 百万）=€ 0.86 百万。因为美国企业所得税税率为 34%，在这一数额基础上的美国企业所得税为：

0.34×€ 0.86 百万=€ 0.29 百万

图表 15.10 列出了未来年份的预期价值。如果初步应纳美国税额小于境外税收的抵免——这已在图表 15.9 计算得到并列于图表 15.10 第三行，那么不须额外缴纳美国税款。这一分析列在第四行。图表 15.10 第五行从境外税收的抵免中减去美国应纳税额，计算得到剩余境外税收抵免。这些境外税收抵免的剩余部分可被 IWPI 美国母公司用于抵消其他境外项目产生的美国所得税。

图表 15.10　　美国母公司在美国应纳税额的计算（百万欧元）

	未来年份									
	1	2	3	4	5	6	7	8	9	10
1. 全额股利（图表 15.8 第三行＋图表 15.9 第六行）	0.86	5.26	15.81	19.43	23.22	27.02	30.65	34.01	37.26	40.33
2. 美国初步应纳税额（税率为 34%）	0.29	1.79	5.38	6.61	7.89	9.19	10.42	11.56	12.67	13.71
3. 境外税收抵免（图 15.9 第六行）	0.36	2.18	6.56	8.06	9.64	11.21	12.72	14.11	15.46	16.74
4. 美国应纳税额（如果第二行＞第三行，第二行－第三行）	0.00	0.00	0.00	0.00	0.00	0.00	0.00	0.00	0.00	0.00
5. 剩余境外税收抵免（如果第二行＜第三行，第三行－第二行）	0.06	0.39	1.19	1.46	1.74	2.03	2.30	2.55	2.79	3.02

计算 IWPI 美国母公司得到的税后股利的净现值

现在我们来计算 IWPI 美国母公司得到的股利的税后价值。图表 15.11 显示母公司得到的税后股利的现值是€ 70.66 百万。这比图表 15.7 计算的项目在第 0 年的总成本€ 78.4 百万要小。西班牙代扣税款使项目的自由现金流减少了 10%，这也减少了项目对于母公司的价值。如果股利是价值的唯一来源，则项目净现值为负，将被拒绝，但是项目对于母公司的价值还有其他来源。IWPI 美国母公司得到特许费用和间接管理费用，这些费用增加了项目利润与价值。这些利润的预测和估价在图表 15.12 中计算。

预测特许费用和间接管理费用分配额

图表 15.12 第一行的特许费用预测为图表 15.3 中总收入的 5%。西班牙政府认为特许费用和股利一样，是母公司的利润，因此索取特许费用的 10%作为代扣税款，列于第二行。图表 15.12 第三行列出的直接管理费用同样既是子公司的成本又是母公司的利润，预测为总收入的 2%，西班牙政府对此索取 14%的代扣税款，列于第四行中。图表 15.12 将特许费用与管理费用之和减去两项代扣税款，得出母公司的利润预测。特许费用与管理费用总额的 34%为美国企业初步所得税应纳税额，列于第六行。第七行列示了图表 15.10 得到的剩余的境外税收抵免。应纳美国税款净额列于第八行。IWPI 因这两项代扣税款而获得税收抵免，同时能够使用因股利获得的剩余的境外税收的抵免。

例如，第二年 IWPI 美国母公司得到基于总利润€ 9.48 百万的€ 8.43 百万代扣税后费用。这一总利润产生初步应纳美国税额€ 3.22 百万。但是母公司支付了€ 0.68 百万的特许费用代扣税款和€ 0.38 百万的管理费用代扣税款，这样它就得到相应的境外税收的抵免。母公司还可利用图表 15.10 中计算得出的€ 0.39 百万及与股利所得税有关的剩余境外税收抵免来抵消美国应纳税额。应纳税额为：

€ 3.22 百万－€ 0.68 百万－€ 0.38 百万－€ 0.39 百万＝€ 1.77 百万

图表 15.11　　美国母公司税后股利的净现值

	未来年份										
	0	1	2	3	4	5	6	7	8	9	10
1. 美国公司股利的税后价值（图表 15.8 第三行－图表 15.10 第四行）		0.50	3.08	9.25	11.37	13.58	15.81	17.93	19.89	21.80	23.59
2. 贴现因子（年贴现率为 20%）	1.00	0.83	0.69	0.58	0.48	0.40	0.33	0.28	0.23	0.19	0.16
3. 税后股利现值（第一行×第二行）		0.42	2.14	5.35	5.48	5.46	5.29	5.00	4.63	4.22	3.81
4. 股利终值	28.85										
5. 税后股利净现值（第三行＋第四行）	70.66										

注：除贴现因子外，所有数字皆以百万欧元为单位。终值是按照以欧元通胀率 6%增长的永续年金计算的第 11 年及之后的股利的贴现价值。

图表 15.12　　母公司得到的税后特许费用及管理费用分配额的净现值

	未来年份										
	0	1	2	3	4	5	6	7	8	9	10
1. 特许费用（为总收入的 5%，图表 15.5 第三行）		2.85	6.77	8.04	9.38	10.73	12.06	13.29	14.51	15.69	16.80
2. 西班牙代扣税款（税率为 10%，0.10×第一行）		0.29	0.68	0.80	0.94	1.07	1.21	1.33	1.45	1.57	1.68
3. 管理费用（为总收入的 2%）（图表 15.5 第四行）		1.14	2.71	3.22	3.75	4.29	4.82	5.32	5.81	6.28	6.72
4. 西班牙代扣税款（税率为 14%，0.14×第三行）		0.16	0.38	0.45	0.53	0.60	0.68	0.74	0.81	0.88	0.94
5. IWPI 美国公司收到的税后费用（第一行－第二行＋第三行－第四行）		3.55	8.43	10.00	11.66	13.35	15.00	16.54	18.06	19.52	20.90
6. 初步应纳美国税款［税率为 34%，0.34×（第一行＋第三行）］		1.36	3.22	3.83	4.46	5.11	5.74	6.33	6.91	7.47	8.00
7. 剩余的境外税收抵免（图表 15.10 第三行）		0.06	0.39	1.19	1.46	1.74	2.03	2.30	2.55	2.79	3.02
8. 应纳美国税款净额（第六行－第二行－第四行－第七行）		0.85	1.77	1.39	1.54	1.69	1.83	1.96	2.09	2.23	2.35
9. 母公司所得费用税后价值（第五行－第八行）		2.70	6.65	8.62	10.12	11.66	13.17	14.58	15.96	17.30	18.55
10. 贴现因子（每年 20%）		0.83	0.69	0.58	0.48	0.40	0.33	0.28	0.23	0.19	0.16

续前表

	未来年份										
	0	1	2	3	4	5	6	7	8	9	10
11. 税后费用现值（第八行×第九行）		2.25	4.62	4.99	4.88	4.69	4.41	4.07	3.71	3.35	3.00
12. 费用终值	22.68										
13. 税后费用净现值（第十一行+第十二行）	62.64										

注：除贴现因子外，所有数字均以百万欧元为单位。终值是按照以欧元通胀率6%增长的永续年金计算的第11年及之后的费用的贴现价值。

从图表15.12第八行的实际应纳美国税额中减去第五行的税后费用得到母公司所得费用的税后价值，列于第九行。这些利润同样按20%贴现，贴现因子列在第十行。用第十行的贴现因子乘以第九行的预期价值得到第十一行的费用现值。第11年以后的费用贴现到第0年的终值的计算与图表15.7中对自由现金流终值的计算类似：

$$€22.68\text{百万}=\frac{€18.55\text{百万}\times 1.06}{(0.20-0.06)\times(1.20)^{10}}$$

费用的净现值，即第十一行贴现值总额加上第十二行终值之和，为€62.64百万。

预测半成品所得利润

由于美国母公司向西班牙子公司出售半成品，这些出口形成母公司因该项目获得利润的又一来源。图表15.13计算了母公司向子公司出口所得的利润的净现值。出口收入列于第三行，为第二行的单位欧元价格与第一行的预测销售量的乘积。这些出口的利润率为16%，列在第四行。美国企业所得税为此利润的34%，列于第五行，税后利润列示在第六行。将这些预期欧元现金流按20%贴现并按图表15.7的方法计算终值，得到出口销售所得利润的净现值为€27.60百万。①

图表15.13　　母公司卖给子公司的半成品的税后利润的净现值

	未来年份									
	0	1	2	3	4	5	6	7	8	9
1. 销售量（图表15.3第二行）	22 000	48 840	54 701	60 171	64 985	68 884	71 639	73 788	75 264	76 017
2. 出口单价（图表15.5第1.C行）	584	625	662	702	744	789	836	886	940	996
3. 出口收入（第一行×第二行）	12.85	30.52	36.23	42.25	48.36	54.34	59.91	65.41	70.72	75.71
4. 税前利润（16%）	2.06	4.88	5.80	6.76	7.74	8.69	9.59	10.46	11.31	12.11
5. 美国企业所得税(税率为34%)	0.70	1.66	1.97	2.30	2.63	2.96	3.26	3.56	3.85	4.12
6. 税后利润（第四行－第五行）	1.36	3.22	3.83	4.46	5.11	5.74	6.33	6.91	7.47	7.99

① 第11年及以后的出口销售在0时刻的未来价值为$\frac{€7.99\text{百万}\times 1.06}{(0.20-0.06)\times(1.20)^{10}}=€9.78\text{百万}$。

续前表

	未来年份									
	0	1	2	3	4	5	6	7	8	9
7. 贴现率（每年 20%）		0.83	0.69	0.58	0.48	0.40	0.33	0.28	0.23	0.19	0.16
8. 税后利润现值		1.13	2.24	2.21	2.15	2.05	1.92	1.77	1.61	1.45	1.29
9. 利润终值	9.78										
10. 税后利润净现值（第八行＋第九行）	27.60										

注：除第一、二行和贴现因子外，其他数字皆以百万欧元为单位。终值是按照以欧元通胀率 6%增长的永续年金计算的第 11 年及之后的利润的贴现价值。

估计财务副作用

母公司对 IWPI 西班牙子公司的估价的下一个方面就是估计与此项目有关的财务副作用。西班牙政府提供补助贷款，这增加了项目价值，而且实际支付的利息还形成了很有价值的利息税税盾。让我们从税盾的估价开始。

利息税税盾

西班牙政府贷款的年利率为 5%，本金为€ 4 百万，贷款期限为 10 年。因此，未来 10 年，IWPI 西班牙子公司每年要支付的利息为：

0.05×€ 4 百万＝€ 0.2 百万

这些利息很有价值，因为它们可以抵税。因此，它们每年可增加项目的价值为西班牙税率与利息支付额的乘积：

0.35×€ 0.2 百万＝€ 0.07 百万

如果西班牙子公司确定支付这些利息，则这些利息应按照西班牙政府无风险利率贴现。在更多的情形中，利息支付不是无风险的，因为西班牙子公司有倒闭和破产的可能。如果有破产的可能，那么公司的债务就不是无风险的，因而公司不会预期获得利息支付的全部价值。

假设美国母公司从投资银行获悉发行债券借入欧元的利率比政府的无风险利率 10.65%高 2.50 个百分点。因此，西班牙子公司的欧元名义市场利率为：

10.65%＋2.50%＝13.15%

市场利率比政府利率高出的部分反映了市场对 IWPI 拖欠债务可能性的评估。

如果 IWPI 拖欠西班牙政府贷款的风险与其拖欠市场贷款的风险相当，则 13.15%就是利息税税盾恰当的贴现率。这些现金流在图表 15.14 中被贴现，利息税税盾的净现值为€ 0.38 百万。这一计算可能高估了债务对公司的价值，因为它假设财务困境成本为 0。

图表 15.14 对利息税税盾的估价还假设 IWPI 未来没有增加其资本结构中债务的计划。如果 IWPI 计划增加债务来为项目融资，或计划令西班牙子公司增发债券，西班牙政府贷款偿还后，还要估计另外的利息税税盾的价值。

利息补助

在这部分，我们来估价西班牙政府贷款提供的利息补助。如果 IWPI 必须以市场年利率

13.15%借入€ 4 百万，它将每年支付利息：

图表 15.14 利息税税盾的净现值

	未来年份										
	0	1	2	3	4	5	6	7	8	9	10
1. 税率×已付利息		0.07	0.07	0.07	0.07	0.07	0.07	0.07	0.07	0.07	0.07
2. 贴现率（每年 13.15%）		0.88	0.78	0.69	0.61	0.54	0.48	0.42	0.37	0.33	0.29
3. 利息税税后现值（第一行×第二行）		0.06	0.05	0.05	0.04	0.04	0.03	0.03	0.03	0.02	0.02
4. 利息税税后净现值（第三行价值之和）	0.38										

注：除贴现因子外，所有数字皆以百万欧元为单位。

0.131 5×€ 4 百万=€ 0.53 百万

因为它实际上是以西班牙政府年利率 5%借入，其实际支付利息仅为€ 0.2 百万。每年节约利息：

€ 0.53 百万-€ 0.2 百万=€ 0.33 百万

图表 15.15 给出了这一补助的估价。公司节约利息的恰当贴现率仍为 13.15%。利息补助的净现值为€ 1.76 百万。

图表 15.15 利息补助的净现值

	未来年份										
	0	1	2	3	4	5	6	7	8	9	10
1. 利息补助		0.33	0.33	0.33	0.33	0.33	0.33	0.33	0.33	0.33	0.33
2. 贴现率因子（每年 12.15%）		0.88	0.78	0.69	0.61	0.54	0.48	0.42	0.37	0.33	0.29
3. 利息补助现值（第一行×第二行）		0.29	0.25	0.23	0.20	0.18	0.16	0.14	0.12	0.11	0.09
4. 利息补助净现值（第三行价值之和）	1.76										

注：除贴现因子外，所有数字皆以百万欧元为单位。

IWPI 西班牙子公司的全部调整净现值

图表 15.7 第五行 IWPI 西班牙子公司项目的初始成本为€ 78.4 百万。这是厂房设备的初始资本性支出与现金存货的初始投资的总额。图表 15.11 第五行计算了子公司给母公司的税后股利的净现值，为€ 70.66 百万。因此，如果这些股利是母公司价值的唯一来源，则项目不可行，但是价值还有其他来源。

图表 15.12 第十三行计算了税后特许费与管理费用的净现值，为€ 62.64 百万。图表 15.13 第十行计算了出口半成品税后利润的净现值，为€ 27.60 百万。西班牙政府贷款利息税税盾的价值为€ 0.38 百万，利息补助价值为€ 1.76 百万。算上项目所有的成本和收益，我们得到：

IWPI 西班牙子公司的调整净现值＝－€ 78.40 百万初始成本

＋€ 70.66 百万股利

＋€ 62.64 百万特许费用及管理费用

＋€ 27.60 百万出口

＋€ 0.38 百万利息税税盾

＋€ 1.76 百万利息补助

＝€ 84.64 百万

即期汇率为€ 1.04/＄，IWPI 美国母公司设立西班牙子公司的美元价值为：

(€ 84.64 百万)/(€ 1.04/＄)＝＄81.38 百万

项目的初始成本为：

(€ 78.40 百万)/(€ 1.04/＄)＝＄75.39 百万

因此，IWPI 美国母公司通过投资其股东财富＄75.39 百万，购买了一系列不确定、带有风险的现金流，价值

＄75.39 百万＋＄81.38 百万＝＄156.77 百万

这是一个很好的管理决策，除非其出口销售损失的机会成本过大。

出口的自相残杀

估计 IWPI 西班牙子公司价值的最后一部分涉及其美国母公司也许找不到另外的市场来消费其现在出口欧洲的 40 000 套家具的可能性。如果它真的找不到另外的市场，那么这些出口欧洲的利润损失需被计为设立西班牙制造厂的成本。

图表 15.16 展示了现在及以后每年 40 000 套销售量的税后利润的净现值。出口数量除第一年外保持不变，列于第一行，数量不变的原因是，假设母公司目前出口量为其新罕布什尔制造厂的最大产量，无法满足欧洲需求的增长。第一年的销售损失为 18 000 套，因为西班牙制造厂生产 22 000套，欧洲总需求为 44 000 套。所以，美国母公司可以向欧洲出口 22 000 套，仅损失 40 000－22 000＝18 000 套。

单位价格列于第二行，与图表 15.3 第四行的欧元价格预测值相对应。出口收入列于第三行，是单位欧元价格乘以出口数量的结果。第四行列出了这些出口的利润，认为占收入的 16%，与半成品出口的利润份额相同。第五行计算了美国母公司应纳企业所得税，即第四行利润的 34%。税后利润列示在第六行。因为这是对有风险的欧元现金流的预测，所以恰当的年贴现率仍为 20%。贴现因子列于第七行。

用税后利润乘以贴现因子可得到每个现金流的现值，列在第八行。第九行展示了贴现到第 0 年的终值，按照增长率为欧元通胀率 6%的永续增长年金计算并以 20%贴现。[①]第八行中各现金流总额加上第九行中第 11 年及此后损失利润的终值之和等于出口销售损失的税后利润的净现值。我们在第十行看到所有销售损失的税后利润在第 0 年的价值，为€ 73.84 百万。

---

① 第 11 年及此后的出口销售税后利润贴现到第 0 年的终值按照以 6%增长的永续年金计算并以 20%贴现：$\frac{€\ 18.67\ 百万 \times 1.06}{(0.20-0.06) \times (1.20)^{10}}$＝€ 22.83 百万。

图表 15.16　　IWPI 美国母公司出口销售损失税后利润的净现值

	未来年份										
	0	1	2	3	4	5	6	7	8	9	10
1. 出口销售量		18 000	40 000	40 000	40 000	40 000	40 000	40 000	40 000	40 000	40 000
2. 单价（图表 15.3 第四行）		2 592	2 773	2 940	3 116	3 303	3 501	3 711	3 934	4 170	4 420
3. 出口收入（第一行×第二行）		46.66	110.94	117.59	124.65	132.13	140.06	148.46	157.37	166.81	176.82
4. 税前利润（收入的 16%，0.16×第三行）		7.46	17.75	18.82	19.94	21.14	22.41	23.75	25.18	26.69	28.29
5. 美国企业所得税（税率为 34%，0.34×第四行）		2.54	6.04	6.40	6.78	7.19	7.62	8.08	8.56	9.07	9.62
6. 税后利润（第四行－第五行）		4.93	11.72	12.42	13.16	13.95	14.79	15.68	16.62	17.62	18.67
7. 贴现因子（每年 20%）		0.83	0.69	0.58	0.48	0.40	0.33	0.28	0.23	0.19	0.16
8. 税后利润的现值		4.11	8.14	7.19	6.35	5.61	4.95	4.38	3.86	3.41	3.02
9. 利润终值	22.83										
10. 税后利润净现值（第八行＋第九行）	73.84										

注：除第一、二行和贴现因子外，其他数字皆以百万欧元为单位。终值是按照以欧元通胀率 6%增长的永续年金计算的第 11 年及之后的利润的贴现价值。

因为项目没算出口销售损失的调整净现值为€ 84.64 百万，即使 IWPI 美国母公司没有其他市场可以消费其目前的出口，它仍应该设立 IWPI 西班牙子公司。只不过，项目对股东增加的价值减少到

(€ 84.64 百万－€ 73.84 百万)＝€ 10.80 百万

这仍是一个非常有价值的项目。

小　结

本章我们详尽阐述了资本预算调整净现值法，而且我们还运用调整净现值法估计了一家境外子公司的价值。本章要点如下：

1. 资本预算是企业决定如何对投资项目分配资金的过程。资本预算的基本原则是，所有调整净现值为正的项目都应该被企业接受。

2. 调整净现值法的第一步是计算项目全部由权益融资的情境下项目现金流的净现值。任何与举债有关的收益与成本对项目现金流的影响都将在稍后估计。项目净现值为所有其预期未来收入的贴现总额减去所有当前及预期未来成本的贴现总额之差。贴现率应当反映项目现金流的风险。

3. 调整净现值分析的第二步加入了接受项目产生的财务副作用的净现值。财务副作用的净现值产生于发行证券的直接成本、由于使用某种金融工具而产生的抵税额、财务危机成本和政府提供的融资补助。

4. 调整净现值分析的第三步加入了项目产生的任何成长期权的现值。

5. 自由现金流是可以分配给公司股东的利润。自由现金流的定义是企业税后利润加上任何非现金会计费用再减去公司必须做的投资。这些

投资包括增加公司净营运资本和公司财产、厂房和设备的投资。

6. 如果公司不承担债务，则税前经营利润常被称为息税前利润：

息税前利润＝收入－销货成本
－销售与管理费用－折旧

7. 扣除调整后税费的净经营利润等于息税前利润减去息税前利润应税额。

8. 项目的终值代表了所有超出可明确预测期限的事项决定的预期未来自由现金流的现值。终值可以用永续年金公式计算。

9. 如果企业没有足够的现金流来为项目提供资金，它就必须向外部投资者寻求额外的资源。举债的成本必须从项目价值中扣除。

10. 当公司发行债务时，支付的利息通常可以抵税，因为政府视利息为经营成本。这样，债务融资就减少了企业的所得税并增加了企业的价值。利息可以抵税的价值被称做利息税税盾。

11. 财务困境成本指的是因为公司可能破产而发生的公司价值的损失。这些成本包括破产的直接成本和由于以下原因而导致的顾客流失的间接成本：供货商不愿给予长期信贷，无法雇用和保留高素质的经理和有技术的工人，以及在公司未来有可能面临破产时经理可能会做出欠佳的投资决策。

12. 补助贷款的价值为等额的市场利率贷款利息与补助贷款利息差额按照市场要求收益率贴现后的价值。

13. 如果公司在接受一个项目时得到未来另一个项目的选择权，第二个项目的选择价值增加了第一个项目的价值。在国际金融中这样的成长期权的一个重要的例子是进入境外市场销售公司产品的决策。

14. 因为境外子公司项目的现金流与最终支付给母公司的现金流存在巨大差异，国际资本预算适宜采用三步法。步骤一为求全权益境外子公司的现金流的净现值，把子公司需向母公司支付的特许费用和管理费用视作子公司的成本。步骤二是从母公司的角度看子公司的现金预测，包括回国股利的代扣税款，然后加上子公司支付的特许费用和管理费用的税后价值以及任何出售给子公司的半成品所获得的利润。步骤三是按照项目财务副作用和成长期权的净现值调整项目价值。

15. 子公司目标市场的出口自相残杀可能会大大减少设立子公司的价值。这些出口损失可能来自母公司，或者位于其他国家的境外子公司。

简答题

1. 有没有可能一个境外子公司的投资项目作为独立公司评估价值时净现值为正，却被母公司拒绝？假设母公司接受所有调整净现值为正的项目。

2. 特许协议、特许费用和管理费用是如何影响境外项目价值的？

3. 为什么调整净现值分析法对财务副作用的现值进行单独处理？利息费用是合法的经营成本吗？

4. 一个项目财务副作用的净现值指的是什么？

5. 为什么发行证券成本高昂？

6. 什么是利息税税盾？如何计算其价值？

7. 什么是利息补助？如何计算其价值？

8. 什么是成长期权？举出一个国际背景下的例子。

9. 息税前利润与扣除调整后税费的净经营利润的差额是什么？

10. 为什么理解和管理净营运资本很重要？

11. 资本性支出指的是什么？为什么说它是公司成长的引擎？

12. 为什么在项目后续阶段有时假设资本性支出等于折旧？

13. 什么是项目的终值？如何计算？

14. 出口市场的自相残杀指的是什么？

15. 对于IWPI美国母公司来讲，设立西班牙子公司的价值的主要来源是什么？

16. 为什么IWPI美国母公司向其西班牙子公司出口半成品的利润是项目价值的一部分？

17. IWPI西班牙子公司项目的风险都有什么？它们是怎样影响项目价值的？

应用题

1. IWPI 西班牙子公司项目的调整净现值中由第 10 年以后的现金流产生的价值所占的百分比是多少？

2. IWPI 西班牙子公司的价值对假设贴现率为 20%的敏感度如何？如果贴现率变为 22%，项目价值将如何变化？

3. 如果 IWPI 西班牙子公司超过可明确预测期的利润以 1%的速度增长而不是固定不变，其终值将是多少？

4. 视 IWPI 西班牙子公司为独立的公司，如果我们将其特许费用增加 1%，并将其管理费用减少 1%，项目价值将变化多少？对于 IWPI 美国母公司的价值改变是多少？价值变化的来源是什么？

5. Metallwerke Safe Air 公司合约的价值评估

考虑第 9 章 Metallwerke 可能与安全航空签订的 10 年期合约的预期价值的贴现值。在交易的第一年，Metallwerke 以 $400 的单价卖给 Safe Air 氧气筒。生产一个氧气筒的成本是€ 696。即期汇率为€ 2/$。假设第 1 年将出售 15 000 个氧气筒。在价值评估中遵照以下假设：

(1) 第 2 年氧气筒的需求预期增加 5%，第 3 年和第 4 年增加 4%，在合约剩余年限增加 3%。

(2) 欧元名义成本预期以欧元通胀率 2%增长。

(3) 氧气筒的基础美元价格将以美元通胀率加上美元对欧元贬值的一半增长，或者基础美元价格减少美元对欧元升值的一半。美元通胀率预期为 4%。

(4) 美元目前预期不会对欧元产生实际的贬值或升值。

(5) 德国的企业所得税税率为 50%。

(6) 项目恰当的欧元贴现率为 17%。

(7) Metallwerke 为其顾客特别设立了应收账款。在任意给定时刻，应收账款存量预期为当年收入的 10%。

(8) 接受安全航空项目不会涉及 Metallwerke 任何重大的资本性支出。

你能够决定 Metallwerke 合约的价值吗？

6. 美味熟食公司

美味熟食公司是一家美国公司，正在考虑拓展其经营到日本。该公司为各大城市沿街熟食店供应加工食品。这要求美味熟食公司在各城市具备集中生产及仓储设施。美味熟食公司在东京发现了一个可能作为其日本子公司的场地。购买及设备安装的成本为 765 000 000 日元。遵照以下假设，对该投资可行与否进行调整净现值分析：

(1) 初始平均单位售价为 400 日元。

(2) 第 1 年销售量将为 1 500 万单位，实际销售量在此后 3 年每年以 10%的速度增长，接下来 3 年每年增长 5%，之后一直稳定在每年增长 3%。

(3) 在第 1 年的可变生产成本中，人工单位成本为 225 日元，进口半成品单位成本为 1.75 美元。管理成本为 3 亿日元。

(4) 折旧期限为 20 年，以直线法摊销。

(5) 零售价格、人工成本和管理费用预期以日元通胀率 1%增长。半成品的美元价格预期以美元通胀率 4%增长。

(6) 即期汇率为¥85/$，日元预期增值，增值幅度刚好是日元及美元通胀率的差额。

(7) 日本子公司将向其美国母公司支付 4%的特许费用。

(8) 日本企业所得税税率为 37.5%，而且对股利和特许费用征收 10%的代扣税款。

(9) 项目以日元计价的权益贴现率为 13%。

(10) 净营运资本平均为总销售收入的 6%。

(11) 资本性支出将补偿折旧。

(12) 所有日本子公司的自由现金流将作为股利支付给母公司。

(13) 美国企业所得税税率为 34%。

(14) 美味熟食公司有足够的其他境外利润来使其日本子公司产生的剩余境外税收的抵免全被利用。

(15) 美味熟食公司未计划对此项目进行任何债务融资。

参考文献

Altman, Edward. I., 1984, "A Further Empirical Investigation of the Bankruptcy Cost Question," *Journal of Finance*, pp. 1067 - 1089.

Brennan, Michael, and Eduardo Schwartz, 1985, "Evaluating Natural Resource Investments," *Journal of Business* 58, pp. 135-157.

Copeland, Tom, Tim Koller, and Jack Murrin, 2000, *Valuation: Measuring and Managing the Value of Companies*, 3rd ed., New York: John Wiley & Sons.

Economist Intelligence Unit, 1993, *The Global Tax Handbook*, London: The Economist Intelligence Unit.

Grenadier, Steven, 2002, "Option Exercise Games: An Application to the Equilibrium Investment Strategies of Firms," *Review of Financial Studies* 15, pp. 691-721.

Jensen, Michael C., 1986, "Agency Costs of Free Cash Flow, Corporate Finance and Takeovers," *American Economic Review* 76, pp. 323-329.

Kalay, Avner, Rajeev Singhal, and Elizabeth Tashjian, 2007, "Is Chapter 11 Costly?" *Journal of Financial Economics* 84, pp. 772-796.

Kester, W. Carl, and Julia Morley, 1992, "Note on Cross-Border Valuation," in W. Carl Kester and Timothy A. Leuhrman, eds., *Case Problems in International Finance*, New York: McGraw-Hill, pp. 49-73.

Kester, W. Carl, March-April 1984, "Today's Options for Tomorrow's Growth," *Harvard Business Review*, March-April, pp. 153-160.

Kulatilaka, Nalin, and Alan J. Marcus, 1992, "Project Evaluation Under Uncertainty: When Does DCF Fail?" *Journal of Applied Corporate Finance* 5, pp. 92-100.

Lee, Inmoo, Scott Lockhead, Jay Ritter, and Quanshui Zhao, 1996, "The Costs of Raising Capital," *Journal of Financial Research* 1.

Lessard, Donald R., 1985, "Evaluating Foreign Projects: An Adjusted Present Value Approach," in Donald R. Lessard, ed., *International Financial Management*, New York: Wiley.

Myers, Stewart C., 1984, "Finance Theory and Finance Strategy," *Interfaces* 14, pp. 126-137.

Procter & Gamble, 1991. "Procter & Gamble in Brazil," Procter & Gamble case.

Siegel, Daniel, James Smith, and James Paddock, 1987, "Valuing Offshore Oil Properties with Option Pricing Models," *Midland Corporate Finance Journal* 5, 22-30.

White, Michelle J., 1983, "Bankruptcy Costs and the New Bankruptcy Code," *Journal of Finance*, pp. 477-488.

附录　推导永续年金的价值

本附录将展示用于计算一系列成长自由现金流的终值的永续年金公式的推导。记住永续年金是无限数列的总额。假设增长率为 g，因此每一个现金流预测均比前一个的价值高 g，每个现金流均以 r 贴现，这样我们就可得到第 10 年的终值。因此，基于对第 10 年自由现金流的预测，我们将其定义为 $E_t[FCF(t+10)]$，于是有：

第 10 年的终值＝第 11 年现金流的现值
　　　　　　　＋第 12 年现金流的现值

$$
\begin{aligned}
&+\text{第 13 年现金流的现值}\\
&+\cdots\\
&=\frac{E_t[FCF(t+10)](1+g)}{1+r}\\
&+\frac{E_t[FCF(t+10)](1+g)^2}{(1+r)^2}\\
&+\frac{E_t[FCF(t+10)](1+g)^3}{(1+r)^3}\\
&+\cdots
\end{aligned}
$$

要计算这一无限数列之和，我们定义 $\lambda=[(1+g)/(1+r)]$，将公因子 $\frac{E_t[FCF(t+10)](1+g)}{(1+r)}$ 移到括号外。那么，我们得到：

$$\text{第 10 年的终值}=\frac{E_t[FCF(t+10)](1+g)}{1+r}[1+\lambda+\lambda^2+\cdots]$$

显然，要使这一无限数列之和为一定值，必须有 $\lambda<1$，也就是 $g<r$。这样，预期未来自由现金流的增长率就小于贴现率。要计算该无限数列之和，定义

$$S=[1+\lambda+\lambda^2+\lambda^3+\cdots]$$

于是，$\lambda S=[\lambda+\lambda^2+\lambda^3+\cdots]$，$S-\lambda S=1$。所以，$S(1-\lambda)=1$，$S=\frac{1}{(1-\lambda)}$。代入 S 和 λ 后，得到：

$$\text{第 10 年的终值}=\frac{E_t[FCF(t+10)](1+g)}{r-g}$$

例 15.1 就是一个简单的永续年金的例子，其中每年的现金流恒定且贴现率固定不变。在这个特殊的例子中，公式中的 $g=0$，$r=0.20$，且 $E_t[FCF(t+10)]=264\ 000$，得到 1 320 000（=264 000/ 0.20）。

第 16 章

有关国际资本预算的其他话题

本章将讨论若干重要话题，发展和补充第 15 章介绍的基本国际资本预算分析。在上一章，我们详尽阐述了国际资本预算调整净现值分析框架。在这一章，我们考虑另外两种方法。首先，我们讨论如何用资本预算的加权平均资本成本法（WACC）评估项目价值。然后我们再研究资本预算的现金流权益法（FTE），这是评估项目价值的第三种方法。我们讨论公司更愿意使用加权平均资本成本法或者现金流权益法的情境，探索不同方法的限制，以及在什么情况下加权平均资本成本或现金流权益分析与调整净现值分析相当。

进行国际资本预算有两种基本方法：预测未来外币现金流，然后用外币贴现率贴现；或者将外币现金流转化为名义本币预测，然后用本币贴现率贴现。这两个价值用一种共同的货币表示时应当相等。尽管如此，实践中往往不相等，除非两种方法使用相同的隐含假设。本章在此之后将考虑一个案例，其中一家美国母公司需对其澳大利亚子公司更新厂房设备的要求进行估价。我们将通过这一案例展示用这两种方法贴现外币现金流是多么容易得出不同的价值，以及什么假设可以确保两种方法等价。

接下来本章回到如何得到一个项目或公司的未来价值的问题。我们将详细阐述当我们假设竞争使得投资收益率等于资本成本时会发生什么。

我们还将详细阐述如何估价税盾和公司外币贷款补助，然后我们分析一个有关一家公司从不同名义货币的借款补助机会中做出选择的案例。本章讨论未支付的债务是如何引起公司债务持有者和股东的利益冲突的。最后，我们简要说明国际上不同国家会计准则的差异必须在估价位于不同国家的公司时予以考虑。

16.1 几种可供选择的资本预算方法

第 15 章回顾了一些国际资本预算和项目价值评估的基本原则。我们强调正确估计现金流的重要性。我们也提倡使用调整净现值法估计境外项目的价值。

调整净现值法

在调整净现值分析中，我们首先通过贴现预期自由现金流找到未举债经营的或全权益的公司或项目的价值（在本章中记作 V_U）。贴现率为进行过风险调整的公司资产回报率 r_A，或者与项目有关的资产的收益率。之后，我们探讨了来自财务副作用的净现值和来自成长期权的价值的额外价值。加上这些各种各样的来源之后的价值就是公司或项目举债经营的价值（记为 V_L）。

另外两种估价方法

资本预算的另外两种方法是**加权平均资本成本**（weighted average cost of capital，WACC）法和**现金流权益**（flow-to-equity，FTE）法。恰当使用时，这三种方法是等价的。我们首先介绍调整净现值法，因为我们喜欢它识别价值的经济来源的方式。尽管如此，加权平均资本成本法大概是使用最广泛的方法，而有些时候现金流权益法是计算最简单的方法。因此，理解所有这三种方法及其各自的限制是很重要的。

资本预算的加权平均资本成本法涉及预测全部权益自由现金流，然后通过用恰当的加权平均资本成本贴现全权益自由现金流得到举债经营的公司的价值。加权平均资本成本 r_{WACC} 是公司税后债务收益率 r_D 和公司权益收益率 r_E 的加权之和。权益的市场价值就等于举债经营的公司价值减去债务的市场价值。

现金流权益法直接通过以经过风险调整的权益收益率 r_E 贴现预测的权益所有者的现金流得到权益的价值。然后举债经营的公司价值可以通过权益价值加上债务价值得到。

资本预算的加权平均资本成本法

加权平均资本成本法是一步式得出具有稳定的产权比率的项目价值的方法。关于加权平均资本成本应该记住的重要一点是在估价国际项目时，权重应对应国际项目而不是整个公司。不幸的是，一些公司错误地用相同的加权平均资本成本 r_{WACC} 作为所有资本预算决策的贴现率。为了解加权平均资本成本的逻辑基础及其易犯的错误，让我们仔细看看 r_{WACC} 的推导以及怎样运用其评估公司价值。

不含税的加权平均资本成本

考虑拥有资产使得预期每年产生 Y 的永续现金流的公司的价值。如果这些现金流的风险要求其以 r_A 贴现，从第 15 章的调整净现值分析中我们知道未使用财务杠杆的公司价值为：

$$V_U = \frac{Y}{1+r_A} + \frac{Y}{(1+r_A)^2} + \frac{Y}{(1+r_A)^3} + \frac{Y}{(1+r_A)^4} + \cdots = \frac{Y}{r_A} \tag{16.1}$$

如果公司没有负债，则权益的价值 E 应该等于未使用财务杠杆的公司价值 V_U 。

现在，假设公司借了一些债。诺贝尔经济学奖获得者 Franco Modigliani 和 Merton Miller（1958，1961）在这方面有重要见解：在不考虑税收的情况下，是否举债不影响公司价值。因此，在不考虑税收的情况下，举债经营的公司价值 V_L 等于未使用财务杠杆的公司价值。换言之，举债并不增加财富——只是将现金流从股东转移至债权人。如果 D 代表公司负债的市场价值，E_L 代表举债公司权益的市场价值，那么由于所有公司的现金流要么归属债权人，要么归属股东，我们知道负债价值加上权益的价值就等于公司的价值：

$$V_L = D + E_L \tag{16.2}$$

我们还知道公司的利润要么支付给债权人，要么支付给股东。[①]因此，对于利润为 Y 的公司，我们有：

$$Y = r_A V_L = r_D D + r_E E_L \tag{16.3}$$

令公司价值中债务融资的比例为 D/V_L，公司价值中权益融资的比例为 E_L/V_L。那么，如果我们用举债经营的公司价值 V_L 去除式（16.3），我们就会发现公司的资产收益率被分为债权人要求的收益率和股东要求的收益率：

$$r_A = \frac{D}{V_L} r_D + \frac{E_L}{V_L} r_E \tag{16.4}$$

式（16.4）表明，公司的资产收益率是公司债务的收益率与公司权益的收益率的加权平均。权重反映公司价值中债务融资和权益融资的百分比。本质上，投资者视公司为一个资产组合，公司的资产收益率就是整个资产组合的收益，债务和权益就是个别投资。在不考虑税收时，加权平均资本成本 r_{WACC} 与公司的资产收益率 r_A 是相同的。

随着公司改变其财务杠杆，其资产收益率保持不变。因为只有在支付债权人收益之后，才支付股东收益，公司财务杠杆的改变引起权益收益率的变化。通过解出式（16.4）中的 r_E，我们可以了解这一关系：

$$r_E = \frac{V_L}{E_L} r_A - \frac{D}{E_L} r_D = \frac{E_L + D}{E_L} r_A - \frac{D}{E_L} r_D = r_A + \frac{D}{E_L}[r_A - r_D] \tag{16.5}$$

式（16.5）表明，财务杠杆比率 D/E_L 越高，要求的公司权益收益率越高。这是因为公司的负债越多，公司现金流可支付给股东的就越少，这增加了其风险。

含税的加权平均资本成本

当利息费用可以抵减公司税费时，公司只能将税后利息费用确认为负债。在这种情况下，就像我们在第 15 章看到的，举债会增加公司价值。令企业所得税税率为 τ，r_D 为公司负债的市场利率。那么，因为利息费用可抵税，公司债务的税后收益率为 $(1-\tau)r_D$。我们还令 Y 代表公司的税后现金流，这样未举债经营的公司价值没有变化。

假设公司借入金额为 D 的债务来为项目融资且这一债务将永远不偿还，那么，由第 15 章的调整净现值分析可知，利息税税盾的现值是永续利息抵扣额总额的贴现值，

$$\frac{\tau r_D D}{1 + r_D} + \frac{\tau r_D D}{(1 + r_D)^2} + \frac{\tau r_D D}{(1 + r_D)^3} + \cdots = \frac{\tau r_D D}{r_D} = \tau D \tag{16.6}$$

举债经营的公司的调整净现值为未举债公司的价值加上利息税税盾的价值：

$$V_L = V_U + \tau D \tag{16.7}$$

现在，和以前一样，公司的现金流将分给债权人和股东，但只要求支付税后利息：

---

① 我们在假设公司立即支付所有自由现金流的情形下讨论公司的利润支出。如果公司的留存收益超过其在资本性支出上的投资和净营运资本的改变，公司必须恰当投资这部分收益，否则将损害公司价值。

$$Y = r_D(1-\tau)D + r_E E_L \tag{16.8}$$

加权平均资本成本 r_{WACC} 定义为使举债经营的公司价值等于预期税后全权益现金流的现值的贴现率。对于一家预期税后利润为 Y 且永续的公司，我们有：

$$V_L = \frac{Y}{r_{WACC}} \tag{16.9}$$

如果我们解式（16.9），得到 $Y = r_{WACC}V_L$，然后代入式（16.8），再在两端同时除以 V_L，得到加权平均资本成本的值：

$$r_{WACC} = \frac{D}{V_L}(1-\tau)r_D + \frac{E_L}{V_L}r_E \tag{16.10}$$

式（16.10）表明公司的加权平均资本成本是税后债务收益率和权益收益率的加权平均。

为什么 r_{WACC} 一定比 r_A 小？

注意到加权平均资本成本 r_{WACC} 一定比公司资产收益率 r_A 小，因为举债公司的价值 $V_L = Y/r_{WACC}$，大于未举债公司的价值 $V_U = Y/r_A$。这一见解对于资本预算非常重要，因为在调整净现值分析和加权平均资本成本分析中，全权益现金流均作为分子。调整净现值分析中需单独加上财务副作用的价值，而加权平均资本成本分析中则一步包含了这些因素。

为什么使用加权平均资本成本？

为了解资本预算分析中用 r_{WACC} 贴现公司预期全权益自由现金流的意义，下面来看一个例子。假设一家公司的一个潜在项目预期未来每年提供永续恒定的利润流。令此项目每年税后现金流预期价值为 Y，令该投资项目所需资金为 I。现在，假设该项目所需融资的 D/V_L 来自债务融资，E_L/V_L 来自权益融资。

项目利润中的一部分必须首先支付给债权人，以提供公司债务收益率，但公司只损失利息费用的税后价值，因为利息可抵税：

$$\begin{aligned}\text{支付给债权人的利润} &= r_D(1-\tau) \times \text{项目债务价值}\\ &= r_D(1-\tau) \times (D/V_L)I\end{aligned}$$

项目剩余的利润支付给股东并作为公司的权益收益。[①]如果这一利润正好是股东的预期所得并等于调整风险后的必要收益率，那么

$$\text{支付给股东的利润} = r_E \times \text{项目权益价值} = r_E \times (E_L/V_L)I$$

从公司的角度看，支付给债权人的利润加上支付给股东的利润用光了项目的利润：

$$\text{项目利润} = [r_D(1-\tau)(D/V_L) + r_E(E_L/V_L)]I = r_{WACC}I \tag{16.11}$$

现在，我们认识到一个项目如果所得利润 Y 刚好等于公司债权人和股东所要求收益的加权平均 $r_{WACC}I$，则该项目是零净现值的投资。如果 $Y = r_{WACC}I$，则项目以 r_{WACC} 贴现的净现值为 0，

$$NPV = \frac{Y}{r_{WACC}} - I = 0$$

如果项目收益率提供的预期利润大于 $r_{WACC}I$，则项目的收益率大于 r_{WACC}，且项目为正净现

① 我们故意忽略公司利润再投资的可能性。只要再投资利润被投到净现值为零的项目，就没有关系。

值。如果项目的收益率小于 r_{WACC}，项目就不是正净现值的项目，不应被接受。

例 16.1　Teikiko 印刷公司的加权平均资本成本估价

假设 Teikiko 印刷公司正在考虑一项价值 200 亿日元的现代化项目的投资。假设公司股东要求 20%的收益率，公司债权人要求 7%的收益率，日本企业所得税税率为 35%，且项目的 45%将由债务融资，55%由权益融资。

前面的分析使我们可以回答两个问题：

Teikiko 印刷公司的加权平均资本成本是多少？

项目应产生多少永续年利润以使项目可行，即至少为零净现值投资？

从式（16.10）我们得到 Teikiko 印刷公司的加权平均资本成本为：

$$r_{WACC} = [0.45\times(1-0.35)\times 0.07]+[0.55\times 0.20]=0.1305$$

即 13.05%。

从式（16.7）中可以看出，Teikiko 印刷公司要想满足债权人和股东要求的收益，项目年利润应为：

0.130 5×¥200 亿=¥26.1 亿

在本例中，项目有零净现值，因为项目的价值即永续年利润除以加权平均资本成本，等于项目成本：

$$\frac{¥26.1\text{ 亿}}{0.1305} = ¥200\text{ 亿}$$

只有当 Teikiko 的项目预期每年产生至少 26.1 亿日元时，Teikiko 才应当对其投资。

通过 r_D 和 r_E 推导 r_A

人们喜欢用加权平均资本成本法进行资本预算的原因之一是，它使用的是公司债务与权益证券交易的收益率。相比之下，调整净现值法要求使用公司资产的收益率。为推导公司资产要求的收益率，我们使式（16.2）和式（16.7）中举债公司的两种价值形式相等：

$$E_L+D=V_L=V_U+\tau D \qquad (16.12)$$

权益的价值加上债务的价值应该等于举债公司的价值，即未举债公司的价值加上利息税税盾。整理式（16.12），我们得到：

$$V_U = E_L+(1-\tau)D \qquad (16.13)$$

因为 $Y = r_A V_U$，而且利润需如式（16.8）那样在债权人与股东间分配，根据式（16.13）可以得到：

$$r_A[E_L+(1-\tau)D]= r_D(1-\tau)D+r_E E_L \qquad (16.14)$$

由式（16.14）解出 r_A：

$$r_A = \frac{D}{E_L+(1-\tau)D}(1-\tau)r_D+\frac{E_L}{E_L+(1-\tau)D}r_E \qquad (16.15)$$

再一次，公司资产收益率可被理解为公司债务收益率与公司权益收益率的加权平均。权数的分母是未举债公司的价值。税后债务成本的权数是债务与未举债公司价值的比率，权益收益率的权数是权益的市场价值与未举债公司价值的比率。如果公司对举债公司的权益收益率 r_E 和债务收

益率 r_D 的估计精确，那么由式（16.15）可得到调整净现值法中的资产收益率。

由式（16.15）还可解出 r_E：

$$r_E = r_A + \frac{(1-\tau)D}{E_L}(r_A - r_D) \tag{16.16}$$

因为 $r_A > r_D$，式（16.16）表明杠杆是怎样在利息抵扣企业所得税时使公司权益收益率大于公司资产收益率的。

例 16.2　Teikiko 印刷公司的调整净现值估价

在例 16.1 中，我们发现 Teikiko 印刷公司的债务收益率为 7%、权益收益率为 20%时的加权平均资本成本为 13.05%。加权平均资本成本分析告诉我们项目净现值为零。因此，项目的价值等于项目的成本，为 200 亿日元。现在，让我们用调整净现值法检验我们的逻辑。

因为债务的价值为项目价值的 45%，债务额为：

0.45×¥200 亿=¥90 亿

权益的价值为：

¥200 亿－¥90 亿=¥110 亿

由式（16.16）可计算得到全权益融资时的项目资产收益率：

$$\begin{aligned} r_A &= \frac{90}{110+(1-0.35)\times 90}\times(1-0.35)\times 0.07+\frac{110}{110+(1-0.35)\times 90}\times 0.20 \\ &= 0.154\,9 \end{aligned}$$

即 15.49%。

现在，我们可以通过对项目做调整净现值分析来检验举债项目的价值是否为 200 亿日元。在例 16.1 中给出 Teikiko 项目的年税后利润为 26.1 亿日元。那么，由式（16.7）可知，项目的调整净现值为永续利润以资产收益率贴现的现值与利息税税盾的价值之和：

$$\frac{¥26.1\text{ 亿}}{0.154\,9}+(0.35\times ¥90\text{ 亿})=¥200\text{ 亿}$$

因为这是项目的成本，项目的调整净现值为零。注意调整净现值分析与加权平均资本成本分析得到的结果相同。

使用 WACC 的优点与缺点

r_{WACC} 的推导假设项目将永续提供预期水平的现金流，还假设公司持续监控其债务并使其与公司总价值的比率 D/V_L 保持固定（James Miles and John Ezzel，1980）。尽管如此，在某些情境中使用固定的 r_{WACC} 是不正确的，从而导致估价错误。比如，如果项目的杠杆处于变化中，这种情况常常出现在杠杆收购中，那么就不应该用固定的 r_{WACC}。[①] 式（16.16）表明，杠杆的变化使公司权益收益率发生改变，从而使 WACC 发生变化。在杠杆变化的情况下，应假设公司资产收益率固定不变，而非 WACC 固定不变。

在第 15 章调整净现值分析中，我们清楚地阐明了贴现率是由具体项目决定的。类似地，在国际资本预算中使用 WACC 分析，资本成本应由特定的国际项目决定。对所有项目使用相同的

① 在杠杆收购（leverage buyout，LBO）中，公司由公开交易企业变为私有企业。流通权益的购买者常常大量借债，并计划在未来逐步偿还。

WACC 将使得国际资本预算的应用变得复杂，因为它要求将外币现金流转换为本币然后以本币贴现率贴现。在外国经营的现金流的不确定性加上外国汇率变化的不确定性，可能改变现金流的风险。因此，即使两个项目相似，境外现金流的风险也可能与国内现金流的风险不同。

资本预算的现金流权益法

资本预算的第三种方法是现金流权益法。这种资本预算方法的基础是公司权益的价值就是以权益收益率 r_E 贴现归属股东的现金流后的现值。在我们的分析中，用 Y 表示归属全权益公司的永续税后现金流的价值。如果公司有永续债务 D，股东每期得到的不是 Y。股东必须先支付债务的利息，但是他们可以少付利息并且少缴税。这样股东每期可期望得到 $Y-(1-\tau)r_DD$。

举债公司的权益价值就应该是每期预期收到的现金流 $Y-1-\tau)r_DD$ 以权益收益率贴现的价值：

$$\begin{aligned}E_L &= \frac{Y-(1-\tau)r_DD}{(1+r_E)^1}+\frac{Y-(1-\tau)r_DD}{(1+r_E)^2}+\frac{Y-(1-\tau)r_DD}{(1+r_E)^3}+\cdots \\ &= \frac{Y-(1-\tau)r_DD}{r_E}\end{aligned} \tag{16.17}$$

现金流权益法与其他方法的等价性

对于我们在本章中讨论的拥有永续现金流的公司，说明资本预算的现金流权益法与加权平均资本成本法的等价性是简单的。如果两种方法等价，那么 $E_L+D=V_L=\dfrac{Y}{r_{WACC}}$ 。让我们假设等式成立来确认我们能够得到相同的 WACC。从整理式（16.17）开始，等式两边同时乘以 r_E ，并且将债务项挪到另一边：

$$Y = r_EE_L+(1-\tau)r_DD \tag{16.18}$$

式（16.18）两边同时除以举债公司的价值 V_L ，得到：

$$\frac{Y}{V_L}=\frac{r_EE_L+(1-\tau)r_DD}{V_L}=r_{WACC} \tag{16.19}$$

这样，通过假设两种情况下举债公司价值相等，我们得到了相同的 r_{WACC} 。因此，现金流权益法得到的权益价值与加权平均资本成本分析得到的权益价值一致。

例 16.3　Teikiko 印刷公司的现金流权益估价

让我们从前面的例子中找到 Teikiko 印刷公司的权益价值，用现金流权益法估价。提醒一下，我们之前得出项目净现值为零，成本为 200 亿日元，还计算了归属全权益公司的期望年税后利润为 26.1 亿日元。公司将要发行利率为 7%的 90 亿日元债券，并且举债公司的权益收益率为 20%。如果债务为 90 亿日元，那么权益为 110 亿日元。有了这些信息，现金流权益法下的举债公司的权益价值是多少呢？

因为企业所得税为 35%，归属公司股东的期望年税后利润为：

¥26.1 亿－（1－0.35）× 0.07×¥90 亿＝¥22 亿

这一利润流预期可在未来每期永续获得。我们通过以权益收益率贴现归属股东的现金流得到净现值：

$$\frac{¥22\text{ 亿}}{0.20} = ¥110\text{ 亿}$$

因此，资本预算的现金流权益法告诉我们 Teikiko 印刷公司的权益价值为 110 亿日元。这是股东需为项目投资的金额，因为他们可以借入 90 亿日元。项目对股东的成本等于项目对股东的价值，项目净现值为零。

各种资本预算方法的优劣

在第 15 章和本章的第一节，我们展示了资本预算的三种方法：调整净现值（ANPV）法、加权平均资本成本（WACC）法和现金流权益（FTE）法。如果使用得当，三种方法将得出相同的净现值。

我们强调 ANPV 法，因为它将价值来源分类，使经理将项目盈利能力与融资及成长等其他价值来源区分开来。ANPV 法还提供了讨论风险管理和对外汇风险套期保值的方法，这些将在第 17 章讨论。另外，ANPV 法对像第 15 章讨论过的国际木制品公司这样的已知债务水平的国际项目非常合适。它对融资优惠的估价也非常简单，而这一点常常被 WACC 分析所忽略。尽管如此，有些时候其他方法使用起来更加简便。

ANPV 法假设经理知道未来期间的债务水平。而如果经理计划保持固定的债务权益比率，如 WACC 法假设的那样，那么计算调整净现值将是有问题的，因为债务金额依赖权益金额，反之亦然。反过来，如果公司由于拥有不需偿还的优惠借款使得债务水平时时变化，那么举债公司的权益收益率 r_E 将时时变化，即使公司资产收益率 r_A 保持不变。由于未来 r_E 的价值是变化的，WACC 和 FTE 都不适用。在这种情况下，ANPV 法最好用。因为三种方法在不同的情境中各有优势，全部掌握它们是很有必要的。

16.2 境外项目的外币现金流

货币的选择

总体来说，国际项目的很大一部分收入以外币计价，因为项目生产的产品常常是在世界各国销售。典型的多国企业的成本也以外币计价，因为它们的原材料和半成品来自全球市场。

因为国际项目的现金流以不同货币计价，国际项目估价的首要决策就是使用外币预测还是使用本币预测。下一节将以一个详细的例子阐明国际资本预算怎样以每种货币进行。我们还将研究两种方法在什么情况下得到相同的本币价值。

以外币预测现金流

如第 15 章讨论过的，通过预测未来外币现金流并以适当的外币贴现率贴现，可以很容易地得到境外项目的价值。境外项目以本币计的当前价值等于以外币计的现值乘以两种货币当前的即期汇率。这种方法的问题在于有时决定恰当的外币贴现率是很困难的。

以本币预测现金流

决定境外项目价值的第二种方法是预测外币现金流价值然后乘以相应的未来汇率预测值。结果就是境外现金流的预期未来本币价值。然后，用恰当的本币贴现率得到的现值就是境外项目以本币计的当前价值。

两种贴现境外现金流方法的一致性

想要得到两种贴现境外现金流方法的等价性，令 $X(t+k)$ 表示 $t+k$ 时刻，即未来第 k 年的外币现金流，令 $S(t+k)$ 表示 $t+k$ 时刻单位外币兑换本币的汇率。那么，$E_t[X(t+k)]$ 表示未来外币现金流的预测或期望值，$E_t[S(t+k)]$ 表示未来汇率的预测或期望值。令 $r(FC, k)$ 和 $r(DC, k)$ 分别表示将 $t+k$ 年产生的预期现金流贴现到 t 年的外币与本币的恰当贴现率。

外币预测的本币现值

用第一种方法贴现外币现金流，我们首先计算以外币计的未来现金流现值，即 $\frac{E_t[X(t+k)]}{[1+r(FC,k)]^k}$。我们可以通过乘以 $S(t)$ 将其转化为本币。这样，未来外币现金流的本币现值为 $\frac{S(t)E_t[X(t+k)]}{[1+r(FC,k)]^k}$。

本币预测的本币现值

贴现外币现金流的第二种方法的基础是用本币预测未来外币现金流并以本币贴现率贴现。可理解为直接预测汇率与外币现金流的乘积 $E_t[S(t+k)X(t+k)]$，然后使用本币贴现率。但在实践中，没有人会这么做。大家都是首先计算外币预测值然后乘以汇率预测值 $E_t[S(t+k)]E_t[X(t+k)]$，得到未来现金流的本币价值。然后，人们用本币贴现率 $r(DC,k)$ 得到现值。因此，未来外币现金流的本币现值为 $\frac{E_t[S(t+k)]E_t[X(t+k)]}{[1+r(DC,k)]^k}$。①

使两种预测方法等价

使贴现未来外币现金流价值的两种方法等价，得到：

$$\frac{S(t)E_t[X(t+k)]}{[1+r(FC,k)]^k}=\frac{E_t[S(t+k)]E_t[X(t+k)]}{[1+r(DC,k)]^k} \tag{16.20}$$

简化式 (16.20)，两边同时除以预期外币现金流和即期汇率再乘以 1 加贴现率之和的 k 次方，得到：

$$[1+r(DC,k)]^k=[1+r(FC,k)]^k\frac{E_t[S(t+k)]}{S(t)} \tag{16.21}$$

式 (16.21) 表明，当贴现率满足类似于第 7 章中讨论过的非抛补利率平价的平价条件时，两种方法所得结论相同。

注意，贴现率在不同期间通常不同。我们知道除非两种货币的利率的期限结构是统一的，否则不同期间的预期增值率不同。因此，如果一种货币的贴现率是固定的，则另一货币的贴现率不可能固定不变。

下一节将研究如何用两种方法来对境外项目估价。我们来看一个国际资本预算的案例，其中对实际汇率变化的预期将对境外项目的估价产生明显影响。

---

① 如果直接预测汇率与外币现金流的乘积，本币贴现率将略有不同，除非汇率与外币现金流不相关。

16.3 案例研究：CMTC 的澳大利亚项目

在周五傍晚的密苏里州圣路易斯，唐纳·艾丽莎还在盯着她的电脑屏幕。唐纳最近刚从金融分析师晋升为联合机械工具公司（CMTC）国际业务部的助理财务主管。CMTC 于 1972 年在圣路易斯成立并通过一系列并购快速成长起来。现在该公司在 7 个国家拥有国际制造厂并向 39 个国家销售其机械工具。

艾丽莎一直期待着不用加班的周末，但是 CMTC 的首席财务官计划周一召开资本预算会议。现在看来，似乎艾丽莎整晚都要待在办公室，决定是否推荐批准来自澳大利亚分公司的资本预算要求。此项目是艾丽莎来到公司以来所分析过的预算最大的提议。

澳大利亚投资方案

CMTC 的澳大利亚厂部经理罗德·威肯斯最近提交了一份需花费 4 110 万澳元的用新机器人和其他计算机化的机械重新建造工厂的方案。按照当前汇率 AUD1.42/USD，此提议价值 2 894 万美元。这样的支出将严重削减澳大利亚分公司的自由现金流并排除任何今年从澳大利亚获得股利的可能性。

威肯斯的建议表明新设备的投资将保证未来成本的显著节约。他还主张项目成本可部分由出售旧设备所得的 1 183 万澳元抵消。

艾丽莎见过威肯斯几次，知道威肯斯可能完全控制着生产线，但她并不能确信威肯斯懂得对投资项目做恰当的贴现预计现金流分析的重要性。威肯斯通常愿意接受任何降低其未来成本的项目，特别是那些可在 5 年内收回成本的项目。他总是这样解释这种态度："如果我们的成本比我们的竞争者高，CMTC 就无法盈利。"

澳大利亚工厂不是 CMTC 最老的工厂，但确实是首批国际业务之一。艾丽莎知道公司高层计划 10 年内关闭澳大利亚工厂，那时将在中国建厂。中国的劳动力成本不到澳大利亚劳动力成本的十分之一，而现在澳大利亚厂超过四分之一的产品是出口销往中国。艾丽莎认为随着中国对机械工具需求的增长，澳大利亚工厂的产品将越来越多地出口中国。因此她认为对于任何贴现现金流分析，对澳大利亚工厂的现金流只做 10 年的预期即可。

项目的细节

威肯斯在他的重建工厂方案备忘录中表示目前生产成本为每年 4 538 万澳元。他声称澳元生产成本很可能在未来五年随澳元通胀率增长。他还表示在工厂未来可使用年限里，由于老设备维护成本的增加，成本增长率将比澳元通胀率高出 1%。另一方面，威肯斯称工厂重建后制造成本第 1 年预期为当前成本的 90%，第 2 年为 85%，在工厂的剩余使用年限里均为 80%。虽然艾丽莎了解澳洲工厂的生产成本高于其他环太平洋地区工厂的成本，但是她不清楚这样的预期成本节约是否能证明该项目如此巨大的初始支出的合理性。

由于威肯斯没有提供任何未来现金流的预测，艾丽莎的首要工作就是预测项目的税后澳元现金流。然后，她需要以适当的贴现率贴现这些预期现金流。她还没有确定是贴现预期澳元现金流还是先将预期现金流转换为美元。如果她想贴现美元现金流，她需要预测未来汇率；如果她想贴现澳元现金流，只需得到正确的澳元贴现率。

获取经济数据

在开始分析之前，艾丽莎给高德赛克斯经济预测集团，一家投资银行，打了个电话，获取了一些利率数据以及一些澳洲及美国通胀率的预测。艾丽莎通过电话轻松获得了美元利率和澳元利率的数据，见图表 16.1。

经济分析师指出，利率的期限结构指每种货币的即期利率。期限结构代表每种货币的贴现债券收益。[①]图表 16.2 展示了两种利率的期限结构。

分析师解释说，图表 16.1 中的澳元通胀率和美元通胀率的逐年预测由高德赛克斯的专利计量经济学预测模型生成。分析师向艾丽莎保证这些通胀预测与大多数经济机构的预测一致。

图表 16.1　　澳元与美元的利率和通胀率信息

	利率的期限结构		预期通货膨胀率		预期实际利率	
年份	USD	AUD	USD	AUD	USD	AUD
1	3.02	18.72	2.00	12.00	1.00	6.00
2	3.58	17.91	2.60	11.00	1.50	5.50
3	4.02	17.10	3.10	10.00	1.75	5.00
4	4.40	16.36	3.50	9.25	2.00	4.50
5	4.76	15.65	3.90	8.50	2.20	4.00
6	5.08	15.02	4.20	7.85	2.40	3.80
7	5.37	14.49	4.40	7.45	2.60	3.60
8	5.64	14.03	4.60	7.25	2.80	3.40
9	5.89	13.64	4.80	7.10	3.00	3.20
10	6.11	13.29	5.00	7.00	3.00	3.00

注：利率的期限结构是贴现未来第 *k* 年已知未来现金流的即期恰当贴现率。预期通胀率代表分析师的预测。预期实际利率由式（16.24）得出。

图表 16.2　　美元和澳元利率的期限结构

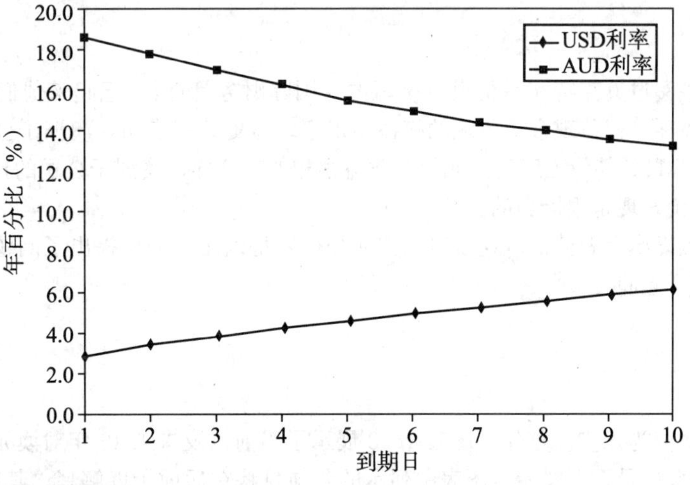

① 第 6 章解释了即期利率的期限结构以及债券价格和贴现债券收益之间的关系。

预期年实际利率

高德赛克斯的分析师给出了每种货币实际利率的逐年预期。这些实际利率的计算需要已知不同到期日的市场决定的名义利率和未来通胀率的预测，以反映未来投资的预期年实际收益。

分析师是这样得出年实际利率的。$r^e(t,k)$，$k=1,\cdots,10$，预期未来持续k年。令$i(t,k)$表示t时刻k年名义利率，并令$\pi^e(t,k)$表示t时刻预期的$t+k$时刻的年通胀率。借入单位货币k年，产生负债，未来$t+k$时刻需支付$[1+i(t,k)]^k$。将借入的单位货币投资（$k-1$）年债券，在$t+k-1$时刻获得收益$[1+i(t,k-1)]^{k-1}$。$t+k-1$时刻得到收益后，将（$k-1$）年的债券投资收益以年利率$i(t+k-1,1)$投资，在$t+k$年获得收益。由于这一策略无须今天的投资，预期收益一定等于预期成本，不考虑风险溢价。因此，

$$\{1+E_t[i(t+k-1,1)]\}[1+i(t,k-1)]^{k-1}=[1+i(t,k)]^k \tag{16.22}$$

现在，记住费雪等式表明1加预期名义利率可以分解为1加预期实际利率之和乘以1加预期通胀率之和，或者

$$\{1+E_t[i(t+k-1,1)]\}=[1+r^e(t,k)][1+\pi^e(t,k)] \tag{16.23}$$

将式（16.23）代入式（16.22），解出$[1+r^e(t,k)]$，可得：

$$1+r^e(t,k)=\frac{[1+i(t,k)]^k}{[1+i(t,k-1)]^{k-1}[1+\pi^e(t,k)]} \tag{16.24}$$

这些实际利率在后面将会与澳元的预期实际折旧率联系起来。

账面价值和折旧

作为预计现金流的开始，艾丽莎到CMTC的会计部查看了澳洲工厂现有设备的账面价值为1 050万澳元。这样，出售旧设备可产生应税利润。会计部还告知艾丽莎设备的剩余使用期为5年，采用直线折旧法计提折旧。新设备将以直线法折旧，使用寿命为10年。最后，会计部建议澳元现金流税率取40%。有了这些信息，艾丽莎对预测澳元现金流充满信心。只剩下贴现率的选择了。

贴现现金流

艾丽莎认真翻阅过贝克特和霍德里克撰写的《国际财务管理》，记起来他们提倡使用反映每期名义利率和具体项目权益现金流风险的权益贴现率。历史数据表明，澳洲子公司的澳元利润转换为美元时，与CMTC其他工厂的美元权益收益很相似。这样，澳洲子公司的预期美元现金流以8%的权益风险溢价贴现是很恰当的。

但是威肯斯想以澳元做分析。这就对以美元分析还是以澳元分析提出了问题。艾丽莎不想周一与威肯斯或CFO起冲突。

案例的解决

艾丽莎的办法分为几步。首先，图表16.3展示了当前以及未来10年对澳元税后现金流的预测。图表16.3的单位是百万澳元。图表中列示的各项目将在后面予以解释。其次，图表16.4列示了预期澳元对美元的汇率，这将用于图表16.5得到项目的预期美元现金流。这些数据将以美元权益贴现率贴现。图表16.6展示了该分析如何直接以澳元进行。

项目的初始支出

图表 16.3 第 2 列列示的项目初始支出 4 110 万澳元为负，作为 0 时刻价值，因为这是项目的成本。这一成本代表公司要想获得计划的未来成本节约，必须在今天为新设备投资的资源。

图表 16.3 **现金流（百万澳元）**

年份	支出	税后残值	旧生产成本	新生产成本	成本节约	税后成本节约	折旧税盾		总澳元现金流
							旧	新	
0	−41.10	11.30	45.38						−29.80
1			50.82	45.74	5.08	3.05	−0.84	1.64	3.85
2			56.41	47.95	8.46	5.08	−0.84	1.64	5.88
3			62.05	49.64	12.41	7.45	−0.84	1.64	8.25
4			67.79	54.23	13.56	8.13	−0.84	1.64	8.94
5			73.55	58.84	14.71	8.83	−0.84	1.64	9.63
6			80.06	64.05	16.01	9.61		1.64	11.25
7			86.83	69.46	17.37	10.42		1.64	12.06
8			93.99	75.19	18.80	11.28		1.64	12.92
9			101.60	81.28	20.32	12.19		1.64	13.84
10			109.73	87.79	21.95	13.17		1.64	14.81

旧设备的税后残值

出售旧设备可得 1 183 万澳元，可作为项目在时刻 0 的直接收益。因为旧设备的市价大于其账面价值 1 050 万澳元，CMTC 出售旧设备产生应税利润，税后利润列于第 3 列。公司在时刻 0 的收益等于旧设备售价减去所得税率乘以旧设备售价与账面价值的差额：

AUD11.83 百万−0.40×(AUD11.83 百万−AUD10.5 百万)=AUD11.30 百万

项目的税后成本节约

图表 16.3 第 4 列列出了工厂旧设备的成本预测。如威肯斯所说，旧设备成本在第 1～5 年预期以澳元通胀率增长，在第 6～10 年以比通胀率高 1%的速度增长。这样，如果 $\pi^e(t,k,\text{AUD})$ 表示 t 时刻对第 k 年澳元通胀率的预测，那么 $t+k$ 年预期的旧设备成本为：

第 k 年旧设备成本$=[1+\pi^e(t,k,\text{AUD})]\times(k-1)$ 年旧设备成本，$k=1,\cdots,5$

第 k 年旧设备成本$=[1+\pi^e(t,k,\text{AUD})+1\%]\times(k-1)$ 年旧设备成本，$k=6,\cdots,10$

例如，因为第 0 年成本为 4 538 万澳元且第 1 年预期澳元通胀率为 12%，第 1 年成本预期为：

AUD45.38 百万×1.12=AUD50.82 百万

图表 16.3 第 5 列列示了对新设备成本的预测。这些数据依据威肯斯预测的未来 10 年成本节约百分比生成。这样，

第 1 年新设备成本=0.90×第 1 年旧设备成本

第 2 年新设备成本=0.85×第 2 年旧设备成本

第 k 年新设备成本=0.80×第 k 年旧设备成本，k=3，⋯，10

图表 16.3 第 6 列给出了预期成本节约以及第 k 年旧设备与新设备成本预测的差额。注意此投资项目的收益几乎全部来自成本节约。假设新旧设备生产的机械工具完全相同，只是新设备更节

约成本。CMTC 预测如果进行投资，将出售相同数量的机械工具，只是每个机械工具因为生产成本更低，所以能够产生更多的利润。当然，因为 CMTC 获得了更多的利润，它将缴纳更多的所得税。因此，图表 16.3 第 7 列列示的成本节约的税后价值提供了项目的主要收益。第 k 年成本节约的税后预期价值等于 1 减税率 40%的差乘以第 k 年的成本节约预期价值。

折旧税盾

设备折旧是一项减少公司税前利润的会计成本。如果公司产生税前现金流 Y，以 Dep 表示折旧，那么公司的税前利润为（$Y-\text{Dep}$）。如果企业所得税为 τ，公司缴税 $\tau(Y-\text{Dep})$，税后利润为 $(1-\tau)(Y-\text{Dep})$。因为折旧并非现金流，我们应该通过税后利润加上折旧得到公司的税后现金流：

$$(1-\tau)(Y-\text{Dep})+\text{Dep}=(1-\tau)Y+\tau\,\text{Dep}$$

税后现金流为 1 减去税率的差乘以税前现金流加上税率乘以折旧额。因此，折旧为项目提供了减税收益，通常称之为折旧税盾。折旧税盾等于税率乘以折旧额。图表 16.3 第 8 列意识到旧设备的出售减少了剩余 5 年的旧设备折旧税盾。按照直线法折旧，第 1～5 年损失的折旧费为设备账面价值 1 050 万澳元的五分之一（20%）。因此，公司在项目前 5 年每年将损失折旧税盾：

$$0.40\times 0.20\times \text{AUD}10.5\text{ 百万}=\text{AUD}0.84\text{ 百万}$$

因为公司将购买新设备，将产生新的折旧税盾，列于图表 16.3 第 9 列。新的折旧税盾按照设备使用寿命 10 年折旧。因此，未来 10 年每年将从购买价款中减掉 10%，此价值乘以税率得到新设备的折旧税盾：

$$0.40\times 0.10\times \text{AUD}41.1\text{ 百万}=\text{AUD}1.64\text{ 百万}$$

预期澳元税后现金流

以百万澳元计的项目预期税后现金流列于图表 16.3 第 10 列。第 0 年价值等于第 2 列初始支出与第 3 列旧设备税后残值之和。第 1～10 年现金流等于第 7 列成本节约税后价值和第 8、9 列的折旧税盾价值之和。要决定项目是否可行，需要计算这些现金流的现值，要么用澳元，要么将其转换为美元。

注意假设设备完全折旧，第 10 年末的经济价值为零。如果此假设不成立，一些未来价值或设备残值将提供项目额外的收益。

未来即期汇率的预测

通过当前即期汇率和图表 16.1 给出的每种货币的当前利率的期限结构预测未来即期汇率是很简单的。令 $S(t)$ 表示单位美元兑换澳元的当前即期汇率，为 AUD1.42/\$。令 $i(t,k,\text{AUD})$ 表示 t 时刻澳元 k 年的即期名义利率。例如在图表 16.1 中，5 年期澳元利率为 15.65%。令 $i(t,k,\$)$ 表示 t 时刻美元 k 年的即期名义利率且在图表 16.1 中，5 年期美元利率为 4.76%。然后，根据利率平价理论，k 年单位美元兑换澳元的远期汇率在 t 时刻的报价满足：

$$F(t,k)=S(t)\times\frac{[1+i(t,k,\text{AUD})]^k}{[1+i(t,k,\$)]^k}\tag{16.25}$$

将当前即期汇率和 5 年期利率代入式（16.25），我们得到 t 时刻对 $t+5$ 时刻的隐含远期汇率：

$$\text{AUD}1.42/\$\times\frac{(1.156\,5)^5}{(1.047\,6)^5}=\text{AUD}2.328\,3/\$$$

因为澳元名义利率明显高于美元名义利率，美元在远期市场上有更高的价值。在远期外汇市场风险溢价存在的信息缺乏时，式（16.25）可用于获得预期未来即期汇率。也就是，我们可以认为隐含远期汇率是未来即期汇率的无偏估计：

$$F(t,k)=E_t[S(t+k)] \tag{16.26}$$

以这种方法运用图表 16.1 的数据通过式（16.25）和（16.26）得到的预期未来即期汇率列于图表 16.4 第 2 列。第 3 列列示了这些预测中隐含的美元对澳元的预期年升值率。这些数据将在后面的分析中用到。

图表 16.4　　通过利率平价对澳元—美元汇率的预测

年份	澳元—美元汇率预测	美元的名义升值百分比
0	1.420 0	
1	1.636 4	15.24
2	1.840 1	12.45
3	2.026 0	10.10
4	2.191 0	8.14
5	2.328 3	6.27
6	2.442 8	4.92
7	2.538 7	3.92
8	2.618 2	3.13
9	2.680 8	2.39
10	2.731 9	1.90

如果还假设未来即期汇率与项目的澳元现金流相互独立，那么项目预期税后澳元现金流 $E_t[X(t+k,\text{AUD})]$ 可以通过除以图表 16.4 中第 $t+k$ 年的汇率预测值转化为美元现金流：

$$\text{在 } t \text{ 时刻对第 } t+k \text{ 年美元价值的预期}=\frac{E_t[X(t+k,\text{AUD})]}{E_t[S(t+k)]} \tag{16.27}$$

例如，图表 16.3 列出的对第 1 年澳元税后现金流的预测值为 385 万澳元，图表 16.4 中第 1 年澳元美元汇率为 AUD1.636 4/USD。这样，第 1 年澳元现金流的美元预测值为：

$$\frac{\text{AUD3.85 百万}}{\text{AUD1.636 4/USD}}=\text{USD2.35 百万}$$

按式（16.27）计算得到的预期美元现金流的现值可以用美元权益贴现率 $r_E(t,k,\$)$ 贴现获得：

$$\text{第 } t+k \text{ 年预期美元价值贴现到 } t \text{ 时刻的现值}$$
$$=\frac{E_t[X(t+k,\text{AUD})]/E_t[S(t+k)]}{[1+r_E(t,k,\$)]^k} \tag{16.28}$$

美元贴现率

对于预期美元现金流恰当的美元贴现率的选择要考虑两方面因素。首先，从即期汇率我们得知美元的时间价值不是固定不变的，因此，美元权益贴现率应该反映这一事实。其次，预估美元现金流不是无风险的。因为澳大利亚子公司实现的利润是权益现金流，所以贴现预期现金流的贴现率应该反映权益的风险。在此案例中，艾丽莎认为8%的美元权益风险溢价是恰当的。所以，恰当的美元权益贴现率为美元名义无风险利率加上8%：

$$r_E(t,k,\$)=i(t,k,\$)+8\%$$

这些美元权益贴现率列于图表16.5第3列中。

项目的美元净现值

与式（16.28）相应的现值列于图表16.5第4列。将这些现值加总求和，得到项目净现值为42万美元。因为项目净现值为正，所以应该接受此项目。

图表16.5　CMTC项目净现值

年份	美元现金流（百万美元）	美元权益贴现率（%）	第0年价值（百万美元）
0	−20.99		−20.99
1	2.35	11.02	2.12
2	3.20	11.58	2.57
3	4.07	12.02	2.90
4	4.08	12.40	2.56
5	4.14	12.76	2.27
6	4.61	13.08	2.20
7	4.75	13.37	1.97
8	4.94	13.64	1.78
9	5.16	13.89	1.60
10	5.42	14.11	1.45
		可变贴现率下的美元净现值＝	0.42
		贴现率为14.11%时的美元净现值＝	−0.47

不正确的贴现是怎样产生问题的?

在实际资本预算分析中，通常用单个贴现率贴现所有未来现金流。如果要分析一个10年期的项目，每年用的都是10年期贴现率。有时候这是一个无关痛痒的假设，如果利率的期限结构相对平坦，但是它在我们的案例中并非无关痛痒。如果在这10年中每年的预期美元现金流都以10年期美元权益贴现因子14.11%贴现，项目的净现值就为负。图表16.5给出了这一价值为−47万美元。

使用这一不正确的方法时项目价值为负的原因是美元利率的期限结构是向上倾斜的。向上倾斜的即期利率期限结构表明预期未来美元短期名义利率比当前短期利率高。因此，较远期的预期美元现金流的贴现率比较近期的现金流的贴现率高。如果项目早期的预期美元利润以较高的只适合贴现第10年现金流的美元收益率贴现，项目的现值就被无谓地缩减了。

项目的澳元净现值

前面的分析通过以美元权益贴现率贴现预期美元现金流得出了项目的美元净现值。还可以通过以下办法得到项目的美元净现值。首先以恰当的澳元权益贴现率 $r_E(t,k,\mathrm{AUD})$ 贴现预期澳元现金流：

$$\text{第 } t+k \text{ 年预期澳元在 } t \text{ 时刻的现值}=\frac{E_t[X(t+k,\mathrm{AUD})]}{[1+r_E(t,k,\mathrm{AUD})]^k} \tag{16.29}$$

项目的美元净现值可以通过将澳元净现值除以当前单位美元对澳元的即期汇率得出：

$$\text{第 } t+k \text{ 年预期澳元在 } t \text{ 时刻的美元现值} =\frac{E_t[X(t+k,\mathrm{AUD})]}{[1+r_E(t,k,\mathrm{AUD})]^k}\times\left(\frac{1}{S(t,\mathrm{AUD}/\$)}\right) \tag{16.30}$$

要使两种获得美元净现值的方法提供相同的价值，则需使式（16.28）与式（16.30）等价，这样我们就可得到下面的等式：

$$\frac{E_t[X(t+k,\mathrm{AUD})]}{[1+r_E(t,k,\mathrm{AUD})]^k}\times\left(\frac{1}{S(t,\mathrm{AUD}/\$)}\right)$$
$$=\frac{E_t[X(t+k,\mathrm{AUD})]/E_t[S(t+k,\mathrm{AUD}/\$)]}{[1+r_E(t,k,\$)]^k} \tag{16.31}$$

式（16.31）中澳元贴现率和美元贴现率的关系可写成：

$$[1+r_E(t,k,\mathrm{AUD})]^k=[1+r_E(t,k,\$)]^k\times\frac{E_t[S(t+k,\mathrm{AUD}/\$)]}{S(t,\mathrm{AUD}/\$)} \tag{16.32}$$

通过求解式（16.31）中的澳元贴现率，我们得到：

$$r_E(t,k,\mathrm{AUD})=[1+r_E(t,k,\$)]\times\left(\frac{E_t[S(t+k,\mathrm{AUD}/\$)]}{S(t,\mathrm{AUD}/\$)}\right)^{1/k}-1 \tag{16.33}$$

由图表 16.1 中美元对澳元的预期升值率，我们可以计算：

$$\frac{E_t[S(t+k,\mathrm{AUD}/\$)]}{S(t,\mathrm{AUD}/\$)}=\frac{[1+i(t,k,\mathrm{AUD})]^k}{[1+i(t,k,\$)]^k} \tag{16.34}$$

我们可以将式（16.34）中由市场决定的预测值代入式（16.33）中。另外，我们可以利用美元对澳元预期升值率的专利预测，但是我们必须了解专利预测与市场预测产生差异的原因。在两种情况下，我们都必须获得澳元贴现率。

注意到 k 年中美元对澳元的预期升值率以式（16.33）中 $1/k$ 次方形式表达时，等于 1 加即期 k 年澳元名义利率与 1 加即期 k 年美元名义利率之比：

$$\left(\frac{E_t[S(t+k,\mathrm{AUD}/\$)]}{S(t,\mathrm{AUD}/\$)}\right)^{1/k}=\frac{1+i(t,k,\mathrm{AUD})}{1+i(t,k,\$)} \tag{16.35}$$

将式（16.35）代入式（16.33），可得：

$$r_E(t,k,\mathrm{AUD})=[1+r_E(t,k,\$)]\times\frac{[1+i(t,k,\mathrm{AUD})]}{[1+i(t,k,\$)]}-1 \tag{16.36}$$

满足式（16.36）的澳元权益收益率列于图表 16.6 中第 3 列。

将预期澳元现金流以这些权益收益率贴现，得到项目的净现值为 60 万澳元。令澳元净现值除以当前汇率 AUD1.42/$，得到美元净现值为 42 万美元。注意这与以美元贴现率贴现预期美元现金流得到的价值相等。

一种错误方法——回顾

我们向大家展示了如果预期美元现金流均以共同的 10 年期贴现率贴现，项目的美元净现值为负，这是因为使用共同的贴现率忽视了美元利率的预期变化，本案例中美元利率预期随时间增加。

类似地，我们将得到错误的项目现值，如果以共同的 10 年期澳元贴现率 21.83%贴现每年的预期澳元现金流，将得到更大的项目净现值。图表 16.6 给出了这一价值为 306 万澳元，即 215 万美元。

用错误方法得出的项目价值更大的原因在于澳元利率的期限结构是向下倾斜的。向下倾斜的期限结构表明未来短期澳元名义利率比当前短期利率低。因此，较远期的长期澳元现金流应以较低的贴现率贴现，而较近期的澳元现金流应以较高的贴现率贴现。如果项目前期的澳元利润以较低的只适合第 10 年现金流的澳元收益率贴现，得到的项目价值将比实际值大。

图表 16.6 **CMTC 项目的净现值**

年份	澳元现金流（百万澳元）	澳元权益贴现率（%）	第 0 年价值（百万澳元）
0	−29.80		−29.80
1	3.85	27.94	3.01
2	5.88	27.02	3.65
3	8.25	26.11	4.11
4	8.94	25.28	3.63
5	9.63	24.48	3.22
6	11.25	23.78	3.13
7	12.06	13.18	2.80
8	12.92	22.67	2.52
9	13.84	22.22	2.27
10	14.81	21.83	2.06
			可变利率下的澳元净现值＝0.60
			相应的美元净现值＝0.42
			贴现率为 21.83%时的澳元净现值＝3.06
			相应的美元净现值＝2.15

预期实际美元升值率

两种货币的名义利率表明名义上美元预期对澳元升值，如图表 16.4 所示。已知图表 16.1 的预期通胀率，我们还能确定实际上美元对澳元也是升值的，如图表 16.7 所示。预期澳元实际走弱很重要，因为这暗示通过购买力平价预测项目的美元现金流将严重高估此项目。

用购买力平价预测外币现金流只适用于相对购买力平价未来各期保持不变的情况。如果一种货币实际坚挺而预期贬值，如本例中的澳元，那么购买力平价预测无效。

预期美元对澳元的实际升值率定义为实际汇率的百分比变化。此时的实际汇率等于名义汇率 AUD/USD 乘以美元价格水平与澳元价格水平的比率：

$$RS(t)=\frac{S(t)P(t,\$)}{P(t,\mathrm{AUD})}$$

图表 16.7 **美元实际升值率预测**

年份	年百分比（%）	累计美元实际升值率（%）
1	4.95	4.95
2	3.94	9.09
3	3.19	12.57
4	2.45	15.33
5	1.76	17.36
6	1.37	18.97
7	0.97	20.13
8	0.58	20.83
9	0.19	21.06
10	0.00	21.06

令实际汇率的百分比变化为 $rs(t+1)$，实际通胀率为 $\pi(t+1,\$)$ 和 $\pi(t+1,\text{AUD})$，那么

$$rs(t+1)=\frac{[S(t+1)P(t+1,\$)/P(t+1,\text{AUD})]}{[S(t)P(t,\$)/P(t,\text{AUD})]}-1$$
$$=\frac{[1+S(t+1)][1+\pi(t+1,\$)]}{[1+\pi(t+1,\text{AUD})]}-1$$

要得到预期实际升值率，我们可以以图表 16.4 中的名义升值率和图表 16.1 中美元和澳元通胀率的预期价值代替实际价值。

图表 16.7 显示预期美元实际走强，于第 1 年升值 4.95%。预期实际升值率逐年减少，直至第 9 年达 0.19%，第 10 年为零。图表 16.7 还给出了累计的预期实际汇率的百分比变化。已知两种货币的名义利率和预期通胀率，金融市场将预测美元对澳元在未来 10 年实际走强 21.1%。如果项目估价未留有美元实际升值的余地，项目价值将被严重高估。

第 9 章讲过实际汇率的变化常常显著影响境外经营的盈利能力。当前案例没有体现这一预测的重要因素，但这并不意味着此影响不重要。我们只是不考虑它以简化讨论。

16.4 投资收益等于 r_{WACC} 时的终值

永续增长的未来价值

这一节将展示计算项目未来价值的另一种方法。在第 15 章我们强调资本预算的估价应该考虑公司长期增长率并应以公司资本成本贴现公司的自由现金流。根据永续公式，对于增长率为 g、贴现率为 r 的现金流，我们认为如果我们能够对未来 10 年做出明确预测，那么

$$\text{第 10 年的终值}=\frac{FCF(t+11)}{r\%-g\%} \tag{16.37}$$

其中，$FCF(t+11)$ 表示在第 $t+11$ 年自由现金流在 t 时刻的预期价值。注意，如果我们做 WACC 分析，我们令 $r=r_{WACC}$，而如果我们做 ANPV 分析，我们令 $r=r_A$，然后单独处理永续债务的税盾。

虽然这样计算终值完全正确，但它需要我们理解公司未来的增长率。一种假设是增长只缘于通货膨胀，因为任何真正的增长都需要公司持续投资。在这种情况下，人们通常假设公司的资本性支出刚好等于折旧。

均衡投资收益率

推导终值的另一种方法涉及明确预测直至公司投资收益率等于其加权平均资本成本 r_{WACC}。这个条件的合理性在于如果公司的投资收益率大于其资本成本，公司将扩张，或者更可能的情况是竞争者将注意到高于平均水平的收益并进入此行业，从而降低所投资本的收益率。

投资收益

投资收益（return on investment，ROI）是公司未来经营利润的变化，等于公司总现金流的增加除以其投资额。在第 15 章的注释中，总现金流（GCF）等于公司扣除调整后税费的净经营

利润（$NOPLAT$）加上会计折旧。公司的投资 $INVEST$ 等于其资本性支出 $CAPX$ 加上其净营运资本的变化 ΔNWC，或者 $INVEST=CAPX+\Delta NWC$。因此，

$$ROI(t+1)=\frac{GCF(t+1)-GCF(t)}{INVEST(t)} \tag{16.38}$$

因为自由现金流等于总现金流与投资额的差额，我们可以写出：

$$FCF(t)=GCF(t)-INVEST(t)=GCF(t)\times\left[1-\frac{INVEST(t)}{GCF(t)}\right] \tag{16.39}$$

再投资比率的重要性

在式（16.39）中，投资额与总现金流的比率被称为**再投资比率**（plowback ratio），用PB（t）表示。再投资比率是管理层从经营利润中拿来对公司再投资的部分。

将式（16.38）两边同时乘以 $INVEST(t)$，同时两边除以 $GCF(t)$，我们得到：

$$ROI(t+1)\times\frac{INVEST(t)}{GCF(t)}=\frac{GCF(t+1)-GCF(t)}{GCF(t)} \tag{16.40}$$

式(16.40)左边为投资收益率乘以再投资比率，右边为总现金流的增长率：

$$ROI\ (t+1)\ PB\ (t)=g$$

这非常合理。一家公司的投资收益率越高，以前的利润未分配给股东的部分越大，其利润增长越快。

终值的计算

如果我们用式（16.39）替换式（16.37）中的 $FCF(t+1)$，得到：

$$第\ 10\ 年的终值=\frac{GCF(t+11)\times[1-PB(t+11)]}{r-g} \tag{16.41}$$

由式（16.40）得：

$$\begin{aligned}1-PB(t+11)&=[1-g/ROI(t+11)]\\&=[ROI(t+11)-g]/ROI(t+11)\end{aligned}$$

如果公司用完了所有正净现值的项目，那么公司的投资收益率将恰好等于其资本成本。因此，令 $ROI=r$，并将其代入式（16.41），得到：

$$第\ 10\ 年的终值=\frac{GCF(t+11)\left(\frac{r-g}{r}\right)}{r-g}=\frac{GCF(t+11)}{r} \tag{16.42}$$

此表达式看上去像零增长永续模型，但总现金流实际上以增长率 g 增长。

例 16.4　柯南德拉姆公司的未来价值

假设柯南德拉姆公司的加权平均资本成本为 15%。再投资其总现金流的 40%给新项目。如果新投资项目的净现值为零，那么柯南德拉姆的增长率是多少？

因为本例中 $ROI=r$，用式（16.40）可得到柯南德拉姆的增长率：

$$g=r\times PB=15\%\times 40\%=6\%$$

如果第 10 年的总现金流的预测值为 4 000 万美元，第 $t+10$ 年的终值是多少？

我们有两种方法得到终值。自由现金流的最后预测值为 4 000 万美元的 60%，因为总现金流的 40%用于再投资。因此，$FCF(t+10)$ =0.60×4 000 万美元=2 400 万美元。第t+11年的自由现金流将增长 6%，因为公司以 6%的速度增长，$FCF(t+11)$ =2 400 万美元×1.06=2 544 万美元。根据式（16.37），有

$$第\ t+10\ 年的终值=\frac{\$25.44\ 百万}{0.15-0.06}=\$282.67\ 百万$$

另一种方法，我们根据式（16.42）计算终值。在第 t+11 年，总现金流将比第t+10 年的 4 000万美元增长 6%，即 4 240 万美元。因此，

$$第\ t+10\ 年的终值=\frac{\$42.4\ 百万}{0.15}=\$282.67\ 百万$$

针锋相对

更快的增长会产生更大的价值吗?

正值春季，Handel 兄弟正在观看他们的表妹，Suttle 的妹妹，Courtney 的足球比赛。Ante 突然说：“Freedy，咱们应该将权益投资组合中更大的比例投资于成长型公司。更快的增长能带来更高的收益率，更高的收益率意味着我们可以提早退休。”

Freedy 吃了一惊，因为他正在关注球赛，Courtney 正在突破，但他还是回答了：“Ante，你是不是没弄明白？只有当公司的经理们通过投资正净现值的项目而创造了价值，才会有高于正常水平的收益率，这种项目在市场中并不常见。”

Courtney 进球后，Ante 争辩道：“贝克特和霍德里克的书里说过，更快的增长意味着更高的终值，因为你要用自由现金流的最后预测值除以 $r-g$。g 越大，分母越小，终值也就越大，因此更快的增长带来了更大的价值。我是这么想的，而且我觉得很有道理。”

正在这时，裁判吹哨示意中场休息。Suttle 看过来，问兄弟俩有没有看到 Courtney 的进球。“她突破了两名防守，冲向守门员，势不可当。你们觉得怎么样?”两兄弟都耸肩皱眉。Suttle 感到一场争论正在酝酿，便问：“你俩吵什么呢?”在做出评判之前，Suttle 建议：“我们需要笔和纸。比赛之后大家坐下来好好看几个例子怎么样?”

比赛结束后，Ante，Freedy 和 Suttle 围在餐桌周围。“咱们重温一下贝克特和霍德里克的书里讨论增长和终值的部分，应该是例 16.4。”Suttle 向两兄弟展示了增长率等于再投资比率乘以投资收益率。

“所以，我说对了！”Ante 大声说，“公司投资越多，增长越快。”

Freedy 面红耳赤地争辩道：“但是如果投资只赚得资本成本，投资就不增加价值。”

这时，Suttle 说：“Ante，你说再投资比率越高增长越快是对的，Freedy，你说公司价值没有增加是错的。但是，Ante，你也是错的。公司价值的增加仅仅等于其投资额，如果 Freedy 正确，那么公司仅获得其加权平均资本成本。假设柯南德拉姆公司将其再投资比率从 40%变为 50%。式（16.40）中的公司增长率从 6%增加为 7.5%（=50%×15%）。第 t+10 年的额外投资为 400 万美元（=10%×4 000 万美元）。因此，第 t+10 年自由现金流从2 400万美元减少为 2 000 万美元。第 t+10 年的终值$=\frac{20\times1.075\ 百万美元}{0.15-0.075}$=286.67 百万美元。注意，这一价值比以前高出 400 万美元，正是投资额。”

Suttle 接着说：“按照式（16.42）计算终值时，第 t+11 年的总现金流比第 t+10 年的 4 000

万美元高 7.5%，为 4 300 万美元。因此，第 $t+10$ 年的终值$=\frac{43\text{ 百万美元}}{0.15}=286.67$ 百万美元。”

Suttle 分析之后，总结说：“增长确实增加价值，但是只有当投资收益率大于加权平均资本成本时，公司的价值增长才超过其投资额。”

16.5 外币借款的税盾

企业借入外币，得到利息扣除，就像借入本币一样。但是偿还贷款时，企业要么在本币对外币走强时得到资本利得，要么在本币对外币走弱时遭到资本损失。资本利得是公司利润的一部分，是应税的。资本损失是可以抵税的，提供了额外的税盾。这部分首先探索与资本利得和损失相关的理论，然后分析香蕉计算机公司的借款价值。

外币借款的纳税结果

假设一家美国企业在时间 t 借入一定金额外币 1 年。定义外币本金为 $D(FC)$，令外币利率为 $i(FC)$。那么，如果汇率 $S(t)$ 为单位外币兑换美元数，则这笔贷款本金的美元价值为 $S(t)\times D(FC)$。1 年后，公司将偿还外币本金和利息，还可扣除一部分实际支付利息的美元价值。美元走弱增加了利息支付额，美元走强则减少了利息支付额。这样，$t+1$ 时刻的实际利息支出为 $S(t+1)\times i(FC)\times D(\mathrm{FC})$。

汇率变动还会影响外币本金偿还额的美元价值，即 $S(t+1)\times D(\mathrm{FC})$美元。如果偿还本金时，美元对外币走强，$S(t+1)<S(t)$，企业偿还本金的美元少于借入的美元。两者之差 $[S(t)-S(t+1)]\times D(FC)$ 就是企业的资本利得。因为资本利得是公司的所得，公司必须对其资本利得支付所得税。

反过来，如果偿还本金时美元对外币走弱，$S(t+1)>S(t)$，企业需偿还 $S(t+1)\times D(FC)$ 美元，这大于借入的美元，两者的差额 $[S(t+1)-S(t)]\times D(FC)$ 即为资本损失。公司将从其利润中减去这一损失，从而减少公司的所得税。

因为各国利率不同，且汇率预期不断变化，所以借入外币时预期会发生资本利得或损失。预期资本利得税或预期资本损失抵减必然阻止了公司借入高利率货币以得到更大的利息税税盾的动机。因为高利率货币预期对本币贬值，借款人偿还本金时预期享有资本利得。资本利得税抵消了较高的利息税税盾，从而阻止了借入高利率货币的减税动机。

下一部分将展示香蕉计算机公司面临多种外币借款机会的案例。香蕉计算机公司使用 ANPV 分析找到最佳方案。

香蕉计算机公司的外币借款

如果一个企业拥有两个互相排斥的项目，ANPV 分析认为公司应接受 ANPV 最大的项目。形成这种分析的一种情境就是进口商购买商品时获得出口商或出口商所在政府提供的融资优惠。如果从各国进口的商品是相同的，进口商的问题在于找出最佳融资。融资的 ANPV 分析考虑利息税税盾和任何汇率变化产生的资本利得税或资本损失优惠。这一节将给出这些影响的具体说明。

香蕉计算机公司的借款价值

假设香蕉计算机公司，一家美国公司，想从德国制造商或日本制造商处购买一些计算机硬盘驱动器。从香蕉计算机公司的视角，硬驱是一样的，不同的只是融资方式而已。德国公司安排香蕉计算机公司以年利率 3.5%借入 8 年期 3 亿欧元。此利率低于 8 年期无风险欧元利率 5%。日本制造商安排香蕉计算机公司以更低的利率 1.5%借入 8 年期 360 亿日元。8 年期日元无风险利率为 2.5%。按当前汇率 JPY120/EUR，贷款的本金相等，因为

$$(JPY120/EUR) \times EUR300\ 百万 = JPY36\,000\ 百万$$

两家出口商均要求贷款每年等额分期偿还。摊销是偿还长期债务本金的过程。因为只需对未偿本金支付利息，每年以相等的支付额摊销贷款意味着借款人在贷款期限早期支付更多的利息，在贷款期限后期支付更多的本金。[①]

如果硬驱是一模一样的，香蕉计算机公司应接受哪一家的贷款？又或者，当无风险美元利率为 4%时，香蕉计算机公司是否应该以 6%的市场利率借入美元？按照即期汇率 USD1.090 9/EUR，美元本金为：

$$(USD1.090\,9/EUR) \times EUR300\ 百万 = USD327.27\ 百万$$

图表 16.8～图表 16.10 分别展示了有关美元贷款、欧元贷款和日元贷款的 ANPV 现金流分析。

图表 16.8 **美元贷款的价值**

	未来年份								
	0	1	2	3	4	5	6	7	8
3.272 7 亿美元贷款的美元支付									
利率为 6%时的利息		19.64	17.65	15.55	13.32	10.96	8.45	5.80	2.98
本金		33.07	35.05	37.15	39.38	41.76	44.25	46.91	49.72
总计		52.70	52.70	52.70	52.70	52.70	52.70	52.70	52.70
与美元贷款相关的预期美元现金流									
利息		−19.64	−17.65	−15.55	−13.32	−10.96	−8.45	−5.80	−2.98
本金	327.27	−33.07	−35.05	−37.15	−39.38	−41.75	−44.25	−46.91	−49.72
利息税盾		6.68	6.00	5.29	4.53	3.73	2.87	1.97	1.01
美元现金流	327.27	−46.03	−46.70	−47.42	−48.17	−48.98	−49.83	−50.73	−51.69
利率为 6%时的美元现金流的净现值	26.42								

注：所有现金流均以百万美元为单位并四舍五入到两位小数。流入为正，流出为负。

① 在微软 Excel 软件中，PMT（*rate*，*nper*，*pv*，*fv*，*type*）命令返回的是每年支付值。其中，*rate* 为利率，*nper* 为年限，*pv* 为借款额，*fv* 为未来的价值，*type* 表明还款时间是每年年初还是年末。IPMT 和 PPMT 命令提供利息支付与本金支付的分解数据。

美元贷款

美元贷款是最直接的贷款，也是其他贷款的比较基准。图表 16.8 表明偿还本金为 3.272 7 亿美元、利率为 6%的 8 年期贷款，每年需支付 5 270 万美元。因为只有未偿贷款需付利息，第 1 年利息支付额为：

0.06×USD327.27 百万＝USD19.64 百万

到第 8 年，只有 4 972 万美元的本金未还，所以最后一次利息支付为：

0.06×USD49.72 百万＝USD2.98 百万

ANPV 分析估计了每年预期税后美元现金流的价值。第 1 年，香蕉计算机公司得到 3.272 7 亿美元作为贷款的本金。在未来年份里，现金流出等于利息支付与本金偿还之和减利息税税盾。企业所得税为 34%。利息支付在第 1 年可提供利息税税盾：

0.34×USD19.64 百万＝USD6.68 百万

未来税后支付额的现值比借入本金价值小的值就是贷款的 ANPV。这些债务现金流应以香蕉计算机公司的市场债务利率 6%贴现。图表 16.8 表明以 6%借入 3.272 7 亿美元的能力价值2 642 万美元。

欧元贷款

图表 16.9 展示了对欧元贷款的分析。摊销 8 年期利率为 3.5%、本金为 3 亿欧元的贷款需每年支付 4 364 万欧元。因为只有未偿贷款需付利息，第 1 年利息支付额为：

0.035×EUR300 百万＝EUR10.50 百万

图表 16.9　　欧元优惠贷款的价值

	未来年份								
	0	1	2	3	4	5	6	7	8
3 亿欧元贷款的欧元支付									
利率为 3.5%时的利息		10.50	9.34	8.14	6.90	5.61	4.28	2.90	1.48
本金		33.14	34.30	35.50	36.75	38.03	39.36	40.74	42.17
总计		43.64	43.64	43.64	43.64	43.64	43.64	43.64	43.64
美元利率为 4%、政府利率为 5%时的预期美元/欧元									
汇率	1.090 9	1.080 5	1.070 2	1.060 0	1.049 9	1.039 9	1.030 0	1.020 2	1.010 5
与欧元贷款相关的预期美元现金流									
利息		−11.35	−10.00	−8.63	−7.24	−5.83	−4.41	−2.96	−1.49
本金	327.27	−35.81	−36.71	−37.63	−38.58	−39.55	−40.55	−41.56	−42.61
利息税盾		3.86	3.40	2.93	2.46	1.98	1.50	1.01	0.51
资本收益补助或税收		−0.12	−0.24	−0.37	−0.51	−0.66	−0.81	−0.98	−1.15
美元现金流	327.27	−43.42	−43.55	−43.70	−43.87	−44.06	−44.27	−44.50	−44.75
利率为 6%时美元现金流的净现值	54.31								

注：所有现金流均以百万为单位且四舍五入到两位小数。在上半部分，货币单位为欧元；在下半部分，货币单位为美元。

到第 8 年，只有 4 217 万欧元的本金未还，所以最后一次利息支付为：

0.035×EUR42.17 百万＝EUR1.48 百万

日元贷款

图表 16.10 展示了对日元贷款的分析。摊销 8 年期利率为 1.5%、本金为 360 亿日元的贷款需每年支付 48.090 2 亿日元。第 1 年利息支付额为：

0.015×JPY36 000 百万＝JPY540 百万

第 8 年未偿本金为 47.379 6 亿日元，所以最后一次的利息支付额为：

0.015×JPY4 737.96 百万＝JPY71.07 百万

图表 16.10　　日元优惠贷款的价值

	未来年份								
	0	1	2	3	4	5	6	7	8
360 亿日元贷款的日元支付									
利率为 1.5%时的利息		540.00	475.96	410.97	345.00	278.04	210.07	141.09	71.07
本金		4 269.02	4 333.06	4 398.06	4 464.03	4 530.99	4 598.95	4 667.94	4 737.96
总计		4 809.02	4 809.02	4 809.02	4 809.02	4 809.02	4 809.02	4 809.02	4 809.02
美元利率为 4%、日元利率为 2.5%时的预期日元/美元									
汇率	110.00	108.41	106.85	105.31	103.79	102.29	100.82	99.36	97.93
与日元贷款相关的预期美元现金流									
利息		−4.98	−4.45	−3.90	−3.32	−2.72	−2.08	−1.42	−0.73
本金	327.27	−39.38	−40.55	−41.76	−43.01	−44.29	−45.62	−46.98	−48.38
利息税盾		1.69	1.51	1.33	1.13	0.92	0.71	0.48	0.25
资本收益补助或税收		0.19	0.39	0.61	0.83	1.06	1.29	1.54	1.80
美元现金流	327.27	−42.47	−43.10	−43.73	−44.38	−45.03	−45.70	−46.37	−47.05
利率为 6%时美元现金流的净现值	50.75								

注：所有现金流均以百万为单位且四舍五入到两位小数。在上半部分，货币单位为日元；在下半部分，货币单位为美元。

外币贷款的比较

因为香蕉计算机公司是一家美国公司，它可以通过用预期未来汇率将预期未来外币现金流转化为预期未来美元比较两种优惠交易的价值。图表 16.9 和图表 16.10 根据利率平价，用无风险利率计算未来汇率预测值。它假设每种货币的利率期限价值平坦。在图表 16.9 中，单位欧元兑美元的即期汇率为 USD1.090 9/EUR，预测未来第 k 年的汇率为：

$$E_t[S(t+k)]=(\text{USD}1.0909/\text{EUR})\times[1.04/1.05]^k$$

因为美元利率比欧元利率小，预期美元对欧元升值。预期美元升值意味着预期偿还欧元本金形成资本利得。资本利得的产生是由于偿还欧元贷款的本金需要较少的美元，这增加了香蕉计算机公司的利润。而资本利得税降低了此交易的价值。

在图表 16.10 中，单位美元兑换日元的即期汇率为 JPY110/USD，预测未来第 k 年的汇率为：

$$E_t[S(t+k)] = (\text{JPY110/USD}) \times [1.025/1.04]^k$$

因为日元利率小于美元利率，美元预期对日元走弱。因此，香蕉计算机公司预期比起以当前汇率折算的借入的日元本金的美元金额，偿还日元本金需要支付更多的美元。所以香蕉计算机公司预期偿还日元本金时形成资本损失。因为这些预期资本损失可以抵税，所以它们增加了此交易的价值。

美国企业所得税为 34%，利息税税盾为预期支付欧元贷款或日元贷款的美元利息的 34%，这和美元贷款的情况相同。例如，第 1 年，欧元贷款的利息为 1 050 万欧元，预期即期汇率为 \$1.080 5/€。因此，预期美元利息为 \$1.080 5/€×€10.5 百万＝\$11.35 百万。利息税税盾为 0.34×\$11.35 百万＝\$3.86 百万。当借入欧元贷款时，资本利得税为借入本金的美元价值与偿还本金的美元价值之差的 34%。例如，第 1 年偿还本金 3 314 万欧元，预期资本利得税为 0.34×€33.14百万×（\$1.090 9/€－ \$1.080 5/€）＝\$0.12 百万。当借入日元贷款时，资本损失抵税提供的补贴为偿还本金的美元价值与借入本金的美元价值的差额的 34%。

正如借入美元贷款一样，ANPV 分析以 6%的贴现率得到每年预期税后美元现金流的现值，因为未来预期美元现金流与美元债务具有同样的风险特征。第 1 年，香蕉计算机公司得到3.272 7 亿美元作为贷款的本金。对于外币贷款，未来美元现金流出等于利息支付与本金支付的和减去利息税税盾加上任何资本利得税或减去任何资本损失补贴。未来支付额现值比借入本金价值小的金额就是贷款的 ANPV。

图表 16.9 表明欧元贷款的 ANPV 为 5 431 万美元，而图表 16.8 显示日元贷款的 ANPV 为 5 075万美元。两者都大于美元贷款的价值，因为它们都是优惠贷款。因为只能借入一项贷款，香蕉计算机公司应借入欧元贷款。通过接受欧元贷款，香蕉计算机公司增加了 5 431 万美元的公司价值。

16.6 债权人和股东之间的冲突

每当公司发行债券，债权人与股东之间都会产生潜在的利益冲突。这些冲突是财务困境成本中难以量化的方面之一。我们并非试图量化这些成本的性质，我们只研究它们是如何在国际背景下形成的。你应该记得公司经理应依据股东利益行事，那就是最大化股东价值。这一观点很自然，因为股东是公司的最终拥有者，经理向董事会报告，董事会代表股东。

冒险的动机

债权人和股东之间的首要冲突产生于处于破产边缘的公司的经理依股东利益行事，有投资高风险项目的动机。这些项目甚至净现值为负。

要理解这些动机，让我们来考虑一家试图从相互排斥的两个国际投资项目中进行选择的美国公司。其中一个项目收益的变动性较低，而另一个项目收益的变动性较高。为说明方便起见，假设世界只存在两种状态会影响项目：要么外币升值，美元贬值，项目成功；要么外币贬值，美元升值，项目收益不佳。假设每种状态的可能性均为 50%。为简化论证，我们将始终忽略贴现。

低变动性项目

如果公司接受低变动性项目，公司价值、其权益和债券在不同状态下的价值小结如下：

低变动性项目				
	概率	公司价值	权益价值	债券价值
外币贬值	0.5	\$500	\$0	\$500
外币升值	0.5	\$600	\$100	\$500

如果公司接受低变动性项目，公司预期价值为：

$$0.5\times \$500+0.5\times \$600=\$550$$

在每种情况下，项目现金流均足以偿还公司未偿债务，因此债务是无风险的。换言之，因为公司总能产生足够的现金以偿还债务，不管美元升值还是贬值，债务价值始终为其面值 500 美元。另一方面，如果美元走强，权益将一文不值，因为公司产生的现金流只够偿还债权人。而如果美元走弱，权益将价值 100 美元。因此权益的预期价值为：

$$0.5\times \$0+0.5\times \$100=\$50$$

高变动性项目

如果公司接受高变动性项目，公司现金流及其资产负债表可描述如下：

高变动性项目				
	概率	公司价值	权益价值	债券价值
外币贬值	0.5	\$400	\$0	\$400
外币升值	0.5	\$650	\$150	\$500

如果公司接受高变动性项目，预期公司价值为：

$$0.5\times \$400+0.5\times \$650=\$525$$

如果美元升值，项目现金流不足以清偿公司的 500 美元未偿债务，债务价值将为 400 美元。如果美元贬值，债务可全部得到清偿，价值 500 美元。因此，预期债务价值为：

$$0.5\times \$400+0.5\times \$500=\$450$$

另一方面，权益在美元走强时仍然一文不值，而在美元走弱时价值 150 美元。因此，预期权益价值为：

$$0.5\times \$0+0.5\times \$150=\$75$$

显然，由于两个项目互相排斥，如果公司经理依股东的利益行事，他们就会选择较差的、高变动性项目，因为它能最大化公司权益价值。问题的关键在于公司当前举债经营，股东在美元疲软时得利，而在美元坚挺时并不损失价值。通过接受高变动性项目，公司经理将 25 美元的价值从债权人处转移给股东。注意，经理损毁了另外 25 美元的公司价值。经理接受从公司整体角度来看错误的项目被称做**资产替代**（asset substitution）。

投资不足问题

如果公司面临破产，为股东利益服务的经理们常常没有进行投资以增加公司整体价值的动机，因为公司价值的增长大部分由现有债权人获得。这就是投资不足问题。要想理解这个情境，让我们仔细研究下面的情形。

没有新项目的公司

假设公司有未偿债券，面值为 500 美元，其没有新项目时的现金流如下：

没有新项目的公司				
	概率	公司价值	权益价值	债券价值
美元升值	0.5	\$400	\$0	\$400
美元贬值	0.5	\$600	\$100	\$500

预期公司资产价值为：

$$0.5\times\$400+0.5\times\$600=\$500$$

因为公司在较差的情况下不足以清偿债务，预期公司债券价值为：

$$0.5\times\$400+0.5\times\$500=\$450$$

作为公司现金流的剩余求偿者，预期权益价值为：

$$0.5\times\$0+0.5\times\$100=\$50$$

有新项目的公司

现在假设此公司的经理得到一个权益成本为 100 美元的项目投资机会。假设有新项目的公司现金流如下：

有新项目的公司				
	概率	公司价值	权益价值	债券价值
美元升值	0.5	\$500	\$0	\$500
美元贬值	0.5	\$760	\$260	\$500

如果公司接受项目，预期公司价值增加 130 美元，为

$$0.5\times\$500+0.5\times\$760=\$630$$

因为公司现在有足够的资源以清偿债券，预期公司债券价值为 500 美元：

$$0.5\times\$500+0.5\times\$500=\$500$$

股东仍为公司现金流的剩余求偿者，预期公司权益价值为：

$$0.5\times\$0+0.5\times\$260=\$130$$

投资额外 100 美元的股东权益的成果是什么呢？首先，公司价值增加了 130 美元。因此，对公司整体来说项目净现值为正。但是股东想要经理投资这个项目吗？答案是否定的。

之前，我们得出不对新项目投资的权益价值为 50 美元。有了新项目，权益价值增加为 130

美元。因此，从股东的角度来看，他们投资了100美元，却看到他们的权益价值只增长了80美元。当然，问题在于公司现有债权人从新项目中获得了相当大的好处。他们的债券价值从450美元增长到500美元，增长了50美元。

在这种情况下，就像前一节所说，为股东利益服务并最大化股东价值的经理没有做出正确的投资决策。如果经理不接受这个投资项目，这就是真正的财务困境成本，因为项目对公司总体来说净现值为正。

新兴市场危机中的投资不足

经济学家认为投资不足问题部分解释了20世纪80年代债务危机的性质。新兴市场国家政府有大量未偿外债，不能可靠地承诺不对境内投资回报征税。因此，经理认为有太多的投资回报将由政府获得以偿还外债，就没人愿意在这些国家投资了。没有投资，国家就不能发展，不能产生足够的税收以使政府偿还外债。布雷迪计划形式的债务豁免帮助那些国家克服了困难，重新开始发展。

财务困境引起的其他管理问题

前一节说明了如果新项目的收益有太多需归属现有债权人，股东有可能不想为正净现值的项目贡献新的权益。相反地，当公司面临财务困境时，股东希望分配公司现金。当然，在分配公司现金时，公司股票的市场价值将下降，但其下降幅度将小于现金股利的价值，这是因为债权人也要承担部分损失。

濒临财务困境的公司的经理还会有歪曲公司的财务状况以蒙蔽债权人的动机。公司可能不得不通过减少合理维修保养来削减其资本性支出，还可能减少其研发支出。这些行为为现任经理争取了时间，但它们会损害公司资产的价值。

16.7 会计准则的国际差异

一直以来，国际估价常常非常复杂，因为各国会计准则大相径庭。尽管如此，在这方面捷报频传。自2005年以来，欧亚主要国家都开始要求使用国际会计准则委员会①制定的国际财务报告准则（IFRS）。目前，大多数国家都迫于压力而采取IFRS或美国公认会计原则（GAAP）以为投资者和分析师提供方便国际比较的透明的财务报告。Tim Koller，Marc Goedhart和David Wessels（2005）指出，IFRS和美国GAAP的根本原则在迅速趋同。美国证券交易委员会（SEC）已经设定2009年为接受遵循IFRS的外国注册企业的财务报告的目标期限。

在大喜过望认为未来国际比较将易如反掌之前，想想由Ray Ball（2005）提出的问题是很重要的。他主张："所有会计实施（与简单地数现金对比）都涉及判断未来现金流。因此，会计规则的实施存在很大的灵活性……获得会计准则的一致看上去比达到实际报告行为的一致容易。"(p. 27)

Ball（2005）指出，虽然很多国家使用公制，屠夫克扣的分量还是会因国家而不同，并且受

① 美国公认会计原则和国际财务报告准则的关键区别参见Tim Koller，Marc Goedhart和David Wessels（2005）中第21章。

顾客的观察力、屠夫对名誉的考虑、国家监督机制和私营制度的约束。国际会计也是如此。审计者、监管者、法庭、董事会、分析师、评级机构、新闻舆论和其他使用财务信息监督企业财务报告者所起的作用各国间存在差异，特定国家随着时间变化也存在差异。因此，会计实践的一致性不太可能与会计规则的一致性紧紧相随。

小　结

这一章详细阐述了高级国际资本预算。本章要点如下：

1. 加权平均资本成本 r_{WACC} 的定义是公司债务的税后收益率与公司权益收益率的加权之和，权数分别为债务和权益占公司价值的百分比。以 r_{WACC} 贴现全部权益自由现金流得到正确估价仅在项目现金流风险和项目偿债能力与企业总体风险和偿债能力相同时成立。

2. 现金流权益法（FTE）以权益收益率贴现归属股东的税后自由现金流以得到项目价值。

3. ANPV 法在公司了解其未来期间债务水平时奏效。如果债务对公司价值的比率相当稳定，那么 WACC 法和 FTE 法会更便于使用。

4. 境外项目的本币价值可通过两种方法得到。可以用恰当的外币贴现率将预期外币现金流贴现，然后用当前即期汇率将其转化为本币。或者令预期未来外币现金流价值乘以未来汇率的预测值，然后以本币贴现率贴现。

5. CMTC 的案例表明在国际估价中，两币种间的预期实际升值率应予以考虑。另外，在不同的未来期间使用不同的贴现率可能是必要的。

6. 项目的未来价值可通过假设由于竞争投资收益率将下降至加权平均资本成本计算得到。

7. 计算借入外币的税盾时，必须考虑由于本币对外币预期升值或贬值而可能发生的预期资本利得或损失。

8. 债务的存在会引起公司股东与债权人之间的冲突。这些冲突可能导致公司经理从事资产替代或投资不足。资产替代指经理投资超出债权人预期的高风险项目。投资不足指经理拒绝接受将增加公司价值的低风险项目，因为来自项目的价值过多归属债权人。

9. 各国会计规范的差异应在做国际资本预算时予以考虑。

简答题

1. 为什么资本预算问题的要求收益率应是针对具体项目而言的？为什么不是公司仅仅满足总体资本成本的要求即可？

2. 资本预算的现金流权益法的概念基础是什么？

3. 什么是加权平均资本成本？

4. 公司应接受以加权平均资本成本贴现时净现值为负的项目吗？

5. 你可以用本币贴现率对境外项目做资本预算吗？解释你的答案。

6. 为什么在做资本预算时使用具体期间的贴现率很重要？

7. 为什么在做国际资本预算分析时考虑实际货币升值和贬值是必要的？

8. 所投资本的收益率是什么？如何计算？

9. 如果借入外币，你在纳税时将得到怎样的利息减免？

10. 如果借入外币，需要担心资本利得税吗？

11. 为什么比起低变动性、高价值的项目，经理有可能接受高变动性、低价值的项目？

12. 为什么经理会不接受正净现值的项目？

应用题

1. 假设公司债务收益率为 8%，企业所得税税率为 34%，公司的权益收益率为 15%。如果公司所有项目有 40%是通过债务融资，那么公司的 WACC 是多少？

2. 假设英国汽车有限公司正考虑一项价值 3 000万英镑的新工厂的投资。假定公司股东要求 22%的收益率，公司的债权人要求 9%的收益率，英国企业所得税税率为 40%，项目的 35%将由债务融资，65%将由权益融资。要使投资净现值为零，项目的年利润应是多少？

3. 如果无风险利率为 5%，权益贝塔为 1.4，权益风险溢价为 5.5%，企业所得税税率为 34%，债务权益比率为 0.5，那么运用 CAPM 预测的公司资产的期望收益率为多少？

4. 假设公司的集团总部认为其在日本投资的年美元收益率应为 18%。如果美元预期每年对日元贬值 4%，那么预期日元现金流的收益率是多少？

5. 考虑以下两项交易哪项更佳：当无风险日元利率为 3%、公司债务的市场利率为 4%时，以 1%的利率借入日元；当无风险欧元利率为 5%、公司债务的市场利率为 6%时，以 3%的利率借入欧元。假定利率平价保持稳定，企业所得税税率为 34%。

6. 考虑一家负债 700 美元、面对如下两个相互排斥项目的公司：

项目 A		
	概率	公司价值
美元升值	0.5	$700
美元贬值	0.5	$800

项目 B		
	概率	公司价值
美元升值	0.5	$650
美元贬值	0.5	$830

如果经理为股东利益服务，公司将接受哪个项目？为什么？

7. 假设一家公司有未偿债券 700 美元，且其没有新项目的现金流如下：

没有新项目的公司		
	概率	公司价值
美元升值	0.5	$600
美元贬值	0.5	$800

假设有一项成本为 60 美元的项目的现金流如下：

有新项目的公司		
	概率	公司价值
美元升值	0.5	$700
美元贬值	0.5	$840

如果经理为股东利益服务，他们会接受这个项目吗？为什么？

参考文献

Ball, Ray, September 5, 2005, "International Financial Reporting Standards (IFRS): Pros and Cons for Investors," PD Leake Lecture. Institute of Chartered Accountants in England & Wales, London, UK.

Koller, Tim, Marc Goedhart, and David Wessels, 2005, *Valuation: Measuring and Managing the Value of Companies*, 4th ed., New York: Wiley.

Miles, James A., and John R. Ezzell, 1980, "The Weighted Average Cost of Capital, Perfect Capital Markets and Project Life," *Journal of Financial and Quantitative Analysis* 15, pp. 719 - 730.

Modigliani, Franco, and Merton Miller, 1958, "The Cost of Capital, Corporation Finance, and the Theory of Investment," *American Economic Review*, pp. 261 - 297.

Modigliani, Franco, and Merton Miller, 1961, "Dividend Policy, Growth, and the Valuation of Shares," *Journal of Business*, pp. 411 - 433.

Ross, Stephen A., and Michael M. Walsh, 1983, "A Simple Approach to Pricing Risky Assets with Uncertain Exchange Rates," *Research in International Business and Finance* 3, pp. 39 - 54.

第 17 章

风险管理和外币套期保值决策

公司通过运用外汇远期和期货合约、利率和货币互换、外币期权以及选择以外币进行资产负债的计价对外汇风险进行套期保值。这一章将详细研究为什么公司想用这些金融工具来对外汇风险进行套期保值。

我们首先探讨为什么套期保值对于创业企业是有利可图的。这里，简单地降低利润的变动率就是规避风险的创业者的动机。尽管如此，在现代公开招股企业中，套期保值的收益就没有如此清晰了。实际上，莫迪利安尼和米勒（Franco Modigliani and Merton Miller，1958，1961）的逻辑暗示投资者总是能够使企业所做的套期保值失效。然而，存在很多支持和反对套期保值的观点，而且我们知道莫迪利安尼和米勒的假设在很多情况下都不适用。作为准备，我们首先回顾一下莫迪利安尼和米勒暗示套期保值无关的观点。然后，我们研究三个反对套期保值的观点：套期保值成本高昂，套期保值对于权益现金流不适用，套期保值通过使债权人暴露于潜在风险而增加了财务危机成本。

在讨论这些观点后，我们将套期保值决策置于第 15 章和第 16 章讨论过的调整净现值（ANPV）模型下。套期保值具有价值，因为它可降低未来公司预期支付的税费，降低财务危机成本，完善公司未来将要面对的投资决策。当公司经理与其股东之间存在信息不对称时，套期保值还可能影响股东评价管理质量的能力。

此后，本章探讨默克公司对外汇风险进行外币期权套期保值的决策背后的逻辑。很多实证研究和调查意在寻找公司实际套期保值的原因，在本章小结之前，我们将回顾这些文献。

17.1 要不要套期保值?

这一节研究创业企业和现代公开招股企业两种情况下对外汇风险进行**套期保值**（hedging）是

否有利可图。对外汇风险进行套期保值是**风险管理**（risk management）的一种形式。总体上讲，风险管理就是运用**衍生证券**（derivative securities）在金融市场上持有头寸以抵消公司正常经营过程中产生的基础性风险。衍生证券，或简称为衍生品，将在第 20 章得到更为细致的讨论；它们包括远期、期货、互换等金融合约以及价值取决于其原生资产价值的期权。持有衍生品头寸使得公司在遭受损失或价值减少时，其价值增加；当公司享有利得时，降低公司利润的变动性。

创业企业中的套期保值

这本书始终如一的主题就是未来外汇汇率是不确定的。外汇汇率不稳定暗示选择不对外汇风险套保的公司的现金流能够比选择套保外汇风险的公司的现金流承受更大的不稳定性。这种不稳定性使预测公司的盈利能力变得更加困难，因为预测误差会更大。

虽然降低未来现金流的不稳定性看起来是个不错的进行套期保值的理由，外汇汇率的不稳定性是现代企业对外汇风险进行套期保值的必要但非充分条件。要理解这个结论，我们必须了解管理的目标以及这些目标是如何受套期保值影响的。

学生们初次接触套期保值的讨论时，常常惊讶于降低不确定性是套期保值的不充分条件。这可能是由于学生们把自己想象成面对外汇风险的个体创业者，并对此情境做出了风险规避个体的反应。结果是在这种情况下，他们的直觉是正确的。

如果公司是私有的且其所有者兼经理是风险规避的，降低公司未来现金流的不确定性确实提供了对外汇风险套期保值的恰当动机。风险规避者想要在其投资组合不稳定性较低的情况下增加其财富。也就是说，他们喜欢较高的现金流入的均值和较低的变动性。同样地，创业公司的套期保值有用是因为其利润占创业者财富相当大的部分。与普通投资者不同，创业者无法通过多元化分散其投资组合的交易风险。因此，如果远期汇率是未来即期汇率的无偏估计，**风险规避型创业者**（risk-averse entrepreneurs）将选择对其未来外币现金流进行套期保值，因为这样做将降低现金流的变动性但不改变其本币期望价值。因此，降低未来利润的变动性将增加创业者的预期效用。[①]

现代企业中的套期保值

当我们考虑大型公开招股企业时，简单地通过套期保值降低未来现金流的不确定性就有问题了。要了解其中的原因，让我们回顾一下企业价值的来源。

第 15 章中对企业估价的调整净现值（ANPV）法始于以恰当的全权益公司的贴现率贴现的预期税后现金流的现值，然后加上税盾和利息补助的现值，再减去由于债务而产生的与财务危机有关的成本的现值。最后，ANPV 法加上公司可能享有的成长机会的现值。总之，第 15 章表明：

ANPV＝全权益公司未来税后现金流的现金流＋未来利息税税盾的现值＋利息补助的现值－债务引起的财务困境成本的现值＋公司成长机会的现值

要得到公司的权益价值，我们必须从公司整体的调整净现值中减去债务的市场价值：

---

① 第 7 章表明远期汇率是否为未来即期汇率的无偏估计还是个悬而未决的问题。如果远期汇率是有偏估计，但这种偏差是由于均衡风险溢价，那么投资者在远期合约中的利得或损失取决于合约中的头寸。利得或损失的期望价值补偿头寸的风险。如果远期合约的偏差是由于市场无效率，创业者将很可能面临重大的降低利润变动性和降低利润期望价值之间的权衡。

公司的权益价值＝ANPV－公司债务的市场价值

如果企业管理层的目标是最大化股东价值，我们应该能够明白套期保值和其他风险管理活动是如何增加公司权益价值的。如果套期保值增加公司的权益价值，那么它一定影响公司调整现值中的一项或多项，或者一定减少了债务的市场价值。本章后面的内容将仔细研究套期保值如何影响 ANPV 中的各项。

莫迪利安尼和米勒的套期保值无关原理

在这一节我们回顾有关估价企业现金流的莫迪利安尼-米勒命题（Modigliani Miller Proposition）逻辑。莫迪利安尼和米勒主张企业的金融政策，如发行债务、对外汇风险套期保值和其他金融风险管理活动不改变公司资产的价值，除非这些金融交易降低公司的税费，影响其投资决策，或者可以比个体投资者交易更加廉价。

降低未来现金流的不确定性本身不是套期保值的根本原因，因为它可能不会改变投资者对于公司系统性风险的看法。根据现代投资组合理论我们知道，企业权益现金流的收益率不决定于公司现金流的标准差，而只决定于与那些现金流有关的系统性风险。公司现金流不确定性的事实是以比无风险利率高的贴现率贴现现金流的必要但非充分条件。因此，与创业公司的情况不同，如果套期保值仅仅降低企业现金流的非系统性风险，而不改变系统性风险和现金流的期望价值，套期保值将不对公司价值起任何作用。投资者将仍然以相同的对公司系统性风险要求的恰当的收益率贴现相同的预期现金流。①

莫迪利安尼和米勒还主张，如果个人拥有与公司相同的投资机会，投资者们能够使企业的金融交易“失效”。换言之，个人能够调整其投资组合的杠杆以达到他们想要的水平。他们还能够买入或卖出外汇远期合约或期权合约以配合其理想的套期保值水平——不论公司的理想套保水平如何。注意在这些情况中个人与企业的交易成本和税费必须相同。

因为大型企业比典型的个体投资者享有更佳的外汇汇率条件，即它们以更小的买卖价差进行交易，企业有理由为投资者套期保值。但是我们能够轻松地反驳：代表个体投资者投资的大型投资机构，如共同基金投资公司忠诚（Fidelity）和先驱（Vanguard），可以在外汇市场中以与大型企业可比的条件进行交易。因此，我们应该寻找除交易成本外公司想要套期保值的原因。

17.2 反对套期保值的观点

首先，我们采纳三个反对套期保值的观点。第一，套期保值成本高昂。第二，大多数外汇风险与权益有关。权益风险本质上是长期的，实际上不可能通过套期保值消除。第三，套期保值会产生不良动机。让我们逐个看看这些观点。

---

① 基本上，套期保值公司的价值等于不套期保值公司的价值加上远期合约的价值。如果远期汇率是未来即期汇率的无偏估计，远期合约签署时的价值为零。如果远期汇率有偏，但此偏差是由于均衡风险溢价，远期合约具有价值，套期保值改变公司的预期现金流，但是套期保值同时改变公司的系统性风险以致套期保值公司的期望价值不变。

套期保值成本高昂

最常遇到的反对套期保值的观点就是它成本高昂，所以公司应该回避套期保值。持这种观点的人对套期保值成本的观念常常是错误的。他们认为如果公司在远期市场卖出外币，外币的远期贴水是套期保值成本，因为本币的外币远期价格比即期价格小。相反，公司卖出外币远期时，远期升水是套期保值利得或利润。相比之下，公司在远期市场买入外币时，远期升水会增加公司成本。

这一论点首次出现在第 3 章，在那里我们说明了这个观点是错误的，因为从本质上讲它反映的是无关的会计成本，而非恰当的经济成本。我们知道由于利率（两种货币的时间价值）差异，远期汇率与当前的即期汇率不同。外币现金流发生在未来，而非今天。这使得当前即期汇率与未来外币现金流的估价无关，除非现金流首先被贴现。如果单位外币对本币的远期汇率小于当前即期汇率，外币利率大于本币利率，那么，未来外币现金流不能用当前即期汇率估价，因为那时的外币金额不能以即期汇率转化为本币。

一项真正的套期保值成本：买卖价差

典型地，远期市场的买卖价差比即期市场的大，因此，套期保值的真正成本之一就是远期市场的交易成本超过即期市场的部分。这一增量成本对于近期交易较小。在近期交易中，此差异仅为当前即期汇率的几万分之一，但是买卖价差随着合约期限的延长而变大。这是指远期的套保成本随合约到期日的推后而增加。

雇员成本

套期保值的另一项成本是公司必须雇用员工来决定各种套期保值工具的种类和规模，还需监督雇员避免其投机行为。他们的报酬也不应该仅以其交易的获利能力为基础，否则他们将有投机的动机，他们将取消套期保值以记录会计利润。当然，这将暴露被套保的基差风险。下面的例子说明了这是如何发生的。

例 17.1　错误记录套期保值利润

假设公司将在 1 年后得到 500 万瑞士法郎。令 1 年远期汇率为 CHF1.50/USD。假设公司的财务主管签署了卖出 500 万瑞士法郎的远期合约，因此，公司 1 年后将得到：

$$\frac{\text{CHF5 000 000}}{\text{CHF1.50/USD}}=\text{USD3 333 333.33}$$

现在假设 6 个月已经过去，且 6 个月远期汇率为 CHF1.70/USD。公司的瑞士法郎原生资产价值从 USD3 333 333.33 减少为：

$$\frac{\text{CHF5 000 000}}{\text{CHF1.70/USD}}=\text{USD2 941 176.47}$$

损失了 USD392 156.86。但是记得公司被套期保值了，它卖出了 CHF5 000 000 的远期，且以 CHF1.50/USD 卖出 500 万瑞士法郎的远期合约增加了 USD392 156.86 的价值。

如果公司的财务主管试图最大化合约利润，他可能进入 6 月期远期市场，买入 500 万瑞士法郎以抵消公司已签署的还有 6 个月到期的远期合约。此交易的美元利润等于单位瑞士法郎对美元的远期汇率的降低乘以合约瑞士法郎金额：

$$\left[\frac{1}{\text{CHF1.5/USD}}-\frac{1}{\text{CHF1.7/USD}}\right]\times \text{CHF5 000 000}=\text{USD392 156.86}$$

因为这是一个套期保值的情况，我们知道500万瑞士法郎的应收美元价值减少了相同的金额。如果公司的成本会计决定财务主管应该得到392 156.86美元的利润，则应收的损失也应该记于某处。如果将相应的损失分配给销售部，那么使财务主管正确套期保值的动机将产生严重的问题。

财务主管将开始投机，而非套期保值。通过在6月期远期市场买入500万瑞士法郎来取消套期保值将锁定财务主管的"利润"，但是这将使得公司瑞士法郎原生资产暴露于更大的贬值风险。企业财务主管没有能力通过预测汇率方向获利，否则，他就应该到投资银行或套期保值基金去工作了，在那些地方这种能力能够得到更充分的发挥，投资者们也希望获得更好的业绩。

现在，让我们仔细研究反对套期保值的第二种观点。

对权益风险套期保值即使可能也是很困难的

人们有时认为企业因汇率变化对其权益价值的变化套期保值实际上是不可能的，因为权益价值是一系列无限现金流的现值。要理解这一观点，让我们来看一个例子。

微好肯小艺术品项目

让我们来看看微好肯小艺术品有限公司的情况。微好肯小艺术品是一家美国公司，现正有一投资英国项目的机会。如果公司现在投入1 900美元，该项目自下一年到无穷远每年均可得到125英镑或75英镑自由现金流的回报。(此后，我们将以100万英镑代替每一英镑，以使我们的观点更加有力，但是现在，让我们保持这种简单化。) 两种英镑现金流的可能性相等。因此，每年现金流的期望价值为：

$$0.5\times \pounds 75+0.5\times \pounds 125=\pounds 100$$

如果这些现金流恰当的年英镑贴现率为10%，项目的现值为以10%贴现的100英镑的永续年金：

$$\frac{\pounds 100}{1.1}+\frac{\pounds 100}{(1.1)^2}+\frac{\pounds 100}{(1.1)^3}+\cdots=\frac{\pounds 100}{0.1}=\pounds 1\ 000$$

如果当前即期汇率为\$2/£，项目的美元现值为：

$$(\$2/\pounds)\times \pounds 1\ 000=\$2\ 000$$

要得到项目的净现值，我们应该减去其成本\$1 900。这样，如果微好肯的投资者今天支付\$1 900，他们就能得到一个期望现值为\$2 000美元的项目。接受此项目使微好肯的价值增加\$100。

项目价值随时间推移发生的变化

现在，让我们看看项目价值如何随时间变化。为简单起见，假设汇率每年增加或减少\$0.20/£，概率相等。那么，下一年的汇率将为\$2.20/£或\$1.80/£。如果远期汇率是未来即期汇率的无偏估计，当前所有期限的远期汇率均为\$2.00/£。让我们假设这些现金流的美元贴现率也是10%，且贴现率不随时间变化。这些假设过分简单化了，但它们能够让我们轻易地进行必要的计算。最后，我们还假设项目现金流与汇率是相互独立的。

图表 17.1 给出了项目 1 年后的四种可能价值，这里的项目价值指 1 年后项目的报酬，加上继续存在的项目价值，加上套期保值的利得或损失。例如，如果汇率为 $\$2.20/£$，项目回报为 £125，在 $t+1$ 时刻项目价值为：

$$\underbrace{(\$2.20/£)\times £125}_{\text{A项}}+\underbrace{(\$2.20/£)\times £1\,000}_{\text{B项}}=\$2\,475$$

A 项代表 $t+1$ 时刻英镑现金流的美元价值，B 项是未来期望英镑无限现金流的美元价值，其现值仍为 £1 000。一般而言，如果 $S(t+1,\ \$/£)$ 是美元—英镑汇率，$CF(t+1,\ £)$ 是 $t+1$ 时刻的英镑现金流，未套期保值项目在时刻 $t+1$ 的美元价值为：

$$S(t+1,\$/£)\times CF(t+1,£)+S(t+1,\$/£)\times £1\,000$$

图表 17.1　微好肯项目未套期保值现金流的价值

		未来可能的汇率	
		\$2.20/£	\$1.80/£
可能的英镑报酬	£125	\$2 475	\$2 025
	£75	\$2 365	\$1 935

项目套期保值 1 年现金流的价值

现在，让我们考虑微好肯对其英镑现金流套期保值 1 年的项目价值。因为时刻 t 的 1 年远期汇率是未来即期汇率的期望，即 $\$2.00/£$，又因为微好肯通过在 1 年远期市场卖出下一年现金流的期望价值 £100 进行套期保值，项目的可能价值（包含 $t+1$ 时刻的现金流）列于图表 17.2 中。得到图表 17.2 中价值的方法与图表 17.1 中的一样。如果汇率为 $\$2.20/£$，项目回报为 £125，$t+1$ 时刻的项目价值为：

$$\underbrace{(\$2.00/£)\times £100}_{\text{C项}}+\underbrace{(\$2.20/£)\times £25}_{\text{D项}}+\underbrace{(\$2.20/£)\times £1\,000}_{\text{B项}}=\$2\,455$$

C 项代表卖出英镑远期的美元价值。D 项代表未被卖出远期因而需要在即期市场卖出的额外英镑报酬的美元价值。B 项还是未来期望英镑无限现金流的美元价值，现值为 £1 000。如果项目回报仅为 £75，微好肯将不得不在即期市场购买 £25 以交割远期合约。一般而言，项目套期保值 1 年现金流在时刻 $t+1$ 的价值为：

$$(\$2.00/£)\times £100+S(t+1,\$/£)\times[CF(t+1,£)-£100]+S(t+1,\$/£)\times £1\,000$$

通过重新整理这一表达式，我们可看出这就等于未套期保值的英镑原生资产的美元价值加上以 $\$2.00/£$ 卖出 £100 远期合约的美元报酬：

$$S(t+1,\$/£)\times CF(t+1,£)+S(t+1,\$/£)\times £1\,000$$
$$+[\$2.00/£-S(t+1,\$/£)]\times £100$$

通过对比图表 17.1 和图表 17.2，我们可以看出远期套期保值从较好情形（英镑升值）向较差情形（英镑贬值）转移了 \$20 的现金流。这 \$20 代表远期汇率与未来即期汇率之差乘以被卖出远期的期望现金流。

图表 17.2　　微好肯项目套期保值 1 年现金流的价值

		未来可能的汇率	
		\$2.20/£	\$1.80/£
可能的英镑报酬	£125	\$2 455	\$2 045
	£75	\$2 345	\$1 955

项目套期保值 2 年现金流的价值

现在，假设微好肯通过在远期市场卖出第 1 年和第 2 年的预期未来英镑收入套期保值，t 时刻 2 年远期汇率也是\$2.00/£。项目在 $t+1$ 时刻的可能价值（包括 $t+1$ 时刻的现金流）在图表 17.3 中给出。如果汇率为\$2.20/£，项目回报为£125，$t+1$ 时刻项目的价值为：

$$\underbrace{(\$2.00/£)\times £100}_{\text{C 项}}+\underbrace{(\$2.20/£)\times £25}_{\text{D 项}}+\underbrace{(\$2.00/£)\times £100/1.1}_{\text{E 项}}$$

$$+\underbrace{(\$2.20/£)\times £1\,000/1.1}_{\text{F 项}}=\$2\,436.82$$

图表 17.3　　微好肯项目套期保值 2 年现金流的价值

		未来可能的汇率	
		\$2.20/£	\$1.80/£
可能的英镑报酬	£125	\$2 436.82	\$2 063.18
	£75	\$2 326.82	\$1 973.18

C 项和 D 项还是 1 年远期合约的美元价值以及需在即期市场卖出的多余英镑的美元价值。E 项是还差 1 年到期的 2 年远期合约支付额的现值。F 项是未套期保值的从第 2 年开始的£100 永续现金流的美元价值。之前说明过，假设美元贴现率为 10%且不变。通过签署 2 年远期合约，微好肯从较佳状态（英镑升值）向较差状态（英镑贬值）转移了额外的（\$20 / 1.1）＝\$18.18。这 18.18 美元代表远期合约利润的现值。这一利润可在 $t+1$ 时刻被锁定是因为由于假设两种利率相等，那时的 1 年远期汇率将等于即期汇率\$2.20/£。[①]

项目套期保值无限现金流序列的价值

假设微好肯在 t 时刻签署了无限远期合约序列，即它签署从 $t+1$ 时刻到无限远的未来每年以假定的远期汇率\$2.00/£卖出£100。在时刻 $t+1$，完全套期保值的项目价值在图表 17.4 中给出。如果汇率为\$2.20/£，项目回报£125，在 $t+1$ 时刻完全套期保值的项目美元价值为：

$$\underbrace{(\$2.00/£)\times £100}_{\text{C 项}}+\underbrace{(\$2.20/£)\times £25}_{\text{D 项}}+\underbrace{(\$2.00/£)\times £100/1.1}_{\text{E 项}}$$

$$+\underbrace{(\$2.00/£)\times £100/1.1^2}_{\text{G 项}}+\underbrace{(\$2.00/£)\times £100/1.1^3}_{\text{H 项}}+\cdots=\$2\,255$$

C 项和 D 项还是 1 年远期合约的美元价值以及需在即期市场卖出的多余英镑的美元价值。E 项代表还差 1 年到期的 2 年远期合约的美元价值。G 项和 H 项代表之前签署的还差 2 年和 3 年到期的卖出£100 的远期合约的美元现值，依此类推。

---

① 因为在时刻 t 分别卖出第 1 年和第 2 年£100 的远期，$t+1$ 时刻远期合约利润或损失的现值，可通过在 1 年远期市场买入£100 锁定，为

$$£100\times[F(t,2)-F(t+1,1)]/[1+i(t+1,1)]=£100\times[(\$2.00/£)-(\$2.20/£)]/1.1=-\$18.18$$

当然，无限多的远期合约到期日在现实中是不可能的，而且远期市场的买卖价差随到期日的延长而扩大。因此，微好肯将不能对所有的到期日均以 \$2/£卖出英镑远期，因为交易成本将使未来到期日的汇率越来越低。所以减小由于外汇汇率造成的英镑现金流的价值波动是可能的，但是不可能完全消除。

图表 17.4　　微好肯项目套期保值无限现金流的价值

		未来可能的汇率	
		\$2.20/£	\$1.80/£
可能的英镑报酬	£125	\$2 255	\$2 245
	£75	\$2 145	\$2 155

套期保值权益的项目价值

在这一情况下另一种套期保值的方法是，微好肯签署连续 1 年远期合约卖出 1 100 英镑远期，这是权益 1 年后的预期未来价值。这样，在 $t+1$ 时刻项目的可能回报实际上与图表 17.4 相同，但是它们的计算方法不同。项目在时刻 $t+1$ 的美元价值为：

$$\underbrace{(\$2.00/£)\times £1\,100}_{\text{I 项}}-\underbrace{S(t+1,\$/£)\times[£1\,100-CF(t+1,£)]}_{\text{J 项}}$$
$$\underbrace{+S(t+1,\$/£)\times £1\,100}_{\text{K 项}}$$

I 项是卖出£1 100 远期的美元价值。J 项是从£1 100 中减去 $t+1$ 时刻实现的英镑现金流之差，即需在即期市场购买以交割被卖出远期的英镑。微好肯将只有时刻 $t+1$ 的英镑现金流作为项目回报，其余金额不得不从即期市场买入。K 项是微好肯仍将得到的£100 永续年金的美元价值。重新整理各项，然后消元，我们得到英镑永续年金的价值：

$$(\$2.00/£)\times £1\,100+S(t+1,\$/£)\times[CF(t+1,£)-£100]$$

这与无限远期合约序列价值相同。例如，当 $t+1$ 时刻的即期汇率为 \$2.20/£、现金流为£125 时我们得到价值为 \$2 255，和之前的结果相同。这一套期保值方法的问题在于微好肯必须在 1 年远期市场卖出大于其下一期预期得到的英镑 10 倍的金额。1 年后，它必须进入即期市场购买大量英镑以交割远期合约。

为了更清楚地看到这一策略存在的问题，记住此项目对公司的增加值只有 \$100，即项目初始现金流 \$2 000 减去 \$1 900 初始成本。为了更好地看出问题，现在每一英镑代表了 100 万英镑，项目价值代表公司的总体价值。那么，微好肯的初始权益价值为 20 亿美元，初始投资者需投资 19 亿美元，公司的正净现值项目将使公司的价值增加到 20 亿美元。银行是否允许公司以 20 亿美元的权益价值签署卖出 11 亿英镑或买入 22 亿美元的 1 年远期合约是很值得怀疑的。正是从这个意义来说，公司难以对其现金流实行完全套期保值。

现实更加复杂

我们刚刚研究的权益现金流相当简单，年复一年地只在两个价值之间波动，公司还可信地断言这一模式将永久持续。在本例中，美元贴现率和英镑贴现率都不波动，汇率简单处理为实际汇率决定的期望价值。[①]在更加实际的权益项目中，现金流模式将包含对增长的预测和总体损失的可

① 我们仅仅具体给出了汇率加减 \$0.20 增量在时间系列中第一年的处理。显然，这一过程的增量不能持续，因为汇率不能为负，但是期望价值可取决于当前汇率。

能性。境外项目的实际盈利能力还可能与实际汇率有关。在前面简单的例子中，微好肯的名义英镑现金流简单地以名义汇率转换为美元。

正如你所见，世界远比微好肯的例子复杂和不确定。尽管如此，微好肯的情况提供了一条重要结论：因为相当大部分的公司权益价值源于未来相当遥远的现金流，微好肯甚至连对简单权益现金流也无法完全套期保值。

套期保值产生不良动机

当然，作为公司投资者，我们必须意识到套期保值政策的变化怎样对一些利益相关者有利，对另一些不利。第 16 章描述了股东相对于低变动性的项目更喜欢高变动性的项目，特别是在公司濒临财务危机时更是如此。公司增加其现金流的变动性的方法之一就是停止已进行的套期保值方案。例如，如果公司有外币收入，且无力兑现其既定义务，它可以不对其外币现金流套期保值，并希望外币升值。在这种情况下，任何外币贬值对未套期保值的公司来说，只会增加额外损失，其中大部分由债权人承担。

当然，即使公司积极进行金融套期保值，也必须监督那些负责套期保值的财务官们，避免他们用公司的钱投机。这种诱惑随公司临近财务困境而大大增加。①毕竟，除了拿发行债券的本金到外汇期货和期权市场上“赌一把”，还有什么更好的方法呢？面临财务困境的 CFO 可能就是这么想的。

鉴于上面所谈的观点，一些经理们认为公司不应该试图套期保值，但也有其他观点支持套期保值。接下来我们就转而讨论支持套期保值的观点。

17.3　支持套期保值的观点

这一节研究套期保值怎样影响 ANPV 分析中的各项从而增加公司价值。我们从说明套期保值可以在特定情况下增加税后现金流的价值开始。

套期保值可以减少公司的预期税费

套期保值可以通过降低公司预期未来所得税来增加公司价值。降低预期所得税的途径之一就是确保公司不会亏损。当公司不能盈利时，它当前不用纳税，但是公司不能马上得到政府退税。相反，公司形成赋税**亏损结转**（tax-loss carry-forward），允许其通过降低未来税收来弥补亏损。这样，公司未来税费减少。但是，赋税亏损结转这一会计惯例只允许公司以未来 1 美元的利润弥补今天发生的 1 美元亏损。因为货币有时间价值，未来 1 美元利润的经济价值小于今天 1 美元利润的价值，未来 1 美元的赋税亏损结转不如今天避税 1 美元有价值。因此，有理由在今天避免亏损。

① 这个现象有一个有趣的例子，参见 Stephen Ross，Randolph Westerfield，Jeffrey Jaffee 和 Bradford Jordan（2007），458 页，讲的是下面的故事。当联邦快递刚成立几年后面临严重的财务困境时，创始人弗雷德里克·史密斯因拿企业基金＄20 000 到拉斯维加斯赌博而闻名。他显然赢了足够的钱来挽救公司免于破产。如果他输了，公司将破产，公司债权人将少得到＄20 000。

赋税亏损结转通常还有法定时间限制。它们不能超出未来某特定日期。如果公司到截止日仍不能产生足够的应税利润，那么那些未使用的赋税亏损结转就无效了。赋税亏损结转可能未使用就无效了这一事实提供了避免今天亏损的另一原因。因此，如果套期保值可以帮助公司避免亏损，那么它就是有价值的。避免财务损失还增加了未来完全利用折旧税盾和利息税税盾的可能性。

最后，如果税制是累进的，套期保值将减少未来期望税费。**累进税制**（convex tax code）是对高收入按高税率征收，对低收入按低税率征收的税制。图表 17.5 给出了一个假定累进税制。

图表 17.5 **累进所得税**

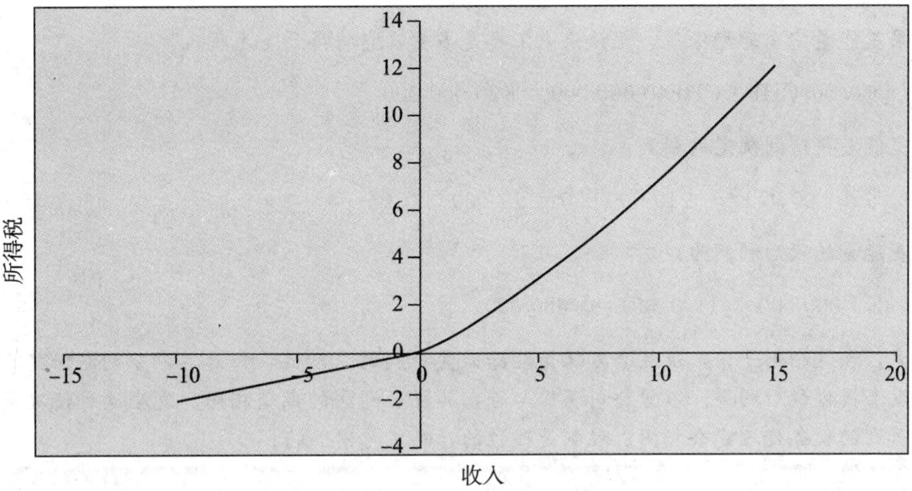

虽然在很多国家企业所得税税率都是利润的一个固定百分比，但是如果公司亏损，那些亏损不能按照盈利时的税率得到立刻退还，那么税费函数实际上就是累进的。本章稍后给出的例 17.3 说明了这一原理。

在累进税制下，公司更愿意对确定的期望利润支付税费，而非对不确定的可能利润所交税费进行加权平均算出期望税费。因为套期保值允许公司在各种不同结果间转移利润，套期保值减少了期望税费，增加了公司价值。

一些例子有助于阐明这一讨论。

例 17.2　非累进税制下的星能量瑞士项目

假设一家美国公司，星能量，有一个 1 年后收入 4 000 万瑞士法郎的项目。星能量项目成本为 1 900 万美元，假设 1 年后支付。虽然项目的美元成本是确定的，项目的瑞士法郎收入也是确定的，但是项目的美元收入是不确定的，因为未来即期汇率是不确定的。我们假设未来即期汇率只有两种可能，1 年后有 50%的可能性为 \$0.55/CHF，有 50%的可能性为 \$0.45/CHF。如果星能量不套期保值，它将有 50%的可能盈利 \$3 000 000，因为

$$\$0.55/\text{CHF}\times\text{CHF}40\,000\,000-\$19\,000\,000=\$3\,000\,000$$

或者星能量将亏损 \$1 000 000，因为

$$\$0.45/\text{CHF}\times\text{CHF}40\,000\,000-\$19\,000\,000=-\$1\,000\,000$$

所以星能量不套期保值项目的税前利润的期望美元价值为两种可能的概率加权平均：

$$0.5\times\$3\,000\,000+0.5\times(-\$1\,000\,000)=\$1\,000\,000$$

假设税率为35%且政府立刻给予亏损35%的补贴，即政府在企业亏损时退还公司35%×\$1 000 000=\$350 000。星能量不套期保值项目的税后利润的期望价值为税后现金流的概率加权平均：

$$0.5\times \$3\,000\,000\times(1-0.35)+0.5\times(-\$1\,000\,000)\times(1-0.35)=\$650\,000$$

假设星能量有对其瑞士法郎现金流进行套期保值的机会，可以在远期市场以1年远期汇率\$0.50/CHF卖出CHF40 000 000收入。注意这一远期汇率也就是未来即期汇率的期望：

$$0.5\times \$0.55/\text{CHF}+0.5\times \$0.45/\text{CHF}=\$0.50/\text{CHF}$$

如果星能量完全套期保值，无论未来汇率是多少，它将得到美元收入：

$$\$0.50/\text{CHF}\times \text{CHF}40\,000\,000=\$20\,000\,000$$

因此，星能量将得到确定的利润：

$$\$20\,000\,000-\$19\,000\,000=\$1\,000\,000$$

所以，星能量的税后利润为：

$$\$1\,000\,000\times(1-0.35)=\$650\,000$$

注意，在这个例子中，虽然套期保值能降低其利润的变动性，但是其期望利润保持不变，套期保值没有提供税后利得。不管公司套保与否，其税后利润的期望相同。发生这种情况是由于对亏损和盈利的税务处理完全相同。税制是线性的，而不是累进的。

例17.3 累进税制下的星能量瑞士项目

考虑例17.2中的项目，但是现在假设星能量只能要求退还其亏损的25%。我们仍然假设公司盈利的税率为35%。在这些新税率下，不套期保值项目的税后利润的期望价值降低为：

$$0.5\times \$3\,000\,000\times(1-0.35)+0.5\times(-\$1\,000\,000)\times(1-0.25)=\$600\,000$$

公司的预期税费是预期税前利润\$1 000 000与预期税后利润\$600 000之间的差额，即

$$\$1\,000\,000-\$600\,000=\$400\,000$$

等价地，公司的期望税费等于盈利时的税费（300万美元的35%）减去亏损时的补贴（100万美元的25%）的概率加权平均：

$$0.5\times \$1\,050\,000-0.5\times \$250\,000=\$400\,000$$

当星能量有能力套期保值时，它在这个例子中不会遭受损失，其税后利润与上一个例子相同。我们计算过星能量的税后利润为\$650 000，这表示如果公司套期保值，仅需支付税费：

$$\$1\,000\,000-\$650\,000=\$350\,000$$

如果公司不套期保值，它需支付税费\$400 000。通过降低其所得税，星能量的税后价值增加了\$50 000。

如果我们增加星能量利润的不稳定性，保持其利润的期望价值不变，节税期望会怎样变化？结论是，套期保值带来的节税期望增加了。下面，我们来展示这是如何发生的。

例 17.4 高变动性下的星能量瑞士项目

令未来汇率的可能值为＄0.60/CHF和＄0.40/CHF，可能性均等。远期汇率将保持＄0.50/CHF。现在星能量项目的美元利润要么为：

＄0.60/CHF×CHF40 000 000－＄19 000 000＝＄5 000 000

要么为：

＄0.40/CHF×CHF40 000 000－＄19 000 000＝－＄3 000 000

每种情况的概率还是50%。星能量的税前利润的期望保持为＄1 000 000不变，因为：

0.5×＄5 000 000＋0.5×(－＄3 000 000)＝＄1 000 000

如果星能量不套期保值，项目税后利润的期望现在是：

0.5×＄5 000 000×(1－0.35)＋0.5×(－＄3 000 000)×(1－0.25)＝＄500 000

所以，星能量如不套期保值，预期支付税费：

＄1 000 000－＄500 000＝＄500 000

现在，考虑如果星能量套期保值会怎样。假设公司卖出CHF40 000 000远期。那么，星能量的期望利润仍为＄1 000 000，其税后利润的期望仍为＄650 000。公司预期仅支付税费＄350 000，而不是不套期保值时的期望税费＄500 000。当项目的可能回报为＄5 000 000和－＄3 000 000时，星能量现在节税＄150 000；而当项目的可能回报为＄3 000 000和－＄1 000 000时，星能量节税＄50 000。因此，我们得出星能量利润的不稳定性越高，由套期保值带来的节税期望值越大。

累进税制的税率越不平坦，套期保值的节税收益越大。在我们只有两种情况的例子中，税率不平坦意味着盈利所得税税率与亏损退还税率之间的差额大。

例 17.5 高税率差异时的星能量瑞士项目

假设例17.3中盈利时所得税税率为45%，而不再是35%，亏损时退还率仍为25%。如果星能量不进行套期保值，其期望税后利润为：

0.5×＄5 000 000×(1－0.45)＋0.5×(－＄3 000 000)×(1－0.25)＝＄250 000

因此，公司现在预期支付税费

＄1 000 000－＄250 000＝＄750 000

如果星能量通过以＄0.50/CHF卖出CHF40 000 000远期进行套期保值，它将仍对＄1 000 000确定的利润缴税，税后利润为：

＄1 000 000×(1－0.45)＝＄550 000

星能量如果进行套期保值，预期支付税费＄450 000；如果不进行套期保值，预期支付税费＄750 000。星能量节税＄300 000。

不幸的是，进行套期保值的税费收益在公司更多的税前利润处于平坦区域的税制下会减少。

例 17.6 高盈利能力下的星能量瑞士项目

让我们继续只有两种结果的例子并保持两种可能汇率的差额与例17.5相同，但是，现在让我们提高星能量的盈利能力，将汇率增大为＄0.65/CHF和＄0.45/CHF。如果远期汇率等于未来即期汇率的期望，远期汇率现在增加为：

$$0.5\times(\$0.65/CHF)+0.5\times(\$0.45/CHF)=\$0.55/CHF$$

现在，如果星能量不套期保值，它盈利时的税前利润为：

$$\begin{aligned}&\$0.65/CHF\times CHF40\ 000\ 000-\$19\ 000\ 000\\&=\$26\ 000\ 000-\$19\ 000\ 000=\$7\ 000\ 000\end{aligned}$$

亏损时，星能量的所得为：

$$\begin{aligned}\$0.45/CHF\times CHF40\ 000\ 000-\$19\ 000\ 000&=\$18\ 000\ 000-\$19\ 000\ 000\\&=-\$1\ 000\ 000\end{aligned}$$

不套期保值时，星能量的期望税后利润为：

$$0.5\times\$7\ 000\ 000\times(1-0.45)+0.5\times(-\$1\ 000\ 000)\times(1-0.25)=\$1\ 550\ 000$$

如果公司通过以远期汇率＄0.55/CHF卖出CHF40 000 000远期套期保值，其税后利润为：

$$\begin{aligned}&(\$0.55/CHF\times CHF40\ 000\ 000-\$19\ 000\ 000)\times(1-0.45)\\&=\$3\ 000\ 000\times(1-0.45)=\$1\ 650\ 000\end{aligned}$$

如果星能量不套期保值，它现在预期支付税费：

$$\$3\ 000\ 000-\$1\ 550\ 000=\$1\ 450\ 000$$

如果星能量套期保值，它将支付税费：

$$\$3\ 000\ 000-\$1\ 650\ 000=\$1\ 350\ 000$$

所以当更多的利润处于税制的平坦区域，收入为2 600万美元或1 800万美元时，星能量节税＄100 000；而当其可能未来收入为2 400万美元或1 600万美元时，它预期节税＄300 000。

一般原理

例17.2到例17.6说明了一些一般原理。首先，在累进税制下，风险管理或套期保值的确能带来税费收益。对盈利所得按累进税率征税是累进税制的来源之一。尽管如此，大多数国家并不对盈利征收累进的企业所得税。可以对所有盈利和亏损采用相同的百分比税率，但是税制中的其他因素，比如赋税亏损结转、替代最小税费、投资税费信贷，在处理亏损和鼓励某些交易方面都给税制带来了累进性。

这些例子揭示的一般原理是，在下列情况下套期保值的税费收益更大：

- 当税制的累进性更加明显时。
- 当公司税前利润更加不稳定时。
- 当公司利润的更大部分发生在税制的非平坦区域时。

套期保值可以降低财务困境成本

套期保值可以通过降低预期财务困境成本增加公司价值（Clifford Smith and Rene Stulz, 1985）。第15章解释过财务困境成本是因公司未来可能破产而导致的价值损失。这些成本与公司实际违约或宣告破产造成的价值损失不同。正如第 15 章中解释过的，财务困境成本包括破产的直接成本，如法律费用和管理费用。但是，它还包括间接成本，如公司无法有力承诺其客户、供应商、员工和经理，反之亦然。另外，公司经理也许会为股东利益自私行事从而损害债权人的利益。套期保值降低了公司遭遇财务困境的可能性，因此缓解了这一问题。

套期保值可以提高公司未来投资决策水平

第 16 章描述了濒临财务困境的公司可能拒绝正净现值项目，因为项目中太多回报归属债权人而非股东。如果套期保值能够避免公司价值的减少进而避免上述不佳的投资决策，那么套期保值就提高了公司未来投资决策水平。

更一般而言，Kenneth Froot，David Scharfstein 和 Jeremy Stein（1993）的模型说明资本市场的不完善是套期保值的根本原因。每当为投资项目筹措的外部资金成本比来自留存收益的公司内部产生的资金更加高昂时，套期保值通过提供可靠稳定的内部形成的利润流增加了公司价值，公司可用内部产生的利润流来为其研究与开发和资本性支出融资。套期保值有效提供了现金流来源，允许公司在最佳投资时点及时利用其投资机会和成长期权。

此观点的基本逻辑

假设有一家公司不套期保值，那么，已有资产现金流的易变性将反映为归属股东的自由现金流的易变性。现在，记住归属股东的自由现金流不能为负。如果归属股东的自由现金流即将为负，公司要么会进行外部融资，要么会削减公司的投资策略。因为投资或研发的易变性通常是不利的，当公司内部产生的现金流不足时，公司通常会利用外部资本市场融资。尽管如此，在不完善的资本市场中，外部融资的边际成本可能随融资金额的增加而增加。那样，公司将发现其内部产生的现金流低时最佳决策就是减少投资和研发。如果公司套期保值，它可避免内部产生的现金流不足，避免投资的减少。

信息不对称是问题的关键

公司经理对公司未来前景的了解通常比投资者更多，信息不对称因此使得金融市场上公司新发行的债务或权益的定价十分困难，有时甚至是不可能的。这一不确定性导致投资者对新项目融资要求溢价，且溢价可能随公司融资金额的增加而增加。结果是，外部融资成本高，公司偏好内部融资。

主要依赖内部融资的行业中的企业确实应该考虑套期保值。这就是本章后面将要讲述的默克的套期保值基本原理。

套期保值可以改变对公司经理的评价

另一个支持套期保值的观点依赖公司经理和股东之间的信息不对称，是由 Peter DeMarzo 和 Darrell Duffie（1995）提出的。股东必须基于他们按照所披露的公司会计数据对公司盈利能力和利润的观察判断经理的工作质量。从这一角度来看，套期保值一看就是明智之举。套期保值降低了利润数据中与经理行为无关的"噪音"。换言之，套期保值增加了公司利润中有关经理能力的信息含量。DeMarzo 和 Duffie（1995）论证了在这种情况下，套期保值的会计处理与最佳套保策略是紧密联系的。因为经理们能够更好地判断公司面临的不同金融风险，他们有对这些风险套期保值的动机以降低公司利润的易变性，以及与公司利润联系的他们自己收入的易变性。经理不想面对出乎意料的货币贬值对公司利润的不良影响。

虽然信息披露使股东能够更好地判断经理的能力，那样股东就能够使经理的薪酬对公司业绩更加敏感，但为避免其收入的额外易变性，经理们也许会选择不套期保值。如果套期保值利润的额外信息含量足够高，股东的最佳决策也许是不披露公司的套期保值活动，以使经理们产生套期保值的动机。

针锋相对

信息不对称和啄序金融理论

Ante，Freedy 和 Suttle 正在参观柏林，漫步在勃兰登堡门，讨论柏林墙的倒塌和 1989 年苏联的解体。Freedy 说："资本主义不好吗？看看所有这些位于原民主德国的新建筑。"

Ante 回答："这些建筑非常棒，但是如果我们能够阻止经理们欺诈投资者，资本主义会更好。我不知道为什么有人会买入股票。"

Freedy 说："Ante，这有什么呀？股票市场是有效的。任何公开的信息都会很快反映在市场价格中。"

Ante 生气地脱口而出："如果是这样，为什么贝克特和霍德里克认为信息不对称是风险管理中的重要问题？如果在风险管理方面经理比投资者了解得更多，那么在发行股票方面经理也比投资者了解得更多。经理将在股票被高估时发行股票，在其被低估时回购股票。市场真是愚蠢！"

这时，Suttle 见兄弟俩争论得不可开交，觉得必须介入了。"嘿，你们俩必须搞清楚市场不能了解所有事情。确实，有理由认为经理比股东更了解公司前景。一些相当好的经济学家找到了这些思想在公司金融方面的意义。"

Suttle 说："例如，史蒂芬·罗斯（Stephen Ross，1977）推演了公司靠信息不对称融资的早期模型之一。在罗斯的模型中，经理们比金融市场更了解公司前景。没有经理们的信号，投资者将视所有公司完全相同。为了给出公司前景良好的信号，好前景公司的经理必须做一些成本高昂且不会被前景不佳的公司经理所模仿的事。经理们可以通过选择恰当的债务水平发出有关公司前景的信号。这样，罗斯主张好前景公司通过比差前景公司承担更多的债务来发出信号。这一举动是有效的信号，因为破产成本高昂。一家前景良好的高负债公司比负债水平相同但前景不好的公司更不易引起破产成本。"

Freedy 和 Ante 笑了，他们觉得 Suttle 过于健谈了。Ante 突然说："债务就是这样，但我现在说的是权益。"

Suttle 回应道："斯图尔特·迈尔斯（Stewart Myers）写过两篇重要的论文，将这个信息不对称结论推广至发行股票的决策。它被称为**啄序金融理论**（pecking order theory of financing）①，它阐明公司应该利用信息敏感性最小的资金来为其投资提供融资。迈尔斯认为经理比资本市场掌握更多关于公司前景的信息，而且资本市场了解这一点。因此当经理们认为公司被资本市场低估时，他们不愿通过发行股票来为项目融资。实际上，他们将在高估时发行股票。因为资本市场了解这一逻辑，资本市场将视发行股票为非常不好的信号。"

"结果就是啄序融资。首先使用内部产生的现金，因为无须向资本市场解释为什么或者如何使用这些资金。债务是接下来的融资来源，因为支付给债权人的现金流是固定的，对公司的未来现金流不敏感。没有产生足够的内部资金但是前景良好的公司可以这么做。权益融资是最不理想的方法，因为它是非常不好的信号。因此，只有内部资金不足且没有能力发行债务的公司才依靠

① 参见 Stewart Myers (1984)，Stewart Myers 和 Nicolais Majluf (1984)。

发行股票。”

Freedy 和 Ante 打断了 Suttle：“行啦，我们对这个信息不对称了解得够多啦。咱们去买个德国鲜肉香肠吧。我们都饿了！”

17.4 默克的套期保值基本原理

只有很少的公司会真正写下它们为什么会选择套期保值和解释它们的分析逻辑。这一节描述默克运用外币期权对其外币收入套期保值的决策。①

默克 1988 年决定实行套期保值策略时，其销售额为 66 亿美元，而在制药行业，总销售额大约为 1 037 亿美元。该行业没有一家公司占据 5%以上的市场份额。默克的收入有大约 50%来自其药品的境外销售。默克在全世界约有 70 家子公司，它们进口半成品并负责完成生产、营销以及最终产品在所在国的分配。此行业的竞争性决定了最终售价以当地货币计价。另外，很多当地售价都是固定的。因此，如果当地货币对美元贬值，默克提高其产品的当地售价的能力有限。

默克的境外子公司流回的股利占其利润相当大的部分。默克通常用这些内部产生的资金为其研发和资本性支出融资。

默克套期保值的决策产生于 20 世纪 80 年代中期，在一段美元升值的艰难时期之后。美元升值确实对默克造成了伤害；公司制定了一个计量美元对以当地货币收入为权重的货币篮子升值的销售指数。这一指数从 1978 年的基准水平 100 降到 1984 年的 60。在那段时间里，默克的收入累计损失了约 9 亿美元。对此，默克的措施是削减其研发和项目投资。

尽管如此，在回顾这一时期公司业绩之后，默克的经理们认为这是一个错误的决定。该行业竞争性的重要体现之一就是其注重新药品的开发。削减其研究与开发，默克冒了在全球市场失去竞争力的风险。

发展天然的经营套期

默克考虑使用的第一道防线就是**经营货币套期**（operating currency hedge），即通过将公司的经营在不同国家之间进行转移使以不同货币计价的成本与收入更加均衡。不幸的是，由于默克想要继续在美国进行大部分研发且将企业总部保持在那里，这一选择实际上不可行。

默克的五步骤

默克形成了帮助决定是否通过金融合约套期保值以及选择哪种金融套期的五步骤。这五步骤如下：

1. 建立对未来汇率分布的预测以决定汇率不利变化的可能性。
2. 评估汇率变化对公司 5 年战略规划的影响。

---

① 默克的决策在 Judy Lewent 和 John Kearney（1990）中有详细描述。在分析期，勒温特（Lewent）女士是默克的副总裁兼财务主管，2006 年她成为执行副总裁兼首席财务官。这一节后面的部分总结了他们的主张。

3. 决定是否对公司的汇率风险套期保值。

4. 选择恰当的套期工具。

5. 模拟替代套期方案，在经理们的风险容忍度内找出那些最节约成本的方案。

我们接下来考虑每一步骤中的各个因素。

第一步：建立对未来汇率分布的预测以决定汇率不利变化的可能性

默克考虑了决定未来汇率变化可能性的四个主要因素：经济基础、政府对汇率的干预、以前的汇率和专业预测。勒温特和卡尼（Lewent and Kearney，1990）指出，经济基础包括贸易逆差、国际资本流和政府预算赤字等变量，它们可以定义一个“均衡”汇率，但是他们并没有具体化这一均衡模型。默克的模型还指出，中央银行常常设定显性或隐性的货币价格目标区域，他们可以借此防范干预。另外，勒温特和卡尼指出，默克的模型是“平均回归”的，即当汇率有若干同方向较大变动时，那个方向未来变动的可能性将减小。也就是说，名义汇率如此大的变动肯定会造成实际汇率的较大变动。实际汇率如此大的变化将在贸易中产生限制同方向额外变动的可能性的力量。第四个因素对默克评估未来汇率的影响涉及获取不同专业预测机构的意见。世界主要投资银行和商业银行的雇员例行提供未来汇率预测。在默克的例子中，虽然没有人预测美元会以其在20世纪80年代初那样的速度升值，外部对美元形势的预测基本上是平均的。

第二步：评估汇率变化对公司5年战略规划的影响

默克的第二步是评价汇率的不利变化对公司的战略规划的影响。这包括研究在未来5年各种不同汇率情境下的现金流和利润预测。这些预测必须结合过去的盈利能力对公司未来投资决策的影响。

第三步：决定是否对公司的汇率风险套期保值

上一步中研究现金流预测使默克了解了遭遇不利条件的可能性以及这些情况将怎样影响公司的未来投资决策。例如，如果预测公司的净营业利润足够高，这将对研发活动融资提供足够的资金以保持竞争力，那么这时就没有必要套期保值。尽管如此，为解释方便起见，我们假设情况并非如此，且在某些情境中，预测汇率变化对公司营业利润产生不利影响以至它们低于对理想的资本性支出融资所需的水平。那么，公司将如何对其投资项目融资呢？

公司为其投资项目融资的方法之一就是转向外部资本市场融资。但是公司能够以那些情况下合理的收益率成功地筹措所需资金吗？记住，公司将在不能盈利时到金融市场融资。因此，金融市场的参与者可能不认为不能盈利只是由于汇率的不利波动。如果市场认为其他原因，如不良的管理决策，才是关键，那该怎么办？如果是那样，公司经理们将发现继续那些他们认为能保持公司竞争力的项目是困难的。套期保值可以避免这些情况的发生。

默克的结论是应该套期保值以防范汇率的不稳定性，因为公司利润的较大份额（50%或以上）产生于境外，且现金流的不稳定性对公司执行其战略规划的能力，即对研发的投资，会产生潜在的不利影响。另外，制药业的规划期相当长，这反映了有关研究的复杂性及产品注册的漫长过程。从产品的发明到其投放市场常常要经历10年之久。此行业的成功通常要求连续长期地保证稳步增加研究经费。考虑到这一点，默克进行套期保值是明智之举。

第四步：选择恰当的套期工具

金融套期工具包括远期和期货合约、外币债务、货币互换和货币期权。远期外汇合约、期货合约、外币债务和货币互换对已知的外币交割金额“锁定”了未来可以得到的本币价值。换言之，所得本币金额不会增加或减少。与此形成对比的是，看跌期权针对美元对外币升值提供保险，因为它们赋予公司以合约价卖出外币的权利而非义务。（我们将在第 20 章讨论看跌期权。）公司可以执行这项权利，或者如果市场中的汇率较优，它可以放弃期权从而得到更高的美元回报。当然，公司必须支付这一特权的期权溢价。默克不愿放弃美元贬值时的潜在利得，因此期权是公司的理想套期工具。

第五步：模拟替代套期方案，在经理们的风险容忍度内找出最节约成本的方案

在决定了期权是最有利的套期工具之后，需要解决的问题就是如何具体执行 5 年的套期方案。做此决策时需处理的若干问题如下：套期的期限多长合适？是多年套期还是逐年套期？看跌期权的行权价（合约汇率）应为多少？

默克认为“虚值”期权可以降低成本。虚值期权是指行权价，即期权的合约汇率小于单位外币兑美元的当前汇率。

套期应该覆盖收入的多大百分比？换言之，公司能否承受部分“自保”其风险，即留下部分风险不套期保值，以此降低当前实施套期保值的支出？默克使用自主开发的蒙特卡洛模拟模型。此模型生成替代现金流情境及汇率。此模拟得到如下结果：（1）默克应该运用长期期权进行多年套期；（2）深度虚值期权不会带来利得；（3）默克应该部分自保。

默克的战略在整个 20 世纪 90 年代卓有成效，其盈利能力保持高水平，其股价从 1990 年初的＄12.40 增长到 2000 年 12 月的每股当前价格（即对股票分割调整后的价格）＄90.50。2000 年后股市总体下跌，默克的股票价格也随之下跌。此后，不幸的是，默克最重要的止痛药之一，Vioxx，在 2004 年由于其导致心力衰竭的报道而被迫下架。虽然默克承诺将在随后的诉讼中胜诉，其股票价格在公司败诉后大跌。到 2006 年 6 月，股价降至每股＄36.43。到 2007 年 6 月，股价回升至每股＄50.44。

17.5 套期保值的趋势

会计们将很多套期保值处理为资产负债表表外项目。因为公司只需对外公布资产负债表和利润表，因此人们必须通过其他方法来收集有关套期活动及趋势的信息。一些学者使用调查数据，还有一些直接阅读年报附注和其他监管档案。

来自调查的信息

Deane Nance，Clifford Smith 和 Charles Smithson（1993）是最先运用调查方法试图找到积极进行套期的公司特征的学者之一。他们的发现为本章的框架结构提供了支持。

特别是，Nance，Smith 和 Smithson（1993）发现研发支出大的公司更积极进行套期。这要么是由于高研发的公司难以进行外部融资，要么是由于其主要资产为无形资产，不能作为抵押担保品，要么是由于其新项目的质量信息不对称程度更加严重。还有一些证据认为较高杠杆的公司（债务—权益比率较大的公司）更多地进行套期保值。高杠杆的公司不愿遭受财务困境，所以它们积极管理风险来避免财务困境。

一个有趣的发现是支付高股利的公司也更可能进行套期保值。显然，这些公司有大量自由现金流且没有传统意义的资金约束。然而经理们也许视股利政策为对公司股东的承诺，不能违背。套期保值使公司既能够保持其股利政策又能够为未来投资提供资金。

沃顿/CIBC 调查

由 Gordon Bodnar，Greg Hayt 和 Richard Marston（1998）开展的沃顿/ CIBC 调查得到来自399 家非金融公司有关其使用衍生品及其风险管理措施的回应。Bodnar，Hayt 和 Marston（1998）发现，83%的大公司和 12%的小公司使用衍生品进行套期保值。调查中大公司倾向进行套期而小公司倾向不进行套期的事实与套期成本中包含固定成本的观点一致。只有当公司大到足以承担套期的固定成本时，公司才实施套期策略。

调查中的公司的外汇风险差异很大。面临外汇风险的公司中有 40%报告它们的外币收入至少占其总收入的 20%。有约 40%的公司报告其外币费用至少为其总费用的 20%。另一方面，有60%的公司报告其外币收入与费用实际上是平衡的。有可能这些公司是天然经营套期。

沃顿/ CIBC 调查没有探讨公司进行套期保值的原因，但它提供了一些初步见解。结果显示，公司仅进行部分套期且不做很远期的套期。实际上，Bodnar，Hayt 和 Marston（1998）发现，面临重大金额常规外汇风险的公司倾向于仅套期其风险的一小部分。大多数公司使用短期套期；绝大多数套期的到期日在 90 天以内。一个对此现象的解释是长期套期的交易成本更高。

最后，沃顿/CIBC 调查发现，一些公司用衍生品投机而非进行套期保值。实际上，Bodnar，Hayt 和 Marston（1998）发现，使用衍生品的公司中有略少于三分之一报告其对汇率的市场预期指引其至少偶尔会这么做。Bengt Pramborg（2005）在韩国和瑞典发现了类似的证据。

公司为何套期保值的经验分析

Christopher Geczy，Bernadette Minton 和 Catherine Schrand（1997）研究了 372 家非金融1990 年《财富》500 强企业给证券交易委员会的年报和季报的附注，得到它们对外币衍生品的使用信息。这些公司中有约 41%使用货币互换、远期、期货、期权或这些衍生工具的结合。计量经济学分析表明成长机会更多的公司更有可能采用货币衍生品进行套期。这一发现与公司用衍生品降低其现金流的不稳定性以避免错失投资机会的情况一致。

Geczy，Minton 和 Schrand（1997）还发现了由于境外经营而产生外币风险的公司与既有境外经营也有外币债务的公司之间的重要区别。研发支出在没有外币债务的公司中很高，但是研发支出在有外币债务的公司中不是使用货币衍生品的重要决定因素。这暗示以外币发行债务能够起到与套期保值相同的作用。

在另一个研究中，George Allayannis 和 Eli Ofek（2001）发现，公司的外币销售额和贸易额是公司货币套期金额的唯一决定因素。

尽管前面提到的研究中探讨了公司进行套期的原因和程度，George Allayannis 和 James Weston（2001）试图量化与不使用衍生品的公司相比运用外币衍生品的公司的市场价值是否增加了。Allayannis 和 Weston（2001）发现的证据与套期可增加略低于 5%的公司价值的假设一致。必须谨慎对待这一结论，因为它假设一些经理很聪明从而增加了他们公司的价值，而另一些经理并不以公司股东的最优利益为行动的出发点。另一假设是计量经济学家未能使公司不同的所有方面保持不变。

套期还是不套期：了解你的竞争对手

不幸的是，不存在明确的经济模型来解释为什么不同国家不同行业中的不同公司是否会进行套期的原因。这说明，当为你的公司选择套期策略时，密切关注你的竞争者们在做什么是值得的。你应该问自己偏离行业惯例是否有好处。如果其他人都套期而你不套期，好坏不同的情况对你有什么影响？类似地，如果其他人都不套期，你在你的行业中最先套期是否有好处？这种利得将在什么时候发生？如果你的盈利能力更强，你会拥有竞争优势吗？

了解竞争性质也是很重要的。你的竞争来自国内还是国外？实际汇率的变化将如何影响你的竞争力？套期无法改变实际汇率的变化将改变不同国家的公司的竞争地位这一事实，但是套期可以减轻公司可能遭受的损失。

小　结

这一章研究了风险管理和外汇风险套期保值。本章要点如下：

1. 外汇风险套期保值降低了公司未来现金流的不确定性。这对风险规避的所有者兼经理经营的创业公司是有意义的，他们不能像普通投资者那样分散风险。

2. 莫迪利安尼和米勒认为企业的金融政策，如套期外汇风险，不会改变公司的价值，除非它们影响公司的税费，影响其投资决策，或者其成本比个体交易成本更加节约。这样，对于大型、公开招股的企业套期是有价值的，如果它增加预期税后现金流的现值，增加税盾的现值，减少财务困境成本的现值，或者提高公司未来成长期权的现值。

3. 套期成本高昂，因为公司必须分出时间和精力来进行套期决策，还因为远期市场的交易成本大于即期市场的交易成本。外币的远期贴现率（如果公司卖出外币远期）和外币期权的期权溢价都不是套期的合理成本。

4. 对权益头寸的外汇风险套期是困难的，因为大部分权益价值决定于无限远的未来。而且权益价值受实际外汇风险影响，但是大多数套期是名义上的。

5. 如果企业税制为累进税制，套期外汇风险将降低公司的预期未来税费。累进税制对较高收入征收较大税率，对较低收入征收较小税率。虽然大多数国家的企业所得税是平坦的，如果政府不按收入所征税率立即退还公司损失，税制实际上就是累进的。

6. 在以下情况下套期的税费收益更大：税制累进性更强，公司的税前收入更不稳定，公司收入中更大的部分处于累进税制区域。

7. 套期有价值，因为它能降低公司预期支付的未来税费，降低财务困境成本，提高公司将面对的未来投资决策水平。

8. 当信息不对称时，套期影响股东评价管理层质量的能力。如果来自金融套期的利润和损失与公司项目的利润和损失结合在一起，经理们将被激励去进行套期保值以降低他们收入的易变性。如果他们的套期活动被披露，经理们将选择减少套期，因为套期使股东更易了解经理们对公司利润的实际贡献，因此可能增加经理薪酬对利润的敏感性。

9. 调查和经验研究总体上支持经理套期外币风险以确保他们的公司有足够的现金流来为重要项目融资的思想。

简答题

1. 为什么创业者发现套期其外汇风险有利可图？

2. 解释莫迪利安尼和米勒的套期无关论。实际市场中最有可能违背 MM 假设的是什么情况？

3. 假设加入一家大型企业的财务部门后，你发现它由于套期成本超出了财务部门的预算而回避套期。你将如何说服 CFO 使公司任命你为其套期负责人？

4. 你的 CFO 认为你们公司的价值随日元—美元汇率剧烈波动，但他不愿进行套期保值，因为他认为这是不可能套期的风险。你能说服他吗？

5. 累进税制是指什么？如果一个国家的企业所得税是平坦的，公司进行套期保值有意义吗？

6. 如果税制是累进的，远期汇率等于未来即期汇率的期望，为什么公司相比等到实现外币现金流再支付税费更偏好按套期外币现金流的价值支付税费？

7. 为什么当更多的未来外币收入位于低税率区域时公司的利得更大？

8. 为什么公司经理会接受本币净现值低、高变动性的境外项目，而非本币净现值高、低变动性的境外项目？

9. 为什么公司会放弃具有正净现值的项目？套期保值是如何避免这样的情况发生的？

10. 假设来自金融套期的现金流与来自公司经营的现金流结合，股东无法确定利润和损失的最终来源。公司的经理们愿意在远期外汇市场上套期保值还是投机？

11. 为什么内部产生的现金流对默克那么重要？为什么默克不能用金融市场作为资金来源？

12. 判断正误：

公司卖出外币远期时，套期外汇风险的成本或收益被远期贴现率或外币溢价准确计量。

应用题

1. 红帽公司有一个瑞士项目，无限期每年回报自由现金流 3 亿瑞士法郎或 2.5 亿瑞士法郎。两种 CHF 现金流的可能性均等。红帽对这些现金流的 CHF 贴现率为每年 13%，项目成本为 11 亿欧元，当前汇率为 CHF1.67/EUR。红帽应该接受这个项目吗？假设红帽的银行贷款限额为 4 亿欧元。红帽套期其 CHF 现金流有困难吗？

2. 法国之花公司有一个项目将在 1 年后提供 2 000万英镑收入。此项目成本为 3 000 万欧元，1 年后支付。项目的成本是确定的，但是未来即期汇率不确定。假设未来即期汇率只有两种可能性。55%的可能性为€ 1.54/£，有 45%的可能性为€ 1.48/£。假设法国对盈利征税 45%，公司损失立刻以 35%退还，单位英镑兑欧元的远期汇率等于未来即期汇率的期望。

a. 如果法国之花选择不套期外汇风险，此项目税后利润的期望是多少？

b. 如果法国之花选择套期外汇风险，此项目税后利润的期望是多少？

3. 如果退还率仅为 25%而非 35%，你对第 2 题的回答将有何变化？

4. 如果未来的可能汇率为€ 1.56/£和€ 1.46/£，你对第 2 题的回答将有何变化？

5. 假设美国机械工具公司有 5 000 万美元的未偿债务明年到期。它当前的现金流随美元—英镑汇率波动。下一年的可能汇率为 \$1.50/£和 \$1.90/£，两种情况的可能性相等。公司认为它在美国的经营将产生 3 000 万美元的现金流，预期英镑现金流为 1 200 万英镑。

a. 如果美国机械工具公司不套期外汇风险，为简单起见，假设恰当的贴现率为 0，其债务和权益的当前市场价值是多少？

b. 假设美国机械工具公司可以以 \$1.70/£的价格签署远期合约。如果它套期外汇风险，公司的债务和权益的价值是多少？股东希望经理层套期保值吗？

c. 假设美国机械工具公司今天可以投资 100 万美元的项目，下一期回报 100 万英镑。对于公司来说，这是一个好项目吗？

d. 假设美国机械工具公司不套期保值，经理试图最大化公司权益价值，必须从现有股东中筹资 100 万美元。经理们会接受这个项目吗？

e. 如果美国机械工具公司套期外汇风险，公司会接受这个项目吗？

参考文献

Abuaf, Niso, 1991, "The Nature and Management of Foreign Exchange Risk," in Robert W. Kolb, ed, *The International Finance Reader*, Miami: Kolb.

Allayannis, George, and Eli Ofek, 2001, "Exchange Rate Exposure, Hedging, and the Use of Foreign Currency Derivatives," *Journal of International Money and Finance* 20, pp. 273 - 296.

Allayannis, George, and James P. Weston, 2001, "The Use of Foreign Currency Derivatives and Firm Market Value," *Review of Financial Studies* 14, pp. 243 - 276.

Bodnar, Gordon, Greg S. Hayt, and Richard C. Marston, 1998, "1998 Wharton Survey of Financial

Risk Management by U. S. Non-financial Firms," *Financial Management* 27, pp. 70 - 91.

DeMarzo, Peter M., and Darrell Duffie, 1991, "Corporate Financial Hedging with Proprietary Information," *Journal of Economic Theory* 45, pp. 353 - 369.

DeMarzo, Peter M., and Darrell Duffie, 1995, "Corporate Incentives for Hedging and Hedge Accounting," *Review of Financial Studies* 8, pp. 743 - 771.

Froot, Kenneth A., David S. Scharfstein, and Jeremy C. Stein, 1993, "Risk Management: Coordinating Corporate Investment and Financing Policies," *Journal of Finance* 48, pp. 1629 - 1658.

Géczy, Christopher, Bernadette A. Minton, and Catherine Schrand, 1997, "Why Firms Use Currency Derivatives," *Journal of Finance* 52, pp. 1323 - 1354.

Hekman, Christine R., Fall 1986, "Don't Blame Currency Values for Strategic Errors: Protecting Competitive Position by Correctly Assessing Foreign Exchange Exposure," *Midland Corporate Finance Journal*, pp. 45 - 55.

Lessard, Donald R., Winter 1990, "Global Competition and Corporate Finance in the 1990s," *Journal of Applied Corporate Finance*, pp. 59 - 72.

Lewent, Judy C., and A. John Kearney, Winter 1990, "Identifying, Measuring, and Hedging Currency Risk at Merck," *Journal of Applied Corporate Finance*, pp. 19 - 28.

Maloney, Peter J., Winter 1990, "Managing Currency Exposure: The Case of Western Mining," *Journal of Applied Corporate Finance*, pp. 29 - 34.

Modigliani, Franco, and Merton Miller, 1958, "The Cost of Capital, Corporation Finance, and the Theory of Investment," *American Economic Review*, pp. 261 - 297.

Modigliani, Franco, and Merton Miller, 1961, "Dividend Policy, Growth, and the Valuation of Shares," *Journal of Business*, pp. 411 - 433.

Myers, Stewart, 1984, "The Capital Structure Puzzle," *Journal of Finance* 39, pp. 575 - 592.

Myers, Stewart, and Nicolais Majluf, 1984, "Corporate Financing and Investment Decisions When Firms Have Information that Investors Do Not Have," *Journal of Financial Economics* 13, pp. 187 - 221.

Nance, Deana R., Clifford W. Smith, and Charles W. Smithson, 1993, "On the Determinants of Corporate Hedging," *Journal of Finance* 48, 267 - 284.

Pramborg, Bengt, 2005, "Foreign Exchange Risk Management by Swedish and Korean Non-financial Firms: A Comparative Survey," *Pacific Basin Finance Journal* 13, 343 - 366.

Rawls, S. Waite, and Charles W. Smithson, 1990, "Strategic Risk Management," *Journal of Applied Corporate Finance* 1, pp. 6 - 18.

Ross, Stephen A., 1977, "The Determination of Financial Structure: The Incentive Signaling Approach," *Bell Journal of Economics* 8, pp. 23 - 40.

Ross, Stephen A., Randolph W. Westerfield, Jeffrey F. Jaffee, and Bradford D. Jordan, 2007, *Corporate Finance: Core Principles and Applications*, 3rd ed., New York: McGraw-Hill Irwin.

Smith, Clifford W., Charles W. Smithson, and D. Sykes Wilford, 1990, *Managing Financial Risk*, New York: Harper & Row.

Smith, Clifford W., and René Stulz, 1985, "The Determinants of Firm's Hedging Policies," *Journal of Financial and Quantitative Analysis* 20, pp. 391 - 405.

Stulz, René, 1984, "Optimal Hedging Policies," *Journal of Financial and Quantitative Analysis* 19, pp. 127 - 140.

Stulz, René, 1990, "Managerial Discretion and Optimal Financing Policies," *Journal of Financial Economics* 26, 3 - 27.

国际财务管理 金融学译丛 · 国际财务管理 金融学译丛 · 国际财务管理 金融学译丛 · 国际财务管理

第5部分

管理持续的经营

第 18 章

国际贸易融资

国际贸易开展了 2 000 多年，很多机构工作，其中有一些相当复杂，近年来得到发展以促进这些活动。特别地，国际银行是联系进口商和出口商的重要参与者。这一章将引入并描述这些机构关系。

本章首先引入国际贸易的基本问题，然后研究控制国际运输商品的所有权及保险的重要单据。商业银行对进出口商提供融资时要求这些单据。接着我们来看替代支付法和出口融资的各种方法。各国政府通常有专门的进出口银行来提供融资与保险以促进国际贸易。最后，我们考虑对销贸易和多种用商品直接交换其他商品的贸易方式。

18.1　国际贸易的基本问题

在美国这样幅员辽阔的国家运输商品形成了很多复杂的物流和金融问题。跨越国界运输商品产生了很多额外难题。

图表 18.1 描述的基本情况是：加拿大的进口商让·克劳迪·里考特男装有限公司要从苏格兰毛衣出口商阿尔贝马勒苏格兰毛衣公司购买一些毛衣。因为在国家间运输这些毛衣需要时间，这些毛衣无法在达成购买商品的协议后立即由苏格兰出口商交付加拿大进口商。加拿大进口商或苏格兰出口商必须在运输中拥有这些毛衣。因此，出口商或进口商必须进行融资，因为商品不能在生产后立即售出。

当商品的运输与销售发生在一个国家内时，会有司法系统裁决买方与卖方之间的合约纠纷，但当跨越国界运输商品时会产生额外的法律问题。难题之一与违法账户收款有关。语言、文化、会计准则的差异和其他信息问题使得在某些情况下评估信用风险相当困难。国际商会试图克服这些问题。下一节我们将讨论国际商会。

图表 18.1　　　　　　　　一个国际贸易基本问题的例子

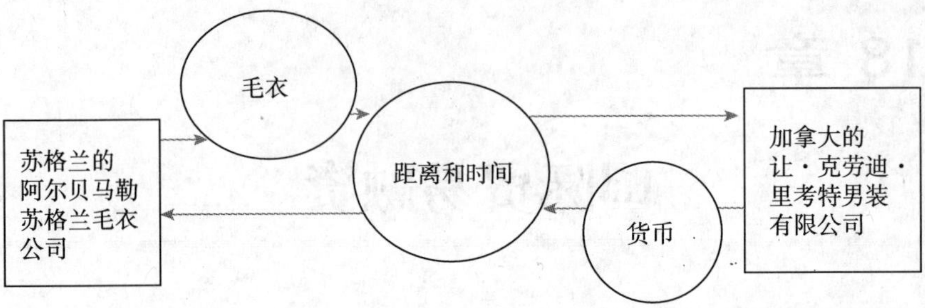

当然，正如任何生产者都要在生产过程中获得融资，出口商也必须在制造商品时获得融资。对其生产的融资有多种方法：来自留存收益、银行贷款、发行证券，或者来自进口商的预先支付。

处理这些国际融资问题和信贷交易的技术在各国和各行业各不相同且随时间演进。①同一行业中的公司可使用的方法有很多，依赖于具体公司的竞争压力。例如，知名的出口商作为行业中的国际领先者比其他出口商处于更有利的地位，可以对进口商提出更为严格的支付条件。一个公司还可能针对其客户采用不同战略。例如，适用于出口公司与发达国家的进口商的交易策略可能不适用于发展中国家的进口商。这一章探讨公司处理这样的融资与信贷问题以建立整体信贷策略的可选方法。然而，在讨论这些问题之前，我们介绍银行和其他中介机构用来控制商品所有权、保险和记账过程的单据。

国际商会

国际商会（International Chamber of Commerce，ICC）1919 年设于巴黎，目标是促进国际贸易与投资、开放国际商品服务市场以及促进国家间的自由资本流动。ICC 最初的成员有比利时、英国、法国、意大利和美国的私营公司。其成员急剧增加，今天 ICC 是一个有着来自 130 多个国家的成千上万个成员公司和团体的世界商业组织。

ICC 的活动包括为国际贸易、仲裁和其他形式的纠纷裁决、商业自动调整制定规定和准则；提出开放贸易和市场经济体制的政治理由；打击腐败；与商业犯罪作斗争。ICC 国际仲裁庭受理的案件逐年递增。自 1999 年起，仲裁庭每年多受理 500 多起新案件。纠纷金额从 3 万美元到 4 000万美元不等，案件来自世界各地。纠纷各不相同，包括钢管供应差异、投资账户的设立、银行清算、股东合约的解释、胶片的保险以及购物中心的建设等。

ICC 最重要的活动之一就是制定商业合约准则。这包括承认国家间使用的首字母缩写词的效力。首字母缩写词表明谁支付货运、保险及进口关税的成本。例如，ICC 标题为 INCOTERMS 的第 460 号出版物将这些术语分为四类。E 是一类，如表示"以工厂交货方式"的 EXW，E 表示商品已于卖方经营厂址准备好交付买方。F 是一类，如表示"船边交货价"的 FAS 和表示"船上交货价，离岸价"的 FOB，F 表示卖方的报价包括将商品交付买方指定的承运人。C 是一类，如表示"成本与运费"的 CFR 和表示"成本、保险费加运费"的 CIF。CFR 指的是出口商报价包括运输到指定目的港的成本；CIF 指的是价格中除运费外还包括保险成本。D 是一类，如表示"进

① Avner Greif (1993) 描述了 11 世纪贸易商马格里布人是怎样发展国际联盟以克服国际贸易产生的问题的。马格里布人是在地中海西部穆斯林地区经营的犹太贸易商。Greif (1993) 提到："代理商为商人提供许多贸易相关服务，包括装卸货物，支付关税、贿赂和运费，储存商品，将商品转移到市场，决定卖出商品的时间、方式、对象、价格和信用条件"(p. 528)。

口关税未付”的DDU和表示“进口关税已付”的DDP。DDP指的是出口商报价包括运输到进口商经营厂址的成本，进口关税已付；DDU则指进口关税未付。

ICC的《跟单信用证统一惯例》(UCP500) 包括银行每年为世界贸易融资数十亿美元的一系列规定。ICC还负责制定电子商务准则。例如，2002年eUCP作为UCP500的补充，规定电子国际贸易单据准则。另外，ICC有关广告和营销的规范对国家法律和专业团体采用的规则均有影响。

18.2 国际贸易单据

这一节研究几个重要的国际贸易单据。国际银行为国际贸易融资时要求其中的很多单据。这些单据包括各种提单、商业发票、装箱单、保险单据、领事发票和分析证明。图表18.2给出了这些单据及其定义的小结。

图表18.2 国际贸易单据

提单 由运输商品从装货点到目的地的船运公司签发给出口商或装货人的合约。
商业发票 对于所售商品的详细描述，包括单价、所运商品数量和销售的金融条款，包括买方应付金额和买方应付的保险费及运费。
装箱单 对出口商品的描述，包括用于装载商品的集装箱、每只集装箱的内容和集装箱总数。
保险单据 表明商品所有者在国家间运输商品时发生毁损、丢失等情况下将得到补偿的单据。
领事发票 必须由出口商与进口国驻出口国的领事磋商填制的单据，向进口国海关官员提供相关信息，以避免错误申报商品价值。
分析证明 向进口商或政府官员证明所运货物达到纯度、重量、卫生或其他可计量特征标准的文件。

提 单

提单 (bill of lading, B/L) 是由运输商品到目的地的运输公司(也叫普通承运人)签发给出口商的合约。提单可达到多种目的，其中最重要的就是以文件证明承运人已收到出口商的商品。

提单中包含承运人和托运人(出口商)之间的合约条款。它描述托运商品的种类与数量，托运人(也叫委托人、发货人)是谁，进口商(也叫受托人、收货人)是谁，装卸港口，运输船只，以及运输成本。**可议付提单** (negotiable bill of lading) 是最常见的形式。可用于在各方之间转让货物的所有权。

在我们的例子中，阿尔贝马勒苏格兰毛衣公司收到运输公司开出的提单。如果让·克劳迪·里考特有限公司已经支付毛衣价款，可议付提单将表明让·克劳迪·里考特有限公司应该在这些毛衣抵达加拿大时得到它们。

记名提单

以最简单的形式，**记名提单** (straight bill of lading) 表明承运人已经从托运人(发货人)处收到商品并将向指定方(收货人)送交商品。记名提单不注明货物，因此在收货人收到运抵商品时无须出示。因为它不注明商品，记名提单不可议付，不能用于向第三方转让货物的所有权。因此，它不能作为商业银行的抵押担保品且仅在无出口商或进口商融资时使用。记名提单在商品已经预付时、出口商预付运费并保留商品使用权时，或者运输发生在同一集团的不同分支机构之间时使用。

指示提单

如果需要转让商品所有权，或者涉及某种形式的第三方融资，就使用**指示提单**（order bill of lading）。因为大多数出口交易都涉及融资，指示提单是最常见的提单形式。指示提单将货物转让给合约中指定的一方。这通常是出口商，因为出口商希望保留商品所有权直至收到进口商付款。出口商可以在指示提单背面签名转让商品所有权给背书中指定的一方。在目的地，承运人仅将商品交给持有已背书指示提单的一方，该方将提单退给承运人。

持有指示提单相当于拥有商品所有权。这意味着货物可以用作银行贷款的抵押担保品。银行愿意向已背书指示提单的持有方贷款。另外，货物通常全部在保险范围内。我们在本章后面的部分将说明指示提单被要求与跟单信用证或贴现汇票一同出示。贴现就是简单地计算汇票支付额的现值。

已装船提单与备运提单

提单有一些独特之处。**已装船提单**（on-board bill of lading）表明货物已装上特定待运船只。这是跟单信用证中通常使用的提单类型。另一形式是**备运提单**（received-for-shipment bill of lading），它仅表明货物在码头等待运输。备运提单不能作为向银行融资的单据，除非跟单信用证中明确批准。备运提单由承运人在收到货物时签发。它在恰当压印船只名称、时间、由经承运人授权的代表签字或草签时很容易转化为已装船提单。备运提单不能作为向银行融资的单据，因为没有人清楚地知道什么时候运输货物。

清洁提单与肮脏提单

提单包含承运商收到商品时商品状况的信息。**清洁提单**（clean bill of lading）表明承运人确认所收到货物处于良好状态。这种评价仅基于对商品外观的目测。承运人没有对商品状态进行正式评估的义务。相反，**肮脏提单**（foul bill of lading）表明承运人通过目视确定所运货物在承运人收到之前已损坏。肮脏提单是典型的不可议付提单，因为没有人知道货物的损坏程度。

商业发票

商业发票（commercial invoice）由出口商签发给进口商。商业发票包含对商品的详细描述，包括单价和所运商品数量。发票还明确销售的金融条款，包括进口商应付账款以及进口商应付保险和运费。

在我们前面的例子中，各种毛衣总数为 7 500 件，如果每件价格为 200 美元，发票总数将为 150 万美元。注意在这个例子中，虽然交易双方均不在美国，发票货币为美元。或者，交易也可以以出口商货币英镑或进口商货币加拿大元计价。

装箱单

因为国际运输的货物常常预先装箱于集装箱里，发货人必须提供**装箱单**（packing list）。装箱单包含对出口商品的描述，包括盛装货物的集装箱、每只集装箱的内容，以及集装箱总数。在我们的例子里，装箱单将包含对毛衣数量和种类的描述。

保险单据

国际运输的货物均有保险。保险单据必须由经保险公司授权的代表、其代理或其保险商签发。(保险经纪人的签字是无效的。)保险必须以收货人的名义签字，或以出口商的名义签字，出口商之后可以将保单背书给收货人。保险的价值必须以与发票货币相同的货币表示，否则将存在外汇交易风险。

开放式保单

出口额大的公司可以购买被描述为“开放式”或“浮动的”保单。这样的保单自动为公司所有出口货物保险，消除了为每份出口订单投保的必要。在这样的情形下，保险的证明是保险公司提供的保险证。保险证上的信息应该与提单、商业发票和我们接下来将要讨论的领事发票（如果需要的话）上描述的货物信息完全一致。

领事发票

进口在许多国家都要求**领事发票**（consular invoice)。这一单据必须由出口商与进口国驻出口国的领事磋商填制。领事发票向进口国海关官员提供相关信息，以避免错误申报商品价值。这些表格的错误填报会导致罚款以及货物通过海关时延误大量时间。领事发票有时与表明商品产地的**原产地证明**（certificate of origin）结合。

分析证明

分析证明（certificate of analysis）向进口商证明所运货物达到纯度、重量、卫生或其他可计量特征的标准。这些文件可能被进口国卫生或其他官员要求出示，特别是在进口食品和药品的时候。分析证明可能由私营组织或政府签发。

18.3 支付方式

在理想情况下，出口商希望在进口商订购商品时就收款，特别是在它们依据订单生产时更是如此。预先支付有利于商品的生产融资并确保出口商的利润。如果出口商必须为特别定制的商品筹资，出口商通常会要求进口商承担一部分成本。另一方面，进口商希望尽可能晚支付。如果进口商能够在产品最后的买主付款后才支付出口商，那么出口商实际上是在进口商存货卖出前为其融资。

这一节研究进口商支付出口商的不同方式。我们首先讨论预付，这是最简单的方式，是从出口商的角度来看风险最小的方式。然后，我们继续讨论跟单信用证、跟单托收、公开账户，这些支付方式从出口商角度来看风险逐渐增加。

预　付

预付交易当然就是要求进口商在商品运输前支付出口商。因此，出口商不需为商品运输融资，因为它们已经收到款项。从出口商的角度来看，预付显然是风险最小的策略。进口商必须为购买商品融资，承担运输商品的成本，承担运输中商品损坏的风险。

预付主要用于信用风险高的贸易伙伴和政治风险大的国家。如果一家信用评级机构，如邓白氏公司（Dun & Bradstreet），给一家外国公司的信用评级较低，或者如果一家信用保险机构取消了外国公司的投保资格，那么出口商可能要求预付。还有，如果出口商认为在运输期间进口国政府可能会关闭其外汇市场从而使进口商难以保证外币安全，那么出口商可能会要求预付。如果进口商不能对贸易融资，出口商与进口商之间的谈判就有可能失败。

因为很少有进口商愿意预付账款，国际银行开发了由银行信用风险代替进口商信用风险的保障支付的方式。这一方式就是跟单信用证。

跟单信用证

跟单信用证（documentary credits，D/C）被设计用来解决进口商和出口商想要支付的时间不同产生的问题。[1]跟单信用证还为出口商提供了为其商品生产融资的方法。有了跟单信用证，进口商和出口商之间至少存在一家商业银行。出口商必须评估这家商业银行的信用风险，而不是进口商的信用风险。因为在交易中商业银行的介入是广泛的，使用跟单信用证是最昂贵的支付方式。

图表 18.3 展示了一个跟单信用证的例子，相关交易的进口商是让·克劳迪·里考特男装有限公司，出口商是阿尔贝马勒苏格兰毛衣公司，由进口商银行魁北克银行开具。

图表 18.3　　　　跟单信用证

Irrevocable　　　　Est. 1847
Documentary Credit

Bank of Quebec
860 Rene-Levesque Blvd W
Montreal, PQ H3B4A5 CA

International Division　　Commercial D/C Department　　www. boq. com

Documentary Credit No.：0087349824　Amount：USD 1,5000,000　Date：July 3，2008

This number must be mentioned
on all drafts and correspondence.

. Albemarle's Scottish Sweaters　　　. Bank of Edinburgh
. Edinburgh，Scotland　　　. Edinburgh，Scotland
.　　　.

Dear Madame or Sir：

By order of Jean Claude Richot Men's Apparel，Inc.
and for the account of SAME
we hereby authorize you to draw on Ourselves
up to an aggregate amount of One Million，Five Hundred Thousand，U. S. Dollars
Available by your drafts at Ourselves，but not before October 3，2008

Accompanied by
Signed invoice in triplicate
Packing list in triplicate
Full set of clean ocean bills of lading，made out to order of shipper，blank endorsed，marked freight pre-paid and notify：Jean Claude Richot Men's Apparel，Inc.，Montreal，dated on board not later than July 30，2008.

---

① 在美国，跟单信用证也常常表示为 L/C。

Insurance policy/certificate in triplicate for 110% of invoice value, covering all risks.

Covering: Shipment of sweaters, as per buyer's order no. 86354011, dated June 15, 2008, from Edinburgh, Scotland port C. I. F. to Montreal, Quebec, CANADA.
Partial Shipments not permitted.
Transshipment is not permitted.
Documents must be presented within 7 days after the board date of the bills of lading, but in any event not later than August 7, 2008.

Drafts must be drawn and negotiated not later than August 3, 2008
All drafts drawn under this credit must bear its date and number and the amounts must be endorsed on the reverse side of this Documentary Credit by the negotiating bank. We hereby agree with the drawers, endorsers, and bona fide holders of all drafts drawn under and in compliance with the terms of this credit, that such drafts will be duly honored upon presentation to the drawee. This credit is subject to the uniform customs and practice for documentary credits (International Chamber of Commerce Publication No. 500).

Francois Montblanc
Commercial Credit Officer
Bank of Quebec

汇票

当进口商要求其商业银行代表进口商开具信用证给出口商时，D/C 就产生了。在 D/C 中，进口商银行表明如果出口商满足 D/C 中设定的特定条款，它将承兑并向自己支取汇票。汇票是银行开具的支付出口商的书面汇票，可能为**即期汇票**（sight draft）或**远期汇票**（time draft）。

图表 18.4 展示了远期汇票的例子。远期汇票表明，魁北克银行将在开具 D/C 3 个月后（那时汇票可以出示给银行）支付 150 万美元给阿尔贝马勒苏格兰毛衣公司。款项将从让·克劳迪·里考特有限公司的账户支付。如果汇票是即期汇票，只要与 D/C 有关的文件恰当，银行就有见票即付的义务。

图表 18.4　　远期汇票的例子

not before October 3, 2008
INDICATE ABOVE WHETHER PAYABLE ON DEMAND, ARRIVAL, OR OTHER TIME LIMIT

July 3, 2008 Montreal, Quebec, Canada
DATE AND LOCATION

PAY TO THE ORDER OF ALBEMARLE'S SCOTTISH SWEATERS　USD 1,500,500

ONE MILLION, FIVE HUNDRED THOUSAND UNITED STATES DOLLARS

JEAN CLAUDE RICHOT'S IMPORTED MEN'S APPAREL, INC.
VALUE RECEIVED AND CHARGE TO ACCOUNT OF

TO Bank of Quebec
860 Rene-Levesque Blvd W, Montreal, PQ, H3B4A5 CA

Robert Rochambeau, Treasurer

NO. D/C No. 0087349824

Jean Claude Richot, Inc.

如果银行承兑远期汇票，汇票就变为**银行承兑汇票**（banker's acceptance, B/A）。这些工具的产生将在后面的章节中详细讨论，但是基本事实就是银行在远期汇票上签章以示承兑，表明银行同意在到期日支付汇票面值。

一旦跟单信用证建立，它就变为以银行信用代替进口商信用的金融文件。出口商要想得到支付必须满足的条款包括提供商品已运、运费已付、商品已投保的正式文件证明。

跟单信用证对出口商的好处

跟单信用证给出口商带来多种好处：

1. D/C 最重要的优点就是用银行的可靠信用代替进口公司的信用风险，因此出口商只需要考虑签发 D/C 的银行的信用风险。如果出口商满足 D/C 的要求，出口商将得到银行支付。

2. 跟单信用证的确立减小了出口商因强加的外汇管制或其他政治风险而遭受的支付延迟的概率。各国都清楚国际贸易的重要性。所以，各个政府通常允许银行兑付已签发跟单信用证，否则将严重损坏国家的名誉及其以后在国际金融市场借款的能力。

3. D/C 通过明确设定出口商为获得支付所必须执行的行动降低交易的不确定性。

4. 因为 D/C 是银行与出口商之间具有法律效力的文件，出口商在生产过程中进口商意欲取消合约时受到保护。这一点在商品是特别定制时尤为重要。

5. D/C 使出口商获得提前支付更加容易，因为远期汇票可以由银行承兑，变为银行承兑汇票。这些将在本节后面的部分详细讨论，但基本上，银行同意立即支付出口商汇票的贴现价值。

跟单信用证对进口商的好处

跟单信用证从进口商的角度来看也有其优势：

1. 对进口商来讲最重要的优势就是 D/C 明确表明运输货物的时间期限。进口商了解如果出口商想要得到支付，那么出口商必须在特定日期运输商品且必须向银行提供特定文件。这样，进口商就能确保在它们的生产过程或再销售需要时拥有商品。

2. D/C 从进口商角度来看的另一优势是进口商银行承担检查出口商所提供文件的责任。因此，如果出口商没有恰当地运输货物，银行将不予支付，进口商因不会支付没有价值的商品而受到保护。最后，如果进口商拥有商品且发现运输中存在应该在检查运输文件时发现的问题，那么银行对此疏忽负责。

3. D/C 以银行的信用级别代替进口商的信用级别意味着进口商可能掌握更有利的支付条款。这些条款之一可能是交易实际已完成；许多出口商在没有预付和 D/C 时将拒绝出口。

4. 如果出口商要求某种形式的预先支付，那么进口商在其本国银行暂交第三方保管的账户中存款比直接给外国公司更有利。如果出口商遭遇困难限制其履行合约承诺的能力，进口商从当地银行取回其存款比从外国出口商处取回款项要容易得多。

跟单信用证的性质

跟单信用证可以是可撤销的或不可撤销的。**可撤销跟单信用证**（revocable D/C）是安排支付的一种方式，但是它不保证支付。进口商保留在出口商向银行出示汇票之前的任意时刻撤销跟单信用证的权利。可撤销跟单信用证表示进口商与有信誉的银行存在业务关系。它还表示交易具有在进口国危机时合法要求稀缺外汇的权利。因此，它对于确保多国企业集团的关联分支机构之间的交易不因外汇管制而破坏进口进程非常有用。它比不可撤销跟单信用证节约成本。

大多数非关联方之间的跟单信用证是不可撤销的。**不可撤销跟单信用证**（irrevocable D/C）不能被撤销，除非所有各方包括出口商都同意撤销。不太了解彼此的各方之间的国际交易是使用不可撤销跟单信用证的典型例子。否则，以银行信用代替进口商信用的很多好处将失去意义。一旦收到不可撤销跟单信用证，出口商确信如果自己在未来特定日期完成特定任务，将得到进口商银行的支付。

跟单信用证还可以是承兑的或未承兑的。承兑跟单信用证是一种跟单信用证明，即对于一家银行开出的跟单信用证，另一家商业银行同意兑付出口商出示的汇票。典型地，开具跟单信用证的银行位于进口商的国家。从出口商的角度来看存在两个问题。第一，虽然开证银行可能是有信誉的国际银行，它仍受进口国法律管辖且出口商可能对其不甚了解。第二，出口商可能最终希望向一家位于出口国的银行出示汇票。通过令一家位于出口国的银行承兑跟单信用证，出口商得到自己相信的国内银行承担承兑汇票责任的保证。当然，这第二家银行将要求承兑跟单信用证的额外补偿，这增加了承兑跟单信用证的交易成本。

总之，跟单信用证的三种主要类型，按对出口商的保障递减的顺序，是（1）不可撤销承兑跟单信用证；（2）不可撤销未承兑跟单信用证；（3）可撤销跟单信用证。这三种类型之间的选择以及由谁来支付增加的交易成本取决于进口商和出口商议价能力的强弱。使交易对出口商更有保障增加了交易的成本，因为银行会收取额外费用。这一增加的费用要么由进口商支付（因其同意提高成本），要么由出口商支付（因其接受更低的价格）。当然，如果出口商要求最严格的条款并强迫进口商支付交易成本，那么出口商冒着将业务机会送给愿冒更大风险的低成本出口商的风险。

关于 D/C 和 B/A 的形成与使用的小结

正如我们所看到的，国际贸易可以通过很多不同方式进行。这一节给出了一张某些复杂交易（跟单信用证的形成与使用以及贴现汇票形成银行承兑汇票）的图解。图表 18.5 给出了这些交易的大体图解：

1. 进口商向出口商订购商品并询问出口商是否愿意以包含远期汇票的跟单信用证方式运输商品。

2. 出口商和进口商同意以跟单信用证方式运输商品。双方就商品价格和与商品运输方式有关的其他方面进行谈判。

3. 进口商向其商业银行申请跟单信用证。在跟单信用证上，出口商为受益人，D/C 还明确与交易有关的信息。

4. 进口方银行开具跟单信用证，以出口商作为受益人。D/C 被寄送到一家通知行，位于出口商国家的“Bank EXP”。

5. 出口方银行通知出口商跟单信用证已到。如果出口商愿意，出口方银行可以承兑跟单信用证以取得收费并在进口方银行的保证上加上自己的保证。

6. 出口商通过普通承运人运输商品给进口商。

7. 出口商在到期日，比方说 90 天后，向出口方银行出示远期汇票。汇票依进口方银行开具的跟单信用证上指明的条件向进口方银行支取。出口商还出示 D/C 要求的单据，包括提单。出口商在提示提单背面的“空白处”签字以使商品所有权转移给已背书提单的持有人，交易中此时为出口方银行。

8. 出口方银行向进口方银行出示汇票和出口单据，进口方银行承兑汇票并留下单据。90 天到期的银行承兑汇票 B/A 产生了。

9. 要么进口方银行将承兑汇票还给出口方银行，要么出口方银行可以要求 B/A 的贴现值，此时进口方银行将扣除贴现费用。贴现过程中使用的是 B/A 市场上的利率。

10. 假设出口方银行收到 B/A，它现在要么把 B/A 交给出口商，要么支付出口商。如果是后者，出口方银行可以在自己的投资组合中持有 B/A，或者在国际金融市场上将 B/A 卖给投资者。

11. 在正常情况下，出口商收到 B/A 的贴现现金价值减去银行收取的贴现费用，而不是等到 90 天后收到支付的现金。

12. 进口方银行通知进口商单据已到。进口商签发本票或者执行一些互相达成一致的支付进口方银行的计划，这时 Bank IMP 将单据，包括提示提单，让与进口商。通常，本票的到期日与 B/A 的到期日相同，在这个例子里是 90 天。

13. 在商品运达时，进口商用提示提单从普通承运人处接收商品。

14. 在本票到期日，进口商支付进口方银行。

15. 在 B/A 到期日，进口方银行支付到期银行承兑汇票持有人。投资者收到 B/A 的面值。持有人可能直接向进口方银行出示 B/A，或者可能让出口方银行通过其与进口方银行的正常银行业务关系收款。

图表 18.5　　使用跟单信用证和银行承兑汇票的出口

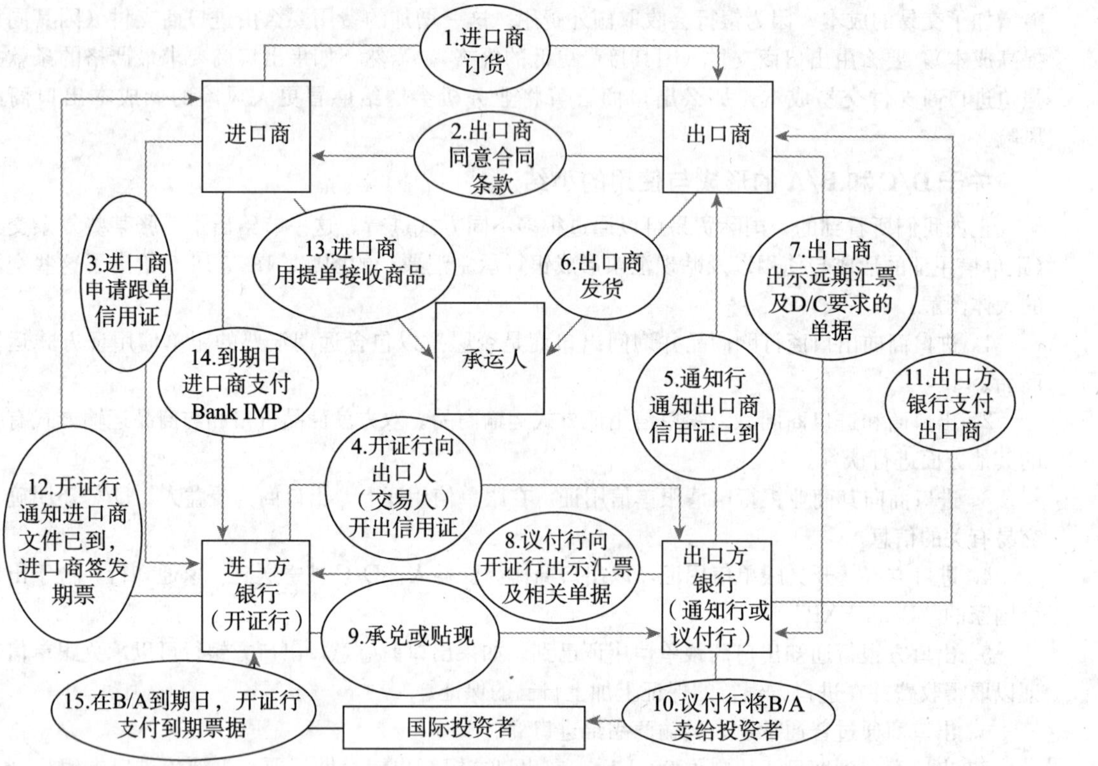

跟单托收

公司通过**跟单托收**（documentary collection）的方式能够避免直接评估其贸易伙伴的信用可靠性。通过跟单托收，出口商保留商品控制权直至进口商支付或从法律上确定其一定会支付，出口商令银行介入跟单托收过程，尽管跟单托收中银行所承担的确保对出口商支付的责任不如承兑跟单信用证下那样重大。跟单托收比跟单信用证节约成本。

当通过跟单托收进行出口交易时，出口商令一家汇款银行作为其代理接受进口商付款。出口商运输商品给进口商，但是出口商保留商品所有权。出口商接下来向汇款银行出示运输单据。这些运输单据（我们在本章前面讨论过）包括提单、商业发票、装箱单、保险证明和领事发票。出口商还向汇款银行提交汇票，向进口商支取。汇款银行（出口商的代理）将单据、汇票和说明寄给进口国内的一家银行。这家银行被称做代收行或提示行。跟单托收银行可以是汇款银行在外国的分支机构，也可以是位于外国的与汇款银行有业务往来的独立银行。代收行或提示行通知进口商文件已就绪，且在进口商履行跟单托收条款时可以获得。

出口商将指示其汇款银行按照下列两种方式之一从进口商处收款：**付款交单托收**［documents against payment (D/P) collection］或者**承兑交单托收**［documents against acceptance (D/A) collection］。付款交单托收时，进口商必须在获得货运提单前支付即期汇票的金额给代收行。资金收到后转给托收行用以支付出口商。因此，出口商在代收行收到款项以前不放弃商品的控制权。

承兑交单托收时，出口商按以下方式向进口商提供信用。代收行向进口商出示远期汇票，进口商必须对汇票进行签字、标注日期并注明承兑字样，然后进口商才能获得货运提单。通过承兑汇票，进口商承认其在到期日（通常为承兑日期之后 30、60 或 90 天）支付汇票面值的法律义务。承兑汇票就是**商业承兑汇票**（trade acceptance）。它可由代收行代表出口商保留，以便在到期日出示给进口商，或者可以将商业承兑汇票交还出口商。在到期日，汇票由代收行出示给进口商，进口商必须支付面值。然后这笔资金转账至托收行以便支付出口商。

承兑交单托收时，出口商放弃商品所有权以换取进口商支付商业承兑汇票的法律义务。因此，了解进口商的信用可靠度对出口商很重要。

跟单托收的优势

从出口商的角度来看，承兑交单托收形成可议付商业承兑汇票，是一项可强制执行的债务工具。不仅进口商负有支付的法律责任，而且出口商可以在短期货币市场卖出商业承兑汇票以得到融资。当然，商业承兑汇票以贴现价值出售，既反映商业承兑货币的时间价值，又反映货币市场对进口商违约风险的认知。

出口商发现比起仅仅开发票给进口商，托收方式可更快得到支付，因为比起出口商的发票，进口商对当地银行界更加敏感。跟单托收确实增加了此过程中托收行和代收行的费用，但这些交易成本比确立跟单信用证的费用低。

跟单托收的劣势

承兑交单托收的主要劣势在于银行仅作为出口商的代理，它们并没有支付的义务，这一点与跟单信用证不同。因此，出口商必须承担进口商的违约风险。

交易失败有多种原因。其一，进口商检查货运提单后拒绝货物的所有权，因此进口商拒绝支付即期或远期汇票。其二，从进口商的角度来看，提单存在缺陷。进口商拒绝提单有各种原因。发票价格也许与进口商在销售合约中议定的价格不同。货物未按期运达或装箱错误。有时进口商会以提单缺陷为表面借口拒绝货物，实际上是它们的经营衰退使它们改变了主意，要取消交易。在这样的情况下，如果出口商不能与进口商达成和解，出口商将被迫储存货物直至位于外国的另一家买主买入，或者出口商不得不支付运回货物的费用。有时，即使出口商拥有由进口商签字的商业承兑汇票，得到进口商支付也需要经过进口国漫长且花费高昂的法律程序。

最后，因为出口商为进口商提供信用，出口商必须承担进口国的政治风险。有些与进口商无关的情况可能会妨碍出口商在贸易信用到期日收回资金。例如，进口国政府可能强迫推迟或禁止向外国企业支付外汇。进口国中央银行限制外汇时也可能产生延迟支付，进口商或代收行必须排队等待购买可兑换货币。

赊 销

要求预付对出口商的风险最小，但是它加给进口商的财务负担最重。在另一个极端，出口公司允许**赊销**（sales on open account），这对出口商的风险最大。赊销时，出口商为进口商建立一个账户，允许进口商订购商品，商品按订单生产或按进口商指示运输存货。商品支付以发票金额为基础，但是没有未来必须支付的特定日期。换言之，出口商按特定条款为进口商提供贸易信用。典型地，如果货款在特定天数内支付，出口商在发票金额上提供折扣。反之，发票表明过期支付将承担额外利息和金融服务费用。这种账户的条款必须经过谈判并受公司所在行业的竞争压力影响。

公开账户主要用于同一多国企业集团的关联分支机构间，但是进出口公司彼此有长期关系时或进口商信用评级高时也会使用。公开账户为进口商提供更加灵活的融资，能够增加出口商的销售，且由于没有银行介入，交易成本更低。

尽管如此，公开账户对出口商的风险高，因为未付发票仅仅是进口商负有出口商债务的证明。如果进口商未支付，出口公司必须通过进口国法院试图强制支付。有可能进口国法院判决未付公开账户发票并非可强制执行的债务工具。那样，出口商将无权对进口商执行破产程序。

出口商还暴露于外汇管制的政治风险，外汇管制可能妨碍有支付能力的进口商履行其支付承诺。因此在给进口商公开账户之前，出口商应谨慎监测进口国的宏观经济与政治发展。例如，出口商想要避免被锁定的资金。当一个国家的货币全都不可兑换为其他国家的货币，就形成了被锁定的资金。我们将在第 19 章详细讨论。

国际网络融资

通常，成功的电子贸易要求标准化，这是国际贸易所缺乏的，因为没有两宗相同的交易。但是创新精神与因特网的诱惑是强大的动力。两家公司试图创建国际贸易交易的因特网市场。第一家公司是爱贸易融资公司（www. itradefinance. com），它寻求为全球贸易和贸易融资市场的参与者创建一个独立、安全的网络平台。爱贸易融资网允许金融服务商，如商业银行、投资银行、保险公司、套期基金以及其他投资者，向进口商和出口商提供以贸易为基础的融资。第二家公司是贸易卡公司（www. tradecard. com），它用电子手段连接贸易伙伴和路线，存储从购买订单到电子发票等贸易文件。到 2006 年，贸易卡已经参与了 2 600 多亿美元的交易。

18.4 出口融资

现在我们已经知道进口商与出口商之间是如何安排支付的，下面我们研究出口商等待进口商支付时如何得到融资。图表 18.6 列出了我们要研究的六种方式。出口商安排信贷的最简单的方式是得到银行放贷最高限额。调查显示这是最受美国出口商欢迎的融资方式。其次受欢迎的方式是贴现银行承兑。其他手段包括建立买方信贷、组织购买应收款项、安排无追索权融资和出口保理。我们将依次讨论这些方式。

图表 18.6 **出口融资方式**

1. 银行放贷最高限额
2. 贴现银行承兑
3. 买方信贷
4. 购买应收款项
5. 无追索权融资——福费廷
6. 出口保理

银行放贷最高限额

通常，出口商通过银行放贷最高限额从进口商处获得应收款项的融资。这种贷款协议的条款允许借方在给定的期间内以合约利率提取预先确定的最大金额。放贷最高限额通常可每年展期。虽然认为出口商的正常收入流是偿还与最高限额有关的利息和本金的主要来源，银行可能要求出口商指定作为抵押担保品的资产。银行还可能要求出口商购买保险，以银行作为受益人，覆盖出口商品的价值。

银行承兑

在第 18.3 节，我们了解了跟单信用证方式中的远期汇票是怎样形成银行承兑的。银行对汇票签章表示承兑，表明它将在到期日支付汇票面值。之后，承兑汇票可以通过开证行或在货币市场贴现。已知这一出口融资方式的当前和历史重要性，让我们更加仔细地研究银行承兑的产生、使用和定价。

银行承兑有两种。正如我们所知，承兑由跟单信用证远期汇票的使用产生。**无条件承兑**（clean acceptance）由单独的信用合约产生，出口商和银行之间没有跟单信用证。银行同意承兑出口商提交的一定数目的各种金额的远期汇票，然后银行立即贴现这些汇票来为出口商提供融资。在到期日，出口商向银行偿还汇票面值。

使用银行承兑为出口商融资涉及两项相关成本。一项是由银行收取的银行佣金，另一项是因货币时间价值而进行的贴现。中型公司的典型承兑佣金为汇票面值的 0.75%～2%。一般公司规模越大，成本越低，但也可能更高。在谈判佣金率时，银行要考虑公司的信用可靠度、任何影响出口商业务的国家风险因素和银行的竞争地位。到底由出口商还是进口商承担承兑佣金成本取决于它们在整个交易谈判过程中的相对竞争实力。

合格银行承兑汇票与不合格银行承兑票据

在美国，联邦储备银行监管承兑汇票市场，将银行承兑汇票划分为合格与不合格两种。如果银行卖出**合格银行承兑汇票**（eligible banker's acceptance），它不需提供销售收入的准备金。另一方面，如果银行卖出**不合格银行承兑票据**（ineligible banker's acceptance），银行必须在联邦储备银行的不计利息账户中提供销售收入的准备金。显然，如果银行想要在未来贷出 B/A 收入，它们必须卖出合格 B/A。

合格银行承兑汇票的要求如下：

1. B/A 的期限必须短于 180 天，虽然寻求例外是可能的。
2. 承兑必须在出口货物运输日期后 30 天内形成。
3. 交易必须在两个独立法律实体之间进行，或者均位于美国国内，或者是一家美国公司和一家外国公司之间，或者是两家外国公司之间。

4. 合格 B/A 不能在到期日展期，除非被融资交易发生合法延迟。

5. 在交易中，虽然进口商和出口商能对交易融资，只允许一张 B/A 流通，仅仅为了避免时间段重叠。

6. B/A 不能无追索权地向交易中的第二方支取。换言之，如果承兑 B/A 的银行违约，B/A 持有人必须拥有对 B/A 支取人（即对支付银行负有最终责任的一方）的追索权。

7. 不得使用 B/A 为美国财政部禁止贸易国参与的贸易融资。

买方信贷

当购买昂贵的资本设备时，出口商有时以**买方信贷**（buyer credit）方式安排金融机构或金融机构联合会为进口商提供信贷。通过为进口商安排信贷，出口商先支付现金，而金融中介承担大多数进口商的违约风险。

建立典型的买方信贷包括几个步骤。首先，出口商和进口商必须商定商业合约，依据该合约，进口商必须支付发票面值 10%～20%的定金。然后，出口商必须同意为进口商提供部分融资，允许银行与进口商在商业合约中订立类似协议。出口商必须为货物向出口信用保险商投保并将保单转让给银行。运输货物后，银行从出口商买入进口商签发的本票或直接贷款给进口商。在两种情况下，出口商都能马上收到现金。注意，买方信贷是银行和进口商之间的合约，所以如果进口商违约，银行没有对出口商的追索权。因此，出口商信用不受交易影响。

买方信贷比起银行承兑汇票是更为长期的合约。到期日从 4 年到 12 年不等，且合约利率上下浮动，幅度大于 LIBOR。此幅度反映进口商风险和银行的竞争地位，包括其赢得与此交易有关的其他业务的潜力。买方信贷的其他成本包括约定费和每年未用贷款份额的 0.25%～0.75%的保证金。

卖出应收款项

如果出口商想筹集现金，它能向金融中介出售汇票或与应收款项相关的发票。出售可以基于有追索权或无追索权。在美国通常有向出口商的追索权，即如果进口商未来违约，出口商负有应由进口商承担的支付的金融责任。典型地，应收款项还必须投保。欧洲的惯例有些不同。在这些市场上演进的出口融资方式允许无追索权地向出口商融资。

无追索权融资：福费廷

在进行无追索权融资时，金融中介从出口商处以折扣价买入进口商的本票。术语**福费廷**（forfaiting）常常可以与术语“票据购买”互换使用来描述这一融资手段。[①]福费廷商必须评估并最终承担项目所有商业和政治风险。典型地，福费廷商通过要求进口商的政府或银行（可能是政府拥有）担保消除商业风险。

出口商常常用无追索权融资或福费廷为商业和政治风险较大的进口国的中期项目融资。在这样的融资中，出口商得到现金，金融中介承担风险但没有对出口商的追索权，除非出口商未能履

① 这一表达源于法语中的短语 *forfait et sans garanties*，意思是追索（出口商）的法定权利已被剥夺或放弃。

行其合约承诺或采取了欺诈行为。如果出口商履行了合约条款，它就无须为款项担心。

福费廷描述欧洲银行及其在不同国家的子公司的习惯做法，如德国、瑞士、奥地利、英国等。这些国家的银行为出口到东欧国家的资本商品融资并需要开发评估延迟支付风险的专业技术。虽然开发这些技术是用于东欧国家，它们可以得到更广泛的应用。

福费廷的机制

让我们研究典型福费廷交易的步骤。

第一步，出口商和进口商一致同意覆盖固定时间间隔的商业交易。出口商同意在不同日期及时向进口商运输不同数量的商品并在项目过程中得到相应支付。

第二步，出口商与福费廷商进行融资谈判，福费廷商以固定贴现率贴现进口商承诺的支付额。当进口商的本票交给福费廷商时，出口商得到贴现金额。福费廷商在承诺出口商日和出口商出票日之间每月向出口商收取 0.1%或 0.125%的额外备用金。福费廷商必须安排以使出口商出票时资金准备妥当，这可能要求福费廷商在短期货币市场借入和储蓄资金。

第三步，进口商签发一系列本票，指定其为支付出口商特定数额之用，通常每 6 个月或 12 个月，依出口商与项目相关的职责履行情况而定。本票通常由进口商的政府或进口商的银行担保。在欧洲，这一不可撤销的保证被称为**保兑**（aval）。有了这个保证，所有此后的期票持有者将视进口商政府或其银行为本票主要义务人。

第四步，进口商将本票交给出口商，然后出口商背书本票“无追索权”以议定贴现价卖给福费廷商。

第五步，福费廷商背书本票并在货币市场将它们卖出。投资者知道本票是进口商银行和福费廷机构的共同负债，但是他们多数考虑后者的信用风险。

第六步，在到期日，投资者向进口商或其银行出票。如果两者都违约不按协议支付，投资者则转向福费廷商索要支付，因为福费廷商通过其背书提供了担保。

实际上，福费廷机构为出口商提供两项服务：国家风险评估和货币市场上的金融中介。在国家风险评估者的角色中，福费廷商必须对不同国家的违约风险定价。在金融中介的角色中，福费廷商将各种到期日的贴现本票打包出售给货币市场。因为福费廷商对其卖出的本票提供担保，福费廷商的成功最终取决于其对各国违约风险定价的能力。

出口保理

与福费廷紧密联系的出口融资手段是出口保理。**出口保理商**（export factor）是进行信用风险调查并回收其他公司应收账款资金的公司。在国际贸易中，保理商对出口商提供这两项服务。它们还可以对出口商的应收款项提供融资。

例如，国际保理商集团（IF-Group）。当与国际保理商集团打交道时，一个 IF-Group 的成员扮演出口保理商的角色，与卖方的国家打交道；IF-Group 的第二个成员，进口保理商，承担信用风险和买方国家的跟单托收。承担信用风险是保理商同意承担的个体买主可能无力支付的风险。

保理商为出口商提供若干服务。最主要的服务是信用调查。在出口商与外国进口商谈判期间，出口商向代理商提供有关潜在进口商和谈判交易的性质的信息。保理商运用其在各国的当地分支机构网络，通常与当地银行是合伙关系，检查进口商信用。保理商也可能被要求为出口商提供担保，约定如果进口商违约，保理商将支付账款。

保理商给出两种信用认可：订单认可和周期欠款最高限额。对于订单认可，保理商对出口商给进口商的具体货物做出认可。对于周期欠款最高限额，出口商得到已知期间给进口商的预期最大货运量的提前认可。如果保理商以贴现价买入出口商的应收款项，那么向进口商收款是保理商的责任。保理商的当地分支机构遵照所涉及具体国家的收款惯例准则行事。

如果出口商的规模很小，保理商还能为出口商执行各种会计职能。包括每月提供现金流量表，涵盖所有对保理商的销售、支付的佣金和其他借贷。保理商还提供各个进口商未付欠款最高限额的报表、与任何进口商就具体发票产生的纠纷的通知，以及按进口商分类的未覆盖风险和保理商是否对发票提供担保的报告。

支付方式

保理商支付出口商的方式多种多样。一种是以收款为基础。在这一安排下，当保理商从进口商收到资金时，出口商就能得到支付。进口商宣布无清偿能力或合约中特定政治事件的发生阻止进口商支付时，出口商也可得到保理商的支付。

出口商还可能以收款平均天数为基础得到支付，这反映了以前保理商自进口商收款的经验。保理商基于平均经验计算出口商的特定客户付款的平均天数并于下一个月汇款给出口商。例如，如果进口商早于或晚于平均天数支付，出口商从保理商得到利息或向保理商支付利息。

资金还能以到期日长短为基础获得。以这一方式，保理商计算某月到期的所有发票的加权平均到期日，再加上特定收款天数，并于那天支付当月的发票总额。例如，假设发票A为5万美元，9月1日到期，发票B为2.5万美元，9月30日到期，10天为附加收款天数。那么，出口商将于9月21日收到7.5万美元，因为加权平均支付时间为：

$$(50/75)\times(1\text{天})+(25/75)\times(30\text{天})+10\text{天}=20.67\text{天}$$

出口商要为月底时还未付的应收款项支付过期利息。

出口商可以通过为出口服务的保理商或另一家金融中介，如商业银行，安排融资。保理商建立欠款最高限额的方式与商业银行不同。保理商同意以出口商品一定的百分比预先支付给出口商，而商业银行是设立固定的信用限额。保理商预先支付出口商的百分比从70%到90%不等，取决于出口商的金融特征。出口商喜欢这种安排，因为它们可以用额外资本开发额外的成长机会，而无须与金融中介再签约。尽管如此，出口商为这些成长期权买单，因为保理商的利率比银行略高。

另外，出口商和保理商可在**三方协议**（tripartite arrangement）中引入另一家金融中介。在三方协议方式下，保理商为出口商提供服务，将贷方余额从保理商转入为出口商提供资金的金融中介账户。

出口融资和信用保险的政府来源

出口部门较大的国家政府设立了专业金融中介来为出口提供融资、保险和出口补贴。一个恰当的例子是2002年成立的**中国出口信用保险公司**（SinoSure）。成立仅一年，中国出口信用保险公司就参与了价值55亿美元的贸易，占中国贸易总额的3%。

出口补贴有几个目的：在私有市场无能为力时为出口商或其客户提供信用，向出口商提供低于市场利率的贷款，提供低于市场价格的保险或担保。最终，补贴由本国纳税人负担。政府声明这些补贴的理由是它们可以促进就业，保持本国出口商技术上的竞争力，特别是考虑到其他国家提供给它们的出口商的补贴。

进出口银行

美国**进出口银行**（Ex-Im Bank）是独立的为美国出口提供融资和便利的美国政府企业。它于

1934 年建立，旨在促进美国的对外贸易，主要是与苏联的贸易。1945 年的一项国会法案使美国进出口银行重新获得了执照，该法案拓宽了美国进出口银行的使命，允许美国进出口银行为短期（180 天或以内）、中期（181 天到 5 年）和长期（大于 5 年）出口交易提供各种担保和融资。1945 年的法案明确规定美国进出口银行应该辅助而不是与私有资本竞争，且其贷款应满足特定目的并提供合理的偿还保证。

美国进出口银行不与私营部门的出借者竞争。相反，它提供的出口融资产品是私营部门出借者不提供的。例如，美国进出口银行承担私营部门不愿承担的信用风险和国家风险。它还提供营运资本保证，帮助出口商在它们将产品运往国外之前融资。另外，它提供出口信用保险、贷款担保和对美国商品的进口商直接贷款。

美国进出口银行的大多数资源用于长期融资。它的两项主要任务包括直接贷款和金融担保。这两项任务有利于促进建筑项目的出口，如发电厂，以及其他长期资本商品的生产，如商业飞机和机车。美国进出口银行的中期项目主要有益于农业、建筑、通用航空飞机、采矿和精炼设备的出口商。其短期项目主要有益于小型制造品如消费品和替换零件的生产商。

美国进出口银行的经营受到很多政治和经济限制。其长期贷款直接贷给想要购买使用寿命长的美国出口品的外国借款者。贷款到期日不得长于出口商品的经济寿命。贷款以美元计价，本金和利息的偿还也必须使用美元。典型地，每半年支付一次，商品运输后或项目开始时首付。

美国进出口银行的典型交易额为 500 万美元或更多，且所有美国进出口银行贷款均要求有“合理的偿还保证”。因此，美国进出口银行可能要求外国借款者得到其政府或有信誉的国际银行的无条件担保。美国进出口银行还要求借款者证明其项目在技术上的可行性。

PEFCO

美国进出口银行常常与**私营出口融资公司**（Private Export Funding Corporation，PEFCO）合作，这是一家为美国出口品的外国购买者提供美元贷款的私营企业。PEFCO 于 1971 年由多家私营银行、一家投资银行和若干大型工业企业联合创立。PEFCO 直接贷款或在二级市场买入出借者发行的出口贷款，其项目覆盖短期、中期和长期出口融资。要想取得由 PEFCO 融资的资格，贷款必须受美国进出口银行签发的恰当担保或保单或由美国小企业管理局签发的担保的保护。因为 PEFCO 贷款由美国进出口银行签发，且美国司法部长规定美国进出口银行的负债是美国联邦政府的义务，PEFCO 能够以接近美国财政部利率的利率借款。尽管如此，PEFCO 的利率高于美国国库券利率，以反映 PEFCO 的资金成本和边际风险。

例如，在典型的 PEFCO 融资下，比方说美国飞机的进口商，从商业银行借入短期贷款，从进出口银行借入长期贷款，从 PEFCO 借入中期贷款。

出口信用保险

虽然提供对进口商更为有利的信用条款的出口商更容易赢得业务，出口商和它们的银行当然希望收回款项。这样，如果一项交易的商业或政治风险过大，私营信用市场可能不会为交易融资。

因为对进口商提供信用常常是交易的重要部分，政府介入来为出口融资提供保险。保险保护出口商或出口商的银行不受商业和政治风险的损失。当然，这里最终还是由出口国的纳税人补贴出口市场。

在美国，**金融信用保险联合会**（Financial Credit Insurance Association，FCIA）是由美国私有海事、财产和人身意外保险公司组成的一个非法人实体，与美国进出口银行一起向出口商提供信用保险。然而，在 20 世纪 80 年代早期的债务危机中，许多私营保险商退出了 FCIA，这基本上使FCIA成为进出口银行的机构。确实，1983年，进出口银行承担了由FCIA保险的所有商业和政治风险的全部责任。

FCIA为保护出口商免遭商业和政治风险提供了不同类型的保单。两种基本的保单类型为多买主保单和单买主保单。多买主保单在给定期间为所有投保的出口品提供保险。商业风险损失的承保范围是90%～95%，政治风险损失的承保范围是95%～100%。保险溢价取决于很多因素，如出口商货运的目的国、出口商以前的出口销售经验、信用时间的长短和投保风险的大小。

针锋相对

关于自行车和对销贸易

Ante和Freedy在奥地利维也纳拜访Helga，他们母亲的叔叔的二堂兄的女儿。Helga意识到随着苏联的解体，欧洲中部与东欧地区的国际贸易将大大增加。除了德语和英语，Helga还学习了波兰语和俄语，这使作为顾问的Helga能够在这些新兴市场中轻松地为各企业建立贸易部门。

Helga想听取Ante和Freedy的建议："我接到过一个乌克兰自行车生产商的电话，它想要从意大利公司康帕纽罗进口一些齿轮。我给康帕纽罗打电话，他们说他们不会出口给这样的公司，除非进口商得到来自主要国际银行的跟单信用证。我与乌克兰公司核对，他们说与他们交易的银行对D/C收费过高。他们感到这太宰人了。你们有什么建议呢?"

Ante说："是呀，让他们预付吧。那样的话康帕纽罗肯定很高兴。"

Freedy抓住机会挖苦他兄弟："是呀，这些乌克兰人可有的是钱，等着支付给他们的股东呢，所以这家自行车公司直接用这些现金来购买齿轮就好了。我可真够笨的!"

Ante意识到自己的建议不切实际，感到很窘迫，但他接着尝试："好吧，预付不切实际，跟单信用证又太昂贵，也许意大利人会接受跟单托收。"

Helga突然插进来："我已和康帕纽罗的CFO谈过这一方式，他说不行。他认为信用风险太高。我觉得这些乌克兰自行车质量真的相当高。总得有别的办法促成这项交易吧。"

当然，Suttle Trooth和他的两个表兄弟在一起，他也一直在听。Suttle提出了下面的想法："Helga，总有另一种方法存在。你何不在这里，维也纳或柏林，联系一家主要自行车进口商，让他们看看这些乌克兰自行车？然后，如果他们对其质量满意，他们可以联系乌克兰人购买这些自行车，但是合约将包括为出口到乌克兰的齿轮向康帕纽罗付款。实际上，主要自行车批发商可能甚至拥有对康帕纽罗的公开账户。齿轮将运达乌克兰，自行车将运达柏林，康帕纽罗将增加其对柏林自行车批发商的应收账款。这很简单。"Helga非常满意Suttle对此情况的评价。她问："那种交易有什么专门的名称吗?"

Suttle回答："对，它是对销贸易的一种形式。"

18.5 对销贸易

对销贸易作为一种促进东西方贸易的方式产生于20世纪60年代，其复杂程度一直演进到今天。对销贸易使出口商和进口商交换商品和服务而不必以货币作为交换媒介成为可能。对销贸易描述的不是国际交易的特定类型，而是一系列包括各种易货交易类型的活动。它能够在两方或多方间发生，包含一份或多份合约，使用或不使用货币。

联合国估计至少 25%的国际贸易涉及某种形式的对销贸易。**全球抵销和对销贸易协会**（Global Offset and Countertrade Association，GOCA）组织年会并支持一个致力于对销贸易的网站（http：//www.globaloffset.org/）。GOCA 的一些有代表性的成员公司包括波音、戴尔、通用动力、巴西航空工业公司、通用电气、朗讯科技、摩托罗拉和雷神。

早期对销贸易的经典例子涉及百事可乐，它于 1974 年开始在苏联经营。百事可乐同意颁发许可证给若干苏联国有装瓶厂并向其提供浓缩可乐。作为其浓缩可乐的交换，百事可乐同意成为苏联斯托利伏特加在美国的独家进口商。

图表 18.7 列出了对销贸易的具体种类。对销贸易可以分为两大类（Grant Hammond，1990），每大类下有三小类。第一大类包含回避货币使用的交易，包括易货贸易、清算协议、交换贸易。第二大类交易使用货币或信用且强制出口商做出承诺。这些交易包括回购、互购和抵销。我们将逐一研究这六种对销贸易。

图表 18.7　　对销贸易的类型

不涉及货币的贸易	涉及货币或信用的贸易
易货贸易	回购
清算协议	互购
转手贸易	抵销

不涉及货币的交易

易货贸易

国际易货贸易（international barter）涉及将商品或服务从一国中的一方转移至另一国中的一方作为其他商品或服务的交换。贸易平衡是在出口价值等于进口价值的意义上形成的。虽然不涉及货币，但是货币可能作为决定商品价值的计量单位。尽管如此，各种不同商品估价的困难和由此产生的不等价导致了易货贸易作为国际贸易手段的衰落。

清算协议

清算协议（clearing arrangements）是指含有信用的易货贸易。在清算协议下，交易双方均同意从另一方进口特定价值的商品和服务。建立清算账户，在货运时借记或贷记进出口价值。如果合约中规定了具体的截止日期，双方可以以最后的商品运输结算任何非零余额或于期末以货币支付。

转手贸易

转手贸易（switch trading）涉及第三方——转手贸易商，解决双边清算协议中的贸易不平衡。通常清算协议的形成涉及政府的介入。如果一国产生贸易不平衡且没有硬通货能够抵消这种不平衡，就可能以折扣价卖给转手贸易商，转手贸易商用这个账户购买贸易逆差国的商品，然后转手贸易商再在世界市场上卖出这些商品。

例如，巴西和罗马尼亚可能同意在下一年交换巴西咖啡和罗马尼亚化肥，意图在年末达到贸易平衡。如果罗马尼亚进口的咖啡价值超过其出口的化肥价值，转手贸易商可以以硬通货从巴西购买清算余额。转手贸易商此后将有权按清算余额购买其他罗马尼亚商品，并将其投放世界市场。

一些转手贸易的批评者认为不能保证罗马尼亚不会倾销其制造的商品，这里倾销的定义是以低于生产成本的价格在国际市场上卖出商品。如果倾销发生，也是由第三方，转手贸易商，间接形成，而不是由制造商直接形成。其他批评者表示由于不能建立外国分销网络，像我们这个例子中的罗马尼亚这样的国家无法学习如何使自己的产品对外国买主更有吸引力。

涉及货币或信用的对销贸易

回购

回购（buyback）是实物资本的出口商同意以其帮助在外国建立的工厂所产出的产品作为支付手段的协议。回购有三种。其一，出口商直接从所建工厂收到产品，且这些产品可能与出口商的产品类似。出口商必须意识到外国产品增加的供给可能拉低其世界价格，对出口商的其他市场产生不利后果。这正是百事可乐所意识到的：如果它与苏联签订协议接受苏联生产的可乐将会发生的情况。因此公司决定买回伏特加而非可乐。在另一种回购下，出口商得到与其行业无关的产品。这里的问题是出口商评估产品价值的能力弱且无营销网络。在第三种回购下，出口商得到进口商生产的产品和进口国的其他产品。

一个有名的回购例子是若干西欧国家和苏联之间的合约，这些西欧国家为苏联提供管道、压气机、控制装置和建设从苏联到西欧的天然气管道所必需的其他设备。管道的抵偿物是若干年间通过管道输往西欧的天然气。

互购

互购（counterpurchase）与回购类似，区别在于出口商购买的完全不是由进口商生产的产品。例如，1983 年，一家美国公司罗克韦尔中标，以 100%互购方式为津巴布韦提供价值 800 万美元的印刷机。罗克韦尔同意从津巴布韦购买价值 800 万美元的铁铬合金和镍并将这些矿产品运出该国。购买矿产品的合约与津巴布韦同意付现给罗克韦尔购买印刷机的销售合约明确地结合起来。

抵销

抵销（offset）是进口国对出口商通过某些方式抵销进口价款的要求。抵销常见于购买武器和发电设施等大额支出合约。出口商同意在进口国购买商品，增加其从进口国的进口，向进口国转让技术，或对进口国进行额外直接投资，作为建厂的交换。例如，1984 年，通用动力签约卖给土耳其 160 架战斗机。这 42 亿美元的合约包括抵销，要求通用动力参与土耳其的生产，转让技术给土耳其，并将各种土耳其产品及在土耳其生产的电子和军事元件出口。

涉及各种形式的对销贸易的问题扩展到现在有些人更愿意称其为**补偿贸易**（compensatory trade）或“命令互惠”。例如，北京投资网站（http：//www. chinavista. com/beijing/invest/invest-types. html）这样描述补偿贸易：

> 补偿贸易企业是那些由境外贸易伙伴提供设备和技术并必须购买一定数量产成品以供出口的企业。设备和技术的购买可列于安装计划中。补偿贸易企业双方经谈判一致同意，购买与进口设备和技术的贷款以形成补偿贸易企业计划时同意的其他产品和产成设备与技术的形式支付。

显然，这是对销贸易，这些复杂的国际贸易交易中的各方必须理解他们将介入长期的交易，将牵涉许多未来不仅限于贸易的额外谈判回合。

小　结

本章研究了一些有关国际贸易如何进行及融资机制的细节。本章要点如下：

1. 国际贸易的货运单据包括提单、商业发票、装箱单、保险单据、领事发票和分析证明。

2. 记名提单指示普通承运人将商品运输给指定方，即收货人。指示提单转让商品所有权。已装船提单表明货物已装上特定待运船只，而收到备运提单仅表明货物在码头等待运输。清洁提单表明承运人认为所收到的货物处于良好状态，而肮脏提单表明承运人在收到货物时通过目视确定货物在收到之前已损坏。

3. 出口商签发给进口商的商业发票提供对商品的描述，包括单价、货运数量、销售的金融条款，如买方应付价款、保险和运费。装箱单表明具体商品是如何装箱的。

4. 出口多的公司可以购买开放式（或浮动的）保单，自动为公司所有的出口品提供保险。这消除了出口商为每份订单投保的必要。

5. 领事发票由出口商在进口国驻当地的领事机构咨询后开具，向进口国海关官员提供相关信息，以防止错误申报货物的价值。

6. 跟单信用证有时要求分析证明来向进口商保证货物达到特定纯度、重量、卫生或其他可计量特征标准。

7. 进口商可用的不同支付方式包括预付、赊销、跟单托收和跟单信用证。

8. 预付要求进口商在货物运达前支付出口商。进口商必须为购买商品融资，必须承担商品与订单不一致的风险。

9. 赊销允许进口商订购商品并于未来某时刻支付发票金额。出口商向进口商提供信用，为进口商的购买融资。

10. 跟单信用证是一种允许出口商保留货物控制权直至进口商支付或受法律约束将会支付的工具，在跟单托收过程中有银行介入。

11. 使用跟单信用证，银行介于进口商与出口商之间，出口商必须评估国际银行的信用风险。因为交易中银行的介入成本高昂，跟单信用证是最昂贵的支付方式，但是承兑的不可撤销跟单信用证也是对出口商最安全的支付方式。

12. 银行承兑汇票是可在金融市场交易的票据。银行对远期汇票签章表示其将于到期日支付汇票面值时就形成了银行承兑汇票。

13. 出口商可通过以下方式得到融资：银行欠款最高限额、贴现银行承兑汇票、建立买方信贷、安排应收款项的购买、无追索权融资和出口保理。

14. 主要出口国由进出口银行来提供各种补贴本国出口的项目。补贴包括在私营市场无能为力时直接为出口商或其客户提供信贷、低于市场利率的贷款、低于市场价格的信用保险或担保。

15. 对销贸易指的是各种联系出口商品或服务与进口商品或服务的贸易合约。对销贸易的各种形式包括易货贸易、清算协议、互购贸易、回购、互购和抵销。

简答题

1. 国际贸易中的基本融资问题是什么？

2. 什么是提单？

3. 记名提单和指示提单之间的区别是什么？

4. 清洁提单和肮脏提单之间的区别是什么？

5. 商业发票和装箱单的目的是什么？

6. INCOTERM 中的首字母缩写词 FOB、FAS、CFR 和 CIF 都是什么意思？

7. 出口商在国际市场间运输货物时，如何对商品价值投保以避免损失？

8. 为什么一个国家会要求出口商获得领事发票以顺利通过进口国海关？

9. 为什么分析证明对于国际货物运输是重要的？

10. 进口商支付出口商有哪四种不同方式？按对出口商风险递增的顺序写出。

11. 判断正误：在跟单托收中，托收行是进口商的代理。

12. 付款交单托收和承兑交单托收之间的区别是什么?

13. 商业承兑是怎样产生的? 它是谁的负债? 它可以在国际货币市场上出售吗?

14. 单证缺陷指的是什么? 是怎样产生的? 应如何解决?

15. 跟单信用证是怎样产生的?

16. 跟单信用证对于出口商和进口商的好处是什么?

17. 什么是承兑的跟单信用证? 为什么出口商会要求承兑的不可撤销跟单信用证?

18. 使用跟单信用证有什么成本?

19. 出口商为其应收账款融资的最简单的方法是什么?

20. 什么是银行承兑汇票? 它是怎样形成的? 它是谁的负债?

21. 合格银行承兑汇票与不合格银行承兑汇票之间的区别是什么? 合格的要求是什么?

22. 如何安排买方信贷?

23. 什么是福费廷? 它如何起作用? 产生福费廷的原因是什么?

24. 什么是出口保理? 保理商为出口商提供哪些服务?

25. 以收款为基础、以平均收款日为基础和以到期日为基础之间有什么区别?

26. 进出口银行怎样工作? 谁最终支付进出口银行的服务?

27. 美国进出口银行的主要项目是什么?

28. 对销贸易包括哪六种类型? 对它们做出描述。

29. 当乌克兰出口谷物、立陶宛出口鞋子时, 两国之间的清算协议是如何工作的?

30. 中国储备了大量自然资源。中国从日本的小松公司处购买大型挖土设备时的回购协议起何作用?

31. 印度尼西亚政府正在担心如果它按计划从德国进口大量卡车用于开发印度尼西亚的林木资源可能会恶化贸易赤字。印度尼西亚政府应如何利用互购的优势?

参考文献

Celi, Louis J., and I. James Czechowicz, 1985, *Export Financing: A Handbook of Sources and Techniques*, Morristown, NJ: Financial Executives Research Foundation.

Financing Foreign Operations, New, York: Business International Corporation, various issues.

Greif, Avner, 1993, "Contract Enforceability and Economic Institutions in Early Trade: The Maghribi Traders' Coalition," *American Economic Review* 83, pp. 525 - 548.

Hammond, Grant T., 1990, *Countertrade, Offsets, and Barter in International Political Economy*, London: Pinter.

Hennart, Jean-Francois, Second Quarter 1990, "Some Empirical Dimensions of Countertrade," *Journal of International Business Studies*, pp. 243 - 270.

International Chamber of Commerce, 2001, *INCOTERMS 2000*. ICC Publication No. 560.

Lecraw, Donald J., Spring 1989, "The Management of Countertrade: Factors Influencing Success," *Journal of International Business Studies*, pp. 41 - 59.

Marin, Delia, and Monika Schnitzer, 1995, "Tying Trade Flows: A Theory of Countertrade with Evidence," *American Economic Review* 85, pp. 1047 - 1064.

Ripley, Andy, 1996, Forfait *Finance of Exporters*, New York: International Thompson Business Press.

Schaffer, Matt, 1990, "Countertrade as an Export Strategy," *Journal of Business Strategy* May/June, reprinted in Linda Catlin and Thomas White, eds., *International Business: Cultural Sourcebook and Case Studies*, Cincinnati. OH: South-Western Publishing Co., 1994.

第 19 章

净营运资本管理

本章主要介绍关于跨国公司的短期资产和负债的管理。其中资产主要包括现金、有价证券、存货以及应收账款，负债主要包括短期借款和应付账款。本章首先讨论了净营运资本，即公司必须完善其经营以确保投资的未来盈利性。随后介绍了国际现金管理，旨在描述跨国公司的国外子公司如何将资金转移回母公司。

关联子公司之间相互购买商品和提供服务时的要价被称为转移价格。本章介绍了如何通过不同的转移定价策略来改变公司的利润和税负，以及政府如何进行管制。同时也应考虑这些转移定价策略对存货管理的影响。

本章还介绍了如何解决冻结资金所带来的问题。本章的最后一部分介绍了在国际环境下公司如何进行应收账款和存货的管理。

19.1 净营运资本的用途

每个公司都保有一些流动资产和流动负债以缓冲在公司交易中形成的现金流入和流出。**营运资本**（working capital）或流动资产，包括公司所拥有的现金、有价证券、应收账款和存货，再从中减去公司的流动负债，包括短期借款和应付账款，我们就可以得出**净营运资本**（net working capital）：

净营运资本＝现金＋有价证券＋应收账款＋存货－短期借款－应付账款

在这种情况下，一个公司可以管理较少的净营运资本，现金可以付给股权所有者。因此管理的一个目标是使净经营资产的需求最小化。

净营运资本的增加是公司用于产生未来现金流的投资。

存　货

一个公司的存货包括原材料、在产品以及产成品。所有的商品都需要时间去完成，因此原材料和在产品是必不可少的，产成品同样也是必不可少的，因为消费者的需求是随机的、未加计划的。

公司普遍发现如果产量一直比较稳定，那么生产成本会更低。如果一个公司尝试使它的产量与需求相匹配，那么当需求量高时必须支付给工人额外的薪酬，并且要求供应者加速完工进度，这两者都会增加成本支出。如果一个公司不能满足订单，将会产生积压成本，由于消费者对公司的未来不抱期望，从而减少了交易。因此，增加存货有助于最小化生产成本，减少未来销售额的流失，可以提高盈利能力。增加公司的存货，同样可以被看做一项投资，如同公司购买一台新的机器以提高其产量和未来的盈利。当然，与其他投资相同，管理层必须确定合适的存货量以达到合适的投资于存货的资本收益率。随后我们将会解决这个问题。

其他流动资产

现金、有价证券和应收账款的增加也可被看做是公司在从事经营活动中的投资。例如，假设R公司将一部分产品赊销给另一公司，这项交易增加了R公司的应收账款，由于该项应收账款的增加要大于存货的减少，因此R公司的净营运资本也随之增加。然而，直到未来的某个时间公司才会得到这项交易的实际收入，这也就意味着公司目前进行了一项投资。如果R公司通过降低该产品的价格以诱导购买者立即付款，而赊销可以获得一个更高的价格，因此可以认为赊销提高了公司的长期盈利能力。

短期负债

应付账款和其他短期负债可以在不减少现金的情况下获得资源。如果公司需要一些额外的原材料，并使用公司内部的现金购买，而不是使用公司之外的其他投资者的资金，这样在净营运资本上就不会发生任何改变，因为原材料的价值等同于用于支付的现金的价值。

相比而言，如果一个公司使用短期银行借款去购买产品，同样，公司的净营运资本并没有发生改变，因为原材料的增加与短期借款的增加一致。

公司不运用内部资产而获得存货产品的另外一种方法就是赊销。同样地，尽管存货增加，但是公司的净营运资本没有改变，因为公司经营资产的增加与短期借款的增加一致。

当然，公司愿意持有足够的净营运资本以稳定生产销售周期。这表明存在一个公司需保持的最优净营运资本额。例如，持有过多的现金或短期资产将会是浪费的，因为它们会给公司带来较低的利润回报，同样，多余的现金也会导致股东与经理层之间严重的代理问题。既然我们已经发现管理净营运资本的重要性，就让我们来看一下在国际背景下如何管理净营运资本。

19.2　国际现金管理

跨国公司内的国际资金管理经理的目标是：（1）建立组织内部的现金管理控制体系；（2）为

多余的短期资金选择一个最佳的投资方式；（3）以最低的成本获得短期融资。建立组织内部的现金管理控制体系在客观上要求形成一个能够提供及时准确信息的报告体系。国际资金管理经理可以利用有效的信息改善公司内部的现金支出以及对国外子公司的资金往来。通过同步流动的资金，资金管理经理可以降低两者之间的资金流动成本。这些目标与国内的资金管理经理的目标相差无几，将资金从一个账户转移到另一个账户，以使公司拥有最优的经营资本额。然而，对国际资金管理的限制约束是国内资金管理经理不会遇到的。

国际现金管理的限制约束

一位跨国公司的国际资金管理经理经常会遇到一些在国内公司不会出现的限制约束。这些约束包括在资金转移方面的政府限制、取决于资金转移方式的税收、在外汇交易市场中的交易成本，以及外国子公司保持流动性所带来的问题。

我们在第 18 章介绍了冻结资金。当外国政府使用的本国货币完全不可兑换时就会出现**冻结资金**（blocked funds）。东道国也会对外国子公司返还给母公司的资金征税。征收的税额会由于一些因素而有所不同，这些因素有转移的资金是否包括分红、服务费或特许权使用费。这些税负同样也会对一个公司的国际资金管理有一定的限制影响。

显然，无论何时资金从一种货币转换为另一种货币时都会产生交易成本。这些交易成本包括由银行收取的费用以弥补因存款的减少而收取的利息，还有其他的交易成本如电信费等。第 2 章中提到过在交易过程中使用世界主流货币，则交易成本会相当小。即使交易成本占比较小，过于频繁的货币流动也会增加交易成本。对于非主流的货币，其交易成本会更大。还有一个限制因素是国际资金管理经理需要保证每一个国外子公司拥有足够数量的资金以保持其自身的流动性。

集中现金储备制

由于公司内部的资金流出与资金流入并不完全一致，公司维持其经营运转需持有一定的现金储备和短期金融资产。经济学家认为短期资金和流动资产可以满足公司**交易性资金需求**（transactions demand for money）和**预防性资金需求**（precautionary demand for money）。交易性资金需求的产生是由于公司意识到近期会发生一些支出，预防性资金需求的产生是因为公司可能由于环境中不曾预料的改变而需要购买某些东西。

和产成品可以缓冲生产过程并减少成本一样，现金储备同样可以对不一致的资金流入和流出提供缓冲并减少交易成本。当然，持有现金储备和短期金融资产也有成本。由于这些资产能够提供流动性，这些资产的资本收益率必然会低于长期资产的资本收益率。

对于一个在不同国家拥有子公司的跨国公司，集中现金储备制可以带来很大程度的节省。可以减少各国间现金流动产生的交易成本，可以使公司的全部资金需求最小化。多边净额结算制可以节省交易成本。我们下面来详细讨论这些问题。

短期资金计划

为了说明一个信息系统是如何帮助公司对现金进行集中管理的，我们运用一个跨国公司的案例予以说明。假设该跨国公司在欧洲各国拥有其子公司，如英国、丹麦、荷兰和西班牙等。图表 19.1 展示了欧洲各子公司的日常现金报告，报告将被传送至公司在瑞士日内瓦的中央现金库。在每天的交易完成后，各子公司当地的财务主管会将信息通过各种方式传送至日内瓦的中央现金库。报告中均采用统一的货币——本案例中使用的是欧元。该报告表明英国子公司目前可供使用的资金额为200 000欧元，这个数额是英国子公司可以直接支出而不用向银行进行短期借款的数额。丹麦子公司目前从中央现金库或银行借入了100 000欧元。荷兰子公司目前的现金储备是250 000欧元，西班牙子公司的现金储备是150 000欧元。

图表 19.1　　跨国公司欧洲子公司的日常现金报告（千欧元）

日期：2009年10月21日				日期：2009年10月21日			
英国子公司				丹麦子公司			
目前金额：＋200				目前金额：－100			
	5天的预测				5天的预测		
日期	收入	支出	净额	日期	收入	支出	净额
＋1	200	100	100	＋1	300	200	100
＋2	150	500	－350	＋2	400	400	0
＋3	100	150	－50	＋3	600	250	350
＋4	200	100	100	＋4	100	300	－200
＋5	150	100	50	＋5	200	300	－100
预期净额			－150	预期净额			150
日期：2009年10月21日				日期：2009年10月21日			
荷兰子公司				西班牙子公司			
目前金额：＋250				目前金额：＋150			
	5天的预测				5天的预测		
日期	收入	支出	净额	日期	收入	支出	净额
＋1	450	700	－250	＋1	600	100	500
＋2	400	100	300	＋2	500	100	400
＋3	200	700	－500	＋3	400	100	300
＋4	450	200	250	＋4	200	700	－500
＋5	400	300	100	＋5	100	200	－100
预期净额			－100	预期净额			600

图表19.2说明了各欧洲子公司目前的现金储备以及所期望的现金储备水平，该期望现金储备额是各子公司用以维持正常经营运转所需的最低金额。图表19.2同时也计算出了整个公司的现金盈余或不足。

图表 19.2　　跨国公司欧洲子公司合并日常现金报告（千欧元）

日常现金储备　2009年10月21日			
	目前储备额	最低期望储备额	储备盈余（不足）
英国	200	100	100
丹麦	－100	200	－300
荷兰	250	300	－50
西班牙	150	250	－100
欧洲总计			－350

注："目前储备额"的数据来自图表19.1，"最低期望储备额"由母公司与当地子公司商议得出，"储备盈余（不足）"是"目前储备额"与"最低期望储备额"之间的差额。

从图表19.2中我们可以得出英国子公司目前200 000欧元的现金储备超过了其最低期望储备额，储备盈余为100 000欧元。丹麦子公司的期望储备额为200 000欧元，而其目前借入资金100 000欧元，因此其储备不足为300 000欧元。虽然荷兰子公司目前的储备额为250 000欧元，然而其期望值为 300 000 欧元，所以产生了 50 000 欧元的储备不足。最后，西班牙子公司目前 150 000 欧元的储备额产生了 100 000 欧元的储备不足。总体来说，综合以上四个欧洲子公司，欧洲地区总计有 350 000 欧元的储备不足。

对储备盈余和不足的管理

中央现金库的管理者在收集到图表 19.1 和图表 19.2 的信息后将会从全球角度考虑跨国公司整体的现金配置和需求，对闲置资金进行投资，对现金短缺进行弥补。闲置资金可以被投资于各种各样的短期货币市场金融工具，还可以通过银行或商业合约进行短期借贷，在这些情况下，企业面临多种选择。最优选择取决于不同货币的利率、财务经理对于某种货币的升值或贬值的期望、企业可以承担的外汇风险的程度，以及不同子公司的财务经理对未来短期现金需求的预测。

例如，假设中央现金库管理者考虑到克朗（丹麦货币单位）对欧元的贬值即将发生。如果目前的名义利率差异（克朗利率－欧元利率）不能准确反映预期的克朗贬值，则中央现金库可以指示丹麦子公司利用其信用额度借入额外的克朗。针对这一情况还有另一种可供选择的方法，就是在图表 19.2 中的最低期望储备额应该根据利率以及预期贬值额进行确定和调整。丹麦子公司借入的克朗可以提供资金用于投资。可以用额外的克朗买进欧元或其他有更强势地位的货币。

对现金流的预测

图表 19.1 中提供了在未来 5 天内各子公司预测的现金收入和支出的信息。这是每个子公司的经理的日常工作之一，他们将这些信息提供给中央现金库。这些 5 日预测可以通过以下三条途径来帮助中央现金库提高其盈利能力。

首先，这些预测的准确性可以得以检测。预测的准确性越高，表明公司对其资源的管理越好。因此，帮助子公司提高其预测能力有助于减少公司内部的预防性现金储备，从而提高各子公司的经营现金流需求。

其次，中央现金库的管理者可以根据交易成本估计各子公司的短期资金需求，交易成本主要涉及不同货币及利率间的转换，以及即将发生的汇率改变。图表 19.1 说明，英国子公司在当前拥有较多的现金并预测在第一天会有现金流入，但是在随后两天会有较多的现金支出。从净值上看，到第 5 天，公司需要借入资金。基于欧元与英镑之间的转换成本以及不利的货币转移带来的可能损失，让英国子公司将资金转移到其他国家是没有意义的。

最后，可以利用 5 日预测对欧洲子公司的净现金流进行整体预测。这样中央现金库的管理者就可以利用这些信息进行公司整体的现金配置。例如，图表 19.3 中所列示的是图表 19.1 中信息的整合，说明在未来三天内，四个欧洲子公司综合预测为正的现金流，但在随后两天表现为负的现金流。因此，将短期盈余资金投资于一个为期一周的项目并不是明智的选择，相反，短期盈余的资金可以用于弥补随后两天带来的现金短缺。

图表 19.3　　跨国公司欧洲子公司合并 5 日现金报告（千欧元）

	英国	丹麦	荷兰	西班牙	总计
第 1 天	100	100	－250	500	450
第 2 天	－350	0	300	400	350
第 3 天	－50	350	－500	300	100
第 4 天	100	－200	250	－500	－350
第 5 天	50	－100	100	－100	－50
5 日总计	－150	150	－100	600	500

注：预测值来自图表 19.1。5 日总计为各个预测值之和。

多边净额结算制

综合公司在世界范围内的各子公司的产品的生产和分配，在各子公司之间将会产生大量的交易和资金流动。当然，资金流越大，所带来的交易成本越高。虽然在不同国家交易成本有所不同，据估计交易成本占资金转移数额的 0.25%～1.5%。因此，这是跨国公司尽力避免各子公司之间资金转移的原因之一。

公司通过利用多边净额结算制可以节省交易成本。在**多边净额结算制**（multilateral netting system）下，每家子公司都结算出与其他子公司间的收入与支出之差，然后只收入或支出差额。我们来一起考虑以下**双边净额结算**（bilateral netting）的例子，这类结算发生在两家子公司之间而不是多家子公司之间。

例 19.1　双边净额结算

假如英国子公司应付丹麦子公司 3 000 000 欧元，丹麦子公司应付英国子公司4 000 000欧元。在双边净额结算制下，丹麦子公司只需支付给英国子公司 1 000 000 欧元。

在本例中，英国子公司与丹麦子公司间的两笔外汇交易共需要 7 000 000 欧元，而采用双边净额结算制后，两个公司之间实际只需发生 1 000 000 欧元的资金转移，当交易成本为 0.4%时，采用双边净额结算制所节约的交易成本为：

$$0.004\times€\,6\,000\,000=€\,24\,000$$

双边净额结算必须是两两子公司之间相互抵消，跨国公司可建立多边净额结算制，而非仅局限于双边净额结算。图表 19.4 列示了在一个月内未实行多边净额结算前的欧洲各子公司之间的累计现金流。

图表 19.4　　多边净额结算前跨国公司的子公司的现金流（千欧元）

A 部分：双边现金流

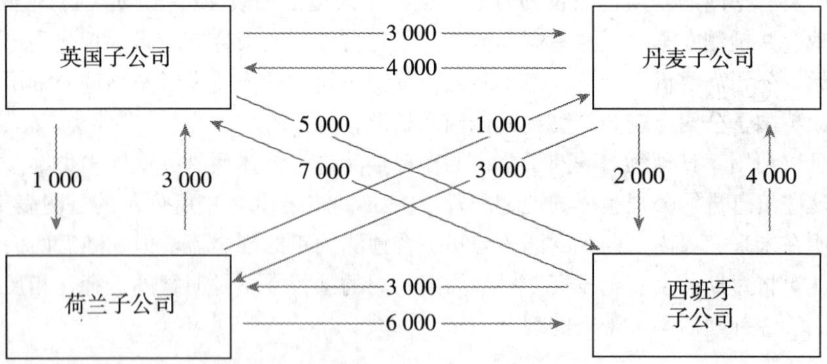

B 部分：现金收支矩阵（千欧元）

收入	支出				总收入	净额
	英国	荷兰	西班牙	丹麦		
英国	—	3 000	7 000	4 000	14 000	5 000
荷兰	1 000	—	3 000	3 000	7 000	(3 000)
西班牙	5 000	6 000	—	2 000	13 000	(1 000)
丹麦	3 000	1 000	4 000	—	8 000	(1 000)
总支出	9 000	10 000	14 000	9 000	42 000	—

如果不采用净额结算制，每家子公司都面临着3笔现金支出以及3笔现金收入。例如，西班牙子公司应付丹麦子公司4 000 000欧元，应付英国子公司7 000 000欧元，应付荷兰子公司3 000 000欧元。反过来，西班牙子公司应收丹麦子公司2 000 000欧元，应收英国子公司5 000 000欧元，应收荷兰子公司6 000 000欧元。如果西班牙子公司进行这6笔交易，将会产生14 000 000欧元的支出和13 000 000欧元的收入。通过检查图表19.4中的现金收支矩阵，我们发现英国子公司有现金净收入5 000 000欧元，而其他三家欧洲子公司都是现金支出。荷兰子公司的应付现金净额为3 000 000欧元，西班牙和丹麦子公司的应付现金净额均为1 000 000欧元。如图表19.5中所总结的，通过多边净额结算，使各子公司之间的多笔交易最后只转化为另外三家子公司对英国子公司的3笔交易，从而最小化了交易成本。

如果子公司之间的多笔交易完全实现，则其中的现金交易数额高达42 000 000欧元，当交易成本为0.4%时，在不采用多边净额结算制的情况下，交易成本为：

0.004×€ 42 000 000=€ 168 400

然而，如图表19.5所示，由于采用了多边净额结算，在各子公司之间的现金交易数额减少为5 000 000欧元，所形成的交易成本为：

0.004×€ 5 000 000=€ 20 000

这种方法可以为公司节省大量交易成本。此外，许多跨国公司通过设立一个国外的附属机构作为净额结算中心以提高结算效率，并且熟悉当地外汇交易市场情况。同样，将净额结算业务外包给银行或者第三家公司也是可行的，基于信息系统的净额结算服务也会在不久的将来出现。

图表19.5　　多边净额结算后的现金流（千欧元）

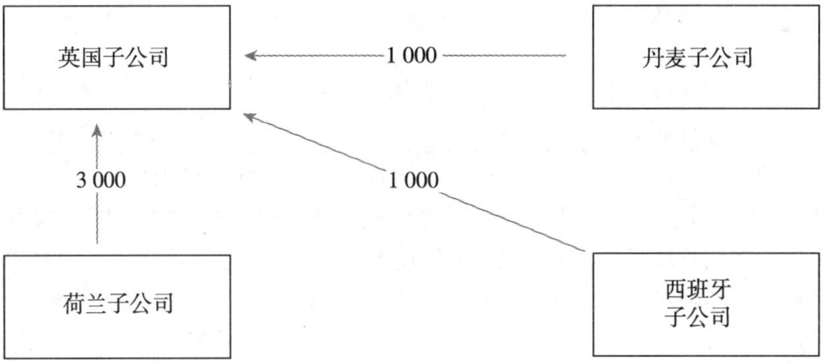

利用集中现金管理制以减少预防性现金储备

集中现金管理制的一个优点是可以大大减少跨国公司在预防性现金储备上的投资，但不会削弱其应付意外支出的能力。为了预防意外交易，一家公司在预算期内会持有一定量的预防性现金储备。储备的多少取决于公司对其应付意外交易能力的需求。预防性现金储备越多，公司应付意外开支的能力就越强，陷入财务危机的风险就越小，信誉损失也越少。假设各子公司除了满足预算期内预计的交易现金需求外，还需维持2个标准差的现金以满足预防需求。这样公司发生现金短缺的可能性低于2.5%，能有足够的现金满足交易需求。

假设跨国公司有四个欧洲子公司：位于英国、丹麦、荷兰、西班牙的子公司。四个子公司根据现金需求的概率持有预防性现金储备。由于不同子公司的现金需求不是完全正相关的，因此集中现金管理制能够在同时满足每个子公司的现金需求的基础上减少现金需求的总量。

具体来说，假设每个子公司单独运营，每个子公司计划持有的现金量等于平均现金需求量加上两倍现金需求分布标准差之和。图表 19.6 显示了每个子公司的现金需求量。每个子公司的现金需求总数等于其平均需求或者下一期间预期支出数额加上未来可能支出数额标准差的两倍。例如，西班牙子公司预期支出 2 500 000 欧元，但是为了使得公司现金短缺的可能性低于 2.5%，需要另加 2×1 150 000=2 300 000 欧元的现金储备。最终西班牙子公司的现金总需求是 4 800 000 欧元。四个欧洲子公司的总现金需求是 14 300 000 欧元。

现在假设公司总部或者区域现金管理部门集中管理现金账户。中央现金库必须持有多少现金量才能同时满足子公司的预期现金需求并且保证 97.5%的突发事件所需现金需求量呢？在回答这个问题时，必须意识到中央现金库的现金需求与四个子公司的现金需求总量相关，因为每个子公司的需求呈正态分布，中央现金库的现金需求也将呈现正态分布，由此平均现金需求等于四个子公司平均现金需求之和：

$$1\ 000\ 000+2\ 000\ 000+1\ 500\ 000+2\ 500\ 000=7\ 000\ 000 \text{ 欧元}$$

如果预防性现金需求比完全正相关时的现金需求少，那么就减少了现金储备。如果子公司的预防性现金需求是完全负相关的，那么四个子随机变量的方差等于四个随机变量的方差之和。用于各家子公司的中央现金库所持有现金组合的标准差可计算为：

$$\begin{aligned}\text{组合的标准差} &= [(€\,750\ 000)^2+(€\,900\ 000)^2+(€\,850\ 000)^2+(€\,1\ 150\ 000)^2]^{0.5}\\ &= €\,1\ 848\ 648\end{aligned}$$

图表 19.6　　欧洲各子公司的现金需求

	预期交易需求（a）	标准差（b）	现金需求总计（a+2b）
英国	1 000 000	750 000	2 500 000
丹麦	2 000 000	900 000	3 800 000
荷兰	1 500 000	850 000	3 200 000
西班牙	2 500 000	1 150 000	4 800 000
合计	7 000 000		14 300 000

注：前两列列示了各子公司的预期交易需求和标准差，例如，英国子公司的预期交易现金额为1 000 000欧元，但是需要的现金储备总额为 1 000 000+2×750 000=2 500 000 欧元，第三列是预期所需现金和预防性储备之和。

所以，在中央现金管理制下，中央现金库管理者只需持有 2×1 848 648=3 697 296 欧元以用于预防性现金储备。这样总共需持有 7 000 000+3 697 296=10 697 296 欧元的现金。在集中管理制下，预防性现金储备减少了 14 300 000−10 697 296=3 602 704 欧元。这笔资金完全可以投入到其他收益更高的地方，而不再为了应付潜在风险而闲置。

19.3　从子公司到母公司的现金转移

从跨国公司的外国子公司到母公司总部的主要现金转移集中在股利、特许权使用费、管理费和与出售商品和其转让价格相关的支付等。东道国的政府机构经常不愿意看到跨国公司的利润从它们国家流出。相比而言，政府更愿意让外国子公司的自由现金流在东道国内重新投资，而不是被作为股利支付给跨国公司的股东。另一方面，东道国政府同样也认识到跨国公司的直接投资可以给当地带来有价值的技术、资本、管理方法以及就业。外国子公司对母公司所支付的款项中的专利使用费和服务费通常被认为是合法的外国子公司的营业费用，从而减少企业所得税。

东道国政府对不同类型的收入返还采取不同的所得税税率。当然，对母公司来说子公司的税后收入价值才是最重要的。最小化所得税需要母公司在设立子公司之前提前计划好。

国际股利现金流

股利支付占了由外国子公司转移到母公司的国际现金流量的大部分。对于许多总部位于美国的母公司，股利通常超过了所有汇款的50%。一个外国子公司的股利分配政策的主要决定因素包括子公司的盈利能力、它的投资机会、东道国和母国的税率、外汇风险和政治风险等。

如果一个外国子公司是盈利的，就会有资金支付股利给母公司，相反，如果这个子公司是亏损的，在不从资本市场筹集资金的情况下就没有足够的资金去支付股利。如果外国子公司有好的投资机会，外国子公司的所有者权益应该被追加投资，因为整个公司都希望能尽可能多地接受净现值为正的项目。如果外国子公司产生了大量的自由现金流量，那么母公司将为这个子公司制定一个股利政策。股利政策要求公司的季度或年度股利分红等于其所有者权益的一个确定的份额。

税收筹划

东道国政府对外国子公司的利润直接征收所得税，并且对其返还的股利征收额外的税费。**税收筹划**（tax planning）就是通过选择返还资金的时间以最小化公司的税负。如果公司认为对股利应承担的税负在未来将有所减少，那么公司可以推迟到未来再分配股利。当然，如果公司选择暂不发放股利，那么公司必须能将这些资金重新投资以获得合理的预期投资收益率。除此之外，母公司经常因对外国支付了股利税而获得税收抵免。如果公司是盈利的而且对母国支付税费，税收抵免对公司来说具有更大的价值。否则，外国税收抵免是没有价值的。

政治风险的应对

外国子公司的政治环境每年都会发生重大改变。对于跨国公司而言，有既定的股利政策往往是有优势的，可以很容易地避免东道国的政府机构对其提出质疑。如果没有这样的股利分配政策或股利支付历史，一个跨国公司对以前年度未进行股利分配将很难做出解释。

例如，如果东道国在融资上有困难，政府将会质疑跨国公司的股利支付行为是在国家危机时期将国有资本转移到国外。即使政府限制股利发放，并且没有任何资金转移的发生，许多公司也会宣布股利，这样可以在政府放宽外汇限制的情况下占据优势地位。

许多公司通常对不同国家的外国子公司设定一个相同的股利支付率。这种方法确立了母公司的股东对所有外国子公司的所有者权益享有一个确定的份额，而不仅仅是将资金从一个国家转移出来。

外汇风险的应对

如果母公司认为某种外国货币的贬值即将发生，它将会试图加速各外国子公司的股利支付。相反，如果母公司认为某外国货币很有可能升值，外国子公司可暂停支付股利。这是跨国公司所参与的正常投机活动的一部分。这种超前或滞后支付的做法将在本章的后半部分进行讨论。

影响股利政策的其他因素

当然，如果一个外国子公司是一个有外国合伙人的合资企业，股利政策就需要与国外合伙人商议后才能确定。与股利谈判有关的成本将会年复一年地在股利政策里趋于稳定。只有当公司内部发生永久性的所有者权益变动时，公司才会改变其股利政策。

国际特许费和管理费现金流

在第 15 章介绍过，特许费是指对专利权、专有技术、商标权、版权等的使用和转让所收取的费用。对于拥有该专利所有权的公司来说，这项收入是纯利润而不需提供任何当期服务或发生任何当期费用，因此，特许费对公司而言是一项附属的收入来源。

例如，当东京迪士尼建立于 1983 年时，迪士尼公司将“迪士尼”这个名字授权给一家无关的日本公司，而日本公司同意支付给迪士尼公司与东京迪士尼收入相关的以日元计价的特许权使用费。在 1984 年，以日元计价的特许费高达 80 亿日元，按当时日元对美元的汇率 248 日元/美元计算约合 3 200 万美元。虽然这个使用费支出只占了迪士尼 1984 年总收入 16.6 亿美元的小部分，但是与净利润 9 780 万美元相比占有较大份额。[①]

母公司同样也会估计为子公司提供各种服务应收取的费用，包括管理和技术咨询服务费以及与母公司为子公司提供的各种日常业务活动相关的费用。这些成本主要包括外国子公司对整个公司的研究与开发成本的分担、对法律和会计成本的分担、对公司管理层的薪酬的分担，还有一些其他费用，例如公司的广告费及对外宣传费用。通常与母公司的日常支出相关的费用会基于各子公司的销售额，在其他情况下，这种日常支出的费用分担也会按跨国公司固定费用的某一确定比率来计算。

在合资企业内的资金返还

在合资企业内制定资金返还计划是非常重要的，因为其中涉及与其他外国合伙人的谈判商议，最终选择对各方都有利的返还计划。因为外国公司向东道国公司提供技术和设计专业知识以及资本，专利权使用费是对技术的一种补偿。从第 15 章中我们得知，专利权使用费是合资企业的成本，但它们会给外国公司带来利润。

特许权使用费的税收优势

特许权使用费有助于税收减免，具有税收优势，这是因为大部分国家会对股利征收税费，但不一定对特许权使用费征收税费。因此，当一个子公司支付股利给母公司，在子公司支付了本地收入所得税后支付关于股利的税费。在美国税法下，母公司可以获得关于当地收入所得税以及其他扣缴税款的税收抵免。然而，如果外国子公司的综合税率高于母公司，其中一部分税收抵免将会流失。

相反，被支付的特许权使用费不计入税前利润，如果存在税款的扣缴，那么这个税率一定会低于在股利上所征收的税率。当然，被母公司所接收的特许权使用费是母公司的收入，因此母公司需向母国缴纳收入所得税。

转移价格和现金流

转移价格（transfer price）是母公司对其子公司销售商品以及提供服务时的要价。这个价格是由公司内部制定而不是直接由市场竞争决定的，所以很难确定一个转移价格是否接近在竞争市场中所产生的价格。对于没有替代市场的半成品这一点尤其正确。因为较高的转移价格可改变子

① 该例子里的数据取自 Carl Kester 和 William Allen（1987）的文章。这个例子探讨了迪士尼以日元计价的特许权使用费以及用来转移外汇风险的互换。对互换的讨论请见第 21 章。

公司的利润以及所得税，转移定价是一个在政治上有争议的问题。政府经常认为跨国公司利用转移定价来逃避所得税、预提税和关税，因此政府通过制定规则条例以规定转移价格是否合适。

各国间的收入和税负的转移

我们来看看一个跨国公司如何利用转移价格来实现避税的目的。图表 19.7 列示了高、低转移定价策略对所得税的影响。制造子公司位于母国内，其适用的所得税税率为 30%，销售子公司位于国外，其适用的所得税税率为 60%。

将公司作为一个整体，其生产和销售产品的成本为1 800美元，制造子公司的销售成本为1 500美元，营业费用为 200 美元，销售子公司的营业费用为 100 美元。这批商品以 3 200 美元的价格卖出，因此整个公司将会产生 3 200－1 800＝1 400 美元的税前利润。转移价格决定了由制造子公司和销售子公司所累积的收入份额。

图表 19.7　　高、低价策略对净利润的影响（美元）

A 部分：低价策略

	制造子公司（30%所得税税率）	销售子公司（60%所得税税率）	集团公司
销售收入	2 200	3 200*	3 200*
减：销售成本	1 500*	2 200	1 500*
减：营业费用	200*	100*	300*
税前利润	500	900	1 400*
减：所得税	150	540	690
净利润	350	360	710

B 部分：高价策略

	制造子公司（30%所得税税率）	销售子公司（60%所得税税率）	整个公司
销售收入	2 600	3 200*	3 200*
减：销售成本	1 500*	2 600	1 500*
减：营业费用	200*	100*	300*
税前利润	900	500	1 400*
减：所得税	270	300	570
净利润	630	200	830

注：标记 * 号的数据是真实的收入与成本，不会因不同的转移价格而改变，其他数据会随着不同的转移价格而改变。

低转移价格的影响

图表 19.7A 部分中列示了低转移价格时的情况。制造子公司收取了低的转移价格 2 200 美元，销售成本为 1 500 美元，营业费用为 200 美元，所以其税前利润为 500 美元。制造子公司适用的所得税税率为 30%，扣除所得税后的净利润为 350 美元。销售子公司为这些商品支付了 2 200美元，营业费用为 100 美元，并以 3 200 美元的价格卖出，因此其税前利润为 900 美元。销售子公司所适用的所得税税率为 60%，因此净利润为 40%×900＝360 美元。在这种情况下，整个公司的税前利润为 1 400 美元，需缴纳所得税 690 美元，因此得出其综合税率为 49.3%，给公

司留下了 710 美元的净利润。[1]

高转移价格的影响

图表 19.7B 部分中列示了高转移价格时的情况。制造子公司收取了 2 600 美元的高转移价格。制造子公司目前的税前利润为 900 美元，应付所得税 270 美元，因此净利润为 630 美元。销售子公司为这些产品支付了 2 600 美元，其税前利润为 500 美元，应缴纳所得税 300 美元，税后净利润为 200 美元。整个公司应缴纳所得税 570 美元，而税前利润与低转移价格时的情形相同，都是 1 400 美元，因此综合税率为 40.7%。因此整个公司的净利润增加为 830 美元。通过将 400 美元的税前利润由 60%的税率转为 30%的税率，公司节省了 30%×400=120 美元，表现为税后净利润由 710 美元增加至 830 美元。

这是转移定价策略发生改变的影响。转移价格的增加使利润由销售子公司转至制造子公司。然而当两个地区的所得税税率相同时，改变转移价格不会对整个公司的净利润产生影响。

假设在两个地区的所得税税率都是 30%，在低转移价格下，销售子公司的所得税降低为 270 美元，净利润增加至 630 美元，整个公司的净利润为 980 美元，是 1 400 美元的 70%。将转移价格增加至 2 600 美元时，销售子公司的税前利润为 500 美元，在 30%的所得税税率下其净利润为 350 美元，制造子公司的净利润为 630 美元，因此整个公司的净利润仍为 980 美元。转移价格的增加可以有效地将资金由销售子公司转移到制造子公司。

图表 19.7 说明了高转移定价策略可以将利润从高税率国家转移至低税率国家，因此可以增加整个跨国公司的利润。同样也说明了转移定价策略的改变是如何将资金在各国间进行转移的。

转移定价条例

税收方面的政府权威机构意识到跨国公司可以通过改变转移价格以实现其避税目的，经济学家也给出了其影响的数据支持。[2]

各国的税收条例和法庭案件已建立了一个法律体系，以决定转移价格是否合适。[3] 在美国，美国国税局（IRS）声称一个合适的转移价格即为“正常的不相关的价格”，就是指将商品或服务销售给无关的顾客的价格。IRS 采取了以下五种方法来规范这个价格：

1. 可比的不受控制的价格法。
2. 转售价格法。
3. 成本加成法。
4. 可比利润法。
5. 其他可以接受的方法。

经济合作与发展组织（OECD）通常也会将这些方法推荐给其成员国。

可比的不受控制的价格法的最准确的规定就是转移价格需等同于一个可与之相比的不受控制的价格。这个不受控制的价格可以直截了当地决定这种商品或服务是否可以在有关联的子公司之

---

① 该问题更加完整的分析将会考察不同转移定价政策对母公司最终的现金流的影响。这样的分析将会包括对支付给母公司的分红和母公司可以用来抵消支付给国内税收机构税负的外国税收抵免的考虑。

② 从 Eric Bartelsman 和 Roel Beetsma（2003）的实证经验中可以看到，由于报告的收入减少，在经济合作与发展组织国家中很多公司税负单方面的增长消失了。Kimberly Clausing（2003）的实证研究也指出，在控制了影响交易定价的其他变量后，更低的国家企业税率与更低的对该国的美国公司内部出口价格以及更高的从该国进口的价格是相关的，这种现象包括对低税率国家的转移收入。Robert Feenstra 和 Gordon Hanson（2004）报道了针对中国香港的同样结果。

③ 美国内部税收代码的 482 个章节（section）包括美国对转移定价的管制条款。在这部法律下，IRS 可以在相关企业间重新分配总收入、减免、贷款以及补贴以防逃税或者以便更加精确地反映各方的收入。就税收代码的其他方面而言，如果 IRS 重申收入，举证责任便落在纳税人身上，这表明 IRS 的作用是随意并且不合理的。

间、跨国公司和一个无关的公司之间或两个无关的公司之间进行交易转移。然而实际上，记录两笔所有特征都完全相同的交易是很困难的。当产品为定制产品的时候这个问题变得更为困难。

按转售价格来确定转移价格是以对公司顾客的零售价格为起点，减去销售环节的利润，将这个净价格作为制造环节的可被接受的销售价格。然而如果销售商在最终产品上增加了大量的价值，无论是形式上的改造还是提供配送服务等，都很难确定一个销售商应得的合适利润。因此，这种方法常被应用于销售商不会为该商品增加附加价值的时候。

成本加成法是以单位制造成本为起点。将利润的一个加成添加到单位制造成本上即可得到转移价格。当然，确定制造商的成本并不是次要工作。例如，如果运用这种方法，在制造商所生产的各种产品中正确分配其固定成本是相当重要的。

可比利润法涉及对从事类似活动的相关交易的盈利能力与进行转移定价的企业的盈利能力进行比较。这种方法可以联合其他方法共同使用。这种方法非常有效，除非设定转移价格的公司交易的是有价值的无形资产，例如电脑软件。在这种情形下，公司可能在研发该产品上承担重大的风险，因此期望能获得额外的风险溢价。

当以上四种方法都不适合时可以选择其他方法。选择使用其他方法的最基本条件是需要公司提供相关文件证明以上方法都不适用的原因以及被选择的其他方法的合理性。当被转移交易的商品不是常规交易并且很难估计价值时，其他可供选择的方法通常与以上四种方法之一结合使用。

虽然进口国和出口国都可以很容易地观察转移交易价格，但是很难观察出口国子公司的实际成本。因此，如果参与一国法律执行的政治力量允许额外的资金流向国外的投资者，他们可以允许相对高的转移定价策略并且保留在法律条文里。这样的政策可以部分地抵消由于对外国投资者的分红征收高额的税负所带来的负面影响。允许高的转移价格有助于鼓励多余的资本直接投资于本国。

转移价格如何影响管理者动机

一个有多个利润中心的企业经理必须评估不同部门各自的盈利能力。转移价格并不能反映各中心的真实交易成本，往往会出现这样的情况：转移价格反映出某些中心是更为盈利的而实际情况却不同。虽然同样的问题也会出现在国内的公司，然而国际税收和向子公司提供足够经营资产的需要使这个问题在跨国公司内更为恶化。

如果跨国公司的中央管理者利用转移价格以税收和经营资产为由将资金在各子公司间进行转移，他们应该更改各子公司的业绩评估来反映这些事实。例如，要求销售子公司的管理者以高转移定价买入商品，则其利润率降低。反过来，销售商品的制造子公司的利润率较高。除非这一点非常清楚，否则销售子公司的管理层会过度注重成本降低，而制造子公司对降低成本却不太关注。

转移定价与规避关税

转移定价不仅可以减少企业所得税的产生，也可以抵免关税。关税，也称进口关税，针对入境货物或物品的价值征收。多数关税由**从价税**（ad valorem duties）构成，所谓从价税，是以进口商品的价格为计税依据，按一定比例计算征收的一种税，税率大小取决于应征税额。跨国公司可以通过转移定价来减少此类关税的产生，另一方面，作为购买方的关联企业的利润总额会增加，从而产生额外的所得税。

转移定价对于关税的影响如图表 19.8 所示，图表 19.8 的基本数据与图表 19.7 一致，但销售子公司需向东道国缴纳 10%的从价税。A 部分和 B 部分分别显示了转移价格为＄2 200 和＄2 600 的相关结果。当转移价格从＄2 200 提高到＄2 600 后，销售子公司的应纳税额从＄680 降低为

\$240（并非从\$900降为\$500，因为关税可在所得税前扣除），净利润从\$272降为\$96。值得注意的是，虽然从销售子公司来看，低价策略减少了关税，但对集团公司而言，高价策略带来的利益更大，因为所得税的节约额大于关税的增加额。在这一例子中，集团公司的净利润增加了\$104（从\$622增加为\$726），即图表19.7中增加的\$120净利润被\$40(＝\$260－\$220）的额外关税所抵消，又因关税可税前扣除，净利润实际增加额为\$120－\$40×(1－60%）＝\$104。

图表 19.8　　比较高低两种定价策略对关税的影响（美元）

A部分：低价策略	制造子公司（30%所得税税率）	销售子公司（60%所得税税率）	集团公司
销售收入	2 200	3 200*	3 200*
减：进口关税（10%）		220	220
销售成本	1 500*	2 200	1 500*
营业费用	200*	100*	300*
税前利润	500	680	1 180
减：所得税	150	408	558
净利润	350	272	622

B部分：高价策略	制造子公司（30%所得税税率）	销售子公司（60%所得税税率）	集团公司
销售收入	2 600	3 200	3 200*
减：进口关税（10%）		260	260
销售成本	1 500*	2 600	1 500*
营业费用	200*	100*	300*
税前利润	900	240	1 140
减：所得税	270	144	414
净利润	630	96	726

注：除了销售方需要对其进口货物支付10%的关税外，基本数据与图表19.7中一致。标记*号的数据为真实收入和成本，不因转移价格的变化而变化，其他数据将随转移价格的变化而变化。

关税视角下的转移定价总体策略

现在考虑如何从关税的角度制定转移价格的总体策略。假设销售子公司东道国的关税税率为t，所得税税率为t_d；制造子公司的所得税税率为t_m。有两点需要注意：第一，转移价格每提高一个单位，制造子公司的净利润提高$1-t_m$；第二，因为关税的存在，销售子公司每提高一单位成本，实际提高$1+t$单位。所以转移价格每提高一个单位，销售子公司的税后净利润降低$(1+t)\times(1-t_d)$个单位。所以，对于集团公司而言，只要满足条件：

$$(1-t_m)>(1+t)\times(1-t_d)$$

则高价策略就是有利的。反之，如果

$$(1-t_m)<(1+t)\times(1-t_d)$$

低价策略就可以最大化集团公司的利润。

例 19.2　利用转移定价策略规避关税

沿用图表 19.8 的数据，假设 $t_m=30\%$，$t=10\%$，$t_d=60\%$。则

$$(1-t_m)=70\%>(1+t)\times(1-t_d)=1.1\times 40\%=44\%$$

因此，选择高价策略更有利。如果将转移价格提高＄400，则集团公司节约额为：

$$[(1-0.7)-1.1\times(1-0.6)]\times\$400=\$104$$

从图表 19.8 中同样可以得出集团公司的利润增加了：

$$\$726-\$622=\$104$$

此外，跨国企业在制定转移定价策略时，道德问题需要重点考虑。如果定价无法通过常规交易测试，可能会被指控非法避税。过于激进的定价策略可能导致税务处罚、诉讼以及损害企业形象等潜在成本。

转移定价与外汇额度

一些国家会对购买进口商品限定外汇额度。对于这个国家的外资企业而言，其外币价值要高于规定市价，跨国公司可以通过降低转移价格缓解这种经济扭曲现象，此时，同一数量的外汇额度可以进口更多数量的商品。而高价策略可以用于解冻资金，接下来我们会讨论这个问题。

转移定价与合资企业

跨国公司与当地企业组成的合资企业，通常不倾向于利用转移定价的优势，因为东道国政府和合作者会怀疑是否存在操纵转移价格的问题。如图表 19.7 所示，高价策略会对合资企业的利润产生负面影响，从而使合作双方产生矛盾，威胁合资。而合资企业的建立成本通常较高，所以转移定价并非明智之举。

转移定价与冻结资金

在固定汇率的金融体系中，一个国家的外汇储备可能无法满足其市场需求。当市场决定汇率下行时，如果政府仍保持固定汇率，则必须对外汇进行管制。

一方面政府实行外汇管制，另一方面本国货币持有者仍有想购买外汇的需求，从而导致了资金冻结问题。资金冻结会给跨国公司带来更为严重的后果。举个例子，外资子公司需要外汇来购买进口原材料或半成品进行生产，在资金冻结的情况下，可能导致生产迟缓甚至是完全停滞；外国子公司也可能在特许权使用费和费用支付上存在限制，除非以很不理想的汇率支付；同时，母公司也很可能难以将子公司的利润确认为投资收益。

因为这些隐患的存在，在成立一家外资子公司之前，母公司必须分析导致资金冻结的因素以及资金冻结对子公司利润的影响，并制定应急计划。

前沿贷款

跨国公司通过前沿贷款，可以使外资子公司从东道国向其转移资金，从而提高利润水平。**掩护贷款**（fronting loan）是母公司和子公司之间，以国际银行为金融中介进行的借款。在此方式下，母公司并非直接进行公司间贷款，而是先在国际银行存入一定资金，然后由国际银行贷给子公司等额资金。对银行而言，掩护贷款不存在风险，因为对子公司的贷款与母公司的存款完全相等，银行还可以从对子公司的贷款利率和母公司的存款利率差额中获取小额利润。

那么，在此类交易中，为什么要以国际银行作为金融中介呢？主要的原因在于规避资金冻结的风险。当一个国家实施外汇管制时，通常只允许企业偿还外币贷款，借入外币是被禁止的。同时，东道国限制的重点更可能是外资子公司对其母公司偿还贷款，而非对国际银行的偿还。因为中断外资子公司对其母公司的支付影响不大，但如果限制外资子公司对国际银行的偿还，国际银行有可能会拒绝从事东道国的国际业务或对其贷款设置障碍，而跨国公司也威胁不再对东道国的企业投资。

掩护贷款还能为跨国公司提供避税优势。如果在东道国，公司间贷款利息税前扣除被禁止，而银行贷款利息税前扣除被允许，则掩护贷款可有效避税。

例如，母公司将对其外资制造子公司投资＄1 000 000，为简化分析，假设母公司在避税天堂设有一家全资财务公司，所得税税率为0，投资由该财务公司提供贷款，利率为7%。如果在东道国，公司间贷款利息不允许税前扣除，外资制造子公司每年将产生＄70 000的成本，同时财务公司获得等额的收益。

如果母公司采用掩护贷款，财务公司在国际银行存入＄1 000 000，利率为7%。同时国际银行贷给外资制造子公司＄1 000 000，利率为8%。假设东道国银行贷款利息可税前扣除，所得税税率为50%。外资制造子公司需向银行支付＄80 000的利息，但是利息可税前扣除，税后实际成本为＄40 000。银行从中获得＄10 000的利润。

综上所述，财务公司获得了＄70 000的免税利息，而外资制造子公司仅以＄40 000的成本就向其母公司转移了＄70 000的资金。

营运资本就地投资

为了减少资本流出，东道国会关闭其外汇市场，政府还会限制资本市场的名义利率。这样一来，资本市场的短期投资工具可能会产生负收益。遇到这种情况，跨国公司需要在当地挖掘投资机会以维持收支平衡。投资的最低目标是外汇保值。为了达到这一目标，现值为零的投资项目应该是关注的重点。因为跨国公司的代理人可能没有能力成为当地经济的佼佼者，所以从母公司的角度看，应关注现值为零这一标准。

如果可能的话，公司也可以投资能够提供市场预期收益的项目，如商业票据或者持有其他公司的股份。但是，投资长期名义资产，如公司债券，则有可能因为通胀加速导致贬值。

如果以上投资都不理想，企业还可考虑在东道国直接投资。例如，购买当地的房地产（无论是土地还是房屋）。虽然实物资产的流动性不及短期资本市场投资，但是在严重的通货膨胀中它们更可能保值。企业还可以尝试其他的实物投资，包括购买货物（无论是用于出口还是附加在已有商品上，或者用于制造额外的设备）。此外，跨国公司还可以与当地关联企业签订关联方合约，由拥有冻结资金的企业替母公司或关联公司提供商品和服务。例如，利用冻结资金所在国的建筑子公司为母公司设计厂房。

改变交易条件

1990年，雷迪森连锁酒店采用了另一种办法来解决不能汇兑的问题。雷迪森在苏联莫斯科设立的首家酒店只接受通用货币付款，随后建立了其他接受卢布付款的分店。同样地，麦当劳在莫斯科最早设立的两家餐厅，一家只接受美元付款，另一家接受卢布付款。两个案例都显示了公司如何应对冻结资金的问题。虽然雷迪森和麦当劳在苏联开展业务已经成为历史，但这种方法已经为跨国公司广泛采用。

19.4 应收账款管理

应收账款是跨国公司营运资金的主要组成部分。任何一个公司在进行赊销时都要考虑，是在企业内部完成“五项任务”[①] 还是外包给其他公司。“五项任务”包括：第一，评估客户的信用状况；第二，制定信用条件，包括信用期限以及推迟付款的利息惩罚；第三，一个营业周期内的应收账款融资问题；第四，确保能够收回应收账款；第五，公司必须承担应收账款的违约风险。

跟普通公司一样，跨国公司也会利用应收账款进行赊销，但是跨国公司的应收账款管理更为复杂，除了以上提到的“五项任务”外，跨国公司还需解决计价货币的问题。

计价货币

在外国从事业务时，需要考虑选择以何种计价货币结算销售额，本国货币、客户所在国的货币还是第三国的货币？通常，建议跨国公司以硬通货（汇价坚挺）结算出口货物，以软通货（汇价疲软）结算进口货物。但在交易双方对远期汇率分布的预期一致且双方进行套期保值的成本相同的情况下，该建议不适用。若双方对远期汇率分布观点一致，则选择以何种计价货币结算并不重要，因为商品的本币价格按照双方同意的汇率换算后，等于商品的外币价格。下面举个例子进一步阐述。

例 19.3　　英航飞机定价问题

假设波音公司与英航公司签订合约，向其出售若干架飞机。如果合约以美元结算，一年后飞机交接时，英航需向波音支付＄100 000 000。若以美元为计价货币，英航会担心美元相对英镑走强。即期汇率和一年的远期汇率如下：

即期汇率＝＄1.65/￡

一年远期汇率＝＄1.60/￡

如果英航不想承担美元相对英镑走强的风险，可以以＄1.60/￡的远期汇率买入远期合约。将＄100 000 000 的应收账款兑换为英镑。

＄100 000 000/（＄1.60/￡）＝￡62 500 000

如果波音以英镑结算，一年后支付，则英航无论支付￡62 500 000 还是＄100 000 000 都可以。类似地，如果波音决定以英镑结算但是不想承担汇率风险，它会对飞机要价￡62 500 000，一年后将英镑兑换成＄100 000 000。

例 19.3 指出了很重要的一点，如果交易双方对汇率风险的看法一致且双方进行套期保值的机会均等，计价货币并不重要。但在实际的交易谈判中，通常的情况是交易双方没有均等的机会

---

① 见 Shehzad Mian 和 Clifford Smith（1992），该论文讨论了“五项任务”是应该由公司完成还是外包给其他公司。可选择的策略包括由公司完成一切事务，将应收账款抵押贷款，建立财务公司，雇用信用信息公司，雇用收账公司和赊销保险公司，或者采用有追索权以及没有追索权的委托收款。

进行套期保值；而且在大多数经营环境中高度发达的远期市场并不存在；再者，企业很难取得外币贷款也会成为套期保值的障碍。

交易的一方会因为无法进行套期保值而承担外汇风险。再次强调，如果交易双方对远期外汇分布的意见一致，双方承担风险的成本相同，就存在一个双方都同意的汇率。

但是，如果交易双方没有对远期汇率的分布达成一致，并且意识到双方承担风险的成本也不相同，则不存在统一的汇率。下面的例子说明了这一点。

例 19.4 曼谷航空飞机定价问题

假设波音向一家新的泰国公司，曼谷航空销售飞机。波音必须选择以泰铢还是英镑结算。假设即期汇率是 THB25/＄，不存在远期市场。假设未来一年泰铢对美元可能贬值。如果波音选择以美元进行结算，一年以后它将收到＄100 000 000。曼谷航空则有两个选择：如果它想进行套期保值，可在当前买入美元用于未来支付；或者承担泰铢对美元走弱的风险。假设对于曼谷航空而言，当前买入美元在财务上不可行，因为它没有足够的美元或泰铢。为了分析交易双方对两种货币价值分别有怎样的预期，我们必须找出双方的远期汇率的概率分布。为了简化表述，假设双方都认为泰铢会保持在 THB25/＄或者贬值。假设曼谷航空认为泰铢有 50％的可能会贬值为 THB40/＄，则曼谷航空预期的远期汇率为：

[0.5×(THB25/＄)]+[0.5×(THB40/＄)]=THB32.5/＄

假设波音公司认为泰铢有 55％的可能会贬值为 THB40/＄，波音公司预期的远期汇率为：

[0.45×(THB25/＄)]+[0.55×(THB40/＄)]=THB33.25/＄

当波音公司要价＄100 000 000 时，曼谷航空预计将支付：

THB32.5/＄×＄100 000 000=THB3 250 000 000

如果波音公司以泰铢结算，它预计一年后＄100 000 000 的价值等于：

THB33.25/＄×＄100 000 000=THB3 325 000 000

注意，在这个例子里，曼谷航空更乐意以美元结算，根据其预期，将＄100 000 000 兑换为泰铢后所需的支付额低于以泰铢结算的支付额。如果曼谷航空接受以美元结算，它将支付 THB2 500 000 000（如果泰铢保值）或者 THB4 000 000 000（如果泰铢贬值）。

例 19.3 和例 19.4 表明，如果将远期汇率的分布、交易双方进行套期保值的机会、以本国货币表示的产品价格、以不同货币结算存在的风险分离开来，将无法判断应采用何种货币进行结算。假设在例 19.4 中，波音公司认为泰铢贬值的可能性为 40％，它预计的远期汇率为：

[0.6×(THB25/＄)]+[0.4×(THB40/＄)]=THB31/＄

波音需要对飞机要价：

THB31/＄×＄100 000 000=THB3 100 000 000

此时，曼谷公司将乐意支付 THB3 100 000 000 而非＄100 000 000，而波音公司将面临外汇风险。假设泰铢贬值的真实可能性为 50％，则波音公司的定价失误。

提前和延迟付款

跨国公司经常采用提前或延迟付款的方式来对其国外子公司的净营运资金需求进行管理。**提前付款**（leading payment）是指付款时间早于正常付款期的付款。**延迟付款**（lagging payment）是指付款时间晚于正常付款期的付款。通过延长或缩短子公司间的支付周期，跨国公司可以影响世界范围内其子公司的流动性。

例如，一家跨国公司的英国子公司每月须向其另一家德国子公司销售价值 200 万美元的货物。在销售货物时，英国子公司允许德国子公司赊购，德国子公司账面形成一项应付账款。如果该应付账款的信用期限为 60 天，德国子公司相当于每月从英国子公司获得 400 万美元的资金。也就是说，在给定的任何一个时点，英国子公司对德国子公司的应收账款为两个月的货物价值或者 400 万美元。如果信用期限延长到 90 天，英国子公司相当于对德国子公司提供了 200 万美元的额外资金。英国子公司的净营运资本提高了，同时德国子公司的净营运资本降低。如果信用期限缩短为 30 天，英国子公司的营运资本由 400 万美元减少为 200 万美元，而德国子公司将提高等额数量。

什么因素决定了应该提前付款还是延迟付款？首先也是最重要的一点是，跨国公司必须了解各个子公司营运资金的机会成本。这项成本须以通用货币（如美元）在税后基础上计量。资金需要从净营运资金机会成本高的公司转移到机会成本低的公司。

当然，短期的借款利率和贷款利率是不同的。在通常情况下，短期借款利率要显著高于贷款利率。如果所有的借款利率都高于贷款利率，则通过提前和延迟付款达到资金流动的目的就变得很简单。资金应该从短期资本市场的贷款方流动到借款方。这可以通过借款方延迟对贷款方的付款以及贷款方提前对借款方的付款来实现。

如果所有的子公司都存在富余资金，问题会有点复杂，拥有良好投资机会的公司应该得到更多的资金。反过来，如果所有的企业都存在资金短缺问题，则跨国公司应该从借款成本低的公司借入尽可能多的资金。

下面的例子会从数字方面论证这个问题：

例 19.5 合理安排子公司的借贷款利率

假设对美国母公司和英国子公司 90 天的美元借款利率和贷款利率如下表所示：

	年借款利率（%）	年贷款利率（%）
美国母公司	8.0	7.0
英国子公司	8.2	6.9

在此利率水平上，母子公司都可以按其意愿进行短期借款或者投资。可能产生四种结果，我们需要考虑每一种情况下资金的流向，跨国公司每次转移的资金都是 100 万美元。

1. 美国母公司存在富余资金，英国子公司需向其借款：如果美国母公司要进行投资，收益率仅为 7%，而英国子公司的借款利率为 8.2%。显然，资金应从美国母公司流向英国子公司。对于每一笔 90 天、100 万美元的资金转移，集团公司可以节约：

$$\$1\,000\,000\times(8.2-7)/100\times(90/360)=\$3\,000$$

2. 英国子公司存在富余资金，美国母公司需向其借款：如果美国母公司必须借款，借款利率为 8%，而英国子公司的贷款利率仅为 6.9%。显然，资金应该从英国子公司流向美国母公司。

对于每一笔 90 天、100 万美元的资金转移，集团公司可以节约：

$$\$1\,000\,000\times(8-6.9)/100\times(90/360)=\$2\,750$$

3. 美国母公司存在富余资金，英国子公司存在富余资金：因为母子公司都存在富余资金可以进行投资，需比较二者的投资收益率。美国母公司可以赚取 7%，而英国子公司只能赚取 6.9%，所以资金应该从英国子公司流向美国母公司。对于每一笔 90 天、100 万美元的资金转移，集团公司可以节约：

$$\$1\,000\,000\times(7-6.9)/100\times(90/360)=\$250$$

4. 美国母公司和英国子公司都需要借款：因为美国母公司和英国子公司都需要进行借款，所以我们只需比较它们的借款利率。美国母公司的借款利率为 8.0%，而英国子公司的借款利率为 8.2%，所以资金应从美国母公司流向英国子公司。对于每一笔 90 天、100 万美元的资金转移，集团公司可以节约：

$$\$1\,000\,000\times(8.2-8)/100\times(90/360)=\$500$$

当然，政府部门需要清楚跨国公司提前付款和延迟付款的动机是什么，以便对过度使用商业信用的行为进行监管。

信用条件

跨国公司既可以对其子公司，也可以对其客户使用商业信用。那么，跨国公司应该如何决定适用于客户的信用条件呢？

首先，理想的信用政策应该能够提高应收账款的回收额，降低应收账款的持有成本，直到实现销售额产生的边际收益等于在实施“五项任务”（本节开头提到）管理应收账款时产生的边际成本。跨国公司的信用政策制定得越好，其销售额实现得越多。问题的关键是公司必须确保其赊销可以为企业带来正的现金流。放宽信用条件可能招致信用不良的客户，他们会推迟付款甚至违约。

应收账款的持有成本情况如下：制定信用条件的成本很高，信用期限越长，对客户的信用调查范围就越广；收回应收账款和应收账款融资的成本也较高；同时还存在应收账款的机会成本，因为如果这笔资金能够收回，可以用于其他项目投资；此外，公司的应收账款越多，其面临的违约风险越大。

当跨国公司拥有比本地客户更低的资本成本时，情况例外。此时，跨国公司可以延长客户的信用期限并向其收取融资费用。如果跨国公司的融资费用低于当地银行的融资费用，跨国公司通常会选择对客户融资。当然，跨国公司必须弄清楚客户的违约风险。如果客户的借款利率较高，借款能力有限，则大致反映了其可能存在较高的违约风险。

制造型跨国公司可能比第三方（银行）更有优势，因为贷款的质押品对其更有价值。如果应收账款质押的贷款没有偿还，跨国公司可以对承销商追索或者将其卖出，比起银行和其他金融中介，跨国公司更可能卖个好价钱。制造型跨国公司对于客户的违约风险，可能比银行拥有更多的信息。

19.5 存货管理

正如前文所说，持有存货是为了使生产更加顺利，使客户下订单后能够及时取货。但是存货的持有成本很高，因为存货是公司的资产，公司必须进行存货融资。如果公司的资本成本为15%，则持有价值＄100 000 000的存货会产生＄15 000 000的成本。存货要保存在安全的地方，需要租用仓库并雇用人员进行管理；公司还面临存货被盗以及失火等意外风险；存货还可能不再适应市场的需求。公司可以购买保险来规避这些风险，但是购买保险也会产生成本。此外，如果存货市价下降还可能会贬值。制造业的原材料往往更易受到价格下跌的冲击。

那么，企业将如何确定存货持有量呢？接下来我们将介绍最优存货理论，以帮助企业做出决策。

最优存货理论

最优存货理论旨在确定企业的最优存货水平。当由销售增加、成本减少产生的边际利润等于存货储存、存货融资的边际成本时，存货持有量最优。虽然跨国公司面临的存货问题与普通企业类似，但是价格和汇率变动使其面临的问题更为复杂。

贬值风险

外资企业的管理者经常面临东道国货币贬值的风险。由此产生了一个问题，即是否该在东道国货币相对外币贬值之前，进口额外的存货。答案似乎是肯定的，毕竟以本币表示的存货价格在贬值后会升高，但需在权衡边际收益和边际成本后才能做出进一步的决定。

我们考虑一个两期间模型。一家美国企业的德国子公司进口商品作为存货，并计划于下一会计年度在德国出售。德国子公司借入欧元以购买该批以美元定价的商品，则该批商品的储存成本以欧元计量，且随存货数量的增加而增加。由于母公司为美国公司，所以德国子公司的目标是最大化第二个会计期间的美元利润。假定进口商品和产成品都处于竞争市场，公司无法通过买卖货物的数量来影响商品价格。

为便于分析，假定在 t 期美元对欧元的汇率为 $S(t,\ \$/€)$，令 $P(t,\ \$)$ 表示进口货物在 t 期的美元价格，令 $P(t,\ €)$ 表示货物在 t 期的欧元价格，令 $i(t,\ €)$ 表示 $t+1$ 期的欧元利率，令 $C(t+1,\ €)$ 表示以欧元计量的边际储存成本，其随存货数量的增加而增加。我们可利用下述步骤求出均衡点。

$t+1$ 期销售一单位商品的预期收入为：

$$E_t[S(t+1,\$/€)\times P(t+1,€)]$$

一个期间内商品的赊购和储存成本由两部分组成。一是商品在时间 t 以欧元计价的赊购成本 $P(t,\$)/S(t,\$/€)$。该成本由利率为 $i(t,€)$ 的借款支付，利息在 $t+1$ 期偿还。因此，$t+1$ 期本金和利息的美元价值应为：

$$S(t+1,\$/€)\times P(t,\$)\times[1+i(t,€)]/S(t,\$/€)$$

另一部分是公司需以美元计价支付的储存成本 $S(t+1,\$/€)\times C(t+1,€)$。

最优存货量的均衡点存在于 $t+1$ 期预期的边际收入等于边际成本的地方，即

$$E_t[S(t+1,\$/€)\times P(t+1,€)]=E_t[S(t+1,\$/€)\times P(t,\$)\times(1+i(t,€))/S(t,\$/€)]+E_t[S(t+1,\$/€)\times C(t+1,€)] \quad (19.1)$$

思考等式（19.1）的含义。在等式左边，关键点在于，随着汇率 $S(t+1, \$/€)$ 降低，欧元贬值，零售市场本币价格 $P(t+1, €)$ 的提高是否可以跟上欧元贬值的速度？如果零售价格的预期上升速度超过欧元贬值的速度，在其他条件不变的情况下，建议管理者购买大量存货。另一方面，如果欧元贬值但本币价格不变，那么零售市场本币价格的上升速度将低于本国货币的贬值速度，建议管理者购买少量存货。

接下来，我们分析欧元贬值将如何影响公司的边际成本。如果本币利率的增长幅度不足以反映预期贬值的程度，公司的边际成本将降低，公司会购买大量存货。另一方面，如果利率的增长幅度超过了相应的贬值程度，公司将会承担高昂的存货成本，从而选择购买少量存货。

最后，考虑等式（19.1）右边第二项。如果预期的边际成本很低，很可能是因为公司的存储成本在名义上是固定的，促使公司选择购进大量存货。相反，如果公司的员工在贬值后进行罢工，成本将增加，应购进少量存货。

总而言之，单凭本币预期贬值，并不能做出增加存货购入量的决策。远期零售价格的变化以及名义利率是否准确合理地反映贬值程度也同样重要。只有在权衡了持有存货预期的边际收益和边际成本后，才能得到最优存货量。

针锋相对

如何应对 Dinjonasian 贬值？

Ante，Freedy 和 Suttle 再度去纽约查帕阔拜访进出口商 Fred 叔叔。Fred 叔叔说，他去年在 Dinjonasian 的 Tajarka 开办了一家纺织品制造工厂。工厂生产的廉价 V 字领棉质 T 恤销往加利福尼亚州。Fred 叔叔正在思考工厂经理 Ibrahim 先生提出的要求。

Fred 叔叔说："这封邮件让我很困惑，Ibrahim 认为 DJR（Dinjonasian rupiah）会在明年某时相对于美元走低，我同意他的看法。最近的数字显示，Dinjonasian 央行的外汇储备为 320 亿美元，如果继续持有 DJR，每个月将会损失 40 亿美元。按这种损失速度，他们还有八个月的时间来制定解决方案。Ibrahim 担心我会因为公司盈利下降而炒他鱿鱼。去年，他盈利 DJR8 100 000 000，但是如果按照 DJR9 000/USD 的汇率，兑换成美元只有 900 000 美元。如果兑换率为媒体预期的 DJR12 000/USD，那么盈利就只有 675 000 美元[＝DJR8 100 000 000/(DJR12 000/USD)]。"

Fred 叔叔继续说："Ibrahim 想通过投机为其预算保值，但 Dinjonasian 政府冻结了美元的远期交易市场，规定远期市场不合法。我很理解他，肯定不会因为他无法控制的事情而解雇他。"

"好吧，如果他只能想到远期合约，他应该担心他的饭碗。" Ante 吼道，"其实很多方法都能用来应对 DJR 的贬值。"

Freedy 说："那你说一种方法看看，我看你一直沉浸在国际金融的世界里。"

Ante 想了一会儿说："你可以让 Ibrahim 购买额外的存货。他不是从埃及进口棉制品吗？棉制品的美元价值是建立在国际市场基础上的，如果能够在贬值前购买棉制品，那么棉制品的 DJR 价值会随着贬值而增加。"

Fred 叔叔说："Ante，这是一个好的建议，但是如果棉制品的价格在几个月后下跌怎么办？我听说埃及人认为今年将会大丰收，棉制品的价格在过去两个星期持续下降。我认为棉价会在接

下来的六个月继续下降20%～30%。我们的账本上都是高价存货，看着也不太好。我还是让Ibrahim别太担心好了。”

“等一下，”Freedy说，“Fred叔叔，您可否提前或者延迟支付？这样似乎可以使Ibrahim的美元资产最大化。延长美元账户的应收账款期限，同时缩短应付账款期限。Fred叔叔可以推迟给Ibrahim支付款项，Ibrahim应该加速支付给Fred叔叔。如果这样做会发生什么呢？”

Suttle插话道，“Freedy，你说得对。即使Dinjonasian银行试图阻止在资本市场的投资，所有商业公司也会有动力加速购买美元储备。如果你以合法的国际贸易为目的购入美元储备，你应该在汇率为9 000而不是12 000的时候买入。同样，如果你能够在贬值之后再把美元转换成DJR，那么你将会获得资本收益。提前和延迟跨国支付会对国际储备量有影响。”

Ante和Freed点头同意，但是Fred叔叔摇头说：“Suttle，难道你不担心这些策略的利率风险吗？”

Suttle微笑着说：“您会担心的，Fred叔叔！”

小　结

这一章主要介绍了跨国公司的净营运资本管理问题。本章要点如下：

1. 净营运资本是指现金、有价证券、应收账款和存货等流动资产和流动负债之间的差额。改变净营运资本的存量是对未来盈利的投资。

2. 跨国公司的国际货币经理的目标是对整个组织的现金资源进行管理，对短期富余资金进行最优投资，同时以最低的成本筹措短期资金。

3. 进行集中的现金池管理可以通过降低交易成本、选择最优的计价货币、合理安排借贷款的到期日来降低集团公司的成本。

4. 多边结算制可以通过统一调拨关联企业之间的资金来降低集团公司的资金转移量以及子公司的资金转移量。

5. 预防性现金储备是为了解决生产和销售资金难以匹配的问题。集中的现金管理体系可以增加跨国公司现金流的使用效率。

6. 外资子公司向其母公司转移的资金主要是股利，其他转移资金包括特许权使用费、管理费用，以及与转移定价相关的费用。母公司应该筹划如何收回对子公司的投资收益，以及怎样使其税负最小化。

7. 转移价格是指一个公司向其子公司销售商品和提供劳务时的要价。因为转移价格是内部价格而不是市场价格，很难确定转移价格是否与竞争市场中的价格一致。

8. 高价策略将利润和税负从销售子公司转移到制造子公司，低价策略将利润和税负从制造子公司转移到销售子公司。

9. 美国税务局明确指出合理的转移价格应该能够反映常规交易的价格，即卖家对非关联买家的要价。

10. 在对外资子公司投资之前，母公司必须分析导致资金冻结的因素以及对子公司盈利能力的影响，并制定应急方案。

11. 掩护贷款是母公司和子公司之间以国际银行为金融中介进行的借款，主要用途是帮助跨国公司规避资金冻结风险。对母子公司而言，掩护贷款都存在良好的避税作用。

12. 应收账款是跨国公司净营运资本的重要组成部分。使用赊销的公司必须对客户的信用风险做出评价并制定信用条件，包括信用期限、延期付款的惩罚措施以及应收账款的计价货币。公司还应进行应收账款融资，承担应收账款风险以及收账成本。公司只有权衡了赊销带来的边际利润和边际成本后，才能制定出合适的商业信用。

13. 只有了解了交易双方对远期汇率的分布的预期、双方对外汇风险进行套期保值的机会、商品的本币价格以及以不同货币结算存在的风险，才能决定采用何种计价货币是合适的。

14. 跨国公司可以通过提前付款和延迟付款影响子公司的流动性，并且可以利用汇率变动进行投机。

15. 存货，包括原材料、在产品和产成品，有助于保证生产的顺利进行和及时供应订单。持有存货的益处来自优化生产计划和良好的供应声誉。这些收益必须同存货的存储成本、保险成本和持有存货的财务成本相权衡。

简答题

1. 什么是净营运资本？为什么其被视为是公司要增加未来盈利而必须做的一项投资？

2. 什么将国际现金管理同纯粹的国内现金管理区分开来？国际环境中出现了什么阻碍因素？

3. 为什么对于境外子公司而言，制定恰当的分红政策以便于母公司收回投资收益非常重要？

4. 特许权使用费和服务费的区别是什么？

5. 跨国关联方之间提前和延迟支付款项的决定因素是什么？

6. 在美国制度下，什么原则决定了转移定价的适当性？

7. 如何利用转移定价在世界范围内转移收入？

8. 如何利用转移定价来规避关税？

9. 什么是冻结资金？集团公司应如何设置其子公司的组织结构以缓解冻结资金的问题？

10. 什么是掩护贷款？它的结构如何为跨国公司创造价值？

11. 为什么贬值风险不能成为增加存货量的充分理由？

12. 赊销时需要考虑哪五项任务？

13. 公司要求其顾客以硬通货付款存在什么问题？

14. 为什么在外汇市场存在管制时，跨国公司允许其境外客户进行赊销？

应用题

1. 欧洲运输公司在瑞典、法国、西班牙和意大利都有生产和销售子公司。其公司总部设在法国。假设你是该公司财务官的顾问，财务官请你预测：建立一个中心化的现金管理池能为其节省多少钱。目前，每个子公司持有的预防性现金储备等于期望现金流量再加上 3 个标准差。

子公司	现金需求均值（欧元）	1 个标准差
瑞典	25 000 000	7 000 000
法国	50 000 000	13 000 000
意大利	35 500 000	10 000 000
西班牙	20 000 000	6 000 000

为四个子公司建立一个中心化现金池能减少的总体现金需求金额是多少？（假设四个子公司的现金需求分布正常并且相互独立。）

2. 欧洲运输公司还考虑建立一个多边净额结算制。

a. 在下面的支付矩阵中已给出各子公司间累积的每月支出额，请计算最小转移金额。

欧洲运输公司子公司间的支付矩阵（百万欧元）

收入	支出			
	瑞典	法国	意大利	西班牙
瑞典	—	16	14	18
法国	19	—	12	15
意大利	22	7	—	11
西班牙	9	15	3	—

b. 如果资金转移的交易费用率为 0.45%，采用多边净额结算制将节省多少钱？

3. 假设一家德国母公司和其西班牙子公司为期 90 天的借贷利率如下：

	借款年利率（%）	贷款年利率（%）
德国母公司	9.3	8.1
西班牙子公司	9.6	7.9

在下面每一种情况下，确定资金的流动方向以及向跨国公司转移 100 万欧元的回报：

a. 德国母公司有正的现金储备；西班牙子公司有负的现金储备。

b. 德国母公司有负的现金储备；西班牙子公司有正的现金储备。

c. 德国母公司有正的现金储备；西班牙子公司有正的现金储备。

d. 德国母公司有负的现金储备；西班牙子公司有负的现金储备。

4. 假设一个制造子公司向一个销售子公司销售商品。下表给出了相关的税费、运营费用及货物销售成本等信息。补充完整表中缺少部分并计算：将转移价格提高 500 美元，能使集团公司的合并利润增加多少。

	制造子公司（税率 35%）	销售子公司（税率 55%）	集团公司
销售收入	4 500	5 700	
减：销货成本	2 600		
减：运营费用	1 000	450	
应税收入			
减：所得税			
净利润			

5. 如果制造子公司的税费负担是 55%的所得税率，销售子公司面临 40%的所得税税率以及 15%的进口关税，转移价格应该高一些还是低一些？

6. 卡特彼勒公司准备销售泥土清理设备给一家印度尼西亚的建筑公司。卡特彼勒公司可以选择以美元或印度尼西亚盾来为合同定价。假设当时的汇率是 9 150 盾/美元，并且不存在远期市场。同时假设明年印度尼西亚盾相对于美元有可能贬值。如果卡特彼勒公司以美元为合同定价，价格为＄15 000 000，并预期在一年内得到支付。他们也愿意考虑以印度尼西亚盾来定价。印度尼西亚公司预计，有 60%的可能汇率是保持不变的，有 40%的可能汇率会变为 9 300 盾/美元。而卡特彼勒公司预计有 65%的可能汇率保持不变，有 35%的可能汇率变为 9 450 盾/美元。这笔交易应该如何定价？谁将承担印度尼西亚盾贬值带来的风险？

参考文献

Al-Eryani, Mohammad F., Alam Pervaiz, and Syed H. Akhter, 1990, "Transfer Pricing Determinants of U. S. Multinationals," *Journal of International Business Studies*, pp. 409 - 425.

Anvari, M., 1986, "Efficient Scheduling of Cross-Border Cash Transfers," *Financial Management*, pp. 40 - 49.

Barrett, M. Edgar, 1977, "Case of the Tangled Transfer Price," *Harvard Business Review*, pp. 20 - 36, 176 - 178.

Bartelsman, Eric J., and Roel Beetsma, 2003, "Why Pay More? Corporate Tax Avoidance through Transfer Pricing in OECD Countries," *Journal of Public Economics* 87, 2225 - 2252.

Brennan, Michael, Vojislav Maksimovic, and Josef Zechner, 1988, "Vendor Financing," *Journal of Finance* 43, pp. 1127 - 1141.

Clausing, Kimberly A., 2003, "Tax-Motivated Transfer Pricing and US Intrafirm Trade Prices," *Journal of Public Economics* 87, pp. 2207 - 2223.

Emery, Gary W., 1984, "A Pure Financial Explanation of Trade Credit," *Journal of Financial and Quantitative Analysis* 19, pp. 271 - 285.

Feenstra, Robert C., and Gordon H. Hanson, 2004, "Intermediaries in Entrepot Trade: Hong Kong Re-Exports of Chinese Goods," *Journal of Economics and Management* 13, 3 - 35.

Grubert, Harry, Timothy Goodspeed, and Deborah Swenson, 1993, "Explaining the Low Taxable Income of Foreign-Controlled Companies in the United States," in Alberto Giovannini, R. Glenn Hubbard, and Joel Slemrod, eds., *Studies in International Taxation*, Chicago: University of Chicago Press.

Kester, W. Carl, and William B. Allen, 1987, "The Walt Disney Co.'s Yen Financing," Harvard Business School Case No. 9 - 287 - 058.

Laster, David S., and Robert N. McCauley, 1994, "Making Sense of the Profits of Foreign Firms in the United States," *Federal Reserve Bank of New York Quarterly Review* 19, pp. 44 - 75.

Mian, Shehzad L., and Clifford W. Smith, 1992, "Accounts Receivable Management Policy: Theory and Evidence," *Journal of Finance* 47, pp. 169 - 200.

Schwartz, Robert A., and David F. Whitcomb, 1979, "The Trade Credit Decision," in J. Bicksler, ed., *Handbook of Financial Economics*, Amsterdam: North-Holland Publishing Co.

第6部分

外币衍生工具

第 20 章

外币期货和期权

本章将讨论外币期货和期权，并说明它们如何能被用于套期保值或投机目的。因为期货和期权合约上所获得的收益与损失，以及远期合约上所获得的收益与损失，都取决于即期汇率如何随时间而变化，所以所有这些金融工具都被视为**衍生证券**（derivative security）。衍生证券的价值依赖于其他更基本的标的变量。在本章所论述的情况下，这种变量就是即期汇率。

如同外汇市场上的其他金融工具一样，大部分期货合约和期权交易都是通过银行进行的。商业银行和投资银行积极地经营外币期权，以便满足它们公司客户和机构客户的需要，这些客户使用外币期权避免外汇风险。除银行之外，对冲基金及其他投资者采取外币期货和期权进行交易纯粹是出于投机目的。也就是说，仅仅是为了盈利。

本章首先介绍外币期货市场机制的具体内容，然后讨论远期合约和期货合约以及利用期货来进行保值之间的区别。第 20.3 节介绍了外汇期权的基本内容。第 20.4 节讨论了期权和风险管理。第 20.5 节研究了一些奇异期权。

20.1 期货合约基础

期货合约与远期合约

外汇期货合约（foreign currency futures contracts），简称期货合约，是指交易双方（个人或公司）约定在未来某一天，根据约定的价格购进和卖出约定数量的外币的交易。虽然这听起来和第 3 章讨论过的远期合约非常相似，但是远期合约和期货合约之间存在着一些重要区别。

交易所交易

外汇期货合约与远期合约之间的第一个主要区别在于期货合约是在交易所交易的，而远期合约则是银行与客户之间进行的交易。例如，期货交易所包括国际货币市场——芝加哥商品交易所的一个分支；Euronext. liffe 交易所（伦敦国际金融期权期货交易所与欧洲交易所合并后的名称）——纽约证券交易所的衍生分支；以及东京国际金融期货交易所。在交易所交易，交易所将期货合约标准化，而远期合约中的条款都是由交易双方自行商议的。

此外，在交易所交易过程中，期货合约的订单必须在交易所的交易时间内下单，并且场内交易商根据供需匹配在交易池中或在电子交易平台上给出定价。远期合约的交易者进行报价并且就他们乐意购入或者出售的外币进行询价。与远期合约相反的是，期货合约的双方以相同的价格买入和卖出期货合约。带有具体条件的期货合约的价格不断地变化，同时在交易厅内或者通过计算机对订单进行匹配。

标准化数额

期货交易所将一份合约交易的货币数额标准化，因此，期货合约就不能像远期合约一样根据某个公司的具体需要量身定做。但是这种标准化的数额与通常的远期合约的金额相比，是相对较少的。并且如果想要更大的数额，只需要购买更多的合约就可以。小规模合约的标准化使得合约便于交易，从而增强了市场的流动性。目前国际货币市场上外币兑美元的合约规模是 12 500 000 日元、125 000 欧元、100 000 加元、62 500 英镑、125 000 瑞士法郎、100 000 澳大利亚元和 500 000墨西哥比索。其他兑换美元的期货合约包括挪威克朗、新西兰元以及若干新兴市场货币，如巴西雷亚尔和俄罗斯卢布。此外还有交叉汇率交易，例如英镑/欧元或日元/欧元。

固定的到期日

在期货市场中，客户可以要求任意一天为期货交易到期日，在日常交易中到期日为 30 天、60 天、90 天、180 天或 360 天的合约非常活跃。期货交易所对合约进行的标准化是指只能在其中一些到期日进行交易。例如，国际货币市场中的合约在 3 月、6 月、9 月和 12 月的第 3 个星期三到期。这些日期是固定的，因此随着交易一天天进行，距离到期日的时间不断缩短，直到交易在某个新的到期日开始为止。一般来说，只有某三种或四种合约在任何既定时间点上处于活跃的交易中，因为合约期限越长，流动性越差。和即期外汇合约的交付步骤一致，期货合约中的交易在交易日——合约到期日前的两个营业日——结束时停止。

信用风险

远期合约和期货合约之间的另一个主要区别在于信用风险。这个问题也许是期货交易市场存在的主要原因。在远期市场中，签订远期合约的双方必须直接对它们的对方做出信用风险评估。正如下面关于国际货币市场起源的介绍中所说，银行乐于与大型公司、对冲基金和机构投资者进行交易，但一般不与个人投资者或信用风险差的小公司进行远期合约的交易。

期货市场就大不一样。在期货市场中，零售客户从期货经纪公司那里购买期货合约。在美国，期货经纪公司必须在**商品期货交易委员会**（Commodity Futures Trading Commission，CFTC）处以**期货佣金商**（Futures Commission Merchant，FCM）进行登记注册。法律规定，期货佣金商在其零售客户的交易中担任委托人。因此，期货佣金商必须拥有交易所规定的最低资本量及商品期货交易委员会规定的信托要求。此外，如果期货佣金商想要在国际货币市场上进行交易，它必须成为芝加哥商品交易所的**清算所会员**（clearing member）。在过去，清算所会员资格曾经是可交易的，并且它们的交易价格可以作为在证券交易所进行期货交易的利润率高低的指标。在 2000 年，芝加哥商品交易所成为一个营利性上市公司，并且它的股票现在在纽约证券交易所进行交易。为了获得交易权，期货佣金商必须购入一定量的芝加哥商品交易所 B 股并达到芝加哥商品交易所的所有会员资格要求。

清算所（clearinghouse）可以是期货交易所的一个独立公司或代理机构。一旦期货交易达成，交易双方分别与清算所发生关系。清算所既是所有期货合约的买方，也是所有期货合约的卖方。清算所每日计算各种期货合约的结算价格，调整会员的保证金，这种结算过程叫做逐日盯市结算。逐日盯市制度可以缓解对资金信用风险的担忧。而保证金要求将通过期货交易经纪人转达给个人客户。这种行为缓解了对信用的担忧。然后这些保证金要求被期货交易经纪人转到个人客户身上。

针锋相对

国际货币市场的起源

虽然芝加哥商品交易所早在 19 世纪末就开始进行农业期货合约交易，但是第一个外币期货合约交易直到 1972 年才进行。它是通过芝加哥商品交易所的一个分支，即国际货币市场进行交易的。国际货币市场是诺贝尔经济学奖获得者、芝加哥大学的米尔顿·弗里德曼（Milton Friedman）和芝加哥商品交易所的总裁利奥·梅拉梅德（Leo Melamed）开创的。它是世界商品期货交易中心。在 20 世纪 60 年代后期，弗里德曼坚信布雷顿森林体系终究会失败。他预言在该体系解体后美元将相对于包括德国马克在内的各种欧洲货币贬值。

弗里德曼想要从预见的情况中获利。但在他试图在银行购买以德国马克为计价单位的远期合约时遭到拒绝，因为银行反对这种除投机之外没有合法商业目的的行为。因此，他找到梅拉梅德，和他讨论让芝加哥商品交易所开发外国货币期货合约。这样普通公民可以就在华盛顿及全世界其他国家的首都正在讨论的国家政策“用美元进行投票”。梅拉梅德觉得这个想法很好，于是在 1972 年外币期货合约得到商品期货交易委员会的批准并可被用于交易，于是国际货币市场诞生了。1971 年 8 月，布雷顿森林体系解体，美元贬值。不幸的是，在他还没来得及下赌注的时候，尼克松总统就撤回了美国用黄金兑换美元的承诺。

保证金

签订一份远期合约后，不会发生任何货币易手，并且只在合约到期日发生现金流转，因此对信用风险的评估非常重要。当购入或售出一份期货合约时，将采取两种不同方法处理信用风险，即“保证金账户”和“逐日盯市”。当购入或售出一份期货合约时，投资者必须将一些资产存入某个**保证金账户**（margin account）以达到**初始保证金**（initial margin）的要求并且保证弥补期货合约中的亏损。

芝加哥商品交易所清算所的结算会员可以用以下方式支付保证金：现金、美国政府债务、纽约证券交易所或美国证券交易所上市的证券（按其 70%的市值）、黄金仓单（按照伦敦证券交易所下午黄金价格的 70%估值）或信用证（其金额至少达到初始保证金）。重要的是，要认识到保证金账户上所存入的资产不是对期货合约的付款。投资者仍然拥有保证金账户内的资产，并且能得到该账户中存款的利息。

由于期货价格不断变化，合约的一方得到利润，而另一方将遭受损失。利润和亏损都逐日记入交易各方的保证金账户，利润存入，亏损则扣除。这就是我们随后将详细说明的**“逐日盯市”**（marking to market）制度。

国际货币市场上每份合约的初始保证金金额范围为＄1 500～＄2 000(见 www. futuresview. com/marginsl. htm)，而通常**维持保证金**（maintenance margins）的金额范围为＄1 000～＄1 500。

维持保证金是账户内最小金额值，以防期货价格发生严重波动从而导致合约一方遭受重大损失。当保证金账户内的保证金下降到最小值时，投资者将接到**追缴保证金通知**（margin call），要求将保证金账户金额追加到初始值水平。

因为保证金是用来控制风险的，它们的数量取决于合约的规模和所涉及货币的波动性。在合约中的货币价值非常相似的情况下，与加拿大元对美元的汇率波动性相比，墨西哥比索对美元的汇率波动性更大，那么比索的原始保证金自然也就更多。Futuresview 的数据（2007 年 3 月 23 日）显示，比索的原始保证金为 $1 875，而加拿大元的保证金仅为 $1 148。

当然，原始保证金最终必须支付给芝加哥商品交易所的清算所。这是通过一个金字塔形结构发生的。清算所处于该金字塔的顶层。投资者（客户）将保证金交给非清算所会员期货佣金商，由非清算所会员期货佣金商将保证金转交给清算所会员期货佣金商，再由清算所会员期货佣金商最终上交给芝加哥商品交易所，并通过期货佣金商清算所会员执行交易。

逐日盯市制度

保证金账户系统和逐日盯市制度结合，以确保这些合约的零售客户和公司客户不会给期货经纪商以及证券交易所的清算所带来较大的信用风险。为了更好地理解这一制度，我们将以一份欧元期货合约为例。假定每份合约的交易单位为 125 000 欧元。

假设现在是 9 月份，你买了一份 12 月到期的欧元期货合约。购入该合约意味着你“买入了 12 月多头欧元期货”，并且它意味着如果欧元相对于美元增值，那么你将获得利润。相反地，如果欧元相对于美元贬值，那么你将遭受损失。你在你的经纪人那里下购买订单，并且这个订单在期货交易所得到处理，该订单的价格和另一个交易者所乐于出售的同一份合约的价格相等。这个交易者可能是以自己的账户出售，也可能是代表具有 12 月空头欧元期货的某人下订单。

合约的收益与损失是如何随时间而变化的，以及是如何影响保证金账户的？图表 20.1 给出了一个为期 7 天的例子。假设你的交易是在 9 月 16 日成交，该 12 月合约当天最后交易的**结算价格**（settle price）或最后的期货交易价格是 $1.332 1/€。当你购买这份 12 月欧元合约时，你必须往你的保证金账户存入初始保证金，假设金额为 $2 000。出售欧元合约给你的人同样必须向他的保证金账户存入 $2 000。我们假定维持保证金是 $1 500，换言之，如果你的保证金账户金额因为你的期货损失而减少超过 $500，将要求你将保证金账户内的余额恢复到最初的 $2 000。

图表 20.1　　期货市场中的逐日盯市结算的例子

天数	期货价格（$/€）	期货价格的变动（$/€）	损益（$）	累计损益（$）	保证金账户（$）
t	1.332 1	0	0		2 000.00
$t+1$	1.331 5	−0.000 6	−75.00	−75.00	1 925.00
$t+2$	1.330 4	−0.001 1	−137.50	−212.50	1 787.50
$t+3$	1.328 8	−0.001 6	−200.00	−412.50	1 587.50
$t+4$	1.326 4	−0.002 4	−300.00	−712.50	2 000.00
$t+5$	1.329 6	+0.003 2	+400.00	−312.50	2 400.00
$t+6$	1.330 1	+0.000 5	+62.50	−250.00	2 462.50

注：期货价格一栏列出了期货市场中的每日结算价格。假定欧元合约的合约规模为 125 000 欧元。初始保证金为 $2 000.00，并且维持保证金为 $1 500。损益就是期货价格的变化值（$/€）乘以合约规模所得的值。累计损益就是每日损益的总和。

假如在 9 月 17 日，12 月欧洲期货合约的美元价格下降了 $0.000 6/€，为 $1.331 5/€。这是该合约最新日结算价格，并且它影响了你的保证金账户中的余额。由于在欧元合约中你是多头，且欧元的期货价格下降，就必须从你的保证金账户中扣除保证金。相反，出售该12月期货合约的人——欧元空头——则盈利。要从你的保证金账户中取出多少钱放入出售欧元的人的保证金账户中？答案就是结算价格的变化值乘以合约的规模所得出的数字：

(＄0.000 6/€)×€ 125 000＝＄75

每日进行此项操作，直到合约到期日为止。图表 20.1 表明，如果欧元期货价格在第$t+4$天降到＄1.326 4/€，你的累计损失将达到＄712.50。由于累计损失导致你的保证金账户不足＄1 500的维持保证金，你的经纪人将向你发出追缴保证金通知，要求必须增加你的保证金账户金额，以恢复到初始保证金＄2 000。图表 20.1 还表明，如果 12 月期货价格在成交后第$t+5$天和第$t+6$天上涨，你的保证金账户中的金额将增多。这些资金要么如图表 20.1 所示的那样存入你的账户，要么被你取出，仅留下初始保证金（＄2 000）。

在期货合约的最后一个交易日，在交割之前的两个交易日，通过套利行为确保了合约到期日的期货价格等于那一天的即期汇率。这是因为在两个交易日内可以以美元对欧元的期货价格和现货价格两种不同的价格交割。因此，如果在 12 月的第 3 个星期一，现货价格是＄1.342 1/€，则期货价格将提高：

＄1.342 1/€－ ＄1.332 1/€＝＄0.010 0/€

你将获得的利润为：

(＄0.010 0/€)×€ 125 000＝＄1 250

当然，因为你得到了增加的＄1 250，实际上它的价值比这个金额要稍微多些，因为你将得到利润所带来的利息。

逐日盯市制度指的是签订一份期货合约可以被认为是就合约价格的变化方向下一系列赌注，而不是直接对外币做出期货购入。这是一种精确的描述，因为所有的收益和损失是按日结算的。每天你都要面对多头或空头的选择——这被称做你的**未平仓合约**（open interest），或通过采取相反的头寸来结束这场赌局。如果你买入一份合约并且出售一份到期日相同的合约，清算所仅仅将你的头寸清零。大部分期货合约都采取平仓处理的结算方式。

期货合约的定价

因为远期和期货合约两者都可以以现在已知的汇率在将来某一特定时间购入或出售外币，你可能认为二者的价格应该是相同的。然而，由于远期合约在到期日之前不要求资金的流动，而期货合约采用逐日盯市制度，每日都有资金流动，所以从理论上来讲这两种价格稍有不同。

远期合约的收益

让我们用符号来说明远期合约和期货合约的收益型态。$F(t)$ 表示 t 时间外币的期货价格。那么，在到期日（T 时间）每单位外币的报酬取决于将来的即期汇率 $S(T)$。如果买入远期外币合约，则收益等于：

$$S(T)-F(t)$$

如果 $S(T)>F(t)$，则盈利；如果 $S(T)<F(t)$，则亏损。

期货合约的收益

假设在 t 时间以期货价格 $f(t)$ 购入一份外币期货合约，并且你持有该合约直到到期日，T 时间同样表示该远期合约的到期日。由于收益是根据逐日盯市制度结算慢慢累计得到的，每单位的收益为：

第 $t+1$ 天：$f(t+1)-f(t)$

第 $t+2$ 天：$f(t+2)-f(t+1)$

第 $t+3$ 天：$f(t+3)-f(t+2)$

$\vdots$

第 T 天：$f(T)-f(T-1)$

如果忽略该货币的时间价值并把所有的现金流量做一合计，那么总收益为：

$$[f(t+1)-f(t)]+[f(t+2)-f(t+1)]+[f(t+3)-f(t+2)]+\cdots$$
$$+[f(T)-f(T-1)]=f(T)-f(t)$$

此公式中消去了中间相同的期货价格。由于套利使得到期日的期货价格 $f(T)$ 和当天的即期汇率 $S(T)$ 一样，期货合约的报酬实际上和远期合约的收益相同。

为什么期货合约不同于远期合约?

期货合约与远期合约的收益仅仅在本质上一样，两者之间仍存在着微小的差别。因为在期货合约中，我们在获得利润的同时还获得了利息，而在遭受损失时同样也将失去利息。从技术上来说，如果可以预见短期利率的变化方向，也就是说，如果未来短期利率的变化中没有随机的成分，如果远期汇率不同于期货价格，那么就会存在套利交易的可能，因为你知道你可以如何投资盈利或弥补损失。然而，未来的利率是不可确知的，因此理论上远期价格和期货价格是不同的，尽管在实际操作中，两者差值很小，并且它们似乎不会超过期货市场的交易费用。因此，我们认为期货价格和远期价格本质上是相同的，我们不再深入研究期货合约如何估值。

《华尔街日报》的期货报价

了解了期货市场如何运行之后，让我们研究一下图表 20.2。图表 20.2 是关于某日《华尔街日报》上的国际货币期货市场的一个例子。图表中的信息显示了自 2004 年 12 月 1 日以来的交易情况，以及第一笔交易，即 12 月欧元合约的当日**开盘价格**（open price）为＄1.328 6/€。

在那天，交易价格曾经高达＄1.333 8/€，也曾经低到 ＄1.327 6/€。在交易日结束时，结算价格为 ＄1.332 1/€。该结算价格经常代表最后的交易价格。但是如果那个价格失去时效（意思是指最后交易稍早的价格），将由交易池中的 IMM 授权的交易商一致同意而设立结算价格。由于这种机构特点，实际的结算价格或许会比每日最高交易价格高或比最低交易价格低。图表 20.2 中标注“当日与前日结算之差”的一栏表示新的结算价格比前一天的结算价格高＄0.002 9/€。

接下来两栏表示这份合约开始交易后的历史最高和最低价格分别为＄1.333 8/€和＄1.073 5/€。最后一栏表示未清偿的未平仓合约，为 225 736 份。该未平仓合约就是未清偿的单边买或卖的合约数量。请注意最大的未平仓数在距到期日最近的合约数中。在该合约进入到期月之前，一般都会保持这种状态。而在该合约进入到期月后，交易活动转到下一个距到期日最近的合约中。最后，该图表反映了当天大约交易了 108 109 份欧元期货合约。交易总量为：

€125 000/合约× 108 109 份合约＝€132.6 亿

图表 20.2　　期货报价（《华尔街日报》，2004 年 12 月 2 日）

货币期货

	开盘价	最高价	最低价	结算	当日与前日结算之差	历史最高价	历史最低价	未平仓量
日元（芝加哥商品交易所）——12 500 000 日元；美元/100 日元								
12 月	0.971 4	0.975 2	0.971 3	0.974 3	0.002 2	0.979 5	0.880 0	193 872
2005 年 3 月	0.980 5	0.981 1	0.977 5	0.980 4	0.002 2	0.985 0	0.887 3	2 954
预计成交量：15 189；星期二实际成交量：36 917；未平仓量：296 960，＋2 589								
加元（芝加哥商品交易所）——100 000 加元；美元/加元								
12 月	0.842 1	0.846 7	0.838 6	0.844 5	0.001 6	0.853 0	0.694 0	95 667
2005 年 3 月	0.842 0	0.846 3	0.838 2	0.844 2	0.001 6	0.852 6	0.715 0	7 074
6 月	0.844 2	0.845 1	0.839 8	0.844 5	0.001 6	0.849 5	0.715 0	2 066
9 月	0.844 7	0.844 7	0.843 5	0.845 2	0.001 6	0.849 0	0.716 0	732
12 月	0.844 5	0.845 5	0.841 5	0.846 1	0.001 6	0.851 5	0.748 0	353
预计成交量：27 913；星期二实际成交量：30 936；未平仓量：105 893，＋222								
英镑（芝加哥商品交易所）——62 500 英镑；美元/英镑								
12 月	1.907 5	1.932 0	1.907 5	1.931 5	0.022 5	1.932 0	1.685 0	84 963
预计成交量：30 973；星期二实际成交量：34 608；未平仓量：88 044，＋60								
瑞士法郎（芝加哥商品交易所）——125 000 瑞士法郎；美元/瑞士法郎								
12 月	0.877 5	0.881 2	0.873 5	0.876 7	−0.001 5	0.883 3	0.726 4	73 241
预计成交量：22 083；星期二实际成交量：16 875；未平仓量：75 035，＋795								
澳元（芝加哥商品交易所）——100 000 澳元；美元/澳元								
12 月	0.772 3	0.778 3	0.768 8	0.774 9	0.002 8	0.793 8	0.615 0	69 742
2005 年 3 月	0.767 4	0.773 1	0.763 0	0.769 4	0.002 8	0.787 9	0.640 0	3 067
预计成交量：12 357；星期二实际成交量：24 014；未平仓量：73 359，＋54								
墨西哥比索（芝加哥商品交易所）——500 000 墨西哥比索；美元/墨西哥比索								
12 月	0.089 00	0.089 55	0.088 72	0.089 47	0.000 72	0.089 55	0.082 70	90 439
2005 年 3 月	0.087 90	0.088 25	0.087 17	0.088 10	0.000 72	0.088 25	0.082 00	5 346
6 月	0.086 37	0.086 85	0.086 35	0.086 67	0.000 72	0.086 85	0.081 60	536
预计成交量：14 803；星期二实际成交量：10 984；未平仓量：96 439，＋3 024								
欧元对美元（芝加哥商品交易所）——125 000 欧元；美元/欧元								
12 月	1.328 6	1.333 8	1.327 6	1.332 1	0.002 9	1.333 8	1.073 5	225 736
2005 年 3 月	1.330 1	1.334 5	1.328 7	1.333 1	0.002 9	1.334 5	1.136 3	6 793
6 月	1.332 0	1.335 2	1.331 7	1.335 2	0.002 9	1.335 2	1.175 0	441
预计成交量：108 109；星期二实际成交量：114 578；未平仓量：233.254，−1 340								
欧元对美元（纽约商品交易所）——200 000 欧元；美元/欧元								
12 月	…	…	…	1.332 4	0.003 0	1.331 8	1.203 7	696
预计成交量：304；星期二实际成交量：472；未平仓量：696，＋95								
欧元对日元（纽约商品交易所）——100 000 欧元；日元/欧元								
12 月	136.73	136.94	136.73	136.69	−0.04	138.02	131.37	9 110
预计成交量：1 731；星期二实际成交量：853；未平仓量：11 604，＋276								
欧元对英镑（纽约商品交易所）——100 000 欧元；英镑/欧元								
12 月	0.693 1	0.693 1	0.690 3	0.689 7	−0.006 5	0.704 3	0.682 4	14 217
预计成交量：2 994；星期二实际成交量：3 586；未平仓量：14 276，−541								

针锋相对

一份墨西哥比索期货合约

除了交易世界主要货币的期货合约之外，现在国际货币市场上对新兴市场货币的交易也相当多。其中墨西哥比索期货是第一种新兴市场货币期货。它是于 1995 年 4 月开始交易的。

当时，交易墨西哥比索的期货合约是相当需要勇气的举动。当时墨西哥刚遭遇了一场严重的货币危机，并且美国财政部部长拉里·萨默斯（Larry Summers）认为引入墨西哥比索期货是不明智的，因为货币投机者将更容易将赌注下在墨西哥比索贬值上。而且，当开展比索期货合约计划时，人们看到芝加哥商品交易所常用的交付步骤和墨西哥采用的资本管制制度发生了冲突。

此外，芝加哥商品交易所希望墨西哥政府参与到缔结比索期货合约的过程中来。幸运的是，当时任墨西哥财政部长的是美国斯坦福大学毕业的经济学家吉列尔莫·奥特兹（Guillermo Ortiz），他计划重塑人们对墨西哥政府和经济的信心，并制定更多具有市场导向性的政策，他认为芝加哥商品交易所对墨西哥比索期货合约的引入非常适合他的计划。他认为一份有效的期货合约将极大地有益于美国和墨西哥之间的国际贸易。因为它将便于进行套期保值，并且他认为这将不会引起过大的汇率波动。事实上，奥特兹决定解除对墨西哥的资本管制，使在 1995 年 4 月开始交易墨西哥比索合约时，芝加哥商品交易所可以使用它惯常的货币期货交付步骤。

结果证明这是一个很好的决定。它有助于合约取得成功，因为比起主要货币来说，在墨西哥比索期货合约中，货币的实际交付更为常用。也就是说，这种合约的使用者大多是出口商和进口商，它们想要实际的货币交付。

对芝加哥商品交易所来说，这是新兴市场的开始。现在这个市场不仅有墨西哥比索合约，而且还有巴西雷亚尔、俄罗斯卢布、三种东欧货币（捷克克朗、匈牙利的福林和波兰兹罗提都可与美元或欧元兑换）、人民币、韩元、以色列谢克尔和南非兰特合约。

20.2 通过期货来避免交易风险

本节研究期货合约在避免交易风险方面的应用。我们将在以下案例中对此进行说明。

Nancy Foods 公司的套期保值

假设现在是 2 月中旬，一家美国公司 Nancy Foods 公司刚签订合约要向一家德国公司 Kühlerkuchen 出售冷冻乳蛋饼。Nancy Foods 公司将在 3 月中旬收到€ 250 000 并且正在考虑通过期货合约避免风险。

套期保值决定

首先，由于国际货币市场的合约规模为€ 125 000，因此 Nancy Foods 公司将使用两份合约。其次，Nancy Foods 公司必须确定它是否想要购买或出售这些期货合约。因为它有一笔€ 250 000 的应收账款，该应收账款为欧元资产。如果欧元相对于美元贬值，那么食品公司将遭受损失，因为到时候欧元应收账款只能买到较少的美元。如果欧元相对于美元升值，那么公司将获利。因此，为了避免风险，Nancy Foods 公司必须签订期货合约。在欧元相对于美元贬值时，该合约将获利，而在欧元相对于美元升值时，将亏损。也就是说，Nancy Foods 公司通过获得一笔欧元债务来避险。这份债务的金额相当于基础应收账款的金额。

如果 Nancy Foods 公司出售两份欧元期货合约，今天确定了一个出售欧元买入美元的价格（$/€）。如果欧元贬值，该公司将从期货头寸中获利，因为此时能够在现货市场以更低的美元价格购入欧元并且以较高的期货合约价格出售欧元。如果欧元增值，该公司将在该期货合约上遭受损失，因为在现货市场上欧元对美元价格将上涨，Nancy Foods 公司将必须高价购入欧元并将其低价卖出。

请注意，如果应收账款的到期日是 3 月的第三个星期三，基础应收账款的欧元资产的到期日和 Nancy Foods 公司出售期货合约的欧元债务到期日时间相同。因此，该公司将得到有效的对冲避险。

数值实例

为了具体说明这个问题，我们假定出现了下列汇率：

	即期汇率	期货价格（3 月合约）
2 月	$1.24/€	$1.23/€
3 月	$1.35/€	$1.35/€

3 月期货价格与即期汇率一致，因为两者都是在 3 月的第三个星期三的值。

假定 30 天的欧元年利率是 3%，并且在 30 天内支付应收账款，那么€ 250 000 的现值为：

$$\frac{€\,250\,000}{1+0.03\times\dfrac{30}{360}}=€\,249.377$$

因此，在 2 月期货合约交易时应收欧元的值为：

€ 249 377×即期汇率=€ 249 377×$1.24/€=$309 227

然而，Nancy Foods 公司将受到欧元贬值的影响，因为它在从现在开始一个月之后，即在 3 月份就会收到欧元。因此，为了避免欧元贬值带来的损失，该公司以$1.23/€的期货价格出售两份期货合约。最后的现金流量是多少？

首先，当 Nancy Foods 公司 3 月在现货市场出售欧元应收账款时，现金流量为：

€ 250 000×$1.35/€=$337 500

其次，因为 Nancy Foods 公司在期货市场建立空头头寸，并且欧元相对于美元增值，该期货合约将遭受损失。那么该期货合约的现金流量为 2 月与 3 月期货价格之差乘以合约数额的值：

[($1.23/€)−($1.35/€)]×€ 250 000=−$30 000

欧元应收账款的现金流量与期货合约的损失之和为总的现金流量：

$337 500 −$30 000=$307 500

Nancy Foods 公司出售欧元应收账款的实际汇率为：

$307 500/€ 250 000=$1.23/€

因此，通过期货市场上的交易，Nancy Foods 公司有效地锁定了原始的期货价格。

期货套期保值中的潜在问题

在使用期货合约避免交易风险方面存在两个明显的问题。第一个问题是，期货合约只以标准化的规模出售（在我们上述例子中为€ 125 000）。因此，如果需要对该标准规模倍数以外的某个金额进行保值，某些风险将无法得到保障。第二个问题是由相对短的交付日期所引起的。如果你的外币资产或债务的到期日和期货市场中的清算日存在冲突，该交易发生时的即期汇率和该外汇的期货价格具有几分不确定性。

基差风险

为了能够完美避险，实现完全的套期保值，该期货合约的价格应该和即期汇率同步变化。那么，基础交易中的买入外币可以通过卖空对应的期货合约来进行套期保值。如果套期保值并不如预想的完美，该套期保值被认为遭受着**基差风险**（basis risk）。基差指的是 t 时刻的现货价格 $S(t)$ 与 t 时刻的期货价格 $f(t,T)$ 之差。对于到期日 T，

$$基差=现货价格-期货价格=S(t)-f(t,T)$$

通常我们谈论的是单一到期日，因此我们将略去标记 T。

为了理解基差如何影响套期保值的质量，我们将货币的时间价值忽略不计（因为到期日很短），但要考虑买入一单位外币并卖出一单位该外币的期货合约这一投资组合的价值 $V(t)$：

$$V(t)=S(t)-f(t)$$

这和基差是相同的！为什么在套期保值中这种投资组合很重要呢？直观地来看，它反映了一个应收账款（一种未来的货币资产）与为保值而设立的期货头寸（外币债务）的联合值。

让我们通过图表 20.3 的数据具体看看这种值是如何随时间而变化的。起初，每单位外币应收账款的值为 $S(t)$，也就是即期汇率的值。问题是只能在 T 时刻以未知的汇率 $S(T)$ 出售该应收账款。$S(T)-S(t)$ 间这种不确定的价值变化代表了外汇交易风险。图表 20.3 中的第二列显示了应收账款的值是如何随即期汇率变化的。当你利用期货市场对外币进行套期保值时，你出售该外币期货。起初，期货合约没有价值，但是在第二天，现金流量开始流入（或流出）你的保证金账户。我们在第三列记录了累计现金流量。第四列反映了套期头寸的值：应收账款与在期货市场中赚得或损失的现金流量之和。很容易看出套期头寸等于交易时的期货价格加上基差。因此，为了确保确实锁定了未来汇率，到期日的基差必须为零。

图表 20.3　　通过期货对应收账款进行套期保值

时间	应收账款的值	期货套期保值的累计值（空头头寸）	套期头寸
t	$S(t)$	0	$S(t)$
$t+1$	$S(t+1)$	$f(t)-f(t+1)$	$f(t)+[S(t+1)-f(t+1)]$
$t+2$	$S(t+2)$	$[f(t+1)-f(t+2)]+[f(t)-f(t+1)]$ $=f(t)-f(t+2)$	$f(t)+[S(t+2)-f(t+2)]$
⋮		⋮	⋮
T	$S(T)$	$f(t)-f(T)$	$f(t)+[S(T)-f(T)]$

注：套期头寸反映了前两列的总和。

假定我们持有该合约直到到期日。在这种情况下，期货价格趋于即期汇率；也就是说，到期日基差为零。那么，图表 20.3 显示套期头寸的值为 $f(t)$；你以期货价格售出应收账款。如果应

收账款的到期日和期货合约的到期日不一致，当结算该期货合约时，基差不等于零，并且会有基差风险。请注意在时间 t 和时间 T 之间套期头寸的值已经发生了如下变化：

$$f(t)+[S(T)-f(T)]-S(t)=[S(T)-f(T)]-[S(t)-f(t)]=V(T)-V(t)$$

因此，套期头寸的价值变化等于我们之前建立的买空—卖空投资组合的值的变化。同时，它等于时间 t 和时间 T 之间的基差变化。如果到期日的基差为零，这种价值变化在时间 t 时就能完全得到了解。虽然基差风险一般比未采取避险措施的期货风险小得多，但仍然存在相当大的风险。风险管理者往往使用定量技术找出减轻基差风险的最佳方法，但是这些技术不在本书的讨论范围之内。

例 20.1 一笔欧元应收账款和基差风险

让我们回到前面讲过的情况，Nancy Foods 公司签订合约向德国销售蛋乳饼，从而产生了一笔€ 250 000 的应收账款。这时候，假定合约是 1 月份签订的，并且预定 3 月上旬付款。现在，蛋乳饼的交付日期与期货合约的到期日不一致，并且 Nancy Foods 公司因此而面临基差风险。我们假定出现下列汇率：

	即期汇率	期货价格（3 月合约）
1 月	$1.21/€	$1.22/€
3 月	$1.33/€	$1.325/€

因此，在签订合约时，应收欧元金额为：

€ 250 000×即期汇率=€ 250 000×$1.21/€=$302 500

然而，Nancy Foods 公司收到欧元的时间在 3 月，离现在不到 2 个月。因此，为了使其自身避免欧元贬值带来的风险，Nancy Foods 以 $1.22/€的期货价格出售两份期货合约。现在最后的现金流量是多少？首先，Nancy Foods 在现货市场出售欧元应收账款，得到：

€ 250 000×$1.33/€=$332 500

其次，该期货合约将遭受经济损失，因为欧元增值，并且 Nancy Foods 在期货市场建立了卖空头寸。总的现金流量将为：

[($1.22/€) − ($1.325/€)]×€ 250 000=−$26 250

因此，最终欧元应收账款与期货合约上的损失之和为：

$332 500 − $26 250=$306 250

Nancy Foods 公司出售欧元应收账款的有效汇率为：

$306 250/€ 250 000=$1.225/€

由于基差风险，这个汇率并不等于期货利率 $1.22/€，而是与期货利率相差 $0.005/€。这个差额准确地反映了平仓处理期货合约时的基差（即期汇率−期货利率=$1.33/€−$1.325/€），以及在现货市场出售欧元应收账款得到的美元。在这个案例中，基差风险对于 Nancy Foods 公司的现金流有积极作用。如图表 20.3 所示：

有效汇率=期货利率+基差

$1.225/€=$1.22/€+[$1.33/€−$1.325/€]

我们可以发现，由于欧元升值，公司拥有的也是欧元应收账款，Nancy Foods公司的境况将变好而无须进行对冲避险。如果Nancy Foods公司想要完全保值，选择期货市场是最佳的，即使存在基差风险。

在第20.3节，我们将讨论期权合约如何帮助公司避免风险，并在汇率变动过程中保持盈利。但是在此之前，我们先要看看Ante和Freedy兄弟是怎么做的。

针锋相对

关于好啤酒和克朗的故事

Ante，Freedy，Suttle和他们声名显赫的叔叔Fred在位于纽约查帕阔的Fred叔叔的住宅举行了家族聚会。Fred是个进出口贸易商。

Fred叔叔最近遇到了一些国际金融问题，他想听听他这几个侄子对于这些问题的见解。于是晚餐后，他将他们都叫到私家吧台，说是有东西给他们看。

Fred叔叔从一个精美的瓶中倒出一杯看起来特别清澈的啤酒，然后大声嚷道："亲爱的，喝喝看!"

"这是什么啤酒？味道好极了!"Ante问道。

"这是比尔森啤酒，纯正的捷克拉格啤酒。"Fred叔叔解释道。"这是严格按照啤酒纯净法酿造的，只使用啤酒花、酵母和水。这和那些在美国使用化学方法生产的啤酒完全不同。那些啤酒添加了二氧化碳和劣质水。这么好的啤酒可能很快会在美国销售，我希望能够进口这种啤酒！我已经向捷克啤酒厂投标了进口许可证，如果不出意外的话，第一批货将在6个月后抵达。"

"这是好消息啊，叔叔!"Freedy喊道。

"唉，是很好，但是也存在很多问题。"Fred叔叔叹息道。"我还没有把握赢得竞标，捷克啤酒厂需要一个月来考虑投标结果。除此之外，他们坚持要用捷克克朗支付。从现在起6个月我将可能会背负巨大的克朗债务，我非常担心外汇风险。我希望你们能给我点意见。我如何才能做到外汇风险保值？按现在的汇率计算的话，我的保证金还不是很多，但是我不能再支付更多的啤酒费用。最严重的是，美元现在疲软，而且银行也不愿意和我签订克朗远期合约。它们认为我的信贷限额已满。"

Ante说："不会有风险的！现在捷克共和国已经是欧盟成员国，而且不久也将采用欧元。由于捷克仍是个新兴市场，很可能有通货膨胀的压力，我估计在采用欧元作为其正式货币之前的一段时间，克朗将会大大贬值。如果发生这种情况，若美元与欧元汇率稳定，你就不会有债务了。"

"不可能的，叔叔！别冒那个险!"Freedy打断Ante说。"如果克朗随着欧元对美元的汇率而波动，相反的情况就会发生。而且，当人们预计克朗会加入欧洲货币制度时便会大量存储克朗，相对于欧元和美元，克朗可能会增值。现在美元疲软，持有克朗就会很危险。是我的话，我会使用期货市场避险。国际货币市场已经推出了克朗期货合约，所以你可以参与克朗期货。如果克朗增值，支付货款将花费你很多美元，但是在期货市场你可以赚钱弥补付款上的美元损失。"

"听起来很有趣。"Fred叔叔沉思自问，"嗯，Suttle，你是怎么想的?"

Suttle不情愿地放下手中的比尔森啤酒，说道："我认为克朗确实会像Ante所说的那样贬值，但是我听说捷克现在的经济状况良好，货币也很稳定。实际上，捷克中央银行已经全面实施了一种现代货币政策，近期的通货膨胀率已低于欧盟，因此克朗对欧元升值的风险是真的，而欧元对美元升值也是真的。鉴于这些风险和低利润率，采取一些保值措施是相当正确的。然而，这必须由叔叔你自己决定。你有多少把握可以赢得竞标？如果你采用克朗多头头寸，且没有达成交易，当克朗贬值时，你就会遭受亏损。我觉得你可以看看期权。既然你需要买入克朗，为什么不买个克朗看涨期权呢？虽然需要支付一点保证金，但是可以保值，而且一旦克朗贬值，你仍可以从较低的付款里得到利润。如果没有达成交易，你最大的损失也只不过是期权费，并且期权交易是在国际货币市场交易的。”

这时Ante倒抽了一口气，惊讶地说道：“期权？我正要为国际金融的考试而学习它呢。太复杂了！”

Fred叔叔只是笑了笑，然后又倒了杯比尔森啤酒。他已经知道该怎么做了。

20.3 外币期权合约基础

外币期权合约（foreign currency option contract）授予买方以规定的汇率买入或卖出特定数额的某种货币的某种权利而不是义务。外汇期权通过货币中央银行和有组织的证券交易所进行交易。1982年美国费城股票交易所出现了外汇期权交易，该交易所曾经是世界最活跃的货币期权市场。如今，美国**费城证券交易所**（Philadelphia Stock Exchange，PHLX）已不如以前，大量的外汇期权交易额流入其他交易场所，尤其是场外交易市场。

期权基本术语

期权的两种基本类型是看涨期权和看跌期权。

外币看涨期权（foreign currency call option），指期权的买方按合约规定的汇率用本国货币买入特定数量的某种外国货币，外汇期权合约授予买方一种买的权利而不是一种义务。**外币看跌期权**（foreign currency put option），指期权的买方按合约规定的汇率出售特定数量的某种外国货币以换取本国货币，外汇期权合约授予买方一种卖的权利而不是一种义务。由于期权的买方从卖方那里得到交易的权利，因此买方必须向卖方支付一定的期权价格。外汇市场参与者将期权价格又称为**期权费**（option premium）。期权的卖方也称为立权人。

欧式期权与美式期权

与外汇期货相同，外汇期权有一个有效期限或到期日。若期权买方在期权合约规定的期限内参与交易，则买方行使了期权。若期权买方在有效期内没有行使其期权，则该期权将失效。**欧式期权**（European option）是期权合约的买方只有在合约到期日才能按履约价格决定是否行使的一种期权。**美式期权**（American option）是指期权买方可以在购买日至到期日之间随时决定是否行使权利的一种期权。若买方在到期日前行使美式期权，则称为**提前履约**（early exercise）。[①]

协议价格与内在价值

协议价格（strike price），又称**执行价格**（exercise price），指期权合约中约定的价格（汇率）。在期权市场中，投资者通常会将合约的协议价格与当前市场的即期汇率相比较。如果权利持有者（买方）立即执行期权可获得收益，或即使不执行期权也可获得收益，则该期权称为价内期权。如

① 注意，以上术语描述的欧式期权和美式期权的执行时间与期权的交易地点或汇率的报价无关。这些术语只描述买方在到期日前能否执行期权，欧式期权在到期日前不可以行权，而美式期权则可以。

果买方执行期权却无法得到收益，则该期权称为价外期权。协议价格等于目前市场价格（汇率）的期权称为平价期权。场内期权交易的期权买方可以像场内期货合约交易那样采用对冲的方法在到期日前结束交易。也就是说，期权的买方可以在场内出售期权合约。

期权的**内在价值**（intrinsic value）是指期权持有者立即执行期权获得的利润。每单位外国货币期权的内在价值表示如下：

看涨期权的内在价值：$\max[S-K, 0]$

看跌期权的内在价值：$\max[K-S, 0]$

其中，K 表示协议价格，S 表示目前的即期汇率，价格的表示方法都是以单位外国货币表示的若干本国货币。Max 指取括号中两个数字的最大值。例如，当即期汇率小于协议价格（$S<K$）时，看涨期权的内在价值为 0。

我们已经了解了一些期权术语，下面我们来看一些具体的例子。

例 20.2 “买入欧元、卖出美元”的看涨期权

欧元对美元的欧式看涨期权赋予了买方以规定的汇率购买约定数额欧元的权利而不是义务，如购买 1 000 000 欧元，规定汇率为 \$1.20/€。当欧元对美元的即期汇率高于执行价格（如 \$1.20/€）时，期权买方可执行期权，以较低的合约价格购买欧元。在执行期权时，买方向卖方支付费用，即：

(\$1.20/€)×€1 000 000＝\$1 200 000

卖方将 1 000 000 欧元交给买方。之后买方可以在现货市场以市场即期汇率 S（\$/€）出售这些欧元，从而得到美元收益，即：

S(\$/€)×€1 000 000

因此，期权买方得到的美元净收入等于市场现货即期价格与执行价格之差乘以合约数量。如果即期汇率为 \$1.25/€，交易量为 1 000 000 欧元，行使欧式看涨期权得到的美元净收入为：

[(\$1.25/€)－(\$1.20/€)]×€1 000 000＝\$50 000

注意，这是执行期权时的内在价值，$\max[S-K, 0]$，乘以合约容量。\$50 000 只是执行期权得到的收益，并不是期权买方得到的利润，因为这个收益还没扣除购买期权的费用（即买方刚开始支付的期权费）。

值得注意的还有，以 \$1.20/€的汇率买入 1 000 000 欧元的期权等于出售 1 200 000 美元得到 1 000 000 欧元的期权。这种期权可以描述为“卖出美元、买入欧元”的看跌期权，即合约容量为 \$1 200 000，协议价格为：

€1 000 000/\$1 200 000＝1/(\$1.20/€)＝€0.833 3/\$

这两种期权是一样的，只是描述不同。期权的买方可以提前平仓处理得到卖方支付的 50 000 美元，而不是交付 1 000 000 欧元后再在现货市场出售这些欧元。很多期权合约都是以这种方式终止的。

例 20.3 “卖出日元、买入英镑”的看跌期权

欧式期权合约中的“卖出日元、买入英镑”期权赋予了买方在到期日向卖方出售约定数额（如 ¥100 000 000）的日元兑换英镑的权利，而不是一种义务。该交易以合约规定汇率，即

£0.649 4/¥100进行。如果在执行日即期汇率小于协议价格，期权的买方可以以较高的合约价格出售100 000 000日元。在执行期权时，买方向卖方交付100 000 000日元，卖方必须支付649 400英镑，即：

$$(£0.6494/¥100)\times¥100\,000\,000=£649\,400$$

假设到期日的即期汇率为£0.600 0/¥100，比协议价格低，那么期权的买方可以在即期外汇市场花600 000英镑购买100 000 000日元，然后再将这些日元卖给看跌期权的卖方。期权买方出售日元得到的英镑利润等于协议价格£0.649 4/¥100与现货即期价格£0.600 0/¥100之差乘以合约数额¥100 000 000，即：

$$[(£0.6494/¥100)-(£0.6000/¥100)]\times¥100\,000\,000=£49\,400$$

这相当于到期日期权合约的内在价值乘以合约容量，即收益$=\max[K-S,0]\times$合约容量。这也只是行使期权合约得到的收益，而并不是期权买方的利润，因为这个收益还没有扣除看跌期权的费用（即买方刚开始支付的期权费）。

以£0.649 4/¥100的汇率卖出100 000 000日元的期权与以¥153.99/£的汇率购买649 400英镑的期权相同。英镑对日元汇率的换算如下：

$$¥100\,000\,000/£649\,400=1/(£0.6494/¥100)=¥153.99/£$$

后者是一个"买入英镑、卖出日元"的看涨期权。

期权交易

大多数期权交易都是由银行通过银行同业外汇市场或是场外交易与客户进行交易的。也就是说，期权交易是在一个经销网络上操作，并不会在任何中央交易所显示。典型的场外期权采用了欧洲执行公约。在场外交易市场中，根据场外交易客户的合理要求，银行对合约的要素与报价进行匹配，如期权的类型、协议价格、到期日或期权方面的其他特性，以满足客户的不同需要。场外期权交易的交易量通常远远大于场内交易期权，并涵盖更多的货币种类。

行使场外交易期权产生的现金流量是通过发布执行通知两个交易日后交换相关货币金额获得，或是通过现金结算。在后一种情况中，当期权为价内期权时，该期权产生的收益就是期权的卖方支付买方的收益。

与期货合约一样，期权合约同样存在一些交易对手风险，涉及银行交易员和公司财务。银行通过对特定客户设立最大风险限额控制交易对手风险，同时公司财务必须意识到与特定银行的交易风险。

美国费城证券交易所的外汇期权交易

美国费城证券交易所主要从事兑换美元的货币即期期权交易。合约交易金额不等，分别为：50 000澳元、31 250英镑、50 000加元、62 500欧元、6 250 000日元和62 500瑞士法郎。合约到期月份为3月、6月、9月和12月再加上最近的两个月。最后交易日为到期月份的第三个星期三之前的星期五，因为合约结算日是到期月份的第三个星期三。主要采用的是美式期权合约，也有一些欧式期权合约。期权报价方式是每单位外币若干美分（美分/外币），日元除外，日元的期权报价方式为美分的百分之一/日元。费城证券交易所拥有期权清算公司，用作期权交易的官方票据交换所。该期权清算公司也用于其他交易所清算期权交易，如芝加哥期权交易所。这是因为近年来费城证券交易所的交易量有所下降。这里我们只提供一个报价例子。

例 20.4 “买入英镑、卖出美元”的看涨期权

2004 年 12 月 6 日，英镑看涨期权的报价为每英镑 1.15 美分，协议价格为 194。该协议价格表示为每英镑若干美分的形式。我们可将其转换为每英镑若干美元，即＄1.94/£，而期权价格为＄0.011 5/£。合约容量为£31 250，那么这个期权的期权费为：

（＄0.011 5/£）×£31 250＝＄359.38

如果买方选择执行期权，那么购买 31 250 英镑的费用为协议价格乘以合约容量，即：

（＄1.94/£）×£31 250＝＄60 625

注意：期权费小于购买费用的 1%：

（＄359.38/＄60 625）×100%＝0.59%

美国芝加哥商品交易所的货币期权

在芝加哥商品交易所，期权的买方具有买入和卖出相应芝加哥外汇期货合约的权利。合约容量和到期月份遵循国际货币市场的期货合约要求。最后交易日为合约到期月份的第三个星期三之前的星期五。图表 20.4 是《华尔街日报》上刊登的一份期权报价。

图表 20.4

货币						
协议价格	买权价格			卖权价格		
日元（芝加哥商品交易所）						
12 500 000 日元；美分/100 日元						
价格	12 月	1 月	2 月	12 月	1 月	2 月
9 650	1.07	2.11	…	0.14	0.57	…
9 700	0.70	1.77	2.12	0.27	0.73	1.08
9 750	0.42	1.49	…	0.49	0.95	…
9 800	0.22	1.25	…	0.79	1.21	…
9 850	0.13	…	1.43	…	…	…
9 900	0.08	0.85	1.25	1.65	…	…
当日估计成交量：744						
星期二实际成交量：买入 269，卖出 194						
星期二未平仓合约数：买入 29 896，卖出 18 548						
加拿大元（芝加哥商品交易所）						
100 000 加拿大元；美分/加元						
价格	12 月	1 月	2 月	12 月	1 月	2 月
8 350	1.00	1.52	…	0.05	0.60	…
8 400	0.57	1.21	1.51	0.12	0.79	1.09
8 450	0.26	0.96	…	0.31	…	…
8 500	0.12	0.75	…	0.67	…	…
8 550	0.05	…	…	1.10	…	…
8 600	0.02	0.43	…	…	…	…

续前表

货币						
协议价格		买权价格		卖权价格		
当日估计成交量：898						
星期二实际成交量：买入 296，卖出 513						
星期二未平仓合约数：买入 9 404，卖出 13 799						
英镑（芝加哥商品交易所）						
62 500 英镑；美分/英镑						
价格	12 月	1 月	2 月	12 月	1 月	2 月
1 910	2.31	2.76	…	0.16	1.71	…
1 920	1.53	2.25	…	0.38	2.20	…
1 930	0.85	1.80	2.60	0.70	2.75	…
1 940	0.44	1.43	2.20	…	…	…
1 950	0.20	1.12	…	…	…	…
1 960	0.10	0.86	1.56	…	…	…
当日估计成交量：1 991						
星期二实际成交量：买入 1 683，卖出 817						
星期二未平仓合约数：买入 5 937，卖出 4 177						
协议价格	买权价格			卖权价格		
瑞士法郎（芝加哥商品交易所）						
125 000 法郎；美分/法郎						
价格	12 月	1 月	2 月	12 月	1 月	2 月
8 650	1.27	2.14	…	0.10	0.60	…
8 700	0.86	1.80	…	0.19	0.76	…
8 750	0.50	1.50	…	0.33	0.96	…
8 800	0.29	1.23	…	0.62	1.19	…
8 850	0.16	1.01	…	…	…	…
8 900	0.09	0.82	…	…	…	…
当日估计成交量：192						
星期二实际成交量：买入 156，卖出 15						
星期二未平仓合约数：买入 3 297，卖出 1 796						
欧元外汇（芝加哥商品交易所）						
125 000 欧元；美分/欧元						
价格	12 月	1 月	2 月	12 月	1 月	2 月
13 200	1.35	2.35	…	0.14	1.04	…
13 250	0.96	2.05	…	0.25	1.24	1.82
13 300	0.63	1.77	2.38	0.42	1.46	2.07
13 350	0.38	1.52	…	…	…	…
13 400	0.25	1.30	1.92	1.04	1.99	…
13 450	0.14	…	…	…	…	…
当日估计成交量：8 358						
星期二实际成交量：买入 10 635，卖出 5 884						
星期二未平仓合约数：买入 62 337，卖出 56 857						

《华尔街日报》期权报价

在图表 20.4 的第一行确定了期权合约的相关要素：币种、合约容量和期权费的单位表达方式。例如，英镑的合约容量为£62 500，期权报价为每英镑若干美分。其他币种的报价也是单位外币若干美分。日元除外，日元报价为每 100 日元若干美分。协议价格的报价是不同的，客户应了解目前的期货价格以确保正确释义这些单位货币。大多数货币如欧元都是以每单位 1/100 美分方式报价的，如第一个欧元的协议价格为 13 200，这就相当于$1.32/€的汇率。但是英镑为每英镑 1/100 美分，协议价格为 1 910，也就是$1.91/£的汇率。日元是以每日元 1/1 000 美分报价，协议价格为 9 650，相当于汇率为$0.009 650/¥。

合约价格的每一行都有三个价格：第一列是协议价格，紧接着三列是买权价格，后三列是卖权价格。三列都分别对应着不同的到期月份。12 月的合约与 12 月的期货合约相关。1 月和 2 月的期权称之为分期期权，相关期货合约是 2005 年 3 月合约。当 2 月合约到期时，4 月和 5 月的分期期权将在 2005 年 6 月开始实施。为考察对图表 20.4 中的信息的理解，下面是一个购买日元看跌期权的例子，因为通常日元方面的期权相对较为复杂。

例 20.5　“卖出日元、买入美元”的看跌期权

规定日元的看跌期权的协议价格为 9 800（$0.009 800/¥），到期月份为 12 月，期权价格为每 100 日元 0.79 美分。若将协议价格转换为每日元若干美元的形式，首先得除以 100，将每 100 日元若干美分转化为每日元若干美分，接着再除以 100，将每日元若干美分转化为每日元若干美元。因此，期权价格由 0.79 美分/100 日元转化为每日元 0.007 9 美分，即$0.000 079/¥。这样，期权的买方在交易初期将向卖方支付：

($0.000 079/¥)×¥12 500 000=$987.50

由于该合约是美式期权合约，期权的买方有权但没有义务以$0.009 800/¥的协议价格在期货市场出售 12 500 000 日元或一份期货合约；而卖方必须在 12 月到期日之前按约定的价格购买日元期货合约。

交易所上市的货币权证

到期期限较长的外汇期权称为**货币权证**（currency warrants），通常由大型企业发行，并在交易所进行交易，如美国证券交易所、伦敦证券交易所和澳大利亚证券交易所。货币权证通常是美式期权合约。发行公司主要有：美国电话电报（AT&T）信贷公司、福特汽车信贷公司、高盛投资银行、通用电气信贷公司、麦格理银行、学生贷款公司（学生贷款市场协会）和施乐信贷公司。到期日往往超过一年。

无法参与场外交易市场的小型企业和“散户”投资者可以通过货币权证购买长期外汇期权。在大多数情况下，原发行者不承担默示货币风险。相反地，发行者可能在银行控制的场外交易市场上套期保值。发行者以批发价购买外汇期权，然后再以零售价将这些期权卖给公众。货币权证通常使用现金结算，并在招股说明书中详细解释如何计算收益。下面是一个例子。

例 20.6　高盛认沽权证

考虑高盛发行的英镑对欧元的认沽权证：到期日为 2005 年 6 月 6 日，交易地点为伦敦证券交易所。该认沽权证的协议价格为€1.45/£，乘数为 10 英镑。该认沽权证的利润为：

$$\max[0, \frac{协议价格-即期汇率}{即期汇率}]\times 乘数$$

例如，假设到期日即期汇率为€1.40/£，那么，一个权证的结算价值为：

$$\frac{(€1.45/£)-(€1.40/£)}{€1.40/£}\times £10=£0.3571$$

注意，就像交易所交易的期权合约一样，权证投资者可以选择将他的权证卖给市场里的其他人。

20.4 风险管理中的期权应用

了解了外汇期权的基本原理之后，我们将解释它们如何在外汇风险管理中发挥作用。最典型的是外汇期权在投标中作为保值工具使用。

巴格威尔建筑公司的投标情况

假设美国巴格威尔建筑公司要对东京的一个新办公楼项目进行投标。日本项目开发商要求所有竞标者在 6 月 30 日之前提交日元竞标价。竞标书是一份相当复杂的合约，它并不仅仅包括合约价格，还有很多其他要素，因此日本项目开发商需要花费一个月对这些投标进行评估，到 7 月 31 日才会宣布成功竞标者。

巴格威尔的管理层认为完成这个项目需要投资 80 000 000 美元，而且必须在一年内全额支付。如果公司能够竞标成功，将从日本项目开发商的五个等额分期付款中得到日元收益。7 月 31 日将进行第一期付款，后面分四期进行付款。

交易风险

通过招标筹集日元资金来完成这个项目，巴格威尔公司将承受外汇交易风险。如果巴格威尔公司得到这个项目，且日元相对于美元疲软，那么合约的日元收益将导致以后购买美元的数量减少。注意，一旦巴格威尔公司要投标争取合约，就会面临交易风险。如果在评估合约且日元相对美元疲软期间公司没有采取保值措施来防止可能的日元资产风险，那么巴格威尔公司所有的美元利润甚至在施工前就已化为乌有。如果公司采取的策略是得到合约后再保值，也为时已晚。

远期合约保值中的问题

巴格威尔公司可以通过期货合约避免风险吗？如果巴格威尔出售日元期货，将有必须交易日元的义务。不管在 30 日之内发生任何情况，巴格威尔都必须向银行出售一定数额的日元。如果巴格威尔公司得到工程合约，一切都会变好。但是如果巴格威尔公司出售了日元期货但没有得到工程合约，将会发生什么呢？

如果巴格威尔公司没有得到这项工程合约，将必须购买日元来履行期货合约义务。如果日元升值，也就是现货市场中日元对美元的价格比期货合约价格高，巴格威尔公司将会遭受损失，因为在现货市场购买交付期货合约的日元所花费的美元数额要比公司从银行得到的美元数额多。因此，一旦日元对美元的汇率升高，巴格威尔公司将遭受损失。

期权解决方案

外汇期权可以为巴格威尔公司在确定工程合约之前的 6 月风险保值问题上提供更好的解决方案。期权可以为买方提供未定权益。如何使用期权合约呢？应该使用哪种期权呢？

巴格威尔公司最终想要卖出其得到该合约而获得的日元支付，因此公司可以通过购买卖出日元、买入美元的看跌期权进行套期保值。首先，日元看跌期权赋予买方以协议价格出售日元兑换美元的权利但不是义务。其次，如果巴格威尔公司得到工程合约，且日元对美元的汇率下降，工程合约上的损失可以与从拥有日元看跌期权所得的利润相抵消。公司可以以执行价格出售工程合约中的日元得到更多的美元，因为工程合约的执行价格高于现货市场的日元对美元价格。

如果巴格威尔公司竞标失败，没有得到工程合约，那么日元看跌期权费就是公司损失的最大金额。但是如果在期权的到期日日元对美元的汇率下降，那么以较高美元价格出售日元将获得很大收益。因此巴格威尔公司可以从中获得最初支付的部分期权保证金，因此购买期权可以提供交易风险保障。

使用期权避免交易风险

现在我们回到外汇交易风险管理中期权的使用这一话题。虽然远期和期货合约都可以使用，但是期权合约可以使公司避免风险，并保留有利汇率变化中的上升潜力。下面是有关出口的一个例子。

例 20.7　从美国向英国出口药品

假设今天是 9 月 16 日，星期四，药品出口商 Pfimerc 公司从美国出口一批药品到英国，10 月 20 日（星期三）为到期日，在到期日 Pfimerc 公司将得到一笔金额为 500 000 英镑的应收账款。以下数据供参考：

即期汇率（美分/英镑）：153.22

34 天的远期汇率（美分/英镑）：152.92

美元 34 天的利率：3.75％（年利率）

英镑 34 天的利率：6.65％（年利率）

10 月期权合约数据如下（价格单位为美分/英镑）：

协议价格	看涨期权价格	看跌期权价格
150.0	4.14	1.22
152.5	2.70	2.28
155.0	1.50	3.57

Pfimerc 公司如何使用外汇期权来避免交易风险？

首先必须确定可有效避险的期权类型。由于 Pfimerc 公司收到的将是英镑，该交易存在的风险就是在以后英镑会相对于美元疲软。如果不采取措施避免风险，在 10 月 18 日的现货市场卖出 500 000 英镑时，该公司将遭受巨额损失。而保值期权可以赋予 Pfimerc 公司以约定的协议价格（美元/英镑）出售英镑的权利，但不是义务。也就是英镑看跌期权。

由于 Pfimerc 公司可以决定出售英镑的日期和数量，因此到期期限为 34 天的欧式看跌期权将是恰当的保值方法。下面我们来看一看协议价格为 152.5¢/£的 10 月英镑看跌期权。该合约的每单位费用为 2.28¢/£或＄0.022 8/£。

英镑合约容量为£31 250，Pfimerc 公司必须购买 16 份合约（16×£31 250＝£500 000）来

对所得英镑进行保值，因此，今天合约的买方必须支付的总期权费为：

$$16\times £31\ 250\times(\$0.022\ 8/£)=\$11\ 400$$

若在10月的到期日英镑折合美元时英镑贬值，汇率低于协议价格\$1.525 0/£，Pfimerc公司执行期权以协议价格出售500 000英镑。Pfimerc公司10月得到的最小收益为：

$$£500\ 000\times\$1.525\ 0/£=\$762\ 500，如果\ S(t+32)\leqslant\$1.525\ 0/£$$

当未来利率高于协议价格时，该公司将在未来的现货市场出售英镑，得到的收益为：

$$£500\ 000\times S(t+32)>\$762\ 500，如果\ S(t+32)>\$1.525\ 0/£$$

一旦采用看跌期权来避险，不管Pfimerc公司是否执行期权，都必须从其10月收益中减去10月的期权价格从而得到净收益，而10月的期权价格必须在12月的到期日支付。因此，购买期权的机会成本为：

$$\$11\ 400\times[1+i(\$)]=\$11\ 400\times(1.003\ 5)=\$11\ 439.90$$

其中，利息部分为：

$$(3.75/100)\times(34/360)=0.003\ 5$$

因此，Pfimerc公司使用看跌期权避险的10月最低净收益为：

$$\$762\ 500-\$11\ 439.90=\$751\ 060.10$$

以每英镑若干美分（美分/英镑）的形式表示时，该看跌期权10月的价格为：

$$(2.28¢/£)\times1.003\ 5=2.29¢/£$$

图表20.5总结了出售英镑的各种相关策略的交易风险敞口。横轴为未来可能出现的即期汇率，单位为每英镑若干美分（美分/英镑）。纵轴为采用特定保值方法出售英镑时Pfimerc公司得到的相应净收益（单位为美分/英镑）。三条不同的线代表未来汇率对应的净收益。

图表20.5 **英镑保值收益**

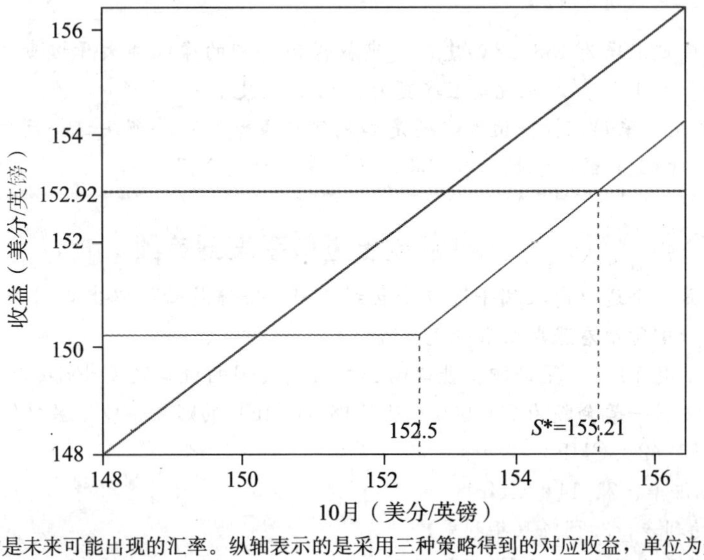

注：横轴表示的是未来可能出现的汇率。纵轴表示的是采用三种策略得到的对应收益，单位为美分/英镑。水平线反映采用远期合约时得到的收益，与未来的汇率无关。45°线代表未采用任何保值方法，其收益等于未来的汇率。折线表示的是采用看跌期权来对应收款项进行套期保值时得到的收益。

45°线表示未采取任何保值策略。如果 Pfimerc 公司选择不保值，且在未来的即期市场出售日元，该公司的收益将与英镑升值或贬值而成正比例增加或减少。因此 Pfimerc 公司亏损的风险较大。

图表 20.5 中的水平线表示采用远期合约策略避免风险。如果 Pfimerc 公司以＄1.529 2/£的价格卖出英镑期货，那么 10 月收益为：

$$(\$1.5292/£)\times £500\,000=\$764\,600$$

以美分/英镑表示，不管未来即期汇率为多少，Pfimerc 公司的收益都保持不变（与远期汇率为 152.92¢/£得到的收益相同）。

图表 20.5 中的折线（曲棍形状）表示采用购买 10 月英镑看跌期权策略时得到的净收益（协议价格为 152.5）。最低净收益为：

$$152.50¢/£-2.29¢/£=150.21¢/£$$

当 Pfimerc 公司执行看跌期权，即未来即期汇率小于或等于 152.50¢/£时，就会出现上述情况。注意，期权保值为 Pfimerc 公司的收益提供了最低额，即使在英镑坚挺、美元疲软时，公司也可执行期权。

当未来汇率小于图表 20.5 中标出的特定汇率 S^* 时，期权保值得到的净收益小于远期合约保值得到的净收益。当未来即期汇率大于 S^* 时，期权保值得到的净收益大于远期合约保值得到的净收益。这是经济学“天下没有免费的午餐”理论的一个典型实例。如果期权保值既提供了最低净收益额，又可以在英镑可能会升值的时候执行期权增加净收益，那么这个最低净收益额一定小于远期汇率得到的净收益，否则在采取期权策略时将明显趋向于采取远期策略。

我们取两个净收益美分/英镑形式下的等值来确定 S^* (¢/£) 的值。期权保值得到的净收益为 S^* (¢/£) －2.29¢/£，而远期保值得到的净收益为 152.92¢/£。由此我们可以发现 S^* 的值为：

$$S^*(¢/£)-2.29¢/£=152.92¢/£$$
$$S^*(¢/£)=155.21¢/£$$

由于目前的即期汇率为 153.22¢/£，在期权保值得到的净收益大于远期保值之前，英镑对美元的汇率必须上升 1.30%，也就是汇率变为 155.21¢/£。

Pfimerc 公司应该采用期权保值策略还是远期保值策略呢？要解决这个问题，公司必须计算未来汇率大于 S^* (¢/£) 的可能性。我们将在下一章探讨这个问题。

例 20.8　从瑞士进口手表到美国

案例讲述的是一个进口商从瑞士进口手表到美国，条件是必须以出口国的货币付款。此时，进口商将采用出口国货币看涨期权来避免风险。

假设今天是 9 月 16 日，星期四。进口瑞士手表到美国的进口商 Orlodge 在到期日（12 月 15 日，星期三）将支付一笔金额为 750 000 瑞士法郎（CHF）的账款。以下数据供参考：

即期汇率：71.42¢/CHF

90 天的远期汇率：71.14¢/CHF

美元 90 天的利率：3.75%（年利率）

瑞士法郎 90 天的利率：5.33%（年利率）

12 月期权合约数据（¢/CHF）：

协议价格	看涨期权价格	看跌期权价格
70	2.55	1.42
72	1.55	2.40

如何使用外汇期权来对这笔交易进行套期保值呢？

首先，Orlodge必须决定可以用来保值的期权类型。由于Orlodge要在90天内支付瑞士法郎，所以这笔交易的风险是瑞士法郎对美元的比价将坚挺，这会增加支付款额CHF750 000的成本。为了避免风险，Orlodge必须购买这样的期权，该期权可以赋予其以协议价格（美元/瑞士法郎）买入瑞士法郎的权利但并非义务。这种期权也就是瑞士法郎看涨期权。

由于Orlodge可以确定购买瑞士法郎的时间和数量，所以最佳的保值方法就是到期日为90天的欧式看涨期权。下面我们来看一看12月的瑞士法郎看涨期权，协议价格为72¢/CHF。该合约每单位的费用为1.55¢/CHF（\$0.015 5/CHF）。

瑞士法郎看涨期权的合约容量为CHF62 500，Orlodge必须购买12份合约（12×CHF62 500=CHF750 000）。因此，作为合约的买方，Orlodge今天必须支付的期权费为：

12×CHF62 500×\$0.015 5/CHF=\$11 625

如果在12月的到期日瑞士法郎对美元的汇率大于或等于协议价格\$0.720 0/CHF，Orlodge执行期权，以协议价格购买750 000瑞士法郎。那么Orlodge支付的最高款额为：

CHF750 000×\$0.720 0/CHF=\$540 000，如果$S(t+88)\geqslant$(\$0.720 0/CHF)

如果汇率一直小于\$0.720 0CHF，Orlodge在即期市场购买瑞士法郎，支付款额为：

CHF750 000×$S(t+88)<$\$540 000，如果$S(t+88)<$(\$0.720 0/CHF)

一旦采用了期权保值方法，不管Orlodge是否执行期权，Orlodge总的支付款额都必须是12月的瑞士法郎的费用与9月的看涨期权费之和。这个机会成本为：

\$11 625×[1+i(\$)]=\$11 625×1.009 4=\$11 734.28

其中，利率因子为(3.75/100)×(90/360)=0.009 4。

若采用看涨期权保值，则Orlodge 12月最高付款额为：

\$540 000+\$11 734.28=\$551 734.28

转换为美分/瑞士法郎的形式时，12月看涨期权费为：

(1.55¢/CHF)×1.009 4=1.56¢/CHF

图表20.6中横轴是每瑞士法郎若干美分，纵轴是支付的费用，单位为美分/瑞士法郎。三条不同的线代表采用不同保值策略时对应的费用，单位为美分/瑞士法郎。和图表20.5一样，45°线表示的是不采取任何保值方法。

如果Orlodge选择不保值，那么必须在未来的即期市场用美元购买瑞士法郎，支付的费用将与瑞士法郎的增值或贬值成正比增加或减少，因此亏损的风险无限大。

图表20.6中的水平线表示采用远期合约保值。如果Orlodge以\$0.711 4/CHF的价格购买瑞士法郎，那么12月购买瑞士法郎的费用为：

\$0.711 4/CHF×CHF750 000=\$533 550

转化为美分/瑞士法郎时，不管未来即期汇率是多少，Orlodge购买瑞士法郎的价格都是71.14¢/CHF。

图表 20.6　　　瑞士法郎成本套期保值

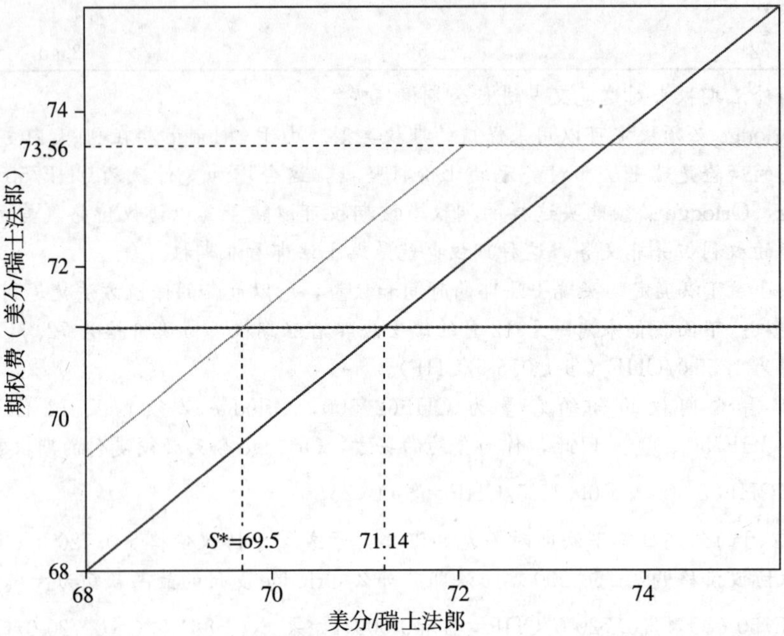

注：横轴表示未来可能的汇率。纵轴表示三种不同策略支付的瑞士法郎费用，单位为美分/瑞士法郎。水平线反映采用远期合约策略时支付的费用，与未来的汇率无关。45°斜线表示不采取任何保值策略，其支付的费用等于未来汇率对应的费用。折线表示采用看涨期权保值时支付的费用。

图表 20.6 中的折线（曲棍形状）表示采用 12 月瑞士法郎看涨期权保值时的总成本，其中协议价格为 72¢/CHF。最高总成本为：

72.00¢/CHF＋1.56¢/CHF＝73.56¢/CHF

当 Orlodge 行使其看涨期权即 12 月即期汇率大于或等于 72.00¢/CHF 时，就会出现上面的总成本。

注意：期权保值为 Orlodge 支付的费用提供上限，并可在美元增值时行使期权，减少公司损失。当未来汇率大于 S^*（¢/CHF）时，使用期权保值支付的总成本大于远期保值支付的总成本。当未来即期汇率小于 S^* 时，期权保值支付的总成本小于远期保值的成本。这是经济学中“天下没有免费的午餐”理论的又一实例。如果看涨期权既提供成本最高限额，又在美元升值时减少成本，那么这个最高成本必须大于远期保值的总成本。

我们取两个保值的总成本的美分/瑞士法郎形式的等值来确定 S^* 的值。期权保值的总成本是：[S^*（¢/CHF）＋1.56¢/CHF]，远期保值支付的成本为 71.14¢/CHF。因此，

S^*（¢/CHF）＋1.56¢/CHF＝71.14¢/CHF

或者

S^*（¢/CHF）＝69.58¢/CHF

由于现在即期汇率为 71.42¢/CHF，在看涨期权成本低于远期保值成本之前，瑞士法郎对美元汇率必须贬值 2.58%，也就是变为 69.58¢/CHF。

Orlodge 在考虑这几种瑞士法郎支付的保值策略（包括比较策略或远期保值策略）时，公司必须计算未来即期汇率小于 S^* (¢/CHF) 的可能性。我们将在下一节讨论这一问题，将期权保值与购买保险进行比较。

期权保值与投保

在前两个例子中，都采用了期权保值策略来避免交易风险。在这一节，我们将探讨期权保值与购买保险的相似之处。在此之前，我们必须详细总结一下如何使用远期合约、期货合约和期权合约来对外汇应收账款和应付账款进行保值。图表 20.7 是对此的总结，同时包括一些我们将在后面讨论的投机期权策略。

图表 20.7　　套期保值与投机策略

	标的物交易	
	外汇应收账款	外汇应付账款
远期合约保值（或期货保值）	卖出远期	买入远期
期权保值	买入看跌期权 最低收益为：$K-(1+i)P$	买入看涨期权 最高支付费用为：$K+(1+i)C$
期权投机	卖出看涨期权 最高收益为：$K+(1+i)C$ 但是风险无限大	卖出看跌期权 最低付款为：$K-(1+i)P$ 但是风险无限大

注：K 为协议价格，C 为看涨期权费，P 为看跌期权费，i 为相应的年利率。

使用远期和期权合约避免外汇风险

以外汇定价的出口商创造外汇收益。这种情况下的远期合约保值是在远期市场卖出外汇应收账款。期权保值是买入外汇看跌期权。买入看跌期权赋予买方以协议价格出售外币、获得收益的权利但不是义务，并可确保一个最低净收益，该最低净收益等于协议价格减去以后的期权费。

如果买入看跌期权，按照期权合约买方不承担出售外汇的义务，且具有在即期市场出售外汇的权利，也就是一旦外币折合本币的汇率高于协议价格，买方可在即期市场出售外币。使用看跌期权时，净收益随着外币的升值而增加，可以超过最低净收益。一旦外币汇率上升，采用期权保值的本国货币净收益将大于远期合约保值得到的收益。然而，由于之前已经支付了一些期权费，期权套期保值得到的净收益将小于如果没有购买期权合约而创造的收益。当然，这只能称为事后，也就是未来不确定的汇率实现之后。但是，必须先选择策略。

进口商通常产生外币成本。在这种情况下适当的远期套期保值就是在远期市场上购买偿还负债所需的外汇。适当的期权套期保值就是购买一份外汇看涨期权合同。看涨期权合同赋予你按照约定行权价格购买外汇的权利而没有购买的义务，这就为你的总成本设定了上限。你的成本上限就是约定行权价格加上期权未来价值。

买入看涨期权时，如果外币对本币的汇率低于协议价格，那么买方具有在即期市场购买外汇的权利。这样买方支付款将小于最高支付额，但是在期权保值策略支付的费用小于远期保值策略支付费用之前本国货币必须坚挺。一旦本国货币坚挺，期权保值的支付费用将大大少于远期合约保值的支付费用，但是这个总费用将大于如果没有购买期权合约而支付的费用。当然，这也只能称为事后，同样地，还是必须先选择策略。

期权合约作为保险合约

如何才能像讨论保单一样讨论这些例子呢？假设为房屋购买火灾保险。火灾保险提供一定的承保范围，房主必须支付年度保险金。保险金额不同。房主想要保护的房屋价值越高，火灾保险就越贵。一旦房屋被火灾烧毁，高额的保险可以完全赔偿房屋的损失，而小额的保单只可以赔偿部分损失。

显然，房主通过购买火灾保险为可能的损失提供了上限。如果发生火灾，房主可以用保险公司支付的部分赔偿金重新维修房屋。但是，假设房主居住了10年却没有发生火灾，事后，房主将不需要火灾保险，但还是必须支付10年保险金。如果没有购买保险，房主也不会比现在更富有。当然，这并不意味着购买保险不好，只是说明房主居住期间不需要保险。

由于外汇交易风险，购买正确类型的期权和购买保单一样。在例20.7中，Pfimerc公司具有应收英镑账款。英镑疲软就如同火灾一样，会造成Pfimerc公司部分英镑资产的损失。在订立期权合约之前就已经损失了一些英镑。更确切地说，如果Pfimerc公司购买了看跌期权，那么即使英镑贬值，这个期权也将为英镑应收账款提供下限。相反，如果英镑坚挺，Pfimerc公司的应收账款就会像没有火灾时房屋价值增值一样增加。Pfimerc公司忽视了期权赋予买方以低的美元价格出售英镑的权利，并且买方还可在即期市场出售英镑。如果没有火灾发生，用来保护房屋价值的保单也就没有任何用处了。

更改保单的质量

我们可以更深入地分析与这种火灾险相似的情况吗？如果房主可以购买不同价格、不同类型的火灾保险，当遇到外汇风险保值时，会有一个投保范围吗？

首先我们看一看看跌期权保值下的应收外汇。本章中高质量的保险指的是我们创造的最低本币收益要尽可能高。正如我们讨论过的，最低限额直接与看跌期权的协议价格有关。在行使期权减少损失之前，看跌期权的协议价格越高，外币贬值越少。如同保险承保的损失越多，保费越贵，看跌期权的协议价格越高，期权也就越贵。我们将在下一节详细讨论定价问题。

同样，本章外币负债的高质量保险指的是我们创造的最高外汇成本要尽可能低。这可通过以较低的协议价格购买看涨期权实现。而这些期权会更贵，因此也存在一个权衡关系。我们将通过一个数值实例充分理解这一点。

例20.9　购买更好但较贵的保险

在例20.8中，Orlodge进口瑞士手表，其中是一个协议价格为每瑞士法郎72美分的欧式12月法郎看涨期权。瑞士法郎套期保值的期权费为1.55¢/CHF。或者，我们也可以选择一个12月看涨期权，其协议价格为每瑞士法郎70美分，期权费为2.55¢/CHF。这个较贵的“保险”应该提供较低的最高瑞士法郎总成本。折中方法是汇率S^*(¢/CHF)需要低一些，且在该汇率基础上Orlodge期权与远期合约保值支付的成本相同。因此，拥有比远期保值更低成本的可能性将更小，这是由于只有未来的汇率小于这个新的S^*，Orlodge才能得到更低的成本。

图表20.8显示了具有不同协议价格的两个期权策略，协议价格分别为70¢/CHF和72¢/CHF。较低协议价格的看涨期权的初始保险费为：

CHF750 500×($0.025 5/CHF)=$19 125

而之前例20.8中的初始期权费为$11 625。在12月到期日，如果瑞士法郎对美元的汇率大于或等于协议价格$0.70/CHF，Orlodge将行使期权以该协议价格购买750 000瑞士法郎。因此，Orlodge 12 月购买英镑的最高成本为：

CHF750 000×＄0.70/CHF=＄525 000，如果 $S(t+88)$=＄0.70/CHF

图表 20.8　　另一种期权保值

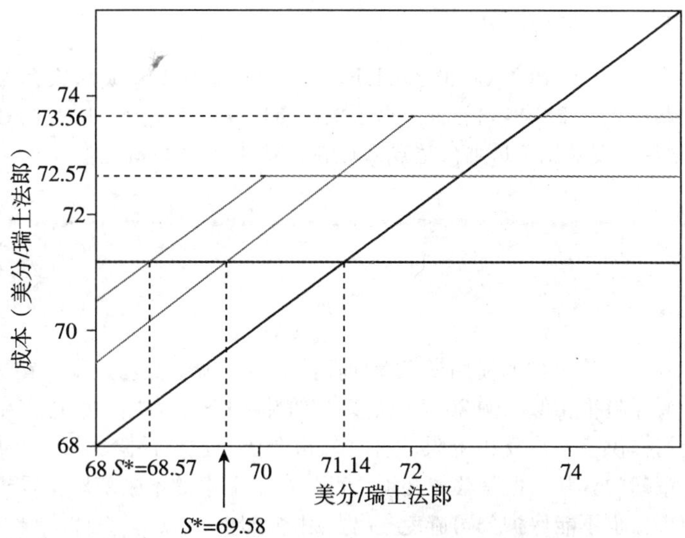

注：横轴表示未来汇率，单位为美分/瑞士法郎。纵轴表示采用不同策略交易瑞士法郎的成本，单位为美分/瑞士法郎。水平线表示远期合约保值成本为 71.14 美分/瑞士法郎。45°斜线表示不采取任何保值策略。两条折线表示协议价格不同的两个期权策略的事后成本。

如果汇率小于＄0.70/CHF，Orlodge 将在即期市场购买瑞士法郎，其成本为：

CHF750 000×$S(t+88)$<＄525 000，如果 $S(t+88)$<＄0.70/CHF

当然，Orlodge 的总成本为 12 月支付的看涨期权费与 12 月的瑞士法郎成本之和。这个机会成本为：

＄19 125×1.009 4=＄19 304.78

其中，利息为：

(3.75/100)×(90/360)=0.009 4

因此，若采用期权保值策略，12 月 Orlodge 支付的最高总成本为：

＄525 000+＄19 304.78=＄544 304.78

在例 20.8 中，相应的最高总成本为＄551 734.28。因此，Orlodge 提高了保险质量，因为在美元疲软、瑞士法郎坚挺的情况下，总支付成本较少。

转化为美分/瑞士法郎的形式时，协议价格为 70¢/CHF 的看涨期权 12 月的期权费为：

2.55¢/CHF×1.009 4=2.57¢/CHF

因此，每单位外汇负债总成本为：

70¢/CHF+2.57¢/CHF=72.57¢/CHF

我们可以再次确定 S^*(¢/CHF) 的值，该值使远期保值与期权保值的成本相同。期权保值的

总成本为 S^*(¢/CHF)＋2.57¢/CHF，远期保值的成本为 71.14¢/CHF，因此

$$S^*(¢/CHF)+2.57¢/CHF=71.14¢/CHF$$

由此我们可以得到：

$$S^*(¢/CHF)=68.57¢/CHF$$

这个值小于例 20.8 中 S^* 的值 69.58¢/CHF。在 Orlodge 的期权成本低于远期保值成本之前，保险费越高，美元相对于瑞士法郎越坚挺。由于现在的即期汇率为 71.42¢/CHF，在协议价格为 70¢/CHF 的看涨期权的成本低于远期保值成本之前，瑞士法郎必须贬值 3.99%，也就是汇率变为 68.57¢/CHF。

期权投机

例 20.7 和例 20.8 讨论了如何使用期权套期保值的方式避免交易风险。在这些例子中选择正确的保值策略与购买保险很相似。例 20.7 中的期权策略为公司提供了外汇收入下限，而例 20.8 中的期权策略为公司提供了外汇支出上限。有时公司会认为这种保险太贵了。出现这种情况时，公司可以从投机性策略中获利。但是公司必须认识到由于汇率的不断变动，投机并不能保护公司收益避免潜在的损失，也不能保护公司避免支出费用的增加。

如果期权保险太贵，你可以在期权市场卖保险而不是买保险。当你有应收外汇账款时买入看跌期权保险，然后再卖出买权，你可以将外汇卖给该期权的买方，也可以在即期市场卖出外汇，从而你的收益通过期权费得到保障。当然，你必须将保险卖给即将执行其期权的人。

同样，当你有外汇负债风险而买入看涨期权又太贵时，可以卖出看跌期权。当期权买方执行期权向你出售外汇时，看跌期权赋予你以协议价格购买外汇的义务。期权费带来了小于外汇负债的实际成本的收入。

应收外汇账款投机

下面我们将通过例 20.7 中的应收外汇账款具体解释投机策略。假设 Pfimerc 公司计划在到期日（34 天）收到 500 000 英镑的外汇账款。英镑看跌期权可以通过套期保值来避免风险。该期权使 Pfimerc 公司具有以合约的协议价格（$/£）出售英镑的权利但并非义务。但是，假设这个看跌期权很贵，那么一个不同的期权策略是否能够让 Pfimerc 公司出售英镑得到更多的美元收入？

Pfimerc 公司可以通过将期权卖给其他人，然后再购买英镑兑换美元实现这个目标。这个期权就是一个英镑对美元的看涨期权。由于 Pfimerc 公司可以决定卖出英镑的时间和数量，所以它乐意在到期日 34 天内向其他人出售欧式英镑看涨期权。一旦 Pfimerc 公司卖出英镑看涨期权，他将在 9 月得到美元收入，这个收入还可以提高以后的美元收益。

这个策略就是投机，采用投机策略时 Pfimerc 公司无法避免下跌风险。如果英镑相对美元疲软，Pfimerc 公司英镑看涨期权的买方将无利可图，当英镑对美元汇率低时，Pfimerc 公司只能在即期市场卖出英镑。同时，Pfimerc 公司应对英镑对美元升值的能力也是有限的。

假设在到期日美元对英镑的即期汇率高于看涨期权合约中的执行价格。Pfimerc 公司的看涨期权的买方将以执行价格购买英镑。因此，Pfimerc 公司不得不以执行价格出售这些英镑，从而导致公司在以后英镑坚挺时无法参与交易。然而，Pfimerc 公司确实从卖出看涨期权中得到收益，而且期权越昂贵，收益就越多。

例 20.10 英镑应收账款投机

为了解如何在实际数据中应用投机，我们将通过之前的英镑期权进行验证。10 月英镑看涨期权的协议价格为 155¢/£，期权费为 1.50¢/£（\$0.015/£）。现在先考虑 Pfimerc 公司从 9 月卖出看涨期权中得到的收益的 10 月价值。该买方将在 9 月向 Pfimerc 公司支付的费用为：

£500 000×\$0.015 0/£＝\$7 500

如果在 10 月到期日英镑对美元的价格高于协议价格（\$1.55/£），Pfimerc 公司将向愿意以协议价格执行期权的期权买方出售 500 000 英镑。因此，Pfimerc 公司在 10 月的最大收益为：

£500 000×\$1.55/£＝\$775 000，如果 S(t+32)＞\$1.55/£

如果汇率一直小于或等于协议价格（\$1.55/£），Pfimerc 公司出售的期权将毫无价值，此时 Pfimerc 公司将在即期市场出售英镑。那么 Pfimec 公司 10 月的收益为：

£500 000×$S(t+32)$＝\$775 000，如果 $S(t+32)$＝\$1.55/£

在这两种情况中，Pfimerc 公司必须加上 9 月出售期权得到的美元收益在 10 月的值才能得到净收益。这个额外收益为：

\$7 500×[1+i(\$)]＝\$7 500×1.003 5＝\$7 526.25

其中，利息是：

(3.75/100)×(34/360)＝0.003 5

因此，如果 Pfimerc 公司出售看涨期权，那么在 10 月收到的最大净收益为：

\$775 000+\$7 526.25＝\$782 526.25

以美分/镑为单位，10 月份的额外收益为：

1.50¢/£×1.003 5＝1.51¢/£

这是以美分/英镑为单位的额外收益，Pfimerc 公司可以用这些额外收益抵消英镑贬值带来的损失。为了确定未来即期汇率 S^*(¢/£)，Pfimerc 公司在该点可以获得与以远期汇率计算同样的收益，我们必须使得两种策略的收益相等：

S^*(¢/£)+1.51¢/£＝152.92¢/£
S^*(¢/£)＝151.41¢/£

由于现在的即期汇率为 153.22¢/£，所以在该策略创收低于远期避险收益之前的 34 天中英镑必须贬值 1.18%。图表 20.9 详细描述了该投机策略的收益。

注意：存在一个未来汇率波动范围使投机策略获得最高净收益。以美分/英镑为单位时，售出期权获得的最大利润等于协议价格 155¢/£加上 1.51¢/£。所以，在事后非套期保值策略产生的收益多于投机期权策略所产生的收益之前，未来即期汇率应该是：

155¢/£+1.51¢/£＝156.51¢/£

这要求英镑在 34 天期间升值 2.15%。如果认为汇率的波动幅度不是特别大，那么汇率达到这个值的概率也就不大。

图表 20.9 **英镑投机收益**

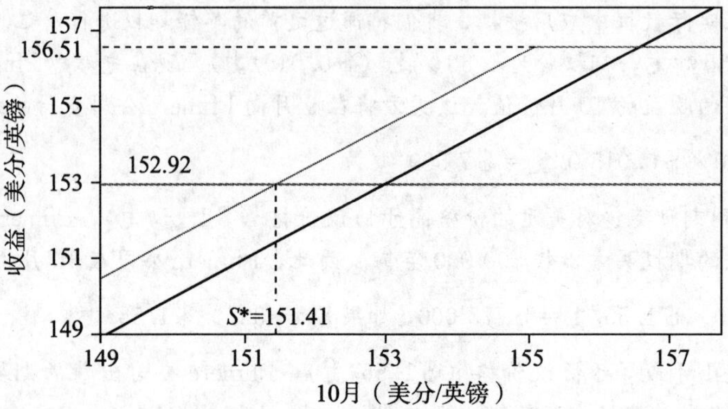

注：横轴代表未来汇率，单位为美分/英镑。纵轴代表以不同策略卖出英镑资产的收益，单位为美分/英镑，水平线表示远期保值收益为 152.92 美分。45°斜线代表不进行套期保值策略，折线（曲棍形状）代表以协议价格 155 美分卖出看涨期权策略带来的事后收益。

外币负债投机

图表 20.7 总结了投机策略是如何发挥作用的。在处理外币负债时，必须购买外币。卖出**外汇看跌期权**（foreign currency put）时，如果期权买方认为卖出外币有利，即本国货币对外币的汇率低于执行价格，那么你必须以协议价格买进外币。如果汇率高于协议价格，期权到期时将毫无价值，那么你必须从即期市场购买外币，而这时支出费用相对较高。然而，无论发生什么，沽出期权会产生收益，当预期汇率与当前值相差不是特别大时，这一策略可能是有利的。

期权定价

我们发现期权买方会向卖方支付期权保证金。这种合约的价格是多少呢？本章的目的是使你初步了解如何对期权进行定价。

实际上，本书并不介绍完整的期权定价，因为这一计算过程非常复杂。第一个完整的期权定价模型是由经济学家费希尔·布莱克（Fisher Black ）和迈伦·斯科尔斯（Myron Scholes）创立并于 1973 年公之于世的。他们的论文对金融业产生了革命性的影响，因此费希尔·布莱克和迈伦·斯科尔斯因期权定价论文获得 1997 年诺贝尔经济学奖并不足为奇。不幸的是，费希尔·布莱克于 1995 年去世，无法领取该奖项。1983 年，马克·加曼（Mark Garman）和斯蒂芬·柯尔哈根（Stephen Kolhagen）将布莱克-斯科尔斯期权定价模型推广到外币期权定价。

期权的内在价值

我们在介绍期权术语时，简单解释了期权的内在价值。美式期权的内在价值是立即行使期权而产生的报酬或收益。内在价值是描述期权为价内期权、平价期权还是价外期权的另一种方式。因此，如果 K 是买入欧元、卖出美元的看涨期权的协议价格，S 是当前即期汇率，以 \$/€表示，那么

欧元看涨期权的内在价值$=S-K$，如果 $S>K$

欧元看涨期权的内在价值$=0$，如果 $S\leqslant K$

因为看涨期权的买方必须通过对卖方支付来获得行使该期权的权利，期权的最低价格（或价

值）必须与其内在价值相等。如果协议价格低于当前即期汇率，那么看涨期权的内在价值是正值，因为期权买方可以以协议价格 K 买进英镑，然后再以较高的价格 S 在即期市场卖出欧元。如果执行价格高于即期汇率，立即执行期权将会造成损失，因此，期权的内在价值为 0。该期权为价外期权。

对一份美式欧元看跌期权，我们有如下关系式：

欧元看跌期权的内在价值 $=K-S$，如果 $S<K$

欧元看跌期权的内在价值 $=0$，如果 $S\geqslant K$

看跌期权的买方必须通过对卖方支付来获得行使该期权的权利，期权的最低价格（或价值）必须与其内在价值相等。如果看跌期权的协议价格高于当前的即期汇率，那么其内在价值是正值，因为期权买方可以以价格 K 卖出欧元，然后从即期市场以较低价格 S 买进欧元。如果协议价格低于即期汇率，立即执行期权会造成损失。因此，该期权的内在价值为 0。该期权为价外期权。

期权的时间价值

期权的**时间价值**（time value）等于当前的期权价格或价值减去内在价值的差额，即：

时间价值＝期权价格－内在价值

为了理解什么创造了时间价值，以欧式看涨期权为例，即只有在到期日才能执行的期权。具体一些，我们可以假设一份到期日期为 90 天的买入欧元、卖出美元的看涨期权。

在第 3 章介绍远期合约时，我们讨论了未来即期汇率的概率分布。基于我们现有的信息，我们还不能确切地知道未来 90 天内欧元对美元的汇率是多少。因此，我们以概率分布来表达不确定性，如图表 20.10 所示。要得出图表 20.10，我们必须考虑全球可能导致欧元对美元贬值和升值的事件，并要权衡这些事件的概率。当我们考虑了所有可能事件后，我们会得出美元对欧元的未来即期汇率可能的概率分布。图表 20.10 显示：美元对欧元的预期汇率为 \$1.25/€，而且汇率在 \$1.30/€ 和 \$1.40/€ 之间的可能性很大，而汇率低于 \$1.05/€ 和高于 \$1.45/€的可能性很小。

图表 20.10　　**未来美元/欧元汇率的概率分布**

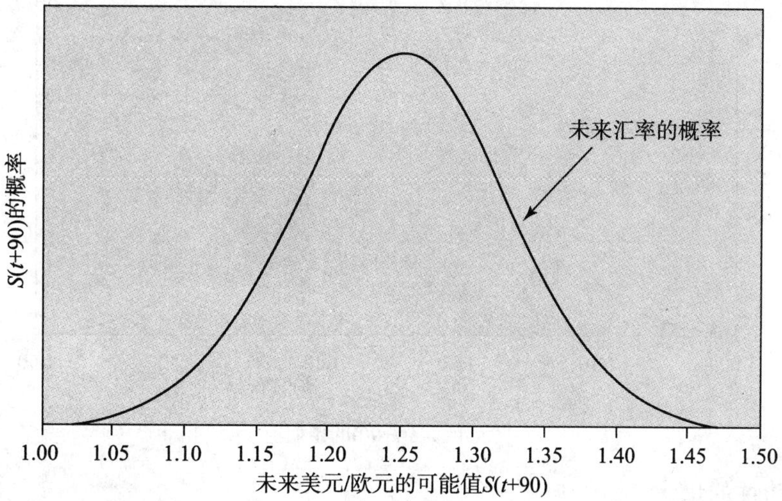

只有在美元对欧元的未来即期汇率高于期权的协议价格时，一份欧式看涨期权在到期时才会

对买方有利。以协议价格 K 执行该期权买进欧元，然后在现货市场上卖出欧元，这样可以得到美元。这样，美元利润为 $S(t+90)-K$，这个值为正值或为 0。因此，对欧式期权我们可以得出以下结论：在时间 t，欧元看涨期权的价格 $C(t)$ 为：

$$C(t)=t\text{ 时看涨期权的价值 }\max[0,S(t+90)-K]$$

其中，max 表示在 0 与 $[S(t+90)-K]$之间取最大值。

为了确定一只期权的价值，我们取合约到期日期权报酬的现值。事实证明这并不是一个毫无价值的问题。这一点足以让我们理解期权价值是如何产生的。

提高执行价格

如果我们能保持期权的到期日不变并提高其执行价格，那么看涨期权的价格会有怎样的变化？从前面章节的讨论中我们知道，保持到期日固定不变意味着未来可能汇率的分布对两种期权来说是相同的。因此，显而易见，提高欧元看涨期权的执行价格一定会降低看涨期权的价值，因为全球发生一些导致合约由于较低的执行价格而带来收益的事件可能性被排除。图表 20.11 证实了这一点，图中标明了两个协议价格 K_1 和 K_2。

K_1 右边区域是以协议价格 K_1 行使看涨期权的概率。阴影部分是以协议价格 K_1 行使看涨期权的概率与以较高协议价格 K_2 行使该期权的概率之差。因此，当我们将执行价格从 K_1 提高到 K_2 时，我们将失去创造阴影部分的收益的可能性，这将使协议价格为 K_2 的期权价值低于协议价格为 K_1 的期权价值。

只有未来即期汇率低于期权的执行价格时，看跌期权才会在到期日为买方带来收益。因此，提高看跌期权的执行价格一定会提高其价值，因为增加了全球可能出现的促使该合约盈利的机会。我们可以参考图表 20.11。K_2 左边区域是以执行价格 K_2 行使期权的概率。图表 20.11 中的阴影部分表示以 K_2 行使期权的概率与以 K_1 行使期权的概率之差，即额外概率。

图表 20.11　　**行使另一种期权的概率**

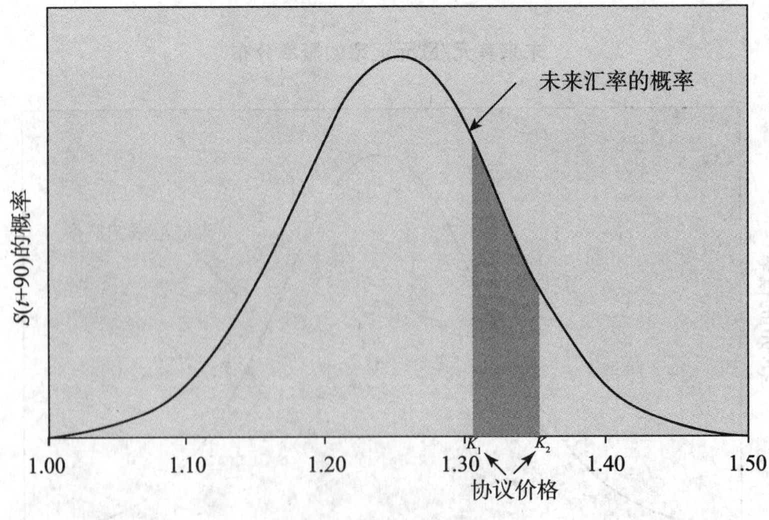

价格波动性的增大

未来汇率波动性的增大如何影响期权价格？图表 20.12 对两种概率分布进行了比较：一种偏

差很小，处于平静期，另一种偏差比较大，处于动荡期。

图表 20.12　　未来美元/欧元的不同概率分布

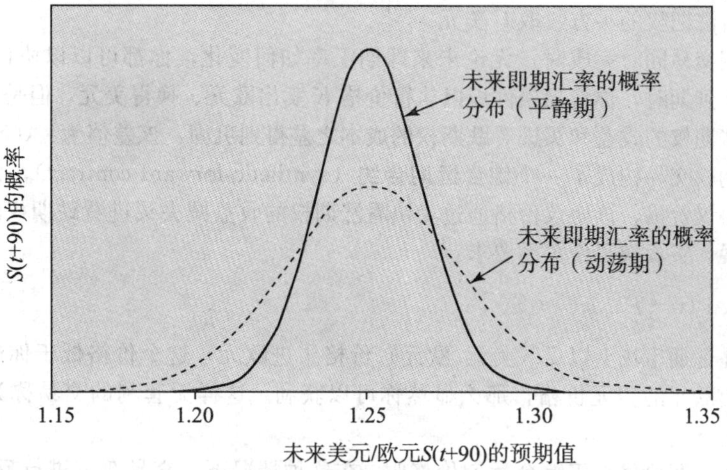

为了理解价格波动性的增大如何影响期权价格，我们假设看涨期权的协议价格为图表 20.12 中两个概率分布的条件均值，即 $K=1.25$ 美元/欧元。未来汇率波动的增大明显增大了未来汇率的可能范围。但是，由于条件均值仍为 1.25 美元/欧元，期权获利的概率仍然是 50%，因为另外 50%的概率分布仍位于协议价格之上。然而，如果期权确实获利了，那么波动性大的概率分布将可能获得较多的收益，而该期权的价格也较高。根据对称原理，对于看跌期权来说，价格波动性越大，看跌期权可能获得的收益越多，而期权价格也越高。（你能做出解释吗?）因此，未来可能汇率波动性的增大会增大看涨期权和看跌期权的价值。

延长到期时间

延长到期时间会如何影响期权的价值？在此，明确区分美式期权和欧式期权是十分重要的。首先，到期时间的延长对美式期权的影响非常明确：延长到期时间会增加期权的价值，因为它增加了到期时即期汇率的不确定性。当我们明白这种影响时，我们可以将一个到期期限为 6 个月的期权看成两个到期期限为 3 个月的期权，即只要期权持有者能尽早行使该期权，那么在到期前的另外 3 个月中期权持有者的收益将不会受损。

欧式期权的情况就不那么简单了。尽管到期时间的延长对期权价值的影响表面上并不明显，但是在多数情况下，到期时即期汇率不确定性的增加却很明显，而且期权价格也会上涨。

然而，事实并不总是这样，因为一只现在为价内期权的欧式期权可能会随时间的推移而贬值。你希望执行该期权以确保当前的收益，但是在到期之前你不能执行该期权。

外汇期权的买卖权平价关系

你可以对期权采取套期保值和投机策略，这要求在给定协议价格下看跌期权和看涨期权的价格与远期外汇汇率之间有一定联系。因为在期权交易开始和结束时货币都在易手，所以利率也应该包括在这一关系中。从根本上说，**买卖权平价**（put-call parity）关系不存在套利关系，这一关系使协议价格（单位为本国货币/外国货币）、该协议价格下的欧式看跌期权和看涨期权的本国货币价格以及本国货币的利率相关联。我们如何能得出这个非套利关系？

以美元—欧元汇率为例。无条件卖出欧元、换得美元的方法就是以汇率 F 签订远期合约。无条件卖出欧元的一种综合方式包括两笔期权交易。如果你以协议价格 K 购买一份买入欧元、卖出美元的看跌期权，在期权到期日美元对欧元的即期汇率 $S(T)$ 低于 K 时，你随时可以执行该期权。购买看跌期权的美元成本为 P。如果你以同样的协议价格 K 卖出或沽出看涨期权，那么你赋予了其他人从你这里以该协议价格买进欧元的权利。只要 $S(T)$ 大于或等于 K，他将执行其期权。你将向该看涨期权的买方收取 C 美元。

当这些期权交易同时完成时，无论未来即期汇率如何变化，你都可以以协议价格 K 卖出欧元。也就是说，到期时，你将无条件地以执行价格 K 卖出欧元、换得美元，但是你的美元收益将会通过卖出看涨期权的收益和买进看跌期权的成本之差得到巩固，该差值为：$(C-P)[1+i(\$)]$。因此，这两笔期权交易构成了一个**综合远期合约**（synthetic forward contract），无套利要求远期汇率必须等于协议价格，该协议价格通过卖出看涨期权的收益减去买进看跌期权的成本的差额来调整。也就是说，买卖权平价关系要求：

$$F=K+(C-P)[1+i(\$)]$$

如果你能在远期市场上以 F（美元/欧元）价格买进欧元，这个价格低于你通过上述综合期权交易方式卖出欧元的美元价格，那么显然你可以获利。这样无套利的交易称为**兑换**（conversion）。

如果市场的远期价格高于综合远期价格呢？在这种情况下，交易双方进行**反转交易**（reversal）：他们远期综合买进欧元并签订合约在远期市场上卖出欧元。综合买进欧元可以通过以下方式完成：以执行价格 K 买进一只成本为 P 欧元的看涨期权；以同样的执行价格卖出一只看跌期权，该期权的收益为 P；投资或借入两者之差。反转交易的预期利润为：

$$F-K-(C-P)[1+i(\$)]$$

如果兑换和反转交易都不能盈利，那么市场价格满足买卖权平价关系。

当然，由于利率平价关系，买卖权平价关系将不会是精确的相等关系，因为同时完成需要的各项交易很不容易。而且，我们需要在投标方面做到透明化，还需要考察各市场的买卖价格。再一次，交易成本很小，而且实际期权价格一般都接近买卖权平价关系所确定的价格。

买卖权平价关系的另一种表达方式

从利率平价关系（详见第 6 章）我们知道，美元兑换欧元的远期汇率等于即期汇率乘以两种货币的利率分别加 1 的比率，即：

$$F=S\times\frac{1+i(\$)}{1+i(€)}$$

将上述远期汇率公式代入买卖权平价关系的等式中，我们可以得到表示买卖权平价关系的另一种表达方式，即：

$$P-C=\frac{K}{1+i(\$)}-\frac{S}{1+i(€)}$$

以上等式表现出了协议价格和到期日期相同的看跌期权和看涨期权的美元价格之差等于执行价格除以 1 加美元利率的和，然后减去即期汇率除以 1 加欧元利率之和。只要给出看涨期权价格，我们就可以直接从买卖权平价关系中得出看跌期权的价格。

例 20.11　买卖权平价关系计算实例

为了解释买卖权平价关系如何发挥作用，我们将以例 20.8 中 Orlodge 的汇率和期权为例。假设期权的协议价格为 70¢/CHF 。注意：看涨期权的成本为 2.55¢/CHF，比 1.42¢/CHF 的看跌期权的成本要多。我们预计看涨期权的成本比看跌期权的成本要高是因为看涨期权是价内期权，而看跌期权不是（当前汇率为 71.42¢/CHF）。买卖权平价关系说明可以通过两种方式按预定的汇率卖出瑞士法郎远期：通过远期合约或通过买进看跌期权并卖出看涨期权。回顾一下例 20.8，远期利率为 71.14¢/CHF。期权策略取得了有效的收益：协议价格加上两笔期权交易的净成本或净利润乘以货币的时间价值的积。也就是说，通过买进看跌期权并卖出看涨期权得到的综合远期利率是：

$$70¢/\text{CHF}+(2.55¢/\text{CHF}-1.42¢/\text{CHF})\times\left(1+0.0375\times\frac{90}{360}\right)$$
$$=71.14¢/\text{CHF}$$

该利率与远期利率相同。因此，买卖权平价关系中含有这些报价。你可以核实：该关系中期权的执行价格为 72¢/CHF。

20.5 期权组合和奇异期权

公司和机构投资者越来越多地运用期权和其他衍生工具来管理它们的汇率和利率风险。[①] 对冲基金和其他机构投资者也常想投资一些工具，这些工具能让它们充分说明它们对不同风险的看法并从货币市场获益。因此，投资银行现在针对其顾客的需求推出新业务。这些业务表现出了能降低管理特殊风险成本的基本看跌期权和看涨期权的组合。大部分与本章讨论的基本期权有不同收入模式和特征的期权都为**奇异期权**（exotic options）。更多标准奇异期权将在本节进行简单介绍。

首先，提醒一下这些期权的买进者。银行如何向其客户提供奇异期权并使其看起来是有利的交易？银行将通过以下方式对奇异期权进行套期保值：与其他一些银行进行反向交易或通过交易基本资产来抵消风险而设立综合期权。当然，你不可能不付出任何代价就获得利益，所以奇异期权的买进者应该意识到：银行有能力提供该种合约说明买进者的未来即期汇率的分布与市场显示的未来即期汇率的分布在某种程度上是不同的。例如，在图表 20.12 中，如果你认为期权价格比较高，可能是因为市场定价的角度与你的标准不同：市场从有着更大的条件差异的分布状况来定价。当然，你自己认为的未来汇率分布可能与市场实际分布不同，而你的看法可能是正确的。但是，你也应该注意别认为自己做了一笔有利的交易；你应该了解市场价格隐含的分布和合约隐含的报酬。

范围远期合约和期权组合

公司财务人员经常会认为期权策略太昂贵。他们不愿意支付期权保证金这笔先期投入。他们也很难向其上级解释套期保值费用，尤其是当他们购买了保险而实际过程似乎并不需要时。如果他们认为由于隐含波动率太高而导致买进一只期权的成本很高，他们可能不会沽出对立期权，因为他们将仍面临巨大损失的潜在风险。

① 参见第 17 章有关当前风险管理的内容。

一些市场主体不愿意支付先期投入，但是他们仍然希望期权策略提供一些保值功能。金融机构已经提出了一些解决办法：保留一些期权的保值功能但要减少先期投入。1985年由所罗门投资银行提出的一种解决方式是采用范围远期合约。**范围远期合约**（range forward contract）是一个公司能确定未来即期汇率的范围，当即期汇率在这个范围内时，该公司以即期汇率卖出或买进外币。当未来即期汇率不在公司确定的范围内时，公司会以该范围的极限汇率卖出或买进货币。例如，如果公司打算卖出外币，那么该公司签订了这样一份合约：在一个特定的范围内卖出货币兑得美元。当外币贬值时，这种策略为公司带来保底美元收益。当外币升值时，这也给公司带来最高的美元收益。如果公司的财务人员认为外币不会升值或者升值不会太多，他将会认为他失去了盈利的机会。

当汇率在范围远期合约的边界值时，公司只是简单地将其外币以未来即期率卖出。公司得到了一些盈利机会，但是公司不需要为范围远期合约进行先期投入。不久花旗银行和其他金融机构对范围远期合约做了修改，开发了期权组合。在**期权组合**（cylinder options）中，买方指定交易范围，而且在签订合约之前支付或有可能接受支付。

综合期权组合

当我们今后卖出外币时，我们如何运用看涨期权和看跌期权的知识来制定综合期权组合和范围远期合约？在此我们必须考虑对买卖权平价关系的细微修改。下面以美元对英镑的汇率为例进行具体说明。

假设你必须购买英镑来支付一些英国货物。你可以通过期权组合或范围远期合约进行，这使你能以一定范围内的即期汇率买进英镑并为你的成本规定上限以控制风险。但是，你也必须同意规定最低成本以防止全部资产受美元升值影响。通过买进看涨期权确定成本上限，以较低执行价格卖出看跌期权来确定成本下限。

设定卖出的看跌期权的执行价格为 K_p，买进的看涨期权的协议价格为 K_c，而且$K_p<K_c$，那么，如果未来即期汇率得以实现，你将以下列方式买进英镑：

如果 $S\leqslant K_p$，你将以 K_p 买进英镑，因为你沽出了看跌期权。

如果 $K_p<S<K_c$，你将不行使期权，以 S 的价格买进英镑。

如果 $S\geqslant K_c$，你将行使看涨期权并以 K_c 的价格买进英镑。

在所有情况下，公司都有一笔开支等于买进看涨期权费的预期值 $C(K_c)$，还有一笔收益等于卖出看跌期权的预期值 $P(K_p)$。因此，该公司的净利润通过以下方式增加：

$$[P(K_p)-C(K_c)]\times[1+i(\$)]$$

额外收益可以通过乘以期权的协议价格得到正值、负值或零。因为范围远期合约要求不能有现金流动，只能买进英镑，协议价格必须设定为 $P(K_p)=C(K_c)$。公司可能会设定其交易范围的上限，这确定了看涨期权的协议价格，然后投资银行设定交易范围的下限，该下限必须与与看涨期权同值的看跌期权的协议价格一致。

例 20.12 期权组合合约

如果你有外币收入，下面我们用一个数据实例来描述综合组合期权。在例 20.7 中，假设时间为 9 月份，Pfimerc 公司有一笔 50 万英镑的收入在 10 月份到期。可用数据如下：

即期汇率（美分/英镑）：153.22

34 天远期利率（美分/英镑）：152.92

美元 34 天利率：3.75%（年利率）

英镑 34 天利率：6.65%（年利率）

10 月份合约的期权数据（¢/£）：

执行价格	看涨期权价格	看跌期权价格
150.0	4.14	1.22
152.5	2.70	2.28
155.0	1.50	3.57

在例 20.7 中，Pfimerc 公司以执行价格 152.5¢/£买进 10 月看跌期权，成本为 2.28¢/£。这确定了公司的收入下限。假设 Pfimerc 公司想要确保其在＄1.50/£～＄1.55/£的范围内兑换 50 万英镑。Pfimerc 可以以 1.22¢/£买进 150 份 10 月看跌期权，以 1.50¢/£卖出 155 份看涨期权。两份期权合约的净利润为 1.50¢/£－1.22¢/£＝0.28¢/£，或＄0.002 8/£。以例 20.7 中计算出的利率计算得到的净利润预期值为：

£500 000×＄0.002 8/£×1.003 5＝＄1 404.90

通过这两项交易，可以得出 Pfimerc 公司的美元收入范围为：

（£500 000×＄1.50/£）＋＄1.404.90＝＄751 404.90

如果 S(＄/£）＝＄1.50/£，得出：

（£500 000×＄1.55/£）＋＄1 404.90＝＄776 404.90

如果 S(＄/£）＝＄1.55/£，这个收益范围可以同远期合约相比较。

如果 Pfimerc 公司以＄1.529 2/£卖出英镑远期，该公司 10 月份的收益为：

＄1.529 2/£×£500 000＝＄764 600

其他奇异期权

平均价期权

平均价期权（average-rate options），也被称为亚式期权，是最常见的一种非标准金融产品期权。平均价看涨期权的报酬为 $\max[0, \bar{S}-K]$，其中 K 为协议价格，$\bar{S}$为在期权有效期内的平均汇率。为了计算平均汇率，期权合约的交易双方必须在数据来源和计算平均值的方法上达成一致意见。首先确定取数据的时间间隔，可以是以日、周或是月平均，其次必须确定是算术平均还是几何平均。[①] 在平均价期权的到期日，期权的卖方向买方交付期权报酬，清算期权合约。由于未来汇率的平均值波动小于未来到期日的即期汇率，平均价期权也就比标准的欧式期权便宜。

界限型期权

界限型期权（barrier option）在传统的期权基础上附加了一个条件，如果汇率触及预设的特定汇率，那么这个期权才会生效，否则该期权合约将失效作废。例如，假设现在的汇率为＄1.50/£，为期 1 年的上出局欧式英镑看跌期权的协议价格为＄1.45/£，而界限汇率为

① 假设有 n 个观测值，算术平均值为BF $(1/n)\sum_{i=1}^{n} S_i$，几何平均值为$(\prod_{i=1}^{n} S_i)^{1/n}$，其中 $\sum$ 是求和运算符，$\prod$ 是乘积运算符。

\$1.53/£。规定如果汇率在到期前没有触及该界限汇率，期权才会生效，也就是期权持有者才具有在1年内以协议价格\$1.45/£出售英镑、兑换美元的权利，但并非义务。如果在到期日之前汇率触及界限汇率，那么该期权将失效。这种期权很受那些拥有应收英镑账款的人欢迎，因为他们认为如果在合约有效期内英镑升值，就无须对看跌期权进行保值。

界限型期权同样具有买权和卖权，并有四种变体形式。除了之前提到的上出局买权外（up-and-out），还有上入局买权（up-and-in）、下出局卖权（down-and-out）和下入局卖权（down-and-in）。每一种期权都规定了一个界限，未触及界限则在上入局买权和下入局卖权中生效，触及界限则在上出局买权和下出局卖权中失效。

回顾型期权

假设你今天想以明年会出现的最低美元价格购买外汇，期限为1年。你可以通过购买**回顾型期权**（lookback option）实现这个想法。例如，S_{min}代表这一年内会出现的最低汇率（美元/外币），$S(T)$代表到期日汇率，那么这个回顾型期权的报酬为：$\max[0, S(T)-S_{min}]$。最小汇率可能会出现在最后到期日，$S(T)$比S_{min}大，因此报酬可以是$S(T)-S_{min}$。回顾型看跌期权的定义也很相似。期权拥有者可以以有效期内出现的最高汇率出售外汇。当然，使用回顾型期权交易时，可以选择最有利的价格进行交易。因此，回顾型期权比传统的看涨期权和看跌期权要贵。

数位型期权

数位型期权（digital options），又叫二元期权，具有两种基本形式：现金或无价值期权和资产或无价值期权。数位型期权可以为欧式或美式，具有买权和卖权，通常使用现金结算。欧式现金或无价值数位型期权在期满时获得固定数目的金额报酬，否则将没有任何收益。例如，假设一投资者购买了一个美元/欧元的数位型看涨期权，其协议价格为\$1.35/€，本金为1 000 000美元。若到期日的汇率大于\$1.35/€，该买权投资者可获得1 000 000美元；若汇率低于协议价格，则期权持有者将没有任何收益。该例子若换为美式期权，则是在到期日之前的时间内如果汇率达到协议价格\$1.35/€，该买权投资者可获得1 000 000美元报酬。很显然，这种期权只能以协议价格发行，属于价外期权。如果规定以欧元支付（如1 000 000欧元），那么这个期权则是资产或无期权，将支付欧元而不是美元作为报酬，也就是$S(T)\times$€1 000 000。从美国投资者的角度看，美元的数额是不确定的。

二元期权是一种很有趣的期权。在复杂的报酬形态中，二元期权是非常有用的构建块。例如，以不同协议价格购买或出售数位型看涨期权生成这种期权：当汇率在一定范围内时必须支付大额报酬（一种彩票报酬模式）的期权。

小　结

本章介绍了期货市场和外汇期权市场的基本情况以及期货和期权在降低外汇交易风险中的应用。本章要点如下：

1. 外汇期货是一种标准化合约，它规定合约的买卖双方在指定的将来某一天按照合约约定的价格买入或卖出规定数量的某种外币的交易。外汇期货在有组织的交易所进行交易。

2. 在货币期货交易中，清算所是所有交易买卖双方的中间人。为确保交易双方能够履行期货合约，成交后买卖双方必须开设保证金账户，并存入保证金。

3. 期货合约采用逐日盯市制度，即期货价格变动造成的所有利润和亏损都逐日记入交易双方在清算所账户的贷方和借方。

4. 期货合约很少会持有到期再进行实际交割，通常会取消原来的交易而进行对冲交易平仓。

5. 期货合约和远期合约很相似，同样用于避免交易风险。对冲应收外汇账款风险时，必须采用外币期货合约空头套期保值；对冲应付外汇账款风险时，必须采用外币期货合约多头套期保值。

6. 如果期货合约到期日与应收账款或应付账款的时间不一致，就存在基差风险。

7. 外汇看涨期权赋予了期权的买方某种权利而不是义务，即以协议价格（该价格是在合约中约定的汇率）买进约定数量的某种外币的权利。而外汇看跌期权则是赋予了卖方卖出外币的权利。

8. 外汇期权主要在场外银行同业外汇市场交易，也可在交易所交易。

9. 期权报酬是未来即期汇率作用的结果。看涨期权的报酬要么是 0，要么是即期汇率与协议价格间的差值，即 $\max[0, S(T)-K]$；看跌期权的报酬是 $\max[0, K-S(T)]$。

10. 期权最典型的用途是在投标情况下进行套期保值。

11. 期权赋予期权持有者进行交易的权利而不是义务，从而对冲交易风险。

12. 利用套期保值策略时，购买外汇期权就如同购买保险，协议价格不同，保险的质量也不同。

13. 提高外汇期权的协议价格将导致看涨（看跌）期权价值下降（增加），这是由于提高协议价格将减少（增加）合约收益的可能性。

14. 未来汇率变动幅度的增加将增加规定时间的未来汇率的可能范围，这也将增加看涨期权和看跌期权的价值。

15. 期权价格通常与距离到期日的时间有关，因为距离到期日的时间越长，未来汇率的条件变异也就越大。

16. 买卖权平价是指欧式看涨期权与看跌期权的价格之间、远期汇率与本国利率之间没有套利关系。

17. 平均价看涨期权的报酬是平均未来汇率值减去协议价格的最大值。这种期权报酬只是各种奇异期权复杂报酬中的一种。

简答题

1. 期货合约与远期合约的区别是什么？

2. 逐日盯市制度对期货合约有什么作用？

3. 外汇期权合约与外汇远期合约的区别是什么？

4. 如果你购买一份卖出美元、买入墨西哥比索的欧式看跌期权，其协议价格为 MXN10.0/$，7 月到期，你购买了什么？（假设现在是 5 月，即期汇率为 MXN10.5/$。）

5. 如果你购买一份买入瑞士法郎、卖出美元的美式看涨期权，其协议价格为 CHF1.30/$，1 月到期，你购买了什么？（假设现在为 11 月，即期汇率为 CHF1.35/$。）

6. 外汇看涨期权的内在价值是什么？外汇看跌期权的内在价值是什么？

7. 美式期权中的价内期权（有利可图价格）是什么意思？

8. 为什么美式期权的价值往往超过它们的内在价值？

9. 假设你拥有一份多头外汇期货合约。在什么情况下总报酬等于购买远期货币合约的报酬？

10. 什么是基差风险？

11. 假设公司 CEO 同意对火灾保险进行调整，为公司建筑和机器设备投保，但是他认为公司不应该购买外汇期权。他的理由是："我们不在外汇市场投机！"你如何才能说服他认为他自己的观点是相互矛盾的？

12. 为什么在投标中使用期权可以避免外汇风险？为什么不在投标时采用远期合约保值？

13. 假设你有应收（应付）外汇账款。哪种期权策略可以提供本币收入（支出）的最低（最高）值？

14. 用定性方法描述如何改变期权的协议价格，从而提供较高费用或较低费用的保险。

15. 为什么提高期权的协议价格会降低看涨期权的价值或增加看跌期权的价值？

16. 为什么汇率变化幅度的增加会导致外汇期权价值的增加？

17. 距离到期日的时间延长对外汇期权的价值有什么影响？

18. 平均价英镑对美元的看涨期权的报酬是多少？

19. 假设现在的即期汇率为 $1.29/€。如果购买了一份欧元下入局看跌期权，协议价格为\$1.31/€，界限价格为\$1.25/€，2个月到期，那么你能获得多少报酬？在什么时间会有人愿意与你交易？

应用题

1. 如果你在 t 时刻卖出瑞士法郎期货合约，而且汇率变化如下表所示，你的资金流动如何？

时间	期货价格（\$/CHF）	期货价格的变化	盈利或亏损	累计盈利或亏损	保证金账户
t	0.733 5				
$t+1$	0.739 1				
$t+2$	0.738 8				
$t+3$	0.735 2				
$t+4$	0.729 7				

2. 根据下表信息，你在9月16日购买了一份英镑看涨期权合约，其协议价格为155，到期日为10月，需要支付多少？

9月16日数据

	看涨期权	看跌期权
50 000 澳元期权（分/单位）		
64，10月到期	—	0.48
65，10月到期	—	0.90
67，10月到期	0.22	—
31 250 英镑（分/单位）		
$152\frac{1}{2}$，12月到期	—	4.10
155，10月到期	1.50	3.62
155，11月到期	2.35	—

3. 运用第2题中的数据，如果要以执行价格65买进10月到期的澳元看跌期权合约，需要支付多少？

4. 假设你以执行价格\$1.275 0/€买进1 000 000欧元对美元的看涨期权。将该期权描述为具有以（欧元对美元的）特定汇率卖出一定数量美元对欧元权利的一种期权。解释一下为什么后者为美元对欧元看跌期权。

5. 假设今天是3月7日，作为高盛的新雇员，你必须向客户说明对期权进行套期保值交易的成本和利润。你的客户（美国一家小出口公司）计划在4月20日，即未来44天后得到一笔6 250 000欧元的收入。假设你的客户能以6%的美国年利率借入或借出资金。

a. 描述客户的交易外汇风险的性质。

b. 运用协议价格为129¢/€且4月到期的适当的美式期权确定运用期权策略对冲交易的美元成本。看涨期权的成本是3.93¢/€，看跌期权的成本为1.58¢/€。

c. 客户4月获得的最小美元收益是多少？考虑进行期权对冲交易的机会成本。

d. 确定4月份即期汇率（£/€）的值，这个值将使你的客户在进行事后期权交易和远期对冲交易无任何差异。4月20日的远期汇率为\$1.30/€。

6. 假设今天是9月12日。你需要帮助一位英国客户在未来91天即12月12日支付1 500 000欧元。假设该客户能以5%的年利率借入和借出资金。

a. 描述客户的交易外汇风险的性质。

b. 一只12月到期且执行价格为£0.72/€的期权进行对冲交易的期权成本是多少？看涨期权的期权费为每100欧元1.70英镑，看跌期权的期权费为每100欧元2.40英镑。

c. 客户12月的最低英镑成本是多少？

d. 确定12月即期汇率（£/€）的值，如果12月11日的远期汇率为£0.70/€，该值使得客户在进行期权交易或远期对冲交易之前的收益无差异。

7. 假设今天是6月11日。你的公司计划在8月15日，即未来65天后支付500 000英镑。当前即期汇率为\$1.75/£，且65天远期汇率为\$1.73/£。你能以7%的年利率借入和借出美元。假设你认为不久美元波动幅度较小因而期权价格会较高。你必须考虑出售期权以减少应付英镑账款的美元成本。

a. 如果8月的英镑期权的执行价格为175¢/£，看涨期权的期权价格为4.5¢/£而看跌期权的期权价格为4¢/£，你会支付的8月最低有效汇率是多少？未来汇率在什么范围内可以达到该价格？

b. 在你实行投机期权策略使成本高于远期汇率之前，英镑需要升值多少？

8. 如果周一交易，你观察到买卖权平价关系出现了问题。特别是美元对日元的综合远期价格高于当前远期汇率。你将如何运用这些信息？

9. 1995年4月28日，培恩·韦伯普惠集团在纽约交易所引入了一种新型有价证券：美元对日元的增值权证。行权时每个权证赋予持有人获得一定数额的美元的权利，计算如下：

在0和＄100－[＄100×(￥83.65/＄/即期汇率)]中取值较大者

公式中的“即期汇率”指的是行权期间任一天日元对美元的汇率，其中到期日期延长到1996年4月28日。4月份的远期1年汇率为￥79.72/＄，即期汇率为￥83.65/＄。

a. 持有有价证券的投资者认为未来日元对美元的汇率是多少？

b. 该有价证券的发行价格为5.50美元。要确定有价证券定价是否合理，你将会考察哪些期权价格？

参考文献

Bates, David, and Roger Craine, 1999, "Valuing the Futures Market Clearinghouse's Default Exposure During the 1987 Crash," *Journal of Money, Credit and Banking* 31, pp. 248－272.

Black, Fischer, and Myron Scholes, 1973, "The Pricing of Options and Corporate Liabilities," *Journal of Political Economy* 81, pp. 637－659.

Bodnar, Gordon, Gregory S. Hayt, and Richard C. Marston, 1998, "Wharton Survey of Financial Risk Management by U.S. Non-Financial Firms," *Financial Management* 27, pp. 70－91.

Cornell, Bradford, and Marc R. Reiganum, December 1981, "Forward and Futures Prices," *Journal of Finance*, pp. 1035－1045.

Cox, John C., Jonathan E. Ingersoll, and Stephen A. Ross, 1981, "The Relation Between Forward Prices and Futures Prices," *Journal of Financial Economics* 9, pp. 321－346.

Cox, John C., and Mark Rubinstein, 1985, *Option Markets*, Upper Saddle River, NJ: Prentice Hall.

Day, Theodore E., and Craig M. Lewis, 2004, "Margin Adequacy and Standards: An Analysis of the Crude Oil Futures Market," *Journal of Business* 77, pp. 101－136.

DeRosa, David F., 1992, *Options on Foreign Exchange*, Chicago: Probus Publishing Company.

Garman, Mark B., and Steven W. Kolhagen, 1983, "Foreign Currency Option Values," *Journal of International Money and Finance* 2, pp. 231－237.

Hull, John, 1991, *Introduction to Futures and Options Markets*, Upper Saddle River, NJ: Prentice Hall.

Karmel, Roberta S., 2000, "Turning Seats into Shares: Implications of Demutualization for the Regulation of Stock and Futures Exchanges," working paper.

Modest, David, 1989, "Currency Forwards and Futures" in Boris Antl, ed., *Management of Foreign Exchange Risk: Volume 1*, London: Euromoney Publications, pp. 285－300.

Muelbroek, Lisa, 1992, "A Comparison of Forward and Futures Prices of an Interest Rate-Sensitive Financial Asset," *Journal of Finance* 47, pp. 381－396.

第 21 章

利率和外币互换

本章将探讨利率和货币互换，它们是风险管理工具包的另外两个工具。之前我们讨论了用衍生证券管理公司货币风险的诸多方法，包括第 3 章中谈到的远期合约和第 20 章中谈到的期货与期权。这些工具的期限在一定程度上是有限的，而互换市场中的期限最长可达 30 年。我们也注意到了，汇率风险敞口可以被认为是来自受不同货币控制的资产和负债之间总体上的不平衡。我们将看到利率互换如何让公司改变其某一特定货币负债的性质，使其从固定利率转变为浮动利率，或从浮动利率转变为固定利率。货币互换可以改变一个公司负债的货币面值。随着公司业务性质的改变，这种互换可能会使公司受益。互换也使公司能在不牺牲对它们有益的债务类型的同时找出低成本融资的方法。

第 21.1 节介绍了与互换相关的基本概念，并讨论了互换市场的壮观规模。第 21.2 节详细分析了利率互换的现金流量，而第 21.3 节详细分析了货币互换的现金流量。这一章最后讨论了背对背贷款和平行贷款。虽然这些贷款合约远不及互换重要，但它们是货币互换市场的前身，并且仍然是一个国际财务管理师的工具箱中的一部分，在新兴市场子公司借款的相关情况下尤其发挥着创造性作用。

21.1 互换简介

互换（swaps）是指两个对等机构之间为了进行一系列现金流量交换而签订的协定。在现代互换市场中，场外交易商通过主要银行报出买卖差价，它们可以成为互换双方中的任意一方。利率和货币互换之间的现金流结构同标准债券的现金流结构相似，期限从 1 年到 30 年不等，甚至更长。现在，许多国际财务管理师积极地将互换运用于管理公司的利率和货币风险，同时也运用于投机目的。

针锋相对

世界银行——IBM 互换

1981 年，世界银行和 IBM 参与了第一批货币互换。世界银行承担着巨大的债务，其币种包括美元、德国马克和瑞士法郎。世界银行认为自己的负债不平衡，所以想要减少其美元负债，而增加德国马克和瑞士法郎负债。尽管可以增加新的欧洲货币债务来偿还美元债务，但是世界银行的欧洲货币借款额已经临近其官方借款最高限额。同时，IBM 拥有大量德国马克和瑞士法郎债务，但是公司希望拥有美元债务。其原因是 IBM 的大部分收入都是美元形式，公司担心美元不久会贬值，从而使 IBM 难以偿还德国马克和瑞士法郎债务。

精明的财务顾问认为，若世界银行和 IBM 之间互换债务，双方都可获益。最终，世界银行同意接手 IBM 德国马克和瑞士法郎债务，而 IBM 接手世界银行的美元债务。从此，互换市场开始迅速发展，利率和货币互换已成为跨国集团不可或缺的风险管理工具。

互换双方签订的合约的性质，是以**国际互换和衍生品协会**（International Swap and Derivatives Association，ISDA）公布的标准化主协议为基础的。ISDA 是一个贸易组织，成立于 1985 年，现在拥有来自 50 个国家的成员机构 700 多个。其成员包含了大部分世界主要金融机构以及它们的客户，这些金融机构私下谈判金融衍生品交易，而它们的客户依靠柜台交易衍生品来管理其核心经济活动带来的金融市场风险。ISDA 最重要的文件是 ISDA 总协定，它从法律方面控制互换现金流通，例如发生违约事件时互换被停止。

货币互换与利率互换

货币互换（currency swap）允许跨国公司改变其债务的货币面值，正如世界银行和 IBM 所做的。图表 21.1 呈现了货币互换的基本概念。交换方 A 以美元金额支付利息和本金给交换方 B，而交换方 B 以日元金额支付利息和本金给交换方 A。在互换开始时，美元的本金和日元的本金是相等的。这些本金在货币互换结束时将会再度交换，但是如果汇率发生了改变，在互换结束时，两种本金的价值将不再相等。

图表 21.1 外币互换图

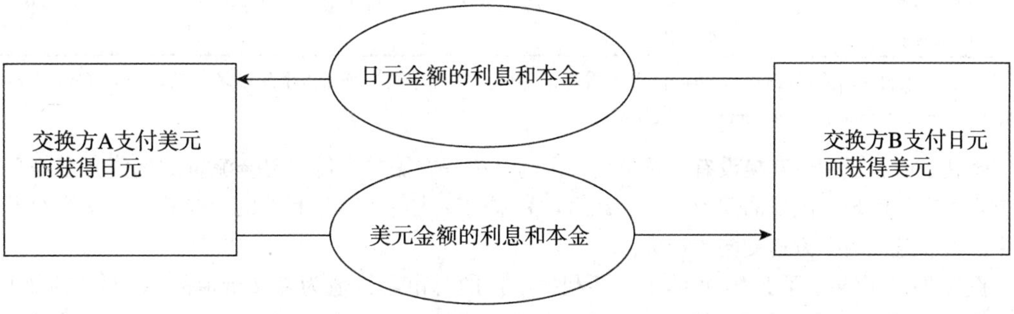

由于互换中的现金流同债券中的类似，跨国公司可以使用它们来改变债务的利息支付类型。跨国公司可以通过**利率互换**（interest rate swap）改变其债务的性质，使之从固定利率转变为浮动利率，或者从浮动利率转变为固定利率。图表 21.2 是基准利率互换图。交换方 A 以**名义本金**（notional principal）支付固定金额的利息给交换方 B，并从交换方 B 那里获得以等价名义本金支付的浮动利率现金流量。“名义”一词暗示了利率互换中现金流所依据的基准本金额度。与货币互换不同的是，没有必要交换本金，因为本金在同种货币中是等价的。

图表 21.2　　利率互换图

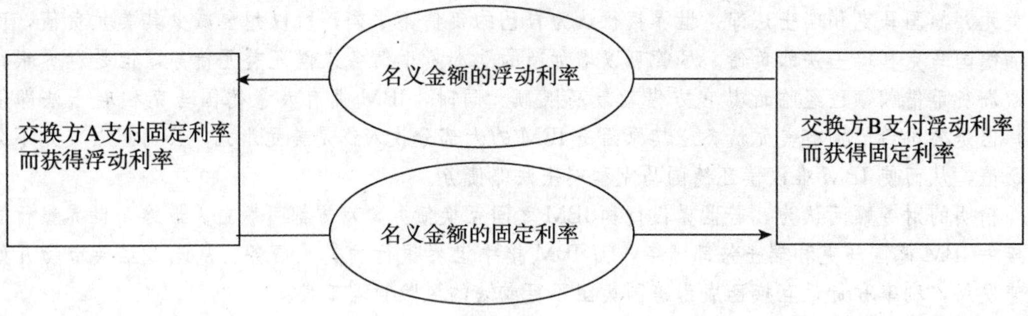

互换市场的规模

从 20 世纪 80 年代初期互换诞生以来，互换运用的增加确实很显著。图表 21.3 中列出了 2001 年和 2004 年利率和货币互换的未偿还金额。这些数据来自国际清算银行每三年进行一次的央行调查。请注意，根据公司和银行的账簿，2004 年世界的利率互换的名义金额为 137 万亿美元，而 2001 年的利率互换名义价值总额为 57 万亿美元。这说明利率互换总额每年增长 33%以上。由于账簿中记录的每份合约都计算了交换双方，因此存在着明显的重复计算问题，于是又对前面提到的数据做了调整。因此货币互换的名义价值与利率互换的名义价值相比要小很多，但令人难以置信的是，在 2004 年 6 月货币互换的名义价值仍然达到了 7.9 万亿美元。

在考虑这些名义价值时，重要的是要理解，利率互换和货币互换与期货合约一样，起始于零净现值合约。

图表 21.3　　利率和货币互换市场的规模及其增长（未偿还金额以十亿美元为单位）

	名义金额		总市场价值	
	2001 年 6 月	2004 年 6 月	2001 年 6 月	2004 年 6 月
利率互换	57 220	132 277	1 531	3 978
货币互换	4 302	7 939	339	506

注：数据来自国际清算银行于 2004 年 12 月发布的《中央银行外汇互换和衍生品市场活动调查》。Copyright © 2004 Bank for International Settlements. 版权所有。

也就是说，最初，互换没有市场价值，因为其中一方需要支付的现金流量的现值完全等于另一方需要支付的现金流量的现值。但是此后，利率的变化，尤其是利率的交换暗示了交换双方的其中一方获益而另一方遭受同等损失。

图表 21.3 也显示了 2004 年的未偿还利率互换的总市场价值为名义价值的 3.0%，即 3.978 万亿美元，而未偿还货币互换的市场价值占名义价值的 6.4%，即 5 060 亿美元。这些是交换双方当时所欠债务的市场价值。

正如我们从图表 21.3 中看到的，利率互换，尤其是货币互换可以变得十分有价值。当然，互换产生的价值对于交换的另一方来说是一种损失。因此，互换可以导致大的贸易损失，尤其是当用于投机目的时。因此，互换的风险是巨大的，而期货市场中使用的逐日盯市制度同样普遍运用于互换市场中以降低风险。然而一些市场观察员声称，互换市场的增长速度已经过快，互换市场中巨大的未偿还金额不久将成为金融灾难。

我们很难知道市场是否能有效地自我调整，也很难知道一个主要对冲基金的大笔欠款是否会导致世界主要商业银行和投资银行损失惨重，如 1998 年长期资本管理公司（LTCM）的倒闭。LTCM 在互换市场的贸易中亏损了 16 亿美元，总亏损额高达 40 亿美元，从而导致纽约联邦储备银行不得不对 LTCM 的交换方进行 36 亿美元的紧急融资，来防止危机的发生（Lowenstein, 2000）。只有理解了互换市场的结构，我们才能开始对这个问题有广博的见解。

21.2 利率互换

利率互换使得公司能够管理它们的利率风险，或对其利率的变化趋势进行预测。在这一节，我们首先讨论一下与利率互换相关的现金流。之后我们将讨论为什么一家公司可能会偏好浮动利率债务或偏好固定利率债务。这与第 11 章介绍的债务合约的选择问题相关。接下来，我们将讨论，世界上有许多不同种类的债务合约，为什么会应用利率互换。我们首先来看 Jocko Sports 和 Banco Coloro 之间利率互换的例子。

例 21.1　一个 5 年期利率互换

假设 Jocko Sports 在美元利率互换中支付浮动利率，而接受 Banco Coloro 的固定利率。假设 5 年期互换的名义本金为 2 500 万美元，固定利率为 8%。因为 Banco Coloro 在互换中是支付固定利率的一方，所以它需要每半年支付一次，共支付 10 次，每次支付金额为：

0.5×0.08×＄2 500 万＝＄100 万

支付的利率 5 年内是固定的。另一方面，Jocko Sports 需要每半年以伦敦银行同业拆借利率（LIBOR）向 Banco Coloro 支付 2 500 万美元，如图表 21.4 所示。

图表 21.4　一次利率互换的现金流量

	Banco Coloro		Jocko Sports	
时间	固定利率支出	浮动利率收入	固定利率收入	浮动利率支出
第 0.5 年	（＄100 万）	LIBOR×＄2 500 万	＄100 万	（LIBOR×＄2 500 万）
第 1 年	（＄100 万）	LIBOR×＄2 500 万	＄100 万	（LIBOR×＄2 500 万）
第 1.5 年	（＄100 万）	LIBOR×＄2 500 万	＄100 万	（LIBOR×＄2 500 万）
第 2 年	（＄100 万）	LIBOR×＄2 500 万	＄100 万	（LIBOR×＄2 500 万）
第 2.5 年	（＄100 万）	LIBOR×＄2 500 万	＄100 万	（LIBOR×＄2 500 万）
第 3 年	（＄100 万）	LIBOR×＄2 500 万	＄100 万	（LIBOR×＄2 500 万）
第 3.5 年	（＄100 万）	LIBOR×＄2 500 万	＄100 万	（LIBOR×＄2 500 万）
第 4 年	（＄100 万）	LIBOR×＄2 500 万	＄100 万	（LIBOR×＄2 500 万）
第 4.5 年	（＄100 万）	LIBOR×＄2 500 万	＄100 万	（LIBOR×＄2 500 万）
第 5 年	（＄100 万）	LIBOR×＄2 500 万	＄100 万	（LIBOR×＄2 500 万）

注：固定年利率为 8%，名义本金为 2 500 万美元。因此，按固定利率支付的款项为 0.5×0.08×＄2 500 万＝＄100 万。括号里的数字表示负现金流量。

图表 21.4 显示了互换双方应该支出多少、收入多少。然而，真正在双方流通的只有纯利息

支付，因为币种是相同的。也就是说，利率较高的一方支付纯利息给利率较低的一方。假设当时的 6 个月期 LIBOR 年利率是 10%。现金流量的支出是如何产生的呢?

由于 Jocko Sports 支付 LIBOR 10%的利率，获得固定利率 8%，Jocko Sports 必须对 2 500 万美元支付下降的 2%的年净利率，金额为：

0.5×0.02×＄2 500 万=＄25 万

利率风险

固定利率债务与浮动利率债务

许多公司收入的现金流量是周期性的，这意味着在经济繁荣期收入高，而在经济衰退期收入低。短期利率同样也是周期性的，也就是说，短期利率一般在经济扩张期上升，在衰退期下降。一家公司的销售如果也是周期性的，那么它能够在短期货币市场中连续借贷。公司不会介意在繁荣期支付高利率，因为那时公司的收入也高。在衰退期，公司希望降低它的利息成本，因为它的收入也相对较低。但如果公司以长期固定利率来借贷，在经济紧缩期它的固定利息成本占其现金流量的百分比比繁荣期的百分比高。这种周期类型的资金流动增加了公司的违约风险。

短期借贷的风险之一是，当公司境况日益恶化时，贷方可能拒绝更新贷款协定。于是产生了对长期合约的共同需求，在长期合约中资金是以浮动利率方式支付的。

银行愿意提供以浮动利率支付的长期合约。虽然银行的负债大都是短期的，而它们对存款支付的利率是浮动的，但银行的存款状况通常很稳定。这使得银行能够签订相对长期的合约来获取浮动利率现金流。此外，许多投资商出于稳定性考虑而偏爱长期固定利率债务。一些借款方，如有稳定收入的公司，在繁荣期和衰退期都能够负担固定利率支出。因此，对各种类型利率合约的需求和供应都存在，各种类型的利率合约也都存在。

变化的环境

虽然一家公司可能在借贷的最开始做出理性判断，认为长期固定利率债务是恰当的贷款类型，但随着时间的推移，公司的环境可能会发生变化。例如，假设后来公司做出预测，认为在短期利率低的时候，它的现金流量可能会降低。在这种情况下，公司可能会将它的固定利率债务转换为利率较低的短期债务，来渡过困难的金融形势。

或者，假设一家公司由于其现金流的周期性而借入了浮动利率债务。之后，这家公司兼并了另一家公司，合并后的公司现金流量的周期性可能会较以前下降。这将促使公司管理者将浮动利率债务互换为固定利率债务。

对未来的预测

在我们强调衍生品合约的风险管理作用时，很明显，大公司的财务部门通常对利率、货币和其他金融变量的变化趋势进行投机。当管理者们认为未来短期利率将会特别低时，他们可能会把公司现有的固定利率债务转变为浮动利率债务，努力降低公司的利息成本。换言之，如果他们预测利率将会上涨，他们很可能会愿意将固定利率债务互换为浮动利率债务。

债务成本最小化

正如第 11 章所讲，公司为项目集资有很多种方法：通过银行贷款、浮动利率债务、欧洲债券等等。当公司的资金需求大时，削减债务成本几个基本点可能意味着节省上百万美元的成本。因此，一个大公司会判断哪种债务最合适，决定采用最节省的筹资方式，并利用互换市场来把它拥有的债务转换成它所需要的债务。

已有研究证明了这种观点的正确性。例如，李海涛和 Connie Mao（2003）发现，某些信誉等级低或者根本没有信誉等级的公司迫于市场压力不得不向银行借入浮动利率贷款，因为银行不愿冒险借出固定利率贷款。但是，这些公司之后可以通过利率互换转变为固定利率支付方，从而避免利率风险敞口。通过这种方法，信誉低的公司能够以它们希望的利率借到它们需要的资金。

操纵盈余

本书中讨论的互换的另一个用途是被管理层用于操纵盈余。Michael Faulkender（2006）提出了一些经验性证据，管理者们操纵公司盈余的欲望在某种程度上促进了互换活动的进行，管理者们希望达到他们预期的盈余并保持高收入。

利率互换合约的本质

主要商业银行和投资银行作为做市商在利率互换中进行报价 —— 提供大家能够接受的各种期限的利率，进行固定利率债务向浮动利率债务的互换，或浮动利率债务向固定利率债务的互换。依照惯例，美元利率互换市场的报价通常使用 6 个月的 LIBOR 作为交易中浮动利率方的基础利率。银行给出的利率是银行希望在特定期限支付的固定利率，同时希望根据 6 月期的 LIBOR 获取每半年一次的还款。银行报出的或者要求的固定利率相对较高，如果银行支付 6 个月的 LIBOR 给其中一方，银行会在指定期限内从这个互换方以这个固定利率收取金额。

在使用美元的情况下，银行在为固定利率报价时，经常会用到**互换价差**（swap spread），即规定期限的国库券收益率加上若干个基本点。[①]互换价差反映出同美国财政部相关的私营企业信贷质量的差异以及市场的流动性差异。

名义本金

正如这一章前面提到的，一次利率互换中的实际利息支付是以名义本金为基础的。名义本金指的是未偿债务的数额。在一次利率互换中，标的货币对于互换双方是相等的。因此，在交换的开始或结尾，并没有本金的交换，因为这些数额是相等的，恰好相互抵偿。

利率互换的买卖价格

假设在 5 年期限中，市场设定美国财政部债券价格的到期收益率为每年 8.66%，考虑一下以下利率互换中的预计买卖方报价。银行在互换中充当买方时，用国库券收益率加上互换差价 55 个基点。因此，银行将向信用质量高的公司客户支付固定利率：

$$8.66\%+0.55\%=9.21\%$$

相反，银行从公司获得等同于 6 个月期 LIBOR 的浮动利率。银行在互换中充当卖方时，用国库券收益率加上 60 个基点。银行在今后 5 年里将从信用质量高的公司收入的固定利率为：

$$8.66\%+0.60\%=9.26\%$$

另一方面，银行将以 6 个月期 LIBOR 利率向公司支付利息。

---

① Francis In，Rob Brown 和 Victor Feng（2003）的报告指出，在 1998—2001 年的 5 年期和 10 年期美元合约中，平均互换价差的每日数据分别为 56 个和 64 个基点。

利率互换的收益

在规定期限之内，银行必须根据它从它的互换方收入的固定利率的总名义额度，来支付相应的固定利率。银行如果成功地匹配了规定期限内的利率互换总额，那么银行就能够在总额上赚取买卖价差。例如，如果银行有互换双方共负担的未偿付名义本金 1 000 亿美元，银行每年从买卖利率这 5 个基点的价差中收入 5 000 万美元，因为：

0. 000 5×＄1 000 亿＝＄5 000 万

但是要注意，如果银行在支付固定利率和收入固定利率的名义总额上出现不匹配，银行就会暴露在利率风险之下。

利率风险

假设在一个特定期限内，芝加哥第二国民银行根据合约需要支付的 LIBOR 价值高于其合约收入的 LIBOR。芝加哥第二国民银行便暴露在利率风险之下，因为 LIBOR 的提高会造成亏损。如果短期利率在今后会上涨，则芝加哥第二国民银行需要支付更高的利率而继续收入合约中规定的长期固定利率。与此相反，如果芝加哥第二国民银行签订了更多支出的固定利率高于收入的固定利率的合约，一旦 LIBOR 下跌，银行就会遭受损失。如果短期利率下跌，芝加哥第二国民银行必须继续支付合约中规定的高额固定利息而短期利息收入减少。

信贷风险处理：担保和逐日盯市制度

当然，银行报出的买卖利率只是银行愿意与信用风险等级为 AAA 的其他银行或公司进行交易的价格。大部分企业客户都有巨大的违约风险。在利率互换中，如果在交易中企业拖欠应付金额，银行有权停止支付银行方面的资金，但一般来说，如果交换方企业或机构客户的信用不太高，银行会扩大其买卖价差。

银行也可以以担保的形式要求信用增级，这是现在国际互换和衍生品协会推荐的方法。担保的额度与互换合约中逐日盯市的价值相等。[①] 2006 年的《ISDA 担保品调查》报告称，在 2006 年，签订了 109 733 份担保协定，在 2005 年有 70 892 份，在 2000 年只有 12 000 份，这证明了担保使用的增加。

银行的信贷风险

一个类似的问题来自企业方面。大多数企业客户并不能够评估银行的信贷风险，因此它们希望互换中与之对应的银行方拥有优秀的信用级别。针对这一需求，许多商业银行和投资银行建立了专门进行互换交易的分部，为这些分部提供足够的资金来使之成为 AAA 信用等级。

21.3 外币互换

货币互换的本质是互换双方签订协议，来交换两个不同货币面值的长期债券的现金流量。双

① Michael Johannes 和 Suresh Sundaresan（2007）探讨了担保增级对利率互换合约定价的影响。

方根据现汇汇率，交换价值相等的两种货币的初始本金金额。与此同时，双方同意对一开始收入的货币支付利息，并对他们起初支付的货币收取利息，此后，在规定的日期内，双方互换本金金额。

其中一种货币的本金额度是由双方协商决定的，而互换中另一种货币的相应本金额度则通过当时的即期汇率确定。例如，假设其中一方交换 1 000 万美元给另一方从而获得欧元，而即期汇率是＄1.25/€，那么，互换中相应 1 000 万美元的欧元金额为：

＄1 000 万/(＄1.25/€)＝€ 800 万

货币互换通常包括双方相互支付利息和本金。如果要求其中一方向另一方进行纯利息支付，在一开始，最初获取高利率货币的一方就会需要支付资金给最初获取低利率货币的一方。利息支付通常每半年进行一次。不过，随着汇率的变化，不同种类货币的固定利率支付价值发生改变，货币互换中的净支付额也逐步变化。

例 21.2 Michaelone 与 Margon Stonely 的货币互换

假设意大利的 Michaelone 公司起初支付 800 万欧元而接收 1 000 万美元，正如我们讨论的那样，投资银行 Margon Stonely 作为互换另一方最初支付 1 000 万美元而接收 800 万欧元。接下来的一段时期，Michaelone 将会需要向 Margon Stonely 支付 1 000 万美元产生的美元利息，而 Margon Stonely 则应向 Michaelone 支付 800 万欧元产生的欧元利息。

假设互换期限为 5 年，期限内的美元利率为 4%，欧元利率为 6%。图表 21.5 描述了现金流量，也列出了利率、汇率和本金金额。在这 5 年里，最初收入欧元的 Margon Stonely 每半年向 Michaelone 支付的欧元金额为：

0.5×0.06×€ 800 万＝€ 240 000

图表 21.5　　货币互换的现金流

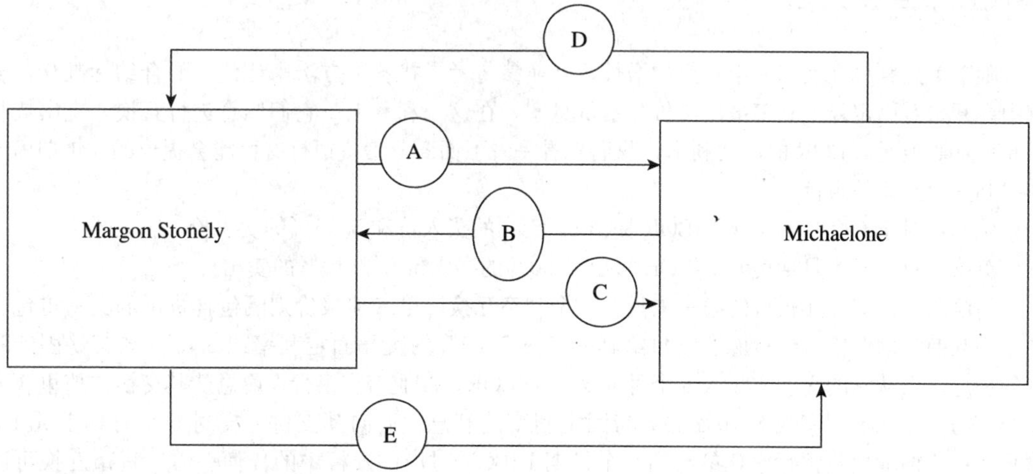

注：货币互换图总结了交易和各种现金流量：

A. Margon Stonely 支付 1 000 万美元给 Michaelone。美元的利率为 4%。Michaelone 将需要支付半年期的利息 0.5×0.04×＄1 000 万＝＄200 000。

B. 在 A 中，Michaelone 向 Margon Stonely 支付 800 万欧元而获得 1 000 万美元。汇率为＄1.25/€。欧元利率是 6%。Margon Stonely 将支付半年期的利率 0.5×0.06×€800 万＝€240 000。

C. 如果即期汇率 $S(t+k, \$/€) > \$0.8333/€$，Margon Stonely 将每半年向 Michaelone 支付纯利息€240 000－[$\$200\,000/S(t+k, \$/€)$]。如果汇率低于这一价值，则纯利息将从 Michaelone 流向 Margon Stonely。

D. 在最后阶段，Michaelone 必须返还 1 000 万美元给 Margon Stonely。

E. 在最后阶段，Margon Stonely 必须返还 800 万欧元给 Michaelone。

最初收入美元的 Michaelone 每半年应向 Margon Stonely 支付：

$$0.5\times0.04\times\$1\,000\text{万}=\$200\,000$$

如果在利息支付日，汇率仍然保持在最初的＄1.25/€没有变化，＄200 000 的欧元价值将为€160 000＝＄200 000/（＄1.25/€）。由于这比 Michaelone 期待从 Margon Stonely 收入的欧元要少，一旦开始纯利息支付，Margon Stonely 将需要向 Michaelone 支付纯利息：

$$€240\,000-€160\,000=€80\,000$$

但是，从更实际的意义上讲，Margon Stonely 向 Michaelone 支付的纯利息会取决于汇率的变化。在今后的支付日 $t+k$ 里，纯利息支付为应支付的€240 000 减去＄200 000 的欧元价值：

$$€240\,000-\$200\,000/S(t+k, \$/€)$$

请注意，如果美元升值，对欧元的汇率小于＄0.833 3/€＝＄200 000/€240 000，则＄200 000的欧元价值将会大于€240 000，从而导致 Michaelone 将需要向 Margon Stonely 支付美元纯利息。例如，在汇率为＄0.75/€时，Michaelone 将应向 Margon Stonely 支付：

$$\$200\,000-(\$0.75/€)\times€240\,000=\$20\,000$$

虽然货币互换最初是特殊合约，但现在它们已经成为标准的金融中介产品。下一小节将会介绍现代货币互换如何报价和交易。

现代货币互换方法

随着美元利率互换和货币互换的增长，互换参与者寻找各种方法来让他们的合约标准化，金融中介开始对固定外汇利率报出买价与卖价息率，在这一利率上，它们愿意进行互换，支出或收入 6 个月期美元 LIBOR 的浮动利率。我们来看一看下面商业信贷银行有可能会提出的 5 年期固定利率和货币互换的报价：

美元：对于 6 个月期美元 LIBOR 提出 5.25％ 的买入价和 5.35％的卖出价。

英镑：对于 6 个月期美元 LIBOR 提出 8.00％的买入价和 8.10％的卖出价。

请注意，这些美元报价的第一项只是一个利率互换。第二项报价则既包含货币的交易也包含利率的互换。商业信贷银行愿意支付给其交换方 5.25％的美元固定利率或 8.00％的英镑固定利率的利息，而从它的交换方收入 6 个月期美元 LIBOR。商业信贷银行也愿意从其交换方那里收入 5.35％的美元固定利率或 8.10％的英镑固定利率的利息，而向其支付方支付 6 个月期美元 LIBOR。由于商业信贷银行愿意参与到 6 个月期 LIBOR 对应的互换中的任何一方，货币互换可以很容易地在固定利率英镑和固定利率美元间进行。

下面的例子展示了这些报价利率如何构建货币互换。图表 21.6 展示了这一过程。

图表 21.6　　货币互换中 Floyds 的现金流

时间	第一部分		第二部分	
	Floyds 支付美元固定利率（美元）	Floyds 收入美元浮动利率（美元）	Floyds 支付美元浮动利率（美元）	Floyds 收入英镑固定利率（英镑）
第 0 年			360 000 000	(200 000 000)
第 0.5 年	(9 630 000)	LIBOR×3.6 亿	(LIBOR×3.6 亿)	8 000 000
第 1 年	(9 630 000)	LIBOR×3.6 亿	(LIBOR×3.6 亿)	8 000 000
第 1.5 年	(9 630 000)	LIBOR×3.6 亿	(LIBOR×3.6 亿)	8 000 000
第 2 年	(9 630 000)	LIBOR×3.6 亿	(LIBOR×3.6 亿)	8 000 000
第 2.5 年	(9 630 000)	LIBOR×3.6 亿	(LIBOR×3.6 亿)	8 000 000
第 3 年	(9 630 000)	LIBOR×3.6 亿	(LIBOR×3.6 亿)	8 000 000
第 3.5 年	(9 630 000)	LIBOR×3.6 亿	(LIBOR×3.6 亿)	8 000 000
第 4 年	(9 630 000)	LIBOR×3.6 亿	(LIBOR×3.6 亿)	8 000 000
第 4.5 年	(9 630 000)	LIBOR×3.6 亿	(LIBOR×3.6 亿)	8 000 000
第 5 年	(9 630 000)	LIBOR×3.6 亿	(360 000 000 +LIBOR×3.6 亿)	200 000 000 +8 000 000

注：商业信贷银行收入的固定美元支付金额的利率为每年 5.35%，即 0.5×0.053 5×＄3.6 亿＝＄963 万。商业信贷银行支出的固定英镑支付金额的利率为每年 8.00%，即 0.5×0.08×£20 000 万＝£800 万。

例 21.3　Floyds 与商业信贷银行的货币互换

假设像 Floyds 这样的大保险公司负有未偿还的债务，由于美国贸易的增长，它希望把债务换成固定利率美元债务。假设本金金额为 2 亿英镑，根据即期汇率＄1.8/£，该本金金额相当于 3.6 亿美元。因为 Flyods 希望支付美元利息给商业信贷银行，Floyds 将会以 5.35%的利率进行互换，这个利率是在银行支付 6 个月期 LIBOR 利息而收入美元时给出的。这一部分的交易是利率互换。图表 21.6 中第一部分显示了现金流。由于固定利率支付是每半年进行一次的，因此美元利息支付金额为：

0.5×0.053 5×＄3.6 亿＝＄963 万

在交易的另一部分中，Floyds 希望收入商业信贷银行的英镑利率支付款。银行将会以它的买入利率 8.00%支付给 Floyds，来交换 Floyds 的浮动利率美元支付款。图表 21.6 中的第二部分显示了交易的第二部分中的现金流量。由于固定利率英镑支付是每半年收入一次的，因此英镑利息的收入金额为：

0.5×0.08×£2 亿＝£800 万

由于这一部分交易包含了货币的交换，在互换的开始阶段和第 5 年期限结束时，全部本金都进行了交换。因此，在最后阶段，Floyds 除支付最后半年的美元利息外，还必须支付 3.6 亿美元的本金，而它会从商业信贷银行收入 2 亿英镑加上最后半年的英镑利息。请注意，第一部分中的美元 LIBOR 收入与第二部分中的美元 LIBOR 支出是相等的。因此 Floyds 通过互换，已经把固定利率的英镑债务转变为固定利率的美元债务。之后，Floyds 可以使用从商业信贷银行收入的英镑本金和利息来向债券持有人支付其英镑面值的债务。

在例 21.3 中，Floyds 愿意按照商业信贷银行提出的利率进行交易。但是由于公司债务的现金流量必定不会与金融中介报价中互换的现金流量完全相同，因而可能会出现剩余外汇交换风险。

在这一章接下来的部分，我们将假设一个引申性实例，它说明了如何通过调整互换中的现金流量来消除汇率风险。当然，首先我们考察在 20 世纪 80 年代货币互换是如何进行的。当时金融中介才开始组织这样的交易：一家公司发行一种货币的债券，之后与一家发布另一种货币债券的公司进行现金流量互换。这一实例的第一部分介绍了借款的比较优势这一重要概念。

匹配货币互换中的借款比较优势

Goodweek—Bridgerock 的情况

假设两个轮胎公司，Goodweek 和 Bridgerock，都希望发行 5 年期固定利率的债务。假定 Goodweek 希望集资约 2 亿美元，而 Bridgerock 希望集资 1 亿欧元，以现行汇率＄2/€计算相当于 2 亿美元。图表 21.7 展示了这两家公司可能会考虑发行的债券类型。

投资银行家对 Goodweek 报出的美元利率为 8.5％，对 Bridgerock 报出的美元利率为 9.5％，利息需要每年支付。两家公司都需要向银行支付 1.875％的酬金，因为银行帮助发行了债券。因此，如果 2 亿美元的债券以票面价值发行，那么两家公司的实收款为：

$$(1-0.01875)\times \$2\text{亿}=\$196\ 250\ 000$$

Goodweek 每年的息票兑现金额为：

$$0.085\times \$2\text{亿}=\$17\ 000\ 000$$

Bridgerock 每年的息票兑现金额为：

$$0.095\times \$2\text{亿}=\$19\ 000\ 000$$

债券发行的总括成本（AIC）（见第 11 章）是公司现金流的内部收益率，它以公司第 0 年的净收入作为资金注入，并以 5 年中第 1 年的息票兑现和 5 年中最后的本金偿还作为资金输出。如果 Goodweek 发行美元债务，那么它的 AIC 为 8.98％。如果 Bridgerock 发行美元债务，那么它的 AIC 为 9.99％。

图表 21.7　　Goodweek 和 Bridgerock 可能发行的债券

	美元债券发行（百万美元）		欧元债券发行（百万欧元）	
Goodweek	2 亿美元@8.5％附带 1.875％的酬金		1 亿欧元@13.5％附带 2.25％的酬金	
Bridgerock	2 亿美元@9.5％附带 1.875％的酬金		1 亿欧元@13.75％附带 2.25％的酬金	
年份	Goodweek 的现金流量	Bridgerock 的现金流量	Goodweek 的现金流量	Bridgerock 的现金流量
0	196.25	196.25	97.75	97.75
1	－17.00	－19.00	－13.50	－13.75
2	－17.00	－19.00	－13.50	－13.75
3	－17.00	－19.00	－13.50	－13.75
4	－17.00	－19.00	－13.50	－13.75
5	－217.00	－219.00	－113.50	－113.75
总括成本	8.98％	9.99％	14.16％	14.41％

注：年度现金流量的单位为百万美元或欧元。

这两家公司也有可能发行欧元面值的债务，在这种情况下，它们必须发行1亿欧元的债券来筹资2亿美元。投资银行家向Goodweek和Bridgerock报出的欧元利率分别为13.5%和13.75%。在这两种情况下，都会有2.25%的酬金，因此两家公司发行债券的收入为：

(1－0.022 5)×€ 100 000 000＝€ 97 750 000

即依现行汇率＄2/€计算为＄195 500 000。Goodweek的每年息票兑现金额将为：

0.135×€ 100 000 000＝€ 13 500 000

Bridgerock的每年息票兑现金额将为：

0.137 5×€ 100 000 000＝€ 13 750 000

图表21.7显示，如果Goodweek发行欧元债务，它的AIC为14.16%。如果Bridgerock发行欧元债务，它的AIC为14.41%。

公司应该如何选择它们债券的币种呢？我们需要考虑它们的保值动机以及不同债务的直接AIC。假设Goodweek希望拥有欧元债务，因为它通过在欧洲销售其产品有着欧元的正现金流量。欧元债务将为Goodweek欧洲销售的收益源提供部分保值。同样假设Bridgerock希望拥有美元债务，因为它通过其产品在美国的销售有着美元的正现金流量。在公司保值动机的驱使下，每家公司都会发行对其有利的币种的债券。在这种情况下，Goodweek会发行欧元债券，而Bridgerock会发行美元债券。但是正如我们在后面将展示的那样，这对于总括成本并不适用。

绝对优势与比较优势

在图表21.7中给出的债券收益率中，Goodweek在两种货币中都有着**借款的绝对优势**（absolute borrowing advantage），因为它的总括成本在两种货币中都低，但是当Bridgerock发行欧元债务时，它有着借款的比较优势。这表明Goodweek在发行美元债务上有借款的比较优势。

Bridgerock在发行欧元债务上有**借款的比较优势**（comparative borrowing advantage），这是什么意思呢？由于两家公司的借款都是有利率风险的，因此投资商要求违约风险溢价，这算在了报价利率和总括成本里。如果两家公司都借入美元，Bridgerock必须支付9.99%，与Goodweek的8.98%相比多出了101个基点。如果两家公司都借入欧元，Bridgerock必须支付的利率只比Goodweek多出25个基点——Bridgerock为14.41%，而Goodweek为14.16%。由于欧元利率比美元利率高，与美元相比，欧元相对于美元有一个折扣。因此，实际上未来的欧元基点不如未来的美元基点有价值。如果两家公司在这两种货币借款中的比较成本相等，那么欧元的基点要比美元的101个基点高，不会低于美元基点。

通过市场定价，Bridgcrock的欧元债务比美元债务划算，这就意味着Bridgerock在欧元中有着借款比较优势，而Goodweek有着美元借款的比较优势。在后面我们会探讨形成这些比较优势的可能原因。现在，我们先来看这两家公司是否有机会发行借款成本相对低的币种的债务，然后通过货币交换而受益。Bridgerock最终会发行欧元债务，而Goodweek会发行美元债务。接下来，我们来看金融中介是否能让它们成为互换双方，使两家公司相互支付利息和本金，并使得它们的总括成本低于它们通过直接借款得到所需币种的成本。最后，Goodweek会得到它需要的欧元债务，而Bridgerock会得到它需要的美元债务。

利用金融中介进行货币互换

投资银行，如Carribus银行，能否进行Goodweek—Bridgerock的货币互换并且从中赚钱呢？答案是肯定的，因为货币互换自出现到20世纪80年代中期都是以这种方式进行的。金融中介了解双方，它们能够通过互换不同币种债券的利息和本金来获得利益。金融中介会安排互换，扮演每家公司的互换方，并且最终获得可观的利益。

图表21.8和图表21.9展示了货币互换中Goodweek，Bridgerock和Carribus银行的现金流量结构。图表21.8显示了实际的现金流量，图表21.9是一个现金流量和总括成本的总结性图表。货币互换开始于两家公司发行它们的债券，债券的币种为各自有借款比较优势的币种：Goodweek向投资商发行美元面值的债券，而Bridgerock向投资商发行欧元面值的债券。

Carribus银行希望两家公司都支付与对方的债券发行相关的利息和本金，同时两家公司也会获得现金流量，现金流量金额等于公司应支付给债券持有人的利息和本金。这时必须要确定在互换的开始阶段交换的金额是多少。这一最开始的交换将决定每家公司互换的总括成本。

如果参与货币互换，Goodweek从Carribus银行收入美元利息和本金，且金额相当于Goodweek应支付给其债券持有人的现金流量。另一方面，Goodweek支付给Carribus银行欧元现金，金额与Bridgerock发行的债券相当。之后Carribus银行把这些欧元现金支付给Bridgerock，Bridgerock再支付美元利息和本金给Carribus银行，金额与Goodweek的美元债务需要的现金相当。

Carribus银行面临的挑战是：如何使这样的互换对两家公司都具有吸引力？银行可以给出一个Goodweek需要支付给Carribus银行的欧元现金流量的总括成本报价，该总括成本报价低于14.16%，也就是低于Goodweek直接支付的总括成本。银行也需要给出一个Bridgerock需要支付给Carribus银行的欧元现金流量的总括成本报价，该成本低于Bridgerock的直接借款成本的9.99%。

图表21.8　　Carribus银行作为金融中介的互换

年份	Goodweek的现金流			Bridgerock的现金流			Carribus银行的现金流	
	美元债券发行	与Carribus银行互换		欧元债券发行	与Carribus银行互换		净值	
		美元	欧元		美元	欧元	美元	欧元
0	196.25	−196.25	99.83	97.75	191.57	−97.75	4.68	−2.08
1	−17.00	17.00	−13.75	−13.75	−17.00	13.75	0.00	0.00
2	−17.00	17.00	−13.75	−13.75	−17.00	13.75	0.00	0.00
3	−17.00	17.00	−13.75	−13.75	−17.00	13.75	0.00	0.00
4	−17.00	17.00	−13.75	−13.75	−17.00	13.75	0.00	0.00
5	−217.00	217.00	−113.75	−113.75	−217.00	113.75		
AIC	8.98%	8.98%	13.80%	14.41%	9.60%	14.41%		
					Carribus银行的美元净利润为0.520 6			

注：所有现金流都以百万美元或百万欧元为单位。

如果公司通过直接借款获取它们需要的货币，这些利率便是公司的机会成本。

图表21.8显示了Carribus银行向Goodweek报价的欧元利率为13.80%和向Bridgerock报价的美元利率为9.60%。欧元利率13.80%用来贴现Goodweek支付给Carribus银行的欧元现金流。为互换通过债券发行筹集的196 250 000美元，Goodweek以13.80%的利率贴现得到99 827 517.60欧元。与之类似，以9.60%的美元利率贴现Bridgerock支付给Carribus银行的欧元现金流量。为互换通过债券发行筹集的97 750 000欧元，Bridgerock以9.60%的利率贴现得到

191 574 344美元。

在交易中Carribus银行赚了多少钱呢？在交易的最开始，Carribus银行有一笔美元的净现金流入：

$$\$196\ 250\ 000-\$191\ 574\ 344=\$4\ 675\ 656$$

以及一笔欧元的净现金流出：

$$€99\ 827\ 517.60-€97\ 750\ 000=€2\ 077\ 517.60$$

在$2/€的即期汇率下，欧元流出的美元价值为：

$$(\$2/€)\times€2\ 077\ 517.60=\$4\ 155\ 035.20$$

因此，Carribus银行得到的美元净利润为：

$$\$4\ 675\ 656-\$4\ 155\ 035.20=\$520\ 620.80$$

图表 21.9　　　　通过中介的货币互换图

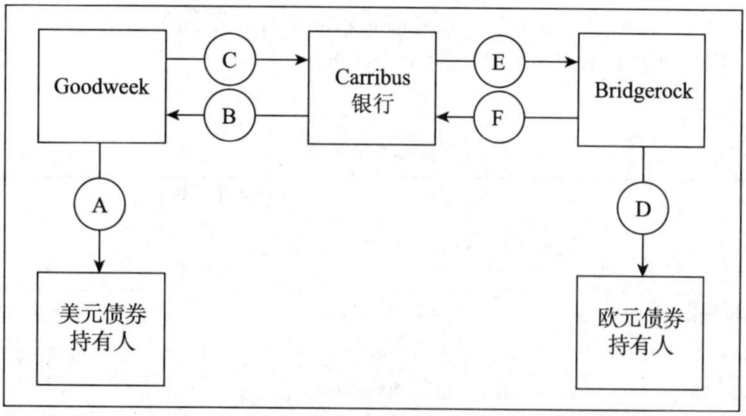

注：此货币互换图总结了收益率以及各种现金流量：

A. Goodweek向投资商以8.5%的息票发行了2亿美元债券。在支付了1.875%的酬金后，总成本为8.98%。

B. Goodweek向Carribus银行支付1.962 5亿美元的债券发行净收益，从而换得9 983万欧元，其当前价值是C中的欧元现金流价值的13.80%。Goodweek从Carribus银行获得美元利息和本金，它应支付给A中的债券持有人。

C. Goodweek向Carribus银行支付欧元利息和本金，金额与D中Bridgerock发行的债券金额相等，其总括成本为13.80%。

D. Bridgerock以13.75%的息票发行1亿欧元的债券。在支付了2.25%的酬金后，公司的总括成本为14.41%。

E. Bridgerock向Carribus银行支付9 775万欧元的债务净收益，从而换得1.915 7亿美元，当前价值相当于F中美元现金流的9.60%。Bridgerock从Carribus银行收入欧元利息和本金，这些应被支付给D中的债券持有人。

F. Bridgerock向Carribus银行支付美元利息和本金，总括成本为9.60%，相当于A中Goodweek发行的债券金额。

Carribus银行最初的欧元现金流必须为负，因为它必须促使Goodweek支付相当于Bridgerock债券的欧元利息和本金。当Bridgerock的借款成本为14.41%时，欧元债券发行的净收益等同于Goodweek将会支付给Carribus银行的欧元现金流的当前价值。但是Carribus银行不能只把Bridgerock债券发行的欧元净收益给予Goodweek，因为那会使得Goodweek的总括成本为14.41%。由于Goodweek可以以14.16%的利率直接借入欧元，因此Carribus银行向Goodweek提供的欧元必须多于从Bridgerock的债券发行中得到的收入。

Carribus银行在最初有美元的正现金流量，因为它可以保留Goodweek债券发行的部分收益，这提高了现金流的内部收益率，并向Bridgerock提供了比Bridgerock的机会成本低的美元AIC。

Carribus 银行拥有正的净现金流的原因是货币互换充分利用了两家公司的相对借款能力，这使得互换双方以及金融中介都受益。

Carribus 银行也担负着互换双方的信用风险，因此它必须为担负这种风险得到补偿。如果 Goodweek 或者 Bridgerock 停止向 Carribus 银行支付，Carribus 银行可以停止向该公司支付。根据利率和汇率的演变，其中一方会亏欠另一方一次净支付，但 Carribus 银行必须继续为交易的另一方提供金融中介服务。

互换收益的来源

在前面的例子中，和 Bridgerock 相比，Goodweek 显然在美元和欧元债券市场面临的信用风险都要小。在图表 21.10 中的上方第一组数据再次展示了不同债券发行的 AIC。Goodweek 面对的不同总括成本和 Bridgerock 面对的不同利率之间呈现出一个信贷息差（回顾第 11 章对此的讨论）。Carribus 银行能够在互换中使 Goodweek 和 Bridgerock 降低 AIC，是因为它充分利用了两家公司在美元和欧元市场的信贷息差的差别。

在美元市场中，Bridgerock 面对着与 Goodweek 的筹资相差 101 个基点的差价；在欧元市场中，这个差价只有 25 个基点。然而，正如之前暗示的那样，不同货币的绝对差价在严格意义上并没有可比性，因为在这种情况下，欧元的 1 个基点比美元的 1 个基点价值低，因为欧元的贸易打了折扣。

图表 21.10　　互换中的收益

	不同货币的筹资成本	
	美元	欧元
	互换前	
Goodweek	8.98%	14.16%
Bridgerock	9.99%	14.41%
绝对差价	101 个基点	25 个基点
倍数差价	93 个基点	22 个基点
	互换后	
Goodweek	8.98%	13.80%
Bridgerock	9.60%	14.41%
绝对差价	62 个基点	61 个基点
倍数差价	57 个基点	54 个基点

注：在互换前后，都要报告美元和欧元贷款的 AIC。绝对差价是 Bridgerock 的 AIC 和 Goodweek 的 AIC 之间的不同。倍数差价（mcsp）为：

$$(1+AIC_{Goodweek})(1+mcsp)=(1+AIC_{Bridgerock})$$

在第 11 章中，我们介绍了倍数差价这一概念，计算方法在图表 21.10 的注释中又出现了一次。我们强调各国的套利都应控制好倍数差价。在图表 21.10 中，我们展示了两种倍数差价之间有较大的不同，互换正是充分利用了相差的这 71 个基点。

首先，Bridgerock 使它的美元 AIC 从 9.99%下降到 9.60%，在美元市场中相对 Goodweek 把倍数差价降低到 57 个基点，降低了 36 个基点（=93 个基点−57 个基点）。其次，Goodweek 把它的欧元 AIC 降低到 13.80%，相对 Bridgerock 的 AIC 的倍数差价增加了 32 个基点（=54 个基点−22 个基点）。两个"利润"的总和是 68 个基点。这就剩下了 3 个基点的结余，形成了 Carribus 银行的酬金，而现在两种货币的差价几乎完全相等。我们看到 Carribus 银行只获得了一小笔酬金，银行的利润$520 620.80只是互换的2亿美元中的0.26%。

针锋相对

关于比较优势的更多内容

Ante，Freedy和Suttle去看望他们的表弟Reid，他正在参加高中辩论赛。Reid刚刚对国际贸易的功效，以及为什么外购不是大问题发表了见解。在比赛的休息阶段，Ante说："我认为比较优势是国际贸易中的一个概念，但是贝克特和霍德里克认为它为货币互换提供了动力。"

Freedy回答道："嗯，我记得比较优势是来自国际贸易的，但是我不确定它是如何起作用的。我好像记得国际贸易由不同的技术来提供动力，这些技术向国家提供专业化机会，而专业化应该会使经济状况更好。我一直觉得那有点神奇，但是其中的逻辑让我坚定地相信自由贸易。因此，如果比较优势能在贸易中起作用，为什么不能在货币互换中起作用呢？"

和平常一样，Ante与同伴相比要迟钝一些。"我是这样理解的。如果我打扫房间需要4小时，做晚饭需要2小时，而你打扫房间和做饭各需要3小时，那么就应该由你来打扫房间、我来做饭。这是个常识性的比较。但是，如果你打扫房间和做饭都要花5小时，那么你比我的生产率低，就等于所有活儿都应该由我来做了吗？"

Freedy尽量心平气和地回答："其实，我觉得你不一定比我生产率高，不过假设就是你说的那个样子，当那种情况出现时，贸易是如何进行的呢？"

这时，Suttle认为自己最好参与到这个话题中。他说："我们先来分析你们的生产率数据，再来判断谁该做什么工作。Ante打扫房间所用的时间是做饭时间的2倍（4小时和2小时），而Freedy做饭所用的时间和打扫房间所用的时间相等（5小时和5小时）。如果你们每周都有20小时的工作时间，Ante可以打扫5个房间（20小时/每个房间4小时），或者做10顿饭（20小时/每顿饭2小时），也可以分配时间每件事都干。另一方面，Freedy可以打扫4个房间（20小时/每个房间5小时），或者做4顿饭（20小时/每顿饭5小时），也可以分配时间每件事都干。"

Suttle接着说："因为Ante做饭与打扫房间的成本比值为2（每个房间4小时/每顿饭2小时），而Freedy做饭与打扫房间的成本比值为1（每个房间5小时/每顿饭5小时），所以可以说相对而言，Freedy比Ante在打扫房间上更高效。按照比较优势，Freedy应该在他的20小时里打扫4个房间，但是他应该向Ante提供打扫房间的服务，从而换得Ante做的饭。反过来，Ante应该专门做饭，但是要用部分饭来交换Freedy打扫房间的服务。比如说，你们两个可能都同意打扫一个房间相当于做1.5顿饭。Freedy应该帮助Ante打扫2个房间，从而获得3顿饭：

3顿饭＝打扫2个房间×1.5顿饭/个房间

"经过交易，Freedy得到2个打扫过的房间和3顿饭，如果这些活全部由他自己做的话，原本会花费他25个小时（打扫2个房间×每个房间5小时＋3顿饭×每顿饭5小时），但他只工作20小时。Ante则会得到2个打扫过的房间和7顿饭，如果这些活全部由他自己做，将会花费他22小时（打扫2个房间×每个房间4小时＋7顿饭×每顿饭2小时），但他只工作20小时。"

"所以，"Suttle总结道，"专业化生产你们相对高效的产品并进行交易，你们双方的生产率都会提高。秘诀就是生产你占比较优势的产品。或者，记住你应该出售对于你来说生产成本低的产品。在之前没有进行贸易的情况下，贸易最终与相对价格的差异有关。这个例子能帮助你们理解互换了吧。"

两兄弟最后明白了，多花些时间思考Goodweek—Bridgerock案例中的利率将会是有价值的。

引用兑换率的互换债券收益和息票率

之前我们注意到，互换已经成为金融商品，金融中介向大规模互换提供买卖利率报价。图表 21.11 展示了金融中介如何利用引用兑换率来实现货币互换。

图表 21.11　　在给定利率下单独交易的互换

Goodweek 的美元债券发行和现金流，与 Carribus 银行的欧元进行互换

美元债券发行		与 Carribus 银行的互换收入（+）和支出（−）			额外美元利息	额外欧元利息	实际欧元现金流
年份		名义美元	美元	名义欧元			
0	196.25	−200.00	−196.25	100.00			98.13
1	−17.00	16.50	17.00	−13.10	0.50	0.28	−13.38
2	−17.00	16.50	17.00	−13.10	0.50	0.28	−13.38
3	−17.00	16.50	17.00	−13.10	0.50	0.28	−13.38
4	−17.00	16.50	17.00	−13.10	0.50	0.28	−13.38
5	−217.00	216.50	217.00	−113.10	0.50	0.28	−113.38
AIC	8.98%	8.25%	8.98%	13.10%			13.93%

Brigerock 的欧元债券发行，与 Carribus 银行的美元进行互换

欧元债券发行		与 Carribus 银行的互换收入（+）和支出（−）			额外欧元利息	额外美元利息	实际美元现金流
年份		名义欧元	欧元	名义美元			
0	97.75	−100.00	−97.75	200.00			195.50
1	−13.75	13.00	13.75	−16.70	0.75	1.33	−18.03
2	−13.75	13.00	13.75	−16.70	0.75	1.33	−18.03
3	−13.75	13.00	13.75	−16.70	0.75	1.33	−18.03
4	−13.75	13.00	13.75	−16.70	0.75	1.33	−18.03
5	−113.75	113.00	113.75	−216.70	0.75	1.33	−218.03
AIC	14.41%	13.00%	14.41%	8.35%			9.60%

Carribus 银行的现金流

年份	从 Goodweek 收入的金额（+）支付给 Goodweek 的金额（−）		从 Bridgerock 收入的金额（+）支付给 Bridgerock 的金额（−）			
	美元	欧元	美元	欧元	美元	欧元
0	196.25	−98.13	−195.50	97.75	0.75	−0.38
1	−17.00	13.38	18.03	−13.75	1.03	−0.37
2	−17.00	13.38	18.03	−13.75	1.03	−0.37
3	−17.00	13.38	18.03	−13.75	1.03	−0.37
4	−17.00	13.38	18.03	−13.75	1.03	−0.37
5	−217.00	113.38	218.03	−113.75	1.03	−0.37
AIC	8.98%	13.93%	9.60%	14.41%		
				现值@	8.35%	13.00%
					4.48	−1.67
				美元价值	1.50	

注：所有现金流均以百万美元或百万欧元计算。

我们将继续探讨 Carribus 银行作为 Goodweek 和 Bridgerock 的金融中介的一系列问题。现在，自 Carribus 银行给出兑换率后，两家公司都单独与 Carribus 银行交易。最终结果是 Carribus 银行会再次获得两次交易的正净现值，因为它会系统地支付货币，货币利率比两家公司向它支付的要低。

这个例子与其他一般的互换相比，既有复杂的地方，也有简单的地方。这个例子复杂是因为我们要求金融中介对实际债券进行支付。标准的普通互换交易对于给定的兑换率只支付一个等量的名义上的数额，而不会尝试把优先债券发行（underlying bond issue）的现金流相匹配。如果金融中介被要求匹配债券的现金流，就像我们讨论的这个案例一样，那么互换则被认为是“场外的”，而且必须对所要求的与债券支付相匹配的补充现金流进行估价。补充支付会发生在未来的不同时期，而时期不同利率也会不同，具体取决于支付发生的时间。为了简化问题，我们假设在接下来的例子中使用的利率在所有期限都是相同的。[①]

假设 Carribus 银行给出以下 5 年固定利率和年现金流的货币互换：

美元：1 年的美元 LIBOR，买入利率 8.25%，卖出利率 8.35%。

欧元：1 年的美元 LIBOR，买入利率 13.00%，卖出利率 13.10%。

下面我们来探讨一下互换如何进行。

Goodweek 的交易

我们考虑一下，在以引用兑换率为基础的货币互换中，Goodweek 是如何与 Carribus 银行互动的。Goodweek 发行美元债券，但它希望获得欧元债务。于是，Goodweek 要求 Carribus 银行对自己发行的美元债券支付利息和本金。反过来，Goodweek 会向 Carribus 银行支付欧元面值的金额。如果 Carribus 银行使用之前报出的兑换率，Carribus 银行愿意对 Goodweek 支付的美元固定利率为 8.25%。对于 2 亿美元的本金来说，Carribus 银行应该支付的利息为：

$$0.082\,5 \times \$2\text{亿} = \$1\,650\text{万}$$

因为 Carribus 银行愿意接受欧元支付金额的既定利率为 13.10%，而且欧元本金 1 亿欧元相当于 2 亿美元，所以 Goodweek 的名义现金流的利息为：

$$13.10\% \times €1\text{亿} = €1\,310\text{万}$$

然而，普通互换并不适合 Goodweek，原因有两点。第一，Goodweek 没有 2 亿美元来交换，因为它在债券收益中只筹集到 1.962 5 亿美元。第二，Goodweek 每年必须支付1 700万美元的利息给它的债券持有人，而 Goodweek 希望从 Carribus 银行获得同样数量的金额。

因此，实际互换需要做两个调整。首先，Carribus 银行会获得 1.962 5 亿美元的债券发行收益，相应地会以 \$2/€的兑换率向 Goodweek 支付相等价值的欧元：

$$\$1.962\,5\text{亿}/(\$2/€) = €9\,813\text{万}$$

其次，Goodweek 希望 Carribus 银行对它的债券支付全部美元利息，这部分利息比 Carribus 银行在互换中的报价要高。与之对应，Goodweek 会支付额外欧元利息给 Carribus 银行。这便要求在互换中进行**基点调整**（basis point adjustment）。

① 金融中介会对不同的期限使用合适的零息票利率，以对未来的现金流进行估价。一般来说，不同期限的零息票利率也是不同的。在互换市场中，贸易商从兑换率中得出零息票利率，它们利用这个期限结构或“互换收益曲线”来对现金流进行估价。

基点调整的由来

在接下来的 5 年中，Carribus 银行每年需向 Goodweek 支付额外美元利息 50 万美元。按照 8.25%的兑换率，这笔数额的现值为 198 万美元。[1]为了计算 Goodweek 每年需支付的额外欧元利息，我们根据即期汇率把额外美元利息的现值转换为欧元。因此，我们得出欧元本金为：

$ 198 万/($ 2/€)=€ 99 万

现在我们要计算出与这个欧元本金等值的年均欧元支付，欧元利率为 13.10%。可以看出，在以 13.10%进行贴现的情况下，5 年中每年支付 28 万欧元的现值为 99 万欧元，相当于以 $ 2/€ 的兑换率、以 8.25%进行贴现的情况下，5 年每年支付 50 万美元的现值。这个额外欧元利息添加在名义利息 1 310 万欧元上，Goodweek 需要支付 1 338 万欧元的利息。这样一来，Goodweek 的总括成本为 13.93%，比直接进行欧元借款的 14.16%要少。

Bridgerock 的交易

Bridgerock 与 Carribus 银行的互换交易也是以类似方式进行的。Bridgerock 需要美元债务，但它发行的是欧元债券。Bridgerock 要求 Carribus 银行向它的欧元债券支付利息和本金，而公司向银行支付美元面值的利息和本金。

因为 Carribus 银行使用的是我们之前提到的引用利率，Carribus 银行会愿意以 13.00%的利率支付固定利率欧元给 Bridgerock。对于 1 亿欧元的本金，Carribus 银行应支付的利息为：

0.13×€ 1 亿=€ 1 300 万

由于 Carribus 银行愿意接受的美元引用利率为 8.35%，而且 2 亿美元本金相当于 1 亿欧元本金，所以 Bridgerock 的名义现金流利息为：

8.35%×$ 2 亿=$ 1 670 万

不过，普通互换对 Bridgerock 并不适用，原因有两点。第一，Bridgerock 并没有 1 亿欧元来交换，因为它在债券收益中只筹集了 9 775 万欧元。第二，Bridgerock 必须支付 1 375 万欧元的年利息给它的债券持有人，而 Bridgerock 希望从 Carribus 银行收入同样数量的金额。

因此，实际互换需要做两个调整：初始本金的调整和基点的调整。首先，Carribus 银行在获得债券发行的 9 775 万欧元收益时，相应地将以 $ 2/€ 的兑换率向 Bridgerock 支付相等价值的美元：

€ 9 775 万×($ 2/€)=$ 1.955 亿

其次，Bridgerock 会要求 Carribus 银行支付额外欧元利息，以交换 Bridgerock 付给 Carribus 银行的额外美元利息。在接下来的 5 年中，Carribus 银行每年需向 Bridgerock 支付的额外欧元利息为 75 万欧元。这一金额的现值的 13%是 264 万欧元。为了计算出 Bridgerock 每年需支付的额外美元利息，我们按照即期汇率把额外欧元利息的现值转换为美元。于是，我们得出美元本金为：

€ 264 万×($ 2/€)=$ 528 万

现在我们要计算出 5 年中与这个美元本金等值的年均欧元支付价值，美元利率为 8.35%。我

---

[1] 使用固定期限结构利率的这个假设对于按照 5 年利率计算现值有很大帮助，因为这种现金流类型与标准的 5 年债券差别很大。

们看到，5 年支付的现值为 133 万美元，当以 8.35%贴现后，相当于 528 万美元。于是，在以 8.35%进行贴现的情况下，5 年支付 133 万美元的现值相当于以 $2/€的兑换率、以 13%进行贴现的情况下，5 年每年支付 75 万欧元的现值。把这个额外美元利息与名义利息 1 670 万美元相加，我们会发现 Bridgerock 应支付 1 803 万美元的利息。这使得 Bridgerock 的总括成本为 9.60%，比它直接进行美元借款的 9.99%要低。

Carribus 银行的交易

图 21.11 的最后一部分提供了 Carribus 银行从两次互换中得到的实际美元和欧元的现金流。在货币互换最开始，Carribus 银行以即期汇率交换了相应的本金金额。Carribus 银行的美元净流入为 75 万美元，与它的欧元净流出 38 万欧元相等。

从第 1 年到第 5 年，Carribus 银行支付 1 700 万美元的美元面值利息给 Goodweek，并从 Bridgerock 获得 1 803 万美元的美元利息，美元净流入为 103 万美元。Carribus 银行也支付 103 万欧元的欧元面值利息给 Bridgerock，从 Goodweek 获得 1 338 万欧元的欧元利息，欧元净流出为 37 万欧元。在第 5 年，本金的交换在两家公司均会发生，但 Carribus 银行没有美元或欧元的净现金流，因为本金金额是相等的。

由于 Carribus 银行没有尝试对互换双方的未来现金流进行绝对的匹配，所以它要承担一些来自这两次交易的风险，因为有可能出现利率和汇率的波动。但是，由于不知道 Carribus 银行现金流的业务量，我们不知道 Carribus 银行是否还有其他风险。因为 Carribus 银行在这些交易中创造了市场，它只关心自己在所有交易中的净风险敞口。

Carribus 银行面对的是 5 年的美元和欧元的现金流，而不只是一时的，所以我们必须用未来现金流的现值来推断 Carribus 银行能够从两次交易中得到多少净收入。美元现金流入的现值可以通过兑换率 8.35%获得，因为这是银行收入美元的兑换率。美元现值为 484 万美元。从 Carribus 银行流出的欧元现金以 13%进行贴现，这是 Carribus 银行支付欧元的兑换率。欧元现值为 167 万欧元。这两种现金流的净值用美元计算为：

$$\$484\text{ 万}-[(\$2/€)\times €167\text{ 万}]=\$150\text{ 万}$$

一系列远期合约的货币互换

在刚才描述的 5 年互换中，Goodweek 按照合约会在未来不同时期支付欧元而收入美元。Bridgerock 则会在未来不同的合约规定时间支付美元而收入欧元。这些交易与长期远期合约类似。Goodweek 的交易按照 Carribus 银行的估价确定了每欧元对美元的买价，而 Bridgerock 的交易也按这个金融中介的估价确定了卖价。

但是要注意，5 年互换的结构中有 4 次货币的交换，它们以相同的隐性远期兑换率进行，而第 5 次交换的兑换率则不同。也就是说，5 次利息支付是按照相同的隐性远期利率进行的，而最后的本金归还则以最初的即期汇率进行。在不同货币利率不同的情况下，互换中的隐性远期利率与长期远期利率完全不同，我们在这一章的前面根据汇率和即期汇率的期限结构，计算了长期远期利率。为了能够理解其中的不同，以及长期互换市场存在的原因，我们来仔细看一下 Goodweek 和 Bridgerock 会如何在远期市场中对它们的交易进行套期保值。

远期保值下的欧元债券发行

Goodweek 和 Bridgerock 可以利用它们的借款比较优势，通过发行成本相对低的货币的债券和使用长期远期合约来对债券保值，获得它需要的货币面值的债务，而不是通过货币互换。在这种情形下，Goodweek 发行美元债券，并按照合约在长期远期市场用欧元购买美元，来获得资金支付美元利息和本金给债券持有人。Goodweek 会通过与金融中介，如 Carribus 银行，签订远期市场合约来抵消其未偿还的美元债务，金融中介会承诺向 Goodweek 提供美元，而公司向银行支付欧元。与之类似，Bridgerock 会发行欧元债券，并按照合约在长期远期市场用美元购买欧元，获得资金来支付欧元利率和本金。Carribus 银行向 Bridgerock 提供一系列欧元资产，而 Bridgerock 支付美元给银行，Bridgerock 从而用这些欧元资产来偿还其欧元债务。

如果 Goodweek 和 Bridgerock 都更倾向于货币互换，那么在长期远期市场的交易成本一定大于货币互换市场中的成本。图表 21.12 展示了一系列买卖远期利率，可以用来解释这个问题。未来第 k 年的买卖远期利率中点由抛补利率平价决定，通过美元和欧元兑换率的中点来计算：

$$(\$2/€)\times(1.0830/1.1305)^k$$

在我们假设利率期限结构为固定的时，这样计算是正确的。较高的欧元利率导致大量远期欧元贴现。远期市场交易成本由“差价百分比”栏中的买卖差价百分比决定，它们随期限而增加。

在图表 21.12 中，Goodweek 发行美元债券，并在即期市场以 Carribus 银行的要价 \$2.000 2/€把 1.962 5 亿美元的收益转换为 9 812 万欧元。我们使用这一要价是因为 Goodweek 在向 Carribus 银行出售美元而获得欧元。在 5 年中的第 1 年，Goodweek 用欧元向 Carribus 银行购买美元，使 Goodweek 拥有了欧元债务。这些交易按 Carribus 银行的欧元对美元买价来进行。

图表 21.12　在远期市场中保值的债券发行

	美元/欧元				Goodweek 的美元债券用欧元保值		Bridgerock 的欧元债券用美元保值	
年份	买价	中点	卖价	差价百分比（%）	美元	欧元	欧元	美元
0	1.999 8	2.000 0	2.000 2	0.02	196.25	98.12	97.75	195.48
1	1.914 3	1.916 0	1.917 6	0.17	−17.00	−8.88	−13.75	−26.37
2	1.831 6	1.835 5	1.839 3	0.42	−17.00	−9.28	−13.75	−25.29
3	1.751 6	1.758 3	1.765 1	0.77	−17.00	−9.71	−13.75	−24.27
4	1.674 2	1.684 5	1.694 7	1.22	−17.00	−10.15	−13.75	−23.30
5	1.599 0	1.613 7	1.628 4	1.82	−217.00	−135.71	−113.75	−185.23
				总括成本	8.98%	13.96%	14.41%	9.79%

注：中点远期价格为（\$2/€）×(1.083 0/1.130 5)^k，k 为未来的年数。现金流以百万美元或百万欧元计算。差价百分比为 100%×(卖价−买价)/[(卖价+买价)/2]。

我们采用这一买入率，因为 Goodweek 按合约用欧元向 Carribus 银行购买远期美元。例如，Goodweek 第 1 年的欧元支付金额为：

€888 万＝\$1 700 万/（\$1.914 3/€）

Goodweek 由这些交易引发的欧元总括成本为 13.96%。这略高于货币互换中的总括成本 13.93%，因此 Goodweek 会倾向于选择货币互换。

为了利用远期市场保值，Bridgerock 会发行欧元债券，并以 Carribus 银行在即期市场中的买入利率 \$1.999 8/€，将 9 775 万欧元收益转换为 1.954 8 亿美元。在 5 年中的第 1 年，Bridgerock 按照合约用美元向 Carribus 银行购买欧元，从而给 Bridgerock 带来了美元债务。这些交易按 Carribus 银行的美元对欧元卖价来进行。Bridgerock 在远期市场中用美元对欧元债券发行进行保值，从而产生的美元总括成本为 9.79%，略高于货币互换产生的 9.60%。因此，Bridgerock 也更倾向于选择货币互换。

货币互换的价值

正如我们之前解释过的，货币互换始于零净现值合约。但是随着时间的推移，利率和兑换率都发生了变化，货币互换为互换双方的一方带来价值正增长，却为另一方带来价值负增长。我们从 Goodweek 的角度来看。它欠 Carribus 银行欧元利息和本金，也从 Carribus 银行收入美元利息和本金。本质上，货币互换提供给 Goodweek 一个美元债券形式的资产，本金为 2 亿美元，息票利率为 8.50%，因为它收入了 1 700 万美元的利息；货币互换带给 Goodweek 欧元债券形式的债务，本金为 1 亿欧元，息票利率为 13.38%，因为它要支付 1 338 万欧元的利息。

以 B (t，\$2 亿，8.50%) 和 B (t，€1 亿，13.38%) 代表在未来某一时间 t 这些美元和欧元债券的市场价值，即期汇率为 S (t，\$/€)。那么，从 Goodweek 的角度来看，货币互换的美元市场价值为：

$$B(t, \$2\text{ 亿}, 8.50\%) - [B(t, €1\text{ 亿}, 13.38\%) \times S(t, \$/€)]$$

互换的市场价值受三种因素影响。如果美元相对欧元升值，互换的市场价值会上升，因为 Goodweek 欧元债务的美元价值下降了。如果美元利率下降或者欧元利率上涨，互换也会增值，因为这些利率变化直接影响了互换的固定现金流的现值。

Bridgerock 的情况与 Goodweek 相反。Bridgerock 欠美元利息和本金，收入欧元利息和本金。于是货币互换带给 Bridgerock 欧元债券形式的资产，本金为 1 亿欧元，息票利率为 13.75%，因为 Bridgerock 收入 1 375 万欧元的利息；互换带给 Bridgerock 一个美元债券形式的债务，本金为 2 亿美元，息票利率为 9.015%，因为它支付 1 803 万美元的利息。如果 $B(t$，\$2 亿，9.015%) 和 $B(t$，€1 亿，13.75%) 代表了在未来某个时期 t 这些美元和欧元债券的市场价格，那么从 Bridgerock 的角度看，互换欧元的市场价值为：

$$B(t, €1\text{ 亿}, 13.75\%) - [B(t, \$2\text{ 亿}, 9.015\%) / S(t, \$/€)]$$

如果美元相对贬值，美元利率上涨，或者欧元利率下降，欧元市场价值都会上升。

如果任何一家公司希望提前退出互换，哪家公司会挣钱由互换的市场价值决定。图表 21.13 说明了 Bridgerock 在互换中的市场价值，如果 Bridgerock 决定 1 年之后停止互换，那么它还剩下 4 年的利息和最终本金没有支付。即期汇率是 \$2.25/€，4 年债券的美元利率是 8%，4 年债券的欧元利率是 12%。根据这些价格，Bridgerock 预计收入的欧元现金流现值为 1.053 2 亿欧元，比票面价值高，因为欧元利率下降了。Bridgerock 应支付的美元现值已经增长到 2.067 2 亿美元，因为美元利率也下降了。按照即期汇率计算，这些现金流的欧元净价值为：

$$€1.0532\text{ 亿} - [\$2.0672\text{ 亿} / (\$2.25/€)] = €1\,344\text{ 万}$$

如果 Bridgerock 希望停止互换，Carribus 银行会支付 Bridgerock 1 344 万欧元。当然，Bridgerock 仍然没有还清其欠欧元债券持有人的债务。

请注意，我们讨论的估价变化没有考虑到信贷风险，但信贷风险在高级估计方法论中非常重要。Darrell Duffie 和 Kenneth Singleton (1997) 举例分析了这一点。

图表 21.13　　对互换进行平仓估价

Bridgerock 发行欧元债券，与 Carribus 银行互换美元		
年份	同 Carribus 银行的互换收入（+）和支出（−）	
	欧元	美元
2	13.75	−18.03
3	13.75	−18.03
4	13.75	−18.03
5	113.75	−218.03
	105.32	−206.72
	PV @ 12%	*PV* @ 8%
以 USD2.25/EUR 利率互换的欧元价值	13.44	

注：Bridgerock 将收入的欧元以 12%贴现，Bridgerock 将支付的美元以 8%贴现，即期汇率是 USD2.25/EUR。图表中数字皆以百万欧元或百万美元为单位。

货币互换的基本原理

货币互换是改变债券融资货币面值的一个交易成本低的工具。这本身并不能解释为什么货币互换市场迅速发展。货币互换市场的发展反映出国际金融系统更加一体化，同时货币互换市场的发展也促进了国际金融一体化。公司不再被束缚在所在国家的金融市场内。它们可以发行任何币种的债券，并以最低的总括成本来交换它们希望获得的货币。

在货币互换市场发展的早期，互换的使用经常是出于规则的限制或税收套利的目的。第 11 章介绍了著名的埃克森和 RJR 案例，在这些案例中，两家公司利用对日本机构投资者的某些限制，极大地降低了它们的筹资成本。这些交易的促成完全依靠互换。

各国对信贷风险的分析方法不同，与此相关的无风险收益率中的差价也不同，这也继续为降低互换中债务的成本提供了机会。当一方相对于另一方拥有借款比较优势时，双方可以先发行对他们来说成本最低的币种的债务，如果债务的货币面额不是他们需要的，之后他们再进行互换。比较优势出现了，因为各国机构的不同导致债务价格有小的差异，这取决于最终债券持有人和币种。价格不同，一部分是因为世界各地信贷风险分析的方法不同。从本质上来说，这些不同导致了市场的低效率，可以利用这种市场低效率来得到收益。其结果是一些公司发行一些币种的债券比发行另一些币种的债券更容易。

机构可以持有哪些种类的债务证券，各国的规定不同，会计和涉税规定也不同，这些也促进了互换市场的发展，提供了对特定种类债券的需求，而这些债券原本是借方可能不愿意发行的。金融中介了解到这些需求，并且了解哪些借方能够提供债务，于是进行互换，互换结果使得债券发行的借款成本降低，而金融中介也从中受益。

为什么使用互换而不使用远期合约

虽然我们解释了长期远期合约可以用来把一种货币的债券发行转换为需要的货币面值的债券，但这个融资方法并没有被广泛使用，因为长期远期市场相对流动性不大。在 1 年期之后，长期远期合约的买卖差价开始扩大。

银行也偏好互换交易，因为相关的现金流同那些债券类似，银行今后能很容易地在债券市场中为互换进行保值。换句话说，如果互换账簿中5年期内银行进账的美元过多，那么银行只需从它的业务中卖掉5年债券来平衡风险。

其他商业交易采用长期远期合约也会带来风险，由于远期合约的现金流与债券的现金流不同，银行发现很难抵消其中的风险敞口。于是它们尝试在远期市场中用另一个金融中介直接抵消贸易，把风险转嫁给其他人。如果银行对长期远期合约保值的花费高，成本会最终转嫁给合约的需求方，这使得远期合约价格更高而且不受欢迎。

21.4 平行贷款和背对背贷款

货币互换是国际金融合约中较新的一种交易方式。互换相当于以前的平行贷款和背对背贷款。这两种贷款仍然在使用，虽然它们的地位没有货币互换重要。平行贷款最初是一种保护手段，保护外国子公司的低成本筹资，避开各种政府规定，例如货币控制。这些合约的另一个促成因素是跨国公司的内部避税。

平行贷款

图表21.14是一个**平行贷款**（parallel loan）的图表。两家公司的总部分别设在两个不同的国家，每家公司都在对方公司所在的国家设有子公司，它们签订了协议。例如，一家美国母公司，Stars and Stripes公司，可能在印度尼西亚有子公司，而一家印度尼西亚公司，Java Cava公司，可能在美国有子公司。两家子公司都想借入其运营国的货币。在这种情况下，在印度尼西亚运营的Stars and Stripes子公司希望借入卢比，而在美国运营的Java Cava子公司希望借入美元。

两家子公司可以通过很多方法筹资。最直接的方法是每家公司都通过借款获得所需货币。但是如果一家子公司在国外货币市场不知名，在贷款中，它就会被评估为需支付违约风险溢价，使得贷款成本更高。第二种子公司筹资方法是母公司对子公司需要的货币进行借款，然后进行公司内部贷款。通常，母公司的信贷风险较低，因此这类贷款成本相对低，但是子公司向母公司支付的利息可能需要扣除所得税。这导致了借款的额外支出。

平行贷款避免了这些额外的支出。在我们所举的例子里，Stars and Stripes的母公司每次贷出美元给Java Cava在美国经营的子公司，Java Cava的母公司同时会将等值的印度尼西亚卢比贷给Stars and Stripes在印度尼西亚运营的子公司。因为这些贷款是发生在两个处于同一国家的运营实体之间的，也就避免了货币不能交换、外汇管理、所得税扣缴等问题。

图表21.14展示了平行贷款如何让Stars and Stripes在印度尼西亚运营的子公司借入100亿印度尼西亚卢比，以及Java Cava在美国经营的子公司借入100万美元。在汇率为IDR 1 0000/USD的情况下，这两笔借款数目是相等的。因此，Java Cava的母公司给Stars and Stripes在印度尼西亚运营的子公司100亿印度尼西亚卢比，Stars and Stripes的母公司给Java Cava在美国经营的子公司100万美元。母公司能通过许多途径筹资，包括内部产生基金、发行债券和发行股本。这样安排的两个重要特征是：（1）两个同步贷款的初始值是相等的（虽然它们的货币面值不同）；（2）贷款利率对双方来讲都是可接受的。通常我们根据每种货币的通行商业利率来把贷款利率设定为固定利率。但是，如果两家子公司的违约风险各不相同，一方或双方的母公司就可能需要出具信用担保。

图表 21.14 平行贷款图

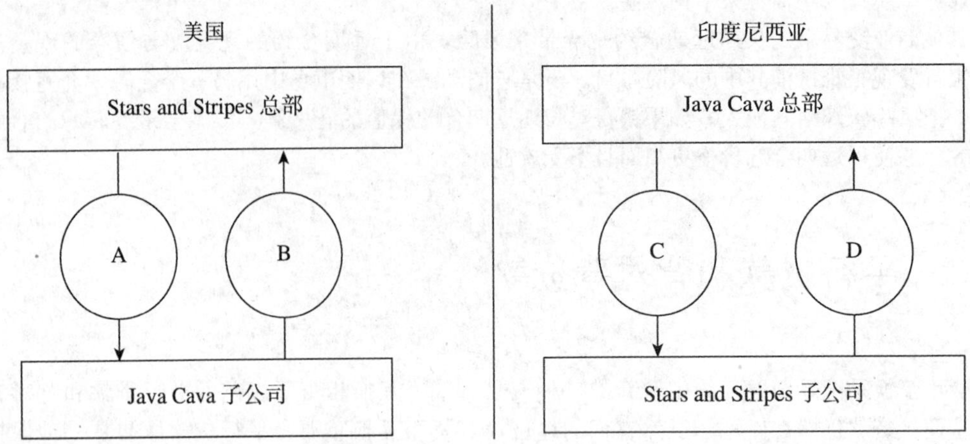

注：平行贷款图总结了交易和各种现金流：

A. Stars and Stripes 总部贷款 100 万美元给印度尼西亚跨国公司 Java Cava 在美国的子公司。

B. Java Cava 的美国子公司用美元支付 Stars and Stripes 总部 100 万美元贷款产生的利息和本金。

C. Java Cava 总部贷款 100 亿印度尼西亚卢比给在印度尼西亚的 Stars and Stripes 子公司。按照即期汇率 IDR 10 000/USD，这与 A 中的 100 万美元价值相等。

D. Stars and Stripes 在印度尼西亚的子公司以欧元面值向 Java Cava 总部以欧元支付 100 亿印度尼西亚卢比贷款产生的利息和本金。

这两项贷款对双方来说都是单独的合约义务，这意味着即使平行贷款中一方的子公司拖欠付款，另一方也必须继续偿还利息和本金。举例来说，如果 Stars and Stripes 的子公司拖欠了 Java Cava 母公司的卢比贷款，Java Cava 在美国的子公司仍需继续支付美元利息和本金给 Stars and Stripes 的母公司。平行贷款并不包含"抵销权"，即在此例中，如果有抵销权，在 Stars and Stripes 的子公司拖欠欧元贷款的情况下，Java Cava 的子公司可以停止支付美元贷款。

在许多平行贷款中，每隔一段时间就要支付利息，这些时间段长度是相同的，贷款的期限也是一样的，但本金只在贷款到期时一次性还清，而不是被摊销到整个贷款期。因为平行贷款由双方协商之后才达成协议，所以中间可能会出现一些变动。举例来说，如果某个子公司想要可变利率或浮动利率债券，那么它可能会调整贷款协议的其中一方面，将利率设定为固定溢价短期参考利率，如 6 个月 LIBOR。交易涉及本金的摊销也是可能的，但相对而言不是很常见。

补足条款

许多平行贷款包含在特定条件下需要额外的预付款或偿还本金的**补足条款**（topping-up clauses)。在整个贷款期间，两种货币间汇率的发展动向会引发这些补足条款。并不是每次汇率改变都会引发这些条款，只有当汇率变化超过预先设置的上限时，才会引发补足条款。

考虑一下这是如何在我们的实例当中发生的。假设在我们之前的例子里初始汇率是 IDR10 000/USD，1 年后，卢比贬值，与美元的汇率为 IDR11 000/USD。如果汇率超过 IDR11 000/USD且持续 30 天以上，Stars and Stripes 子公司就需要订立一项补足条款，要求 Java Cava 母公司支付额外的 10 亿印度尼西亚卢比。这使得未偿本金的比例在两项贷款中等于：

(IDR100 亿＋IDR10 亿)/USD100 万＝IDR11 000/USD

相当于执行了一个新的汇率。与此相反，如果美元贬值到 IDR9 000/USD，Stars and Stripes 子公司可能需要偿还 Java Cava 10 亿印度尼西亚卢比。在这种情况下，这两次贷款中未偿本金的比率为：

(IDR100 亿－IDR10 亿)/USD 100 万＝IDR9 000/USD

与新的现汇汇率相等。

背对背贷款

背对背贷款（back-to-back loans）在结构上与平行贷款相似，但有两个主要的区别：(1) 背对背贷款涉及跨国母公司（和子公司）间的同时贷款；(2) 背对背贷款包含抵销权。根据示例中所谈及的公司，在背对背贷款中，美国的 Stars and Stripes 母公司贷出美元给印度尼西亚的 Java Cava 公司总部。同时，印度尼西亚的 Java Cava 母公司也将等值卢比贷给美国的 Stars and Stripes 母公司。然后再由母公司提供公司间贷款给它们的子公司，这一点与平行贷款不同。背对背贷款只涉及一个单笔的贷款协议，并明文载有“抵销权”。**“抵销权”**（right of offset）条款规定，如果一方未能按约定付款，另一方可以不予支付同等价值的支付款。因为许多国家的外汇管制条例明确禁止权利抵销，平行贷款较之背对背贷款更为普遍。

图表 21.15 提供了一个背对背贷款的图示，该图表利用我们书中的跨国公司 Stars and Stripes 和 Java Cava 作为例子。因为这些交易涉及跨国界的公司间贷款，很有可能会应用到预提税。然而，背对背贷款的概念有时可被修改以使双方免交预提税。

图表 21.15　　背对背贷款示意图

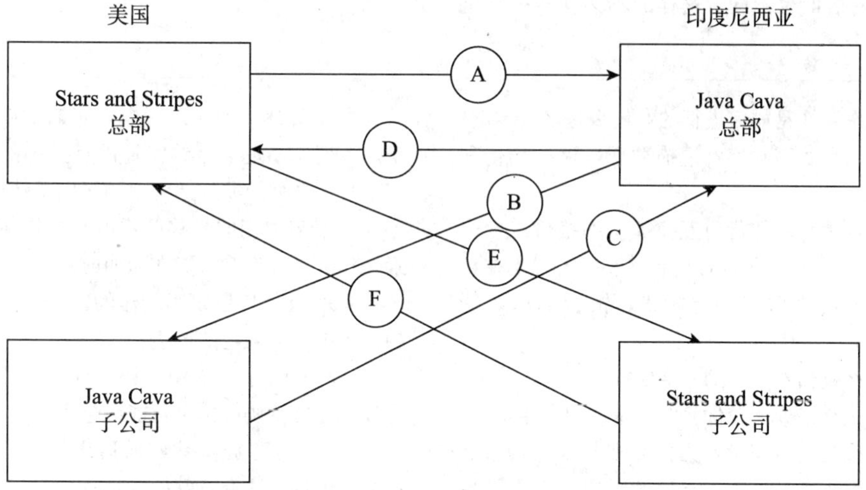

注：背对背贷款示意图总结了交易和各种现金流：

A. Stars and Stripes 总部贷给 Java Cava 总部 100 万美元。

B. Java Cava 总部提供贷款 100 万美元给其在美国的子公司。

C. Java Cava 在美国的子公司向它的总部偿还 100 万美元贷款产生的美元利息和本金，用于偿还 A 中的贷款。

D. Java Cava 总部贷给 Stars and Stripes 总部 100 亿印度尼西亚卢比。以 IDR10 000/USD 的即期汇率计算，这笔贷款与 A 中的 100 万美元等值。

E. Stars and Stripes 总部提供给其在印度尼西亚的子公司 100 亿印度尼西亚卢比贷款。

F. Stars and Stripes 在印度尼西亚的子公司偿还其总部 100 亿印度尼西亚卢比贷款产生的印度尼西亚卢比利息和本金，用于偿还 D 中的贷款。

小　结

本章分析了利率和货币互换。本章要点如下：

1. 互换的现金流与债券的现金流在结构上类似。银行在利率互换和货币互换市场充当做市商。未偿互换金额已有数十万亿美元。

2. 利率互换使公司或机构能够把固定利率债务转换为浮动利率债务，或把浮动利率债务转换为固定利率债务，银行充当金融中介。没有本金的支付。与利率互换相关的实际现金流以名义本金，即未偿款的概念金额为基础。

3. 在货币互换中，双方交换不同币种的本金，他们达成协议，以这种币种来支付和接受利息，并规定一个日期，进行初始本金金额的交换。互换的其中一个币种金额通过协商决定，另一币种的金额则由当时的即期汇率决定。

4. 可以通过货币互换来利用公司在借款中的比较优势。各国信贷风险的分析方法不同，导致各国债务的估价也不同。这样的不同使得公司能够先进行某些币种的借款，然后再利用互换得到它们需要的币种。

5. 互换市场的交易成本比长期远期市场的交易成本低，因为互换的结构使得银行能够轻松地在债券市场进行交易，通过保值减轻风险敞口。

6. 下面是一个平行贷款的例子：一家美国母公司提供美元贷款给在美国运营的一家印度尼西亚子公司，与此同时，印度尼西亚的母公司提供等价的欧元贷款给美国公司在印度尼西亚的子公司。平行贷款的结构满足了两家子公司的资金需要，而且避免了跨国不能兑换和国际税收等问题的发生。

7. 在背对背贷款中，不同国家的两家母公司彼此提供不同货币的贷款，之后再把这些钱贷给它们在国外的子公司。背对背贷款只需要单笔贷款协议，且含有平行贷款中没有的抵销权。

简答题

1. 利率互换是如何进行的？什么是名义本金？

2. 什么是货币互换？请描述现金流的结构和基本原理。

3. 银行为利率和货币互换提供的报价以 6 个月 LIBOR 作为两种交易的基准。如果银行不在利率和兑换率的动向上进行投机，银行如何才能盈利？

4. 什么是债券发行的总括成本？

5. 什么是借款比较优势？它是如何发生的？

6. 什么是基点调整？为什么把与第一货币之间的基差利率和公司需要支付的引用兑换率简单相加是不合适的？

7. 请详述，为什么一个 5 年期货币互换相当于一系列长期远期合约？货币互换中的隐性远期汇率与一系列长期远期汇率的区别是什么？

8. 随着时间的推移，货币互换价值的决定因素是什么？有没有可能在到期前停止互换？

9. 平行贷款是如何运作的？是什么推动了金融市场中这类合约的产生？

10. 在平行贷款中，补足条款指的是什么？为什么在贷款协议里有可能会包含这一类条款？

11. 背对背贷款是如何运作的？是什么推动了金融市场中这类贷款的发生？

应用题

1. 通用汽车公司想要把＄15 000 000 的固定利率债券互换成浮动利率债券，为期 3 年。假设固定利率是 8.625%，且浮动利率是美元 LIBOR。通用公司半年的利息收益是多少？它又将支付多少？

2. Searle 公司是一家美国公司，拥有相当可观的欧元资产。它正在考虑通过货币互换将一笔 1 000万美元的美元债券互换为等额的欧元债券。假设互换期限为 8 年，Searle 公司 8 年期美元债券未偿款的利率是 11%，欧元债券利率为 9%。当前即期汇率为＄1.35/€。如何建立互换？

3. 在7年期限中，市场确定了美国国债的价格，到期收益率为每年7.95％。芝加哥第二银行声明，它将以固定利率支付美元，固定利率为国库券收益率加上55个基点，来交换美元LIBOR的收入，银行也将以固定利率收入美元，利率为国库券收益率加上60个基点，来交换美元LIBOR的支付。假设你与芝加哥第二银行进行利率互换，如果你支付固定利率，收入浮动利率，那么你的现金流是怎样的？

4. 瑞士联合银行集团的交易台对5年期互换与6个月期美元LIBOR的报价如下：

美元：买价8.75％，卖价8.85％。

瑞士法郎：买价5.25％，卖价5.35％。

你想将本金为25 000 000瑞士法郎（CHF）的债券互换为固定利率的美元债券。UBS会以怎样的费率来进行这笔交易？如果当前的汇率是CHF1.3/USD，那么现金流是怎样的？

5. 假设Viacom公司能够发行100 000 000美元的美元债券，总括成本为9.42％，而Gaz de France公司可以发行100 000 000美元的美元债券，且总括成本为10.11％。假定汇率为＄1.35/€。如果Viacom公司发行与100 000 000美元等值的欧元面值债券，它的总括成本将为8.27％；另一方面，如果Gaz de Franc公司发行欧元面值债券，它的总括成本将为9.17％。哪家公司在欧元借款中有比较优势？为什么？

6. 假设在第5题中，由于货币风险的关系，Viacom公司可能希望拥有美元债券，而Gaz de France公司偏向于拥有欧元债券。那么，一个投资银行怎样才能构建起一个货币互换，从而使得两家公司都能发行它们占有比较优势的货币债券，并兼顾公司在应对货币风险上的偏好？

7. 假设索尼公司有一个机会可以发行100 000 000美元5年期的美元债券。日本野村控股公司和高盛投资银行在处理债券发行时会收取1.875％的手续费。投资银行已告知索尼公司，如果它们的优惠利率为8.5％，债券的费用将与票面价值等值。作为东大银行的互换交易商，你一直就5年期互换交易报价如下：

美元：买价8％，卖价8.10％（6个月美元LIBOR）。

日元：买价4.50％，卖价4.60％（6个月美元LIBOR）。

索尼公司愿意发行美元债券，但更偏向于拥有固定利率的日元债券。如果东大银行获得了发行美元债券的收益，付给索尼公司相等数目的日元，且东大银行同意支付美元利息连同索尼公司的美元债券，那么东大银行将收取索尼公司多少日元利息？索尼公司在日元方面的总括成本是多少？当前即期汇率为￥98.50/＄。

8. 假定你进行了一年的第4题中描述的交易。假定新的即期汇率为CHF1.45/＄，且瑞士联合银行目前报出的4年期互换利率为：

美元：买价7.50％，卖价7.60％（6个月美元LIBOR）。

瑞士法郎：买价6.75％，卖价6.85％（6个月美元LIBOR）。

如果你停止了第4题中的互换交易，你将面临的美元净现金流是多少？解释一下为什么这样计算。可以假定两种货币中利率的期限结构是固定的。

9. 假设你是一个澳大利亚跨国公司在新加坡的子公司的首席财务官（CFO），你想借入25 000 000新加坡元来进行工厂扩建。当前的汇率是SGD1.5/AUD。如果直接借入资金，预期新加坡元的长期贷款利率将为13％。你们澳大利亚的母公司可以以利率11％借入澳元。你的投资银行顾问建议你考虑与一个在澳大利亚拥有子公司的新加坡跨国公司进行一项平行贷款，而不从新加坡直接借款，而且你的投资银行顾问已为你找到一家新加坡船务公司，这家公司在澳大利亚的子公司正想以12.5％的利率发行澳元债券。这家船务公司可以以10％的利率进行新加坡元借款。你认为有没有可能进行这项平行贷款？贷款结构将会是怎么样的？

10. 在第9题中，如果进行一项背对背贷款，结构会是怎么样的？其优点和缺点是什么？

参考文献

Apedjinou, Kodjo M., 2004, "What Drives Interest Rate Swap Spreads," Columbia Business School working paper.

Bank for International Settlements (BIS), 2004, *Central Bank Survey of Foreign Exchange and Derivatives Market Activity*, Basel, Switzerland: BIS.

Das, Satyajit, 1989, "Currency Swaps," in Boris Antl, ed., *Management of Currency Risk*, London: Euromoney Publications PLC.

Duffie, Darrell, and Kenneth Singleton, 1997, "An Econometric Model of the Term Structure of Interest Rate Swap Yields," *Journal of Finance* 52, pp. 1287-1323.

Fabozzi, Frank J., 1993, *Bond Markets, Analysis and Strategies*, 2nd ed., Upper Saddle River, NJ: Prentice Hall.

Faulkender, Michael, 2006, "Why Are Firms Using Interest Rate Swaps to Time the Yield Curve?" manuscript, Olin School of Business, Washington University, St. Louis.

In, Francis, Rob Brown, and Victor Feng, 2003, "Modeling Volatility and Changes in the Swap Spread," *International Review of Financial Analysis* 12, pp. 545-561.

International Swaps and Derivatives Association (ISDA), 1999, *ISDA 1999 Collateral Review*. New York: ISDA.

International Swaps and Derivatives Association (ISDA), 2002, *ISDA 2002 Master Agreement Protocol*. New York: ISDA.

International Swaps and Derivatives Association (ISDA), 2006, *ISDA 2006 Margin Survey*. New York: ISDA.

Johannes, Michael, and Suresh Sundaresan, 2007, "Pricing Collateralized Swaps," *Journal of Finance* 62, pp. 383-410.

Li, Haitao, and Connie X. Mao, 2003, "Corporate Use of Interest Rate Swaps: Theory and Evidence," *Journal of Banking and Finance* 27, pp. 1511-1538.

Lowenstein, Roger, 2000, *When Genius Failed: The Rise and Fall of Long-Term Capital Management*, New York: Random House.

术 语 表

借款的绝对优势（absolute borrowing advantage） 是指一家公司在两种货币中任一种货币的总括成本都低于另一家公司的总括成本的情形。

绝对购买力平价理论（absolute purchasing power parity） 该理论认为应该调整汇率使得两种货币在国内外的购买力相同，即各国之间的汇率，也就是每单位外国货币兑换若干本国货币，应该与各国之间价格水平的比率相一致。

从价税（ad valorem duties） 按照出口价格的一定百分比征收关税。

美国存托凭证（ADR）（American depositary receipt） 美国存托凭证是一种可在美国证券交易所交易的外国公司的股票凭证，是外国公司将一定数额的股票委托美国存托银行在当地发行代表股份的存托凭证，之后便可在美国证券交易所交易。

联属银行（affiliate bank） 一家银行部分为外国母行所拥有，但不受其控制。

代理成本（agency costs） 指由于所有权和经营权的分离而导致公司所有者支付的成本。

总括成本（AIC）（all-in cost） 贴现率或内部收益率等于发行者净收益（面值减去费用）的未来本息的现值。

美式期权（American option） 是指期权买方可以在购买日至到期日期间随时决定是否行使权利的一种期权。

美式报价（American quote） 外国货币的美元报价，即购买一单位外国货币所需美元数量。

调整后净现值（ANPV）（adjusted net present value） 一种资本预算技术，可对某一家公司或某个项目进行分段测算，先将权益自由现金流贴现，然后加上财务风险和成长期权的现值。

升值（appreciation） 在讨论汇率变化时，一种货币相对于另一种货币来说价值增加或上升了。

套利定价理论（APT）（arbitrage pricing theory） 一种资产定价模型，其基本假设是证券的收益率受到多个经济因素的影响，即证券收益率与因子之间具有线性关系，通过计算这种关系可以得到预期收益。

套利（arbitrage） 通过同时买入和卖出相同数额的资产或商品获取无风险盈利的过程。

东盟（东南亚国家联盟）（Association of Southeast Asian Nations） 是一个地区性经济和政治组织，旨在促进成员国间的贸易和投资。成员国主要有文莱、柬埔寨、印度尼西亚、老挝、马来西亚、缅甸、菲律宾、新加坡、泰国和越南。

卖价汇率（ask rate） 交易方愿意出售一种货币以购买另一种货币的价格（汇率）。也称为要约价。

资产证券化（asset securitization） 是指将各种资产或债权组合包装成证券形式销售给第三方。

资产替代（asset substitution） 是指管理者依股东利益行事，投资一个可能降低企业价值但可以增加股东价值的高变动性项目。

保兑（aval） 是指通常由政府或银行为进口商

的债务提供不可撤销的担保。

平均价期权（average-rate option） 是亚式期权的一种，到期时的回报将取决于在特定期限内基础资产的平均价格。

银行承兑汇票（B/A）（banker's acceptance） 一种远期汇票，由银行签字盖章签发并保证在到期日承兑汇票金额。

背对背贷款（back-to-back loan） 是一种与平行贷款类似的贷款协议，但背对背贷款是两个国家的母公司互相直接贷款（包括抵销权），然后将贷款分给各自不同国家的子公司。若协议的一方违约，另一方有权抵销应尽的义务。

贝克计划（Baker plan） 是一项1985年制定的旨在处理发展中国家债务危机的第二阶段工作计划。它在很大程度上依赖于私营商业银行和世界银行向发展中国家提供一定数额的新贷款作为交换，要求这些国家按照国际货币基金组织（IMF）制定的指导方针改变它们的经济政策。

资产负债表保值法（balance-sheet hedge） 是一种通过调整企业外币收入的债权债务，从而达到减少或避免外汇风险的方法。

银行交易所（banker's bourse） 以银行作为主要证券交易者（有时只有银行参与）的证券交易市场。

界限型期权（barrier option） 是一种具有附加条件的期权，此类期权的生效或失效取决于标的物的汇率是否触及定界汇率。

《巴塞尔协议》（Basel Accord） 是十国集团之间签署的一项协议，规定了国际活跃银行的资本要求。

基点调整（basis point adjustment） 互换外汇信贷的客户方改变利率的过程，当客户想要从银行收到不依赖银行所报利率的利息现金流，客户不以银行所报的利率进行支付。

基差风险（basis risk） 该风险是由当前的现货价格和期货价格之间的差异或对冲期货的到期日与期货合约的到期日的不一致引起的。

篮子货币（basket of currencies） 是指由多个国家的货币编制成的一种综合货币单位。

贝塔系数（beta） 贝塔系数是用以度量一项资产的系统性风险的指标，是资本资产定价模型的参数之一。指用以衡量一种证券或一个投资证券组合相对于总体市场的波动性的一种证券系统性风险的评估。

买价汇率（bid rate） 交易方愿意购买一种货币以交换另一种货币的价格（汇率）。

买卖价差（bid-ask spread） 买价和卖价之间的差价。买卖价差是期货庄家的利润来源。

双边净额结算制（bilateral netting system） 也叫双边轧差结算系统（bilateral net settlement system），是一种支付系统，交易双方按照轧差得到的净额互相进行交收。

国际清算银行（BIS）（Bank for International Settlements） 位于瑞士巴塞尔的一个国际组织，该组织致力于促进国际货币和金融的稳定，为各国中央银行提供服务。

双边投资协定（BIT）（bilateral investment treaty） 两国之间为鼓励国际投资而签署的协议，协议双方承诺相互尊重并保护在对方领土上的投资。

提单（bill of lading，B/L） 是船运公司向出口商签发的一种合约，并保证将出口商货物承运到其目的地。

冻结资金（blocked funds） 当东道国政府禁止外国货币流出本国时，跨国公司将遇到这种问题。

国际收支（BOP）（balance of payments） 一个国家的居民、企业和政府与其他国家的居民、企业和政府在一定时期内，如一个月、一个季度或一年内的总交易额。

布雷迪债券（Brady bonds） 根据以本金和部分利息作为抵押的布雷迪计划，一些国家所发行的债券。

布雷迪计划（Brady Plan） 由美国财政部长尼古拉斯·布雷迪（Nicholas Brady）1989年制定的一项综合计划，旨在解决发展中国家债务危机。该计划对银行施加压力，要求取消发展中国家的部分债务，同时还要求扩展旨在实现债务减免的二级市场交易。

《布雷顿森林协议》（Bretton Woods agreement） 第二次世界大战末期由44个联盟国家签署的一项协议，该协议于1944年获得批准。它建立了一个国际货币体系的监管机构，在这一体系中美元与黄金挂钩，成员国货币与美元挂钩，固定汇率为每盎司黄金价格35美元。该体系于1971年瓦解。

回购（buyback） 在一项协议中，实物资本出口商同意从进口商处买回由其提供的机械设备所生产制造的产品，以抵偿进口商的付款。

买方信贷（buyer credit） 一种国际融资方法。当进口大量固定设备时，出口商安排一家金融机构向进口商提供信贷，用以支付进口货款。

资本分配线（CAL）（capital allocation line） 在无风险资产和单一风险资产之间进行资本分配时所引起的预期报酬与标准差之间的所有可行性风险报酬

组合。

看涨期权（call option） 参见外汇看涨期权。

出口的自相残杀（cannibalization of exports） 当由外商直接投资于一个外国市场以及原来向该市场出口的商品无法在别的地方进行销售时，所导致的可能的出口收入损失。

资本账户（capital account） 用于统计资本国际收支的账户，其中包括国内居民对国外资产的买卖以及国外居民对国内资产的买卖。

资本管制（capital controls） 限制资本流入和流出一个国家的一套法规。

资本支出（capital expenditures） 为了以后的盈利，企业在厂房和设备方面的投资。

资本外逃（capital flight） 指本国资金流向国外。资本外逃通常与一个国家可能的货币贬值或政府的其他行动有关，这些行动将造成该国投资者的财富损失。

资本流入（capital inflow） 资本从国外流入本国，即国外居民购买本国资产如股票、债券或房地产，或国内居民出售外国资产。

资本流出（capital outflow） 资本从国内流向国外，即国内居民购买其他国家的资产如股票、债券或房地产，或外国居民出售国内资产。

资本资产定价模型（CAPM）（capital asset pricing model） 一种资产风险溢价定价模型，其资产风险溢价的期望回报率大于无风险回报率。资产风险溢价就是市场组合的贝塔系数与市场组合的风险溢价的乘积。

利差交易（carry trade） 借入低收益率的货币，然后用其购买高收益率的货币，借此赚取利差（或在期货市场买入有相对较高收益率的货币）。

集中债务计价货币（centralized debt denomination） 一家跨国公司（MNC）借入一家公司的本国货币。

分析证明（certificate of analysis） 一种可证实装运货物特征的证明文件。

原产地证明（certificate of origin） 表明所装运货物来源的证明文件。

商品期货交易委员会（CFTC）（Commodity Futures Trading Commission） 监管美国期货交易的政府机构。

银行间支付体系清算所（CHIPS）（Clearing House Interbank Payments System） 以美元为计价货币进行资金转账和结算的一种电子支付系统。

无条件承兑（clean acceptance） 一种出口信贷形式，银行同意承兑由出口商提交的一定数量和金额的定期汇票。银行立即将汇票贴现来为出口商提供融资，而出口商在到期日支付银行汇票的面值。

清洁提单（clean bill of lading） 一种运输合约，表明承运人在接收/装船时，该货物的表面状况良好。

清算协议（clearing arrangements） 指含有信用的易货贸易。

清算所（clearinghouse） 指期货交易所的一个代理机构或独立公司，既是清算所会员卖方的买方，同时又是清算所会员买方的卖方。清算所还从事交易账户的结算、预收保证金、管理交割，并报告交易数据。

清算所会员（clearing member） 交易清算所的会员通常为一家公司，为其客户提供财政担保，并负责客户的交易清算。

封闭式基金（closed-end fund） 以一定价格在股票交易所交易的一种投资基金，其价格可能不同于其管理的资产组合的净资产价值。

商业发票（commercial invoice） 出口商向进口商所出具的商业文件，包含对货物的详细描述，包括单价、数量和销售的金融条款。

比较优势（comparative advantage） 比较优势的观点认为当各国都集中生产其具有相对较高生产率的产品时，这种国际贸易将使各国的状况都有所改善。

借款的比较优势（comparative borrowing advantage） 是指一家公司的总括成本比率在两种货币借款中都低于另一家公司的总括成本比率的情形。

补偿贸易（compensatory trade） 一种复杂的对销贸易。

复利（compound interest） 将上一期的利息并入本金重复计息。

条件期望（conditional expectation） 今后事件的加权平均概率，例如今后的汇率，也是这个变量的条件概率分布的平均值。也称为条件均值。

条件均值（conditional mean） 参见条件期望。

条件概率分布（conditional probability distribution） 基于一个时间点所设定的信息，描述今后可能事件及其相应的发生概率。

条件标准差（conditional standard deviation） 一个特殊变量的条件概率分布的方差的平方根，如通货升值率。当应用于财务收益时，经常被称为条件波动率。

条件波动率（conditional volatility） 参见条件标准差。

保兑信用证（confirmed D/C） 指由另一家银行（通常是出口商即受益人所信任的银行）对开证行开立的跟单信用证加附保证兑付汇票的信用证。

领事发票（consular invoice） 在与进口国当地领事馆协商后，由出口商填写的一份文件。用于为进口国海关提供信息，目的在于防止在申报过程中对货物的价值造假。

兑换（conversion） 在远期市场上购买外币，然后以带有期权的综合远期合约将其卖出。

可转股债券（convertible bond） 一种公司债券，在到期前可以转换为该公司一定数量的普通股。

累进税制（convex tax code） 一种税制，即对于高收入征收高税率，而对于低收入则征收低税率。

公司治理（corporate governance） 控制公司股东和其管理层之间关系的一种法律和金融结构。

相关系数（correlation） 介于−1和1两个数字之间的关系，表明两个变量的随机变化的相关程度。

代理银行（correspondent bank） 为在特定国家没有分支机构的金融机构提供代理服务的银行。

财务困境成本（costs of financial distress） 与破产成本相关的法律费用、咨询费和查账费导致公司价值的损失，以及与公司破产可能性相关的间接损失导致公司价值的损失。

互购（counterpurchase） 一种类似于回购的贸易活动，区别是出口商同意购买并非由进口商生产的货物。

对销贸易（countertrade） 是以货物或劳务而不必以货币作为交换媒介的一种国际贸易方式。

国家信贷息差（country credit spread） 是指一个发展中国家以一种国际货币发行的债券收益与发行国际货币国家的政府债券收益之差。这个息差反映了国家主权风险。

国家基金（country fund） 是一种投资于个别国家股票市场的封闭式基金。

国家风险（country risk） 一个国家的政治环境及其经济和金融环境可能会对一家公司的现金流带来风险。

国家风险溢价（country risk premium） 投资者在政府债券方面要求超过无风险利率的额外收益，以保护他们免于政治风险。

国家风险等级（country risk rating） 对于可能影响公司运行的各种不同组织造成的政治和经济事件进行评估。

协方差（covariance） 两个随机变量平均值偏差的乘积的加权平均概率，用于测量两个随机变量是如何一起变动或共变的。

抛补利率套利（covered interest rate arbitrage） 利用来自抛补利率平价造成的偏差所进行的套利行为。

抛补利率平价（covered interest rate parity） 即期汇率和远期汇率以及与这两种货币相关的名义利率之间的非套利关系。

爬行钉住汇率制（crawling peg system） 一种目标区汇率制。一国对货币平价进行经常性的、细微的调整，通常是为了应对通货膨胀的波动。

信用评级（credit rating） 由信用评级公司提供的一种评级，它表明一个公司或政府借款人的信用度。

信用利差（credit spread） 一个公司借款人和政府借款人在一项具有类似到期日的证券上的借款成本之差。

贷方交易（credit transaction） 在国际收支平衡表中，能够带来外国资金收入的交易；换句话说，任何能够带来外币流入或来源的交易。

跨货币结算风险（cross-currency settlement risk） 在外汇交易中，尽管金融机构已经从交易方收到了一种货币，但却无法向交易的另一方交付另一种货币所导致的风险。也称为赫尔斯塔特风险。

交叉持股（cross-holding） 一家公司拥有另一家公司股票的做法。

交叉上市（cross-listing） 一家公司在其总部所在国家之外的交易所上市的做法。

交叉汇率（cross-rate） 两种非美元货币间的兑换率。

货币局（currency board） 一种汇率制度，国内货币的基础货币100%受到外汇储备的支持，完全可以根据需求以固定的汇率转换为储备货币。

货币互换（currency swap） 是指交换双方就货币交换所达成的一项协议，所交换的是两笔金额相同、期限相同、计算利率方法相同的资金，双方各自支付其所收到的货币的利息和本金。

货币权证（currency warrants） 一种由大公司发行并经常在交易所进行交易的有较长期限的外币期权。

经常账户（current account） 国际收支平衡表中的主要账户。记录了货物和劳务交易、与资产收入流有关的交易以及单边转移。

期权组合（cylinder option） 一份买方能够指定特定交易范围的合约，以便一旦未来的即期汇率下降而超出范围时，买方可在限定的范围之内进行交易。

与远期合约有所不同，该合约设定了交易范围，使得买方能够预先付款或收款以便订立合约。

承兑交单方式的跟单托收（D/A documents against acceptance） 一种国际贸易方式，装运单据在交付进口方之前，出口方开具汇票，通过托收行向进口方提示，进口方对汇票进行签字、签署日期以及承兑。进口方在到期日支付汇票面值。

借方交易（debit transaction） 国际收支账户中，任何导致向外国人付款的交易，即导致外币流出或被使用的任何交易。

债务回购（debt buyback） 一个国家以一定折扣购买其未偿贷款。

债务危机（Debt Crisis） 20 世纪 80 年代，许多发展中国家无力偿还银行贷款后所引发的经济和金融危机，这次危机用了十年时间才得以缓解。

债务—股权互换（debt-equity swap） 跨国公司以一定的折扣价购买原债权人拥有的一个国家的债务，并与该政府协商以当地货币支付此债务作为交换，然后使用当地货币在该国进行产权投资。

分散债务计价货币（decentralized debt denomination） 跨国公司借入与其财务收入币种相同的债务。

赤字（deficit） 在国际收支核算中，账户的贷方金额大于借方金额的情形。

通货紧缩（deflation） 当价格下降时，价格水平的变化率。

需求曲线（demand curve） 假定某种产品价格相对固定时，一种表示消费者需求量的函数。

公司化（demutualization） 一般指一家公司由非营利性会员制组织转变为营利性的投资者所有制公司，通常为上市公司。

密度函数（density function） 描述概率分布的数学公式。

折旧（会计）［depreciation（accounting）］ 与法人所得税相关的厂房和设备支出方面的会计扣除。

贬值（depreciation） 在讨论汇率变化时，一种货币相对于另一种货币价值的下降。

衍生证券（derivative securities） 金融合约，如远期、期货、期权、互换，这些金融衍生品的价值取决于标的资产的价格，如汇率、利率或股票价格。

贬值（devaluation） 固定汇率的变化，外币对本国货币的兑换价格有所提高从而降低本国货币的价值。

贬值溢价（devaluation premium） 特定货币利率部分反映其相对另一种货币的预期贬值。

数位型期权（digital options） 一种期权合约，在满足一定条件时，比如当即期价格低于协议价格时，将获得一定数量的现金或资产作为报酬。

直接报价（direct quote） 指以一定单位的外国货币为基准，将其折合为一定数额的本国货币的标价方法。

肮脏浮动汇率制（dirty float currency system） 一种浮动汇率制度，在这种制度下中央银行通过购买和销售其货币来影响外汇交易价格从而干预外汇市场。

贴现率（discount rates） 指将未来预期收益折算成现值的比率。

跟单托收（documentary collection） 一种银行参与其中的国际贸易方式，出口商在进口商支付货款或在法律上确定其一定会支付货款之前保留对货物的控制权。

跟单信用证（documentary credit） 一种国际贸易方式，进口方与出口方之间的商业银行在进出口双方符合特定要求后为出口方提供担保，确保出口方能够获得付款。在美国，也称为信用证（L/C）。

美元化（dollarization） 使用外币代替本国货币作为支付和储蓄手段的一种现象。

国内债券（domestic bonds） 在一个国家内单独发行并交易，并以该国货币计价的债券。

国内 CAPM（国内资本资产定价模型）（domestic CAPM） 指资本资产定价模型的一种应用。它假定一国的资产只是由居住在该国内的投资者持有，以便使市场组合成为一种本地市场指数。

付款交单（D/P）托收［D/P（documents against payment）collection］ 指出口方在委托银行收款时，指示银行只有在付款人（进口方）付清货款时，才能向其交出货运单据，即交单以付款为条件。

存单（DR）［DR（depositary receipt）］ 指代表在外国证券交易所上市的一家公司的特定数量股份的一种股票证书，该证书由发行存单的存托银行保管。

龙债券（dragon bond） 指一种（日本以外的）亚洲银团发行的以（日本以外的）亚洲市场为目标的欧洲债券。

双币债券（dual-currency bond） 指用一种货币如日元发行的纯粹定息债券。它用同一货币支付息票利率，但是承诺在到期时用另一种货币如美元来偿还本金。

提前履约（early exercise） 指在到期之前履行某一美式期权。

EBIT（息税前利润）［EBIT（earnings before interest and taxes）］ 收入减去销货成本减去销售和管

理费用减去会计折旧。

经济敞口（economic exposure） 实际外汇风险。

ECU（欧洲货币单位）［ECU（European Currency Unit）］ 欧洲货币体系中的一种历史性一篮子货币，该一篮子货币是由12种不同的欧洲货币组成的。

《埃奇法》银行（Edge Act bank） 指经联邦政府特许的美国银行的附属银行，该银行位于美国境内，但是被允许从事所有国际金融活动。该银行可以从国外客户手中接受存款，投资国际贸易，转移国际资金，甚至拥有美国公司的股权。

EEC（欧洲经济共同体）［EEC（European Economic Community）］ 指由六国（比利时、联邦德国、卢森堡、法国、意大利和荷兰）在1957年签订的《罗马条约》中所达成的一项协议，该协议旨在消除各国之间的贸易障碍，打造一个"共同市场"。

有效边界（efficient frontier） 预期收益相同的风险最小组合和风险相同的预期收益最大组合的集合。

弹性（elasticity） 指随着某一产品相对价格的百分比的变化，产品需求数量百分比的变化，但是这一变化的数值一般被定义为正数。

合格银行承兑（B/A）（eligible B/A） 指满足联邦储备委员会要求的银行承兑，并且不因此而要求银行为银行承兑汇票而持有储备。

新兴市场（emerging markets） 指在资本交易中发展中国家的股票市场，或者更宽泛地说，是指这些发展中国家本身。

EMS（欧洲货币体系）（EMS（European Monetary System）） 指在1979年为欧盟国家的货币而创立的目标区制度，旨在防止彼此间出现大的货币波动。它在1999年被货币联盟所替代。

股票市场自由化（equity market liberalization） 指一项允许外国资金投资于本地股票市场并允许本地投资者到国外投资的政策。

股权风险溢价（equity risk premium） 一般来说，指某股票的收益率超过无风险收益率的期望收益，特别是，市场组合的期望额外收益。

ETF（交易所交易基金）［ETF（exchange-traded fund）］ 指在某一交易所交易的投资基金，通过少数机构投资者进行的套利活动，该基金的价格紧跟投资组合的价值。

EU（欧盟）［EU（European Union）］ 指一个由27个欧洲国家组成的政府间国际联盟，该联盟是根据《马斯特里赫特条约》于1992年成立的，旨在促进经济和政治一体化。

欧洲银行（eurobank） 指一家在欧洲货币市场运营的银行，为其他金融机构、公司、主权国家和国际组织提供短期贷款和欧洲信贷延期。

欧洲债券（eurobond） 指一种以一种或多种货币为计价单位但在这些货币发行国边境以外的境外市场交易的国际债券。

欧洲信贷（eurocredit） 指由财团向银行、公司、政府、国际组织担保的长期贷款；通常是以高于LIBOR（伦敦银行同业拆借利率）的息差发行的长期贷款。

欧洲股权市场（euro-equity market） 指在多个外国市场发行股票的市场。有时也同时在国内市场发行股票。

欧洲中期票据（Euro-MTNs，Euro-medium-term notes） 指与欧洲票据相似的票据，但是它的有效期更长一些，在9个月到10年之间。

欧洲票据（euronotes） 指由一家国际银行向借款人发行的有效期为某一特定期限（5～7年）的短期的、可议付的本票。它们比浮动利率票据更具有弹性，并且通常比辛迪加贷款便宜。

欧式期权（European option） 指一种只有在到期日才能被执行的期权。

欧式报价（European quote） 指一种汇率报价，该报价用购买1美元所需的外币金额来表示。

欧元区（eurozone） 指把欧元作为它们国家单一货币使用的国家集团。

外汇管制（exchange controls） 指干预外汇买卖的政府管制（例如，外汇交易的税收或配额等）。

汇率（exchange rate） 指两种货币的相对价格，如日元相对于美元的价格，美元相对于英镑的价格，或墨西哥比索相对于欧元的价格等。

汇率传递（exchange rate pass-through） 指导致产品价格变化的一定的汇率变化量。

执行价格（exercise price） 参见协议价格。

进出口银行（Ex-Im Bank） 指美国进出口银行。是一家旨在促进美国出口并为出口企业提供融资的独立的美国政府企业。

奇异期权（exotic options） 是指在报酬模式和特征上，与基本的看涨期权和看跌期权有所不同的期权。

预期假设（expectations hypothesis） 指期限结构理论，该理论认为，长期利率是现有的短期利率和预期的未来短期利率的加权平均值。

期望值（expected value） 指未来事件的概率加权平均值。

出口保理商（export factor） 指一种为出口商提供融资、信用风险调查和应收账款催收服务的公司。

出口（exports） 指把国内货物和服务销售给国外居民。

征用（expropriation） 指政府没收其财产，无偿地收归公用的行为，典型做法是将私营企业变为国有企业。

境外货币市场（external currency market） 指经营一些境外货币的银行间同业拆借市场，这些境外货币是指该银行所在地以外国家的货币。

外部股权市场（external equity market） 参见欧洲股票市场。

（货币）国外购买力［external purchasing power (of a currency)］ 指本国货币在外国所能购买的货物和服务的数量。

法玛-弗伦奇三因素模型（Fama-French three-factor model） 指一种资产定价因素模型。在该模型中，三因素是指：市场组合风险收益；小公司股票组成的资产组合与大公司股票资产组合的收益差；较高账面市值比资产组合和较低账面市值比资产组合的收益差。

FCF（自由现金流）［FCF（free cash flows）］ 指可归还给投资者的现金。它等于现金流总额减去厂房和设备的投资以及营运资金。

FCM（期货经纪商）［FCM（futures commission merchant）］ 指根据客户指令代理买卖期货合约或期货期权，并且收取客户一定费用或其他资产的中介组织或个人。

Fedwire 美国联邦储备通信体系是一个支付系统，属于美国联邦储备体系并由其管理，旨在帮助美国国内金融机构之间实时处理资金的划拨业务。

金融信用保险联合会（Financial Credit Insurance Association，FCIA） 指由美国各家私人海运、财产和意外伤害保险公司组成的一家非法人团体，它提供与美国进出口银行相关的出口信用保险。

金融去中介化（financial disintermediation） 所谓金融去中介化，是指企业等社会主体对资金的需要，不再以金融机构为中介，转而采取可交易证券等直接融资的过程。

财务松懈（financial slack） 指有效运营一家公司所必需的超额现金。

固定货币（fixed currency） 参见钉住汇率制。

固定利率债务（fixed-rate debt） 指利息数额长期被固定的债务。

浮动货币（floating currency） 指一种汇率体系，在该体系中，货币的相对价值由市场力量决定，而不受政府干预或限制。

浮动利率债务（floating-rate debt） 指利率随参考利率的变化而时常变化的债务，参考利率通常是伦敦银行同业拆借利率（LIBOR）。

预测误差（forecast error） 随机变量（如未来即期汇率）的实际值和该随机变量的预测值之间的差额。

外国债券（foreign bonds） 外国借款人在国内市场发行的债券，这些债券以本国货币为计价货币，销售给国内居民，并受国内主管机关监管。

国外分行（foreign branch of a bank） 指在法律上是其总行的一部分，但是像当地银行一样经营的银行。国外分行允许总行向其国内、国外和国际客户在外国提供直接连贯的服务。

外币看涨期权（foreign currency call option） 指一种赋予期权的买方按合约中规定的汇率购买规定数量的外汇的权利而不是义务的期权合约。

外币期货合约（foreign currency futures contracts） 指在期货交易所而不是在柜台交易的合约，这种合约与远期合约相似，允许某人就汇率的变化趋势下赌，并且以协议的价格在约定的某日购买或出售外汇。

外币看跌期权（foreign currency put option） 指一种赋予期权的买方按合约中规定的汇率出售规定数量的外汇的权利而不是义务的期权合约。

外汇经纪人（foreign exchange brokers） 指外汇市场上的金融中介，这些中介并不用自己的钱去承担风险，而是为货币的买方和卖方提供中介服务而收取经纪人佣金。

外汇交易商（foreign exchange dealers） 指在全世界主要金融城市的商业银行、投资银行和经纪公司中从事货币买卖的交易商。

外汇市场（foreign exchange market） 指进行货币交易的柜台交易市场。

外汇储备（foreign exchange reserves） 指中央银行持有的外汇资产。

福费廷（forfaiting） 指销售对出口商无追索权的出口商的应收账款。

远期合约（forward contract） 指双方之间签订在未来某一时间按所报的远期汇率交换规定数量的两种货币的协议。

远期外汇市场（forward foreign exchange market） 指在未来某一时间以今天商定的契约价格（远期汇

率）交易货币的柜台交易市场。也称为期货市场。

远期市场投资（forward market investment） 指以未来即期利率在期货市场中抛售多头或空头。

远期市场报酬（forward market return） 指期货市场投资的收益，它表示长期合约的未来即期利率和远期利率之间的差值，或者短期合约的未来利率和远期利率之间的差值，该差值为负值。

远期升水或远期贴水（forward premium or discount） 指远期汇率和即期汇率的差额，它以即期汇率的百分比来表示。升水指的是一个正值，而贴水则指的是一个负值。

远期汇率（forward rate） 指某一期货合约的汇率，它是为了在未来某一时间交易货币而在今天所做的报价。

远期汇率偏差（forward rate bias） 指预期的未来利率和相应的远期利率之间的差额。

远期清算日（forward settlement date） 指某一外汇合约中的货币发生交易的日期。它也被称为远期价值日。

远期价值日（forward value date） 参见远期清算日。

肮脏提单（foul bill of lading） 承运人收到商品时，目测发现货物受损而将这种损坏批注在海运合约上，这种合约称为肮脏提单。

频率分布（frequency distribution） 指将观测值总数分成不同区间构成的一个柱状图。

前驱市场（frontier markets） 指最不发达国家的新兴股票市场。

掩护贷款（fronting loan） 指母公司向子公司所做的贷款，该贷款利用大的国际银行作为金融中介。

FTE（股权流量）［FTE（flow to equity）］ 指一种通过用某一适当的风险调整率对股权持有人的预期现金流直接贴现的方式找出股权价值的资本预算方法。

全方位银行（full-service bank） 参见全能银行。

终值（future value） 指某一投资在未来的价值，即终值＝现值×（1＋利率）。

GATT（关税与贸易总协定）［GATT（General Agreement on Tariffs and Trade）］ 指于1947年签订的多边协议，该协议旨在调整并降低所交易货物的关税，提供一个国际论坛和一个解决贸易纠纷的共同机制，以此来鼓励成员国之间的自由贸易。它在1995年被世界贸易组织（WTO）替代。

GDP（国内生产总值）［GDP（gross domestic product）］ 指在某一给定时期内某一国家国内生产的所有最终货物和服务的市场价值。

GDR（全球存托凭证）［GDR（global depositary receipt）］ 指一种可以跨越多个市场进行交易并且可以用每个市场的货币进行结算的存托凭证。

全球债券（global bond） 指一种同时在国内市场和欧洲债券市场发行的债券。

全球最小方差组合（global minimum-variance portfolio） 指在所有可能的组合中方差最小的资产组合。

全球抵销和对销贸易协会（Global Offset and Countertrade Association，GOCA） 指一个行业贸易协会，该协会每年举行一次会议，并且为致力于对销贸易实践的网站（www.globaloffset.org）提供支持。

全球化（globalization） 指各个国家和公司以及这些国家和公司内部的个人之间在经济、政治和社会活动方面的全球化连通性和一体化程度增强的过程。

GNI（国民总收入）［GNI（gross national income）］ 指某一经济体的总收入，它等于国内生产总值加上应当累算给国内居民的外汇收入，减去国内市场应当累算给非居民的收入，加上外国人的单方转移支付。

GO（成长期权）［GO（growth option）］ 指如果第一个项目成功的话再额外开展一个项目的期权。它的出现将增加第一个项目的价值。

金本位（gold standard） 指一种汇率制度，在这一制度中，每种货币都与某一特定数量的黄金挂钩，并可在中央银行兑换成黄金。

政府预算盈余（government budget surplus） 指税收和政府支出（包括在货物、服务和转移支付方面的花费以及政府债务方面的利息）之间的差额。它也被称为国民政府储蓄。

总现金流（gross cash flows） 指扣除调整后税费的净经营利润加上会计折旧。

全额股利（grossed-up dividend） 指从某一国外子公司收取的股利的价值，加上支付给国外政府的税收抵免。

GRS（全球注册股票）［GRS（global registered share）］ 指某一公司的一只普通股，它可跨越国家边境自由交易和转移。

套期保值（hedging） 指金融市场特别是衍生证券中用来减少或消除潜在业务交易中产生的风险的行为。

赫尔斯塔特风险（Herstatt risk） 参见交叉货币结算风险。

柱状图（histogram） 指通过分组观察相等长度的区间并记录每一区间观察的数量来确定某一随机变量发生的可能性的方法。

本土偏误（home bias） 指一种现象，即各国投资者还没有被很好地国际化和多样化，相反，他们拥有的投资组合都是集中于他们本土市场的证券。

IBF（国际银行设施）［IBF（international banking facility)］ 指用于记录各种国际交易且与母行的账册分开的一套单独的资产和负债账户。它不是一种独特的有形或法律实体。

ICC（国际商会）［ICC（International Chamber of Commerce)］ 指一个总部位于巴黎的世界商业组织，它在130多个国家拥有成千上万家成员公司和协会，它的活动包括为国际贸易和仲裁以及其他形式的纠纷解决制定规则和标准。

ICSID（解决国际投资争端中心）［ICSID（International Center for the Settlement of Investment Disputes)］ 指世界银行内部的一个组织，该组织管理根据双边投资条约索赔条款提出的法律纠纷。

特征性风险（idiosyncratic risk） 指某一收益的不确定性部分，这种不确定性不是系统的。另参见系统性风险。

进口竞争者（import competitor） 指一家在国内市场与国外竞争者进行业务竞争的国内公司。

进口（imports） 指国内居民购买外国货物和服务。

增量利润（incremental profits） 指公司因进行投资而获得的额外现金。

指数基金（index funds） 指被动地跟踪股票指数如标准普尔500，而不用超过它们的开放式基金。

指数公式（indexing formula） 指合约中的一个条款，它要求价格反映某些不可预见的紧急情形变化，如通货膨胀或贬值。

间接报价（indirect quote） 指一种用一定数量外币表示每单位本国货币的汇率报价。

不合格银行承兑票据（ineligible B/A） 不符合联邦储备体系要求的银行承兑票据，银行必须为这类票据提供资本准备。

通货膨胀（inflation） 指在一个用物价水平的变化率测量的经济体中，货物和服务的货币价格的一种普遍上涨。

信息集（information set） 指用于预测某一经济变量的未来值的所有信息的集合。

初始保证金（initial margin） 指由期货交易所确定的必须存放在某一保证金账户中的初始数量的财产。

统一的市场（integrated market） 指证券的价格由全球资本市场决定的市场。

银行同业市场（interbank forex market） 指主要银行进行交易的批发外汇市场。

利率互换（interest rate swap） 指双方同意对两笔名义本金相同的资金做固定利率和浮动利率的调换的协议。

利息补助（interest subsidy） 指由公司按某一利率借款的能力所创造的公司价值，该利率低于公司由市场决定的利率。

利息税税盾（interest tax shield） 指由避免债务利息的税收而创造的公司价值。

（货币）国内购买力［internal purchasing power (of a currency)］ 指用本国货币能够在国内购买的货物和服务数量。

国际易货贸易（international barter） 指从一国中的一方直接把货物或服务转移给另一国的一方并以具有同等价值的某些其他货物或服务作为回报的国际贸易。

国际债券（international bonds） 指在发行人所在国以外进行交易的债券。

国际资本资产定价模型（international CAPM） 指一种把汇率风险考虑在内的CAPM（资本资产定价模型）。

国际投资收益账户（international investment income account） 指与投资收益流动相关的国际收支方面的账户。

跨时预算约束（intertemporal budget constraint） 指这样一种理念，即支出的现值必须与收入的现值相抵。

内在价值（intrinsic value） 指立即执行期权所获得的即期利润。

投资障碍（investment barriers） 指各种限制或阻止国外投资者在国内投资的直接或间接的障碍。

投资信托基金（investment trust） 指英国版的封闭式基金。

不可撤销跟单信用证（irrevocable D/C） 指除非包括出口商在内的所有各方一致同意撤销否则不得撤销的跟单信用证。

ISDA（国际互换和衍生品协会）［ISDA（International Swap and Derivatives Association)］ 指一种衍生品的贸易组织，该组织的成员包括世界大多数主要的金融机构，它为衍生品交易制定标准。

合资企业（joint venture） 指为追求某一特定的目标而创造的一种组织形式，其中两个或多个独立公司组成并共同控制一个不同的实体。

延迟付款（lagging payment） 指超过正常付款期限的付款。

延迟支付（lag operation） 指一种出口商从国际贸易中获利的方法，这种获利是通过在外币升值（例如，通过延长商业信用的到期日）之后托收货款而实现的。

一价定律（law of one price） 指一种理念，即用某一特定货币计价的商品的价格应当在全世界都是一样的。

提前付款（leading payment） 指早于通常付款期限所进行的付款。

提前支付（lead operation） 指一种进口商从国际贸易中获利的方法，这种获利是通过在本地货币价值下跌之前预付货款而实现的。

一级美国存托凭证（Level Ⅰ ADR） 指这样一种ADR，它在纽约粉单市场交易，一级ADR仅限于柜台市场交易且不在美国主要的证券交易所上市。

二级美国存托凭证（Level Ⅱ ADR） 指这样一种ADR，它在纽约证券交易所、纳斯达克或美国证券交易所交易，因此必须满足证券的上市要求。

三级美国存托凭证（Level Ⅲ ADR） 指这样一种ADR，它在美国主要证券交易所之一交易，并且其发行的目的也是为了在美国筹集资金。

LIBOR（伦敦银行同业拆借利率）［LIBOR（London Interbank Offer Rate）］ 指在伦敦的外国货币利率，它是国际贷款协议中最重要的参考利率。

特许协议（licensing agreements） 指为使用某一技术、版权或专利而向公司支付费用。

限价指令簿（limit order book） 指投资者的买卖订单，这些订单可按照确定的价格进行买卖，也可在价格上涨或下跌时进行买卖。

清算股息（liquidating dividend） 指当公司终止经营时给股东的最终资本。

流动性（liquidity） 指某一市场的财产，在这一市场中，买方和卖方很容易匹配，从而降低贸易的交易成本。

回顾型期权（lookback option） 指一种期权，该期权的报酬取决于到期日即期汇率和期权有效期内最小即期汇率之间的差额。

麦当劳购买力平价理论（MacPPP） 指一种理念，即根据每单位外币的本国货币价格所报的汇率应当等于麦当劳的“巨无霸”的外币价格与本国货币价格之间的比率。

维持保证金（maintenance margin） 指在投资者收到催缴保证金通知后必须使保证金账户回到初始保证金状态的保证金账户的最小值。

保证金账户（margin account） 指现金和其他资产的存储账户，期货合约的损失将从这一账户中扣除，而期货合约的利润将被增加到这一账户上。

边际成本（marginal cost） 指生产最后一单位产品的成本。

边际收入（marginal revenue） 指销售最后一单位产品所获得的收入。

追缴保证金通知（margin call） 指一份告知投资者他的保证金账户已低于维持保证金的通知。

市场影响（market impact） 指一笔大的交易对某一证券价格的影响。

（外汇市场的）做市商［market maker（in the forex market）］ 指准备买卖特定外汇的证券交易商。

市场投资组合（market portfolio） 指根据各证券的市场价值所占的总市场价值的比例，对各证券按同一比例进行组合。

市场风险（market risk） 指在市场组合收益的波动中获得某一收益的风险，这一风险无法通过分散投资加以消除。

市场风险溢价（market risk premium） 指市场组合预期的超额收益。

市场方差（market variance） 指市场组合收益的变化。

逐日盯市（marking to market） 指每天把期货账户上的利润和损失计入保证金账户的贷方和借方的过程。

均值（mean） 指某一随机变量的概率分布的期望值，它是未来事件的概率加权平均值。

均值标准差界限（mean standard deviation frontier） 指在预期收益—标准差空间中投资组合的轨迹，该轨迹中的每一点都对应每一预期收益的最小标准差。它也被称为最小方差界限。

均值—方差偏好（mean-variance preferences） 指一种理念，即投资者的偏好正面取决于投资者的投资组合的期望收益，负面取决于投资组合的方差。

中位数（median） 指随机变量的价值，这一价值既不多于也不少于随机变量总价值的50%。

菜单成本（menu costs） 指改变一种黏性价格的成本。

商品贸易余额（merchandise trade balance） 指一国国际收支中货物出口价值减去货物进口价值的余额。

商人银行（merchant bank） 指既从事传统的商业银行业务也发挥投资银行效能的银行。

MIGA（多边投资担保机构）［MIGA（Multilateral Investment Guarantee Agency）］ 指于1988年建立的世界银行集团的部门之一，旨在通过向新兴经济体和转型经济体提供投资便利（例如，提供政治风险保险）来促进发展。

最小方差界限（minimum-variance frontier） 参见均值标准差界限。

MNC（跨国公司）［MNC（multinational corporation）］ 指在多个国家从事货物的生产、销售或服务的公司。

莫迪利安尼-米勒命题（Modigliani-Miller proposition） 该命题指出公司的金融政策，例如发行债务、预防外汇风险和其他纯金融风险管理活动等，都不会改变公司资产的价值，除非这些金融交易能够降低公司的税收，影响其投资决策，或者公司做这些交易能够比个人投资者做这些交易更便宜。

基础货币（monetary base） 指中央银行的债务总数（即流通中的货币加上各家银行在中央银行的总储备）。

货币联盟（monetary union） 指一种体制，几个国家通过签订官方协议使用统一的货币、统一的中央银行和统一的货币政策。

资金市场套期保值（money market hedge） 指在货币市场上购买外汇债务或资产以便抵消应收或应付外汇的潜在风险的过程。

垄断企业（monopolist） 指一种商品的唯一制造商。

多边净额结算制（multilateral netting system） 指一种双方只转移相互拖欠的净额的结算系统。

MVE（均值—方差有效）组合［MVE（mean-variance-efficient）portfolio］ 指有效边界的一种组合，该组合使夏普比率最大化，因此它对于具有均值—方差偏好的所有投资者来说，都是最佳风险性投资组合。

NAFTA（《北美自由贸易协定》）［NAFTA（North America Free Trade Agreement）］ 指加拿大、美国和墨西哥之间签订的自由贸易协定。

国民政府储蓄（national government saving） 参见政府预算盈余。

国有化（nationalization） 指政府接管私有公司。

可议付提单（negotiable bill of lading） 指一种最常见的海运提单，这种提单可被用于在各方之间转移货物的产权或所有权。

净出口商（net exporter） 指一家拥有的出口多于进口并且从本国货币的实际贬值中获益的公司。

国外净资产（net foreign assets） 参见净国际投资头寸。

净国外收入（net foreign income） 指这样一笔收入，它等于拥有国外资产和在国外工作的国内居民累算的收入减去国内雇用的外国工人和拥有国内资产的外国业主累算的收入。

净进口商（net importer） 指一家拥有的进口多于出口并且从本国货币的实际升值中获益的公司。

国际投资净头寸（net international investment position） 指在给定的时间点，一国拥有的国外资产的价值与外国拥有的该国资产的价值之间的差额。通常也称为净国外资产。

净个人储蓄（net private saving） 指私人储蓄与私人部门在投资货物上的支出差额。

净营运资本（net working capital） 指短期资产减去运营一家公司所必需的长期债务之后的价值。

名义价格（nominal price） 指为一种商品或服务支付的金额。

NIPA（国民收入和产出账户）［NIPA（National Income and Product Accounts）］ 指政府各种来源的收入和一国最终生产价值的报表。

非冲销干预（non-sterilized intervention） 指中央银行在外汇市场上进行的外汇买卖，它将影响货币供应量，因为中央银行没有使用对冲公开市场操作。

非系统性方差（nonsystematic variance） 指某一收益的偏差部分，它可以通过分散投资消除。也称为非系统性风险。

NOPLAT（扣除调整后税费的净经营利润）［NOPLAT（net operating profit less adjusted taxes）］ 指息税前利润（EBIT）与息税前利润税收的差值。

正态分布（normal distribution） 指一种概率分布，其特征是具有一条对称的钟形曲线，这种曲线完全通过其均值和方差来描述。

名义本金（notional principal） 指控制某一利率互换的现金流量的概念性本金金额。

NPVF（金融副作用的净现值）［NPVF（net present value of financial side effects）］ 指由发行债务的能力所创造的公司价值，它包括利息抵税额价值和利息补助价值在内，但是要减去财务困境的费用。

无效假设（null hypothesis） 指使用数据和检验统计量测试的一种假设。

OECD（经济合作与发展组织）［OECD（Organization for Economic Cooperation and Development）］ 指由30个相对富裕的国家组成的集团，它考察、设计和协调各种政策，以便增加就业，提高生活水平，增强金融稳定性。

询价（offer price） 参见卖价汇率。

官方国际储备（official international reserves） 指非本国货币面值的中央银行的资产，即外汇储备、黄金储备和与IMF（国际货币基金组织）相关的储备资产的总和。

官方储备账户（official reserves account） 参见官方结算账户。

官方结算账户（official settlements account） 指记录一国中央银行的官方储备的变化的国际收支账户。它也被称为官方储备账户。

抵销（offset） 指某一进口国的要求，即出口商必须签订从进口国购买产品的合约，以便用某种方式抵销进口商进口的货物的实际成本。它常见于数额巨大的购买武器系统和发电设备的合约。

离岸金融中心（offshore banking center） 指一种主要为外国人的借贷需求提供服务的中心。它的交易主要是在境外的金融中心发起的，该金融中心位于这样一个国家，它具有低或零税收、中等的或轻度的金融监管、良好的银行保密性和交易匿名性。

OLS（最小二乘法）［OLS（ordinary least squares）］ 指这样一种统计方法，它通过最小化残差平方和来估算因变量和一个或多个自变量之间的关系。

已装船提单（on-board bill of lading） 指一份说明货物已经被放置在某一特定运输船只上的海运合约。

开放式基金（open-end fund） 指一种随新投资的进入而增大规模，随赎回的进行而缩水的投资基金。

未平仓合约（open interest） 指未清偿的某一特定衍生合约的所有合约量。

公开市场操作（open market operation） 指中央银行买卖政府债券，它旨在影响货币供应量。

开盘价格（open price） 指在证券交易所完成交易的初始价格。

经营货币套期（operating currency hedge） 指通过将公司的经营在不同国家之间进行转移从而使以不同货币计价的成本和收入更加平衡。

经营敞口（operating exposure） 参见实际汇率风险。

OPIC（海外私人投资公司）［OPIC（Overseas Private Investment Company）］ 指美国政府的政治风险保险公司。

最优投资组合（optimal portfolio） 指使投资者的效用函数最大化的投资组合。

最优货币区（optimum currency area） 指一些国家区域，对于这些国家，货币联盟是最优的，在该区域中货币联盟使绝对的固定汇率的微观经济收益与宏观调控成本平衡。

期权费（option premium） 指某一期权的买方必须支付给该期权卖方或卖主的价格。

指示提单（order bill of lading） 指一份把货物合法地交付给合约中指定的一方的海运合约。

指令驱动型交易系统（order-driven trading system） 指这样一种交易系统，指令被分批组合在一起，然后以某一平衡市场价格拍卖。

直接远期合约（outright forward contract） 指只包含外汇买卖一种交易的远期合约。

外包（outsourcing） 把一些非战略性功能，如工资表、信息技术、维护、设备管理和物流等转交给专门公司以减少成本，这些公司有时位于其他国家。

日常管理费用（overhead management fees） 指一家子公司为诸如会计活动等管理活动向总公司支付的费用。

被高估的货币（overvalued currency） 指一种国外购买力比国内购买力更大的货币。

装箱单（packing list） 指一份即将出口的商品的说明单，其中包括每个集装箱所装的内容和集装箱的总数。

平行贷款（parallel loan） 指两家公司的总部分别位于两个不同的国家，每家公司都向在其国家经营的另一家公司的子公司提供等值贷款。

市盈率［P/E（price-earnings）ratio］ 指股价与每股盈利的比例。

啄序金融理论（pecking order theory of financing） 指在尽可能不使用信息敏感的各种资金的情况下，公司筹措其投资资金的理论：先使用内部产生的现金，再使用债务，最后使用股权。

PEFCO（私人出口筹资公司）［PEFCO（Private Export Funding Corporation）］ 指向美国出口货物的国外买方提供美元贷款的私人公司。

钉住货币（pegged currency） 指一种其相对于其他货币的价值被政府固定了的货币，它是一种处于某一固定汇率系统中的货币。也称为固定通货。

比索问题（peso problem） 指一种现象，这种现象产生于理性投资者预期事件不会在试样期间发生或至少不会以该投资者预期的频率发生的时候。

粉单交易（pink sheet trading） 指在纽约进行的一级 ADR（美国存托凭证）的柜台交易市场。

基点（pip） 交易者对于在某一货币报价中第四位小数点的行话。

再投资比率（plowback ratio） 指管理层选择从公司的经营利润中拿来再投资的部分。

政治风险（political risk） 指政府（例如，通过对外资强制实施外汇管制和强制征税或直接没收的方式）对跨国公司的外资和现金流量的收益造成不利影响的可能性。

政治风险保险（political risk insurance） 指由私人公司、政府和国际组织提供的对政治风险的保险。

PPP（购买力平价）［PPP（purchasing power parity）］ 指一种决定汇率的简单理论，在该理论中，汇率调整到这样一种程度，即货币的国内购买力与国外购买力相等。

预防性资金需求（precautionary demand for money） 指因未来现金流入和流出的时间不确定而保留的货币余额。

现值（present value） 指某一预期未来付款的现值，它要求按某一适当的调整过的风险贴现因子来贴现预期未来付款。

价格指数（price index） 指某一特定时间的价格水平除以基准年的价格水平乘以 100 以后的比例。

价格驱动型交易系统（price-driven trading system） 指一种做市商准备按它们的投标报价购买，并按它们的要价出售的交易系统。

价格水平（price level） 消费货物和服务的价格。

按市场定价（pricing to market） 指公司在不同市场对同一种商品制定不同的价格。

初级市场（primary market） 指公司通过发行证券（股票或债券）筹措资金的市场。

私人交易所（private bourse） 指由一家为了交易证券而建立的公司私人拥有和运营的证券市场。

私募债券（private placement bonds） 指发行者不向公众市场销售，只面向高端的著名投资者如养老基金、人寿保险公司或大学捐赠基金等销售的债券。

个人储蓄（private saving） 指私人税后收入和消费之间的差额。

概率分布（probability distribution） 指对随机变量的一系列可能值及其各自发生的概率的一种描述。

项目融资（project finance） 指某一特定工业项目的融资，其中资金提供商主要从该项目产生的现金流中获取投资收益。

公有交易所（public bourse） 指由政府任命经纪人的证券市场，主要是为了保证经纪人垄断所有证券市场的交易。

购买力（purchasing power） 指用一定数量的货币可以购买的货物和服务的数量。

纯贴现债券（pure discount bond） 指许诺在债券到期时支付单一面值付款的债券。

买卖权平价关系（put-call parity） 指基本无套利的关系，它把协议价格（单位为本国货币/外国货币）、在共同协议价格下的欧洲看跌期权和看涨期权的本国货币价格和本国货币利率联系在一起。

看跌期权（put option） 参见外汇看跌期权。

RADR（《144A 规则》美国存托凭证）［RADR（Rule 144A ADR）］ 指一种筹资 ADR，其中证券是由合格的机构投资者如养老基金和保险公司募集的。

范围远期合约（range forward contract） 指一种允许公司详细规定未来汇率的范围的合约。如果未来汇率在该范围内，公司可以按未来汇率交易外汇，而无须任何现金流量。如果未来汇率在该范围之外，那么公司将按照该范围的极限汇率交易。

比率分析（ratio analysis） 指在公司的评估中使用财务比率。

理性预期（rational expectations） 指投资者的预期，它不涉及系统性的错误或系统性的有偏见的预测。

实际升值（real appreciation） 指标准货币的实际汇率的上涨。

实际贬值（real depreciation） 指标准货币的实际汇率的下跌。

实际汇率（real exchange rate） 指依据两个国家价格水平进行调整后的名义汇率。

实际汇率风险（real exchange risk） 指由于实际汇率的变动而造成的公司盈利能力的变化。它也被称为经济敞口或经营敞口。

实物期权（real option） 指为应对某些不可预见事件，公司管理层战略性地改变来自某一项目的未来现金流量的能力。

实际盈利能力（real profitability） 指名义利润

的购买力。

备运提单（received-for-shipment bill of lading） 指一份只说明商品在码头等待运输的海运合约。

回归分析（regression analysis） 指一种试图找出某一因变量（或被解释变量）（用 y 表示）和某一自变量（解释变量）（用 x 表示）之间最佳适配方程的统计方法。最受欢迎的是线性回归模型，其中 $y=1+bx+e$，其中 e 是随机误差。

REIT（房地产投资信托公司）［REIT（real estate investment trust）］ 指投资于房地产并因此减少或消除企业所得税的公司，因为它必须把大部分收入分配给为其获取的收入纳税的投资者。

相对价格（relative price） 指价格水平除以某一特定商品的名义价格，从而相对价格等于一般商品的价格与特定商品价格之间的比例。

相对购买力平价（relative purchasing power parity） 指这样一种理念，即汇率的变化率应当抵消两个国家通货膨胀率之间的差额。

代表处（representative office） 指一种小的服务设施，它的员工由总行派驻，它的职责是协调总行的客户处理与银行之间的通信，或者处理与当地业务实践和跨国公司的国外客户的信用评估有关的信息。

法定准备金（required reserves） 指银行存款类负债的金额，它是法定的必须在中央银行储存的资产。

升值（revaluation） 指固定汇率的一种变化，这种变化增加本国货币相对于外币的价值。

反转交易（reversal） 指在期货市场销售外币而在远期合约中买入外币的过程。

可撤销跟单信用证（revocable D/C） 指一种安排付款但不保证付款的跟单信用证，并且说明进口商与某一信誉良好的银行具有业务关系。

李嘉图等价（Ricardian equivalence） 指这样一种理论，即税收的时间选择是无关的，为应对现行税收的减少，个人将增加他们的储蓄。因为他们知道，为了支付政府在债务方面的利息和本金，将来政府将会向他们征收更多的税。

抵销权（right of offset） 指在互换货币协定和背对背贷款中的一个条款，它规定如果一方没有付款，那么另一方可以扣除相应的应付款。

风险规避型创业者（risk-averse entrepreneurs） 指创立公司的这样一些人，他们把大量财富投资在公司的非多样化资产上，以期降低公司现金流量的变动性。

风险管理（risk management） 指使用衍生证券抢占金融市场的头寸，以便抵消在公司常规经营过程中产生的各种潜在风险。

风险溢价（risk premium） 指某一资产的预期收益，该收益超过无风险资产的收益。

ROI（投资收益率）［ROI（return on investment）］ 指公司的现行投资除以公司未来营业利润方面的变化。

特许权支出（royalty payments） 指为了取得使用某一版权、专利、商标、工业设计或程序性知识的权利而支付给知识产权所有者的费用。

《144A 规则》（Rule 144A） 指1990年颁布的一条规则，它允许美国的机构投资者投资于私募基金证券，这些证券不必满足公开交易的证券的信息披露要求。

赊销（sales on open account） 指一种国际贸易方法，其中出口商为进口商开设一个账户，而进口商被允许订购货物并根据发票金额付款。

样本均值（sample mean） 等于所有样本值之和除以样本个数。

样本方差（sample variance） 样本值与样本均值之间偏差的平方。

二级市场（secondary market） 指这样一个市场，其中一个投资者或投机者把证券出售和转让给另一个投资者或投机者。它与公司把证券出售给投资者以便筹集资金的一级市场相反。

证券化（securitization） 指把指定的各种贷款和应收款打包成一种新的可以出售给投资者的金融工具。

分割的市场（segmented market） 指一种本地而不是全球投资者为证券定价的证券市场。

铸币税（seigniorage） 指中央银行通过创造基础货币而获得的收入。

敏感性分析（sensitivity analysis） 指使用模拟情境（alternative scenarios）而不是期望值以确定某一公司或项目的贴现值是怎样随公司价值衍生出来的重要变量而变化的。

结算价格（settle price） 指最后交易的期货价格，除非该价格无效。在此情况下，由在公开喊价区（pit）的被指定的交易者来确定一致同意的期货价格的价值。

缓行注册（shelf registration） 指这样一种程序，通过这一程序，在美国的一位证券发行人可以提前注册一次证券发行，然后把这些证券搁置起来，等待之后需要融资时销售。

即期汇票（sight draft） 指这样一种单据，它说明，在出口商履行了其合约义务并向银行提交了该单据之后，当出口商向银行提示该单据时，进口商的银行将向出口商支付一定金额的款项。

中国信保（Sinosure） 指中国出口信用保险公司，它是一家帮助促进中国出口的专业金融中介。

主权借款人（sovereign borrower） 指国际债务市场中的一位政府借款人。

主权风险（sovereign risk） 指某一政府可能不支付债券应付款的风险。

投机（speculating） 指为了获取利润，在金融市场中故意抢占头寸的行为，这种行为面临着潜在的损失。

即期利率（spot interest rate） 指从存款存入到存款到期这段时间内，如果不出现干预现金流量时的存款利率。

即期市场（spot market） 指立即交易货币的市场。

标准差（standard deviation） 指方差的平方根，也被称为某一金融变量的波动性。

标准正态随机变量（standard normal random variable） 指一种均值为0并且标准差为1的正态随机变量。

统计误差（statistical discrepancy） 指在国际收支账户中使贷款数目和借款数目之和归零的一个项目，它通常也被称为误差和遗漏。

冲销干预（sterilized intervention） 指对外汇市场的一种干预，它被使货币基数恢复到其原始规模的国内债券市场的某一公开市场交易所抵销。

黏性价格（sticky prices） 指这样一种理念，即与资产价格如汇率相比，货物和服务价格的调整要慢一些。

记名提单（straight bill of lading） 指这样一份提单，它虽然不具有对货物的所有权，但它说明，承运人已经从托运人处签收了商品，并且将把该商品交付给被指定的一方。

战略联盟（strategic alliance） 指不同法律实体为了共同的战略目标而采取的共担成本、共享利益达成的合作协议。

协议价格（strike price） 指某一期权合约中的汇率，在这一汇率下，买方可以进行交易。它也被称为执行价格。

附属银行（subsidiary bank） 指至少被某一外国总行部分拥有的银行，但是它属于其所在地国家的一部分。

盈余（surplus） 指在国际收支核算中的这样一种理念，即某一特定账户的贷方要大于该账户的借方。

互换（swap） 指一份双方之间交换一连串的现金流量的协议。

互换基点（swap points） 指为了获取单纯远期汇率而必须被加到即期汇率上或从即期汇率中减去的基点。

互换价差（swap spread） 指被加到还没有到期的政府债券收益上的基点数量，以便在该到期日之前获得某一利率互换的固定利率。

SWIFT（全球银行间金融电信协会）［SWIFT（Society of Worldwide Interbank Financial Telecommunications）］ 指一种全世界的成员银行都在其中发送和接收与外汇交易、付款确认、国际贸易文件、证券交易和其他金融事务相关的信息的计算机网络。

转手贸易（switch trading） 指第三方的进入，该第三方将促进某一双边清算协议的两位合作伙伴之间的贸易不平衡的最终清算。

辛迪加（银团）（syndicate） 指在为某单一借款人安排债务的过程中起不同作用的一组银行。

综合远期合约（synthetic forward contract） 指一份使用即期合约和借款及贷款，或使用具有同一协议价格的看跌期权和看涨期权缔结的远期合约，以便在到期日无条件购买或销售外币。

系统性风险（systematic risk） 指某一资产收益中的不确定成分，这一不确定成分引起风险溢价，因为它创造了收益与市场投资组合收益的协方差，因此不能通过多样化而被消除。

TARGET（泛欧自动实时总量快速转移结算体系）［TARGET（Trans-European Automated Real-time Gross Settlement Express Transfer System）］ 指一种用欧元转移资金和结算交易的电子支付系统。

目标区制度（target zone system） 指汇率在一个固定价值范围内波动的一种汇率制度。

税收筹划（tax planning） 指通过选择何时遣返资金而使税收最小化的过程。

赋税亏损结转（tax-loss carry-forward） 指一种允许使用现行营业亏损来减少未来纳税义务的税收优惠。

终值（terminal value） 指公司现有价值超过某一明确预测时段的将来的未来价值。

利率期限结构（term structure of interest rates） 指不同零息债券的到期日与其相应的（即期）利率之间的关系。

远期汇票（time draft） 指这样一种单据，该单据显示在出口商履行了其合约义务之后，进口商的银行将在未来某一时点向出口商支付一定金额的款项。

时间价值（time value） 指期权的现价和其内在价值之间的差额。

补足条款（topping-up clauses） 指债务契约中的要求，即本金的额外预付款或还款应当根据规定的条件支付，这些要求通常是由于汇率跨越某一预置障碍触发的。

商业承兑汇票（trade acceptance） 指在承兑交单（documents against acceptance collection）时由进口商签署"已承兑"字样的汇票。

贸易账户（trade account） 指 BOP（Balance of Payments，国际收支平衡表）中的一个账户，它包括经常账户中的所有项目，不包括与投资收入流量有关的项目。

贸易余额（trade balance） 指贸易账户中贷出和借入的差额。

贸易加权实际汇率（trade-weighted real exchange rate） 指把各个国家之间的相对贸易额作为权重使用的一个国家的所有双边实际汇率的平均数。

交易成本（trading costs） 指买入一种证券的成本，它包括经纪人佣金、买卖价差和潜在的市场影响。

交易性资金需求（transaction demand for money） 指公司或个人因为预测其近期将有一些开支而持有的货币余额。

交易外汇风险（transaction exchange risk） 指由于汇率的不利波动而给商业交易造成损失的可能性。

转移价格（transfer prices） 指当在公司的各关联实体之间购买或销售货物和服务时公司内部制定的价格。

转移支付（transfers） 指一个国家的居民与外国人之间的货币性交易，如礼品和赠款，它不涉及货物、服务或资产的购买或销售。

三角套利（triangular arbitrage） 指涉及三种货币的一种套利过程，它使交叉汇率（如每英镑多少欧元）与美元汇率保持一致。

三方协议（tripartite arrangement） 指一种合约协议，根据这一协议，出口保理商为出口商提供服务，出口商把所有到期贷方余额从该保理商处转让给向出口商提供资金的金融中介机构。

换手率（turnover） 指交易的总市值除以某一特定时期（例如，1年）内的交易总量所得到的值。

两基金分离法（two-fund separation） 指最小方差界限由任何两个最小方差界限投资组合相跨（或生成）。

无偏预测（unbiased forecast） 指平均预测误差为零的预测。

无偏差假设（unbiasedness hypothesis） 指这样一种定理，即远期汇率等于与该远期利率到期时相应的预期未来即期汇率。

非抛补外币市场投资（uncovered foreign money market investment） 指在未对外汇风险进行套期保值的情况下对某一外币的投资。

非抛补利率平价（uncovered interest rate parity） 指这样一种理论：在外汇市场中本国货币未套期保值的投资的预期收益率等于国内利率。

UNCTAD（联合国贸易和发展会议）[UNCTAD（United Nations Conference on Trade and Development）] 指一个永久性的政府间团体，它成立于1963年，是联合国大会的一部分，负责处理与国际贸易、投资和发展相关的问题。

投资不足（underinvestment） 指这样一种情况，其中代表股东利益的经理人没有做出本可以增加公司总体价值的投资，因为债券持有人掌控了公司价值增额的绝大部分。

被低估的货币（undervalued currency） 指国外购买力小于国内购买力的货币。

承销折扣（underwriting discount） 指支付给发行证券的投资银行的一笔款项，它等于投资者支付的证券价值与公司收入的价值之间的差额。

全能银行（universal bank） 指提供一系列广泛的综合性服务（包括证券活动在内）的银行。

效用函数（utility function） 指一种在数学上衡量消费的实际商品组合与满足程度联系的函数。

VaR（风险价值）（value at risk） 指损失的一种测量值，即在给定的时间长度内，给定的投资组合可能会遭受特定概率的损失。

方差（variance） 指某一随机变量的均值离差平方的概率加权平均值。

硬通货（vehicle currency） 指一种在全世界许多国际金融交易中常用的货币。

波动率（volatility） 参见标准差。

波动率集聚（volatility clustering） 指许多金融变量如货币升值率和股票收益的特性，其中高方差期限或低方差期限将长期存在。

WACC（加权平均资本成本）[WACC（weighted average cost of capital）] 指一种资本预算方法，它通过对全权益自由现金流量的贴现预测，用公司债务和股权的必要收益率的加权平均值，确定杠杆企业的价值。

认股权证（warrant） 指这样一份证书，它授予债券持有人按某一特定价格购买一定数量公司普通股的权利。具有认股权证的债券与可转股债券相似，因为两者都给投资者一种股票期权，但是，认股权证是可分离的，并且可以与债券分开，单独进行交易。

营运资本（working capital） 指公司拥有的在任何情况下都能及时用来促进其业务的各种现金、有价证券、应收账款和存货。

世界 CAPM（世界资本资产定价模型）（world CAPM） 指把大量国际性的高度多样化的证券投资组合作为市场组合使用的 CAPM。

WTO（世界贸易组织）［WTO（World Trade Organization)］ 指一个总部位于瑞士日内瓦的国际组织，它制定了进行国际贸易的规则，并且解决其 150 个成员之间的纠纷。

收益率曲线（yield curve） 指付息债券的到期日与这些债券到期收益率之间的关系。

到期收益率（yield to maturity） 指单一的共同贴现率，它等于一系列息票支付加上最终面值支付的现值与债券的现行价格之比。

零息票债券（zero coupon bond） 参见纯贴现债券。

译后记

自中央提出实施“走出去”战略以来，我国企业对外投资合作的步伐明显加快，中国企业成为跨国公司，既是适应经济全球化环境的外在要求，又是企业自身成长的内在要求。在这个目标的驱动下，跨国企业面临的关键问题就是学习和掌握好国际财务管理知识。

本书从跨国公司的视角系统阐述了国际财务管理的宏观经济环境，以及财务经理所面对的国际经营风险和世界金融机构，深入而全面地讨论了跨国公司的外汇交易管理、外汇风险管理等。本书的目标是为未来的商业领袖们提供做出适当国际财务决策，在国际竞争环境下管理公司面临的混合风险所必需的知识。

本书共分为六个部分，包括外汇市场与风险介绍、国际平价条件与汇率的决定、国际资本市场、国际公司理财、管理持续的经营、外币衍生工具等内容。本书的特征是将国际财务管理理论结合数据分析和实务案例进行剖析，有利于读者在领会理论知识的同时获取案例经验，使读者不仅了解如何做出国际财务决策，同时理解在考虑风险管理的背景下，在国际市场上经营并做出合理决策的缘由。

为方便读者进一步掌握相关的理论知识，本书提供了真实的数据分析和拓展案例，并配有案例解答，这些案例解答展示了财务理论的应用，而且可以作为今后实务分析的模板。本书是一本优秀的国际财务管理教材，适合会计、金融专业高年级本科生、研究生和 MBA 学生及企业管理人员和专业人士阅读。

本书由苗润生教授和武羿副教授担任主译，负责各章初稿的修订和全书的总纂和定稿。第 1～5 章由冷刚博士翻译，第 6～8 章由李晓梅副教授翻译，第 9 章和第 10 章由潘秀丽教授翻译，第 11～14 章、第 20 章和第 21 章由郭埳副教授翻译，第 15～19 章由武羿副教授翻译。

本书在出版过程中，得到了中国人民大学出版社编辑人员的大力支持，在此深表感谢。

由于我们的水平有限，书中难免有错误和疏漏之处，敬请广大读者批评指正。

译 者

图书在版编目（CIP）数据

国际财务管理/贝克特，霍德里克著；苗润生，武羿主译．—北京：中国人民大学出版社，2012.9
（金融学译丛）
ISBN 978-7-300-16031-3

Ⅰ.①国… Ⅱ.①贝… ②霍… ③苗… ④武… Ⅲ.①国际财务管理-高等学校-教材 Ⅳ.①F811.2

中国版本图书馆 CIP 数据核字（2012）第 132573 号

金融学译丛
国际财务管理
吉尔特·贝克特
罗伯特·J·霍德里克 著
苗润生 武 羿 主译
Guoji Caiwu Guanli

出版发行	中国人民大学出版社		
社　　址	北京中关村大街 31 号	邮政编码	100080
电　　话	010－62511242（总编室）		010－62511398（质管部）
	010－82501766（邮购部）		010－62514148（门市部）
	010－62515195（发行公司）		010－62515275（盗版举报）
网　　址	http://www.crup.com.cn		
	http://www.ttrnet.com（人大教研网）		
经　　销	新华书店		
印　　刷	北京宏伟双华印刷有限公司		
规　　格	185 mm×260 mm　16 开本	版　　次	2012 年 12 月第 1 版
印　　张	48　插页 1	印　　次	2012 年 12 月第 1 次印刷
字　　数	1 285 000	定　　价	95.00 元

教学支持说明

中国人民大学出版社经济分社与人大经济论坛（www.pinggu.org）于2007年结成战略合作伙伴后，一直以来都以种种方式服务、回馈广大读者。

为了更好地服务于教学一线的任课教师与广大学子，现中国人民大学出版社经济分社与人大经济论坛做出决定，凡使用中国人民大学出版社经济分社教材的读者，填写以下信息调查表后，发送电子邮件、邮寄或者传真给我们，经过认证后，我们将会向教师读者赠送人大经济论坛论坛币200个，向学生读者赠送人大经济论坛论坛币50个。

教师信息表	学生信息表
姓名：	姓名：
大学：	所读大学：
院系：	所读院系：
教授课程：	所读专业：
联系电话：	入学年：
E-mail：	QQ等联系方式：
论坛id：	E-mail：
使用教材：	论坛id：
论坛识别码（请抄下面的识别码）：	使用教材：
	论坛识别码（请抄下面的识别码）：

我们的联系方式：

E-mail：gaoxiaofei11111@sina.com

邮寄地址：北京市中关村大街甲59号文化大厦1506室中国人民大学出版社经济分社，100872

传真号：010－62514775

附：人大经济论坛（www.pinggu.org）简介

人大经济论坛依托中国人民大学经济学院，于2003年成立，致力于推动经济学科的进步，传播优秀教育资源。目前已经发展成为国内最大的经济、管理、金融、统计类在线教育和咨询网站，也是国内最活跃和最具影响力的经济类网站：

- 拥有国内经济类教育网站最多的关注人数，注册用户以百万计，日均数十万经济相关人士访问本站。
- 是国内最丰富的经管类教育资源共享数据库和发布平台。
- 提供学术交流与讨论的平台、经管类在线辞典、数据定制和数据处理分析服务、免费的经济金融数据库、完善的经管统计类培训和教学相关软件。

论坛识别码：pinggu_com_1545967_4210768

尊敬的老师：

您好！

为了确保您及时有效地申请培生整体教学资源，请您务必完整填写如下表格，加盖学院的公章后传真给我们，我们将会在 2~3 个工作日内为您处理。

请填写所需教辅的开课信息：

采用教材			□中文版 □英文版 □双语版
作　者		出版社	
版　次		ISBN	
课程时间	始于　年 月 日	学生人数	
	止于　年 月 日	学生年级	□专 科　□本科 1/2 年级 □研究生　□本科 3/4 年级

请填写您的个人信息：

学　校			
院系/专业			
姓　名		职　称	□助教 □讲师 □副教授 □教授
通信地址/邮编			
手　机		电　话	
传　真			
official email(必填) (eg:XXX@ruc.edu.cn)		email (eg:XXX@163.com)	
是否愿意接受我们定期的新书讯息通知：　□是　□否			

系 / 院主任：＿＿＿＿＿（签字）

（系 / 院办公室章）

＿＿年＿＿月＿＿日

资源介绍：

—教材、常规教辅（PPT、教师手册、题库等）资源：请访问 **www.pearsonhighered.com/educator**；（免费）

—MyLabs/Mastering 系列在线平台：适合老师和学生共同使用；访问需要 **Access Code**；（付费）

100013　北京市东城区北三环东路 36 号环球贸易中心 D 座 1208 室
电话：(8610)57355169　　传真：(8610)58257961

Please send this form to：**Service.CN@pearson.com**